제14판

성격심리학

성격심리학 _{제14판}

Daniel Cervone · Lawrence A. Pervin 지음 | 김민희 · 황석현 · 김수안 · 김명철 옮김

PERSONALITY
THEORY AND RESEARCH

WILEY　　Σ 시그마프레스

성격심리학 제14판

발행일 | 2022년 2월 25일 1쇄 발행
2024년 8월 1일 2쇄 발행

저 자 | Daniel Cervone, Lawrence A. Pervin
역 자 | 김민희, 황석현, 김수안, 김명철
발행인 | 강학경
발행처 | ㈜ 시그마프레스
디자인 | 이상화, 우주연, 김은경
편 집 | 윤원진, 김은실, 이호선
마케팅 | 문정현, 송치헌, 김인수, 김미래, 김성옥

등록번호 | 제10-2642호
주소 | 서울시 영등포구 양평로 22길 21 선유도코오롱디지털타워 A401~402호
전자우편 | sigma@spress.co.kr
홈페이지 | http://www.sigmapress.co.kr
전화 | (02)323-4845, (02)2062-5184~8
팩스 | (02)323-4197

ISBN | 979-11-6226-366-2

Personality, 14th Edition, Asia Edition

역자 서문

성격심리학은 심리학과 학생들뿐만 아니라 교육학, 상담학, 정신의학, 아동학, 노년학, 사회복지학 분야의 연구자들과 이를 전공하는 학생들도 공부할 필요가 있는 심리학 영역이다. 이 같은 요구에 부응하기 위해 시중에는 번역서와 국내 학자들이 저술한 성격심리학 교과서들이 다수 출판되어 있다.

다른 학문 분야도 마찬가지이지만 이처럼 많은 성격심리학 교재들은 각각 장점과 단점을 가지고 있고, 따라서 교수나 강사, 학생 모두를 완벽하게 만족시키는 단 하나의 교재는 있을 수 없다. 이런 교재들 중 역자들은 Daniel Cervone과 Lawrence A. Pervin의 성격심리학, 제12판을 처음으로 번역하여 소개하였다. 이 책은 저술 당시부터 이론과 연구를 통합시키려는 목적으로 저술된 교재이다. 물론 다른 성격심리학 교재들과 마찬가지로 대이론을 중심으로 내용을 구성했지만 각 이론에 맞는 연구 주제를 소개하면서 이론과 구체적 현상을 연결시키는 경험을 독자들에게 제공하였다. 특히 이 책은 대이론과 관련된 최신 연구들을 소개함으로써 성격심리학 연구의 생생함을 느낄 수 있게 해주는 현존하는 탁월한 교과서 중 하나이다.

Pervin 교수가 첫 번째 성격심리학을 출간한 이후 오랜 시간이 지났고, 그동안 Cervone 교수가 공저자로 참여하였다. 열세 번째 개정판이 출판된 2016년에 Pervin 교수가 세상을 떠나면서 안타깝게도 그는 열네 번째 개정판을 보지 못하게 되었다. 하지만 열네 번째 개정판은 반세기가 넘는 시간 동안 계속되어 온 그의 노력과 학문적 성과의 토대 위에 만들어진 것이다.

이 책은 성격심리학을 전공하고 강의하는 네 명의 역자가 나누어 번역하였다. 제1장과 제2장은 본 역자, 제3장에서 제5장은 황석현 교수, 제6장에서 제10장은 김명철 박사, 제11장에서 제14장은 김수안 박사가 맡아서 번역하였다. 여러 명의 역자가 나누어 번역하는 과정에서 발생할 수 있는 문제를 줄이기 위해 여러 번 교차하여 확인, 수정하는 작업을 거쳤지만 그럼에도 불구하고 오역이나 서투른 번역이 많을 것이다. 독자 여러분의 건설적인 지적과 조언을 부탁드린다. 마지막으로 이 책이 나올 수 있도록 많은 도움을 주신 (주)시그마프레스 관계자분들께 심심한 감사를 드린다.

역자 대표
김민희

저자 서문

성격심리학 열네 번째 개정판은 슬픈 소식과 함께 시작하였다. Lawrence A. Pervin 교수가 2016년 6월 23일 세상을 떠났고, 이번 개정은 독자적으로 진행되었다. 성격 과학에 대한 Pervin의 기여는 높이 평가되는 동시에 평가절하되고 있다.

그의 독립적인 학문적 업적, 즉 연구, 이론, 특히 학문 분야의 연구 프로그램과 개념 모형에 대한 통합적 분석과 비평은 높이 평가된다. 수십 년에 걸쳐, 래리 퍼빈은 그 분야를 예전보다 더 발전시키기 위해 도전했다. 그는 우리에게 발전하는 방법을 가르쳐 주었다.

인정을 받고 있지 못하다고 생각되는 것은 그의 전문적인 노력의 반향적인 영향이다. 예를 들어, *Psychological Inquiry* 29권의 독자들은 이 저널을 성격 및 사회 심리학 분야에서 아이디어의 개발과 교환을 위한 독특한 가치가 있는 포럼으로 인정하고 있다. 하지만 이 모든 지적 교류가 이 저널의 창립 편집자인 래리 퍼빈의 수십 년에 걸친 노력에 힘입은 것이라는 점을 아는 독자의 비율은 얼마나 될까?

나는 또한 엄청난 힘을 가진 책, 즉 성격 핸드북(Pervin, 1990)의 첫 번째 판을 정리한 그의 노력에 주목한다. 이 책에 기고된 다양한 논문들은 독자들로 하여금 기고한 저자들이 서로에게 제기한 도전과 많은 목소리들 속에서 들을 수 있는 하모니를 탐구하도록 만들었다(Cervone, 1991). 이 교재와 관련해서 퍼빈 교수는 창립 저자일 뿐만 아니라, 또한 지울 수 없는 지적인 존재로 남아있다. 학생들에게 도움이 되는 성격 이론, 성격 연구 및 임상 사례를 결합하려는그의 원래 의도는 계속해서 이 책의 구조가 되었다. 그의 영향은 제14판 전체를 통해 느낄 수 있다.

학생들과 강사들에게

이 책의 초판이 나온 지 40년이 훌쩍 넘었다. 분야가 발전했고 책은 보조를 맞추기 위해 변화하였다. 다음에서 설명하는 바와 같이 성격심리학은 이러한 발전에 발맞춰 주요 새로운 기능을 포함하였다. 하지만 변화에 대해 논의하기 전에 무엇이 그대로 남아있는지 생각해보자.

목표는 그대로이다

이 책의 기본 목표는 래리 퍼빈이 초판을 만들었을 때와 동일하다.

1. 성격에 대한 주요한 이론적 관점을 제시한다. 우리는 성격심리학의 중요 이론을 깊이 있게

다룬다. 다른 교과서들은 수많은 이론을 다루면서 과학적 현대 성격심리학과는 별 관련
이 없는 자잘한 이론들도 다루곤 한다. 이런 전략에는 대가가 따른다. 즉 너무 많은 이론
을 살펴볼 경우, 보다 중요한 이론들을 충분히 깊게 다룰 수 없는 것이다. 우리는 성격심
리학의 주요 이론적 관점들 각각을 지적으로 심도 있게 다루려 한다. '관점들'이라는 말
속에는 우리가 고전적인 이론가들(예를 들어 프로이트나 로저스)의 연구만 다루는 것이
아니라 이들이 기초를 놓았던 일반적 관점을 수용한 다른 연구자들이 이루어 낸 이론적
이고 실증적인 진보 또한 다룬다는 의미가 들어있다.

2. **균형을 추구한다.** 우리는 성격 이론들을 편향 없이 다루려 노력한다. 이는 무비판적이라는
   뜻이 아니다. 우리는 각 이론의 강점뿐만 아니라 약점도 논의한다. 하지만 여러 이론에
   대한 우리의 평가는 학생들을 특정한 이론에 경도되도록 만드는 것이 아니라 오직 학생
   들의 이해를 증진시키고 독자들이 자기만의 비판적 사고 기술을 발전시키도록 하는 목표
   를 갖는다.

3. **이론과 연구를 통합한다.** 우리는 학생들에게 이론과 연구가 어떤 식으로 상호작용하는지
   보여주고자 한다. 이론적 발전은 실증 연구에 박차를 가하고 실증 연구는 성격 이론의 발
   전, 수정, 평가를 돕는다.

4. **사례와 이론을 통합한다.** 필연적으로 이론과 연구는 고유한 특정 개인을 다루기보다는 추
   상화 및 일반화와 보다 밀접하게 관련된다. 일반론과 구체적 사례 사이의 간극을 극복하
   기 위해 우리는 각 이론이 특정 개인을 어떻게 평가하고 해석하는지에 대한 사례 연구 자
   료를 제시한다. 우리는 책 전체에 걸쳐 한 가지 사례를 추적하며 다양한 이론들이 동일한
   한 명의 사람과 어떻게 관련을 맺는지 살펴볼 것이다. 따라서 학생 여러분은 "각각의 이
   론적 렌즈를 통해 살펴본 그 사람의 모습이 서로 완전히 다를까? 아니면 상보적일까?"라
   는 질문을 던져볼 수 있다. 또한 임상심리학에 관심을 가진 학생들은 사례 연구를 통해
   성격심리학과 임상/상담 현장이 연결되는 모습을 볼 수도 있을 것이다.

5. **이론들의 비교분석을 위한 발판을 제공한다.** 우리는 여러 이론을 모두 일정한 방식으로 다룬
   다. 우리는 각 이론이 성격 구조, 성격 과정 또는 역동, 성격 발달, 그리고 임상적 적용을
   다루는 방식을 제시할 것이다. 이어서 장의 결론 부분에서는 각 이론을 평가한다. 각 장
   을 읽으며 학생 여러분은 각 이론의 장점을 나름대로 비교하고 여러분만의 결론을 내려
   볼 수 있을 것이다.

6. **성격심리학 분야의 복잡성을 존중하면서 이를 최대한 이해하기 쉽게 제시한다.** 우리는 학생들
   에게 성격심리학 영역의 실제 모습을 그 뉘앙스와 복잡성까지 그대로 가르치려 한다. 하
   지만 우리는 최대한 이해가 가능한 방식을 사용하려 한다. 우리는 학생들의 흥미와 궁금
   증을 반영하는 글쓰기를 하려 했으며 또한 필수적인 배경지식들을 담아내려 했다.

제14판의 새로운 점

목표는 그대로 유지되지만, 이 분야의 변화에 따라 시간이 흐르면서 그 내용은 분명히 달라졌다. 예전만큼 그 분야에 중요하지 않아 보이는 이론들을 삭제하거나 축소하는 것과 더불어, 우리는 종종 검토자들의 피드백에 따라 다른 이론들을 확대해서 다루었다. 과학적 활동으로서, 성격에 대한 연구는 연속성과 때로는 극적인 변화를 모두 반영하는 성격의 전개 그 자체와 다르지 않다. 우리는 본문에서 두 가지를 모두 제시하려고 시도했다. 마지막으로, 때때로 '적을수록 좋다'는 관점에 따라, 많은 부분에서 우리는 더 간결해졌고 토론에 집중했다.

이 책의 문체도 세월이 흐르면서 변해왔는데, 이전보다 더 '대화적인' 톤을 특징으로 한다. 이러한 문체는 비판적 사고를 유도하는 방식으로 독자를 직접 참여시키려는 목적을 가진다. 학생들은 아마도 대학 커리큘럼의 다른 어떤 수업보다 이 과정의 자료에 대해 더 많은 직관(종종 훌륭하고 견고한 직관)을 가지고 있을 것이다. 교과서 저자와 강의실 강사는 이러한 직관을 활용하여 학생들이 성격 과학 및 일반 과학에 대해 비판적으로 생각하도록 격려할 수 있다.

이러한 점진적인 변화 외에도 제14판은 주요한 새로운 기능을 포함하고 있다. 현대적 발전Contemporary Developments 섹션은 본문의 5개 장에 나타난다. 이 중 4개는 다른 교재에서 거의 다루지 않는 주제에 할애되었다('성격 이론의 현대적 발전'). 성격 이론이라는 지적 활동은 천년이 끝날 무렵에도 멈추지 않았고, 연구자들은 20세기의 대이론가들에게 동기를 부여한 도전들을 계속해서 추구하고 있다. 이러한 네 가지 발전은 본문에서 네 가지 이론적 관점에서 발견된다(정신역동 이론, 현상학적 이론, 특질 이론, 사회인지 이론). 4개의 21세기 이론은 '그 자체의 장점'뿐만 아니라 각각이 20세기 이론화의 한계를 특히 직접적으로 다루기 때문에 선택되었다. 따라서 '성격 이론의 현대적 발전'은 학생들이 비판적으로 생각할 수 있는 또 다른 기회이다. 독자들은 이전 이론화의 한계를 새로운 발전을 다루기 위한 서막으로 고려하도록 권장된다.

또한, 제2장('사람에 대한 과학적 연구')에는 성격 연구의 현대적 발전에 대한 섹션이 포함되어 있다. 독자들은 연구자들이 소셜 미디어에 나타난 자발적인 언어 사용을 분석함으로써 성격 특성을 추론하는 컴퓨터화된 텍스트 분석 방법에 대해 배운다.

마지막으로, 전판에 실렸던 '성격 이론과 연구의 평가'에 관한 자료는 온라인 강사 지침 사이트(www.wiley.com/go/cervone/personality14e)로 옮겨졌다.

그 자료는 이전 장과 전문 분야의 현재 상태를 되돌아보는 것이기 때문에 제1~14장에서 다루는 성격 이론과 연구를 이해하는 데 절대적으로 필요한 것은 아니다. 그럼에도 불구하고, 참여도가 높은 학생들은 온라인에서 자료를 읽음으로써 주제를 다시 살펴보고, 해당 분야에 대해 숙고하고, 자신이 그것을 발전시킬 수 있는 방법을 생각하기를 원할 수도 있다.

퍼빈 교수와 나는 항상 성격심리학이 학생들이 개인에 대한 체계적인 이론화의 과학적이고 실용적인 가치를 인식하고, 사례 연구와 경험적 연구의 증거가 어떻게 성격 이론의 발전에 영향을 미치는지 이해하고, 그들에게 개인적인 의미를 부여하고 그들 자신의 삶에 유용한 특정 성격 이론을 발견할 수 있게 해주기를 바랐다.

감사의 글

지속적인 지원을 해주었고 교재의 질을 향상시킬 수 있는 제안을 해준 John Wiley & Sons의 심리학 담당자들에게 감사한다. 나에게 미래 취재를 위한 질문과 제안을 보낸 많은 학생들과 강사들에게도 감사한다. dcervone@uic.edu로 계속 보내주기 바란다.

또한 제14장에 나오는 사례 연구를 포함할 수 있도록 허락해 준 워싱턴주립대학의 월터 D. 스콧 박사에게 감사한다. 스콧 박사는 해당 사례의 치료자였으며, 평가 도구와 사례 보고서는 스콧 박사와 저자가 공동으로 작성했다.

나는 특히 도미니칸대학의 트레이시 L. 콜드웰 교수에게 감사한다. 콜드웰 박사는 이 책의 강사 지침 사이트(www.wiley.com/go/cervone/personality14e)에서 이용할 수 있는 광범위한 보충 자료를 준비했고, 제1장에 나오는 '도구 통' 은유를 제안했으며, 여러 판에 걸쳐 이 교재를 탄탄하게 만든 과학과 교육학 모두에 귀중한 정보를 제공했다.

다니엘 세르본Daniel Cervone
일리노이대학 시카고캠퍼스 심리학과 교수

차례

1 성격 이론 : 일상 관찰로부터 체계적 이론으로

2 사람에 대한 과학적 연구

5 현상학적 이론 : 칼 로저스의 성격 이론

6 로저스의 현상학적 이론 : 적용, 관련된 이론적 개념과 최신 연구

7 성격 특질 이론 : 올포트, 아이젱크, 카텔

8 특질 이론 : 5요인 모형과 현대적 발전

9 성격의 생물학적 기반

10 행동주의와 성격의 학습 접근법

13 사회인지 이론 : 적용, 관련된 이론적 개념과 최신 연구

14 성격과 맥락 : 대인관계, 문화, 일생 동안의 발달

1

성격 이론 : 일상 관찰로부터 체계적 이론으로

제1장의 초점

나는 때로는 이기적이 되는데 나 자신이 완벽해지려고 노력하기 때문이라고 생각한다. A학점을 받는 학생, 좋은 엄마, 사랑스러운 아내, 탁월한 직원, 배려심이 많은 친구가 되기를 원한다는 의미에서의 '완벽'이다. 내 남자 친구는 때때로 내가 테레사 수녀가 되려고 너무 애를 쓴다고 생각한다—그게 나쁘다는 뜻은 아니다. 그러나 나는 때로 나 자신을 정상이 아닌 상태로 몰아가곤 한다. 나는 어려운 어린 시절과 성인기를 겪었기 때문에 이 모든 나쁜 시절에 대한 보상을 받으려 노력한다고 생각한다. 나는 생산적이고 좋은 사람이 되어서 나의 세계를 다르게 만들고 싶다.

　나는 정말 문제다. 나는 유전학을 공부하고 머리도 좋은 편이어서 학교에서 공부도 잘하는데 단지 언제 입을 닫을지 모르는 것이 문제이다. 대부분의 경우 나는 수줍어서 다른 사람들에게 말도 잘 못하지만, 종종 아주 공격적이 되고 무척 신랄한 단어를 사용할 때도 있다. 나는 때때로 비판적이고 잔인하고 뽐내는 사람이 된다. 물론 내가 친절하고 상냥하다고 말하는 사람도 있고 그것은 부분적으로 사실이기도 하다. 그러나 난 오직 내가 함께 이야기를 나눌 가치가 있다고 생각하는 사람들에게만 친절하고 상냥하게 대한다. 나는 논쟁을 매우 좋아하고 재미를 위해서 논쟁을 벌이곤 한다.

1

나는 항상 다른 사람들에 의해 냉소적이고 진실하다고 묘사되어 왔다. 나는 나를 호기심 많고 철학적이며 정의지향적이라고 묘사하고 싶다. 나는 조직을 열렬히 사랑하지만, 내 방은 내가 지금까지 본 것 중 가장 지저분한 방이다. 갓난아기의 방처럼 말이다. 나는 내성적이지만 나 자신에 대해 많은 결론을 내리지는 않는다. 나는 매우 수동적이고 부드러워 보이지만, 너무 피곤해서 단지 화를 낼 수 없는 것이다.

어떤 사람은 가끔 수줍어한다. 그러나 어떤 사람에게는 마음을 열기도 한다. 그가 언제 행복하고 언제 슬픈지 알기 어렵다. 그는 진정한 감정을 드러내지 않는다. 왜냐하면 감정을 드러내는 것이 너무나 힘들기 때문이다. 그는 마음을 닫게 만드는 외상 경험을 했고 진정한 자기를 보여주는 것이 두려운 것처럼 보인다. 그는 재미있고, 재미있는 것을 많이 하며, 함께 있으면 재미있는 사람이다. 그러나 그가 정말로 즐거운 시간을 보내는지 알기 어려울 때가 가끔 있다. 많은 사람들에게 사랑을 받고 많이 베푸는 타입인데 '진지함'을 좋아하지 않는다.

이 스케치들은 바로 여러분과 같은 사람, 즉 성격심리학을 수강하기로 한 학생들이 쓴 것이다. 나는 첫 번째 수업 시간에 수강생들에게 자신의 성격과 친구의 성격에 대해 묘사해 보라고 한다. 두 가지 일이 일어난다. 첫째, 학생들은 질문에 대답할 수 있다. "여러분의 성격을 묘사하라."라고 하면, "어떻게 해야 할지 모르겠다. 이제 겨우 성격심리학 수업의 첫날일 뿐인데."라고 말하는 경우는 거의 없다. 둘째, 여기서 볼 수 있듯이, 그들의 대답은 종종 상세하고 미묘하며 통찰력이 있어서 우리는 이렇게 묻고 싶은 유혹을 느낀다. 이 교실이 '성격 이론가들'로 가득 차있는 것이 아닐까?

어떤 의미에서는, 그렇다. 우리는 모두 성격 이론가들이다. 우리는 자신과 다른 사람들에 대해 묻는다. "나는 왜 이렇게 수줍음이 많지?" "우리 부모는 왜 그렇게 이상할까?" "부모님이 너무 이상해서 내가 그렇게 수줍어하는 거야?" 성격심리학 수업을 듣기도 전에 우리는 정교하고 종종 정확한 답을 생각해 낸다. 여러분은 이미 성격에 대한 아이디어를 가지고 있고, 하루 동안 일어난 사건들을 이해하고, 다음 날 일어날 사건을 예측하고, 자신과 친구들이 삶의 스트레스, 충격, 상처를 극복할 수 있도록 돕는 데 활용한다.

'그러나'—아마 여러분은 자문할 것이다—"내가 이미 성격에 대해 그렇게 많이 알고 있다면, 이 수업에서 무엇을 배울 수 있을까?" 즉, "전문 성격심리학자는 내가 아직 하지 않은 어떤 일을 하고 있는가?" 이 장에서는 성격을 연구하는 심리학자들의 과학적 목표와 방법을 소개함으로써 이 문제를 다룬다. 하지만 먼저, 우리는 핵심 용어를 정의하고 이 과학 분야의 현황에 대해 이야기할 것이다.

이 장에서 다룰 질문

1. 과학적인 성격 이론은 여러분이 일상의 삶에서 발전시킨 사람에 관한 아이디어와 어떻게 다른가?
2. 왜 하나 이상의 성격 이론이 존재하며 이론 간에는 대체로 어떤 차이가 있는가?
3. 성격심리학자들은 무엇을 성취하려고 노력하는가? 달리 말하면, 그들이 이해하려고 노력하는 사람과 개인차의 측면은 무엇이며, 어떤 성격 이론에서든 다루어져야 할 만큼 중요한 성격의 요소는 무엇인가?

성격의 정의

성격심리학은 개인 내 기능의 역동과 특정 삶의 일관성과 주제의 통일성에 관한 것입니다.

Block(1992, p. xiii)

여러분은 이미 '성격'에 대해 직관적으로 이해하고 있다. 공식적인 정의가 필요할까? 왜냐하면 단어에서 흔히 볼 수 있듯이, 사람마다 '성격'이라는 단어를 다른 방식으로 사용하기 때문이다. 이러한 차이는 입문 과정과 전문 분야 모두에서 혼란을 야기할 수 있다(Cervone, 2005). 그러므로 '성격'이라는 단어가 사용되는 몇 가지 방법을 살펴보자. 그런 다음 용어에 대한 공식적 정의를 할 것이다.

예를 들어, 사람들은 흔히 "엘런 디제너러스는 성격이 대단하다." 또는 "나의 심리학 교수님은 성격이 없다."라고 한다. 여기서 성격은 '카리스마'를 의미한다. 이것은 성격심리학자들이 이 단어를 사용하는 방식이 아니다. 이 책은 카리스마의 이론과 연구에 관한 것이 아니다.

전문 심리학자들은 '성격'이라는 단어를 두 가지 방법으로 사용한다. 구체적으로 그들은 두 가지 형태의 성격 변수, 즉 사람을 이해하기 위한 두 가지 개념과 그들이 어떻게 다른지를 제안한다.

1. **성향**   한 가지 변수는 성격 성향이다. 일반적으로, 과학에서 성향은 기술이다. 성향 용어는 사람이나 사물이 하려는 경향을 기술한다. 유리 꽃병은 부딪히면 깨지는 경향이 있다. '깨지기 쉬움'은 이러한 경향을 기술하는 성향 용어이다. 어떤 종류의 거북이는 매우 오래 사는 경향이 있다. '장수'는 이러한 경향(거북이는 다른 많은 종들에 비해 '수명이 긴')을 기술한다. 성격 연구에서 심리학자들은 개인을 가장 잘 기술하는 성격 성향과 사람들이 서로 다른 주요 방식을 파악하기 위해 노력한다.

   사람들은 피곤할 때 잠을 자고, 배고플 때 밥을 먹고, 교과서를 읽을 때 지루함을 느끼는 등 많은 경향을 가지고 있다. 성격 성향으로 간주되는 것은 무엇인가? 여러분 스스로 해결할 수 있다. '성격'이라는 단어를 어떻게 사용하는지 생각해 보면, 여러분은 두 가지 속성을 가진 심리적 특성을 설명하기 위해 이 단어를 사용한다는 것을 금방 깨닫게 될 것이다. '성격' 성향은 (1) 지속적이고 (2) 독특하다.
   - '지속적'이란 표현은 성격 특성이 상이한 시간과 상황에 걸쳐서 적어도 어느 정도는 일관적인 속성임을 의미한다. 뭔가에 스트레스를 받아서인지 어느 날 조금 이상하게 행동하는 자신을 발견하게 된다고 해서 그날 "성격이 변했다."라고 말하지는 않을 것이다. 여러분은 '성격'이라는 단어를 오랜 기간 즉 몇 달, 몇 년, 어쩌면 평생 동안 지속되는 특징들을 묘사하기 위해 사용한다. 사람들은 비교적 안정적인 양태의 기능성을 보이는 경향이 있다. 동시에 사람들은 시간이 흐르면서 변화하며, 상이한 상황에서 종종

다르게 행동하는 법도 알고 있다. 생애의 한때 내향성이었던 사람이 만년에 외향성이 되기도 하고, 어떤 사회적 상황에서 내향적인 사람이 다른 상황에서는 외향적으로 변하기도 한다. 성격심리학자의 과제는 한 개인의 심리적 기능의 패턴, 즉 시간과 상황에 걸쳐서 그 사람을 관찰할 때 두드러지는 패턴을 기술하고 설명하는 것이다.

- '독특한'이란 표현은 성격 특성이 사람들을 서로 구별한다는 것을 의미한다. 여러분의 성격을 설명해 달라는 요청을 받으면 "나쁜 일이 있을 때는 슬프고 좋은 일이 있을 때는 행복한 편"이라고 말하지는 않을 것이다. **모든 사람**은 나쁜 일/좋은 일이 있을 때 슬프고 행복하다고 느낀다. 이러한 경향은 독특하지 않다. 하지만 만약 우리가 이 장을 시작할 때 그린 스케치 중 하나처럼, 누군가가 "대부분은 수줍어하고… 때로는 빈정거리고, 잔인하고, 거드름을 피우며 … 그럼에도 불구하고 말할 가치가 있다고 여겨지는 사람들에게는 친절하고 상냥하다."라고 한다면, 그것은 특색 있는, 따라서 (더 복잡한) 성격 성향이다.

2. **내면의 정신생활** 두 번째 개념 집합은 내면의 정신생활을 말한다. 성격심리학자들은 개인의 정신적 삶을 구성하는 신념, 정서, 동기를 연구한다. 대안적 욕망 사이의 갈등, 마음속에 떠올라 감정으로 채워지는 기억, 사고 능력을 방해하는 정서들, 일상적인 일을 의미 있게 만드는 장기적 목표, 목표를 달성하기 위한 노력을 저해하는 자기 의심 ─ 이것들은 성격심리학자가 목표로 하는 정신생활의 특징이다.

앞서 인용문에서 성격심리학자인 잭 블록이 사용한 과학적 목표에 대한 기술적 용어는 '개인 내 기능'이다. 성격심리학은 사람 간의 차이나 개인 간의 차이에만 관심이 있는 것이 아니다. 성격심리학자들은 기본적으로 마음 내부의 생각과 정서의 상호작용이나 개인의 정신 기능에 관심을 가지고 있다.

심리학의 많은 분야가 정신생활을 연구한다. 성격심리학의 독특한 점은 무엇인가? 한 가지 독특한 특징은 정신생활의 여러 측면들이 어떻게 서로 연결되어 있는지 혹은 '응집되어 있는지'에 대한 이 분야의 관심사이다(Block, 1992; Cervone & Shoda, 1999). 이 관심을 다른 심리학 분야의 주요 관심사와 비교해 보라. 인지심리학자는 기억을 연구할 수 있다. 사회심리학자는 자아 개념을 연구할 수 있다. 교육심리학자는 학교에서 완벽주의 성향을 다룰 수 있다. 그러나 성격심리학자는 이러한 서로 다른 조직들이 개인의 삶에서 어떻게 응집되는지에 관심이 있다. 여러분은 위의 인용구에서 그러한 성격 일관성을 보았을 뿐이다. 그 사람의 기억(힘든 삶)은 그녀의 자아 개념(세상에 변화를 주는 생산적인 사람이 되는 것)과 연결되어 있었고, 그 결과 그녀의 완벽주의("완벽하기 위해 노력")를 설명했다.

이러한 연결을 설명하는 데 유용한 개념은 '시스템'이다. **시스템**system은 전체를 구성하는 모든 연결된 상호 작용 부품 세트이다. 성격은 하나의 시스템이라고 생각할 수 있다. 서로 다른 심리적 특성(믿음, 가치관, 정서, 목표, 기술, 기억)은 서로 영향을 주고 사람

시스템
함께 기능하는 고도로 상호 연결된 부분들의 모음으로, 성격 연구에서 구분되는 심리적 메커니즘은 성격의 심리적 현상을 만들어 내는 시스템으로 함께 기능할 수 있음

전체를 구성한다(Mischel & Shoda, 1995; Nowak, Vallacher, & Zochowski, 2005).

우리는 이제 성격을 정의할 수 있는 위치에 있다. 심리학에서 **성격**personality이란 개인의 지속적이고 독특한 경험과 행동 패턴에 기여하는 심리학적 체계를 가리킨다. 보다시피, 정의는 위의 두 가지 의미를 결합하고 있다. 이상적으로 성격심리학자는 사람들의 독특한 경험과 행동(그들의 성향)을 설명하는 데 도움이 되는 심리적 체계(정신생활의 측면)를 확인할 수 있을 것이다.

성격
경험과 행동의 일관적인 패턴을 설명하는 사람의 특성

왜 성격을 공부하는가?

왜 성격심리학 수업을 듣는가? 이 질문에 답하는 하나의 방식은 이 수업의 자료를 심리학의 다른 수업의 자료와 비교하는 것이다. 전형적인 101 심리학 개론 시리즈를 생각해 보라. 학생들은 종종 수업 내용에 실망을 한다. 그 수업은 전체로서의 사람에 관한 것 같지 않다. 대신 학생들은 사람의 일부분(예 : 시각 체계, 자율신경 체계, 장기 기억 등)과 사람이 하는 것들(학습, 문제 해결, 의사 결정 등)에 관해서 배운다. "도대체 심리학의 어디에서 전체로서의 사람에 관해 배울 수 있을까?" 이런 질문이 당연히 나옴 직한데 그에 대한 대답은 "여기, 성격심리학에서 배운다."라는 것이다. 성격 이론가들은 한 개인의 심리적 삶의 상이한 측면들이 어떻게 서로 관계되고, 개인이 살고 있는 사회와 문화와는 어떤 관계를 갖는지를 이해하려고 노력함으로써 전체 인간에 관한 문제를 다룬다(Magnusson, 2012). 그러므로 성격심리학을 공부하는 하나의 이유는 성격심리학이 심리학의 가장 복잡하고 흥미로운 주제인 전체의, 통합된, 일관성 있는, 독특한 개인을 다루기 때문이다.

성격심리학 과목을 수강하는 또 다른 이유는 보다 폭넓은 지적 세계를 포함하기 때문이다. 성격 이론들은 과학적 심리학의 경계 내에서만 영향력이 있었던 것이 아니다. 이들은 전체 사회에 영향을 끼쳤다. 그들은 또한 사회 전반에 영향을 끼쳤다. 사실, 그것들은 매우 영향력이 있어서 아마도 여러분이 이 과정에 등록하기 전부터 여러분의 사고방식에 영향을 미쳤을 것이다. 누군가 큰 '자아'를 가지고 있다고 말한 적이 있는가? 아니면 친구를 '내향적'이라고 부른 적이 있는가? 아니면 말실수가 말하는 사람의 숨겨진 신념에 대해 뭔가 드러내는 것이 있느냐고 물었을까? 그렇다면 여러분은 이미 성격심리학에서 나온 용어와 아이디어를 사용하고 있는 것이다.

다음은 성격심리가 미치는 영향에 대한 세 가지 지표이다.

- 20세기 말에, 학자들(Haggbloom et al., 2002)은 20세기의 가장 영향력 있는 과학심리학자들을 확인했다. 누가 포함되었을까? 상위 25명 안에 든 대다수는 성격심리에 기여한 연구자들이었다.

- 세기의 끝은 또한 밀레니엄의 끝이었다. 한 TV 방송국이 역사학자들과 다른 사람들을 대상으로 지난 1000년 동안 가장 영향력 있었던 인물 100명을 선정했다. 목록에 오른 유일한, 그리고 쉽게 12위에 오른 심리학자는 성격 이론가였는데, 바로 정신역동 이론가인 지그문트 프로이트였다.＊
- 2007년 통계분석을 통해 인문사회과학 분야(심리학뿐 아니라 정치학, 철학, 언어학, 문학비평, 사회학, 문화학 등)에서 가장 영향력이 큰 책의 저자를 파악했다. 가장 많이 인용된 살아있는 저자는 성격 이론가인 사회인지 이론가 앨버트 밴듀라였다.＊＊

여기서 성격 이론과 연구에서 심리학 역사상 가장 영향력 있는 아이디어를 발견할 수 있을 것이다.

성격 이론가들의 세 가지 목표

이제 이전 질문으로 돌아가 보자. 전문적인 성격심리학자는 하고 있는데 독자인 여러분은 하지 않고 있는 것은 무엇인가?

여러분이 하는 일을 생각해 보라. 여러분은 친구 및 가족과 직접 또는 전자적으로 교류한다. 사람을 직접 관찰할 뿐만 아니라 영화와 비디오, 그리고 책, 잡지, 블로그에서도 사람을 관찰한다. 자신의 강점과 약점, 희망과 계획, 그리고 타인에 대한 책임감 등 자신에 대해 생각한다. 그리고 다른 사람들이 여러분에게 자신, 친구, 가족, 그리고 그들의 희망과 꿈에 대해 말할 때, 그들이 어떻게 여러분과 같은 일을 하는지 알게 된다. 이런 일상적인 관찰을 통해 인간 본성과 사람들이 서로 다른 주된 방식에 대한 생각을 발전시킨다.

대부분의 사람들에게 그것이 성격에 대한 많은 생각이다. 하지만 성격심리학자는 '대부분의 사람들'이 아니다. 성격을 연구하는 심리학자들은 단순히 사람에게 관심이 있는 비전문가와 자신의 활동을 구분 짓는 세 가지 목표를 추구한다.

1. 과학적인 관찰

성격심리학자는 사람들을 무심코 관찰하지 않는다. 대신, 그들은 과학적 관찰을 추구한다. 관찰을 과학적으로 만드는 특징은 과학마다 다르다. 성격심리학에서는 세 가지가 두드러진다.

1. 다양한 그룹의 사람들을 연구하라.   심리학자들은 일상에서 우연히 마주치게 되는 사

＊ "A & E's Biography : 100 Most Influential People of the Millennium", https://wmich.edu/mus-gened/mus150/biography100.html

＊＊ https:// www.timeshighereducation.com/news/most-cited-authors-of-books-in-the-humanities-2007/405956. article

람들의 관찰만을 바탕으로 성격 이론을 세울 수는 없다. 그들은 성격에 대한 결론이 세계 시민들의 삶을 대표한다는 것을 확실히 하기 위해 다양한 집단의 개인들을 관찰해야 한다. 이러한 필요성은 특히 중요한데, 왜냐하면 다른 나라와 문화권의 사람들은 다른데, 이는 특정한 삶의 맥락 안에서 연구된 후에만 명백해지기 때문이다(Cheng, Wang, & Golden, 2011). 국가와 문화뿐만 아니라 민족, 영적 신념, 경제적 상황과 관련된 하위 문화도 독특한 심리적 특성을 보일 수 있다(Oyserman, 2017).

　　오늘날의 성격 과학에서 연구자들은 종종 이렇게 다양한 참여자 그룹에 도달하는 데 훌륭하게 성공한다. 예를 들어, 한 연구팀은 56개국의 참가자들로부터 성격에 대한 자기 설명을 요약했다(Schmitt et al., 2007). 또 다른 연구는 전 세계 여러 지역에 걸쳐 성격 경향을 조사한 결과, 더 온화한 기후가 더 외향적인(사회적이고 개방적인) 성격 스타일을 촉진한다는 것을 발견했다. 세계 인구를 연구하는 능력은 기술의 진보에 의해 더 쉬워진다. 연구자들은 컴퓨터 사용자의 선호도와 진술을 소셜 미디어 및 다른 인터넷 사이트(Bleidorn, Hopwood, & Wright, 2017)에 기록함으로써 얻은 대규모 정보인 '빅 데이터'를 분석함으로써 전 세계 사람들에 대한 정보를 얻을 수 있다.

　　그러나 이러한 경향은 최근이다. 21세기 이전까지 심리학 연구에 참여한 사람들의 대다수는 전 세계 인구의 20% 미만을 차지하는 유럽과 북미 출신이었다. 이는 성격의 모든 주요 이론이 금세기 이전에 발전했다는 점에서 의미가 있다.

2. **사람에 대한 관찰이 객관적인지 확인하라.**　두 번째 요구사항은 '객관성'이다. 정보를 얻는 사람의 주관적인 개인적 의견과 욕구에 영향을 받지 않는 정보를 '객관적'이라고 한다. 만약 여러분이 체중계에 올랐을 때 여러분의 실제 체중을 알려준다면 그 척도는 '객관적'이다. 그것은 다른 체중을 원하는 여러분의 주관적인 욕구에 영향을 받지 않는다. 심리학자들은 객관적인 성격에 대한 정보를 제공하는 과학적인 방법을 찾기 위해 노력한다.

　　객관적인 방법은 과학의 핵심 목표인 재현 가능성을 촉진한다. 한 과학자가 발견한 것을 보고할 때마다 다른 과학자는 그것을 재현할 수 있어야 한다. 다시 말해서, 그들은 연구 절차를 반복하고 동일한 결과를 얻을 수 있어야 한다. 위의 예를 들어, 한 연구팀이 온화한 기후가 외향적인 성격 스타일을 예측한다는 것을 발견했다면, 다른 과학자가 그들의 절차를 반복하고 동일한 것을 찾을 수 있어야 한다.

　　재현 가능성은 달성하기 어려운 것으로 드러났고, 심리학은 최근 '재현 위기'를 겪고 있다(Shrout & Rodgers, 2017). 연구자들은 종종 잘 알려진 연구 결과를 재현하는 것이 어렵다는 것을 발견했다. 이러한 어려움은 주로 성격심리학 이외의 분야에서 발생했지만, 재현 가능성에 대한 전반적인 질문은 성격 분야에서 중요하다. 특히 성격심리학에서 하나의 가치 있는 근거가 되는 사례 연구는 원칙적으로 복제될 수 없기 때문이다. 사례 연구는 특정 개인에 대한 심층적인 조사이다(제2장 참조). 예를 들어, 치료자는 내담자에 대한 사례 연구를 보고할 수 있다. 일반적으로 사례 연구는 재현 가능하지 않다. 임상 사례 연구를 읽고 내담자에게 연락하여 연구를 반복할 수 없다.

3. 사고, 정서, 생물학적 체계를 연구하기 위해 특화된 도구들을 사용하라.   심리학자들도 여러분처럼 사람들을 관찰한다. 하지만 그들은 또한 특화된 도구를 사용하여 관찰한다. 이러한 도구들은 종종 과학적 정보를 얻는 데 있어 특정한 장애물을 극복하기 위해 고안되었다. 여기 두 가지 예가 있다. 많은 사람의 성격 특성에 대해 알아보려고 한다고 가정해 보자. 장애물은 사람들과 접촉하고 그들이 성격 테스트를 완료하도록 하는 데 드는 비용과 어려움이다. 이러한 장애를 극복하기 위해 연구자들이 사용하는 특화된 도구는 소셜 미디어의 언어 사용을 분석하여 성격 특성을 평가하는 컴퓨터 소프트웨어이다(Park et al., 2014). 두 번째 예로, 만약 여러분이 사람들의 감정, 즉 그들의 기분과 정서를 연구하려고 하는데, 어떤 사람들은 자신의 감정을 공개적으로 이야기하기를 꺼려한다는 것이다. 연구자들은 사람들에게 자신에 대해 이야기하라고 명시적으로 요구하지 않고 기분과 정서를 평가하는 도구를 개발했다(Quirin, Kazén, & Kuhl, 2009). 예를 들어, 연구 참여자들에게 추상적인 이미지로 표현된 정서를 묘사하도록 요청하면, 그들의 묘사는 그들 자신의 정서 상태를 드러낸다(Bartoszek & Cervone, 2017).

2. 과학적 이론

과학의 근본적인 목표는 사건을 **설명**하는 것이다(Salmon, 1989). 과학자들은 과학적 관찰을 설명하기 위해 설명적 틀, 즉 이론을 개발한다.

과학 이론이란 정확히 무엇인가? '이론'이라는 단어는 다른 방식으로 사용될 수 있다. 예를 들어, 여러분은 "내 친구 릴리아나가 어떤 남자에게 정말로 끌리지만 그에게 말하지 않았기 때문에 불안해하고 있다는 이론을 가지고 있다."라고 말할지도 모른다. 설령 여러분이 옳다고 해도 릴리아나에 대한 여러분의 생각은 그 자체로 릴리아나의 성격에 대한 과학적 이론은 아니다. 성격에 대한 과학적 이론은 세 가지 독특한 특성을 가지고 있다. 그것은 **체계적이고, 검증 가능하며 포괄적**이다.

1. **체계적 이론**   앞서 언급했듯이, 여러분은 이미 상이한 사람들에 관한 많은 상이한 아이디어를 발전시켰다. 하지만 여러분은 그런 아이디어들을 체계적이고 논리적인 방식으로 상호 연결시켜야 하는 부담을 갖고 있지는 않다. 한 번은 "릴리아나가 어떤 남자에게 정말 끌렸는데 그에게 말하지 않았기 때문에 불안하다."라고 말하고, 또 다른 한 번은 "우리 엄마는 항상 불안해해. 아마도 유전인가 보다."라고 말한다고 가정해 보자. 그랬더라도, 여러분은 보통 이 발언들을 서로 연결시킬 필요가 없다. 누구도 여러분에게 왜 한 사건이 대인관계적 원인(관계의 깨짐)을 가지고 있고 다른 사건은 생물학적 원인(유전적 성향)을 가지고 있는지를 설명하도록 강요하지 않는다. 하지만 성격심리학자들은 체계적으로 조직된 이론을 만들기 위해 그들의 모든 생각을 서로 연관시켜야 한다.

2. **검증 가능한 이론** 여러분이 친구에게 "우리 부모는 이상하다."라고 말해도 친구는 보통 "증명해 봐."라고 말하지는 않는다. 그러나 과학 공동체는 과학자가 무슨 말을 할 때마다 "증명해 봐."라고 요구한다. 성격심리학자는 객관적인 과학적 증거에 의해서 검증될 수 있는 이론적 아이디어를 발전시켜야 한다.

이것은 물론 모든 과학에 적용되는 사실이다. 그러나 성격심리학에서 검증할 수 있는 이론을 만드는 목표 달성은 특히 어려울 수 있다. 그 이유는 이 분야의 주제가 목표, 꿈, 소망, 충동, 갈등, 정서, 무의식적인 심리적 방어 등 무척 복잡하고 과학적으로 연구하는 것이 본질적으로 어려운 정신생활의 여러 양상들을 포함하기 때문이다.

3. **포괄적 이론** 여러분이 아파트를 빌리고 집세를 부담할 룸메이트를 구하려 한다고 하자. 룸메이트를 누구로 정할지 결정할 때 여러분은 잠재적 후보자들의 성격에 관해서 많은 질문을 스스로에게 할 것이다. 그 사람들이 노는 것을 좋아할까? 양심적일까? 마음이 개방적일까? 등등. 그러나 여러분이 물을 필요가 없는 많은 다른 질문들 또한 존재한다. 만약 이 사람들이 노는 것을 좋아한다면 이러한 속성은 기본적으로 유전된 것일까 혹은 학습한 것일까? 만약 그들이 지금 양심적이라면 지금부터 20년 후에 보다 더 양심적이 될까 혹은 덜 양심적이 될까? 사람에 관해서 생각할 때 여러분은 선택적으로 어떤 질문은 묻고 어떤 질문은 무시할 수 있다. 그러나 성격 이론은 성격의 기능, 발달, 그리고 개인차에 관한 모든 중요한 질문을 다룰 수 있을 만큼 포괄적이어야 한다. 이것이 성격 이론과 심리학 대부분의 다른 분야에서의 이론화를 구분하는 것이다. 성격 이론가는 사람의 '부분'을 연구하는 것으로 만족할 수 없다. 성격 이론가는 그 사람 전체를 포괄적으로 이해하는 역할을 맡는다.

3. 적용 : 관찰로부터 이론 및 실제 적용으로

이 장을 시작할 때 제시한 학생들의 인용문들이 명료하게 보여주듯이 사람들은 성격심리학을 공부하기 전에 성격에 관한 통찰력 있는 아이디어들을 갖고 있다. 그러나 사람들이 자신의 개인적 통찰을 체계적인 응용으로 변환시키는 일은 드물다. 여러분은 한 친구의 문제는 자신감의 결핍이고 다른 친구의 문제는 정서적으로 마음을 여는 능력의 부재임을 인식할 수 있다. 그러나 그러한 인식 후에 여러분이 사람들의 자신감을 높이거나 마음을 열 수 있도록 도와주는 치료를 설계하지는 않을 것이다. 반면 성격심리학자들은 그런 일을 한다. 그들은 검증할 수 있는 체계적인 이론을 발전시키는 목표뿐만 아니라 이론적 아이디어를 사람들에게 도움을 주는 응용 체계로 전환시키는 목표도 갖고 있다.

사실 이 책에서 배우게 될 많은 성격 이론가들은 성격심리학에서 출발하지 않았다. 대신, 그들은 종종 처음에 상담가, 임상심리학자, 또는 의사로 일했었다. 그들의 성격 이론은 그들의 내담자들이 왜 심리적 고통을 겪고 있는지 그리고 그 고통을 어떻게 줄일 수 있는지를 이해하기 위한 노력이었다.

요약하면, 성격심리학자의 목표는 (1) 사람들을 과학적으로 관찰하고, (2) 체계적이고, 검증 가능하고, 포괄적인 이론을 발전시키고, (3) 그들의 연구 결과와 이론적 개념을 실제로 응용할 수 있도록 전환시키는 것이다. 이런 목표들은 성격심리학자가 하는 일을 시인이나 극작가나 대중심리학자나 혹은 첫 수업 시간에 성격 스케치를 써낸 학생이 하는 일과 구분 짓는 것이다. 많은 사람이 인간에 대한 통찰을 제공할 수 있다. 그러나 성격심리학자만이 이론적 아이디어를 포괄적이고, 검증 가능하고, 실용적인 이론으로 조직화하는 일을 독특하게 맡고 있다.

이 책 전반에 걸쳐서 우리는 이 목표를 달성하는 데 얼마나 성공했는지의 수준을 판단해서 성격 이론들을 평가한다. 이 책의 마지막 장은 이 책의 웹사이트(www.wiley.com/college/cervone)에서 찾을 수 있는 이 분야의 현재 상태에 대한 논평으로, 전체로서의 성격심리학 분야가 이 다섯 가지 목표를 달성하는 데 얼마나 성공적이었는지를 판단한다.

사람에 관한 질문에 과학적으로 답하기 : 구조, 과정, 발달, 치료적 변화의 이해

성격심리학자는 네 가지 뚜렷한 주제를 다룬다. 다시 말해서, 모든 성격 이론이 다루어야 할 네 가지 문제가 있다. 우리는 간단한 '정신 실험'으로 그것을 소개할 수 있다.

여러분이 잘 아는 사람, 예를 들어 좋은 친구나 가족 구성원을 생각해 보라. 여러분이 확실히 알고 있는 두 가지 사실은 다음과 같다.

1. 현재 그 사람의 성격이 어떻든 지난달과 작년에 비슷했을 것이고, 다음 달과 내년에도 비슷할 것이다. 성격은 시간이 지남에 따라 '안정적'이라고 말할 수 있다.
2. 이러한 성격의 안정성에도 불구하고, 개인의 생각, 느낌, 행동은 또한 변한다. 그들은 행복할 때도 있고 슬플 때도 있다. 때때로 그들은 정서를 통제하고 때로는 '자제심을 잃는다.'

절대적으로 확실하지는 않지만 아마도 옳다고 생각하는 두 가지는 다음과 같다.

3. 만약 여러분이 그들이 유아나 초등학교 학생이었을 때 보았다면, 그들의 성격은 지금과 같지 않을 것이다. 그들의 성격은 시간이 흐르면서 변했거나 '발전'했을 가능성이 높다.
4. 만약 그 사람이 우울증이나 불안과 같은 정신적 고통의 시기를 갑자기 경험하게 된다면, 그들은 아마도 이로부터 '회복'할 수 있을 것이다. 요컨대, 그 사람의 심리적인 안녕감을 향상시키기 위해 여러분이 할 수 있는 일이 있을 수 있다.

이 네 가지 사항은 성격심리학자들이 다루는 주제와 직접적으로 일치한다. 주제를 설명하기 위해 공식적인 과학 용어를 사용하지만 주제 자체는 근본적으로 동일하다. (1) 성격 **구조** ─지속적인 성격의 '구성 블록', (2) 성격 **과정**─한 순간부터 다음 순간까지 일어날 수 있는 사고, 정서, 동기의 역동적인 변화, (3) **성장과 발달**─우리 각자가 고유한 사람으로 발달하는 방법, 그리고 (4) **정신 병리와 행동 변화**─사람들이 어떻게 변화하고 때로는 변화에 저항하거나 변화할 수 없는 이유. 우리는 이 주제들을 지금 소개하고 이 책을 배우면서 계속 이 주제들로 돌아갈 것이다.

구조

사람들은 날이 가고 해가 가도 지속되는 심리적 속성을 갖고 있다. 개인을 정의하고 다른 개인과 구별 짓는 지속적 속성을 심리학자는 성격 **구조**structure라고 지칭한다.

예를 들어, 인간 생물학 연구를 통해 여러분은 이미 개별 장기(심장, 폐)와 장기 시스템(순환 시스템, 소화 시스템)을 포함한 지속적인 생물학적 구조가 있다는 것을 알고 있다. 이와 유사하게, 성격 이론가들은 지속되는 심리 구조를 확인하기를 희망한다. 이러한 구조에는 정서(예 : 좋은 기분이나 나쁜 기분에 기여하는 생물학적 구조), 동기(예 : 성공하거나 다른 사람들에게 인정받고자 하는 욕구), 인지(예 : 우울증 상태에 기여하는 자신에 대한 부정적인 믿음)(Beck, 1991) 또는 기술(예 : '사회 지능'의 높거나 낮은 수준)이 포함될 수 있다(Cantor & Kihlstrom, 1987).

이 교재를 통해 여러분은 상이한 성격 이론은 성격 구조에 대한 상이한 개념을 제공한다는 것을 알게 될 것이다. 보다 전문적인 방식으로 말하자면, 이론들이 성격 구조를 분석할 때 다른 **분석 단위**units of analysis를 채택한다는 것이다(Little, Lecci, & Watkinson, 1992). '분석 단위'의 개념은 중요하므로, 잠깐 그 개념을 소개하고 가자.

이 책을 읽을 때 여러분은 아마도 의자에 앉아있을 것이다. 만약 여러분에게 의자에 관해 기술하라고 하면 여러분은 "무게가 대략 15파운드"라거나 "나무로 만들어졌다."라거나 "예쁘지 않다."라고 말할 수 있다. 무게, 소재 및 매력도는 의자를 설명하기 위한 다른 분석 단위이다. 단위는 어떤 식으로든 관련되어 있을 수 있지만(예를 들어, 나무 의자가 플라스틱 의자보다 무거울 수 있음), 명백히 구분된다.

일반적인 생각은 사실상 모든 것이 한 가지 방식 이상으로, 즉 하나 이상의 분석 단위를 통해서 기술될 수 있다는 것이다. 성격도 예외가 아니다. 이 책에서 여러분이 배울 성격에 관한 상이한 이론들은 성격 구조를 분석하기 위해서 상이한 분석 단위를 사용한다. 각각의 분석 결과는 제 나름의 방식으로 옳을 수 있다. 그러나 각각은 성격에 관한 상이한 유형의 정보를 제공할 것이다. 여기서는 분석의 '특질' 단위와 '유형' 단위의 차이를 예를 들어 설명할 것이다.

인기 있는 분석 단위 중 하나가 성격 **특질**trait이다. 특질이란 단어는 일반적으로 개인이 다양한 상황에 걸쳐서 보이는 일관적인 정서 스타일 혹은 행동 스타일을 가리킨다. 예를 들면,

구조
성격 이론에서 성격의 보다 지속적이고 안정된 측면을 지칭하는 개념

분석 단위
어떤 이론의 기초 변인들을 지칭하는 개념. 상이한 성격 이론들은 성격 구조를 개념화할 때 상이한 유형의 변인을 불러오거나 혹은 상이한 분석 단위를 불러옴

특질
개인의 지속적인 심리적 특성. 또는 그런 특성을 지칭하는 일종의 심리학적 구성 개념('특질 구성 개념')

사람들이 '성실하다'라고 간주하는 방식으로 일관성 있게 행동하는 사람은 '성실성'의 특질을 갖고 있다고 말할 수 있다. **특질**과 본질적으로 동의어인 용어는 **성향**이다. 특질은 개인이 어떤 행동 경향성을 보이거나, 혹은 어떤 행동에로 기울어지는 것을 기술한다. 여러분은 이미 사람들을 기술하는 데 특질 용어들을 사용하고 있을 것이다. 여러분이 친구를 '사교적인', '정직한', '까다로운', 혹은 '무뚝뚝한' 사람이라고 말하면 특질 용어를 사용하는 것이다. 여러분이 이 용어들을 사용할 때 암묵적인 것, 즉 말하지 않고 지나가는 것이 있다. 만약 여러분이 친구를 예컨대 '사교적'이라고 말하면 이 용어는 두 가지를 내포한다. (1) 그 사람은 자신의 일상 행동에서 (비록 때로는 그렇게 행동하지 않을 때도 있지만) 평균적으로 사교적인 경향이 있다. (2) 그 사람은 다른 사람들에 비해 사교적인 경향이 있다. 만약 여러분이 특질 용어를 이런 방식으로 사용한다면 여러분은 대부분의 성격심리학자들이 사용하는 것과 동일한 방식으로 사용하는 것이다.

특질은 보통 연속적 차원으로 간주된다. 키나 몸무게 같은 생물학적 특성처럼 사람들은 특정 특질을 많거나 적게 가지고 있으며, 대부분의 사람은 차원의 중앙에 위치한다.

다른 분석 단위로 **유형**type이 있다. 성격 '유형'은 많은 상이한 특질들의 군집을 가리킨다. 예를 들면 어떤 연구자들은 성격 특질들의 조합을 탐구해서 세 유형의 사람들이 존재한다고 주장했다. (1) 심리적 스트레스에 대해서 적응적이고 탄력적인 방식으로 반응하는 사람들, (2) 사회적으로 억제되거나 정서적으로 과잉 통제된 방식으로 반응하는 사람들, (3) 억제되지 않고 과소 통제된 방식으로 반응하는 사람들(Asendorpf, Caspi, & Hofstee, 2002).

유형
질적으로 구분되는 사람들의 범주(즉 성격 유형)를 구성하는 성격 특질들의 집합

"나는 좋은 경찰도 나쁜 경찰도 아니야, 제롬. 당신처럼 나도 상황에 따라
나타나거나 나타나지 않는 긍정적이고 부정적인 성격 특성의 복잡한 혼합체야."

특질 개념과는 달리 유형 개념은 구분되는 범주로 간주된다. 달리 말하면 다른 유형에 속하는 사람들은 단순히 특정 특성을 많거나 적게 가진 것이 아니라 범주가 다른 특성들을 갖고 있다는 것이다.

과정

성격 이론들이 성격 구조를 어떻게 취급하는가에 따라 서로 비교될 수 있듯이 성격 과정을 어떻게 취급하는가에 따라서도 비교될 수 있다. 어떤 과학 분야에서든, **과정**process은 시간이 지남에 따라 변하는 것이다. 철학자 비트겐슈타인의 말처럼, 우리는 '지속 기간과 과정이 있는' 심리적 현상을 지칭하기 위해 '과정'이라는 단어를 사용한다(Wittgenstein, 1980, §836). 따라서 성격 과정은 비교적 짧은 시간에 걸쳐 변할 수 있는 심리적인 활동(생각, 감정 또는 행동을 포함)이다.

비록 여러분이 한 순간에서 다음 순간까지 동일한 사람이더라도 여러분은 항상 빠르게 변화하는 성격 과정을 경험한다. 한 순간 여러분은 공부를 하고 있다. 다음 순간 여러분은 친구 생각에 주의가 흩어진다. 다음에는 배가 고파져서 간식을 먹고 있다. 그러고는 공부를 하지 않은 것에 대해서 죄책감을 느낀다. 다음에는 과식한 것에 대해서 죄책감을 느낀다. 이 빠르고 역동적인 동기, 정서, 행동의 흐름은 성격심리학자들이 성격 과정을 연구할 때 설명하려고 시도하는 것이다.

성격 과정은 종종 보다 기술적인 이름인 성격 '역동'으로 언급된다. 이 용어를 사용할 때 심리학자는 다른 연구 분야인 물리학의 단어를 차용하고 있다. 물리학에서 '역학'은 물리적 물체가 일정 기간 동안 움직이는 방식(예 : 물체를 떨어뜨렸을 때 물체가 지구를 향해 움직이는 방식)을 나타낸다. 성격에서 '역동'은 시간이 지남에 따라 변하는 심리적 과정(사고, 정서 또는 동기를 포함)을 말한다(Cervone & Little, 2017).

성격 과정 또는 역동에 대한 연구는 현대 성격 과학이 시작된 곳이다. 19세기 후반의 유럽 심리학자들은 과거 사건에 대한 기억과 현재의 의식적 경험과 같은 정신생활의 다양한 부분이 개인의 자기 개념에서 어떻게 서로 연결되는지에 관심을 갖게 되었다(Lombardo & Foschi, 2003). 20세기 전반의 3분의 2 동안 역동적인 과정은 성격 이론의 핵심으로 남아있었다. 20세기 후반에는 개인의 성격 역동보다는 사람들 사이의 안정적인 차이를 연구하는 연구자가 많아지면서 성격심리학의 관심 초점이 다소 바뀌었다. 그러나 현 분야에서는 성격 역동 연구가 어떤 의미에서 '되돌아왔다'(Rauthmann, 2021). 연구자들은 개인의 삶의 다양한 상황에서 발생하는 성격 역동의 역동적인 변화에 대해 점점 더 탐색하고 있다.

성격 구조의 연구에서와 마찬가지로 성격 과정의 연구에서도 상이한 이론가들은 상이한 분석 단위들을 채택한다. 이 차이는 보통 동기 연구에 대한 상이한 접근법을 수반한다. 성격 이론가들은 상이한 동기 과정을 강조한다. 어떤 이론가들은 기본적인 생물학적 추동을 부각시킨다. 다른 이론가들은 미래 사건에 대한 예견이 현재 경험하는 생물학적 추동 상태보다

과정
성격 이론에서 성격의 동기 측면을 지칭하는 개념

인간에게 중요한 동기라고 주장한다. 어떤 이론가들은 동기에서 의식적인 사고 과정의 역할을 강조한다. 다른 이론가들은 가장 중요한 동기 과정들은 모두 무의식적이라고 믿는다. 어떤 이론가들에게는 자신을 고양하고 개선하려는 동기가 인간 동기 중 가장 중추적이다. 다른 이론가들에게 '자기 과정'에 대한 강조는 세계의 어떤 문화권에서는 자기 고양이 가족과 사회 공동체와 보다 더 큰 세계를 고양시키려는 욕망보다 덜 중요한 동기라는 것을 과소평가하는 것이다. 이 책에서 여러분이 읽을 성격 이론가들은 동기 과정의 탐구에서 200년 이상 동안 세계의 여러 지적 전통에서 토의되고 논쟁되어 온 인간 본성에 관한 고전적 질문들에 관련된 현대의 과학적 증거를 제시하려고 시도하고 있다.

성장과 발달

성격 이론가들은 지금 여기에서 개인이 무엇과 같을까뿐 아니라 어떻게 지금의 개인이 되었는지도 이해하려고 노력한다. 달리 말하면 성격 발달을 이해하고자 애쓰는 것이다(Mroczek & Little, 2006; Specht, 2017).

성격 발달의 전반적 연구는 비교적 독립적인 두 가지 도전을 포함한다. 하나는 전부는 아니라도 거의 대부분의 사람들에 의해서 경험되는 발달 패턴을 특징짓는 것이다. 성격 이론가는 예를 들면 모든 사람이 서로 구분되는 일련의 단계를 통과하면서 발달한다고 주장할 수도 있고, 혹은 어떤 동기나 정서 체험이 대부분의 사람들에게 다른 연령에서보다 특정 연령에서 더 흔하다고 주장할 수도 있다. 두 번째 도전은 개인차에 기여하는 발달 요인들을 이해하는 것이다. 어떤 요인이 이런 혹은 저런 성격 스타일을 발달시키는 원인이 될 수 있을까?

개인차 연구에서 가능한 원인을 고전적으로 나누는 방식은 '천성'과 '양육'을 분리하는 것이다. 우리는 생물학적 천성, 즉 유전된 생물학적 특징 때문에 우리가 되었을 수 있다. 다른 쪽으로 설명하면, 우리의 성격이 양육, 즉 가정과 사회에서의 우리의 경험을 반영할 수도 있다. 우스갯소리로 이렇게 질문할 수 있다. 만약 여러분이 자신의 성격을 좋아하지 않는다면 누구를 원망할 것인가? 여러분을 그런 식으로 양육했다는 이유로 여러분의 부모를? 혹은 여러분의 생물학적 천성을 형성한 유전자를 물려주었다는 이유로 여러분의 부모를?

역사의 상이한 시점에서 심리학 연구는 인과적 요인으로 천성 혹은 양육 중 하나를 부각시키는 경향을 보였다. 20세기 중반에 이론가들은 행동에 대한 환경 요인을 크게 강조하고 유전의 영향에 상대적으로 주의를 덜 기울였다. 1970년대를 시작으로, 연구자들은 쌍둥이들의 성격 유사성에 관해서 체계적인 연구를 시작했다. 이 연구들은 유전된 요인이 성격 형성에 기여한다는 명백한 증거를 제공했다.

최근에 세 번째 추세가 생겼다. 연구자들은 유전 요인과 환경 요인 간의 상호작용을 확인했다. 결정적인 발견은 환경적 경험이 유전자의 스위치를 켜고 끔으로써 유전적 기제를 활성화시킨다는 것이다(Champagne, 2018). 유전자가 신체의 구조적 재료인 단백질을 부호화하기 때문에 이것은 특정 유형의 경험이 유기체의 생물학적 구성을 변화시킬 수 있다는 것을 의미한다(Gottlieb, 1998; Rutter, 2012). 이 발견은 다시 전통적인 천성 대 양육 개념이 별로 타당하지 않다는 것을 의미한다. 천성과 양육ㅡ경험과 생물학적 구성ㅡ은 서로 경합하는 힘이 아니다. 대신에 그들은 인생 전반에 걸쳐 함께 일하면서 유기체를 형성해 간다(Lewontin, 2000; Meaney, 2010).

이미 여러분은 이런 질문을 했을 수 있다. 성격의 어떤 측면이 어떤 유형의 생물학적 · 환경적 요인에 의해서 영향을 받는가? 이것은 이 책 전반에 걸쳐 답을 생각해야 할 큰 질문이다. 그러나 당장은 현대 성격심리학의 발견에 의해서 부각된 몇 요인들을 짧게 살펴볼 것이다.

유전적 결정 요인

유전적 요인은 성격과 개인차에 크게 기여한다(Kim, 2009). 현대의 과학적 진보 덕분에 성격심리학자는 유전자가 성격에 영향을 미치는 구체적 경로를 정확하게 밝히는 것이 가능해졌다. 주요 경로 중 하나는 초기 아동기에 드러나는 생물학적 기초를 가진 정서 및 행동 경향성을 지칭하는 용어인 **기질**temperament을 통해서이다(Strelau, 1998).

깊이 있게 연구된 기질 특성으로는 공포 반응과 억제된 행동이 있다(Fox, Henderson, Marshall, Nichols, & Ghera, 2005). 사람들은 특히 낯설고 새로운 상황(예 : 많은 낯선 사람들과 만나는 사회적 장면)과 마주쳤을 때 공포 반응을 보이는 정도에서 크게 다르다. 유전자는 이러한 공포 반응에 수반된 대뇌 시스템의 개인차에 영향을 미친다. 이 생물학적인 차이는 다시 행동과 정서에서의 심리적 차이를 낳는다(Fox & Reeb-Sutherland, 2010). 유전적 요인은 대뇌의 발달에 영향을 미치기 때문에 이 연구에서 심리학자는 유전자로부터 생물학적 시스템을 거쳐 정서와 행동에서 표현되는 기질에 이르는 정확한 연결고리를 확인할 수 있다. 이 연구의 흥미로운 점은 유전자의 영향뿐 아니라 환경의 영향도 가르쳐 준다는 것이다. 어떤 연구는 기질적으로 수줍은 아이들이 매일같이 많은 수의 다른 아이들을 만나는 어린이집을 경험하면서 덜 수줍은 아이로 변해간다는 증거를 제시했는데(Schmidt & Fox, 2002), 이러한 주장을 뒷받침하는 자료가 확실치 않다는 주장도 있다(Kagan, 2011).

성격의 유전적 기반은 또한 진화심리학자들, 즉 심리적 특성들의 진화적 기초를 연구하는 심리학자들에 의해서도 탐구된다(D. M. Buss & Hawley, 2011). 진화심리학자들은 현대의 인간이 진화적 과거의 산물인 심리적 경향성을 보유하고 있다고 주장한다. 사람들은 특정 유형의 행동에 종사하는 경향을 갖고 있는데, 왜냐하면 그 행동이 인류 진화의 역정에서 생존과 재생산의 성공에 기여해 왔기 때문이다. 유전적 영향의 진화론적 분석은 앞의 두 단락에서 언급된 분석과는 본질적으로 다르다. 진화론적 분석에서 연구자들은 개인 간 차이의 유전적 기반에 관심을 갖지 않는다. 대신에 그들은 인간의 **보편적 속성**, 즉 모든 사람이 공통적으로 갖고 있는 심리적 속성들의 유전적 기반을 탐색한다. 우리는 대부분의 유전자를 공유한다. 이른바 인종 간의 차이조차 피부색과 같은 속성들에서의 단순히 피상적인 차이를

기질
초기 아동기에 명백하게 나타나는 생물학적 기반의 정서 및 행동 경향성

수반할 따름이다. 즉 인간 뇌의 기본 구조는 범인류적이다(Cavalli-Sforza & Cavalli-Sforza, 1995). 그러므로 진화심리학자는 진화의 여정 동안 성공적이라고 판명된 방식으로 환경에 반응하도록 만드는 심리적 기제를 우리 모두가 물려받았다고 주장한다. 예를 들어, 정서를 연구하는 과학자들은 많은 기본 정서들(예 : 분노, 슬픔, 기쁨, 혐오, 공포)이 진화적 유산이라고 주장한다(Ekman, 1993, 1994; Izard, 1994; Panksepp, 2011).

환경적 결정 요인

가장 생물학적으로 기울어진 심리학자들조차 성격이 상당한 정도로 환경에 의해서 형성된다는 것을 인정한다. 우리가 사회에서 다른 사람들과 함께 성장하지 않는다면 우리는 통상적으로 이해되는 의미에서의 **사람**조차 되지 못할 것이다. 자기 개념, 삶의 목표, 우리를 인도하는 가치 등이 사회적 세계 안에서 발달한다. 어떤 환경 요인들은 사람들을 서로 유사하게 만들고, 다른 환경 요인들은 개인차와 개인의 고유성에 기여한다. 성격 발달 연구에서 중요한 것으로 입증된 환경 요인들은 문화, 사회 계층, 가족, 또래 등을 포함한다.

문화 성격의 결정에 영향을 미치는 환경 요인 중 개인이 특정 문화의 구성원이기 때문에 갖는 경험은 중요하다. "문화는 사람이란 무엇을 의미하는가를 결정하는 핵심 요인이다"(Benet-Martinez & Oishi, 2008, p. 543). 각 문화는 각자 제도화되고 인가된 패턴의 학습된 행동과 의례와 신념을 보유하고 있다. 종종 오랜 세월에 걸친 종교적·철학적 신념들을 반영하는 이러한 문화적 관행은 사람들에게 자기의 본성, 공동체에서의 자신의 역할, 삶에서 가장 중요한 가치와 원칙들에 관한 중요한 질문들에 대한 답을 제공해 준다. 결과적으로 한 문화의 구성원들은 성격 특징을 공유하기도 한다.

흥미롭게도 사람들은 당연하다는 생각 때문에 종종 공유된 문화적 성향을 의식하지 못하곤 한다. 예를 들어 여러분이 북미나 서유럽에 살고 있다면 자기에 대한 개념과 삶의 목표가 문화, 즉 개인의 권리를 매우 중요시하고, 따라서 개인이 경제 시장에서 서로 경쟁하고, 경제적 불평등 수준이 높은 문화에 의해 형성된 정도를 과소평가할 수 있다(Stephens, Markus, & Phillips, 2014). 이 지역에 사는 모든 사람이 이런 문화적 특성들을 경험하기 때문에 우리는 그것을 당연하다고 받아들이고 아마도 보편적이라고 가정할지 모른다. 그러나 많은 증거가 세계 다른 지역의 사람들은 다른 문화적 특성들을 경험한다고 알려준다. 아시아 문화는 개인주의와 개인적인 이득보다 자신의 공동체에 대한 공헌에 더 큰 가치를 두는 것으로 보인다(Nisbett et al., 2001). 실제로 서구 세계에서조차 개인의 사회적 역할에 관한 문화적 신념은 역사적으로 시대가 바뀜에 따라 변화해 왔다. 사람들이 자신의 지위를 향상시키기 위해서 경제 시장에서 서로 경쟁한다는 생각은 현대 서구 사회의 특징으로, 심지어 중세 서구 사회에서도 드러나지 않았던 것이다(Heilbroner, 1986).

그러므로 문화는 성격에 미묘하지만 파급력이 큰 영향을 행사한다. 우리가 살고 있는 문화는 우리의 욕구, 욕구를 충족시키는 방법, 상이한 정서 경험, 어떻게 우리의 느낌을 표현하는가, 타인 및 자신과의 관계, 무엇이 재미있고 무엇이 슬픈가, 삶과 죽음에 어떻게 대처하는가, 무엇을 건강하다고 간주하고 무엇을 병들었다고 보는가 등을 정의한다(Markus & Kitayama, 2011).

사회 계층   비록 어떤 행동 패턴은 특정 문화에 소속된 결과로 발달하지만, 다른 행동 패턴은 해당 문화 내의 특정 사회 계층에 속한 결과로서 발달할 수 있다. 개인 성격의 많은 측면이 그 사람이 속해있는 집단을 참고해야만 이해할 수 있다. 하위 계층이든 상위 계층이든 노동 계층이든 전문직 계층이든 개인의 사회적 집단은 특별한 중요성이 있다. 연구에 따르면 사회경제적 지위가 개인의 인지 및 정서 발달에 영향을 준다(Bradley & Corwyn, 2002). 사회 계층 요인은 교육 기회, 직업 전망 및 사회자원 접근성에 영향을 미칠 뿐만 아니라, 또한 친구 및 가족과의 소규모 또는 대규모 네트워크 경험과 같은 사회적 경험과 자신의 장기적인 미래에 집중하거나 집중하지 않는 경향과 같은 심리적 자질에도 간접적으로 영향을 미칠 수 있다(Markus & Stevens, 2017).

가족   또 다른 중요한 환경 요인 중 하나는 가족의 영향이다(Park, 2004; Pomerantz & Thompson, 2008). 부모는 자녀를 따뜻하게 사랑하기도 하고, 혹은 적대적이거나 배척하기도 하며, 과잉보호하고 소유하려 하기도 하고, 자녀들의 자유와 자율성에 대한 욕구를 이해하기도 한다. 부모 행동의 각 패턴은 아동의 성격 발달에 영향을 준다. 부모는 적어도 세 가지 중요한 방식으로 자녀의 행동에 영향을 준다.

1. 자신의 행동을 통해서 부모는 자녀에게 특정 행동을 유발하는 상황을 제공한다(예 : 좌절은 공격 행동으로 이어진다).
2. 부모는 자녀에게 동일시를 위한 역할 모델로 활용된다.
3. 부모는 자녀의 행동에 대해서 선택적으로 보상을 준다.

처음에 우리는 가족 관행들이 가족을 서로 유사하게 만드는 영향력을 갖고 있다고 생각했다. 그러나 가족 관행은 가족 내에 차이를 가져올 수도 있다. 가족 내에서 남자와 여자 간의 차이를 고려해 보자. 역사적으로 많은 사회에서 남자아이는 여자아이에게 주어지지 않았던 특권과 기회를 받았다. 가정에서 남자아이와 여자아이를 다루는 이러한 차이들이 확실히 그들을 더 유사하게 만들지는 않았고, 오히려 남녀 간의 발달 차이에 기여했다. 성별에 덧붙여서 가족 구성원들 간에 차이를 가져오는 다른 가족 관행으로는 출생 순서가 있다. 부모들은 때때로 첫아이에 대한 편애를 은연중에 표현하고(Keller & Zach, 2002), 그 결과로 첫아이는 뒤에 낳은 형제보다 성취지향적이고 성실한 경향을 보인다(Paulhus, Trapnell, & Chen, 1999).

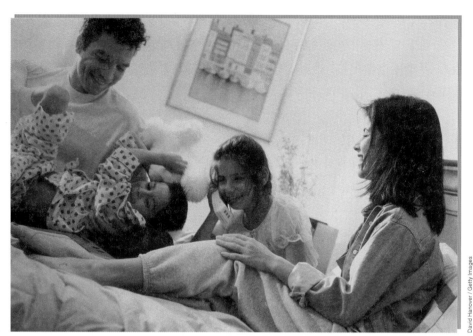

가족 내에서의 경험은 가족 구성원들 사이에 유사점과 차이점 둘 다를 만들어 낼 수 있다.

또래   가족생활 밖에서는 어떤 환경 양상이 성격 발달에 중요할까? 아동들의 또래 집단 구성원들과의 경험이 그중 하나이다. 성격 발달은 행동에 대한 규칙과 규범을 받아들이도록 개인을 사회화하는 전체로서의 또래 집단과 자기 자신에 대한 인식을 형성할 수 있는 또래 집단 내의 일대일 관계에 의해 영향을 받는다(Reitz et al., 2014). 실로 어떤 심리학자들은 또래 영향이 가족 경험보다 성격 발달에 더 중요하다고 생각한다(Harris, 1995). 아마도 "왜 동일한 가정에서 자란 아이들이 서로 그렇게 다를까?"(Plomin & Daniels, 1987)라는 질문에 대한 답은 "그들이 가정 밖에서 상이한 경험을 하고, 가정 안에서의 경험 또한 상이하기 때문이다"(Harris, 1995, p. 481). 또래 집단은 지속적인 방식으로 성격에 영향을 줄 수 있다. 예를 들면, 많은 언쟁과 갈등을 수반하는 낮은 질의 친구관계를 경험하는 아동들은 무례하고 적대적인 행동을 발달시키는 경향을 보인다(Berndt, 2002).

정신 병리와 행동 변화

성격 이론을 구성하는 것은 여러분에게 상아탑 속의 활동처럼, 즉 일상적 삶의 중요한 관심사와는 관계가 없는 추상적인 지적 연습처럼 보일 수도 있다. 그러나 잠재적으로 성격 이론은 대단히 큰 실제적 중요성을 갖고 있다. 사람들은 종종 복잡한 심리적 문제들에 직면한다. 우울하고 외롭거나, 가까운 친구가 약물에 중독되거나, 성적인 관계 때문에 불안하거나, 잦은 언쟁으로 낭만적 관계의 안정성을 위협받는다. 그런 문제들을 해결하기 위해서 우리는 문제의 원인과 변화를 가져오게 할 수도 있는 요인을 구체화하는 어떤 종류의 개념적 틀을 필요로 한다. 달리 말하면 성격 이론이 필요한 것이다.

역사적으로 성격 이론의 발달에 가장 중요했던 실제적 문제는 정신 병리와 관계되는 것이었다. 이 책에서 논의되는 많은 이론가들이 치료자이기도 했다. 그들은 내담자들을 도우려고 시도할 때 마주쳤던 실제 문제들을 해결하려고 노력하는 것에서 자신들의 경력을 시작했다. 그들의 이론은 부분적으로 치료에서 실제 문제들을 다루면서 알게 되었던 인간 본성에 관한 학습 내용들을 체계화하려는 시도였다.

비록 모든 성격 이론이 임상적 기원을 가진 것은 아니지만, 어떤 이론이든 그 이론적 접근법을 평가하는 결정적인 최종 기준은 그 이론의 아이디어가 개인과 더 크게는 사회에 실제적인 이익을 주는지 묻는 것이다.

성격 이론의 중요한 논점

우리는 방금 성격 연구의 중요한 네 가지 주제, 즉 (1) 성격 구조, (2) 성격 과정, (3) 성격 발달, (4) 정신 병리와 행동 변화를 살펴보았다. 다음에 우리는 이 분야에 핵심적인 일련의 개념적 논점을 생각해 볼 것이다. '개념적 논점'은 성격에 관한 일련의 질문들로서, 어떤 주제를 다루든 발생하고 이론적 관점에 상관없이 다루어야 할 만큼 아주 근본적인 질문들을 의미한다.

사람에 대한 철학적 견해

어떤 이론도 그것이 발원한 문화적 · 개인적 토양을 어느 정도 알지 않고서는 충분히 이해될 수 없다.

Rogers(1959, p. 185)

성격 이론가들은 인간 행동에 관한 좁은 질문들에 자신을 국한시키지 않는다. 대신에 그들은 크고 광범위한 질문에 대담하게 도전한다. "인성의 기본적인 속성은 무엇인가?" 달리 말하면 성격 이론가들은 인간의 기본적 속성에 관한 철학적 견해를 제공한다. 그러므로 어떤 이론의 평가에서 고려해야 할 중요한 사항 중 하나는 그 이론이 제공하는 사람에 대한 전반적 견해이다.

성격 이론들은 인성의 핵심적인 속성들에 관해서 현저하게 서로 다른 견해들을 품고 있다. 어떤 이론은 사람들을 합리적인 행위자로 바라본다. 사람들은 세계에 관해서 추론하고 대안 행동 경로들의 비용과 이익을 저울질하고 합리적 계산에 근거해서 행동한다. 다른 관점들에서 인간의 본성은 동물적이다. 이 견해에서 인간은 기본적으로 비이성적 힘에 의해 지배된다.

이론들 사이의 차이는 어디서 나온 것일까? 철학적 견해는 사회역사적 맥락에서 발생한다. 즉 심리학자의 역사적 상황은 그 또는 그녀가 발전시키는 이론에 영향을 미친다. 19세기 후반, 과학자들은 에너지 물리학을 탐구했고, 지그문트 프로이트는 에너지에 기반한 마음 모형을 제안했다(제3장). 제2차 대전의 위기는 개인의 책임과 선택의 자유라는 문제에 직면하는 광범위한 지적 운동을 촉발시켰고, 이 운동은 다시 1950년대(Fulton, 1999)에 발전한 인본주의 및 현상학적 성격 이론(제5장, 제6장)을 알렸다. 비슷한 시기에 수학자와 엔지니어들은 생각하는 것 같은 기계인 컴퓨터를 개발했고 심리학자들은 마음이 컴퓨터와 같다는 메타포를 채택했다. 현재 여러 분야의 과학자들은 복잡한 시스템(많은 수의 상호작용하는 부분을 포함하는 시스템)의 특성을 탐구하며(Holland, 2014), 성격 이론가들은 성격 구조와 역동성에 대한 '시스템' 관점을 채택한다(Kuhl, Quirin, & Koole, 2015; Mayer, 2015; Mischel & Shoda, 1995). 만약 프로이트가 1856년이 아니라 1956년에 태어났다면, 그는 그런 이론을 발전시키지 않았을 것이다.

행동의 내적·외적 결정 요인

인간 행동과 경험이 개인 내 과정에 의해서 결정되는가? 혹은 그 사람 외부의 원인에 의해서 결정되는가? 만약 여러분이 열심히 공부하는 학생이라면, 자신감과 개인적 목표(내적 원인) 때문인가 아니면 부모님과 학교 교육(외적 원인) 때문인가? 만약 여러분이 자신에게 실망했다면, 자신의 완벽주의적 사고(내적 원인) 때문인가 아니면 여러분의 국적, 인종 집단, 성별에 지원과 기회를 덜 제공하는 사회적 힘(외적 원인) 때문인가?

모든 성격 이론은 외적 요인과 내적 요인 모두 중요하다는 것을 인식하고 있다. 그러나 이론들은 내적·외적 결정 요인들에 부여하는 중요성 수준에서 서로 다르다. 20세기 가장 영향력이 큰 두 명의 심리학자 지그문트 프로이트와 벤저민 F. 스키너의 견해 차이를 생각해보자. 프로이트에 따르면 우리는 내적 힘들, 즉 무의식의 마음속 깊이 묻혀있는 무의식적 충동과 정서들에 의해서 통제된다. 스키너에 따르면 우리는 외적 힘들, 즉 우리의 행동을 지배하는 환경의 보상과 처벌에 의해서 통제된다. "사람이 세상에 작용하는 것이 아니라 세상이 사람에게 작용한다."라고 스키너는 썼다(1971, p. 211).

프로이트와 스키너의 견해는 현대의 과학 지식에 비추어 보았을 때 극단적이다. 오늘날 거의 모든 성격심리학자는 인간 행동의 외적 및 내적 결정 요인들을 다 같이 인정한다. 그럼에도 불구하고 현대의 이론들은 한 요인 혹은 다른 요인을 강조하는 정도에서 여전히 크게 다르다. 이 차이는 특정 이론의 기본 변인들, 혹은 우리가 앞에서 분석의 기본 단위라고 지칭했던 것들을 조사하면 명백해진다. 이 책의 뒷장들에서 읽을 두 관점을 고려해 보라. 성격의 특질 이론에서 분석의 기본 단위는 유전된다고 알려져 있으며 상당히 일반화된 행동 패턴을 산출하는 사람 내부의 구조를 가리킨다(McCrae & Costa, 2008). 성격의 사회인지 이론에서 분석의 기본 단위는 사회 및 문화 환경과 상호작용을 통해서 획득된 지식 구조와 사고 과정이다(Bandura, 1999; Mischel & Shoda, 2008). 여러분이 기본 단위들로부터 추정할 수 있듯이 두 이론은 성격의 내적 및 외적 결정 요인들을 차등적으로 강조한다.

상황과 시간에 걸친 일관성

성격은 상황이 달라짐에 따라 얼마나 일관적인가? 친구와 함께 있을 때와 부모와 함께 있을 때 여러분은 어느 정도로 '동일한 사람'인가? 혹은 파티에 참석했을 때와 수업 시간 토론에서 발표를 할 때는? 그리고 성격은 시간에 걸쳐 얼마나 일관적인가? 여러분의 현재 성격은 여러분이 어린아이였을 때와 얼마나 유사한가? 그리고 지금부터 20년 후에는 얼마나 유사할 것인가?

이 질문들에 답하는 것은 보기보다 어렵다. 부분적으로 성격의 일관성과 비일관성의 예로 무엇을 포함할 것인가를 결정해야 하기 때문이다. 단순한 예를 고려해 보자. 여러분의 직장에 남성과 여성 두 명의 상사가 있는데 여러분이 한 상사에게는 우호적으로 대하고 다른 상사에게는 퉁명스럽게 대하는 경향이 있다고 하자. 여러분의 성격이 일관적이지 않은 것인가? 만약 성격의 기본 특성이 우호성이라고 생각하면 그때의 답은 '그렇다'이다. 그러나 정신분석 이론을 신봉하는 심리학자가 이 상황을 분석한다고 하자. 그는 (1) 성인기의 삶에서 여러분이 만나는 사람들이 부모상을 상징적으로 표상하며 (2) 기본적인 성격 역동이 이성의 부 혹은 모에 대해서는 끌림을 수반하고 동성의 부 혹은 모에 대해서는 경쟁심, 이른바 '오이디푸스 콤플렉스'를 수반한다고 주장한다. 이 견해에 따르면 여러분은 매우 일관적인 방식으로 행동한다고 볼 수 있다. 남녀 직장 상사는 상이한 부모상을 상징적으로 표상하고, 여러분은 두 상사에게 상이한 방식으로 행동하도록 만드는 오이디푸스 동기를 일관성 있게 재연하고 있는 것이다.

사람들이 무엇을 일관성으로 간주하는지 동의한다고 하더라도 성격을 일관적으로 만드는 요인들에 관해서는 일치하지 않을 수 있다. 시간에 걸친 일관성을 고려해 보라. 의심할 바 없이 개인차는 긴 세월 동안 상당한 정도로 안정적이다(Fraley, 2002; Roberts & Del Vecchio, 2000). 만약 여러분이 오늘 친구들보다 외향적이라면 지금부터 20년 후에도 동일한 친구들보다 외향적일 가능성은 대단히 높다. 그러나 왜? 하나의 가능성은, 성격의 핵심 구조는 유전의 산물로서 생애 경로 동안 별로 변하지 않는다는 것이다. 그러나 다른 가능성은 환경이 일관성을 촉진시키는 데 결정적인 역할을 한다는 것이다. 동일한 가족 구성원, 친구, 교육 체계, 그리고 사회적 상황에 오랜 세월 노출되는 것이 시간에 걸친 일관성에 기여할 수도 있다(Lewis, 2002).

어떤 성격심리학자도 자신이 오늘밤 내향인으로 잠들었다가 내일 아침에는 외향인이 되어 깰 것이라고 생각하지 않는다. 그러나 이 분야의 상이한 이론적 틀은 성격의 일관성과 변화의 속성, 시간과 장소에 따라 자신의 성격 기능을 변화시키는 사람들의 역량에 대해 상이한 견해를 제시한다. 어떤 이론가에게 행동의 변화는 성격의 비일관성의 신호이다. 다른 이론가에게 그것은 상이한 사회적 상황의 상이한 요구에 맞추어 행동하는 개인의 일관적인 역량을 반영한 것일 수도 있다(Mischel, 2004).

경험과 행동의 통일성 및 자기 개념

우리의 심리적 경험들은 일반적으로 통합되거나 논리적으로 일관성 있는 속성을 갖고 있다 (Cervone & Shoda, 1999b). 우리의 행동은 무작위적이고 혼란스럽기보다는 패턴을 가지며 조직화되어 있다. 우리가 이 장소에서 저 장소로 옮기더라도 우리는 우리 자신, 우리의 과거, 그리고 미래를 위한 우리의 목표에 대해 안정적인 감각을 유지한다. 우리의 경험과 행동에는 통일성이 존재한다.

비록 우리의 경험이 통일성을 갖고 있다는 것을 당연하게 받아들이지만 어떤 면에서 이 사실은 매우 놀랍다. 대뇌는 많은 수의 정보 처리 시스템을 보유하고 그것들 다수는 서로 부분적으로 고립되어서 동시에 기능을 한다(Pinker, 1997). 우리가 우리 자신의 의식적 경험을 조사한다면 대부분의 사고가 빠르게 지나가는 것을 발견할 것이다. 마음속에 어떤 하나의 생각을 오랜 시간 유지하는 것이 어렵다. 겉으로 보기에는 무작위적인 생각이 머릿속으로 튀어 들어오곤 한다. 그럼에도 불구하고 우리는 세계가 혼란스럽다거나 우리의 삶이 뒤죽박죽이라고 경험하지는 않는다. 왜 그럴까?

이 물음에 대해서 두 유형의 답이 있다. 하나는 마음의 여러 성분들이 복잡 체계complex system로 기능한다는 것이다. 이 체계에서 부분들은 상호 연결되어 있고, 상호 연결의 패턴이 다부분 체계multipart system가 원활하고 통일된 방식으로 기능하는 것을 가능하게 한다. 성격 기능의 컴퓨터 시뮬레이션(Nowak, Vallacher, & Zochowski, 2002)과 대뇌 영역들 간의 상호 연결에 대한 신경과학적 연구(Sporns, 2010; Tononi & Edelman, 1998)는 마음이 어떻게 경험과 행동의 통일성을 산출할 수 있는지에 관해 조명하기 시작하였다.

성격 과학의 주요 과제는 사람들이 어떻게 일관적이고 통합된 자기감을 발달시켰는지를 이해하는 것이다.

두 번째 유형의 답은 자기self의 개념을 수반한다. 비록 우리가 잠재적으로 당혹스러운 다양한 생애 사건들을 경험하더라도 우리는 그것들을 일관성 있는 관점, 즉 우리 자신의 관점에서 경험한다(Harré, 1998). 사람들은 통일성 있는 자서전적 기억을 구성하는데, 이러한 기억이 우리가 누구인가에 대한 이해를 할 때 갖게 되는 통일성에 기여한다(Conway & Pleydell-Pearce, 2000). 그러므로 자기 개념은 경험의 통일성을 설명하는 데 가치가 있는 것으로 증명되었다(Baumeister, 1999; Robins, Norem, & Cheek, 1999; Robins, Tracy, & Trzesniewski, 2008).

의식의 다양한 단계와 무의식의 개념

우리는 정신생활의 내용을 의식하는가? 혹은 대부분의 정신 활동은 의식의 밖에서 일어나거나 무의식적으로 일어나는가?

한편으로는 많은 대뇌 활동이 의심할 바 없이 의식의 밖에서 일어난다. 여러분이 이 책을 읽을 때 무슨 일이 일어나고 있는지 생각해 보라. 여러분의 대뇌는 내적인 생리적 상태를 감찰하는 것으로부터 이 페이지에 있는 단어들을 구성하는 잉크 자국을 판독하는 것에 이르기 까지 다수의 기능들을 하고 있다. 이 모든 것은 의식적인 주의 없이 일어난다. 여러분은 "이 구불구불한 잉크 선이 단어를 만들어 낼지 궁금하다."라거나 "아마도 충분한 양의 산소가 신체 기관에 들어가고 있는지 내가 체크해 봐야겠다."라고 마음속에서 의식적으로 생각할 필요가 없다. 이 기능들은 자동적으로 집행된다. 그러나 이 기능들은 성격심리학자의 주된 관심 중 하나는 아니다.

성격 과학자들은 성격 기능의 주요한 측면인 동기, 정서 등이 의식의 밖에서 일어나는지를 질문한다. 만약 그렇다는 증거가 있으면 성격 과학자는 의식적 · 무의식적 과정을 유발하는 정신 체계를 개념화하려고 노력한다(Kihlstrom, 2008; Pervin, 2003). 어떤 대뇌 기능이 의식의 밖에서 일어난다는 사실이 대부분의 중요한 성격 과정이 의식 없이 일어난다는 것을 뜻하지는 않는다. 사람들은 많은 자기 성찰self-reflection을 한다. 그들은 대단히 중요한 삶의 상황에 직면해서 그들이 내리는 결정이 장기적으로 중요한 결과를 가져올 때(예 : 대학을 갈까 그리고 어떤 대학을 갈까, 특정 인물과 결혼할까, 아이를 낳을까, 어떤 직업을 추구할까 등) 특히 자신에 대해서 성찰하는 경향이 있다. 이런 중요한 상황들에서는 의식적 과정의 영향력이 크다. 그러므로 많은 성격심리학자들은 비록 정신생활의 많은 측면이 의식의 밖에서 일어난다는 것을 인식하면서도 의식적인 자기 성찰을 연구한다.

과거, 현재, 미래가 행동에 미치는 영향

우리는 과거의 포로인가? 혹은 우리의 성격은 현재 사건들과 미래에 대한 개인적 포부에 의해서 형성되는가? 이론가들은 행동이 오직 현재 작동하고 있는 요인들에 의해서만 영향을 받을 수 있다는 점에 동의한다. 인과의 기본 원리에 따르면 현재 활동적인 과정이 사건의 원인이다. 이런 의미에서는 오직 현재만이 행동을 이해하는 데 중요하다. 그러나 현재는 먼 과거 혹은 가까운 과거의 경험에 의해서 영향을 받을 수 있다. 유사하게, 현재 생각하고 있는 것은 즉각적인 미래 혹은 먼 미래에 관한 사고에 의해서 영향을 받을 수 있다. 사람들은 과거와 미래에 관해서 걱정하는 정도가 서로 다르다. 그리고 성격심리학자들은 현재 행동의 결정 요인으로서 과거와 미래에 관심을 갖는 정도가 서로 다르다. 앞으로 다룰 장들에서 보겠지만 어떤 이론가들은 우리가 기본적으로 과거의 포로라고 주장한다. 정신분석 이론은 성격 구조가 아동기의 경험을 통해서 형성되고, 이렇게 수립된 성격 역동이 생애 경로에 걸쳐서 지속된다고 주장한다. 다른 이론가들은 이러한 정신분석적 결론에 대해서 극히 비판적이다. 개인적 구성 이론(제11장)과 사회인지 이론(제12장과 제13장)은 사람들이 자신의 개인적 능력과 성향을 변화시키고 생애에 걸쳐 개인적 주도성의 역량을 주는 사회적 · 심리적 체계들을 탐색하는 역량을 갖고 있다고 시사한다(Bandura, 2006).

행동의 의미와 이유

만약 여러분이 몇몇 사람들을 관찰하고 그들이 무엇을 하고 있는지 묘사하고 싶다면 어떻게 할 것인가? 처음에는 간단해 보인다. 그들의 행동을 세기만 하면 된다. 그 사람이 말을 하거나, 미소를 짓거나, 인상을 찌푸리거나, 소셜 미디어를 확인하는 횟수를 셀 수 있다. 하지만 이걸로 충분할까? 예컨대 한 시간에 6번의 대화, 5번의 미소, 2번의 찌푸림, 29번의 소셜 미디어 확인처럼 같은 '횟수'를 가진 두 사람이 심리적으로 중요한 방식에서도 같은 것일까?

'그냥 세는 것'의 문제는, 그 숫자들이 사람들의 행동 이유를 간과한다는 것이다. 한 사람이 웃고 있는 건 행복하기 때문일 것이다. 하지만 어떤 사람은 다른 사람을 기분 좋게 만들기 위해 웃을지도 모르고, 또 다른 사람들은 좋은 인상을 주기 위해 혹은 불안을 조절하기 위한 전략으로 웃을 수도 있다. 이처럼 다른 이유들이 존재한다는 것은 같은 행동을 하고 있는 사람들이 심리적으로 동일하지 않다는 것을 의미한다. 행동의 이유는 사람마다 크게 다를 수 있다. 한 연구팀이 사람들에게 왜 성관계를 가졌느냐고 물었을 때, 참가자들은 스트레스 감소, 사회적 지위 획득, 누군가에 대한 사랑과 헌신의 표현, 순수한 신체적 즐거움, 의무감 등 십여 가지 이상의 다른 이유를 말했다(Meston & Buss, 2007).

그 의미는 성격 이론과 연구에서 단순히 관찰 가능한 행동보다는 주관적인 의미에 관심을 기울여야 한다는 것이다. 사람들은 단지 환경의 물리적 자극에 반응하지 않는다. 그들은 개인적인 의미가 있는 사회적 상황에 반응한다.

여러분은 성격 이론이 주관적인 의미와 사람들의 행동 이유에 관심을 기울이는 정도가 다르다는 것을 알게 될 것이다. 어떤 이론가들은 행동의 이유를 깊이 탐구하지 않고 행동을 세거나(제8장) 물리적 자극의 영향을 연구한다(제10장). 그러나 대부분의 성격 이론가들은 사람들이 자신의 삶을 구성하고 있는 상황, 사건 및 관계를 이해하거나 '의미를 부여'하는 방식에 집중한다.

성격 과학이 가능할까? 어떤 종류의 과학이 가능할까?

마지막 중요한 논점은 합리적으로 추구할 수 있는 성격 이론의 유형에 관한 것이다. 지금까지 우리는 정교한 성격 과학을 만들 수 있다는 것, 달리 말하면 과학적 방법이 사람들의 성격을 알려줄 수 있다는 것을 당연하게 생각했다. 이 가정은 안전한 가정으로 보인다. 사람들은 물리적 세계의 물체이다. 그들은 물리적ㆍ화학적 부분들로 이루어진 생물학적 체계를 구성한다. 그러므로 과학은 사람들에 관해서 무언가 알려줄 수 있을 것이다.

그럼에도 불구하고 우리는 사람의 이해에 적용될 수 있는 과학적 분석의 형태에 관해 합당한 질문을 던질 수 있다. 과학의 많은 진보는 환원적인 분석을 수반했다. 하나의 체계는 복잡한 전체를 보다 단순화된 부분들로 환원하고, 어떻게 부분들이 전체가 기능하도록 만드는가를 보임으로써 이해된다.

그러한 분석은 물리적 체계에 적용했을 때 훌륭하게 작동한다. 예를 들면 생물학적 체계는 부분들의 생화학을 통해서 이해될 수 있다. 화학은 다시 기저의 화학 성분들의 물리학을 통해서 이해될 수 있다. 그러나 성격은 단순한 물리적 체계가 아니다. 방금 언급했듯이, 사람들은 의미에 반응한다. 나의 체계를 구성 부분들로 쪼개는 전통적인 과학적 절차가 이런 의미 구성의 과정을 이해하는 데 충분할 것인가에 대한 아무런 보장도 없다. 수많은 학자들이 물리 과학의 방법을 인간의 의미 체계 연구에 도입하는 것에 대해서 경고했다(Geertz,

하나의 어려움은 성격 이론을 구축하는 것의 문화적 변이가 있다는 것이다. 성격과 개인차의 본질은 문화마다 다를 수 있다. 예를 들어, 인도 사람들은 세 가지 주요 성격 특성인 트리구나를 인식하는데, 이는 수 세기 전에 힌두 철학에서 처음으로 확인된 특성이다(Singh, Misra, & De Raad, 2013). 이러한 특성은 일반적으로 미국과 같은 서구 문화에서 수행된 연구에서는 발견되지 않는다.

2000). 그러한 논평자들에게 사람이 '부분들'을 갖고 있다는 것은 '기껏해야 은유'일 따름이다(Harré, 1998, p. 15). 이 은유를 채택하는 위험을 진부한 문구로 표현하면 "전체는 부분의 합 그 이상이다."

유추를 위해서 위대한 예술작품의 분석을 생각해 보자. 원칙적으로 우리는 부분들을 분석할 수는 있다—어떤 색의 페인트가 여기에 칠해져 있고, 다른 색의 페인트가 저기에 칠해져 있다 등. 그러나 이런 종류의 분석은 이 그림의 위대함을 이해하도록 만들 수 없다. 그것은 작품을 전체로서 감상하고 작품이 제작된 시대적 맥락을 이해할 것을 요구한다. 유추하면, 실제 사람의 심리적 부분들의 목록을 만드는 것으로는 원칙적으로 전체 개인과 그의 고유함에 기여한 발달 과정들을 그려내지 못할 것이다. 그러므로 이 책을 읽으면서 여러분 자신에게 물어야 할 질문은 "성격 이론가들이 복잡한 개인의 전체적이고 심리적인 초상화를 제공하는 데 다빈치만큼 성공적이었는가?"라는 것이다.

성격 이론의 평가

우리가 주목했듯이 과학적 분야로서 성격심리학의 고유한 특징은 하나 이상의 지침이 되는 이론을 갖고 있다는 것이다. 다수의 성격 이론들이 우리에게 인성과 개인차에 관해서 알려준다. 그러면 자연스러운 질문은 "어떻게 이론들을 서로 대비시켜서 평가할 것인가?"이다. 어떻게 다양한 이론들의 강점과 한계를 판단할 것인가? 이론들을 평가하는 데 사용할 기준은 무엇인가?

무언가를 평가하기 위해서 우리는 보통 그것이 무엇을 하도록 기대되는가를 묻는다. 그러면 얼마나 그 일을 잘하고 있는지 판단할 수 있다. 보다 공식적인 방식으로 말하면 그 실체가 수행하도록 기대되는 기능에 관해서 질문하는 것이다. 그러면 그 기능을 수행하고 있는 정도를 평가할 수 있다. 모든 과학 이론과 마찬가지로 성격 이론도 세 가지 핵심 기능을 수행할 수 있다. (1) 이미 존재하고 있는 지식을 조직하는 것, (2) 중요한 주제에 관해서 새로운 지식을 산출하는 것, (3) 연구할 가치가 있는 전혀 새로운 주제를 찾아내는 것 등이다.

첫 번째 기능은 명백하다. 연구는 성격과 성격 발달과 개인차에 관한 일련의 사실들을 제공한다. 이 사실들을 무질서한 방식으로 단순히 열거하기보다는 체계적으로 조직하는 것이 유용할 것이다. 사실들의 논리적이고 체계적인 정돈은 과학자들이 성격에 관해서 무엇을 알고 있는지 추적하는 것을 가능하게 해줄 것이다. 이것은 지식의 사용을 더 용이하게 해줄 수 있다.

두 번째 기능은 좀 덜 명백하다. 어떤 연구 분야에서든 그 분야의 모든 사람이 중요하다고 인식하는—기본적인 과학적 질문과 과학적 지식의 응용을 모두 수반하는—연구 주제가 존재한다. 좋은 이론은 이런 연구 주제에 관한 새로운 지식을 촉진하기 때문에 생산적이다. 좋은 이론은 사람들이 그들의 분야에 중요하다고 인식하는 주제에 관해 새로운 지식을 산출하도록 돕는다. 생물학에서 다윈의 자연 선택 이론이 유용한 까닭은 그것이 세계의 동식물에 관한 사실들을 조직했기 때문만은 아니다. 그것의 추가적인 가치는 생물학에 관한 새로운 지식 통로를 열었다는 것이다. 성격심리학에서 어떤 이론들은 매우 생산적인 것으로 증명되었다. 그런 이론들은 그 이론에 익숙한 연구자들이 그 속에 담긴 아이디어를 사용하여 성격에 관한 새로운 지식을 창출하도록 자극했다.

세 번째 기능은 성격 과학자와 일반 대중 모두에게 흥미롭다. 성격 이론은 전적으로 새로운 연구 영역, 즉 그 이론이 없었다면 사람들이 알지 못했을 영역을 제시하기도 한다. 정신역동 이론은 대부분의 사람들에게 완전히 새로운 심리학적 주제—즉 우리의 가장 중요한 사고와 정서는 무의식적이라는 가능성, 그리고 초기 아동기의 사건이 우리의 성인기의 성격 특징들을 결정한다는 가능성—로 통하는 문을 열었다. 다른 이론들도 이런 속성을 갖고 있다. 진화심리학(제9장 참조)은 현재의 사고와 행동 패턴이 현대 사회에서 학습된 것이 아니라 우리의 과거 조상들로부터 유전된 것이라는 신기한 주장을 한다. 행동주의(제10장 참조)는 우리가 자유 선택 혹은 자유의지에 귀인하는 행동이 궁극적으로는 환경에 의해서 초래된 것이라는 가능성을 제기한다. 인간 본성에 관한 이들 이론의 매혹적이고 때로는 과격한 가설들은 인간 본성에 대한 무척 가치 있는 새로운 연구를 촉진했다.

요약하면 여러분은 이 책에서 배울 이론들을 (1) 정보의 조직, (2) 지식의 생성, (3) 중요한 연구 주제의 발견 등에서 얼마나 성공적인가를 측정함으로써 평가할 수 있다.

성격 이론 : 입문

우리는 지금까지 일련의 사항들, 즉 성격 이론에 의해서 다루어져야 할 주제, 이 주제들에 직면하면서 발생하는 중요한 논점, 성격 이론을 평가하기 위해서 사용될 수 있는 기준을 살펴보았다. 이제 이 장의 마지막 부분에서 이론 자체로 돌아간다.

성격 이론을 구성하는 도전

여기까지 오면서 성격의 포괄적인 이론을 구성하는 것이 대단히 어렵다는 점이 명백해졌다. 이론가들은 성격에 관한 직관적인 사고를 넘어서서 도전적인 일련의 과학적 목표들을 추구해야 한다. 그들은 성격의 구조, 과정, 발달과 변화에 관한 무엇을, 어떻게, 왜의 광범한 질문들을 해야 한다. 그들은 분자로부터 사회문화에까지 이르는 성격의 결정 요인들을 숙고해야 하고, 또한 그들의 이론 속에 내포된 사람에 관한 철학적 견해로부터 우선 무엇보다도 사람에 관한 과학적 이론을 가질 수 있는가의 질문에까지 이르는 개념적 논제들을 숙고해야 한다.

어떤 한 사람이 이 일을 이상적으로 할까? 범위가 아주 포괄적이고, 과학적 증거가 아주 일관적이고, 아주 고유하게 새로운 지식을 촉진할 수 있어서 범세계적으로 수용되는 단일한 이론이 존재할까? 답은 아주 간단하게 '아니요'다. 상이한 이론적 틀이 존재하며 각각 강점과 한계를 갖고 있다. 보다 중요하게 각 이론은 고유한 가치를 갖고 있다. 달리 말하면 다양한 이론 각각은 인간 본성에 대한 고유한 통찰을 제공한다. 이 책이 복수의 성격 이론들을 중심으로 조직된 것은 이러한 이유 때문이다.

성격 이론들 : 예비 스케치

어떤 이론적 틀이 성격 분야에 가장 큰 영향을 주었는가? 이 책은 여러분에게 6개의 이론적 접근을 소개할 것이다. 우리는 여러분이 앞으로 나올 내용들에 대한 감각을 가질 수 있도록 여기서 이 접근들에 관한 간략한 스케치를 제공한다.

우리는 프로이트가 창시한 접근인 정신역동 이론(제3장과 제4장 참조)으로부터 시작한다. 정신역동 이론은 마음을 에너지 체계로 간주한다. 즉 신체의 기본적인 생물학적 에너지는 부분적으로 마음속에 거주한다. 그러므로 정신적 에너지는 기본적인 신체 욕구에 봉사하도록 되어있다. 그러나 사람들은 보통 원할 때마다 성적 욕망과 다른 신체적 욕망을 충족시킬 수 없다. 대신 신체적 욕구를 충족시키려는 추동은 사회의 지시와 종종 갈등을 빚는다. 그러므로 행동은 한편으로는 생물학적 욕구와 다른 한편으로는 사회적 제약 간의 갈등을 반영한다. 정신분석에서 마음은 상이한 기능들에 봉사하는 상이한 체계들을 포함하고 있는 것으로 알려졌다. 이들 기능은 신체적 욕구를 충족시키는 것, 사회적 규범과 규칙을 대표하는 것, 생물학적 추동과 사회적 제약 사이에 전략적 균형을 찾는 것 등을 포함한다. 정신역동 이론을 정의하는 추가적인 특징은 많은 정신 활동이 의식적 인식 밖에서 일어난다고 말한다는 점이다. 우리는 우리의 정서와 행동 아래 놓여있는 추동을 의식하지 못한다. 즉 무의식적이다.

이어서 논의할 현상학적 이론(제5장과 제6장 참조)은 정신역동적 견해와 완전히 대비된다. 현상학적 이론은 무의식 과정보다는 주위 세계에 대한 사람들의 의식적 경험, 즉 사람들의 현상적 경험에 보다 관심을 갖는다. 현상학적 이론가들도 사람들이 생물학적인 기반을 가진 동기를 갖고 있다는 것을 인정한다. 그러나 그들은 사람들이 또한 개인적 성장과 자기실현을 수반하는 '상위의' 동기들을 갖고 있으며 이 동기들이 프로이트에 의해서 강조된 동물적인 추동들보다 개인의 안녕에 더 중요하다고 믿는다. 마지막으로 정신역동적 접근에 비해 현상학적 이론은 자기self를 훨씬 더 강조한다. 자기에 대한 안정적이고 통일된 이해의 발달은 정신 건강에 핵심적인 것으로 간주된다.

제7장과 제8장에서 논의되는 성격에 대한 특질 접근은 앞의 두 이론적 틀과 크게 다르다. 이들 간의 차이는 성격의 속성에 관한 상이한 견해뿐 아니라 성격 이론을 구축하는 최선의 방법에 대한 상이한 과학적 신념 또한 반영한다. 대부분의 특질 이론가들은 성격 이론을 구성하기 위해서는 두 과학적 문제를 해결하는 것으로 시작해야 한다고 믿는다. 즉 (1) 어떤 개인차의 측정이 가장 중요한가를 결정하는 것, (2) 개인차의 신뢰할 만한 측정도구를 개발하는 것이다. 일단 이 문제들이 해결되면, 성격에서 가장 중요한 개인차를 측정할 수 있고, 또

한 측정의 결과는 사람에 관한 포괄적 이론을 구성하는 기초로 이용될 수 있을 것이다. 성격 심리학 역사에서 20세기 후반의 주요한 발전은 많은 성격심리학자들이 이런 문제가 사실상 해결되었다는 결론에 도달했다는 것이다. 어떤 개인차가 가장 중요하고 어떻게 그것들이 측정될 수 있는지의 물음에 대해서 상당한 정도의 합의가 이루어졌다.

제9장은 현대 성격 과학의 가장 활발한 측면 중 하나인 성격의 생물학적 기반에 대한 연구를 다룬다. 이것은 성격 특질의 유전적 기반에 관한 발견들과 개인차의 기저에 놓인 신경 체계를 밝히는 연구들을 포함한다. 이 장에서 우리는 특질 이론뿐 아니라 진화심리학도 다룰 것이다. 진화심리학자들은 현대의 사회 행동 패턴을 진화적 과거의 산물인 정신 기제로 설명한다.

제10장은 성격에 대한 학습적 접근을 대표하는 행동주의 개념을 소개한다. 행동주의 이론에서 행동은 환경 속에서 경험되는 보상과 처벌에 대한 적응으로 간주된다. 상이한 사람들은 상이한 환경에서 상이한 보상 패턴을 경험하기 때문에 당연히 상이한 행동 스타일을 발전시킨다. 그러므로 기초적인 학습 과정은 우리가 '성격'이라고 부르는 행동 스타일의 차이들을 설명한다고 볼 수 있다. 행동주의는 앞서 제시했던 이론들에 대해 근본적인 도전을 했다. 행동주의자들에게 이들 이론의 분석 단위, 즉 정신역동 이론가들의 '무의식적인 힘', 현상학적 이론의 '자기', 성격 '특질'은 행동의 원인이 아니다. 행동주의자들에 따르면 그것들은 우리의 행동을 조성하는 환경이 궁극적으로 원인이 되어 발생하는 사고와 정서와 행동 양상을 기술한 것에 불과하다.

제11장은 현저하게 다른 이론적 접근인 개인적 구성 이론을 소개한다. 개인적 구성 이론은 세계를 해석하는 사람들의 역량을 다룬다. 환경이 어떻게 우리의 경험을 결정하는가에 가장 큰 관심을 갖는 행동주의자와 달리 개인적 구성 이론가는 사람들이 세계를 해석하기 위해서 사용하는 주관적인 관념, 혹은 구성 개념을 연구한다. 어떤 사람은 대학 환경을 도전적이라고 생각하고 다른 사람은 지루하다고 생각할 수 있다. 어떤 사람은 데이트 상황을 낭만적으로 생각하고, 다른 사람은 성적으로 위협적이라고 생각할 수 있다. 개인적 구성 이론가들은 성격 기능에서 대부분의 개인차는 사람들이 세계를 해석하기 위해서 사용하는 상이한 구성 개념들에서 비롯된다는 가능성을 탐색한다.

마지막 이론적 관점은 사회인지 이론이다(제12장, 제13장 참조). 어떤 면에서는 사회인지 이론은 개인적 구성 접근과 유사하다. 즉 사회인지 이론가들은 사람들이 세계를 해석할 때 작동하는 사고 과정을 분석함으로써 성격을 연구한다. 그러나 사회인지 관점은 적어도 두 가지 중요한 방식으로 개인적 구성 이론을 확장한다. 첫째, 이름이 시사하듯이 사회인지 이론은 사람들이 지식과 기술과 신념을 획득하는 사회적 환경을 상세하게 탐구한다. 성격은 사람과 삶의 환경(즉 가족, 인간관계, 사회적·문화적 환경) 간의 상호 영향 혹은 **상호작용**을 통해서 발달한다. 둘째, 사회인지 이론은 사람들이 목표를 설정하고 정서적 충동을 통제하고 일련의 행동을 집행하는 심리적 과정을 지칭하는 **자기 조절**의 문제에 많은 주의를 기울인다.

제14장은 맥락 속의 성격을 고려한다. 우리는 삶을 구성하는 사회적 상황, 문화적 환경, 인간관계 등 삶의 맥락을 연구함으로써 사람들의 성격에 관해서 많은 것을 알 수 있다는 중요한 사실을 보여주는 현대의 연구를 탐색한다. 이 연구는 제12장과 제13장에서 논의된 사회인지적 관점에 크게 의존하면서 사회적 환경과 개인에 대한 현대 심리학 연구의 확장된 모습을 제시한다. 우리는 제15장(www.wiley.com/go/cervone/personality14e에서 볼 수 있다)에서 전체로서의 성격심리학 분야를 비판적으로 평가하는 것으로 이 책을 끝낸다.

이 책은 뇌 과학의 현대적 지식을 이용한다. 오늘날의 성격심리학자는 과거에 주요한 성격 이론들이 발전될 때는 이용할 수 없었던 뇌에 관한 정보에 접근할 수 있다. 이 지식은 성격 이론들을 현대의 뇌 과학 관점으로부터 재평가할 수 있게 해준다. 우리는 책 전반에 걸쳐 다수의 장에서 '성격과 뇌'라는 글상자에서 이 작업을 할 것이다.

마지막으로 이 책은 이 분야의 이론적 혁신이 20세기 말에도 멈추지 않았다는 것을 인정한다. 앞으로의 여러 장에서 볼 수 있는 현대적 발전 섹션에서는 오늘날의 심리학자들이 초기 이론가들에 의해 확립된 기초 위에 어떻게 세워져 왔는지를 보여준다.

다수 이론의 존재에 관해서 : 도구 통으로서의 이론

이 책이 다수의 이론을 제시한다는 사실은 처음에 이상하게 보일지 모른다. 대부분의 다른 과학 분야(예 : 화학, 물리학) 과목들은 일련의 상이한 이론들을 둘러싸고 조직되어 있지 않다. 지식은 하나의 공통적으로 인정되는 개념적 틀에 의해서 조직되어 있다. 부분적으로 이것은 과학적 심리학보다 역사가 긴 다른 분야들의 성숙도를 반영한다. 그러나 '성숙한 과학' 조차 동일한 현상에 대해 상이한 견해를 품고 있기도 한다. 여러분이 물리학자에게 빛의 성질에 관해 묻는다고 하자. 여러분은 빛이 파동이라고 주장하는 물리학 이론도 있고 또한 빛이 개별 입자들로 구성되어 있다고 주장하는 물리학 이론도 있음을 알게 된다. 여러분이 "어떤 이론이 맞나요?"라고 물으면 "어느 쪽도 아니다."라는 답을 듣게 될 것이다. 빛은 파동으로도 입자로도 활동한다. 파동 이론과 입자 이론 모두 빛의 성질에 관한 중요한 정보를 포착하고 있다.

동일한 사실이 성격 이론에 대해서도 적용된다. 각 이론은 인간 본성에 관한 중요한 정보를 포착하고 있다. 성격 이론들에 관해 읽으면서 "어떤 이론이 맞고 어떤 이론이 틀린가요?"라고 질문해서는 안 된다. 대신에 이론들이 기초 지식과 응용을 진척시키는 데 얼마나 유용한가를 질문함으로써 그것들을 평가하는 것이 더 낫다. 결함이 있는 이론조차 높은 가치를 지닐 수 있다(Proctor & Capaldi, 2001).

우리가 이 책의 최신판을 준비할 때 한 동료가 성격 이론에 관한 사고를 위해서 유용한 은유를 사용할 것을 제안했다. 은유의 사용은 단순한 '맞다/틀리다' 평가를 멀리하고 보다 세련된 견해에 접근할 수 있게 해준다는 점에서 유용하다. 우리의 동료는 이론들이 도구 통과 같다고 말했다. 각 이론은 '도구' 세트를 담고 있다. 어떤 도구는 이론적 개념이고 다른 것은 연구 방법이다. 어떤 것은 성격을 평가하는 기법이고 다른 것은 치료 방법이다. 이론의 각 요소는 하나 혹은 그보다 많은 기능에 봉사하는 도구이다. 달리 말하면 하나 혹은 그보다 많은 일을 할 수 있도록 해주는 도구이다. 여기서 일이란 개인차를 기술하는 것, 인간의 기본적인 동기를 찾아내는 것, 자기 개념의 발달을 설명하는 것, 정서 반응의 원인을 찾는 것, 작업 환경에서 수행을 예측하는 것, 혹은 치료를 통해서 심리적 고통을 감소시키는 것 등과 같은 것들이다. 이것들이 심리학자가 하고자 원하는 일들이다. 각 이론은 이 일들을 하기 위한 개념적 도구를 제공한다.

　도구 통 은유는 성격 이론에 관해 (1) 좋은 질문을 하게 해주는 것과 (2) 나쁜 질문을 피하게 해주는 것의 두 가지 이점을 갖고 있다. 이 이점들을 인식하기 위해서 실제로 사용하는 도구 통을 평가하고 있다고 상상해 보라. 만약 여러분이 각자 자신의 직업에 맞는 도구 통을 지니고 있는 배관공, 전기공, 그리고 자동차 정비공을 보았을 때 여러분은 그들에게 다가가서 "당신의 도구 통이 틀렸군요."라고 말하지 않을 것이다. 도구 통이 틀릴 수 있다는 생각은 이치에 맞지 않는다. 도구 통은 어떤 일을 하는 데 다른 것보다 덜 좋을 수는 있다. 아마도 더 많은 도구를 담고 있는 다른 도구 통보다 많은 범위의 일을 하는 데 덜 유용할지 모른다. 더 큰 도구 통은 다루기 힘들기 때문에 더 많은 도구를 담고 있는 도구 통보다 작은 도구 통이 더 실용적일 수도 있다. 여러분은 도구 통을 평가할 때 그것으로 무엇을 할 수 있을지 그리고 어떻게 도구를 추가하거나 때로는 제거함으로써 더 개선할 수 있을지 등을 질문할 것이다. "어떤 것이 맞나요?"라는 질문을 통해서 도구 통을 평가하지는 않을 것이다.

　유사하게, 우리가 제시한 상이한 성격 이론들을 평가할 때 우리는 여러분이 "이 이론의 개념적 도구들로 무엇을 할 수 있을까?", "이 이론의 개념적 도구들은 다른 이론에 비해 어떤 장점을 갖고 있을까?", 혹은 "이 이론을 개선하기 위해서 어떤 도구를 추가하거나 뺄 수 있을까?"와 같은 질문을 하도록 장려한다. 이런 질문들이 "어떤 이론이 맞나요?"라고 묻는 것보다 낫다.

　도구 통 은유의 마지막 함의를 보자. 그것은 현대 성격심리학에서 다수 이론의 존재가 그렇게 나쁜 것은 아닐 수 있음을 시사한다. 실제 물리적 도구 통의 세계에서 서로 다른 도구 통을 가진 사람들은 서로 새로운 것을 배우기도 한다. 사람들은 다른 사람의 통에 있는 도구를 추가할 수도 있고 자신이 갖고 있는 도구로 다른 사람의 작업을 시도해 볼 생각을 갖기도 한다. 길게 보면 도구 통들 간의 다양성은 각자의 작업을 개선할 수 있다. 이론적 도구의 세계에서도 동일한 사실이 적용될 수 있다. 다수의 이론이 존재할 때 연구자는 자신이 선호했던 견해에 도전하는 연구 발견과 이론적 논쟁에 직면할 가능성이 높아진다. 그러한 도전은 연구자로 하여금 자신의 사고를 정제하고, 확장하고, 궁극적으로는 개선하도록 촉진할 수 있다. 그러므로 이론적 다양성은 한 분야의 전반적 진보를 가속화할 수 있다.

　우리는 여러분이 오류가 있지만 분명히 전진하고 있는 성격 이론과 연구의 탐험 여행을 즐기기를 바란다.

주요 개념

과정	분석 단위	유형
구조	성격	특질
기질	시스템	

요약

1. 우리 모두 매일매일의 삶에서 성격에 관해 생각한다. 성격 이론이 사람에 관한 일상적 사고에서는 드문 다섯 가지 목표를 추구한다는 점에서 성격 이론가들의 작업은 일상적 사고와 구분된다. 성격 이론가들은 성격 이론의 기초가 되는 (1) 과학적 관찰에 종사하는데, 과학적 성격 이론은 (2) 내적으로 통일되고 체계적이며, (3) 검증할 수 있고, (4) 포괄적이고, (5) 유용한 적용을 촉진시키는 이론이다.

2. 성격 이론은 (1) 성격 구조, (2) 성격 과정, (3) 성격 발달, (4) 성격 변화(심리치료를 통한 변화를 포함)의 네 가지 주제를 다루는 이론을 발전시킴으로써 성격에 관해 무엇을, 어떻게, 왜의 질문에 답하려고 한다.

3. 성격 이론가들은 성격심리학의 역사를 통해 일련의 이슈들에 직면해 왔다. 이 이슈들을 포괄하는 이론을 발전시키기 위해서 이론가들은 다음 세 가지 과학적 기능에 봉사하는 이론적 틀을 발전시킬 것을 희망한다. 세 가지 과학적 기능은 (1) 성격에 관한 기존의 지식을 조직하는 것, (2) 중요한 이슈에 관한 새로운 지식을 촉진하는 것, (3) 연구를 위한 새로운 이슈를 찾는 것 등이다.

4. 성격 분야에서 다수 이론의 존재는 개별 이론을 '성격심리학자의 작업에서 고유한 개념적 도구를 제공하는 도구 통'이라고 생각하는 도구 통 은유를 통해서 이해될 수 있다.

2

사람에 대한 과학적 연구

제2장의 초점

성격심리학 수업을 듣는 세 명의 학생이 연구 프로젝트를 함께 수행했다. 그들은 성취 동기가 학교 성적에 미치는 효과를 연구하기 위한 연구 방법을 개발하는 과제를 부여받았다. 첫 번째 모임에서 그들은 프로젝트 진행 방법에 대한 서로의 의견이 크게 다르다는 것을 깨달았다. 알렉스는 한 학생을 한 학기 동안 쫓아다니면서 모든 적절한 정보(학점, 동기의 변화, 수업에 대한 느낌 등)를 면밀하게 기록하여 한 특정 사례와 완전하고 심층적인 그림을 얻는 것이 최선이라고 확신했다. 그러나 사라는 그렇게 해서 얻은 결론은 오직 그 사람 한 명에게만 적용될 것이라는 이유로 알렉스의 생각을 탐탁지 않게 생각했다. 사라는 동기 질문지를 개발해서 가능한 한 많은 학생들에게 실시할 것을 제안했다. 그리고 질문지의 반응과 학교에서의 수행 간의 상관을 조사하고자 했다. 욜란다는 두 방법 모두 부족하다고 생각했다. 그녀는 과학적으로 무엇을 이해하는 최선의 방법은 실험을 하는 것이라고 생각했다. 따라서 어떤 사람들은 동기를 느끼도록 유도하고 다른 사람들은 동기를 느끼지 않도록 한 뒤 시험을 실시해서 두 집단을 비교하려 했다.

학생들의 의견은 성격 연구의 세 가지 주요 방법인 사례 연구, 설문지를 사용하는 상관 연구, 실험실에서 수행되는 실험 연구를 예시하고 있다. 이 장은 여러분에게 이 세 가지 연구 방법을 소개한다. 그러나 우선 우리는 어떤 연구에도 들어갈 수 있는 상이한 유형의 정보 혹은 자료 출처와 연구자들이 성격에 관한 연구를 수행할 때 갖는 일반적 목표를 살펴볼 것이다.

이 장에서 다룰 질문

1. 성격을 연구할 때 어떤 종류의 정보가 중요한가?

2. 과학적 관찰이 '신뢰할 만하고' '타당해야' 한다는 말은 무슨 의미인가?

3. 사람을 연구하기 위해서 어떻게 해야 하는가? 연구를 실험실에서 수행해야 하는가 혹은 자연 환경에서 수행해야 하는가? 자기 보고 혹은 타인 보고를 사용해서 연구해야 하는가? 다수의 참여자 혹은 단 한 명의 참여자를 연구해야 하는가?

4. 상이한 유형의 자료를 사용해서 사람을 연구하는 것이 얼마나 큰 차이를 가져오는가? 혹은 상이한 연구 방법의 사용은? 달리 말하면 상이한 관점에서 연구될 때 사람은 어느 정도로 동일하게 보이는가?

제1장은 모든 사람이 직관적 수준에서 성격 이론가임을 시사했다. 누구나 사람에 관해서 무엇이 그들을 행동하게 만들고, 무엇이 그들의 심리적 발달에 영향을 주고, 어떻게 그리고 왜 그들이 서로 다른지 생각한다. 그러나 성격심리학자의 이론화는 여러분의 그것과 다르다. 여러분이 배웠듯이 성격 과학자는 자신의 아이디어를 객관적·과학적 증거에 의해서 검증될 수 있도록 매우 명시적으로 공식화한다.

여기 제2장에서 우리는 성격 연구에 주목한다. 그렇게 하면서 우리는 유사한 주제를 발견한다. 모든 사람은 직관적 수준에서 성격 연구자이다. 우리 모두 사람들 간의 차이와 더불어 개인을 특별하게 만드는 독특한 행동 패턴을 관찰한다. 이 관찰이 우리가 직관적인 성격 이론을 공식화하기 위해서 사용하는 '연구 증거'를 구성한다.

그러나 다시 또, 여러분의 직관적인 '연구'는 성격 과학자의 연구와 다르다. 과학자는 자신이 획득한 정보의 객관성과 정확성을 극대화하기 위해서 이미 수립된 절차를 따른다. 그들은 다른 과학자들이 자신의 절차를 재현해서 결과를 증명할 수 있도록 과학 학술지에 연구 절차와 결과를 보고한다. 이 장에서는 심리학자들이 수행하는 연구와 보고의 유형을 소개한다.

비록 이 장이 이론이 아니라 연구를 다루는 장이지만 주제는 서로 연관되어 있다. 먼저 '이론 없는' 연구를 수행하고, 그 후 연구 결과를 설명하기 위한 이론을 개발할 수는 없다. '이론 없는' 연구와 같은 것은 존재하지 않으므로 이것은 불가능하다. 연구는 사건들 간의 관계의 체계적인 연구를 수반한다. 일반적으로 우리는 연구가 가장 필요한 사건들과 그것들을 연구하는 데 적합한 방법들이 무엇인지 발견하기 위해서 이론을 필요로 한다. 여기 그 점을 설명하는 예가 있다.

예를 들어 여러분이 데이트 관계에 불안을 느끼는 것이 대학생의 학업 성취도를 낮춘다는 가설을 검증하기를 원한다고 하자. 이 아이디어를 검증하기 위해서 여러분은 사람들의 불안 수준을 측정해야 할 것이다. 그러나 어떻게 할 것인가? 어떤 이론적 가정을 하지 않고 진행하는 것은 불가능하다. 예를 들어, 사람들에게 직접 "여러분은 데이트가 불안하십니까?"라고 물어보는 것은 다음 두 가지 가정을 수반한다. (1) 사람들은 자신의 불안 수준을 의식하고 있으며 따라서 그것을 보고할 능력이 있다. 그리고 (2) 사람들은 여러분이 질문하면 자신의 불안에 대해 정직하게 말해줄 것이다. 이 가정들은 틀릴 수 있으며 성격 이론은 정확히 어떻게 틀리는지를 말해줄 수도 있다. 예를 들어 정신역동 이론(제3~4장)에 따르면 사람들이 자신의 정서를 알지 못하기 때문에 자신의 정서생활에 대해 정확하게 보고할 수 없을 수도 있다. 이 이론이 맞다면, 여러분은 다른 연구 방법이 필요하다.

성격심리학의 자료

사람에 관한 과학적 정보 혹은 자료를 얻는 한 가지 이상의 방법이 있다. 선택 가능한 방법들을 고려해 보라. 여러분은 그녀에게 어떤 사람인지 물어볼 수 있다. 또는 여러분 자신이 직접 일상 활동에서 그녀를 관찰할 수도 있다. 혹은 시간을 절약하기 위해 이 사람을 아는 다른 사람들에게 그녀의 성격에 관해서 보고하도록 요청할 수도 있다. 네 번째 가능성은 주관적 관찰이나 판단에 의존하지 않고 그 사람의 삶에 관한 객관적 사실들(학교 기록, 수행 성적 등)을 보는 것이다.

LOTS 자료

성격심리학자들은 이런 여러 선택 방법을 인식하고 연구에서 사용할 네 가지 범주의 자료를 정의했다(Block, 1993). 그것은 (1) 인생 기록 자료life record data(L-자료), (2) 관찰자 자료observer data(O-자료), (3) 검사 자료test data(T-자료), (4) 자기 보고 자료self-report data(S-자료)인데 머리글자를 따서 LOTS 자료로 약칭할 수 있다. 각 자료 유형이 개별적으로 고유한 강점과 한계를 갖고 있기 때문에(Ozer, 1999) 성격심리학자들은 네 유형의 자료를 모두 고려한다.

L-자료는 한 사람의 생애 역사 혹은 생애 기록으로부터 얻는 정보이다. 예를 들면 성격 요소와 학업 수행 간의 관계에 관심을 가진 연구자는 생애 기록(L) 자료, 즉 학생들의 학교 성적 자료를 얻는다(Caprara, Vecchione, Alessandri, Gerbino, & Barbaranelli, 2011). 심리적 스트레스가 장기적인 건강 결과에 미치는 영향을 연구하기 위해 연구자들은 수명 혹은 장수를 나타내는 건강 기록 즉 생의 마지막 L-자료를 얻는다(Puterman et al., 2016). 성격과 범죄성 간의 관계에 관심을 가진 연구자는 "범죄를 저지른 적이 있습니까?"라고 물으면서 답변의 진실성에 의존할 필요가 없다. 대신에 그는 L-자료, 즉 법원과 경찰의 체포와 유죄 판결 기록을 찾아보면 된다(Huesmann, Eron, & Dubow, 2002). 그러나 많은 목적을 위해 다른 유형의 자료가 필요하다.

O-자료는 '대상' 개인이라고 불리는 성격이 평가되는 개인을 관찰한(O) 관찰자가 제공하는 정보이다. 일반적으로 부모, 친구, 교사 또는 동료와 같이 그 사람에 대한 지식이 풍부한

L-자료
인생사 혹은 인생 기록으로부터 얻은 개인에 관한 인생 기록 자료 혹은 정보

O-자료
부모나 친구나 교사 등 대상을 알고 있는 관찰자에 의해서 제공되는 관찰자 자료 혹은 정보

관찰자가 대상자의 특성을 설명하는 질문지나 기타 평정 양식에 응답한다. O-자료는 대상자가 자신을 정확하게 설명할 수 없을 때 특히 유용하다. 예를 들어, 자신과 다른 사람들이 경험하는 정서를 알아차리고 통제하는 능력인 정서 지능(EI)을 평가하는 도전을 생각해 보라. 연구자가 사람들에게 자신의 EI 수준을 설명하도록 요청함으로써 EI를 평가할 수 있을까? 만약 EI의 개념이 타당하다면, 그들은 할 수 없다. EI가 낮은 사람을 생각해 보라. EI 이론에 따르면 그 사람은 자신의 정서에 대한 통찰력이 부족하다. 이러한 통찰력이 부족하기 때문에, 그들은 자신의 정서적 삶을 정확하게 묘사할 수 없을 것으로 예상된다. 이 지점에서 O-자료가 유용한데, 그 사람에 대한 지식이 있는 관찰자는 대상자의 EI를 평가할 수 있을 것이다. 한 연구에서 연구진은 O-자료를 수집하여 작업팀 구성원들의 EI를 평가했는데, 참가자들은 동료의 EI를 평정했다. 연구자들은 O-자료가 EI의 자기 평가보다 직장 행동을 더 잘 예측하는 변수라는 것을 발견했다(Elfenbein, Barsade, & Eisenkraft, 2015).

T-자료
실험 절차나 표준화된 검사로부터 얻은 검사 자료 혹은 정보

T-자료는 과제(T)에 대한 사람들의 수행을 측정하는 실험 절차로부터 얻는 정보이다. 과제를 수행할 때, 참가자들은 일반적으로 과제가 개인의 어떤 자질을 측정하도록 설계된 것인지 알지 못한다. 이러한 이유로 T-자료 과제는 종종 성격의 암묵적 측정이라고 불린다. 사람들은 자신을 명시적으로 설명하도록 요청받지 않는다(Gawronski & De Houwer, 2014). 20세기 중반에 성격심리학자들은 다수의 T-자료 과제를 개발했다. 예를 들면 특질심리학자인 레이먼드 카텔과 동료들은(제7장 참조) 의자에 앉아있는 동안 불안해하는 경향성, 그리고 강도가 높지 않은 전기 충격을 경험하는 동안의 얼굴 표정 등을 기록하여 정서적 반응을 측정했다(Cattell & Gruen, 1955). 20세기 후반에, 연구자들은 인지심리학 등 관련 분야의 발전을 활용한 T-자료 절차를 개발했다. 인지 연구에서는 반응 시간, 즉 연구 참여자가 질문에 대답할 수 있는 속도를 기록함으로써 주제에 대한 개인의 지식 차이를 측정할 수 있다. 주제에 대한 지식이 더 많은 사람은 반응 시간이 더 짧다. 성격 연구에서, 반응 시간 과제가 자기 개념 연구에 유용하다는 것이 증명되었다. 사람들은 일반적으로 자신이 가지고 있는 다양한 개인적 자질에 대해 생각하고 일부 자질에 대해서는 다른 자질에 비해 더 많이 알고 있다. 사람들이 자신에 대한 질문에 대답할 때 수집되는 반응 시간은 그들이 가장 많이 생각하는 자아의 측면을 드러낼 수 있다(Markus, 1977). 다른 T-자료 절차는 어려운 과제를 수행할 수 있는 능력을 측정한다. 예를 들어 아이들의 충동조절 능력은 보상을 받으려면 차분히 기다려야 하는 '마시멜로 테스트'(Mischel, 2014)를 통해 측정할 수 있다.

S-자료
참여자에 의해서 제공된 자기 보고 자료 혹은 정보

마지막으로 **S-자료**('S'는 'self'를 의미함)는 참여자가 자신에 관해서 보고하는 정보이다. 가장 흔한 S-자료의 출처는 질문지이다. 성격 질문지를 완성할 때 피검사자는 자신의 성격의 관찰자 역할을 하면서 자신에 관해 평정(예 : "여러분은 성실한 사람인가요?")을 하도록 요구된다. 성격 질문지는 단일한 성격 특성을 측정할 수도 있고 성격의 전 영역을 측정하도록 설계될 수도 있다. 후자의 경우에 설문지는 일반적으로 많은 수의 검사 문항을 포함하고 있으며, 일련의 상호 구분되는 개인 속성들을 각각 포착하도록 설계된 문항의 하위 세트를

가지고 있다(Tellegen & Waller, 2008). S-자료는 중요한 한계를 갖고 있다. 사람들은 부정적인 개인적 특성을 과소평가하거나 긍정적인 특성을 과대평가하는 반응 편향을 보일 수 있다(McGee et al., 2016). 참가자가 자신을 정확하게 기술하려고 해도, 연구자는 사람들이 의식적으로 인식하지 못하여 기술할 수 없는 심리적 특성에 관심이 있을 수 있다(제3~4장 참조). 자기 보고 척도가 다른 문화에서 사용되는 경우, 검사 문항은 서로 다른 의미를 가질 수 있으며, 따라서 서로 다른 문화적 맥락에서 서로 다른 개인적 특성을 평가할 수 있다(van de Vijver & He, 2017). 그러나 자기 보고는 편리하다는 큰 장점이 있다. 직접 또는 인터넷을 통해 자기 보고 자료를 얻기는 비교적 쉽다. 질문지 기반 S-자료는 매우 일반적으로 사용되는 자료의 출처이다.

LOTS 범주는 여러 대안적인 자료 유형에 대해 생각하는 유용하고도 간단한 체계이다. 그러나 성격심리학 분야가 발전함에 따라 새로운 유형의 측정이 개발되었다. 성격 연구의 방법의 다양성을 포착하기 위해서는 추가적인 범주가 필수적일 것이다(Cervone & Caprara, 2001). 예를 들면 성격과 뇌에 관한 자료(뒤에서 논의될 것임)는 LOTS 체계에 쉽게 들어맞지 않는다.

성격 연구의 현대적 발전 : 소셜 미디어 및 언어기반 평가

성격심리학의 몇몇 연구 방법들은 오랜 세월 동안 존재해 왔다. 예를 들어, 성격 질문지(S-자료의 가장 일반적인 유형)는 한 세기 동안 우리와 함께해 왔다. 그것은 제1차 대전 동안 미 육군에 의해 처음 개발되었다(Woodworth, 1918). 오늘날 연구에 사용되는 많은 T-자료 과제는 20세기 후반에 고안되었다.

그러나 다른 연구 방법들은 훨씬 더 최신의 것이다. 특히 현대적인 방법 중 하나는 두 가지 발전이 결합된 것이다.

언어

첫 번째 발전은 언어의 분석을 포함한다. 여러분이 심리학 연구에서 '자료'를 생각할 때, 여러분은 아마도 단어보다는 숫자를 먼저 생각할 것이다. 이것은 합리적인 생각이다. 심리학에 관한 대부분의 과학적 자료는 사실 수치이다. 연구자들은 숫자 척도를 사용하여 사람들이 실험에서 보이는 심리적 특성과 반응을 측정한다. 수치 자료는 분석하기 쉽다는 큰 장점이 있다. 전문 통계 소프트웨어와 마이크로소프트 엑셀과 같은 범용 수 관리도구를 사용하면 그 어떤 연구자도 대량의 수치 정보를 신속하게 분석할 수 있다.

최근의 발전은 언어를 분석하는 소프트웨어가 가용하게 된 것이다. **컴퓨터화된 텍스트 분석 방법**computerized text analysis methods은 단어와 문장을 입력으로 사용하는 소프트웨어 도구이다 (Tausczik & Pennebaker, 2010). 텍스트를 분석할 때, 소프트웨어는 연구자가 관심을 가질 수

컴퓨터화된 텍스트 분석 방법
단어와 문장을 입력함으로써 성격 연구 맥락에서 성격과 개인차를 드러내는 언어적 특징을 분석하는 소프트웨어 도구

있는 다양한 언어적 특징을 식별하고 빈도를 계산할 수 있다. 예를 들어, 연구자들은 사람들이 자신에 대해 생각할 때를 나타내는 1인칭 대명사('나', '나의')나 사람들의 감정을 나타내는 감정 단어('기쁨', '울음')의 사용에 관심이 있을 수 있다.

일단 단어, 구 또는 문장을 세면, 연구자들은 이러한 언어 기반 측정값을 관심 있는 다른 결과와 연관시킬 수 있다. 예를 들어, 성격심리학자와 임상심리학자 모두에게 큰 관심을 끄는 한 가지 심리적 결과는 우울증 경험이다. 우울증은 사람들로 하여금 자신과 개인적인 관심사에 집중하게 하는 것으로 알려져 있다. 이러한 자기 초점은 결국, 사람들의 언어 사용이 '나'와 '나의'와 같은 더 많은 인칭 대명사를 포함하게 만든다. 컴퓨터화된 텍스트 분석은 언어 사용과 우울증이 실제로 관련되어 있음을 보여준다. 인칭 대명사를 더 많이 사용하는 사람들은 우울할 가능성이 더 높다(Bernard et al., 2016).

이 발견의 흥미로운 함축적 의미를 주목하라. 언어 사용은 우울증을 평가하는 역할을 할 수 있다. 다시 말해서, 여러분은 단지 사람들이 사용하는 단어들을 분석하는 것만으로 우울해질 가능성이 있는 사람이 누구인지 알아낼 수 있다. 보다 일반적으로, 언어 사용에 대한 분석은 매우 다양한 개인 특성에서 개인차를 탐지할 수 있다.

물론 연구자들은 텍스트 분석 소프트웨어를 개발하기 전에도 텍스트를 읽고 사람들이 다양한 유형의 단어를 사용하는 빈도를 셀 수 있었다. 그러나 컴퓨터화된 과정은 큰 이점을 가지고 있다. 그것은 연구자들이 독자들의 노력에 의존하지 않고 매우 큰 텍스트 본문을 분석할 수 있게 해준다.

소셜 미디어

두 번째 발전은 여러분에게 이미 친숙한 소셜 미디어이다. 오늘날 소셜 미디어 사용은 널리 퍼져있다. 미국에서는 성인 5명 중 4명 이상이 소셜 미디어 계정을 가지고 있다. 세계적으로 가장 인기 있는 소셜 미디어 사이트인 페이스북은 거의 20억 명의 사용자를 보유하고 있다. 이 숫자는 역사적인 맥락에서 믿을 수 없을 정도로 많은 것인데, 오늘날의 페이스북 사용자 수는 100년 전 전체 인구수를 초과한다.

여기까지 읽다보면 여러분도 성격 연구자들이 가지고 있는 통찰력을 보일지 모른다. 컴퓨터화된 텍스트 분석과 소셜 미디어라는 두 가지 발전은 결합될 수 있다. 컴퓨터화된 텍스트 분석은 소셜 미디어에서 사람들의 언어를 분석할 수 있다. 예를 들어, 사람들이 페이스북 페이지의 게시물에 쓰는 글을 분석할 수 있다. 만약 언어를 사용하여 성격을 평가할 수 있고, 페이스북 게시물로 컴퓨터 텍스트 분석을 수행할 수 있다면, 사람들에게 공식적인 성격 설문지를 제공하는 비용과 노력을 들이지 않고도 많은 사람의 성격 특성을 평가할 수 있을 것이다.

언어 기반 평가(Park et al., 2014)를 사용한 한 연구에서 연구자들은 사회적 외향이나 '외향적'인 경향 또는 열심히 일하고 신뢰할 수 있거나 '성실한' 경향과 같은 일반적인 행동 유형의 개인차를 평가하는 것을 목표로 했다. 그들의 연구는 두 가지 뚜렷한 단계로 구성되었다.

- 연구의 첫 번째 단계에서, 그들은 수천 명의 연구 참가자들에게 각각 (1) 페이스북 상태 메시지와 (2) 성격 질문지 점수(온라인 웹사이트를 통해 관리됨) 두 가지 정보를 얻었다. 통계 분석을 통해 연구자는 설문지 점수가 높고 낮은 사람들이 가장 많이 사용하는 언어 특징(예 : 개별 단어)을 식별할 수 있었다.
- 2단계의 목표는 1단계에서 식별된 언어의 특징이 두 번째 그룹 참가자의 성격 특성을 예측할 수 있는지 여부를 결정하는 것이었다. 연구자들은 수천 명의 추가 참가자에 대한 정보를 얻고 언어 사용을 분석하여 S-자료(참가자가 자신의 성격에 대해 설명한 자료)와 O-자료(참가자의 친구, 즉 참가자의 성격 관찰자에 의해 평가된 자료)를 모두 예측하려고 했다.

연구 결과는 언어 기반 평가의 힘을 보여주었다. 소셜 미디어에서 언어를 분석하는 새로운 방법을 통해 연구자들은 전통적인 S-자료와 O-자료를 예측할 수 있었다. 언어 기반 성격 지표와 (a) 자신의 성격에 대한 설명(S-자료) 및 (b) 관찰자의 평가(O-자료) 간에 상당한 정적 상관관계가 있었다. 이러한 긍정적인 상관관계는 다섯 가지 성격 성향, 즉 '빅 5'(외향성, 성실성, 신경증, 우호성, 새로운 경험에 대한 개방성) 각각에 대해 발견되었다(이러한 다섯 가지 특질에 대한 자세한 내용은 제8장 참조).

이 언어 기반 성격의 지표들은 정확히 무엇이었을까? 그림 2.1은 예를 보여준다. 그림에서 각 단어의 크기는 해당 단어의 사용이 외향성 수준과 상관된 정도를 나타낸다. 보다시피, 페이스북 게시물에 감정적으로 풍부한 단어('사랑!', '놀라운')와 사회적 장소 및 계획에 대한 언급('오늘 밤', '파티')이 포함된 사람들은 외향적일 가능성이 더 높다. 이러한 언어-성격 연관성에 대한 지식을 통해 여러분은 페이스북 게시물에서 개인의 성격을 '읽을' 수 있다!

상이한 출처의 자료는 서로 어떻게 관련되는가?

네 범주의 자료를 소개한 후 우리가 제기할 다음 질문은 "상이한 유형의 자료로부터 획득한 측정치들이 서로 일치하는가?"이다(Pervin, 1999). 만약 어떤 사람이 자신을 성실성이 높은 것으로 평정한다면 다른 사람들(예 : 친구, 교사)도 비슷하게 평정할까? 어떤 사람이 우울을 측정하는 질문지에서 높은 점수를 받는다면 전문가 면접에 의한 평정도 비슷한 점수를 보여줄까? 어떤 사람이 자신을 외향성 높다고 평정하면 그 특질을 측정하기 위해서 설계된 실험실 상황(예 : 집단 토론에의 참여)에서도 그는 높은 외향성 점수를 받을까?

상이한 자료 출처가 서로 관련되느냐는 질문은 겉보기에는 단순해 보이지만 보기보다 복잡한 질문이다. 많은 요소들이 자료 출처가 관련되는 정도에 영향을 준다. 그중 하나는 어떤

그림 2.1　언어로 예측된 외향성과 가장 강한 상관관계가 있는 단어, 구문 및 주제들(N = 4,824). 큰 중심 단어 구름은 높은 예측된 외향성과 낮은 예측된 외향성과 가장 높은 상관관계를 가진 100개의 단어와 구를 포함하고 있다. 단어 크기는 상관 크기에 비례하고 명암은 단어 빈도를 나타낸다. 밑줄(_)은 구 내에서 단어를 연결하기 위해 사용되었고 원본 텍스트에는 나타나지 않는다. 주변의 작은 단어 구름은 가장 상관관계가 높은 여섯 가지 주제 또는 의미상 관련된 단어 군집이다. 주제 내에서 단어 크기와 명암은 단어의 일반화된 정도를 나타낸다. 모든 상관관계는 유의하다($p < .001$). (Park, 2014)

자료 출처에 관해서 말하고 있느냐는 질문이다. 성격심리학자들은 자기 보고(S-자료)가 실험실 절차(T-자료)로부터 얻은 점수와 일치하지 않는 것을 자주 발견했다. 자기 보고 질문지는 폭넓게 다양한 상황들과 관계된 광범위한 판단(예 : "나는 대체로 상당히 차분한 성격이다.")을 측정하는 경향이 있는 반면에 실험 절차는 매우 구체적인 맥락에서 성격 특성을 측정한다. 이 차이는 종종 두 유형의 자료 간 불일치 결과를 가져올 만큼 결정적이다.

자기 보고(S-자료)와 관찰자 보고(O-자료)는 보다 밀접하게 관련되는 경향이 있다. 성격심리학자들은 자기 평정과 관찰자 평정을 비교할 때 통상적으로 유의한 수준의 일치도를 발견한다(Funder, Kolar, & Blackman, 1995; McCrae & Costa, 1987). 그러나 여기서도 상이한 유형의 연구 절차는 상이한 결론을 가져올 수 있다(John & Robins, 1994; Kenny, Albright, Malloy, & Kashy, 1994; Pervin, 1999). 평정되는 성격 특성이 매우 '평가적'일 때(예 : 멍청한, 가슴 따뜻한) 자기 지각 편파가 평정 과정에 개입해서 자기 평정과 관찰자 평정 간의 일 치도를 낮춘다(John & Robins, 1993, 1994; Robins & John, 1997). 더욱이 어떤 성격 특성 (예 : 사교성 대 신경증 성향)은 다른 성격 특성보다 더 관찰하기 좋고 판단하기 쉬워서 자기 평정과 관찰자 평정 간의 일치도 높고, 동일한 사람에 대해 상이한 관찰자들로부터 얻은 평정 간의 일치도도 높게 나온다(Funder, 1995; John & Robins, 1993). 덧붙여서 어떤 사람 들은 다른 사람들보다 더 읽기 쉬워 보이거나 판단하기 쉬워 보인다(Colvin, 1993). 요약하 면 성격 특성이 평가적이고 관찰 가능한 정도, 그리고 평정되는 사람이 판단될 수 있는 정도 등을 포함해서 다양한 요소들이 자료 출처 간의 일치도에 영향을 준다.

일반적으로 성격에 관한 상이한 자료 출처는 각각 장점과 단점을 모두 갖고 있는 것으 로 인식되어야 한다. 자기 보고 질문지는 명백한 장점을 갖고 있다. 즉 사람들은 자신에 관 해서 많은 것을 알고 있다. 그러므로 심리학자가 어떤 사람에 관해 알기를 원한다면 아마도 최선의 방법은 직접 본인에게 물어보는 것이다(Allport, 1961; Kelly, 1955; Lucas & Diener, 2008). 그러나 자기 보고 방법은 한계를 갖고 있다. 질문지상에서 자신을 기술하는 것은 검 사 문항의 표현 방식이나 문항이 검사에서 제시되는 순서와 같은 부적절한 요소들에 의해서 영향을 받을 수 있다(Schwarz, 1999). 또한 사람들은 아마도 자신을 긍정적인 모습으로 보여 주려는 시도에서 거짓말을 하거나 무의식적으로 질문지 반응을 왜곡할 수도 있다(Paulhus, Fridhandler, & Hayes, 1997).

그런 이유들 때문에 어떤 연구자들은 개인의 성격을 측정하는 최선의 방법은 그 사람을 아는 타인에 의한 질문지 평정이라고 생각한다. 그러나 여기서도 문제가 발생할 수 있다. 즉 때로는 상이한 평가자가 동일한 사람을 아주 다르게 평가하기도 한다(Hofstee, 1994; John & Robins, 1994; Kenny et al., 1994). 그 결과로 어떤 심리학자들은 자기 보고든 혹은 대상 개 인과 친숙한 다른 사람에 의한 보고든 성격 분야가 질문지에 지나치게 의존해서는 안 된다 고 주장한다. 대신에 행동이나 행동의 기저에 있는 생물학적 체계의 객관적 측정이 성격 과 학을 건설하는 데 보다 신뢰할 수 있는 증거 출처일 것이라고 말한다(Kagan, 2003). 그러나 성격심리학자는 종종 어떤 단순한 행동 지표나 생물학적 지표도 갖고 있지 않은 개인적 경 험의 측면에 관심을 갖는다. 만약 사람들이 가지고 있는 자신에 대한 의식적 지각과 주위 세 계에 관한 신념을 알기를 원한다면 우리는 시작점으로 돌아가야 한다. 즉 최선의 방법은 그 들에게 물어보는 것이다.

고정된 측정도구 대 유연한 측정도구

성격에 관한 자료 출처가 달라질 수 있는 또 다른 방식은 측정도구가 고정되어 있는가 유연 한가의 질문과 관련된다. '고정된' 절차란 정확히 동일한 측정도구(예 : 정확히 동일한 검사 문항)를 심리학 연구에 참여한 모든 사람에게 실시하고 모든 사람의 점수를 정확히 동일한 방식으로 계산하는 절차를 의미한다. 그러한 '고정된' 절차는 성격심리학에서 가장 보편적으로 사용되는 방법이다. 만약 심리학자가 사람들의 특성에 관해서 알기를 원한다면 그들은 보통 큰 집단의 사람들에게 정확하게 동일한 검사 문항을 주고 모든 사람의 점수를 공통된 방식으로 계산한다.

고정된 절차는 객관적이고 간단하다는 명백한 이점을 갖고 있다. 그러나 두 가지 한계를 또한 갖고 있기도 하다. 하나는 심리학자가 묻는 어떤 검사 문항은 검사를 치르는 어떤 사람들에게는 부적절할 수도 있다는 것이다. 여러분이 성격 질문지에 응답한 일이 있다면 어떤 질문들은 성격의 중요한 측면들을 건드리는 좋은 문항들인 반면 어떤 문항들은 여러분에게 부적절한 주제에 관해서 질문한다는 점에서 좋지 않은 문항들이라고 느꼈을 것이다. 고정된 검사 절차는 두 유형의 문항을 구분하지 않고 단순히 모든 반응을 더해서 검사의 총점을 계산한다. 두 번째 한계는 성격의 어떤 양상은 고정된 검사에 포함되지 않을 수 있다는 것이다. 여러분은 심리학자의 검사 문항 어디에도 언급되지 않은 특이한 심리적 속성—중요한 과거 경험, 고유한 기술, 삶을 인도하는 종교적 혹은 도덕적 가치, 인생의 장기적 목표—을 갖고 있을 수도 있다.

이 한계는 원칙적으로 유연한 검사 절차, 달리 말하면 모든 사람에게 공통된 질문 세트를 주지 않는 절차를 채택함으로써 극복될 수 있다. 여러 가지 대안이 가능하다(Cervone & Shadel, 2003; Cervone, Shadel, & Jencius, 2001; Huprich & Meyer, 2011). 예를 들면 고정된 문항 세트를 실시하되 사람들에게 어떤 문항이 자신에게 적절한지를 표시하도록 허용할 수도 있다(Markus, 1977). 또 다른 대안은 사람들에게 구조화되지 않은 성격 검사, 즉 전적으로 실험자의 어휘로 이루어진 문항에 반응하도록 강요하지 않고 사람들이 자신의 어휘로 자신을 기술하도록 허용하는 검사를 실시하는 것이다. "나는 대규모 파티에 가는 것을 좋아한다 : 그렇다, 아니다."와 같은 질문은 구조화된 문항이고, 반대로 "주말에 어떤 활동을 즐기는가?"라는 질문은 비구조화된 것이다. 비구조화된 방법은 자기 개념을 평가하는 데 특히 가치가 있음이 증명되었다. 이 방법은 사람들에게 자신의 성격의 중요한 측면을 기술하는 단어나 구절을 열거하도록 하거나(Higgins, King, & Mavin, 1982), 혹은 사람들이 가졌던 중요한 생애 경험의 기억과 관련된 이야기를 하도록 요청하는 것을 포함한다(McAdams, 2011; Woike & Polo, 2001).

성격심리학자들은 고정된 측정도구와 유연한 측정도구를 기술하는 전문적인 어휘를 갖고 있다. 모든 사람에게 동일한 방식으로 적용되는 고정된 측정도구는 **법칙 정립적**nomothetic이라고 지칭된다. 이 용어는 '법칙'을 뜻하는 그리스어인 'nomos'에서 온 것으로, 여기서는 모든 사람에게 고정된 방식으로 적용되는 과학적 법칙을 찾는 것을 가리킨다. 연구 대상인 특정 개인에게 맞춘 유연한 평가 기법은 **개별 사례적**idiographic으로 불리는데 이 용어는 개인적, 사적, 개별적 특성(특이하다는 뜻의 'idiosyncratic'에서와 같이)을 가리키는 그리스어인 'idios'에서 나왔다. 그러므로 일반적으로 법칙 정립적 기법은 한 전집의 사람들을 고정된 문항 세트를 사용해서 측정한 고정된 성격 변수 세트로 기술한다. 반대로 개별 사례적 기법은

법칙 정립적 전략
한 전집의 모든 구성원들에게 적용되는 보편적 원칙이나 법칙을 알아내기 위한 평가와 연구 전략

개별 사례적 전략
잠재적으로 고유하고 개별적인 개인의 특성을 포착하기 위한 평가와 연구 전략

잠재적으로 고유하고 특이한 개인의 초상을 얻으려는 주된 목적을 갖는다. 이후 장들에서 보듯이 성격 이론은 고정된 대 유연한(법칙 정립적 대 개별 사례적) 검사 절차에 의존하는 정도에서 서로 다르다.

성격과 뇌 자료

앞에서 논의한 네 유형의 자료—LOTS 자료 유형—는 심리학적이다. 즉 이 자료 출처는 연구자에게 사람들의 행동, 사고, 정서 반응과 같은 심리적 반응에 관한 정보를 준다.

심리학에 덧붙여서 성격심리학자들은 생물학에 관심을 가진다. 그들은 사람들의 지속적이고 독특한 감정, 사고 및 행동 패턴, 즉 성격(제1장의 성격의 정의를 기억할 것)에 기여하는 생물학적 기제를 발견하기를 원한다. 주된 생물학적 기제는 물론 뇌에서 발견된다. 그러므로 성격심리학자들은 그들의 심리학적 'LOTS' 자료를 보완하기 위해서 뇌 자료를 필요로 한다.

뇌 기능에 관한 두 유형의 증거가 성격심리학에 특히 가치가 있는 것으로 증명되었다. 우리는 그것들을 여기서 간략하게 기술할 것인데 여러분은 앞으로 나오는 장들에서 그것들을 다시 볼 것이다.

뇌 자료의 첫 번째 출처는 뇌의 전기적 속성을 이용한다. **뇌파 검사**electroencephalography **(EEG)**는 뇌의 전기 활동을 기록하는 방법이다. 기록은 두피에 위치한 전극을 통해서 이루어진다. 전극은 뇌의 개별 세포, 혹은 뉴런의 전기 활동을 기록한다. 뇌 안 뉴런의 생화학적 활동은 뇌의 바깥, 즉 두피에 위치한 전극에 의해서 탐지될 수 있을 만큼 아주 강력한 전기 활동을 산출한다. EEG 기록은 보통 실험실에서 이루어지지만 최근에는 휴대하거나 착용할 수 있는 기계가 개발되어서 실험실 밖에서도 기록이 가능해졌다(Casson et al., 2010).

EEG 연구에서 여러 개의 전극이 두피의 상이한 영역에 장치된다. 각 전극은 가장 가까운 뇌 영역의 뇌 활동에 가장 민감하다. 그러므로 다수의 전극 활동을 분석함으로써 연구자는 뇌의 어떤 영역이 특정 시간에 가장 활동적인지 결정할 수 있다. (a) 참여자의 심리적 상태(예를 들어 상이한 정서의 경험)와 (b) EEG 활동(특히 전극 각각의 활동)을 동시에 지켜봄으로써 연구자는 심리적 활동을 뇌 활동과 관련시킬 수 있고, 따라서 특정 심리적 상태와 기능의 토대가 되는 뇌의 영역을 확인할 수 있다.

뇌에 관한 두 번째 증거 출처는 개인이 상이한 과제(혹은 심리적 '기능')를 수행하는 동안 뇌 활동을 묘사하는(혹은 '영상을 찍는') 방법인 **기능적 자기공명영상**functional magnetic resonance imaging**(fMRI)**이다. fMRI는 과제를 수행하는 동안 특정 뇌 영역이 활동적이 됨에 따라 뇌의 상이한 영역으로 가는 피의 흐름이 변화한다는 사실에 기반을 둔다. 무거운 물건을 들어올릴 때 팔의 근육에 추가적인 피가 흘러가듯이 뇌의 어떤 영역을 사용할 때, 예를 들면 문제를 풀거나 과거의 사건을 기억하거나 심상을 형성할 때 추가적인 피가 뇌의 해당 영역으로 흘러간다. fMRI 기법은 혈액 흐름에서의 이러한 변화를 탐지하고, 가장 높게 활동적인 영

뇌파 검사(EEG)
뇌의 전기 활동을 기록하는 방법. 기록은 두피에 장치된 전극을 통해서 이루어짐

기능적 자기공명영상(fMRI)
뇌 영역이 과제 수행 동안 활동적이 됨에 따라 뇌의 상이한 영역으로 가는 피의 흐름이 변동한다는 사실에 근거해서 상이한 과제를 수행하는 동안의 뇌 활동을 묘사하는 방법

역, 즉 수행되고 있는 과제에 직접적으로 기여하는 영역, 그러므로 '기능적인' 영역을 보여주는 사진을 산출한다(Ulmer & Jansen, 2010).

fMRI 연구에서 참여자들은 뇌 스캐너라 부르는 특수한 기구 속에 들어간다. 스캐너는 (혈액 세포의 자기적 속성 덕분에 탐지가 가능한) 혈액 흐름의 변동을 탐지하는 강력한 자기적 속성을 가지고 있다. 스캐너 속에 있는 동안 참여자는 과제 지시문, 사진, 기타 자극들을 비디오 스크린으로 보고 자극에 대한 반응으로 과제를 수행한다. 참여자가 과제를 수행하는 동안 뇌 스캔이 이루어진다.

이미 알고 있겠지만 EEG와 fMRI는 심리적 체험이 아니라 생물학적 기능에 관한 정보를 제공한다. 그러나 생물학적 방법을 위에 소개한 LOTS 자료와 결합함으로써 연구자는 생물학을 심리학에 연결시키고 성격 과정과 구조의 생물학적 기초를 발견할 수 있다.

성격 이론과 평가

성격심리학자가 성취해야 할 일 중 하나가 평가이다. 성격 평가는 한 개인의 성격에 관해서 알기 위한, 혹은 한 전집(연구자가 관심을 갖는 개인들의 큰 집단) 내의 사람들 간의 성격 차이를 측정하기 위한 표준화된 절차, 즉 세부적으로 잘 정리된 단계들의 세트이다. 성격 평가 절차는 사람들의 행동을 예언하는 것, 기본적인 성격 과정에 대한 실험 연구를 수행하는 것, 그리고 임상적 적용에서는 심리적 문제를 이해하고 치료 방법을 결정하는 것 등과 같은 주요한 전문적 목표를 달성하기 위해서 사용하는 기초 자료를 산출한다.

성격 평가에서 사용할 자료 출처를 선택할 때 심리학자는 여러 대안을 갖는다. 즉 심리적 자료의 네 가지 상이한 출처, 이들 출처를 통해서 자료를 수집하는 전략으로서 개별 사례 대 법칙 정립 전략, 그리고 위에서 논의한 바와 같이 뇌에 관한 증거를 얻기 위한 상이한 방법 등이 대안으로 존재한다. 어떻게 선택할 것인가?

종종 이론이 선택을 이끈다. 성격 이론이 평가의 표적, 즉 연구에 가장 중요한 성격의 측면을 지정한다. 평가 표적의 선정은 추구하는 자료의 출처를 결정하기도 한다. 성격심리학의 네 가지 평가 표적을 간략히 고려해 보자.

- 평균 행동 : 어떤 성격 이론은 사람들의 전형적이고 평균적인 행동을 연구 표적으로 삼는다. 평균적인 행동 경향성은 내적인 성격 구조를 반영한다고 생각한다. 그러므로 평가는 사람들이 평균적으로 하는 것, 즉 평온함(대 불안함), 사교적임(대 사회적으로 위축됨), 정직성(대 사기성) 등(Van der Linden, Tsaousis, & Petrides, 2012)의 평균적인 경향성을 측정하도록 설계된다.
- 행동의 가변성 : 다른 성격 이론은 행동의 평균적인 경향성을 평가하는 것이 충분하지 않으며 여러 사회적 맥락에서의 가변성을 또한 탐색해야 한다고 주장한다. 변화의 패턴, 예를 들면 부모 중 한쪽과는 따뜻한 관계를 맺고 다른 쪽과는 적대적인 관계인 경

우, 또는 한 상황에서는 불안한 행동을 보이고 다른 상황에서는 침착하고 자신 있는 행동을 보이는 것 등이 성격 구조를 반영하고 있다고 생각한다(Mendoza-Denton & Ayduk, 2012).

- **의식적 사고** : 평가의 세 번째 표적은 의식적 경험, 즉 개인의 의식적 사고, 감정, 그리고 정서의 흐름이다. 성격과 의식적 경험의 연구에서 연구자는 예를 들면, 사람들에게 자신에 대한 신념, 삶에서의 개인적 목표, 그날 일어난 사건들을 경험하면서 느꼈던 것(흥분 혹은 지루함, 걱정 혹은 침착한 집중)을 기술하도록 요청한다(Nakamura & Csikszentmihalyi, 2009).

- **무의식적인 정신적 사건** : 평가의 네 번째 표적은 의식되지 않는 사고와 감정이다. 어떤 성격 이론은 무의식적인 정신적 사건, 즉 사람들이 의식하지 못하는 정신적 사건(예 : 사고, 동기)에 초점을 맞춘다. 이러한 이론을 따르는 연구자는 무의식적인 정신적 사건을 밝혀내는 방법을 고안해야 한다(McClelland, Koestner, & Weinberger, 1989).

이론, 평가의 표적, 자료의 선택 사이의 관계는 뒤에 나오는 장들에서 반복해서 다루어질 것이다. 지금은 이 관계가 제1장의 주제를 강조한다는 점을 주목하자. 즉 우리는 먼저 다량의 자료를 모으고 그다음에 이론을 만드는 것으로 성격을 연구할 수는 없다. 무엇을 측정하고 어떻게 측정할 것인가를 결정하기 위해서 우리는 먼저 이론을 필요로 한다.

연구 목표 : 신뢰도, 타당도, 윤리적 행동

연구자가 어떤 문제를 연구하고 어떤 방법을 선택하든 연구 프로젝트는 그 절차가 다음 두 가지 속성을 갖추지 않으면 성공할 수 없다. 즉 성격 측정치는 (1) 재현될 수 있어야 하고(만약 그 연구를 두 번 시행하면 두 번 모두 동일한 양식으로 결과가 나와야 한다), (2) 해당 연구의 이론적인 관심 개념 바로 그것을 측정해야 한다. 연구 용어로 표현하면 측정치는 (1) 신뢰할 만하고 (2) 타당해야 한다.

신뢰도

신뢰도reliability의 개념은 관찰이 재현될 수 있는 정도를 가리킨다. 즉 측정치가 신뢰할 수 있는가 혹은 안정적인가의 질문이다. 우리가 사람들에게 성격 측정도구를 주고, 짧은 시간 후에 다시 주면 우리는 그 측정도구가 두 개의 시점에서 유사한 성격 특성을 드러낼 것이라고 예상한다. 만약 그렇지 않으면 그 측정도구는 신뢰할 만하지 못하다고 말한다.

다양한 요인들이 심리 검사의 신뢰도에 영향을 준다. 어떤 요인은 관찰되는 사람의 심리적 상태와 관련된다. 사람들의 반응은 관찰되는 시점에 갖는 기분과 같은 가변적인 요인에 의해서 영향을 받기도 한다. 예를 들면 여러분이 성격 검사를 두 상이한 날에 받는다고 하

신뢰도
관찰이 안정적이고 믿을 수 있고 재현될 수 있는 정도

자. 그런데 하루는(다른 날은 그렇지 않고) 특별히 기분이 나빴다고 하자. 여러분의 기분은 그날의 반응에 영향을 줄 수도 있어서 두 시행의 점수가 다르게 나오도록 할 수도 있다. 다른 요인은 검사 자체와 관련된 것이다. 예를 들면 검사 문항의 모호함이 신뢰도를 낮출 수 있다. 채점할 때의 부주의와 점수를 해석하는 규칙의 모호함도 검사자 간의 합치도의 결여 혹은 신뢰도의 결여를 가져올 수 있다.

신뢰도는 보통 상이한 기법을 사용해서 두 가지 상이한 방식으로 측정하는데, 각각은 하나의 검사에 관한 상이한 질문에 대한 답을 제공한다(West & Finch, 1997). 한 방법은 내적 일관성을 측정하는 것이다. 각 문항이 공통된 심리적 구성 개념의 반영일 경우에 우리가 기대하듯이 검사의 상이한 문항들이 서로 상관되어 있는가? 두 번째는 검사-재검사 신뢰도를 측정하는 것이다. 만약 사람들이 두 상이한 시점에서 검사를 수행한다면 그들은 동일하거나 아주 유사한 검사 점수를 받을 것인가? 신뢰도 유형의 차이는 하나의 간단한 예로 명백해진다. 지능 검사의 몇 문항을 외향성 검사에 추가했다고 하자. 그 측정도구의 검사-재검사 신뢰도는 (아마도 사람들은 상이한 시점에서 지능 검사 문항들에 대해 비슷한 수행을 보일 것이기 때문에) 여전히 높을 것이다. 그러나 그 검사의 내적 일관성은 (아마도 외향성 검사 문항에 대한 반응과 지능 검사 문항에 대한 반응은 상관되지 않을 것이기 때문에) 낮아질 것이다.

타당도

타당도
관찰이 우리가 관심을 갖는 현상 혹은 구성 개념을 반영하는 정도. 구성 개념 타당도라고도 함

신뢰도에 덧붙여서 관찰은 타당해야 한다. **타당도**validity는 관찰이 실제로 해당 연구에서의 관심 현상을 반영하는 정도이다. 타당도의 개념은 어떤 측정도구가 타당하지 않은 사례에 의해서 가장 잘 설명된다. 즉 사람들에게 TV 쇼의 우승자에 관한 사소한 실문을 함으로써 지능을 측정한다고 하자. 그 측정치는 신뢰할 만할 수 있다. 그러나 이런 유의 사소한 질문은 우리가 '지능'이라고 부르는 정신 능력의 지표가 아니기 때문에 타당하지는 않을 것이다.

한 검사가 성격 이론의 발전과 검증에 유용하기 위해서는 **구성 개념 타당도**construct validity를 가져야 한다. 즉 그 검사가 측정하려고 의도하는 심리적인 변인 혹은 구성 개념의 타당한 측정도구여야 한다(Cronbach & Meehl, 1955; Ozer, 1999). 어떤 검사가 구성 개념 타당도를 갖추었다는 것을 확립하기 위해서 성격심리학자들은 보통 그 검사가 체계적으로 어떤 외부의 준거, 즉 검사 자체와 독립적인(즉 검사에 외적인) 어떤 측정치와 관련되어 있음을 보이려고 노력한다. 이론적인 고려가 외부 준거의 선택에 안내 역할을 한다. 예를 들면 어떤 사람이 불안을 경험하는 경향성 검사를 개발하고 구성 개념 타당도를 확립하려 한다면 그는 그 검사가 예측해야 하는 외부 준거(예 : 불안 각성의 생리적 지표)를 선정하기 위해서 불안에 관한 이론적 아이디어를 사용할 것이다. 우리는 대체로 검사가 외부 준거와 상관되어 있음을 보임으로써 타당도를 확립한다. 그러나 상관 자료에 덧붙여서 타당도의 검증은 검사에 이론적으로 적절한 두 집단 사람들의 비교를 수반할 수도 있다. 예를 들어 임상심리학자들이 불안 장애를 앓고 있다고 진단한 사람들의 집단은 그와 같은 진단을 받지 않은 사람들보다 불

안의 측정을 의도한 검사에서 더 높은 점수를 얻을 것이다. 그렇지 않다면 타당한 불안 검사가 아닌 것이다.

타당도의 다른 측면들도 존재한다(Ozer, 1999; West & Finch, 1997). 예를 들어 어떤 사람이 새로운 성격 검사를 제안한다면 그는 그 검사가 **변별 타당도**discriminant validity를 가지고 있음을 제시할 수 있어야 할 것이다. 즉 그 검사가 이미 존재하고 있는 다른 검사들과 경험적으로 구분되어야 한다. 만약 가설적으로 어떤 사람이 '걱정하는 성향'의 새로운 검사를 제안하고 그 검사가 기존의 신경증 성향 검사들과 아주 높게 상관되어 있음을 발견한다면 새 검사는 변별 타당도가 결여되었기 때문에 별 가치가 없다.

요약하면, 신뢰도는 검사가 안정적이고 재현될 수 있는 측정치를 제공하는가의 질문에 관여하고, 타당도는 검사가 실제로 측정한다고 가정된 심리적 속성을 측정하고, 그 심리적 속성에 의해서 영향을 받는가의 질문에 관여한다.

연구 윤리와 공공 정책

심리학 연구는 윤리적 관심을 수반한다. 윤리적 이슈는 연구의 수행과 연구 결과의 분석 및 보고에 모두 관련되어 있다(Smith, 2003). 이러한 관심은 오래되었다. 반세기 전에 한 유명한 연구에서 '교사' 역할을 맡은 참여자들로 하여금 다른 참여자들('학습자')에게 짝 지어진 연상 단어 목록을 가르치고 단어 목록에서 실수를 범하면 전기 충격으로 처벌하도록 지시하였다(Milgram, 1965). 비록 실제 충격은 사용되지 않았지만 '교사'들은 실제로 충격이 존재한다고 믿었다. 다른 연구에서는 참여자들에게 모의 감방 환경에서 간수 혹은 죄수의 역할이 주어졌다(Zimbardo, 1973). '간수'들은 자신을 비인간적으로 취급하도록 허용한 '죄수'들을 언어적 · 신체적으로 학대했다. 두 연구에서 참여자들은 아주 가혹한 수준의 스트레스를 경험했기 때문에 과연 과학이 얻는 이득이 참여자들의 희생보다 더 큰지 질문해야 했다.

오늘날 심리학자들의 연구 활동은 미국심리학회(APA)가 채택한 일련의 윤리적 원칙에 따른다(American Psychological Association, 1981). 그 핵심은 "심리학자는 참여하는 사람들의 존엄과 복지에 대해서 존경과 관심을 가지고 연구를 수행한다."이다. 이것은 연구의 윤리적 수용 가능성을 평가하고, 연구 참여자들이 어떤 방식으로든 위험에 놓일 수 있는지 여부를 결정하며, 각자의 의무와 책임에 관해 연구 참여자와 명확하고 공평한 협약을 수립하는 것 등을 포함한다. 비록 어떤 경우에는 속임수가 필요하다고 인정되지만 이는 원칙적으로 최소화되어야 한다. 연구자는 항상 참여자의 신체적 · 정신적 불편함과 피해를 최소화할 의무를 지닌다. APA 지침에 덧붙여서 유사한 연방 지침(즉 미국 내에서 미국 연방 정부의 한 부서에 의해 만들어진 지침)이 연구에 안내 역할을 한다. 모든 심리학 연구 프로젝트는 연구가 이 지침을 따르는지를 평가하는 윤리위원회에 의해서 검토되고 승인되어야 한다.

앞서 언급했듯이 윤리 원칙은 연구 결과의 보고에도 적용된다. 오랫동안 지속되어 온 걱정거리의 하나는 '파급적인 부정행위의 오점'(APA Monitor, 1982), 즉 연구자의 결과 보고가 정확하지 않고 대신에 자신의 개인적 동기에 의해서 왜곡되는 가능성이다. 1970년대에 이루어진 통계적 분석으로 한때 저명했던 영국 심리학자 시릴 버트 경이 의도적으로 지능의 유전에 관한 연구 자료를 허위로 보고했음이 드러났다(Kamin, 1974). 20세기 초에 한 연구자는 타당한 연구 결과를 정확하게 보고하지 않음으로써 이전에 출판된 연구를 과학 학술지로부터 모조리 철회해야 했다(Ruggiero & Marx, 2001). 최근에 한 심리학자는 여러 연구의 자료를 완전히 날조한 사실을 인정한 후 사직했다(*New York Times*, November 2, 2011). 이러한 사건 이후로, 이 분야는 발표된 결과의 진실성을 확인할 수 있는 연구 절차와 자료를 대중에게 공개하기 위한 개선된 기준을 채택했다(Hesse, 2018).

부정행위보다 훨씬 미묘한 것이 어떻게 과학적 질문이 개발되고 어떤 종류의 자료가 증거로서 받아들여지는가에 영향을 미치는 개인적·사회적 편파이다(Pervin, 2003). 예를 들면 성차의 연구에서 연구자들은 성 편파적인 방식으로 질문을 제기하기도 하고(예 : 과제에서 '여성이 남성만큼 기술이 있는지'를 묻는 것) 혹은 남성과 여성에 관해 이미 존재하고 있는 기대에 부합하는 연구 결과의 타당성을 보다 쉽게 받아들이기도 한다. 비록 과학자들은 객관성을 유지하려고 노력하지만, 다른 사람들과 마찬가지로 그들도 때로는 어떻게 자신의 개인적 의견과 기대가 판단과 결론에 영향을 미치는지를 인식하지 못하기도 한다.

성격심리학에서 연구의 윤리적인 보고는 과학의 발전뿐만 아니라 넓게는 사회에도 중요하다. 성격 연구는 다양한 영역에 응용된다. 심리치료를 위한 임상 요법, 학생들을 동기화하기 위한 교육 정책, 직장에 지원하는 사람들을 대상으로 하는 선발 검사 등이 그 예다. 이러한 응용 가능성 또한 심리학자에게 자신의 연구를 정확하고 완전하게 보고해야만 하는 높은 책임을 갖게 만든다.

세 가지 일반적 연구 전략

여러분이 앞에서 배웠듯이 모든 성격 과학자는 신뢰할 만하고 타당한 연구 결과를 얻기를 희망한다. 그러나 그들은 어떤 전략을 통해서 목표를 달성하려고 노력하는지에서 차이를 보인다. 세 가지 중심이 되는 연구 전략, 즉 (1) 사례 연구, (2) 상관 연구, (3) 실험이 이 분야에서 지배적이다. 이제 이 세 가지 전략을 소개할 것인데, 여러분은 이것을 뒤에 나오는 장에서도 계속해서 볼 수 있을 것이다.

사례 연구

사례 연구
한 개인을 아주 자세하게 탐구하는 연구 접근. 이 전략은 흔히 임상 연구, 즉 내담자와의 심층 경험을 하는 과정에서 치료자에 의해서 수행되는 연구와 연합되어 있음

하나의 전략은 개인을 아주 상세하게 연구하는 것이다. 많은 심리학자들이 개별 사례의 심층분석, 혹은 **사례 연구**case studies를 인간 성격의 복잡성을 파악하기 위한 가장 좋은 방법이라고 생각한다.

사례 연구에서 심리학자는 연구의 대상인 개인과 광범위하게 상호작용한다. 이러한 상호

작용에서 심리학자는 그 개인의 성격에 가장 중요한 심리적 구조와 과정에 대한 이해를 발전시키려고 노력한다. 이전에 소개한 용어를 사용하면, 사례 연구는 연구 대상인 특정 개인의 심리적 초상을 얻는 것이 목표인 개별 **사례적** 방법과 근본적으로 동일하다.

사례 연구는 순수하게 연구 목적을 위해서 수행될 수도 있다. 그러나 역사적으로 대부분의 사례 연구는 임상치료의 일부분으로 수행되어 왔다. 물론 임상심리학자는 잘 고안된 개입을 위해서 내담자의 고유한 속성을 이해해야 하기 때문에 임상 장면은 본래 성격의 사례연구를 제공한다. 임상가에 의한 사례 연구는 성격의 여러 주요 이론의 발달에 중요한 역할을 했다. 사실상 우리가 이 책에서 논의할 많은 이론가들이 임상심리학자, 상담심리학자, 혹은 정신과 의사로 훈련을 받았다. 그들은 처음에 환자들의 문제를 해결하려고 노력했고, 그러고는 임상 장면에서 획득한 통찰을 성격 이론을 발전시키는 데 사용했다.

사례 연구의 예

체계적인 사례 연구에 의해서 얻을 수 있는 통찰이 무엇인지 알아보기 위해 우리는 네덜란드의 성격심리학자 위베르 헤르만스(2001)의 연구를 고려할 것이다. 헤르만스는 사람들이 자기 자신에 대해 갖는 사고, 혹은 자기 개념이 일반적으로 다면적이라는 사실에 관심을 가졌다. 사람들은 자신이 다양한 심리적 특성을 갖고 있다고 생각한다. 자기에 대한 이러한 개념은 개인이 다른 사람들과 상호작용하면서 발달한다. 우리들 각자는 많은 타인과 상호작용하기 때문에 자기 개념의 상이한 측면들은 종종 상이한 사람들을 등장시키는 상이한 상황들에 적합한 경우가 많다. 여러분은 교수와 상호작용할 때는 진지하고 똑똑한 사람으로, 친구들과 시간을 보낼 때는 장난스럽고 자신감 있는 사람으로, 그리고 데이트할 때는 낭만적이지만 초조한 사람으로 자신을 볼지 모른다. 그러므로 누군가의 성격을 이해하기 위해서는 그들이 자신의 삶에서 상이한 역할을 하는 개인들이 관여하는 상이한 관점에서 자신의 삶을 생각하면서, 자신의 상이한 측면들이 어떻게 작용하는지 연구할 필요가 있을 것이다. 헤르만스(2001)는 이 상이한 관점을 사람이 자신을 볼 때 취하는 상이한 '입장'이라고 지칭한다.

이러한 자기 개념 견해는 대부분의 연구 형태에 큰 도전을 제기한다. 상관 연구와 실험 연구는 보통 많은 수의 사람들 각각에 대해서는 적은 양의 정보를 제공한다. 그러나 헤르만스가 기술하는 것과 같은 자기 개념의 복잡성을 이해하기 위해서는 한 개인과 그 개인의 삶을 구성하는 사람들과 사회적 상황들에 관한 많은 양의 정보를 필요로 한다. 개인에 관한 이런 수준의 자세한 정보가 요구될 때 성격심리학자는 사례 연구 기법에 의지한다.

헤르만스(2001)는 사람들이 교육이나 고용의 목적 때문에 세계의 여러 곳으로 이주하는 탓에 상이한 문화의 사람들이 과거보다 훨씬 더 자주 서로 접촉하는 현대에서 성격의 복잡성을 드러내 주는 한 사례 연구를 보고한다. 이 사례 연구에서 헤르만스는 단일 개인의 연구에 사용될 수 있는 체계적인 연구 방법을 채택했다. 방법은 한 사람에게 자신의 속성을 나타내는 특성과 그에게 중요한 사람과 상황의 목록을 작성하도록 요구하는 것이었다. 그다음에

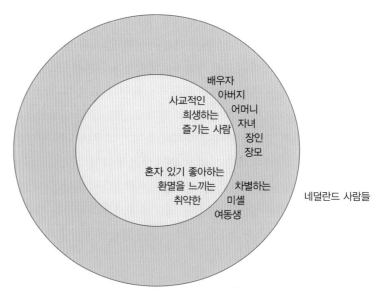

그림 2.2 자기 개념의 사례 연구 : 이 이미지는 네덜란드에 살고 네덜란드 여성과 결혼한 알제리인에 대한 다면적인 자기 개념을 나타낸다. (Hermans, 2001)

그 개인에게 각 개인적 특성이 각 상황에서 중요하거나 두드러진 정도를 표시하도록 요구하였다. 이 평정치를 사용해서 헤르만스는 개인의 신념 조직을 묘사하는 도표를 제공했다(그림 2.2).

알제리에서 자라서 그 후 20년 이상 북유럽에서 살았고 네덜란드 회사에서 일했으며 네덜란드 여성과 결혼하여 네덜란드에 사는 45세 남성인 알리의 사례를 생각해 보자. 그는 자신의 삶이 별개의 성분들로 구성되어 있다고 보고 이 상이한 삶의 맥락에서 상이한 성격 특성을 나타낸다. 그의 자기 개념의 한 성분은 자기 쪽 가족과 아내 쪽 가족으로 이루어진 가족 구성원들을 포함했다. 이 사람들은 알리에 대해서 매우 포용적이었고, 이 사람들과 함께 있을 때 알리는 행복하고 사교적이며 다른 사람들을 위해서 기꺼이 희생하려는 태도를 보였다. 그러나 자신과 자신의 사회적 세계에 대한 알리의 견해는 두 번째 성분을 포함하고 있다. 이민자를 항상 환영하지는 않는 새로운 문화권으로 이주한 사람이라면 쉽게 알 수 있듯이, 알리는 어떤 사람들은 그를 차별하고 그가 동의하지 않는 정치적 견해를 갖고 있음을 알고 있었다. 이런 사람들과 함께 있을 때 알리는 쉽게 상처받았고 환멸을 느꼈다. 흥미롭게도 그와 아내가 '가정의 마녀'로 간주한 여동생과 함께 있을 때도 알리는 같은 식으로 느꼈다 (Hermans, 2001, p. 359). 그러므로 이 사례 연구가 제공하는 상세한 정보는 보통 다른 연구 방법을 통해서는 얻을 수 없는 이 사람의 삶의 결에 대한 통찰을 제공한다.

상관 연구

성격 검사와 질문지는 개인의 집중적인 연구가 가능하지 않거나 바람직하지 않은 곳, 그리고 실험실 실험을 수행하는 것이 가능하지 않은 곳에서 사용된다. 이것 외에도 성격 질문지의 이점은 많은 사람에 대한 많은 양의 정보를 한 번에 얻을 수 있다는 것이다. 사례 연구 접근과 같이 집중적으로 한 개인을 연구하지는 않지만 연구자는 많은 상이한 연구 참여자들과 관련해서 많은 상이한 성격 특성들을 연구할 수 있다.

성격 검사와 질문지의 사용은 개인차 연구에 대한 관심과 결합되는 경향을 보였다. 많은 성격심리학자는 인성을 이해하는 결정적인 첫 단계가 사람들 간의 차이를 그려내는 것이라고 믿는다. 성격 질문지는 종종 이 개인차를 측정하도록 설계된다. 예를 들면 성격심리학자들은 불안, 자의식, 우호성, 위험을 감수하는 성향, 혹은 다른 심리적 속성들을 측정하기 위해서 질문지를 사용하는 것에 관심을 갖기도 한다.

이들 성격 변수들을 측정하는 데 덧붙여서 심리학자는 일반적으로 그들이 어떻게 조합을 이루는가를 알고 싶어 한다. 불안이 높은 사람들이 낮은 사람들보다 더 우호적일까? 혹은 덜 우호적일까? 자의식적인 사람들이 위험을 덜 감수할까? 위험을 감수하는 사람들이 더 우호적일까? 그런 질문들은 **상관 연구**correlational research에서 다룬다. 이 용어는 두 변인이 함께 변화하는 정도를 측정하기 위해서 사용되는 통계치인 **상관계수**correlation coefficient에서 온다. 상관계수는 두 측정치가 선형적으로 관계되어 있는 정도를 반영하는 숫자이다. 만약 한 변인에서 높은 점수를 가진 사람들이 다른 변인에서도 높은 점수를 보인다면 그 변인들은 **정적으로** 상관되어 있다고 말한다(불안과 자의식은 이런 식으로 상관되어 있는 경향이 있다). 만약 한 변인에서 높은 점수를 보인 사람들이 다른 변인에서는 낮은 점수를 갖는다면 그 변인들은 **부적으로** 상관되어 있다(낮은 자신감을 표출하는 사람들이 상대적으로 더 많은 불안을 보고하는 경향이 있기 때문에 불안과 자신감은 이런 식으로 상관된 듯하다). 마지막으로 만약 두 변인이 어떤 체계적인 선형적 방식으로도 동반해서 변화하지 않는다면 그것들은 상관되어 있지 않다고 말한다(불안한 사람들과 불안하지 않은 사람들 모두 우호적이거나 비우호적일 수 있기 때문에 불안과 우호성은 아마도 상관되어 있지 않을 것이다). 상관계수는 완전한 정적 상관, 즉 점들이 단일선상에 정확히 위치하는 상관이 1.0의 값을 갖도록 계산된다. 완전한 부적 상관은 −1.0의 상관이다. 0의 상관은 두 측정치 간에 선형적 관계가 존재하지 않음을 가리킨다.

상관 연구라는 용어가 단순히 특정 통계 측정치(상관)가 아니라 연구 전략을 지칭하는 것임을 주목하라. 이 연구 전략에서는 커다란 전집의 사람들을 대상으로 연구자가 변인들 간의 관계를 조사하는데, 변인들 중 어떤 것도 실험적으로 조작되지 않는다. 어떤 상황에서는 연구자는 두 변인 간의 관계를 조사하기 위해서 단순한 상관계수를 구하지 않고, 예컨대 어떤 다른 변인의 영향을 통제한 후에도 두 변인이 관계되어 있는지를 결정하는 보다 복잡한 통계적 절차를 사용하기도 한다. (예를 들면 부모의 수입 수준과 같은 다른 변인들을 통제한 후에도 지능 검사 점수가 개인의 수입과 관계되는지를 질문할 수 있다.) 자료를 분석하는 그와 같은 대안적인 방법이 사용되더라도 변인들을 실험적으로 조작함이 없이 변인들 간의 관

상관 연구
실험 연구에서처럼 변인을 조작하는 것이 아니라 존재하고 있는 개인차를 측정하고 서로 관련시키는 연구 접근

상관계수
두 변인이 선형적으로 관련되어 있는 정도를 요약하는 수적 지표

계를 탐색하면 우리는 여전히 상관 연구의 전략을 사용하는 것이다.

상관 연구의 예

다른 기법을 통해서는 답할 수 없는 질문에 답을 하는 상관 연구의 힘을 보여주는 강력한 예가 장수에 관여하는 성격 특성의 연구에서 발견된다(Danner, Snowdon, & Friesen, 2001). 이 연구에서의 질문은 "정적 정서를 경험하는 경향성이 사람들이 얼마나 오래 사는가와 관계가 있는가?"라는 것이었다. 이전의 연구는 사람들의 정서적 삶이 신체적 안녕에 영향을 줄 수 있다는 것을 입증했다. 예를 들면 정서는 자율신경계autonomic nervous system(ANS)의 활성화와 연합되어 있다. ANS 활동은 다시 건강에 치명적인 심장 혈관계에 영향을 준다(Krantz & Manuck, 1984). 이 연구의 함의는, 만약 우리가 정적 정서와 부적 정서를 경험하는 경향에서 차이를 보이는 사람들을 확인하고 이 사람들을 충분한 기간 추적할 수 있으면 높은 정도의 정적 정서를 경험하는 경향이 있는 사람들이 더 오래 산다는 것을 발견하리라는 것이다. 이것은 상관 연구를 통해서만 답할 수 있는 질문임을 주목하라. 만약 많은 양의 정적 정서를 경험하고 장수한 사람의 한 사례를 밝혀냈다고 하더라도 그 단일 사례가 일반 사람들의 전형인지 알 수가 없기 때문에 사례 연구는 설득력이 없다. 사람들의 정서 상태를 경험하는 일반적 경향을 조작할 수 없고 또한 사람들의 수명을 낮출지 모르는 변인을 조작하는 것이 비윤리적이기 때문에 실험 연구는 불가능하다. 이 주제에 관한 상관 연구는 '수녀 연구'라고 알려진 프로젝트 덕분에 수행될 수 있었다(Danner et al., 2001). 이것은 미국에 살고 있는 많은 수의 가톨릭 수녀들을 대상으로 한 연구이다. 연구에 참여한 수녀들은 모두 1917년 이전

상관관계 연구 전략을 사용하는 성격 연구는 상대적으로 높은 수준의 긍정적인 정서를 경험하는 사람들이 더 오래 사는 경향이 있다는 것을 보여준다.

에 태어났다. 1930년에 가톨릭 교회의 한 행정관이 수녀들에게 자서전을 쓰도록 요청했다. 연구자는 수녀들의 허락을 받아서 이 자서전을 읽고 자서전에 표현된 정적 정서의 양에 따라 그것들을 부호화했다. 어떤 자서전은 비교적 적은 정적 정서 내용을 포함했고(예를 들어 "나는 우리 교단, 종교의 전파, 그리고 개인적 정화를 위해서 최선을 다하려고 한다."), 어떤 자서전은 필자가 높은 정도의 정적 정서를 경험했음을 나타냈다("지난해는… 매우 행복했던 해였다. 이제 나는 열망을 갖고 기쁨을 기대한다.")(Danner et al., 2001, p. 806).

1990년대와 2000년에 당시 75세에서 95세 사이였던 수녀들의 약 40%가 사망했다. 연구자들은 1930년의 자서전에서 표현했던 정적 정서의 경험을 20세기 말에 수명과 연관시킬 수 있었다.

이 연구는 정서적 경험과 수명 간의 놀라울 정도로 높은 관계를 보여주었다. 1930년에 보다 많은 정적 정서를 경험한 수녀들은 더 오래 살았다. 정서적 경험과 수명 간의 관계는 자서전에서 사용된 정적 정서 단어의 수를 세고, 전집을 정서 단어량의 적음에서 많음에 이르는 범위를 따라 4분위로(즉, 각 집단이 대략 전집의 1/4을 대표하도록 네 집단으로) 나눔으로써 나타낼 수 있다(표 2.1). 많은 양의 정적 정서를 표현했던 수녀들 중에서 단지 1/5만이 관찰 기간 동안 사망했고, 반면에 적은 양의 정적 정서를 표현했던 수녀들 중 절반 이상이 사망했다. 이는 관찰 기간 초반에 정적 정서 표현이 높은 집단과 낮은 집단이 같은 연령이었음에도 불구하고 사실이다.

실험

과학의 위대한 성과 중 하나는 연구 발견이 아니라 연구 방법, 즉 통제된 실험이다. 통제된 실험의 핵심 특징은 참여자들이 실험 조건에 **무작위로** 할당된다는 것이다. 전체 실험은 관심 대상인 하나 혹은 여러 변인을 조작하는 다수의 상이한 조건을 포함한다. 만약 한 조건의 사람들이 다른 조건의 사람들과 다르게 반응한다면 그때 우리는 조작된 변인이 그들의 반응에 인과적으로 영향을 주었다고 결론지을 수 있다. 이 결론은 정확하게 사람들이 조건에 무작위로 할당되었기 때문에 타당하다. 무작위적 할당은 실험 조건과 사람들의 실험 전 심리적 경향 간에 어떤 체계적인 관계도 없음을 보장한다. 만약 상이한 조건의 사람들이 실험 조

표 2.1 생의 초반에 측정된 글에 나타난 정적 정서의 표현과 장수의 관계

정적 정서 단어	연령(세)	사망(%)
1사분위수(낮음)	79.9	55
2사분위수	81.1	59
3사분위수	79.7	33
4사분위수(높음)	79.0	21

출처 : Danner, D. D., Snowdon, D. A., & Friesen, W. V. (2001). Positive emotions in early life and longevity : Findings from the nun study. *Journal of Personality & Social Psychology, 80*, 804-813.

작이 일어나기 전에는 동일했는데도 불구하고 실험 조작 후에 다르게 행동한다면 그때는 조작이 반응에서의 차이의 원인인 것이다. 사람들을 상이한 조건에 무작위로 할당하고 변인을 조작하는 이 연구 전략은 **실험 연구**experimental research의 보증서이다.

실험 연구의 예

실험 연구의 한 강력한 예는 '고정관념 위협stereotype threat'으로 알려진 현상을 조사한 클로드 스틸과 동료들(1997)의 연구이다. 고정관념 위협은 사람들이 어떤 일을 잘 수행하려고 애쓸 때 발생할 수 있고(예 : 시험을 볼 때), 사회 집단, 인종 또는 성별 집단의 능력에 대한 고정관념이 존재한다. 예를 들면 여자들은 남자들만큼 수학을 잘하지 못한다거나 상이한 인종 배경을 가진 사람들이 지능에서 다르다는 고정관념이 있을 수 있다. 만약 어떤 개인이 고정관념이 부여된 집단의 구성원이고 그 개인이 고정관념에 대해서 생각한다면 그때 심리적 위협이 발생한다. 개인의 마음속에 자신이 고정관념을 입증할지 모른다는 위협이 존재하는 것이다. 많은 상황에서 고정관념 위협은 개인의 수행을 방해할 수도 있다. 예를 들면, 여러분이 어려운 시험을 치르고 있고, 여러분이 구성원인 집단과 연합된 고정관념을 입증할지도 모른다는 생각 때문에 혼란스러워진다면 이 혼란이 다른 혼란과 마찬가지로 여러분이 수행을 잘 못하도록 만들 수도 있다.

원칙적으로 사례 연구나 상관 연구를 통해서 고정관념 위협 과정을 연구할 수도 있다. 그러나 우리가 주목했듯이 이 접근법들은 고정관념 위협이 인과적으로 수행에 영향을 준다는 설득력 있는 증거를 제공하지 못할 것이다. 이 잠재적인 인과적 영향을 탐색하기 위해서 스틸과 동료들은 고정관념 위협을 실험적으로 연구했다(Steele, 1997). 예를 들면 이들은 지능 검사에 포함될 수도 있는 종류의 언어 검사 문항들에 대한 아프리카계 미국 대학생들과 유럽계 미국 대학생들의 수행을 조사했다. 지능에 관한 부정적인 고정관념은 미국 문화에 끈질기게 남아있는 아프리카계 미국인에 관한 여러 고정관념 중 하나이다. 실험은 두 조건으로 구성되었다. 한 조건에서 모든 참여자는 먼저 자신의 인종을 보고하는 것을 포함하는 인구학적 질문지를 완성했다. 다른 조건에서는 인구학적 질문지가 생략되었다. 흑인 학생들과 백인 학생들은 무작위적으로 두 조건 중 하나에 할당되었다. 연구 결과는 인구학적 질문지를 완성하는 것이 흑인 학생들의 뒤이은 검사 수행을 낮추었음을 보여주었다. 고정관념 위협 과정은 그들로 하여금 백인들보다 수행을 더 못하도록 만들었다. 인종 점화가 없는 조건 즉 고정관념 위협 과정이 활성화되지 않은 조건에서는 그렇지 않았다. 비록 우리는 이 연구를 실험 방법을 예시하려는 목적으로 살펴보았지만 이 연구의 사회적 함의에도 물론 주목해야 한다. 인구학적 질문지에서 인종 배경을 질문함으로써 우리는 무심코 지능 검사 점수의 차이를 생성해 낼지도 모른다. 그러므로 흑인 학생들이 백인 학생들보다 낮은 지능 검사 점수를 얻는다 하더라도 이것이 필연적으로 그들이 더 낮은 지능을 갖고 있다는 것을 의미하지는 않는다. 대신에 그들이 자신의 실제 지적 능력을 과소평가하는 검사 점수를 얻도록 만드는 고정관념 위협을 경험하기 때문일 수도 있다.

고정관념 위협 과정은 다른 환경에서, 그리고 다른 집단 구성원들에서도 일어날 수 있다. 예를 들어 여성은 수학 능력에 관해서 부정적인 고정관념의 대상이다. 이 고정관념을 확인하는 위협이 수학 시험 점수에서의 남녀 차이에 기여할 수도 있다. 이 아이디어와 일관되게, 수학에서 남성이 여성보다 더 뛰어나다는 성차는 고정관념 위협이 감소되었을 때 제거되는 것으로 나타났다(Spencer, Steele, & Quinn, 1999). 그러므로 고정관념 위협에 관한 실험 연구는 중요한 삶의 결과들에 기여하는 보편적 심리 과정들을 밝혀준다.

대안적 연구 접근법들의 평가

이제 세 가지 주요한 연구 전략들을 살펴보았기 때문에 우리는 그것들을 자세하게 평가할 위치에 있다. 우리가 이미 언급했듯이 각각은 강점과 한계를 갖고 있다(표 2.2).

사례 연구와 임상 연구 : 강점과 한계

사례 연구의 주된 이점, 특히 임상 장면에서 수행될 경우의 주된 이점은 상관 방법과 실험 방법의 잠재적인 피상성과 인위성을 극복한다는 점이다. 사례 연구에서 연구자는 짧은 실험이나 설문지에서는 잘 나타나지 않는 개인 삶의 깊고 중요한 측면에 관해서 알게 된다. 사례 연구를 수행하는 임상가는 내담자가 사건들에 관해 어떻게 생각하고 느끼는지를 직접적으로 관찰한다. 관심 현상을 직접적으로 조사함으로써 다소 인위적인 장면으로부터 실제 세상을 추정할 필요가 없다.

또 다른 이점은 임상 연구가 어떤 현상을 연구하는 데 유일하게 가능한 방법일 수도 있다

표 2.2 대안적 연구 방법들의 잠재적 강점과 한계 요약

잠재적 강점	잠재적 한계
사례 연구와 임상 연구	
1. 실험실의 인위성 극복	1. 비체계적인 관찰
2. 사람-환경 관계의 복잡성 연구	2. 자료의 주관적 해석 조장
3. 개인의 심층적 연구	3. 인과관계 입증 불가능
질문지와 상관 연구	
1. 광범위한 변인들을 연구	1. 인과관계가 아닌 관계성 입증
2. 많은 변인들 간 관계를 연구	2. 자기 보고 질문지의 신뢰도와 타당도 문제
3. 대규모 표본을 쉽게 얻을 수 있음	3. 심층적 개인 연구가 불가능
실험실 조사와 실험 연구	
1. 특정 변인들을 조작	1. 실험실 연구가 불가능한 현상들
2. 자료를 객관적으로 기록	2. 결과의 일반화를 제한하는 인위적 세팅
3. 인과관계 수립	3. 요구 특성과 실험자 기대 효과 조장

는 것이다. 성격 과정, 개인-환경의 관계, 성격의 개인 내 조직 등의 복잡한 양상을 철저하게 연구할 필요가 있을 때 심층적인 사례 연구가 아마도 유일한 대안일지 모른다.

소수의 사람들에 대한 심층 연구는 집단을 대상으로 한 연구와 대비되는 두 가지 주요 특징을 갖고 있다(Pervin, 1983). 첫째, 전체로서의 집단에 대해서 입증된 관계는 어떤 개인이 행동하는 방식이나 어떤 개인들의 하위 집단이 행동하는 방식을 반영하지 못할 수도 있다. 첫 번째 차이점에서 이어지는 두 번째 차이점은 집단 자료의 분석은 개별 사례를 연구해야만 찾을 수 있는 흥미로운 관계를 모호하게 할 수 있다는 것이다. 그 분야의 역사 초기에, 헨리 머리는 하나의 집단 통계는 "흔하지 않은(소수에 의해 제시된) 반응을 설명하지 않은 채로 남겨둔다. … 평균은 '개별 유기체의 개별 특성'을 지워버리기 때문에 각각의 구체적인 사건을 결정하는 힘들의 복잡한 상호작용을 보여주지 못한다."라고 지적했다(1938, p. viii).

그러나 사례 연구에는 세 가지 주요 단점이 있다. (1) 한 사례 연구의 결과는 다른 사례로 일반화되지 않을 수 있다. 따라서 사례 연구를 통해 일반화가 가능한 과학적 원리를 확립하기는 어렵다. (2) 사례 연구 방법은 인과관계를 입증할 수 없다. 이러한 한계를 보여주는 예가 있다. 1년간의 치료 기간 동안 개인의 안녕감이 개선되었음을 설명하는 임상 사례 연구를 상상해 보라. 치료가 개선의 원인이었다고 결론지을 수 없다. 그 사람의 삶의 다른 사건들이 원인이었을지도 모른다. (3) 사례 연구는 일반적으로 '주관적인' 자료, 즉 개인적 신념과 연구의 관점에 부분적으로 의존하는 자료를 사용한다. 내담자에 대한 치료자의 주관적인 믿음 또는 자신이 선호하는 치료법의 효용성에 대한 믿음은 사례 연구에서 의도치 않게 표현을 편향시킬 수 있다. 이러한 제한은 일반적으로 상관관계 및 실험 연구에서 객관적인 측정 절차를 사용함으로써 극복된다.

언어 보고의 사용　성격의 임상 연구는 일반적으로 사람들이 자기 자신에 대해 말하는 것 혹은 '언어 보고'에 의존한다. 언어 보고는 많은 어려움을 가지고 있다. 첫째, 무엇보다도 자신에 대한 사람들의 진술은 부정확할 수 있다. 여러분이 제3장과 제4장에서 배우게 될 것처럼, 정신역동 심리학자들은 사람들이 자신의 이미지를 방어하고 불안을 피하기 위해 체계적으로 자신의 진술을 왜곡한다고 주장한다. 둘째, 사람들이 그들 자신을 정확하게 묘사하고 싶을 때조차, 많은 정신적 사건들은 의식 밖에서 일어나기 때문에 종종 그럴 수 없다. 예를 들어, 왜 특정한 결정을 내렸는지를 물었을 때, 사람들은 그들의 선택에 영향을 준 미묘한 상황적 요인을 의식적으로 인식하지 못하기 때문에 부정확하게 대답할 수 있다(Nisbett & Wilson, 1977; Wilson, Hull, & Johnson, 1981). 방어적인 이유 때문이든 인지적 및 정서적 과정의 접근 불가능 때문이든, 언어적 자기 보고는 신뢰할 만하고 타당한 자료로 간주하기에는 의심스러운 출처이다(West & Finch, 1997; Wilson, 1994).

그러나 이 주장을 너무 무리하게 밀어붙여서는 안 된다. 특정 목적을 위해 특정 유형의 자료 수집 방법을 사용하면 언어 보고는 귀중한 자료를 제공할 수 있다(Ericsson & Simon,

1993). 어떤 종류의 언어적 반응이 가장 유용하고 신뢰할 수 있는 것인가? 여러분이 성격 역동 즉 시간의 흐름에 따라 변하는 정신적 사건들(Cervone & Little, 2017)에 대해 배우고 싶다면, 연구 방법을 선택하는 지침은 사람들은 자신이 주의를 기울인 것들에 대해서만 보고할 수 있다는 것을 상기하는 것이다. 연구자가 참가자들에게 처음엔 전혀 알아채지 못했던 미묘한 상황적 요인에 대해 묻는다면, 참가자들의 대답은 명백히 타당성이 결여될 것이다 (White, 1980). 예를 들어, 슈퍼마켓에서 다른 상품이 아닌 특정 상품을 왜 구입하였는지 생각해 보지 않은 상태에서 관련된 질문을 받는다면 그들은 여러분에게 무슨 일이 일어났는지에 대한 설명이 아니라 추론이나 가설을 제시할 것이다.

언어 보고를 사용하는 연구 전략은 한 사람의 생각의 흐름을 보여주는 타당한 지표인가? 한 가지 유용한 전략은 사람들에게 과제를 수행할 때 큰 소리로 생각하도록 요청하는 것이다(Ericsson & Simon, 1993). 예를 들어, 교육 성취도와 불안과 무력감이 교육 발달에 미치는 영향에 관한 연구에서, 한 연구팀(Elliott & Dweck, 1988)은 일련의 논리 문제를 풀려고 할 때 아이들에게 소리 내어 생각해 보라고 요구한다. 자신이 그 일에 대한 능력이 부족하다는 것을 관찰자가 알게 될 가능성에 대해 걱정하는 아이들은 자발적으로 부정적인 진술을 했다(예 : "배가 아프다."). 이와 비슷하게 스포츠심리학에서도 연구자들은 사람들이 골프를 치고(Whitehead, Taylor, & Polman, 2015) 멀리 달리기를 하면서 발생하는 생각의 흐름을 이해하기 위해 사고-구술 방법을 사용했다(Samson, Simpson, Kamphoff, & Langlier, 2017). 이 연구자들이 알고 있듯이, 사고-구술 방법은 연구자들이 사람들에게 그 사실을 알고 나서, 그들이 이전에 무엇을 생각하고 있었는지를 묻는 회고적 방법보다 더 우수하다. 기억 오류는 불가피하게 회고적 보고에 오류를 발생시킬 수 있다.

상관 연구와 질문지 : 강점과 한계

질문지를 사용하는 상관 연구의 주된 이점은 표본 크기이다. 즉 많은 사람을 연구하는 것이 가능하다. 앞서 언급한 바와 같이, 인터넷을 통한 연구를 수행함으로써 심리학자들은 대단히 크고 다양한 참여자 표본을 얻을 수 있다(Fraley, 2007).

상관 연구의 또 다른 이점은 신뢰도에 관한 것이다. 많은 질문지들이 측정하려고 하는 심리적 구성 개념의 대단히 신뢰할 만한 지표를 제공한다. 검사가 신뢰할 만한지 않으면 간과될 수 있는 성격의 중요한 양상들을 감지하기 위해서 검사의 신뢰도는 중요하다. 예를 들어 연구자들은 성격 특질의 개인차가 시간에 걸쳐 매우 안정적임을 발견한다. 즉 청년기에 외향성이나 성실성에서 차이를 보인 사람들은 아마도 성인기 중기와 후기에도 다를 것이다 (Costa & McCrae, 2002). 성격 특질의 측정도구가 매우 신뢰할 만하지 않으면 이 사실을 찾아낼 수가 없을 것이다.

상관 연구는 성격심리학자들 사이에 대단히 인기가 있다. 그러나 이 연구 전략의 세 가지 한계를 아는 것이 중요하다. 첫 번째 한계는 상관 연구를 사례 연구와 구별 짓는 것이다. 사례 연구는 한 개인에 관한 자세하고 풍부한 정보를 제공한다. 대조적으로, 상관 연구는 개별 인간에 관해 상대적으로 피상적인 정보를 제공한다. 상관 연구는 연구에서 때마침 사용되었던 여러 성격 검사들에서의 개인의 점수들에 관한 정보를 제공할 것이다. 그러나 그 개인에게 중요한 어떤 다른 변인이 존재하더라도 상관 연구는 대체로 그 변인을 간과할 것이다.

두 번째 한계는 사례 연구와 상관 연구가 공유하는 것이다. 사례 연구에서와 같이 상관 연구에서도 인과관계에 관한 확고한 결론을 도출하는 것이 어렵다. 두 변인이 상관되어 있다는 사실은 반드시 한 변인이 다른 변인을 인과적으로 유발한다는 것을 의미하지는 않는다. '세 번째 변인'이 연구에서 두 변인 모두에 영향을 미쳐서 변인들 간의 상관을 유발했을 수도 있다. 예를 들면 수녀 연구에서 측정되지 않은 심리, 생물, 혹은 환경 요인이 어떤 수녀들로 하여금 더 적은 정적 정서를 경험하도록 하고 더 짧은 수명을 야기했을 가능성이 있다. 가설적 사례로 수녀 연구와 유사한 연구를 대학생들을 대상으로 수행한 결과 정적 정서성이 장수를 예측한다는 것을 발견했다고 하자. 그러나 이것이 반드시 대학 시절 정적 정서를 경험하는 경향이 사람들로 하여금 더 오래 살도록 만드는 것을 의미하지는 않을 것이다. 예를 들어 학업 성공 수준이 제3의 변인으로 작용했을 수도 있다. 대학에서 공부를 아주 잘하고 있는 학생은 학업 성공의 결과로서 정적 정서를 더 많이 경험할지 모른다. 그들은 다시 학업 성공의 결과로서 졸업 후에 더 매력적인 직업을 얻을 것이고, 그들의 높은 연봉은 상위 수준의 건강 복지를 위해서 돈을 지불할 수 있도록 해주고, 따라서 정적 정서를 계속해서 자주 경험하든 안 하든 수명을 늘릴 수 있을 것이다. 이 가설적 예에서 정서와 수명은 상관을 보이겠지만 그것이 둘 사이의 직접적인 인과적 연결 때문은 아닐 것이다.

세 번째 한계는 자기 보고 질문지에 대한 널리 퍼진 의존과 관계가 있다. 사람들이 질문지 상에서 자신을 기술할 때 문항의 정확한 내용이나 심리학자가 평가하려고 하는 심리적 구성개념과는 관계가 없는 방식으로 문항에 편파적으로 반응할 수도 있다. 이 편파를 **반응 양식**response style이라 부른다. 두 가지 반응 양식을 예로 들어 설명하겠다. 첫 번째는 **묵종**acquiescence이라 불린다. 이것은 문항에 대해 그 내용과는 상관없이 일관성 있게 동의하는(혹은 일관성 있게 동의하지 않는) 경향을 지칭한다. 예를 들면 피검사자는 '아니요'나 '동의하지 않는다'보다는 '예'나 '동의한다'라고 답하는 것을 더 선호할 수도 있다. 두 번째 반응 양식은 **사회적 바람직성**social desirability이라 불린다. 검사 문항의 의도된 심리적 의미에 반응하는 대신에 참여자는 상이한 유형의 반응이 더 혹은 덜 바람직하다는 사실에 반응할 수도 있다. 만약 가설적으로 어떤 검사 문항이 "여러분은 상점에서 물건을 훔친 적이 있습니까?"라고 묻는다면 '아니요'라는 답이 '예'라는 답보다 명백히 더 사회적으로 바람직한 반응이다. 만약 사람들이 사회적으로 바람직한 양식으로 질문에 응답하려는 편파를 갖고 있다면 그들의 검사 점수는 진정한 심리적 특성을 정확히 반영하지 못할 것이다.

어느 연구자들(Shedler, Mayman, & Manis, 1993)의 연구는 임상적 판단의 잠재적 가치를 강조하면서 동시에 질문지 반응 왜곡의 문제를 부각시켰다. 자기 보고 자료를 액면 그대로

반응 양식
참여자들이 검사 문항들에 대해 일관적이고 패턴을 가진 양식으로 반응하는 경향성으로, 내용보다 질문이나 응답의 형태와 관계가 있는 양식으로 반응하는 경향성

받아들이는 데 회의적인 정신분석학적 기반의 심리학자들이 수행한 이 연구에서는 정신 건강 설문 척도에서 '좋아 보였던' 사람들을 정신분석 임상가가 평가하였다. 임상적 판단에 근거해서 두 하위 집단이 구분되었다. 한 집단은 설문 척도와 일치하게 순수하게 심리적으로 건강한 것으로 판단된 집단이고, 두 번째 집단은 심리적인 고통을 받고 있지만 방어적 부정을 통해서 정신 건강의 환상을 유지한 개인들로 구성되었다고 판단된 집단이었다. 이 두 집단의 개인들은 스트레스에 대한 반응에서 유의하게 다른 것으로 발견되었다. 환상 속 정신 건강 집단의 참여자들은 순수하게 건강한 집단의 참여자들보다 스트레스에 대해 훨씬 더 높은 수준의 관상동맥 반응성을 보이는 것이 발견되었다. 실제로 전자의 피험자들은 정신 건강 질문지 척도에서 심리적 고통을 보고한 피험자들보다 스트레스에 대해 더 높은 수준의 관상동맥 반응성을 보였다. 순수하게 건강한 참여자들과 '환상 속에서' 건강한 참여자들 간의 스트레스에 대한 반응성의 차이는 통계적으로 유의할 뿐만 아니라 의학적으로도 유의한 것으로 간주되었다. 그러므로 "어떤 사람들에게 정신 건강 척도는 정신 건강의 적법한 측정 도구로 보인다. 다른 사람들에게 이 척도는 방어적 부정을 측정하는 것으로 보인다. 검사 점수 하나만으로는 해당 응답자에서 무엇이 측정되고 있는지를 알 방법이 없는 것으로 보인다"(Shedler et al., 1993, p. 1128).

질문지의 사용을 옹호하는 사람들은 그런 문제들이 신중한 검사 제작과 해석을 통해서 제거될 수 있다고 주장한다. 심리학자들은 일관성 있는 '예' 반응이 더 높은 전체 검사 점수로 연결되지 않도록 검사 문항의 표현을 변화시킴으로써 묵종의 영향을 배제할 수 있다. 그들은 어떤 개인이 사회적으로 바람직한 반응에 동의하는 경향의 정도를 측정하도록 특별히 설계된 질문지를 사용할 수 있다. 포괄적인 성격 질문지들은 보통 참여자들이 거짓 응답을 하거나 자신을 특히 호의적이거나 사회적으로 바람직한 방향으로 제시하려고 노력하는가를 측정하는 검사 문항이나 척도를 포함하고 있다. 그러나 연구 프로젝트에서 그런 척도를 포함하는 것은 종종 불편하거나 경비가 많이 들기 때문에 실제 연구에는 자주 포함되지 않는다.

실험실 및 실험 연구 : 강점과 한계

많은 점에서 과학적 연구에 대한 우리의 이상적인 이미지는 실험실 연구이다. 사람들에게 과학자를 묘사해 보라고 요청하면 대부분 아무 꾸밈 없는 실험실에서 연구하는 사람의 이미지를 그려낼 것이다. 우리가 이미 알고 있듯이 이 이미지는 너무나 제한적이다. 성격심리학자들은 광범위한 과학적 방법을 채택하고 있으며 실험실 연구는 그들 중 하나에 불과하다. 그러나 중요한 방법이기는 하다. 우리가 주목했듯이 실험적 접근은 관심 변인들을 조작함으로써 원인-결과 관계를 입증하는 고유한 능력을 갖고 있다. 적절하게 설계되고 수행된 실험에서 각 단계는 효과가 관심 변인에 국한되도록 세심하게 계획된다. 적은 수의 변인들이 연구되므로 복잡한 관계를 해결하는 문제는 존재하지 않는다. 실험자가 "만약 X면, 그러면 Y다."라고 말할 수 있도록 어떤 변인에서의 변화와 다른 변인에서의 결과 간의 체계적 관계가 수립된다. 결과가 다른 실험실의 연구자에 의해서 재현될 수 있도록 실험 절차의 모든 세부 사항이 보고된다.

실험실 연구에 비판적인 심리학자들은 연구가 너무 자주 인위적이고 그 적절성 또한 다른 맥락에서는 제한적이라고 주장한다. 이는 실험실에서 작용하는 것이 다른 곳에서는 작용하지 않을 수도 있다는 주장이다. 더욱이 고립된 변인들 간의 관계는 수립될 수 있을지 모르지만 실제 인간 행동의 복잡성이 고려될 때는 그런 관계가 유효하지 않을 수도 있다. 또한 실험실 연구는 자극에 대해 상대적으로 짧은 노출을 수반하는 경향이 있기 때문에 긴 시간에 걸쳐 일어나는 중요한 과정을 놓칠 수도 있다. 여러분이 이 책의 후속 장들에서 성격 연구에 관해 읽으면서 자신에게 할 질문은, 상이한 이론이 현실 세계의 상황에 일반화되는 실험 결과를 수립하는 데 얼마나 성공적인가를 묻는 것이다.

인간 활동으로서 인간이 참여하는 실험 연구는 일상적인 대인 행동의 일종이라고 볼 수 있는 것들의 영향을 받는다. 그러한 영향에 대한 조사는 연구의 사회심리학이라 불릴 수 있다. 중요한 예 두 가지를 살펴보자. 첫째, 인간 참여자의 행동에 영향을 미치는 어떤 요소는 실험 설계의 부분이 아닐 수도 있다. 그런 요소 중 하나는 실험자가 특정 가설을 갖고 있고 '과학의 이익을 위해서' 그 가설을 확인하는 방식으로 행동할 것을 참여자에게 암시하는 실험 장면 속에 내포된 단서일 수도 있다. 그런 효과를 **요구 특성**demand characteristics이라고 하며, 이는 심리학 실험이 참여자가 목표와 의미를 사물에 부여하는 사회적 상호작용의 한 형태임을 시사한다(Orne, 1962; Weber & Cook, 1972). 연구에 부여하는 목표와 의미는 실험 설계의 일부가 아닌 방식으로 참여자마다 다를 수 있으며, 따라서 신뢰도와 타당도를 모두 낮추는 데 기여한다.

참여자의 이런 오류나 편파의 원천을 보완하는 것은 실험자의 의도하지 않은 영향이나 오류의 원천이다. 의식하지 못한 채 실험자는 자료를 기록하고 분석할 때 오류를 범하기도 하고 참여자에게 단서를 방출해서 특정 방식으로 행동하도록 영향을 주기도 한다. 그러한 의도하지 않은 **실험자 기대 효과**experimenter expectancy effects는 참여자들로 하여금 가설과 일치하는 방향으로 행동하도록 이끌 수도 있다(Rosenthal, 1994; Rosenthal & Rubin, 1978). 예컨대 영리한 한스의 고전적 사례를 생각해 보라(Pfungst, 1911). 한스는 발을 톡톡 두드림으로써 덧셈, 뺄셈, 곱셈, 나눗셈을 할 수 있었던 말이었다. 수학 문제를 말에게 제시하면 놀랍게도 한스는 답을 맞출 수 있었다. 한스의 재능의 비밀을 밝히기 위한 시도로 다양한 상황 요소들이 조작되었다. 만약 한스가 질문자를 볼 수 없거나 혹은 질문자가 답을 모르면 한스는 정확한 답을 내놓을 수가 없었다. 반대로 질문자가 답을 알고 모습을 드러내면 한스는 발로 두드려서 답을 할 수 있었다. 명백히 질문자는 자신도 모르게 한스에게 언제 발 두드림을 시작하고 언제 멈출지 신호를 보냈다. 발 두드림은 질문자가 머리를 앞으로 숙일 때 시작하고 보다 앞으로 숙일수록 속도가 증가하고 질문자가 머리를 똑바로 들었을 때 멈추었다. 여기서 볼 수 있듯이 실험자 기대 효과는 아주 미묘할 수 있고 연구자나 참여자가 그 존재를 의식하지 못

요구 특성
실험 장면에 암묵적으로 존재하고(숨겨져 있고) 참여자의 행동에 영향을 주는 단서

실험자 기대 효과
참여자로 하여금 실험자의 가설에 부응하는 반응을 하도록 유도하는 행동을 수반하는 의도하지 않은 실험자 효과

할 수 있다.

요구 특성과 기대 효과는 세 가지 연구 형태에서 모두 발생할 수 있는 오류의 원천임을 알아야 한다. 그러나 그들은 실험 연구와 관련해서 가장 자주 고려되고 연구되었다. 덧붙여서 앞에서 언급했듯이 실험 연구는 종종 과학적 이상에 가장 가깝게 접근한 것으로 간주된다. 그러므로 그런 오류의 원천은 이 연구 형태와 관련해서 보다 더 눈길을 끈다.

실험 연구에 대한 많은 비판에 대해서 실험심리학자들은 반격을 해왔다. 실험실 연구를 옹호하는 다음과 같은 주장을 제시한다. (1) 실험 연구는 인과적 가설을 검증하는 적합한 기초이다. 수립된 관계의 일반성은 후속 연구를 위한 주제가 된다. (2) 어떤 현상은 실험실 밖에서는 절대로 발견되지 않을 것이다. (3) 어떤 현상은 실험실 내에서는 연구될 수 있지만 다른 곳에서는 연구되기 어려울 것이다(예를 들어 종종 공격성에 대해 아주 강한 제약을 받는 자연적인 사회적 장면과 대조적으로 참여자들은 공격적이 될 수 있는 허가가 주어진다). (4) 전형적으로 참여자들이 실험자의 가설을 확인해 주려고 노력한다는 주장이나 혹은 보다 일반적으로 실험적 인위성의 심각함에 대한 경험적 지지가 거의 없다. 실로 많은 참여자들의 태도는 동조적이라기보다는 부정적이다(Berkowitz & Donnerstein, 1982).

비록 위의 네 가지 사항을 받아들인다 하더라도 극복하기가 (불가능하지 않다면) 어려운 실험실 연구에 대한 비판이 남아있다. 그것은 어떤 현상은 단순히 실험실에서 산출될 수 없다는 것이다. 성격 이론은 극심한 수준의 스트레스에 대한 사람들의 정서적 반응이나 극히 개인적인 문제들에 관한 사람들의 사고에 관해 예측하기도 한다. 그런 질문에 대해서 실험실 방법은 적절하지 않을 수 있다. 실험실에서 극히 높은 수준의 스트레스를 만드는 것은 비윤리적일 것이다. 또한 짧은 실험실 만남에서 사람들은 극히 개인적인 문제에 관한 어떤 생각도 드러내려고 하지 않을 것이다. 성격 과학자들은 때로는 단순한 실험실 연구의 사치를 누리지 못한다.

강점과 한계의 요약

연구에 대한 대안적 접근들을 평가하면서 우리는 필수적이 아니라 잠재적인 강점과 한계를 고려하고 있음을 인식해야 한다(표 2.2). 사실상 한 접근에서 나온 결과는 다른 접근에서 얻은 결과와 대체로 일치한다(Anderson, Lindsay, & Bushman, 1999). 결론은 각각의 연구 노력은 선입견보다는 그 자체의 장점에 근거해서, 그리고 이해를 증진시키는 잠재성에 근거해서 평가해야 한다는 것이다. 대안적인 연구 절차들은 어떤 연구 기획에서도 서로 협동해서 사용될 수 있다. 덧붙여서 대안적인 연구 절차들로부터 얻은 자료는 보다 포괄적인 이론의 추구 속에서 통합될 수 있다.

성격 이론과 성격 연구

제1장에서 우리는 성격 이론의 본질, 즉 성격에 관해 알려진 것을 체계화하고 새로운 지식을 산출하는 방향으로 연구를 지향하려는 심리학자의 노력을 숙고했다. 이 장에서 우리는 성격 연구의 본질, 즉 이론에 객관적인 과학적 증거를 제공하려는 심리학자의 노력을 숙고했다. 우리는 성격심리학자들에 의해서 획득되는 자료의 종류를 살펴보았고, 그리고 성격 연구의 세 가지 전통적 유형(사례 연구, 상관 연구, 실험실 실험)의 강점과 한계를 살펴보았다.

이미 지적했듯이, 성격 이론과 성격 연구는 두 개의 분리된, 서로 관련이 없는 것들이 아니다. 이 둘은 본래부터 서로 얽혀있다. 이론과 연구는 두 가지 이유 때문에 서로 관련되는데 그중 하나는 이미 지적한 바 있다. 즉 이론적 관념은 탐색을 위한 길을 시사하고 성격에 관한 '증거'로서 자격을 갖춘 자료의 유형을 구체적으로 알려준다. 성격 연구자들은 개인의 생리적 반응에는 관심을 갖지만, 점성술적 징표에는 관심이 없다. 그 이유는 성격 이론이 생리를 심리적 기능과 관련짓는 아이디어는 포함하지만 점성술적 힘의 영향에 대해서는 어떤 여지도 남겨두지 않기 때문이다.

이론과 연구는 다른 방식으로도 관련되는 경향이 있다. 이론가들은 어떻게 연구가 수행되어야 하는가에 관한 선호와 편파를 갖고 있다. 미국 행동주의의 아버지인 존 B. 왓슨은 부분적으로 사람을 연구하는 것에 대한 불편감 때문에 연구에서 동물의 사용을 강조했다. 정신분석 이론의 창시자인 지그문트 프로이트는 치료자로서 중요한 정신분석적 현상이 치료 외의 다른 방식으로 연구될 수 있다는 것을 믿지 않았다. 역사적 중요성을 지닌 두 특질 이론가 한스 아이젱크와 레이먼드 카텔은 초기 경력에서 상관을 포함하는 복잡한 통계적 방법의 훈련을 받았고 이 방법이 그들의 이론적 아이디어를 근본적으로 형성했다.

역사적으로 성격 연구자들은 세 가지 연구 접근과 연합되어 다음 세 가지 이슈에서 한쪽 혹은 다른 쪽을 지지하는 경향을 보였다. (1) 연구에서 '사건이 일어나도록 만드는 것'(실험) 대 '일어난 것을 연구하는 것'(상관), (2) 모든 사람(실험) 대 한 개인(임상), (3) 사람의 한 측면이나 소수 측면 대 전체 개인. 달리 말하면 임상, 실험, 상관 연구 각각에 대한 선호와 편파가 존재한다.

과학의 객관성에도 불구하고 연구는 인간이 하는 활동이고 그런 선호는 인간 활동으로서의 연구의 부분이다. 모든 연구자는 자신의 연구에서 가능한 한 객관적이 되려고 시도하고, 대체로 그들은 연구에서 특정 접근을 따르는 데 대해 '객관적인' 이유를 제시한다. 즉 추종하는 연구 접근의 특별한 강점을 대안적인 접근들의 강점 및 한계와 비교해서 강조한다. 그러나 이것을 넘어서면 개인적 요소가 개입한다. 심리학자들이 이런 혹은 저런 종류의 자료에 대해 더 편하게 느끼듯이 그들은 이런 혹은 저런 연구 접근에 대해 더 편하게 느낀다.

더욱이 상이한 성격 이론은 상이한 연구 전략, 따라서 상이한 종류의 자료와 연결되어 있다. 달리 말하면 이론, 자료, 그리고 연구는 연결되어 있어서 한 성격 이론과 연합된 관찰은 종종 다른 성격 이론과 연합된 관찰과 근본적으로 다른 유형이다. 한 성격 이론의 관심 현상은 다른 성격 이론에서 강조되는 현상의 연구에 유용한 연구 절차에 의해서 쉽게 연구되지는 않는다. 한 성격 이론은 한 종류의 자료를 얻고 한 연구 접근을 따르도록 우리를 이끌며, 다른 이론은 다른 종류의 자료를 수집하고 다른 연구 접근을 따르도록 우리를 이끈다. 이것 혹은 저것이 더 우월하다기보다는 그것들이 서로 다르고 이 차이가 이론과 연구에 대한 각 접근을 고려할 때 인정되어야 한다는 것이다. 이것은 역사적으로도 진실이었고 현재의 과학 분야에서도 진실로 남아있다(Cervone, 1991). 이 책의 남은 장들이 성격에 대한 주요 이론적 접근들을 중심으로 조직되었기 때문에 한 이론을 다른 이론과 비교할 때 그러한 연결과 차이를 명심하는 것이 중요하다.

성격 평가와 '짐'의 사례

앞서 보았듯이 성격 연구는 이론적 중요성을 갖고 있다고 가정된 성격 특성에서 개인을 측정하려는 노력을 수반한다. **평가**라는 용어는 보통 응용적 혹은 실제적인 결정을 하기 위해서 개인의 성격 측면을 측정하려는 노력을 지칭하는 데 사용된다. 예를 들면 이 사람이 이 직업에 적합한 후보가 될 것인가? 이 사람에게 이런 종류의 처치가 더 도움이 될까 혹은 저런 종류의 처치가 더 도움이 될까? 이 사람이 이 훈련 프로그램에 적합한 후보인가? 덧붙여서 **평가**란 용어는 종종 광범위하게 다양한 정보를 얻음으로써 개인의 포괄적인 이해에 도달하려는 노력을 지칭하는 데 사용된다. 이 의미에서 한 사람의 평가는 그 사람의 성격에 대한 포괄적인 이해를 추구하기 위해서 다양한 성격 검사 혹은 측정도구를 실시하는 것을 수반한다.

지적했듯이 그러한 노력은 또한 상이한 정보 출처로부터 얻은 결과들을 비교할 수 있게 해준다. 이 책은 각 평가 기법이 인간 행동의 부분을 보여줄 뿐 어떤 단일한 검사도 한 개인의 전체 성격의 모습을 알려주거나 알려주기를 바랄 수 없다는 것을 가정한다. 사람은 복잡하고, 성격을 평가하려는 우리의 노력은 이 복잡성을 반영해야 한다. 뒤에 나오는 여러 장에서 우리는 다수의 성격 이론과 성격 평가에 대한 접근을 숙고할 것이다. 덧붙여서 우리는 짐이라는 한 개인의 평가를 각 이론 및 평가에 대한 접근의 관점에서 고려할 것이다. 이 접근을 통해서 우리는 이론과 평가 간의 관계를 볼 수 있고, 또한 상이한 접근이 짐에 대한 유사한 그림으로 귀결되는 정도를 고려할 수 있을 것이다.

우리가 짐을 묘사하기 전에 평가 프로젝트에 관한 몇 가지 세부사항을 알아야 한다. 짐은 대학생이었고, 1960년대 후반에 대학생들에 대한 집중적인 연구를 수반하는 프로젝트에 참여자로 자원했다. 그는 주로 심리학에 대한 관심 때문에 프로젝트에 참여했지만 또한 자신을 이해하고자 하는 희망도 작용했다. 당시에 여러 검사들이 짐에게 실시되었다. 이 검사들은 당시에 사용할 수 있었던 검사들의 표집을 반영했다. 즉 당시에 개발되지 않았던 성격 이론과 관련 검사들은 실시될 수 없었다. 그러나 짐은 5년, 20년, 25년 후에 자신의 인생 경험을 보고하고 추가적인 검사들을 하는 것에 동의했다. 그 시점들에서 새로이 출현한 이론과 관련된 검사들이 실시되었다.

그러므로 우리는 모든 검사를 동일 시점에서 고려할 기회를 갖지 못한다. 그러나 우리는 한 개인의 성격을 상당 기간에 걸쳐 고려할 수 있고, 그러므로 이론과, 그리고 검사가 생애 초기에 일어난 것 그리고 후에 일어난 것에 어떻게 관련되는지 조사할 수 있다. 짐의 자전적 진술로부터 얻은 간략한 스케치로 시작해서 이 책을 통해서 성격에 대한 다양한 접근을 고려하면서 짐을 추적해 보자.

자전적 스케치

짐은 자서전에서 그가 제2차 대전 후에 뉴욕시에서 태어났고, 상당한 정도의 주목과 애정을 받은 아이였다고 보고했다. 그의 아버지는 대학을 졸업하고 자동차 판매 사업을 하고 있었고 어머니는 주부이면서 맹인을 위한 책 읽어주기 자원봉사를 했다. 짐은 자신이 아버지와 좋은 관계를 가졌다고 기술했고 어머니를 '다른 사람들에 대한 위대한 감정을 지닌, 전적으로 사랑이 깊은 사람'으로 묘사했다. 그는 4살 어린 여동생과 각각 5살과 7살 어린 두 남동생을 둔 4남매 중 첫째였다. 그의 자서전의 주요 주제는 여자와 만족스러운 방식으로 사귀는 능력의 결핍, 성공에 대한 욕구와 고등학교 시절부터의 상대적인 실패, 경영대학원 혹은 임상심리학 대학원에 진학할까 여부에 대한 불확실성 등이었다. 전반적으로 그는 다른 사람들이 피상적인 기준을 사용했기 때문에 자신을 높이 평가했지만, 자신은 내면으로 고통받고 있다고 느꼈다.

여기서 우리는 한 사람에 대한 윤곽만을 겨우 갖고 있다. 자세한 것들은 그를 상이한 성격이론들의 관점에서 고려하면서 채워질 것이다. 이 책의 끝에 이를 때까지는 짐에 관한 완전한 그림이 나타나기를 희망한다.

주요 개념

개별 사례적 전략	상관계수	컴퓨터화된 텍스트 분석 방법
기능적 자기공명영상(fMRI)	상관 연구	타당도
뇌파 검사(EEG)	신뢰도	L-자료
반응 양식	실험 연구	O-자료
법칙 정립적 전략	실험자 기대 효과	S-자료
사례 연구	요구 특성	T-자료

요약

1. 연구는 현상 혹은 사건 간의 관계의 체계적인 연구를 수반한다. 네 유형의 자료가 성격 연구에서 얻어진다. L-자료, O-자료, T-자료, S-자료(LOTS). 성격 연구에 대한 세 가지 접근은 임상 연구, 실험실 실험, 그리고 질문지를 사용하는 상관 연구이다.

2. 연구 방법의 현대적인 발전은 단어 및 문장을 입력으로 사용하는 소프트웨어 도구인 컴퓨터화된 텍스트 분석 방법의 가용성이다. 사람들이 사용하는 단어(예 : 소셜 미디어)는 그들의 성격을 드러내는 것일 수 있다.

3. 모든 연구는 신뢰도와 타당도, 즉 재현될 수 있고 관심 개념에 대한 관계의 증거가 있는 관찰을 얻는 목표를 공유한다. 인간을 대상으로 하는 활동으로서 연구는 참여자의 취급과 자료의 보고에 관한 윤리적 질문을 수반한다.

4. 임상 연구는 개인의 집중적인 연구를 포함한다. 이 연구 방법은 삶에서 상이한 사회적 상황에 직면하는 개인의 자기 개념을 수반하는 사례 연구로 설명되었다.

5. 상관 연구에서 연구자는 둘 혹은 그보다 많은 수의 변인들을 측정하고 그것들이 서로 연합되는 정도를 결정한다. 질문지 측정도구는 상관 연구에서 특히 중요하다. 이 연구 방법은 성격 요인이 수명을 예측하는 것으로 밝혀진 연구례로 설명되었다.

6. 실험 연구는 관심 결과에 미치는 인과적 영향을 결정하기 위해서 하나 혹은 그보다 많은 수의 변인들을 조작하는 것을 수반한다. 이 연구 접근은 고정관념 위협 현상과 관련된 변인들의 조작례로 설명되었다.

7. 세 가지 연구 접근 각각은 그 나름의 잠재적 강점과 한계를 갖는 것으로 간주될 수 있다(표 2.2). 따라서 각 연구 전략은 그 나름의 함정뿐만 아니라 특별한 통찰을 생산할 수 있는 잠재성을 가지고 있다.

8. 성격 이론들은 선호하는 유형의 자료와 연구 접근에서 다르다. 달리 말하면 이론, 자료 유형, 연구 방법 간에 연결되어 있는 경향이 있다. 뒷장들에서 주요 성격 이론들을 다룰 때 그러한 연결을 명심하는 것이 중요하다. 각 이론적 관점으로부터 연구된 하나의 사례를 또한 예시와 비교의 목적을 위해서 제시할 것이다.

3

정신역동 이론 : 성격에 대한 프로이트의 정신분석 이론

제3장의 초점

테니스팀의 주장이 토너먼트 결승전에 뛸 준비를 하고 있다. 그녀는 상대 선수를 한 번도 만난 적이 없기에 경기 전에 인사를 하기로 마음먹었다. 그녀는 상대가 몸을 풀고 있는 코트로 걸어가며 말하였다. "안녕하세요, 저는 에이미라고 합니다. 이겨서 반가워요." 에이미는 순간 당황하고 부끄러워하였다. 그녀는 급하게 자신의 말실수를 바로잡고 시합을 위해 자신의 코트 쪽으로 걸어갔다. '와, 도대체 왜 내가 말을 그렇게 했지?'라고 에이미는 생각하였다. 에이미의 말실수는 단순한 실수였을까?

프로이트는 그렇게 생각하지 않았을 것이다. 그의 견해에 따르면 에이미의 어이없는 실수는 실제로 무의식적인 공격적 추동이 적나라하게 드러나는 표현이었던 것이다. 프로이트의 정신분석 이론은 성격에 대한 정신역동 및 임상적 접근을 설명한다. 행동은 동기, 추동, 필요 및 갈등 간의 역동적인 상호작용의 결과로 해석된다. 연구는 주로 개인을 강조하여 개인차에 초점을 두고, 개인 전체를 평가하고 이해하려고 시도하는 임상적 조사로 구성된다. 그러나 현대 연구자들은 정신역동적 과정을 실험실 내에서 연구하는 도전에 많은 관심을 기울이고 있다.

이 장에서 다룰 질문

1. 프로이트는 그의 이론을 어떻게 발전시켰고, 역사적 사건과 개인적 사건이 이러한 발전에 어떻게 기여했는가?
2. 사람의 마음에 대한 프로이트의 이론적 모형의 주요 특징은 무엇인가?
3. 사람들은 어떻게 불안의 경험으로부터 자신을 보호하며, (프로이트에 따르면) 이러한 불안 감소 전략은 어떤 방식으로 성격 역동의 중심이 되는가?
4. 초기 아동기 경험이 이후의 성격 발달에 얼마나 중요한가?

지그문트 프로이트 : 이론가 살펴보기

지그문트 프로이트(1856~1939)는 1856년 모라비아(현재 체코의 프리보르시)에서 태어났다. 그의 가족은 곧 비엔나로 이주했고, 그는 거기서 생애 대부분을 보냈다. 어머니에게는 프로이트가 큰아들이었지만 어머니보다 20세 연상인 아버지에게는 이전 결혼을 통해 얻은 두 아들이 따로 있었다. 프로이트의 부모는 그 이후에도 일곱 자녀를 더 낳았다. 이 많은 가족 구성원 중에서 지적으로 조숙하게 자란 지그문트는 그의 어머니가 가장 사랑한 자녀였고, 그도 그것을 잘 알고 있었다. 나중에 프로이트는 자신의 경험을 토대로 유명한 말을 남겼는데, 어머니가 명백하게 가장 사랑한 자녀는 "정복자의 감정을 평생 동안 간직하며 이런 성공에

지그문트 프로이트와 그의 딸 안나 프로이트. 둘 다 성격에 대한 정신역동 개념의 발달에 기여하였다.

대한 확신은 종종 실질적인 성공을 초래한다."라는 말이었다(Freud, 1900, p. 26).

소년 시절 프로이트는 큰 꿈을 품었다. 그는 위대한 장군이나 공무원이 되고 싶었다. 그러나 반유대주의는 유대인이었던 프로이트에게 이 분야에서의 발전 가능성을 제한하였다. 그래서 그는 대신 의학 분야로 진로를 선회하였다.

프로이트가 비엔나대학에서 받은 의학 교육은 이후 그의 성격 이론을 발전시키는 데에 심대한 영향을 주었다. 이 훈련 과정의 핵심 인물은 그 당시 **기계론**mechanism으로 알려진 지적 운동에 참여한 에른스트 브뤼케라는 생리학 교수였다. 기계주의 운동은 생물 과학의 본질과 가능성에 대한 질문을 다루었고 그 반대 운동인 '생기론vitalism'과 대조해서 이해하는 것이 가장 좋다. 생기론자들은 생명이란 (생기가 없는 육체를 살아 움직이게 하는 영혼이나 영과 같은) 비물질적 힘에서 발생했기 때문에 생물 과학은 생물학적 생명을 완전히 설명할 수 없다고 주장하였다. 반면 기계론자들은 사실 자연 과학의 원리가 포괄적인 설명을 제공할 수 있다고 주장하였다. 기본적인 물리 및 화학적 변인들은 유기체의 생명을 포함한 기능에 대해 완전히 설명할 수 있다는 것이다(Gay, 1998). 오늘날 당연하게 여겨지는 기계론자의 입장은 사람에 대한 완전한 자연 과학의 문을 열었다. 브뤼케가 생기론을 거부하고 기계론의 과학적 원리를 수용함으로써 프로이트가 이후에 발전시킨 성격에 대한 역동적 관점의 토대가 마련된 것이다(Sulloway, 1979).

의학 학위를 취득한 후 프로이트는 신경학 분야에서 일하였다. 그의 초기 연구 중 일부는 성인과 태아의 뇌를 비교하는 것이었다. 그는 생애 초기의 뇌 구조가 평생 동안 지속된다는 결론을 내렸고 나중에 이것은 성격 발달에 대한 그의 관점의 전조가 되었다. 그러나 프로이트는 가족을 부양해야 하는 등 재정적인 이유로 연구 경력을 포기하고 환자를 보는 의사가 되었다.

아버지가 사망한 이듬해인 1897년, 프로이트는 반복된 우울증과 불안의 기간에 시달렸다. 자신의 문제를 이해하기 위해 프로이트는 정신분석의 발달에 매우 근본적인 것으로 입증된 활동, 즉 자기분석을 시작하였다. 프로이트는 특히 무의식적인 생각과 욕망을 드러낼 것이라고 생각한 자신의 꿈에 집중하면서 자신의 경험의 내용을 분석하였다. 그는 평생 동안 꾸준히 매일 하루의 마지막 30분을 자기분석을 위해 바쳤다.

프로이트는 그의 치료 작업에서 환자가 갖고 있는 문제의 심리적 원인을 밝히기 위해 다양한 기술을 시도하였다. 그중 하나는 최면술인데, 프랑스의 유명한 정신과 의사 장 샤르코에게서 배운 것이다. 그러나 모든 환자가 최면에 빠지지 않는다는 사실을 발견하고 다른 방법들을 탐구하였다. 그중 그의 작업에 결정적인 것으로 확증된 방법은 **자유연상**free association이었다. 자유연상 기법에서 분석 대상자는 자신의 모든 생각이 그 어떤 종류의 억제나 위조 없이 떠오를 수 있게 한다. 생각을 자유롭게 흐르게 함으로써 생각 사이에 숨겨진 연관성을 발견할 수 있다. 프로이트에게 자유연상 기법은 치료수단이자 과학적 방법이었다. 그것은 그의 성격 이론에 대한 주요 증거를 제공하였다.

기계론
19세기에 자연 과학의 기본 원리는 물체의 행동뿐만 아니라 인간의 사고 그리고 행동을 설명할 수 있어야 한다고 주장한 지식인 운동

자유연상
정신분석에서 내담자가 분석가에게 마음속에 떠오르는 모든 사고를 보고하는 것

1900년에 프로이트는 가장 중요한 업적인 꿈의 해석을 출판하였다. 여기서 프로이트는 그의 관심을 더 이상 환자의 치료에만 국한시키지 않았다. 그는 마음의 이론을 발전시키고 있었고 그것은 마음의 기본적인 구조와 작동 원리에 대한 개념적 모형이었던 것이다. 그 책은 뛰어났지만 즉각적인 인기를 얻지는 못하였다. 꿈의 해석이 출판된 후 8년 동안 겨우 600부밖에 팔리지 않았다. 뒤에서 구체적으로 다루겠지만 아동기의 심리에 대한 프로이트의 관점은 조롱거리가 되었다. 프로이트의 관점에 대해 가르친 의학 기관들은 배척당하였다. 초기 추종자였던 어니스트 존스는 프로이트의 이론에 제안된 방식대로 그의 환자들의 성적 생활에 대해 면담한 것으로 인해 강제로 신경과 의사직에서 사임하게 되었다. 사생활 측면에서는, 제1차 대전 동안 프로이트는 저축한 자산을 모두 잃었고 전쟁에서 두 아들까지 잃을까 전전긍긍하였다. 1920년도에는 그의 딸 중 하나가 26세로 사망하는 일이 벌어졌다. 이러한 역사적 맥락이 프로이트가 64세에 삶 본능 또는 살고 싶은 소망과 반대되는 죽고 싶어 하는 소망, 즉 죽음 본능에 대한 이론을 발달시키는 데에 일부 기여한 것일 수 있다.

하지만 프로이트는 인내하여 결국 폭넓은 인기와 명예를 차지하게 되었다. 미국에서 1909년에 진행한 일련의 강연은 유럽 밖에서 그의 명예를 크게 드높였다. 1910년에 국제정신분석학회가 창립되었다. 이 기간과 이후 수년 동안 그는 많은 저서를 성공적으로 출판했고, 환자들은 줄을 이었고, 그의 명성은 더욱 커져갔다. 그가 독일 나치로부터 벗어나기 위해 비엔나에서 도피한 1년 후인 1939년 9월 23일에 사망했을 당시에는 그와 그의 제자들의 노력으로 인해 그는 이미 국제적인 유명인사가 되어있었다. 오늘날 프로이트의 아이디어와 그의 심리분석학적 용어는 심지어 그의 글을 하나도 읽어보지 않거나 심리학 수업을 전혀 들어보지 못한 사람에게도 알려져 있다. 20세기의 인물 중 서양인의 지적 생활에 이보다 더 큰 공헌을 한 사람은 어쩌면 아인슈타인밖에 없을 것이다.

많은 이들이 프로이트를 인자하고 담대한 천재라고 칭송한다. 다른 이들은 그의 동료들과의 다툼과 결별에 주목하면서 그를 권위주의적이고 편협한 인물로 본다(Fromm, 1959). 그의 성격에 대한 관점이 무엇이든 프로이트는 그의 일을 매우 큰 용기를 갖고 추진해 나갔다. 그는 그의 이론을 설명하기 위해 자신의 인생사에 대한 세부 내용을 용감하게 제시하였다. 그는 그의 동료들의 비판을 마주했고, 더 크게는 사회적 경멸도 견디어 냈다. 그는 동료에게 쓴 편지에서 "나에게 다가온 독재자와 같은 지배적인 열정을 섬기기 위해 그렇게 하였다… 그것은 심리학이었다."라고 밝혔다(Gay, 1998, p. 74).

사람에 대한 프로이트의 견해

이 책에서 성격에 대한 이론을 소개할 때 (프로이트의 경우처럼) 이론가의 인생에 대해 먼저 살펴볼 것이다. 그 후 주어진 이론이 성격 구조와 과정을 어떻게 다루는지에 대해 설명하기 전에 그 이론에 따른 사람에 대한 전반적인 견해를 제시할 것이다. 성격에 대한 각각의 주요 이론은 사람에 대한 견해, 또는 인간의 본성에 대한 광범위한 개념을 내포한다. 초반에 이러한 개념들을 제시하는 두 가지 이유가 있다. (1) 개념은 이해를 위한 기반을 제공한다. 그것을 토대로 주어진 이론의 가장 중요한 사상에 대한 지식을 빠르게 얻을 수 있고, 이런 지식 위에 그다음 제시되는 내용을 효과적으로 쌓아올릴 수 있을 것이다. (2) 이러한 '사람에 대한 견해' 부분은 독자가 스스로에게 할 수도 있는 질문에 대한 답을 제공한다. "왜 나는 이 성격 이론에 대해 배워야 하나?" 그것에 대한 답은, 이 책에 나온 모든 경우와 마찬가지로, 그 성격 이론은 마음의 본질, 인간의 본성, 그리고 사회와 같은 큰 이념에 대해 다루기 때문이다. 이러한 '큰 그림' 이념은 본문의 '사람에 대한 견해' 부분에 요약되어 있다.

에너지 체계로서의 마음

프로이트의 성격 이론은 근본적으로 마음의 이론이다. 그것은 정신 구조와 과정의 전반적인 구조학에 대한 과학적 모형인 것이다. 마음의 모형을 공식화하면서 프로이트는 명시적으로 "지적 생활을 **생물학적** 관점으로 바라보았다"(Freud, 1915/1970, p. 328). 그는 마음을 몸의 일부로 인식했고, 몸은 어떤 것인지 질문했으며, 정신적 기능의 원리를 생리학적 기능의 전반적인 원리로부터 도출해 내었다.

프로이트에게 몸은 기계와 같은 **에너지 체계**energy system이다. 따라서 몸에 속한 마음 또한 기계적인 에너지 체계인 것이다. 마음은 몸의 전체적인 물리적 에너지로부터 정신적 에너지를 얻는다. 마음에 대한 에너지-체계 관점은 다른 대안적인 관점과는 매우 대조적이다. 예컨대 마음을 정보 체계로 보는 관점이 있다. 정보 체계에서 자료는 단순히 어떠한 지점에 저장되었다가 필요할 때에 추출된다. 컴퓨터에 저장되어 있는 정보나 도서관 책에 인쇄되어 있는 정보가 이런 것이다. 그것들은 단순히 필요에 따라 접근할 수 있도록 거기에 변함없이 저장되어 있다. 반면, 프로이트의 에너지 모형에 따르면 정신적 내용물들은 그냥 그대로 가만히 있지만은 않는다. 정신적 내용물은 작동한다. 마음은 전체 심리 장치에 '힘을 지닌 압력을 가하는 활동 부품'으로 설명되는 본능적 추동을 지니고 있다. 따라서 마음은 이러한 에너지 넘치는 힘을 보관하고 지휘하는 체계인 것이다.

이 관점에 따른다면 주요한 과학적 문제는 정신적 에너지에게 무슨 일이 일어나는지, 즉 에너지가 어떻게 흐르는지, 새는지, 또는 막혀서 불어나는지 등에 대해 설명하는 것이 된다. 정신 에너지에 대한 프로이트의 관점은 세 개의 핵심 개념을 포함한다. 그중 하나는 에너지가 한정되어 있다는 것이다. 에너지를 한곳에 많이 사용한다면 다른 용도를 위해 가용한 에너지는 그만큼 줄어든다. 예컨대 문화적 목적을 위해 사용한 에너지는 성적 목적을 위해 더 이상 사용할 수 없고, 그 반대도 마찬가지다. 두 번째 개념은 에너지는 에너지가 표현되는 하나의 통로에서 차단될 수 있으며, 만약 차단된다면 그것이 그냥 없어지지 않는다는 것이다. 대신 저항이 가장 적은 경로를 따라 다른 방식으로 표현된다.

마지막으로, 프로이트의 에너지 모형의 근본이 되는 개념은 마음이 평온한 상태를 달성

에너지 체계
성격이 다양한 힘 또는 힘의 원천(추동, 본능) 간의 상호작용을 수반한다고 보는 프로이트의 관점

하기 위해 기능한다는 것이다(Greenberg & Mitchell, 1983). 신체적 요구는 긴장 상태를 만들고 사람은 그 긴장을 줄여 동요하지 않는 내부 상태로 돌아가도록 동기화되어 있다. 간단한 예로, 우리는 음식을 먹지 않으면 굶주림이라고 부르는 긴장 상태를 경험하게 되고, 그것은 그 욕구를 충족시키고 긴장을 제거하여 결국 우리를 평온한 상태로 되돌려 놓을 수 있는 어떤 물체를 주변에서 찾도록 유도한다. (물론 나중에 볼 수 있듯이 프로이트는 이보다 훨씬 더 극단적으로 복잡한 사례들을 탐색한다.) 따라서 모든 행동의 목적은 긴장 상태의 완화 또는 에너지의 방출로 인해 유발되는 쾌락에 있다. 이 장에서 배울 프로이트의 성격 이론은 기본적으로 이러한 정신적 에너지의 역동적 흐름에 관여하는 성격 구조와 과정에 대한 상세한 모형에 대한 것이다.

마음이 에너지 체계라고 가정하는 이유는 무엇인가? 그것은 프로이트의 시대에 발전한 물리학에서 비롯된다. 19세기 물리학자 헤르만 본 헬름홀츠는 물질과 에너지는 변환될 수 있지만 파괴될 수 없다는 에너지 보존 법칙을 제시하였다. 그 당시 물리학자들뿐만 아니라 다른 학문의 연구자들도 체계 내 에너지 변환의 법칙에 대해 연구하고 있었다. 프로이트의 의학 교육에도 인간의 생리학을 에너지 보존 법칙에 따라 물리적 힘의 측면에서 이해할 수 있다는 사상이 포함되었다. 에너지와 역학의 시대는 과학자들에게 인간에 대한 새로운 개념을 제공하였다. 그것은 곧 "인간은 에너지 체계이며 그는 비눗방울과 행성의 움직임을 조정하는 동일한 물리적 법칙에 순종한다."라는 것이다(Hall, 1954, pp. 12~13). 프로이트는 이러한 일반적인 관점을 매우 구체화된 성격 이론으로 발전시켰다.

따라서 정신분석학에서 생각은 마음속에 저장된 정신 에너지를 지니고 있다. 즉, 에너지는 마음속에 보존되고 있다. 하지만 특별한 상황에서 생각과 연관된 에너지가 방출될 수 있는데, 어떻게 이런 일이 발생하는지가 정신분석 이론의 핵심적인 부분이다. 흥미롭게도, 이 질문에 대한 대답은 프로이트가 아니라 그의 동료인 비엔나 출신 의사 요제프 브로이어에게서 먼저 나왔다.

1882년 여름에 정신분석 이론의 발달사에 헤아릴 수 없을 만큼 중요한 사건이 일어나는데, 브로이어가 프로이트에게 자신의 환자 안나 오에 대해 이야기한 것이다. 안나 오는 부분 마비, 흐린 시야, 지속적인 기침, 그리고 외국어인 영어로는 유창하게 말하는 반면 모국어인 독일어로 대화하는 데에 어려움을 겪는 생물학적 원인을 가늠하기 힘든 일련의 기괴한 증상들로 인해 고통받고 있었다. 이러한 증상들은 히스테리성 증상, 즉 히스테리 장애의 증상으로 알려져 있다. 고대 그리스 의학에서부터 히스테리라는 용어는 평범한 신체적 질병이나 장해가 아닌 정서적 문제로 인해 유발된 (특히 신체 운동이나 지각 경험의 장애와 관련된) 신체 증상들을 경험하는 사람들의 장애를 일컫는 데 사용되었다(Owens & Dein, 2006). 현대 심리학과 정신 과학에서 히스테리는 전환 장애로 알려져 있으며 그것은 정서적 문제가 신체 운동이나 지각과 관련된 심리적 문제로 변환 또는 전환되기 때문이다(전환 장애는 또한 일종의 '신체화' 장애로 알려져 있는데, 심리적인 내용이 몸의 기능에 영향을 끼치기 때문이다).

안나 오는 우연히 그녀의 히스테리성 증상에 대한 치료법을 발견하게 되었다. 그녀는 그녀의 증상을 과거 외상적 사건과 연결 지을 때 그것이 완화된다는 것을 깨닫게 되었다. 만약 그녀가 특정 증상의 원인이 된 오랫동안 잊고 있었던 사건에 대해 인식하게 되면, 그리고 그 사건과 연관된 원래의 정서적 외상을 재경험하게 되면 증상은 그 이후에 완화되거나 아예 사라졌다.

브로이어와 그 이후에 프로이트도 이 심리적 경험을 **카타르시스**catharsis라고 불렀다. 카타르시스는 자신의 문제에 대해 이야기하는 것을 통해 감정을 방출하고 자유롭게 풀어주는 것을 의미한다(구어체로 말하자면 카타르시스는 '가슴에서 떨쳐내는' 또는 '나에게로부터 털어서 버리는' 것이다). 기억 속 어딘가에 숨겨놓은 외상적 경험을 재경험함으로써 안나 오는 그녀의 증상을 초래한 꽉 막혀있는 정신적 에너지를 방출하여 카타르시스를 경험할 수 있었

카타르시스
자신의 문제에 대하여 이야기하는 것을 통해 정서를 자유롭게 표출하는 것

성격과 뇌

히스테리(전환 장애)

히스테리에 대해 처음 배울 때 그것은 아마도 이상하게 들릴 것이다. 사람들은 정서적 문제로 인해 유발되는 마비 또는 흐릿한 시각과 같은 운동이나 지각에 장해를 경험한다. 그게 과연 맞는 사실인가?

그것이 사실이 아닐 수 있는 이유 중 하나는 사람들이 거짓말을 할 경우이다. 어쩌면 그들은 진정으로 정서적 문제를 지니고 있지만 만약 아무도 그들의 문제에 귀를 기울이지 않는다면 다른 사람들로부터 더 많은 주의를 끌기 위해 상해나 질병이 있는 것처럼 행동할 수 있다. 프로이트가 히스테리에 대해 연구하기 시작했을 때 그의 동료 중 일부도 사실 히스테리 환자가 거짓말쟁이라고 생각하였다.

히스테리 증상이 진짜인지 거짓인지 어떻게 알 수 있을까? 하나의 가능성은 성격과 뇌에 대한 최신 증거를 확인하는 것이다.

연구자들은(Voon et al., 2010) 뇌 영상 촬영법을 사용하여 전환 장애(히스테리의 현대 용어)(Owens & Dein, 2006) 환자들을 연구하였다. 그들은 전환 장애로 진단받은 16명의 환자들을 대상으로 연구를 진행하였다. 이들은 원인 불명의 떨림, 틱, 또는 보행 시 비정상적인 움직임과 같은 신체 운동 증상을 보였다. 연구자들은 이 환자 집단을 심리적, 생물학적으로 건강한 16명의 지원자 집단과 비교하였다.

각 집단의 개인은 (1) 비디오 화면에 제시된 얼굴 사진을 보면서 (2) fMRI를 사용하여 뇌 영상을 촬영하였다. 얼굴은 행복, 공포 또는 중립(즉, 감정적으로 중립적인 표정)과 같은 다양한 감정을 나타냈

다. 이 연구 절차를 통해 연구자들은 환자와 건강한 지원자의 뇌 활동이 정서적 자극에 대한 반응에서 다른지를 확인할 수 있었다.

논리적으로 두 가지 유형의 결과가 있을 수 있다. 한 가지 가능성은 두 집단(환자 및 건강한 지원자)의 뇌가 다르지 않다는 것이다. 물론 다른 하나는 그들의 뇌가 다르고, 이는 아마도 프로이트가 가정한 정서적 고통과 히스테리 증상 간의 연결에 대한 생물학적 근거를 드러낼 것이다.

결론적으로 집단 간의 차이는 명백하였다. 정서적인 얼굴이 제시된 조건에서 전환 장애 환자들의 뇌 활동은 건강한 지원자들의 뇌 활동과 차이를 보였다(Voon et al., 2010). 차이점은 매우 흥미로웠다. 바로 프로이트가 기대한 바대로, 환자의 뇌에서 정서와 신체 운동과 연관된 부위들 간에 더 강한 연결이 있는 것으로 나타났다. 연구자들의 설명에 따르면, 이러한 연결이 장애의 증상을 유발할 수 있다. 전환 장애 환자들에게 정서적 각성은 신체 운동을 생산하는 뇌 부위의 정상적인 기능과 연결되어 그것을 방해할 수 있다. 후속 연구 결과에서도 유사하게 전환 장애에서 정서적 반응에 관여하는 뇌 영역이 신체의 움직임을 통제하는 뇌의 정상 체계를 '납치'할 수 있다는 결론에 도달하였다(Voon et al., 2011, p. 2402).

이러한 연구는 프로이트의 시대에는 상상도 할 수 없는 기술을 적용한 것이지만, 그가 항상 염두에 두었던 정서와 신체 운동 간의 연결을 정확하게 드러냈다.

다. 프로이트는 자신의 환자들에게 히스테리 증상의 치료를 위해 카타르시스 치료법을 적용하여 큰 성공을 거두었다고 보고하였다.

카타르시스의 개념은 인간의 마음을 이해하는 데 있어 두 가지의 함의를 가진다. 하나는 프로이트에게 마음은 에너지 체계라는 그의 관점을 확인해 준 것이다. 오랫동안 잊혔던 기억과 연합된 에너지의 방출이 환자의 치료를 가능케 하였다. 두 번째 함의는 다음과 같다. 카타르시스를 경험하기 전에 프로이트의 환자들은 그들의 증상이 마음의 내용으로 인해 비롯된 것이라고는 전혀 의식하지 못하고 있는 것으로 보였다. 그들의 증상을 초래한 원래의 외상 사건은 완전히 잊힌 것처럼 보였다. 하지만 증상들은 지속되었고 그것은 **사람들이 의식하지 못한** 정신적 내용물이 그들의 마음속에서는 계속 활동하고 있다는 것을 의미하였다. 따라서 마음에는 하나 이상의 부분이 있는 것으로 볼 수 있다. 사람들이 의식하는 생각의 영역과 더불어 의식의 영역 밖에 존재하는 더 신비롭고 숨겨진 생각의 영역이 있는 것이다. 프로이트는 이런 생각들을 무의식이라고 불렀다. 우리의 일상적인 심리적 생활이 무의식적 생각들로 지배되고 있다는 프로이트의 관점은 인간 본성에 대한 사람들의 이해에 큰 혁명을 불러일으키게 되었다.

사회 속의 개인

사람에 대한 프로이트의 견해의 두 번째 주요 측면은 개인과 사회 간의 관계에 대한 것이다. 프로이트의 견해는 서양 문화의 중심을 차지한 대안적 관점과는 대조적이다. 그 대안은 사람들을 본질적으로 선한 존재로 여긴다. 하지만 사회는 그들을 타락시킨다. 사람들은 선하게 태어나지만 유혹의 세상을 경험하면서 타락하게 된다. 이것이 바로 **구약 성경**의 이야기이다. 신의 형상으로 창조된 아담과 이브는 천성적인 순수함과 선함을 가지고 태어나지만 사탄의 유혹으로 인해 타락하게 된다. 이 견해는 서양 철학에서도 두드러진다. 위대한 프랑스 철학자 루소는 현대 문명이 발달하기 전에 사람들은 상대적으로 만족했고 타인에 대해 주로 연민을 경험했다고 주장하였다. 그는 문명이 자원에 대한 경쟁을 조장하여 질투와 의심을 불러일으켜서 상황을 악화시켰다고 생각하였다.

프로이트는 이 개념을 완전히 돌려놓았다. 정신분석학에서 성적이고 공격적인 추동은 인간 본성의 타고난 부분이다. **쾌락 원리**에 따라 기능하는 개인은 그러한 추동에 대한 쾌락적인 만족을 추구한다. 사회의 역할은 이러한 생물학적으로 자연적인 경향을 억누르는 것이다. 문명의 주요 기능은 "성적 생활을 제한하는 것이다"(Freud, 1930/1949, p. 51). 사회는 어린이들에게 생물학적으로 자연스러운 욕망은 사회적으로 받아들일 수 없다는 것을 가르치고, 사회는 이 교훈을 강화하는 사회적 규범과 금기를 유지한다. 그러므로 문명사회는 순진한 아이들이 '타락하도록' 만들지 않는다. 오히려 아이들은 태어날 때부터 순수함과 거리가 멀다. 그들은 사회가 여러 조치를 통해 제한하려고 하는 성적인 욕망과 공격적인 추동을 지니고 있다. 개인의 이러한 성적 추동에 대한 문명의 반응은 억압된 하층 계급에 대항하여 권

프로이트의 생각은 급진적이었다. 당대 사람들은 일반적으로 인간 발달은 '선에서 악으로' 향하는 길을 걷는다고 생각하였다. 즉, 사람들은 성경에 나오는 아담과 이브 이야기의 교훈처럼 순수하게 태어나지만 사회에 의해 타락한다는 것이다. 프로이트는 사람들이 성적 및 공격적 추동을 가지고 태어나며 사회의 역할은 이러한 기본적인 본능을 억누르는 것이라고 제안하였다.

력을 유지하려는 사회의 정치적 지배층의 반응과 유사하다. "억압된 구성원들에 의한 반란에 대한 두려움은 더 엄격한 예방 조치를 취하도록 유도한다"(Freud, 1930/1949, p. 51).

　　프로이트의 전반적인 이론은 마음에 대한 급진적 견해뿐만 아니라 마찬가지로 급진적인 개인과 사회의 관계에 대한 재고를 포함한다.

성격 과학에 대한 프로이트의 견해

프로이트의 과학에 대한 견해는 성격 연구에서 복잡한 양상으로 나타난다. 한편으로 그는 사람에 대한 자연 과학에 온전히 매진하였다. 그의 모형은 물리학이었다. 프로이트는 "자연 과학의 모범인 물리학을 반영하는 과학적 모형에 열정적으로 헌신하였다"(Tauber, 2010, p. 27). 이 헌신으로 인해 프로이트는 이론과 연구 간의 관계와 더불어 명확하게 정의된 이론적 개념의 필요성에 대해 깊이 절감하고 있었다.

　　그러나 프로이트는 과학적 세계관에 그렇게 철저히 헌신한 사람에게는 기대할 수 없는 방식으로 그의 작업을 진행하였다. 과학자들은 종종 훌륭한 증거를 축적한 후에만 신중하게 이론을 구성한다. 그러나 프로이트는 대담하게 그의 이론을 전개하였다. 그는 비교적 폭 좁은 증거, 즉 단지 환자와의 만남을 바탕으로 엄청나게 폭넓은 이론을 만들어 냈다. 프로이트는 그의 핵심적인 통찰을 확인할 수 있는 그의 생애 및 그 이후의 과학적 발전을 기대하였다.

프로이트의 작업이 과학적 세계관에 반하는 두 번째 측면은 그가 수집한 자료의 유형과 관련이 있다. 이 책에서 배우게 될 다른 모든 성격 이론가들과는 달리, 프로이트는 실험실에서 실험을 하거나 표준 심리 검사를 만들거나 사용하지 않았다. 그는 이 책 제2장의 '사례 연구 증거'에서 배운 세 가지 형태의 증거 중 하나만 신뢰하였다. 프로이트는 사례 연구를 자유연상 기법을 통해 분석하였다. 그는 이 증거가 성격에 대한 과학적 이론을 구축하는 데 필요하고 또한 충분하다고 느꼈다.

프로이트와 그의 추종자들이 추구한 자유연상 기법은 개별 환자에 대한 풍부한 정보를 제공하였다. 아마도 심리학의 다른 어떤 방법도 정신분석 사례 연구에서 얻어진 개인에 대한 정보를 따라가지 못할 것이다. 그러나 현대 과학자들은 일반적으로 그것이 제공하는 증거가 이론 구축에 충분한지에 대해 의구심을 갖는다. 그들은 특히 프로이트의 실험실 연구에 대한 관심 부족에 의문을 제기한다. 한 학자는 "프로이트는 과학자를 훈련시키는 대신에 상대적으로 고정된 개념 체계 내에서 기술자를 훈련시키게 되었다."라고 서술하였다(Sulloway, 1991, p. 275). 프로이트가 사망한 이후에야 많은 심리학 연구자들이 실험적 방법을 통해 정신분석 현상을 조사하였다. 그들의 연구 결과는 나중에 정신분석 이론을 다루면서 검토할 것이다.

성격에 대한 프로이트의 정신분석 이론

제1장에서 성격 이론은 성격의 (1) 구조, (2) 과정 및 (3) 발달을 다룬다고 설명하였다. 이제 프로이트의 이론이 이 세 가지 주제를 어떻게 다루는지 살펴보자.

구조

인간의 마음을 이해하기 위한 개념적 모형을 제공하는 것이 성격 구조를 분석하는 프로이트의 목표였다. 그는 "마음의 기본 구조는 무엇이며 그들은 무엇을 하는가?"라고 질문하였다. 그가 제공한 매우 독창적인 답변은 복잡하였다. 프로이트는 마음에 대해 하나가 아니라 두 가지 개념적 모형을 제공하였다. 모형은 상호 보완적이었다. 하나의 모형은 의식 수준을 다룬다. 마음의 내용은 우리가 인식하는(의식적) 것인가, 그렇지 않은(무의식적) 것인가? 다른 하나는 마음속의 기능적 체계에 관한 것이다. 주어진 정신 체계는 무엇을 하는가? 우리는 이러한 모형들을 차례로 검토한다.

의식 수준과 무의식 개념

여러분의 마음속에서 무슨 일이 일어나고 있는가? 여러분의 머릿속에는 어떤 생각이 있는가? 우리는 일반적으로 사고의 흐름에 주의를 기울임으로써 이 질문에 답한다. 예를 들어 여러분은 지금 이 장의 내용에 대해 생각하거나 또는 수업을 위해 이것을 읽을 필요가 없다

최신 질문

흥분되는 생각을 억누르는 대가가 무엇인가?

프로이트는 문명 발전의 대가는 쾌락 원리에 대한 억제 증가와 죄책감 강화라고 제안하였다. 문명에 그러한 억제가 필요한가? 욕망을 억누르고 '완벽한 욕구 충족'을 억제하려는 노력을 위해 개인이 치러야 하는 대가는 얼마인가?

대니얼 웨그너와 동료들의 연구에 따르면 흥분되는 생각의 억제는 부정적인 감정 반응의 생성과 공포증(비이성적인 두려움) 및 집착(통제할 수 없는 생각에 대한 몰두)과 같은 심리적 증상의 발달에 관여할 수 있다고 한다. 이 연구에서 일부 참가자들에게 섹스에 대해 생각하지 말라고 지시하였다. 섹스에 대해 생각하지 않으려고 노력한 참가자들은 섹스에 대해 생각할 수 있도록 허락한 참가자들과 마찬가지로 정서적 흥분을 경험하였다. 두 집단 모두 몇 분 후에 각성이 감소했지만 그 이후에

두 집단의 참가자들에게 서로 다른 일이 일어났다. 첫 번째 집단의 경우, 흥분되는 생각을 억제하려는 노력이 오히려 이러한 생각이 의식에 침투하여 정서가 급증하게 되는 결과를 초래하였다. 섹스에 대해 생각할 수 있었던 참가자의 경우 이러한 효과는 발견되지 않았다.

연구자들은 흥분되는 생각을 억제하는 것이 오히려 흥분을 촉진할 수 있다고 제안한다. 즉, 억제하려고 하는 행동 자체가 이러한 생각을 의도적으로 생각할 때보다 훨씬 더 자극적인 것으로 만들 수 있다. 요컨대, 억지로 억제하려는 노력은 감정적으로나 심리적으로 우리에게 도움이 되지 않을 수 있다.

출처 : Petrie, Booth, & Pennebaker, 1998; Wegner, 1992, 1994; Wegner et al., 1990.

면 대신 무엇을 하고 싶은지에 대해 생각하고 있을 수 있다.

이러한 생각의 흐름, 즉 자신의 생각에 주의를 기울임으로써 인지하는 정신적 내용을 '의식적' 사고라고 한다. 프로이트의 위대한 통찰 중 하나는 의식적인 사고의 흐름이 "여러분의 마음에서 무슨 일이 일어나고 있는가?"라는 질문에 대한 완전한 답이 아니라는 것이다. 정답과는 거리가 아예 멀다. 프로이트에게 의식적 사고는 정신적 내용의 작은 부분, 즉 빙산의 일각일 뿐이다.

정신분석 이론에 따르면 우리가 정신적인 현상을 인식하는 정도에는 상당한 차이가 있다. 프로이트는 세 수준의 의식을 제안하였다. **의식**conscious 수준은 주어진 그 순간에 인식하고 있는 생각을 포함한다. **전의식**preconscious 수준은 우리가 주의를 기울인다면 쉽게 알아차릴 수 있는 정신적인 내용을 포함한다. 예컨대, 아마도 이 문장을 읽기 전까지 여러분은 자신의 전화번호에 대해 생각하지 않았을 것이다. 즉, 그것은 의식 속의 내용이 아니었던 것이다. 하지만 어렵지 않게 여러분은 여러분의 전화번호를 떠올릴 수 있고 (아마 지금 그러고 있지 않을까?) 그것은 전의식에 있는 정보를 의식으로 가져오는 단순한 문제이다. 세 번째 수준은 **무의식**unconscious이다. 무의식적인 내용은 특별한 경우를 제외하고는 우리가 인식하지 못하는 정신적인 부분이다. 왜 그럴까? 그것은, 프로이트에 따르면, 불안을 유발하기 때문이다. 우

의식
우리가 의식하는 사고, 경험, 감정

전의식
우리가 매 순간 의식하지는 못하지만 쉽게 의식에 도달할 수 있는 사고, 경험, 감정에 대한 프로이트의 개념

무의식
우리가 의식할 수 없는 사고, 경험, 그리고 감정. 프로이트에 따르면 이러한 무의식은 억압의 결과임

리는 의식적으로 생각하면 불안을 초래하는 너무나도 끔찍하거나 사회적으로 받아들여질 수 없는 생각과 욕망을 지니고 있다. "이러한 생각들이 의식화될 수 없는 이유는 어떤 힘이 그들을 반대하고 있기 때문이다"(Freud, 1923, p. 4). 이러한 생각이 불러일으키는 불안으로부터 우리 스스로를 보호하고자 하는 욕망이 그들을 의식적 자각 밖의 무의식 속에 머물도록 강요한다.

프로이트는 정신적 생활의 일부가 무의식적이라는 것을 인식한 최초의 사람은 아니다. 하지만 그는 처음으로 무의식적 삶의 특성을 과학적으로 자세히 탐구하고 일상적인 행동에 대해 무의식적인 정신적 힘에 근거한 설명을 제공하였다. 어떻게 그렇게 했을까? 프로이트는 말실수, 신경증, 정신병, 예술작품, 의식과 같은 다양한 심리적 현상을 분석하여 무의식의 속성을 이해하려고 시도하였다. 특히 꿈에 대한 분석은 매우 중요한 작업이었다.

꿈　꿈의 내용은 의식적 사고와는 극적으로 다른 무의식적 내용이 마음에 담겨있다는 것을 생생하게 드러낸다. 정신분석 이론에서 꿈은 두 가지 수준의 내용을 지니고 있는데, 즉 꿈의 줄거리인 명시적 내용과 꿈의 줄거리에서 나타나는 무의식적 사고, 정서, 그리고 추동으로 구성된 잠재적 내용이다. 프로이트는 꿈에 대한 분석을 통해 무의식적인 삶이 완전히 기괴할 수 있다는 것을 발견하였다.

무의식은 반대되는 것이 동일한 의미를 지닐 수 있을 만큼 비논리적이다. 그것은 시간을 무시하여 상이한 기간의 사건을 공존하게 한다. 그것은 공간도 무시한다. 즉, 큰 것이 작은 것 속으로 들어가고 서로 먼 거리에 있는 장소가 한곳으로 모이도록 크기와 거리 관계가 무시된다. 그것은 많은 생각이 하나의 단어로 축약될 수 있고 그 어떤 사물의 일부도 많은 의미를 지닐 수 있는 상징의 세계에 속해있다. 상징화 과정을 통해 음경은 뱀이나 코로, 여성은 교회, 성당, 또는 배, 그리고 간섭적인 어머니는 문어로 표상될 수 있다. 쓰기와 같은 일상적인 행동은 성적 행위를 상징할 수 있다. 여기서 펜은 남성의 성기이고 종이는 펜의 빠른 위아래로의 움직임에 따라 흘러내리는 잉크(정액)를 받는 여성이다(Groddeck, 1923/1961). 프로이트의 꿈의 이론은 두 번째 요소를 지니고 있었다. 프로이트는 꿈에 두 수준, 즉 명시적 및 잠재적 내용이 있다고 주장하는 것과 더불어 이 두 수준 간의 특별한 관계를 제안하였다. 잠재적 내용은 무의식적 소망으로 구성된다. 명시적 내용은 소원 성취에 대한 내용이다. 명시적 내용, 즉 꿈의 줄거리는 깨어있는 일상생활에서는 불가능할 수 있는 무의식적 소망의 성취를 상징적으로 표상화한 것이다. 꿈에서 개인은 적대적이거나 성적인 소망을 위장된 안전한 방식으로 충족시킬 수 있다. 예컨대 누군가를 죽이고자 하는 무의식적 복수심은 특정 인물이 살해되는 전투에 대한 꿈으로 표현될 수 있다. 꿈의 해석에서 프로이트는 탐정과 같은 방식으로 많은 꿈을 분석하였다. 그는 꿈의 각 요소를 그 꿈이 표상하는 근본적인 소원에 대한 위장된 형태의 단서로 취급하였다.

동기화된 무의식   프로이트는 무의식이 정신적 내용을 저장하는 정신 영역이라고 믿었지만, 저장의 성격은 예컨대 도서관에 책을 보관하는 방식과는 매우 다르다는 것을 인식할 필요가 있다. 도서관에서는 논리적인 근거, 즉 도서관 분류 체계에 따라 책의 위치가 지정된다. 책은 책장에 꽂아두면 누군가 그것을 꺼낼 때까지 그곳에 가만히 머물러 있다. 무의식은 이것과는 전혀 다르다. 그것은 순전히 논리적이지 않다. 그리고 내용물은 그냥 가만히 있지 않는다. 무의식은 강하게 동기화되어 있다. 동기적 원리는 두 가지 측면에서 작용한다. 첫째, 정신적 내용은 동기적인 이유로 무의식에 들어간다. 무의식은 의식적 자각 상태로 남아있게 되면 심리적 고통을 유발할 수 있는 너무나도 끔찍한 생각을 저장한다. 이러한 생각에는 예컨대 외상적 삶의 경험, 금지된 사람에 대한 시기, 적대감, 또는 성적 욕구, 혹은 사랑하는 사람을 해치려는 욕망이 포함될 수 있다. 쾌락을 추구하고 고통을 피하려는 우리의 기본적인 욕망에 따라 우리는 그러한 생각을 자각에서 추방하도록 동기화되어 있다. 둘째, 무의식 속의 생각은 지속되고 있는 의식적 경험에 영향을 미친다. 사실, 그것은 프로이트가 세상에 알리고자 한 근본적인 메시지를 가장 잘 표현한 한 줄 요약일 수 있다. 프로이트에 따르면 우리의 의식적 사고, 감정, 그리고 행동과 같은 지속적인 심리적 경험은 근본적으로 우리가 인식하지 못하는 정신적 내용, 즉 무의식의 내용에 의해 결정된다. 왜 우리는 이상한 말실수를 할까? 왜 말이 안 되는 꿈을 꿀까? 왜 불안해할 만한 일이 일어나지 않았는데도 갑작스러운 불안을 경험할까? 왜 처음 만난 사람에게 강한 매력을 또는 강한 거부감을 느낄까? 왜 잘못한 것이 전혀 없는데도 불합리한 죄책감을 느낄까? 프로이트는 이 모든 경우가 무의식적인 정신적 힘에 의해 동기화된 것이라고 설명하였다.

관련 정신분석 연구   무의식은 결코 직접적으로 관찰되지 않는다. 그렇다면 마음의 무의식적인 부분에 대한 생각을 지지하는 증거는 무엇일까? 프로이트의 임상적 관찰을 시작으로 무의식의 개념을 지지하는 것으로 간주될 수 있는 일련의 증거를 검토해 보자. 프로이트는 최면 현상을 관찰한 후 무의식의 중요성을 깨닫게 되었다. 잘 알려진 바와 같이 최면 상태에 있는 사람들은 이전에 할 수 없었던 것을 기억할 수 있다. 또한 그들은 그들이 최면이 풀린 후에도 최면 상태에서 주어진 암시에 따라 행동하고 있다는 것을 의식하지 못한 채 행동한다. 즉, 그들은 그들의 행동이 자발적이고 다른 사람의 암시와 무관하다고 완전히 믿는다. 프로이트는 최면술을 버리고 치료 작업을 지속하면서 그의 환자들이 종종 이전에 묻힌 기억과 소망을 발견하는 것을 확인하였다.

  그러한 발견은 흔히 고통스러운 감정과 관련이 있었다. 실제로 환자가 갑자기 엄청난 불안을 경험하거나 오열하며 울거나 잊었던 사건을 기억하며 분노하거나 또는 금지된 감정을 다시금 느끼는 것을 목격하는 것은 매우 강력한 임상적 관찰 경험이다. 따라서 이러한 임상적 관찰은 프로이트에게 무의식은 지금 우리가 의식하고 있지 않는 기억과 소망뿐만 아니라 무의식 속에 '의도적으로 묻힌' 것들도 포함하고 있음을 제안하였다. 그렇다면 실험적 증거

의식 없는 지각
무의식적 지각 또는 자극을 지각하고 있다는 것을 알아차리지 못한 채 지각하는 것

는 어떠한가? 1960년대와 1970년대에 실험적 연구는 **의식 없는 지각**perception without awareness, 즉 무의식적 지각이라고 불리는 것에 초점을 맞추었다. 사람이 자신이 그것을 알고 있다는 사실도 모른 채 무언가를 알 수 있을까? 예컨대, 사람이 의식하지 않은 채 특정 자극을 듣거나 지각하고 그 지각에 의해 영향을 받을 수 있을까? 현재 이러한 현상은 식역하 지각, 즉 인식에 필요한 수준 이하의 자극이 등록되는 것으로 알려져 있다. 예를 들어, 일부 초기 연구에서 한 피험자 집단에게 오리의 형상을 지닌 나뭇가지의 사진을 보여주었다. 또 다른 집단에게는 유사한 나뭇가지 사진을 보여주었지만 그것에는 오리 형상이 없었다. 두 집단 모두 사진을 거의 알아차릴 수 없을 정도로 빠르게 보여주었는데, 피험자들이 의식적으로 지각할 수 없을 정도로 매우 빠르게 자극을 보여주는 순간노출기를 사용하였다. 그런 다음 피험자들은 눈을 감고 자연의 풍경을 상상하고 그 장면을 그린 뒤 각 부분을 명명하도록 요청되었다. 두 집단 간에 차이가 있었을까? 즉, 오리 형상을 '보았던' 집단이 다른 집단과 상이한 그림을 그렸을까? 만약 그렇다면, 그 차이는 지각된 것에 따른 차별적 기억과 관련된 것일까? 결과는 다른 집단의 피험자보다 오리 사진을 본 집단의 피험자가 그린 그림에서 '오리', '물', '새' 그리고 '깃털'과 같은 오리와 관련된 형상이 더 많았다는 것이다. 하지만 이 피험자들은 실험 중에 오리를 본 적이 있다고 보고하지 않았고 대다수가 오리를 찾아보라고 요청을 받았을 때조차 그것을 찾기 어려워했다. 즉, 의식적으로 지각하지 못한 자극이라도 여전히 피험자의 심상과 생각에 영향을 미쳤던 것이다(Eagle, Wolitzky, & Klein, 1966).

웨인버거의 연구(Siegel & Weinberger, 2009; Weinberger & Siegel, 2011)는 자각 밖에서 공포 자극에 노출되는 것이 치료적 가치가 있을 수 있다고 제안하였다. 연구에서는 거미를 두려워하는 피험자들이 자각할 수 없는 수순에서 거미 사진에 노출되었다. 그런 다음 그들이 실제 타란툴라 거미를 만질 때 얼마나 근접할 수 있는지를 검사를 통해 확인하였다. 그 결과, 중립적인 야외 풍경에 노출된 피험자에 비해 거미 사진에 노출된 피험자들은 그들이 두려워하는 것에 대한 접근 행동을 유의미하게 더 잘할 수 있었다.

사람들이 자신이 인지하지 못하는 자극을 지각하고 그것에 의해 영향을 받을 수 있다는 단순한 사실이 그것에 정신역동적이거나 동기적인 힘이 관여한다는 것을 제안하는 것은 아니다. 과연 그렇다거나 그럴 가능성이 있다는 증거가 존재하는가? 이와 관련된 두 가지 연구에 주목할 수 있다. 첫 번째는 **지각적 방어**perceptual defense라고 하며 위협적인 자극을 실제로 인지할 때 수반되는 불안으로부터 개인을 방어하는 과정을 수반한다. 관련된 초기의 실험에서 연구자들은 피험자들에게 순간노출기를 통해 두 유형의 단어들을 보여주었다. 중립 단어는 사과, 춤, 어린이 등으로 구성되었고 정서적인 단어에는 강간, 창녀, 그리고 음경 등이 포함되었다. 처음에는 단어들이 매우 빠른 속도로 제시되었고 이후 점차 느린 속도로 제시되었다. 각각의 단어들을 식별하기 시작한 지점과 각 단어에 대해 반응하는 땀샘 활동(긴장도 측정치)을 기록했다. 이러한 기록을 통해 피험자들이 중립 단어보다 정서적인 단어를 인식하는 데 더 오랜 시간이 걸렸고 정서적인 단어를 소리 내어 읽기도 전에 감정적 반응을 보인

지각적 방어
개인이 위협적인 자극을 의식하지 않도록 방어하는 과정

것을 확인할 수 있었다(McGinnies, 1949). 이러한 연구에 대한 비판(피험자들이 정서적인 단어를 더 빨리 식별했지만 연구자들에게 그것을 말로 표현하는 것을 꺼릴 가능성이 있지 않은가?)에도 불구하고 사람들이 의식 밖에서 특정 정서적 자극에 대해 선택적으로 반응하고 거부할 수 있다는 상당한 증거가 있는 것으로 보인다(Erdelyi, 1985).

또 다른 일련의 연구는 **식역하 정신역동 활성화**subliminal psychodynamic activation(Silverman, 1976, 1982; Weinberger, 1992)로 불리는 현상에 대해 조사하였다. 이 연구에서 연구자들은 무의식적 소망을 의식하지 못하는 상태에서 활성화하는 시도를 하였다. 그것은 일반적으로 위협적이거나 불안을 완화하는 무의식적 소망과 관련된 자극을 제시한 후 참가자의 반응을 관찰하는 방식으로 진행되었다.

식역하 정신역동 활성화
정신분석 이론에서 비롯된 연구 절차로, 무의식적 소망과 공포를 촉발시키는 역치하(식역하) 자극을 제시하는 것

그 자극은 이론적으로 무의식적 소원을 활성화할 만큼 길지만 의식적으로는 인식되지 않을 정도로 매우 짧은 시간 동안 제시되었다. 위협적인 소망의 경우, 자극이 무의식적인 갈등을 불러일으키고 심리적 불안정을 가중시킬 것으로 예상되었다. 불안-완화 소망의 경우, 자극이 무의식적 갈등을 줄여 심리적 불안정을 감소시킬 것으로 기대되었다. 예컨대, "나는 엄마를 잃는다."라는 내용은 일부 참가자에게 불편감을 초래할 수 있는 반면, "엄마와 나는 하나다."라는 내용은 안정감을 줄 수 있다.

일련의 연구에서 실버먼과 동료들은 이와 같은 식역하 정신역동 활성화 효과를 재생하였다. 한 연구에서, 이 기법은 여대생에게 갈등-심화 자극('아빠를 사랑하면 안 된다')과 갈등-감소 자극('아빠를 사랑해도 괜찮다')을 제시하는 방식으로 사용되었다. 성적 충동에 대해 갈등하는 경향이 있는 피험자의 경우, 의식하지 못하게 제시된 갈등-심화 자극으로 인해 갈등에 대한 식역하 활성화가 이뤄지면서 그 이후에 제시된 문장들에 대한 기억이 방해받는 것이 발견되었다. 그것은 갈등-감소 자극 조건이나 성적 충동에 대해 갈등하는 경향이 없는 피험자에게는 해당되지 않았다(Geisler, 1986). 여기서 핵심은 다양한 집단을 심난하게 하거나 안도시키는 내용이 사전에 정신분석 이론을 토대로 예측될 수 있고 그 자극이 인식되지 않게, 무의식적으로 지각될 때에만 그 효과가 나타난다는 점이다.

식역하 정신역동 활성화 모형의 또 다른 흥미로운 적용은 섭식 장애 연구와 관련되어 있다. 이 분야의 첫 번째 연구에서는 대학생 연령의 건강한 여성과 섭식 장애 징후가 있는 여성에게 "엄마가 나를 떠난다.", "엄마가 빌려준다." 그리고 "모나가 빌려준다."라는 세 가지 메시지를 인식 이하 수준으로 제시한 후 그들이 얼마나 많은 크래커를 먹는지 비교하였다(Patton, 1992). 정신분석학적 이론에 근거하여 검증한 가설은 섭식 장애를 가진 피험자들이 양육과 관련된 상실감 및 버림받았다는 감정과 씨름하며, 따라서 "엄마가 나를 떠난다."라는 메시지를 통해 무의식적으로 그 갈등이 활성화되면 크래커를 먹는 방식으로 대리 만족을 찾는다는 것이다. 실제로, 역치 이하의 유기-자극('엄마가 나를 떠난다')을 받은 섭식 장애 피험자는 섭식 장애가 없는 피험자 또는 역치 이상의 유기-자극에 노출된 섭식 장애 피험자보다 크래커를 훨씬 더 많이 섭취하였다.

이 연구는 그림 자극을 추가적으로 사용하여 재검증되었다. 여기서는 우는 아기와 떠나고 있는 여성이 있는 그림과 함께 "엄마가 나를 떠난다."라는 메시지가 주어지는 조건과 중립적인 자극 곁에서 걷고 있는 여성의 그림과 함께 "엄마가 걷고 있다."라는 메시지가 주어지는 조건이 제시되었다. 여기서도 마찬가지로 유기-문구 및 그림을 자각하지 못한 채 노출된 섭식 장애 여성이 역치 이상으로 이러한 자극에 노출되거나 섭식 장애가 없고 역치 이상 또는 이하의 자극에 노출된 여성보다 훨씬 더 많은 양의 크래커를 먹었다(Gerard, Kupper, & Nguyen, 1993).

일부 연구자는 지각 방어와 식역하 정신역동 활성화에 대한 연구를 무엇이 무의식에 쌓이고 저장되는지를 결정하는 정신역동적, 동기 요인의 중요성에 대한 결정적 실험 증거로 본다(Weinberger, 1992). 그러나 이 실험들은 방법론적으로 자주 비판받아 왔고 다른 실험실에서 반복 검증하거나 재현하기 어려웠다(Balay & Shevrin, 1988, 1989; Holender, 1986).

무의식 개념의 현재 동향   동기화된 무의식의 개념은 정신분석 이론의 핵심이다. 하지만 현장에 있는 심리학자들은 이 개념을 일반적으로 어떻게 보는가? 이 점에 대해서는 정신분석학 입장을 취하든 말든 거의 모든 심리학자가 많은 정신적 사건이 의식적 자각 밖에서 일어나며 무의식적 과정이 우리가 무엇에 주의를 기울이고 어떻게 느끼는지에 영향을 준다는 데 동의할 것이다. 정신분석 이론을 추종하지 않은 한 저명한 연구자는 다음과 같이 말하였다. "무의식적인 영향은 어디에나 있다. 사람들이 때때로 의식적으로 계획하고 행동한다는 것은 분명하다. 하지만 우리의 행동은 그렇지 않은 경우보다 더 자주 무의식적 과정에 의해 영향을 받는다. 즉, 우리는 어떤 행동을 한 후에 그것에 대한 질문을 받게 되면 그제야 변명거리를 만들어 낸다"(Jacoby, Lindsay, & Toth, 1992, p. 82).

그렇다면 이것은 현대 심리학자들 대부분이 프로이트의 추종자라는 것을 의미하는가? 전혀 그렇지 않다. 연구 결과는 정신생활의 많은 부분이 의식 밖에서 일어난다는 점을 보여준다. 하지만 많은 저자들이 강조하는 것처럼(Kihlstrom, 2002), 이 사실은 프로이트의 **특별한** 무의식 개념, 즉 두 가지 기본 형태의 무의식적 정신 에너지가 폭넓은 심리적 과정을 주도하는 마음의 에너지 모형에 근거한 개념을 지지하는 것은 아니다.

정신분석학적 무의식과 인지적 무의식   무의식 과정에 대한 많은 연구는 프로이트가 예측했을 것처럼 무의식이 행동에 미치는 영향을 입증한다. 반면에 이러한 연구의 무의식적 재료의 내용은 프로이트가 연구한 재료와는 거의 관련이 없다. 따라서 이와 같은 연구 결과는 무의식적 영향의 존재를 보여주기는 하지만 그것은 프로이트가 논의한 심리적 경험과 거의 관련이 없는 무의식적 영향이다.

프로이트가 관심을 둔 외상적인 성적 경험 및 공격성과 관련된 무의식적 내용과 성격 및 사회심리학 분야의 많은 현대 연구자들이 연구한 비교적 평범한 무의식적 내용 간의 이러한

최신 질문

정치적 판단에서의 동기화된 무의식 과정

유권자로서 공직 후보자에 대해 어떻게 생각하는가? 여러분의 생각은 분석적이고 합리적이며 차분하여 결정에 영향을 줄 수 있는 감정과 동기에서 자유로운가? 프로이트의 성격 이론은 우리의 사고가 감정 및 동기적 편향에서 결코 자유로울 수 없음을 시사한다.

우리가 자신을 위협하는 정보에 대해 심리적으로 방어하는 것과 마찬가지로, 선호하는 후보자를 위협하는 정보에 대해서도 방어할 수 있다. 이에 대한 증거는 미국 대통령 선거 기간 동안 수행된 연구에서 제시된다(Westen et al., 2006). 연구자들은 참가자들에게 다음 중 한 명을 위협하는 정보를 제공하였다. (1) 지지하는 정치 후보, (2) 반대 후보, 그리고 (3) 유명하지만 중립적인 인물(예 : 유명 운동선수). 이 정보에 노출되고 그것에 대해 판단하는 동안 참가자의 뇌 활동은 fMRI를 사용하여 기록되었다. 참가자들의 심리적, 생물학적 반응은 위협 정보가 자신이 선호하는 후보자와 관련된 것인지의 여부에 따라 달랐다. 먼저 참가자의 심리에 대해 고려해 보자. 자신이 선호하는 후보자를 위협하는 정보에 대해 생각할 때 참가자들은 방어적인 양상을 보였다. 즉, 그들은 그러한 정보가 상대 후보에게 악영향을 미치겠지만 그들이 지지하는 후보에게는 동일한 부정적인 영향을 미치지 않는다고 판단했다. 그리고 생물학적 반응은 어땠을까? 참가자들이 자신이 지지하는 후보자를 위협하는 정보에 대해 판단할 때 특히 감정적 반응과 관련된 뇌 영역이 활성화되었다. 따라서 감정적 반응이 방어적인 정보 처리를 견인하는 것으로 나타났다.

또 다른 연구는 공직 후보자에 대한 동기 추론이 발생할 수 있을 뿐만 아니라 더러는 무의식적으로 일어날 수 있다는 증거를 제공한다(Weinberger & Westen, 2008).

이 연구는 (자각 밖에서) 제시된 식역하 자극이 그 이후에 제시되는 대상에 대한 호감도 평가에 영향을 줄 수 있다는 초기 증거를 기반으로 한다. 이 연구는 (어쩌면 우연히) 자각 이하 수준에서 민주당과 쥐(RATS)라는 단어가 서로 연결되도록 제시한 2000년 부시 대통령 후보의 캠페인 광고에서 영감을 얻었다. 이러한 자각 이하 수준의 (무의식적) 제시물이 개인의 정치적 견해에 영향을 미칠 수 있을까?

인터넷으로 실시된 다른 연구에서는 피험자들이 개인 정보를 입력한 후 다음 네 개 중 하나의 식역하 자극이 제시되었다. 쥐(RATS), 별(STAR : RATS가 거꾸로 제시된 단어), 아랍(ARAB), 그리고 XXXX. 그리고 그 직후 젊은 남성의 사진을 지각될 수 있는 역치 이상의 수준으로 보여주었다. 그다음 피험자들은 공직 후보자로 제시된 젊은 남성을 여러 특성(예 : 정직성, 유능함, 후보로서의 매력)에 따라 평가하도록 요청받았다. 과연 식역하 수준으로 제시된 네 가지 자극이 공직 후보자에 대한 상이한 판단으로 이어졌을까? 우선적으로 연구자들은 식역하 자극을 알아차릴 수 있었는지를 확인하여 그것에 해당하는 소수의 사례들을 배제하였다. 다시 말해서, 연구 결과는 식역하 자극이 분명 자각 없이 지각된 대상에만 해당되는 것이었다. 네 가지 식역하 자극이 '후보자'에 대한 평가에 영향을 미쳤을까? 아니면 효과가 동일했을까? 예측한 바대로 식역하 수준으로 제시된 쥐(RATS) 자극은 다른 자극보다 가상 후보에 대한 더 부정적인 평가로 이어졌다. 즉, 이후의 판단에 영향을 미치는 정보의 무의식적 처리가 있을 수 있다는 것이다.

요컨대, 두 실험은 동기가 부여된 무의식적 정보 처리에 대한 정신분석적 관점을 뒷받침하고 있다.

구분은 정신분석학적 무의식과 흔히 인지적 무의식이라고 불리는 것을 구별해야 함을 시사한다(Kihlstrom, 2008; Pervin, 2003).

우리가 살펴보았듯이, 무의식에 대한 정신분석학적 관점은 무의식 기능의 비합리적이고 비논리적인 특성을 강조한다. 또한 분석가들은 무의식의 내용이 주로 성적이고 공격적인 생각, 감정, 동기를 포함한다고 가정한다. 마지막으로 분석가들은 무의식에 있는 것은 동기화된 이유가 있기 때문에 존재하며 이러한 내용은 일상 행동에 동기적 영향을 미친다는 점을 강조한다. 이러한 관점과 대조적으로, 무의식에 대한 인지적 관점에 따르면 무의식적 과정과 의식적 과정 간에 근본적인 질적 차이는 없다. 이 관점에 따르면 무의식적 과정은 의식적 과정만큼 지적이고, 논리적이고, 합리적일 수 있다. 또한 무의식에 대한 인지적 관점은 성적이거나 공격적인 내용과는 특별한 관련성이 없는 다양한 무의식적 내용을 강조한다. 그리고 이러한 관점은 동기적 요인을 강조하지 않는다. 인지적 관점에 따르면 인지가 무의식적인 이유는 그것이 의식 수준에서 처리될 수 없거나 의식에 도달한 적이 없거나 혹은 지나치게 일상화되고 자동적이기 때문이다. 예컨대, 신발 끈을 묶는 일은 우리가 그것을 정확히 어떻게 하는지 더 이상 인식하지 못할 정도로 자동화되어 있다. 이와 유사하게 우리는 타이핑할 때 키보드 문자 하나하나의 위치를 확인하지 않고도 글을 쓴다. 우리의 많은 문화적 신념은 우리가 그것을 신념으로 인식하고 꼭 집어 말할 수 없을 정도로 미묘한 방식으로 학습되었다. 제1장에서 언급했듯이 우리는 다른 문화의 구성원을 만나기 전까지는 그것들을 알아차리지 못한다. 하지만 이러한 무의식적인 내용이 동기적인 이유로 보관되는 것은 아니다. 또한 그러한 영향이 가능하기는 하지만 그것이 반드시 우리 행동에 동기적인 영향을 미치는 것은 아니다. 실제로, 자각 내에서 작동하는 명시적 동기와 구별되는 암묵적 동기, 즉 의식 밖에서 작동하는 동기에 대한 문헌이 증가하고 있다. 의식적인 명시적 동기의 측정치와 무의식적인 암묵적 동기 측정치가 서로 거의 관련이 없고, 서로 다른 종류의 행동을 예측한다는 점은 흥미롭다(Schultheiss, 2008). 마지막으로 식역하 자극이 우리의 생각과 감정에 영향을 미칠 수 있다는 증거가 있지만 이러한 자극이 위협적인 소망과 같은 특별한 정신역동적 중요성을 가질 필요는 없다(Klinger & Greenwald, 1995; Nash, 1999)(표 3.1). 무의식에 대한 인지적 관점의 주요 지지자인 킬스트롬은 이러한 대조적 관점 중 많은 부분에 대해 다음과 같이 기술하였다.

> 후기 심리학에 의해 기록된 심리적 무의식은 프로이트와 그의 정신분석 동료들이 비엔나에서 염두에 두었던 것과는 상당히 다르다. 그들의 무의식은 뜨겁고 축축했다. 그것은 정욕과 분노로 끓어올랐다. 그것은 환각적이고 원시적이며 비합리적이었다. 현대 심리학의 무의식은 그것이 완전히 차갑고 무미건조하지 않더라도 그보다 더 친절하고 온화하며 더 쉽게 다룰 수 있고 합리적이다.
>
> Kihlstrom, Barnhardt, & Tataryn(1992, p. 788)

표 3.1 **무의식에 대한 두 가지 관점의 비교 : 정신분석학과 인지**

정신분석학적 관점

1. 비논리적이고 비합리적인 무의식적 과정을 강조함
2. 동기와 소망을 강조하는 내용
3. 동기화된 무의식적 기능 측면을 강조함

인지적 관점

1. 의식적 과정과 무의식적 과정 사이에 근본적인 차이가 없음
2. 생각을 강조하는 내용
3. 동기가 없는 무의식적 기능 측면에 초점을 둠

무의식에 대한 정신분석학적 관점과 인지적 관점을 통합하려는 많은 노력이 있었지만 (Bornstein & Masling, 1998; Epstein, 1994; Westen & Gabbard, 1999), 차이점은 아직 남아 있다. 요컨대, 무의식 현상의 중요성이 인정되고 그러한 현상에 대한 연구가 주요 연구 영역이 되었음에도 불구하고 많은, 아니 아마도 대부분의 비정신분석학 연구자들은 무의식에 대한 정신분석학의 고유한 관점에 대해 여전히 의구심을 품고 있다.

이러한 상이한 견해와 더불어 신경과학자들의 뇌 연구(제9장)는 정신분석가와 인지 과학자 모두가 흥미로워할 만한 결과를 가져왔다. 첫째, 어린 시절의 사건이 그것에 대한 의식적인 기억이 없더라도 나중에 그 사람의 기능에 영향을 미치는 정서적 기억을 남길 수 있다는 증거가 있다. 이는 해마처럼 기억과 관련된 보다 성숙한 뇌 구조가 발달하기 전에 편도체와 같은 뇌의 일부 부위가 바로 그 시점에 관여하기 때문이다(Nadel, 2005). 이 외에도 원치 않는 기억을 인식하지 못하게 할 수 있는 신경 체계에 대한 증거가 존재하는데, 이것은 바로 정신분석가들이 강조한 일종의 동기화된 망각이다(Anderson et al., 2004). 이와 같은 발견은 무의식에 대한 정신분석학적 및 인지적 관점의 어느 부분이 가장 과학적으로 타당한지를 밝히는 데 도움이 될 것이다.

원초아, 자아, 그리고 초자아

1923년 프로이트는 정신에 대한 두 번째 모형을 제시해 그의 이론을 더욱 확장하였다. 그는 정신의 의식·전의식·무의식 영역 간의 구분을 버리지 않았지만 이 구분만으로는 불충분하다고 판단하였다(Freud, 1923, p. 7). 불충분한 부분은 다음과 같았다. 프로이트는 두 개의 중요한 특성을 지닌 심리적 주체('자아'. 이어지는 내용을 확인하라)가 존재한다고 보았다. 한편으로 그것은 단일한 기능을 지녔다. 그것은 통합적이고 일관된 한 유형의 작업을 수행했다. 하지만 다른 측면에서 그것은 상이한 의식적 수준을 수반하였다. 때로 그것의 기능은 의식적인 과정을 수반했지만 가끔은 무의식적으로도 기능하였다. 그것은 분명 정신분석학적 이론에 있어서 문제가 되는 부분이었다. 프로이트는 이 심리적 주체의 단일한 특성을 담아내야 했는데 의식 수준들 간의 구분으로 인해 그것은 가능하지 않았다. 프로이트에게는

또 다른 개념적 도구가 필요했다. 그가 최종적으로 일구어 낸 모형, 즉 원초아, 자아, 초자아 간의 구분은 정신분석 이론의 가장 영속적이고 중요한 속성이 되었다. 이 각각은 특정한 유형의 심리적 기능을 수행하는 특유한 정신 체계이다.

원초아id는 모든 추동 에너지의 원천으로, 정신 에너지의 '거대한 저수지'이다(Freud, 1923, p. 20). 원초아는 이러한 에너지를 매우 단순한 심리적 기능들을 위해 동원한다. 원초아는 흥분감과 긴장감의 방출을 추구한다. 그것은 이전에 기술된 정신적 기능, 즉 고요한 내적 상태로 돌아가기 위한 긴장 감소 기능을 수행한다.

이 기능을 수행하는 데 있어 원초아는 **쾌락 원리**pleasure principle에 따라 행동하며 그것은 매우 단순하게 정의할 수 있다. 즉, 원초아는 쾌락을 추구하고 고통을 피한다. 요컨대 원초아는 그 외에 다른 것은 전혀 하지 않는다. 그것은 쾌락을 얻기 위한 계획이나 전략을 세우거나 특별히 쾌락을 줄 만한 대상이 나타나기를 참을성 있게 기다리지 않는다. 그것은 사회적 규범이나 규율에는 전혀 관심이 없다. "원초아는 도덕과 완전히 무관하다"(Freud, 1923, p. 40). 원초아는 무조건 즉각적인 긴장 완화를 추구한다. 원초아는 좌절을 견디지 못한다. 그것은 억제로부터 자유롭다. 원초아는 언제든, 무엇이든 원하는 것을 가져야만 하는 버릇없는 아이의 특성을 지니고 있다.

원초아는 행동하거나 단지 원하는 것을 얻었다고 상상하는 방법 중 하나를 통해 만족을 추구한다. 원초아에게 만족에 대한 환상은 실제 만족만큼 좋은 것이다. 이전에 프로이트에 의해 전개된 정신의 영역에 있어 원초아는 전적으로 의식 밖에서 기능한다. 즉, 원초아는 "알려지지 않고 무의식적이다"(Freud, 1923, p. 14).

원초아와 확연히 대조적인 것은 **초자아**superego다. 초자아의 기능은 사회적 행동의 도덕적 측면을 수반한다. 초자아는 우리가 추구하고자 하는 이상을 포함할뿐더러 그것을 위반할 때 죄책감을 유발시키는 윤리적 기준을 포함한다. 따라서 초자아는 외적 사회 세계의 도덕적 규칙에 대한 내적 표상인 것이다. 그것은 이러한 규칙들에 따라 행동을 통제하는 기능을 하며 '좋은' 행동에 대해 보상(자긍심, 자기애)을 제공하는 반면, '나쁜' 행동을 처벌(죄책감, 열등감)한다.

초자아는 상황에 따라 행동을 조절하는 현실 검증력이 상대적으로 결여되어 있기 때문에 매우 원시적인 수준에서 기능할 수 있다. 이러한 경우, 사람은 사고와 행동 간에 구분을 할 수 없고 행동하지 않고 단지 어떠한 것을 생각하는 것만으로도 죄책감을 느낀다. 더 나아가 개인은 흑백논리, 실무율적인 판단, 그리고 완벽 추구에 갇혀있다. 좋은, 나쁜, 판단, 시험과 같은 단어들의 과도한 사용은 매우 엄격한 초자아를 나타낸다. 하지만 초자아는 또한 이해심이 많거나 융통적일 수도 있다. 예컨대 사람들은 어떤 일이 불의의 사고였거나 또는 극심한 스트레스로 인해 빚어진 것이 확실해지면 자기 자신이나 타인을 잘 용서할 수 있다. 발달 경로에서 아동들은 이러한 중요한 구분법을 터득하고 실무율적인 방식뿐만 아니라 옳고 그른, 흑백논리에 따른 관점에서 사물을 보게 된다.

원초아
사람들의 모든 본능 또는 추동의 원천에 대한 프로이트의 구조적 개념

쾌락 원리
프로이트에 따르면 고통을 피하고 쾌락의 추구에 기반을 둔 심리적 기능

초자아
우리의 이상 그리고 도덕적 가치를 표현하는 성격의 요소에 대한 프로이트의 구조적 개념

세 번째 정신분석적 구조는 **자아**ego이다. 원초아가 쾌락을 좇고 초자아가 완벽을 추구하는 반면 자아는 현실을 추구한다. 자아의 기능은 원초아의 욕망을 두 가지 요소에 따라 표현하고 충족시키는 것이다. 두 가지 요소는 바로 세상에 존재하는 기회와 제약 그리고 초자아의 요구이다.

원초아가 쾌락 원리를 토대로 작동하는 반면 자아는 **현실 원리**reality principle에 따라 작동한다. 본능의 충족은 사람으로 하여금 최소의 고통 또는 부정적 결과를 감수하면서 최고의 쾌락을 얻을 수 있는 조건이 현실에서 가능할 때까지 지연된다. 단순한 예로 원초아의 성적인 추동은 매력적으로 보이는 그 누군가에게 성적으로 접근하도록 여러분을 압박할 수 있다. 하지만 자아는 여러분이 충동적으로 행동하는 것을 막을 수 있다. 자아는 여러분이 실제로 성공할 확률이 있는지를 판단하기 위해 현실을 주의 깊게 살피고 성공 전략을 개발할 때까지 행동을 지연시킨다. 현실 원리에 따라 원초아의 에너지는 차단, 전환 또는 점진적으로 방출될 수 있고 이 과정은 현실과 초자아의 요구에 따라 행해진다. 이러한 작업은 쾌락 원리에 반하는 것이 아닌 잠시 그것을 연기하는 것이다.

자아는 원초아에게는 없는 능력을 지니고 있다. 자아는 현실로부터 환상을 구별해 낼 수 있다. 그것은 긴장을 감내하고 합리적인 사고를 통해 타협을 만들어 낼 수 있다. 원초아와는 달리 그것은 시간에 따라 변화하여 아동기를 지내면서 더 복잡한 자아 기능이 발달된다.

자아가 마치 성격의 결정권을 가진 '총책임자'처럼 들릴 수 있으나 프로이트는 자아가 '총

자아
현실과 개인의 도덕적 가치에 부합해 추동(본능)을 만족시키려고 시도하는 성격의 요소에 대한 프로이트의 구조적 개념

현실 원리
프로이트에 따르면 현실에 기반을 두며 적절한 시기를 위해 쾌락을 지연시키는 심리학적 기능 체계

Imagezoo / Getty Images

프로이트의 정신분석 이론에서 성격 구조는 서로 갈등적이다. 자아는 원초아의 욕망을 충족시키려고 노력하면서 동시에 원초아가 설정한 제약에 따른다.

책임자'라는 비유에 걸맞지 않게 약하다고 생각했다. 대신 자아는 '강한 말의 힘을 견제해야만 하는 말 위의 기수'와 같다고 그는 생각했다(Freud, 1923, p. 15). 결국 모든 에너지를 제공하는 것은 말(원초아)이다. 기수는 말의 방향을 틀려고 할 수는 있지만, 궁극적으로 더 강한 짐승은 자신이 원하는 대로 갈 수 있는 것이다.

요컨대 프로이트의 자아는 논리적이고 합리적이며 긴장에 대해 수용적이다. 그 행동에 있어 그것은 세 명의 주인, 즉 원초아, 초자아, 그리고 현실 세계의 요구에 따라야만 한다.

의식, 무의식, 원초아, 자아 그리고 초자아의 개념들은 매우 추상적이다. 프로이트는 그 점을 알고 있었다. 그는 이런 세 가지 도깨비 같은 존재가 여러분의 머릿속에서 돌아다니고 있다는 것을 의미한 것은 아니다. 대신 그는 정신적인 삶이 세 가지 특유한 심리적 기능의 수행을 수반한다고 판단하고 이러한 기능들을 수행하는 추상적인 정신 체계를 제안한 것이다. 이러한 구조들의 본질은 그 기능들이 이행되는 심리적 과정에 대해 고려하면 더욱 명확해지고 덜 추상적이게 된다. 이제 그러한 과정을 살펴보자.

과정

앞서 언급한 바대로 성격 이론의 과정적 측면은 동기적 역동과 관련되어 있다. 정신 에너지에 대한 프로이트의 관점은 전적으로 생리학적이다. 정신분석 이론에서 모든 정신 에너지의 원천은 몸속 흥분 상태에 담겨 있다. 이러한 상태는 표현과 긴장 완화를 추구한다. 이러한 상태들을 **본능** 또는 **추동**이라고 부른다. 프로이트의 글이 영어로 번역되면서 두 용어 모두 사용되었지만, **추동**이라는 용어가 **본능**이라는 용어보다 프로이트의 생각을 더 잘 담아내고 있다. 본능이라는 단어는 일반적으로 고정된 행동 패턴을 묘사하기 위해 사용된다(예 : '새는 본능적으로 둥지를 만든다'). 그와 대조적으로 추동은 주어진 환경 속에서 제시된 기회와 한계에 따라 다양한 행동 중 어떤 특정한 것을 동기화시킬 수 있는 에너지의 원천이다. 이 추동에 대한 생각은 프로이트가 성격 과정에 대해 논의할 때 염두에 둔 것이다.

이 참조틀에서 두 질문이 자연스럽게 제시된다. (1) 인간의 기본적 추동은 몇 개나 되며, 그 각각은 무엇인가? (2) 이 추동들과 관련된 에너지에 무슨 일이 일어나는가? 즉 그것이 어떻게 일상적인 경험과 행동에서 표현되는가? 프로이트는 삶과 죽음 본능에 대한 이론을 제시하여 첫 번째 질문에 대답하였다. 그는 방어의 역동적 기능과 기제에 대한 분석을 통해 두 번째 질문에 대답하였다.

삶과 죽음 본능

일상생활은 일, 친구와의 시간, 교육, 이성과의 시간, 스포츠, 미술, 음악 등 많은 종류의 활동으로 구성되어 있다. 대부분의 사람들이 각각의 활동을 하기 때문에 인간에게 이 각각에 대한 기본적인 본능이 있을 것이라고 가정할 수 있다(일하려고 하는 본능, 친구를 갖기 위한 본능, 배우고자 하는 본능 등). 하지만 이러한 '다중본능 모형'은 프로이트가 추구한 이론은 아니다.

대신 프로이트는 그의 전 생애적인 작업에서 매우 적은 수의 본능을 토대로 인간 활동의 다양성을 설명하려고 했다. (제1장에서 논의한 바대로) 그는 이론적 간결함을 추구했고, 비교적 단순한 이론적 서술을 통해 인간 행동의 다양하고도 복잡한 본질을 설명하고자 하였다.

정신적 추동의 정확한 본질에 대한 프로이트의 생각은 그의 작업을 통해 수정되었다. 초기 관점에서 그는 자기-보존을 위한 경향성과 관련된 자아 본능과 종의 보존을 위한 경향성과 관련된 성적 본능을 제안하였다. 나중의 관점, 즉 최종적인 전통적 정신분석 모형에서도 여전히 두 가지 본능이 존재했지만 이는 **삶 본능**life instinct 그리고 **죽음 본능**death instinct이었다.

삶 본능은 이전에 초기의 자아와 성적 본능 둘 다와 연관된 추동을 포함한다. 즉 삶 본능은 사람들로 하여금 유기체를 보존하고 번식하도록 이끈다. 프로이트는 삶 본능의 에너지에 **리비도**libido라는 이름을 부여했다. 죽음 본능은 삶 본능과 정반대이다. 이것은 유기체로 하여금 죽거나 아니면 비유기적인 상태로 되돌아가고자 하는 목표를 수반한다.

직관적인 수준에서 '죽음 본능'에 대한 생각은 이상할뿐더러 불가능하다고 느낄 수도 있다. 왜 사람들은 죽고자 하는 본능을 가지고 있을까? 그러한 직관은 많은 정신분석가들을 포함한 심리학자들의 직관과 대비되는 것이다. 죽음 본능은 정신분석 이론에서 가장 논쟁이 많고 가장 수용되지 않은 부분이다. 하지만 죽음 본능 사상은 프로이트에게는 친숙한 19세기 생물학의 일부 사상과 일치한 것이었다(Sulloway, 1979). 이는 바로 유기체의 기본적인 경향성은 안정 상태를 추구하는 것이라는 프로이트의 생각을 반영한 것이다. 이는 또한 인간의 상태에 대한 관찰과 일치한다. 불행하게도 많은 사람들이 자살을 통해 그들의 심리적인 문제로부터 탈출하며 그것은 곧 죽음 추동의 발현으로 이해될 수 있다. 더욱이 프로이트는 죽음 본능의 방향이 자신으로부터 다른 사람에게로 종종 전환되어 공격 행동으로 나타난다고 생각했다. 이것은 너무 일반적으로 일어나서 일부 분석가들은 이 본능을 공격 본능이라고 명명하였다.

이러한 동기 과정 모형은 프로이트의 정신분석적 구조 모형과 매우 깊이 통합되어 있다. 성적 그리고 공격적 추동은 정신분석적 구조의 한 부분, 즉 원초아의 일부이다. 원초아는 성격 구조의 시초이며 태어날 때부터 갖고 있는 것이다. 즉 성적 그리고 공격적 추동이 인간의 기본적인 생득적 본성의 일부라는 것이다. 우리는 성적 그리고 공격적인 추동을 배워서 습득할 필요가 없다. 우리는 그것을 이미 지닌 채로 태어나는 것이다. 프로이트에게는 우리의 심리적인 삶이 이 두 가지 기본 추동에 의해 근본적으로 그 힘을 얻는 것이었다.

기능의 역동

단지 두 개의 본능적 추동만 존재한다고 가정하는 경우, 다음과 같은 지적인 질문에 직면할 수밖에 없다. 성 또는 공격성과 분명히 관련이 없어 보이는 인간의 많은 동기화된 활동의 다양성을 어떻게 설명할 수 있는가? 이 문제에 대한 프로이트의 창의적 답안은 주어진 동기적 추동은 다양한 방식으로 폭넓게 표현될 수 있다는 것이다. 즉, 인간의 정신적 기제는 에너지

삶 본능
삶 그리고 성적 만족감을 유지하고자 하는 추동 또는 에너지의 원천에 대한 프로이트의 개념

죽음 본능
비유기체적 상태 또는 죽음을 향하는 에너지 원천 또는 추동에 대한 프로이트의 개념

리비도
처음에는 성적인 충동, 나중에는 삶 본능과 관련된 에너지에 대한 정신분석적 용어

를 다양한 활동으로 전환시킬 수 있다는 것이다.

기능의 역동에서 사람의 본능에 정확하게 어떤 일이 일어날 수 있는가? 그들은 최소한 일시적으로나마 표현되는 것으로부터 차단되거나, 조절된 형태로 표현되거나 또는 조절 없이 표현될 수 있다. 예컨대 애정은 성적인 본능의 조절된 표현일 수 있고, 빈정대는 말은 공격적인 본능의 조절된 표현일 수 있다. 또한 본능의 욕구 충족 대상이 바뀌거나 다른 대상으로 대체될 수 있다. 따라서 어머니에 대한 사랑은 아내, 자식 또는 반려견에 대한 사랑으로 대체될 수 있다. 각각의 본능은 변화 또는 조절될 수 있으며 본능은 다른 본능들과 결합될 수 있다. 예컨대 미식축구는 성적 그리고 공격적 본능 둘 다를 충족시킬 수 있다. 외과 수술 장면에서는 사랑과 파괴 본능이 혼합될 수 있다. 어떻게 정신분석 이론이 이와 같이 다른 두 개의 본능을 토대로 수없이 많은 행동을 설명할 수 있는가를 이미 명확하게 이해할 수 있을 것이다. 그러한 행동의 다양성이 가능한 이유는 본능이 유동적이고 가변적이며 그것을 충족시킬 수 있는 많은 종류의 대안이 있기 때문이다. 본질적으로 동일한 본능은 여러 방식으로 충족될 수 있으며 사람들은 동일한 행동에 대해 각기 다른 원인을 가질 수 있다.

정신분석 이론의 거의 모든 과정은 한 대상에 대한 에너지의 사용 또는 그 에너지 사용의 억제, 즉 본능의 욕구 충족을 억제하는 힘으로 기술될 수 있다. 억제 자체가 에너지 소비를 수반하기 때문에 억제하기 위해 애쓰는 사람들은 그로 인해 지치거나 지루해할 수 있다. 본능의 표현과 억제 간의 상호작용은 정신분석 이론의 역동적 측면의 기반을 형성한다. 이 이론의 핵심은 **불안**anxiety이라는 개념이다. 정신분석 이론에서 불안은 사람에게 위협 또는 위험을 나타내는 고통스러운 정서적 경험이다. 개인은 '부동 불안' 상태에서 그들의 긴장 상태를 특정한 위험과 연결 지을 수 없다. 이와 대조적으로, 공포 상태에서 개인은 위험 요인을 정확하게 알고 있다. 이 이론에 따르면 불안은 자아에게 곧 일어날 수 있는 위험에 대한 신호로 작용하는 고통스러운 정서이다. 즉 자아의 기능인 불안은 자아가 행동할 수 있도록 위험에 대해 신호하는 것이다.

불안에 대한 정신분석 이론은 특정 시기에 사람이 해를 당하거나 상해를 입는 사건, 즉 외상을 경험한다고 기술한다. 불안은 이전 외상 경험이 재생되는 것을 축소화된 형태로 나타낸다. 따라서 현재의 불안은 전에 경험한 위험과 관련 있다. 예컨대 한 아동은 어떤 성적 또는 공격적인 행동으로 인해 심한 처벌을 받을 수 있다. 그 이후에 이 사람은 동일한 성적 또는 공격적인 행동을 하고 싶은 경향과 관련된 불안을 경험할 수 있다. 이전의 처벌(외상)은 기억되거나 기억되지 않을 수도 있다. 구조적인 측면에서 불안은 원초아의 본능의 강요와 초자아로부터의 처벌 위협 간의 갈등으로부터 발달된다고 볼 수 있다. 이는 마치 원초아가 "난 그것을 원해."라고 말하자, 초자아가 "너무 끔찍해."라고 말하고, 이어서 자아가 "난 무서워."라고 말하는 것과 같다.

불안
정신분석 이론에서 자아에게 위험을 신호하는 고통스러운 정서적 경험

불안, 방어 기제, 그리고 방어적 과정에 대한 현대적 연구

불안은 그리 오래 참아낼 수 없을 만큼 너무나도 고통스러운 상태이다. 그러한 상태에 대해 우리는 어떻게 대처할 수 있는가? 만약 프로이트가 제안한 바대로 우리의 정신이 사회적으로 용인될 수 없는 성적 그리고 공격적인 본능을 품고 있다면, 우리는 어떻게 항상 불안해하지 않을 수 있을까? 이 질문에 대한 프로이트의 대답은 그의 성격 이론 중 불변하는 측면이다. 그는 우리가 불안을 유발시키는 사고에 대해 스스로를 정신적으로 방어한다고 제안했다. 즉, 사람들은 불안에 대한 **방어 기제**defense mechanisms를 발달시킨다. 우리는 현실을 왜곡하고 의식으로부터 감정을 제외시키는 방법들을 개발하여 불안을 느끼지 않도록 한다. 이러한 방어 기제는 자아로부터 수행되는 기능이다. 그것들은 사회적으로 용인될 수 없는 원초아의 충동에 대처하기 위한 자아의 전략적 노력인 것이다.

> 어떤 것들은 사실이기에는 너무 끔찍하다.
>
> 밥 딜런

방어 기제
사람이 불안을 감소시키고자 사용하는 정신적인 책략에 대한 프로이트의 개념. 이는 특정 사고, 소망 또는 감정을 의식하지 못하게 하는 기능을 수반함

부인   프로이트는 몇 가지 특유한 방어 기제들을 구별했다. 그중 일부는 상대적으로 단순하거나 심리적으로 원시적인 반면, 그 외의 것들은 더 복잡하다. 그중 **부인**denial은 특히 단순한 방어 기제이다. 사람들은 그들의 의식적 사고 속에 외상적이거나 사회적으로 용인될 수 없는 사실의 존재를 부인할 수 있다. 딜런의 노래 가사가 제안하듯 그 사실은 너무나도 '끔찍해서' 그것이 '사실'이라는 것을 부인한다. 사람들은 아동기 때부터 부인의 방어 기제를 사용하기 시작할 수 있다. 어떤 남아가 자신에게 힘이 없다는 것을 상상을 통해 부인하는 것과 같은 현실에 대한 부인이 있거나 기분이 언짢은 사람이 "나는 화가 나지 않았어."라고 애써 강조하는 식의 내적인 충동에 대한 부인이 있을 수 있다. "과도한 부정은 긍정이다."와 같은 말은 이러한 방어 기제를 나타내는 말이다. 현실에 대한 부인은 위협의 크기를 인식하는 것을 피하려고 할 때 일반적으로 나타나는 방어이다. 친한 친구의 사망 소식을 들을 때 "아, 그럴 리 없어!"라고 말하는 것은 부인의 반사 행동을 나타낸다. 아동들은 반려동물의 죽음을 부인하고 오랫동안 마치 그것이 살아있는 것처럼 행동하는 것으로 알려져 있다.

부인
고통스러운 내부 또는 외부 현실을 부인하는 방어 기제

  레이건 행정부의 전 법무장관 애드윈 미즈의 경우, 법적 채무가 얼마나 많은지에 대해 질문받았을 때 그는 "나는 정말 모르겠습니다. 그것을 쳐다보는 것조차 무서워서 아직 본 적이 없습니다."라고 대답한 바 있다. 미국 전 대통령 빌 클린턴의 어머니는 다음과 같은 발언을 하였다. "나쁜 일들이 일어날 때 나는 내 마음으로부터 그것들을 쫓아내도록 내 자신을 세뇌시킵니다. 내 머릿속에 나는 철통 같은 상자를 만듭니다. 나는 그 안에 내가 생각하고 싶은 것을 보관하고, 그 외에 다른 것들은 벽 바깥으로 몰아냅니다. 그 안은 하얗고 겉은 검습니다. 내가 믿는 회색 지대는 오로지 내 흰머리카락뿐입니다." 필자의 친구 중 하나는 자신의 우편함을 다음과 같이 나누어 정리한다 ― '중요하지 않은 것', '중요한 것', '쳐다보기 무서운

것'. 초기에는 이러한 회피가 의식적일 수 있지만, 나중에는 자신이 '처다보지 않는' 것조차 인식하지 못할 만큼 자동적이고 무의식적으로 될 수 있다.

현실에 대한 부인은 사람들이 끔찍한 상황이 곧 일어날 것이라는 명확한 증거가 있음에도 "나에게는 그런 일이 일어날 수 없어."라고 말하거나 추정할 때에도 분명하게 나타난다. 이러한 방어는 독일 나치에게 희생된 유대인들에게서 볼 수 있다. 트레블링카 나치 수용소에 대한 슈타이너의 저서(Steiner, 1966)는 곳곳에 죽음이 도사리고 있다는 명백한 증거가 있었음에도 불구하고 수용소의 유대인들은 마치 죽음이 존재하지 않는 것처럼 행동했음을 보여준다. 인구 전체를 말살시킨다는 것은 상상조차 할 수 없는 것이어서 개인들이 그것을 받아들일 수 없었다. 그들은 진실의 끔찍한 트라우마를 참고 견디기보다 거짓을 받아들이는 것을 선호하였다.

부인은 필연적으로 나쁜 것인가? 우리는 항상 자기기만을 회피해야만 하는 것인가? 정신분석가들은 일반적으로 방어 기제가 불안을 감소하는 데 있어 유용하기는 하지만 사람으로 하여금 현실을 회피하게 함으로써 비적응적이라고 가정한다. 따라서 정신분석가들은 '현실 지향'이 정서적 건강의 기본이며, 자신과 타인에 대한 왜곡이 적응적 기능에 가치가 있다는 것에 대해 회의를 품는다(Colvin & Block, 1994; Robins & John, 1996). 하지만 일부 심리학자들은 긍정적인 환상과 자기기만은 적응적일 수 있다고 제안한다. 자기 자신, 사건을 통제할 수 있는 자신의 능력, 그리고 미래에 대한 긍정적인 환상은 긍정적인 효과를 가질 수 있으며, 어쩌면 정신건강에 있어 필수적일 수 있다(Taylor & Brown, 1994; Taylor et al., 2000). 이러한 상이한 관점들에 대한 해답은 왜곡의 정도, 그것의 범위 그리고 그것이 일어나는 상황에 따라 결정되는 것으로 보인다. 예컨대 너무 극단적이지만 않다면 자신에 대한 긍정적인 환상을 갖는 것이 도움이 될 수 있다. 또한 부인과 자기기만은 정서적인 외상으로부터 일시적인 위안을 제공할 수 있고 불안 또는 우울로 인해 압도되는 것을 방지하여 도움이 될 수 있다. 부인은 (예컨대 불치병 진단을 받은 사람과 같이) 달라질 수 없는 상황에 놓여 행동이 불가능할 때 적응적일 수 있으나, 변화될 수 있는 상황에서 그것을 바꿀 수 있는 건설적인 행동을 막는 경우에는 부적응적이다.

투사
자신의 수용할 수 없는 본능 또는 소망을 다른 사람이 지니고 있는 것으로 보는 것 (투사하는 것)

투사   상대적으로 원시적인 또 다른 방어 기제는 **투사**projection이다. 투사에서는 내재화된 수용될 수 없는 것이 외부에 투사되며 외부의 것으로 인식된다. 사람들은 자신의 부정적인 특성들에 대해 스스로 인식하는 것을 방어하기 위해 다른 사람에게 그것을 투사한다. 예컨대 자신 속에 있는 공격성을 인식하기보다 타인들을 공격적이라고 본다. 투사에 대한 많은 실험실 연구가 진행되었다. 초기에는 연구자들이 그 현상을 실험실에서 재현하는 것에 어려움을 경험하였다(Halpern, 1977; Holmes, 1981). 하지만 근래에 연구자들은 사람들이 사실 자신의 원치 않는 심리적 특성들을 타인에게 투사하는 경향이 있다고 보고하였다.

뉴먼과 동료들은 사람들로 하여금 자신의 원치 않는 특성들을 타인에게 투사하도록 이끄는 특정한 사고 과정을 분석하여 투사를 연구하였다(Newman, Duff, & Baumeister, 1997). 그들의 기본적인 가정은 사람들은 그들이 좋아하지 않는 자신의 특성들을 마음에 담아두는 경향이 있다는 것이다. 사람이 그것을 마음속에 담아두면 그 주제는 머릿속에 쉽게 떠오른다. 이 연구의 표현을 빌리자면 그 주제는 "만성적으로 접근 가능하게 된다"(Higgins & King, 1981). 따라서 만약 여러분이 스스로가 게으르다고 생각하고 이러한 특성을 마음에 담아두고 있다면, 게으름이란 개념이 상대적으로 빠르고 빈번하게 머릿속에 떠오를 것이다. 이러한 추론은 투사 현상의 바로 전 단계이다. 마지막 단계에서는 사람이 다른 사람들의 행동에 대해 해석을 할 때마다 자신의 마음속에 있는 개념을 적용한다. 즉 사람이 다른 사람들의 행동에 대해 자신의 자아 개념의 부정적인 특성에 대한 생각을 적용하여 이러한 부정적인 특성을 타인에게 투사해 버리는 것이다. 다시 우리의 예로 돌아가 만약 여러분이 마음속에 '게으름'이란 개념이 빨리 떠오르고 평일에 사람이 해변에 앉아있는 것을 보게 된다면, 여러분은 그 사람이 게으른 사람이라고 결론지을 수 있다. 이와 대조적으로 다른 사람은 그가 게으른 것이 아니라 단지 휴식을 취하고 있다고 생각할 수 있다. 하지만 투사에 대한 정신분석적 관점의 핵심은 주요 성격 특성이 다른 사람들에게 투사되었을뿐더러 자신의 일부로서는 부인된다는 것이다. 즉 다른 사람이 게으른 것이지 나는 그렇지 않다는 것이다.

실험 결과들은 투사에 대한 이러한 해석을 지지하였다(Newman et al., 1997). 이 연구에서 참여자들은 두 가지 성격 특성에 대한 가짜 부정적인 피드백에 노출되었다. 그 후 그들은 둘 중 하나의 특성에 대한 생각을 억제하면서 다른 것에 대해 논의하도록 요구받았다. 이러한 사고 억제 지시는 오히려 사람들로 하여금 억제하려고 했던 성격 특성에 대해 더 생각하게 함으로써 종종 역효과를 초래했다.

실험이 어느 정도 진행된 후 참여자들은 다소 불안해 보이는 개인이 나오는 비디오를 시청하였다. 참여자들은 일련의 성격 특질 차원을 토대로 이 사람을 평가하도록 요구받았다. 그 결과, 참여자들이 자신의 억제된 부정적인 특성들을 타인에게 투사하는 것으로 나타났다. 즉 그들은 다른 사람이 실험 초기에 생각하지 않으려고 하였던 자신의 부정적인 성격 특성을 가지고 있다고 판단하였다. 이러한 결과들이 정신분석 개념과 일치하지만 연구자들은 정신분석학보다 (제12장과 제13장에 논의되는) 사회인지심리학의 원리에 근거한 설명에 의존한다.

고립, 반동 형성, 그리고 승화 부인과 투사와 더불어 불안과 위협에 대처할 수 있는 또 다른 방법은 사건들을 기억 속에서 고립시키거나 또는 기억이나 충동의 내용으로부터 정서를 고립시키는 것이다. **고립**isolation에서 충동, 사고 또는 행동은 의식에 접근하는 것이 거절되지는 않지만 정상적으로 동반되는 정서는 거절된다. 예컨대 한 여성은 분노의 감정이 전혀 결부되지 않은 상태에서 그녀의 자녀를 목 조르는 것에 대한 생각 또는 환상을 경험할 수 있다. 고립 기제를 사용함으로써 일어나는 것은 주지화이며, 이는 정서와 감정을 억누르면서 이성

고립
고통을 유발하는 충동 또는 기억의 내용으로부터 정서를 고립시키는 방어 기제

적 사고를 강조하는 것과 논리적으로 완벽한 구획화의 발달을 수반한다. 그러한 경우 존재하는 감정들은 서로 쪼개질 수 있는데, 한 남성이 여성을 두 개의 범주, 즉 사랑은 하지만 성행위는 없는 여성과, 성행위는 하지만 사랑하지 않는 여성(성모 마리아–창녀 콤플렉스)으로 나눈 경우가 여기에 해당된다.

취소 기제
두려움을 유발하는 소망 또는 행동을 마술적으로 원상 복구(무효화)하는 방어 기제

고립의 방어 기제를 사용하는 사람들은 또한 종종 **취소 기제**undoing를 사용한다. 여기에서 개인은 하나의 행위 또는 소망을 마술과 같이 다른 것으로 대체하여 무마시킨다. "그것은 일종의 부정의 마술로, 개인의 두 번째 행동이 첫 번째 행동을 취소시키거나 무효화하는 것이어서 마치 둘 다 없었던 일처럼 여겨지지만 사실 둘 다 일어난 것이다"(A. Freud, 1936, p. 33). 이러한 기제는 어떤 사람이 특정 행동을 하려는 불가항력적인 충동이 있는 경우(예 : 사람이 충동적으로 집의 가스 밸브를 잠그는 것을 통해 자살 또는 타살에 대한 환상을 취소하는 것), 종교적인 의식, 그리고 "선 밟지 마. 그럼 엄마 등이 부러져!"와 같은 아동들의 미신적 속담 등에서 나타나는 강박성에서 볼 수 있다.

반동 형성
수용할 수 없는 충동에 대해 그것을 그 반대로 표현함으로써 자신을 보호하는 방어기제

반동 형성reaction formation에서 개인은 수용될 수 없는 충동에 대해 오로지 그것을 그 반대로 인식하고 표현함으로써 자신을 보호한다. 이러한 방어는 사회적으로 기대되는 행동이 엄격하고, 과잉 확대되고, 부적절하게 적용될 때에 드러난다. 반동 형성을 사용하는 사람은 마치 자식에 대한 의식적인 공격성을 조금이라도 받아들일 수 없는 과잉보호적인 어머니처럼, 다른 감정들의 존재를 인정할 수 없다. 반동 형성은 '법 없이도 살 수 있는' 사람이 무자비하게 사람들을 살인하는 경우와 같이 방어가 붕괴되면 가장 명확하게 관찰될 수 있다.

합리화
수용할 수 없는 동기 또는 행위에 대해 수용될 만한 설명을 사용하는 방어 기제

이 책을 읽고 있는 자신 속에서 알아차릴 수 있는 방어 기제는 **합리화**rationalization이다. 합리화는 사람들이 단순히 사고 또는 행동이 일어난 것에 대해 부정하지 않는다는 측면에서 부인과 같은 과정보다 더 복잡하고 성숙한 방어 기제이다. 합리화에서는 사람들이 행동의 존재를 인식하기는 하지만 바탕에 깔린 동기는 왜곡시킨다. 행동은 재해석되어 합리적이고 수용될 수 있는 것으로 보이게 된다. 즉 자아는 실제로는 원초아의 불합리한 충동으로 인해 유발된 수용될 수 없는 행동을 설명하기 위해 합리적인 동기를 만들어 낸다. 특히 흥미로운 것은 합리화를 통해 개인은 초자아의 반대 없이 위험한 충동을 표현할 수 있다는 것이다. 인간의 가장 끔찍한 흉악 행위 중 일부는 사랑의 이름으로 저질러져 왔다. 합리화 방어를 통해 사랑을 고백하면서 공격적일 수 있고, 도덕의 추구에 있어서 비도덕적일 수 있다. 물론 효과적인 방어 기제가 되기 위해서는 이것에 대해 의식하지 않아야 한다. 따라서 합리화를 사용하면서도 그것에 대해 의식하지는 않아야 한다. 심지어 사람이 "오, 나는 단지 합리화하고 있을 뿐이야."라고 이야기하더라도 그것은 진심이 아니어야 한다.

심리학자 댄 애리얼리(2012)에 따르면, 대부분의 사람들은 가끔 거짓말을 하거나 언젠가는 부정직한 행위를 하게 된다. 하지만 거의 모든 사람들은 자신을 정직하고 도덕적인 사람으로 생각한다. 이건 어떻게 된 일일까? 애리얼리에 따르면 사람들은 그러한 행위에 대해 "다들 하는 것이야.", "선의의 거짓말이야." 또는 "그냥 대수롭지 않은 일이야—절도나 부

미켈란젤로는 거의 2년 동안 '피에타'를 작업했다. 그는 어디서 그런 에너지를 얻었을까? 프로이트의 이론은 승화의 방어 기제를 통해 미켈란젤로가 원래 어머니를 향한 성적 에너지를 예수와 마리아를 조각하는 데 필요한 예술적 에너지로 변환했다고 제안한다.

정행위라고 볼 정도는 아니야."라는 식의 합리화를 사용한다고 설명한다.

불안으로부터 자유로운 방식으로 원초아의 충동을 표현하기 위해 사용되는 또 하나의 기제는 **승화**sublimation이다. 이러한 상대적으로 복잡한 방어 기제에서 욕구 만족의 원래 대상은 본능의 직접적인 표현과는 매우 거리가 먼 고차원적인 문화적 목표로 인해 대체된다.

승화
본능의 직접적인 표현을 고차원적인 문화적 목표로 대체하는 방어 기제

다른 방어 기제들이 본능을 정면에서 맞서 그것이 방출되는 것을 방지하는 것과 달리, 승화에서는 본능이 새롭고 유용한 방식으로 전환된다. 다른 방어 기제와는 대조적으로 자아는 방출을 막기 위해 에너지를 지속적으로 출력할 필요가 없다. 프로이트는 다빈치의 '모나리자'를 화가의 어머니에 대한 그리움의 승화로 해석하였다. 외과 의사, 도축업자 또는 복싱선수가 되는 것이 공격적인 충동에 대한 승화로 나타날 수 있다. 정신과 의사가 되는 것은 '관음증' 경향의 승화일 수 있다. 종합적으로 프로이트는 문명의 본질은 성적 그리고 공격적인 에너지를 승화시키는 개인의 능력에 포함되어 있다고 믿었다.

억압   마지막으로 정신분석 이론의 주요 방어 기제인 **억압**repression이 있다. 억압에서는 생각, 발상, 소망이 의식으로부터 퇴출된다. 그것은 너무나도 자신에게 외상적이고 위협적이어서 무의식 속에 파묻혀 마음 깊은 곳에 저장되어 있다. 억압은 그의 모든 방어 기제에 있어 일부 역할을 하는 것으로 보고 있고, 다른 방어들과 마찬가지로 위험한 것을 의식 밖으로 밀어내기 위해 지속적인 에너지 소비가 필요한 것으로 보고 있다.

억압
사고, 발상, 소망을 의식에서 배제시키는 방어 기제

프로이트는 그의 치료적 작업에서 처음으로 억압의 방어 기제에 대해 알게 되었다. 몇 주간 또는 몇 달간의 치료가 진행되어야만 환자들은 그들의 과거의 외상적 사건에 대해 기억하고 카타르시스를 경험하게 되었다. 사건을 회상하기 전에 물론 그 사건에 대한 생각은 그 사람의 마음속에 존재하고 있었다. 하지만 그것은 사람의 의식 밖에 머물러 있었다. 프로이트는 사람이 먼저 사건을 의식적으로 경험하는데, 그 경험이 너무나 외상적이어서 개인이 그것을 억압했다고 추론하였다.

프로이트에게는 이러한 치료적 경험들이 억압의 사실을 확증하기 위한 충분한 증거였다. 하지만 다른 연구자들은 억압에 대한 실험 연구를 수년 동안 실시하였다. 로젠츠바이크(1941)가 초기 연구를 진행했다. 로젠츠바이크는 특정 과제에 대한 개인적인 참여 수준을 달리하여 그들(학부생들)의 성공 또는 실패 경험에 대한 회상을 연구하였다.

참여자들이 연구에 대해 개인적으로 동기화되었을 경우, 그들은 완수하지 못한 과제들보다 성공적으로 완수한 과제들을 더 많이 기억하였다. 즉, 참여자들이 실패의 경험을 억압했다고 가정할 수 있나. 학생들이 위협을 느끼지 않았을 때는 완료되지 않은 과제에 대해 더 많이 기억하였다.

수년 후 실시된 유사한 연구에서 성적 죄책감이 높은 여성과 성적 죄책감이 낮은 여성들에게 성인영상물을 보여준 후 성적 각성 수준을 보고하도록 지시하였다. 동시에 참여자들의 생물학적 반응의 수준이 기록되었다. 높은 수준의 성적 죄책감이 있는 참여자들은 성적 죄책감이 낮은 참여자보다 낮은 각성을 보고한 반면 더 높은 생리적 각성을 보였다. 이는 성적 각성과 관련된 죄책감이 신체 각성에 대한 억압 또는 의식 차단을 유발한 것으로 가정할 수 있다(Morokoff, 1985).

연구 결과는 일부 개인들이 억압적 양식을 가질 수 있다는 관점을 지지한다(Weinberger, 1990). 그들은 불안 또는 다른 부정적인 정서를 경험한다고 거의 보고하지 않는다. 그들은 겉으로는 침착해 보인다. 하지만 그들의 침착성에는 대가가 따르는 것처럼 보인다. 억압자들은 비억압자들보다 스트레스에 대해 더 심하게 반응하며 다양한 질병을 발전시킬 경향이 더 높다(Contrada, Czarnecki, & Pan, 1997; Derakshan & Eysenck 1997). 억압자들의 밝은 모습은 종종 높은 혈압과 높은 심박도를 가리며 그것은 심장병 및 암과 같은 질병에 대한 위험에 취약하게 한다(Denollet et al., 2008). 이 결과는 정서 표현의 결여는 질병에 대한 위험 증가와 연관되어 있다는 다른 증거들과 일치한다(Cox & MacKay, 1982; Levy, 1991; Temoshok, 1985, 1991).

요컨대 근대 연구는 사람들이 위협적이거나 고통스러운 생각들을 그들의 의식적 경험으로부터 추방시키도록 종종 동기화된다는 것을 강하게 확립하였다. 프로이트가 기대한 바와 같이 자신들이 심리적 고통으로부터 자유롭다고 의식적으로 보고하는 사람들 중 일부는 그들이 의식하지 못하는 것으로 보이는 불안과 관련된 사고와 정서를 실제로 지니고 있다. 반면, 현대 실험 연구가 프로이트가 제시한 방어의 개념을 정확하게 지지하는지는 명확하지 않다. 특히 실험실 연구에서는 방어적 기능이 수반되고 있다는 것을 증명하기가 어려운데, 즉 연구되고 있는 과정을 통해 그 사람이 불안으로부터 보호받는지 확인하기가 어렵다. 따라서 치료 장면에서 일하고 있는 정신분석가들은 억압의 개념을 지지하는 단서들이 매우 강력하다고 보는 반면, 실험 연구자들은 단서들이 결정적이지는 않다고 보고 있다.

성장과 발달

제1장에서 성격 발달에 대한 연구는 두 개의 구분되는 도전, 즉 (1) 대부분 또는 모든 사람의 발달 특성이 되는 일반 패턴과 (2) 사람 간 차이의 발달에 기여하는 요인들을 발견해 내는 것을 포함한다는 것에 주목했다. 그의 정신분석적 이론에서 프로이트는 이 두 가지의 관심사를 뛰어나게 독창적인 방식으로 결합시켰다. 그는 모든 사람이 특정한 일련의 단계를 거쳐 발달한다고 제안하였다. 그 후 그는 이러한 단계에서 일어나는 사건들이 전 생애적으로 나타나는 개인적인 양식과 개인들 간의 성격 양식의 차이를 초래한다고 제안하였다. 생애 초기 경험들과 이러한 경험들이 일어나는 특정 단계는 성격에 영속적인 효과를 갖는다고 주장하였다. 완고한 정신분석적 입장은 성격의 가장 중요한 측면은 전적으로 출생 후 5년의 기간 동안 정해진다고 제안할 것이다.

본능의 발달과 발달 단계

이쯤에서 여러분은 프로이트가 발달을 연구하면서 주로 질문한 것이 무엇인지를 짐작할 수 있을 것이다. 본능적인 추동에 따라 행동이 일어나는 정신의 에너지 모형을 수용한다면, 주요 질문은 필연적으로 본능이 어떻게 발달하는지와 관련될 수밖에 없다. 발달 경로를 통해 개인이 경험하고 대처해야 하는 본능의 본질은 무엇인가?

여기서도 프로이트의 대답은 전적으로 생물학적이다. 프로이트는 먼저 본능적 추동이 그가 **성감대**erogenous zones라고 부른 신체의 특정 부위를 중심으로 존재하는 경향이 있다고 이론화하였다. 그다음 그는 특정한 시기에서 생물학적 만족감을 주는 가장 중요한 성감대는 발달 경로상에서 체계적으로 변화한다고 제안하였다. 즉, 발달의 상이한 지점에서 특정 부위는 다른 부위보다 더 주요한 만족의 초점이 된다. 이러한 전제를 통해 유래된 일련의 개념들은 발달의 심리성적 단계 이론을 구성한다. 발달은 일련의 뚜렷한 순서들 또는 단계로 전개된다. 각각의 단계는 욕구 만족의 신체적 원천을 토대로 기술된다. 프로이트가 '심리성적 단계'라는 표현에서 '성적'이라는 용어를 사용할 때 그것은 흔히 '감각적'이라는 단어가 의미하는 것에 더 가깝다. 따라서 각각의 단계는 감각적 만족감을 주는 특정 신체 부위로 기술될 수 있다. 그러한 기초적인 참조틀 내에서 물어보아야 할 질문은 '몇 개의 단계가 있고 각각의 본질은 무엇인가'이다.

프로이트는 발달의 첫 번째 단계는 감각적 욕구 만족이 입을 중심으로 충족되는 단계라고 제안하였다. 그는 이를 발달의 **구강기**oral stage라고 명명하였다. 초기의 구강기적 욕구 만족은

성감대
프로이트에 따르면, 긴장 또는 흥분의 원천이 되는 신체 부위

구강기
신체의 흥분 또는 긴장이 구강(입)에 집중된 시기에 대한 프로이트의 개념

유아들에게 전형적으로 나타나는 수유 행동, 엄지 빨기 그리고 다른 입의 움직임을 통해 일어난다. 성인기에서 이러한 구강기적 행동의 자취는 껌 씹기, 섭식 행동, 흡연 그리고 키스 등을 통해 볼 수 있다. 초기 구강기에서 아동은 수동적이고 수용적이다. 구강기 후기에는 치아의 발달을 통해 성적 쾌락과 공격적 쾌락이 융합될 수 있다. 아동들에게서 이러한 본능적 욕구 만족의 융합은 동물 모양 과자를 먹는 것을 통해 볼 수 있다. 아동기 이후에도 구강기의 자취는 여러 영역에서 볼 수 있다. 예컨대 학문과 관련된 활동들은 무의식 속에서 구강기와의 관련성이 있을 수 있다. 학생들은 학문을 '밥그릇'으로 삼아야 하고, 읽은 내용들을 잘 '소화시켜서' 배운 내용을 시험에서 '토해내도록' 요구된다.

최신 질문

회복된 기억인가 아니면 거짓 기억인가?

정신분석가들은 사람들이 억압의 방어 기제를 통해 아동기의 외상적 기억을 무의식 속에 파묻는다고 제안한다. 그들은 또한 심리치료와 같은 특정 조건하에 개인이 잊고 있었던 경험을 회상해 낼 수 있다고 제안한다. 반면 다른 사람들은 성인의 아동기적 경험에 대한 회상의 정확성에 대해 의구심을 갖는다. 이 문제는 뉴스의 헤드라인을 장식할 정도로 부각되었는데, 최근에는 사람들이 아동기 성 학대 경험을 기억해 내어 가해자라고 생각하는 대상을 고소하는 사건이 빈번해졌다. 일부 전문가들이 이러한 성 학대 기억의 신빙성에 대해 신뢰하고 그것이 사실이 아닌 것처럼 대하는 것은 부당하다고 말하지만, 다른 전문가들은 신빙성에 대해 의구심을 품고 이를 일종의 '오기억 증후군'으로 본다. 또한 일부 연구자들이 이러한 기억의 회복이 이전에 학대의 외상 경험을 억압한 사람들에게 이로운 것이라고 보고 있는 반면, 다른 연구자들은 이러한 '기억들'이 오히려 이러한 학대가 실제로 있었다고 굳게 믿는 치료자의 탐색적 질문에 의해 유도된다고 제안한다.

심리학 학술지의 한 논문은 다음과 같은 질문을 하고 있다. '억압'되어 있었지만 치료자의 도움을 통해 '기억'된 성 학대 기억의 신빙성에 대한 과학적 근거는 무엇인가? 어떻게 과학자, 배심원, 고통받는 개인이 진짜 기억과 거짓 기억을 구분해 낼 수 있는가? 이러한 질문에 대답하는 것은 어렵다. 한편으로 우리는 사람들이 종종 사건을 잊고 있다가 나중에 기억한다는 것을 알고 있다. 그것은 과거에 있었던 사건에 대해 기억하는 각자의 경험을 통해 알 수 있다. 하지만 그것과는 다르고 흥미로운, 하지만 분명하게 심리적으로 불편한 대안적 가능성이 있다. 그것은 우리가 애초에 일어나지도 않은 사건을 가끔은 '회상'하기도 한다는 것이다. 즉, 우리는 가끔 '오기억'을 가질 수 있다는 것이다.

사람들이 거짓 기억, 즉 실제로 일어나지 않은 사건에 대한 기억을 경험할 수 있다는 연구 결과가 있다. 마조니와 메몬(2003)은 각각 일주일 간격으로 분리된 3개의 실험 회기를 포함하는 연구를 수행하였다. 첫 번째 회기에서 성인 연구 참여자들은 다양한 사건이 포함된 매우 긴 목록에서 자신이 어렸을 때 이를 경험했을 가능성을 평가하는 설문조사를 작성하였다. 두 번째 회기에서 실험자들은 설문조사에 포함된 두 개의 사건에 대해 실험적 조작을 수행하였다. 두 가지 사건은 사소한 의료 절차, 즉 이를 뽑는 것과 새끼손가락에서 피부 샘플을 추출하는 것이었다. 그중 하나의 사건에 대해서는 단순히 그 사건과 관련된 한 단락의 정보를 연구 참여자들에게 노출시키는 것으로 진행하였다. 다른 사건의 경우, 참여자에게 사건이 발생하는 것을 상상하도록 요청하였다. 세 번째 회기에서 참여자들은 설문조사를 다시 작성하고 두 가지 사건과 관련된 기억에 대해 보고하였다.

　여기서 가설은 사건을 상상하는 것(즉, 몇 년 전에 일어난 사건에 대한 심상을 만드는 것)이 사람들로 하여금 그 사건이 실제로 발생했다고 믿게 할 수 있다는 것이다.

　그리고 실제로 그 결과나 나타났다. 이를 뽑는 것이든 피부 샘플을 추출하는 것이든 일주일 전에 상상해 보라고 요청한 경우, 참여자들은 그 사건이 실제로 발생했다고 믿을 가능성이 더 높았고 사건의 일부를 머릿속에 떠올릴 가능성이 더 컸다. 이 연구의 중요한 부분은 사건 중 하나인 피부 샘플 추출이 참여자에게 일어난 적이 분명히 없었다는 것이다. 연구가 수행된 지역의 의료 기록에 따르면 그 지역의 의사는 이 절차를 밟은 적이 전혀 없었다. 따라서 연구 결과는 연구 참여자들이 전혀 일어나지도 않은 사건에 대한 정보(그 사건이 일어난 물리적 환경과 그것을 수행한 의료진 등)를 기억하게 되었다는 것이다.

　이런 종류의 연구는 치료를 받는 특정 내담자의 기억이 정확한지 아니면 거짓인지에 대한 질문을 해결하지 못한다. 개별적인 사례의 경우, 이 문제는 분명히 논란의 여지가 있을 것이다. 심리학자들은 각각의 사례에서 '회복된 기억'과 '거짓 기억'을 구별할 수 있는 신뢰할 수 있는 방법을 갖고 있지 않다. 그러나 연구 결과는 적어도 사람들이 분명히 발생하지도 않은 사건을 '기억'하는 것이 가능하다는 것을 보여준다.

출처 : Loftus, 1997; Mazzoni & Memon, 2003; Williams, 1994.

발달의 두 번째 단계인 **항문기**anal stage(2~3세)에서는 항문과 항문으로 배설물이 배출되는 배변 운동을 통해 흥분을 느낀다. 프로이트는 배설물의 방출이 그 부위 점막의 자극을 통해 긴장 완화와 쾌락을 초래한다고 믿었다. 이 성감대와 관련된 쾌락은 유기체적인 갈등을 수반한다. 즉, 배출과 유지 간의 갈등, 방출로 인한 쾌락과 축적으로 인한 쾌락 간의 갈등, 그리고 배출로 인해 쾌락을 얻고자 하는 바람과 그것을 지연하도록 요구하는 외부 세계 간의 갈등이 존재한다. 가장 나중에 명명된 이 갈등은 개인과 사회 간에 일어나는 첫 번째 중요한 갈등이다. 여기서 환경은 아동으로 하여금 쾌락 원리를 거스르도록 요구하고, 그렇지 않을 경우 아동을 처벌한다. 아동은 이러한 요구에 대해 일부러 변을 보아 반항할 수 있다. 심리적으로 아동은 배변 운동을 무언가 중요한 것을 상실하는 것과 연합시켜 우울증이 초래되거나, 혹은 배변 운동을 타인에게 상이나 선물을 주는 것과 연합시켜 권력 또는 통제감이 형성될 수 있다.

　남근기phallic stage(4~5세)에서는 흥분과 긴장의 초점이 성기에 맞춰져 있다. 이성들 간의 생물학적 구분은 심리학적인 구분으로 이어진다. 이 시기에 남아는 성기의 발기를 경험하게 되고, 이 부위의 새로운 흥분은 성기에 대한 관심을 증가시키며, 여아들에게는 남근이 없다는 것을 알아차리게 된다. 이것은 남아들로 하여금 그들이 성기를 잃을 수도 있다는 공포감, 즉 **거세 불안**castration anxiety을 경험하게 한다. "사랑하는 아버지가 결혼한 여자와 똑같은 여자를 갖고 싶어."라는 노래 가사에서 암시되듯 아버지는 어머니의 애정에 대한 경쟁 상대가 된

항문기
신체의 흥분, 긴장이 항문에 집중된 시기에 대한 프로이트의 개념

남근기
신체의 흥분 또는 긴장이 성기에 집중된 시기. 이 시기 동안 이성 부모를 애정의 상대로 느낌

거세 불안
남근기 동안 경험하게 되는 남아의 두려움에 대한 프로이트의 개념으로, 아버지가 어머니와의 애정의 경쟁 상대인 자신의 성기를 거세하는 것에 대한 두려움

오이디푸스 콤플렉스
남아가 어머니를 애정의 상대로 보며, 애정의 경쟁 상대인 아버지에게 성기가 거세되는 것에 대한 두려움을 의미하는 프로이트의 개념

다. 아버지에 대한 남아의 공격성은 아버지를 향한 투사로 나타나며 보복에 대한 두려움이 뒤따르게 된다. 그것은 **오이디푸스 콤플렉스**Oedipus complex라고 알려진 것을 유발시킨다. 오이디푸스 콤플렉스에 따르면 모든 남아는 자신의 아버지를 죽이고 어머니와 결혼하는 환상을 갖는 운명에 처해있다. 이 콤플렉스는 어머니가 실제로 성적으로 매혹적일 경우 고조될 수 있다. 거세 불안은 성기를 잘라버리겠다는 아버지의 실제 협박에 따라 고조될 수 있으며 이런 일들이 놀랄 만큼 많은 사례에서 일어난다.

오이디푸스 콤플렉스에 대한 흥미로운 실험 결과가 앞에서 우리가 개관한 식역하 정신역동 활성화 연구를 통해 얻어졌다. 앞에서 읽은 바대로 이런 연구에서 자극들은 순간노출기를 통해 참여자들에게 인식 이하 수준에서 제시된다. 그리고 이 중 특정 자극들은 무의식적인 갈등을 활성화시킬 것이라고 가정된다. 한 연구에서는 오이디푸스 갈등을 활성화시키도록 고안된 자극들이 포함되었다. 연구자들은 경쟁적 상황에서 오이디푸스 갈등의 활성화가 남성의 수행에 미치는 효과에 대해 조사하였다(Silverman et al., 1987). 오이디푸스 갈등을 심화시키거나 감소시키기 위해 선택된 자극들은 "아빠를 이기는 것은 잘못된 일이야." 그리고 "아빠를 이기는 것은 괜찮은 일이야."이었다. 이와 더불어 중성적 자극(예 : '사람들이 걸어간다')이 제시되었다. 이러한 자극들은 참여자들이 다트 대회에 참여한 후에 순간노출기를 통해 제시되었다. 참여자들은 각 유형의 자극을 식역하 노출을 통해 경험한 후 다시 다트 던지기 수행을 하였다.

예측된 바대로 두 개의 오이디푸스 자극은 매우 명확하고, 방향성도 서로 다른 효과를 보였다. "아빠를 이기는 것은 괜찮은 일이야."라는 자극은 중성적 자극보다 더 높은 점수를, "아빠를 이기는 것은 잘못된 일이야."는 더 낮은 점수를 초래했다.

자극이 의식의 역치보다 높은 수준에서 제시된 경우에는 이러한 결과가 도출되지 않았다는 점에 주목하는 것이 중요하다. 따라서 정신역동적 활성화 효과는 의식적 수준보다는 무의식적 수준에서 작용하는 것으로 보인다. 추가적으로 이러한 식역하 효과가 심리학 연구에서 항상 발견되는 것이 아니기 때문에 연구자들이 실험에서 사용된 자극과 측정된 반응들이 연구 참여자들의 동기적 상태와 관련성이 있어야 한다는 것을 강조한 점에 주목할 필요가 있다. 연구자들은 그들의 연구에서 이 점이 확실하게 전제되도록 참가자들에게 먼저 오이디푸스와 관련된 사진과 이야기 자료 같은 점화 자극을 제시하였다.

남근 선망
정신분석 이론에서 남성이 성기를 갖고 있다는 것에 대한 여성의 시기심(선망)

남성과 여성의 남근기 발달 과정은 다르다. 프로이트에 따르면 여성이 자신에게 음경이 없다는 것을 알게 되면 원래의 애정 대상인 어머니를 탓하게 된다. 여아는 **남근 선망**penis envy을 발달시키면서 애정 대상을 아버지로 정하고, 아버지를 통해 아이를 갖게 되면 잃어버린 남근이 회복된다고 상상한다.* 오이디푸스 콤플렉스가 남아의 거세 불안으로 인해 단념되는

---

* 정신분석 이론은 여러 이유로 여성주의자들에게 비판을 받아왔다. 아마도 다른 어떠한 개념보다 남근 선망의 개념이 여성에 대한 남성 우월주의 및 적대적 관점을 나타내는 것으로 간주되고 있다. 이 문제는 제4장의 '비판적 평가'에서 다룰 것이다.

동일시 : 프로이트의 심리성적 발달에 대한 분석에서 아동은 결국 동성 부모와 동일시하여 그 부모의 관심사와 가치관을 자신의 것으로 받아들인다.

반면, 여아의 경우에는 남근 선망으로 인해 콤플렉스가 시작된다. 남성과 마찬가지로 이 시기의 갈등은 종종 여아를 향한 아버지의 남다른 애정 때문에 심화된다. 또 마찬가지로 여아는 아버지를 애정 대상으로 유지하되 어머니와의 동일시를 통해 아버지를 얻는 방법으로 갈등을 해소한다.

아이들이 실제로 오이디푸스 콤플렉스를 나타내는 행동을 보일까? 아니면 이 모든 것이 정신분석 치료를 받은 환자들이나 성인들의 왜곡된 기억일까? 한 연구는 이 연구 주제를 부모-아동 상호작용에 대한 부모의 보고와 더불어 부모-아동 상호작용 관련 이야기에 대한 아동들의 반응분석을 통해 조사하였다. 그 결과, 4세 정도의 아동은 증가된 이성 부모에 대한 선호와 동성 부모에 대한 적대감을 보이는 것으로 나타났다. 이러한 행동은 5세 또는 6세에서 감소하였다. 이 연구에서 흥미로운 점은 비록 연구진이 상이한 이론적 배경을 지닌 연구자들로 구성되었음에도 불구하고 연구진 모두가 이러한 행동 경향성이 오이디푸스 콤플렉스를 수반하는 모자 및 부녀 관계에 대한 정신분석적 관점과 일맥상통한다고 결론지었다는 점이다(Watson & Getz, 1990).

오이디푸스 콤플렉스를 해결하는 방법의 한 부분으로 아동은 동성 부모와 동일시하게 된다. 아동은 더 이상 동성 부모를 정복하는 것이 아닌 그와의 **동일시**identification를 통해 이성부모의 애정을 얻게 된다. 동성 부모와의 동일시는 남근기의 매우 중요한 문제이며 더 일반적으로는 발달심리의 핵심 개념이기도 하다. 개인은 동일시를 통해 다른 사람의 특성을 자

동일시
다른 사람(부모)의 일부분으로 지각되는 성격 특성을 자신의 특성으로 받아들이는 것

신의 것으로 받아들여 자신의 기능과 통합시킨다. 자신의 부모와 동일시하면서 아동들은 부모의 많은 가치관과 도덕성을 자기의 것으로 받아들인다. 이런 면에서 초자아는 오이디푸스 콤플렉스 해결의 최대 수혜자라고 불리기도 한다.

프로이트에 따르면 성격 특성의 모든 주요 측면들은 구강기, 항문기, 남근기 단계에서 발달된다. 남근기 이후에 아동은 **잠복기**latency stage에 들어서는데 프로이트에 따르면 이 기간에 아동의 성적 욕구나 관심은 감소한다. 사춘기의 시작과 함께 성적 욕구와 오이디푸스 콤플렉스 관련 감정들이 다시 고개를 들면서 **생식기**genital stage가 시작된다. 이때에는 생식기 이전의 발달 단계에서 해결되지 않은 의존적 감정과 오이디푸스 갈등이 다시 그 추한 얼굴을 들이민다. 청소년기의 혼란은 일부 이러한 요인들로 설명될 수 있다. 프로이트에 따르면 발달 단계를 성공적으로 거쳐간 사람들은 사랑하고 일할 수 있는, 심리적으로 건강한 사람이 된다.

에릭슨의 심리사회적 발달 단계 프로이트는 생애 초기 이후의 발달에 대해 별로 관심을 두지 않았다. 그는 성격 발달의 모든 작용이 남근기가 끝날 즈음에 완료된다고 생각했다. 프로이트의 전반적인 성격 모형에 대해 깊이 동의한 다른 심리학자들은 그럼에도 불구하고 그가 그 이후의 생애에서 일어나는 성격 발달의 중요성을 과소평가한다고 생각했다. 따라서 그들은 정신역동적 관점에서 생애 후기의 발달에 대해 이해하려고 노력하였다. 그중 가장 중요한 이론가는 에릭 에릭슨(1902~1994)이다.

에릭슨은 발달이 단지 심리성적일 뿐만 아니라 심리사회저이라고 믿었다. 발달 단계는 사회적 관심사를 포함한다(표 3.2). 에릭슨에게 성격 발달의 첫 단계는 단지 입에 쾌감이 몰려 있기 때문에 중요한 것이 아니라 음식을 주는 상황에서 유아와 어머니 간에 신뢰 또는 불신의 관계가 발달하기 때문에 중요하다. 이와 마찬가지로 항문기는 주요 성감대의 변화 측면에서 중요할뿐더러 아동의 용변 교육을 통해 아동이 자율성을 발달시키거나 혹은 수치심과 자기 의심에 넘어갈 수 있는 사회적 상황이기 때문에 중요하다. 남근기에서 아동은 자기주장, 경쟁, 그리고 성공하는 것에 대해 죄책감이 아닌 쾌락을 느끼는 문제를 다뤄야 한다.

에릭슨(1950)에게 잠복기와 생식기는 개인이 생산성과 성공에 대한 자신감 또는 열등감을 발달시킬 수 있으며 그와 더불어 어쩌면 가장 중요한 정체감 또는 역할 혼미가 발달되는 시기이다. 에릭슨에 따르면 청소년기의 중요한 과제는 자아 정체성의 확립인데, 이는 자신을 보는 방식이 자신의 과거와 연속성을 가지며 다른 사람들의 인식과 일치한다는 축적된 자신감을 의미한다. 정체감을 발달시킨 사람들과 달리 역할 혼미가 있는 사람들은 자신이 진짜 누구인지, 자신이 누구라고 생각하는 것이 다른 사람들의 생각과 일치하는지, 그리고 자신이 어떻게 이렇게 발달했고 미래에 어디를 향해 가고 있는지에 대해 잘 알지 못하는 느낌을 경험한다. 청소년기 후기와 대학교를 다니는 동안 정체감에 대한 이러한 갈등을 해소하기 위해 다양한 집단에 가입하고 진로 선택에 대한 많은 고민을 한다. 이 기간 동안 이러

잠복기
정신분석 이론에서 성적 충동 또는 관심이 줄어드는 시기로, 남근기 이후의 발달 단계

생식기
정신분석 이론에서 사춘기의 시작과 관련된 발달 단계

표 3.2 에릭슨의 여덟 가지 심리사회적 발달 단계와 성격에 대한 함의

심리사회 단계	나이	긍정적 결과	부정적 결과
기본 신뢰 대 불신	1세	선한 기분, 자신과 타인에 대한 믿음, 긍정성	나쁘다는 느낌, 자신과 타인에 대한 불신, 부정성
자율성 대 수치와 의혹	2~3세	의지 실천, 자기 통제, 선택하는 능력	경직성, 과도한 양심, 의혹적인 태도, 자기의식적 수치심
주도성 대 죄의식	4~5세	성취, 활동, 방향, 그리고 목표를 통한 즐거움	심사숙고하고 무언가를 달성하고자 시도한 것에 대한 죄의식
근면성 대 열등감	잠복기	생산적인 일에 몰입할 수 있음, 완성된 일에 대한 자신감	부족함과 열등감을 느낌, 일을 완성할 수 없음
정체감 대 역할 혼미	청소년기	내적 일치감과 지속성에 대한 자신감, 진로에 대한 기대	역할에 대한 불편감, 기준의 부재, 부자연스러운 느낌
친밀감 대 고립감	초기 성인기	상호 호혜성, 생각, 일, 감정 등을 공유함	친밀감을 회피함, 피상적인 관계
생산성 대 침체감	성인기	일과 관계에 몰입함	일에 대한 흥미 상실, 빈약한 관계
통합성 대 절망감	노년기	삶에 질서와 의미가 있다고 느낌, 자신과 성과에 대한 만족감	죽음에 대한 두려움, 인생에 대한 불만

에릭 H. 에릭슨

한 문제가 해결되지 않는다면 이 사람은 이후 생애에서 절망감에 빠지게 된다. 인생은 너무 짧고 다시 시작하기에는 너무 늦었다고 생각하게 되는 것이다.

제임스 마샤는 정체감 형성 과정에 대한 그의 연구(Marcia, 1994)를 통해 다음과 같은 네 종류의 정체감 지위를 밝혀냈다.

- 정체감 성취는 어떤 사람이 탐색을 거쳐 정체감을 성립했음을 의미한다. 이러한 개인은 높은 심리적 수준에서 기능하고 독립적인 사고를 하며 친밀한 대인관계를 맺고 고차원적인 도덕적 추론을 하고 집단의 동조에 저항할 수 있고 자존감이 집단에 의해 좌지우지되지 않는다.

- 정체감 유예의 경우 개인은 정체감 위기에 휩싸여 있다. 이러한 개인은 높은 수준의 심리적 기능이 가능하며, 이는 고차원적인 사고와 도덕 추론, 그리고 친밀감을 중시하는 데에서 반영된다. 하지만 그들은 자신이 어떤 사람인가에 대해 고심하고 있으며, 정체감을 형성한 사람들보다 무언가에 헌신하기 힘들어한다.
- 정체감 폐쇄란, 탐색 과정 없이 특정한 정체성을 받아들이는 것을 의미한다. 이러한 개인은 강직하고 집단의 동조 압력에 잘 반응하며, 자존감이 쉽게 영향을 받는다.
- 정체감 혼미의 경우 개인은 특정 역할에 대한 강한 헌신이나 뚜렷한 정체감이 없다. 이러한 개인은 그들의 자존감이 손상되는 것에 매우 취약하고, 사고가 무질서하며, 친밀감 형성에 문제가 있다.

요컨대 마샤는 사람들이 정체감 형성 과정을 다루는 방식에 있어 개인차가 있으며, 자아감, 사고 과정, 대인관계에서 그 차이가 반영된다고 제안한다. 향후 인생에 있어 고정된 패턴으로 확립되는 것은 아니지만, 마샤는 이런 정체감 형성 과정이 어떻게 처리되는지가 이후의 성격 발달에 중요한 함의를 갖는 것으로 보고 있다.

생애 후반기의 발달과 동반되는 심리적 문제들에 대한 기술에서 에릭슨은 일부 사람들이 친밀감, 인생의 성공과 좌절에 대한 수용, 생애 주기를 통한 연속성을 발달시키는 반면, 다른 사람들은 가족과 친지들로부터 고립되고 틀에 박힌 일상을 보내며 과거의 좌절과 미래의 죽음에 초점을 둔다고 제안하였다. 에릭슨은 이러한 성인기의 중요한 문제들을 해결하거나 해결하지 못하는 배경에는 아동기 갈등이 놓여있기도 하지만 성인기에 지면하는 문제들 그 자체도 중요하다고 제안하였다(Erikson, 1982).

요컨대 에릭슨의 기여는 세 가지 측면에서 중요하다고 볼 수 있다. (1) 에릭슨은 성격 발달에 있어 본능적 기반뿐만 아니라 심리사회적 기반 또한 강조하였다. (2) 에릭슨은 발달 단계를 전체 생애 주기를 포함하도록 확장하였으며, 이러한 후기의 단계에서 경험하는 주요 심리적 문제들에 대해 기술하였다. (3) 에릭슨은 사람들이 과거뿐만 아니라 미래에 대해 조망하며, 성격 발달에 있어 그들이 어떤 방식으로 미래를 그리는지가 그들의 과거를 회상하는 방식만큼이나 중요하다는 것을 인식하였다.

초기 경험의 중요성 정신분석 이론은 생애 초기의 사건들이 이후의 성격 발달에 중요한 역할을 한다고 강조한다. 아동들에게 심리적 자원이 필요한 시점에 부모가 보이는 행동 양상의 중요성에 대한 연구 결과는 이런 관점과 일치한다(Pomerantz & Thompson, 2008). 그러나 많은 연구자들은 성격이 전 생애 주기에 걸쳐서 발달하고 변화할 가능성이 그보다 더 크다고 제안한다. 문제가 복잡하고 일치된 합의에 도달하지는 않았지만, 많은 학자들이 프로이트의 생각과는 달리 생애 후반기에 일어나는 개인의 환경적 변화가 성격의 변화를 초래할 수 있다는 사실에 주목하고 있다(Kagan, 1998; Lewis, 2002). 프로이트가 확립한 주제들과 대조적으로 현대 심리학의 주요 흐름은 아동기에서부터 노년기에 이르는 전 생애적 성격 역동에 대한 연구에 있다(Baltes, Staudinger, & Lindenberger, 1999).

이러한 논의의 복잡성은 두 개의 연구를 통해 잘 드러나고 있다. 전자는 정신분석가에 의해 수행된 유아기의 애정 발달 연구이다(Gaensbauer, 1982). 제니라고 불리는 유아는 출생 후 4개월쯤 되었을 때부터 체계적으로 연구되었다. 그녀는 출생 후 3개월 시점에서 아버지로부터 신체적인 학대를 받은 경험이 있다. 그 당시 제니는 팔과 두개골이 골절된 상태로 병원에 입원하였다. 병원 직원은 제니를 행복하고 귀여운, 애교 있는 '사랑스러운 아기'이지만 품에 안기기를 불편해하고, 남성이 제니에게 다가가면 예민해진다고 기술하였다. 제니는 학대를 받은 후 위탁 가정에 맡겨져 충분한 신체적 보살핌을 받았지만 사회적 상호작용은 거의 없었다. 이는 제니와 많은 시간을 같이 보내고 필요할 때 바로바로 모유 수유를 한 생모와의 경험과는 매우 대조적인 것이었다. 첫 번째 체계적인 관찰은 위탁 가정에 맡겨진 지 거의 한 달 후에 이루어졌다. 그 시점에서 제니의 행동은 우울증 진단과 완전히 일치하는 것으로 판정되었다. 즉 제니는 굼뜨고, 의욕이 없고, 무관심하며, 힘없는 자세를 취하고 있었다. 제니의 얼굴 표정에 대한 체계적 분석은 다섯 가지 개별 정서를 나타냈는데, 그 각각은 제니의 독특한 개인사와 의미 있게 연결되어 있었다. 제니는 생모와 함께 있을 때 슬픈 표정을 보였다. 낯선 남성이 제니에게 다가갔을 때 공포와 분노가 보였지만 낯선 여성이 제니에게 다가갔을 때는 이러한 정서 변화가 나타나지 않았다. 짧은 놀이 시간 동안에는 기쁨이 일시적으로 나타났다. 마지막으로 낯선 여성과 상호작용할 때 제니의 얼굴에서 흥미-호기심의 정서를 볼 수 있었다.

위탁 가정에서의 관찰 방문 이후에 제니는 따뜻한 보살핌을 받은 다른 위탁 가정에 맡겨졌다. 이 환경에서 2주 동안 지낸 후 추가적인 평가를 위해 제니는 두 번째 위탁모와 함께 내원하였다. 이때 제니는 일반적으로 정상적인 반응을 보이는 전형적인 유아의 모습을 보였다. 제니는 고통을 암시하는 어떠한 행동 단서를 보이지 않았으며, 심지어 낯선 남성에게 미소를 짓기도 했다. 이 위탁 가정에서 한 달을 더 보낸 후 제니의 생모가 세 번째 평가를 위해 제니를 데리고 병원에 방문하였다. 일반적으로 제니는 생기 있고 행복해 보였다. 하지만 제니는 생모가 방에서 나가면 강렬하게 울기 시작했다. 이러한 행동은 생모가 되돌아와서 반복적으로 달래려 노력했음에도 불구하고 지속되었다. 즉 자기 생모와의 이별은 심한 고통으로 이어지는 양상을 보였다. 아울러 슬픔과 분노가 자주 관찰되었다.

생후 8개월 시점에서 제니는 자신의 남편과 결별하고 상담을 받고 있었던 생모에게 돌아가게 되었다. 생후 20개월 시점에서 제니는 생모와 매우 훌륭한 관계를 맺고 있는 정상적인 아기로 묘사되었다. 하지만 제니의 생모로부터의 분리 경험과 관련된 분노 및 고통은 지속적인 문제로 남아있었다.

이런 관찰을 통해 제니의 초기 정서적 경험과 이후의 정서적 반응 간의 연속성과 불연속성 모두에 대한 지지 단서가 존재한다고 결론 내릴 수 있다. 일반적으로 제니는 잘 지내고 있었고 제니의 정서적 반응은 또래 유아들의 정상 범위 내에 속했다. 하지만 그와 동시에 분리와 좌절에 대한 분노 반응은 과거 경험과 관련이 있는 것으로 보인다. 이 연구를 진행한 정신분석가는 어쩌면 덜 극단적이지만 더 지속적이고 반복적인 경험들이 단편적인 외상적 사건들보다 더 중요할 수 있다고 제안하였다. 즉 단편적인 사건들보다 지속되는 대인관계 패턴들이 생애 초기의 경험에서 더 중요하다고 볼 수 있다.

한 집단의 발달심리학자들에 의해 수행된 두 번째 연구에서는 어머니와의 초기 정서적 유대관계와 이후의 정신 병리 간의 관계를 평가하였다(Lewis et al., 1984). 이 연구에서는 1세가 된 남자아이와 여자아이들의 어머니를 향한 애착 행동을 관찰했다. 이러한 관찰은 비구조화된 상황에서 어머니와 놀이하는 시간, 어머니가 놀이방을 떠나 아이가 홀로 남겨진 후의 시간, 그리고 어머니가 다시 돌아와 두 번째로 자유롭게 놀이를 하는 시간으로 구성되어 있는 표준화된 절차에 따라 진행되었다. 아이들의 행동은 체계적으로 채점되었고, 세 애착 범주(회피, 안정, 양가) 중 하나로 평가되었다. 여기서 회피와 양가 범주는 이 영역에서 어려움을 겪는 것을 의미하였다. 그 후 6세 시점에서 이 아동들의 효능감은 어머니가 아동 행동 프로파일 평가지를 작성하여 평가되었다. 어머니의 평가는 교사의 평가와 비교하여 대조되었다. 아동 행동 검사를 토대로 아동은 정상 집단, 위험 집단, 임상적인 장애가 있는 집단으로 분류되었다.

초기 애착 행동과 이후의 정신 병리 간에 어떤 관계가 있을까? 특히 두 개의 결과에 주목할 만하다. 먼저 남아의 관계는 여아의 관계와 매우 다른 양상을 보였다. 남자아이의 경우 1세 때의 애착 범주는 이후의 정신 병리와 유의미한 관련성이 있었다. 불안정적으로 애착된 남아들은 안정된 애착을 보인 남아들보다 6세 때 더 많은 정신 병리를 보였다. 반면 여아들에게서는 애착과 정신 병리 간의 관련성을 관찰할 수 없었다. 둘째, 연구자들은 초기 자료로부터 정신 병리를 예측하는(전향적) 접근과 이후에 일어난 정신 병리에 대해 이해하기 위해 초기 애착의 어려움을 살피는(후향적) 접근 간의 차이를 발견하였다. 만약 위험 집단 또는 임상적인 장애가 있는 집단으로 판명된 6세의 남아를 토대로 본다면, 그중 80%가 1세 때의 회피 또는 양가적 애착 범주에 할당된 것으로 밝혀졌다. 즉 매우 강한 통계적 관계가 존재한다는 것이다. 반면 불안정한 애착(회피 또는 양가)으로 분류된 모든 남아들이 6세 때 위험 집단 또는 임상적으로 장애가 있는 집단으로 분류될 것이라고 예측한다면, 그 예측의 정확도는 단지 40%밖에 되지 않는다. 이러한 결과는 불안정하게 애착된 남아의 수가 이후의 위험 또는 임상적인 장애가 있는 집단으로 진단된 남아의 수보다 월등히 많기 때문이다. 따라서 후기의 정신 병리에 초점을 두는 임상가는 정신 병리와 초기 애착의 장애 간에 강한 관계가 있다고 주장할 만한 명확한 근거를 가질 수 있다. 하지만 자료를 토대로 미래에 대한 예측을 할 경우 그 둘 간의 매우 약화된 관계가 나타나고 다른 변인들의 중요성이 부각될 것이다. 프로이트 자신이 인식한 바와 같이, 우리가 후기의 정신 병리를 관찰할 경우 그것이 어떻게 발달되었는지를 이해하는 것이 너무나 쉬울 수 있다. 반면 우리가 이런 현상을 전향적으로 볼 때에는 발달에 따라 달라질 수 있는 상이한 가능성에 대해 의식하게 된다.

사고 과정의 발달

발달에 대한 프로이트의 가장 두드러진 업적은 그의 심리성적 단계 이론에 있다(이 장의 '성장과 발달' 부분을 참조하라). 본능적 추동의 발달과 더불어 프로이트는 또한 사고 과정의 발달을 다루었다. 그 작업은 사고의 다른 두 개의 양식 또는 과정에 대한 이론적 구분에 근거하고 있다. 프로이트는 이를 일차, 이차 사고 과정이라고 불렀다. 이 용어들을 정의하기 전에 이 구분을 통해서 프로이트가 매우 크고 중요한 문제를 다룬다는 것을 알 필요가 있다. 그것은 근본적으로 마음이 어떻게 작용하는가에 대한 질문이다. 즉 마음이 정보를 다루는 과정에 대한 것이다. 우리는 인간의 마음이 컴퓨터처럼 하나의 단순한 방식으로 정보를 처리한다고 생각할 수 있다. 여러분의 컴퓨터는 그것이 새것이거나, 헌것이거나 또는 그 정보가 정서적으로 흥미롭거나 지루한지에 상관없이 정보를 동일한 방식으로 처리한다. 처리되는 정보가 무엇이든 간에 그것은 CPU에서 연산된다. 어쩌면 인간의 마음도 이와 마찬가지일 수 있다. 하지만 프로이트는 과연 그렇지 않다고 제안하였다. 그는 마음이 뚜렷하게 구별되는 두 가지 방법으로 정보를 처리한다고 결론지었다.

정신분석 이론에서 **일차 사고 과정**primary process은 무의식의 언어를 의미한다. 일차 사고 과정은 비논리적이고 불합리하다. 일차 사고 과정에서 현실과 공상은 구별될 수 없다. 일차 사고 과정의 이러한 특징(논리의 부재, 표면적인 모습과 현실 간의 혼란)에 대해 처음 들었을 때 매우 이상하게 들릴 수 있어서, 이러한 프로이트의 이론적 측면을 거부할 수도 있다. 하지만 몇 개의 예시를 살펴보자. 여러분의 경우에도 여러분이 성장하면서 논리적 · 합리적으로 사고할 수 있는 능력을 단지 점진적으로 발달시켰을 것이다. 매우 어린 아동들은 논리적인 논제를 공식화하는 능력을 지니고 있지 않다. 하지만 그들이 분명히 생각을 하고 있지 않는가? 이는 분명 아동들이 성인의 이성과 합리성이 결여된 방식으로 사고한다는 것을 의미한다. 프로이트는 그들이 일차 사고 과정을 통해 생각한다고 주장하였다. 꿈에 대해 생각해보자. 종종 악몽을 꾸다가 잠에서 깨는 경우가 있을 것이다. 심장이 뛰고 식은땀이 흐를 수도 있다. 만약 그렇다면 이는 여러분의 몸이 꿈의 내용에 반응하여 이에 대응하도록 신체를 준비하고 있다는 것을 의미한다. 하지만 당연히 대응해야 할 만한 것은 실제로 없다. 그것은 단지 꿈이기 때문이다. 즉 여러분의 공상이 마치 현실인 것처럼 반응한 것이다. 꿈에서 공상과 현실은 혼동된다.

이차 사고 과정secondary process은 의식, 현실 검증, 논리의 언어이다. 이것은 아동이 먼저 일차 사고 과정 능력을 지니게 된 후에 발달하기 때문에 이차라고 부른다. 이 능력의 발달은 자아의 발달과 평행하게 진행된다. 자아가 발달함에 따라 개인은 세상과 분리되어 차별화된 자기로 성장하는 반면, 자기에 대한 몰입은 감소한다.

현대 심리학자들은 프로이트와 마찬가지로 마음이 하나 이상의 과정에 따라 작용한다는

일차 사고 과정
정신분석 이론에서 논리 또는 현실 검증에 지배되지 않는 사고 양식. 이는 꿈이나 무의식의 다른 표현들에서 볼 수 있음

이차 사고 과정
정신분석 이론에서 현실에 의해 통제되고 자아의 발달을 동반하는 사고 양식

것을 발견하였다. 엡스타인은 경험적 사고와 합리적 사고를 구분하였다(Epstein, 1994). 여기서 일차 사고 과정과 유사한 **경험적 사고**는 진화적 발달 초기에 일어나는 것으로 묘사되며, 전체적이고 구체적이며 정서의 영향을 강하게 받는 것으로 특징지어진다. 그것은 종종 대인관계 상황에서 공감적 또는 직관적이 될 때 사용된다. **합리적 사고**는 이차 사고 과정과 유사하며 진화적 발달의 후기에 일어나는 것으로, 비교적 더 추상적이고, 분석적이고, 논리와 근거가 수반된 규칙에 따르는 것으로 특징지어진다. 예컨대 합리적인 사고는 산술 문제를 해결하는 데 사용된다.

이 두 사고 체계 간의 잠재적 갈등은 실험 참가자들로 하여금 젤리가 담긴 병에서 빨간 젤리를 뽑아야 하는 과제, 즉 10개 중 하나가 빨간 젤리인 병과 100개 중 8개가 빨간 젤리인 병 가운데 어디서 젤리를 뽑을 것인가를 선택하는 데서 나타났다(Denes-Raj & Epstein, 1994). 각각의 병에 담긴 빨간 젤리의 비율에 대해서 미리 알려주었기 때문에 참가자들은 더 높은 비율(1/10)의 병을 선택하는 것이 합리적인 선택임을 알고 있었다. 하지만 많은 참가자들은 더 낮은 확률에도 불구하고 빨간 젤리가 더 많이 담겨있는 병을 선택하는 것이 더 유리할 것이라고 느꼈다. 그들이 느낀 바와 그들이 알고 있는 바 간의 갈등은 경험적 그리고 합리적 사고 체계 간의 갈등을 잘 드러낸다. 엡스타인(1994)에 따르면 이 두 체계는 서로 병행적이며 협력적으로 또는 경쟁적으로 작용할 수 있다. 다른 심리학자들은 그와는 상이한 구분들을 제시했다. 현대의 많은 심리학자들은 프로이트가 하나 이상의 형태의 사고를 주장한 것은 근본적으로 옳았다고 생각한다. 반면 그들은 사고의 두 관점의 본질에 대한 구체적인 신념과 같은 세부사항에 있어 프로이트와 차별성을 둔다. 따라서 일차 · 이차 사고 과정에 대한 연구는 프로이트의 사상이 놀랍게도 그 분야의 향후 발전에 대해 기대한 바대로 전개된 것이다.

이 장에서는 성격 이론에서 다루는 네 가지 주제 중 세 가지, 즉 구조, 과정, 발달에 대한 프로이트의 접근을 고려하였다. 다음 장에서 우리는 네 번째 주제, 즉 정신 병리와 인간의 삶을 향상시키기 위한 임상적 적용을 고려할 것이다. 또한 우리는 프로이트의 이론에 대한 반응으로 20세기와 21세기 동안 전개된 대안적 정신역동 모형들을 개관할 것이다.

주요 개념

거세 불안	생식기	잠복기
고립	성감대	전의식
구강기	승화	죽음 본능
기계론	식역하 정신역동 활성화	지각적 방어
남근기	억압	초자아
남근 선망	에너지 체계	취소 기제
동일시	오이디푸스 콤플렉스	카타르시스
리비도	원초아	쾌락 원리
무의식	의식	투사
반동 형성	의식 없는 지각	합리화
방어 기제	이차 사고 과정	항문기
부인	일차 사고 과정	현실 원리
불안	자아	
삶 본능	자유연상	

요약

1. 정신분석 이론은 성격에 대한 정신역동적·임상적 접근을 설명한다. 정신역동적 접근은 동기 또는 추동 간의 상호작용을 토대로 행동을 해석하는 것의 중요성을 강조한다. 임상적 접근은 개인의 집중치료 기간에 관찰된 자료의 중요성에 대한 강조를 통해 나타난다.

2. 프로이트는 마음의 기계론적, 결정론적, 에너지-기반 모형을 제시하였다. 이 모형은 프로이트가 받은 19세기의 과학 및 의학 교육 배경을 반영한다.

3. 프로이트는 사례 연구의 증거들을 토대로 그의 이론을 발달시켰다. 그의 관점에서 임상 사례에 대한 심화분석이 의식과 무의식의 역동을 밝혀낼 수 있는 유일하고 타당한 방법이었다.

4. 프로이트 이론의 핵심은 성격 구조와 성격 과정 둘 다에 대한 통합된 분석이다. 세 가지의 정신 구조는 원초아, 자아, 초자아이며, 이들은 서로 다르고 본질적으로 갈등적인 조작 원리에 따라 기능한다. 과정은 원초아로부터 비롯되는 정신 에너지가 초자아의 수용할 수 있는 범위 내에서 자아를 통해 조절되거나 억제되거나 왜곡되게 표현되는 과정을 수반한다.

5. 정신분석 이론에서의 성격 역동은 갈등을 수반한다. 원초아의 충동적 추동은 즉각적 표현을 추구하며, 이는 현실적 제약을 충족시키기 위해 충동을 지연시키려는 자아와 도덕적 기준에 따르는 행동을 추구하는 초자아의 요구에 위배된다. 따라서 모든 행동은 상이한 정신 기관의 서로 경쟁적인 욕구 간의 타협의 결과이다. 방어 기제는 원초아의 받아들여질 수 없는 추동과 욕구로 인해 유발되는 불안으로부터 방어하기 위해 자아가 사용하는 책략이다.

6. 성격 발달의 정신분석 이론에서 개인은 일련의 발달 단계를 통과하게 된다. 각 단계는 감각적 만족을 주는 일차 중심부로 기능하는 특정 신체 영역을 수반한다. 이러한 발달 단계는 생애 초기인 아동기에 일어난다.

프로이트의 정신분석 이론은 다른 이론보다 특히 더 광범위하게 아동기 초기의 경험이 개인의 성격 특성에 오래 지속되고 불변하는 영향을 준다고 제안한다.

7. 정신분석가 에릭 에릭슨은 심리사회적 발달 단계에 대한 강조를 통해 정신분석 이론을 확대하고 확장시키려고 하였다.

4

프로이트의 정신분석 이론 :
적용, 관련된 이론적 개념과 최신 연구

제4장의 초점

여러분은 어렸을 적에 '구름 게임'이란 것을 해본 적이 있는가? 구름 게임은 푸른 하늘에 크고 하얀 솜털구름이 둥둥 떠다니는 날에만 할 수 있다. 이 게임은 친구와 함께 초원에서 등을 대고 누워 여러분이 무언가를 '볼' 때까지 구름을 쳐다보고 있는 것이다. 여러분이 충분히 오랫동안 주의를 기울여서 본다면 다양한 흥미로운 것들이 구름을 통해 그 모습을 드러낸다. 동물, 용, 노인의 얼굴 등 말이다. 이때 여러분이 발견한 것을 친구가 전혀 알아보지 못하는 일이 자주 일어난다. 여러분이 확실히 본 것은 여러분만 볼 수 있는 것이다. 그렇다면 여러분은 왜 그것을 봤을까? 여러분이 하늘의 구름에 '투사'한 것들은 분명 여러분과 관련된 것임에 틀림없다.

이것은 로르샤흐 잉크반점 검사 그리고 주제 통각 검사(TAT)와 같은 투사 검사의 이면에 있는 기본 개념이다. 이 장에서 우리는 이러한 검사에 초점을 맞출 것이다. 왜냐하면 이러한 검사들은 정신역동 이론과 관련된 성격을 검사하는 기법이기 때문이다. 투사 검사는 애매모호한 자극을 사용하여 매우 개인적인 반응을 이끌어내는데, 검사 결과는 임상가에 의해 분석된다. 이 장에서는 또한 프로이트가 그의 내담자들에게 나타난 증상들을 설명 또는 이해하려는 시도와 체계적인 치료법 개발에 쏟은 노력에 대해 살펴볼 것이다. 프로이트의 사상에 도전한 다른 정신역동 이론가들의 이론들을 포함한 최근 정신분석 이론들을 살펴본 후 비판적 평가와 요약으로 넘어갈 것이다.

111

이 장에서 다룰 질문

1. 정신역동적 관점에서 성격이 어떻게 평가되는가?
2. 정신분석가에 따르면 정신 병리의 원인은 무엇이고 심리적으로 고통받는 사람을 치료하는 가장 좋은 방법은 무엇인가?
3. 프로이트의 초기 추종자들이 그의 접근으로부터 떨어져 나간 이유는 무엇이며 그들은 어떠한 새로운 이론적 사상을 전개해 나갔는가?
4. 프로이트의 업적에서 영감을 얻은 최근 성격심리 분야의 연구는 무엇이며 프로이트의 정신분석 이론에 대해 최근의 과학 연구 결과들이 암시하는 바는 무엇인가?

제3장에서 여러분은 성격에 대한 프로이트의 정신분석학적 이론을 정의하는 개념들에 대해 배웠다. 이 장에서는 이러한 개념을 통해 무엇을 할 수 있는지에 대해 알게 될 것이다. 이 장은 정신분석학의 이론적 사상이 어떻게 성격 측정 및 치료 상황에서의 심리적 변화와 관련된 실제적인 문제에 적용될 수 있는지를 다룬다.

여러분은 또한 프로이트의 사상 그 자체에 대해 '무엇을 할 수 있는지'에 대해서도 알게 될 것이다. 20세기 동안 일련의 심리학자들은 프로이트의 사상을 그대로 적용하기보다 그것을 바꾸는 것이 더 좋을 것이라고 판단하였다. 이러한 이론가들은 프로이트의 핵심 사상 중 일부(특히 내적인 정신적 역동 또는 '정신역동')는 간직한 반면 그 외의 이론에 대해서는 대폭 수정하거나 확장하였다. 이 장의 두 번째 목표는 이러한 프로이트 이후의 정신역동 이론에 대해 개관하는 것이다. 여기에는 신경정신분석이라고 알려진 최신의 이론적 접근이 포함된다.

이 장의 세 번째 목표는 최신 연구들과 관련되어 있다. 이 장에서는 제3장에서보다 정신역동 과정에 대한 최신 연구들을 더 많이 살펴볼 것이다. 이 장의 말미에서는 최신 연구 결과의 관점에서 프로이트의 정신분석적 관점에 대해 평가할 것이다.

정신역동적 성격 평가 : 투사 검사

우리는 성격 이론과 임상 현장 둘 다의 핵심 도전과제인 심리 평가에서부터 시작할 것이다. 이 과제는 개인이 경험하고 있는 심리적 고통의 원인을 포함한 개인의 성격 본질을 파악할 수 있는 방법을 개발하는 것이다. 이상적으로 이 방법에는 두 가지 특성이 수반되어야 한다. 첫 번째는 당연히 그것이 정확하고 타당해야 한다는 것이다(제2장에서 제시된 타당도에 대한 논의를 기억하라). 두 번째 것은 조금 덜 명시적인데, 그것은 평가 과정이 빠르고 효율적이어야 한다는 것이다. 임상가는 때론 치료적 접근에 대한 예비적 결정을 하기 위해 내담자의 성격에 대한 신속한 통찰을 구해야 할 필요가 있다.

이러한 과제가 정신분석적 관점에서 얼마나 어려운 도전과제인지 생각해 보자. 어떤 사람의 성격을 평가해야 한다면 여러분은 어떻게 할 것인가? 물론 그 사람에게 정신분석적 내용에 대해 '그냥 물어보는 것'은 적절하지 않다. 예컨대 "여러분은 여러분의 어머니와 섹스를 하기 위해 얼마나 자주 여러분의 아버지를 죽일 생각을 하나요?"와 같은 직접적인 질문은 적어도 두 가지 이유에서 어처구니없는 질문이다. 첫째는 응답자는 그 질문에 전혀 대답할 수 없고(그 질문과 관련된 내용은 무의식적이며 그것에 대해 언급하는 것만으로도 그 내용이 의식에 도달하는 것을 막는 방어 기제를 촉발시킨다), 둘째는 사람이 그러한 질문에 대해 대답할 수 있다고 해도 대답하는 것을 꺼려 할 것이기 때문이다. 즉 대부분의 사람들이 자신의 성격의 그러한 면모를 드러내고 싶어 하지 않기 때문이다.

프로이트는 이 도전과제에 대해 자유연상 기법을 평가도구로 사용하여 접근하였다. 하지만 만약 그것의 타당성을 가정한다고 해도 이러한 자유연상 기법은 효율성의 목적을 달성하지 못한다. 내담자가 자유연상에서 깊이 숨겨진 갈등을 드러낼 정도로 굳건한 내담자-치료자 관계를 발달시키려면 적어도 몇 주 또는 몇 달이 걸릴 수 있다.

프로이트의 이론에 감명받은 연구자들은 이러한 현실적 측면을 감안하여 새로운 평가 방법을 창안하였다. 이러한 절차 중 가장 영향력 있는 것은 투사 검사로 알려져 있다.

투사 검사의 논리

투사 검사projective test의 전형적인 특징은 검사 문항들의 모호성에 있다. 평가받는 대상은 일련의 모호한 검사 문항 각각에 대해 응답하도록 요구된다. 문항에 답하기 위해 응답자는 그것을 해석해야 한다. 즉 응 답자는 검사 문항이 무엇처럼 보이거나 무엇을 의미하는지 생각해야 한다. 투사 검사 속의 근본적인 논리는 자극에 대한 응답자의 해석이 응답자의 성격을 드러낸다는 것이다. 즉 응답자가 검사 문항을 해석할 때 그의 성격 측면들을 그것에 '투사' 한다(투사 검사라고 하는 이유가 여기에 있다).

이렇듯 모호한 검사 문항의 사용은 다른 더 전형적인 심리적 질문지 또는 설문과는 매우 다르다. 질문지에 대한 검사 문항을 기술할 때에 심리학자들은 보통 명확성을 위해 노력한다. "사물을 좋아하십니까?"와 같이 너무 모호한 질문은 보통 형편없는 문항으로 여겨진다. 이러한 질문에 대해 "도대체 어떤 사물 말입니까?"라고 응답자가 반문할 것이다. 하지만 투사적 평가에서는 모호성이 바로 그 검사의 핵심 원리이다. 응답자들이 어떻게 불명확한 자극에서 의미를 만들어 내는지가 심리학자들의 주된 관심사이다.

물론 문항들에 대한 대답 그 자체에 대해 심리학자들이 관심을 갖는 것은 아니다. 검사 문항에 대한 대답들은 오로지 개인의 전형적인 사고방식을 드러낼 수 있기 때문에 흥미로운 것이고, 사고방식은 기저의 무의식적인 정신역동을 드러낼 수 있기 때문에 여기에 관심을 갖는 것이다. 따라서 투사 검사를 사용하는 것의 핵심 가정은, 심리학자와 함께 하는 검사 시간에서 나타나는 검사 문항에 대한 개인의 해석은 그 사람의 일상적인 생활에서 일어나는

투사 검사
일반적으로 응답자들에게 제시되는 애매모호한 자극에 대한 독특한 반응을 토대로 그들의 성격을 유추하는 검사(로르샤흐 잉크반점 검사, 주제 통각 검사)

전형적으로 모호한 상황에 대해 어떻게 해석하는지를 보여준다는 것이다.

특히 광범위하게 사용되고 있는 두 개의 투사 검사는 로르샤흐 잉크반점 검사와 주제 통각 검사Thematic Apperception Test(TAT)이다. 프로이트에 의해 개발되지는 않았지만 이러한 검사들은 세 가지 측면에서 정신분석 이론과 매우 밀접한 관련성이 있다.

1. 정신분석 이론은 성격 기능의 복잡한 조직화를 강조한다. 그 이론은 성격을 역동적인 체계로 보며 그것을 통해 개인이 외부의 자극을 조직화하고 구조화한다고 제안한다. 투사 검사의 절차는 사람들로 하여금 그들이 검사 자극을 해석하면서 복잡한 방식으로 반응하는 것을 가능하게 한다. 사람들은 검사 문항에 대해 단순히 '예' 또는 '아니요'라고 대답하지 않는다. 대신 그들은 자신의 반응을 스스로 만들어 낸다. 따라서 평가자는 정신역동적 관점에서 요구된 바대로 복잡한 사고 패턴에 대해 관찰할 수 있다.

2. 정신분석 이론은 무의식과 방어 기제의 중요성에 대해 강조한다. 투사 검사에서 검사의 목적과 반응에 대한 해석 방법은 응답자에게서 가려져 있다. 따라서 검사는 응답자의 방어를 넘어설 수 있다.

3. 정신분석 이론은 성격의 전체적인 이해를 강조한다. 이론가는 사람의 부분들 간의 상호 관계에 대해 관심을 갖는다. 투사 검사는 개인의 전체적인 해석을 용이하게 만든다. 각 문항에 대한 대답을 개별적인 성격 특성에 대한 지표로 해석하는 것이 아니라 반응의 전체적인 패턴화와 조직화에 따라 채점한다.

로르샤흐 잉크반점 검사

잉크반점은 그전부터 사용되어 왔지만, 성격 평가에 반점을 적용하는 가능성을 제일 먼저 온전하게 깨달은 것은 스위스의 정신과 의사인 헤르만 로르샤흐였다. 로르샤흐는 잉크를 종이에 흘린 뒤에 종이를 반으로 접어서 대칭적이지만 뚜렷한 형태가 없는 형상을 만들어 내었다. 그 후 그는 그런 형상들을 입원 환자들에게 보여주었다.

여러 시행착오를 거쳐 그는 상이한 정신 질환 집단에게서 서로 다른 반응을 얻을 수 있는 잉크반점을 확정하였다. 로르샤흐는 열 개의 이러한 잉크반점 카드를 최종적으로 뽑아내었고, 따라서 검사도 이러한 형상을 지닌 열 개의 카드로 구성되어 있다.

로르샤흐 검사를 실시할 때 검사자는 단지 응답자가 과제를 완수할 수 있을 만큼의 정보만을 제공한다. 검사는 '최근에 사람들에 대해 이해하기 위해 사용되는 많은 방법 중 하나'로 제시된다. 사람들은 각각의 카드를 보고 그 카드에서 제시되는 것이 무엇으로 보이는지 말하도록 요구받는다. 그들은 자유롭게 전체의 형상 또는 잉크반점의 일부에만 초점을 둘 수 있다. 응답자가 자극에 대한 해석을 말한 후에 검사자는 왜 그런 문항에 대해 그렇게 느꼈는지를 응답자에게 질문한다. 모든 반응은 기록된다.

이러한 반응들을 해석하는 데 있어 주된 관심사는 그 반응, 또는 지각이 어떻게 형성되었으며 그 반응이 나타난 이유는 무엇인지 그리고 그 내용은 무엇인지에 있다. 잉크반점의 구조와 일치하는 지각은 현실지향적인 양호한 수준의 심리적 기능을 암시하는 반면, 잉크반점의 구조와 부합하지 않고 잘 조직화되어 있지 않은 반응은 비현실적인 공상 또는 기괴한 행동을 암시한다. 응답자의 반응 내용(대부분 살아 움직이거나 또는 움직이지 않는 물체, 인간 또는 동물, 혹은 애정 또는 공격성을 표현하는 내용을 보는 것)은 응답자의 성격을 해석하는 데 있어 매우 큰 차이를 만들어 낸다. 예컨대 검사자는 두 개의 반응(동물들이 반복적으로 싸우는 것으로 보는 것과 인간들이 서로 나누고 협동적인 노력에 참여하는 것으로 보는 것)에 대해 다른 해석을 할 것이다.

내용은 상징적으로 해석될 수 있다. 폭발은 강렬한 공격성을 상징할 수 있으며 돼지는 게으른 성향, 여우는 약삭빠르고 공격적인 성향, 거미, 마녀, 그리고 문어는 지배적인 어머니에 대한 부정적인 형상, 고릴라와 거인은 지배적인 아버지에 대한 부정적인 태도, 그리고 타조는 갈등으로부터 숨으려는 시도를 상징할 수 있다(Schafer, 1954).

검사 반응을 해석할 때 각 반응은 개인의 성격에 대한 가설 또는 잠재적 해석을 제안하는 데 사용되며 가설들은 개인의 다른 반응을 토대로 검증된다. 검사자는 또한 검사 시 나타나는 이상한 행동들을 기록하여 추가적인 해석을 위한 자료로 사용한다. 예컨대 검사 진행 방법에 대해 계속해서 검사자의 도움을 요청하는 응답자에게는 의존성이 높다는 해석이 적용될 수 있다. 경직되어 있는 듯 보이고 조심스럽게 질문하며, 카드의 뒷면을 살펴보는 응답자는 의심이 많거나 편집증이 있는 것으로 해석될 수 있다.

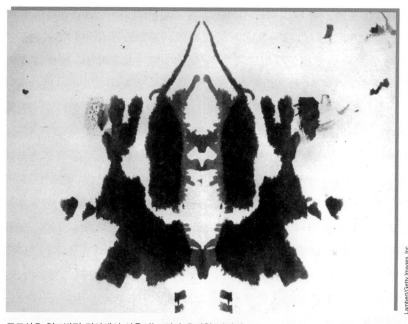

로르샤흐 잉크반점 검사에서 사용되는 것과 유사한 이미지

로르샤흐 잉크반점 검사 : 로르샤흐 검사의 해석가는 대상의 성격이 잉크반점과 같은 구조화되지 않은 자극에 투영된다고 가정한다.

주제 통각 검사

두 번째로 가장 널리 사용되고 있는 검사는 헨리 머리와 크리스티아나 모건에 의해 개발된 주제 통각 검사(TAT)이다. TAT는 상황적 배경이 있는 카드로 구성되어 있다. 대부분의 상황에는 한 명 또는 두 명의 인물이 있고, 일부는 그보다 더 추상적이기도 하다. 검사자는 이러한 모호한 배경의 카드를 하나씩 제시하고, 각각의 배경을 토대로 이야기를 만들어 보라고 요청한다. 그 이야기에는 그 상황에서 일어나고 있는 일, 그 상황에 있는 인물들의 생각과 느낌, 이러한 상황의 배후에 있었던 사건들, 그리고 결과가 포함된다.

이러한 배경들이 모호하기 때문에 그 자극을 해석할 때에 개인의 성격이 그 자극에 투사될 수 있으며 이야기를 통해서 드러날 수 있다. "이 검사는 사람들이 모호한 사회적 상황을 해석할 때에 그들은 주의를 기울이고 있는 상황과 더불어 자신의 성격에 대해 노출시킬 가능성이 크다는 매우 잘 알려진 사실에 근거하고 있다"(Murray, 1938, p. 530). 이 검사의 가정은 사람들이 그림에 대해 이야기를 꾸미고 있을 때에 정작 자신에 대해 이야기하고 있다는 것을 의식하지 못한다는 것이다. 따라서 그들의 방어를 지나칠 수 있는 것이다. TAT 반응은 헨리 머리가 개발한 양식에 따라 체계적으로 채점되거나 또는 인상적인 기준을 토대로 해석될 수 있다.

TAT는 임상 장면에서뿐만 아니라 특히 인간의 동기와 관련된 실험 연구에서도 사용되었

다. 심리학자 데이비드 맥클랜드와 동료들(1989)은 성취 동기와 같은 동기의 개인차는 연구
참여자들이 TAT 그림에 대한 반응으로 만들어 내는 이야기 주제를 통해 독특한 방식으로
드러난다고 지적하였다. 제3장에서 언급되었듯이 TAT와 같은 자극을 통해 측정된 동기(암
묵적 동기)들은 상이하게 채점되며 자기보고 질문지를 통해 측정되는 동기(명시적 동기)들
과는 다른 행동들을 예측한다(Schultheiss, 2008).

투사 검사 : 과연 효과적인가?

투사 검사는 지난 반세기 동안 성격 및 임상심리학자들 사이에서 광범위하게 사용되어 왔
다. 이러한 검사를 받은 사람의 수는 실제로 수백만 명에 달한다(Lilienfeld, Wood, & Garb,
2000). 이렇게 오랜 기간 동안 널리 사용된 사실을 고려할 때 자연스럽게 들 수 있는 의문은
'이 검사들이 과연 효과적인가?'이다.

심리 검사의 맥락에서 '효과적'이라는 것은 일반적으로 '그것들이 중요한 삶의 결과를 예
측하는가?'를 의미한다. 제2장에서 제시한 용어를 들자면, 문제의 요지는 검사가 '타당'한지
이다. 이것은 생각보다 복잡한 문제인데, 적어도 두 가지 어려움이 있다. 첫 번째는 투사 검
사가 특정한 유형의 결과만 예측하고 다른 결과는 예측하지 못할 수 있다는 것이다. '투사
검사가 과연 효과적인가?'라는 질문에 대해 단순히 '예/아니요' 식의 답을 하는 것이 불가능
할 수 있는데, 투사 검사가 단지 특정한 유형의 결과만을 예측하는 데 있어 효과적이거나 타
당할 수 있기 때문이다. 두 번째는 투사 검사를 채점하는 상이한 방식이 존재한다는 점이다.
세월이 지나면서 여러 심리학자들이 투사 검사에서 나오는 사람들의 반응을 해석하고 분류
하는 상이한 체계를 개발하였다(Exner, 1986; Westen, 1990). 따라서 특정 체계가 다른 체계
보다 상대적으로 더 효과적일 수 있는 가능성이 존재한다.

이와 같은 복잡성은 단지 한두 개의 연구만을 고려해서 투사 검사가 효과적인지에 대한
질문에 대답할 수 없다는 것을 암시한다. 그보다 다양한 채점 체계와 심리학자가 예측하고
자 하는 결과 영역에 대한 포괄적인 개관이 필요하다. 이러한 포괄적이고 광범위한 개관 연
구가 릴리엔펠드와 동료들(2000)에 의해 수행되었다. 이 연구자들은 투사 검사의 타당성 평
가에 수반된 복잡성에 주목하였다. 그들은 로르샤흐와 TAT를 포함한 다양한 투사 검사와
이에 적용된 다양한 채점 방식에 대한 연구를 조사하였다.

조사 결과는 무엇이었을까? 한 측면에서는 일부 채점 방식이 특정한 목표를 위해 타
당하다는 것이 그들의 연구를 통해 밝혀졌다. 예컨대 맥클랜드(McClelland, Koestner, &
Weinberger, 1989)가 제안한 바대로 TAT 이야기에 성취 동기와 관련된 주제가 포함되어 있
는지에 따라 채점될 경우, TAT 반응들이 동기적 행동의 측정치들과 상관이 있다는 단서가
있다. 하지만 이러한 긍정적인 결과는 보편적이기보다는 예외적이다. 릴리엔펠드와 동료들
(2000)의 개관 연구에서는 투사 검사법이 일반적으로 효과적이지 못하다는 결과를 얻었다.
예컨대 로르샤흐 반응을 채점하는 방식이 다양하지만 어떤 선택을 하든 큰 차이가 없다는

결론을 내렸다. 즉, '로르샤흐 지표의 상당수'가 관심사가 되는 결과와 일관된 관련성을 보이지 않았다(Lilienfeld et al., 2000, p. 54). 또한 TAT 반응의 성취와 관련된 주제를 채점하는 방법이 부분적으로 타당할 수 있지만 '대부분의 TAT 채점 체계'는 로르샤흐 체계와 마찬가지로 타당성이 부족하였다(p. 54).

투사 검사의 타당성에 대한 이러한 부정적인 결론은 투사 검사에 대한 연구들을 객관적으로 살펴본 후 투사 검사들이 임상적 치료 현장에서 사용될 만큼 효과적이지 못하다는 것을 발견한 다른 여러 학자들이 내린 결론과 일치한다(Dawes, 1994; Rorer, 1990). 릴리엔펠드의 연구 집단(2000)은 심리학 전공생들이 더 이상 이러한 검사를 위한 장기적인 훈련 과정을 수료할 필요가 없으며, 미국심리학회의 한 위원회에서도 투사 검사들이 21세기의 심리학 전문가 교육에 포함되지 말아야 한다는 점에 동의한 바 있다는 점을 지적한다.

왜 투사 검사가 그리 효과적이지 못한가? 혹은 왜 투사 검사가 심리학자로 하여금 높은 수준의 정확도로 삶의 결과를 예측하는 데 거의 도움이 되지 못하는가? 여러 가지 가능한 이유가 있지만, 두 가지 이유가 가장 두드러진다. 그 첫째는 평가자 간 신뢰도의 문제이다. 만약 두 명의 심리학자들(평가자)이 투사 검사에 대한 반응을 채점한다면 그 둘은 서로 일치할까?(신뢰할 수 있는 평가일까?)

표준적인 질문지를 사용하는 경우, 채점 방식의 신뢰도는 당연한 것으로 받아들일 수 있다. 예컨대, 보기가 주어지는 사지선다형 설문지의 경우 사람이나 기계가 완벽한 정확도를 가지고 채점할 수 있다. 하지만 투사 검사의 경우, 심리학자는 단순히 사지선다형 응답을 다루는 것이 아니라 해석을 필요로 하는 복잡한 언어적 진술을 다뤄야 한다. 심리학자의 해석은 단지 검사를 받는 사람의 생각뿐만 아니라 채점을 하고 있는 심리학자의 생각 또한 반영할 수 있다. 심리학자의 사고, 느낌, 해석의 편향은 검사의 채점에 영향을 줄 수 있다. 만약 다른 심리학자들이 상이한 해석적 편향을 지니고 있다면 평가자 간 신뢰도는 낮을 것이다. 연구 결과는 투사 검사에서 이러한 문제가 종종 일어나고 있다고 밝히고 있다. 채점에 대한 평가자 간 신뢰도는 충분하게 높지 않다. 심지어 가장 잘 개발된 로르샤흐 채점 체계를 사용하더라도 로르샤흐 변인들 중 '단지 절반'만이 '수용 가능한 최소한의 수준'의 신뢰도에 도달했다(Lilienfeld et al., 2000, p. 33). 다른 심리학자들이 사람의 검사 반응을 어떤 식으로 채점해야 하는지에 대해 동의하지 않는다면, 당연히 그들이 계산한 점수를 토대로 사람의 행동을 정확하게 예측하기 힘들 것이다.

두 번째 한계는 투사 검사 문항들의 내용이 일반적으로 응답자의 일상생활의 내용과는 딱히 관련성이 없다는 점이다. 예를 들면 개인이 호감을 느끼는 이성과의 관계에 대해 생각할 경우 개인 특유의 사고 유형을 보일 수 있다. 이성을 나타내는 자극을 포함하는 심리 검사는 이러한 사고 유형을 포착해 낼 수 있다. 반면, 추상적인 잉크반점을 볼 때 사람들의 사고 유형이 자발적으로 드러날 것이라는 보장은 없다. 몇 안 되는 성공적인 투사 검사는 '평가되고 있는 개념과 특히 관련성이 높은 자극'을 사용하는 경향이 있다(Lilienfeld et al., 2000, p.

55). 예컨대 대인관계에 대한 사람들의 생각에 관심을 갖고 있는 연구자들은 대인관계의 주제를 나타내는 TAT 자극을 사용할 수 있다(Westen, 1991). 하지만 이것이 일반적인 일은 아니다. 대신 맥락은 흔히 무시되었고, 많고 다양한 맥락에서의 개인의 생각과 감정에 대해 예측하기 위해 단지 일상적인 자극 재료 세트(예 : 로르샤흐 카드 세트)가 사용되고 있다. 그리고 바로 그 지점에서 예측이 빈번하게 빗나가는 것이다. 이후의 장에서 보게 되겠지만 다른 성격 이론들은 이러한 사회적 맥락과 같이 매우 예민한 문제를 정신역동 이론의 투사 검사보다 더 잘 다룰 수 있는 검사 절차를 사용한다.

이와 같은 투사 검사의 한계가 성격에 대한 프로이트의 정신분석 이론에 주는 함의는 무엇인가? 일부에서는 함의하는 바가 별로 없다고 할 것이다. 프로이트를 평가하는 데 있어 프로이트 자신이 투사 검사를 개발하거나 사용한 적이 없다는 것을 기억할 필요가 있다. 그는 임상적 면담에서 전적으로 자유연상 기법에 의존하였다. 따라서 그의 추종자들이 개발한 검사 절차에 문제가 있더라도 프로이트의 이론 자체는 괜찮은 것일 수 있다. 하지만 성격 이론가들의 목표 중 하나는 높은 수준의 신뢰도와 타당도를 지닌 심리 검사의 개발에 영감을 줄 수 있는 지침을 제공하는 것이다. 여러 강점과는 무관하게 일반적으로 정신분석은 이러한 목표에 도달하는 데 있어 실패하였다. 앞으로 검사 방법의 타당도가 향상되어 앞서 제기된 비판에 대한 해답을 제시할 가능성이 있지만(Lilienfeld et al., 2000), 심리 검사와 예측력을 정신역동의 전통적 강점으로 볼 수 없다는 것에는 의심할 여지가 없다.

정신 병리

프로이트는 그의 전문가로서의 시간을 대부분 신경증 환자를 치료하는 데 할애하였다. 그는 신경증 환자들의 심리적 과정이 신경증이 없고 치료를 받고 있지 않는 사람들의 심리적 과정과 기본적으로 유사하다고 결론지었다. 신경증은 수준과 유형만 다를 뿐이지 모든 사람들이 지니고 있다고 그는 생각하였다. 따라서 정신병의 발달, 일차 심리적 역동, 그리고 치료 등에 대한 프로이트의 분석은 그의 일반적인 성격 이론의 필수적인 요소이다.

성격 유형

정신병에 대한 프로이트 분석의 한 측면은 발달이다. 그는 왜 개인이 정신병을 발달시키고 왜 특정 유형의 정신병을 갖게 되는지에 대한 질문에 답을 제시하였다. 이 분석은 이미 이전에 여러분이 배운 사상과 매우 밀접하게 관련되어 있는데, 그것은 바로 프로이트의 심리성적 발달 단계에 대한 이론이다(제3장 참조). 특정 발달 단계에서 개인은 본능의 발달 실패를 경험할 수 있다. 이러한 실패를 **고착**fixation이라고 부른다. 만약 개인이 특정 발달 단계에서 너무 부족한 만족감을 받아서 다음 단계로 넘어가는 것을 두려워하거나, 또는 너무 과도한 만족감을 받아서 다음 단계로 넘어갈 만한 동기가 없다면 고착이 일어난다. 일단 고착이 일

고착
사람의 심리성적 발달의 특정 시점에서 발달적으로 정지되어 있거나 멈춰있는 상태를 나타내는 프로이트의 개념

어나면 개인은 나중에 커서도 특정 초기 단계(즉 고착이 일어난 단계)에 해당하는 것과 동일한 만족감을 얻으려고 할 것이다. 예컨대 구강기에 고착된 개인은 성인이 되어서도 먹는 것이나 마시는 것, 또는 흡연을 통해 구강기적 만족을 추구할 것이다.

고착과 관련된 발달적 현상은 **퇴행**regression이다. 퇴행의 경우 개인은 만족감을 얻은 초기의 형태, 즉 고착이 된 초기 시점으로 되돌아가기를 추구한다. 퇴행은 스트레스 상황에서 자주 일어나며, 따라서 많은 사람이 좌절이나 불안이 심한 기간에만 과식하거나 과음하거나 흡연하기도 한다.

초기 아동기 발달에 세 가지 구분된 단계(구강기, 항문기, 남근기)가 있고, 따라서 고착에 의해 세 가지 성격 유형이 초래될 수 있다(표 4.1).

구강기 발달 단계에서의 고착으로 비롯되는 **구강기적 성격**oral personality 유형은 '자신 속으로', '자신을 향하여', 그리고 '자신을 위해' 사물을 가져오는 주제를 수반한다. 구강기적 성격은 자기애적이며 이는 자신에게만 관심이 있다는 것을 의미한다. 구강기적 성격을 지닌 사람들에게는 타인들이 독립적이며 소중한 존재라는 명확한 의식이 없다. 다른 사람들에 대해 단지 그들이 무엇을 줄 수 있는지(또는 먹여줄 수 있는지)에 따라 생각할 뿐이다. 구강기적 성격은 항상 무엇인가를 요구하는데, 때론 겸손하고 정중하게 부탁하거나 공격적으로 강요하기도 한다.

항문기 발달 단계에서 고착됨으로 인해 비롯되는 **항문기적 성격**anal personality 유형은 아동

퇴행
초기 발달 단계에서 세상과 자신이 상호작용하던 방식으로 되돌아가는 것에 대한 프로이트의 개념

구강기적 성격
구강기의 고착을 나타내며, 무엇인가를 삼키거나 누군가가 자신을 먹여주기를 바라는 소망을 토대로 세상과 관계를 맺는 성격 유형에 대한 프로이트의 개념

항문기적 성격
항문기의 고착을 나타내며, 권력과 통제력에 대한 소망을 토대로 세상과 관계를 맺는 성격 유형에 대한 프로이트의 개념

Image Source / Getty Images

왜 흡연하는가? 프로이트의 이론에 따르면 구강기 발달 단계에서의 고착은 평생 동안 자신 속으로, 자신을 향하여, 그리고 자신을 위해 사물을 가져오는 패턴을 만들어 낼 수 있다.

표 4.1 정신분석학적 성격 유형과 연관된 성격 특성

성격 유형	성격 특성
구강기	강요적인, 성마른, 시기하는, 탐내는, 질투하는, 분노하는, 우울한(공허한), 의심하는, 부정적인
항문기	경직된, 힘과 권력을 위해 애쓰는, 당위성에 대해 걱정하는, 쾌락과 소유물, 낭비와 통제력 상실에 대해 불안해하는, 순종과 반항 간에 걱정하는
남근기	남성 : 주목받는 것을 좋아하는, 경쟁적인, 성공을 위해 애쓰는, 강한 남성성을 강조하는 여성 : 순진한, 매혹적인, 주목받는 것을 좋아하는, 유혹하는

기 시절의 항문의 충동에 대한 만족감의 변화를 반영한다. 일반적으로 항문기적 인격의 특질은 아직 완전히 벗어나지 못한 항문기 과정과 관련되어 있다. 그 단계의 중요한 과정은 신체적 과정(변의 축적과 배출)과 대인관계(용변 교육에서의 힘겨루기)이다. 이 둘을 서로 엮으면 항문기적 사람은 배설물을 거대한 힘의 상징으로 본다는 것을 추론할 수 있다. 이러한 관점이 지금까지 남아있다는 것을 많은 일상적인 표현에서 확인할 수 있다(영어에서 변기는 은유적으로 '왕좌'라고 불리기도 한다). 구강기에서 항문기 성격으로 변하는 것은 '나에게 ~을 달라'에서 '내가 시키는 대로 하라', 혹은 '너에게 ~을 줘야 한다'에서 '네가 시키는 대로 해야 한다'로 바뀌는 것이다. 항문기적 성격은 항문기 삼제라고 불리는 세 가지 특질을 수반한다. 그것은 질서정연함 또는 청결함, 알뜰함 또는 인색함, 그리고 완고함이다. 청결함에 대한 강조는 "청결함은 신성함 다음이다."라는 속담을 통해 표현된다. 항문-강박적 성격은 모든 것을 청결하고 질서정연하게 유지해야 하는 필요를 느끼고, 그것은 더럽고 뒤죽박죽된 사물들에 대한 관심이 반동 형성으로 나타나는 것이다. 삼제의 두 번째 특질인 알뜰함/인색함은 강력하고 중요한 배설물을 보관하고 싶은 소망에서 비롯되는 사물에 대한 항문-강박적 집착과 관련되어 있다. 삼제의 세 번째 특질인 완고함은 특히 타인의 지시에 따라 배설물을 배출하는 것에 대한 항문기 성격의 유아적 반항심을 나타낸다. 용변 교육과 힘겨루기를 한 시점에서부터 항문기적 성격은 종종 사물에 대한 통제권을 쥐고 다른 사람들에 대해 권력과 지배력을 행사하려고 한다.

구강기와 항문기적 성격 유형이 처음 두 개의 발달 단계에서의 고착을 반영한 것과 마찬가지로 **남근기적 성격** phallic personality은 남근기의 오이디푸스 콤플렉스에서의 고착으로 인해 유발된다. 여기서의 고착은 남성과 여성에게 다른 함의를 갖는데, 특히 남성의 부분 고착의 결과에 대해 많은 관심이 주어졌다. 구강기적 성격을 지닌 사람에게 성공은 '나는 ~을 얻는다', 그리고 항문기적 성격을 지닌 사람에게 성공은 '나는 ~을 통제한다'를 의미하는 반면, 남근기적 성격을 지닌 남성에게 성공은 곧 '나는 남성이다'를 의미한다. 남근기적 남성은 그가 거세당했다는 그 어떠한 암시도 부인해야 한다. 즉 그에게 성공이란 다른 사람들의 눈에 '크게' 보이는 것이다. 그는 항상 그의 남성성과 힘을 과시해야 하고, 이러한 태도는 시어도어 루스벨트 대통령의 "부드럽게 말하되 큰 몽둥이를 지니고 다녀라."라는 명언에서 잘 예

남근기적 성격
남근기의 고착을 나타내며, 타인과의 경쟁에서 이기기 위해 고군분투하는 성격 유형에 대한 프로이트의 개념

시되었다. 이러한 사람들의 과도하고 과시적인 특성을 지닌 행동들은 기저의 거세에 대한 불안을 잘 나타내고 있다.

남성의 남근기적 성격과 대칭적인 여성의 성격 유형은 히스테리성 성격이다. 오이디푸스적 소망으로부터 방어하기 위해 여아는 어머니와 여성성에 과도하게 동일시한다. 그녀는 아버지의 관심을 지속적으로 끌기 위해 유혹적이며 유희적인 행동을 하지만 성적인 의도에 대해서는 부인한다. 이러한 행동 양상은 성인이 되어서도 이어지며 유희적인 행동을 통해 남성에게서 관심을 끌지만 성적인 의도는 부인하면서 일반적으로 순진한 것처럼 보일 수 있다. 히스테리성 여성은 인생, 그들의 파트너, 그리고 로맨틱한 사랑을 이상화하며 종종 인생에 있어 험악한 순간들로 인해 당혹스러워하기도 한다.

갈등과 방어

정신분석 이론은 정신 병리가 초기 발달 단계에서 고착된 본능을 충족시키려는 개인의 노력에서 비롯된다고 제안한다. 즉 개인이 여전히 유아기적 형태로 성적 그리고 공격적 만족감을 추구하기 때문이다. 문제는 이러한 잠재적 만족감이 오이디푸스적 욕구를 표현하지 못한 것과 같은 과거의 외상 경험과 관련되어 있다는 것이다. 따라서 소망을 표현하는 것은 자아에게는 위험 신호일 수 있다. 그리고 그것은 불안을 초래한다. 여기에 갈등이 있는 것이다. 즉 특정 소망과 잠재적 행동이 쾌락과 고통 둘 다와 연결되어 있다. 여러분은 성적 행동에 빠져들고 싶을 수 있지만, 죄책감이나 처벌에 대한 공포로 인해 이러한 욕망이 차단되는 것을 느낄 수 있다. 또는 여러분이 (여러분의 부모를 상징하는) 강력한 그 누군가에 대항하기를 소망할 수 있지만 (여러분의 부모를 상징하는) 그 누군가의 응징에 대한 불안 때문에 여러분의 양심을 억누르는 경험을 할 수 있다. 이런 모든 경우에서 소망과 불안 사이에 정신적인 갈등이 존재한다. 종종 그 결과 개인은 '아니다'라고 말하거나 강력하게 자기주장을 펼칠 수 없고, 막혀있고 불행하다는 느낌을 받게 된다(표 4.2).

표 4.2 정신 병리에 대한 정신분석 이론

갈등의 예시		방어 기제의 행동 결과
소망	불안	방어
저 사람과 섹스하고 싶어.	그런 감정은 나쁜 것이고 벌 받을 거야.	모든 성적 행동을 부인, 타인의 성적 행동에 대해 강박적으로 몰두함
나에게 열등감을 느끼게 하는 모든 사람들에게 화내고 싶어.	내가 적대적으로 행동하면 그들이 보복하고 정말 나를 해칠 거야.	소망이나 공포를 부인 : "나는 전혀 분노를 느끼지 않아.", "나는 누구든, 무엇이든 전혀 무서워하지 않아."
사람들과 친해져서 그들이 나를 먹여주거나 보살펴 주면 좋겠어.	내가 그들과 친해진다면 그들이 나를 숨막히게 간섭하거나 나를 떠날거야.	사람들과 친해지는 것에 대한 과도한 의존과 회피 또는 사람들에게 다가가는 것과 멀어지는 것 간에 기복이 심함, 다른 사람들을 돌보는 것에 대한 과도한 욕구

불안의 고통스러운 경험을 줄이기 위해 방어 기제가 사용된다(제3장 참조). 예컨대 성적이거나 공격적인 감정을 부인하거나 타인에게 투사할 수 있다. 만약 방어가 성공적이라면 그 사람은 더 이상 그 감정을 자신의 것으로 인식하지 않고, 따라서 불안을 덜 느끼게 된다. 방어가 성공적이지 않은 경우, 무의식적인 성적 또는 공격적 추동과 관련된 에너지가 병리적 **증상**symptom으로 나타날 수 있다. 틱, 심인성 마비, 또는 강박증과 같은 증상은 억제된 충동의 위장된 표현이다. 증상의 의미, 본능의 위험한 본질, 그리고 방어의 본질 모두 다 무의식 속에 남아있다. 어머니가 자녀에게 무엇인가 끔찍한 일이 일어날 것이라는 생각에 대해 집착하는 것은 그녀도 의식하지 못한 채 마음속 깊이 깔려있는 자녀에 대한 자신의 분노와 그녀 자신이 저지를 수 있는 위해에 대한 불안에서 비롯될 수 있다. 손을 씻는 강박증은 더러워지고 싶다는 소망과 '부정한' 행동을 하고 싶다는 소망 둘 다의 표현일 수 있으며, 이러한 소망에 대한 방어는 청결에 대한 과도한 집착으로 나타날 수 있다. 물론 여기서도 마찬가지로 소망 또는 방어에 대한 의식이 없을 수 있고, 단지 증상으로 인해 고통받을 수 있다.

정신 병리에 대한 정신분석 이론을 요약하자면, 정신 병리에는 추동 또는 소망(본능)과 만약 소망이 표현(방출)된다면 위험이 뒤따를 것이라는 자아의 느낌(불안) 간의 갈등이 존재한다. 이러한 소망은 아동기에서부터 시작된다. 아동기의 특정 시기의 일부였던 소망과 공포가 청소년기와 성인기까지 이어진 것이다. 개인은 정신적인 갈등에서 비롯되는 고통스러운 불안을 방어 기제를 통해 다루려고 노력한다. 만약 갈등이 너무 크면 방어 기제의 사용은 신경증적 증상 또는 현실로부터의 정신병적 철회를 초래할 수 있다. 증상들은 소망 또는 추동과 불안 간 무의식적 갈등의 표현이다. 따라서 비정상적인 행동 하나하나가 아동기 초기에서부터 시작된 소망과 공포 간의 근본적인 갈등으로부터 비롯되는 것이다.

성인기의 문제는 아동기의 양상이 반복되는 것에 있다. 우리에게는 스트레스 상황이나 특정 상황에서 활성화되어 어려움을 줄 수 있는 아동기 시절의 일부 모습이 아직까지 지속적으로 남아있는 것이다.

증상
정신 병리학에서 심리적 갈등 또는 장애가 있는 심리적 기능을 나타내는 용어로, 프로이트에게 이는 억압된 충동의 위장된 표현임

심리적 변화

심리적 변화는 어떻게 일어나는가? 상황에 대해 생각하고 반응하는 방식이 확립된 후에 어떠한 과정을 통해 성격에서의 변화가 일어날 수 있는가? 성장에 대한 정신분석 이론은 인간의 성격 발달에 정상적인 경로가 존재하며, 그것은 적정 수준의 좌절이 있는 경우에 가능하다고 제안한다. 특정 성장 단계에서 부족하거나 너무 과도한 좌절을 경험할 경우, 성격은 정상적으로 발달하지 않으며 고착이 발생한다. 이런 일이 생기면 개인은 다른 상황적 변화에도 불구하고 동일한 행동 양상을 반복하게 된다. 이러한 신경증적인 패턴이 발달되면 어떻게 이러한 악순환을 끊고 앞으로 나아갈 수 있게 될까?

무의식에 대한 통찰 : 자유연상과 꿈의 해석

자유연상
정신분석에서 내담자가 분석
가에게 마음속에 떠오르는
모든 사고를 보고하는 것

치료 장면에서 첫 번째 도전과제는 내담자의 정신역동적 문제에 대한 통찰을 얻는 것이다. 제3장에서 배웠듯이 프로이트는 그것을 달성하기 위해 **자유연상**free association 기법을 사용하였다. 분석가는 내담자에게 마음에 떠오르는 모든 생각들을 이야기하고, 아무것도 망설이지 말고, 아무것도 숨기지 말고, 의식화되는 그 어떤 것도 막지 말도록 요청한다. 프로이트는 자유연상을 일상적인 경험뿐만 아니라 꿈속에서 일어난 내용과도 연결시키는 것에 관심을 가졌다. 제3장에서 논의한 바와 같이 꿈은 무의식적 욕망에 대한 통찰을 제공한다. 자유연상 기법을 통해 분석가와 내담자는 꿈의 표면적 내용에서 시작해서 꿈의 줄거리가 표현하는 숨겨진 무의식적 소망과 같은 잠재된 내용에 도달할 수 있다.

초기에 프로이트는 무의식을 의식화하는 것만으로도 변화를 불러일으키고 치료하기에 충분할 것이라고 생각했다. 그것은 억압된 기억들이 병의 근원이라는 그의 원래 신념과 일치하는 것이었다. 하지만 프로이트는 점차 단순한 기억의 회복 이상의 것이 필요함을 깨닫게 되었다. 내담자들은 그들의 소망과 갈등에 대한 정서적 통찰을 얻는 것을 필요로 하였다. 정신분석에서의 치료적 변화 과정은 따라서 이전에 의식하지 못했던 정서와 소망들을 직면하고 이러한 고통스러운 경험에 대해 상대적으로 안전한 환경에서 씨름하는 과정을 수반한다. 만약 정신 병리가 발달 초기 단계에서의 고착과 관련되어 있다면, 정신분석은 개인이 그들의 정상적인 발달을 자유롭게 되찾을 수 있도록 돕는 것이다. 만약 정신 병리가 본능을 틀어막고 방어를 위해 에너지를 사용하는 것을 수반한다면, 정신분석은 성숙하고 죄책감을 느

자유연상 기법에서 내담자는 어렸을 때 느꼈던 부모나 보호자에 대한 태도를 분석가에게 느끼게 되는 전이를 경험할 수 있다.

끼지 않고 덜 경직되고 더 만족감을 주는 활동에 보다 많은 에너지가 할애될 수 있도록 에너지를 재분배하는 것을 포함한다. 만약 정신 병리가 갈등과 방어 기제를 수반한다면, 정신분석은 내담자의 갈등을 줄이고 방어적 과정의 제한으로부터 자유로워지는 것을 도울 것이다. 만약 정신 병리가 무의식과 원초아의 행패로 인해 지배당하고 있는 개인을 수반한다면, 정신분석은 무의식을 의식화하고 이전에 원초아 또는 초자아로부터 지배당하고 있었던 것을 자아의 통제하에 집어넣는 것을 수반한다.

치료적 과정 : 전이

우리는 정신분석학이 치료를, 개인이 신경증이 시작되었을 때 중단되었던 심리적 성장을 재개하고 완성하는 학습 과정으로 보는 것을 확인할 수 있었다. 핵심 과정은 내담자가 과거에는 다룰 수 없었지만 이제는 치료자의 도움으로 처리할 수 있는 초기 감정적 상황에 다시 노출되는 것이다. 이러한 재노출은 **전이**transference로 알려진 심리적 역동의 영향을 받는다.

전이는 내담자가 과거 부모 또는 부모를 대신하는 대상에 대해 갖고 있었던 태도를 토대로 분석가에 대한 태도를 발달시키는 것을 일컫는다. 전이는 일상생활에서도 일어날 수 있다. 예컨대 연구 결과는 개인들이 과거 중요한 사람에 대한 심상이 새로운 대인관계의 해석을 형성할 수 있음을 보여준다(Andersen & Chen, 2002). 하지만 전이는 정신분석적 치료에 특히 중요한 의미를 가진다.

치료적 전이에서 내담자는 자신의 생애 초기에 중요한 대상에게 표현한 태도를 복제하여 정신분석가에게 표현한다. 예컨대 분석가가 상담 내용을 필기해서 나중에 자신을 착취하는 데 사용할 것이라고 느끼는 내담자의 경우, 생애 초기에 가족의 일원에게 처음 경험한 착취에 대한 걱정을 복제한 것일 수 있다. 또는 구강기적 인격은 생애 초기 부모와의 관계가 반복되는 것, 즉 분석가를 '먹여주는' 것과 그에 합당한 보답을 받는 것에 대한 걱정을 표현할 수 있다.

전이는 모든 유형의 치료에서 일어날 수 있다. 하지만 정신분석은 특징적으로 이를 행동 변화를 위한 힘으로 활용한다. 분석 상황의 많은 형식적인 특성이 전이의 발달을 향상시키도록 구조화되어 있다. 내담자가 소파에 눕는 것은 의존적 관계의 발달을 지지한다. (일주일당 5~6회까지 달하는) 빈번하게 진행되는 치료 회기는 내담자의 일상에서 분석가와의 관계의 정서적 중요성을 강화시킨다. 마지막으로 내담자들이 그들의 분석가를 사람으로서 조금밖에 알지 못하면서 그와 매우 가깝게 결속된다는 사실은 그들의 반응이 거의 완벽하게 그들의 신경증적 갈등에서 비롯된 것임을 의미한다. 분석가는 개인이 자신의 소망과 불안을 투사하는 거울 또는 빈 화면으로 남는 것이다.

이러한 정신분석적 특성은 전이적 신경증의 발달을 촉진시킨다. 그리고 내담자는 여기서 그의 해묵은 갈등을 온전하게 재연한다. 그들은 아동기 때 결핍되었던 것을 분석가에게서 얻고자 하는 것처럼 그들의 소망과 불안을 드러낸다. 경쟁적인 관계로부터 벗어날 수 있는 방법을 찾기보다 내담자는 오로지 분석가를 '거세'하려고 할 수 있다. 또한 타인에게 덜 의존하려고 노력하기보다 오히려 분석가가 그들의 모든 의존적 욕구를 충족시키도록 만들려고 할 수 있다. 일단 이러한 일이 일어나면 내담자와 분석가는 원래 유아기적 갈등의 본능 및 방어적 요소들을 살펴볼 수 있게 된다. 변화는 통찰을 통해 내담자가 지적인 수준과 정서적 수준 둘 다에서 그들의 갈등의 본질에 대해 깨달을 때에 비로소 일어난다. 그들은 새로운 관점에서 세상을 다시 바라볼 수 있는 자유를 얻게 되고, 그들의 본능을 성숙하고 갈등에서 자유로운 방식으로 충족시킬 수 있게 된다.

이전에 내담자의 삶에서 얻지 못한 이러한 심리적 이득이 분석적 상황에서 특히 발생하는 이유는 무엇인가? 세 개의 핵심적인 치료적 요인이 존재한다. 첫째는 분석 상황에서의 갈등이 원래 상황보다 덜 강렬하다. 둘째는 분석가가 부모와는 다른 태도를 취한다. 마지막으로 분석을 받는 내담자는 나이가 들었고 더 성숙하며, 그것은 생애 초기에는 미발달된 자아의

예시 사례   ## 꼬마 한스

프로이트의 사례 연구를 살펴보면 프로이트의 성격분석에 대한 깊은 감명을 얻을 수 있다. 프로이트는 소수의 사례에 대해 매우 자세하게 보고한 바 있다. 이러한 사례들이 종종 초기 전문가 시절에 기록되어서 그의 최종적인 성격 모형을 완벽하게 반영하지 못하지만, 이 사례들은 마음의 복잡한 갈등과 불안에 대한 프로이트의 접근을 잘 보여준다. 우리는 여기서 그런 사례 중 하나인 (1909년에 발표한) 꼬마 한스에 대한 사례를 요약해서 제시하려고 한다.

꼬마 한스는 5세 남아로 극심한 공포증에 시달리고 있었다. 그는 말이 자신을 깨물까 봐 두려워하여 집에서 나오는 것을 거부하였다. 이 사례에 대한 프로이트의 보고는 프로이트 자신이 치료를 진행하지 않았다는 점에서 특이하다. 대신 그 아동의 아버지가 치료를 진행하였다. 하지만 그 아버지는 한스의 치료에 대한 기록을 자세하게 남겼고 한스의 치료 과정에 대해 프로이트와 자주 논의하였다. 이 사례에 대한 프로이트의 해석은 특히 아동기의 성욕, 오이디푸스 콤플렉스와 거세 불안, 증상 형성의 역동, 그리고 행동 변화 과정에 대한 그의 정신분석 원리에 대해 매우 훌륭하게 설명하고 있다.

공포증의 발달로 이어진 사건들

한스의 생애 사건에 대한 우리의 기록은 3세에서부터 시작된다. 이 시점에서 한스는 자신이 '오줌싸개'라고 불렀던 자신의 성기에 대해 매우 활발한 관심을 보였다. 한스는 자신의 성기를 만지면서 많은 쾌락을 느꼈고 다른 사람들의 '오줌싸개'에 대해서도 많은 관심을 보였다. 하지만 한스의 성기에 대한 관심에 대해 한스의 어머니는 협박으로 응대했다. "그렇게 하면 너를 A 의사선생님한테 보내서 오줌싸개

를 잘라버리게 할 거야. 그렇게 하면 어떻게 오줌 쌀래?" 즉 직접적인 거세에 대한 위협이 있었던 것이다. 프로이트는 이것을 한스의 거세 콤플렉스가 시작한 시점이라고 지적하였다.

한스의 오줌싸개에 대한 관심은 길가의 말과 동물원 사자의 오줌싸개의 큰 사이즈에 주목하는 것과 살아있는 생물과 사물 간의 차이에 대해 분석하는 것으로 확장되었다(동물들은 오줌싸개를 갖고 있고, 식탁과 의자는 그렇지 않다). 한스는 많은 것에 대해 궁금해했지만 프로이트는 이러한 아동의 지식에 대한 갈망을 성적인 호기심과 연관 지었다. 한스는 계속해서 어머니도 오줌싸개를 갖고 있는지에 대해 관심을 가졌고 어머니에게 "엄마가 너무 커서 엄마도 말처럼 큰 오줌싸개를 갖고 있을 거라고 생각했어요."라고 말했다. 한스가 세 살 반이었을 때 여동생이 태어났고 동생도 마찬가지로 오줌싸개와 관련된 궁금증의 대상이 되었다. "동생의 오줌싸개는 아직 너무 작아요. 동생이 크면 그게 물론 커질 거예요." 프로이트에 따르면 한스는 자기가 진짜 목격한 것, 즉 거기에 성기가 없다는 것을 인정할 수 없었다. 인정하게 된다면 그것은 자기 자신의 거세 불안에 대해 직면해야 한다는 것을 의미하기 때문이다. 이러한 불안은 성기에서 쾌락을 경험하고 있을 시기에 일어났고, 그것은 목욕 후 어머니가 그의 물기를 닦고 분을 발라줄 때 한스가 어머니에게 한 말을 통해 나타났다.

한스 : 엄마는 왜 거기에 손을 대지 않아?
어머니 : 왜냐하면 그렇게 하면 돼지처럼 불결하기 때문이야.
한스 : 그게 뭐야? 불결한 게? 왜요? (웃으며) 하지만 너무 재미있는데.

이제 네 살이 넘은 한스는 자신의 성기에 몰입하고 있었고 어머니를 조금씩 유혹하기 시작했다. 바로 이 시점에서 그의 신경증적 장애가 표면적으로 보이기 시작했다. 어머니의 부드러움으로 인해 성적 과흥분의 문제가 일어났다고 생각한 아버지는 한스가 '길가에서 말이 자기를 깨물까 봐 두려워하고 있고' 그러한 공포가 큰 성기를 보고 두려워했던 경험과 어떻게든 관련이 있어 보인다는 편지를 프로이트에게 보냈다(한스가 매우 어렸을 때 말들이 큰 성기를 갖고 있는 것을 알아보고 한스의 어머니도 '말처럼 큰 오줌싸개를 갖고 있을 거다'라고 추론한 것에 주목하라). 한스는 거리로 나가는 것을 무서워했고 오후에 우울해졌다. 한스는 악몽을 꿨고 빈번하게 어머니의 침대에서 잠을 잤다. 유모와 길을 걸을 때 한스는 극도로 겁을 먹게 되었고 집에 돌아가 어머니와 함께 있기를 원했다. 말이 자신을 물어버릴 것이라는 공포는 말이 자신의 방에 들어올 것이라는 공포로 바뀌었다. 한스는 사물에 대해 불합리하게 불안해하거나 두려워하는 완전한 공포증을 발달시킨 것이다.

증상의 해석

아버지는 자신의 아들에게 공포심에 대한 해석을 제공하여 말에 대한 공포를 다루려고 시도했다. 아버지는 한스에게 말에 대한 두려움은 터무니없는 것이고, 사실은 한스가 어머니를 좋아하고 말에 대한 공포심은 그들의 '오줌싸개'에 대한 관심과 관련된 것이라고 말해주었다. 프로이트의 제안에 따라 아버지는 한스에게 여성은 '오줌싸개'가 없다고 설명하였다. 그것은 한스에게 어느 정도의 위안을 제공하는 것처럼 보였지만, 정작 말을 쳐다보게 되면 그는 두려워하면서도 그것을 보고 싶어 하는 강박적인 소망으로 인해 고통을 받고 있었다. 그 시점에서 한스는 편도선 제거 수술을 받았고 그의 공포증은 더 심해졌다. 한스는 백마가 자신을 물어버릴 것이라는 공포에 시달렸다. 한스는 지속적으로 여성의 '오줌싸개'에 대해 관심을 가졌다. 동물원에서 모든 큰 동물들을 무서워했고 작은 동물들은 재미있어했다. 조류의 경우 그는 펠리컨을 두려워했다. 아버지의 진심 어린 설명에도 불구하고 한스는 스스로를 확신시키려는 노력을 하였다. "모든 사람들이 오줌싸개를 갖고 있어. 그리고 내가 크면서 내 오줌싸개도 크게 될 거야. 왜냐하면 나한테서 그것이 자라고 있으니까." 프로이트에 따르면 한스는 오줌싸개 사이즈를 비교하고 있었고 자신의 것에 대해 불만족스러워하고 있었다. 큰 동물은 이런 단점에 대해 상기시켜 줬고 그것은 그에게 불쾌감을 주었다. "나한테서 그것이 자라고 있다."라는 말에서 '그것'이 잘릴 수 있다는 점이 암시되듯이 아버지의 설명은 오히려 한스의 거세 불안을 고조시키고 있었다. 이러한 이유로 한스는 새로운 정보를 거부하였고, 아무런 치료 효과가 없었다. 이것에 대해 프로이트는 "오줌싸개를 갖고 있지 않은 존재들이 실제로 존재했을 가능성은 없는 것인가? 만약 그렇다면, 그들이 한스의

오줌싸개를 가져가서 한스를 여성으로 만드는 것이 더 이상 그리 엄청난 일이 아닐 수도 있다."라고 생각했다.

이 시점에서 한스는 다음과 같은 꿈을 꾸었다. "밤에 방 안에 큰 기린이 있었고 또한 구겨진 것이 하나 있었어요. 그리고 내가 구겨진 것을 나한테 가져오니까 큰 것이 소리 질렀어요. 그런 다음에 소리 지르는 것을 멈췄어요. 그런 다음에 나는 구겨진 것 위에 앉았어요." 이 꿈에 대해 아버지 자신이 큰 성기를 가진 그 기린이었고 어머니는 성기가 없는 구겨져 있는 것이라고 해석하였다. 그 꿈은 어머니가 한스를 어머니의 침대로 데려가는 아침 상황의 재현이라는 것이다. 아버지는 어머니의 이러한 행동에 대해 경고하였지만("내가 구겨진 것을 나한테 가져오니까 큰 것이 소리 질렀어요."), 어머니는 그것을 지속했다. 어머니는 한스의 오이디푸스적 소망을 조장하고 강화하고 있었다. 한스는 그녀와 함께 머무르고 있었고, 꿈의 소망이 성취되면서 어머니를 차지하고 있었다("그런 다음에 [큰 기린이] 소리 지르는 것을 멈췄어요. 그런 다음에 나는 구겨진 것 위에 앉았어요.").

한스의 공포증을 이해하기 위한 프로이트의 전략은 판단을 유보하고 관찰할 수 있는 모든 것에 편견 없는 주의를 기울이는 것이었다. 프로이트는 공포증이 발달되기 이전에 한스가 모친과 함께 여름별장에 머무른 경험이 있다는 것을 알게 되었다. 거기에서 두 가지 중요한 사건이 일어났다. 먼저 그는 또래 여자아이의 아버지가 거기에 있는 백마가 사람들을 물기 때문에 말의 입에 손을 대지 말라고 자기 딸에게 말하는 것을 듣게 되었다. 두 번째 사건은 여자아이들의 애정을 위한 경쟁 상대였던 남자아이가 자신이 말이라고 상상하는 놀이를 하다가 넘어져서 발을 다쳐 피가 나는 것을 보게 된 것이었다. 한스를 면담하면서 프로이트는 말의 눈가리개와 입 주위의 검은 밴드에 한스가 신경을 쓴다는 것을 알게 되었다. 한스의 공포증은 무거운 마차를 끄는 말들이 넘어져서 발길질을 하는 것에까지 확장되었다. 그 후 공포증의 원인, 즉 공포증의 형성을 촉발시킨 것은 한스가 말이 넘어지는 것을 실제로 목격하게 된 사건임이 밝혀졌다. 어느 날 어머니와 함께 밖에서 걷고 있을 때 한스는 마차를 끄는 말이 넘어져서 발길질하는 모습을 보았던 것이다.

이 사례의 핵심 특성은 말에 대한 공포증이다. 이 측면에서 흥미로운 점은 말에 대한 연상이 아버지, 어머니, 그리고 한스 자신과 관련해서 얼마나 자주 일어났는가이다. 우리는 이미 말의 성기와 관련하여 어머니의 '오줌싸개'에 대한 한스의 흥미에 대해 주목한 바 있다. 한번은 그의 아버지에게 그가 "아빠, 나한테서 총총걸음으로 떠나지 말아요."라고 말한 적이 있다. 수염을 기르고 안경을 긴 그의 아버지가 한스가 두려워하는, 밤에 그의 방에 들어와 그를 물어버릴 말이 될 수 있을까? 아니면 한스 자신이 말이 될 수 있을까? 한스는 종종 그의 방에서 말놀이를 하면서 총총 뛰거나 넘어지고, 발로 발길질을 하고 말처럼 울기도 했다. 한스는 반복적으로 말에 대해 두려워

[계속]

했던 바와 같이 아버지에게 뛰어가서 아버지를 깨물었다. 한스는 비만이었다. 그것이 크고 비대한 말에 대한 한스의 관심과 관련이 있을 수 있을까? 마지막으로 한스는 자신을 스스로 어린 말이라고 불렀고 화가 나면 땅에 발을 구르는 경향이 있었는데, 이는 말이 넘어졌을 때 한 행동과 유사했다.

다시 어머니에게로 되돌아가서, 가득 찬 마차가 만삭의 어머니를 상징하고 말이 넘어지는 것이 출산을 상징할 수 있을까? 이러한 연상들이 우연의 일치일까 아니면 공포증에 대한 우리의 이해를 돕는 중요한 역할을 할 수 있을까?

프로이트에 따르면 한스의 공포증의 주요 원인은 오이디푸스적 갈등이다. 한스는 모친에 대해 그의 남근기 발달 단계에서 다룰 수 없을 정도의 큰 애정을 느꼈다. 아버지에 대해 깊은 애정이 있었지만, 한스는 아버지를 어머니의 애정에 대한 경쟁자로 여겼다. 한스와 어머니가 함께 여름 별장에 머물고 있었고 아버지는 출타 중이었을 때 한스는 어머니와 함께 침대에 들어갈 수 있었고 어머니를 독차지할 수 있었다. 이것이 모친을 향한 한스의 호감과 아버지에 대한 적대감을 고조시켰다. 프로이트에게 한스는 "실제로 그가 혼자 어머니와 있을 수 있고 같이 잠자리에 들 수 있도록 아버지를 처치해서 '없어지기를' 원하는 작은 오이디푸스였다. 이런 소망은 아버지의 존재와 부재가 교차되면서 그것이 한스가 갈망한 어머니와의 친밀감을 얻을 수 있는 조건을 결정한다는 것에 주목하게 된 여름휴가에서 비롯되었다." 그런 휴가 기간 동안 일어난 동료이자 경쟁자인 친구의 넘어짐과 상처는 한스에게 경쟁자의 패배를 상징하는 중요한 사건이었다.

오이디푸스 갈등의 해결책

한스가 여름휴가에서 되돌아왔을 때 아버지에 대한 원망은 증가했다. 한스는 이러한 원망을 과도한 애정을 통해 억제하려고 했다. 한스는 오이디푸스 갈등에 대해 기발한 해결책을 찾아내었다. 한스와 모친은 아이들의 부모가 되고 아버지는 할아버지가 되는 것이었다. 따라서 프로이트가 기록한 바대로 "작은 오이디푸스는 운명에 의해 결정된 것보다 더 행복한 해결책을 찾아내었다. 아버지를 없애버리는 것 대신에 자신에게 바라던 행복을 그에게도 부여해 주었다. 즉 한스는 아버지를 할아버지로 만들면서 아버지도 역시 자신의 어머니와 결혼하도록 허락했던 것이었다." 하지만 그러한 공상은 만족스러운 해결책이 아니기 때문에 한스는 아버지에 대해 상당한 적대감을 느끼게 되었다. 공포증을 촉발한 원인은 말이 넘어지는 사건이었다. 그 순간 한스는 아버지도 그와 유사하게 넘어져서 죽어버리기를 소망하게 되었다. 아버지에 대한 적대감은 자기 스스로가 아버지에 대한 질투와 적대감을 품었기 때문에 아버지에게 투사되었고 말이 그 상징이 되었다. 한스는 아버지가 넘어지기를 소망했기 때문에 말이

자신을 물어버릴 거라고 무서워했고, 자신의 방에 들어올까 봐 두려워한 때가 바로 오이디푸스적 공상의 유혹이 가장 심한 밤 시간이었다. 그는 말놀이를 하거나 아버지를 깨물면서 아버지와의 동일시를 나타냈다. 공포증은 이와 같은 소망과 불안을 나타냈고, 이차적으로는 한스로 하여금 어머니와 함께 집에 있게 되는 목적을 달성하는 수단이 되었다.

요컨대 말이 자신을 물어버릴 것이라는 공포심과 말이 넘어지는 것에 대한 공포심 둘 다 자신을 향해 사악한 소망을 품고 있는 한스를 처벌하려고 하는 아버지를 표상하는 것이었다. 최종적으로 한스는 이러한 공포증을 극복해 낼 수 있었고, 프로이트의 사후 보고에 따르면 잘 기능하는 것으로 기술되었다. 어떠한 요인들이 변화를 가능케 했을까? 먼저 아버지를 통해 한스는 성에 대한 지식을 얻게 되었다. 한스가 그것을 받아들이기를 거부했고 처음에는 그의 거세 불안을 증가시켰지만, 그것은 그가 붙잡을 수 있는 현실의 유용한 조각으로 작동하였다. 둘째로 그의 아버지와 프로이트가 제공한 분석은 이전에 무의식 속에 있던 내용을 의식화하는 데 도움이 되었다. 마지막으로 한스의 감정 표현에 대한 아버지의 관심과 허용적 태도는 오이디푸스 갈등이 아버지와의 동일시 쪽으로 결속되는 것을 가능케 하여 아버지와 경쟁하려는 소망과 거세 불안을 줄이고 증상 발달의 가능성을 감소시키게 되었다. 꼬마 한스에 대한 사례는 과학적 조사의 측면에서 본다면 현대의 성격 과학자들에게 매우 제한되게 보일 수 있다. 아버지의 면담은 체계적이지 못했고, 프로이트의 생각에 대한 신봉이 그의 관찰과 해석을 편향시켰을 가능성도 있고, 프로이트는 간접적인 보고에 의존해야만 했다. 이러한 한계를 의식하고 있었지만, 프로이트는 그럼에도 불구하고 한스에 대한 정보를 매우 인상 깊게 보았다. 이전에 그는 성인 환자들의 아동기에 대한 기억에 근거하여 그의 이론을 전개했지만, 한스의 사례를 통해 아동의 성적 생활에 대해 관찰하기 시작했다.

꼬마 한스의 사례는 우리에게 분석가가 다뤄야 할 수많은 정보의 양과 그러한 정보를 해석하는 데 수반되는 문제들에 대한 감명을 동시에 제공한다. 이 한 사례만으로도 유아기적 성, 아동들의 공상, 무의식의 기능, 갈등의 발달과 갈등의 해결 과정, 증상의 형성 과정, 상징화, 그리고 꿈의 과정과 같은 다수의 이론적 사상과 관련된 많은 정보들이 제공된다. 우리는 관찰의 한계 속에서도 인간 기능의 비밀을 캐고자 노력한 프로이트의 용기와 배짱을 엿볼 수 있다. 하지만 우리는 또한 대부분의 현대 심리학자들이 거부할 만한 정보를 프로이트가 해석하고 있다는 것을 짐작할 수 있다. 대부분의 21세기 심리학 과학자들은 이 사례에서 제공된 정보를 비체계적인 것, 즉 잠재적으로 편향된 것으로 보고 과학적 이론의 기반으로 삼을 수 없다고 판단할 것이다.

요소들을 더 잘 활용할 수 있다는 것을 의미한다. 이러한 세 가지 요인들이 재학습의 기회를 제공하면서 알렉산더와 프렌치(1946)가 '교정적 정서 경험'이라고 칭한 것의 기초를 제공한다. 정신분석 이론은 내담자들이 오래된 갈등에 대한 통찰, 유아기적 만족감의 필요성에 대한 이해와 성숙한 만족감의 가능성에 대한 인식, 그리고 오래된 불안에 대한 이해와 그것이 현실과는 무관하다는 것에 대한 인식을 통해 현실과 그들 스스로의 도덕적 신념의 한계 내에서 최상의 본능적 만족감을 향해 나아갈 수 있다고 제안한다.

'짐'의 사례

로르샤흐와 주제 통각 검사 자료

전문 임상심리학자는 로르샤흐 잉크반점 검사와 주제 통각 검사(TAT)를 짐에게 실시하였다. 로르샤흐 검사에서 짐은 상대적으로 적은 수의 반응(총 22개)을 보였다. 그것은 그의 지적 수준과 창의적 잠재성을 고려하면 놀라운 일이었다. 첫 두 카드에 대한 그의 반응을 살펴보고 정신분석가로도 일하고 있는 이 임상심리학자가 제공한 해석을 고려해 보는 것이 흥미로울 수 있다.

[카드 1]
  짐 : 가장 먼저 마음속에 떠오르는 것이 나비입니다.
해석 : 새로운 상황에서 초반에는 조심스럽고 전형적으로 행동한다.
  짐 : 이것은 개구리를 기억나게 해요. 전체 개구리가 아니라 개구리의 눈을요. 진짜 단지 개구리를 기억나게 해요.
해석 : 그는 더욱 신중해지고 거의 까다로운 정도이지만, 과잉 일반화하는 경향이 있고 동시에 그것에 대해 부적절하게 느끼고 있다.
  짐 : 박쥐일 수도 있어요. 색깔이 없기 때문에 나비보다 더 무섭죠. 어둡고 불길하고…
해석 : 공포심이 있고 걱정하고 있으며 우울하고 비관적이다.

[카드 2]
  짐 : 팔들이 서로 닿아있는 머리 없는 두 사람일 수 있어요. 그들이 마치 무거운 드레스를 입고 있는 것처럼 보여요. 한 사람이 거울을 손으로 만지고 있는 것일 수 있어요. 그들이 만약 여자라면 몸매는 별로인 것 같군요. 무거워 보여요.
해석 : 사람들에 대해 경계하고 있다. 성 역할에 대해 걱정하고 있거나 혼란스러워하고 있다. 항문-강박 특성. 여성을 깔보고 그들에 대해 적대적이다 — 머리가 없고 몸매가 별로다. 자기애가 거울상을 통해 표현되었다.
  짐 : 이것은 두 얼굴이 서로를 마주보고 있는 것 같아요. 가면들, 옆모습 — 얼굴보다는 가

면 같은—전체가 아닌 일부 표정에 더 가까운, 그러니까 하나는 웃는 그리고 또 하나는 찡그리고 있는… 그는 어떤 표정을 짓고 있는데, 웃을 수도 또는 찡그릴 수도 있지만 진심으로 느끼지는 않아요.

해석 : 침착해 보이는 겉모습에도 불구하고 사람들에 대해 긴장하고 있다. 자신이 창의적이지 못하다는 말을 여러 번 반복했다. 그는 그의 생산성과 중요성에 대해 걱정하고 있는가?

다른 카드들에 대해서 여러 흥미로운 반응이 일어났다. 세 번째 카드에서 짐은 역기를 드는 여성을 지각했다. 여기서 그의 성적 역할에 대한 갈등, 그리고 적극적이기보다 수동적인 성향이 암시되었다. 그다음 카드에 대해 그는 "웬일인지 그들은 다 앨프리드 히치콕 영화에서 나오는 무서운 동물과 같은 모습을 지니고 있어요."라고 언급했고, 이는 짐의 행동에 잠재적인 공포증적 특성이 있고 환경에 위험을 투사하는 경향이 있다는 점을 또다시 암시했다. 대칭성과 세부에 대한 그의 간헐적인 언급은 위협을 경험할 때 나타나는 그의 강박적인 방어와 주지화를 암시하였다. 여성에 대한 불안하고 갈등적인 언급은 몇 군데에서 나타난다. 카드 7에서 짐은 신화에서 나오는 두 여성을 지각하였는데, 그들이 신화의 인물들이라면 선하지만, 비만이라면 나쁠 것이라고 반응하였다. 마지막에서 두 번째 카드에 대해 "어떤 백작 같아요. 드라큘라 백작. 눈, 귀, 망토. 움켜잡고 피를 빨아들이려고 하는. 밖으로 나가 어떤 여자를 목 조를 준비가 된." 피를 빠는 것에 대한 언급은 구강기적 가학성 경향을 암시하며 이것은 피를 빠는 흡혈귀에 대한 또 다른 지각에서 나타났다. 짐은 드라큘라 백작에 대한 지각 후에 분홍 솜사탕을 지각했다. 검사자는 이 반응을 구강기적 가학성 뒤에 숨어있는 애정 깊은 돌봄과 접촉에 대한 열망을 암시하는 것으로 해석했다. 즉 응답자는 구강기적 공격성(예 : 비꼬는 말, 언어적 공격 등)을 더 수동적인 구강기적 소망(예 : 부양받고, 돌봄을 받고, 의존하고 싶은 소망 등)에 방어하기 위해 사용하고 있다는 것이다.

검사자는 로르샤흐 검사 결과가 주지화, 강박증, 그리고 히스테리성 경향(불합리한 공포, 그의 신체에 대한 몰입)이 불안에 대해 방어하기 위해 사용되고 있는 신경증적 구조를 암시한다고 결론지었다. 그럼에도 불구하고 짐은 계속적으로 다른 사람들, 특히 권위적인 대상들에 대해 불안해하고 불편하게 느낀다고 제안되었다. 로르샤흐 결과 보고서는 "그는 그의 성 역할에 대해 갈등적이다. 그는 어머니와 같은 여성으로부터 애정 깊은 돌봄과 접촉을 받기를 열망하고 있지만, 그는 이런 갈망과 여성에 대한 강렬한 적대감에 대해 큰 죄책감을 느끼고 있다. 그는 역할극을 지속하는 수동적인 경향성을 취하고 있으며, 침착한 인상 뒤에 그는 그의 분노, 슬픔, 그리고 욕망을 유지하고 있다."라고 결론지었다.

TAT에서 짐은 어떠한 이야기들을 했을까? 이야기들에 대한 가장 놀랄 만한 것은 모든 대인관계에 수반된 슬픔과 공격성이었다. 하나의 이야기에서 남아는 어머니에 의해 지배되고 있었고, 또 다른 이야기에서는 비정한 갱스터가 극악무도한 반인륜적 행동을 할 수 있었으며, 세 번째 이야기에서는 남편이 그의 아내가 숫처녀가 아니라는 것을 알게 되어 화가 나 있었다. 특히 남성과 여성 간의 관계에 대해서는 항상 하나가 상대방을 조롱하는 이야기였다. 다음 이야기를 고려해 보자.

> 두 명의 노인 같아 보여요. 여성은 진실하고, 상대방을 잘 배려하고, 남성에 의존적이에요. 남성의 표정에 뭔가 냉정함이 보여요. 그가 그녀를 마치 정복한 것처럼 쳐다봐요. 그녀가 그의 존재에 대해 느끼는 그런 동일한 연민이나 안정감은 없어요. 결국 여성은 깊은 상처를 받고 혼자 남겨져요. 보통 같으면 둘이 결혼했다고 생각했을 텐데, 이 경우에는 그렇게 생각하지 않는 게, 결혼한 두 노인이라면 서로 행복할 텐데 말이죠.

이 이야기에는 여성에게 가학적으로 대하는 남성이 존재한다. 결혼한 노인들은 항상 서로 행복하기에 이 두 사람이 부부일 수 없다는 짐의 제안을 통해 그가 '부인'이라는 방어 기제를 사용하고 있음을 알 수 있다. 뒤따르는 이야기에서 여성에 대한 공격적인 학대에 대한 주제가 또다시 나타난다. 이 이야기에서는 성적인 주제에 대한 더 개방적인 표현과 더불어 일부 성 역할 혼란에 대한 단서가 나타난다.

> 이 그림은 끔찍한 생각을 떠오르게 해요. 캔디가 생각나요. 캔디를 이용해 먹은 그 남자요. 그는 그녀 위에서 기도하고 있어요. 취침 전 기도는 아니고, 하지만 그는 그가 어떤 능력자라고 하며 그녀를 설득하였고 그녀는 그가 그녀에게 자비를 베풀기를 고대하고 있어요. 그의 무릎은 침대 위에 있고, 그는 성공적이지 못해요. 그녀는 순진하고. 그는 그녀와의 신비한 목적을 위해 함께 침대로 갔어요. [얼굴을 붉힌다.] 그녀는 계속 순진하게 행동하고 그런 것에 넘어가기 쉬워요. 그녀에게는 아주, 아주 달콤한 온정적인 모습이 있어요. 이 사람이 넥타이를 하고 있는 남자일까요? 그냥 전에 얘기한 남자라고 할게요.

이러한 이야기들을 해석한 심리학자는 짐이 미숙하고 순진하며, 불쾌하거나 더러운 모든 것, 특히 성과 부부관계와 관련된 어려움에 대한 심각한 부인으로 그를 특징지을 수 있다고 관찰하였다. 보고서는 다음과 같이 이어졌다. "그는 가학적인 욕구를 표현하는 것과 피해자가 되는 느낌 사이에서 오가고 있다. 아마도 짐은 종종 부당한 대우 또는 혐의를 받고 있다고 느끼면서 또한 간접적인 적대감을 표현하는 방식으로 그 둘을 결합할 것이다. 짐은 두 사람이 어떤 의미 있는 관계를 가질 수 있는지에 대해 혼란스러워하고 있다. 짐은 자신이 안정적인 관계를 가질 수 있는 기회에 대해 양가적인, 즉 이상적이면서도 비관적인 모습을 보인다.

짐은 성을 더럽게 생각하고 그것을 파트너를 착취하거나 파트너에게 착취당할 수 있는 일종의 수단으로 생각하기 때문에 관계 맺기를 두려워한다. 동시에 짐은 관심받기를 갈망하고 인정받아야만 마음이 놓이며 종종 성적 충동에 빠져든다."

로르샤흐와 TAT 둘 다에서 다음과 같은 몇 가지 주제가 표면화된다.

1. 여성을 폄훼하거나 가끔 가학적으로 대하는 성향을 포함한 따뜻함이 결여된 대인관계.
2. 침착해 보이는 겉모습 뒤에 숨겨져 있는 긴장감과 불안.
3. 자신의 성 정체감에 대한 갈등과 혼란. 지능과 창의적 잠재성에 대한 단서는 존재하지만 투사 검사의 비구조적 특성에 대한 경직성과 억제감에 대한 단서도 존재한다. 강박적인 방어, 주지화, 그리고 부인은 그의 불안을 다루는 것을 부분적으로밖에 돕지 못한다.

자료에 대한 논평

짐에 대한 이러한 자료는 투사 검사의 가장 매력적인 특징에 대해 부각시킨다. 검사의 가면은 사람의 기본적인 욕구, 동기, 또는 추동을 엿볼 수 있도록 성격의 겉모습(또는 정신분석적 용어로는 그의 방어)을 뚫고 들어갈 수 있게 한다. 짐의 자서전(제2장)에서 제시된 정보는 그의 투사 검사 반응에서 드러난 심리적 주제를 나타내지 못하였다. 동시에 투사 검사를 통해 얻어진 해석은 침착한 겉모습 뒤에 그의 긴장감을 숨기는 것과 여성과의 관계에서의 갈등 등과 같은 자서전에 기술된 주제들과 잘 맞고 그에 대해 더 자세하게 설명한다.

우리가 정신분석 이론과 더불어 앞으로 더 많은 이론들을 검토하면서 고려해야 할 흥미로운 점이 하나 있다. 다른 성격 이론들이 정신분석 이론만큼 짐에 대한 이러한 많은 정보를 활용하는 것을 상상하기도 힘들다. 다른 이론들과 연관된 평가 방법이 이러한 종류의 정보를 밝혀낼 가능성은 적다. 오로지 로르샤흐를 통해 우리는 '역기를 들려고 하는 여성', '드라큘라 백작. 움켜잡고 피를 빨아들이려고 하는. 밖으로 나가 어떤 여자를 목 조를 준비가 된', 그리고 '분홍색 솜사탕'과 같은 내용을 얻을 수 있다. TAT는 대인관계상의 슬픔과 공격성에 대한 주제에 대해 드러내도록 하는 데 있어 독특하다. 이러한 반응들은 정신역동적 해석을 가능하게 한다. 짐의 성격적 기능의 중요한 부분은 가학적 욕구에 대한 방어로 보인다. 피를 빨아들이는 것과 솜사탕에 대한 언급은 그 외의 반응과 더불어 짐이 부분적으로 구강기에 고착되어 있다는 해석을 가능하게 한다. 이것과 관련해서 짐의 소화관에 궤양이 있고 그의 증상을 위해 (그 당시 매우 인기 있는 치료법으로) 우유를 마셔야 했다는 사실은 매우 흥미롭다.

프로이트가 큰 명성을 얻으면서 많은 추종자들이 그를 따랐다. 명성과 추종자들이 따르는 사람들에게 불가피한 일이지만, 일부 추종자들은 그의 발자국을 매우 가까이 따른 반면 그 외의 사람들은 프로이트의 사상을 일부 거부하고 새로운 방향을 추구하였다. 이러한 방향은 물론 프로이트가 없었더라면 애초부터 전혀 고려할 수도 없는 방향이었지만, 그렇다고 프로이트 자신이 택할 만한 것도 아니었다. 이 장의 나머지 부분에서는 이러한 프로이트 이후에 전개된 정신역동 전통에 대해 개관한다.

관련된 이론적 개념

프로이트에 대한 두 가지 초기 도전 : 아들러와 융

프로이트와 갈라선 후 그들 고유의 사상을 전개한 많은 초기 분석가들 중 알프레드 아들러와 칼 융이 있다. 둘 다 프로이트의 중요한 초기 추종자들이었다. 당시 아들러는 비엔나 정신분석학회의 회장직을 역임했고 융은 국제정신분석학회의 회장을 역임했다. 하지만 둘 다 프로이트가 과도하게 성 본능을 강조한다고 느꼈기 때문에 결국 프로이트와 갈라서게 되었다.

알프레드 아들러

약 10년 동안 알프레드 아들러(1870~1937)는 비엔나 정신분석학회에서 활발하게 활동했다. 하지만 1911년 그가 다른 회원들에게 자신의 관점을 제시했을 때, 그들의 반응이 너무 공격적이어서 그는 그 학회를 떠나 자신 고유의 개인심리학 학파를 발전시켰다. 정신분석가들은 그의 어떠한 사상을 그렇게도 거부했던 것일까?

프로이트로부터 아들러가 갈라선 이유는 본능적 성적 욕구와 무의식적 과정보다 사회적 욕구와 의식적 사고에 대해 더 크게 강조한 점에 있다고 볼 수 있다. 초기에 전문가가 되었을 때 그는 신체적 열등감과 어떻게 사람들이 그것을 보완하는지에 대해 관심을 갖기 시작했다. 약한 신체 기관을 가진 사람은 이러한 약점을 보완하기 위해 그 기관을 강화시키거나 다른 기관을 발달시키는 등의 특별한 노력을 기울일 수 있다. 어렸을 때 말을 더듬었던 사람이 커서 훌륭한 연설가로 거듭나기 위해 노력할 수 있다. 청각 장애를 가진 사람은 특별한 청각적 또는 음악적 민감성을 발전시키기 위해 노력할 수 있다. 아들러는 점차 그것에 일반적인 원리가 담겨있음을 발견하였다. 사람들은 열등감을 의식적으로 경험하며 이러한 고통스러운 열등감을 보완하도록 동기화되어 있다는 것이다. 아들러에게는 "개인의 존재의 목표를 결정하는 것은 개인의 열등감, 부적절감, 불안감이다"(Adler, 1927, p. 72).

아들러의 사상은 전통적인 프로이트식의 해석을 재고한다. 역사적 예를 들자면 미국 대통령 시어도어 루스벨트는 "큰 몽둥이를 지니고 다녀라."라고 말하면서 강인함의 중요성을 강조했다. 프로이트에게 이러한 언급은 거세 불안에 대한 방어를 의미한다. 아들러의 추종자는 대신 이것을 열등감에 대항하는 보완적인 노력으로 볼 수 있을 것이다. 또 다른 예로 프로이트 추종자들은 극단적으로 공격적인 여성에 대해 남근 선망을 표현하고 있다고 보는 반면, 아들러 추종자는 이러한 사람에 대해 남성적인 항의 또는 여성의 틀에 박힌 약하고 열등한 역할에 대한 거부를 표현하고 있다고 볼 것이다. 아들러에 따르면 사람이 그러한 감정에 대해 대처하려고 노력하는 방식 그 자체가 그의 성격 기능의 독특한 측면, 즉 그의 삶의 양식이 된다는 것이다.

열등감을 보완하기 위한 노력의 원리는 신체적 한계로 인해 고통스러워하는 단지 몇몇의 개인에게만 적용되는 것은 아니다. 그것은 모든 사람에게 적용된다. 모든 사람이 아동기에

아들러의 이론은 사람들이 열등감을 보완하도록 동기를 부여받는다고 제안한다. 이러한 보완적 노력은 한 사람의 삶의 발전시킬 수 있다. 아들러가 탐구한 동기는 때때로 매우 성공한 사람들의 인생 이야기에서 분명하게 나타난다. 이 사진 속 인물은 현대 음악 역사상 가장 인기 있는 그룹 중 하나인 비치 보이스의 창시자인 브라이언 윌슨이다. 윌슨의 성공의 기원은 무엇일까? 그의 공식 웹사이트는 이렇게 설명한다. "아버지에게 수년간 학대를 받은 후 그는 한쪽 귀가 거의 들리지 않고 우울하고 자존감이 떨어져 있었다. '나는 나에게 과잉 보상하였다.'라고 그는 말했다. '나에게 좋은 귀가 하나밖에 없어서 열등감을 느꼈다. 나는 그 열등함을 보완해서 더 좋은 음악을 만들었다.'"

열등감을 경험하기 때문이다. "모든 아동이 삶의 열등한 위치를 차지하고 있다는 것을 기억해야 한다"(Adler, 1927, pp. 69~70). 모든 어린 아동은 그들이 만나는 성인들이나 더 나이 많은 아동들만큼 자신이 사물 또는 사건들을 잘 다루지 못한다는 것을 알 수 있다.

따라서 모든 사람은 열등감의 동기적 힘을 경험한다. 이러한 아들러의 개념들은 프로이트의 개념들보다 더 사회지향적이다. 아들러에게 보완적 노력은 힘에 대한 의지, 즉 열등감과 무기력감에 대해 대처함으로써 강력하고 효과적인 사회적 존재가 되려는 개인의 노력을 반영한다. 신경증적인 형태에서 우월감을 위한 투쟁은 다른 사람에게 힘을 행세하려거나 그들을 통제하려는 노력을 통해 표현될 수 있다. 그보다 건강한 형태인 경우, 사람은 일치감과 완벽함을 향한 '위로 상승하는 추동'을 경험한다. 건강한 사람의 경우, 우월감에 대한 노력은 사회적 감정 및 협동심과 더불어 자기주장과 경쟁을 통해 표현된다. 처음부터 사람들은 사회적 관심, 즉 사람들과 관계를 맺는 것에 대한 타고난 관심과 협동심에 대한 타고난 잠재력을 지니고 있다. 아들러는 또한 자기에 대한 느낌, 미래를 향한 그들의 행동을 결정하는 목표에 대한 그들의 반응 양식, 그리고 형제들 간의 출생순위가 그들의 심리적 발달에 주는 영향에 대해 강조했다. 아들러의 관점과 일치하게, 이후의 연구에서 첫째는 다소 더 양심적이고 보수적이며 맏이의 지위를 지키는 방식으로 행동한다고 보고되었다(Paulhus, Trapnell, & Chen, 1999; Sulloway, 1996). 또한 아들러의 생각과 동일하게 최신 연구자들은 인간 행동의 근본적인 결정인자를 권력으로 보고 있다(Keltner, Gruenfeld, & Anderson, 2003). 하지만 아들러의 개인심리학 학파 그 자체는 21세기의 성격 이론과 연구에 비중 있는 영향을 미치지는 못하였다.

칼 융

정신역동 이론의 역사에서 칼 융(1875~1961)의 역할은 유일무이하다. 의사가 된 초기 시절에 이 스위스 학자는 비엔나 정신분석가 프로이트의 글을 읽고 매우 큰 감명을 받았고 그와 교신을 주고받기 시작하였다. 결국 프로이트와 융이 직접 만났을 때 그들은 서로에게 매우 깊은 인상을 받았다. 그들은 서로 전문가로서 그리고 개인으로서 관계를 발전시켜 나갔고, 그들의 서신은 그들이 마치 아버지와 아들처럼 동료 전문가로서 서로 교감하고 있음을 암시하였다. 프로이트는 융을 자신의 '황태자', 즉 자신이 죽은 후에 정신분석학 전통을 계승할 사람으로 여기기까지 하였다. 하지만 결국 그렇게 되지 않았다. 그들의 관계는 전문적 그리고 개인적 갈등이 시작된 1909년부터 악화되기 시작하였다(Gay, 1998). 결국 융은 1914년에 국제정신분석학회의 회장직을 사임하였다.

프로이트와 융이 갈라선 이유가 무엇이었을까? 융의 관점에서 그는 프로이트가 성을 과도하게 강조한다고 느꼈기 때문이다. 융은 리비도를 성적 본능이 아닌 일반화된 생명 에너지로 보았다. 성이 이러한 기본적인 에너지의 일부이긴 하지만, 리비도는 또한 쾌락과 창의성을 위한 노력도 포함하였다. 융에게 이러한 리비도의 재해석은 그가 프로이트와 갈라선 주요 이유였다. (반면 프로이트는 이러한 결별을 정신분석적 관점에서 해석하였고, 융이 그의 학문적 아버지인 프로이트에 대해 오이디푸스 콤플렉스와 관련된 감정을 표현하고 있다고 보았다.)

이러한 리비도의 에너지에 대한 재해석은 융의 분석학적 심리학을 프로이트의 정신분석과 차별화하는 많은 특성 중 하나이다. 융은 프로이트가 우리의 현재 행동이 단지 과거의 반복이며, 아동기의 본능적 욕구와 심리적 억압이 성인기에 반복된다는 것을 과도하게 강조한

Bettmann / Contributor / Getty Images

칼 융

다고 느꼈다. 대신 융은 성격 발달은 또한 전방으로 움직이는 방향적 경향성을 수반한다고 믿었다. 사람들은 의미 있는 개인적 정체성과 자신에 대한 의미를 얻으려고 노력한다. 사람들은 전향적으로 내다보는 경향성이 매우 커서 흔히 사후 세계를 준비하는 종교 활동에 노력을 기울인다.

융의 심리학의 특히 차별적인 특징은 인간의 마음에 대한 진화적 토대에 대한 강조이다. 융은 삶의 억압된 경험의 저장고로서의 무의식에 대한 프로이트의 강조를 받아들였다. 하지만 그는 이러한 사상에 **집단 무의식**collective unconscious이라는 개념을 추가했다. 융에 따르면 사람들의 집단 무의식 속에는 과거 세대의 누적된 경험들이 저장되어 있다. 집단 무의식은 개인적인 무의식과는 달리 범우주적이다. 그것은 모든 인간에게 공유된 것으로, 인류는 공통된 선조를 갖고 있기 때문이다. 그것은 인간뿐만 아니라 동물로서의 유산이며, 따라서 그것은 과거 수백만 년 세월의 집단적 지혜와의 연결고리이다. "이러한 정신적 삶은 우리의 고대 선조들의 정신이며 그들이 생각하고 느끼고 삶과 세상, 신, 그리고 인간에 대해 이해한 방식이다. 이러한 역사적 단층들의 존재는 환생에 대한 신념과 전생의 삶에 대한 기억들의 원천이라고 추측할 수 있다"(Jung, 1939, p. 24).

집단 무의식은 원형이라고 하는 범우주적 이미지 또는 상징을 포함한다. '어머니 원형'과 같은 원형은 동화, 꿈, 신화, 그리고 일부 정신증적 사고에서 볼 수 있다. 융은 멀리 떨어져 있는 서로 다른 문화에서 약간 다른 형태로 계속해서 나타나는 유사한 이미지들에 대해 놀라워했다. 예컨대 어머니 원형은 상이한 문화에서 생명의 근원, 자애롭고 베푸는 사람, 마녀, 위협적인 처벌자('어머니 자연과 장난치지 말라'), 또는 유혹적인 여성과 같이 다양한 긍정 또는 부정적 형태로 표현되었다. 원형은 사람, 악마, 동물, 자연적인 힘, 또는 사물에 대한 우리의 이미지에서 나타날 수 있다. 그들이 우리의 집단 무의식의 일부라는 것에 대한 단서는 그들이 과거와 현재의 상이한 문화의 구성원들에게 범우주적으로 존재한다는 것에 있다.

융 이론의 또 다른 중요한 측면은 사람들이 그들 내부의 서로 반대되는 힘을 다루기 위해 노력한다는 것을 강조했다는 점이다. 예컨대 우리가 다른 사람들에게 제시하는 페르소나의 원형으로 표상되는 얼굴이나 가면과 사적이고 개인적인 자기 간에 힘겨루기가 존재한다. 만약 사람들이 페르소나를 너무 많이 강조하게 되면 자아가 상실되는 느낌과 그들이 누구인지에 대한 자기 의심이 일어날 수 있다. 반면 사회적 역할과 관습에서 표현되는 페르소나는 사회적 삶의 필수적인 부분이다. 이와 유사하게 우리의 남성적 그리고 여성적 부분 간의 힘겨루기가 존재한다. 성격 측면에서 모든 남성에게는 여성적인 부분이 있고, 모든 여성에게는 남성적인 부분이 존재한다. 만약 남성이 자신의 여성적인 부분을 거부한다면 그는 지배력과 힘을 과도하게 강조할 수 있고 차갑게 보이며 타인의 감정에 대해 매정스러울 수 있다. 만약 여성이 자신의 남성적인 부분을 거부한다면 그녀는 어머니의 역할에 과도하게 집착할 수 있다. 성 역할에 대한 고정관념을 연구하는 현대 심리학자들은 비록 특정한 측면을 남성적 또는 여성적이라고 구체적으로 특징짓는 것에 대해 의구심을 품겠지만, 사람들의 성격의 이중

집단 무의식
인간 종의 진화론적 경험을 반영하는 정신적 삶의 유전되고 보편적이고 무의식적인 특징에 대한 칼 융의 용어

적 측면에 대한 융의 강조를 칭송할 것이다. 융 분석의 흥미롭고 논란이 되는 특징은 성 역할 고정관념이 개인의 사회적 경험에서 비롯된 것이 아니라 진화적 경로를 통한 선조들의 경험에서 비롯된 것이라는 주장에 있다. 이와 유사한 사상을 근대의 진화심리학에서도 찾아볼 수 있다(제9장 참조).

융은 모든 개인이 근본적인 개인적 과제를 직면한다고 강조했고, 그것은 자신에게서 통합성을 찾는 것이다. 그 과제는 정신 속의 다양한 반대의 힘들을 서로 화합 또는 통합시키는 것이다. 인간은 융의 가장 중요한 원형, 즉 '자기'로 인해 자신에 대한 지식과 통합을 추구하도록 동기화되어 있고 그 길로 인도된다. 융 심리학에서 '자기'는 자신의 개인적인 특성에 대한 의식화된 신념들을 의미하지 않는다. 대신 자기는 무의식적인 힘이며 구체적으로 사람의 전체 정신 체계를 '조직화하는 중심'으로 기능하는 집단 무의식의 측면이다(Jung & Collaborators, 1964, p. 161).

융은 자기가 종종 상징적으로 동그란 도형으로 표상된다고 믿었다. 즉 동그라미는 자기 지식을 통해 성취될 수 있는 하나로 통합된 느낌을 표상한다. 중심을 향한 길이 포함되어 있는 동그란 상징들인 만다라는 진실된 자기에 대한 지식을 향한 노력을 생생하게 표현한다. 자기가 집단 무의식의 원형이기 때문에, 그리고 집단 무의식은 인간 성격의 범우주적인 측면이기 때문에 융의 이론에 따르면 다양한 문화에서 자기에 대한 유사한 상징적 표상을 발견할 수 있을 거라고 기대할 수 있다. 그리고 실제로 그렇다. 시간과 공간적으로 멀리 떨어져 있는 문화들에서 발견된 상징들이 종종 놀랍게도 유사한 이미지를 포함하고 있는데, 융에 따르면 이것은 자기 지식을 통해 성장하고자 하는 범우주적인 무의식적 동기를 나타낸다.

융에게 자기에 대한 탐색은 끝이 없는 여정이다. "성격은 우리의 존재의 충만함을 온전하게 실현하는 것이며 그것은 성취할 수 없는 이상이다. 하지만 성취할 수 없다는 것은 이상에 대한 반론이 될 수 없다. 왜냐하면 이상은 단지 표지판이며 절대 목적지가 될 수 없기 때문이다"(Jung, 1939, p. 287). 여기서 기술된 고된 노력은 사람이 이미 다양한 방식으로 외부 세상에 자신을 정의한 40세를 넘긴 시점에서 특히 중요한 삶의 한 측면이 될 수 있다.

융 이론의 또 다른 차이는 내향성과 외향성에 있다. 모든 사람은 주로 둘 중 하나의 방향으로 세상과 관계를 가지며, 다른 방향은 항상 그 사람의 일부로 남는다. 내향성의 경우 사람의 기본적인 방향성은 안쪽으로 자신을 향하고 있다. 내향적인 유형은 머뭇거리며 생각이 많고 신중하다. 외향적인 경우 사람의 기본적인 방향성은 바깥세상을 향하고 있다. 외향적인 유형은 사교적이며 활발하고 모험지향적이다.

아들러와 마찬가지로 융 이론의 일부 주요 특징에 대해 살펴보았다. 융은 많은 사람들로부터 20세기의 위대한 창의적인 사상가 중 하나로 여겨지고 있다. 그의 이론은 심리학 외에 많은 분야의 지적 동향에도 영향을 미쳤다. 임상가의 수련을 위한 융 센터들이 여러 나라에 지금까지 존재하고 있다. 하지만 융의 업적은 과학적 심리학에 그렇다 할 영향을 미치지는 못하였다. 이것은 적지 않은 부분에서 융이 그의 생각들을 표준적인 과학적 방법에 따라 증명될 수 있는 방식으로 기술하지 않은 사실을 반영한다. 그의 상상적인 이론은 다른 성격 이론가들의 것보다 더 사변적인 측면이 있다. 즉 그것은 그의 이론의 여러 요소들이 객관적인 과학적 방법을 통해 지지하기 힘들거나 심지어 불가능하다는 것을 뜻한다.

문화 그리고 대인관계에 대한 강조 : 호나이와 설리번

동기적 힘에 대한 재해석

20세기 중반에 한 정신분석 이론가 집단이 기본적인 정신분석 원리에 대한 깊은 재고에 들어갔다. 이 저자들은 성격이 프로이트가 생각한 것 이상으로 대인관계상의 상호작용을 통해 발전된다고 느꼈다. 이러한 대인관계의 작용은 본질적으로 사회 그리고 문화적 맥락 안에서 일어난다. 따라서 그들의 업적은 정신분석 전통에서의 문화와 대인관계에 대한 강조에 있다.

그린버그와 미첼이 설명한 바대로 정신역동적 관점에서 대인관계적 요인을 강조하는 두 가지 상이한 방식이 있다(Greenberg & Mitchell, 1983). 그중 하나는 프로이트의 전통적 원리에 따른다. 이 전통적인 정신분석 관점에서 개인의 발달에 있어 동기를 부여하는 힘은 생리적 추동(쾌락을 향한 원초아의 추동)이다. 성격 발달의 중심적인 특징은 종종 사회적 규범과 대립되는 생리적 바탕을 지닌 욕망을 다루기 위한 개인의 노력에 있다. 성격 구조들이 이러한 방식으로 발달되면 그들은 사회적 삶에 영향을 준다. 본능적 추동은 따라서 일차적이다. 그들은 발달을 이끄는 초기의 힘이고 성격 구조의 형성을 담당한다. 동료와 친구들과 같은 사회적 관계의 중요성은 이차적이다. 이런 전통적인 프로이트의 관점에서 사회적 관계는 성격 구조를 결정하지 않는다. 오히려 사회적 관계가 원초아의 생리적 욕구의 부산물로 발달한 성격 구조들로 인해 결정되는 것이다.

대인관계적 정신역동 이론가들의 사상은 이러한 프로이트의 전통과는 현저하게 다르다. 대인관계적 관점은 사회적 관계를 이차적이 아닌 일차적인 것으로 본다. 성격 구조들은 다른 사람들과의 상호작용을 통해, 즉 그 결과로 발달되는 것이다. 타인들은 자신의 정서적 삶에 영향을 주는 정서적 양식을 보인다. 그들은 자신의 자기 개념에 영향을 주는 평가를 제공한다. 다른 사람들에게 수용되는 것이 기본적인 동기적 힘이 되는 것이다.

많은 저자들이 이러한 대인관계를 중요시하는 전통에 기여했지만, 특히 역사적으로 중요한 두 인물은 카렌 호나이와 해리 스택 설리번이다.

카렌 호나이

카렌 호나이(1885~1952)는 독일에서 전통적인 정신분석가로 훈련을 받았다. 그 후 1932년에 호나이는 미국으로 이주하였다. 얼마 지나지 않아서 그녀는 전통적인 정신분석 사상에서 벗어나 자신 고유의 이론적 방향성과 정신분석적 교육 프로그램을 개발하였다.

호나이의 작업과 전통적인 정신분석적 사상 간의 주요한 차이는 범우주적인 생리적 영향과 대비되는 문화적 영향에 대한 질문을 수반하였다. "우리가 신경증에 있어 문화적 상태의 거대한 중요성에 대해 깨닫게 되면 프로이트가 그것의 근원으로 여긴 생물학적 그리고 생리학적 상태는 배경으로 사라진다"(1937, p. viii). 세 가지 고려사항이 그녀를 이러한 결론으로 이끌어 냈다. 그 첫 번째는 성 정체성의 발달에 있어 문화의 역할이다. "무엇이 남성적 또는 여성적인지를 결정하는 데 있어 문화적 요인들의 영향은 매우 확실하고, 프로이트가 특정한 결론에 도달한 이유는 그가 그들을 고려하지 않았기 때문이라는 것도 그만큼 확실하게 보였다"(1945, p. 11). 두 번째는 그녀의 주의를 사회 및 문화적 영향으로 이끈 또 다른 정신분석가 에리히 프롬과의 관계였다. 세 번째로, 유럽 문화에서 미국으로 이주할 때 호나이는 유럽과 미국 환자들 사이에 성격 구조상의 차이가 있음을 관찰하였다. 이러한 관찰들이 호나이로 하여금 대인관계가 건강하거나 문제가 있는 모든 성격 기능의 핵심이라는 결론을 내리게 하였다.

신경증적 기능에 대한 호나이의 강조는 개인이 어떤 방식으로 기본 불안(즉, 적대적일 수 있는 세상에서 고립되고 무기력해지는 것에 대해 아동이 갖고 있는 감정)에 대처하는가에 있다. 호나이의 신경증 이론에 따르면 신경증이 있는 사람은 이러한 기본 불안에 대해 반응할 수 있는 세 가지 방식 간에 갈등이 존재한다. 이러한 세 가지 패턴 또는 신경증적 경향은 '~을 향하여', '~에 반하여', '~으로부터 멀리' 이동하는 것으로 알려져 있다. 세 가지 다 모든 신경증의 본질인 경직되고 개인의 잠재력 실현이 결핍된 특성을 지니고 있다. 무엇을 향하여 이동하는 사람은 타인들에게 받아들여지고 필요하다고 여겨지고 인정받는 것에 대한 과도한 관심을 통해 불안에 대처하려고 노력한다. 이러한 사람은 다른 사람들과의 관계에서 의존적인 역할을 받아들이고, 애정에 대한 무한의 욕망을 제외하고는 사심이 없고, 자기주장을 하지 않으며 자기희생적이다. 무엇에 반하여 이동하는 사람은 모든 사람들이 적대적이고 인생은 모든 사람들과의 싸움이라고 가정한다. 모든 기능은 다른 사람들에 대한 필요를 부인하고 강인하게 보이려는 방향으로 작동한다. 무엇으로부터 멀리 이동하는 것은 갈등의 세 번째 요소이며, 여기서 사람은 타인으로부터 신경증적 분리 상태로 멀어진다. 이러한 사람들은 종종 자신과 타인들을 정서적으로 고립시키는 방식으로 바라보고 이를 통해 타인과의 정서적 교류를 회피한다. 각각의 신경증적 사람은 하나의 경향을 성격의 특별한 측면

Bettmann/Getty Images

카렌 호나이

으로 나타내지만, 실제로 문제는 기본 불안을 다루려는 노력에 있어 이 세 가지 경향성 간에 갈등이 있다는 것이다.

호나이에 대한 논의를 끝내기 전에 여성에 대한 호나이의 관점에 대해 숙고해 볼 필요가 있다. 이러한 관점은 전통적인 정신분석학적 사상 안에서의 그녀의 초기 작업에서부터 비롯된 것이며 여성심리학(1973)이라는 학회지에 실린 일련의 논문에 반영되어 있다. 시작 부분에서 언급된 바와 같이 호나이는 프로이트의 여성에 대한 관점을 받아들이기를 어려워했다. 그녀는 남근 선망이 특정한 사회적 맥락 속에서 신경증 여성을 치료하는 남성 정신분석가들의 편향에서 비롯된 개념일 수 있다고 느꼈다. "불행하게도 심리적으로 건강한 여성 또는 상이한 문화적 상태에 있는 여성들에 대해 알려진 바가 거의 없다"(1973, p. 216). 그녀는 여성들의 약하고 의존적이고 순종적이고 자기희생적인 것과 같은 피학적인 태도가 생물학적으로 타고난 것이 아니라고 제안했다. 대신 이러한 태도는 사회적 힘의 강력한 영향을 나타내는 것이다.

요약하자면 여성에 대한 그녀의 관점과 그녀의 일반적인 이론적 방향성 둘 다에서 호나이는 프로이트의 생물학적 강조를 거부하고 사회적 · 대인관계적 접근을 선택하였다. 부분적으로 이러한 차이로 인해 그녀는 변화와 자기 성취에 대한 사람들의 능력에 대한 더 긍정적인 관점을 갖게 되었다.

해리 스택 설리번

미국인 설리번(1892~1949)은 여기서 다룬 이론가 중에 인간 발달에 있어 사회적 · 대인관계적 힘의 역할을 가장 많이 강조하였다. 그의 이론은 정신 과학의 대인관계 이론(Sullivan, 1953)으로 알려져 있고 그의 추종자들은 설리번의 대인관계 학파를 이루었다.

설리번의 관점에서 정서적 경험은 프로이트가 주장한 바와 같이 생물학적 추동에 근거한 것이 아니라 다른 사람들과의 관계에 근거한다. 이것은 심지어 생애 초기에도 적용되는 사실이다. 예컨대 불안은 유아와의 가장 초기의 상호작용을 통해 어머니로부터 유아에게 전달될 수 있다. 따라서 불안은 처음부터 온전하게 생물학적인 현상이기보다 대인관계적 본질을 지니고 있다. 설리번 사상의 매우 핵심적인 개념인 자기는 그 근원이 사회적 상호작용에 있다. 자기는 다른 사람들과 교류하면서 경험한 감정, 타인으로부터 반영된 평가 또는 다른 사람들이 자신을 어떻게 평가하고 가치 있게 여기는지에 대한 아동의 지각으로부터 발달된다. 대인관계상의 안정감보다 불안의 경험이 자기의 상이한 부분의 발달에 기여한다. '좋은 나'는 유쾌한 경험과 관련되어 있다. '나쁜 나'는 고통과 안정감에 대한 위협과 관련되어 있다. 그리고 부인되는 자기의 일부, 또는 '~가 아닌 나'는 견딜 수 없는 불안과 연관되어 있다.

사회적 영향에 대한 설리번의 강조는 사람의 발달에 대한 그의 관점을 통해 볼 수 있다. 에릭슨(제3장)과 마찬가지로 설리번은 오이디푸스 콤플렉스 이후의 발달 기간이 사람의 전체적인 발달에 유의미하게 기여한다고 판단하였다. 그는 특히 유년기와 사춘기 전 기간을 강조하였다. 초등학교 기간 또는 유년기 동안 아동이 경험하는 친구들 및 선생님들과의 경험은 아동의 부모와의 경험과 맞먹을 정도로 중요해지기 시작한다. 사회적 수용은 중요하게되고 타인들 사이에서 아동에 대한 평판은 자존감 또는 불안의 중요한 원천이 된다. 사춘기 전 기간 동안 친밀한 동성 친구와의 관계는 특히 중요해진다. 이런 친밀한 우애관계 또는 애정관계는 사춘기 이성과의 애정관계 발달의 기초가 된다. 설리번이 오래전부터 예측한 바대로, 이후의 아동심리학자들도 또래와의 초기관계의 중요성에 대해 강한 지지를 표시하였다 (Lewis, 2002).

대상관계, 자기심리학, 그리고 애착 이론

대상관계 이론

설리번의 대인관계적 접근은 프로이트가 창시한 정신분석 전통으로부터의 유의미한 탈피를 상징하였다. 설리번의 대인관계적 접근은 오이디푸스 기간 이후(또는 사춘기 전기)에 일어나는 발달적 경험을 더 크게 강조하였다.

우리는 이제 다른 방향으로 이동한 학파에 대해 고려할 것이다. 대상관계 이론가들로 알려진 정신역동 사상가들의 한 집단은 설리번과 마찬가지로 대인관계에 대해 관심을 갖고 있었다. 하지만 그들은 "본질적으로 오이디푸스 시기 이전의 발달적 과정과 관계를 조명한 발달 이론을 이루는" 사상을 제시하였다(St. Clair, 1986, p. 15).

이 책을 읽고 있는 학생은 당장 대상관계 이론을 이해하는 데 어려움을 겪을 수 있는데, 바로 대상이라는 용어 때문에 그렇다. 정신역동 이론에서 대상이라는 단어는 전형적인 것과 매우 다른 정의를 갖는다. 우리는 보통 대상을 인간이 아닌 의자, 등불, 상자 등과 같은 사물을 일컫는 데 사용한다. 하지만 대상관계 이론에서 대상은 사람을 일컫는다. 프로이트를 비롯한 정신분석가들은 사람들이 긴장을 감소시킴으로써 추동을 충족시킬 수 있는 어떤 것을 향한 추동을 지니고 있다고 주장했다. 이런 추동이 지향하고 있는 그 어떤 것이 바로 대상이다. 긴장을 감소시키고자 하는 욕구가 (배고픈 유아가 어머니의 젖을 찾거나 성인이 다른 사람에게 성적 매력을 느끼는 것처럼) 일반적으로 사람에 의해 충족되기 때문에 중요한 대상이 사람이 되는 것이다.

따라서 대상을 연구하는 데 있어 대상관계 이론가들은 대인관계의 세상에 대해 관심을 갖는다(Greenberg & Mitchell, 1983; Westen & Gabbard, 1999). 그들은 과거에 중요한 사람들과의 경험이 어떻게 자기의 일부 또는 측면으로 표상화되고 그것이 현재 다른 사람들과의 관계에 어떠한 영향을 주는지 궁금해한다. 일부 측면에서 이런 이론화는 프로이트의 원래 정신분석적 모형에 가깝다. 하지만 차이점은 분명 존재한다. 대인관계 이론가들은 성격 발달의 모든 측면에 대해 설명하지 않고 프로이트가 한 것처럼 생물학적인 추동과 사회적 제약 간의 갈등의 측면을 토대로 이후의 성격 기능에 대해 설명하지도 않는다. 대신 그들은 대상(타인)과의 관계에 대한 정신적 표상에 초점을 둔다. 아동기 초기에 경험한 관계들은 사람이 다른 사람들에 대해 형성하는 정신적 모형 또는 정신적 표상의 본질을 결정한다. 일단 형성된 정신적 표상은 마음속에 머무르게 된다. 이후 생애에서 아동기에 형성된 정신적 표상은 새로운 관계에서의 경험에 영향을 준다. "과거 경험의 잔재는 개인과 관계에 대한 [이후의] 지각을 형성한다"(St. Clair, 1986).

자기심리학과 자기애

대상관계 이론과 가깝게 관련된 이론은 정신역동적 맥락에서 자기심리학이라고 알려진 일련의 사상들이다(정신역동적 관점을 취하지 않는 심리학자 중 다수가 '자기'에 대해 관심을 갖고 있고 종종 그들의 작업을 '자기심리학'이라고 부르기도 한다. 이 장에서 우리가 다루는 것은 구체적으로 전체적인 정신역동 전통 안에서 발전한 자기심리학을 의미한다).

자기심리학의 특별한 초점은 자기애라고 알려진 현상에 있다. 자기애의 정확한 정의는 정신역동 이론가들 사이에서도 조금씩 다르지만 이 용어는 일반적으로 정신적 에너지를 자기에게 투자하는 것을 의미한다. 건강하고 성숙한 성격 발달에서 사람들은 자신의 욕구에 반응할뿐더러 다른 사람들의 필요도 살필 줄 안다. 자기의 특징을 드러내고 싶은 자기애적 욕구는 미술가의 내적 존재를 보여주는 창의적인 작품에서와 같이 사회적으로 긍정적인 방식으로 나타날 수도 있다(St. Clair, 1986). 하지만 발달적 경험이 미성숙을 초래한다면 그 사람은 자기애적 성격을 보일 수 있다. 즉 그의 자기애는 타인과의 관계에 부정적인 영향을 주는 성격의 지배적인 특성이 될 수 있다. 자기애적 성격에서 사람은 과대한 자기 중요성을 느끼며 무한한 성공과 권력에 대한 공상에 사로잡혀 있다. 자기성애자(또는 지배적인 자기애적 성격을 발달시키는 개인)는 자신에게 다른 사람들로부터 무언가를 요구할 수 있는 권리와 다른 사람들로부터 동경과 사랑을 받을 만한 가치가 있고 자신이 특별하거나 유일무이하다는 과장된 느낌을 갖고 있다. 너무나 많은 에너지가 자신에게 향하고 있기 때문에 자기애에 빠져있는 사람은 타인의 감정과 필요에 대한 공감성을 결여하고 있다.

자기애에 빠져있는 사람들은 긍정적인 자기 관점을 보이지만 그들은 또한 자존감 손상에 취약하다. 그들은 타인으로부터의 동경을 필요로 한다. 그들은 때론 주변 사람들을 이상화하지만, 그 외의 시간에는 평가절하한다. 치료 장면에서 자기애적 개인이 어느 순간에 치료자를 통찰력이 극단적으로 뛰어난 사람이라고 이상화하다가 그다음 순간 동일한 치료자를 멍청하고 실력이 형편없는 사람으로 비난하기 일쑤이다.

자기애는 수년 동안 많은 체계적인 연구를 통해 주목받은 바 있다. 자기애에 대한 연구 목표 중 하나는 자기애를 가진 사람들과 그렇지 않은 사람들을 구분할 수 있는 평가도구의 개발이었다. TAT를 개발한 헨리 머리는 또한 초기 자기애 설문지(그림 4.1)를 개발하였다. 더 최근에 자기애적 성격 검사Narcissistic Personality Inventory(NPI)(Raskin & Hall, 1979, 1981)가 개발되었다. NPI에 높은 점수를 받은 개인은 낮은 점수를 받은 사람보다 더 많은 자기 관련 언급

Encyclopaedia Britarnica /Contributor /Getty Images

자기애, 또는 나르시시즘의 현대적 개념은 고대 그리스 신화로 거슬러 올라갈 수 있다. 나르시스는 자신의 아름다움에 너무 매료되어 자신의 형상을 응시하는 것 말고는 아무것도 할 수 없었고 결국 죽음에 이르렀다.

(나, 나에게, 나의 등)을 사용하는 것으로 나타났다(Raskin & Shaw, 1987). 또 다른 연구에서 NPI에서의 높은 점수는 타인으로부터 과시적이며 강요적이고 통제적이고 비판 평가적이라고 묘사되는 것과 관련성이 있었다(Raskin & Terry, 1987). 높은 자기애 점수를 받은 개인은 자신의 수행에 대해 동료나 다른 사원들이 평가한 것보다 더 긍정적으로 평가하는 것으로 드러났고, 이는 자기애에서 낮은 점수를 받은 사람들에 비해 유의미하게 높은 자기 향상적 편향을 입증한 것이다(John & Robins, 1994; Robins & John, 1997).

더욱이 대부분 사람들은 자신의 모습을 거울이나 비디오를 통해 볼 때 불편해하거나 자기 의식적이 되는 반면 자기애적 성향을 가진 사람들은 그렇지 않다. 신화에 나오는 연못에 반사된 자신의 모습에 반한 나르시스처럼 자기애적 개인은 거울에서 자신의 모습을 바라보는 데 시간을 더 보내고 비디오에서 다른 사람보다 자신의 모습을 쳐다보는 것을 선호하며 실제로 비디오에 나온 자신의 모습을 보면서 '자신감 충전'을 받는다(Robins & John, 1997).

연구자들은 또한 자기애적 개인의 사고 과정과 대인관계상의 경향성에 초점을 두었다(Morf & Rhodewalt, 2001; Rhodewalt & Sorrow, 2002). 자기애적 사람은 자기-확장적 귀인 양식뿐 아니라 상당히 단순한 자기 개념들과 타인에 대한 냉소적인 불신을 갖고 있다고 밝혀졌다(Rhodewalt & Morf, 1995). 이러한 결과들은 자신의 과대하게 부풀려진 자신감의 유지에 몰두하고 있는 사람의 모습으로서 자기애적인 사람과 일치한다. 이와 관련해서 일반 사람들은 배려심이 많은 애정 상대를 찾는 반면 자기애적인 사람은 그들을 숭배하는 애정 상대를 찾는 것은 놀랄 일이 아니다(Campbell, 1999).

자기애에 대한 많은 연구들이 상관 연구 방법을 사용하였다. 연구자들은 일반적으로 NPI

헨리 머리의 자기애 척도 (1938, p. 181)

나는 종종 내가 어떻게 보이고 다른 사람들에게 어떤 인상을 주고 있는지에 대해 생각한다.

내 감정은 다른 사람의 조롱이나 작은 지적에도 쉽게 상처를 받는다.

나는 나 자신, 내 경험, 느낌, 생각에 대해 많이 이야기한다.

자기애 성격 목록 (Raskin & Hall, 1979)

나는 관심의 중심이 되는 것을 정말 좋아한다.

나는 특별한 사람이라고 생각한다.

나는 다른 사람들에게 많은 것을 기대한다.

나는 다른 사람들의 행운을 부러워한다.

나는 내가 마땅히 받을 만한 모든 것을 얻을 때까지 결코 만족하지 않을 것이다.

그림 4.1
자기애 설문지 문항의 예

점수를 다른 질문지 또는 행동 관찰(자기 언급, 거울 속 자신의 모습을 보는 것)과 연관 지어 고려해 왔다. 하지만 연구자들은 실험적 방법을 점차 더 많이 사용하기 시작하였다. 예컨대 자기애적 사람들이 자존감에 대한 위협이나 비판에 대해 분노, 수치, 그리고 굴욕의 감정으로 반응한다는 임상적 관찰을 토대로 로드월트와 모르프(1996)는 자기애 점수(NPI)가 높거나 낮은 개인들에게 두 검사가 지능을 측정하는 것이라고 이야기해 주고 그 검사들을 수행하면서 성공 또는 실패 경험을 하게 하였다. 검사 문항들이 중간 수준으로 어려웠기 때문에 참여자들을 그들의 답에 대해 불확실하게 느꼈고 정확도에 대한 피드백은 실험자에 의해 조작될 수 있었다. 연속적인 성공 경험과 비교해서 성공에 뒤따른 실패 경험의 효과를 관찰하기 위해 참여자 중 절반은 첫 번째 검사에서 성공에 대한 피드백을 받은 후에 두 번째 검사에서는 실패의 피드백을 받았고, 나머지 절반은 반대 순서의 피드백을 받았다. 각각의 검사 후에 참여자들은 그들의 감정 상태와 수행 결과의 원인에 대해 물어보는 질문에 응답하였다. 예측된 바대로 자기애 점수(NPI)가 높은 개인은 낮은 개인들보다 특히 성공 경험 뒤에 실패가 뒤따랐을 때에 실패에 대해 더 높은 수준의 분노로 반응하였다. 이러한 결과는 자기애적 분노는 자기애적 개인의 과대한 자기상에 대한 지각된 위협에 대한 반응이라는 관점과 일치한다. 추가적으로 높은 자기애 점수를 보인 개인들은 자신에 대한 긍정 또는 부정적인 피드백으로 인해 그들의 자존감이 흔들리는 것에 특히 취약한 것이 밝혀졌다. 행복감도 이와 유사하게 그런 피드백에 의해 큰 영향을 받았다. 마지막으로 자기애가 높은 사람들은 자기애가 낮은 사람들보다 성공에 대해 설명할 때 자신의 능력을 과대평가하며 실패에 대해서는 타인을 탓하는 반응을 보였다. 요컨대 실험적 연구의 결과는 자기애적인 사람이 자신의 자존감 손상에 취약하며 이러한 손상에 대해 분노로 반응한다는 임상적 관찰을 지지하였다.

애착 이론

프로이트 이후의 정신역동 이론 중 우리가 마지막으로 다룰 이론은 애착 이론이다. 애착 이론은 성격의 최신 과학과 특히 그 관련성이 높다. 일부 저자는 오랫동안 프로이트의 이론들이 비판받은 반면, 최근의 애착 과정에 대한 연구가 과학 분야 내에서 정신역동 이론을 부활시켰다고 믿고 있다(Shaver & Mikulincer, 2005, 2012).

애착 이론은 영국 정신분석가인 존 볼비의 이론적인 작업에 의해 창설되었으며 발달심리학자 메리 에인스워스에 의해 비약적으로 발전하였다(Ainsworth & Bowlby, 1991; Bretherton, 1992; Rothbard & Shaver, 1994). 볼비는 부모로부터의 초기 격리가 성격 발달에 미치는 영향에 관심을 가졌다. 이것은 많은 도시 아이들이 폭격을 피해 부모로부터 멀리 떨어진 시골로 보내진 제2차 대전 당시 영국의 주요 문제 중 하나였다. 이 문제에 대한 프로이트의 전통적인 접근에서는 오이디푸스 시기 동안에 부모로부터 분리되는 것이 (성과 공격성을 수반한) 본능적 추동의 발달에 어떤 영향을 주는지에 대해 살펴볼 것이다.

하지만 프로이트와 볼비의 작업 간의 차이점은 바로 그것에 있었다. 동물행동학(자연 환경 속 동물에 대해 초점을 두는 생물학의 한 분야)에 대한 자신의 지식을 토대로 볼비는 특별히 부모-아동 관계만을 위한 심리적 체계가 존재한다고 제안했다. 그는 이것을 **애착 행동 체계**attachment behavioral system(ABS)라고 불렀다.

볼비에 따르면 ABS는 생득적이다. 즉 모든 사람은 이런 생물학적으로 타고난 체계를 지니고 있다. ABS에는 동기적인 의미가 있다. 그것은 특히 환경에 위협이 있을 때에 유아로 하여금 양육자와 (물리적 거리에서) 가깝게 있도록 동기화하는 체계이다. 따라서 어린아이가 안위와 안정감을 위해 어른에게 매달리는 것은 ABS로 인해 동기화된 행동의 예시가 된다. 발달 시기 동안 유아가 성인과의 관계에서 더 큰 안정감을 얻으면서, 성인 애착 대상과의 친밀감이 환경의 탐색을 위한 '안정된 기반'을 제공한다.

애착 이론은 애착에 수반되는 발달적 과정의 효과가 오래 지속된다고 예측한다. 이러한 예측은 다음과 같은 논리에 따른다. 아동-부모 관계는 아동 속에 자신과 양육자에 대한 상징적인 정신적 표상화를 만들어 낸다. 이러한 **내적 작동 모형**internal working model이라고 하는 정신적 표상들은 중요한 타인들에 대한 추상적인 신념과 기대를 내포한다. 일단 형성된 내적 작동 모형은 오랫동안 지속된다. 즉 바로 그들이 지속되는 성격 구조가 되는 것이다.

볼비의 애착 이론은 애착에서의 개인차를 인정한다. 유아들은 양육자와 서로 다른 상호작용을 경험할 수 있는데, 이는 부모가 유아의 욕구에 얼마나 반응적인가에서 차이가 있기 때문이다. 이러한 부모들 간의 차이는 유아 속에 상이한 내적 작동 모형을 초래한다. 이러한 정신적 표상들은 아동이 중요한 타인과의 상호작용에서 어떻게 행동하고 정서를 느끼는가를 결정할 수 있다.

이러한 이론적 사상은 새로운 방법을 수반한 연구를 통해 강력한 지지를 받았다. 그것은, 즉 메리 에인스워스에 의해 개발된 '낯선 상황' 절차였다(Ainsworth et al., 1978). 이 절차는

애착 행동 체계
유아와 양육자(일반적으로 어머니) 간 결속의 초기 형성을 강조하는 볼비의 개념

내적 작동 모형
특히 주 양육자와의 상호작용을 통해 초기 발달 단계에서 형성되는 자기와 타인에 대한 정신적 표상(이미지)을 일컫는 볼비의 개념

부모-아동 상호작용에 대한 직접적인 관찰을 통해 애착 유형의 개인차를 밝혀내기 위해 고안되었다. (부모에 대한 직접적인 관찰은 단지 부모에게 그들의 자녀와의 상호작용에 대해 물어보는 것보다 더 설득력이 있는데, 부모의 보고가 부정확할 수 있기 때문이다.) 낯선 상황 절차에서 심리학자는 구조화된 실험실 환경에서 어머니나 양육자가 떠나는 상황(분리)과 되돌아온 상황(재결합)에 대한 유아의 반응을 관찰한다. 이러한 관찰을 토대로 에인스워스와 동료들은 유아들을 상이한 애착 유형으로 분류했다. 약 70%의 유아들이 안정된 애착 유형으로 분류되었다. 이런 유아들은 어머니가 떠나는 것에 대해 예민하게 반응했지만 재결합할 때 반갑게 맞이하고 즉각적으로 위안을 받았으며, 그 후 다시 탐색과 놀이로 복귀할 수 있었다. 약 20%의 유아는 **불안-회피**로 명명된 애착 유형을 보였다. 이 유형의 유아들은 어머니로부터 분리되는 것에 대해 크게 동요하지 않았고 그녀가 돌아왔을 때 몸을 돌리거나 다른 곳을 쳐다보거나 또는 멀리 움직이는 등의 회피 행동을 보였다. 마지막으로 유아의 약 10%는 불안-양가 유형으로 분류되었다. 이런 유아들은 어머니로부터 떨어지는 것과 재결합하는 것 둘 다에 어려움을 보였다. 그들의 행동은 안아달라고 떼쓰는 것과 내려달라고 꿈틀거리고 고집 피우는 것이 혼합되어 보였다.

낯선 상황 패러다임은 정신역동 과정을 연구할 수 있는 객관적 절차를 제공하며 이는 다양한 연구 가설에 대한 탐색을 위해 사용될 수 있다. 예컨대 만약 애착 패턴이 범문화적으로 유사한지에 대해 궁금하다면 이런 표준적인 낯선 상황 패러다임을 상이한 문화적 맥락에 적용할 수 있다. 이러한 연구(Van Ijzendoorn & Kroonenberg, 1988)의 결과는 애착 유형의 분포가 상이한 문화(그리고 한 문화 속에 상이한 집단)에 따라 차이가 있음을 잘 나타낸다. 예컨대 한국에서 진행된 연구에서는 한국 유아의 회피적 애착의 비율이 매우 낮았는데, 이는 그 문화의 고유한 부모 양육 방식을 반영할 수 있다(Jin et al., 2012).

성인기의 애착 양식 더 최근에 심리학자들은 애착 참조틀을 부모-아동 관계뿐 아니라 성인의 애정관계에 대해 이해하기 위해 사용하였다. 유아기의 정서적 유대의 개인차는 이후 생애에서 정서적 유대가 성립되는 방식에서의 개인차와 관련될 수 있다. 이 가능성에 대해 연구하기 위해 연구자들(Hazan & Shaver, 1987)은 연구 참여자들로 하여금 신문 설문지 또는 '사랑 퀴즈'에 응답하게 하였다. 애착 양식의 측정치로 참여자들은 다른 사람들과의 관계와 관련해서 자신이 세 개의 범주 중 어떤 것에 해당하는지를 기술하였다. 이러한 세 가지 범주는 세 가지 애착 양식에 상응하는 것이었다. 개인의 애정관계 양식에 대한 측정치로, 참여자들은 신문에 '여러분 생애 최고의 사랑에 대해 이야기해 주세요'라는 제목 아래에 제시된 질문에 대답하도록 요청받았다. 그들이 지금까지 경험한 가장 중요한 애정관계와 관련된 질문에 대한 대답이 12개의 애정 경험 척도 점수의 근거가 되었다. 추가적으로 애정관계에 대한 관점이 시간에 따라 어떻게 변화했는지, 그리고 아동기의 부모와의 관계 및 부모 간의 관계에 대한 기억과 관련된 질문이 제시되었다.

상이한 유형의 참여자들(안정적, 회피적, 불안-양가적)이 자신의 가장 중요한 애정관계를 경험한 방식에서 차이를 보였을까? 차이는 명확하게 존재하였다. 안정적인 애착 양식은 행복, 우정, 신뢰와 관련이 있었고, 회피적 양식은 친밀감에 대한 두려움, 정서적 동요, 질투와 관련이 있었으며, 마지막으로 불안-양가적 양식은 사랑하는 사람에 대한 집착적 몰입, 결합에 대한 욕망, 극단적인 성적 끌림, 정서적 극단, 그리고 질투와 관련되어 있었다. 추가적으로 세 집단은 애정관계에 대한 그들의 관점, 또는 정신적 모형에서 차이를 보였다. **안정된** 연인들은 애정을 어느 정도 안정적이지만 또한 커졌다 작아지기도 하는 것으로 보았고, 종종 소설이나 영화에서 묘사되는 강렬한 사랑을 대수롭지 않은 것으로 여겼다. **회피적** 연인들은 애정적 사랑의 영구적인 속성에 대한 의구심을 가졌고, 진짜 사랑에 빠질 수 있는 사람을 찾기가 거의 힘들 것이라고 느꼈다. 반면 **불안-양가적** 연인들은 사랑에 빠지기는 쉽지만 진정한 사랑을 찾기는 힘들 것이라고 느꼈다. 마지막으로 **안정된** 참여자들은 다른 집단의 참여자들보다 두 부모와의 관계와 더불어 부모 간의 관계가 더 따뜻하다고 보고하였다.

이후의 연구가 이러한 결과들을 확장시켰다. 예컨대 애착 양식은 대인관계뿐만 아니라 일에 대한 방향성과도 연관되어 있다. 안정된 사람은 그들의 일에 자신감을 갖고 임하고, 실패에 대한 두려움을 상대적으로 덜 부담스러워하고, 일이 개인적인 관계를 방해하지 못하도록 한다. 불안-양가적 참여자들은 직장에서 칭찬과 거부에 대한 두려움에 의해 영향을 매우 많이 받고 애정에 대한 고민이 일의 수행에 방해가 되게끔 한다. 회피적 참여자들은 사회적 상호작용을 피하기 위해 일을 하며, 비록 그들이 경제적으로 성공했음에도 불구하고 안정적인 참여자들보다 자신의 일에 대해 덜 만족스러워했다(Hazan & Shaver, 1990). 다른 연구는 애착 양식을 정신 병리와 연관 짓는다. 애착은 다른 요인들과 상호작용하여 정신 병리를 예측하는 경향이 있다. 예컨대 만약 사람들이 매우 높은 스트레스를 주는 생애 사건(범죄, 전쟁, 또는 테러 등)을 만나게 되면 회피적 애착 양식을 가진 사람들은 다른 사람들보다 더 심한 심리적 고통을 경험하게 된다(Mikulincer & Shaver, 2012).

성인기의 애착 양식에 대한 많은 연구들이 자기 보고 자료에 의존하였다. 하지만 한 재치 있는 연구는 애착 양식과 커플의 이별 행동 간의 관계를 자연 관찰을 통해 살펴보았다(Fraley & Shaver, 1998). 이 연구에서 일시적으로 서로 헤어져야 하는 커플들의 행동이 공항에서 관찰되었다. 연구자들은 공항 로비에서 기다리고 있는 커플들에게 다가가서 '친밀한 관계에 대한 현대 여행의 효과'라는 설문지를 작성해 달라고 요청하였다. 커플들은 각각 따로 애착 양식 측정치가 포함된 질문지를 작성하였다. 또 다른 연구자는 커플들이 보이는 자리에 앉아 출발을 기다리는 동안의 커플들의 상호작용에 대해 관찰하고 기록하였다. 이러한 행동들은 애착 행동 범주에 따라 **접촉 추구**(키스, 연인이 탑승한 후에도 창문을 통해 바라봄 등), **접촉 유지**(껴안음, 안 놔주려고 함 등), **회피**(딴 곳 쳐다보기, 접촉으로부터 벗어나기 등) 그리고 **저항**(안아주기를 바라면서도 접촉을 피함, 분노 또는 짜증의 단서 등)과 같은 범주로 코딩되었다. (남성들을 제외한) 여성들 사이에서 애착 양식에 따라 상이한 행동이 관찰되었다.

성격과 뇌

애착

20세기의 볼비와 에인스워스와 같은 애착 연구의 선구자들에게 애착에 기저하는 뇌 체계에 대한 자료는 없었다. 그러나 21세기의 기술적 발전을 통해 애착 과정과 뇌의 연구에 대한 문호가 개방되었다.

이 문이 단지 최근에서야 열렸기 때문에 애착 과정에 기저하는 정확한 뇌 체계는 아직 완전히 이해되지 않는다. 그러나 관련 연구에 대한 개관(Coan, 2010)은 이미 몇 가지 일반적 원리에 주목하고 있다. 첫째, 뇌는 단일한 '애착 체계'를 특정한 뇌 영역에만 포함하고 있는 것은 아니다. 대신에, 복수의 뇌 체계가 애착 단계의 발달과 유지에 기여하며, 그것들은 일반적으로 애착뿐만 아니라 그 외의 많은 심리적 기능에도 관여한다. 둘째, 애착에 대해 중요한 역할을 하는 뇌 체계는 인간의 정서에 있어서도 핵심적인 역할을 한다는 것이다. 애착 과정은 근본적으로 정서적이다. 부모는 자신의 유아가 나타내는 감정 표현(미소 또는 울음)에 반응한다. 그리고 유아는 부모에게 따뜻한 정서적 반응을 바란다. 따라서 유아가 정서적 반응을 경험하고 표현하도록 하는 뇌 체계가 틀림없이 애착 과정에 관여할 것이다.

정확히 어떤 뇌 기제가 포함되는지에 대한 의문에 관해서 뇌가 두 가지 종류의 물질을 포함한다는 것을 기억해야 한다. 그중 하나는 세포 수준의 물질이다. 뇌는 뉴런이라고 불리는 막대한 수의 개별적인 세포들로 구성되며 이는 전반적인 뇌의 해부를 구성하는 다양한 하위 구조물로 조직화된다. 또 다른 종류는 분자 수준의 물질이다. 뉴런은 신경전달물질, 즉 하나의 뉴런에서 또 다른 뉴런으로 이동해서 그 뉴런의 활동에 영향을 끼치는 분자를 통해 서로 의사소통한다. 먼저 애착 과정과 신경전달물질에 대해 살펴보자.

애착 과정에 수반된다고 가정되는 신경전달물질 중 하나인 옥시토신은 정서적 반응에 관여하는 여러 뇌 영역에서 작용한다. 옥시토신의 영향은 실험적으로 평가될 수 있다. 상이한 실험 조건에서 연구자들은 참여자에게 옥시토신 또는 비활성적 위약물질 중 하나가 담긴 스프레이를 콧속에 뿌렸다. 그리고 옥시토신이 이후 애착과 관련된 반응에 미치는 영향을 평가했다. 한 연구에서 불안정한 애착 양식의 참여자들이 옥시토신 또는 위약을 처치받은 후 애착과 관련된 주제의 그림들을 보았다(예컨대 집에서 혼자 창밖을 바라보고 있는 한 명의 작은 소녀). 각각의 그림에 대해 참여자들은 상이한 문장들("이 소녀는 절망적인 것처럼 보이고, 어쩌면 누군가에 의해 버려졌을 것 같다." 또는 "그녀는 아파서, 집 안에만 있어야 한다… 그녀의 어머니가 들어와서 그녀를 안아준다.")이 얼마나 그림과 부합하는지를 평

가하도록 요구받았다. 연구자들은 옥시토신 스프레이를 제공받은 참여자들이 안정감과 관련된 문장들("그녀의 어머니… 그녀를 안아준다.")이 그림과 더 부합한다고 평가하는 경향성이 있다는 결과를 얻었다(Buchheim et al., 2009). 따라서 이 결과는 옥시토신이 애착과 관련된 감정과 사고에 직접적으로 영향을 미친다고 제안한다.

애착 과정과 뇌 해부학 간의 관계는 어떠한가? 연구는 두 개의 뇌 영역이 관련되어 있다고 제안한다. 하나는 놀랄 만한 것은 아닌 반면 또 다른 하나는 놀랄 만하다. 당연하게 여겨질 수 있는 것은 정서적 반응과 단순한 동기(처벌과 보상에 대해 접근하고 회피하고자 하는 기본적 욕구. Coan, 2010 참조)에 수반된 일련의 신경 회로의 영역이다. 이 신경 회로는 변연계로 알려진 뇌의 하부 영역에서 주로 발견된다.

뜻밖의 영역은 소뇌라고 알려진 뇌의 뒤쪽 아랫부분에 위치한 구조물이다. 이 소뇌는 주로 운동 통제와 관련되어 있어, 이는 애착 과정에 전혀 관여하지 않을 것처럼 보이게 한다. 그러나 최신 연구는 소뇌가 정서의 경험과 애착과 관련된 정서를 포함하는 정서적 반응의 통제에도 관여한다는 것을 보여준다(Schutter & van Honk, 2009). 심리적 고통을 경험한 개인력을 가진 집단에게 실시된 한 연구에서 연구자들은 소뇌의 신경 조직의 부피를 측정하기 위해 뇌 스캔을 실시했다. 여기서 상이한 수준의 대인관계의 상실(사랑하는 사람의 죽음으로 인한 상실)을 경험한 다양한 애착 양식의 개인들이 포함되었다. 상이한 애착 양식을 지닌 사람들의 소뇌는 해부학적으로 달랐다. 그 차이는 상실에 대한 경험과 소뇌 간의 관계를 살펴볼 때 가장 명백하게 드러났다.

회피 애착 양식을 지닌 사람들의 경우, 더 많은 수의 대인관계 상실 경험이 더 작은 소뇌의 부피와 관련성이 있었다. 회피성이 낮고 더욱 안정적인 애착 양식을 지닌 사람들의 경우, 더 많은 수의 대인관계 상실이 더 큰 소뇌의 부피와 관련성이 있었다. 따라서 심리적 요인인 애착 양식과 신경적 요인인 소뇌의 신경 조직의 부피는 강하게 관련되어 있었다.

애착 과정에서의 소뇌의 정확한 역할을 밝혀내기 위해, 그리고 더 일반적으로는 인생 초기의 상이한 애착 양식의 발달에 수반된 뇌 기제를 확인하기 위해 더 많은 연구가 시행되어야 한다. 그러나 현재의 연구 결과는 이미 이러한 과학적 수수께끼에 대한 중요한 단서들을 제공하고 있다.

비회피적인 여성들보다 회피성이 높은 여성들이 그들의 연인과 접촉을 덜 추구하거나 유지하며, 상대에 대한 배려와 지지를 덜 제공하고, 멀어지거나 시선을 덜 마주치는 등의 철회 행동을 더 많이 보였다. 흥미롭게도, 회피적 여성의 행동은 연인과 여행에 동행하는가 또는 헤어지는가에 따라 상당히 다른 양상을 보였다. 그들이 헤어지는 경우에는 앞에서 언급된 행동들을 보였지만, 연인과 함께 여행을 떠나는 경우(또는 버려지는 것의 위협이 없는 상황)에는 보살핌과 접촉을 추구하는 경향성을 더 많이 보였다. 요컨대 적어도 여성의 경우, 원래 아동에 대한 연구를 통해 밝혀진 애착의 역동은 성인의 애정관계에서도 적용되는 것이었다.

애착 유형인가 차원인가? 앞에서 언급한 바대로 에인스워스는 애착 양식의 개인차는 세 가지 애착 유형에 따라 이해될 수 있다고 제안했다. 즉 그녀는 유형 변인을 수반한 분석 단위를 제시한 것이다(제1장 참조). 기본 사상은 상이한 애착 유형이 질적으로 구별될 수 있다는 것이다.

특유의 범주적 유형이 존재한다는 생각이 매력적으로 보일 수 있지만, 실제로 범주적 변인은 그리 흔하지 않다. 행동, 정서 등의 다양성과 같은 대부분의 관찰 가능한 심리적 특성은 많은 요인의 영향을 받는다. 주어진 결과 변수가 많은 요인에 의해 영향을 받는 경우, 그 변수는 일반적으로 범주적이기보다 차원적으로 분산되어 있다. 그렇다면 과연 애착 유형은 진짜 범주적 차이를 나타내는 예외의 경우에 해당하는가?

연구 결과는 '아니다'라고 제안한다. 두 명의 연구자가 낯선 상황 패러다임 연구에 참여한 15개월 된 아동들로 구성된 대규모 집단의 자료를 분석하였다(Fraley & Spieker, 2003). 이들은 단순히 몇 명의 아동이 어떤 애착 범주에 속했는지 물어보기보다, 논리적으로 우선이 되는 질문을 하였다. 그 질문은 '애착 범주라는 것이 애당초 존재하는 것인가? 아니면 아동들 간의 차이가 실제로는 단순한 차원만을 수반하는 것인가?'이었다. 이 질문에 대한 답은 상이한 심리적 특징들이 매우 일관되게 서로 짝을 이뤄서 특유의 범주를 형성하는지를 확인하는 다소 복잡하지만 많은 정보를 줄 수 있는 통계적 절차를 통해 얻어질 수 있다(Meehl, 1992). 그 결과, 애착 유형은 그런 것에 해당되지 않고, 대신 애착의 다양성에는 연속적인 차원이 수반된다는 결과를 얻었다.

이러한 연구 결과는 애착 양식에서의 개인차를 가장 잘 구별할 수 있는 차원들이 정확하게 무엇인지에 대한 질문의 시발점이 되었다. 하나의 가능성은 자신과 타인에 대한 내적 작동 모형의 개인차의 이론적 가설과 관련되어 있다(Bartholomew & Horowitz, 1991; Griffin & Bartholomew, 1994). 볼비의 뒤를 이은 이 모형에 따르면 애착 패턴은 자신에 대한 내적 작동 모형과 타인에 대한 내적 작동 모형을 반영하는 두 가지 차원을 토대로 정의될 수 있다(그림 4.2). 각각의 차원은 긍정적 그리고 부정적인 극을 지니고 있다. 긍정적인 자기에 해당하는 극은 긍정적 자기 가치와 타인들이 자신에 대해 긍정적으로 반응할 것이라는 기대를 반영한다. 긍정적인 타인에 해당하는 극은 자신을 돕고 지지해 주며 친밀하게 다가올 타

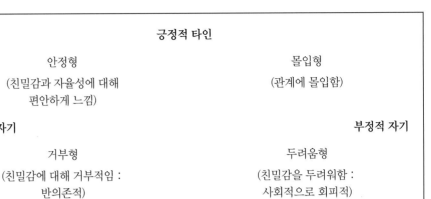

그림 4.2 바살러뮤의 자기 그리고 타인에 대한 내적 작동 모형의 차원과 관련된 애착 유형
출처 : Bartholomew & Horowitz (1991); Griffin & Bartholomew (1994). Copyright ⓒ 2001 by the American Psychological Association(허락하에 재인쇄)

인이 존재한다는 기대를 반영한다. 그림 4.2에서 볼 수 있듯이 이 모형은 네 번째 애착 유형, 즉 거부형으로 이어진다. 이러한 애착 패턴을 지닌 개인은 친밀한 관계에 대해 편안하게 느끼지 못하고 타인에게 의존하지 않는 것을 선호하지만, 긍정적인 자기상을 유지한다.

여기서 제시된 연구들은 매우 중요한 연구 분야의 단지 표면적인 일부일 뿐이다. 애착 양식은 파트너 선택과 애정관계의 안정성(Kirkpatrick & Davis, 1994), 성인기의 우울증 발달과 대인관계상의 어려움(Bartholomew & Horowitz, 1991; Carnelley, Pietromonaco, & Jaffe, 1994; Roberts, Gotlib, & Kassel, 1996), 종교적으로 되는 경향(Kirkpatrick, 1998), 그리고 인생의 고비에 대처하는 방식(Mikulincer, Florian, & Weller, 1993)과 관련된 것으로 밝혀졌다. 추가적으로 한 연구는 애착 양식이 유전적 요인보다 형제들 간에 공유되는 가족 경험을 토대로 발달된다고 제안하였다(Waller & Shaver, 1994). 따라서 현재 놀라울 만한 연구 기록이 쌓이고 있다(Fraley & Shaver, 2008).

그럼에도 불구하고 몇 가지 중요한 쟁점에 주목할 필요가 있다. 먼저 애착 양식의 연속성에 대한 증거들이 존재하지만 이러한 양식이 고정되어 있지는 않다는 단서들이 존재한다. 현재 애착 양식이 시간적으로 얼마나 안정적인가와 애착 양식의 지속성에 영향을 주는 것이 무엇인지에 대해 아직 많은 논쟁이 진행되고 있다. 둘째로 이러한 연구들은 애착 패턴을 마치 각각의 사람들이 하나의 애착 양식만을 지니고 있는 것처럼 살펴보고 있다. 하지만 동일한 개인이 다중적인 애착 패턴을 가질 수 있어서 남성과 여성 각각에 대해 다른 관계를 갖거나 상이한 맥락에 따라 각각 다른 관계를 가질 수 있다는 단서가 존재한다(Baldwin, 1999; Sperling & Berman, 1994). 마지막으로 이러한 연구의 대다수가 자기 보고와 아동기 경험에 대한 기억 회상을 수반한다는 것을 인식할 필요가 있다. 즉 우리에게는 상이한 성인 애착 패턴을 지닌 개인의 실제 행동에 대한 단서와 유아기부터 성인기까지 개인들을 추적하여 조사하는 연구가 더 많이 필요하다. 요컨대 지금까지의 연구 결과는 초기 경험이 대인관계에 강력한 효과를 미치는 내적 작동 모형의 발달에 매우 중요한 역할을 한다는 볼비의 관점을 지지한다. 그와 동시에 이러한 모형을 결정하는 아동기의 경험, 이러한 모형들의 상대적 안정성, 그리고 그들이 성인기에 미치는 영향의 한계를 정의하는 추가적인 연구가 필요하다.

성격 이론의 현대적 발전 : 신경정신분석

저자 프랭크 설로웨이의 표현을 빌리자면(Sulloway, 1979), 프로이트는 근본적으로 '마음의 생물학자'인 신경과학자였다. 프로이트는 경력 초기에 기억과 주의력 같은 기본적인 심리적 능력과 나중에 정신분석 이론의 초점이 된 보다 복잡한 성격 역동을 설명할 수 있는 뇌의 기제를 확인하기를 희망하였다.

그는 1890년대 초에 이 도전에 많은 시간을 할애하였다. 이러한 노력은 과학적 심리학을 위한 **프로젝트**(Freud, 1895)로 알려진 저서에서 그 절정에 이르렀다. 이 책에서 프로이트는 뉴런(뇌의 세포)의 활동이 심리적 능력, 일차 및 이차 사고(제3장을 참고하라), 그리고 의식적인 경험을 유발할 수 있는 방법을 제안하였다.

역사적으로 돌이켜 보면 프로이트의 **프로젝트**는 주목할 만하다. 그는 경험이 신경 체계의 변화를 일으키고, 그 결과 이러한 경험에 대한 기억의 기초가 된다는 발견과 같은 수십 년 후에나 수행된 연구의 결과를 예상하였다(Centonze et al., 2004; Pribram, 2005). 그러나 프로이트는 **프로젝트**에 대해 낙담하였다. 상당한 시간을 투자한 후 그는 자신의 작업에 한계가 있음을 깨달았다. 그것은 너무 추측에 가까웠다. 이러한 추측성은 그가 피할 수 없는 것이었다. 프로이트 시대에는 뇌의 작용에 대한 지식이 상당히 제한적이었다. 그 시대의 지식 기반은 학습과 기억의 단순한 과정에 대한 분석을 간신히 지원할 수 있었다. 프로이트가 깨달았듯이 그의 진정한 관심사였던 복잡한 동기, 감정, 그리고 방어 기제에 뇌가 어떻게 기여하는지에 대한 상세한 이론을 충분하게 뒷받침할 수 없었다. 프로젝트에 엄청난 노력을 기울인 후 그는 자신의 작업에 오류가 있다는 결론을 내렸다. 그는 동료에게 다음과 같은 글을 보냈다. "나는 심리학[즉, 과학적 심리학을 위한 **프로젝트**]을 만들어 낸 마음의 상태에 대해 더 이상 이해할 수 없습니다"(Nagy, 1991, p. 120에서 인용).

따라서 프로이트는 방향을 틀어버렸다(Northoff, 2012). 그의 다음 주요 작업인 **꿈의 해석**을 시작으로 프로이트는 성격 구조와 역동에 대한 **심리학적** 분석에만 전념하였다. 그는 전반적으로 생물학자의 방향을 유지하였다(Sulloway, 1979). 그러나 그는 정신적 사건의 기저에 깔린 뇌의 체계를 밝혀내려는 시도를 하지 않고 마음의 작용을 분석하였다. 그는 그것이 미래에만 가능한 도전이라는 것을 알고 있었다.

그러한 미래가 도래했을까? 현대의 신경과학은 프로이트에게 부족했던 정신역동적 과정에 대한 뇌 수준의 설명을 제공하고 있는가? **신경정신분석**neuropsychoanalysis으로 알려진 분야

신경정신분석
프로이트가 정신분석 이론에서 밝힌 심리 구조 및 심리 기능과 관련된 뇌 체계를 확인하기 위한 과학적 운동

에 종사하는 연구자들은 과연 그렇다고 생각하고 있다.

신경정신분석

신경정신분석은 하나의 운동이다. 그것은 어느 한 이론가의 작업이 아니라 여러 심리학자와 신경과학자들이 참여하는 작업이다. 그것은 또한 독특한 성격 이론이 아니다. 그 대신, 명칭에서 정확하게 알 수 있듯이, 신경정신분석은 프로이트의 19세기 신경과학이 제공할 수 없었던 정신분석적 구조와 과정에 대한 뇌 기반의 이해를 21세기 신경과학이 제공할 수 있는지 확인하기 위한 노력이다.

많은 사람들이 신경정신분석 연구에 기여하기 때문에 모든 범위의 생각과 결과를 간략하게 요약하는 것은 불가능하다. 그러나 신경정신분석의 주요 기여에 대한 가치 있는 요약은 신경정신분석 분야의 발전에 상당한 기여를 한 두 명의 저자가 제공한다. 이들은 미국에서 학문적 경력의 대부분을 보낸 에스토니아 출신의 신경과학자 젝 판셉(2017년 사망)과 '신경정신분석'이라는 용어를 만든 남아프리카의 정신분석가이자 신경심리학자 마크 솜스(Johnson & Mosri, 2016)이다.

신경정신분석 : 네 개의 핵심 기여

판셉과 솜스는 신경정신분석의 네 가지 주요 기여에 대해 설명한다(Panksepp & Solms, 2012). 각각의 경우, 기여는 20세기 초반에 프로이트나 그의 추종자들이 이용할 수 없었던 신경과학 방법과 발견에 기반한다. 여기서 우리는 각각을 제3장에서 배운 프로이트 이론의 측면 중 하나와 연결하여 소개할 것이다.

정서의 동물적 추동과 인간 정서의 동물 모형

정신분석에서 원초아는 작은 집단의 본질적으로 '동물적인' 본능적 추동을 담고 있다. 무의식적 힘은 사람들을 자기 보존과 성적 재생산(삶 본능)으로 이끌고 공격 행위(죽음 본능)에 힘을 더할 수 있다. 이 이론에 비추어 자문해 보자. 현대 연구 방법론을 통해 뇌를 연구할 때 무엇을 발견할 것으로 기대하는가?

이 질문에 대한 두 측면의 답변이 있다. 하나는 기본적인 본능적 추동을 생성하는 뇌의 특정 하위 체계가 있어야 한다는 것이다. 다른 하나는 인간과 동물의 뇌에서 이러한 체계를 발견할 것을 기대한다는 것이다. 프로이트의 정의에 따른 추동의 '동물적' 특성은 광범위한 포유동물 종의 뇌가 인간의 뇌와 유사한 기본-추동 체계를 가져야 함을 시사한다.

현대의 신경과학적 발견은 이러한 기대와 일치한다. 신경과학자들은 실제로 구조와 기능이 유사한 신경계를 인간과 동물에서 확인했으며, 이들은 감정 상태의 경험에 직접적으로 기여한다. 이 결론을 뒷받침하는 하나의 주요 연구 유형에서는 연구자들이 특정 뇌 영역을 전기적으로 자극한다. 동물 뇌의 여러 영역에 전기 자극을 가하면 두려움, 격노(분노), 정욕(성적 욕망), 추구(보상을 추구하려는 동기)(Panksepp, 2011)와 같은 다양한 감정이 생성된다. 여기서 중요한 뇌 영역은 피질하 영역이며, 이는 많은 동물 종에서 해부학적으로 유사한 뇌의 하부 영역에 있는 부위이다.

자기기만과 '작화증'의 신경과학

프로이트는 환자의 말을 들을 때 그들의 진술을 '액면 그대로' 받아들이지 않았다. 그는 환자들이 자신에 대해 말하는 모든 것이 자기기만일 수 있다는 것을 알고 있었다. 자아의 방어 전략은 환자의 기억 중 일부를 억누르고, 다른 기억을 왜곡하며, 환자가 모르는 사이에 현실과 동떨어진 진술을 초래할 수 있다. 환자들은 자신이 과거에 대해 진실을 말하고 있다고 생각하지만, 그들의 마음은 그들을 속이고 있는 것이다.

프로이트의 고된 임상적 노력에도 불구하고 자기기만에 대한 그의 분석에는 두 가지 본질적 한계가 있었다. 첫 번째는 순전히 심리적인 것이었다. 환자가 정확하지 않은 진술을 할 때마다 두 개의 가능성을 구별하기 어렵다. 전자는 환자가 **무의식적으로** 자신을 속이고 있는 것이고, 후자는 환자가 **의도적으로** 치료자를 속이고 있는 것이다. 예를 들어, 개인은 자신의 고통스러운 사건에 대한 진실을 밝힐 만큼 치료자를 편하게 여기지 않거나 치료자에게 좋은 인상을 주기 위해 자신에 대한 이야기를 꾸며내고 싶어 할 수 있다. 두 번째는 심리적인 것과 생물학적인 것 사이의 연결을 수반한다. 프로이트는 **프로젝트**를 포기하면서 자기기만적 사고의 기반이 될 수 있는 뇌 영역을 확인하는 희망도 포기하였다.

신경정신분석의 두 번째 기여는 이러한 뇌 영역의 식별이다(Panksepp & Solms, 2012). 핵심 연구는 '작화증'을 보이는 사람들을 대상으로 수행된다. 작화증은 거짓 기억의 한 유형, 즉 의심할 여지 없이 틀린 경험이나 정보를 잘못 기억하는 것이다(Schneider, 2003). 작화증은 (예컨대 뇌종양으로 인해 유발되는) 뇌 손상 사례에서 관찰될 수 있는데, 명백하게 사실이 아닌 것을 환자가 아무 의심 없이 믿고 말하는 것을 볼 수 있다. 예를 들어 스위스에 입원한 한 환자는 자신이 프랑스 보르도에 있다고 확신하였다. 그는 창밖을 내다보았을 때 풍경이 프랑스와 전혀 닮지 않았음을 인정하면서도 "나는 미친 것이 아니다. 내가 보르도에 있다는 것을 안다!"라고 주장했다(Schneider, 2003, p. 663). 또 다른 환자는 뇌종양을 치료하기 위해 수술을 받은 후 (수술에 대해 완전히 알고 있던) 자신의 주치의에게 그가 단지 운동을 하다가 머리를 부딪쳤을 뿐이고 이후 스포츠심리학자와 상담을 해보니 그가 괜찮다고 말했다고 이야기하였다(Solms, https://www.futurelearn.com/courses/what-is-a-mind/0/steps/9266).

작화증에 대한 현대 연구는 프로이트가 직면했던 두 가지 한계를 모두 극복한다. 첫째, 작화증의 경우 환자의 진술이 진정한 자기기만에 해당함에는 의문의 여지가 없다. 일부 이야기는 너무 분명하게 말이 안 되고 현실과 동떨어져 있어서 그것을 말하는 환자 외에는 아무도 믿지 않을 것이다. 이것은 치료자에게 좋은 인상을 주기 위한 전략이 될 수 없다. 솜스

(https://www.futurelearn.com/courses/what-is-a-mind/0/steps/9266)는 이러한 진술을 동기화된 자기기만으로 해석한다. 즉 이는 환자들의 극심한 스트레스를 다루기 위한 '부적절한 시도'이며 여기서 그들은 '지나치게 감정적으로 착색되고, 왜곡되고, 지나치게 희망적인 [거짓] 기억'을 사용하는 것이다.

스트레스에 대처하려는 환자의 시도가 왜 그렇게 부적합한 것일까? 많은 경우, 뇌 손상이 계획과 결정을 내리는 그들의 능력을 감소시켰기 때문이다. 연구 결과에 따르면 작화증을 보이는 많은 환자가 환경의 요구사항에 맞는 논리적 사고와 행동의 흐름을 통제하는 데 수반되는 '집행 기능'에 필요한 뇌의 전두엽 손상을 경험하였다(Schneider, 2003; Turner et al., 2008). 이러한 발견은 프로이트가 경험한 두 번째 한계에 대한 해답을 제공한다. 즉 그들은 프로이트가 **프로젝트**를 통해 확인하기를 바라던 자기기만적 사고의 신경학적 기반을 밝혀내고 있다.

꿈과 뇌

신경정신분석의 세 번째 기여를 이해하려면 심리학개론 수업에서 배웠을 가능성이 있는 두 가지 사실을 떠올려 볼 필요가 있다. 하나는 수면에는 단계가 있고 그중 하나는 빠른 안구운동(REM) 수면이라는 점이다. REM 수면의 독특한 특징은 이 수면 단계에 있는 사람을 깨우면 일반적으로 그들이 꿈을 꾸고 있었다고 말한다는 것이다. 두 번째 사실은 REM 수면 동안 활동을 통제하는 신호가 전송되는 뇌 영역이 (척수 바로 위에 위치하는 뇌의 가장 아래부위인) 뇌간의 구조인 뇌교라는 것이다.

이것이 정신분석과 무슨 상관이 있을까? 프로이트에게 꿈은 그 내용이 꿈꾸는 사람의 삶(욕망, 기억, 방어 전략)을 반영하는 매우 복잡한 정신적 과정이라는 것을 기억하라. 단순한 하위 수준의 뇌 기전인 교뇌는 결코 그렇게 복잡한 정신 활동을 생성해 낼 수 없다.

하지만 현대의 신경과학적 증거는 그럴 필요가 없다는 것을 보여준다. 솜스(2000)는 꿈꾸는 것과 REM 수면이 구별된다는 증거를 검토하였다. 구체적으로, 서로 다른 뇌 기전이 각각 다른 활동을 통제한다. REM 수면과 달리 꿈은 상대적으로 높은 수준의 뇌 기전으로부터 영향을 받는다. 꿈의 형상을 생성하는 높은 수준의 뇌 기전은 사고와 기억과 관련된 다양한 추가적인 뇌 체계와 연결되어 있다. 중요하게도 이것은 꿈의 형상이 "복잡한 인지 과정을 통해 능동적으로 구성"될 수 있다는 것을 의미한다(Solms, 2000, p. 846). 그것은 정확히 프로이트 이론이 예상하는 바이다.

신경학적 기전에서 치료 기법으로

판셉과 솜스에 의해 확인된 신경정신분석의 네 번째 기여는 심리적 장애의 치료에 관한 것이다. 프로이트는 심리학적 과정의 신경과학을 위한 **프로젝트**를 포기한 후 정신장애에 대한 신경과학 기반 치료법을 밝히려는 희망 또한 포기하였다. 여러분이 여기서 배웠듯이, 프로이트의 치료 방법의 초점은 생물학적이 아니라 전적으로 심리적인 것이었고 자유연상 기법과 치료자–환자 관계의 역학을 활용하였다. 그러나 신경정신분석은 심리적 개입과 생물학적 개입 둘 다를 사용할 수 있는 가능성을 열어준다.

구체적으로, 신경정신분석가들은 동물 모형이 인간에 대한 치료 정보를 제공할 수 있다고 제안한다. 인간이 아닌 동물을 대상으로 하는 신경계와 감정에 대한 연구는 (불안이나 우울증과 같은 만연된 장애를 포함하여) 인간의 심리적 장애를 효과적으로 치료할 수 있는 단서를 제공한다. "동물 모형을 통해 최적으로 자세히 연구된 뇌의 감정 체계의 신경생물학적 본질을 이해함으로써 인간 우울증을 바라보고 치료하는 새로운 방법이 나타날 것이다"(Panksepp et al., 2014, p. 473).

동물 모형 연구의 장점은 감정 상태의 생성과 관련된 특정 신경계에 대한 지식을 제공한다는 것이다. 그 지식을 바탕으로 치료자는 원칙적으로 이러한 신경계를 치료의 직접적인 표적으로 삼을 수 있다. 고통스러운 감정을 생성하는 생물학적 체계에 직접 영향을 주면 환자의 고통을 줄일 수 있다. 그러한 치료 전략 중 하나는 뇌심부자극술(DBS)의 사용이다.

뇌심부자극술은 일종의 수술 절차이다. 이 수술에서 극도로 작은 전기 장치가 뇌의 특정 부위에 이식된다. 이 장치는 해당 영역의 뇌 활동 수준에 영향을 미치는 전기 신호를 보낸다. 동물 모형을 사용한 연구는 특정 장애를 치료하기 위해 목표로 삼아야 하는 뇌 영역에 대한 정보를 제공한다(Panksepp et al., 2014). DBS가 사용된 장애 중 하나는 우울증이다.

DBS는 우울증의 정서 및 행동적 증상을 감소시킬뿐더러(Mayberg et al., 2005) 장애에 기여하는 부정적인 사고 패턴 또한 감소시키는 것으로 나타났다. 예를 들어, 한 치료팀은 전통적인 형태의 치료법으로는 우울증이 완화되지 않는 7명의 우울증 환자를 치료하였다(Hilimire et al., 2015). DBS 치료 과정에서 이전 연구를 통해 우울한 감정 상태에 관여하는 것으로 알려진 뇌의 변연계의 한 영역에 4주 동안 전기 자극을 처치하였다. 그 결과, DBS는 환자가 자신에 대해 생각하는 방식에 영향을 미쳤다. 구체적으로, 자신의 개인적 특성에 대해 부정적인 생각과 감정을 갖는 경향인 '부정적 자기 편향'을 감소시켰다. DBS 치료를 받기 전보다 받은 후에 환자는 자신의 개인적인 특성에 대해 설명할 때에 부정적인 표현을 사용할 가능성이 줄어들었고, 그것은 그들의 부정적인 자기 편향의 감소를 나타낸 것이다.

정신분석 이론에 대한 함의

프로이트의 정신분석 이론에 대한 신경정신분석의 일반적인 함의는 명백하다. 현대 신경과학 연구는 프로이트 이론과 완전히 일치하는 몇 가지 결과를 도출하였다. 프로이트의 심리학적 모형은 (원초아 속에 있는) 기본적인 동물적 추동과 더불어 사람들로 하여금 자신의 과거에 대해 스스로 속이는 등의 방어 전략을 통해 불안으로부터 스스로를 방어하는 정신 체계(자아)를 포함하는 마음에 대해 기술하였다. 실제로 뇌에는 이러한 심리적 기능에 해당하는 생물학적 체계가 포함되어 있다.

앞에서 언급되지 않은 두 번째 함의가 있는데, 그것이 무엇인지는 신경정신분석에 대한 우리의 논의와 정신분석 이론에 대해 이전에 배운 것을 비교하면 알아차릴 수 있게 될 것이다. 다음 사실을 차례대로 하나씩 고려해 보자.

- 신경정신분석은 두려움과 분노와 같은 기본적인 감정 상태를 생성하는 뇌 체계를 밝혀 내기 위해 동물 모형을 사용한다.
- 이러한 감정 상태는 프로이트의 정신분석 이론에서 논의된 본능적 추동 상태에 부합하 는 것으로 보인다.
- 정신분석 이론에서 본능은 원초아의 일부이다.
- 정신분석 이론에서 원초아는 무의식의 일부이다. 그것은 의식적 자각 밖에서 작동한다.
- 그러나 두려움과 분노와 같은 감정 상태는 의식적으로 느껴지는 것이다. 사람들은 두려 움과 분노를 느끼며, 이러한 감정 상태는 의식을 정의하는 특징이다.

그 함의는 솜스(2013)에 의해 생생하게 설명되었다. "결론은 불가피하다. 의식은 원초아 에서 생성된다"(p. 12). 원초아의 충동은 숨겨진 무의식적 힘이 아니라 "모든 의식의 근원이 다"(p. 16). 솜스가 지적하듯이 이러한 결론은 "정신분석에 막대한 함의를 가진다"(p. 16). 프로 이트의 관점에서 이러한 과정은 무의식적인 추동 상태를 다루기 때문에 이것은 근본적인 정 신분석적 과정에 대한 재고를 강력하게 요구한다.

그 한계는?

신경정신분석은 주요한 이론적 발전이다. 정신분석 현상에 기여하는 뇌의 기전을 밝혀내고, 그 지식을 임상적 치료에 적용하며, 정신분석 이론의 핵심 문제를 재고하는 신경정신분석가 의 능력은 프로이트 자신이 1890년대에 이룰 수 없었던 많은 목표를 달성한다. 그러나 이러 한 발전에 대해 더 큰 맥락에서 바라볼 필요가 있다.

신경정신분석가들은 정신분석 이론의 요소와 일치하는 뇌에 대한 현대적 증거를 강조하 는 경향이 있다. 그러나 뇌에 대한 현재 지식과 명백히 일치하지 않는 정신분석 이론의 요소 도 존재한다. 예컨대 프로이트는 죽음 본능을 주장하였다. 현대 신경과학자들은 죽음 본능 에 상응하는 신경학적 기전을 찾지 못하였고, 앞으로도 그럴 것이라고 생각해도 틀림없을 것이다. 이는 다윈의 이론적 논리를 적용한다면 죽음 본능이 (적응에 이점이 없는 것처럼 보 이기 때문에) 애초에 어떻게 진화했는지 이해하기 어렵기 때문이다. 프로이트는 생애 초기 의 경험이 성격에 고정된 영향을 미치며 잠복기가 시작된 후에는 성격 구조에 실질적인 변 화가 거의 발생하지 않는다고 제안하였다. 하지만 이러한 이론적 입장 또한 현대 뇌 과학과 조화시키는 것은 극히 어렵다. 최신 증거에 따르면 뇌의 체계는 아동기가 지난 후에도 변화 하거나 '가소성'이 매우 크다(제9장 참조). 이러한 뇌의 가소성은 생애 초기의 경험이 나중에 있을 마음의 구조를 완전히 결정한다는 프로이트의 견해와 명백히 불일치하는 것이다.

두 번째 우려는 신경정신분석가가 인간과 동물 간의 유사성을 전제하는 동물 모형에 초점을 두기 때문에 인간과 동물의 차이점에 대해 충분히 주의를 기울이지 않을 수 있다는 것이다. 뇌세포 간의 의사소통을 담당하는 생화학물질인 신경전달물질에 대한 최근 연구 결과를 고려해 보자. 동일한 신경전달물질이 여러 종에서 발견되지만 그렇다고 그들이 심리적으로 유사하다는 것을 의미하지는 않는다. 연구자들은 최근 인간과 다른 영장류의 신경전달물질의 기능을 비교해 보았다. 보상 자극에 대한 반응에 관여하는 변연계 내의 체계인 선조체를 살펴본 결과, 그들은 인간이 신경전달물질 활동의 '독특한 프로필'(Raghanti, 2018, p. 5)을 가지고 있음을 발견하였다. 이 독특한 생화학물질이 우리를 다른 종과 구별되게 만든다. 구체적으로, 인간의 독특한 생화학적 프로필은 우리 종으로 하여금 특히 사회적 신호에 주의를 더 기울이고, 덜 공격적으로 행동하고, 우리의 행동에 영향을 미칠 수 있는 환경 요인을 더 잘 알아차릴 수 있도록 만든다.

비슷한 우려는 인간의 감정적 경험과 관련된 뇌의 체계를 밝혀내기 위해 뇌 영상 기법을 사용하는 연구에서도 비롯된다. 대규모 연구팀이 150개 이상의 뇌 영상 연구의 증거를 검토하여(Kober et al., 2008) 감정이 뇌 구조의 복잡한 네트워크에 의해 생성된다는 것을 발견하였다. 이들 중 일부는 인간과 동물이 공유하는 변연계 구조를 포함하였다. 그러나 다른 것들은 인간에게서 독특하게 잘 발달된 뇌 영역인 뇌의 피질에 있는 고차원적인 구조였다. 이처럼 신경정신분석가의 과제는 프로이트의 이론과 일치하는 뇌에 대한 현대적 발견을 확인할 뿐더러 정신분석 및 신경정신분석의 관점을 반박하는 뇌에 대한 추가 발견을 해결하는 것이다.

비판적 평가

본문 전반을 통해 우리는 성격 이론들을 제시할 뿐만 아니라 그것들에 대해 평가할 것이다. 우리는 그런 작업을 제1장에서 제시한 기준들을 토대로 할 것이며 각각의 기준은 성격에 대한 공식적인 과학적 이론에서 달성되어야 하는 목적인 것이다. 우리가 논의한 바와 같이 다섯 가지 기준은 (1) 이론이 탄탄한 관찰, 특히 질적으로 다양하고, 객관적이고, 성격의 구체적인 인지, 정서, 생물학적인 체계에 대해 조명하는 관찰에 근거하고, 이론 자체가 (2) 체계적이고, (3) 검증 가능하고, (4) 포괄적이며, (5) 가치 있는 적용이 가능한 정도에 따른다.

우리는 이러한 다섯 가지 쟁점에 대해 개관한 후 주어진 이론의 주요한 기여에 대해 요약할 것이다.

과학적 관찰 : 근거 자료

정신분석의 가장 구별되는 특징은 수집된 자료에 있다. 프로이트는 새로운 형식의 과학적 관찰을 발전시켰고 그것은 바로 자유연상 기법이다. 그는 이 방법을 통해 얻은 정보를 토대로 거의 모든 이론을 전개하였다.

가장 최근의 성격 이론가들은 자유연상에만 의존한 프로이트의 방법론이 가장 주요한 결점이라고 판단한다. 내담자에 대한 임상적 관찰은 이론의 개발을 위한 가장 유용한 출발점을 제공할 수 있지만, 프로이트에게 그것은 출발점이자 종착지였다. 프로이트는 과학의 본질인 표준적이고 객관적이며 반복적인 관찰을 전혀 추구하지 않았다. 대신 프로이트는 적어도 두 가지 측면에서 제한적인 자유연상 자료에 의존하였다. 첫째는 전혀 다양하지 않다는 점이다. 프로이트의 내담자들은 유럽 중심에 위치한 한 도시에 사는 교육 수준이 높은 상대적으로 적은 수의 사람들로 구성되어 있다. 이러한 관찰을 토대로 모든 사람의 심리적 삶에 대해 일반화하는 것은 특히 위험하다. 둘째로 자료 수집의 객관성을 보장할 수 없다. 자료를 관찰하고 해석하는 사람(프로이트)은 이론을 개발한 동일한 사람이다. 자신의 사례들에 대한 프로이트의 해석이 자신의 이론을 지지하는 단서를 찾고자 하는 그의 욕구에 의해 편향되었는지를 확인할 방법이 없다.

프로이트의 임상적 관찰은 따라서 많은 사람들이 지적했듯이 과학적 이론을 발전시키고 검증하기 위한 토대로는 부적절하다(Edelson, 1984; Grunbaum, 1984, 1993). 많은 비평가들은 프로이트가 내담자의 경험과 기억들에 대한 편향되지 않은 관찰에 의존하기보다 암시적인 절차의 사용과 무의식적 수준에 존재하는 기억들에 대한 추론을 통해 종종 그의 관찰을 편향시켰다고 말한다(Crews, 1993; Esterson, 1993; Powell & Boer, 1994). 이 책에서 나중에 다루게 될 정신분석에 대해 빈번하고 신랄하게 비판하는 아이젱크는 "뉴턴과 아인슈타인의 대립적인 가설에 대해 사과나무 밑에서 잠을 잔다고 가릴 수 있는 게 아닌 것처럼 프로이트의 가설들도 소파에 눕는다고 검증할 수 있는 것은 아니다."(1953, p. 229)라고 제안하였다.

이론 : 체계적인가?

성격 이론을 평가하는 데 사용되는 두 번째 기준은 '그 이론이 체계적인가'이다. 이론은 사람에 대한 분열된 기술문으로 구성되어서는 안 된다. 대신 사상들은 서로 논리적이며 통일성 있게 서로 연관되어야 한다.

이 점에 있어 프로이트는 훌륭하다. 이론의 매우 상이한 요소들이 매우 이례적인 방식으로 상호 관련되어 있다. 원초아, 자아, 초자아(심리적 구조)가 현실적 한계 내에서 정신적 에너지를 충족시키는 상이한 역할(핵심적인 성격 과정 또는 역동)을 하는 그의 이론은 그 과정과 구조적 측면이 명확한 방식으로 관련되어 있다. 아동기 발달, 치료를 통한 심리적 변화, 개인을 문명화시키는 데 있어 사회의 역할에 대한 프로이트의 분석은 모두 성격 구조와 과정에 대한 그의 분석과 일관된다. 프로이트는 훌륭한 이론가였고 그의 기술은 그의 이론의 서로 다른 요소들 간에 매우 정교하게 정의된 상호 관련성을 통해 잘 드러난다. 동시에 시간이 흐르면서 다양한 정신분석 이론의 요소에 대한 새로운 관점들이 전개되었다는 것을 인지하는 것이 중요하다. 따라서 정신분석에 통일성과 불변하는 교리는 상대적으로 적은 반면 변동은 많은 편이다(Westen, Gabbard, & Ortigo, 2008).

이론 : 검증 가능한가?

프로이트가 그의 이론의 상이한 요소들을 체계적으로 서로 연결하기는 했지만 그것만으로 그의 이론이 명확한 방식으로 검증 가능하다는 것을 의미하지는 않는다. 이론은 체계적일 수 있지만 그것을 검증하기 어렵게 만드는 특징이 있을 수 있다. 불행하게도 정신분석이 그 것에 해당한다. 일반적으로 정신분석의 이론적 예측이 틀리다는 것을 어떻게 명확하게 증명 할 수 있는지 결정하기 힘들다.

문제는 정신분석가가 거의 모든 결과에 대한 설명을 제공할 수 있다는 것에 있다. 심지어 반대 결과들도 정신분석적 설명 체계 내에서 적절하게 끼워 맞춰질 수 있다. 프로이트의 추 종자가 본능적 추동이 특정 유형의 행동을 초래할 것이라고 생각한다고 가정해 보자. 만약 그 행동이 일어나면 이론은 증명되는 것이다. 만약 그 행동이 나타나지 않는다면 정신분석 가는 본능적 추동이 너무 강해서 방어 기제가 활성화되어 행동을 방지했다고 결론지을 수 있다. 여기서도 마찬가지로 이론은 증명된 셈이다. 만약 기대되지 않은 유형의 행동이 나타 난다면 정신분석가는 그것을 본능과 방어 기제 간의 타협으로 설명할 수 있고, 따라서 전체 적으로 이론은 전혀 손상받지 않는다.

정신분석가들이 그들의 이론적 참조틀에 그와 같은 한계가 있다는 것에 대해 의식하지 않 는 것은 아니다. 일부는 심지어 그것이 그리 대수롭지 않은 문제라고 여길 수도 있다. 정신 분석은 구체적인 검증 가능한 예측을 하는 과학적 이론이기보다 사건에 대한 해석을 위한 참조틀로 설명하는 것이 가능하다(Ricoeur, 1970). 하지만 최근의 심리학자 대부분은 프로이 트의 작업이 과학적 이론의 평가를 위한 표준화된 준거를 토대로 평가되어야 한다고 느끼고 있다. 이러한 준거에는 이론의 검증 가능성이 포함된다. 따라서 정신분석의 한계점은 그것 이 마치 구부리거나 비틀거나 밀거나 또는 잡아당길 수 있어서 그 어떠한 사물도 측정할 수 있는 고무로 만들어진 줄자처럼 너무 유연해서 틀리다고 증명될 수 있는 강력하고 신속한 예측을 할 수 없다는 것에 있다. "방어 기제의 무한한 적용 가능성은 끝없이 제시되는 해석 불가능한 재료에 대한 프로이트의 보험이다"(Crews, 1998, p. xxv). 요컨대 심지어 정신분석 모형의 강력한 지지자들도 사례 연구 자료에 과도하게 의존하는 점에 대해서는 비판적이다. "정신분석가들이 마치 총으로 자신의 발을 쏜 것처럼 가설 검증의 주요 방법으로 사례 연구 법에서 더 이상 진화하지 않았다는 것은 의심할 여지가 없다"(Westen, Gabbard, & Ortigo, 2008, p. 95).

이론 : 포괄적인가?

성격 이론에 대한 또 다른 질문은 '그것이 포괄적인가'이다. 이론가는 성격의 모든 측면을 고려하는가, 아니면 자신의 이론적 체계에 의해 가장 손쉽게 다뤄질 수 있는 측면에만 집중하는가?

정신분석의 아군 및 적군 둘 다 프로이트의 성격 이론이 빼어나게 포괄적이라는 것을 인정해야 한다. 프로이트는 엄청나게 넓은 범위의 문제들을 다루었다. 그것은 정신의 본질, 사람과 사회 간의 관계, 꿈, 성, 상징, 인간 발달의 본질, 심리적 변화를 위한 치료 등 수도 없이 많은 것을 포괄한다. 그는 주요 성격 이론 중 가장 포괄적인 이론을 제시하였다. 이후의 장에서 볼 수 있듯이 프로이트 이후에 전개된 많은 이론들은 프로이트가 심도 있게 다룬 인간 경험의 주요 측면들에 대해 거의 또는 전혀 언급하지 않는다.

적용

많은 측면에서 적용은 정신분석 이론의 강점에 해당된다. 이것은 놀랄 만한 일이 아니다. 초기에 정신분석은 적용 그 자체였다. 즉 프로이트는 히스테리 치료에 적용할 수 있는 질문을 다루면서 그의 심리적 작업을 시작하였다. 그는 그 이후에 비로소 그의 작업을 성격의 일반 이론으로 발전시켰다. 따라서 프로이트는 심리학적 이론을 개인의 삶의 증진을 위해 적용시키는 일에 큰 노력을 기울였다.

이러한 노력은 헛된 것은 아니었다. 프로이트가 그의 치료와 이론을 개발한 후 수십 년 동안 많은 연구들이 정신분석 치료가 효과적인지를 묻는 질문에 대해 평가하였다. 이 책은 임상적 적용이 아닌 성격 이론과 연구에 대한 교과서이기 때문에 이러한 작업에 대해 자세히 다루지는 않는다. 단 여기서 두 가지 쟁점에 대해 언급하고자 한다. 한편으로는 정신분석은 의심할 여지 없이 '효과적이다'(Galatzer-Levy et al., 2000). 즉 정신분석 치료를 받은 사람들이 치료를 받지 않은 사람들보다 더 나은지에 대해 질문하고, 이 질문에 대해 지금까지 실시된 많은 치료 결과 연구를 살펴보면 정신분석이 내담자에게 유의미하게 도움이 된다는 것을 알게 된다. 추가적으로, 단기 정신역동적 심리치료의 효과성을 지지하는 단서도 존재한다(Shedler, 2010).

하지만 두 번째 쟁점은 다른 치료들도 마찬가지로 내담자들에게 도움이 된다는 것이다. 이후에 제시되는 다른 성격 이론들도 종종 내담자에게 크게 도움이 되는 대안적인 치료 방법을 양성하였다. 이러한 대안적 치료는 일반적으로 현재 문제의 근본적인 원인이 되는 갈등적인 무의식적 내용에 대한 탐색과 같은 정신분석의 핵심 요소를 포함하고 있지 않음에도 불구하고 효과적이다. 많은 심리학자들은 이러한 결과가 정신분석 이론에 매우 큰 타격을 주는 것이라고 간주한다. 프로이트는 심리적인 고통에 대한 구체적인 이론을 제공하고 그것을 완화시키는 단계들을 제시하였다. 따라서 비정신분석적 치료가 효과적인 만큼 그들은 프로이트 이론의 근본적인 전제에 대해 의구심을 품는다.

주요한 기여와 요약

가장 혹독한 비평가조차도 프로이트가 심리학에 중요한 기여를 했다는 것을 인정해야 한다. 정신역동 이론들에 대한 논의를 마치면서 우리는 두 가지 유형의 기여에 주목한다.

한눈에 보는 프로이트 이론					
구조	과정	성장과 발달	정신 병리	변화	예시 사례
원초아, 자아, 초자아; 무의식, 전의식, 의식	성적 및 공격적 본능; 불안과 방어 기제	성감대; 구강기, 항문기, 남근기; 오이디푸스 콤플렉스	유아적 성; 고착과 퇴행; 갈등; 증상	전이; 갈등 해결; '원초아가 있던 곳에 자아가 있으리라'	꼬마 한스

마음의 작동에 대한 면밀한 관찰을 통해 프로이트는 이전 심리학자들에 의해 간과된 중요한 현상들을 밝혀내었다. 누구든 이러한 모든 현상에 대한 프로이트의 설명에 동의하지는 않더라도 심리학 연구 주제로 막대한 중요성을 지닌 현상들(무의식적인 동기적 그리고 정서적 과정, 심리적 위협에 대처하기 위한 방어적 전략, 성적 욕구가 충만한 아동기의 본질)을 밝혀낸 그의 업적은 인정해야만 한다. 만약 이러한 현상에 대한 프로이트의 통찰이 성격심리학에 없었다면 그것의 역사는 이만큼 풍요롭지 못했을 것이다.

두 번째 기여는 그가 충분히 복합적인 하나의 이론을 구상한 것에 있다. '충분하다'라는 것은 인간 발달과 개인차의 복잡성에 걸맞게 그의 사상 또한 그만큼 복합적이었다는 것을 의미한다. 사람들에 대해 세밀하게 관찰하고 그의 이론을 밀고 나가려는 의지를 통해 프로이트는 (그것이 맞든지 틀리든지 간에) 인간 행동의 거의 모든 측면을 설명하는 이론을 제공하였다. 그 어떠한 성격 이론도 정신분석만큼 포괄적이지 못하다. 단지 몇몇 이론들이 개인 전체의 기능에 대한 견줄 만한 수준의 관심을 보일 뿐이다.

프로이트 이론이 여러 측면에서 근본적으로 잘못되었다고 가정할지라도 그의 정신분석 이론은 구조적인 측면에서 실로 표본이 될 만한 포괄적인 모형을 제시한다.

오늘날 프로이트의 업적과 기여에 대한 관점은 현대 과학과 거의 관련성이 없다는 것에서부터 프로이트의 150번째 생일을 기념한 한 주요 잡지의 표지에서 "프로이트는 결코 죽지 않았다."라고 단언한 것만큼 다양하다(*Newsweek*, 2006). 일부 사람들이 프로이트가 특정 장

표 4.3   정신분석 이론의 강점과 한계 요약

강점	한계
1. 여러 흥미로운 현상에 대한 발견과 조사를 제공함	1. 모든 개념을 명확하고 구분되게 정의하지 못함
2. 연구와 치료를 위한 기법을 개발함(자유연상, 꿈의 해석, 전이 분석)	2. 경험적 검증을 어렵거나 불가능하게 함
3. 인간 행동의 복잡성을 인식함	3. 사람을 에너지 체계로 보는 의심스러운 관점을 지지함
4. 넓은 범위의 현상을 포괄함	4. 경험적 연구와 이론의 변화에 대한 저항에 허용적임

애(예컨대 조현병)(Dolnick, 1998)를 치료하면서 범한 과오와 정신분석의 주요 가설을 지지하는 제한적인 증거에 대해 비판적인 반면, 다른 사람들은 그것의 치료적 방법에 대해 더 지지적이고 경험적 연구에 대한 지속적인 기여에 대해 언급한다. 과연 동기나 무의식적인 정신적 표상과 같은 많은 정신분석학적 관점이 현재 성격 및 사회심리학의 일부가 되었다고 볼 수 있다(Westen, Gabbard, & Ortigo, 2008). 우리는 정신분석 이론의 강점과 한계에 대한 요약으로 이 장을 마치려고 한다(표 4.3). 그의 업적의 한계가 무엇이든지 간에 프로이트는 심리학에 크게 공헌하였고, 인간 행동을 관찰하는 데 있어 그의 천재성은 유일무이할 것이다.

주요 개념

고착	애착 행동 체계(ABS)	퇴행
구강기적 성격	자유연상	투사 검사
남근기적 성격	전이	항문기적 성격
내적 작동 모형	증상	
신경정신분석	집단 무의식	

요약

1. 로르샤흐 잉크반점 검사와 주제 통각 검사와 같은 투사 검사들은 성격 평가를 위해 정신역동을 지향하는 연구자들에게 사용되어 왔다. 그들은 개인 지각의 복잡한 구조화를 포함한 세상에 대한 개인 특유의 해석을 들여다볼 수 있는 위장된 방법을 제공하는 측면에서 소중하다. 하지만 그들은 또한 해석의 타당도와 신뢰도의 문제를 내포하고 있다.

2. 정신 병리에 대한 정신분석 이론은 고착(또는 발달의 실패)과 퇴행(또는 초기에 욕구 충족을 받은 방식)의 중요성을 강조한다. 구강기, 항문기, 남근기적 성격 유형은 초기 발달 단계에서의 부분적 고착에 의해 비롯된 성격 유형을 나타낸다. 정신 병리는 욕구 만족에 대한 본능적 소망과 이와 관련된 불안 간의 갈등을 수반하는 것으로 보인다. 방어 기제는 불안을 감소시키는 방법이지만 증상의 발달을 초래할 수 있다. 꼬마 한스의 사례는 공포증과 같은 증상이 어떻게 오이디푸스 콤플렉스와 관련된 갈등으로부터 비롯될 수 있는지 보여준다.

3. 정신분석은 개인이 아동기에서부터 시작된 갈등에 대한 통찰을 얻고 그것을 해결하는 과정을 수반한다. 자유연상과 꿈 해석 기법은 무의식적인 갈등에 대한 통찰을 얻기 위해 사용된다. 전이적 상황이 치료를 위해 사용되기도 하는데, 이는 내담자가 부모와의 초기 경험과 관련된 감정과 태도를 치료자에 대해서 발달시킬 때 일어난다.

4. 많은 분석가들이 프로이트로부터 독립해서 자신만의 사상을 전개하였다. 알프레드 아들러는 생물학적 개념보다 사회적 개념을 강조하였고, 칼 융은 일반화된 생명 에너지와 집단 무의식을 강조하였다. 카렌 호나이와 해리 스택 설리번과 같은 분석가들은 문화적 요인과 대인관계의 중요성을 강조하였고, 신프로이트학파라고 불리는 집단에 속해있었다.

5. 최근 정신분석의 임상적 발달은 자기 개념과 자존감의

문제에 초점을 두었다. 대상관계 이론가라고 불리는 이 집단의 정신분석가들은 성과 공격적 본능의 표현이 아닌 관계에 대한 추구의 중요성을 강조하였다. 자기애와 자기애적 성격의 개념은 특히 많은 관심을 얻었다. 볼비의 애착 모형과 이와 관련된 연구는 초기 경험이 이후의 대인관계 및 기타 성격적 기능에 미치는 영향의 중요성에 역점을 두었다.

6. 정신분석은 연구자들로 하여금 많은 중요한 현상에 대해 관심을 갖게 하고, 연구와 치료를 위한 기술들을 발달시키는 데 막대한 기여를 했다고 평가된다. 하지만 그와 동시에 그것은 이론적으로 모호하고 잘 정의되지 않은 개념들과 특정한 가설을 검증하는 것이 어려운 문제를 지니고 있다.

5

현상학적 이론 :
칼 로저스의 성격 이론

제5장의 초점

여러분은 첫 번째 데이트를 앞두고 정말로 불안하다. 그래서 여러분의 어머니가 조언을 한다. "그냥 자연스럽게, 너의 진정한 모습대로 행동하렴." 그러나 이 조언은 크게 도움이 되지 않는 듯하다. 의도는 좋았지만 어머니의 조언에는 두 가지 문제점이 있다. 첫째, 여러분은 데이트 상대에게 좋은 인상을 주어서 상대가 여러분을 좋아하도록 만들고 싶을 것인데, 만약 상대가 여러분의 '진짜 모습'을 좋아하지 않는다면 어떻게 할 것인가? 둘째, 어머니의 조언이 좋다고 느껴진다고 해도 여러분은 두 번째 문제, 즉 여러분의 '진정한' 자기는 무엇인지에 대답해야 한다.

자기의 본질, 그리고 자기 자신이 되는 것과 타인이 자신을 좋아해 주기를 원하는 것 간의 긴장은 칼 로저스가 발전시킨 성격 이론에서 핵심적인 위치를 차지한다. 로저스는 먼저 임상심리학자로서 이 문제를 다루었다. 그는 자신의 임상적 통찰과 체계적인 경험적 연구를 결합하여 의미 있는 자기 감각을 발달시키려는 개인의 노력을 부각시킨 전인적 이론을 발전시켰다.

로저스의 작업은 자기 이론일 뿐만 아니라 현상학적 이론으로도 구분될 수 있다. 현상학적 이론은 세계에 대한 개인의 주관적인 경험, 말 그대로 현상적 경험을 강조하는 이론이다. 치료자로서 로저스의 궁극적인 목표는 내담자의 개인 성장을 돕기 위해 내담자의 자기와 세계에 대한 현상적 경험을 이해하는 것이었다. 반면, 이론가로서 그의 궁극적 목표는 성격의 핵심 요소로 자기의 속성과 발달을 설명하는 틀을 발전시키는 것이었다.

로저스의 현상학적 자기 이론은 '인본주의적'이란 다른 용어로도 기술될 수 있다. 로저스의 작업은 사람들의 타고난 성장 잠재력을 강조하는 것이 핵심 특징인 인본주의 심리학 운동의 일부이다.

이 장은 여러분에게 20세기 위대한 미국 심리학자 중 하나인 칼 로저스의 길이 남을 유산인 현상학적·인본주의적 자기 이론을 소개한다.

이 장에서 다룰 질문

1. 자기란 무엇이며 왜 어떤 사람은 자신의 진정한 자기와 일관된 방식으로 행동하지 않는가?
2. 프로이트는 동기를 긴장 감소, 쾌락 추구, 마음의 내부 갈등 등의 관점에서 바라보았다. 그 대신 인간 동기를 개인적 성장, 자기실현, 합치감의 관점에서 바라보는 것이 가능한가?
3. 안정적인 자기 개념을 갖는 것이 우리에게 얼마나 중요한가? 우리의 내적 감정이 자기 개념과 일치하는 것이 얼마나 중요한가? 감정이 자기 신념과 갈등관계일 때 우리는 어떻게 하는가?
4. 긍정적인 자기 가치감을 만들어 내는 아동기 조건은 무엇인가?

앞 장에서 여러분은 프로이트의 정신분석 성격 이론 및 관련된 정신역동적 입장에 관해 배운 바 있다. 우리는 이제 두 번째, 전혀 다른 관점인 미국 심리학자 칼 로저스의 이론을 소개한다. 그의 작업은 인간 연구에 대한 현상학적 접근의 모범이 된다.

처음에 여러분은 프로이트와 로저스의 개념들이 어떻게 서로 관련되는가를 고려해야 한다. 로저스는 프로이트가 인간에 관해 주장한 모든 것에 반대한 것은 아니었다. 그는 프로이트가 마음의 작용에 관해 길이 남을 소중한 통찰을 제공했음을 인정하였다. 로저스는 또한 어떤 면에서는 프로이트와 유사한 방식으로 작업을 하였다. 로저스는 프로이트와 마찬가지로 치료자로서 경력을 시작했고 주로 치료 경험에 근거해서 일반적인 성격 이론을 발전시켰다. 그러나 이 유사성은 둘 간의 깊은 차이에 비해 덜 중요하다. 로저스는 프로이트 이론에서 강조하는 주요한 사항들에 대해 강하게 반대하였다. 여기에는 인간을 무의식적 힘에 의해 통제되는 존재로 묘사하는 것, 성격이 생애 초기의 경험에 의해서 고정된 양식으로 결정된다는 주장, 그리고 이 주장과 연관되어 성인기의 심리적 경험이 과거의 억압된 갈등의 반복이라는 신념 등이 포함된다. 로저스에게 이러한 정신역동적 견해는 인간 실존이나 인간의 잠재성을 적절하게 묘사하고 있지 않았다. 그러므로 로저스는 사람에 대한 새로운 이론을 제시하였다. 이 이론은 단지 과거의 무의식적 잔재보다는 현재에 대한 의식적 지각을, 아동기의 부모와의 관계보다는 생애에 걸쳐 만나는 사람들과의 경험을, 그리고 아동기 갈등을 반복하는 경향보다는 심리적 성숙을 향해 성장하는 사람들의 역량을 강조하였다.

로저스는 인간 본성에 대한 우리의 개념을 매우 긍정적인 방향으로 확장한다. 현대의 많은 심리학자에게 20세기 중반에 발전된 사람에 대한 그의 긍정적인 개념은 지속적인 중요성을 갖고 있다. "로저스가 그의 이론을 처음 발전시킨 때로부터 반세기가 지났지만 그의 이론은 여전히 사람들에 대해, 그리고 그들이 자신을 유지하고 개선하는 능력에 대해 심대한 영향력을 갖고 있다"(McMillan, 2004, p. ix).

칼 로저스 : 이론가 살펴보기

"나는 개인으로서 나의 개인적 경험과 개인적 학습의 맥락 속에서 말한다." 이것은 로저스가 1961년에 출판한 저서 진정한 사람되기의 '이것이 나다'라는 장에서 자신을 기술한 방식이다. 이 장은 로저스가 자신의 전문적 사고와 개인적 철학의 발전에 관해 설명한 개인적이고 매우 감동적인 내용을 담고 있다. 로저스는 그가 하는 것, 그리고 그것에 대해 그가 느끼는 것을 이야기한다.

> 이 책은 각 치료자의 상담실을 채우고 있는 고통과 희망, 불안과 만족에 관한 것이다… 이 책은 내담자의 경험, 그리고 이 경험이 내담자에게 갖는 의미와 느낌과 맛과 냄새를 지각하려고 애쓰는 나에 대한 것이다. 이 책은 내가 중요하고 촉진적인 역할을 했던 여러 탄생 과정을 지켜보면서 자기 혹은 인간의 출현에 경외감을 갖고 곁에 서서 새로운 성격의 산파가 된 특혜를 즐거워하는 나에 관한 것이다.
>
> Rogers(1961, pp. 4~5)

칼 로저스는 1902년 1월 8일 일리노이주의 오크파크에서 태어났다. 로저스는 엄격하고 비타협적인 종교적 · 윤리적 분위기 속에서 양육되었다. 로저스의 부모는 자녀들의 복지에

칼 로저스

늘 신경을 썼고 고된 노동을 숭배하도록 가르쳤다. 로저스의 어린 시절에 대한 기술은 후기 작업에서 반영되는 두 가지 주요 경향을 드러낸다. 첫 번째는 도덕 및 윤리적 문제에 대한 관심이고 두 번째는 과학적 방법에 대한 존중이다. 이 중 후자는 농장을 과학적 토대 위에 운영하려는 아버지의 노력을 목격하는 것과 로저스 자신이 과학적 농업에 관한 책들을 읽으면서 발달한 것으로 보인다.

로저스는 위스콘신대학에서 농학을 전공하는 것으로 대학 교육을 시작했지만 2년 후에 진로 목표를 바꾸어 목회를 하기로 결심하였다. 그는 1922년 아시아를 여행하면서 다양한 종교적 믿음을 관찰할 기회를 가졌고, 또한 개인 수준에서는 호감이 갈 만한 사람들로 보이지만 서로 간에는 지독한 증오를 품은 프랑스인들과 독일인들을 관찰할 기회도 가졌다. 이와 같은 경험은 그가 뉴욕에 있는 진보적인 신학교인 유니언신학대학원으로 진학하는 데 영향을 미쳤다. 비록 로저스는 개인의 삶의 의미에 관한 질문에 관심을 가졌지만, 특정 종교적 교리들에 대해 의구심을 품었다. 따라서 아동 지도 분야에서 일하고, 임상심리학자로 거듭나기 위해 신학대학원을 떠났다.

로저스는 컬럼비아대학의 티처스사범대에서 대학원 과정을 거쳐 1931년에 박사 학위를 획득하였다. 그는 프로이트의 역동적 견해와 당시 티처스사범대에서 유행했던 엄격한 실험 방법을 배웠다. 또다시 서로 다른 방향으로 끌어당기는, 즉 두 개의 다소 분리된 경향성이 발달한 것이다. 생애 후기에 로저스는 이러한 경향성을 조화롭게 만드는 것을 시도하였다. 실로 이 후기 시절은 종교적인 것을 과학적인 것과, 통찰에 의한 것을 객관적인 것과, 임상적인 것을 통계적인 것과 통합하려는 노력을 나타낸다. 로저스는 그의 경력 전반에 걸쳐 근본적으로 가장 인간적인 것에 과학의 객관적인 방법론을 적용하려고 끊임없이 노력하였다.

1968년에 로저스와 인본주의를 지향한 동료들은 '사람연구센터'를 만들었다. 이 센터의 발전은 로저스의 연구에서 많은 강조점의 전환을 가져왔다. 이것은 공적인 학문 구조 내에서의 작업에서 관점을 공유하는 개인들의 집합체와 함께 작업하는 것으로, 심리적 장애를 가진 개인과 작업하는 것에서 정상적인 개인과 작업하는 것으로, 개인적인 치료에서 심화 집단 워크숍으로, 그리고 기존의 경험적 연구에서 인간에 대한 현상학적 연구로의 전환을 포함하였다. 로저스는 대부분의 심리학이 활력이 없다고 믿었고 대체로 심리학 분야로부터 소외된 느낌을 가졌다.

그러나 심리학 분야는 계속해서 그의 공헌을 가치 있게 평가하였다. 그는 1946년에서 1947년까지 미국심리학회 회장을 역임하였고, 이 분야에서 뛰어난 과학 업적 상(1956년)을 처음으로 수상한 세 명 중 한 명이었으며 1972년에는 뛰어난 전문적 업적 상을 수상하였다.

로저스에게서 이론과 사람과 생애는 상호 연결되어 있다. '이것이 나다'라는 장에서 로저스는 수천 시간의 치료와 연구를 통해 깨닫게 된 14개 원리의 목록을 제시하였다. 몇 가지 예를 살펴보자.

1. 나는 사람들과의 관계에서 내가 아닌 것처럼 행동하는 것이 장기적으로는 도움이 되지 않는다는 것을 발견하였다.
2. 나에게 경험은 최고의 권위이다.
3. 나의 경험에서 보건대 사람들은 기본적으로 긍정적인 방향성을 갖고 있다.

Rogers(1961, pp. 16~17)

사람에 대한 로저스의 견해

경험의 주관성

로저스의 이론은 인간 조건에 대한 깊고 중요한 통찰 위에 세워졌다. 우리는 일상적 삶에서 객관적 현실 세계를 경험한다고 믿는다. 우리는 무언가 일어나는 것을 볼 때 그것이 우리가 본 바대로 존재한다고 믿는다. 우리는 사람들에게 그날 일어난 사건에 대해 이야기할 때 진짜 일어난 것에 대해 말하고 있다고 믿는다. 우리는 객관적 현실에 대한 우리의 객관적 지식을 너무나도 확신하고 있어서 거의 의문을 제기하지 않는다. 그러나 로저스는 다르다. 그는 "나는 어떤 절대적인 현실이 아니라 이 현실에 대한 나의 지각에 반응한다."라고 말하며, 우리가 관찰하는 '현실'은 실제로는 "경험의 사적 세계… 현상적 장"이다(Rogers, 1951, 1977, p. 206)라고 말한다.

이 **현상적 장**phenomenal field — 우리의 경험을 구성하는 지각 공간 — 은 주관적 구성이다. 개인은 이러한 경험의 내적 세계를 구성하는데, 구성은 현실의 외적 세계뿐 아니라 개인적 욕구, 목표, 신념 등의 내적 세계도 반영한다. 내적인 심리적 욕구는 우리가 객관적으로 현실이라고 해석하는 주관적 경험을 형성한다.

> **현상적 장**
> 자신의 세계를 지각하고 경험하는 개인의 방식

몇 가지 단순한 예를 고려해 보자. 만약 어떤 아동이 어머니의 화난 얼굴을 보거나 혹은 여러분이 데이트 상대로부터 실망한 얼굴 표정을 알아차리게 되면 이러한 분노나 실망과 같은 정서는 경험되는 현실이다. 그러나 이 이른바 '현실'은 틀릴 수 있다. 개인적 욕구(어머니에게 받아들여지고 싶은, 데이트 상대에게 매력적이고 싶은)가 상대를 화난 혹은 실망한 것으로 지각하는 데 기여했을 수 있다. 그러나 사람은 흔히 내적 욕구가 외부 세상을 지각하는 데 영향을 준다는 것을 인식하지 못한다. 이것을 인식하지 못하기 때문에 개인은 "그의 경험을 현실로 지각한다. 즉 그의 **경험**이 그의 현실이다"(Rogers, 1959, 1977, p. 207). 우리는 세상이 우리가 보는 것처럼 실제로 존재한다고 확신한다. 그러나 우리가 보는 것은 세계의 객관적인 기록이 아니라 우리의 개인적 욕구를 반영하는 주관적 구성인 것이다.

진정성의 느낌

경험의 주관성에 대해 로저스가 행한 분석의 추가적인 두 측면으로 로저스 인간관의 핵심을 정의할 수 있다. 첫 번째는 사람들이 독특한 형태의 심리적 고통에 빠지기 쉽다는 것이

여러분이 직업을 잘못 선택한 것은 아닐까? 로저스의 성격 이론은 사람들이 자신에게 걸맞거나 또는 '진정성 있는' 활동에 휘말릴 수 있다고 강조한다. 진정성의 결여는 고통을 초래한다.

다. 그것은 소외 혹은 분리의 감정, 즉 자신의 경험과 일상 활동이 자신의 참되고 진정한 자기로부터 비롯되지 않는다는 느낌이다. 이런 느낌이 왜 일어날까? 이는 우리가 다른 사람들의 인정이 필요하기 때문에 그들의 욕망과 가치관이 우리 자신의 것이라고 스스로에게 말하기 때문이다. 여동생을 때리는 것이 실제로는 기분이 좋더라도 아이는 부모가 말하는 대로 그것이 정말 나쁜 짓이라고 자신을 설득한다. 성인의 경우 자신은 실제로 독립적인 삶을 선호하더라도 중요한 친척들이 시키는 대로 전통적인 일과 가정의 생활 방식에 정착하는 것이 정말로 좋은 것이라고 스스로를 설득한다. 이런 일이 일어날 때 개인은 자신의 가치에 대해 생각은 하지만 애착을 느끼지는 못한다. "일차적인 감각 및 내장의 반응이 무시되고", "훗날 정말로 '나 자신을 모르겠다.'라고 말하게 되는 길에 접어들기 시작한다"(Rogers, 1951, 1977, p. 213). 로저스는 다음과 같이 자신의 경험을 묘사한 내담자의 사례에 대해 기술하였다. "나는 항상 다른 사람들이 나에게 기대하는 그런 사람이 되려고 노력했어요. 그러나 지금은 나를 그냥 있는 그대로 바라보는 것이 좋지 않았을까 고민해요"(Rogers, 1951, 1977, p. 218).

유기체의 의도적인/사려 깊은 측면과 본능적인/내장 반응 측면에 대한 로저스의 개념화가 프로이트의 개념화와 얼마나 다른지 주목하라. 프로이트에게 내장 반응은 문명화된 자아와 초자아에 의해 억제될 필요가 있는 동물적 충동이었다. 이러한 충동을 왜곡하고 부정하는 것은 정상적이고 건강한 성격 기능의 일부분이었다. 그러나 로저스에게 이 본능적인 내장 반응은 지혜의 잠재적 원천이다. 자신의 정서의 모든 범위를 개방적으로 경험하고 "유기체에 의해 경험되는 모든 감각적 단서를 수용하고 동화"하는 사람이 심리적으로 잘 적응하는 사람이다(Rogers, 1951, 1977, p. 219).

그러므로 로저스의 견해에서 마음의 본능과 이성적인 요소 간의 갈등은 인간 조건의 불변하는 특징이 아니다. 사람들은 갈등이 아니라 오히려 합치를 경험할 수 있다. 사람들은 자신의 의식적 경험과 목표가 자신의 내적인, 내장을 통해 느껴지는 가치와 일치한 상태를 이룰수 있다.

인간 동기의 긍정성

로저스 인간관의 마지막 주요 측면은 인간 동기에 대한 개념화이다. 로저스는 임상적 경험을 통해 우리 본성의 핵심은 본질적으로 긍정적이라는 것을 확신하였다. 우리의 가장 근본적인 동기는 긍정적인 성장을 지향한다. 로저스는 일부 기관이나 제도에서 이와 다르게 우리를 가르치고 있다는 것을 깨달았다. 예컨대 일부 종교는 우리가 기본적으로 죄인이라고 가르친다. 정신분석학파는 우리의 기본적 본능이 성적이고 공격적이라고 가르친다. 로저스는 사람들이 파괴적이고 악한 방식으로 행동할 수 있고 또 자주 그렇게 행동한다는 것을 알고 있었다. 그러나 그의 기본 주장은 우리가 자유롭게 기능하고 있을 때 비로소 우리는 긍정적이고 성숙한 존재가 될 수 있는 잠재성을 향해 나아갈 수 있다는 것이다.

자신을 순진한 낙관주의자라고 일컬은 사람들에게 로저스는 그의 결론이 수십 년에 걸친 심리치료 경험에 근거한 것임을 다음과 같이 재빠르게 지적하였다.

> 나는 인간 본성에 대해 순진한 폴리아나와 같은 견해를 갖고 있는 것이 아니다… 개인은 놀랄 만한 방식으로 행동할 수 있고 실제로 그렇게 행동한다. [하지만 나는] 그런 사람들과 작업한다. 그들 속에 존재하는 강하게 긍정적인 방향의 경향성을 발견하기 위해서…
>
> Rogers(1961, p. 27)

이 말에는 로저스의 성격 이론과 심리치료에 대한 인간 중심적 접근에서 반영되는 사람들에 대한 깊은 존중이 배어있다.

현상학적 관점

로저스는 인간 연구에 **현상학적** 접근을 취한다. 그러므로 여기 그의 업적을 소개하는 시작점에서 우리는 이 낯선 용어를 설명해야 할 것이다.

심리학 혹은 철학과 같은 다른 분야에서 현상학적 접근은 사람들의 의식적 경험을 연구하는 것을 의미한다. 달리 말하자면 연구자는 현실 세계를 인간 관찰자와 독립적으로 존재하는 것으로 기술하려고 하지 않는다. 대신에 연구자는 관찰자의 경험, 즉 어떻게 그가 세계를 경험하는가에 관심을 갖는다.

앞의 두 장의 내용에 대해 잠깐 생각해 보면 왜 로저스의 입장이 성격심리학 내에서 그렇게 주목할 가치가 있는지 깨달을 수 있다. 정신역동 전통에서는 현상학에 특별한 관심을 기

현상학
인간 경험의 연구, 성격심리학에서 개인이 어떻게 자기와 세계를 지각하고 경험하는가에 초점을 맞추는 성격 이론의 한 접근

울이지 않았다. 프로이트에게 의식적인 현상적 경험은 성격의 핵심이 아니었다. 실로, 의식적 경험은 무의식적 추동과 방어를 수반하는 이러한 핵심에 단지 가장 간접적인 방식으로 관련되어 있다. 이후의 장에서 소개될 로저스와 비슷한 시기에 발전되기 시작한 다른 이론들(예 : 특질 이론, 행동주의)은 일상의 현상적 체험의 질감과 역동에 상대적으로 많은 주의를 기울이지 않았다. 로저스는 그러므로 **현상학**phenomenology에 대한 심리학적 연구의 증진을 위해 중요한 목소리를 낸 인물이다.

성격 과학에 대한 로저스의 견해

로저스의 현상적 경험에 대한 관심이 어떻게 성격 과학에 대한 그의 견해와 관련되어 있는가? 심리에 대한 현상학적 관점과 과학에 대한 관점은 서로 독립적인 것인가? 혹은 하나가 다른 것에 대한 어떠한 함의를 갖고 있는 것인가?

조금만 생각해 보면 과학의 전통적 개념화와 현상적 체험에 대한 관심 간의 결합이 어려울 수 있다는 점을 알게 될 것이다. 과학은 일반적으로 간주되듯이 명확한 자료에 의존한다. 실험실 도구는 우리에게 대상의 객관적이고 물리적인 특징(크기, 질량, 전력 등)에 관해 알려준다. 그러나 로저스는 성격심리학이 주관적인 내적 경험을 다루어야만 한다고 주장한다. 이런 경험은 객관적인 물리적 속성과 같은 방식으로 측정될 수 없고 대신에 주관적 속성을 갖고 있는데, 즉 그 의미는 경험을 하는 개인(대상을 경험하고 있는 주체)의 해석에 의존한다.

로저스의 작업은 전통적 과학과 주관적 경험의 임상적 이해라는 두 세계로부터 최선의 것을 얻으려는 시도로 이해될 수 있다. 치료에서 그의 주된 목표는 내담자를 과학적인 분류 체계에 따라 분류하거나 혹은 내담자 행동의 주요한 결정 요인인 과거의 인과적 요소를 찾아내는 것이 아니었다. 대신에 그의 목표는 어떻게 내담자가 자신의 세계를 경험하는가에 대한 심층적인 이해를 얻는 것이었다. 이 점에서 그의 노력은 일인칭 소설의 주인공이나 혹은 자서전 저자의 경험 세계를 이해하려는 독자의 노력과 유사하였다. 다른 한편으로 로저스는 과학적 방법에 대한 높은 존경심을 가졌고, 심리학이 궁극적으로 정당한 과학으로 자리 잡을 수 있을 것이라고 느꼈다. 그는 효과적인 치료 방법에 관한 자신의 아이디어를 과학적으로 검증하는 데 특히 정성을 기울였다. 로저스는 성격 과학의 과학적인 면과 인간적인 면을 결합하기 위한 용감하게 노력을 기울였다.

칼 로저스의 성격 이론

로저스와 인간 본성에 대한 그의 전반적 견해, 그리고 성격 과학에 대한 그의 생각을 소개했으므로 이제 우리는 세부사항, 즉 로저스 성격 이론의 구체적인 내용을 다룰 것이다.

구조

자기

제1장에서 우리는 성격 이론의 구조와 과정의 측면들을 구분하였다. 프로이트의 작업을 이해하는 데 유용했던 이 구분은 칼 로저스의 이론을 이해하는 데도 가치가 있다. 로저스 이론의 구조적 측면, 특히 주요한 구조적 개념인 자기를 먼저 살펴보자.

　로저스에 따르면 자기는 현상적 경험의 한 측면이다. 그것은 세계에 대한 우리의 경험의 한 측면이다. 즉 우리의 의식적 경험을 채우는 것들 중 하나는 자신 혹은 '자기'에 대한 경험이다. 로저스에 따르면, 보다 형식적으로 표현하자면 개인은 외적 대상과 경험을 지각하고 그것에 의미를 부여한다. 지각과 의미의 전체 체계는 개인의 현상적 장을 구성한다. 개인에 의해서 '나(me 혹은 I)'로 인식되는 현상적 장의 부분 집합은 자기이다. **자기**self 혹은 **자기 개념**self-concept은 조직화된, 일관적인 지각 패턴을 표상한다. 비록 자기는 변화하더라도 항상 이 패턴화되고 통합되고 조직화된 속성을 유지한다. 조직화된 속성은 시간을 견디어 내면서 개인을 특징짓기 때문에 자기는 성격 구조인 것이다. 로저스에게 자기는 우리 내부에 있는 작은 인간이 아니다. 자기는 독립적으로 행동을 통제하지 않는다. 오히려 자기는 개인이 지니고 있는 지각의 조직화된 집합이며 궁극적으로 개인에게 자신의 행위에 대한 책임이 있다.

　자기로 알려진 경험과 지각의 패턴은 일반적으로 의식될 수 있다. 즉 사람들은 자기가 의식적인 자기 지각을 포함한다는 것을 자각하고 있다. 비록 사람들이 의식되지 않는 경험을 갖고 있기는 하지만 자기 개념은 주로 의식적이다. (로저스는 **자기**라는 용어를 이전 장에서 논의되었던 칼 융과 다르게 사용하고 있음에 주목하라. 융은 자기를 무의식적인 원형적 힘으로 생각했고, 로저스는 **자기**라는 용어를 의식적인 자기 개념을 가리키는 것으로 사용하였다.)

　로저스는 자기에 실제 자기와 **이상적 자기**ideal self의 상이한 두 측면이 있음을 알아차렸다. 로저스는 사람들이 자연스럽게 현재 속의 자신뿐 아니라 미래의 잠재적 자기에 관해서도 생각한다는 것을 인식하였다. 그러므로 그들은 현재의 자기뿐 아니라 그들이 되고 싶어 하는 이상적 자기의 조직화된 지각 패턴도 만들어 낸다. 그러므로 이상적 자기는 개인이 가장 보유하고 싶어 하는 자기 개념이다. 그것은 잠재적으로 자기와 관련되고 그 개인이 높이 평가하는 지각과 의미를 포함한다. 그러므로 로저스는 우리 자신에 대한 견해가 두 개의 서로 구분되는 요소를 갖고 있다고 인식한다. 하나는 지금의 우리라고 믿는 자기이고, 다른 하나는 미래에 되어있을 것이라고 믿는 이상적인 자기이다.

　로저스는 자기를 연구하는 것이 중요하다는 결정으로부터 자신의 이론적 작업을 시작하지는 않았다고 주장하였다. 사실 로저스는 처음에 **자기**가 모호하고 과학적으로 의미가 없는 용어라고 생각하였다. 그러나 그는 보통 자기를 사용해서 자신의 심리적 경험을 표현하는 내담자들의 말을 주의 깊게 경청하였다.

　내담자들은 "자기 자신처럼 느끼지 못하였다.", "자기 자신에게 실망하였다." 등을 보고하곤 하였다. 그러므로 로저스에게는 사람들이 자기라는 심리적 구조를 통해서 자신의 세계

자기(혹은 자기 개념)
자기 혹은 나와 연합된 지각과 의미

이상적 자기
개인이 가장 보유하고 싶어 하는 자기 개념. 로저스 이론의 핵심 개념

성격과 뇌

직관적 자기

자기 자신에 관해서 생각하는 다른 방식들이 있다. 어떤 것은 파악하는 데 많은 노력을 필요로 한다. 여러분 자신에 관해 질문을 받았을 때 질문이 친숙한 주제인 여러분에 대한 것인데도 불구하고 어떻게 대답할지 결정하기 위해 상당히 많이 생각할 필요가 있다. 만약 누군가 여러분에게 자연재해를 당했을 때 어떻게 반응할 것인가, 여러분이 다른 문화에서 양육되었다면 어떻게 다를까, 혹은 늙으면 여러분의 성격이 어떻게 변할까를 묻는다면 여러분은 확실하게 대답하기 어려울 것이다. 즉 여러분은 확고한 '직관'을 갖고 있지 않다. 여러분은 답을 찾기 위해 그 질문에 대해 상당히 많은 생각을 해야 한다.

성격 이론가인 칼 로저스는 사람들이 직관을 갖고 있는 사례들에 특히 관심을 가졌다. 그는 사람들이 깊고 직관적인 수준에서 경험할 수 있는 핵심적인 진정한 자기를 갖고 있다고 생각하였다. 로저스의 추론은 자기에 관한 비직관적인 사고(앞 내용 참조)의 사례와 결합해서 성격과 뇌에 관한 흥미로운 예측을 만들어 낸다. 만약 자기에 관한 직관적 사고와 비직관적 사고가 다른 것이라면 자기에 관해 직관적 사고를 할 때와 비직관적 사고를 할 때 뇌의 상이한 영역이 활성화될 것이다.

연구자들은 뇌 영상 기법을 통해서 이 질문을 다루었다. 한 연구(Lieberman, Jarcho, & Satpute, 2004)에서 11명의 대학 축구선수와 11명의 즉흥극 연기자의 두 집단을 대상으로 연구를 수행하였다. 두 집단의 참가자들에게 (1) 축구에 적합한 단어들(예 : 민첩한, 컨디션이 좋은) 혹은 (2) 연기에 적합한 단어들(예 : 창의적인, 재치 있는)을 보여주었다. 연구자들은 참가자들이 오직 자신이 속한 집단에 적합한 단어들에 관해서만 직관적으로 사고할 것이라고 추론하였다. 각 단어가 제시될 때 참가자들은 그 단어가 '나를 기술하는지' 판단했고 과제를 수행하는 동안 뇌 스캔이 이루어졌다. 결과로 나온 뇌 영상을 분석함으로써 연구자들은 직관적 사고와 비직관적 사고를 할 때 뇌의 상이한 부분이 활성화되는지를 결정할 수 있었다.

연구 결과, 실제로 활성화되는 부분에 차이가 있었다. 참가자들이 비직관적으로 사고할 때(예 : 축구 선수들이 연기에 관해서 생각할 때)와 달리 사람들이 자신에 관해 직관적으로 사고할 때 활성화되는 영역은 "그 핵심이 보다 감정적인" 부위(Lieberman et al., 2004, p. 431), 즉 보다 정서적 삶에 연결된 부위였다. 여기에는 정서 처리에 중추적인 뇌 체계인 편도체, 정보의 신속한 처리에 기여하는 것으로 생각되는 (뇌의 양측에 있는 뇌의 큰 부위인) 측두엽의 한 영역, 그리

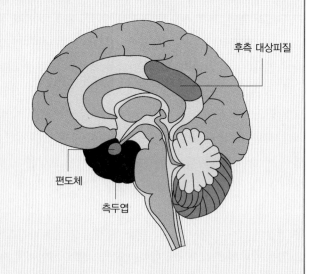

고 뇌의 가운데 뒤쪽(즉 머리의 뒤쪽 방향) 부분인 후측 대상피질 등이 포함된다.

보다 최근의 신경과학적 발견은 로저스에 의해 제안된 다른 구분, 즉 실제 자기와 이상적 자기 간의 차이와 관련된다. 실제 자기는 현재의 자기에 관여한다. 이상적 자기는 미래에 놓여있는 가능성을 가리킨다. 로저스의 자기에 관한 현재지향적 사고와 미래지향적 사고 간의 심리적 구분은 이런 상이한 형태의 사고를 할 때 서로 다른 뇌 영역이 활성화될 것을 암시한다.

이 질문을 탐구하기 위해 최근의 한 연구에서 연구자들(D'Argembeau et al., 2010)은 참가자들에게 형용사 목록을 보여주었다. 두 개의 상이한 실험 조건에서 참가자들은 단어가 (1) 현재의 실제 자기를 기술하는지 혹은 (2) 미래의 자기, 특히 현재로부터 5년 후에 자신이 갖게 될 수도 있는 성격 특성을 기술하는지 판단하였다.

뇌 스캔은 과제를 수행하는 동안 상이한 활성화 패턴을 드러냈다. 구체적으로 뇌의 앞쪽에 가까운 영역인 내측 전전두피질은 사람들이 미래의 자기보다 현재의 자기에 관해 생각할 때 더욱 활성화되었다. 연구자들은 전전두피질의 이 영역이 사람들이 자신과 심리적으로 '연결된' 내용에 관해 생각할 때 특히 활성화되는데, 사람들은 당연히 5년 후 미래의 자기에 관한 생각보다 현재의 실제 자기에 관한 생각에 더 강하게 연결되어 있음을 느낀다고 설명한다. 이 해석과 일관되게 내측 전전두피질은 또한 사람들이 과거 5년 전 자기에 관해 생

각할 때에도 비교적 덜 활성화되었다(D'Argembeau et al., 2008, 2010).

칼 로저스의 성격 이론은 생물학적이 아니라 심리학적이다. 그는 자기에 관해 직접적으로 생각하고 현재와 미래의 자기를 숙고하는 능력의 기반이 되는 뇌 체계 이론을 세우지 않았다. 그러므로 여기서

살펴본 결과들은 직접적으로 로저스의 이론을 지지하는 것으로 간주될 수는 없다(왜냐하면 뇌에 관한 한 그는 어떠한 구체적인 이론도 갖지 않았기 때문이다). 그럼에도 불구하고 현대 신경과학의 발견들은 자기에 관한 직접적이고 깊은 감정을 수반하는 사고가 인간의 정신생활의 특징적인 양상이라는 로저스의 주장과 일치한다.

를 해석한다는 것이 분명해졌다.

자기 개념의 측정

Q-sort 기법　일단 자기 개념의 중추적인 중요성을 인식하자 로저스는 자기 개념을 측정하기 위한 객관적 방법이 필요하다는 것을 깨달았다. 이 목적을 위해 그는 스티븐슨(1953)이 개발한 **Q-sort 기법**Q-sort technique을 주로 사용하였다.

Q-sort 검사를 시행하는 심리학자는 참가자에게 '친구를 쉽게 사귄다', '분노를 표현하는데 어려움을 겪는다' 등과 같이 성격 특징을 기술하는 문장 하나씩을 담은 카드 한 세트를 제시한다. 참가자는 이 카드들을 각 진술문이 자신을 기술하는 정도에 따라 분류한다. 이것은 한쪽 끝이 '나의 특성에 가장 잘 맞는' 그리고 다른 쪽 끝은 '나의 특성에 가장 맞지 않는'으로 명명된 척도상에서 이루어진다. 사람들은 카드의 대부분은 중앙에, 그리고 상대적으로 적은 수의 카드가 양극단에 할당되도록 정해진 분포에 따라 분류해야 한다. 이것은 참가자가 각 성격 특성에 대해 서로 신중하게 비교하면서 고려하도록 만든다.

Q-sort의 두 가지 특징이 특히 주목할 가치가 있다. 하나는 그것이 고정된 측정과 유연한 측정(제2장 참조) 간의 흥미로운 균형을 가져온다는 것이다. 동일한 진술문이 모든 참가자들에게 제공된다는 측면에서 이 측정도구는 고정되어 있다. 그러나 검사자는 참가자의 검사 반응을 동일하게 합산하는 고정된 방식으로 모든 참가자에게 단지 하나의 점수를 부여하지는 않는다. 대신에 검사는 참가자가 자기 자신의 관점에서 어떤 문항들의 하위 세트가 가장 자신을 잘 특징짓는지를 표시한다는 점에서 유연하다. 각각의 개인은 서로 다른 문항들의 하위 세트를 사용하여 '나와 가장 같은' 그리고 '나와 가장 다른' 특징을 구분한다. 그러므로 이 검사는 (여러분이 이후의 장들에서 보게 될) 내용이 전적으로 고정된 다른 측정도구들을 통해 얻어지는 결과보다 더 유연한 개인의 초상화를 도출해 낸다. 그러나 이 검사는 완전히 유연한 것만은 아니다. 사람들은 자신이 만든 자기 기술이 아닌 실험자가 제공한 진술문들을 사용해야 하고, 자신에게 가장 합당하다고 생각되는 분포에 따르는 것이 아니라 심리학자에 의해 미리 정해진 방식으로 진술문들을 분류해야 한다.

두 번째 특징은 Q-sort를 실제 자기와 이상적 자기 둘 다를 평가하기 위해 두 번 이상 실시할 수 있다는 것이다. 두 번째 평가에서 사람들은 자신이 이상적으로 되고 싶은 자기를 기술하는 정도에 따라 진술문들을 분류하도록 요청된다. 실제 자기와 이상적 자기에 대한 Q-sort

Q-sort 기법
피검사자가 진술문을 정상분포를 따르는 범주로 분류하는 평가도구. 로저스에 의해서 자기와 이상적 자기에 관한 진술문의 측정도구로 사용됨

를 서로 비교함으로써 자기 개념의 두 측면 간의 차이 혹은 불일치의 양적 측정치를 얻을 수 있다. 여러분이 앞으로 제6장에서 보겠지만 이러한 불일치는 정신 병리와 치료적 변화에 매우 중요한 의미를 갖는다.

의미 변별 척도 자기 개념을 평가하는 다른 방법은 의미 변별 척도이다(Osgood, Suci, & Tannenbaum, 1957). 의미 변별 척도의 문항에 답할 때 개인은 특정 개념을 좋다–나쁘다, 강하다–약하다, 능동적이다–수동적이다와 같은 양극의 형용사들에 의해 정의되는 7점 척도 상에서 평정한다. 참가자는 이러한 척도를 사용하여 '나의 자기' 혹은 '나의 이상적 자기'와 같은 개념을 평가할 수 있다. 각 척도에 대해 참가자는 제시된 형용사 중 하나가 그 개념을 아주 잘 기술한다고 느끼거나, 어느 정도 잘 기술한다고 느끼거나 혹은 양극단의 형용사 모두 그 개념에 적용할 수 없다고 느끼는지 평가한다. 평가는 개인에게 해당 개념이 어떤 의미를 갖는지에 따라 이루어진다.

Q-sort와 마찬가지로 의미 변별 척도는 자료 분석에 중요한 구조를 적용하면서 개념과 사용된 척도의 측면에서 융통성을 지니고 있다. 단일한 표준화된 의미 변별 방법은 없다. 아버지, 어머니, 의사와 같은 개념들에 대해 다양한 척도들을 사용하여 개인에게 특정 현상이 어떠한 의미를 갖는지 확인할 수 있다. 예컨대 '나의 자기'와 '나의 대학'이란 개념을 진보적–보수적, 학구적인–재미있는, 공적인–사적인 것과 같은 척도에서 평정한다고 생각해 보자. 어느 정도로 여러분 자신과 여러분의 대학은 유사하다고 볼 수 있는가? 이 결과가 이 대학 학생으로서의 여러분의 만족감과 어떻게 관련되는가? 연구 결과는 자신을 자신의 대학 환경과 다르다고 보는 학생들이 대학생활에 대해 불만족스럽게 느끼고 자퇴할 가능성이 더 크다는 것을 보여준다(Pervin, 1967a, 1967b).

의미 변별 척도가 성격을 평가하는 데 어떻게 사용될 수 있는지에 대한 고전적인 예시는 다중인격의 평가와 관련되어 있다. 1950년대에 코벳 티그펜과 허비 클레클리라는 두 명의 심리학자는 유명해진 '이브의 세 얼굴' 사례에 대해 기술하였다. 이는 세 가지 성격을 보유했던 한 여성의 사례였는데 하나의 성격이 일정 기간 동안 이 여성을 지배한 후 또 다른 성격으로 빈번하게 바뀌곤 하였다. 세 가지 성격은 이브 화이트, 이브 블랙, 제인으로 불렸다. 연구의 일환으로 정신과 의사들은 세 가지 성격 각각으로 하여금 의미 변별 척도를 사용하여 다양한 개념을 평가하도록 하였다. 그리고 참가자를 모르는 두 명의 심리학자(C. Osgood & Z. Luria)가 평정치를 양적 및 질적으로 분석하였다. 이들의 분석은 객관적 자료를 넘어서는 성격에 대한 기술적 언급과 해석을 모두 포함하였다. 예를 들어 이브 화이트는 사회적 현실과 접촉하고 있었으나 커다란 정서적 스트레스를 겪고 있는 것으로 기술되었다. 이브 블랙은 사회적 현실과 접촉이 결여되었지만 자기 확신이 높은 것으로 기술되었고, 제인은 표면적으로 매우 건강해 보였으나 상당히 경직되어 있고 융통성이 부족한 것으로 기술되었다. 의미 변별 척도 평정에 근거한 보다 자세하지만 여전히 완전하지는 않은 세 성격에 대한 기

이브 화이트	세상을 본질적으로 정상적인 방식으로 지각하고 사회화가 잘되었지만 자신에 대해 불만족스러운 태도를 갖고 있다. 성격 장애의 주요 단서는 나(자기 개념)를 약간 나쁜, 약간 수동적인, 그리고 확실히 나약한 것으로 본다는 것이다.
이브 블랙	이브 블랙은 자신이 말 그대로 스스로에 대해 완벽하다고 지각하는 강렬한 조절 방식을 달성했지만 이렇게 스스로 안심시키기 위해 세상을 지각하는 방식이 규범으로부터 완전히 벗어나게 된다. 만약 이브 블랙이 자신을 좋은 사람으로 지각한다면 그녀는 증오와 거짓도 마찬가지로 긍정적인 가치로 받아들여야만 한다.
제인	제인은 가장 '건강한' 의미 패턴을 보이는데 그녀의 사회에서 개념에 대한 일반적인 평가를 받아들이면서도 여전히 자신에 대한 만족스러운 평가를 유지한다. 자기 개념, '나'는 강하지 않지만 (그렇지만 약한 것도 아니며) 의미적 공간에서 긍정적이고 능동적인 방향에 더 가깝다.

그림 5.1 다중 성격 사례에서 의미 변별 평정치를 기반으로 한 간략한 성격 해석 (Osgood & Luria, 1954)

술이 그림 5.1에 제시되어 있다. 이 평정 자료에 근거한 분석은 두 명의 정신과 의사(Osgood & Luria, 1954)에 의해 제공된 기술과 매우 부합하는 것으로 드러났다.

과정

여러분이 방금 보았듯이 프로이트와 달리 로저스는 성격을 여러 부분으로 나누지도 않았고, 따라서 성격 구조에 대한 아주 정교한 모형을 제시하지도 않았다. 대신에 로저스는 성격에서 중추적인 구조라고 생각했던 자기를 부각시키는 단순한 모형을 제시하였다. 유사한 지적 성향이 성격 과정에 대한 그의 논의에서도 발견된다. 로저스는 하나의 포괄적인 동기 원리, 즉 또다시 자기가 수반되는 원리를 주장하였다.

자기실현

로저스는 프로이트처럼 행동이 기본적으로 동물적인 추동 상태에 의해 결정된다고 생각하지 않았다. 대신 로저스는 가장 근본적인 성격 과정은 성격의 성장을 지향하는 전향적 경향성이라고 느꼈다. 그는 이것을 **자기실현**self-actualization을 향한 경향성이라고 하였다. "유기체는 하나의 기본적인 경향성과 노력을 갖고 있는데 그것은 경험하는 유기체를 실현하고 보존하고 향상시키는 것이다"(Rogers, 1951, p. 487). 한 시적인 구절에서 로저스는 삶을 적극적인 과정으로 기술하면서 성장 과정에서 자신을 보존하고 개선하면서 똑바로 서서 스스로 강하고 탄력적인 상태를 유지하고 향상시키는 바닷가에서 자라는 나무의 몸통에 비교하였다. "여기 이 야자수 잎 같은 해초 속에 생명의 끈질김, 삶의 전향적인 추진력, 믿을 수 없게 적대적인 환경 속으로 돌진해 가는 능력, 자신을 유지할 뿐만 아니라 적응하고 발달하고 스스로 만들어 가는 능력이 있다"(Rogers, 1963, p. 2).

자기실현
자기를 실현하고 유지하고 증진하고 그 잠재력을 성취하려는 유기체의 기본적인 경향성. 로저스 및 다른 인간 잠재성 운동가들에 의해 강조된 개념

최신 질문

자기 이상 일치성 : 시간에 따른 성차의 변화?

로저스의 이상적 자기 개념과 그가 지지한 Q-sort 방법은 자기 개념에 대한 훗날의 연구에 영향을 미쳤다. 예를 들면 블록과 로빈스는 청소년기로부터 초기 성인기에 이르는 동안의 자존감의 변화를 조사하였다(Block & Robins, 1993). 여러분의 자존감이 10대 초반에서 20대 초반 사이에 변화했는가? 블록과 로빈스에 따르면 이 질문에 대한 답은 여러분의 성별에 따라 다를 수 있다. 이 인생의 험난한 시기에 자존감은 평균적으로 남성의 경우 높아지고 여성의 경우에는 낮아진다.

자존감 수준은 지각된 자기와 이상적 자기 간의 유사성 정도로 정의되었다. 두 구성 개념 모두 '경쟁적인', '다정한', '책임감 있는', '창의적인'과 같은 자기 기술적 문항들을 포함하는 형용사 Q-sort에 의해서 측정되었다. 그 결과, 지각된 자기가 이상적 자기와 매우 유사한 참가자들은 자존감이 높았다. 반대로 지각된 자기가 이상적 자기와 매우 다른 참가자들은 자존감이 낮았다.

14세와 23세 사이에 남성들은 자신감이 보다 높아지고 여성들은 자신감이 낮아졌다. 14세에 남성의 자존감 점수는 여성과 비슷했지만 23세에 이르면 훨씬 높아졌다. 남성과 여성이 청소년기를 경험하고 성인기로 전환하는 방식이 명백하게 다르다는 점이 밝혀진 것이다. 남성에게 그것은 좋은 소식이다. 즉, 이 인생 단계는 자신의 이상에 접근하는 기간이 되는 것이다. 불행하게도 여성에게 진실은 그 반대이다. 그들은 성인기로 접어들면서 이상으로부터 점점 멀어져 간다.

어떠한 성격 속성이 자존감이 높은 남성과 여성을 특징짓는가? 블록과 로빈스는 23세의 참가자들에게 수집한 광범위한 면접 자료를 통해 자존감이 높은 여성은 타인과의 친밀한 관계에 가치를 두는 것을 발견하였다. 이와 대조적으로 자존감이 높은 남성은 타인과의 관계에서 보다 정서적 거리를 두고 절제하는 양상을 보였다. 대인관계에서의 이러한 성차는 사회가 남성 혹은 여성에 대해 매우 다른 기대를 갖고 있음을 반영한다. 이러한 문화적 기대에 잘 맞는 성격을 가진 청년들은 자신에 대해 긍정적으로 느끼는 경향성이 크고 이상적 자기에 가까운 자기 개념을 갖는다.

이 연구에 의해서 밝혀지지 않은 것은 로저스가 관심을 가질 만한 현상학적 질문과 관련이 있다. 즉, 이상적 자기의 내용은 무엇인가? 남성과 여성은 이상을 구성하는 것에 대한 지각이 서로 다른가? 이상적 자기는 외적 영향, 즉 우리가 사회에서 가치가 있다고 지각하는 것에 특히 민감한 듯하다. 이상적 자기의 내용은 개인이 무엇에 가치를 두는지, 따라서 자존감을 유도하는 데 사용하는 속성들이 무엇인지 말해준다. 향후 연구를 위한 흥미로운 질문은 어떻게 이상적 자기의 내용이 심리적 적응에 영향을 주는가이다. 개인의 이상적 자기는 자기실현을 이룬 인간의 특성을 반영한 것일까 아니면 이상적인 남성 혹은 여성을 구성하는 것에 대한 사회적 정의를 반영한 것일까?

실현의 개념은 단순한 존재로부터 복잡한 존재로 성장하는 유기체의 경향성, 의존으로부터 독립을 지향하고 불변성과 경직성으로부터 변화의 과정과 표현의 자유를 향해 나아가는 유기체의 경향성을 가리킨다. 그 개념은 각 개인이 욕구나 긴장을 감소하는 경향성을 포함하지만 유기체를 향상시키는 활동들로부터 파생되는 즐거움과 만족을 강조한다.

로저스 자신은 자기실현 동기를 측정하는 도구를 발전시킨 적이 없다. 그러나 시간이 흐

로저스는 사람들이 자기실현, 즉 개인의 성장, 독립, 표현의 자유를 향해 동기화되어 있다고 제안한다.

르면서 다른 사람들이 그 작업을 수행하였다. 그러한 노력 중 하나는 독립적으로 행동하는 능력, 자기 수용 혹은 자존감, 자신의 정서적 삶의 수용, 대인관계에 대한 신뢰 등을 측정하는 15문항으로 이루어진 척도이다(그림 5.2). 이 자기실현 질문지의 점수는 자존감과 건강에 대한 다른 측정치와 더불어 자기실현적인 사람으로서의 개인에 대한 독립적인 평정치 등과 관련된 것으로 밝혀졌다(Jones & Crandall, 1986).

리프(1995; Ryff & Singer, 1998, 2000)는 자기 수용, 타인과의 긍정적인 관계, 자율성, 환경에 대한 통달, 삶의 목표, 그리고 개인적 성장을 포함하는 긍정적 정신 건강의 다면적 개념화를 주장하였다. 개인적 성장 요소는 로저스의 성장 과정 및 자기실현에 대한 견해와 개념적으로 가깝다. 리프가 개발한 개인적 성장 척도Personal Growth Scale는 높은 수준의 개인적 성장을 보이는 사람을 지속적인 발달의 느낌을 갖고, 자신의 잠재력을 실현하는 감각을 갖고

항상 다른 사람들이 내가 하는 일을 승인해 주었으면 한다. (F)

부족하지 않을까 하는 두려움 때문에 방해를 받는다. (F)

나는 내 감정을 부끄러워하지 않는다. (T)

나는 사람들이 본질적으로 선하고 신뢰할 수 있다고 믿는다. (T)

그림 5.2 자기실현 지표의 예시 문항 (Jones & Crandall, 1986)

있으며, 새로운 경험에 개방적이고, 보다 많은 자기 지식과 효과성을 반영하는 방식으로 변화하고 있는 사람이라고 정의하였다. 추가적으로 사람들이 자기와 일치하는 목표를 추구할 때 가장 행복하다는 연구 결과가 있다(Little, 1999; McGregor, & Little, 1998).

자기 일관성과 일치성

자기실현의 원리는 분명히 그 자체로는 성격 기능의 역동성을 설명하기에 충분하지 않다. 심리적 삶의 많은 부분은 개인 실현을 향한 지속적인 행진이기보다는 갈등, 의혹, 심리적 고통으로 이루어져 있다. 그렇다면 로저스에게 이론적 도전은 자기에 근거한 포괄적인 인간 이론 내에서 성격 역동의 보다 완전한 범위를 설명하는 것이다. 로저스가 이것을 성취하는 한 가지 방식은 사람들이 자기에 대한 감각과 일상의 경험 사이에 자기 일관성과 일치성을 추구한다고 가정하는 것이다. 로저스에 따르면 유기체는 자기 지각들 간에 일관성(갈등의 부재)을 유지하기 위해서 기능하고, 자기 지각과 경험 간에 일치성을 달성하기 위해서 기능한다. "유기체에 의해 채택되는 대부분의 행동 양식은 자기 개념과 일관성이 있는 것들이다"(Rogers, 1951, p. 507).

자기 일관성의 개념은 본래 레키에 의해 발전되었다(Lecky, 1945). 레키에 따르면 유기체는 쾌락을 얻고 고통을 피하는 것을 추구하지 않으며 대신에 자신의 자기 구조를 유지하는 것을 추구한다. 개인은 자기에 대한 가치 부여가 중심이 되는 가치 체계를 발전시킨다. 개인은 자기 체계를 보존하기 위해 자신의 가치와 기능을 조직화한다. 개인은 비록 별다른 보상이 없더라도 지기 개념과 일관성을 갖는 방식으로 행동한다. 예컨대 만약 여러분이 자신을 철자법에 약한 사람이라고 간주하면 여러분은 이 자기 지각과 일관된 방식으로 행동하려고 노력할 것이다.

자기 일관성과 더불어 로저스는 자기와 경험 간의 **일치성**congruence, 즉 사람들이 무엇을 느끼는가와 스스로를 어떻게 바라보는가 사이의 일치성이 성격 기능에 갖는 중요성에 대해 강조하였다. 예컨대 여러분이 자신을 사람들에게 공감을 잘 표현하는 친절한 사람으로 간주하지만 여러분이 냉정하고 공감하지 않는 행동을 했다고 생각하는 경험을 했다면, 여러분은 자기 감각과 경험 간의 **불일치성**incongruence에 직면하게 된다. 만약 여러분이 자신을 조용한 사람으로 생각하지만 갑자기 매우 사교적인 방식으로(예 : 파티에서) 행동하는 자신을 발견하게 된다면 여러분은 '내가 아닌' 방식으로 행동한 것에 대해 고통스러운 느낌을 경험할 수도 있다.

불일치 상태와 방어적 과정   사람들은 때때로 자기 내부의 기본적인 비일관성을 암시하는 자기와 경험 간의 불일치를 경험한다. 이런 경우에 어떤 일이 일어나는가? 로저스는 불안이 경험과 자기 지각 간의 불일치의 결과라고 주장한다. 예컨대 자신은 아무도 미워하지 않는다고 믿는 사람이 갑자기 증오의 감정을 경험하게 되면 이 불일치를 의식하게 된 후에 불안

자기 일관성
자기 지각 간 갈등의 부재를 표현하는 로저스의 개념

일치성
지각된 자기와 경험 간에 갈등이 없는 상태를 표현하는 로저스의 개념. 성장과 치료적 발전에 필수적인 세 가지 상담 조건 중 하나

불일치성
지각된 자기와 경험 간 불일치의 존재를 표현하는 로저스의 개념

해할 것이다. 일단 이런 일이 일어나면 그 사람은 자기를 방어하도록 동기화될 것이고 방어 과정에 착수할 것이다. 이 점에서 로저스의 작업은 프로이트와 유사하다. 그러나 로저스에게 방어 과정은 원초아의 기본적인 생물학적 충동의 인식에 대항하는 방어에 집중된 것이 아니다. 그것은 일관적이고 통합된 자기 감각의 상실에 대한 방어를 수반한다.

로저스에 따르면 어떤 경험이 자기 개념과 갈등관계이기 때문에 위협적이라고 지각할 때 우리는 그러한 경험이 의식되는 것을 허용하지 않을 수도 있다. **역하지각**subception이라는 과정을 통해 우리는 자기 개념과 불일치하는 경험을 의식에 도달하기 전에 자각할 수 있다. 자기와 충돌하는 경험을 인식함으로 인해 비롯되는 위협에 대한 반응이 바로 방어 반응이다. 따라서 우리는 자기 구조와 불일치한 것으로 희미하게 지각되는 경험에 대해 방어적으로 반응하고 의식을 거부하려고 시도한다.

두 가지 방어 과정은 경험의 의미에 대한 **왜곡**distortion과 경험의 존재에 대한 **부인**denial이다. 부인은 의식적 표현을 거부함으로써 자기 구조를 위협으로부터 보존하는 기능을 한다.

보다 흔한 현상인 왜곡은 경험을 의식하도록 허용하지만 자기와 일관성을 갖는 형태로 의식하게 한다. "따라서 만약 자기 개념이 '나는 공부 못하는 학생이다'라는 특징을 포함한다면 높은 학점을 받는 경험은 그 안에 '저 교수는 바보다', '운이 좋았을 뿐이다'와 같은 의미를 지각함으로써 자기와 일치하도록 쉽게 왜곡될 수 있다"(Rogers, 1956, p. 205). 이 예시에서 특히 놀랄 만한 점은 자기 일관성에 대한 강조이다. 일반적으로 다분히 긍정적인 경험이 될 수 있는 높은 학점을 받은 것이 이제는 불안의 원천이 되었고 방어 과정을 촉발시킨 자극이 된 것이다. 다시 말해, 여기서 핵심은 경험이 자기 개념과 연결된 방식이다.

자기 일관성과 일치성에 관한 연구 자기 일관성에 대한 강조는 자신을 모든 상황에서 본질적으로 같은 사람으로 보는 것이 더 건강한지 또는 다양한 사회적 역할에 따라 상당히 다른 사람으로 보는 것이 더 건강한지에 대한 의문을 갖게 한다. 이와 관련된 연구에서 참가자들은 다양한 사회적 역할(예 : 아들이나 딸, 친구, 학생)에 따른 다양한 성격 특성에 대해 스스로를 평가하도록 요청받았다. 역할 전반에 걸친 변동성(일관성) 측정치는 심리적 안녕에 대한 자기 보고와 상관을 보였다. 즉, 매우 다양한 역할 정체성을 가진 개인이 불안하고 우울하며 낮은 자존감을 가질 가능성이 더 높다는 결과를 보였다(Donohue et al., 1993). 즉, 로저스의 주장과 일관되게, 자아 개념의 높은 변동성은 통합되지 않은 '핵심' 자아를 반영할 수 있기 때문에 정신 건강에 좋지 않을 수 있다.

로저스의 추종자들에 의한 초기 연구는 개인이 중립적인 단어를 지각하는 것보다 개인적으로 위협적인 단어를 지각하는 것이 더 느릴 것이라는 가설을 확인하였다(Chodorkoff, 1954). 이러한 경향은 특히 방어적이고 잘 적응하지 못한 사람들의 특징이었다. 특히 잘 적응하지 못한 개인은 위협적인 자극에 대한 인식을 거부하려고 시도하였다. 유사한 과정이 자아와 일치하거나 일치하지 않는 자극의 회상 영역을 비교할 때에도 발견되었다. 여기에

역하지각
자극이 의식되지 않은 상태로 경험되는 과정으로, 로저스에 의해서 강조됨

왜곡
로저스에 따르면 경험이 자기와 일관성을 보이는 형태로 의식되도록 변화되는 방어적 과정

부인
위협적인 감정이 의식으로 침투하는 것을 허용하지 않도록 하는 방어 기제로, 프로이트와 로저스 모두에 의해서 강조됨

서 일반적으로 피험자들은 자신과 가장 다르다고 느끼는 형용사보다 자신을 묘사한다고 느끼는 형용사를 더 잘 기억하는 것으로 나타났다. 또한 여기에서도 특히 적응적이지 못한 개인은 자신과 일치하지 않는 형용사를 기억하는 능력에서 더 큰 차이를 보였다(Cartwright, 1956). 요컨대, 자기 관련 자극에 대한 지각 및 회상의 정확성은 자극이 자기 개념과 일치하는 정도의 함수인 것으로 보인다.

앞에서 논의한 연구들은 지각 및 회상과 관련된 것들이다. 그렇다면 외적 행동은 어떠한가? 에런슨과 메티는 사람들이 자기 개념과 일관된 방식으로 행동한다는 로저스의 견해와 일치하는 연구 결과를 얻었다(Aronson & Mettee, 1968). 부정행위에 관한 연구에서 그들은 사람들이 부정행위에 대한 유혹을 느낄 때 자존감이 높은 경우보다 낮은 경우에 그런 행동을 할 가능성이 더 높을 것이라고 추론하였다. 즉 부정행위는 일반적으로 낮은 자존감과 불일치하지 않는 반면 높은 자존감과는 대체로 불일치한다는 것이다. 수집된 자료는 실제로 부정행위의 여부는 자기 개념의 속성에 의해 영향을 받는다고 시사하였다. 자신에 대해 높게 평가하는 사람들은 존경할 만한 방식으로 행동하는 경향을 보였고 자신에 대해서 낮게 평가하는 사람들은 그러한 자기상과 일치하는 방식으로 행동하는 경향이 있었다.

다른 연구도 자기 개념이 다양한 방식으로 행동에 영향을 준다는 견해를 지지한다 (Markus, 1983). 예를 들면 사람들은 종종 다른 사람들이 그들에 대해 갖고 있는 지각을 확증하는 방식으로 행동하는데, 이 현상을 자기 성취적 예언이라고 한다(Darley & Fazio, 1980; Swann, 1992). 자신이 매력 있다고 믿는 사람들은 다른 사람들이 자신을 좋아하도록 유도하는 방식으로 행동하고, 자신에게 매력이 없다고 믿는 사람들은 다른 사람들이 자신을 싫어하게 만드는 방식으로 행동하곤 한다(Curtis & Miller, 1986). 좋든 나쁘든 여러분의 자기 개념은 애당초 여러분 자신의 자기 개념에 의해 영향을 받은 타인들의 행동에 의해 유지될 수 있다.

이와 유사하게, 낮은 자존감을 가진 사람들은 일관적인 자기 개념을 유지하려는 성향이 매우 강해서 때로는 기분을 개선할 수 있는 아주 간단한 행동조차 하지 못한다. 그들은 체념한 채 부정적인 자기상과 부정적인 정서 경험을 유지하는 듯 보인다. 연구자들(Heimpel et al., 2002)은 높은 자존감을 가진 사람들보다 낮은 자존감을 가졌다고 보고한 사람들이 자신의 부정적인 기분을 변화시키려는 동기가 더 낮다는 가설을 검증하기 위해 설계된 일련의 연구를 수행하였다. 한 연구에서는 사람들을 슬픈 기분에 빠져들게 하기 위한 실험적 기분 유도가 사용되었다. 그 후 참가자들은 시청할 수 있는 비디오를 선택하였다. 선택할 수 있는 비디오 중에는 기분을 좋게 만들 수 있다고 사람들이 생각할 만한 코미디 비디오도 들어있었다. 여러분은 아마도 모든 사람이 코미디를 선택할 것이라고 기대할 것이다. 사실 자존감이 높은 사람들 대부분은 그렇게 행동한다. 그러나 자존감이 낮은 사람들 중에서는 단지 소수만이 그런 선택을 하였다(Heimpel et al., 2002). 달리 말하자면 자존감이 낮은 사람들 대부분이 그들의 부정적인 기분을 변화시킬 수 있는 선택을 하지 않은 것이다. 그들의 선택은 자신의 기분을 더 낮게 바꿀 수 있을 때조차 일관성, 즉 일관적인 부정적 기분을 유지시켰다. 그러므로 심리적 경험에서 일관성을 유지하려는 경향은 종종 더 나은 기분을 느끼려는 단순한 쾌락주의적 경향보다 우선시되기도 한다.

긍정적 존중에 대한 욕구

> 그 이후로 나는 아이가 성장하기 위해 무조건적인 사랑, 존경, 그리고 자신감을 보여주는 어른이 적어도 한 명 이상은 있어야 한다고 믿게 되었다.
>
> 소토마요르 대법관(2013, p. 16)

우리는 이제 사람들이 보통 자신의 자기 개념과 일치하게 행동하고자 노력하고, 자기 개념과 일치하지 않는 경험은 종종 무시되거나 부정된다는 것을 확인하였다. 그러나 왜 그럴까? 왜 로저스의 이론에서는 사람들이 경험과 자기 간의 분열에 의해서 고통을 받고 따라서 방어할 필요가 생길까? 왜 사람들은 좋든 나쁘든 모든 경험을 자기실현을 향한 단계로 받아들일 수 없는 것일까?

로저스는 모든 사람이 기본적인 심리적 욕구를 갖고 있다고 제안함으로써 이 질문에 답하였다. 그것은 바로 **긍정적 존중에 대한 욕구**need for positive regard이다. 이 이론에 따르면 사람들은 음식, 물, 거처 등과 같이 생존에 명백하게 필요한 생물적 대상뿐 아니라 심리적인 것도 필요로 한다. 그들은 타인에 의해 수용되고 존중받기를 원한다. 즉 다른 사람들의 긍정적 존중을 받고 싶어 한다.

로저스는 성격의 작동에 있어 긍정적 존중에 대한 욕구를 강력한 힘으로 여긴다. 실제로 그것은 너무나 강력해서 개인적 가치가 있는 경험으로부터 주의를 빼앗을 수 있다. "중요한 사회적 타인에 의한 **긍정적 존중**의 표현은 [매우] 강력하게 작용할 수 있어서 사람들이 유기체를 실현시키는 데 긍정적으로 기여하는 **경험**보다는 그런 타인의 긍정적 존중에 더 초점이 맞춰지게 된다"(Rogers, 1959, 1977, p. 225). 따라서 사람들은 타인으로부터의 긍정적 존중을 추구하느라 자신의 진정한 감정이나 가치와의 접촉을 상실할 수 있다. 그것이 우리가 이 장의 시작에서 논의했던('진정성의 느낌' 부분을 참조) 개인이 자신의 진정한 자기로부터 분리되는 느낌을 발달시킬 수 있는 방식이다. 사람들은 타인으로부터의 긍정적 존중을 추구하면서 자기 자신의 내적 감정과 욕구의 경험을 무시하거나 왜곡할 수 있다.

긍정적 존중에 대한 욕구는 아동 발달에 특히 중추적이다. 유아는 부모의 사랑과 애정과 보호를 필요로 한다. 부모는 아동기 동안 무엇이 좋은지, 즉 무엇이 긍정적으로 여겨지는지에 관한 정보를 제공한다. 여기서 중요한 질문은 '부모가 아동에게 긍정적 존중을 무조건적으로 주는가? 즉, 아동이 무엇을 하든 존중하고 소중히 여기는가?'이다. 다른 대안적인 가능성은 부모가 아동이 다른 행동보다 특정 형태의 행동 양식을 보일 때에만 더 큰 존중과 사랑을 보이는 것이다. 로저스는 이 대안을 **가치의 조건**conditions of worth으로 기술하는데, 여기서

긍정적 존중에 대한 욕구
로저스 이론에서 타인에 의해 수용되고 존중되는 것에 대한 기본적인 인간 욕구

가치의 조건
자신의 진정한 감정, 선호, 성향에 근거하지 않고 대신 무엇이 바람직한 형태의 행동을 구성하는가에 관한 타인의 판단에 근거한 평가 기준

부모는 아동이 다른 사고와 감정이 아닌 특정 사고와 감정을 가질 때에만 가치 있는 개인으로 느끼도록 만드는 것이다.

만약 아동이 긍정적 존중을 무조건적으로 받는다면 그는 경험을 부인할 필요가 없게 된다. 그러나 만약 아동이 가치의 조건을 경험한다면 자신의 자연적인 경향성과 부모를 향한 긍정적 존중에 대한 욕구 간에 균형을 맞출 필요가 생긴다. 그러면 아동은 자신의 경험의 한 측면을 부인함으로써, 즉 진정한 자기의 특성을 부인하고 왜곡함으로써 대처하게 된다.

예컨대 어떤 남자아이가 미술에 흥미를 보이지만 부모가 아이에게 보다 전형적으로 남성적이라고 여기는 활동(예 : 운동)을 추구해야 한다고 판단하여 이 흥미를 억제한다고 하자. 그런 경우, 아동은 부모의 존중을 얻기 위해 미술에 대한 흥미를 부인할 수도 있다. 그렇게 함으로써 부모는 아동으로 하여금 자기 자신의 한 측면을 부인하고 접촉을 상실하도록 만드는 인간관계의 장을 조성한 것이다.

요컨대 로저스는 유기체의 행동과 목표지향성을 설명하기 위해 동기와 추동의 개념을 사용할 필요를 느끼지 못하였다. 그에게 인간은 기본적으로 능동적이고 자기실현적이다. 자기를 실현하는 과정의 일부분으로 우리는 자기와 경험 간의 일치성을 유지하려고 노력한다. 그러나 우리는 조건적인 긍정적 존중의 과거 경험 때문에 자기 체계를 위협하는 경험을 부인하거나 왜곡할 수 있다.

성장과 발달

성격에 관한 공식적인 이론을 지술하기 진 경력 초기에, 로서스는 아동들과의 작업에 많은 시간을 보냈다. 그는 뉴욕주 로체스터시에 있는 아동학대예방협회 사무실에서 임상심리학자로 일했고, 이후에 지역 아동들을 돌보는 사회 복지 기관들을 관리하는 가이던스 센터 소장으로 일하였다(Kirschenbaum, 1979). 비록 로저스는 성격 발달에 관한 공식적인 과학적 연구는 수행하지 않았지만 아동 발달에 대한 많은 직접적인 경험을 가졌고 아동과 청소년의 심리치료에 관한 광범위한 저술 활동을 펼쳤다. 이 초기 경력의 경험은 성격 발달을 현상학적 관점에서 탐색한 후기 저술에 반영되어 있다.

로저스에게 발달은 프로이트가 제안한 바와 달리 생애 초기 시절에만 국한된 것은 아니었다. 사람들은 점점 더 확장되는 복잡성, 자율성, 사회화, 그리고 성숙을 경험하면서 인생 경로에서 자기실현을 향해 성장한다. 자기는 인생 초기에 현상적 장의 분리된 부분이 된 후 인생 전반에 걸쳐 그 복잡성이 계속해서 성장해 간다. 로저스의 작업은 발달 요인이 두 분석 수준에서 고려되어야 함을 시사한다. 부모-자식 상호작용 수준에서 다뤄야 하는 질문은 '부모가 심리적 성장에 최적의 환경을 제공하는가?'이다. 로저스에게 이것은 무조건적인 긍정적 존중을 제공하는 환경을 의미할 것이다. 그리고 내적인 심리적 구조 수준에서 다뤄야 할 질문은 '개인이 자기와 일상 경험 간의 일치성을 경험하는가?' 또는 그 반대로 '타인의 존중 및 일관된 자기 개념을 획득하기 위해 자신의 경험의 측면을 왜곡하는가?'이다.

긍정적 존중 : 건강한 성격의 발달은 부모가 아동에게 무조건적인 긍정적 존
중으로 소통하면서 촉진된다.

따라서 로저스의 주요한 발달적 관심은 '아동이 자유롭게 성장하고 자기실현을 할 수 있
는가? 아니면 가치의 조건이 아동을 방어적으로 만들고 불일치 상태 속에서 기능하도록 하
는가?'이다. 애착 이론과 관련된 연구(제4장 참조)는 무조건적인 긍정적 존중을 제공하는 양
육 환경이 훗날의 안정 애착 양식 및 온전하게 기능하는 자기실현적인 사람의 특성과 연합
된다는 견해를 지지한다(Fraley & Shaver, 2008). 자기의 건강한 발달은 아동이 온전히 경험
할 수 있고, 자신을 수용할 수 있고, 비록 특정 행동 유형에 대해서는 찬성하지 않더라도 부
모에 의해 아동이 수용될 수 있는 분위기 속에서 일어난다. 이 점은 대부분의 아동정신과 의
사 및 심리학자에 의해 강조된다. 이것은 부모가 아이에게 "네가 하는 행동을 좋아하지 않는
다."라고 말하는 것과 "너를 좋아하지 않는다."라고 말하는 것의 차이이다. "나는 네가 하는
행동을 좋아하지 않는다."라고 말할 때 부모는 행동은 용인하지 않으면서 아이는 수용하고
있다. 이것은 부모가 아이에게 언어적으로 혹은 보다 미묘한 방식으로 "너의 행동이 나쁘다,
그리고 너 또한 나쁘다."라고 말하는 상황과 대조된다. 그렇게 한다면 아이는 특정 행동에
대한 인식이 자신을 사랑받는 혹은 사랑받을 만한 존재로 여기는 것과 불일치한다고 느끼고
이러한 감정을 부인하고 왜곡하도록 이끈다.

부모-자녀 관계에 관한 연구

다양한 연구들이 수용적이고 민주적인 부모의 태도가 아동의 성장을 가장 크게 촉진시킨다
고 제안한다. 이러한 태도를 가진 부모의 자녀들은 조숙한 지적 발달, 독창성, 정서적 안정
성, 통제력을 보이는 반면, 거부적이고 권위적인 부모의 자녀들은 불안정하고 반항적이고
공격적이며 남들과 자주 싸운다(Baldwin, 1949; Pomerantz & Thompson, 2008). 가장 중요
한 것은 부모의 평가에 대한 아동의 지각이다. 만약 이 평가가 긍정적이라고 느낀다면 아이

들은 신체와 자기 안에서 기쁨을 발견할 것이다. 만약 이 평가가 부정적이라고 느낀다면 아이들은 불안정성과 신체에 대한 부정적인 평가를 발전시킬 것이다(Jourard & Remy, 1955). 부모가 자녀들에 대해 내리는 평가는 명백히 부모 자신의 자기 수용 정도를 크게 반영한다. 자기 수용적인 어머니는 또한 자녀를 수용하는 경향도 보인다(Medinnus & Curtis, 1963).

자존감
개인의 자기에 대한 전반적인 평가적 존중 혹은 가치 있음에 대한 개인적 판단

쿠퍼스미스(1967)의 **자존감**self-esteem의 근원에 대한 고전적인 연구는 로저스에 의해 제안된 차원들의 중요성을 더욱 지지하였다. 쿠퍼스미스는 자존감을 개인이 자기에 관해 전형적으로 내리는 평가로 정의하였다. 따라서 자존감은 특정 상황의 결과로 인해 초래되는 일시적인 좋거나 나쁜 감정이 아니라 개인의 가치에 대한 지속적인 판단을 의미한다. 이 연구의 아동들은 대부분 로저스가 이전에 사용한 척도의 문항들로 구성된 단순한 자기 보고식 자존감 측정도구를 완성하였다. 일부 연구 결과는 자존감과 다른 성격 특성 간의 관련성에 대한 것이었다. 예컨대 자존감이 낮은 아동들에 비해 자존감이 높은 아동들은 보다 자기 주장적이고, 독립적이고, 문제 해결에서 창의적이었다.

쿠퍼스미스 연구의 보다 중요한 측면은 '무엇이 자존감의 기원인가?'라는 핵심 질문에 대한 단서를 제공했다는 점이다. 쿠퍼스미스는 아동의 자존감 점수뿐 아니라 부모에 대한 아동의 지각에 관한 정보, (어머니와의 면담을 통해 얻은) 부모의 아동 양육 태도, 실천 양식, 그리고 생활 방식에 관한 정보도 얻었다. 흥미롭게도 부모의 재산이나 학력, 직업 등 자존감에 영향을 미치리라고 생각하기 쉬운 사회적 특권의 지표들은 아동의 자존감 점수와 크게 관련되어 있지 않았다. 대신 아동의 자존감은 가족 및 직접적인 환경에서의 인간관계 조건과 보다 크게 관련되어 있었다. 아동은 타인에 의해 표현되는 자신에 관한 의견을 사신에 대한 자기 판단의 토대로 사용하는 반사된 평가의 과정을 통해 자기 견해를 발달시키는 것으로 보였다.

어떠한 구체적인 부모 태도와 행동이 자존감 형성에 중요한가? 세 가지가 특히 큰 영향을 미치는 것으로 나타났다. 첫째는 부모가 자녀에게 표현한 수용, 관심, 애정, 따뜻함의 정도였다. 자녀와 보다 애정이 넘치고 친밀한 관계를 발전시킨 어머니의 자녀는 보다 높은 자존감을 보였다. 자녀들은 어머니의 관심을 자신이 다른 사람들의 주의와 애정을 받을 만한 가치가 있는 사람이라는 것을 의미한다고 해석하는 것처럼 보였다. 부모-자녀 상호작용의 두 번째 중요한 특징은 허용 및 처벌과 관련되었다. 높은 자존감을 가진 아이의 부모는 적절한 행동에 대한 분명한 요구를 설정하고 확고하게 집행하였다. 그들은 일반적인 상황에서는 보상을 사용하여 행동에 영향을 주려고 노력하였다. 이와 대조적으로 낮은 자존감을 가진 아이의 부모는 행동에 대한 명료한 지침을 설정하지 않고, 아이를 가혹하고 무시하는 양상으로 대하고, 보상보다는 처벌을 사용하고, 강압과 사랑의 박탈로 위협했다. 세 번째 특징은 '부모-자녀 관계가 민주적인가, 아니면 독재적인가?'이다. 자존감이 높은 아이의 부모는 행동에 대한 광범위한 규칙을 설정하고 집행했지만 그렇게 할 때 자녀를 이 규정된 한계 내에서 공정하게 다루었고 아이의 권리와 의견을 인정하였다. 반면, 낮은 자존감을 가진 아이의 부

모는 몇 안 되는 잘 규정되지 않은 한계를 설정하고 통제 방법에서 독재적이고, 독선적이고, 거부적이며, 비타협적이었다.

쿠퍼스미스는 자신의 발견을 다음과 같이 요약하였다. "자존감의 근원에 관한 가장 일반적인 진술은 세 조건으로 제시될 수 있다—부모에 의한 전적인 혹은 거의 전적인 수용, 명료하게 설정되고 집행되는 한계, 그리고 설정된 한계 내에서 존재하는 개별 행동에 대한 존중과 허용"(1967, p. 236). 쿠퍼스미스는 또한 부모가 보이는 어떠한 구체적인 행동보다는 부모에 대한 자녀의 지각이 중요하다고 제안하였다. 전체적인 가족 분위기가 부모와 부모의 동기에 대한 자녀의 지각에 영향을 준다.

다른 연구도 또한 아이에게 심리적 안전과 자유를 제공하는 아동 양육 조건이 아이의 창조적 잠재성을 촉진시킨다는 로저스의 주장을 지지한다(Harrington, Block, & Block, 1987). 심리적 안전의 조건은 부모의 아이에 대한 무조건적인 긍정적 존중과 공감적 이해의 표현에 의해 제공된다. 심리적 자유는 생각을 제약이 없이 표현하도록 허용하는 것에서 표현된다. 이 견해를 검증하기 위해 3~5세 사이의 아동을 대상으로 아동 양육 방식과 부모-자녀 상호작용 패턴을 측정하였다(그림 5.3). 놀랍게도 연구자들은 아동의 창조적 잠재성에 대한 독립적 평정(즉 부모에 의해서 주어진 평정이 아님)을 초기 아동기가 아닌 몇 년 후 청소년기에 얻을 수 있었다. 그들은 심리적 안전과 자유에 관련된 아동기(유치원 시기)의 환경 조건과 유치원 및 청소년기에 평가된 창조적 잠재성 간에 유의한 정적 관계를 발견하였다. 따라서 부모-자녀 간 상호작용이 얼마나 로저스의 이론에 부합하는지가 성격 발달에 기여하는 중요한 환경적 요인인 것으로 보였다. 마지막으로, 자존감에 대한 아동 양육의 영향에 대한 최신 단서는 이례적인 대규모 연구과제에서 얻어졌다(Orth, 2018). 참가자는 미국 인구를 대

창의성 촉진 환경

부모는 자녀의 의견을 존중하고 표현하도록 격려한다.

부모와 자녀는 함께 따뜻하고 친밀한 시간을 보낸다.

자녀들은 다른 생각이나 가치관을 가진 다른 아이들이나 가족들과 시간을 보낼 수 있다.

부모는 아이를 격려하고 지지한다.

부모는 아이가 독립적으로 나아가도록 격려한다.

창의성 성격

성취를 자랑스러워하는 경향이 있다.

활동을 시작하는 데 능숙하고 활동에 적극 참여하게 된다.

폭넓은 관심을 가지고 있다.

불확실성과 복잡성을 편안하게 느낀다.

역경에 직면하여 인내한다.

그림 5.3 창의성 촉진 환경과 창의성 성격의 특징에 대한 예시 (Harrington, Block, & Block, 1987)

표하는 8,000명 이상의 표본으로 구성되었다. 연구는 종단적으로, 즉 1979년부터 참가자가 8세에서 27세로 성장할 때까지 진행되었다. 이 기간 동안 연구자는 개인의 자존감뿐만 아니라 그들이 경험한 양육 환경에 대한 측정치를 얻었다. 이러한 방법을 통해 연구자는 자녀 양육 방식을 자존감 발달과 설득력 있게 연관시킬 수 있었다. 그 결과는 어떻게 나왔을까? 환경적 영향은 실제로 자존감에 영향을 미쳤다. 특히, 신체적으로 안전한 환경에서 자랐고 부모가 매우 애정이 많고 대인관계에 반응적이며 지나치게 가혹하거나 제한적이지 않은, 즉 로저스의 관점과 일치하는 사람들일수록 그 자녀는 높은 수준의 자존감을 발달시켰다. 놀랍게도, 좋은 양육은 어린 시절과 10대 시절뿐만 아니라 성인기의 자존감에도 명백하게 영향을 미쳤다. 물론 어머니의 우울증, 아버지가 집에 있는 것과 같은 다른 요인들도 자존감에 영향을 미쳤다. 그러나 이러한 요인들은 부분적으로 자녀가 가정에서 경험하는 양육의 질에 영향을 미치는 방식으로 간접적인 영향을 미쳤다(Orth, 2018).

이러한 결과에도 불구하고 일부 심리학자들은 자존감의 개념이 성격 과학에 충분한지 질문한다. 비평가들은 대체로 그 용어가 지나치게 포괄적이라고 생각한다. 대부분의 사람들은 삶에서 자신을 좋게 생각하는 시기도 경험하고 또한 자기비판적인 시기도 경험하는데 자존감 개념은 이 상황에 따른 변동을 감춘다는 것이다. 그럼에도 불구하고 다른 연구자들은 포괄적인 자존감 개념이 장점을 갖고 있으며 자존감이 심리적 기능의 많은 측면에 함의를 갖고 있다고 생각한다(Dutton & Brown, 1997). 지금까지 이 장은 주로 로저스 이론의 소개에 그 초점을 맞췄다. 다음 장에서는 자존감 과정과 자존감이란 구성 개념이 성격 과학에 갖는 유용성에 관한 질문들과 관련된 최근 연구를 보다 자세하게 소개할 것이다.

사회적 관계, 자기실현, 그리고 생애 후기의 안녕

로저스 이론에 따르면 사회적 수용과 긍정적인 자기 존중 간의 관계는 아동 발달뿐 아니라 인생 전반에 걸친 성격 기능에도 중요하다. 이 가설과 관련된 연구를 살펴보자.

로버츠와 채프먼은 성인 여성의 심리적 발달에 관한 장기 종단 연구 자료를 분석하였다 (Roberts & Chapman, 2000). 이 자료에서 여성 참가자들은 초기 성인기로부터 중년기에 이르기까지 30년이 넘는 기간 동안 연구되었다. 비록 연구는 칼 로저스의 성격 이론에 따라 설계되지 않았지만 로저스 이론에 따르는 가설과 관련된 두 개의 측정치를 포함하였다. 하나는 심리적 안녕의 지표로, 참가자들이 30년에 걸친 연구 기간 중 네 번의 시점에서 자존감을 포함한 자신의 안녕감에 대해 평가하였다. 두 번째는 역할의 질의 지표로, 결혼과 직장을 모두 포함한 여러 인생 역할에서 지지적인 사회적 관계를 경험했는지 평가하였다. 로저스 이론은 물론 긍정적이고 지지적인 사회적 관계가 심리적 안녕을 증진시킨다고 예측할 것이다. 지지적인 관계는 사람들에게 긍정적인 존중감을 제공하고, 심리적 고통과 낮은 자기 평가에 기여하는 방어적 과정에 덜 빠지도록 만들 것이다.

이 종단 연구의 중요한 특징은 사람들을 상이한 인생 시점에서 연구함으로써 역할의 질이 안녕감의 변화에 미치는 영향을 조사할 수 있다는 것이다. 분석의 결과는 대체로 로저스 이론으로부터 도출되는 예측과 일치하였다. 결혼과 직장의 역할에서 높은 수준의 고통을 경험하는 사람들은 낮은 수준의 안녕감을 경험했고, 보다 만족스러운 사회적 역할을 경험한 사람들은 안녕감과 개인적 성숙에서 긍정적인 변화를 보였다(Roberts & Chapman, 2000).

비록 이런 유형의 연구에서 인과관계를 확립하기는 어렵지만(즉 사회적 관계가 실제로 안녕감에 인과적 영향을 행사했는지를 결정하는 것은 어렵지만) 이러한 결과는 자기에 대한 견해와 심리적 안녕이 인생 경로에 걸쳐 변화할 수 있고, 삶에서 중요한 개인으로부터 받는 긍정적 존중의 정도가 이 변화에 직접적으로 기여할 수 있다는 로저스의 가설과 부합한다.

여러분이 볼 수 있듯이 로저스의 아이디어는 최근에 이르러서도 이 분야에 밀접한 관련성을 갖는다. 다음 장에서 우리는 로저스의 이론과 관련된 최근 연구를 보다 면밀히 살펴보고, 동시에 로저스 원리의 임상적 적용과 로저스의 현상학적 관점과 깊이 관련된 대안적인 이론적 개념들도 고려할 것이다.

주요 개념

가치의 조건	왜곡	자기 일관성
긍정적 존중에 대한 욕구	이상적 자기	자존감
부인	일치성	현상적 장
불일치성	자기(혹은 자기 개념)	현상학
역하지각	자기실현	Q-sort 기법

요약

1. 현상학적 접근은 사람들이 자신과 자신 주위의 세상을 경험하는 방식의 이해를 강조한다. 칼 로저스의 인간 중심 이론이 이 접근의 좋은 예시이다.

2. 로저스는 그의 인생 전반에 걸쳐 경험의 뉘앙스에 대한 감수성과 과학의 엄격함에 대한 존중을 결합하면서 직관과 객관을 통합하려고 시도하였다.

3. 로저스는 인간의 긍정적이고 자기실현적인 속성을 강조하였다. 자신의 연구에서 그는 개인의 주관적 경험 혹은 현상적 장을 이해하려는 체계적인 노력을 강조하였다.

4. 로저스의 핵심적인 구조적 개념은 '자기', '나'와 연합된 지각과 경험의 조직인 자기이다. 또한 이상적 자기 혹은 개인이 가장 갖고 싶어 하는 자기 개념이 중요하다. Q-sort는 이 개념들과 그들 간의 관계를 연구하기 위해서 사용되는 하나의 기법이다.

5. 로저스는 행동의 긴장 감소 측면을 강조하지 않았고, 대신에 중추적인 인간 동기로 자기실현을 강조하였다. 자기실현은 경험에 대한 지속적인 개방성과 경험을 확장되고 보다 분화된 자기 감각으로 통합하는 능력을 수반한다.

6. 로저스는 또한 사람들이 자기 일관성을 지각하고, 자기 지각과 경험 간의 일치성을 유지하기 위해서 기능한다고 주장하였다. 그러나 자기 개념을 위협하는 것으로 지각되는 경험은 왜곡과 부정과 같은 방어 과정

을 통해 의식에 도달하는 것이 방지되기도 한다. 다양한 연구들이 사람들이 자신에 대해 갖고 있는 지각을 유지하고 확인하는 방식으로 행동한다는 견해를 지지한다.

7. 사람들은 긍정적 존중에 대한 욕구를 갖고 있다. 무조건적인 긍정적 존중의 조건 아래서 아이와 어른은 일치된 상태로 성장하고 자기실현을 할 수 있다. 반대로 긍정적 존중이 조건적인 경우, 사람들은 경험을 의식으로부터 걸러내고 자기실현의 잠재력에 제약을 가한다.

8. 아이들은 반사된 평가 과정을 통해 자기 판단에 영향을 받는다. 자존감이 높은 아이들의 부모는 따뜻하고 수용적이지만, 또한 요구와 규범을 집행할 때 명료하고 일관성이 있다.

6

로저스의 현상학적 이론 : 적용, 관련된 이론적 개념과 최신 연구

제6장의 초점

우정은 멋지고 신비롭다. 스트레스를 받거나 삶이 여러분에게 과분한 짐을 지울 때 친구와 이야기를 나누면 그저 여러분의 문제가 무엇인지 이야기했을 뿐이고 친구는 잘 들어주었을 뿐인데도 기분이 좋아진다. 왜 그런지 밝혀내기는 힘들다. 심지어 여러분의 친구가 어떤 구체적인 조언도 해주지 않고 답을 제시해 주지 않는다 해도 단순히 친구가 여러분을 위해 곁에 있어주고 여러분의 이야기를 들을 준비가 되어있다는 사실만으로도 여러 부분에 대해 좋은 기분을 느낄 수 있다.

그렇다면 친구는 학교나 인간관계에 대해 보다 나은 기분을 느끼게 해줄까? 아마도 그럴 것이다. 하지만 여러분이 운이 좋다면 친구는 그 모든 것들 중에 가장 중요한 것, 바로 여러분 자신에 대해 좋은 느낌을 갖게 만들 것이다. 친구는 여러분 스스로의 감정을 잘 살피고 또한 표현하게 함으로써 스스로에 대해 더 좋은 느낌을 갖도록 만든다. 여러분은 결국 자신의 한계를 인정하고 강점을 제대로 인식하게 된다.

칼 로저스의 내담자 중심 치료의 목적은 위와 같은 관계를 제공하여 자기 개념의 변화를 이끌어 내는 것이다. 로저스 성격 이론(제5장)의 바탕이 된 그의 치료적 관점이 이 장의 초점이다. 앞으로 살펴보겠지만 로저스는 치료 과정에서 내담자가 일상적 경험을 어떻게 부정하고 왜곡하는지 발견하려 했다. 이어서 그는 치료 장면에서 구축된 신뢰와 우정이라 할 수 있는 '치료적 관계'를 만들어 이 관계 안에서 내담자가 경험을 왜곡하지 않고 진정한 자기를 탐색하여 개인적 성장을 경험할 수 있도록 했다.

로저스 성격 이론의 임상적 응용을 공부함과 동시에 이 장의 두 번째 목표는 로저스와 긴밀하게 연관된 이론적 개념들을 살펴보는 것이다. 우리는 세 가지 개념을 살펴볼 것이다. (1) 인간 잠재성 운동, (2) 긍정심리학 운동, (3) 실존주의 철학 사조. 우리는 또한 로저스가 강조한 통합적 자아 개념과 관련된 성격 이론의 최신 발전사항 전반을 자세히 살펴볼 것이다. 이는 성격 체계 상호작용 이론이라 부른다.

마지막으로 이 장에는 제5장에서 살펴본 것 이상으로 문화에 대해 많은 지면을 할애할 것이다. 비교문화 연구들은 로저스가 미국에서 연구한 심리적 역동이 과연 문화 보편적인 심리 경험인지 의문을 제기한다.

이 장에서 다룰 질문

1. 로저스는 심리적 고통과 정신 병리가 왜 발생한다고 하였고 또한 치료 장면에서 심리적 변화를 유발하는 데 필수적인 요인은 무엇이라고 하였는가?
2. 인간 잠재성 운동의 연구자들은 어떻게 인간 성격에 대한 로저스식 이해를 발전시켰는가?
3. 현대의 긍정심리학 운동은 인간 성격과 잠재성에 대해 어떤 이야기를 들려주는가?
4. 실존주의란 무엇이며 성격 이론 및 연구와 어떤 관련을 갖고 특히 로저스의 작업과는 어떻게 관련되는가?
5. 자기 개념, 동기, 성격의 비교문화 연구를 필두로 한 현대의 연구들이 로저스의 현상학적 이론에 대해 갖는 함의는 무엇인가?

임상적 적용

이 장은 로저스의 직업 경력이 시작되었던 곳에서 시작한다. 바로 정신 병리와 성격 변화의 문제를 다루는 심리 상담 장면이다. 로저스 성격 이론의 발전 과정에 있어 임상적 적용은 필요불가결한 요소였으며 이후에도 언제나 로저스 작업의 중요한 초점이었다.

로저스의 심리 상담 이론은 기법의 나열에 그치지 않는다. 여기에는 치료 장면의 본질에 대한 넓은 관점인 '세계관'이 포함된다. 로저스의 생각을 이해하는 좋은 방법은 이를 프로이트의 생각과 비교하는 것이다. 프로이트는 의사로 훈련받았고 내담자를 환자로 취급했다. 내담자는 진단과 치료를 받아야 할 문제를 가진 사람이다. 상담가는 전문적인 진단 및 치료 기술을 가진 사람이다. 반대로 로저스는 내담자의 성장과 스스로 치유하는 힘을 강조했다.

로저스 상담가들은 내담자에게 주의를 기울인다. 내담자의 감정을 이해한다는 사실을 보여주고 내담자를 무조건적으로 지지하며 내담자가 개인적 성장을 경험할 수 있는 환경을 제공한다.

와 내담자 사이에 발전되는 대인관계의 본질적 특성이라고 보았다(Rogers, 1966). 로저스는 이상적 치료 분위기를 여러 조건의 집합으로 나타냈으며 이 중 세 조건이 치료적 변화가 나타나기 위한 필수 조건이라 보았다(McMillan, 2004). 만약 상담가가 이런 분위기들을 내담자에게 현상학적 의미를 갖는 방식으로 제공한다면 치료적 변화가 발생할 수 있다.

로저스는 치료 과정에서 세 가지 조건이 핵심적이라고 가정했다. 그것은 일치성(또는 '진정성'), 무조건적인 긍정적 존중, 그리고 공감적 이해다.

첫 번째는 **일치성**congruence 또는 진정성이다. 일치성과 진정성이 있는 상담가는 내담자에게 자신의 진짜 생각과 느낌을 전달한다. 일치된 상담가는 피상적인 과학적 · 의학적 지식을 전달하는 대신 관계적으로 개방적이며 투명하다. 이런 상담가는 치료 과정에서 발생한 사건을 자연스럽게 경험하며 심지어 내담자에 대한 감정이 부정적일지라도 자신의 진정한 느낌을 내담자와 공유한다. "관계를 해칠 가능성이 농후하지만 모든 상담가가 가끔씩은 갖게 되는 그런 부정적인 태도를 갖게 될 경우 나는 상담가가 흥미, 걱정, 호감 등 내담자가 거짓임을 느낄 수 있는 감정을 표현하기보다는 솔직해지는 것이 좋다고 제안하는 바이다"(Rogers, 1966, p. 188). 따라서 내담자는 주로 병원이나 정신과에서 경험할 수 있는 부자연스럽고 격식만 차린 관계가 아니라 상담가와의 진짜 대인관계를 경험할 수 있다.

상담 과정에 핵심적인 두 번째 조건은 **무조건적인 긍정적 존중**unconditional positive regard이다. 이는 상담가가 내담자를 인간으로서 깊고 진성성 있게 존중함을 내담자에게 전달해야 한다는 것이다. 내담자는 완전히 무조건적으로 존중받는다. 존경과 무조건적인 긍정적 존중의

일치성
지각된 자기와 경험 간에 갈등이 없는 상태를 표현하는 로저스의 개념. 성장과 치료적 발전에 필수적인 세 가지 상담 조건 중 하나

무조건적인 긍정적 존중
개인을 온전히 무조건적으로 수용하는 것을 뜻하는 로저스의 용어. 치료적 발전에 필수적인 세 가지 상담 조건 중 하나

공감적 이해
다른 사람의 관점에서 경험과 감정과 의미를 이해할 수 있는 능력을 나타내는 로저스의 용어. 치료적 발전에 필수적인 세 가지 상담 조건 중 하나

경험은 내담자로 하여금 자신감 있게 내면의 자기를 탐색할 수 있게 해준다.

마지막 조건은 **공감적 이해**empathic understanding다. 이는 내담자의 경험을 그대로 인식할 수 있는 상담가의 능력을 뜻한다. 상담가는 내담자와 접촉하는 상담 과정의 매 순간을 통해 내담자와 공감하려 노력한다. 상담가는 내담자의 문제를 기법적으로 진단하기 위해 내담자와의 접촉으로부터 차갑게 멀어지려 하지 않는다. 또한 내담자의 삶을 기법적인 심리학 용어로 포장해 버려도 안 된다. 대신 상담가는 능동적 경청을 통해 내담자가 경험한 사건의 의미와 주관적 느낌을 이해하고 내담자로 하여금 자신이 실제로 상담가로부터 공감적 이해를 얻고 있다는 사실을 명확히 알게 해야 한다.

로저스의 관점에서 세 가지 치료 분위기는 상담가가 어떤 이론을 따르는지와 관계없는 근본적인 중요성을 지닌다. 따라서 내담자 중심 치료의 바탕을 이루는 이론은 프로그래밍의 'if-then' 명령어와 같은 성격을 갖는다. 만약(if) 특정한 치료 조건이 존재한다면(then) 성격 변화를 낳는 과정이 필연적으로 나타나는 것이다.

내담자 중심 치료의 결과

> 도대체 내가 왜 이러는 거죠? 난 내가 원하는 사람이 아니에요.
>
> 더 클래쉬

로저스의 치료적 접근의 핵심 요소를 살펴보았으니 이제 "과연 이것이 효과가 있나?"라고 질문해 보아야 할 것이다. 내담지 중심 치료는 내담자에게 이득이 될까?

치료가 효과적인지 알려면 원칙적으로 치료의 '효과'가 무엇인지 규정해야 할 것이다. 상담을 통해 제거되어야 할 심리적 고통의 핵심 측면은 무엇일까? 이 질문에 대한 로저스의 답은 영국의 펑크록 밴드인 '더 클래쉬'가 더 직설적인 어법으로 대신해 준 바 있다. 뿌리 깊은 심리적 고통은 단순히 이 세상의 객관적 사건에 의해 생겨나는 것이 아니다. 이런 고통은 개인이 스스로를 부적절하다고 느끼는 내적 감각, 즉 자신이 '내가 원하는 나'가 아니라는 느낌에서 발생한다. 이는 로저스의 말로 다시 쓰면 개인의 실제 자기와 이상적 자기가 불일치된 것이다. 따라서 상담이 '효과'를 보려면 내담자는 실제 자기와 이상적 자기 간의 더 큰 일치를 얻어내야 할 것이다.

따라서 상담의 효과 유무를 알아보는 연구의 과제는 상담 과정이 성격의 핵심 측면인 내담자의 자기 개념을 향상시켰는지 알아보기 위해 과학적으로 객관적이고 신뢰할 수 있는 평가 방법을 개발하는 것이다. 로저스는 이 목표에 부합하는 연구 방법을 개발하는 데 큰 공헌을 했다. 그는 심리학계에 중요한 영향을 준 운동, 즉 심리 상담 분야를 체계적 연구조사의 대상으로 삼는 과정에 기여했다. 로저스의 주요 목표는 객관적 방법을 활용하여 치료 과정을 평가하는 것이었다. 그는 프로이트와 프로이트학파의 상담 효과 평가 방법의 큰 한계는 그들이 사용한 방법이 너무 주관적이었던 것이라고 생각했다. 정신분석치료에서 외부인

(즉 상담가나 내담자가 아닌 어떤 사람)이 상담의 성과를 평가하는 유일한 방법은 상담가가 작성한 사례 연구를 읽어 보는 것이었다. 여러분은 이때 발생하는 문제를 명확히 인지할 수 있으리라. 사례 연구는 편향될 수 있다. 직업적 성취를 평가받아야 할 정신분석 상담가 본인이 자신의 성취를 평가할 근거를 작성하기 때문이다. 근본적으로 상담가는 사례 보고서를 쓰면서 상담 과정에서 나타난 긍정적인 치료적 변화사항을 부지불식간에 과대평가할 수 있다. 따라서 로저스는 내담자 중심 치료의 성과 평가에 있어 상담가의 주관적 보고보다 뛰어난 평가 방법을 도입하길 원했다.

로저스는 연구자들과 대중들이 자신의 치료 노력을 평가할 수 있도록 많은 정보를 공개하기 위한 몇 가지 방법을 고안했다. 그는 자신과 동료들의 상담 과정을 녹음하거나 어떤 경우에는 녹화하기도 했다. 그와 그의 동료들은 Q-sort(제5장)와 같은 자기 개념의 객관적 평가 방법을 도입하여 상담 결과가 객관적으로 평가될 수 있도록 했다. 이와 같은 방법은 지금 생각해 보면 너무 당연한 것들로 보이지만 당시의 정신분석 상담가들에게는 채택되지 않았던 것들이었다.

로저스의 제자인 버틀러와 헤이(1954)의 연구는 로저스와 그의 제자들이 로저스 상담 방법을 객관적 절차를 거쳐 평가하기 위해 어떤 노력을 기울였는지 잘 보여주는 고전 연구다. 먼저 이들의 연구 가설을 개념 수준에서 살펴보자. 로저스의 상담 방법은 내담자의 이상적 자기와 실제 자기 사이에 보다 큰 일치를 가져올 것이다. 연구자들에게 남은 과제는 추상적 개념 수준을 실증 연구의 탄탄한 현실 수준으로 이행시키는 것이었다. 개인의 다양한 자기 개념 간의 관계에 대한 연구 가설을 어떻게 검증해야 좋을까? 이것이 성격 연구의 어려운 부분이다. 우리는 이론의 개발로부터 세세한 현장 연구로 자연스럽고 설득력 있게 옮겨가야 한다. 버틀러와 헤이는 Q-sort를 사용해서 옮겨갔다. 이들은 Q-sort를 두 번 사용했다. 연구자들은 연구 참여자에게 실제 자기를 묻는 Q-sort에 응답하도록 하고(즉 참여자들은 실제로 자기 자신을 바라보는 바에 따라 문항을 분류했다), 이어서 이상적 자기에 대한 Q-sort를 실시하도록 했다(즉 참여자들은 자신이 이상적으로 가지고 싶어 하는 것인지에 따라서 각 성격 특성 문항을 분류했다). 이제 어떤 사람에 대해서 실제 자기와 이상적 자기에 대한 Q-sort 측정치 간의 상관을 계산할 수 있다. 이 상관치는 실제 자기와 이상적 자기 간의 일치도로 받아들일 수 있다. 즉 보다 높은 상관은 실제 자기와 이상적 자기 간의 보다 높은 일치를 의미한다.

실제 자기와 이상적 자기의 일치도 점수를 얻은 다음 버틀러와 헤이(1954)는 로저스 상담의 효과를 살펴보았다. 이들은 평균적으로 31회의 로저스 상담을 경험한 사람들의 상담 전과 상담 후의 상태를 조사했다. 무엇을 발견했을까? 상담 전에는 각 개인의 실제 자기와 이상적 자기의 상관이 전반적으로 매우 낮아서 상관의 평균이 0이었다. 하지만 상담 후에는 자기의 두 측면 간의 일치도가 유의미한 증가를 보였다. 상담 후 두 Q-sort 점수 간 상관의 평균은 .34로 증가했던 것이다. 이렇게 객관적 측정 절차인 Q-sort를 활용했을 때 로저스 치료 방법의 분명한 효과가 관찰되었다.

위와 같은 결론에 대해 여러분은 적어도 두 가지 질문을 더 떠올릴 수 있을 것이다. 첫째, 상담 효과는 오래도록 지속되었을까? 다행스럽게도 버틀러와 헤이(1954)는 상담 종료 후 6개월이 지나고 후속 조사를 실시했는데 이 시점에서 실제 자기와 이상적 자기의 상관은 종료 시점과 유사한 수준인 .31로 유지되었다. 이는 상담을 통한 변화가 실제로 오래 지속된다는 것을 의미한다. 둘째, 심리적 고통을 느껴서 상담을 받은 사람들이 애초에 심리적 고통을 경험하지 않았던 사람만큼 좋아졌을까? 이 질문에 대한 연구 결과는 그다지 긍정적이지 못하다. 버틀러와 헤이(1954)는 상담을 받으려는 동기가 없었던 사람들에게 Q-sort 측정을 실시했는데 이들의 이상적 자기와 현실적 자기의 상관은 .58이었다. 달리 설명하면 상담을 필요로 하지 않았던 집단의 실제 자기와 이상적 자기 Q-sort 점수 간 일치도는 상담을 받은 사람들의 상담 후 일치도 점수에 비해 상당히 높았던 것이다. 그러나 로저스 상담이 의미 있는 성과를 가져오는 것만은 분명하다.

버틀러와 헤이(1954)의 선구적 연구에 따라 로저스 상담의 대중성과 효과성을 평가하는 많은 연구가 이어졌다. 내담자 중심 치료에 대한 현대의 평가는 이 접근법이 로저스가 생존했을 때뿐만 아니라 그가 세상을 떠난 뒤에도 여전히 번영을 구가하고 있다는 것이다. 로저스 상담의 치료적 응용과 그 효과성의 과학적 평가는 미국과 유럽 모두에서 끊임없이 진행되고 있다(Kirschenbaum & Jourdan, 2005). 이 중 다수의 연구는 로저스가 개념화한 세 가지 치료 조건의 조합이 실제로 치료적 변화로 이어진다는 것을 보여준다. 상담 과정에서 초래되는 변화는 내담자들의 방어 감소와 경험에 대한 개방성 증가, 보다 긍정적이고 일치된 자기의 발전, 타인에 대한 보다 긍정적인 느낌, 평가를 내릴 때 다른 사람의 가치를 활용하는 습성의 감소 등으로 나타난다. 이와 같은 결과로부터 심리 상담의 성공을 가져오는 치료 조건을 규정한 일이 로저스가 심리학에 한 기여 중에서 가장 두드러지는 것 가운데 하나임을 알 수 있다.

존재

치료적 성장의 필수적 조건에 대한 로저스의 관점은 처음 개발된 이후 상대적으로 미미한 변화를 겪었을 뿐이다. 그러나 한 가지 추가사항에 대해 알아볼 필요가 있는데 그것은 '존재' 개념이다(Bozarth, 1992; McMillan, 2004 참조). 로저스는 점차 "아마도 나는 세 가지 기본 조건(일치성, 무조건적인 긍정적 존중, 공감적 이해)을 너무 강조한 것 같다."(Bozarth, 1992에서 재인용)라고 생각하게 되었고, 이 상대적으로 객관적인 세 가지 치료 조건 외에 또 다른 요인, 더 규정하기 힘들고 묘사하기 어려우며 신비롭기까지 한 중요한 요인이 작용한다고 믿게 되었다. 로저스는 "내가 내담자에게 극도로 집중했을 때, 내 존재가 치유되는 것 같았다."(Bozarth, 1992에서 재인용)라고 믿게 된 것이다. 로저스는 특별히 성공적인 상담 과정에서는 내담자와의 상호작용을 통해 본인의 핵심적 자기를 경험할 수 있었으며, 내담자에게 매우 직관적인 반응을 보이고 내담자들의 직관적인 반응을 경험했음을 깨닫게 되었다.

오크 씨

앞서 살펴본 것과 같은 로저스 상담의 전반적 효과성에 대한 통계분석은 그 효과성을 평가하는 데 결정적인 역할을 한다. 그러나 통계만으로는 로저스 상담의 정신을 포착할 수 없다. 로저스와의 상담 경험이 어떤 것인지 보다 잘 알게 해주는 것은 사례 연구이다. 로저스의 잘 알려진 사례인 오크 씨의 사례를 살펴보도록 하자. 이 사례는 치료 과정을 객관적으로 살펴볼 수 있도록 자료를 개방하는 과정에서 로저스가 (물론 내담자의 허락을 구해서) 상담 회기를 녹음하고 녹취록을 공개함으로써 우리에게 알려지게 되었다.

로저스가 1954년에 출판한 책에서 묘사했듯이 오크 씨는 시카고 대학 상담 센터를 찾아왔을 때 30대 후반의 가정주부 신분이었다. 그녀는 남편과의 관계와 청소년기에 접어든 딸과의 관계에서 큰 어려움을 겪고 있었다. 그녀는 딸이 신체화 장애를 앓고 있는 것이 자기 탓이라고 말했다. 상담가에 따르면 오크 씨는 언제나 솔직해지려고 노력했고 자신의 문제를 해결하는 데 열성적인 예민한 사람이었다. 오크 씨는 정규 교육을 거의 받지 않았지만 지적이었고, 폭넓은 독서를 했다. 오크 씨는 다섯 달 반 동안 40회에 걸쳐 면담에 참여하고 치료 과정을 종료했다.

초기의 면담에서 오크 씨는 딸과 남편과의 관계에서 겪는 구체적인 문제를 이야기하는 데 많은 시간을 할애했다. 하지만 대화 주제는 점차 변화했다. 오크 씨는 점점 자신의 감정에 대해 이야기하게 되었다. 처음에 로저스는 오크 씨가 수줍고 거의 특징이 없는 사람이라고 생각했다. 하지만 로저스는 오크 씨가 예민한 사람이며 흥미로운 사람임을 재빨리 알아챘다. 그녀에 대한 로저스의 존경심이 자라났고, 그는 혼란과 고통을 뚫고 투쟁하는 오크 씨의 능력에 대한 존경(그리고 경탄)을 경험했다고 기술했다. 로저스는 오크 씨를 가르치거나 지도하려 하지 않았다. 대신 그는 오크 씨를 이해하려 노력하는 것, 오크 씨의 세계를 긍정하는 것, 오크 씨에 대한 수용의 감정을 표현하는 것에서 만족을 느꼈다.

이렇게 지지적인 치료 분위기 속에서 오크 씨는 자신이 부인해 왔던 감정에 대해 지각하게 되었다. 스물네 번째 면담에서 오크 씨는 자기 딸과의 갈등이 자기 자신의 청소년기 발달 과정과 관련되어 있음을 깨닫게 되었다. 오크 씨는 문제를 해결해 나갈 수 있는 자신의 힘을 자각하고 충격을 느꼈다. 후반기 면담에서 오크 씨는 자신이 내면의 상처를 통감하고 있음을 깨닫는다. 로저스는 부드럽고 지지적으로 오크 씨가 상처를 덮기 위해 과거에 기울인 노력들과 현재 기울이고 있는 새로운 노력들을 반영해 주며 이를 '그녀 자신이라는 시를 새롭게 발견하는 일'이라 묘사해 주었다.

최초에 이와 같은 고양된 자기 지각은 해체되는 느낌으로 이어졌다. 오크 씨는 더 고통스럽고 신경질적인 감정을 느꼈고 산산이 분해되는 듯한 느낌을 받았다. 오크 씨는 상담가가 도움이 안 되며 그가 상담 과정에 대한 책임을 지지 않는다고 생각했다. 오크 씨는 가끔 상담가가 '요만큼도 도움이 안 된다'라는 느낌을 강하게 받았다. 하지만 상담 과정에서 오크 씨는 점점 로저스가 내담자 중심 접근을 통해 이루려 하는 모습으로 변화했다. 오크 씨가 상담가와의 관계를 느끼게 되었고 그것이 치료적 진전의 기반이 되었다. 진전이 모든 영역에서 다 나타나지는 않았지만 상담 종료 시점에서 오크 씨는 여러 가지 중요한 성취를 보였다. 오크 씨는 더 자유로운 느낌을 받게 되었고 자기 자신에게 귀 기울이게 되었으며 독립적인 판단을 하게 되었다. 오크 씨는 자기 자신을 가치 있는 인간으로 받아들이기 시작했다. 오크 씨는 결혼을 지속할 수 없다고 결정했으며 남편과 상호 합의하에 이혼했다. 그녀는 도전할 만한 직업을 얻었다. 치료 환경 속에 조성된 조건들을 경험하며 오크 씨는 자기와 경험 사이에 뚜렷한 불일치를 만들어 내던 방어를 그만두게 되었다. 이와 같은 자기 지각의 증가와 함께 오크 씨는 삶을 긍정적으로 변화시키고 자기실현을 향해 한 발짝 다가서게 되었다.

"나는 내담자와의 관계 속에서 괴상하고 충동적인 행동, 합리적으로는 스스로도 납득하기 힘든 행동을 하기도 했다… 하지만 이 괴상한 행동들은 옳은 것으로 밝혀졌다… 내 안의 영혼이 손을 뻗어 다른 이의 영혼에 닿은 것이다"(Rogers; McMillan, 2004에서 재인용). 내담자 중심 치료의 상담가에게 있어 이와 같은 매우 직관적이고 거의 영적이기까지 한 경험은 초월적 변화를 동반할 수 있다. "말과 논리를 뛰어넘는"(McMillan, 2004, p. 65) 내담자와 상담가의 관계는 근본적인 심리적 변화를 낳는 것으로 여겨진다.

존재 개념과 그 잠재적 치료 효과는 별다른 과학적 조명을 받지 못했다. 그러나 로저스 학파가 활용하는 존재 개념은 다른 지적 분야 및 다른 문화에서는 인정되는 개념이며, 이는

티베트의 영적 지도자인 달라이 라마의 모습. 대인관계와 공감을 꾸준히 강조함으로써 그는 자신을 '쿤둔'이라 불리게 해준 강력한 심리적 분위기를 조성한다. 쿤둔이란 티베트어로 '존재'를 의미하며, 로저스는 정확히 이 단어를 통해 내담자 중심 치료의 공감적 초점이 가져오는 심리적 효과를 지칭했다.

존재 개념이 과학적 연구로 다뤄질 가치가 있음을 보여준다. 예를 들어 티베트인들은 자신들의 사회정치적 지도자인 달라이 라마를 '쿤둔Kundun'이라 부르는데, 이는 티베트어로 '존재'(또는 '유일한 존재')를 뜻하는 말이다. 이들은 로저스가 발견한 것과 같은 심리적 현상을 지칭하기 위해 이 단어를 사용한다. 그들의 영적 지도자의 놀라운 영적 각성과 정서적 개방성에서 비롯되는 사람과 사람 간의 강력한 연결의 느낌 말이다.

'짐'의 사례

의미 변별법 : 현상학적 이론

짐은 자기, 이상적 자기, 아버지, 어머니의 개념에 대해 간단한 척도인 의미 변별법(제5장) 측정을 완료했다. 의미 변별법은 정확히 로저스가 추천한 방법은 아니지만 측정 과정이 현상학적 성질을 가지며 자기와 이상적 자기 개념을 측정한다는 면에서 그 측정 결과를 로저스 이론과 관련지을 수 있다.

먼저 짐이 자신을 어떻게 지각했는지 살펴보자. 의미 변별법에 기초하면 짐은 스스로를 지적이고 상냥하며 진솔하고 친절하고 기본적으로 착한 사람으로 보았으며, 인간적이고 사람에 대한 관심이 있는 현명한 사람으로 보고 있었다. 동시에 다른 점수들을 살펴보면 짐이 스스로를 표현하고 분방하게 행동하는 데 부자연스러운 느낌을 갖고 있음을 알 수 있었다. 즉 짐은 스스로를 수줍고 내향적이고 감정을 잘 내비치지 않고 긴장하고 도덕적이고 순응적인 사람으로 평가했다. 짐의 개념들은 흥미롭게 혼합되어 있어서 그는 열정적이고 속 깊고 예민하고 친절한 사람이면서 동시에 경쟁적이고 이기적이며 퉁명스러운 사람이었다. 또한 흥미롭게도 짐은 스스로를 착하고 남자다운 사람으로 생각하는 동시에 약하고 불안한 사람으로 인식하기도 했다. 여러분은 짐이 자신을 근본적으로 착한 사람, 원활한 대인관계를 할 수 있는 사람으로 여김과 동시에 심각한 억제 및 자기와 타인에 대한 높은 기준 때문에 언짢아하는 사람이라는 인상을 받을 수 있을 것이다.

특히 이상적 자기에 대한 점수까지 살펴본다면 이와 같은 인상은 이제 날카로운 분석의 주제가 되어야 마땅하다. 전반적으로 짐은 실제 자기와 이상적 자기가 크게 불일치한다고 보지 않았다. 그러나 몇 가지 특정 문항에 대해서는 큰 차이를 드러내기도 했다. 예를 들어 짐은 자신의 실제 자기가 약함–강함 척도상에서 약함에 속한다고 평가했지만 이상적 자기 평가에서는 더 강한 자기를 원한다고 응답했다. 달리 말하면 짐은 자신에 대해 현재 느끼고 있는 것보다 훨씬 강해지고 싶어 했다. 다른 문항에 대한 짐의 답변을 이와 같은 방식으로 평가해 본 결과 우리는 짐이 현재 지각하는 자기의 모습에 비해 따뜻함, 활동성, 평등주의, 유연성, 정욕, 수용성, 근면성, 편안함, 상냥함, 대담함의 측면이 강화된 이상적 자기를 원함을 알 수 있었다. 근본적으로 두 가지 영역이 형성되었다. 하나는 따뜻함과 관련되는 것으로 짐은 자신이 원하는 것보다 따뜻하고 편안하고 상냥하지 않았다. 다른 하나는 강함과 관련되는 것으로 짐은 원하는 것보다 강하고 활동적이고 근면하지 못했다.

자기 부모에 대한 짐의 평가를 보면 그가 자신의 전반적 모습이나 위의 두 영역과 관련하여 부모를 어떻게 바라보는지 알 수 있다. 먼저 짐이 자기를 지각한 것과 어머니, 아버지의 개념을 지각한 것을 비교해 보면 짐은 분명 자신이 어머니보다는 아버지에 훨씬 가깝다고 느끼고 있었다. 또한 짐은 아버지가 어머니보다는 자신이 생각하는 이상적 자기에 더 가까운 모습을 보인다고 느꼈지만 전체적으로는 자신이 두 부모보다는 자신의 이상적 자기에 더 가까운 모습을 보인다고 생각했다. 하지만 짐은 따뜻함과 강함이라는 핵심 영역에서는 부모가 자신보다 이상적 자기에 더 가까운 모습을 보인다고 생각했다. 즉 짐의 어머니는 짐보다 더 따뜻하고 더 수용적이고 편안하고 상냥했으며 짐의 아버지는 짐보다 더 강하고 더 근면하고 활동적이었다. 짐의 어머니는 흥미로운 성격 특징의 조합을 가진 것으로 지각되었다. 짐의 어머니는 한편으론 다정하고 상냥하고 자발적이고 예민하고 착한 사람이었지만, 또 한편으론 권위적이고 피상적이고 이기적이고 비지성적이고 비관용적이며 창의적이지 못하다고 지각되었다.

자료에 대한 논평

로르샤흐 검사(제4장) 등 앞 장에서 살펴본 자료와 비교해 본다면 이 시점에서 우리는 짐에 대한 또 다른 그림을 얻을 수 있다. 우리는 짐이 고교 시절에 누렸던 인기와 성취, 그리고 아버지와의 좋은 관계에 대해 알게 되었다. 우리는 여성과의 관계에서 그가 겪는 어려움과 그의 불안에 대한 투사 검사 결과가 시사했던 바를 지지하는 결과를 얻었다. 사실 우리는 너무 빨리 사정해 버리고 여성을 만족시키지 못한다는 짐의 공포에 대해 알게 되었다. 하지만 우리는 또한 자신이 기본적으로 선하고 인간적인 활동에 관심을 가지고 있음을 믿는 개인의 이야기를 발견할 수 있다. 우리는 자기와 이상적 자기에 대한 관점을 가진 한 사람에 대해 알게 되었으며 또한 두 자기 사이의 격차를 만드는 감정들 때문에 속이 상한 사람을 알게 되었다.

짐은 자신에 대해 이야기할 기회를 갖게 되자 보다 따뜻하고 편안하고 강한 사람이 되고자 하는 자신의 욕망을 이야기했다. 여기서 우리는 짐의 지각, 즉 그가 보고하는 경험에 흥미를 느끼고 있음을 감출 필요가 없다. 우린 짐이 생생하게 경험하는 것이 궁금하며 그가 어떻게 자신의 참조틀 속에서 현상을 해석하는지에 대해 흥미를 느낀다. 우리는 짐의 모든 것에 대해 알고 싶지만 반드시 짐 스스로 지각하는 그의 모습과 그의 세계를 알고 싶다. 의미 변별법을 활용할 때 우리는 추동에 초점을 둘 필요가 없으며 또한 비합리성의 세계에 직면할 필요가 없다. 로저스의 말을 빌리자면 우리는 짐에게서 자기실현을 향해, 의존에서 독립을 향해, 정체와 경직으로부터 자유와 자발성을 향해 투쟁하며 나아가는 개인의 모습을 본다. 우리는 짐에게서 자신의 지적 측면에 대한 평가와 정서적 측면에 대한 평가 간에 차이가 존재하는 개인을 본다. 로저스라면 우리가 자기 일관성이 낮은 개인, 자기와 경험 간의 일치가 결여된 개인을 관찰하고 있다고 말했을 것이다.

관련된 이론적 개념 : 인간 잠재성, 긍정심리학, 그리고 실존주의

여러분은 로저스의 현상학적 성격 이론의 핵심적인 내용을 모두 살펴보았다. 이 장의 나머지 부분에서는 두 가지 연관된 주제를 소개하도록 한다. 먼저 우리는 로저스의 연구와 관련된 이론적 개념들을 살펴볼 것이다. 특히 (1) 인간 잠재성 운동, (2) 긍정심리학 운동, (3) 실존주의의 세 가지를 알아보겠다. 다음으로 우리는 로저스 이론을 계승하는 현대 연구를 살펴볼 것이다. 이런 연구는 스스로를 '로저스학파'라고 지칭하지 않는 이들이 진행하는 경우가 많음에도 여전히 로저스가 주창한 인간 본성 개념의 핵심을 관통한다.

인간 잠재성 운동

로저스 외에도 인간의 자기실현 능력을 강조한 이론가들이 또 있다. 성격 기능이란 프로이트가 이야기한 것처럼 과거의 동기와 갈등의 단순한 반복이 아님을 깨달은 이들이었다. 대신 이들은 인간이 잠재력을 가지고 있다고 생각했다. 잠재력이란 성격 기능의 기본적 특징으로, 인간이 자신의 천부적 잠재성을 깨달을 수 있는 역량이 있음을 뜻한다. 20세기 중반에 가드너 머피와 커트 골드스타인 등의 저술가들이 이러한 주제를 발전시켰다. 가드너 머피(1958)는 잠재력 연구를 성격심리학의 중심으로 옮겨놓았고, 커트 골드스타인(1939)은 프로이트 이론이 모든 장점에도 불구하고 "삶의 긍정적 측면을 공평하게 다루는 데 실패한 … 삶이라는 현상은 근본적으로 환경과 합의점을 찾아가는 끊임없는 과정임을 알아채지 못한"(p. 333) 이론이라고 주장했다. 이들이 이론적 기여를 한 **인간 잠재성 운동**human potential movement 은 정신분석(제3장)과 행동주의(제10장)의 대안을 제시했다는 측면에서 심리학의 '세 번째 힘'이라 불리게 된다(Goble, 1970). 이제 인간 잠재성 운동의 가장 중요한 이론가인 에이브 러햄 H. 매슬로를 살펴보도록 하자.

인간 잠재성 운동
로저스와 매슬로로 대표되는 심리학자 집단으로, 경험에 대한 개방성 등 개인 잠재성의 실현을 강조

에이브러햄 H. 매슬로

매슬로(1908~1970)는 로저스와 마찬가지로 인간 경험의 긍정적 측면을 강조했다(Maslow, 1968, 1971). 그는 인간이 기본적으로 선하거나 중성적일 뿐 악하지 않으며 모든 사람은 성장과 잠재성 충족에 대한 욕망을 갖고 있다고 제안했다. 정신 병리는 인간이라는 유기체의 필수적 본성이 뒤틀리고 좌절되기 때문에 발생한다. 매슬로는 개인의 잠재성을 실현하지 못하도록 방해하는 사회 구조가 좌절의 원인이라고 생각했다. 매슬로 등의 공로로 인간 잠재성 운동은 환경이 자신을 제약하며 얽매고 있다고 생각하는 사람들 사이에 널리 알려지게 되었다. 매슬로는 이와 같은 근심과 걱정을 다루었으며, 인간이 스스로를 자유롭게 표현하고 진정한 모습을 찾는다면 모든 것이 좋아질 것이라고 격려를 보냈다.

이 같은 이론의 정신성 외에도 매슬로의 관점은 두 가지 측면에서 매우 중요한 의미를 갖는다. 먼저 매슬로는 인간의 동기를 식욕, 수면욕, 갈증과 같은 생물학적 욕구와 자존감, 사랑, 소속감과 같은 심리적 욕구로 구분하는 관점을 제안했다. 사람은 생물학적 유기체이므로 식량과 물 없이는 생존할 수 없다. 마찬가지로 사람은 심리적 욕구의 충족 없이는 온전한 심리적 유기체로 성장할 수 없다. 따라서 이와 같은 욕구는 기본적인 생리적 욕구에서 출발하여 중요한 심리적 욕구에 이르는 하나의 위계에 따라 정렬할 수 있다(그림 6.1). 매슬로는 심리학자들이 연구하고 이론을 개발하는 과정에서 인간의 기본적인 생물학적 욕구, 특히 유기체가 생물학적 결핍에 따른 긴장에 반응하는 모습에만 과도한 관심을 기울였다고 주장했다. 매슬로는 생물학적 욕구의 존재도 인정했지만 그보다는 사람이 창조성을 발휘하고 자신의 잠재력을 실현할 때 드러나는 고차적 동기 과정을 강조했다.

Bettmann / Contributor / Getty Images

에이브러햄 H. 매슬로

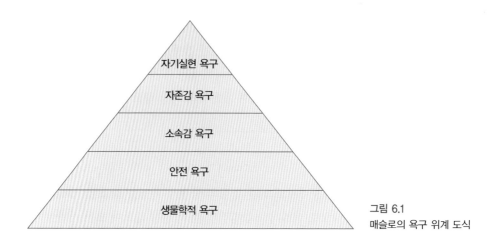

그림 6.1
매슬로의 욕구 위계 도식

매슬로(1954)의 두 번째 주요한 기여는 건강하고 자기 충족적이며 자기실현을 이루어 가는 개인들을 집중적으로 연구한 것이었다. 매슬로는 기본적으로 누군가가 성격에 대해 연구하고 배우고자 한다면 연구 주제를 (1) 일상적이고 평범한 성격 기능이나 (2) 일상적 기능의 붕괴와 정신 병리 둘 중 하나로 국한시킬 이유가 없다고 생각했다. 대신 매슬로는 심리학자가 스펙트럼의 다른 쪽 극단, 즉 각별히 긍정적이고 비상하게 기능하는 사람, 자기실현을 이룬 사람에 주목해야 한다고 보았다.

그런 사람들은 누구인가? 매슬로는 역사적 인물이나 당대의 위인들을 자기실현자로 보았다(예를 들어 에이브러햄 링컨, 알베르트 아인슈타인, 엘리너 루스벨트 등. 보다 최근의 연구자들은 테레사 수녀와 넬슨 만델라 등을 포함시킬 것이다). 요점은 이들 특별한 인물이 가진 특성들이 성격심리학자들에게 인간의 잠재력이 무엇인지 가르쳐 준다는 것이다. 매슬로는 이 사람들이 다음과 같은 특징을 공유한다고 결론 내렸다. 이들은 자기 자신과 타인을 있는 그대로 받아들인다. 이들은 자기 자신의 문제를 고민하지만 타인의 욕구와 욕망을 자유롭게 인지할 수 있다. 이들은 사람과 상황을 기계적이고 편견에 근거하여 판단하지 않고 사람과 상황의 독특함에 반응할 수 있다. 이들은 적어도 소수의 특히 아끼는 사람들과 친밀한 관계를 형성할 수 있다. 이들은 자발적이고 창조적이다. 이들은 현실의 요구에 반응함에 있어 동조에 저항하고 자기주장을 분명히 한다. 매슬로는 우리 모두에게는 이러한 특징을 더욱 함양하는 방향으로 나아갈 잠재력이 있다고 제안했다.

긍정심리학 운동

인간 본성의 긍정적 측면에 대한 매슬로의 관심은 현대 심리학계에 하나의 운동을 촉발했다. 이 운동은 긍정심리학 운동(Gable & Haidt, 2005; Seligman & Csikszentmihalyi, 2000)으로 알려졌으며 종종 인간 강점 운동(Aspinwall & Staudinger, 2002)이라 불리기도 한다.

21세기 긍정심리학 운동의 저작은 반세기 전에 로저스와 인간 잠재성 운동의 저술가들이 다루었던 주제를 변주한다. 현대의 긍정심리학자들은 과거에 인간의 허약함과 정신 병리가 과하게 강조되었다고 믿는다(로저스와 매슬로 등의 연구를 제외하고 말이다). 심리학자는 고통으로 신음하는 개인을 연구하고 이 경험을 인간 전반에 대한 이론화의 기반으로 삼은 결과, 부정성을 강조하는 이론을 이끌어 내게 되었다. 프로이트에 대해 공부했던 바를 돌이 켜 보자. 프로이트는 모든 사람에게 적용되는 성격 모형을 구축하고자 했다. 그러나 프로이 트가 이론에 활용한 근거 자료(프로이트가 개인에 대한 개념을 구축하는 데 활용했던 경험 들)는 거의 전적으로 고도의 심리적 고통을 겪는 사람들의 것이었다.

고통과 병리에만 집중한 대가는 무엇일까? 긍정심리학자들은 인간의 강점을 무시하게 되 는 것이 그 대가라 주장한다. 즉 긍정성을 경시하는 일그러진 성격관을 갖게 되는 것이다. 이러한 상황을 고치기 위해 현대 심리학자들은 인간의 강점과 덕의 본성을 그려내려 노력했 다. 긍정심리학 운동을 촉진하는 데 핵심 역할을 한 심리학자 마틴 셀리그먼은 이 작업에 많 은 기여를 했다(Seligman & Peterson, 2003; Seligman, Rashid, & Parks, 2006).

인간 강점의 분류

셀리그먼과 동료들(2003)은 인간 강점을 분류하려 했다. 달리 표현하면 이들은 인간 본성의 긍정적 측면에 심리 과학자들의 관심을 모으고 그리하여 체계적인 연구를 촉발하려 했다. 이들은 과학적 진보의 첫발로서 종종 매우 중요한 역할을 하는 포괄적인 분류 체계의 개발 을 시도한 것이다. 이들의 연구에는 두 가지 목표가 있었다. (1) 어떤 심리적 특징을 강점이 라 부를 수 있게 해주는 규준을 확보하고, (2) 이 규준을 활용하여 강점의 목록을 만드는 것 이었다.

셀리그먼과 동료들은 인간 강점을 규정하는 다음과 같은 일련의 규준을 찾아냈다. 어떤 특성이 강점이 되기 위해서는 이 특성이 다양한 인간 영역에 걸쳐 이득을 가져오는 지속적 인 특성이어야 한다. (따라서 '창의성'은 강점으로 분류되며 '포커를 잘함'과 같이 협소한 영 역에 적용되는 기술은 강점에 포함되지 않는다.) 어떤 특성이 강점이 되기 위해서는 부모와 사회가 이 특성을 아이들에게 함양시키려 해야 하며 아이가 이 특성을 나타낼 경우 사회가 아이를 축하해 주는 그런 것이어야 한다. (인내와 정직 등의 특성, 그리고 이 같은 특성을 함 양시키려 하는 제도인 걸스카우트나 보이스카우트를 떠올려 보면 셀리그먼과 동료들의 생 각을 잘 이해할 수 있을 것이다.) 마지막으로 연구자들은 강점이란 전 세계 모든 문화 또는 거의 모든 문화에서 가치를 두는 것이라고 제안한다. 따라서 이와 같은 일련의 기준은 어떤 특징을 인간 강점이라 부르게 하는 규준으로 기능한다.

그렇다면 어떤 특성이 이 규준을 만족할까? 셀리그먼과 피터슨(2003)은 강점을 지혜, 용 기, 인간애, 정의, 절제(예를 들어 용서와 같은 것들), 초월(예를 들어 아름다움을 즐기는 능 력 등)의 여섯 개 범주로 묶는 목록을 제안했다. 이와 같은 특성은 오늘날 우리가 인간 성격 의 긍정적 특징이라고 단숨에 알아챌 수 있는 것들이다. 중요한 점은 이러한 특성이 또한 여 러 문화와 시대에 걸쳐 긍정적이라고 인정된다는 것이다. 이런 특징을 나열하는 이유는(이런 리스트들은 만들어 놓은 뒤에는 뻔해 보일 수도 있는데 말이다) 이로써 인간 경험의 부정적 측면을 강조하는 이론들을 교정할 수 있기 때문이다. 정신분석 이론에서는 이와 같은 특징 다수가 인간 경험의 부차적 특징으로밖에 보이지 않을 수 있다. 즉 이러한 특징은 단순히 초자아의 산물로 취급되어 궁극적으로는 충동적인 원초아보다는 약한 것으로 규정될 것이다. 긍정심리학은 인간 조건에 대한 또 다른 관점을 제공해 준다. 긍정심리학은 위와 같은 덕이 인간 경험의 중심에 놓여있으며 양육과 사회 제도가 이를 증진할 수 있다고 제안했다.

셀리그먼의 초기 연구 주제는 학습된 무기력감과 우울이었다. 비록 최근 연구 주제가 성격 기능의 긍정적 측면으로 바뀌기는 했으나 셀리그먼은 지속적으로 우울의 치료, 즉 우울을 경감시키고 행복을 증진하는 긍정심리치료의 개발에 관심을 기울이고 있다(Seligman, Rashid, & Parks, 2006). 우울 증상에 중점을 두는 우울치료의 표준적 접근 방식과 달리 긍정심리학의 중점은 긍정적 정서와 의미를 증진시키는 데 있다. 자신의 강점을 이야기하고 이를 일상에 적용하는 방법을 생각해 보는 훈련, 매일매일 그날 일어난 세 가지 좋은 일을 적는 훈련, 누군가에게 감사하는 편지를 쓰는 훈련 등은 긍정심리치료의 근본적인 중점을 잘 보여준다. 셀리그먼은 긍정심리치료의 일차적인 긍정적 결과를 보고하고 있지만 긍정심리치료는 향후 더 많은 독립적 연구를 필요로 하는 상태다.

긍정 정서의 가치

인간의 덕을 규명한 것에 더해서 긍정심리학 운동의 또 다른 주목할 만한 성과는 긍정 정서에 대한 연구다. 심리학자들은 보통 공포, 불안, 분노와 같은 정서를 연구했다. 반면 성격 발달과 기능에 대한 긍정 정서(자부심, 사랑, 행복)의 역할에 대한 관심은 부족했다.

긍정 정서의 **확장과 구축 이론**을 제안한 심리학자 바버라 프레드릭슨은 긍정 정서를 이해하기 위한 매우 긍정적인 한 걸음을 옮겼다(Fredrickson, 2001, 2009). 확장과 구축 이론은 긍정 정서가 생각과 행동에 특정한 효과를 갖는다고 제안한다. 긍정 정서는 생각과 행동 경향성을 확장한다. 긍정 정서는 마음속에 떠오르는 생각의 폭을 넓히고 개인이 추구하는 활동의 폭을 증가시킨다. 예를 들어 흥미와 같은 긍정 정서는 우리가 새로운 활동을 추구하도록 이끌어 준다. 자부심은 우리로 하여금 이를 느끼게 해주는 창조적이고 성취지향적인 활동을 지속하도록 동기화한다. 이와 같은 방식으로 긍정 정서는 더 많은 강점과 성취를 구축하는 데 직접적으로 기여한다.

여러 연구가 확장과 구축 이론의 예측을 지지했다. 예를 들어 한 연구(Tugade & Fredrickson, 2004)에서 연구자들은 참여자들에게 그들이 곧 스트레스가 큰 경험(많은 사람들 앞에서 연설을 해야 하고 연설하는 모습이 녹화되는 경험)을 할 것이라고 일러주었다. (여러분이 갑자기 처음 보는 사람들 앞에서 연설을 하고 그 모습이 녹화될 것이라고 상상해 보면 이 같은 상황이 대부분의 사람들에게 스트레스를 주는 것임을 이해할 수 있으리라.) 연구자들은 세 가지를 측정하려 했다. (1) 참여자들의 탄력성. 탄력성이란 스트레스에서 회복하고 새로운 상황을 효과적으로 다루는 일반적 경향성의 개인차다. (2) 사람들이 연설을 준비할 때 보이는 심박수 등의 생리적 스트레스 측정치. (3) 긍정적 정서, 즉 참여자들이 실험에서 스트레스를 받으면서도 실험이 진행되는 동안 느꼈다고 보고한 긍정 정서의 양.

기대했던 것처럼 높은 탄력성 점수를 보인 사람들(즉 일반적으로 여러 가지에 잘 대처하는 사람들)은 스트레스의 측정치인 심혈관계 활동이 보다 낮은 모습을 보였다. 그러나 핵심적 결과는 세 번째 측정치, 즉 긍정 정서와 관련되는 것이었다. 실험이 진행되는 동안 긍정 정서를 경험한 사람, 즉 긍정적인 관점을 가지고 연설을 하는 경험에서 흥미와 재미를 느낀 사람은 보다 적은 스트레스를 경험했다. 이는 어떤 사람이 탄력적이고 안정적일 수 있었던 일차적 이유는 바로 그 사람이 긍정적 정서를 경험할 수 있었기 때문임을 의미한다. 프레드릭슨 이론에서 예언된 것처럼 탄력적인 사람들의 긍정 정서는 스트레스의 몇몇 효과를 무효화하는 듯했다. 그리하여 탄력적인 사람들은 자신의 생각과 행동을 잘 통제할 수 있었고 다른 사람들보다 더 낮은 스트레스 각성을 경험했다. 긍정 정서를 보다 많이 경험한 사람은 보다 탄력적인 사람이라 불릴 수 있는 셈이다. 긍정 정서는 "삶의 부정적 정서 경험을 (심리적으로나 생리적으로나) 완충해 주는 대처 자원"(Tugade & Fredrickson, 2004, p. 331)으로 기능한다.

몰입

다음으로 살펴볼 긍정심리학의 세 번째 주요 분야는 미하이 칙센트미하이(1990)의 몰입 개념에 대한 연구다. 몰입은 의식적 경험의 한 측면을 묘사하는 개념이다. 몰입은 특히 다음과 같은 특징을 갖는 의식의 긍정적 상태를 뜻한다. 개인의 기술 수준과 환경적인 도전과제의 수준이 적합함을 지각하는 것, 높은 수준의 주의 집중, 시간이 훌쩍 지나가고 불필요한 생각과 거치적거리는 것들이 의식에서 사라지는 경험, 활동에 대한 내적인 즐거움을 느끼는 것, 일시적으로 자기 지각을 상실하여 자기의 기능과 통제 활동을 인식하지 못하는 것.

몰입 경험은 일, 취미 활동, 스포츠, 춤, 사회적 상호작용 등 다양한 활동에서 나타날 수 있다. 몰입 경험은 "내가 몰입했을 때는 모든 것들이 그냥 내게 다가오는 것으로 느껴진다. 난 그저 그 모든 것들과 함께 둥둥 떠서 흘러가며 흥분되면서도 차분한 느낌을 갖게 되고 그냥 끝없이 그렇게 떠다니고 싶어진다. 이때는 보상이 중요한 것이 아니며 활동 그 자체가 주는 기쁨만이 중요할 뿐이다."라는 말에 잘 담겨있다. 인간 기능의 긍정적 측면에 대한 칙센트미하이의 관심은 제2차 대전 중에 시작되었다. 칙센트미하이는 많은 사람들이 전쟁 통에 그들의 존귀함을 잃어버렸음에도 불구하고 일부는 인간이 보여줄 수 있는 최고의 품성을 계속해서 보여주었다는 점에 주목했다. 이후 칙센트미하이는 칼 로저스와 에이브러햄 매슬로의 영향을 받았고 약점과 병리에 반대되는 강점과 덕의 연구를 강조하게 되었다.

이와 같은 세 가지 연구 영역, 즉 셀리그먼의 인간 강점 분류, 프레드릭슨의 긍정 정서의 확장과 구축 이론, 그리고 칙센트미하이의 몰입 연구는 긍정심리학 운동의 가능성과 성과를 보여주는 것들이다. 여전히 해야 할 연구는 많다. 우선적인 과제는 이제 어떤 사람이 우월한 덕을 가지고 있고 상대적으로 긍정적인 정서 경험을 한다는 것을 보여줄 뿐만 아니라 이 특징들이 모든 사람에게서 어떻게 발달되는지 또한 보여주는 것이다. 비평가들은 바로 이 점이 부족하다는 것이 긍정심리학 운동의 한계라고 이야기한다. 연구자들은 아직 어떤 사회적 관습이나 공동체의 제도들이 개인의 강점을 구축하게 해주는 좋은 수단이 되는지 파악하지 못했다(Gable & Haidt, 2005).

실존주의

실존주의existentialism 접근은 비교적 예전부터 심리학계에 알려져 있었으나 주류로 정착되거나 안정적인 위치를 차지했다고 하기는 힘들다. 실존주의는 많은 사람들이 깊은 감명을 받은 접근법이지만 이 접근법에 있어 한 사람의 대표적인 인물을 꼽기는 힘들고 그 기본적인 이론적 개념들에 대한 합의도 없는 편이다. 세상에는 종교적 실존주의자도 있고 무신론적 실존주의자도 있으며 반종교적 실존주의자도 있다. 세상에는 희망과 낙관주의를 강조하는 실존주의자도 있고 또한 절망과 무를 강조하는 실존주의자도 있다. 실존주의의 철학적 뿌리를 강조하는 사람도 있고 임상 사례에서 나타나는 현상을 강조하는 사람도 있다.

이 모든 다양성을 감안했을 때 자신을 실존주의자라 부르는 사람들을 공통적으로 묶어주는 것은 무엇일까? 이 접근법의 어떤 측면이 사람들을 매력으로 사로잡거나 또는 이를 거부하게 만드는 것일까? 실존주의를 규정해 주는 결정적 요인은 아마도 **실존**, 즉 인간적 조건하에서의 개인에 대한 관심일 것이다. 실존주의자는 삶, 인간, 존재의 본질에 내재된 현상에 관심을 갖는다. 실존의 정수가 무엇인지에 대한 답은 실존주의자에 따라 다르다. 그러나 모든 실존주의자는 우리 존재의 본질에 대한 질문이 매우 근본적이기에 결코 무시하거나 묵살하거나 핑계대고 빠져나가거나 하찮게 여길 수 없다는 점에 동의한다. 실존주의자는 거의 모든 사람과 경험을 심각하게 받아들인다.

실존주의 관점의 또 다른 중요한 특징은 개인을 중시한다는 것이다. 실존주의자는 개인을 독특하고 고유하며 대체 불가능하다고 여긴다. 이와 관련하여 실존주의는 자유, 의식, 자기 반성을 강조한다. 자유는 인간을 다른 동물과 구분시켜 주는 존재이다. 자유는 또한 선택과 행동에 대한 책임과 진술해야 할 책임, '가짜 신념'을 가지고 가식적으로 행동할 때의 책임 등을 의미하기도 한다. 이에 더불어 실존주의는 죽음에 대한 실존적 고민을 뜻하기도 한다. 개인은 고립자이며 결코 대체될 수 없으므로 개인의 죽음 또한 고유한 의미를 갖기 때문이다. 마지막으로 실존주의는 현상학에 중점을 두며, 표준화된 정의나 몇몇 가설의 확증을 시도하는 대신 각 개인의 고유한 경험을 이해하는 데 중점을 둔다. "실존주의는 일반론이 아닌 개인적 의미에 바탕을 두고 연구하는 것이다"(Marino, 2004, p. xii).

로저스는 여러 측면에서 실존주의적 모습을 보인다. 예를 들어 고독에 대한 로저스의 논의를 살펴볼 수 있다(Rogers, 1980). 고독의 실존적 경험을 구성하는 요인은 무엇인가? 로저스는 몇 가지를 이야기한다. 미국 문화의 몰개성성과 일시성, 친밀한 관계에 대한 두려움 등이 그것이다. 하지만 고독은 누군가와 아주 개인적인 것을 나누려 하지만 사람들이 이 마음을 받아들여 주지 않거나 거부하는 것으로 가장 잘 정의할 수 있다. 반대로 우리는 이해받고 있다는 느낌을 받을 수도 있다. 이때 우리는 다른 사람이 이해와 수용을 통한 공감을 해준다는 느낌을 받는다. 이해받고 있다는 느낌은 실존적 고독에서 멀어지고 있다는 안도감을 준다.

인간 실존의 의미를 찾는 또 다른 연구 사례를 살펴보자. 실존주의적 정신과 의사인 빅토르 프랑클(1955, 1958)은 자신이 제2차 대전 동안 나치 강제수용소에 갇혔던 경험에서 의미를 발견하고자 노력했다. 프랑클은 의미를 발견하고자 하는 의지야말로 가장 인간적인 현상이라 주장했다. 동물은 실존의 의미를 결코 고민하지 않기 때문이다. 실존적 좌절과 실존적 신경증은 좌절이나 의미 발견 의지가 충족되지 못하는 것과 관련된다. 이 같은 신경증은 본능이나 생물학적 추동과는 무관하며 인간이 자유와 책임으로부터 유리된 것에 영적인 뿌리를 두고 있다. 이런 신경증 사례를 살펴보면 사람들은 운명과 어린 시절과 환경과 숙명을 원망한다. 프랑클은 이런 상태에 대한 치료를 '의미치료'라 불렀다. 이는 내담자들로 하여금 그들이 이루어 낼 수 있는 더 나은 존재가 되게 하고 또한 그들 앞에 열린 도전을 인식하고 받아들이도록 돕는 것이었다.

현대의 실험적 실존주의

실존주의자들이 제기한 죽음에의 공포와 같은 주제를 실험적 방법을 통해 연구할 수 있을까? 이러한 연구 중 특히 설득력 있는 사례는 인간의 죽음 공포 지각에 대한 연구다. 실존주의자들은 오랫동안 죽음에 대한 생각이 삶의 중심적 요소 중 하나이리라 생각했다. 실험적 실존주의 심리학자들은 이 같은 일반론(죽음에 대한 인간의 지각과 공포)을 받아들여 구체적이고 검증 가능한 가설들로 바꿈으로써 초기 실존주의의 철학적 분석에서 한 발 더 나아갈 수 있었다. 이 분야에서 나타난 중요한 진보는 **공포 관리 이론**terror management theory(TMT)의 출현이다(Greenberg, Solomon, & Arndt, 2008; Solomon, Greenberg, & Pyszczynski, 2004). 공포 관리 이론은 두 가지 요인, 즉 인간의 살고자 하는 욕망(인간이 다른 모든 동물과 공유하는 욕망)과 죽음의 불가피성에 대한 인간의 지각(오직 인간만이 하는 지각)이라는 두 요인이 조합된 결과를 연구한다. 공포 관리 이론은 인간의 죽음 지각이 인간을 끔찍한 죽음 공포에 완전히 사로잡힐 위험에 노출시킨다고 가정한다. 따라서 인간이 어떻게 공포를 관리하는지에 대한 질문이 발생한다. 사람은 죽음이 불가피함을 지각하고 죽음이 (원칙적으로는) 언제든 발생할 수 있다는 사실을 안 뒤에도 어떻게 삶의 의미를 찾을 수 있는 것일까?

공포 관리 이론가들은 이 질문의 해답을 사회적 · 문화적 제도와 세계관에서 일부 찾을 수 있다고 제안한다. 이 제도와 세계관은 심리적 기능, 즉 죽음의 공포를 완충하는 기능을 갖는다. 우리는 죽음의 불가피성 위에서 살아나감에도 불구하고 문화적 제도 덕에 삶의 의미를 발견할 수 있다. 제도와 세계관은 어떻게 기능하는 것일까? 물론 정확한 대답은 여러분이 세계의 어느 곳에 사느냐에 따라 달라진다. 서로 다른 문화들은 서로 다른 종류의 의미 체계를 제공하기 때문이다. 하지만 공포 관리 이론의 요점을 보여주는 두 가지 예를 살펴볼 수는 있다. 많은 문화에서 종교는 사후 세계(예를 들면 천국과 지옥) 교리를 가지고 있다. 사후 세계에 대한 믿음은 죽음의 공포를 완충한다. 누군가가 육체적 죽음을 떠올리며 공포를 느낄 때에도 여전히 사후 세계에 대한 믿음에서 안식을 찾을 수 있다. 또 다른 문화들은 개인이 가족, 공동체 등 더 큰 사회의 일원임을 강조한다(제14장 참조). 세상에는 누군가가 개인으로서 죽음을 맞이한다 해도 그의 삶은 후손을 통해 계속 이어져 나간다는 관념이 존재한다. 따라서 공포 관리 이론은 이와 같은 제도와 세계관을 죽음 공포에 대한 대처를 도와주는 사회적 관습이자 자원들이라고 여긴다.

이에 따라 공포 관리 이론에서는 한 가지 구체적인 가설이 도출된다. 이는 누군가의 죽음 불안, 즉 **죽음 현저성**이 증가하면 그 사람은 자기 문화의 문화적 신념에 보다 헌신하게 되고 또한 자기 문화의 세계관을 부정하는 신념들을 보다 강하게 거부하게 된다는 가설이다. 이와 유사하게, 누군가의 죽음 현저성이 증가하면 그 사람은 자신과 신념을 공유하는 사람들에게 보다 강하게 동의하게 되고 이들과 친밀감을 느끼게 되며 자신과 신념을 공유하지 않거나 이를 위협하는 사람들에게는 보다 강한 적대감을 느끼고 그들을 무시하게 될 것이다. 이 가설을 실험적으로 연구하기 위해 우리는 죽음 현저성을 조작할 수 있어야 하며 죽음 현저성이 타 문화의 신념에 비교하여 자기 문화의 신념에 더 헌신하도록 만드는 효과를 객관적으로 관찰할 수 있어야 한다.

죽음 현저성에 대한 연구는 죽음의 불가피성을 상기시키는 것들, 이를테면 묘지 사진과 같은 것들이 사람들로 하여금 그들의 문화, 즉 그들의 국가와 국기 등에 대한 헌신을 고취시킨다는 점을 가르쳐 준다.

다양한 연구를 통해 죽음 현저성은 다음과 같은 방법들로 조작되었다. (1) 참여자에게 "여러분이 죽는다고 생각했을 때 생기는 감정을 묘사해 보세요." 또는 "여러분이 죽음을 맞이한 후에 벌어질 일들을 쭉 적어보세요." 등의 질문에 응답하도록 한다. (2) 참여자에게 유혈이 낭자한 자동차 사고 장면을 보여준다. (3) 참여자에게 죽음 불안 척도를 작성하도록 한다. (4) 참여자를 죽음에 대한 역하지각 자극에 노출시킨다. 결과는 가설을 지지하는 방향으로 나타났다. 죽음 현저성이 증가한 참여자는 자신이 속한 내집단 구성원들에게 보다 큰 애정을 나타내고 다른 집단 구성원들을 보다 강하게 거부했다. 이들은 미국 국기나 자신이 믿는 종교의 상징 등 문화적 상징들을 불경스럽게 취급하는 것에 보다 큰 불안을 갖게 되었다. 자신의 정치적 성향을 공격하는 사람들에게 보다 큰 신체적 공격성을 나타내었고 내집단의 구성원에게 혜택이 돌아가는 기부 행위에 보다 적극적인 모습을 보였다. 죽음 현저성 증가는 성교를 동물적인 것으로 묘사한 상황에서는 참여자들의 성욕을 감소시켰고 성교를 인간의 사랑에 의한 행위로 보게 만든 상황에서는 성욕을 증가시켰다. 마지막으로 높은 자존감은 불안을 완충하는 효과가 있는 것으로 밝혀졌다. 죽음 현저성의 증가가 자존감이 높은 사람보다는 낮은 사람에게서 더 큰 효과를 갖는다는 뜻이다.

정리하면 실존주의는 그 일차적 관심 주제들로 정의할 수 있는 철학 사조다. 실존주의에서는 네 가지 특징이 두드러진다. 첫째, 실존주의자는 실존, 즉 인간적 조건하에서의 개인을 이해하려 했다. 둘째, 실존주의자는 개인에 관심을 가졌다. 즉 실존주의자는 광범위한 정치적·사회적 체계를 연구하거나 우주와 우주의 유래에 대한 형이상학적 예측을 하는 식으로 추상적인 이론 원리를 탐색하여 인간 실존을 이해하려 하지 않았다. 대신 개별적 인간의 경험에 초점을 맞췄다. 셋째, 실존주의자는 대안적 가능성을 떠올릴 수 있는 인간의 고유한 능력에서 비롯되는 인간의 자유로운 선택 능력을 강조했다. 마지막으로 실존주의자는 세계로부터 유리되거나 삶의 의미를 잃거나 죽음의 불가피성을 느낄 때 발생하는 고통과 절망의 현상학적 경험, 즉 실존적 위기에 관심을 가졌다.

최근 연구의 발전사항 : 자기와 진정성

자기 부분들 간의 불일치

로저스에 따르면 심리적 병리는 자기 개념과 실제 경험 간의 불일치에서 비롯된다. 다수의 현대 연구 또한 심리적 고통에 대한 불일치의 역할에 주목했다. 그러나 현대 연구는 로저스의 연구와 조금 다르다. 현대 연구는 자기와 경험의 불일치에 덜 주목하는 편이며 내적인 심리적 불일치, 즉 자기의 서로 다른 부분들 간의 불일치에 더 주목한다.

심리학자 토리 히긴스(1999; Higgins & Scholer, 2008)는 자기의 부분들 간의 불일치에 대한 매우 영향력 있는 연구를 수행했다. 히긴스의 연구는 자기 개념의 요소들과 정서 경험 간의 관계에 대한 것이다. 히긴스의 연구는 미래 자기의 두 가지 측면을 변별함으로써 로저스의 생각을 확장시켰다. 히긴스는 모든 사람이 로저스가 정의한 이상적 자기에 더해서 임무, 책임, 의무 등과 관련되는 자기 개념인 당위적 자기를 가진다고 주장했다. 반면 이상적 자기는 개인의 희망, 야망, 욕망 등에 국한된다.

히긴스의 이론에 따르면 실제 자기와 이상적 자기의 불일치는 낙담과 관련된 정서를 낳는다. 예를 들어 어떤 사람이 A학점 학생이 되고자 하는 이상적 자기를 갖고 있지만 실제 수업에서 C학점을 받았을 때 이 사람은 실망, 슬픔, 심지어 우울을 느낄 가능성이 크다. 반면 자기와 당위적 자기의 괴리는 불안 관련 정서를 낳는다. 예를 들어 어떤 사람이 A학점 학생이 되어야 한다는 당위적 자기를 가지고 있지만 실제 수업에서는 C학점을 받았을 때 이 사람은 공포, 위협, 불안을 느낄 것이다. 따라서 이상적 자기와 당위적 자기의 구분은 서로 다른 두 가지 종류의 자기 관련 정서, 즉 낙담 관련 정서(실망, 슬픔, 우울 등)와 불안 관련 정서(공포, 위협, 불안 등)를 구별하도록 하는 중요한 의미를 갖는다.

히긴스 이론과 관련되는 또 다른 연구에서는 참여자에게 자신의 실제 모습(실제 자기)과 되고 싶은 이상적 모습(이상적 자기)을 묘사하도록 했다. 연구자들은 이 두 가지 묘사가 일치하지 않는 정도를 파악했다. (예를 들어 여러분이 "실제로 난 게을러요."라고 하고 "이상적으로는 근면한 사람이 되고 싶어요."라고 했다면 이는 자기 불일치로 입력된다.) 연구 가설은 보다 큰 자기 불일치를 보이는 사람이 부정적 정서 경험에 보다 취약하다는 것이었다. 히긴스와 동료들은 한 중요한 연구(Higgins et al., 1986)를 통해 실제 자기와 이상적 자기 간의 불일치가 상대적으로 큰 사람들은 우울을 경험하기 더 쉽고, 실제 자기와 당위적 자기 간의 불일치를 겪는 사람은 불안을 경험할 가능성이 더 크다는 것을 밝혀냈다. 히긴스의 이론과 연구 방법은 뒤에서 알아볼 사회인지 이론과 유사하므로 우리는 제13장에서 이를 다시 살펴볼 것이다.

보다 최근의 연구자들은 자기 불일치와 정서 경험 간의 관계가 고정된 것이 아니라 변화하는 것이라 주장했다. 중요한 요인은 개인이 특정한 시점에 자신의 자기 불일치를 지각하는 정도다. 사회적 환경의 어떤 요소 때문에 개인이 내면으로 침잠해 들어가게 된다면 자기 개념의 여러 측면들 간의 불일치는 정서 경험에 보다 강한 영향을 미칠 수 있다. 앤 필립스와 폴 실비아(2005)는 이와 같은 아이디어를 자기 연구에 자주 활용되는 간단한 실험적 조작인 '거울'을 통해 검증해 보았다. 거울을 들여다보면 사람은 자기 자신에 주목하게 된다. 이 연구의 한쪽 조건에서 참여자들은 커다란 거울을 마주 보는 상태로 책상머리에 앉아 자기 개념과 정서 경험에 대한 설문지를 작성했다. 다른 쪽 조건의 참여자들은 거울을 보지 않았다. (실험자들은 거울을 뒤집어서 참여자들이 거울의 뒷면을 보도록 했다.) 연구자들은 높은 자기 지각 조건, 즉 거울을 마주한 조건에서 자기 불일치와 정서 경험의 관계가 더 강해진다는 것을 발견했다(Phillips & Silvia, 2005). 이 결과는 우리가 심리적 경험에 대한 자기 개념의 역할을 탐구할 때 자기에 주의를 기울이게 만드는 상황 요인의 힘을 반드시 고려해야 함을 보여준다.

자존감 및 가치감 조건의 변동

로저스는 인간이 비교적 안정적인 자기 가치 또는 자존감을 갖는다고 생각했다. 자기에 대한 감각을 변화시키려면 내담자 중심 치료와 같은 체계적인 노력이 필요한 것으로 보였다. 이르면 4세부터 자기 가치에 대한 감각이 발달되며 6세에서 9세 사이에는 전반적 자존감이 발달된다는 증거가 있다(Robins, Tracy, & Trzesniewski, 2008). 동시에 몇몇 현대 연구에 따르면 자존감은 로저스가 예상한 것보다 크게 출렁인다. 제니퍼 크로커와 동료들은 이 주제에 대한 특히 흥미로운 연구를 수행했다(Crocker & Knight, 2005; Crocker & Wolfe, 2001).

크로커와 월프(2001)는 '자기 가치의 조건'에 관심을 가졌다. 이들의 아이디어는 개인의 자존감이 긍정적, 부정적 사건들에 달려있다(또는 '수반된다')는 것이었다. 자존감은 우리가 수업에서 A+를 받으면 올라가고 F를 받으면 내려간다. 누가 나에게 데이트 신청을 하면 나는 스스로에 대한 보다 좋은 느낌을 받을 수 있고 반대로 누군가에게 데이트 신청을 했다가 비웃음을 듣거나 상대가 전화를 뚝 끊어버리면 스스로에 대한 느낌이 나빠진다. 이와 같은 성공과 실패가 **자기 가치의 조건**contingencies of self-worth들이며 자존감은 여기에 기반을 둔다. 개인의 전형적이고 평균적인 자존감 수준은 안정적일 수 있으나 매일의 자기 가치는 이 같은 긍정적, 부정적 조건들을 경험함에 따라 꽤 크게 변동될 수 있다.

자기 가치의 조건
자존감에 영향을 미치는 긍정적·부정적 사건들

크로커와 울프의 이론틀은 자존감의 변동 가능성 외에 또 다른 중점을 강조했다. 어떤 사건이 자기 가치의 조건으로 작용하는 정도는 사람에 따라 다르다는 점이다. 어떤 사람은 기본적으로 데이트에 관심이 있어서 자신의 학점 따위는 신경을 쓰지 않을 수 있다. 또 다른 사람은 오직 학점에만 관심을 가지고 있어서 데이트 상대에게 거절당하든 말든 신경을 쓰지 않을 수 있다. 이런 사람들은 자존감의 변동을 서로 다른 조건하에서 경험할 수밖에 없다. 개인의 자존감에 대한 '사건의 영향력'은 "그 사건이 자기 가치 조건에 부합된다고 지각하는 정도에 달려있다"(Crocker & Wolfe, 2001, p. 594).

크로커와 동료들은 독자 여러분 중 대학원 진학을 꿈꾸는 사람들과 특히 관련되는 분야에 그들의 이론적 아이디어를 적용해 보았다. 대학원에 합격하거나 불합격했을 때 자존감이 어떻게 변화하는지를 연구한 것이다(Crocker, Sommers, & Luhtanen, 2002). 연구 참여자들은 2주간 규정된 시간 계획에 따라 자존감 설문과 긍정적·부정적 감정 설문을 작성하고 특히 대학원에 합격 또는 불합격 통지를 받은 날에는 무조건 설문을 작성했다. 연구자들은 이 과정을 통해 자존감의 변동을 연구할 수 있었다. 연구가 시작될 때 연구자들은 참여자들이 학업 성취를 어느 정도로 자신의 자기 가치 조건으로 받아들이고 있는지 측정했다. 이를 위해 참여자들은 좋은 성적을 받는 등의 사건이 자존감에 얼마나 영향을 미치는지 보고했다. 연구자들은 이 같은 절차를 통해 자존감이 합격/불합격의 결과에 따라 오르내릴 수 있지만 오직 학업 성취를 자기 가치의 중요한 조건으로 받아들이는 학생들에게만 이러한 현상이 나타날 것이라는 가설을 검증했다. 가설은 확증되었다. 자존감의 근거를 학업 성과에 두는 학생들은 합격과 불합격에 따라 자존감이 오르락내리락하는 모습을 보였다. 반면 학업적 성취가 자기 가치의 중심 요소가 아닌 학생들의 자존감은 똑같은 객관적 사건(대학원 합격과 불합격)에 별다른 영향을 받지 않았다.

크로커와 동료들의 분석은 자기 개념에 대한 로저스 분석의 가치를 확장시킨 것이다. 이들은 전형적이고 평균적인 자존감 수준에 영향을 미칠 뿐만 아니라 우리 삶의 중요한 부분인 자기 감각의 매일매일의 변동에 영향을 미치는 특정한 사회적 맥락들을 발견했다.

자존감 개념에 대한 논의를 마치기 전에 높은 자존감은 좋은 것임에도 불구하고 객관적 성과 측정치들과는 놀라울 정도로 관계가 없다는 점을 지적해야 할 것 같다. 예를 들어 자기 보고 형식의 자존감은 학업 성취, 사회적 유명도, 직무 수행 등 객관적 성과 측정치들과 관계를 보이지 않는다(Baumeister et al., 2003). 모든 수행과 관련되는 전반적 자존감이 있는 것이 아니라 아마도 자존감에는 많은 구성 요소가 있으며 그 각각은 특정한 영역의 수행과 관련되는 것 같다.

진정성과 내적으로 동기화된 목표

진정성
개인이 가짜 자기 제시가 나타나는 행동을 하지 않고 자신의 자기에 부합되는 행동을 하는 정도

로저스의 관점과 관련된 현대의 또 다른 연구 경향은 사람이 자기에 부합되는 방향으로 행동하고 가짜 자기 제시를 부추기는 행동을 하지 않는 **진정성**authenticity에 대한 연구들이다(Ryan, 1993; Sheldon et al., 1997). 진정성 연구의 핵심 아이디어는 인간의 경험을 이해할 때 단순히 인간의 관찰 가능한 행동만 들여다보아서는 안 된다는 것이다. 대신 내적인 감정을 관찰해야 한다. 특히 자신의 활동이 가짜 자기를 표현하는 알량한 것이 아니라 진정한 자기와 부합하는 것이라 느끼는지(즉 진정성이 있다고 느끼는지) 살펴보아야 한다.

당연히 우리는 비교적 '진정한' 나를 느끼는 시간과 비교적 '가짜 같은' 또는 '거짓' 나를 느끼는 시간을 모두 경험한다. 개인이 일상에서 진정성을 느끼는 정도가 삶의 만족이나 행복 측정치와 관련되어 있을까? 지금까지 발견된 바에 따르면 답은 '그렇다'이다. 즉 인본주의 및 현상학적 심리학자들의 이론에 부합하게도 진정성은 보다 완전한 개인의 기능과 관련된다. 또한 보다 진실하고 자기 표현적인 사람은 보다 외향적이고 우호적이고 성실하고 경험에 개방적인 사람들과 유사한 상태를 보였다(Sheldon et al., 1997). 사람은 상황에 따라 행동을 달리할 수 있다. 그러나 정작 중요한 문제는 우리가 전반적으로, 또한 특정한 상황들 속에서 우리의 자기에 충실하고 진솔한 행동을 하고 있다고 느끼는지인 것이다.

자기 결정감 이론

자기 결정감 이론
유능감, 자율성, 연결감(CAR)이 인간의 기본적인 심리적 욕구라고 주장하는 데시와 라이언의 이론

자기 결정감 이론self-determination theory에 따르면 모든 인간은 유능감competent, 자율성autonomous, 연결감related to others(CAR)이라는 근본 욕구를 갖는다(Deci & Ryan, 2012a, b). 달리 말해 이 세 가지 욕구는 기본적이고 일반적인 인간의 욕구다. 유능감 욕구는 자신의 행위에서 효과성을 느끼고자 하는 것이다. 자율성 욕구는 강압, 강제, 강요당한 목표, 즉 외적 보상이나 처벌에 의해 동기화된 목표를 추구하는 것이 아니라 자율적이고 자기주도적인 방식으로 행동

하고 내적으로 동기화된(내적 보상에 따라 동기화된) 목표에 매진하려는 욕구다. 연결감 욕구는 다른 사람들과 연결되어 있고 공동체에 속해있다는 느낌을 뜻한다. 이와 같은 기본적 심리 욕구에 대한 만족은 로저스가 말한 것과 같은 건강한 심리적 기능으로 연결된다. 이는 또한 대인관계에서 보다 큰 만족을 얻게 해준다. 로저스 및 다른 실존주의 심리학자들과 유사하게도 리처드 라이언과 에드워드 데시는 "실존적으로 개인의 삶을 규정하는 것은 삶이 경험되는 양상 그 자체이다. 행복, 정신 건강, 그리고 삶은 사랑, 자유, 효능감, 의미 있는 목표와 가치를 경험할 때 더 나은 것이 된다."(2008, p. 654)라고 주장했다.

자기 결정감 이론은 특히 '자율적 동기'와 '통제된 동기'의 차이를 중시한다. 이 차이에는 적어도 두 가지 핵심 요소가 있다. 첫째는 행동이 자율적이고 자기 촉발적인지, 아니면 타인에 의해 통제되고 외적으로 규제되는지이다. 둘째는 행동이 자유롭게 선택되었는지, 그렇지 않으면 강요되었는지이다. 죄책감과 불안 등의 감정에서 촉발된 행동은 개인 내부에서 발생하지만 자유로운 선택에 따른 것이라기보다는 강제된 것이므로 자기 결정적 행동에 속하지 않는다. 요약하면 자기 결정적 행동은 개인의 내적 흥미에 의해 발생하는, 자유롭게 선택된 행동이다.

자기 결정 동기에 따른 행동은 어떤 차이를 보일까? 최근의 연구에 따르면 사람들은 외적 압력이나 불안, 죄책감과 같은 내적 처벌에 따른 목표에 비해 자율적 목표를 추구할 때 더 큰 노력과 끈기를 보이는 것으로 나타났다(Koestner et al., 2002; Sheldon & Elliot, 1999). 또한 자기 결정적이고 내적이며 추구적 목표에 매진하는 것은 건강 및 심리적 행복에 긍정적 영향을 미치며 반대로 강제적 · 외적 · 회피적 목표에 매진하는 것은 해롭다(Dykman, 1998; Elliot & Sheldon, 1998; Elliot, Sheldon, & Church, 1997; Kasser & Ryan, 1996). 따라서 "목표에 대한 자기 개념이 진정한 자기를 반영하지 않거나 이와 부합되지 않는다면 사람들은 심리적 욕구를 충족시킬 수 없다"(Sheldon & Elliot, 1999, p. 485). 보다 일반화해 보면 여러 연구는 개인이 목표를 추구함에 있어서 그 목표가 '자기 부합적'일 때, 즉 타인이 부과한 목표가 아니라 내적 가치에 따른 목표를 추구할 때 특히 좋은 성과를 낼 수 있다는 가설을 확증했다(Koestner et al., 2002). 대학생들이 특히 관심을 가질 만한 연구 결과도 있다. 내적으로 동기화된 학생은 성적이나 보상 등의 외적 보상으로 동기화된 학생들에 비해 배움의 깊이가 깊고 개념화 수준이 높으며 기억력이 더 좋았다(Benware & Deci, 1984).

이는 인본주의적 관점에서 보았을 때 앞뒤가 완벽하게 들어맞는 결과들이다. 그러나 두 가지 사항에 유의할 필요가 있다. 첫째, 어떤 목표 자체가 중요한 것이 아니라 우리가 그 목표를 왜 추구하는지가 중요하다. 똑같은 목표의 추구에 있어서도 내적 원인이나 외적 원인이 작용할 수 있으므로 경제적 성공과 공동체에 소속되는 것과 같은 동일한 목표 안에 내적 동기나 외적 동기의 작용이 모두 함축될 수 있다. 목표의 내용을 안다고 해서 동기 또한 안다고 생각해서는 안 된다는 점을 기억하자.

둘째, 자기 결정감 이론의 동기 원칙이 모든 사람에게 적용된다고 쉽게 가정해서는 안 된다. 오히려 최근의 연구에 따르면 자기 결정감은 인간 심리의 보편적 특징이라기보다는 문화적으로 특수한 현상으로 보인다. 최근 연구에서는 앵글로-아메리카인과 아시아-아메리카인 아이들이 선택 상황에 직면했을 때 그 선택을 (a) 스스로 한 경우와 (b) 권위적 인물이나 또래가 선택을 해준 경우에 따라 내적 동기에서 차이를 나타냈다. 앵글로-아메리카인 아이는 자기 스스로 선택을 할 때 더 강한 내적 동기를 나타냈다. 반면 아시아-아메리카인 아이들은 믿음직한 권위적 인물이나 또래가 선택을 해주었을 때 더 강한 내적 동기를 나타냈다(Iyengar & Lepper, 1999). 따라서 자기 결정감이 얼마만큼 보편적인지에 대해 더 세심한 주의와 더 많은 연구가 필요하다. 보다 일반적으로 말하면 로저스학파가 강조하는 자기실현 개념은 특히 로저스가 자신의 이론을 만들어 냈던 서구 문화에 속한 사람들을 설명하기에 가장 적합할 수 있다.

마지막으로 자기 결정감 이론이 최근 기본적인 심리적 욕구 충족을 촉진하거나 저해하는 사회적 맥락에 주목한다는 사실을 이야기할 필요가 있다(Deci & Ryan, 2012a). 특히 자율성을 촉진하거나 저해하는 문화적 가치와 경제 시스템에 대한 관심이 높다. 예를 들어 자본주

최신 질문

효과적인 동기란 무엇인가? 내적 동기가 더 나은가 외적 동기가 더 나은가? 두 동기가 조합되면 어떻게 되는가?

자기 결정감 이론이나 초기 진정성 연구와는 독립적으로 진행되었지만 이런 흐름과 궤를 같이하는 연구가 있다. 연구자들은 내적인 동기(내적 동기, 내적 보상)와 일반적 동기(외적 동기, 외적 보상) 중 어느 쪽이 더 나은 결과를 산출하는지, 아니면 두 동기가 조합되었을 때가 가장 나은지 살펴봤다. 어떤 동기 조합(내적, 도구적, 또는 둘 다)이 성공을 이끌었을까?

연구자들은 웨스트포인트 사관학교 생도 1,000명에게 어떤 동기에 따라 사관학교에 다니고 있는지 물어보았다. 두 동기를 잘 비교해 주는 문항으로 "미군의 리더가 되고 싶어서"(내적 동기)와 "좋은 직업을 가지고 싶어서"(도구적 동기) 등이 있었다. 연구자들은 참여자들의 두 가지 동기 점수와 임관 후 복무 수행의 상관을 살펴보았다. 연구자들이 기대한 것처럼, 강한 내적 동기를 가진 생도들이 강한 도구적 동기를 가진 생도들에 비해 사

관학교를 졸업할 가능성이 높았고 빠른 진급 추천을 받을 가능성이 더 높았다. 하지만 연구자들이 기대치 못했던 결과도 도출되었다. 두 가지 동기를 모두 강하게 보인 생도들이 내적 동기가 강하고 도구적 동기는 약한 생도들에 비해 좋지 못한 수행을 보인 것이다. 달리 말하면 도구적 동기는 성공에 필수적 역할을 하는 내적 동기의 긍정적 효과를 약화시키는 것으로 나타났다.

연구 결과를 대학생활 및 데시와 라이언의 연구와 비교하면서, 연구자들은 배우고자 하는 동기(내적 동기)가 좋은 학점을 얻고자 하는 동기(외적 동기)보다 성공에 훨씬 유리하다고 제안했다. 연구자들은 도구적(외적) 동기가 학업 및 직업 장면에서의 장기간에 걸친 노력과 성취에 피해를 입힐 수 있다고 결론지었다.

출처 : Wrzesniewski & Schwartz, 2014; Wrzesniewski et al., 2014.

의는 자율성을 촉진하거나 저해할 수 있는 복잡한 체계다. 자본주의는 창조성과 혁신을 극대화함으로써 자율성을 촉진할 수 있다. 반대로 부의 축적, 개인적 이익, 인정 등에 집중할 경우 자본주의는 자율성과 내적 동기를 저해할 수 있다.

자기의 비교문화 연구

바로 앞에서 살펴본 아시아-아메리카인과 앵글로-아메리카인 아이들의 내적 동기에 대한 연구는 한 가지 일반적인 질문을 제기한다. 칼 로저스는 미국 심리학자였다. 그는 자신의 이론을 미국인들과의 임상 경험을 토대로 구축했다. 로저스 시대에 수행된 심리학적 자기 연구 대다수는 미국, 캐나다, 서유럽 시민을 대상으로 했다. 따라서 다음과 같은 질문이 도출된다. '로저스의 연구는 인간 본성에 대한 보편적 관점을 제공하는가, 그렇지 않으면 산업화된 서구 세계의 사람들이 주로 가지고 있는 관점을 제공할 뿐인가?' 이는 칼 로저스의 성격 이론을 넘어서 거의 모든 심리학 이론과 관련되는 심오하고 중대한 질문이다. 인간 본성에 대한 모든 이론적 개념들은 필연적으로 특정한 지리적 장소에서, 특정한 문화권 안에서, 특정한 역사 속에서 살아가는 연구자가 만들어 내는 것이다. 우리의 질문은 '이론가들이 과연 자신의 환경과 상황이 갖는 한계를 떨쳐버리고 모든 문화권과 시대에 적용되는 이론틀을 제공해 줄 수 있는가?'라는 것이다.

자기와 긍정적 자기 존중 욕구의 문화차

자기의 본질과 긍정적 자기 존중 욕구는 문화에 따라 다를 수 있다(Benet-Martinez, 2008; Heine et al., 1999; 제14장 참조). 예를 들어 동양과 서양 문화의 또렷한 차이점은 자기가 얼마나 타인과 관련되는 것으로 여겨지는지이다(Markus & Cross, 1990). 동양 문화에서 자기 개념은 타인과의 연결로 구성된다. 개인의 여러 구성 요소는 보다 크고 집합적인 전체를 감안하지 않고서는 이해될 수 없다. 자기의 문화적 이해는 자기를 타인과 분리된 고유한 것으로 파악하는 서구 문명의 지배적인 관점과 좋은 대조를 이룬다. 이 책의 저자 중 한 명은 하와이에서 다양한 문화적 배경을 가진 학생들을 가르치며 서양과 동양 문화의 학생들이 보여주는 자기 관점의 큰 차이에 충격을 받은 바 있다. 특히 충격적이었던 것은 한 문화권의 학생들이 종종 다른 문화권 학생의 자기 표현을 잘 이해하지 못한다는 점이었다.

앞서 살펴보았듯이 로저스는 모든 사람이 긍정적 자기상에 대한 욕구를 갖는다고 믿었다. 로저스에 있어 개인을 심리적 건강으로 이끄는 길은 그가 어떤 사람인지에 관계없이 개인을 무조건적으로 수용해 주는 것이었다. 이런 무조건적 존중은 개인이 스스로 가치 있고 소중한 사람이라고 느끼게 해준다. 무조건적 존중이 결여된다면 개인의 긍정적 자기상 욕구는 충족되지 못하고, 이는 심리적 고통으로 이어진다.

하지만 온 세상 사람들이 다 그럴까? 만약 자기와 관련된 심리적 과정이 생리적 과정과 밀접하게 관련된다면 이 질문에 대한 답은 '그렇다'일 것이다. 하지만 자기와 관련된 심리

성격과 뇌

문화와 자기

불과 얼마 전까지만 해도 심리 과학에서 '문화'와 '뇌'는 인간 행동을 설명함에 있어 상충되는 개념이었다. 몇몇 이론가는 인간이 문화로부터 획득하는 신념과 기술로 행동을 설명했다. 다른 연구자들은 이에 반대하며 뇌 신경 체계로 설명하는 것이 올바르다고 주장했다.

이 두 경쟁 진영 간의 논쟁은 행복한 결말에 이르렀다. 둘 다 옳았던 것이다. 뇌는 부분적으로 인간이 문화로부터 신념과 기술을 얻도록 진화했다. 그리고 문화적 경험은 성장 중인 뇌의 회로를 만들어 낸다. 우리는 성격의 중심 요소 중 하나, 즉 자기에 대한 연구에서 이와 같은 과정이 어떤 식으로 진행되는지 좋은 사례를 찾아볼 수 있다.

사람은 자신이 누구인지, 즉 인생에서의 역할은 무엇이고 자신의 권리와 의무는 무엇이며 개인이 된다는 것은 어떤 의미인지를 자기 문화의 사람들과 사회적 관습으로부터 배운다. 뇌 과학 연구에 따르면 이와 같은 문화적 경험은 뇌에 표상된다. 연구의 핵심적 전략은 잘 구별된다고 알려진 서로 다른 문화권에 속한 사람들의 뇌 활동을 비교하는 것이었다.

몇몇 학자(Zhu et al., 2007)는 동양(중국)과 서양(예를 들어 영국과 북미) 문화의 학생들을 비교했다. 연구자들은 참여자가 다음과 같은 과제를 수행할 때 이들의 뇌 영상을 찍었다. 일련의 성격 특질 형용사(예를 들어 '용기 있는', '유치한' 등)가 화면에 나타나면 참여자들은 이 단어들이 (1) 자신 또는 (2) 자기 어머니를 정확하게 묘사하는 단어인지 판단을 내렸다. 연구는 참여자 내 실험 설계를 활용하여 각 참여자가 '자기' 판단을 할 때와 '어머니' 판단을 할 때를 비교했다.

뇌 영상 분석 과정에서 연구자들은 기존 연구를 통해 사람이 자신에 대해 판단을 내릴 때 고도로 활성화된다고 알려진 뇌 영역인 내측 전전두피질(MPFC)에 주목했다. 서구 문화의 참여자들에게서 얻은 기존 연구 결과와 부합되게 서양인 참여자들은 자기에 대한 판단을 할 때에 MPFC가 고도로 활성화되었고 어머니에 대한 판단을 할 때는 그렇지 않았다. 반면 동양인 참여자들은 달랐다. 중국인 참여자들은 자기 판단과 어머니 판단 모두에서 MPFC가 활성화되었다. 연구자들은 "MPFC 활동을 근거로 한다면 중국인의 어머니 표상은 이들의 자기 표상과 구분되지 않는다."(Zhu et al., 2007, p. 1314)라고 요약했다. 놀라운 사실은 생물학적 수준의 분석에서 발견된 자기와 타인의 융합 현상이 심리적 수준의 분석을 통해 얻은 결과, 즉 동양 문화의 자기 개념은 서양 문화의 개념에 비해 타인과 더 큰 연관성을 갖는다는 결과와 일치한다는 것이다.

후속 연구에 따라 문화와 뇌에 대한 연구 성과가 축적되었다. 미국과 일본 참여자에 대한 연구에서 참여자들의 문화적 믿음의 차이(특히 자기 문화의 타인들과 연결되어 있다는 믿음)가 자신에 대한 판단을 할 때의 MPFC 활성화를 예측해 주었다(Chiao et al., 2009). 즉 여기서도 문화에 기초한 사고방식과 뇌 활동은 관련되어 있었다.

이와 같은 발견들 덕분에 '문화 대 생물학'이라는 심리학의 전통적 논쟁은 문화와 생물학이 어떻게 협업하여 성격을 형성하는지에 대한 새로운 이해로 대체되었다.

적 과정은 그렇지 않을 것이다. 개인의 정체성, 개인이 가족과 사회 속에서 맡는 역할, 개인의 목표, 개인의 인생 목표를 뜻하는 자기 개념은 사회적으로 획득되는 것이다. 사람은 가족과 공동체, 넓게는 한 문화권의 구성원과 상호작용하면서 자기에 대한 느낌을 획득한다. 따라서 본질적으로 어떤 문화가 사람들에게 긍정적 존중 욕구를 가르칠 가능성이 있다. 개인과 개인의 성취를 가치 있게 여기는 문화는 개인 스스로 자신의 행복을 증진시켜야 한다는 믿음을 전파할 수 있다. 이 원리에 따르면 또 다른 문화는 긍정적 자기 존중을 위한 노력과는 관련이 없는 삶의 방식을 가르칠 수도 있다.

일본과 미국 문화에 대한 비교 연구를 통해 문화에 따른 자존감의 본질과 기능 차이가 드러났다는 점에 주목해 보자. 한 연구(Heine et al., 1999)에는 자존감의 기본적 양상과 기능이 문화에 따라 달라진다는 여러 증거가 종합되어 있다. 미국에서는 대부분의 사람이 상대적으로 높은 자존감을 가지고 있다고 말하는데, 이는 로저스의 예측과 부합되게 많은 사람이 긍정적 자기상을 유지하려는 성향을 보인다는 증거일 수 있다. 하지만 일본에서는 이러한 성향이 나타나지 않아서 높은 자존감을 나타내는 사람들만큼 낮은 자존감을 보이는 사람도 많다. 미국에서 진행된 심리학 연구에서는 사람들이 높은 자존감을 유지하려는 여러 심리적 전략을 반드시 사용하는 것으로 나타난다. 예를 들면 미국에 사는 사람들은 자기보다 뭔가를 잘 못하고 있는 사람과 자신을 비교하고, 자신의 실패를 다른 사람의 탓으로 돌리고, 훌륭한 수행을 보이지 못할 것 같은 활동은 아예 중요도가 낮은 것으로 지각해 버린다(Brown, 1998에 개관된 내용이다). 그러나 하이네와 동료들(1999)은 "일본에서 진행된 심리학 연구 결과를 살펴보았을 때 일본인이 이와 같은 자존감 유지 전략을 사용한다는 명확한 증거를 하나도 찾아내지 못했다"(p. 780).

하이네와 동료들(1999; 또한 Kitayama & Markus, 1999; Kitayama et al., 1997 참조)은 일본 문화가 자존감 향상보다는 자기비판에 치우치게 만든다고 주장한다. 일본에서 자기비판은 가치 있는 개인적 · 사회적 기능을 수행한다. 자기비판은 개인이 자기 향상을 도모하여 자신과 사회에 이바지하도록 만든다. 따라서 일본에서는 자기비판이 '나쁜' 것이 아니다. 자기비판은 우울이나 자책의 의미를 갖지 않는다. 대신 자기비판은 '좋은' 것이다. 즉 개인이 자신을 둘러싼 문화와 어울릴 수 있게 만드는 기능적이고 가치 있는 것이다. 이 같은 관점에 부합되게 자기비판 경향과 실제 이상적 자기의 불일치 경험은 북미에서는 우울을 예측해 주는 요소이지만 일본에서는 우울과의 관계가 더 약해진다(Heine et al., 1999).

요약하면 미국과 일본의 문화는 사람들에게 자기를 평가하는 서로 다른 방법을 가르치는 것으로 보인다. 만약 여러분이 북미 문화권의 시민이라면 여러분은 긍정적 자기상을 유지하는 심리적 전략을 활용하려 할 것이다. 만약 여러분의 교수가 여러분의 보고서에 나쁜 점수를 준다면 여러분은 교수에게 문제가 있다고 생각하게 될 것이다. 만약 여러분이 실연을 당한다면 여러분은 그 사람과의 관계가 별로 중요하지도 않았다고 치부할 것이다. 만약 여러분이 원하는 대학에 가지 못한다면 여러분은 사실 그 대학을 절실히 원하지 않았다고 생각할 것이다. 이와 같은 생각은 미국의 문화 체계 내에서 매우 기능적인 것으로, 높은 자존감을 가치 있게 평가하는 문화에서 실제로 높은 자존감을 유지하도록 해줄 것이다. 하지만 여러분이 일본인이라면 여러분은 미국인과는 매우 다른 자기비판적인 생각을 하게 될 것이다. 그럼으로써 여러분은 지속적인 개인적 성장을 중시하는 문화에 어울려 들어갈 수 있다. 자기 평가와 자존감의 본질 및 기능에 대한 이와 같은 차이는 로저스가 성격 및 자기 이론을 만들었을 때는 예상하지 못했던 것이며 오직 문화와 성격에 대한 최신 연구의 관점을 통해 이해해야만 하는 결과다.

성격 이론의 현대적 발전 : 성격 체계 상호작용 이론과 통합된 자기

로저스 성격 이론의 독특한 점은 총체성이다. 다른 이론가들은 성격을 부위별로 해체하곤 한다. 프로이트 정신분석 이론이 원초아, 자아, 초자아 구조를 구분하고 특질 이론가들(제 7장과 제8장에서 살펴보자)이 성격 특질을 구분하는 것처럼 말이다. 반면 로저스는 성격이 해체될 수 없다고 믿었다. 그는 성격의 핵심, 즉 자기는 조직되고 통합된 전체라고 보았다. 회화작품을 자그마한 부분들로 쪼개 하나씩 연구한다고 해서 전체 작품을 이해할 수는 없다. 마찬가지로 로저스는 개인을 성분으로 쪼개 하나씩 분석한다고 해서 개인 전체를 이해할 수는 없다고 생각했다.

로저스 이론의 한계 : '통합된 자기'란 정확히 무엇인가?

이미 살펴본 것처럼 로저스 이론의 강점은 인간의 자기 경험, 또는 인간의 '현상학'을 포착하는 점이다. 인간은 스스로를 총체적으로, 통합된 개인으로 경험할 뿐 성격 요소의 집합으로 경험하지 않는다. 여러분이 인생의 중요한 결정을 내릴 때를 생각해 보자. 어떤 대학에 갈지 결정하거나 관계를 유지할지 또는 서로 갈 길을 갈지 결정하는 것 등 이런 결정을 내릴 때 여러분은 여러분에게 좋은 게 어떤 것인지 직관하려 한다. 예컨대 어떤 학교는 '내 성격에 맞지 않아'라고 여기고 다른 학교에 대해 '나한테 딱 좋은 곳인 것 같아'라고 생각할 수 있다. 이런 느낌들은 여러분의 총체에 대한 느낌들이다. 즉 우리 성격의 어떤 부분에 중점을 둔 것이 아닌, 우리의 총체적 자기에 기초한 직관들이다.

하지만 총체적이고 통합된 자기란 정확히 어떤 것일까? 이 질문에 정확히 답하지 않은 것이 로저스 이론의 한 가지 한계라 할 수 있다. 로저스 이론의 자기분석은 설명적이라기보다는 기술적이었다. 로저스는 심리적 경험을 생생히 묘사하여 통합된 자기가 성격의 핵심이라는 생각을 자아냈지만 통합된 자기가 어디서 비롯되는지는 결코 설명하지 않았다.

어떤 욕구를 설명해야 하는지 생각해 보자. 마음의 작동을 분석해 보면 정신적 과정이 매우 다채롭다는 사실이 자명해진다. 사람은 다양한 신념을 가지며 기억력이 무한에 가깝다. 모든 사람은 서로 충돌하기도 하고 시시각각 빠르게 변화하기도 하는 다양한 정서를 경험한다. 나아가 다양한 동기, 가치, 사회적 규범들이 우리의 행동에 관여한다. 생물학적 수준에서 분석하자면 인간은 여러 가지 고유한 하위 신경 체계를 가지고 있기 때문에 이런 다양한 심리적 과정을 보일 수 있다. 심리적·신경학적 과정들의 다양성은 너무나 방대해서 우리는 단일한, '통합된' 자기가 과연 존재할 수 있는지 묻지 않을 수 없다. 따라서 총체적이고 통합된 자기가 심리학적·생물학적 다양성 속에서 탄생하는 과정에 대한 설명이 필요하다. 로저스는 이 과정을 설명하지 않았다. 즉 그는 통합된 자기 개념을 경험하게 만드는 심리적·신경학적 체계를 규명하지 않았다.

역사를 돌이켜 보면, 우리가 로저스를 비난하기는 쉽지 않다. 정신 과정 및 이와 관련된 뇌신경 체계에 대한 현대적인 과학적 이해란 대부분 로저스가 20세기 중반에 그의 이론을 완성한 다음에야 발전되었기 때문이다. 하지만 이런 발전에 힘입어 오늘날의 성격 과학자들은 로저스가 제안한 자기 개념에서 한 발 더 나아갈 수 있게 되었다. 이러한 발전을 대표하는 이론이 독일 심리학자 율리우스 쿨과 동료들(Kuhl, 2000, 2010; Kuhl & Koole, 2004)이 창안한 성격 체계 상호작용 이론Personality Systems Interaction theory이다.

성격 체계 상호작용 이론

성격 체계 상호작용(PSI) 이론을 이해하는 첫 번째 단계는 이것이 어떤 종류의 이론인지 이해하는 것이다. 여러 심리학 이론은 정신의 내용에 주목하는데, 이때 '내용'이란 마음에 담긴 정보의 종류를 뜻한다. 예컨대 로저스는 내용에 바탕을 두고 현실적 자기와 이상적 자기를 구분했다. 현실적 자기의 내용은 개인의 현 심리적 특성에 대한 정보로 이루어진다. 이상적 자기의 내용은 개인이 가지고자 욕망하는 특성(현재 이를 가지고 있지 않을 수도 있다)에 대한 정보로 이루어진다. 반면 PSI 이론은 서로 다른 기능적 특성을 갖는 정신 체계들, 즉 그 안에 무슨 내용이 담겨있는지와 관계없이 서로 다르게 작동(또는 '기능')하는 체계들을 구분하는 이론이다.

다음의 비유는 기능과 내용의 차이를 명확히 하는 데 도움이 될 것이다. 여러분이 가진 스마트폰의 플래시 메모리에는 음악이 저장되어 있다. 수십 년 전 사람들이 음악을 저장하는 매체는 오직 비닐 레코드판뿐이었다. 오늘날의 플래시 메모리와 구식 비닐 레코드판은 똑같은 음악을 담는 경우에도 서로 다른 방식으로 작동한다. 두 매체의 물리적 특성이 다르기에 서로 다른 방식으로 기능하는 것이다. 그 안에 어떤 음악이 담겨있는지는 관계가 없다. 이처럼 그 내용과는 관계없이, 즉 자기에 대한 어떤 신념과 느낌을 담고 있느냐와 관계없이 서로 다른 방식으로 기능하는 정신 체계들이 있을 수 있다.

기능적으로 독특한 네 가지 성격 체계

PSI 이론은 독특한 기능을 가진 네 가지 성격 체계를 정의한다. 다음 네 가지 중 두 번째 기능이 총체적이고 통합된 자기를 이해하는 열쇠가 된다.*

1. 분석적 사고 체계   분석적 사고 체계는 대상을 논리적으로 차근차근 처리하는 정신 체계다. 오늘 하루 할 일에 대해 여러분 스스로에게 말을 하며 정리할 때를 생각해 보자. "오늘 난 심리학개론 보고서 작성을 시작해야 해. 그리고 또 일곱 시에 일을 나가야 해."처럼

---

* 여기서 PSI 이론의 모든 면을 다 다루지는 않을 것이다. 여기서는 PSI 이론이 인지 체계와 정서 상태의 상호작용을 통해 행동의 조절을 설명하는 부분에 집중한다. 또한 여기서 각 체계를 지칭하기 위해 활용한 용어들이 쿨(2004)이 활용한 용어와 약간 다르다는 점에 유의하라. 쿨의 생각을 보다 간단하게 소개하기 위함이다.

말이다. 이럴 때 우리는 분석적 사고가 무엇인지 의식적으로 지각할 수 있다. 이처럼 분석적 사고를 통해서는 여러분의 목표와 의도에 대한 의식 가능한 생각들이 생성된다.

2. **총체적 사고-감정 체계** 총체적 사고-감정 체계는 차근차근한 사고 체계가 아니라 병렬 처리 체계다. 병렬 처리 체계란 많은 수의 심리적 과정이 동시에, 또는 **병렬로 진행되는** 체계다. 인지심리학자들은 1980년대부터 병렬 처리 과정이 인간 심리의 중심 특성이라는 사실을 알고 있었다(Rumelhart & McClelland, 1986). 1,000억 개의 뉴런을 가진 우리의 뇌는 선천적으로 다수의 활동을 동시에 진행하게 되어있다.

PSI 이론가들은 특히 병렬 처리 체계의 두 가지 특징이 성격에 중요한 영향을 미친다고 보았다. 첫째로 병렬 처리는 의식의 바깥에서 발생한다. 의식적 지각은 한계가 있다. 동시에 진행되는 많은 일을 다 지각할 수는 없다는 것이다. 따라서 여러 정신 활동이 동시에 일어난다면 이는 의식적 지각의 바깥에서 일어날 수밖에 없다. 이 점을 잘 보여주는 사례는 간혹 어떤 아이디어가 분명한 이유 없이 '퍼뜩 떠오르는' 경우다. 우리 머리에 퍼뜩 떠오르기에 앞서 어떤 정신적 활동이 있었겠지만 우리는 이를 지각하지 못한다.

둘째로 동시 진행되는 과정들은 서로 관련되어 있는 경우가 많다. 사고 과정들 간의 상호 연결성 때문에 우리 뇌는 동시에 여러 사고 과정을 처리하면서도 그 정보들을 통합할 수 있다. 일례로 여러분이 불(벽난로나 모닥불 등) 곁에 있다면 여러분의 뇌는 몇 가지 상이한 지각 과정을 처리하기 시작한다. 여러분의 시각 체계는 불을 본다. 청각 체계는 불이 타닥거리는 소리를 듣는다. 촉각 체계(또는 '촉감')는 온기를 감지한다. 하지만 여러분의 의식이 경험하는 바는 무엇인가? 여러분은 빛, 소리, 온도라는 세 가지 감각 정보를 의식적으로 구분해서 경험하지 않는다. 대신 세 가지 정보의 흐름은 서로 연결되어 우리는 단일한, 통합된, 총체적 대상인 '불'을 의식하게 된다.

PSI 이론가들은 병렬로 나타나는 정신 과정들 간의 상호 연결이 로저스가 말한 통합된 자기 지각의 핵심이 된다고 주장했다. 병렬 처리되는 이 연결들 덕에 우리 마음은 자기에 대한 다양한 생각과 감정을 자동적으로 종합해 통합된 총체를 이룰 수 있다. "통합된 자기는 개인의 인지, 정서, 동기, 의지 과정을 통합하는 병렬 처리 과정에 바탕을 둔다"(Kuhl, Quirin, & Koole, 2015, p. 119). 생각과 감정과 동기들이 통합되고 나면 우리는 단일하고 총체적인 자기를 인지할 수 있다.

PSI 이론은 통합된 자기 체계의 뇌신경학적 기반을 명시하기도 했다. 모두가 알고 있듯이 뇌는 좌반구와 우반구라는 두 반구로 이루어진다. 이 중 우반구는 병렬 처리와 더 강한 연관성을 갖는 것으로 알려져 있으며, 따라서 통합된 자기의 뇌신경학적 기반이라 할 수 있다(Kuhl et al., 2015).

3. **직관적 행동 통제 체계** 세 번째 PSI 체계는 직관적 행동 통제 체계라 불린다. 이는 우리가 행동의 모든 단계에 주의를 기울이지 않고도 행동할 수 있게 해주는 정신 체계다. 예컨대 어떤 악기를 잘 다루는 사람은 개별 음을 만들어 내는 손의 모든 개별적 움직임에

자유롭게 흘러가는 무용가들의 춤을 보고 있노라면 이들의 동작이 개별 단계에 대한 주의 집중 없이도 행동하게 해주는 직관적 행동 통제 시스템의 통제를 받는다는 사실을 알 수 있다.

주의를 기울이지 않는다. 대신에 연주가들의 손 움직임은 직관적 행동 통제 체계에 의해 자동적이고 직관적으로 통제된다.

4. **부조화 탐지 체계** 마지막 네 번째 PSI 체계는 부조화 탐지 체계다. 이는 무엇인가가 잘못되었음을 인식하는 정신 체계다. 보다 정확히 말하면 부조화 탐지 체계는 실시간의 감각적 경험과 과거의 기대 또는 목표 간의 차이를 감지한다. 앞서 살펴본 악기 연주의 사례로 돌아가 보자. 여러분이 기타를 연주하며 다장조 코드를 짚는다고 짚었는데, 막상 여러분의 귀에 들리는 것은 다단조 코드였다고 생각해 보라. 여러분의 부조화 탐지 체계는 감각 정보(다단조 코드)와 기대(다장조 코드) 간의 불일치를 감지하고 '뭔가 잘못됐다!'라는 신호를 발산한다. 이 신호는 우리 마음의 상태를 빠르게 변화시킬 수 있다. 여러분이 관중들 앞에서 연주를 하고 있었다면 잘못된 코드를 짚었다는 신호에 따라 마음 상태가 기분 좋은 집중의 상태에서 여러분 자신에 대한, 또한 청중의 반응에 대한 불쾌하고 불안한 생각이 가득 찬 상태로 빠르게 전환될 것이다.

네 가지 성격 체계와 정서

PSI 이론은 로저스의 연구에서 한 발 더 나아가 사람들의 정서 상태가 자기 인식에 어떤 식으로 영향을 미치는지 알아보았다(Kuhl & Joole, 2004). 핵심은 정서의 **변화**, 특히 긍정 정서와 부정 정서의 증가와 감소가 성격 체계를 가동시킨다는 것이다. 정서와 성격 체계 간의 관계는 그림 6.2에 묘사한 것과 같다.

정서와 성격 체계 간 관계의 핵심은 그림의 오른쪽 상단에 나타나 있다. PSI 이론에 따르면 부정적 정서의 감소는 총체적 사고-감정 체계를 활성화한다. 부정적 정서의 감소는 우리가 안전한 상황에 놓여있다는 신호가 되며, 이 안전 신호등이 우리로 하여금 직관적인 사고-

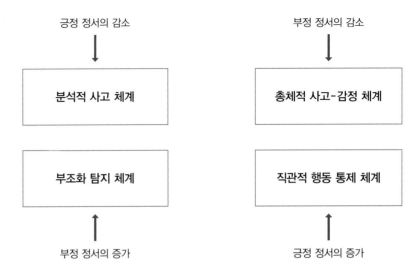

그림 6.2 PSI 이론의 네 가지 성격 체계를 촉발하는 정서 상태의 변화. [이 표는 PSI 이론의 모든 면을 다루지 않는다. 여기서는 PSI 이론이 인지 체계와 정서 상태의 상호작용을 통해 행동의 조절을 설명하는 부분에 집중한다. 또한 몇몇 용어가 원전(Kuhl & Koole, 2004 참고)과 다름에 유의하라.]

감정 체계, 즉 통합된 자기에 의존하도록 만든다(Kuhl & Koole, 2004). 반면 긍정적 정서의 '감소'(앞서 살펴본 악기 연주의 사례에서 음을 잘못 연주했을 경우를 떠올려 보자)는 우리가 목표를 달성하지 못하고 있다는 신호가 된다. 이런 신호를 받으면 우리는 무엇이 잘못되고 있는지를 파악하는 분석적 사고 과정에 돌입한다.

　나머지 두 가지 성격 체계에도 동일한 설명을 적용할 수 있다. 부정적 정서가 증가하는 것은 우리가 위협에 직면했다는 신호가 된다. 이에 따라 부조화 탐지 체계의 활동이 증가한다. 부정적 정서는 부조화 탐지 체계로 하여금 탐지해서 고쳐야 할 문제가 무엇인지 '찾아 나서게' 만든다. 마지막으로 긍정적 정서의 증가는 직관적 행동 통제 체계의 활성화와 관련된다. 긍정 정서는 우리로 하여금 창조적이고 직관에 의거한 활동을 하게 만든다.

실증 연구 사례

성격 체계 상호작용 이론의 주장을 뒷받침하는 여러 연구가 있다. 우리는 한 가지 연구 사례를 살펴볼 것이다. 정서와 직관적, 총체적 사고방식의 관계를 탐구한 연구다.

　부정 정서의 감소가 총체적 사고를 촉발할 것이라는 PSI 이론의 예측을 검증하기 위해 바우만과 쿨(2002)은 참여자들에게 '세 단어 과제'를 수행하도록 했다. 이는 세 단어로 이루어진 자극 세트들을 보며 단어들 간의 관계를 판단하는 과제다. 어떤 세트의 단어들은 연관 짓기가 힘들었다. 예로서 '소금', '깊은', '거품'이라는 단어는 이들이 '바다'와 관련된다는 사실을 깨달아야 연관성을 파악할 수 있다. 이런 관계를 파악하려면 총체적 사고가 필요하다. 세트의 모든 정보를 활용해 전반적인 양상을 읽어내야 하기 때문이다. 연구자들은 참여자에게 세트 내 세 단어와 연관되는 네 번째 단어(이 사례에서는 '바다')를 제공한 뒤 이들이 과제를 푸는 능력을 관찰해 연구의 종속 변수로 삼았다.

여러분은 세 단어 과제가 온전히 인지적 과제이므로 과제를 푸는 능력은 생각을 빠르게 하는 능력과 전적으로 관련되리라 생각할 것이다. 하지만 PSI 이론은 정서 상태가 과제 수행에 영향을 미칠 것이라 예측한다. 통제할 수 없는 요인에 따라 부정 정서의 감소를 경험한 사람은 과제 수행 능력이 떨어지리라는 것이다(그림 6.2의 오른쪽 윗부분을 보라). 이를 검증하기 위해 바우만과 쿨은 연구 참여자들의 두 가지 특징을 측정했다. (1) 현재 경험하는 부정적 정서(슬픔, 죄책감 등)와 (2) 부정적 기분 상태에서 빠져나오지 못하고 머무는 경향(어떤 사람들은 나쁜 소식 때문에 오래 시달리는 일이 없다고 말하지만 다른 이들은 일이 잘못되어갈 때면 "마비가 된 것 같아요."라고 말하기도 한다)이다.

연구 결과 PSI 이론의 예측이 적중한 것으로 나타났다. 정서 상태는 총체적 사고 능력을 예측하는 요인이었다. 특히 세 단어 과제에서 가장 낮은 점수를 보인 사람들은 높은 부정적 정서를 보이고 이를 잘 통제하지 못하는 사람이었다. 가장 높은 수준의 수행을 보인 이들은 현재 나쁜 기분 상태에 있지만 부정적 정서를 스스로 통제할 수 있다고 말한 사람들이었다. 이처럼 부정 정서의 감소는 총체적 사고를 촉진했고, 이는 로저스 성격 이론에 직접적인 함의를 갖는 결과다.

로저스 성격 이론에 대한 함의

PSI 이론은 로저스 성격 이론에 대해 두 개의 중요한 함의를 갖는다. 첫 번째 함의는 통합된, 총체적 자기와 관련된다.

총체적이며 통합된 자기의 과학적 기반

앞서 알아보았듯이 로저스는 통합된 자기 감각을 갖게 만드는 인지, 정서, 뇌신경 체계를 명시하지 않았다. 그는 '자기'가 존재한다고 제안했으나 그 확고한 과학적 기반을 제공하지는 않았다. 이는 로저스 시대의 심리학자들로 하여금 로저스 이론이 너무 추측적이라 생각하게 만들었다. 즉 이론의 과학적 증거가 충분하지 않다는 판단이었다.

하지만 오늘날 PSI 이론은 통합된 자기가 사실은 확고한 과학적 기반을 가지고 있음을 보여준다(Kuhl et al., 2015). 이는 PSI 이론이 로저스 이론에 대해 갖는 중요한 함의다. 인간 인지의 병렬 처리 과정을 분석함으로써 PSI 이론은 자기가 일관성 있고 통합적이며 총체적인 성격 체계라는 칼 로저스의 중심 사상을 지지했다.

내담자 중심 변화 과정의 신비를 해명하다

PSI 이론이 로저스 성격 이론에 갖는 두 번째 함의는 치료 과정과 관련된다. 이 장의 서두에서 설명했듯이 로저스는 관계성이야말로 그의 내담자 중심 이론의 핵심 성분이라 생각했다. 로저스는 따뜻하고 지지적인 관계를 제공함으로써 내담자가 무조건적인 긍정적 존중을 경험하도록 했다. 무조건적인 긍정적 존중은 내담자가 스스로에 대해 갖는 생각을 변화시켜 긍정적 자기 성장으로 나아가게 한다.

로저스 상담이 오랜 기간 큰 성공을 거둔 것을 보면 로저스 접근법의 가치는 분명하다 할 것이다. 하지만 로저스 이론에서는 이와 같은 변화가 발생하는 심리적 과정이 일종의 오묘한 수수께끼로 남아있다. 앞서 살펴본 '존재' 개념으로부터 눈치챌 수 있듯이, 로저스 자신조차 그의 치료적 존재만으로도 내담자의 자기와 행복에 변화를 일으키기 충분했다며 스스로 신비주의의 영역으로 걸어 들어가는 것처럼 보였다. 존재는 치료 과정을 묘사하는 강렬한 용어지만 치료가 왜 효과를 보이는지 설명하지는 못한다.

PSI 이론은 내담자 중심 변화 과정의 신비를 다음과 같은 식으로 해명한다. 상담에 진입하는 내담자는 일반적으로 고통과 부정 정서를 경험하는 상태다. 이런 부정 정서야말로 이들이 상담가를 찾는 주된 이유이니 말이다. 부정 정서는 지지적인 상담가와의 만남을 통해 감소한다. 이 시간을 뺀 하루 온종일 내담자가 겪는 스트레스에 비해 상담가와의 만남은 따뜻하고 긍정적이며 내담자를 고쳐시키는 특성이 있다. 이런 긍정적인 관계 경험은 자연스럽게 내담자의 부정적 정서 수준을 낮춘다. 중요한 점은 PSI 이론(그림 6.2 참조)과 연구 (Baumann & Kuhl, 2002)에 따르면 부정 정서 상태의 감소라는 심리적 과정이 정확하게 총체적 사고 과정을 촉진한다는 것이다. 따라서 로저스 상담이 내담자의 생각과 감정에 영향을 미치는 모습은 이처럼 더 일반적인 심리적 과정의 특별한 사례라고 PSI 이론은 논했다. 부정 정서의 감소가 일상에서 나타나든 심리 실험이나 내담자 중심 치료에서 나타나든 관계 없이 부정 정서 수준의 감소는 총체적 사고-감정 체계를 촉진한다.

요약하면 로저스 성격 이론에 대한 PSI 이론의 함의는 매우 긍정적이다. 로저스의 몇몇 성격 이론은 그가 이를 주창했을 당시 확고한 과학적 기반을 갖고 있지 않았지만 오늘날에는 쿨의 성격 체계 상호작용 이론 덕에 더 확고한 지지를 받을 수 있는 것이다.

비판적 평가

우리는 이제 로저스의 이론을 비판적으로 평가하며 그의 이론에 대한 분석을 마칠 것이다. 우리는 정신역동 접근에 대해서 했던 방식 그대로 로저스의 이론을 평가하려 한다. 즉 로저스의 이론이 이 책의 서두인 제1장에서 열거한 다섯 가지 목표를 이루어 냈는지를 평가하는 것이다. 그 뒤에 로저스 이론의 중요한 기여사항을 요약해 보자.

과학적 관찰 : 근거 자료

첫 번째 목표는 탄탄한 과학적 관찰로 구축한 근거 자료를 바탕으로 성격 이론을 만드는 것이다. 로저스가 이론 구축에 활용한 과학적 관찰은 여러모로 감탄할 만한 수준을 보인다. 로저스는 프로이트에 비해 과학적 관찰이 객관적이어야 한다는 사실에 훨씬 민감했다. 연구자는 자료 수집 과정에서 개인적 편향을 배제하도록 노력해야 한다. 로저스와 동료들은 객관성을 확보하기 위한 여러 절차를 도입했다. 이들은 Q-sort와 같은 객관적 성격 측정 기법을 활용했다. 또한 이들은 내담자 중심 치료의 효과를 평가하기 위한 실험적 방법을 활용했다. 로저스는 전통적 상담 자료를 활용한 연구에서조차 프로이트는 결코 도입하지 않았던 중요한 절차들을 수행했다. 로저스는 (내담자의 허락을 얻어서) 상담 회기의 녹취록과 녹음을 대중에게 공개했다. 이에 외부의 관찰자들이 로저스의 상담 보고서를 검증할 수 있었다.

현대 과학의 관점에서 봤을 때 로저스의 과학적 관찰의 다른 특징들은 한계가 있어 보인다. 한 가지 한계는 활용된 성격 측정도구에 관한 것이다. 로저스는 오로지 명시적 자료, 즉 내담자나 연구 참여자가 자신의 성격에 대해 의식적인 자기 반영을 거쳐 공개적으로 진술한 내용에 의지했다. 이 방식의 한계는 사람이 자신의 성격 중 어떤 측면에 대해서는 말로 옮길 수 없거나 말하려 하지 않는다는 점이다. 사람이 드러내 표현할 수 없는 성격 특징이 존재할 수 있다. 이 점을 간파한 현대의 여러 연구자들은 자기 개념에 대한 암묵적 측정 방법을 활용한다. 사람의 외적이고 의식적인 자기 보고에 의지하는 대신 사람들이 자기 개념에 대한 특정 단어나 생각에 반응하는 시간 등의 의식하기 힘든 간접적 측정 방법을 활용한다(Asendorpf, Banse, & Mücke, 2002; Greenwald et al., 2002). 이와 같은 암묵적 방법은 자기 개념의 명시적 측정 방법과 대부분 약한 상관만을 보여준다. 이는 사람들이 로저스가 전적으로 의지한 명시적 자기 보고 방법을 통해서는 밝혀낼 수 없는 내적 신념들을 가지고 있음을 뜻한다. 요점은 현상학적 접근은 의식적 경험 세계 바깥에 존재하는 중요한 심리적 과정들을 관찰하지 못할 수 있다는 것이다. 자기비판적인 연구자였던 로저스는 이 문제를 알고 있었다. 그가 내놓은 답변은 현상학적 접근이 가치 있고 심리학에 필수적인 접근이지만 유일하게 가치 있는 접근은 아니라는 것이었다(Rogers, 1964).

로저스의 근거 자료가 갖는 두 번째 한계는 문화적 다양성에 대한 상대적인 결핍이었다. 로저스는 자기 개념의 본질이 문화적으로 다양할 가능성에 대해 놀라울 정도로 관심이 없었다. 우리가 문화와 자기 과정을 개관하며 살펴보았던 현대 연구자들은 이 같은 자료의 한계가 로저스 이론을 위협할 수 있다고 주장했다.

이론 : 체계적인가?

로저스의 저작은 보통 체계적이기보다는 인상주의적이다. 로저스는 개방적이고 자연스럽게 심리학자로서의 경험과 감정을 이야기했다. 이는 그의 치료적 접근과 일치하는 방식이다. 로저스에게 엄격한 논리적 구조가 상대적으로 없다는 점은 우리가 이 책에서 살펴볼 대부분의 이론가들과 완전히 다른 면모다. 그의 이론이 충분히 체계적인지 의문을 제기할 수밖에 없다.

로저스는 그의 이론적 아이디어를 체계적 형태로 제시한 1959년의 에세이를 통해 이런 우려를 불식시켰다. 여기서 그가 서로 다른 양상의 부모-자녀 상호작용 양태와 자기 개념, 그리고 심리적 고통 및 행복의 관계를 설명하는 모습을 보면 그의 인상주의적 저술 방식의 이면에 극도로 명쾌한 생각이 자리 잡고 있음을 알 수 있다.

로저스 이론의 가장 중요한 한계는 질(즉 체계적인지 아닌지의 여부)이 아니라 양이다. 로저스 이론은 양이 적다. 한 전기 작가는 로저스가 "애초에 이론을 만들기를 꺼려했다."라고 말했다. 로저스는 이론적 연구를 시작한 후에도 "여전히 자기가 만든 이론이 너무 강조되는 것을 꺼려했다"(Kirschenbaum, 1979, p. 240). 로저스 스스로도 자신의 이론적 작업이 충분치 않다는 것을 알고 있었다. 로저스(1959; 1977, p. 232)는 자신이 만든 이론적 명제들을 떠올리며 이상적으로는 수학적 엄격성을 통해 명기할 수 있는 기능적 관계를 서술함에 있어 "미숙하다… 오직 가장 일반적인 설명만을 제공할 수 있을 뿐이다."라고 한탄했다. 요약하면 로저스의 이론은 체계적이지만 동시에 그가 이 책에서 다루는 다른 이론가들보다는 정형적인 이론 연구를 덜 수행했기 때문에 이들의 이론보다는 덜 체계적이라고 할 수 있다.

이론 : 검증 가능한가?

로저스 이론이 표준적인 과학적 방법을 활용하여 검증 가능한지 묻는다면 이에 대한 답은 로저스 이론의 어느 부분을 다루는지에 따라 달라진다. 로저스는 어떤 부분에서는 구성 개념을 명확히 정의하고 이를 측정하기 위한 성격 측정 방법까지 제공했다. 실제 자기와 이상적 자기에 대한 연구가 대표적이다. 여기서 로저스는 이론적 아이디어를 명확하게 구조화했다. 로저스는 Q-sort가 자기 개념의 측면들을 측정하는 유효한 측정치임을 밝혀냈다. 그 결과 로저스는 검증 가능한 자기 개념의 전반적인 이론적 개념을 제공해 주었다. 이에 더하여 치료적 변화에 필수적인 조건을 연구한 로저스의 업적은 오늘날에도 심리치료 과정에 대한 연구 중 가장 뛰어난 업적으로 평가받고 있다.

로저스의 연구 중 다른 부분들은 검증 가능성이 훨씬 떨어진다. 자기실현을 향한 보편적인 동기가 존재한다는 로저스의 믿음을 떠올려 보자. 이를 어떻게 검증할 수 있을까? 제5장에서 다루었듯이 자기실현에 대한 로저스의 글은 때론 과학적이기보다는 시적이다. 로저스는 연구를 이끌어 나갈 명확하게 정의된 구성 개념을 제공해 주지 않았다. 로저스는 또한 자기실현의 정도나 수준을 측정하기 위한 어떤 객관적 측정 방법도 제공하지 않았다. 로저스는 그가 믿는 것처럼 단일한 자기실현 동기가 존재하는지, 아니면 자기실현을 이루는 근본적으로 상이한 동기들(예 : 자신을 이해하려는 동기와 영적 세계를 이해하려는 동기, 또는 타인에게 공감하는 동기 등)이 존재하는지 비교할 수 있는 개념적 도구 또한 거의 제공하지 않았다. 우리가 어떤 증거를 제시해야 로저스가 이를 단일하고 지배적인 자기실현 동기 개념을 반증하는 증거로 받아들였을지 짐작하기도 어렵다. 따라서 로저스 이론의 자기실현 부분은 명확하게 검증할 수 없다.

이론 : 포괄적인가?

제1장에서 성격 이론들을 소개하며 우리는 이론의 한 가지 임무가 포괄적 이론 체계를 제공하는 것임을 알아보았다. 심리학은 이론이 매우 풍부한 분야다. 그러나 심리학에도 인간을 총체적으로 다루는 이론 혹은 성격 이론이라 부를 수 있을 만큼 넓은 지적인 폭을 지닌 이론이 많지 않다.

여러분이 처음 배운 이론인 프로이트의 이론은 비범할 정도로 포괄적이었다. 성격, 성격 발달, 개인차에 대해 프로이트 이론 체계에서 직간접적으로 다뤄진 내용을 배제한다면 이 주제들에 대한 연구 문제를 제기하는 것 자체가 어려울 정도이다. 로저스 이론에 대해서는 이렇게 이야기할 수 없다. 다음과 같은 질문을 생각해 보자. 인간의 진화적 배경이 인간의 성격 구조와 기능을 해명하는 데 어떤 식으로 기여하는가? 정서 상태가 사고 과정에 어떤 영향을 미치는가? 인간이 그렇게 자기실현적인 존재라면 왜 성적이고 공격적인 충동이 인간 경험에서 그토록 중심적인 위치를 차지하는가? 인간의 발달 과정에 있어서 유전과 사회적 환경은 어떻게 상호작용하는가? 이제 '로저스는 이 주제들에 대해 무슨 말을 했는가?'라는 질문을 해보자. 로저스 이론의 한계는 이 모든 주제에 대해 별다른 말을 하지 않았다는 것이다. 이와 같은 여러 간과된 요소들 때문에 로저스의 이론은 포괄적이지 않다.

로저스의 이론이 왜 상대적으로 포괄성을 결여하게 되었는지 묻는다면 한 가지 간단한 답이 있다. 로저스가 에너지의 대부분을 개인 및 집단 상담 기법을 개발하는 데 투자했으며 기초적 성격 이론과 연구의 구축에는 더 적은 노력을 기울였다는 것이다. 하지만 더 근본적인 답은 로저스가(그리고 로저스와 큰 연관성을 갖는 현상학적, 인본주의적, 해석학적 사상가들이) 인간을 사회적 존재로 취급하려 노력했기 때문에 종종 인간이 생물학적 존재라는 것을 간과했다는 점인 듯하다. 때로 우리는 우리 자신이 별로 좋아 보이지 않기 때문에 나쁜 기분을 느낀다. 그러나 때로 우리는 우리의 기분에 영향을 미치는 생화학적 요인들 때문에 나쁜 기분을 느끼기도 한다. 때로 우리는 우리의 자기 지각과 불일치하는 사건들 때문에 불안을 느낀다. 그러나 때로 우리는 자기 지각과는 아무 관계 없는 기본적인 생물학적 기제의 활성화 때문에 불안을 느끼기도 한다(제9장 참조). 인간 본성의 생물학적 측면과 사회적 측면을 통합하는 것은 어려운 일이다. 로저스는 이 어려운 문제를 다루는 데 실패했고, 그의 연구는 우리가 이 책에서 살펴볼 다른 몇몇 성격 이론들에 비해 덜 포괄적이라 할 수 있다.

한눈에 보는 로저스 이론					
구조	과정	성장과 발달	정신 병리	변화	예시 사례
자기, 이상적 자기	자기실현, 자기와 경험의 일치성, 자기와 경험의 불일치성과 방어적 왜곡 및 부인	일치성과 자기실현 vs 불일치성과 방어	방어적 자기 유지, 불일치성	치료적 분위기, 일치성, 무조건적인 긍정적 존중, 공감적 이해	오크 씨

적용

응용심리학에 대한 로저스의 기여는 근본적 중요성을 갖는다. 로저스의 내담자 중심 치료 중 적어도 세 가지 측면이 이 분야에 대한 지속적인 중요성을 갖는다. 로저스는 내담자와 상담가의 관계를 강조했으며 또한 이 관계를 구축하는 데 필요한 기법을 제공했다. 로저스는 어떤 상담 접근법이 실제로 내담자에게 도움이 되었는지 알아보는 객관적 방법을 정립하는 데 도움을 주었다. 마지막으로 아마도 가장 중요한 측면은 로저스가 내담자를 환자가 아니라 인간으로 대했다는 것이다. 로저스는 내담자를 상담가의 진단이 필요한 정신 질환을 가진 환자로 취급하지 않았다. 대신 내담자를 자기실현 동기의 힘을 통해 스스로의 삶을 향상시킬 수 있는 능력을 가진 인간으로 대함으로써 내담자에게 힘을 부여했다. 현대 심리학자 중 로저스만큼 심리치료에 큰 기여를 한 사람은 거의 없다. 추상적 이론뿐만 아니라 이론의 유용한 적용 방향을 창출해 냈던 로저스의 능력은 그의 이론에 큰 힘을 제공해 주었다.

주요한 기여와 요약

성격 이론에 대한 칼 로저스의 기여를 이해하려면 반드시 그가 처했던 역사적 상황을 감안해야 한다. 오늘날 21세기 초반의 심리학에서는 자기의 역할에 대한 논의가 아주 흔하다. 거의 모든 성격심리학자가 자기의 인지적이고 감정적인 과정이 성격 구조와 기능에 중심이 된다고 인정한다. 그러나 로저스 시대에는 사정이 달랐다. 로저스가 연구를 시작했던 20세기 중반에는 당시의 성격 연구를 이끌던 두 이론 모형인 정신분석과 행동주의 중 어느 쪽에서도 자기 과정을 세심하게 들여다보지 않았다. 로저스, 그리고 현상학과 인본주의 전통에 속한 로저스의 동료들은 사람들의 관심을 그간 무시되었던 인간 심리의 측면들로 돌려놓는 역사적 변화에 중대한 기여를 했다.

우리는 로저스의 기여를 강점과 한계(표 6.1)로 요약하며 이 장을 마치려 한다. 우리 저자들은 독자 여러분이 로저스의 강점과 한계를 이 책에서 배우는 다른 이론들과 비교해 보길 바란다. 이제 로저스가 이룬 고유한 성과에 갈채를 보내며 장을 마무리한다. 로저스는 다른 어떤 성격 이론가보다도 주관적 예술의 영역에 속했던 것에 객관적으로 접근하려 했던 연구

표 6.1   로저스 이론과 현상학의 강점과 한계 요약

강점	한계
1. 자기 개념과 인간의 성장 잠재성 등 다른 여러 이론에서 누락된 인간 실존의 중요한 측면들에 집중	1. 인간 본성의 생물학적 기반에 주의를 덜 기울이는 등 다른 몇몇 이론에 비해 포괄성이 부족
2. 치료적 변화를 일으키기에 용이한 탄탄한 치료 전략 제공	2. 연구와 응용에 있어 의식적 경험의 바깥에 존재하는 현상을 배제
3. 대인관계나 현상학적 경험 등 연구하기 어려운 과정들을 과학적 객관주의와 엄격성을 도입하여 연구	3. 자기의 심리적 구조와 과정이 문화와 상황에 따라 변화할 가능성에 주의를 거의 기울이지 않아 실재하는 이 같은 가변성을 설명할 도구를 제공하지 못함

자이다.

> 진실로, 이 세상의 어떤 것도 나의 자아만큼, 내가 살아 있다는 이 수수께끼, 내가 다른 모든 사람들과
> 구별이 되는 '별다른 존재라는 이 수수께끼, 내가 싯다르타라고 하는 이 수수께끼만큼 나를 그토록 많은
> 생각에 몰두하게 한 것은 없었다. 그런데도 나는 이 세상의 어떤 것보다도 나 자신에 대하여, 싯다르타
> 에 대하여 가장 적게 알고 있지 않은가!
>
> 헤르만 헤세, 싯다르타(박병덕 옮김, 민음사, pp. 60~61)

주요 개념

공감적 이해	인간 잠재성 운동	자기 경험 불일치
내담자 중심 치료	일치성	진정성
무조건적인 긍정적 존중	자기 가치의 조건	
실존주의	자기 결정감 이론	

요약

1. 로저스에 있어서 신경증을 가진 사람은 자기와 경험의 불일치 상태에 있는 사람들이다. 자기 구조와 불일치하는 경험은 위협적인 것으로 간주되어 부정되거나 왜곡된다.

2. 임상심리학 영역의 연구는 자기와 이상적 자기의 불일치, 그리고 개인이 자신의 감정과 단절되거나 감정을 모호하게 느끼는 정도에 초점을 맞춘다.

3. 로저스의 관심은 상담 과정에 집중되었다. 치료적 분위기 개념이 핵심이다. 로저스는 일치성(진정성), 무조건적인 긍정적 존중, 공감적 이해의 세 가지 조건이 치료적 변화에 필수적이라고 보았다.

4. 오크 씨의 사례는 로저스가 연구 목적을 위해 상담 과정을 기록하여 공개한 사례다.

5. 로저스의 관점은 자기실현과 개인 잠재성 실현을 강조한 인간 잠재성 운동의 일부였다. 에이브러햄 H. 매슬로, 그리고 빅토르 프랑클과 같은 실존주의자들 또한 이 운동을 대표한다.

6. 실존주의자들의 관심사에 대한 현대의 연구, 즉 진정성과 내적으로 동기화된 목표, 자기 지각의 문화차 등에 대한 연구는 로저스의 이론을 확장시키며 또한 로저스가 제안한 몇몇 심리적 동기들의 보편성에 대한 의문을 제기한다.

7

성격 특질 이론 :
올포트, 아이젱크, 카텔

제7장의 초점

크리스는 대학을 갓 졸업하고 낯선 도시에서 일을 시작했다. 외로움을 느낀 크리스는 새로운 사람들을 만나고 싶었다. 조금 주저한 끝에 크리스는 개인 광고를 내기로 마음먹었다. 크리스는 텅 빈 모니터를 들여다보며 무슨 말을 쓸지 고민했다. 우리는 스스로의 성격 특징을 어떤 식으로 묘사할 수 있을까? 크리스는 이렇게 쓰기로 마음먹었다. "관습에 얽매이지 않고 세심하고 재미를 추구하고 행복하고 유머러스하고 친절하고 날씬하고 대학을 갓 졸업한 22살 청년. 나와 비슷한 특징을 가진 정신 온전한 소울메이트를 찾고 있음." 이런 특징을 가진 사람하고 데이트하면 실제로 아주 좋을 것이다!

크리스가 열거한 성격 특징은 성격 '특질'이라 부르는 것들이다. 성격 특질은 시간과 상황에 대해 안정적인 심리적 특징이다. 오늘 예민하고 친절한 모습을 보이는 사람은 내일도 예민하고 친절할 것이며 한 달 뒤에도 그럴 것이라는 쪽에 돈을 걸어도 좋다. 이 장은 특정한 방향으로 행동하려는 전반적 경향성으로 정의할 수 있는 특질에 관한 장이다.

특히 이 장에서 여러분은 세 가지 특질 이론 및 이와 관련된 연구 프로그램들을 배우게 될 것이다. 이 중 한스 아이젱크와 레이먼드 카텔의 이론은 성격 특질의 기본적 '차원', 즉 정도의 차이는 있을지언정 모든 사람이 가지고 있는 기본적 특성들을 규명하려 했다. 이 두 이론은 특정한 통계적 절차, 즉 요인분석에 의존하는 연구 프로그램과 관련된다. 요인분석은 성격 특질 중 가장 기본적인 개인차가 무엇인지 규명하는 통계적 절차다.

역사적으로 특질 접근은 미국과 영국 심리학계, 그리고 최근에는 유럽의 성격심리학계에 널리 알려진 접근법이다. 인기의 비결 한 가지는 요인분석 연구 방법의 방법론적 정교화와 요인분석이 상대적으로 일관적인 연구 결과를 산출한다는 사실이다. 또 다른 인기 비결은 특질 이론의 상식적 본질에서 비롯된다. 성격 특질에 대한 과학적 이론은 그 기본 분석 단위인 성격 특질들이 이보다 단순하고 비과학적인 '민간'의 성격 이해와 유사하기 때문에 직관적인 매력을 갖는다.

이 장에서 다룰 질문

1. 개인이 감정, 사고, 행동에 있어 다른 개인과 차이를 보이는 방식 중 가장 중요한 것은 어떤 것들인가? 이러한 차이를 묘사하기 위해 몇 개의 특질 요인이 필요한가?
2. 모든 사람이 고유한 성격 특질 세트를 갖는가? 그렇지 않으면 개인차를 분류할 수 있는 보편적인 특질 세트를 찾아낼 수 있을 것인가?
3. 개인의 특징적 특질을 규정할 수 있다면 개인의 행동이 시간과 상황에 따라 변화하는 것은 어떻게 설명할 수 있을 것인가?

우리는 이제 성격을 바라보는 세 번째 주요한 관점인 특질 이론을 소개하려 한다. 특질 이론은 앞에서 공부했던 프로이트와 로저스의 관점과는 극명한 차이를 보인다. 특질 이론은 이론의 여러 실질적 주장에서뿐만 아니라 이론이 기반을 두는 과학적 근거 자료에서도 차이를 보인다.

특질 이론가들은 과학의 중심적 특징이 과학적 측정 방법이라는 점을 강조했다. 이를테면 물리 과학의 역사 속에서 과학적 진보는 오직 물리적 현상을 정밀하게 측정할 수 있는 도구가 개발된 뒤에야 나타날 수 있었다. 갈릴레오와 뉴턴이 시간과 질량 및 기타 물리적 성질을 비교적 정확하게 측정할 수 있는 방법을 확보하지 못했다면 그 유명한 물리 법칙들을 수립하지 못했을 것이다. 현대 물리학자가 소립자들을 감지하는 정밀한 기구를 가지고 있지 않다면 이들의 과학은 추측에 더 가까웠을 것이다. 많은 경우 과학적 진보는 정밀한 측정에 기초한다.

이런 사실과 프로이트 및 로저스의 접근을 비교해 보자. 프로이트의 연구는 사실상 객관적인 과학적 측정을 결여했다. 프로이트는 다양한 힘을 갖는 정신 구조의 존재를 추론했지만 그 과정에서 이를 측정할 수 있는 어떤 도구도 제공하지 않았다. 프로이트는 전통적인 과학적 측정법보다는 더 해석적이고 따라서 더 주관적인 사례 연구 결과에 의존했을 뿐이다. 로저스는 측정의 원칙들에 더 주의를 기울인 편이다. 그러나 로저스의 몇몇 중심적인 이론적 구성 개념(예 : 자기실현 동기)에는 측정 원칙이 적용되지 않았다. (로저스는 자기실현 경향성의 개인차나 그 개인 내적인 변화에 대한 측정 방법을 제공하지 않았다.) 이 같은 모습을 바라본 특질 이론가들은 프로이트와 로저스가 진정 과학적 진보를 창출했는지 질문하게 되었다. 특질 이론가들이 내린 답은 '아니다'였다. 특질 이론가인 레이먼드 카텔은 "융과 프로이트는… 과학의 관점에서는 거의 재앙에 다다랐다고 할 수 있다."(Cattell, 1965, pp. 16~17)라고 결론 내렸다. 특질 이론가들은 심리적 특징에 대한 측정에서 거의 물리 과학 수준의 객관성과 신뢰성을 확보할 수 있는 새로운 관점이 필요하다고 주장했다. 이 장과 다음 장에서 우리는 이들이 이룬 진보를 살펴볼 것이다.

특질 이론가 살펴보기

앞 장에서 우리는 가장 두드러진 이론가들의 삶을 살펴보는 식으로 각 이론적 관점을 소개한 바 있다(제3장에서는 프로이트의 삶, 제5장에서는 로저스의 삶을 살펴보았다). 하지만 특질 이론에 대해서는 조금 다른 방식으로 접근해 볼 것이다. 이런 차이는 이론 및 이론가의 본질적 특징에서 기인한다. 특질 이론은 정신역동이나 현상학적 이론과 달리 한 사람의 연구자로 대표될 수 없다. 특질 이론가 중 누구 한 명을 월등히 우월하다 할 수도 없고 누구 한 명을 선구자라 할 수도 없다. 특질 이론은 20세기에 특별히 중요한 연구를 수행한 세 명의 연구자에 의해 정립되었다. 고든 올포트, 레이먼드 카텔, 한스 아이젱크가 그들이다. 이 장에서는 이들의 기여를 살펴보도록 한다. 21세기의 성격심리학에서는 올포트, 카텔, 아이젱크의 업적 중 가장 훌륭한 부분들을 최대한 활용하려 하는 하나의 이론적 관점을 중심으로 많은 연구가 수행되고 있다. 이 이론적 관점은 바로 우리가 제8장에서 살펴볼 성격의 5요인 이론이다. 특질 이론가들의 전기는 지금 당장 살펴보지 않고 각자의 이론적 기여를 살펴보는 부분에서 알아보도록 하자.

많은 특질 이론가들이 독특한 이론적 기여를 했지만 우리는 이들의 연구를 공통분모로 묶을 수 있다. 그것은 바로 성격의 '특질 관점'이다. 곧 살펴보겠지만 특질 관점이란 한눈에 친숙성을 느낄 수 있는 그런 관점이다. 특질 이론가의 중심적인 과학적 구성 개념은 여러분이 일상에서 사람들을 평가하곤 하는 단어나 생각과 많이 닮아있기 때문이다.

사람에 대한 특질 이론의 견해

사람들은 성격에 대해 이야기하기를 아주 좋아한다. 사람들의 특징에 대한 이야기를 시작하면 몇 시간은 그냥 보낼 수 있다. "우리 상사는 성격이 나빠.", "우리 룸메이트는 뭐든 대충

대충 해.", "우리 교수님은 재치가 넘쳐"(흠, 여러분의 교수가 성격이 나쁘거나 대충대충이 기보다는 재치가 넘치길 기원한다). 우리는 심지어 우리가 키우는 강아지의 충성심이나 고양이의 게으름에 대해 이야기하기도 한다. 사람에 대해 평가할 때 우리는 일반적으로 성격 **특질**trait 용어를 사용한다. 어떤 사람의 경험과 행동에 나타나는 전형적 특징을 묘사하는 단어들 말이다. 마찬가지로 특질 관점을 취하는 성격 연구자들 또한 특질을 성격의 중심 단위로 생각했다. 성격이 특질보다 더 큰 것임은 명백하지만 특질은 성격심리학의 역사 속에서 커다란 위치를 차지하고 있다.

특질

개인의 지속적인 심리적 특성. 또는 그런 특성을 지칭하는 일종의 심리학적 구성 개념('특질 구성 개념')

특질 개념

그렇다면 특질이란 무엇인가? 성격 특질은 개인이 행동하고 느끼고 사고하는 방식에서 나타나는 일관된 양태를 가리킨다. 우리가 어떤 사람을 특질 용어로 '친절하다'라고 묘사했다면 이는 그 사람이 시간에 대해(몇 주, 몇 달, 아마도 몇 년에 걸쳐) 안정적으로 친절하게 행동하며 또한 상황에 대해(친구와 있을 때, 가족과 있을 때, 낯선 사람과 있을 때 등) 안정적으로 친절하게 행동함을 뜻한 것이다. 이에 더해서 우리가 누군가를 친절하다 묘사할 때에 우리는 보통 그 사람이 최소한 보통 사람만큼은 친절하다는 뜻을 담아 그렇게 말한다. 만약 그 사람이 평균보다 덜 친절하다 생각한다면 우리는 아예 친절이라는 단어를 쓰지 않을 것이다.

따라서 특질 용어는 두 가지 의미를 담고 있다. 바로 일관성과 독특성이다. 일관성이란 특질이 개인 행동의 규칙성을 담아낼 수 있어야 한다는 뜻이다. 사람은 특질 용어로 묘사된 방식으로 행동하려는 성향이 있어 보인다. 사실 특질은 종종 '성향' 또는 '성향 구성 개념'이라 불리며(McCrae & Costa, 1999, 2008) 사람이 특정한 방식으로 행동하려는 성향이 있음을 나타내기도 한다. 성향이라는 아이디어는 특질 이론가들이 사용하는 특질 용어의 중요한 측면을 강조해 준다. 만약 어떤 특질 이론가가 누군가를 묘사하며 특질 단어를 쓴다면(예를 들어 '사교적인'과 같은) 이는 그 사람이 삶의 모든 장면에 걸쳐 언제나 사교적인 행동을 보인다는 뜻이 아니다. 최근 네덜란드 특질 성격학자인 더 라트(2005)는 특질 용어가 특히 사회적 상황에서의 행동에 대해 적용되는 암묵적 특징이 있다고 강조했다. 특질 이론가는 사교적인 사람이 타인과 함께 있을 때나 사교적 행동이 사회적 규범상 허용되는 상황에서 일관적인 사교성을 보이리라 기대할 것이다. 그 사람이 무생물에게도, 또는 권위적 인물이 그러지 말라고 지시하는 상황에서도 사교적으로 행동할 것이라 기대할 수는 없다.

특질 용어에 함축된 또 다른 의미인 독특성이란 사람들이 실제로 차이를 보이고, 이에 따라 한 사람을 다른 사람들에 비해 독특하게 만들어 주는 특징에 우선적인 관심을 보여야 한다는 것이다. 성격 특질 이론가들은 사람들 간에 의미 있는 차이를 보이는 특질에 관심을 갖는다.

특질 구성 개념을 바탕으로 성격 이론을 구축하기로 작정한 순간 이미 인간을 바라보는 어떤 관점을 수용하고 가는 셈이다. 바로 개인의 삶에는 실질적인 일관성이 존재한다는 관점이다. 현대의 사회적 삶에서는 많은 변화가 발생한다. 우리는 학교와 직장을 바꾸고 새로운 친구를 만나며 결혼하고 이혼하고 재혼하며 다른 공동체와 다른 나라에 가서 살기도 한다. 삶은 어느 시점에서건 우리에게 다양한 역할을 요구한다. 학생, 노동자, 아들 또는 딸, 부모, 공동체 구성원과 같은 역할을 말이다. 특질 이론가의 근본적 메시지는 이 모든 다양성과 변화에도 불구하고 일관적인 성격이 분명 존재한다는 것이다. 인간은 시간과 장소에 따라 거의 변하지 않는 지속적인 심리적 특징을 갖는다.

성격 과학에 대한 특질 이론의 견해

이 장의 서두에서 다룬 논점은 대부분의 특질 접근이 내포한 관점을 드러내 보인다. 이미 살펴보았듯이 특질 이론가들의 지고한 관심사는 다름 아닌 측정이다. 특질 이론의 관점에서는 심리적 특질을 신뢰할 만하고 타당하게 측정할 수 있는 능력이야말로 성격 과학을 구축하기 위한 결정적인 기반이다.

이와 같은 관점은 과학 영역에서 중시되는 일종의 보수주의와 같은 것이다. 프로이트와 로저스는 그들이 확보한 자료에서 너무 나아간 이론을 만들었다. 이들의 이론에는 리비도적 추동, 자기실현 동기 등등에 대한 직간접적인 증거가 결여되어 있다. 20세기 중반의 특질 이론가들은 프로이트와 로저스의 이론화 과정이 너무 추측에 의존한 것이라 하여 거부했다. 이들은 이론화 과정이 과학적 측정에 따라 제한되고 결정되어야 한다고 생각했다. 연구자는 반드시 세심하게 구축한 측정도구들에 대한 통계분석 결과로 뒷받침되는 성격 구조만을 제

Chris Ryan / Getty Images

특질 이론은 정교한 측정을 기초로 삼는다. 연구자들은 표준화된 성격 검사를 개발하고 동일한 검사 조건에 놓인 다수의 참여자를 대상으로 검사를 실시한다.

안해야 한다.

특질 구성 개념이 수행하는 과학적 기능

특질 이론의 과학적 관점에 대해 '왜 특질 구성 개념을 제안했나?'라는 중요한 질문을 할 필요가 있다. 다시 말하면 '성격 과학에 대해 특질 이론은 어떤 역할을 하는가?'라는 질문이다. 특질 이론가들은 적어도 두 가지, 때로는 세 가지 과학적 기능에 부합하려는 목적으로 특질 구성 개념을 활용한다. 기술, 예측, 설명이 그 기능들이다.

기술

모든 특질 이론가는 특질 구성 개념을 기술 목적으로 활용한다. 특질은 개인의 전형적인 행동을 요약하여 개인이 전형적으로 어떤 사람인지 기술해 낸다. 모든 과학적 작업의 첫 번째 단계는 기술이다. 즉 특질 이론은 모든 성격 이론이 반드시 설명해 내야 하는 기본적인 기술적 요인들을 제공해 주는 것으로 볼 수 있다.

대부분의 특질 이론가들은 사람들을 한 명씩 기술하지 않는다. 대신 모든 사람을 기술할 수 있는 전반적인 기술적 도식을 정립하려 한다. 달리 말하면 특질 이론가들은 '분류 체계'를 정립하려 하는 것이다. 분류 체계는 모든 과학 분야의 연구자들이 연구 대상을 분류하기 위해 활용하는 방법이다. 특질 구성 개념이 경험과 행동의 일관된 양식을 뜻하기 때문에 특질 분류 체계는 인간을 그들의 특성과 경험 및 행동의 평균적 양상에 따라 분류하는 방법이 된다.

예측

특질 이론에 대한 의문 한 가지는 성격 특질의 분류 체계가 과연 실용적 가치를 갖는가이다. 개인의 성격 특질 점수를 알고 나면 우리는 무엇을 할 수 있을까?

특질 이론의 역사 전반에 걸쳐서 이 질문에 대한 주요 답변은 "이로써 우리는 여러 가지를 예측할 수 있다."라는 것이었다. 우리는 특정한 성격 특질 수준에서 차이를 보이는 사람들에 대해 이들이 일상적 행동에서 보일 차이를 예측할 수 있다. 예를 들어 어떤 대학생의 외향성과 성실성 특질 자기 평가 점수를 알 수 있다면 우리는 이 학생의 개인 사무 공간이나 기숙사 방의 환경, 장식, 청결도 등을 예측해 볼 수 있다(Gosling et al., 2002). 종종 우리는 중요한 실용적 가치가 있는 예측을 할 수도 있다. 여러분이 사업을 운영하고 있고 지금 믿음직하고 정직한 구성원을 채용하려 한다고 생각해 보자. 여러분은 예측이라는 과제에 직면한 것이다. 어떤 지원자가 좋은 구성원이 될 것인지 어떻게 예측할 수 있을까? 이 예측을 해내는 한 가지 방법은 지원자들의 성격 특질을 측정해 보는 것이다. 실제로 특질심리학자들은 직무 성과를 예측하는 실용적 과업에 깊게 관여해 왔다(Roberts & Hogan, 2001). 보다 논란의 여지가 있는 예시로, 미 대선에서 소셜 미디어를 통해 수집한 성격 특질 측정치를 이용해 이들의 투표 성향과 도널드 트럼프를 지지하는 유세 자료에 어떤 반응을 보일지 예측한 사례가 있다(Gonzales, 2017).

설명

기술과 예측에 이은 세 번째 과학적 과제는 설명이다. 성격심리학이 과학이 되기를 염원한다면 과학적 이론에 있어 가장 중요한 과제, 즉 설명에 도전해야 한다. 예측과 설명은 아주 다른 것임을 떠올려 보자(Toulmin, 1961). 예를 들어 고대 바빌로니아인들은 일식과 같은 천문 현상을 기술하고 예측할 수 있었지만 누구도 왜 이러한 현상이 발생하는지 과학적으로 이해하지 못했던 것으로 보인다. 반대로 다윈은 유기체가 자연 선택을 통해 어떻게 진화하는지 설명했지만 과거에 발생한 진화적 사건은 예측해 내지 못했다(Toulmin, 1961).

몇몇 특질 이론가는 특질 구성 개념이 인간의 행동을 설명하는 데 쓰일 수 있다고 제안한다. 우리는 어떤 학생이 수업 시간에 늦지 않고 필기를 잘하는 이유를 그 학생이 성실성 특질이 높기 때문이라고 설명할 수 있다. 그러나 모든 특질심리학자들이 특질 용어를 설명 기능에 부합되게 활용하지는 않는다. 몇몇은 특질 용어를 기술과 예측 기능에 제한하여 사용한다. 이들은 특질 분류 체계를 지도와 유사한 것으로 파악한다. 대륙과 대양의 지도는 왜 대륙과 대양이 지금과 같은 모습인지 설명하지 않는다. 따라서 설명을 위해서는 추가적인 과학적 연구(예 : 판 이동 이론)를 필요로 한다. 하지만 지도는 여전히 과학적 연구의 진보를 위한 중요한 한 단계를 구성한다.

이 장과 제9장에서 살펴보겠지만 몇몇 심리학자는 특질의 생물학적 요인을 확인함으로써 기술에서 설명으로 옮겨가고자 했다. 특질 검사에서 높거나 낮은 점수를 받는 사람들은 신경계 혹은 생화학적 체계에서 체계적인 차이를 갖고 있을 수 있으며 이는 특질과 특질 관련 행동 간 인과성의 기반으로 해석될 수 있다. 특질 이론가는 이러한 가능성을 파헤치려 하며, 이는 개인에 대한 특질 이론가의 관점에 또 다른 요소를 추가한다. 대부분의 특질 이론가는 유전적 · 생물학적 요인이 특질 개인차의 일차적 결정 요인이라고 믿는다. 우리는 이 가능성과 이에 관련된 과학적 증거를 이 장과 제9장에서 살펴보도록 할 것이다.

요약하면 특질 이론가들은 특질 구성 개념의 설명 기능에 대해 서로 다른 입장을 보인다. 이는 기억할 만한 가치가 있는 중요한 시사점 한 가지를 제공한다. 특질 이론은 단일하지 않다는 것이다. 특질 이론은 상호 연관적이지만 결코 동일하지는 않은 관점의 집합이다. 다음 절에서 우리는 적어도 다수의 특질 이론이 공유하는 특징을 살펴보도록 하겠다.

성격 특질 이론 : 특질 이론가들이 공유하는 기본적 시각

특질 접근은 그 이론가들이 공유하는 가정의 집합으로 정의해 볼 수 있다. 가장 기본적인 가정은 사람이 특질이라 부르는, 특정한 방식으로 반응하려는 넓은 성향을 갖는다는 것이다.

달리 말하면 성격은 특정 방향을 향하는 개인의 행동, 느낌, 생각의 일관적인 가능성(예를 들어 사교적이고 친화적인 방식으로 행동할 가능성, 또는 불안하고 걱정되는 느낌을 받을 가능성, 또는 믿음직하고 성실할 가능성 등)이라 가정된다. 특정 방식으로 행동하는 강한 경향성을 보이는 사람을 우리는 각 특질을 높게 가지고 있다고 기술할 수 있다. 반대로 각각의 행동 경향성이 낮은 사람을 우리는 각 특질이 낮다고 기술할 수 있다. 자주 사교적인 모습을 보이는 사람은 외향성이 높은 사람이라 볼 수 있으며, 신뢰할 수 없고 항상 깜빡깜빡 잘 잊어버리는 사람은 성실성이 낮은 사람이라 볼 수 있다. 모든 특질 이론가는 이처럼 한 가지 방향으로 행동하려는 일반적인 경향성이 성격의 근본적인 건축 자재라는 점에 동의한다.

이와 관련된 한 가지 가정이 있다. 개인의 특질 관련 행동이 나타나는 것은 개인이 해당 특질을 가지고 있는지의 여부와 직접적으로 관련된다는 것이다. 특질 이론가에 따르면 다른 사람들보다 외향적으로 또는 더 성실하게 행동하는(또는 스스로 그렇다고 보고하는) 사람은 이에 해당되는 각 특질인 외향성과 성실성을 더 많이 가지고 있는 (그래서 그 특질이 더 높은 사람인) 것이다. 이는 너무 당연한 말처럼 보인다. 여러분은 '물론 어떤 특질 관련 행동을 보다 많이 보이는 사람은 그 특질을 보다 많이 가지고 있는 법이지.'라고 생각할 수 있다. 그러나 이런 생각이 우리가 이미 살펴본 더 오랜 이론인 정신분석 이론과 차이를 보인다는 점을 명심하자. 정신분석가는 누군가 스스로 다른 사람들보다 '차분하고 편안한' 사람이라고 말했을 때 그 사람이 실제로는 차분함이라는 심리적 특성을 남들보다 더 많이 가지고 있지는 않을 것이라고 생각한다. 대신 정신분석가는 이런 사람이 아마도 아주 불안하기 때문에 자신의 불안을 억압하고 있으며 그저 자기는 차분하다고 말할 뿐이라고 생각한다. 정신분석은 우리가 이 책에서 살펴볼 다른 성격 이론들과 마찬가지로 외현적인 행동과 그 밑에 깔려 있는 성격 특징이 매우 간접적으로 연결되어 있으리라 여긴다. 반대로 특질 이론의 연구 절차는 외현적 행동과 그 밑에 깔린 특질이 보다 직접적이고 일대일 대응이 되는 관계를 가지

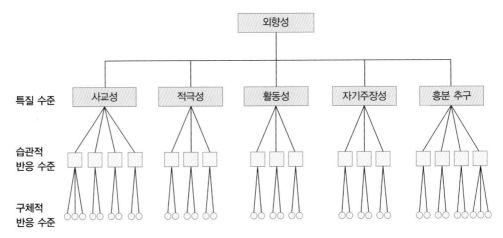

그림 7.1 외향성(E)-내향성(I) 성격의 위계적 구조를 도형으로 나타냈다. (유의할 사항 : 외향성은 E-I 차원의 한쪽 극단이다. 다른 쪽 극단인 내향성은 도형에 나타나 있지 않다.) (Eysenck, 1970, 1990)

리라 가정하는 것에서 출발한다. 즉 특질 이론가는 어떤 사람이 성격 특질 측정을 통해 어떤 특질과 관련된 행동을 별로 하지 않는다고 보고한다면 그 사람이 실제 해당 특질을 적게 가지고 있다고 판단한다.

특질 이론의 또 다른 공유 가설은 인간 행동과 성격을 위계에 따라 조직화할 수 있다는 것이다. 한스 아이젱크는 유명한 위계적 분석 사례를 제공해 주며(그림 7.1), 우리는 그의 이론적 기여를 이 장에서 자세히 살펴볼 것이다. 아이젱크는 인간 행동의 가장 단순한 수준은 구체적 반응이라 말했다. 그러나 이러한 반응은 서로 관련되어 보다 일반적인 습관을 구성한다. 함께 나타나곤 하는 습관의 군집은 특질을 구성한다. 예를 들어 독서보다는 사람 만나기를 좋아하는 사람은 또한 일반적으로 떠들썩한 파티를 즐기기도 한다. 이와 같은 정보는 두 가지 습관(사람 만나기와 파티 즐기기)이 사교성 특질로 한데 묶일 수 있다는 사실을 시사한다. 마지막으로 위계의 가장 높은 수준에서는 다양한 특징이 한데 엮여서 아이젱크가 이차적, 고차적 요인 또는 **상위특질**(역시 특질이지만 가장 높은 수준에 위치하고 그 일반화 수준이 가장 추상적이다)이라 부른 것을 형성한다. 요약하면 특질 이론가들은 개인이 특정 방식으로 행동하려는 넓은 성향을 보이고, 이러한 기질이 위계적 구조를 이룬다고 생각했으며, 특질 개념은 성격의 과학적 이론에 기초가 된다고 여겼다.

고든 W. 올포트의 특질 이론

하버드대학의 심리학자였던 고든 W. 올포트(1897~1967)는 특질 이론의 발전과 성격심리학 전반에 있어 지대한 역사적 중요성을 지니는 인물이다. 역사는 올포트가 만든 특정한 이론만 기억하지는 않을 것이며 올포트가 제시한 주제와 원칙들을 더 중요하게 기억할 것이다. 올포트는 그의 길고 영향력 있었던 경력 전반에 걸쳐 인간 행동의 건강하고 조직화된 측면을 줄곧 강조했다. 이는 당대를 풍미했던 관점, 즉 인간 행동의 동물적이고 신경증적이며 기계적인 측면과 긴장 감소적인 메커니즘을 중시했던 관점과 좋은 대조를 이루었다. 올포트는

Bettmann/Getty Images

고든 W. 올포트

이와 같은 방향에서 정신분석을 비판했다. 올포트는 다음과 같은 이야기를 하는 것을 특히 좋아했다. 올포트는 스물두 살의 나이로 유럽을 여행하던 중 프로이트를 찾아가고 싶어졌다. 올포트가 프로이트의 집무실에 들어서자 프로이트는 올포트가 방문 목적을 이야기해 주길 기대하며 침묵을 지켰다. 올포트는 침묵이 어색하여 자신이 기차에서 만난 네 살배기 결벽증 소년 이야기를 허물없이 하기 시작했다. 올포트가 소년과 강박증적인 소년의 어머니에 대한 묘사를 마치자 프로이트는 물었다. "그 어린 소년이 바로 자네인가?" 올포트는 자신이 다음과 같이 반응했다고 이야기한다.

> 어리둥절하고 약간 죄책감이 든 나는 어떻게든 대화 주제를 바꿔냈다. 프로이트가 내 동기를 착각했다는 것은 재미난 일이었지만 동시에 꼬리를 무는 깊은 생각을 하게 만들었다. 나는 프로이트가 신경증적 방어에 익숙한 사람이어서 내가 드러낸 동기(무례한 호기심과 치기 어린 야망)를 읽어내지 못했음을 깨달았다. 그게 치료 과정이었다면 프로이트가 내 방어를 허물어뜨려 주었을 것이다. 하지만 그때는 치료를 할 때가 아니었다. 이 경험은 내게 심층심리학이 그 모든 가치에도 불구하고 과하게 깊게만 파고 들어가는 것일 수 있음을, 그리고 심리학자는 무의식을 탐사해 들어가기 전에 겉으로 드러나는 동기를 완전히 이해할 필요가 있음을 가르쳐 주었다.
>
> Allport(1967, p. 8)

이 에피소드에서 특히 재미있는 것은 올포트가 매우 꼼꼼하고 시간을 엄격히 지키며 깔끔하고 질서를 중시하는 사람이었다는 것이다. 이 특징들은 프로이트가 강박적 성격과 연관 지은 것들이니 프로이트의 질문은 올포트가 말하는 것만큼 어이없는 것이 아니었으리라.

올포트의 첫 저작은 그가 형인 플로이드 올포트와 함께 쓴 것으로, 성격 이론의 중요한 측면으로서 특질에 주목한 것이었다(Allport & Allport, 1921). 올포트는 특질이 성격의 기본 단위라고 믿었다. 올포트에 따르면 특질은 실제로 존재하며 신경 체계에 기반을 두는 것이었다. 특질은 상황과 시간에 대해 안정적으로 나타나는 개인 기능의 규칙성이라 할 수 있는 일반적인 성격 성향을 뜻했다. 특질은 세 가지 성질로 규정될 수 있다. 빈도, 강도, 상황 범위가 그것이다. 예를 들어 아주 순종적인 사람은 여러 상황에 걸쳐 자주 강한 순종성을 보일 것이다.

특질 : 올포트 이론의 성격 구조

현대 성격 기술어 분석의 고전으로 평가받고 있는 올포트와 오드버트의 연구는 성격 연구의 다른 분석 단위들과 성격 특질을 변별하려 한 것이었다. 올포트와 오드버트는 특질을 "일반적이고 개인화된 결정적 경향성, 즉 개인이 환경에 적응하는 일관적이고 안정적인 방식들이다."(1936, p. 26)라고 정의했다. 특질은 일시적이고 외적 상황에 의해 유발되는 심리적 상태 및 활동과는 다르다. W. F. 채플린, 올리버 존, 그리고 루이스 골드버그(1988)는 올포트와 오드버트의 연구, 즉 성격 기술어를 특질과 상태와 활동으로 구분하는 연구를 검증했다. 일례로 어떤 사람이 한평생 온화한 모습을 보일 수는 있으나 사랑의 열병(내적 상태)은 보통 오래 지속되지 않으며 영원할 것만 같은 광란의 파티(활동)는 하룻밤을 넘기지 못한다.

일단 특질을 상태 및 활동과 구분한다면 이제는 서로 다른 특질이 존재하는지에 대한 질문이 뒤따른다. 올포트는 이 질문에 대한 답으로 특질을 기본 특질, 중심 특질, 이차 성향으로 구분했다. **기본 특질**cardinal trait은 개인의 삶에서 매우 전반적이고 두드러지는 성향을 뜻하며 실질적으로 개인의 모든 활동에서 그 영향을 추적해 볼 수 있는 것이다. 그 예로 우리는 니콜로 마키아벨리가 르네상스 시대의 성공적 지도자상을 묘사했던 바에 따라 누군가를 "마키아벨리적이다."라고 말하기도 하고 또는 마르키스 드 사드의 이름을 따서 누군가를 "사디스틱하다."라고 이야기하기도 하며 거의 모든 것을 편견에 따라 흑백으로 구분하는 사람을 가리켜 "권위주의적이다."라고 하기도 한다. 일반적으로 사람은 기본 특질을 갖지 않거나 소수의 기본 특질만을 갖는다. **중심 특질**central trait(예를 들어 정직성, 친절함, 주장성 등)은 기본 특질보다 더 제한된 상황 범위에 적용되는 성향이다. **이차 성향**secondary disposition은 가장 눈에 띄지 않고 일반적이지 않으며 일관적이지 않다. 달리 말하면 개인은 중요성과 일반성 수준에서 차이를 보이는 다양한 특질을 갖는다.

올포트는 특질이 상황의 특성과 관계없이 모든 상황에서 발현된다고 주장하지 않았다. 올포트는 "특질은 한 상황에서 발현되다가 다른 상황에서는 발현되지 않곤 한다."(Allport, 1937, p. 331)라고 생각했다. 예를 들어 우리는 매우 공격적인 사람조차도 공격적이지 않은 행동을 요구하는 상황에서는 자신의 행동을 조정할 것이라 기대할 수 있으며 극히 내향적인 사람도 특정한 상황에서는 외향적으로 행동하리라 기대할 수 있다. 한 특질은 개인이 일반적으로 많은 상황에 걸쳐 보여주는 모습을 나타내는 것이지 모든 상황에 필연적으로 보여주는 모습을 뜻하지 않는다. 올포트에 따르면 인간 행동의 이해를 위해서는 특질 개념과 상황 개념이 모두 필요하다. 특질 개념은 행동의 일관성을 설명하는 데 필수적이며 상황의 중요성을 간과하지 않는 것은 행동의 가변성을 설명하는 데 필수적이다.

기능적 자율성

올포트는 안정적인 특질을 연구했을 뿐만 아니라 동기적 과정 또한 분석했다. 올포트는 인간 동기의 **기능적 자율성**functional autonomy을 강조했다. 동기의 기능적 자율성이란 성인의 동기가 프로이트가 주장했던 것처럼 어린 시절의 긴장 감소 동기에 뿌리를 두고 있다 해도 우리는 어린 시절의 동기로부터 성장해 나온다는 뜻이다. 성인의 삶에서 동기는 생애 초기의 긴장 감소 추동에 대해 독립적이고 자율적으로 변모한다. 배고픔이나 불안을 감소시키려는 노력은 이제 즐거움과 동기의 근원이 된다. 생계를 유지하기 위한 활동은 즐겁고 그 자체가 목적이 되는 행위로 바뀐다. 비록 열심히 노력하고 우월성을 추구하는 행동이 부모 또는 다른 어른들에게 인정받고 싶은 욕망을 바탕으로 동기화되는 것이라 해도 이러한 행동은 그

기본 특질
개인의 삶에서 매우 전반적이고 두드러져서 실질적으로 개인의 모든 행동에서 그 영향을 추적해 볼 수 있는 성향을 뜻하는 올포트의 개념

중심 특질
다양한 상황에서 특정한 방식으로 행동하려는 경향을 뜻하는 올포트의 개념

이차 성향
몇몇 상황에 한해서만 특정한 방식으로 행동하려는 경향성을 나타내는 올포트의 개념

기능적 자율성
어떤 동기가 그 근원으로부터 독립되어 나올 수 있다는 올포트의 개념. 특히 성인의 동기는 어린 시절의 긴장 감소 동기로부터 독립되어 나올 수 있음

자체로 가치 있는 목적으로 변화할 수 있으며 타인이 이를 강조하는지 여부와 관계없이 추구될 수 있다. 따라서 "한때는 외적이고 도구적이었던 동기가 내적이고 당위적인 동기로 변모한다. 추동이나 단순한 욕구를 충족시키던 활동은 그 자체로 의미 있는 활동이 되거나 더 넓게 봤을 때는 개인의 자기상(자기 이상)에 기여하는 활동이 된다. 어린 시절은 더 이상 실권을 쥐지 못한다. 성숙이 그 자리를 차지한다"(Allport, 1961, p. 229). 이와 같은 면은 당연히 올포트의 연구를 프로이트의 연구로부터 떨어져 나오게 했다. 프로이트는 성인의 행동을 일생에 걸쳐 기본적인 동기적 영향력을 행사하는 어린 시절의 추동을 바탕으로 설명했기 때문이다.

개별 사례 연구

올포트의 이론적 기여에서 두드러지는 마지막 측면은 개인의 고유성에 대한 강조다. 앞으로 살펴볼 다른 특질 이론가들과 달리 올포트는 개별 사례 접근법을 가장 선호했다. 우리가 제2장에서 살펴보았듯이 개별 사례 전략은 잠재적인 고유성을 지닌 개인에 중점을 두는 전략이다. 이 전략에서 개인에 대한 심층 연구는 인간에 대한 보편적 이해로 이어지는 길이라 간주된다. 이 접근법은 일반적으로 다수의 개인을 공통적이고 보편적인 성격 특질 용어로 기술하는 법칙 정립적 접근 방식을 취했던 다른 특질 이론가들의 접근법과 좋은 대조를 이룬다.

올포트의 개별 사례 절차를 잘 보여주는 측면으로 그가 각 사례별로 고유한 자료를 활용했다는 점을 들 수 있다. 예를 들어 올포트는 한 여성에게서 받은 172통의 편지를 출판한 적이 있다. 이 편지들은 그 여성의 성격을 임상적으로 분석하는 바탕이 되었고 또한 양적 분석의 자료가 되었다. 이런 종류의 개별 사례 연구는 독립적인 특질 변수상에서 한 개인이 타인에 비해 상대적으로 점하는 위치를 파악하게 해주기보다는 개인 내에서 나타나는 다양한 특질 양상과 체계를 집중 조명해 준다.

올포트 논평

성격심리학에서 올포트는 일반적으로 추앙받는 편이다. 그에 대한 한 전기(Nicholson, 2002)는 올포트가 특질심리학에 기여했을 뿐만 아니라 성격심리학을 고유한 과학 영역으로 부각시키는 데 기여했다고 평가했다. 물론 올포트의 실증적 기여에는 한계가 있었다. 올포트는 특질 개념을 명료화했으나 개념의 유용성을 정립하는 연구는 거의 수행하지 않았다. 올포트는 여러 특질이 유전된다고 믿었으나 이 특질들의 유전적 기반에 대해서는 연구를 하지 않았다. 올포트는 개인이 독특한 특질 관련 행동 양상을 보이며 이런 특질들은 상황의 영향과 상호작용한다고 기록했지만 이러한 내용을 설명할 수 있는 자세한 과정은 보여주지 않았다(Zuroff, 1986).

더군다나 개별 사례 연구를 중시한 올포트의 주장은 어느 정도 반박되었다. 어떤 이들은 개별 사례 접근이 비과학적이라 느꼈고 개인의 고유성에 대한 연구는 과학의 일반 법칙 탐구와 상충된다고 생각했다. 돌이켜 보면 이런 생각은 올포트의 개별 사례 연구 노력을 잘못 읽어낸 결과였다. 인간에 대한 적절한 과학을 구축하기 위해서는 개인 한 사람 한 사람을 자세히 연구할 필요가 있을 것이다. 개별 사례 중심 전략은 인간에 대한 일반적 이해를 손상시키기보다는 이를 증진시킬 수 있다. 올포트는 프로이트와 마찬가지로 세밀한 사례 연구를 통해 여러 사례에서 공통적으로 나타나는 보편 법칙을 통찰할 수 있다고 생각했다. 다른 인간 과학 영역의 과학자들도 이 문제를 비슷한 식으로 생각했다. 예를 들어 특정 문화의 의미 체계를 세밀하게 연구한 저명한 인류학자 클리퍼드 기어츠는 과학적 이해에 이르는 보편적 법칙에 대해 "보편성과 과학의 계시적인 단순성에 이르는 길은 특정한 것, 상황 의존적인 것, 탄탄한 것에 대한 관심 안에 담겨있다."(Geertz, 1973, p. 53)라고 결론 내렸다.

그러나 개별 사례 접근은 올포트 이외의 대다수 특질 이론가들이 따르는 길이 아니다. 올포트의 뒤를 따랐던 특질 이론가들은 개별 사례 연구에 노력을 거의 투자하지 않았다. 이들은 올포트의 제안과 달리 집단을 연구했고 큰 집단 속에서 드러나는 가장 중요한 개인차가 무엇인지 규명하려 했다.

이와 같은 이론들을 소개하기 전에 우리는 (1) 이제부터 이 장과 제8장에서 설명할 특질 이론가들이 직면했던 주요한 과학적 문제와 (2) 이 문제를 해결하기 위해 이들이 활용한 통계 방법, 즉 요인분석 통계 기법을 설명하고자 한다. 그 뒤에 우리는 레이먼드 B. 카텔과 한스 J. 아이젱크의 특질 이론을 살펴볼 것이다.

일차적 특질 차원을 규명하기 : 요인분석

올포트를 예외로 하면 특질 이론가들은 일반적으로 보편적 특질들의 세트, 즉 모든 사람이 가지고 있지만 그 정도에는 차이를 보이는 특질들의 세트를 규명하고자 했다. 물리적으로 모든 사람은 키가 더 크거나 더 작고 몸무게가 더 나가거나 덜 나가며 더 젊거나 더 나이가 많다. 키, 몸무게, 나이는 모든 사람을 묘사하는 데 쓸 수 있는 보편적 차원이다. 심리적으로 모든 사람의 성격 특징을 묘사하는 데 쓸 수 있는 보편적 특질 차원이 있을까? 만약 있다면 어떻게 이를 규명할 수 있을까? 성격 특질 이론 역사의 근본을 형성했던 과학적 도전과제는 바로 기본적이고 보편적인 특질 세트를 규명하는 것이었다.

이 과제는 세상에 너무 많은 특질이 존재하는 것으로 보였기 때문에 특히 어려운 것이었다. 어떤 사람들은 주의가 산만하다. 어떤 사람들은 우호적이다. 어떤 사람들은 공격적이고 어떤 사람들은 이타적이며 어떤 사람들은 적대적이고 어떤 사람들은 논쟁적이다. 특질은 너무 많다. 그런데 어떻게 단순하면서도 포괄적인 기본 특질 세트를 규명할 수 있단 말인가?

이 문제를 해결하기 위한 핵심 아이디어는 어떤 특질들은 붙어 다닌다는 것, 즉 함께 나타난다는 것이다. 자신의 신체적 특징을 설명할 때 신체 특징의 종류가 너무 많아서 무엇부터 말해야 할지 당황해 하는 사람은 없다. 우리는 긴 왼쪽 팔, 긴 오른쪽 팔, 긴 왼쪽 다리, 긴

오른쪽 다리, 긴 손가락 등의 특징이 함께 나타나며 이를 단순한 차원으로 요약할 수 있다는 사실을 알고 있다. 키(또는 사이즈) 말이다. 따라서 키는 '왼쪽 다리 길이'보다 더 기본적인 신체적 특질이다. 개별 신체 부위의 길이는 사람의 전반적인 키가 상세히 발현된 측면에 불과하다.

심리적 특질들 또한 함께 나타난다. 두 단락 앞에서 열거했던 특질 목록을 떠올려 보자. 대개는 특히 논쟁적이고 극히 공격적인 사람이 동시에 극히 이타적이고 매우 우호적일 수 없다. 직관적으로 우리는 어떤 특질들이 함께 나타나는지 알 수 있다. 이는 어떤 특질들은 더 기본적인 특질의 발현임을 시사한다. 그렇다면 문제는 '어떻게 기본적 특질들을 규명할 것인가'이다. 직관에만 의지할 수 없다는 것은 확실하다. 필요한 것은 성격 특질의 기본적 구조를 규명하기 위한 정밀한 도구다.

특질심리학자들이 의존했던 도구는 **요인분석**factor analysis이라는 통계 기법이었다. 요인분석은 많은 수의 변수가 함께 움직이거나 함께 나타나는 양상을 요약해 주는 통계적 도구다. 제2장에서 살펴보았듯이 상관계수는 두 변수가 함께 움직이는 정도를 축약해 주는 숫자다. 만약 특질 이론가들이 관심을 가진 변수가 단 두 개밖에 없었다면 그들의 목적은 상관 기법만으로도 충분히 이룰 수 있었을 것이다. 하지만 특질 이론가들은 많은 수의 변수에 관심을 가졌다. 측정해야 할 특질은 수백 개에 이르러 보였다. 변수를 모두 측정했다면 이제 수만 개의 '두 변수 간의 상관'을 얻을 수 있다. 요인분석은 이처럼 엄청난 수의 상관계수들 속에서 패턴을 규명해 내는 통계 방법이다. 이상적으로는 요인분석(즉 일반적 요인분석 기법의 특정한 적용)을 통해 많은 수의 변수들 사이에 존재하는 상관관계를 요약해 주는 소수의 요인을 규명할 수 있다.

전형적인 요인분석 연구에서는 다수의 참여자에게 다수의 문항을 물어본다. 불가피하게도 이 중 어떤 문항들은 서로 정적 상관을 맺는다. 한 질문("시끌벅적한 파티에 자주 가나요?")에 특정한 방향으로 답한 사람은 다른 질문("많은 사람과 함께 노는 것을 좋아하나요?")에도 비슷하게 답한다. 또 어떤 문항들은 부적 상관을 보인다(예를 들어 "밤에 나가서 노는 것보다는 집에 있는 것을 선호하나요?"라는 질문에 대한 답은 앞의 두 가지 질문에 대한 답과는 부적 상관을 보일 것이다). 원리에 따르면 상관을 갖는 문항들은 큰 군집을 이룰 수 있다. 이러한 군집은 내포된 요인의 영향, 즉 문항들 간에 상관을 발생시킨 어떤 것(앞서 살펴보았듯이 긴 다리, 긴 팔 등의 상관을 낳는 '키'와 같은 요인)의 영향을 받을 수 있다. 요인분석은 이와 같은 패턴이나 군집, 상관을 확인하는 것이다. 따라서 요인분석 기법은 각각 하나의 상관 군집을 표상하는 소수의 요인을 확정함으로써 어마어마한 상관표에 담긴 정보를 단순화시켜 준다.

기술적으로 요인은 단순한 수학적 결과물에 불과하다. 요인분석은 수학적 통계 기법이지 심리학이 아닌 것이다. 그러나 심리학자들은 성격에 대한 지식을 활용함으로써 요인에 심리학적 명칭을 붙이곤 한다. 명칭은 서로 상관을 맺는 문항들 속에 담긴 주요한 심리적 내용을

요인분석
성격 검사들의 세트 사이, 또는 검사 문항 사이에 존재하는 상관을 분석하여 함께 증가하거나 함께 감소하는 변수 또는 문항 반응을 찾아내는 통계적 기법. 성격 검사 개발과 몇몇 특질 이론의 개발(예를 들어 카텔과 아이젱크의 이론)에 활용

나타내기 위한 것이다. 앞서 든 예의 경우(시끄러운 파티와 많은 사람이 모이는 것을 좋아하는 등) 요인분석을 수행해 보면 문항들 간의 상관을 표상하는 수학적 요인을 확인할 수 있으며 심리학자는 이 요인을 '사교성' 등으로 명명할 것이다.

요인분석은 특질 이론에서 가장 중요한 위치를 차지한다. 요인분석은 특질 이론가들이 성격 구조를 규명하기 위해 활용한 도구다. 대부분의 특질 이론가에 있어 요인분석 연구를 통해 규명된 요인들이 성격의 구조를 이룬다. 요인분석에 따라 성격 측정 문항 간의 상관을 요약해 주는 여섯 개의 수학적 요인이 규명되었다면, 특질 이론가는 이 여섯 차원으로 이루어진 수학적 구조를 '성격 구조'로 파악하곤 한다.

성격 구조를 규명하기 위해 요인분석을 활용하면 앞선 이론가들이 취한 절차와는 확연히 다른 몇몇 중요한 이점을 확보할 수 있다. 앞선 이론가들(프로이트, 융, 로저스 등)은 자신의 직관에 크게 의지했다. 이들은 임상 사례를 관찰하여 특정 성격 구조가 내담자들의 행동에 원인을 제공하고 있다고 추측했다. 하지만 인간의 직관은 불완전할 수 있다(Nisbett & Ross, 1980). 특질 이론가들은 성격 구조를 규명함에 있어 직관에 의존하지 않고 객관적 통계 절차인 요인분석에 의존했다.

통계 절차에 따라 여러 응답 간에 나타난 공변 양상을 발견할 수 있음을 상기해 보자. 이것만으로는 왜 응답들이 공변하느냐는 물음에 답할 수 없다. 이에 답하는 것은 심리학적 지식과 이론적 신념을 가진 심리학자다. 심리학자들은 요인의 존재를 추론하고 요인을 해석해 낸다. 서로 다른 심리학자는 서로 다른 해석을 할 수 있다. 예를 들어 현대 성격학에서 몇몇 연구자들은 외향성의 핵심이 보상 민감성이며 외향적인 사람은 긍정적이고 목표와 관련된 보상을 얻으려는 동기가 높다고 결론 내렸다(Lucas et al., 2000). 반면 이들과 유사한 상관 또는 요인분석 방법을 사용한 다른 연구자들은 이에 동의하지 않고 외향성의 핵심은 사회적 관심이라고 결론 내렸다. 이들은 외향적인 사람이 관심의 대상이 되는 것을 즐기는 것으로 보인다고 주장한다(Ashton, Lee, & Paunonen, 2002).

나아가 한 연구자가 얻어내는 요인의 본질이나 요인의 수와 같은 요소는 부분적으로 연구자가 정확히 어떤 분석 방법을 택하기로 결정했느냐에 따라 변화한다. 요인분석은 복잡한 기법의 종합이지 단순한 수리 알고리즘이 아니어서 연구자는 분석을 어떻게 진행할지 정확히 선택해야 한다. 이제 살펴보겠지만 바로 이 점 때문에 요인분석 방법을 활용한 연구자들끼리 다소간 서로 다른 이름의 요인과 서로 다른 수의 요인으로 자신의 성격 이론을 전개하게 되었다.

레이먼드 B. 카텔의 요인분석적 특질 이론

레이먼드 B. 카텔(1905~1998)은 1905년 영국 데번셔에서 태어났다. 카텔은 1924년 런던대학에서 화학사 학위를 취득했다. 이후 그는 심리학으로 전환하여 동 대학에서 1929년에 박

Courtesy University of Illinois

레이먼드 B. 카텔

사 학위를 받았다. 카텔은 성격 연구를 수행하고 영국에서 임상 경험을 쌓은 뒤 1937년 미국으로 건너왔다. 카텔은 경력의 대부분을 일리노이대학 성격 평가 연구실의 교수이자 책임자로 보냈다. 카텔은 그동안 극도로 생산적인 면모를 보여서 200개 이상의 논문을 출판하고 15권의 책을 썼다. 카텔은 20세기 가장 영향력 있는 심리 과학자 중 한 명으로 우뚝 서있다(Haggbloom et al., 2002).

경력 초기에 카텔은 당시 새롭게 개발된 기법이었던 요인분석을 접했다. 카텔은 재빨리 이 기법의 잠재성을 끌어내기 시작했다. 특히 화학을 공부했던 카텔은 원소 주기율표가 물리 과학의 밑바탕이 된 것처럼 과학적 진보에는 '기본 요소'의 분류 체계를 만드는 것이 매우 중요하다는 사실을 알고 있었다. 카텔은 요인분석을 통해 성격심리학의 기반을 이룰 기본적 심리 요소의 세트를 만들 수 있다고 판단했다.

표면 특질과 근원 특질 : 카텔 이론의 성격 구조

카텔은 다양한 성격 특질을 구별하기 위한 두 가지 가치 있는 개념적 구분법을 제공해 준다. 한 구분법은 **표면 특질**surface trait과 **근원 특질**source trait을 구분하는 것이다. 표면 특질과 근원 특질은 서로 다른 분석 수준을 표상한다. 카텔은 특질 개념들 사이에 위계적 관계가 존재한다는 아이디어에 바탕을 두었다. 표면 특질은 말 그대로 표면적인 행동 경향성을 표상한다. 이는 '표면'에 존재하는 것이며 관찰 가능한 것이다. 카텔은 다수의 성격 특질 용어 사이의 상관 양상을 분석하여 높은 상호 관련성을 갖는 특질 용어 군집을 약 40개 발견할 수 있었다. 카텔은 각 군집이 표면 특질을 표상한다고 생각했다.

물론 카텔은 행동을 단순히 '표면적으로' 기술하는 것에 그치려 하지 않았다. 카텔은 관찰 가능한 행동 경향성의 아래에 존재하는 심리적 구조를 규명하고자 했다. 이를 위해 카텔은 표면 특질 간에 관찰된 상호 관련성의 근원이 되거나 근본적 원인이 되는 내적인 심리적 구조인 근원 특질을 규명하고자 했다.

특질들이 이처럼 함께 움직이는 것을 이해하기 위해 카텔은 요인분석 기법에 의존했다.

표면 특질
카텔 이론에서 서로 관련되는 것처럼 보이지만 실제로는 함께 증가하거나 감소하지는 않는 행동들

근원 특질
카텔 이론에서 함께 변동하며 성격의 독립적 차원을 형성하는 행동들을 뜻하며 요인분석을 활용하여 발견할 수 있음

카텔은 각 표면 특질의 체계적 측정법을 개발하여 이를 다수 표본의 표면 특질 측정에 적용한 뒤 요인분석으로 표면 특질들 간의 상호 관계 양상을 규명했다. 카텔의 체계 안에서 표면 특질들 사이에 발생하는 상관을 요약해 주는 요인들(즉 요인분석에 따라 도출된 수학적 차원들)이 바로 근원 특질이다. 요인분석 과정에서 드러난 근원 특질들이 카텔 성격 이론의 핵심적 성격 구조다.

그렇다면 이 근원 특질들은 무엇이었을까? 카텔은 16개의 근원 특질을 규명하고 이를 다시 능력 특질, 기질 특질, 역동 특질의 세 가지 범주로 묶었다. **능력 특질**ability trait은 개인이 효과적으로 기능하게 해주는 기술과 능력이다. 능력 특질의 예로는 지능을 들 수 있다. **기질 특질**temperament trait은 정서적 삶, 그리고 행동의 양태적 질을 가리킨다. 빠르게 또는 느리게 일하는 경향, 차분하거나 정서적인 성향, 충동적으로 행동하거나 숙고 끝에 행동하는 경향 등이 모두 기질적 특질이다. 마지막 **역동적 특질**dynamic trait은 개인의 노력 및 동기적 삶과 관련된다. 동기화 수준의 차이를 보이는 사람들은 바로 역동적 특질에서 차이를 보이는 것이다. 능력 특질, 기질 특질, 역동적 특질은 성격의 주요하고 안정적인 요소를 잘 포착하는 것으로 보인다.

능력 특질, 기질 특질, 역동적 특질
이 세 특질 범주는 각각 카텔의 특질 이론이 다루는 성격의 주요한 측면을 반영함

자료의 출처 : L-자료, Q-자료, OT-자료

카텔은 이와 같은 특질을 어떻게 규명했을까? 카텔의 과학적 근거 자료는 정확히 어떤 것이었을까? 카텔 연구의 뛰어난 가치 중 하나는 카텔이 하나의 근거 자료만 활용한 것이 아니라는 점이다. 카텔은 세 가지 형태(또는 출처)의 자료를 활용했다. 이는 성격 과학에 지속적인 가치를 갖는 일이었다.

여기서 살펴볼 카텔의 구분법은 여러분에게 익숙해 보일 것이다. 이 방법이 바로 제2장에서 살펴본 LOTS 구분법의 근간을 이루었기 때문이다. 카텔은 (1) 생애 기록 자료(L-자료), (2) 자기 보고 설문 자료(Q-자료), 객관적 평가 자료(OT-자료)를 구분했다.

첫째, **L-자료**는 학교생활이나 또래와의 관계 등 현실의 일상적 상황에서 나타나는 행동과 관련된다. L-자료는 실제로 특정 행동이 나타난 수를 세거나 이런 관찰을 근거로 점수를 매긴 자료다. 둘째, **Q-자료**에는 뒤에서 살펴볼 아이젱크 성격 검사 척도와 같은 자기 보고 자료나 설문 응답 등이 포함된다. 셋째, **OT-자료**는 참여자가 자신의 성격 특징이 측정된다는 것을 모르는 상태에서 진행되는 행동적 축소 상황을 통해 획득된다. 카텔은 이 같은 여러 축소 상황을 직접 개발했다. 예를 들어 주장적인 성향은 손가락 미로 검사에서의 긴 탐색 거리, 빠른 팔과 어깨의 움직임, 빠른 단어비교 속도 등으로 표현될 수 있다. 이상적으로는 L-자료, Q-자료, OT-자료를 통해 동일한 요인 또는 특질을 도출할 수 있어야 한다.

원래 카텔은 L-자료 요인분석에 기반을 두었고 이를 통해 대부분의 개인 성격을 아우르는 15개 요인을 발견했다. 이후 카텔은 Q-자료에서도 동질적인 요인들이 도출되는지 검증했다. 카텔은 수천 개의 검사 문항을 작성해 많은 사람들에게 실시했다. 카텔은 요인분석

L-자료
카텔 이론에서 일상적 상황에서의 행동이나 이 행동에 대한 평가로 구성되는 생애 기록 자료

Q-자료
카텔 이론에서 설문 문항을 통해 얻은 자료

OT-자료
카텔 이론에서 객관적 검사 자료 또는 축소 상황에서의 행동을 관찰하여 얻은 정보

으로 어떤 문항들이 함께 나타나는지 알아보았다. 이 연구의 주요한 결과는 16 성격 요인 16 personality factor(16 P.F.)이라는 이름으로 알려져 있다. 최초에 카텔은 신조어('surgency'와 같은)를 활용해 성격 특질 요인의 이름을 지어서 의미의 혼동을 피하고자 했다. 하지만 표 7.1에 제시한 보다 친숙한 용어들도 카텔 특질 요인의 의미를 대략 잘 나타내 줄 것이다. 표에서 살펴보듯이 카텔의 특질 요인은 특히 기질(예 : 정서성)과 태도(예 : 보수성) 등에서 성격의 넓고 다양한 측면을 포괄한다. 일반적으로 Q-자료에서 도출된 요인은 L-자료에서 발견된 요인과 유사했으나 몇몇은 자료의 종류에 따라 고유하게 도출된 것들도 있었다.

카텔은 특히 16 P.F. 질문지처럼 요인분석적 관점에 따라 도출된 도구를 사용하려 했다. 동시에 카텔은 참여자들의 답변과 관련하여 참여자의 동기 때문에 발생하는 답변 왜곡과 자기기만에 대한 우려를 표명했다. 카텔은 또한 정신 병리를 가진 사람들에게는 질문지의 유용성이 특히 의심된다고 느꼈다. L-자료와 Q-자료의 문제 때문에, 그리고 본디 카텔이 가졌던 연구 전략 때문에 OT-자료를 살펴볼 필요가 발생했다. 카텔은 후기에 OT-자료를 활용한 성격 구조 도출에 보다 큰 연구 노력을 쏟았다. 객관적 검사로 측정한 근원 특질이야말로 성격 연구의 '알짜'라 할 수 있다.

축소 평가 상황을 개발할 때 L-자료와 Q-자료 연구 결과가 중요한 역할을 했다. 축소 평가 상황을 개발한 목적은 이미 발견된 근원 특질을 측정하는 객관적 테스트를 개발하는 것이었다. 따라서 가설로 상정된 성격 차원들을 모두 포괄하는 500개 이상의 테스트가 구축되었다. 카텔은 다수의 참여자에게 이 상황들을 적용하였으며, 여러 연구 상황에서 얻은 자료를 반복적으로 요인분석함으로써 21개의 OT-자료 근원 특질을 얻어낼 수 있었다.

앞서 언급했듯이 L-자료와 Q-자료에서 발견된 근원 특질 또는 요인은 대부분이 각각 대

표 7.1 Q-자료로 도출한 카텔의 16 성격 요인

내향성	사교성
지능이 낮음	지능이 높음
안정성, 자아 강도	정서성/신경증 성향
겸손	주장성
냉철함	태평스러움
편의적임	성실성
수줍음	모험성
강인함	마음 약함
신뢰	의심
실용적	상상력 풍부
솔직함	기민함
차분함	불안함
보수성	실험성
집단 의존적	자기 충족적
버릇없음	자기 통제
이완	긴장

응될 수 있다. 하지만 OT-자료에서 얻은 요인이 L-자료 및 Q-자료의 요인과 일치할까? 오랜 기간에 걸친 연구에도 불구하고 결과는 만족스럽지 않았다. 세 가지 자료 모두에 걸쳐 상응되는 요인도 있었으나 각 요인을 모두 일대일로 대응시키는 것은 불가능했다.

이로써 우리는 카텔이 밟은 네 단계 연구 절차를 살펴보았다. (1) 먼저 카텔은 L-자료, Q-자료, OT-자료라는 세 가지 자료를 통해 성격 구조를 정의하려 했다. (2) 카텔은 L-자료의 요인분석 연구로 시작하여 15개 근원 특질을 얻었다. (3) 연구 결과를 바탕으로 카텔은 16 P.F. 질문지를 개발했다. 여기에는 L-자료 연구에서 발견된 12개 특질과 설문 방법에서만 발견된 네 개의 특질이 포함되었다. (4) 카텔은 이와 같은 결과를 바탕으로 객관적 평가를 개발하여 OT-자료에서 21개 근원 특질을 발견했으나 이는 다른 자료에서 발견된 특질들과는 복잡하고 낮은 수준의 관계를 보였다.

카텔은 세 가지 관찰 방법으로 도출한 근원 특질들로 완전한 성격 구조를 만들어 내지 못했다. 그러나 이 절에서 살펴본 특질들은 카텔이 구성한 성격 구조의 일반적 본질을 잘 나타낸다. 달리 말하면 여기서 우리는 심리학의 원소 주기율표, 즉 그 범주화 틀이 형성된 것을 확인할 수 있다. 그러나 이 특질들의 존재 증거는 무엇인가? 카텔(1979)은 (1) 서로 다른 종류의 자료를 요인분석한 결과, (2) 범문화적으로 유사한 결과, (3) 여러 연령에 걸쳐 유사한 결과, (4) 자연적 환경에서의 행동을 예측해 주는 유용성, (5) 다수의 특질에 작용하는 유전의 중요한 영향력이 그 증거라고 말했다.

행동의 안정성과 가변성

카텔은 인간이 모든 상황에서 동일한 방식으로 안정적으로 행동하는 개체가 아니라고 생각했다. 사회적 행위는 특질뿐만 아니라 다른 요인들의 영향을 받는다. 카텔은 두 가지 요인을 강조했다. 바로 상태와 역할이다. **상태**state는 한정된 특정 시간에 나타나는 정서와 기분을 뜻한다. 개인의 심리적 상태는 부분적으로는 개인이 직면한 상황에 따라 결정된다. 예컨대 불안, 우울, 피로, 각성, 호기심 등이 있다. 카텔은 특정 시점에서 개인을 정확히 기술하기 위해서는 특질과 상태를 모두 측정할 필요가 있다고 생각했다. "활동 중인 모든 심리학자들, 그리고 인간 본성과 역사를 관찰하는 지적인 관찰자들은 특질만큼이나 특정 시점에서의 개인의 상태가 그 사람의 행동을 결정하게 된다는 것을 깨닫게 된다"(1979, p. 169).

역할role 개념에 대해 카텔은 개인의 특정 행동이 그 사람이 가진 특질보다는 그 사람이 수행해야 하는 사회적 역할과 더 밀접하게 관련된다고 명시했다. 한 사람이 축구 경기장에서는 소리를 질러대고 교회에서는 그렇게 하지 않는 이유를 설명해 주는 것은 사회적 역할이지 성격 특질이 아니다(Cattell, 1979). 어떤 두 사람은 그들이 상이한 역할을 수행하는 상이한 상황에서 서로에 대해 상이한 방식으로 행동할 것이다. 예를 들어 학교 선생님은 똑같은 아이에게 학교 안과 학교 밖(더 이상 선생님의 역할을 수행하지 않는 상황)에서 행동을 다르게 할 것이다.

상태
정서와 기분의 변화(예를 들어 불안, 우울, 피로)로 카텔은 상태가 특정 시점에서의 개인의 행동에 영향을 준다고 제안함. 특질과 상태를 모두 측정하면 행동을 예측할 수 있다고 제안됨

역할
개인이 사회 내에서 갖는 위치 또는 지위에 적합한 것으로 판단되는 행동. 카텔은 이를 행동에 대한 성격 변수의 영향력을 상황 변수에 비해 제한되게 만드는 다수의 변수 중 하나로 강조했음

정리하자면 카텔은 특질이 상황에 따라 일관된 행동의 안정성을 제공한다고 믿었지만 또한 개인의 기분(상태)과 해당 상황에서 자기를 제시하는 양식(역할)이 행동에 영향을 미친다고 생각했다. "스미스 씨가 얼마나 게걸스럽게 음식을 먹을 것이냐 하는 문제는 오직 그가 얼마나 배고프냐에 달려있는 것이 아니라 그의 기질과 그가 자기 고용주와 함께 저녁을 들고 있는지 또는 집에서 혼자 식사를 하고 있는지의 여부에도 달려있다"(Nesselroade & Delhees, 1966, p. 583).

카텔 논평

카텔의 업적을 살펴보면 누구나 깊은 인상을 받게 될 것이다. 카텔의 이론은 성격 이론의 모든 주요한 부분을 다루었으며 카텔의 체계적 연구 노력은 여러 세대에 걸친 특질 기반 연구자의 자양분이 되었다. 어떤 이는 "카텔의 이론은 일반적으로 알려진 것에 비해 더욱 인상적인 업적이다… 성격 연구에 대한 카텔의 고유한 청사진은 놀라울 정도로 풍부한 이론적 구조를 도출하였다."(Wiggins, 1984, pp. 177, 190)라고 결론 내렸다. 카텔의 주요한 성격 측정 도구인 16 P.F. 질문지는 개인차를 측정할 필요가 있는 다양한 응용 장면에서 계속 활용되고 있다.

이러한 점에도 불구하고 카텔이 만약 현대에 되살아난다면 자신의 연구가 현대 성격 과학에 상대적으로 큰 영향을 미치지 못했다는 사실에 실망하게 될 것이다. 큰 영향을 미치지 못한 이유는 과학적인 동시에 실용적인 어떤 문제 때문이었다. 카텔은 다수의 성격 요인, 즉 16개 요인으로 구성된 이론적 체계를 제공해 주었다. 실용적으로 보면 기초심리학자나 응용 심리학자가 사람의 성격을 측정할 때 이처럼 많은 수의 요인을 염두에 두기는 어렵다. 카텔은 이 정도 규모의 요인이 필요하다고 주장할 것이다. 그러나 카텔의 접근은 다른 이론들에 비해 경제적이지 못하다. 이 장의 나머지 부분과 다음 장에서 살펴보겠지만 다른 이론가들은 더 단순한 성격 특질 구조를 정립하려 했다.

이와 같은 실용적 한계의 이면에는 더 심층적인 문제가 숨어있다. 카텔은 근본적으로 측정의 문제에 관심을 가진 연구자였다. 대부분의 측면에서 이는 아주 좋은 것이다. 부적절한 측정은 과학 연구 프로그램을 훼손한다. 그러나 카텔은 측정 과정을 측정 목적에 국한하여 사용하지 않았다. 카텔은 이를 두 번째 목적인 이론화에 활용했다. 달리 말하면 카텔 이론의 기본 구조(근원 특질의 수와 내용)는 전적으로 측정 과정(표면 특질 측정치의 요인분석)에 따라 결정되었다. 측정을 기초로 이론을 수립하는 것은 위험부담이 큰 전략이다. 그 위험성이란 연구자가 포괄적 이론을 통해 연구해야 할 중요한 특성이 존재함에도 불구하고 연구자의 측정 체계 때문에 이를 발견하지 못할 위험성이다. 이런 일이 발생한다면 이론은 중요한 주제를 포괄하지 못하게 된다. 하나의 예로 거의 모든 사람이 '인생 이야기' 하나씩은 가지고 있음을 생각해 보자(McAdams, 2006). 누군가에게 그 사람의 이야기를 해달라고 부탁한다면 여러분은 그 사람의 서사적이고 자전적인 이야기를 듣게 될 공산이 크다. 우리는 카텔

이 활용한 종류의 수리적 측정치가 이런 이야기들의 내용을 포착하리라 확신할 수 없다. 만약 문학수업 시간에 여러분이 어떤 이야기의 의미를 분석하라는 과제를 부여받는다면 이는 요인분석 기법을 활용하라는 이야기가 아닌 것이다! 인생 이야기처럼 숫자로 환원할 수 없는 심리적 속성을 갖는다면 이 특성들은 카텔의 측정 체계 내에서 간과될 것이고 따라서 그의 이론에서도 간과될 것이다. 만약 칼 로저스가 현대에 되살아나 이런 일을 알게 된다면 이것이 성격 이론에 얼마나 큰 문제가 되는지 말해주었으리라.

한스 J. 아이젱크의 3요인 이론

카텔을 논평하며 우리는 16요인 이론의 실용적 결함에 주목했다. 실용적 적용 시에 그 많은 요인을 전부 따르기란 힘들고 번잡한 일이다. 이 측면에 상응하는 과학적 결점도 있을 수 있다. 16개의 요인은 순수과학이 다루기에는 너무 많다. 아마도 16요인 뒤에 감춰진 더 간단하고 심지어 더 근본적인 성격 특질 구조가 있을 것이다. 누군가 이 간명한 특질 구조를 규명한다면 이는 경제적인 과학적 모형의 기초가 되고 또한 간명하고 실용적인 적용의 기초가 되어줄 것이다. 고유한 창조성과 에너지로 이 가능성을 추구한 학자가 있었으니 바로 20세기 심리학의 거인 중 한 명인 한스 아이젱크다.

한스 J. 아이젱크(1916~1997)는 1916년 독일에서 태어났으며 훗날 나치의 인종 청소를 피해 영국으로 탈출했다. 카텔과 마찬가지로 아이젱크의 연구 또한 통계 기법, 특히 요인분석의 발전으로부터 영향을 받았다. 또한 아이젱크는 성격 유형을 연구한 유럽 심리학자들(특히 융과 크레치머)의 연구와 심리적 특성의 유전에 대한 연구, 그리고 러시아 심리학자 파블로프가 수행한 고전적 조건형성 실험(제10장 참조)에서 지적인 영향을 받았다.

아이젱크는 엄청난 에너지와 생산성으로 특징지을 수 있는 삶을 살았다. 아이젱크의 연구는 정상 집단과 병리 집단 모두를 포괄하는 방대한 표본을 통해 구축되었다. 아이젱크

Stringer / Getty Images

한스 J. 아이젱크

는 열정적인 저술가였다. 역사적으로 아이젱크는 가장 영향력 있고 가장 자주 인용된 20세기 심리학자 중 한 명이다(Haggbloom et al., 2002). 1980년대에 아이젱크는 자신이 깊은 관심을 가졌던 성격 특질과 기질, 성격의 생물학적 기반에 대한 연구를 다루는 국제 학술지인 *Personality and Individual Differences*를 만들고 편집했다. 아이젱크는 1997년 자신의 초기 저작 세 권이 재출판되는 모습을 보고 자신의 마지막 책인 지능 : 한 가지 새로운 시선*Intelligence : A New Look*(1998)을 완성한 직후에 사망하였다.

성격 과학 분야에서 아이젱크는 건설자의 역할과 비판자의 역할을 모두 담당했다. 특질 이론을 구축한 것에 더해서 아이젱크는 그가 결점이 있다고 생각한 다른 이론들, 특히 정신분석 이론을 비판했다. 카텔처럼 아이젱크도 정신분석가들이 심리적 구성 개념을 정확하고 신뢰도 높게 측정하는 방법을 제공해 주지 못했으며 이는 심각한 결점이라고 생각했다. 특질 이론을 구축함에 있어 아이젱크는 개인차의 신뢰할 수 있는 측정 방법을 활용함으로써 이 문제를 극복하고자 했다. 아이젱크는 이러한 측정 방법이 각 특질의 생물학적 기반을 규명하는 데에도 반드시 필요하다고 생각했다.

아이젱크가 성격 특질의 생물학적 바탕을 강조한 점은 특히 주목할 만하다. 그는 생물학적 이해가 없는 특질 이론은 순환론적 설명에 그칠 수 있다고 보았다. 이때 순환론적 설명이란 애초에 특질이 존재한다는 근거로 활용된 바로 그 행동을 다시 특질 개념을 사용하여 설명하는 것, 즉 개념의 끊임없는 순환이 발생하는 것을 뜻한다. 예를 들어 여러분의 친구가 다른 사람들과 대화할 때 친근하고 외향적인 말투를 자주 보인다고 가정해 보자. 여러분은 그 친구의 행동을 어떻게 묘사하겠는가? 여러분은 아마도 그 친구가 '사교적'이라고 말할 것이다. 이제 또 다른 질문에 답해보자. 여러분은 그 친구의 행동을 어떻게 **설명**하겠는가? 아마도 그 친구가 사교성 특질을 가지고 있기 때문에 사교적으로 행동한다고 말할 것이다. 하지만 이 말을 내뱉는 순간 여러분은 그다지 좋은 설명을 제공하지 못하는 셈이 된다. 사실 여러분의 설명은 과학적 설명의 기본 원칙을 위반한 것이다. 문제는 여러분이 그 친구의 사교성 특질을 알 수 있었던 유일한 이유가 그 친구의 사교적인 행동을 보았기 때문이라는 것이다. 따라서 여러분의 설명은 논리적 순환을 이룬다. **사교적**이라는 단어로 행동의 양상을 기술하고 다시 똑같은 단어로 기술된 행동 양상의 존재 이유를 설명했기 때문이다. 아이젱크는 특질 이론이 그저 특질 단어를 사용하기만 하는 것이 아니라 특질에 상응하는 생물학적 체계를 규명함으로써 이와 같은 개념적 순환에서 빠져나와야 함을 깨달았다. 우리는 아이젱크가 이러한 생물학적 체계를 규명하고자 하는 목표에서 얼마나 성공을 거두었는지 곧 살펴볼 것이다.

'상위특질' : 아이젱크 이론의 성격 구조

카텔과 마찬가지로 아이젱크는 성격 이론을 구축하기 위해 참여자들의 응답을 요인분석했다. 하지만 아이젱크는 한 단계를 더 나아가 요인분석 방법의 이차 적용 과정을 거쳤다. 이차적 요인분석은 최초의 요인 세트 중 어떤 세트들이 서로 상관을 갖는지 통계분석하는 것이다. 일차적 요인분석은 성격 특질의 넓은 스펙트럼을 분석하여 다수의 요인이 존재함을 가르쳐 준다. 카텔의 경우 자기 보고 자료의 분석 결과로 도출된 요인 수는 16개였다. 그러나 이 요인들은 통계적으로 독립적이지 않다. 어떤 연구자가 이 정도 수의 요인을 얻었다면 이 요인들은 보통 서로 상관을 보인다. 하나의 요인에서 낮은(또는 높은) 점수를 보인 사람은 다른 요인에서도 낮은(또는 높은) 점수를 보이는 경향이 있는 것이다. (표 7.1을 다시 살펴본다면 이 같은 경향이 '내향성'과 '수줍음'과 같은 카텔 요인들에서도 나타남을 직관적으로 알 수 있을 것이다.) 요인들이 상관을 보이므로, 그리고 요인분석은 상관의 세트가 나타나는 양상을 분석하는 도구이므로 우리는 요인들 간의 상관을 요인분석할 수 있다. 이를 이차적 요인분석이라 부른다.

그리고 이것이 바로 아이젱크가 한 일이었다. 아이젱크는 이차적 요인분석을 활용하여 독립적인, 즉 서로 상관을 보이지 않는 소수의 요인 군집들을 규명했다. 이와 같은 이차적 요인들 또한 당연히 특질들이었다. 이차적 요인들은 한 사람을 다른 사람과 구분해 주는 정서와 행동의 안정적인 양식들이었고 또한 높고 낮은 양극단이 있고 대부분의 사람들이 중앙부에 위치하는 연속적 차원을 이루었다. 그러나 이차적 요인들은 특질 위계의 가장 높은 수준에 자리 잡은 요인분석적 특질이었기 때문에 아이젱크는 이를 **상위특질**superfactor이라 불렀다. 최초에 아이젱크는 두 개의 상위특질을 규명하여 각각을 (1) **내향성-외향성**introversion-extraversion, (2) **신경증 성향**neuroticism(또는 정서적 안정성 대 정서적 불안정성이라 부르기도 한다)이라 명명했다. 상위 개념인 외향성은 그보다 낮은 수준의 특질인 사교성, 활기, 활동성, 감각 추구 등을 하나의 구조로 묶는다. 신경증 성향은 불안, 우울, 수줍음, 변덕 등을 구조화한다.

아이젱크 체계의 흥미로운 특징 한 가지는 여기에 고대에 정립된 개인차 개념이 담겨있다는 점이다. 그리스의 의학자 히포크라테스(B.C.E. 400년경)와 갈레노스(C.E. 200년경)는 네 가지 기본적 성격 유형이 존재한다고 제안했다. 우울형, 점액형, 담즙형, 다혈형이 그 네 가지다. 이 네 가지 기본 성격 유형은 각기 내향성(I), 외향성(E), 안정-불안정(N) 차원에 대응된다. 예컨대 우울형 인물은 변덕이 심하고 불안하고 조용하고 비사교적인 특질을 가지며, 다혈형 인물은 사교적이고 태평하며 느긋한 특질을 갖는다. 현대에는 성격 유형의 발생 원인에 대한 고대 그리스 이론의 설명 방식이 받아들여지지 않는다. 그러나 아이젱크는 고대 학자들이 개인들의 중요한 차이를 생생하게 규명했다고 생각했다. 그리스 사람들이 특정한 성격 유형을 가진 존재라고 판단한 개인은 실제로 이와 연관되는 성격 특질들을 높게 가진 사람들이었다. 이와 같은 개인차가 고대와 현대에서 모두 나타난다는 사실은 이 요인들이 인간 본성의 근본적 특징들이며 시간과 공간을 초월한 생리적 기반을 갖는 것들임을 시사한다.

따라서 아이젱크의 최초 연구는 성격의 정상적인 개인차를 만들어 내는 두 차원, 즉 우리가 일상에서 접하는 사람들의 성격 특징을 통해 쉽게 확인할 수 있는 두 개인차 차원을 규명

상위특질
요인분석에 따라 최초로 도출된 요인들에 비해 더 높은 특질 구조 수준을 표상하는 고차적 혹은 이차적 요인

내향성
아이젱크 이론에서 성격 내향성-외향성 차원의 한쪽 끝을 이루는 개념으로 조용하고 과묵하며 사색적이고 위험을 회피하는 성향으로 특징지을 수 있음

외향성
아이젱크 이론에서 성격 내향성-외향성 차원의 한쪽 끝을 이루는 개념으로 사교적이고 친근하고 충동적이며 위험을 감수하는 성향으로 특징지을 수 있음

신경증 성향
아이젱크 이론에서 안정성과 낮은 불안을 한쪽 끝으로 하고 불안정성과 높은 불안을 다른 쪽 끝으로 하는 성격 차원

한 것이다. 우리는 모두 우리의 친구들과 가족들이 차분함–불안의 정도, 수줍음–사교성의 정도에서 각기 다양한 모습을 보임을 알고 있다. 그리고 아이젱크의 모형은 이와 같은 우리의 직관적 지식을 과학적으로 조직화해 준다. 그러나 아이젱크는 이 두 차원을 정립한 후 세 번째 차원을 추가했다. 세 번째 차원은 우리가 극단적으로는 '비정상'이라 부를 수 있는 성격 특질들을 체계화한 것이다. 공격성, 공감의 결여, 대인관계에서의 냉담함, 반사회적 행동 경향성 등이 여기에 속한다. 세 번째 상위특질은 **정신병 성향**psychoticism이라 부른다. 이렇게 도출된 정신병 성향, 외향성, 신경증 성향이라는 세 요인이 아이젱크 성격 구조 모형을 완성한다. 세 요인은 성격심리학에 매우 잘 알려져 있어서 일반적으로 머리글자만 따서 P, E, N 이라고 부르곤 한다.

정신병 성향
아이젱크 이론에서 고독하고 무감각한 특성을 한쪽 끝으로 하고 사회 관습의 수용과 배려를 다른 쪽 끝으로 하는 성격 차원

요인의 측정

모형을 확보했다면 이제 P, E, N의 개인차를 측정할 평가도구가 필요할 것이다. 아이젱크는 이 도구 또한 제공해 주었다. 아이젱크는 각 요인을 측정하는 간단한 자기 보고 문항들로 이루어진 설문도구(예를 들어 '아이젱크 성격 척도')를 개발했다(그림 7.2). 전형적인 외향인은 "다른 사람은 여러분을 매우 활동적인 사람이라고 생각합니까?", "사람을 많이 만나지 못하고 오랜 시간을 지내면 불행합니까?", " '뭔가 흥분되는 일이 있었으면' 하고 생각하곤 합니까?"와 같은 문항에 '예'라고 답할 것이다. 전형적인 내향인은 "보통 여러분은 사람 만나는 것보다 책 읽기를 더 좋아합니까?", "다른 사람과 있을 때면 조용히 있는 편입니까?", "일을 착수하기 전에 깊이 생각합니까?" 등의 문항에 '예'라고 대답할 것이다. 여기서 아이젱크는 스스로 더 좋은 사람으로 보이고 싶어서 거짓 응답을 하는 사람들을 알아내기 위해 '거짓말

1. 먼저 나서서 새 친구를 사귀는 편입니까?	예	아니요
2. 생각이 많아서 잠을 이루지 못합니까?	예	아니요
3. 사교 모임을 할 때 뒤쪽에 빠져있으려 합니까?	예	아니요
4. 가끔은 음담패설에 재미있어합니까?	예	아니요
5. 변덕이 심합니까?	예	아니요
6. 맛 좋은 음식을 아주 좋아합니까?	예	아니요
7. 화가 날 때면 이에 대해 이야기를 나눌 친구가 필요합니까?	예	아니요
8. 어렸을 때 언제나 어른들이 하라는 대로 불평하지 않고 따랐습니까?	예	아니요
9. 아주 가까운 친구를 빼고는 여러분의 속내를 털어놓지 않습니까?	예	아니요
10. 결정을 너무 늦게 내리곤 합니까?	예	아니요

주 : 각 요인별로 문항에 대한 답이 다음과 같을 경우 점수를 부여한다. 외향성 : 1. 예, 3. 아니요, 6. 예, 9. 아니요; 신경증 성향 : 2. 예, 5. 예, 7. 예, 10. 예; 거짓말 척도 : 4. 아니요, 8. 예.

그림 7.2 모즐리 성격 척도와 아이젱크 성격 척도의 외향성, 신경증 성향, 거짓말 척도 문항 예시

척도' 문항들도 포함시켰음을 알아둘 필요가 있다(그림 7.2).

아이젱크 연구의 중요한 특징은 카텔처럼 그도 특질의 객관적 측정도구, 즉 문항에 대한 참여자들의 주관적 응답에 의존하지 않는 도구를 개발했다는 것이다. 그중 하나로 외향성과 내향성을 구분하기 위한 아이젱크의 '레몬 방울 검사'가 있다. 동일한 양의 레몬주스를 참여자의 혀 위에 떨어뜨려 보자. 이때 내향인과 외향인(문항에 의해 구별된 상태이다)은 분비하는 침의 양에서 차이를 보인다.

왜 그럴까? 아이젱크는 특질의 개인차에 생물학적 기반이 있기 때문이라고 생각했다.

성격 특질의 생물학적 기반

아이젱크는 개인차의 생물학적 기반에 대한 구체적인 과학적 모형을 제공해 주었다. 여러분이 아이젱크라면 여러분은 하나의 모형이 아니라 복수의 모형을 필요로 할 것임을 명심하자. 특질들(P, E, N)은 통계적으로 독립적이다. 따라서 우리는 세 특질 각각에 대한 별도의 생물학적 모형을 필요로 한다. 아이젱크가 특질의 생물학적 기반을 이론화한 것 중 외향성에 대한 이론이 가장 성공적인 것으로 밝혀져 있다.

아이젱크는 내향성-외향성의 개인차가 뇌 피질의 신경생리학적 기능의 개인차를 반영한다고 제안했다. 아이젱크의 생각은 내향인이 각성에 더 민감하다는 것이었다. 내향인은 세상의 사건들로부터 더 큰 피질 각성을 경험한다. 그 결과 매우 강렬한 사회적 자극(예를 들어 시끄러운 파티)은 이들을 과잉 각성 상태, 즉 이들이 피하고자 하는 혐오스러운 상태로 만든다. 따라서 내향인의 사회적 행동은 이들이 경험하는 더 큰 각성 때문에 상대적으로 억제된다. 반대로 외향인은 내향인보다 주어진 자극으로부터 더 낮은 피질 각성을 경험하며 따라서 더 강한 사회적 경험을 추구한다. 내향인과 외향인의 뇌 활동을 직접 측정하는 연구는 아이젱크 이론을 지지하는 증거를 제공한다(Geen, 1997; 또한 이 장의 '성격과 뇌' 글상자와 제9장 참조). 아이젱크 본인도 내향인은 학습 시 처벌에 보다 큰 영향을 받고 외향인은 보상에 보다 큰 영향을 받는다는 사실 등 내향성-외향성 차원의 생물학에 대한 매우 관련성 높은 증거를 직접 산출했다.

특질이 생물학적 기반을 갖기 때문에 내향성-외향성의 개인차는 적어도 부분적으로는 유전적이다. (생물학적 기반이 있다고 하여 특질이 전적으로 유전되는 것이라 볼 수는 없음을 명심하자. 인간 발달기의 경험이 생물학적 특성에도 영향을 미치기 때문이다.) 일란성 쌍둥이와 이란성 쌍둥이에 대한 연구들은 공통적으로 E 점수의 개인차에 유전이 중요한 역할을 수행함을 밝혀준다(Krueger & Johnson, 2008; Loehlin, 1992; Plomin & Caspi, 1999). 이 외에도 아이젱크의 생물학적 이론과 부합하는 다음과 같은 사실들이 있다. 내향성-외향성 차원이 문화 보편적이고, 내향성-외향성의 개인차가 시간에 대해 안정적이며, 생물학적 기능의 다양한 측정치(예 : 뇌 활동, 심박률, 호르몬 수준, 땀샘 활동)가 E 점수와 상관을 보인다 (Eysenck, 1990).

성격과 뇌

외향성과 신경증 성향

반세기도 더 전에 한스 아이젱크는 외향성(E)과 신경증 성향(N) 척도에서 서로 다른 점수를 보이는 사람들은 신경계에서도 차이를 보이리라 예측했다. 구체적으로 그는 사람들이 정서적 각성을 일으키는 자극을 접했을 때 차별적인 뇌 반응을 보일 것이라 기대했다. 오랜 시간이 흘렀으므로 여러분은 아이젱크의 예측에 대한 집중 검증이 진행되었으리라 짐작할 수 있을 것이다. 이 시간 동안 우리는 아이젱크의 예측과 관련된 뇌 시스템을 잘 이해하게 되었기 때문이다. 하지만 현실은 그렇지 않다. 현대의 연구자들(Kehoe et al., 2012)은 여전히 "외향성과 정서 각성을 처리하는 신경계 기반 간의 관계는 불확실하다."(p. 2)라고 말한다. 이들은 또한 신경증 성향과 뇌에 대한 아이젱크학파의 예측은 바로 최근까지만 해도 현대 신경과학계에서 가장 선호되는 도구인 "기능적 자기공명영상(fMRI)을 활용하여 연구된 적이 없다."(p. 1)라고 말한다.

이와 같은 상황은 바뀌기 시작했다. 케호 등(2012)은 fMRI를 활용하여 외향성과 신경증 성향에서 차이를 보이는 23명 여성의 뇌 활동을 관찰했다. 참여자들은 아이젱크 척도의 E와 N 부분을 작성한 뒤 실험에 참가하여 다양한 정서적 내용을 담은 사진들이 연속적으로 제시되는 것을 보게 되었다. 이들이 사진을 보는 동안 촬영한 뇌 영상을 분석한 결과, 연구자들은 아이젱크가 예측한 것처럼 E와 N이 뇌 활동과 관련되는지 결론 내릴 수 있었다.

아이젱크의 예측은 얼마나 정확한 것으로 나타났을까? 두 특질을 하나씩 살펴보도록 하자. 아이젱크는 높은 수준의 외향성이 환경 자극에 직면했을 때의 낮은 수준의 피질 각성, 즉 낮은 뇌 피질 영역의 활성화와 관련될 것이라고 예측했다. fMRI 증거에 따르면 이 가설은 부분적으로 지지된다(Kehoe et al., 2012). 연구자들이 소뇌(수의운동에 영향을 주며 또한 정서적 반응과 관련되는 뇌 영역) 활동을 관찰한 결과 아이젱크의 예측에 부합되게 외향인의 소뇌 활성화 수준이 더 낮았다. 하지만 또 다른 뇌 영역인 섬 피질(정서의 주관적 의식 경험에 기여하는 영역)을 관찰했을 때에는 외향인이 보다 높은 각성 수준을 보여주어 아이젱크의 예측에서 어긋났다.

신경증 성향에 대해서는 fMRI 증거가 아이젱크의 이론에 보다 잘 부합했다. 정서적 각성을 일으키는 자극이 제시되었을 때 신경증 성향이 높은 사람은 뇌 전두엽의 전전두피질 영역이 보다 높은 활동 수준을 보였다(Kehoe et al., 2012). 전전두피질은 정확히 아이젱크가 N과 연관시켰던 부분은 아니다. 아이젱크는 신경증 성향이 뇌의 낮은 수준 영역, 즉 변연계의 차이와 관련될 것이라 예측했다. 하지만 전전두피질과 변연계는 높은 관련성을 보이기 때문에 케호 등의 연구 결과는 신경증 성향이 보다 높은 사람은 뇌 반응도 보다 강할 것이라는 아이젱크의 전반적 예측과 일치한다.

이와 같은 결과는 E와 N을 이해하기 위해 fMRI를 활용하는 연구가 막 시작되었음을 보여준다. 여러분은 이 연구 결과가 보다 크고 다양한 표본과 보다 다양한 실험 자극을 통해 반복 검증될 것이라 기대해도 좋다. 외향성과 신경증 성향의 신경학적 기반에 대해서는 아직 연구해야 할 것이 아주 많다.

신경증 성향에 대해 아이젱크는 그 핵심적 신경 체계가 (a) 정서적 각성과 관련되는 낮은 수준의 뇌 영역인 '변연계', (b) 신체적 각성(예 : 심박률과 땀샘 활동)에 영향을 미치며 변연계의 통제를 받는 '자율신경계'라는 가설을 수립했다. 아이젱크는 신경증 성향이 높은 사람의 자율신경계는 스트레스에 특히 빠르게 반응하고 위험이 사라진 후에도 활성화 수준이 천천히 감소할 것이라 예측했다. 따라서 신경증적인 사람은 '조마조마'하고 '스트레스 쌓인' 사람으로 보인다. 불행히도 연구 결과는 아이젱크의 이론을 일관되게 지지하지 않는다. 아이젱크 본인도 이 사실을 잘 알고 있었다(Eysenck, 1990). 그러나 아이젱크는 쓸 수 없었던 뇌 영상 기법을 활용한 최근의 연구 결과는 훨씬 고무적이다(이 장의 '성격과 뇌' 글상자 참조).

정신병 성향(P) 차원의 생물학적 기반에 대해서는 우리가 알고 있는 내용이 훨씬 적다. 그럼에도 유전적 연관성, 특히 남성성과 관련된 유전적 연관성이 제안된 바 있다. 정신병 성향의 요소인 공격성은 남성에게서 높게 나타나며 테스토스테론 수준의 영향을 받을 수 있다 (Eysenck, 1990). 보다 최근의 연구에 따르면 정신병 성향 수준이 높은 사람은 도파민 기반의 신경 활동 수준이 높다(Colzato et al., 2009). 이 결과는 매우 흥미로운데, 도파민이 또한 심각한 정신 병리인 정신분열증과 밀접한 관련을 갖기 때문이다.

외향성과 사회적 행동

외향성-내향성 점수에서 차이를 보이는 사람들은 일상적인 사회적 활동에서도 차이를 보일까? 이 질문에 대해서는 산더미 같은 증거가 쌓여 있다. 외향성은 아마도 특질 중에서 가장 집중적으로 연구된 특질이며, 이는 부분적으로 외향적 행동을 상대적으로 쉽게 관찰할 수 있기 때문이다(Gosling et al., 1998). 외향성 차원에 대한 연구는 여러 인상적인 결과를 제공한다(Watson & Clark, 1997). 예를 들어 내향인은 외향인에 비해 고통에 더 민감하다. 내향인은 외향인보다 쉽게 지친다. 흥분은 내향인의 수행을 방해하며 외향인의 수행을 증진한다. 내향인은 외향인보다 더 주의 깊지만 더 느리다. 이 외에 지금까지 밝혀진 차이를 다음과 같이 정리할 수 있다.

1. 내향인은 외향인보다 학교 성적, 특히 심화 과정에서의 성적이 더 좋다. 또한 학업상의 이유로 대학을 그만두는 학생은 외향인인 경우가 많으며 심리적 이유로 대학을 그만두는 학생은 내향인인 경우가 많다.
2. 외향인은 다른 사람과 상호작용할 수 있는 직업을 선호하고 내향인은 더 독립적인 직업을 선호한다. 외향인은 직무로부터 다양한 경험을 추구하고 내향인은 직무에서 새로운 것을 경험하려는 욕구가 더 낮다.
3. 외향인은 노골적인 성적 유머나 공격적 유머를 즐기며 내향인은 말장난이나 교묘한 농담과 같은 보다 지적인 형태의 유머를 선호한다.
4. 외향인은 내향인에 비해 성적으로 더 활발하다. 성행위의 횟수가 더 많고 성적 파트너의 수가 더 많다는 뜻이다.
5. 외향인은 내향인에 비해 암시에 영향을 받기 더 쉽다.

마지막 다섯 번째 발견사항은 영국의 과호흡 유행병 연구에 잘 나타나 있다(Moss & McEvedy, 1966). 처음에 몇몇 여자아이들이 실신하고 어지럼증을 경험한다는 보고가 접수된 후 유사한 증상이 집단 발생하여 85명의 여자아이가 구급차에 실려 병원으로 후송되었다. "이들은 볼링 핀처럼 우르르 쓰러졌다." 이 증상의 영향을 받은 여자아이들과 그렇지 않은 아이들을 비교한 결과, 예상했던 대로 영향을 받은 아이들은 신경증 성향과 외향성이 모두 높았다. 달리 말하면 암시에 영향을 받기 좋은 성격을 가진 사람들은 실제로 현존하는 전염병의 '암시'에 영향을 받기 더 쉽다는 것이 증명된 것이다.

여러분은 어디서 공부하는 것을 좋아하는가? 여러분이 외향인이라면 아마도 조용한 도서관에서 혼자 공부하는 것보다는 친구들과 함께 카페에서 공부하는 편을 선호할 것이다.

마지막으로 내향인과 외향인의 공부 습관에 대한 연구 결과는 특히 대학생 여러분의 관심을 끌 만할 것이다. 외향성–내향성의 개인차가 아이젱크 이론이 예견하는 바와 같이 공부를 하는 장소와 방법에 대한 선호와 관련되는지 살펴본 연구가 있다. 아이젱크의 개인차 이론에 부합되게 다음과 같은 사실이 드러났다. (1) 똑같은 도서관에서 공부를 할 때에도 외향인은 내향인에 비해 외적 자극이 더 큰 쪽 자리를 선택하곤 했다. (2) 외향인은 내향인보다 휴식 시간을 더 자주 가졌다. (3) 외향인은 내향인에 비해 공부할 때 더 시끄러운 환경을 선호하며 공부를 하는 과정에서 더 많은 사교 활동 기회를 갖고 싶어 했다(Campbell & Hawley, 1982). 외향인과 내향인은 동일한 양의 소음에 대한 생리적 반응이 서로 다르며(내향인이 보다 강한 반응을 보인다) 각각 선호하는 소음 수준하에서 최고의 기능을 발휘할 수 있다(Geen, 1984). 이와 같은 연구의 중요한 함의는 내향인과 외향인의 요구에 각각 잘 부합하는 도서관 환경이나 주거 공간이 따로 있다는 점이다.

정신 병리와 행동 변화

아이젱크는 이상심리학 이론과 행동 변화 이론 또한 개발하였다. 아이젱크의 핵심 아이디어는 개인이 경험하는 증상 또는 심리적 장애의 유형이 기본적 성격 특질, 그리고 이 특질과 관련되는 신경 체계 기능과 연관된다는 것이었다. 사람은 공포를 불러일으키는 자극에 대해 강한 정서 반응을 학습하도록 만드는 생물학적 체계와 환경적 경험의 협업 때문에 신경증 증상을 가지게 된다. 아이젱크의 이 주장과 부합되게 신경증 환자의 대다수가 높은 신경증

최신 질문

내향인이 좋은가 외향인이 좋은가?

수줍고 조용하고 내성적이고 수동적인 사람보다는 사교적이고 활기차며 활동적이고 자기주장적인 사람이 되는 편이 더 좋을까? 대부분의 사람들은 외향성과 연관된 특질들을 내향성 관련 특질들보다 더 긍정적으로 평가하는 편이다. 그리고 보다 객관적으로 말하자면 외향성은 리더십 및 사업적 성취와 관련된다. 사실 어떤 이들은 성격의 가장 중요한 요소가 내향성-외향성 차원에서 어디에 위치하는지라고 주장하기까지 한다. 내향성은 한 수 낮은 성격 특질이며 "실망과 정신 병리 사이 어디쯤 위치하는"(Cain, 2012) 특질이란 것이다.

그러나 최근 출판된 책에 따르면 외향성이 이상화될 수 있는 것만큼 내향성도 이상화될 수 있다. 수전 케인은

그녀의 책 콰이어트를 통해 외향성과 내향성 모두 장점과 단점을 가지고 있으며 성공한 사업가들 중 다수는 내향인이라 말했다. 사실 내향인은 외향인보다 세심하고 공감적이고 창의적이며 더 끈기 있다. 이런 특징들은 긍정적인 성격 특성으로 취급되는 것들이다. 또한 외향성과 내향성 어느 쪽에 더 가치를 둘 것이냐에 대한 문화차가 존재한다. 예로서 아시아에서는 내향인을 낮춰 보지 않고 오히려 존중하고 우러러본다.

이상적으로는 상황에 따라 조용하고 내성적이기도 하다가 활기차고 자기주장적이 되기도 하는 등 유연한 게 최고일 것이다. 그렇다면 이러한 유연성과 적응성은 내향성-외향성 차원의 근본을 흔들 문제를 야기하게 될까?

성향과 낮은 외향성 점수를 보인다(Eysenck, 1982, p. 25). 반면 범죄자와 반사회적 인물들은 높은 신경증 성향과 높은 외향성, 그리고 높은 정신병 성향 점수를 보인다. 이런 사람들은 사회적 규범을 잘 학습하지 못하는 경향이 있다.

성격 특질과 장애에 내재된 유전적 요소에도 불구하고 아이젱크는 치료 가능성을 낙관했다. "신경증 장애와 범죄 행동이 시작되고 지속되는 데 유전적 요인이 큰 역할을 수행한다는 사실은 이와 같은 현실이 치료적 허무주의를 초래할 것이라 믿는 많은 사람들로부터 따가운 시선을 받고 있다. 그들은 유전이 그토록 중요하다면 어떤 종류의 행동 수정도 불가능하다고 말한다. 이는 사실을 완전히 잘못 해석한 것이다. 유전적으로 결정되는 것은 특정 상황에 처했을 때 특정 방식으로 행동하려는 개인의 성향일 뿐이다"(Eysenck, 1982, p. 29). 개인은 외상을 경험할 잠재성이 있는 특정 상황을 회피할 수 있으며, 학습된 공포 반응을 소거할 수 있고 적절한 사회적 행동을 학습하여 결국 자신의 본래 성향과는 다른 성격 스타일을 얻어낼 수 있다. 결국 아이젱크는 학습과 행동 변화의 원리를 심리치료에 체계적으로 응용했던 행동주의 치료(제10장 참조)의 주요한 지지자가 되었다.

아이젱크 논평

성격 과학에 대한 아이젱크의 기여는 여러 측면에서 모범적이라 할 수 있다. 아이젱크는 창조적으로 이론을 전개하며 줄곧 높은 과학적 규준을 유지했다. 아이젱크는 개인차라는 연구

질문에 답하기 위해 다양한 형태의 증거를 동원했다. 아이젱크는 다작을 통해 성격에 대한 그의 생각을 동료 과학자들뿐만 아니라 지적인 대중들에게도 널리 전파했다. 만약 성격심리학에 한 명이 아니라 열 명의 아이젱크가 존재했다면 오늘날 이는 훨씬 강력한 연구 영역이 되었을 것이다.

역사적으로 보면 아이젱크는 언제나 파도에 정면으로 맞설 준비가 되어있는 사람이었다. "나는 보통 기득권 체제에 반대하고 저항자의 입장에 서는 편이었다"(Eysenck, 1982, p. 298). 물론 이는 아이젱크가 스스로를 바라보는 관점이다. 현대의 많은 학자는 소수의 보편적 성격 차원상의 점수로 개인을 기술하려 한 아이젱크적 전략은 그 자체로 인본주의자들이 열렬히 저항할 만한 기득권 체제의 수립 과정이었다고 주장할 것이다.

그러나 여러분은 왜 아이젱크가 보다 많은 영향력을 갖지 못했는지 궁금해할지도 모른다(Loehlin, 1982 참조). 그 이유는 과학적 활동의 사회학과 일부 관련되어 있다. 아이젱크가 새 학술지를 발행한 것(앞선 내용을 참조하라)이 일부 역효과를 가져왔다. 어떤 과학자가 과학 학술지를 만들게 되면 그 과학자의 입장을 열성적으로 지지하는 사람들은 그 잡지를 주의 깊게 읽지만 그렇지 않은 사람들은 이를 읽지 않을 수 있다. 따라서 새 학술지는 영역의 주류로부터 고립되어 버린다. 또 다른 요인은 이론의 과학적 본질과 관련되는 것이다. 다음 장에서 살펴보겠지만 몇몇 연구자는 개인차를 설명하기 위해 아이젱크가 제안한 두 개 성격 요인보다 많은 요인이 필요하다고 주장했다. 또 다른 이들은 뇌신경 체계에 대한 새로운 지식을 감안했을 때 아이젱크의 기본적 두 요인마저 수정해야 한다고 주장했다(Gray, 1990).

제럴드 매슈스(2016)는 아이젱크의 역사적 중요성에도 불구하고 성격 특질 연구자들이 이제 그의 이론 체계를 버릴 때가 되었다고 강력히 주장했다. 매슈스가 근거로 든 점은 다음과 같다.

1. **측정도구와 이론이 합치되지 않는다.** 아이젱크의 이론은 피질 각성과 같은 신경학적 요인을 담고 있다. 하지만 그는 주로 자기 보고 질문지에 의존해 측정을 시도했다. 자기 보고는 뇌 활동을 측정하기에 좋은 방식이 아니다. 우리는 우리 뇌의 작업을 직접 느낄 수 없으며, 우리가 보고하는 행동 성향들은 뇌 활동의 직접 측정치가 아니라 생물학적 요인과 사회문화적 요인의 상호작용을 반영하는 것이다.

2. **아이젱크 이론은 뇌의 복잡성을 간과했다.** 최근의 뇌 과학 연구 결과는 높은 수준의 피질 체계와 낮은 수준의 지각 및 정서 체계가 고도의 연관성을 갖는다는 점을 보여준다. 고로 이 둘은 상호 연관된 체계다. 피질 각성에 주목한 아이젱크의 이론은 뇌와 성격에 대한 과단순화된 모형이다.

3. **인지적 요인이 행동에 관여한다.** 아이젱크는 행동을 설명할 때 다수의 포유류와 인간이 공유하는 소수의 뇌 체계에서 나타나는 각성 수준에 주목했다. 인간이 각성 수준의 차이를 보인다 해도 이를 인간의 개인차를 설명하는 데 적용하는 것은 완전히 부적절하다.

인간은 생각을 한다. 매슈스가 강조하듯이 인간은 "미래 사건과 행동 계획에 대한 언어적 표상을 활용한다는 점에서 다른 동물들과 다르다"(2016, p. 63).

매슈스의 핵심적 주장은 우리가 우리 자신과 세상을 바라보는 신념이 우리의 성격 특질에 반영된다는 것이다. 개인적 구성 개념 이론(제11장)과 사회인지 이론(제12장과 제13장)의 근간이 되는 이러한 통찰은 "아이젱크적 관점에서는 낯선 이야기이다"(Matthews, 2016, p. 63).

주요 개념

근원 특질	신경증 성향	특질
기능적 자율성	역할	표면 특질
기본 특질	외향성	L-자료
내향성	요인분석	OT-자료
능력 특질, 기질 특질, 역동적 특질	이차 성향	Q-자료
상위특질	정신병 성향	
상태	중심 특질	

요약

1. 특질 개념은 특정 유형의 행동을 보이거나 특정 유형의 정서 경험을 하는 개인의 광범위한 성향을 지칭한다. 특질 이론가 중 한 명인 올포트는 기본 특질, 중심 특질, 이차 성향을 구분하였다. 올포트는 또한 몇몇 특질은 오직 개별 사례 연구 전략을 통해서만 규명할 수 있다고 주장했다. 개별 사례 연구 전략은 특정 개인의 고유한 잠재적 특성을 민감하게 포착할 수 있다.

2. 많은 특질 이론가는 요인분석 기법을 활용하여 특질들의 범주를 개발한다. 요인분석 기법을 통해 문항 또는 응답의 군집들(요인들)을 구성한다. 한 군집(요인) 내의 문항은 서로 밀접하게 관련되지만 다른 군집(요인) 의 문항들과는 구별된다.

3. 카텔은 능력 특질, 기질 특질, 역동적 특질을 구분했고 표면 특질과 근원 특질을 구분했다.

4. 아이젱크에 따르면 성격의 기본적 차원은 내향성-외향성과 신경증 성향, 그리고 정신병 성향이다. 이 세 가지 특질 차원상에서 개인을 평가하기 위한 설문도구가 개발되었다. 연구는 특히 내향성-외향성 특질 차원에 집중되었고 이에 따라 활동 수준과 활동 선호의 개인차가 발견되었다. 아이젱크는 각 특질에서의 개인차가 생물학적이고 유전적인 기반을 가질 것이라 제안했다.

8

특질 이론 :
5요인 모형과 현대적 발전

제8장의 초점

사람은 각자 다르다. 이 사실을 깨닫기 위해 성격심리학 수업을 들을 필요조차 없다. 하지만 인간은 서로 어떻게 다를까? 제1장의 첫 페이지에서 우리는 학생들이 개인차를 기술하는 방법을 살펴보았다. 어떤 이는 거칠고 어떤 이는 공정하다. 어떤 이는 수줍음을 느끼다가 마음을 연다. 어떤 이는 오직 친구들에게만 다정하다. '완벽주의자', '냉소주의자', '얼간이'들도 있다. 개인차란 무한하고 체계가 없는 것이며 개인차를 서술하는 단어는 횡설수설 늘어놓는 말일 수밖에 없을까? 아니면 언뜻 완전한 혼돈인 것처럼 보이는 말들 속에서 무언가 체계적인 것을 찾아낼 수 있을까? 그렇다면 어떻게 이를 찾아낼 것인가?

다음과 같은 절차를 밟는다고 생각해 보자. 우리는 1,000명의 사람에게 1,000명의 타인의 성격을 묘사해 달라고 부탁한다. 그리고 자료에 나온 모든 특질 기술 형용사를 종합한다. 그 결과 우리는 어떤 이론적 개념에도 편향되지 않은 성격 기술어 목록을 얻을 수 있다. 물론 1,000개의 단어는 상당히 중복될 것이므로(예를 들어 완벽함과 결점 없음은 거의 똑같은 뜻이다) 우리는 목록을 압축할 수 있다. 이때 평가치들을 요인분석한다면 우리는 성격 특질 기술어의 주요 차원을 얻을 수 있을 것이다. 그 결과로 만들어지는 것은 모두를 만족시키는 못하는 타협안이리라. 그러나 적어도 이 타협안은 공정한 절차를 통해 만들어진 것이며, 이것이 성격학 영역에서 널리 받아들여질지는 그 실용성과 유용성에 따라 결정될 것이다.

이 장에서는 먼저, 바로 이와 같은 절차를 활용했던 연구자들에 주목할 것이다. 이들은 다섯 가지 성격 특질의 세트를 얻어냈다. 심리학자들이 어떻게 이 다섯 요인 세트를 찾아냈는지 논한 뒤, 우리는 이에 뒤따른 여러 연구 질문을 살펴볼 것이다. 다섯 요인은 행동을 예측할 수 있나? 시간에 따른 변화는 어떤가? 문화 보편적인가? 그리고 다섯 요인은 정확히 무엇인가?

이 장에서 다룰 질문

1. 기본적인 성격 기술을 위해서는 얼마나 많은 특질 차원, 그리고 어떤 특질 차원이 필요한가?
2. 특질의 개인차는 직업 선택, 신체적 건강, 심리적 안녕감에 대해 어떤 의미를 가지는가?
3. 특질은 시간과 상황에 대해 얼마나 안정적인가?
4. 성격의 개인차는 본질적으로 문화 보편적인가 아니면 문화 특정적인가?
5. 전통적 특질 이론의 최근 발전사항은 무엇인가?

성격의 분류 체계에 대하여

어떤 분야의 연구이건 연구자는 분류 체계를 필요로 한다. 일반적으로 인정되는 연구 대상 구분법은 꼭 있어야만 하는 것이다. 지금 관찰하는 것이 식물인가 동물인가? 유기체인가 무기 합성물인가? 계획 경제인가 자유 시장 경제인가? 인상파 작품인가 표현주의 작품인가?

성격심리학도 예외는 아니다. 합의된 성격 특질 분류 체계는 요긴하게 쓰일 수 있다. 특질 분류 체계를 확보한다면 연구자는 수천 개의 구체적 특질을 따로따로 연구할 필요 없이 특정한 특질들로 이루어진 영역에 집중할 수 있다.

그렇다면 성격 과학에 다수가 받아들이는, 보편적으로 적용 가능한 특질 분류 체계가 존재할까? 누구에게 이런 질문을 하느냐에 따라 답이 달라질 것이다.

요인분석으로 도출된 다섯 요인 범주가 수많은 특질 형용사를 요약하고 조직하는 일을 제법 잘 해낸다는 것이 오늘날 널리 합의된 바이다.

McAdams & Pals(2006, p. 208)

성격 5요인 모형을 지지하는 비교문화 연구 결과가 축적되고 있으나, 최근의 연구들은 5요인 모형이 교육 수준이 낮고 문맹률이 높은 집단에는 적용하기 힘들다는 사실을 보여준다. 다양한 문화에 적용하기에는 두 개 또는 세 개의 더 넓은 차원들이 보다 적합하다.

Church(2016, p. 22)

성격 구조란 무엇이며 몇 개의 구조가 존재하는가? 한 가지 성격 구조가 존재하는 것이 아니다. 성격 구조의 개인차를 보면 개인이 상황을 구조화하는 방법을 알 수 있다. 문화에 따른 성격 구조의 차이를 통해 문화적으로 공유되는 상황 및 타인 행동에 대한 해석 방식을 알 수 있다.

Baumert et al.(2018, p. 54)

첫 번째 답을 제공한 연구자들은 '그렇다'라고 답했다. 이들은 다섯 가지 성격 특질이 널리 받아들여진다고 주장했다. 두 번째 저자는 '아니다'라고 답했다. 더 구체적으로 말하자면 그는 합의가 존재할 경우에도 그것이 잘못될 수 있음을 지적했다. 연구자들이 인간 경험의 다양성을 표상하려 했을 때 보편적 특질 차원의 숫자가 반으로 줄어드는 경향이 있다는 것이다. 세 번째 저자들은 한 발 더 나아갔다. 이들은 단일한 보편적 성격 구조가 존재하지 않을 것이라 생각한다. 개인과 문화는 너무나 다채롭고 복잡하고 각기 고유하다는 것이다. (세 번째 저자들은 세계 각국의 유명 성격 과학자 19인이라는 사실을 밝힐 필요가 있겠다.)

그렇다면 우리는 어떻게 공부하는 게 좋을까? 먼저 정립된 지 50년이 넘고 20세기 후반에 지배적 입지를 차지하게 된 성격 특질 분류 체계를 살펴보도록 하자. 바로 **5요인**Big Five 모형이다. 다수의 연구 증거에 따르면 개인차를 다섯 개의 넓은 양극 차원 위에 구조화할 수 있다(John, Naumann, & Soto, 2008; McCrae & Costa, 2008). 우리는 이 모형의 기원과 다섯 특질을 측정하는 방법, 그리고 특질 점수들이 시간에 따라 어떤 양상을 보이는지 알아볼 것이다. 다음으로는 심오한 중요성을 가진 개념적 질문을 해보겠다. 이 특질들은 무엇인가? 인간 본성의 핵심을 구성하는 심리적 구조인가 그렇지 않으면 그저 개인차를 효율적이고 간편하게 기술하는 방법일 뿐인가? 연이어 우리는 (a) 중요한 개인차들을 기술하기 위해서는 다섯 개가 아니라 여섯 개 차원이 필요하다는 연구를 살펴보고 (b) 성격 이론의 최근 발전사항인 보상 민감성 이론이 5요인 모형에 도전하는 모습을 살펴본 뒤 (c) 사람의 행동이 상황에 걸쳐 일관적인지 알아보도록 한다(이는 특질 이론에 있어 결정적인 질문이다. 제7장에서 살펴보았듯이 특질 이론의 존재 이유가 바로 행동의 일관성을 설명하는 것이기 때문이다).

아이젱크와 카텔의 이론과 마찬가지로 5요인 모형은 요인분석적 특질 접근에 속한다. (따라서 5요인 모형의 개인과 성격 과학에 대한 관점은 제7장의 서두에서 살펴본 특질 접근의 관점과 같다.) 그렇다면 **5요인 이론**five-factor theory에 무슨 특별한 것이 있단 말일까? 한마디로 증거다. 방대한 연구 증거에 따르면 개인차 분류 체계를 만드는 데 필수적이며 꽤 충분한 요인의 수는(아이젱크의 셋보다는 많고 카텔의 열여섯보다는 적은) 5요인이다. 이 장에서 우

5요인
특질 요인 이론의 다섯 가지 주요 특질 항목으로서 정서성, 활동성, 사회성 요인 등을 포함함

5요인 이론
특질 이론가들 사이에서 합의를 도출하고 있는 이론으로, 인간 성격의 다섯 가지 기본 요인으로서 신경증 성향, 외향성, 개방성, 우호성, 성실성을 제안함

리는 그 증거를 살펴볼 것이다.

성격 5요인 모형 : 연구 증거

5요인이 성격 개인차의 근간을 이룬다는 생각은 요인분석을 통해 탄생했다. 요인분석은 카텔과 아이젱크의 이론에 기초를 제공한 연구 방법이기도 하다(제7장). 특히 5요인 모형을 강하게 지지하는 두 가지 종류의 자료가 있다. (1) 자연어의 특질 단어를 요인분석한 결과와 (2) 5요인과 다른 성격 특질 측정치들과의 관계를 통계적으로 분석한 결과다. 자연어와 설문 결과를 분석하여 5요인이 확정되자 심리학자들은 이 모형을 활용해 성격의 성장과 발달을 연구할 수 있었다. 이제 이와 같은 주제와 함께 5요인 모형의 다양한 적용까지 살펴보도록 하자.

자연어와 질문지를 통한 성격 단어 분석

앞 장에서 공부했듯이 심리학자들은 다양한 유형의 변수, 즉 다양한 분석 단위를 근거로 성격 이론을 구축한다(제1장 참조). 성격 이론 전반을 포함하여 대부분의 과학적 이론은 그 주요 개념을 특별한 과학적 용어로 기술한다. 예를 들어 인간 심리의 여러 측면을 기술하기 위해 초자아, 집단 무의식, 자기실현 동기 등의 용어가 도입되었다. 5요인 모형은 이와 같지 않다. 5요인 이론가들은 과학적 용어를 창조하는 대신 사람들이 보편적이고 일상적으로 성격을 기술할 때 활용하는 언어인 자연어를 신뢰했다. 특히 5요인 이론가들은 자연어의 한 가지 측면, 바로 개인을 기술하는 개별 어휘(주로 형용사)의 힘을 믿어보기로 했다.

기본적 연구 절차는 연구자들이 사전에서 신중하게 추려낸 다양한 특질상에서 참여자가 자신 또는 타인을 평가하게 하는 것이다. 다음으로 평가치를 요인분석(요인분석에 대한 논의는 제7장 참조)하여 어떤 특질들이 함께 움직이는지 확인한다. 답해야 할 질문은 다음의 두 가지다. (1) 자료에 들어있는 상관 양상들을 이해하기 위해서는 몇 개의 요인이 필요한가? (2) 이 요인들은 정확히 무엇인가?

올포트, 카텔 등에 의지해 연구를 진행한 워런 노먼(1963)의 초기 연구에 따르면 자료의 상관 양상들을 이해하기 위해서는 다섯 요인이 필요하다. 이와 유사한 '5요인 해법'이 다양한 자료 출처, 표본, 측정도구를 활용한 연구들을 통해 반복해서 나타났다(John, 1990). 5요인 모두 상당한 신뢰도와 타당도를 보였으며 성인기를 거치면서도 비교적 안정적으로 유지되었다(McCrae & Costa, 2008, 2013). 1981년에 루이스 골드버그는 연구 결과를 종합하며 그 일관성에 깊은 인상을 받아 "개인차를 구조화하는 모든 모형은 어떤 수준에서건 이와 같은 '5요인' 차원을 포함하고 있었다."(p. 159)라고 주장했다. 'Big Five'의 'Big'은 각 요인 아래에 많은 수의 보다 구체적인 특질들이 포함됨을 가리키는 표현이다. 5요인은 성격 위계상에서 아이젱크의 상위특질만큼이나 넓고 추상적이다.

표 8.1 각 5요인 차원에서 높은 점수와 낮은 점수를 보이는 사람들의 특질 형용사

높은 점수	낮은 점수
신경증 성향(N) 걱정 많은, 불안한, 감정적인, 자신감 없는, 긴장한	차분한, 편안한, 감정적이지 않은, 안심한, 자기에 만족한
외향성(E) 사교적인, 활동적인, 수다스러운, 인간 중심적인, 낙관적인, 재미를 추구하는, 다정한	과묵한, 냉담한, 과업 중심적인, 남과 잘 어울리지 않는, 조용한, 소심한
개방성(O) 호기심 많은, 폭넓은 관심사를 가진, 창의적인, 독특한, 상상력 풍부한, 비관습적인	관습적인, 실제적인, 관심사가 좁은, 예술적이지 못한, 분석적이지 않은
우호성(A) 상냥한, 협동적인, 온화한, 신뢰하는, 친절한	냉소적인, 무례한, 의심 많은, 비협조적인, 복수심 불타는, 무자비한, 교활한
성실성(C) 조직적인, 신뢰할 수 있는, 노력하는, 자기 수양이 있는, 시간을 잘 지키는, 꼼꼼한, 깔끔한, 야망 있는, 인내심 강한	목적이 없는, 믿음직하지 못한, 게으른, 부주의한, 해이한, 태만한, 쾌락주의적인

그렇다면 이 다섯 요인은 정확히 무엇일까? 가장 일반적으로 쓰이는 이름은 신경증 성향(N), 외향성(E), 개방성(O), 우호성(A), 성실성(C)이다(표 8.1). (영어 머리글자를 따서 **OCEAN**이라고 부르면 더 기억하기 쉬울 것이다; John, 1990.) 요인들의 의미를 이해하는 가장 좋은 방법은 각 요인에서 높거나 낮은 점수를 보인 개인들을 기술하는 특질 형용사를 살펴보는 것이다(표 8.1 참조). 신경증 성향은 정서적 안정성과 대조를 이루며 불안, 슬픔, 비합리성, 긴장 등을 포괄하는 광범위한 부정적 감정을 특징으로 한다. 경험에 대한 개방성은 개인의 정신적 · 경험적 삶의 폭, 깊이, 복잡성을 기술한다. 외향성과 우호성은 모두 대인관계적인 특질을 나타낸다. 즉 두 요인은 사람이 타인과 만났을 때 서로 어떻게 대하고 무엇을 하는지와 관련된다. 마지막으로 성실성은 주로 과업 및 목표와 관련된 행동과 사회적으로 요구되는 충동 통제 능력을 기술한다.

OCEAN
다섯 가지 기본 특질의 머리글자를 따서 만든 단어. 개방성(Openness), 성실성(Conscientiousness), 외향성(Extraversion), 우호성(Agreeableness), 신경증 성향(Neuroticism)

근본적 어휘 가설

5요인 이론의 설계 목적은 사람들이 성격에서 가장 중요한 요소로 간주하는 성격 특질을 포착하는 것이다. 골드버그는 이 접근법의 원리를 **근본적 어휘(또는 언어) 가설**fundamental lexical(language) hypothesis이라는 용어로 정리했다. "인간의 상호작용에서 가장 중요한 개인차들은 세계의 몇몇 또는 모든 언어에서 하나의 단어들로 부호화되어 있을 것이다"(Goldberg, 1990, p. 1216). 이로부터 다음과 같은 가설이 도출되었다. 인류는 오랜 시간에 걸쳐 자신들의 개인차가 특히 사람 간의 상호작용에 매우 중요한 역할을 한다는 것을 알게 되었고, 그리

근본적 어휘 가설
인간 상호작용에서 나타나는 가장 중요한 개인차는 오랜 시간에 걸쳐 인간의 언어에 단일 단어로 부호화되었을 것이라는 가설

성격과 뇌

성격 5요인

성격심리학자들은 최초에 설문 자료를 요인분석하여 5요인 성격 특질 차원을 발견했다. 만약 성격심리학자들이 뇌를 분석한다면 이와 똑같은 5요인을 발견하게 될까?

뇌 영역을 5요인과 결부시키기는 힘들다. 너무나 많은 신경학적 하위 체계가 존재하며 영역들 간의 상호 연결도 너무나 많기 때문에 어디를 들여다보아야 할지 알아내기가 힘들다. 그러나 각 5요인 차원에 중심적으로 작용하는 심리적 과정을 이론적으로 분석한다면 뇌 연구를 어디서 시작할지 감을 잡을 수 있다. 이는 콜린 드영과 동료들의 최근 이론과 연구에 잘 나타나 있다.

연구자들(DeYoung et al., 2010)은 116명 성인 참여자들의 5요인 점수를 확보했다. 이후 각 참여자의 전뇌 영상(자기공명영상, 즉 MRI를 활용했다)을 얻어 5요인 점수의 개인차와 관련될 가능성이 있는 뇌 체적의 개인차를 찾아내려 했다. 이 같은 접근법의 논리는 특정 뇌 영역의 체적이 클수록 해당 영역을 필요로 하는 활동을 수행할 심리적 능력이 클 수 있다는 것이다. 연구자들은 다음과 같은 사실을 발견했다.

- 외향성 수준이 높은 사람은 환경적 보상과 관련된 정보를 처리하는 전두엽이 보다 크다. 이는 보상을 얻을 수 있는 경험을 추구하는 것이 외향성의 핵심 특징이라는 생각을 지지한다.
- 높은 신경증 성향 점수는 환경적 위협의 처리와 관련된다고 알려진 뇌 영역의 체적과 상관을 보였다.
- 우호성 점수는 타인의 심리 상태를 이해하는 능력(특정 뇌 영역과 관련을 보이는 독특한 심리적 능력이다)에 기여하는 뇌 영역의 체적과 상관을 보였다.

- 성실성은 사람이 계획을 짜거나 규칙을 따를 때 활성화되는 것으로 알려진 전두엽 영역의 체적과 상관을 보였다.
- 경험에 대한 개방성은 연구자들이 살펴본 어떤 뇌 영역과도 유의미한 관계를 보이지 않았다.

그렇다면 드영과 동료들이 5요인 특질의 신경학적 근원을 규명했다고 결론 내려도 좋을까? 연구자들도 알고 있었듯이 대답은 '아니요'다. 위와 같은 결과는 그저 새롭게 부상하는 연구 영역의 첫 번째 발걸음일 뿐이다. 우리는 적어도 세 가지 점에서 연구 결과 해석에 유의해야 한다. (1) 연구자들의 이론적 개념과 부합되는 결과와 함께 무위 결과(성격 특질 점수가 상관을 맺을 것으로 기대했던 영역과 상관을 보이지 않은 결과)와 기대치 않았던 결과(성격 특질 점수가 뇌 영역과 상관을 보이지만 연구자들이 미처 예상하지 못했던 영역과 상관을 보인 결과)가 나타났다. (2) 인과적 관계의 구축이 불가능하다. 유전된 뇌 체적의 차이가 사람들로 하여금 해당 성격 성향을 보이게 만들었을 수 있다. 하지만 반대로 성격 성향이 사람들의 뇌 체적에 영향을 주었을 수도 있다. 반복적으로 특정한 행동 경험을 하면 그 행동을 하는 데 쓰이는 뇌 영역의 체적이 증가하기 때문이다(Draganski et al., 2004). (3) 뇌의 다양한 영역은 서로 복잡하게 얽혀있다. 어떤 복잡한 과제를 수행할 때면 상호 연결된 다수 영역의 네트워크가 활성화된다(Bullmore & Sporns, 2009). 따라서 불가피하게도 뇌의 한 영역의 체적에 집중하게 되면 5요인 성격 특질이 묘사하는 다면적인 성격 경향들과 관련되는 복잡한 뇌 네트워크의 활동에 대한 불완전한 그림만을 얻게 된다.

하여 이를 손쉽게 표현할 수 있는 용어들을 개발하게 되었다는 것이다. 이 특질 단어들은 자신과 집단, 부족의 안녕에 중요한 영향을 미치는 개인차 정보를 소통하게 해준다. 따라서 이 단어들은 예측과 통제의 목적에 종사하므로 사회적으로 유용하다. 이 단어들은 다른 사람이 어떤 행동을 할지 예측하도록 해주며 이에 따라 우리 삶의 성과를 통제하게 해준다(Chaplin et al., 1988). 특질 단어들은 개인이 여러 상황에 걸쳐 어떤 식으로 행동할지 알게 해준다.

중요한 개인차를 기술하는 보편적 단어들이 존재함을 강조함으로써 특질 이론은 진화론적 모형과 결부된다. "문화적 보편성의 존재는 진화론적 관점과 부합한다. 만약 인간 생존과 가장 밀접하게 관련되는 과업이 문화 보편적이라면 가장 중요한 개인차들, 그리고 사람

최신 질문

정서와 특질 : 다른 동물들은 어떨까?

다윈의 종의 기원은 인간과 다른 종의 연속성을 강조한다. 다윈은 저서 인간과 동물의 정서 표현을 통해 동물과 인간은 정서 표현에서 연속성을 갖는다고 주장했다. 즉 동물과 인간은 여러 가지 동일한 기본 정서를 가지며 각 기본 정서에 수반되는 얼굴 표정도 동일하다는 것이다. 기본 정서(예 : 분노, 슬픔, 공포, 기쁨)라 불리는 정서의 표현은 비인류 영장류와 인간에게서, 아이와 어른에게서, 다양한 문화에 걸쳐서 유사하다는 증거가 있다(Ekman, 1993, 1998). 진화심리학자들은 인간과 다른 종 간에는 특질의 연속성이 나타난다고 주장했다. 이 관점은 인간과 유인원이 유전자의 98% 이상을 공유한다는 사실이 밝혀짐에 따라 더욱 강화되었다. 이와 같은 특질 연속성에 대한 증거가 있을까?

고슬링과 존(1998, 1999)은 여러 종에 걸쳐 보편적으로 나타나는 성격 차원이 있는지 살펴보기에 앞서 "동물 성격의 주요 차원들은 무엇인가?"라는 질문을 제기했다. 문어, 구피, 쥐로부터 고릴라와 침팬지에 이르는 12종의 동물에 대한 기술 문헌 자료를 검토한 끝에 연구자들은 5요인 중 외향성, 신경증 성향, 우호성의 세 요인이 종에 걸쳐 일반적이라는 증거를 발견했다. "증거에 따르면 침팬지 등 다양한 유인원들, 개, 고양이, 당나귀, 돼지, 심지어 구피와 문어도 외향성과 신경증 성향, 그리고 (구피와 문어의 경우를 제외하면) 우호성과 유사한 차원상에 이들의 개인차를 체계화할 수 있다"(1999, p. 70). 그러나 독립적인 성실성 요인은 인간의 가장 가까운 친척인 침팬지에서만 발견할 수 있었다(King & Figueredo, 1997). 이는 규칙과 규범을 준수하고 행동하기 전에 생각하며 충동을 인지적으로 통제하는 등의 성실성 연관 특질들이 비교적 최근에 진화되었기 때문일 것이다.

이와 같은 유사성은 인간이 자신의 모습을 동물에게 의인화하여 투사한 결과물일까 그렇지 않으면 실제 동물이 가진 특징에 따른 것일까? 고슬링과 존은 인간과 개와 고양이에 대한 특질 평가를 연구하여 다시 한번 인간과 개와 고양이에게 외향성과 신경증 성향과 우호성 요인이 존재하며 성실성 요인은 존재하지 않는다는 증거를 발견했다. 연구자들은 심화 연구를 진행하여 인간 참여자들이 개를 묘사할 때 가장 자주 사용하는 특성들(예 : 다정한, 꼭 껴안고 싶은, 힘이 넘치는, 행복한, 똑똑한, 불안한, 게으른, 충성스러운)을 바탕으로 개의 '성격 기술어' 목록을 구성했다. 그 후 한 집단의 참여자들에게는 그들이 아는 사람을 '개 성격 척도'를 써서 평가하도록 했고, 또 다른 참여자들에게는 동일한 척도로 그들이 아는 개를 평가하도록 했다. 두 집단의 설문 결과를 통해 동일한 요인이 도출되어서 인간이 자기 성격 차원을 개에 투사하고 있다는 증거가 되었을까? 아니다. 개 성격 척도를 인간에게 적용한 설문 결과에서는 N, E, O, A, C의 성격 5요인이 모두 도출되었다. 하지만 똑같은 척도를 개에게 적용했을 때에는 E, N, A와 유사한 요인이 발견되었고 성실성 요인은 발견되지 않았다.

전체적으로 동물 성격 연구는 다음과 같은 결론을 시사한다. (1) 우리는 동물의 성격을 안정적으로 측정할 수 있다. (2) 인간의 성격 특질 구조는 침팬지와 유사하다. (3) 개와 고양이 같은 유인원이 아닌 포유류는 덜 분화된 성격 구조를 갖는다. 이 구조는 여러 종에 걸쳐 완벽하진 않지만 상당한 일반성을 보이는 세 차원으로 구성된다. (4) 다른 종의 성격 기술어는 단순한 의인화적 투사가 아니다. 즉 이 기술어들은 오로지 사람의 '머릿속에만' 있는 것이 아니며 평가된 동물의 실제 특성을 반영한다.

출처 : Ekman, 1998; Gosling & John, 1998, 1999; Weinstein, Capitanio, & Gosling, 2008.

들이 이 개인차를 명명한 용어 또한 보편적이어야 하기 때문이다"(John, Naumann, & Soto, 2008, p. 121). 반면 문화 특정적인 차원들은 해당 문화만의 고유한 중요성을 지닌 개인차를 알게 해줄 것이다. 양쪽 다 존재할 수 있고 아마도 그러해야만 할 것이다. 인간 본성에 기본적인 것들과 문화적으로 독특한 것들을 모두 표현할 수 있으려면 말이다.

어휘 가설에 반하는 사례들도 있다. 예를 들어 어떤 연구자들은 삶에서 다양성을 느끼고자 하는 정도, 그리고 의사 결정 시 모호함을 견디어 내는 정도 등의 개인차가 존재한다고 말한다. 어휘 가설에 반대되게도 영어에는 이와 같은 특성에 해당하는 하나의 단어가 없다(McCrae & Costa, 1997). 그럼에도 어휘 가설은 중요한 연구적 자극제로 기능했으며 여전히 이 영역의 연구 노력을 이끌어 나가고 있다.

5요인 성격 척도

NEO-PI-R
작성자가 5요인 모형의 각 요인과 패싯에서 각각 어느 지점에 위치하는지 측정하는 성격 설문지

지금까지 5요인을 측정하는 다양한 척도가 개발되었다. 여기에는 표 8.1(Rammstedt & John, 2007)에서 살펴본 것과 같은 아주 짧은 자기 보고 질문지부터 더 방대한 성격 척도들이 모두 포함된다. 특히 잘 개발된 척도로는 NEO 성격 척도 개정판(**NEO-PI-R**)을 꼽을 수 있다.

NEO-PI-R과 그 위계적 구조 : 패싯

코스타와 맥크레이(1985, 1989, 1992 ; McCrae & Costa, 2010)는 NEO-PI-R 척도를 개발하여 성격 5요인을 측정하려 했다. 원래 이들은 신경증 성향(N), 외향성(E), 개방성(O) 세 요인에만 주목했다(그래서 척도 이름이 NEO 성격 척도인 것이다). 이후 이들은 우호성과 성실성을 추가하여 척도를 5요인 모형에 부합하게 만들었다. 5요인 측정에 더해서 연구자들은 각 요인을 여섯 개의 좁은 **패싯**facets(측면)으로 구분했다. 패싯은 5요인 각각을 구성하는 보다 구체적인 요소들을 뜻한다. 각 5요인을 정의하는 여섯 패싯들을 표 8.2에 나열했다.

패싯
더 구체적인 특질(또는 요소)로 각각 보다 큰 5요인을 구성함. 예를 들어 외향성의 패싯은 사교성, 활동성, 자기주장성, 흥분 추구, 긍정적 정서성, 따뜻함임

연구와 임상 맥락에서 NEO-PI-R을 활용할 때는 참여자들에게 매 문항에 대해 동의하거나 동의하지 않는 정도를 5점 척도상에 표시하도록 요청한다. 그 결과로 얻는 척도들은 모두 신뢰도가 높고 또래나 배우자의 평가와 같은 다양한 출처의 자료에 걸쳐 타당성을 보인다. 맥크레이와 코스타(2003, 2010)는 구조화된 설문으로 성격을 측정할 것을 강하게 주장

표 8.2   5요인 각각을 구성하는 여섯 개의 패싯들

외향성	사교성, 활동성, 자기주장성, 흥분 추구, 긍정적 정서성, 따뜻함
우호성	솔직함, 신뢰, 이타성, 겸손, 공감, 규범 준수
성실성	절제, 충실함, 유능함, 질서, 신중함, 성취 노력
신경증 성향	불안, 자의식, 우울, 상처받기 쉬움, 충동성, 적대감
경험에 대한 개방성	상상력, 미적 감수성, 감정에 대한 개방성, 지적 호기심, 행위에 대한 개방성, 가치에 대한 개방성

하며 체계적이지 않고 편향이 나타나기 쉽다고 생각하는 투사 검사나 임상 면접에 비판적이다. 증거에 따르면 NEO-PI-R 척도는 또한 골드버그(1992)의 형용사 척도 등 다른 5요인 측정도구와도 잘 일치한다(Benet-Martinez & John, 1998; John & Srivastava, 1999). 그렇지만 각 도구는 어떤 패싯을 강조할 것이냐 하는 점에서 차이를 보인다는 것도 중요하다. 예를 들어 코스타와 맥크레이는 따뜻함을 외향성의 패싯으로 위치시키지만 다른 5요인 이론가들은 따뜻함이 우호성과 더 긴밀하게 연결된다는 사실을 발견했다(John & Srivastava, 1999). 특히 다섯 번째 요인인 개방성의 개념화에서 차이가 발견된다. 골드버그는 지적이고 창의적인 인지를 강조하고 요인의 이름도 '지능' 또는 '상상'이라고 불렀다. 맥크레이(1996)는 골드버그의 관점이 개방성 요인을 너무 좁게 정의한 것이라 비판했다(표 8.2 참조). 다양한 연구자들 사이에 존재하는 불일치를 해소하려면 여전히 보다 많은 연구가 필요하다.

아이젱크와 카텔의 요인을 5요인에 통합하기

NEO-PI-R이 성격 5요인 모형을 측정하는 타당한 도구라고 가정한다면 이제 앞 장의 내용과 연결되는 질문 한 가지를 해볼 필요가 있다. 카텔과 아이젱크의 성격 요인은 5요인 체계 내에서 이해 가능할까? 많은 증거가 '그렇다'라는 답을 가리킨다. NEO-PI-R 점수는 예측된 바와 같이 다른 성격 척도들과 상관을 보이며 여기에는 아이젱크 척도와 카텔 16 P.F.도 포함된다(Costa & McCrae, 1992, 1994).

　이와 같은 상관은 이론적으로 매우 중요하다. 이 상관 덕에 우리는 보다 오래된 요인분석 모형과 5요인 모형을 통합할 수 있다. 특히 아이젱크의 외향성 상위특질과 신경증 성향 상위특질은 5요인 모형에서 이와 같은 이름을 가진 두 요인과 실질적으로 동일하며, 아이젱크의 정신병 성향 상위특질은 낮은 우호성과 낮은 성실성의 조합된 모습에 상응한다(Clark & Watson, 1999; Costa & McCrae, 1995; Goldberg & Rosolack, 1994). 카텔의 16성격 요인(표 7.2) 또한 5요인 차원에 대응시킬 수 있다(McCrae & Costa, 2003). 예를 들어 카텔의 사교성, 주장성, 모험성 척도는 NEO-PI-R의 외향성과 관련된다. 5요인 모형의 지지자들은 이 같은 종류의 발견사항을 근거로 5요인 모형이 아이젱크적 구성 개념과 카텔적 구성 개념을 통합할 수 있는 포괄적 틀을 제공한다고 주장한다.

　더군다나 NEO-PI-R 척도는 다른 형태의 측정치들(예 : Q-sort 평가치) 및 다른 이론적 지향을 가진 척도들과도 의미 있는 관계를 보인다. 우리는 헨리 머리의 성격 동기 모형에서 확인된 개인차를 5요인 특질 체계 내에서 이해할 수 있는데 이는 특질과 동기의 연관성을 시사한다는 중요한 의미를 갖는다(Pervin, 1999). 우리는 기질에 대한 생물학적 연구(제9장 참조)에서 발견된 개인차를 5요인 체계로 기술할 수 있는데(De Fruyt, Wiele, & van Heeringen, 2000) 이는 5요인을 각각 근본적인 생물학적 체계로 환원하여 설명할 수 있음을 시사한다(이 장의 '성격과 뇌' 글상자 참조).

자기 보고와 관찰자 평가

NEO-PI-R의 또 다른 중요한 강점은 자기 보고와 타인 평가 모두에 적합하다는 것이다. 참여자들의 자기 보고와 이들에 대한 또래 및 배우자들의 평가를 비교한 다수의 연구가 있다. 맥크레이와 코스타(1990)는 자기 보고와 또래 평가 및 배우자 평가 점수는 다섯 요인 모두에서 실질적으로 일치한다고 보고했다. 자기 보고와 배우자 평가 간의 일치는 자기와 또래의 일치도보다 더 컸으며, 이는 아마도 친구들에 비해 서로의 성격에 대해 많은 대화를 나누는 배우자가 일반적으로 서로를 더 잘 알기 때문으로 보인다(Kenny, 1994 참조).

5요인의 자기 보고 도구(제2장에서 배웠듯이 이는 S-자료이다)와 관찰자 평가 자료(O-자료)를 모두 활용한 연구를 통해 다음과 같은 세 가지 발견사항이 부각되었다.

1. 위에서 언급했듯이 자기 보고와 관찰자 평가에서 동일한 5요인이 발견된다(McCrae & Costa, 2013).
2. 관찰 대상의 각 5요인 차원에 대한 평가에서 여러 관찰자의 평가가 상당 부분 일치한다. 만약 여러분이 스스로 성실하고 내향적이고 신경증적인 사람이라고 생각한다면 여러분의 친구들도 아마 그렇게 생각할 것이다(Connelly & Ones, 2010; McCrae & Costa, 1987).
3. S-자료보다는 O-자료가 성과를 더 잘 예측하곤 한다. 성격 측정 점수와 직무 수행 우수성 간의 관계에 대한 메타 분석(다수의 기존 연구에 대한 통계적 분석) 결과, 관찰자의 성격 평가가 자기 보고 점수보다 성과를 더 크게 예측해 주며 자기 보고 점수가 설명하지 않는 변량을 설명해 주었다(Oh, Wang, & Mount, 2011).

5요인에 대한 관찰자 평가와 자기 보고가 어떻게 다른 것일까? 증거에 따르면 눈에 잘 띄지 않는 특질을 평가할 때 두 평가의 차이가 발견된다. 예를 들어 신경증 성향(이 요인에는 타인이 관찰하기 힘든 내면적인 불안 감정이 포함된다)은 O-자료에 비해 S-자료에서 더 정확히 측정된다(Vazire, 2010). 나아가 스스로를 더 긍정적으로 바라보려는 인간의 욕망 탓에 인간의 자기 보고는 타인 평가에 비해 더 긍정적인 양상을 보일 수 있다. 다양한 민족에게서 얻은 자료에 따르면 비록 S-자료와 O-자료가 긴밀히 상응하곤 하지만 사람들은 일반적으로 타인이 자신을 바라보는 것에 비해 스스로 더 높은 신경증 성향을 가지며 더 낮은 성실성을 갖는 것으로 생각하는 경향이 있다(Allik et al., 2010).

성장과 발달

나이가 들어감에 따라 인간의 5요인 측정 점수가 체계적으로 변화할까? 아니면 5요인 성격 특질 수준은 성인기 전반에 걸쳐 안정적일까? 성인기 성격 특질의 연령차를 다룬 많은 연구가 존재한다.

성인기의 연령차

앞선 질문에 가장 직접적으로 답하는 방법은 사람들을 오랜 기간 연구하며 여러 차례 동일한 측정도구로 검사하는 것이다. 이 전략을 취한 여러 연구는 일관적인 결과를 산출했다. 상당한 안정성이 존재한다는 것이다(Caspi & Roberts, 1999; McCrae & Costa, 2008; Roberts & Del Vecchio, 2000). 설령 시점 사이의 시간 간격이 아주 길다 해도 한 시점의 5요인 측정치와 다른 시점의 측정치는 여전히 유의미한 상관을 보였다(Fraley & Roberts, 2005). 이러한 결과가 곧 사람들의 성격이 전혀 변화하지 않는다는 결론으로 이어지지는 않는다. 이는 또한 개인(집단 평균과는 다른 모습을 보일 수 있다)이 변하지 않는다는 뜻도 아니다. 그러나 이 같은 결과는 성격 특질 이론가들이 그들 이론의 성격 특질 변수가 상당히 많은 사람들에게서 상당히 긴 시간에 걸쳐 상당히 안정적인 개인의 특성을 잘 포착하고 있다고 자신 있게 결론 내릴 수 있음을 의미한다.

이와 같은 안정성에도 불구하고 변화가 발견되는 사례도 있다. "30세에 외향인이었던 사람은 70세에도 여전히 외향인일 가능성이 높다. 하지만 70세에는 30세 때만큼 활동적이거나 흥분을 추구하지는 않을 것이다"(McCrae & Costa, 2008, p. 167). 나이가 많은 사람은 청소년이나 젊은 성인에 비해 신경증 성향, 외향성, 개방성 점수가 더 낮고 우호성과 성실성 점수가 더 높다. 평균적으로 10대 청소년은 불안과 수용과 자존감의 문제로 보다 괴로워하며(높은 N), 보다 많은 시간을 친구들과의 전화나 사교 활동에 투자하며(높은 E), 모든 종류의 경험과 실험에 보다 열려있지만(높은 O) 타인이나 사회 일반에 대해 비판적이고 불만족스러워하며(낮은 A) 다른 이들(부모, 교사, 경찰)이 기대하는 것보다 더 낮은 수준의 성실성과 책임감을 보인다(낮은 C). 별로 놀랍지 않게도 우리는 '분노에 찬 젊은이'에 대해 자주 이야기하지 '분노한 중년'이나 '화난 할아버지'에 대해서는 이야기하지 않는다. 10대와 20대 초반은 가장 큰 불만족과 혼란, 그리고 반항의 시기이다.

이와 같은 연령별 경향성은 범문화적이다(McCrae & Costa 2013). 나아가 서로 다른 문화권의 평가자들 또한 연령차에 대한 유사한 신념을 공유하는 것으로 나타났다(Chan et al., 2012). 이는 특질의 연령차가 다른 생물학 기반 체계들처럼 내적인 성숙에 따라 나타남을 시사한다.

그러나 다른 연구자들은 보다 큰 변화와 보다 강한 사회적 요인의 역할을 보여주는 증거들을 제공한다. 헬슨과 동료들(Helson & Kwan, 2000; Helson et al., 2002 참조)은 북부 캘리포니아에 거주하는 여성 집단을 특별히 오랜 기간 동안 연구했다. 여성들은 처음 연구했던 1960년경에 모두 대학 3, 4학년생이었다. 두 번째 측정은 최대 40년 후, 이들이 61세에 이르렀을 때 실시되었다. 이 연구에서 성인기 성격 변화의 명백한 증거가 발견되었다. 예를 들어 참여자들은 규범지향성(개인이 정서적 충동을 사회적 규범에 맞추어 통제하는 정도로 5요인의 우호성 및 성실성과 상관을 갖는 특징이다)(Helson & Kwan, 2000)의 자기 보고 측정치에서 변화를 나타냈다. 참여자들은 대부분의 규범지향성 측정치에서 나이에 따른 지속적 증가 추세를 보였다. 반면 사회적 활력 측정치(외향성과 상관을 보이는 측정치)에서는 반대 방향으로 향하는 지속적 변화가 나타났다. 참여자들의 사회적 활력 점수는 나이가 듦에 따라 낮아졌다. 이 연구의 특히 흥미로운 측면은 참여자들의 성격 변화가 사회문화적 요인, 즉 젠더 및 여성 지위에 대한 새로운 생각을 촉발시켰던 1960년대와 1970년대의 여성 운동의 영향을 받았다는 증거가 나타난 점이다. 연구의 발견사항에 따르면 "여성 운동을 중요하게 받아들인 참여자는 자기 수용, 지배성, 공감 척도의 점수가 상승했는데 이는 이들이 보다 힘을 가지게 되었고 보다 자신감 있고 주장적이며 공감적이었다는 뜻이다"(Helson & Kwan, 2000, p. 96). 최근의 개관 연구(Helson et al., 2002)에 따르면 이와 같은 변화는 여러 표본을 대상으로 한 다양한 연구에서 일관적으로 발견되었다.

스리바스타바와 동료들(2003)은 성인기 성격 특질 변화에 대한 더 많은 증거를 제공했다. 연구자들은 미국과 캐나다에 거주하는 다양한 연령대의 많은 수의 참여자에게 인터넷으로 5요인 설문을 실시했다. 설문 결과를 분석한 결과 남성과 여성 모두에게서 대부분의 5요인 특질이 나이에 따라 유의미하게 변화했다. 예를 들어 우호성 요인의 자기 보고 결과는 남성과 여성 모두에 있어 31세에서 50세 사이에 유의미하게 증가했다. 31세에서 50세는 저자들이 언급했듯이 많은 성인이 아이를 기르고 그 경험으로부터 우호성 경향성이 변화하는 시기다. 저자들은 이 같은 결과가 '5요인 이론의 생물학주의 브랜드를 부정하는 것'이라고 강조했다(Srivastava et al., 2003, p. 1051). 바꾸어 말하면 이와 같은 결과는 성격 특질 수준이 전적으로 유전에 따라 결정되며 사회적 경험의 영향을 받지 않는다는 주장을 반박했다. 성격

여성 운동은 자기 수용과 지배성 등의 성격 특성에 영향을 줄 수 있다.

NurPhoto / Contributor / Getty Images

특질 이론은 성격학 영역의 다른 대다수 이론에 비해 사회적 영향력에 관심을 덜 쏟는 편임에도 불구하고 개인과 사회적 환경의 상호작용에 따라 나타나는 생애적 성격 발달에 대해 점점 많은 증거가 축적되고 있다.

요약하면 특질의 시간에 따른 안정성은 범문화적이지만 특질의 생물학적 요인과 문화적 요인이 어떤 식으로 상호작용하는지에 대해서는 더 많은 연구가 필요하다.

성격의 안정성과 변화

전체적으로 보았을 때 개인의 기본적 성향들은 생애에 걸쳐 얼마나 안정적이라고 할 수 있을까? 개인의 5요인 점수를 높은 것부터 순위 매긴다면 다섯 요인의 평균 수준이 어느 정도 변화한다 해도 이 순위 자체는 생애에 걸쳐 안정적인 모습을 보이지 않을까? 우리는 이 문제에 대해 다음 장에서 더 많은 내용을 살펴보겠지만 이에 대한 서로 다른 관점이 존재한다는 것은 지금 언급할 필요가 있다. 예컨대 성격 발달은 대부분 생물학적으로 결정되고 오래 지속되는 것이며 '아이는 성인의 아버지'(Caspi, 2000, p. 158)라는 관점이 있다. 이와 유사하게 맥크레이와 코스타는 특질이 대부분 유전에 따라 결정되는 요소들을 갖는다는 증거가 있고 환경의 영향에 대한 명확한 증거가 없으므로 특질은 생물학적 기반을 갖는다고 주장했다. "수십 년 동안의 경험과 결혼과 이혼과 직업 변화와 만성적이거나 급성적인 질병과 전쟁과 경제 불황과 TV 시청에 쏟은 수많은 시간이 성격 특질에 어찌 이리도 작은 영향만을 미칠 수 있단 말인가?"(2008, p. 169).

또 다른 관점은 비록 특질이 생애에 걸쳐 일관적이라는 증거가 있지만 변화가 발생하지 않는다는 결론을 보장할 정도로 그 일관성이 높지는 않다는 것이다(Roberts & Del Vecchio, 2000). 세 번째 관점은 비록 일반적 특질 구조와 일반적 특질 수준은 상당히 안정적이지만 개별 특질 수준은 변화한다는 증거가 있음을 보여주었다(Asendorpf & van Aken, 1999). 여기서 특히 강조해야 할 점은 부모의 양육 습관이 성격 발달에 영향을 줄 수 있다는 점, 그리고 직무 경험이 성인기 초기의 성격 발달에 영향을 미칠 수 있다는 점이다(Roberts, 1997; Suomi, 1999).

현재까지의 자료가 시사하는 바는 다음과 같다. (1) 짧은 시간에 걸친 성격 안정성이 긴 시간에 걸친 안정성보다 더 크다. (2) 아동기보다는 성인기의 성격 안정성이 더 크다. (3) 특질이 일반적으로 안정적이라는 증거가 있지만 발달기 특질 안정성의 개인차 또한 존재한다. (4) 특질이 일반적으로 안정적이라는 증거가 있음에도 불구하고 아동기와 성인기의 특질 변화에 대한 환경적 영향력의 크기를 확정하는 것은 여전히 향후 연구의 과제로 남아있다. (5) 특질 안정성이 나타나는 원인 가운데는 유전적인 것도 있지만 이미 존재하는 성격 특질을 확정하고 강화하는 환경의 영향력도 있다. 덧붙여서 특질 변화가 나타나는 또 다른 원인으로 인생 상황의 변화, 그리고 심리 상담에서 나타나는 것과 같은 능동적 변화 노력 등을 꼽을 수 있다.

5요인 모형의 적용

5요인 모형의 큰 장점 중 하나는 심리학자들에게 여러 응용과제를 해결할 수 있는 포괄적이고 널리 받아들여지는 도구를 제공한다는 것이다. 고용주, 교육자, 임상심리학자, 그리고 이외에도 많은 사람들이 안정적인 개인차를 측정할 신뢰도 있는 도구를 필요로 한다. 이제 살펴보겠지만 5요인 평가도구들은 이런 요구를 충족시켜 주는 도구로 널리 응용되고 있다.

학생의 직업 관련 행동에 대한 관심사로서 우리는 성격 특질의 변량이 어떤 직업을 선택할지와 직장에서 얼마나 잘 기능할지를 예측하는지 궁금해할 수 있다(De Fruyt & Salgado, 2003; Hogan & Ones, 1997; Roberts & Hogan, 2001). 5요인 모형에 따르면 외향성이 높은 사람은 외향성이 낮은 사람에 비해 사회적이고 진취적인 직업을 선호하고 이런 직업에서 뛰어난 성취를 보인다. 경험에 대한 개방성이 높은 사람은 높은 개방성의 중심 특징인 호기심, 창의성, 독립적 사고를 요하는 예술과 연구조사 직업(예 : 언론인, 프리랜서 작가)을 선호하고 이런 직업에서 뛰어난 성취를 보인다. 사실 많은 연구에 따르면 5요인 모형은 직무 성과를 예측하기에 유용한 모형이다(Hogan & Ones, 1997). 현존하는 많은 연구를 개관한 결과에 따르면 성실성이 다양한 형태의 직무와 다양한 직무 성과 측정치에 걸쳐 특히 안정적인 관련성을 보였다(Barrick & Mount, 1991). 그럼에도 불구하고 몇몇 연구자는 5요인 외의

Hero Images / Getty Images

5요인의 성실성 특질은 직무 성과를 예측한다. 좋은 직원을 찾을 때라면 성실성 특질을 살펴보는 편이 도움이 된다는 뜻이다. 하지만 성격 이론을 구축할 때는 그 함의가 모호해진다. 성실성과 직무의 관계는 성실성이라는 광범위한 성격 특질의 영향을 반영하는 게 아니라 특질 측정치 중 특히 직무 수행과 관련되는 일부 요소에 따라 도출될 수 있다(Mõttus, 2016). 예컨대 잘 알려진 5요인 질문지 한 가지는 사람들에게 그들이 '일을 꼼꼼히 하는' '효율적'이고 '효과적'인 노동자인지 직접 물어본다(Costa & McCrae, 1992).

성격 특징이 직장에서의 성과를 예측하는 데 중요한 역할을 한다며 주의를 준다(Hough & Oswald, 2000; Matthews, 1997). 또 다른 연구자들은 놀라울 정도로 약한 결과를 발견하고, 동일한 5요인 성격 특질을 측정하는 서로 다른 도구들이 서로 상응하지 않는다고 주의를 준다(Anderson & Ones, 2003, p. S62).

5요인의 적용 영역 중 하나는 '주관적 안녕감', 즉 스스로 좋은 인생을 살고 있다는 생각과 느낌에 대한 연구다. 일반적으로 높은 주관적 안녕감 점수와 높은 긍정적 정서 특질 및 낮은 부정적 정서 특질은 연관을 맺고 있다(Lucas & Diener, 2008). 비록 이 같은 관계가 시간에 걸쳐 안정적이고 예측 가능하지만, 이러한 사실이 곧 삶의 만족과 주관적 안녕감의 변화가 불가능함을 뜻하지는 않는다. 성격의 변화와 함께 삶의 조건의 변화가 차이를 가져올 수 있다.

또 다른 적용 분야는 건강이다. 한 종단 연구에 따르면 성실성이 높은 사람은 더 오래 산다(Friedman et al., 1995a, 1995b). 몇 대에 걸친 연구자들이 다수의 아이들을 70년간 추적하며 이들의 사망 여부와 사망 원인을 추적한 연구가 있다. 어린 시절 성실성이 높았던 참여자(참여자가 11세일 때 부모와 선생님의 평가로 측정)의 수명은 그렇지 않은 참여자들에 비해 유의미하게 더 길었으며 어떤 해를 살펴보든지 이들이 사망할 확률은 30%가 더 낮았다. 왜 성실한 사람이 더 오래 사는 것일까? 즉 수명의 차이를 가져오는 인과적 기제는 무엇일까? 첫째로 연구자들은 부모의 이혼과 같은 환경 변수가 성실성 효과를 설명할 가능성은 배제할 수 있었다. 둘째로 성실성이 높은 사람은 인생 전반에 걸쳐 폭력에 의한 죽음을 맞을 가능성이 낮았고 성실성이 낮은 사람은 인생 전반에 걸쳐 사고와 싸움으로 이어지는 위험을 감수하는 경향이 있었다. 셋째로 성실성이 높은 사람은 흡연을 하거나 술을 과하게 마실 가능성이 낮았다. 연구자들은 성실성이 건강 관련 행동의 전반적 양상에 영향을 줄 가능성이 높음을 보여주었다. 성실성이 높은 사람은 흡연 및 과음 가능성이 낮은 것에 더해서 다음과 같은 행동을 하는 경향이 있었다. 즉 꾸준히 운동한다. 균형 잡힌 식단을 갖는다. 규칙적인 신체 활동을 하며 투약 계획을 준수한다. 환경 독소를 멀리한다(Friedman & Kern, 2014).

햄프슨과 동료들(Hampson & Friedman, 2008)은 최근 이 주제와 관련된 연구 결과를 제공했다. 성실성과 건강의 관계를 정립한 연구는 다수가 종단 연구이며 이는 건강에 대한 성격의 효과가 종종 축적되며 발휘된다는 것을 시사한다. 교사가 평가한 5요인 특질 점수에서 차이를 보이는 아이는 40년 후 건강 관련 행동에 대한 자기 보고에서도 차이를 보임이 밝혀졌다. 특질은 부분적으로는 일상적 활동과 습관을 통해 건강과 연결된다. 예를 들어 외향성 점수가 보다 높았던 아이는 훗날 신체적 활동에 적극적일 가능성이 높고 또한 담배를 피울 확률도 높다. 성인의 건강 상태는 신체적 활동과는 긍정적 관계를 보이고 흡연율과는 부정적 관계를 보였다(Hampson et al., 2007).

나아가 5요인 이론가들은 그들의 성격 특질 모형이 임상 진단과 치료에 정보를 제공한다고 믿는다. 이론가들은 다수의 비정상적 행동이 정상 성격 특질의 과도한 극단이라고 본다

(Costa & Widiger, 2001; Widiger & Costa, 2013; Widiger & Smith, 2008). 달리 말하면 다수의 정신 병리는 독특한 방식으로 정상에서 벗어난 것이 아니라 정상 성격의 연속선상에 위치한다는 것이다. 예를 들어 강박 성격은 성실성과 신경증 성향이 모두 극단적으로 높은 것으로 볼 수 있고 반사회적 성격은 우호성과 성실성이 극단적으로 낮은 것으로 볼 수 있다. 따라서 5요인 점수의 양상이 가장 중요할 수 있다. 이는 5요인 이론틀이 일상적 성격 기능에서 나타나는 개인차의 분류 체계로서뿐만 아니라 임상 진단의 도구로서도 가치가 있음을 보여준다.

또한 5요인 모형을 활용하여 심리치료를 선택하고 계획하려는 연구도 존재한다(Harkness & Lilienfeld, 1997). 개인 성격을 이해한다면 상담가는 문제를 예측하고 치료를 계획하기에 보다 유리한 입장에 설 수 있다. 최적의 치료 형태를 선택하도록 가이드를 제공해 주는 점 또한 5요인 모형의 중요한 기여 중 하나다(Widiger & Smith, 2008). 이때 적용되는 원리는 성격 기능의 차이를 보이는 사람들이 각기 다른 직업에서 장단점을 갖듯이 각기 다른 치료를 통해 혜택을 보거나 보지 못할 수 있다는 것이다. 예를 들어 개방성이 높은 사람은 개방성이 낮은 사람에 비해 자율적인 탐색과 환상을 촉진하는 치료로부터 더 큰 효과를 얻을 수 있다. 개방성이 낮은 사람은 투약 등 보다 지시적인 형태의 치료를 선호하고 이를 통해 더 많은 혜택을 얻을 수 있다. 한 임상가는 이에 대해 개방성이 낮은 내담자들이 종종 "어떤 사람은 긴 의자에 몸을 뉘고 자기 엄마 이야기를 해야 하죠. 제 '치료'는 체육관에서 운동하는 것이고요."(Miller, 1991, p. 426)라는 말을 하는 것을 들었다고 기록했다. 대조적으로 개방성이 높은 사람은 정신분석 과정에서 꿈을 탐색하거나 인본주의적 · 실존주의적 접근에서 강조되는 자기실현 개념 등을 선호할 수 있다.

요약하면 5요인 모형이 다양한 심리학 영역에 걸쳐 여러 가치 있는 적용점을 갖는다는 사실이 증명되었다. 5요인 모형의 가장 큰 장점은 연구자들이 심리적 · 사회적 결과의 개인차를 예측하고자 할 때에 발휘된다. 이러한 영역에서 모형의 가치를 증명하는 수많은 긍정적 결과가 있다. 하지만 다른 영역에서는 모형을 더 제한적으로 적용해야 한다. 예를 들어 5요인 모형은 정신 병리의 바탕에 깔린 인과적 역동에 대해서는 거의 아무런 통찰을 제공하지 않으며, 이에 따라 상담가들은 5요인 모형이 정신 병리를 설명하는 방법이라기보다는 단순히 병리를 기술하는 방법이라고 본다. 보다 일반적으로 말하자면 이 책에서 다루는 다른 이론들과 달리 5요인 모형은 사람이 부적응적인 심리적 특성을 변화시키도록 돕는 고유한 치료 방법을 만들어 내지 못했다.

5요인 이론

이제 이 장의 서두에서 소개했던 질문으로 돌아가 보자. 5요인 특질 변수는 "정확히 무엇인가?" 더 정형적으로 살펴보자면 이는 특질 구성 개념의 개념적 지위에 대한 질문이라 할 수 있다.

우리가 인간을 묘사하는 용어 또는 '구성 개념'들은 다양한 유형을 갖는다. 어떤 용어들은 단순한 기술적 명칭이다. 이는 사람의 특성, 행동, 경험, 인생 상황을 기술하는 '명칭'일 뿐이다. 예를 들어 누군가에게 '매력적이다'라는 말을 하는 경우를 생각해 보자. 이는 기술적 명칭이다. 매력적이라는 말은 특정한 생물학적 체계를 가리키지 않는다. 사람은 몸 어딘가에 매력을 넣어 가지고 있지 않다. 이때 매력적이라는 용어는 체격과 얼굴 생김새와 귀여운 미소, 찰랑찰랑한 머릿결 등의 매력적인 특성을 요약하여 기술할 뿐이다. 반면 기술적 명칭과 구분할 수 있는 다른 용어들은 세상에 존재하는 구조와 체계 등 실제 대상을 지칭하기도 한다. 매력적인 사람에 대해 '혈압이 낮다'라고 이야기하면 이 말은 실제로 낮은 혈압을 지칭한다. 사람 몸 곳곳을 진맥하다 보면 혈압이 낮은 지점을 발견할 수 있겠지만 그렇다고 "오, 이거 참 매력적인데?"라고 말하지는 않을 것이다.

5요인과 같은 특질 개념은 어떠한가? 특질은 심리적 특성에 대한 단순한 기술일까? 그렇지 않으면 개인이 가지고 있으며 개인의 행동에 대한 인과적 설명을 제공해 주는 심리적 실존물을 가리킬까? 많은 특질 이론가는 5요인을 단순한 기술 용어로 본다. 이들은 5요인 구성 개념이 개인차의 기술적 분류 체계라고 생각한다. 그러나 맥크레이와 코스타(1999, 2008, 2013)는 보다 대담한 이론적 관점 한 가지를 제안했다. 이들은 자신들의 생각을 '5요인 이론'이라 부른다. 5요인 이론에서 다섯 가지 중요 특질은 단순히 개인차 양상을 기술한 것에 그치지 않는다. 5요인 특질은 실존하는 개체다. 각 요인은 모든 사람이 다양한 정도로 가지고 있는(예를 들어 모든 사람이 '키'라는 요소를 가지고 있고 사람들의 키가 서로 다르듯이) 심리학적 구성 개념으로 보아야 한다(McCrae, Gaines, & Wellington, 2013). 이들은 5요인 특질이 각 개인의 심리적 발달에 인과적 영향을 미친다고 말했다. 더 정교한 용어를 사용하여 5요인 이론의 아이디어를 요약하면 5요인이란 인류가 보편적으로 가지고 있는, 즉 모든 개인이 가지고 있는 기본적인 기질적 경향성이라는 것이다.

맥크레이와 코스타(2013)는 5요인이 생물학적 기반을 갖는다고 제안했다. 이들은 5요인과 관련된 행동적 개인차가 뇌신경학적 구조와 뇌의 생화학적 특성 등에 대한 유전의 영향에 따라 결정된다고 주장했다. 사실 5요인 이론 모형을 제안할 때에 맥크레이와 코스타는 5요인의 생물학적 기반이 아주 강력하여 다섯 가지 기본적 경향성은 환경에 의해서 직접적 영향을 받지 않는다고 생각했다. 이들은 "성격 특질은 기질과 마찬가지로 내생적으로 타고난 특성들이며 환경의 영향에서 본질적으로 독립된 내재적 발달 과정을 따른다."(McCrae et al., 2000, p. 173)라고 주장했다. 이와 같은 입장은 심리학의 고전적 쟁점과 관련된다. 바로 '본성 대 양육' 논쟁이다. 맥크레이와 코스타의 이론은 아마도 가장 강한 '본성' 입장일 것이다. 즉 유전된 생물학적 특성(본성)이 성격을 결정하며 사회적 경험(양육)은 거의 영향을 미치지 못한다는 극단적인 주장이다. 문화는 특질의 표현에 영향을 줄 뿐 특질의 기본 구조에는 영향을 주지 못하는 것으로 취급된다. 즉 특질의 기본 구조는 문화 보편적이다(McCrae &

Costa, 2013). 외적 요소가 개인의 성격 특질에 영향을 주지 않는다는 주장은 다른 이론과 비교해 보았을 때 5요인 이론의 독특한 주장이라 할 수 있다.

5요인 이론의 두 번째 특징은 우리가 앞서 논의했던 측면, 즉 특질이 개인차의 단순한 기술(앞서 살펴본 매력과 유사한)이 아니라 인과적 영향을 미치는 구조라는 것이다. 5요인 이론은 특질을 모든 개인의 삶에 영향을 미치는 인과적 요소로 본다. 다섯 요인은 '성격의 보편적인 재료'(McCrae & Costa, 1996, p. 66)다. 이에 따라 5요인 이론에서는 우호성과 같은 특질 구성 개념이 두 가지 기능을 한다. 특질은 (1) '개인이 아니라 집단에 적용되는 개인차 차원'일 뿐만 아니라 (2) '사고와 감정의 지속적 양상에 깔린 인과적 기반'이며 이와 같은 인과적 분석은 '개인에게 직접 적용된다'(McCrae & Costa, 2003).

5요인 이론을 어떻게 평가해야 할까? 모형은 분명 탁월한 통합적 잠재성을 갖는다. 5요인 이론이 기본적으로 옳다면 이 이론은 이 책에서 다루는 여러 이론적 관점에서 매우 중시하는 두 측면인 생물학적 특질 관점과 관찰 가능한 성격 변수에 대한 상황의 영향을 통합할 수 있을 것이다. 그러나 5요인 이론 모형은 답을 제공하는 만큼 질문도 낳는다. 5요인 이론에 있어 특히 까다로운 세 가지 논점이 있다. 세 논점이 성격 이론에 대해 매우 넓고 일반적인 중요성을 갖기 때문에 이를 자세히 알아볼 필요가 있다.

첫 번째 문제는 성격 구조와 여타 성격 과정을 어떻게 연결시킬 것인가의 문제다. 특질 이론은 과정에 대해 별다른 설명을 하지 않는다. 맥크레이와 코스타의 관점에서 이 과정들은 다른 연구적 접근법들을 통해 밝혀내야 할 세부사항들이다. 이는 명백하고 중요한 이론적 한계다. 특히 문제가 되는 부분은 성격의 역동적 과정들이 아직 밝혀지지 않았다는 단순한 사실을 넘어 이를 어떻게 밝혀내야 하는지 그 원칙조차 명확하지 않다는 것이다. 일반적으로 성격 이론가들은 성격 구조를 만드는 심리적 기제를 명확히 한 다음 이 기제가 어떻게 역동적 성격 과정을 이끌어 나가는지 설명하는 방식으로 구조와 과정을 연결시킨다. 예를 들어 정신분석 이론가들은 무의식과 생물학적 기반을 가진 추동이 원초아의 기본적 기제를 이룬다고 상정하고 이 같은 무의식적 힘이 관찰 가능한 행동에 영향을 미치는 과정을 설명했다. 그러나 5요인 이론에는 특질 구조와 연관되는 생물학적 기제와 심리학적 기제가 명시되어 있지 않다. 다섯 특질은 단순히 경향성으로 취급되었다. 특질과 관련된 인과적 기제가 알려져 있지 않기 때문에 기제를 역동적 과정과 연결시키는 모형의 구축을 시작할 수조차 없다.

다른 두 가지 논점은 앞서 이야기한 5요인 이론의 두 가지 독특한 특징과 관련된다. 이 중 하나는 특질이 사회적 요인의 영향을 받지 않는다는 생각이었다. 문제는 이런 생각이 실증 연구 결과와 맞지 않는다는 것이다. 특히 흥미로운 자료는 역사적 시기에 걸쳐 나타나는 성격 특질 점수의 변화와 관련된 분석에서 얻을 수 있다. 트웬지(2002)는 20세기의 문화적 변화가 성격의 변화를 초래했을 것이라 논증했다. 20세기 중반에서 후반으로 넘어오며 미국에서 나타난 변화를 생각해 보자. 1950년대에 비해 1990년대 사람들의 문화는 이혼율과 범죄율이 더 높고 가족 규모가 더 작으며 먼 친척들과의 접촉은 더 줄어든(직업과 교육에 따른 인구 이동이 더 많아졌기 때문이다) 특징을 보였다. 트웬지는 이와 같은 사회문화적 변화가 해당 기간 불안 수준의 꾸준한 증가와 관련된다는 사실을 발견했다(Twenge, 2002). 또 다른 강력한 증거로서 치료적 개입의 결과로 발생하는 성격 특질의 변화를 꼽을 수 있다. 광범위한 메타분석을 통해 로버츠와 동료들은 치료적 개입을 통해 신경증 성향과 외향성과 같은 성격 특질이 실질적으로 변화함을 보여주었다(Roberts et al., 2017). 특질 이론 외 다른 성격 이론의 관점에서 바라보았을 때 로버츠의 연구 결과는 놀라운 게 아니다. 반면 외적 요소가 성격 특질에 영향을 미치지 않는다는 5요인 이론의 관점과는 분명히 반대된다.

5요인 이론과 관련된 세 번째 쟁점은 개념적으로는 미묘하지만 깊은 중요성을 갖는다. 5요인 이론은 모든 개인이 다섯 요인을 갖는다고 주장했다. 달리 말하면 모든 개인이 각 요인에 해당하는 심리적 구조를 갖는다는 것이고 개인은 각 특질의 수준에서 차이를 보인다는 뜻이다. 5요인 이론가들은 다섯 요인을 그 크기가 사람마다 다를 수 있는 신체 기관에 비유했다. 문제는 이 같은 이론적 주장이 가용한 연구 증거들과 직접적이거나 논리적인 연결성을 보이지 않는다는 것이다. 5요인 모형을 지지하는 연구 증거는 주로 여러 사람으로 이루어진 집단들에 대한 통계분석에서 나왔다. 이때에는 5요인이 큰 집단 내에서의 개인차를 잘 요약해 준다. 그러나 이와 같은 결과가 곧바로 그 집단 내의 모든 개인이 5요인 각각을 가지고 있다는 사실을 증명하진 못한다. 집단들에 대한 질문과 개인들에 대한 질문은 분석 수준이 다르다. 집단에 대해 옳았던 주장은 개인에 대해서는 옳지 않을 수 있다.

따라서 문제는 집단들을 연구하여 얻은 5요인으로 개인들이 가진 심리적 구조에 대해 어떤 주장을 할 수 있느냐는 것이다. 최근 몇몇 연구자(Borsboom et al., 2003)가 이 문제를 깊게 파고들었다. 연구자들은 집단들의 분석과 개인들의 분석은 완전히 다른 것이라고 강조했다. 5요인이 개인의 성격 기능을 설명한다는 주장이 타당하려면 개인 한 사람 한 사람에 대한 요인분석을 실시하여 모든 개인에게서 5요인 모형을 발견해야 한다. 이들은 "개인 안에서 무슨 일이 벌어지는지 알기 위해서는 그 개인을 연구해야 한다. 이를 위해서는 개인적 과정을 이것이 속한 수준, 즉 개인 수준에서 구현해야 하며 개인 간 분석을 통해 개인 수준의 정보를 기적과 같이 얻어낼 수 있을 것으로 기대해서는 안 되는 것이다."(Borsboom et al., 2003. p. 216)라고 말한다.

아직까지 상대적으로 소수의 연구자만이 개인 수준에서 5요인 구조를 발견하려는 노력을 기울였다. 현존하는 자료에 따르면 개인의 행동 경향성은 일반적으로 5요인 모형이 기술하는 경향성들과는 다른 것으로 보인다(Borkenau & Ostendorf, 1998). 이 때문에 5요인 모형이 개인차를 기술하는 데 매우 성공적임에도 불구하고 다른 여러 성격 이론이 존재하는 것이다. 다른 대부분의 성격 이론가들은 5요인이 프로이트, 로저스, 그리고 앞으로 이 책에서 다룰 여러 이론가들이 제기한 문제를 해결해 주지 못하는 것으로 여긴다. 즉 누군가 전형적인 경험과 행동을 할 때 그 사람의 '머릿속에 들어있는' 성격 구조를 규명하는 것 말이다.

하나 빠뜨린 것 아닌가? 6요인 모형

1980년대부터 21세기 초반에 이르기까지 5요인 모형은 특질 이론가들의 합의된 입장의 근간을 이루었다. 5요인은 필수적일 뿐만 아니라 사람들의 평균적인 차이를 기술하기에 꽤 충분한 것으로 보였다. 그러던 중 어떤 일이 일어났다. 다양한 국적의 참여자를 대상으로 연구를 진행한 국제 연구팀이 제공한 여러 자료에 따르면 특질심리학자들이 "한 가지 특질을 놓치고 있었다." 기존의 분석에서는 간과되었던 여섯 번째 요인이 존재하는 것으로 보였던 것이다.

여섯 번째 요인에 대한 직관적 감각을 갖기 위해 두 가지 가설적 사례를 상정해 보는 것이 좋겠다. (1) 똑똑하고 사교적이며 근면하고 대인관계에서 우호적이고 사회적 기술을 갖춘 최고경영자와 (2) 똑똑하고 사교적이며 근면하고 대인관계에서 우호적이고 사회적 기술을 갖추고 불공정 관행을 일삼으며 재정 상황에 대해 거짓말을 하는 최고경영자를 생각해 보자. 분명 두 사람은 다르다. 그러나 5요인 모형은 이들의 차이점을 포착하지 못하는 것처럼 보인다. 두 사람의 O, C, E, A, N은 유사할 것이지만 이들은 어느 지점에서는 서로 다르다. 즉 이들은 정직성, 또는 정직성/겸손에서 서로 다르다(Ashton et al., 2004, p. 363).

문제는 5요인상에서 서로 유사하지만 여섯 번째 정직성/겸손 차원에서 서로 체계적 차이를 보이는 사람이 있다는 우리의 직관적 이해가 직관 수준에 머물 것인지 그렇지 않으면 과학적 수준에 이를 것인지이다. 우리가 성격 특질 형용사를 활용한 자기 보고 측정치를 분석한다면, 그리고 성격 형용사 묶음을 구성할 때 충분히 주의를 기울여 매우 다양한 특성을 포괄한다면 (그래서 어떤 전반적 특질도 빠뜨리지 않도록 한다면) 실제로 이 여섯 번째 요인을 발견할 수 있을까? 일곱 개의 서로 다른 언어권에서 자료를 수집한 결과 긍정적인 답이 도출되었다(Ashton et al., 2004). 기존의 5요인(이 중 몇몇은 여섯 번째 요인의 규명에 따라 그 의미가 미묘하게 변화한다)에 더하여 실제로 여섯 번째 정직성/겸손 요인이 존재한다. 교활함과 불충함에 반대되는 정직성과 진솔성 경향의 개인차는 신뢰도 있는 여섯 번째 요인이다.

6요인 모형(즉 5요인 모형에 정직 요인을 추가한 것)은 특질심리학의 새로운 발전이다. 6요인 모형은 아직 충분한 기본 이론이나 응용 연구로 뒷받침되지 않았다. 따라서 이제부터 살펴볼 적용 부분에서 우리는 다시 기본적인 5요인 모형으로 돌아갈 것이다. 그러나 위에서 살펴보았듯이 여러분은 '정직과 겸손' 대 '부정 그리고/또는 이기주의'에서 나타나는 개인차가 특질심리학자들 사이에서 너무도 유명한 5요인 모형에는 잘 나타나 있지 않다는 사실을 주지해야 한다. 나아가 5요인 모형에 잘 나타나지 않은 또 다른 추가 요인들도 있을 수 있다. 더 라트(2006)는 최근의 연구에서 거의 모든 5요인 모형 연구가 형용사를 연구한 것임을 지적하고 명사와 동사에 대한 연구가 인간에 대한 추가적 정보를 제공할 수 있을 것이라 말했다. 세 가지 품사에 해당하는 단어를 모두 포괄한 자료를 요인분석한 결과 여덟 개의 요인이 밝혀졌으며, 여기에는 5요인 또는 6요인 모형에서 명확히 드러나지 않은 요인들(유능성 등)

이 포함되어 있었다(De Raad, 2006).

비교문화 연구 : 5요인 차원은 인류 보편적인가?

개인차와 인간 상호작용의 보편성이 존재한다면 우리는 서로 다른 여러 언어에서 동일한 기본 특질 차원이 나타날 것이라 기대할 수 있다. 달리 말하면 우리는 5요인 구조가 보편적일 것으로 기대할 수 있다. 다행히도 다양한 민족을 대상으로 연구를 수행한 여러 나라 연구자들의 노력 덕분에 "성격 5요인 차원은 보편적인가?"라는 질문에 대한 많은 연구 결과가 산출되고 있다. 5요인 차원은 인류 보편적인가?

연구 결과를 보기 전에 연구 방법부터 살펴보도록 하자. 성격 5요인이 보편적인지, 여러 언어와 문화에 걸쳐 나타나는지 알아볼 때에는 방법론적 쟁점이 큰 차이를 가져올 수 있다. 한 가지 쟁점은 번역이다. 많은 연구자가 성격 특질의 보편성을 연구할 때에 한 언어(예를 들어 영어)에서 만든 성격 척도를 다양한 언어(독일어, 일본어 등)로 번역한 도구를 활용한다. 이런 번역 과정은 아주 까다로울 수 있다. 두 언어에 일대일로 대응되는 번역어가 없을 수도 있고 심지어 똑같이 번역되는 단어도(예를 들어 영어에서 '공격적인'을 뜻하는 'aggressive'는 독일어로도 '공격적인'이라는 뜻으로 번역된다) 서로 다른 뜻을 가질 수 있다(영어의 '공격적인'은 단호하고 주장적이라는 뜻에 가깝고 독일어로 '공격적인'은 적대적이라는 뜻에 가깝다). 일본어의 사교성(영어로는 'outgoing', 외향성 특질 중 하나)을 영어로 번역하면 오히려 다정함(영어로는 'affectionate', 우호성 특징 중 하나)으로 잘못 번역된다. 번역의 오류는 연구자로 하여금 두 언어에서 동일한 요인을 발견한 것인지 의문을 갖게 만든다.

이 문제의 사례로 호프스테더와 동료들(1997)은 기존의 영어, 네덜란드어, 독일어 어휘 연구에서 쓰인 특질 단어 중 서로 거의 직접적으로 번역될 수 있는 126개의 단어를 찾아내어 이를 바탕으로 세 언어에 나타난 5요인의 의미를 비교해 보았다. 연구자들은 유사성이 높은 이 세 언어에서 5요인의 의미가 상당히 일치한다는 것을 보여주었지만 여기에는 한 가지 중요한 예외가 있었다. 개방성 요인이었다. 독일어와 영어에서 개방성 요인은 매우 유사한 의미를 나타냈으나 네덜란드어의 개방성 요인에는 지능 및 상상과 관련하여 예상할 수 있었던 특질들(예 : 혁신적인, 고유한, 상상력이 풍부한)이 포함되었을 뿐만 아니라 비관습성 및 반항성과 관련된 특질들이 포함되어 강조되고 있었다. 이와 유사한 경향은 이탈리아어와 헝가리어의 특질 연구에서도 나타난다(Caprara & Perugini, 1994).

다수의 문헌 연구 자료를 살펴보면 일반적으로 대부분의 언어에서 5요인과 유사한 요인들이 발견된다는 사실을 알 수 있다(Benet-Martinez & Oishi, 2008; John, Naumann, & Soto, 2008; McCrae & Costa, 2013). 맥크레이와 코스타(2013)는 5요인 성격 구조가 인류 보편적이라는 아주 강력한 입장을 취했다. 이들의 주장에 부합하는 증거로는 5요인 측정도구(줄여서 'NEO-PI-R'이라 부른다)를 여러 언어로 번역하여 활용한 연구들이 있다. NEO-PI-R을 번역하여 활용할 경우 매우 안정적으로 동일한 5요인 구조가 도출된다.

하지만 여러분은 여기에 잠재적 한계가 있음을 기억해야 한다. 영어로 된 척도를 다른 말로 번역하는 과정은 논쟁을 불러일으킬 가능성이 있다. 번역 과정은 종종 어떤 요인을 자연적으로 도출할 수 없는 문화권의 참여자들에게 부주의하게도 그 심리학적 요인을 부과해 버릴 수 있다. 예를 들어 특정 문화의 사람들은 개방성을 성격 특징 중 하나로 고려해 보라고 요청받기 전에는(즉 설문으로 개방성 문항을 접해보기 전에는) 개방성의 개인차에 별다른 관심을 갖지 않았을 수 있다.

이런 사실은 대안적 연구 전략의 중요성을 강조해 준다. 영어로 된 척도를 다른 언어를 가진 집단에게 마구잡이로 적용하지 않는 대신 각 언어 집단의 토착적 성격 용어, 즉 모국어 연구를 통해 얻은 이들의 성격 기술어를 분석할 수 있다. 이렇게 한다면 연구 결과는 더 복잡해진다(Saucier & Goldberg, 1996). 특질 용어를 그 문화에서 도출했느냐 다른 문화에서 가져왔느냐에 따라 연구 결과는 차이를 보이곤 한다. 예로서 이탈리아어의 성격 용어 구조를 탐구한 연구(Di Blas & Forzi, 1999)를 들 수 있다.

디블라스와 포르치는 영어로 된 척도를 이탈리아어로 번역하여 사용하지 않았다. 대신 이들은 직접 토착어에서 단어를 골라냈다. 연구자들은 참여자들에게 이 용어들로 스스로를 평가해 보라고 부탁하였으며, 이렇게 얻은 자료를 요인분석하여 영어에서 보편적으로 나타나는 5요인 구조가 이탈리아어에서도 동일하게 나타나는지 살펴보았다. 동일한 구조는 나타나지 않았다. 즉 다섯 요인 모두가 일관적으로 확인되지 않았다. 대신 "3요인 해법이 일관

신경증 성향은 어디로 갔을까? 이탈리아어를 통해 5요인을 찾아본 결과 디블라스와 포르치(1999)는 오직 세 가지 요인인 외향성, 우호성, 성실성만을 발견할 수 있었다. 이와 같은 결과는 5요인이 인류 보편적으로 적용 가능한 개인차 분류 체계라는 관점에 의문을 제기한다.

적으로 참여자들과 관찰자들에 걸쳐 더 안정적인 모습을 보인 것으로 나타났다"(Di Blas & Forzi, 1999, p. 476). 이탈리아어에서도 일관적으로 발견된 요인은 일반적으로 5요인 모형의 다른 두 요인에 비해 반복 검증이 잘되는 세 요인(Saucier, 1997)인 외향성, 우호성, 성실성이었다. 전통적인 특질 요인인 신경증 성향은 이탈리아어에서 발견되지 않아서(Di Blas & Forzi, 1999) 다른 연구자들의 결과(Caprara & Perugini, 1994)와 비슷한 양상을 보였다. 디 블라스와 포르치는 다양한 대인관계 상황에서 경험하는 부정적 정서를 지각하는 측면에 문화적 차이가 개입되며 이것이 신경증 성향 요인에서 나타난 이탈리아어와 영어의 차이를 설명할 수 있다고 주장했다(Di Blas & Forzi, 1999). 그 후 더 라트와 피보디(2005)는 11개 언어의 특질 용어를 조사하여 "외향성, 우호성, 성실성의 '3요인'이 다양한 언어에 걸쳐 반복하여 나타난다."라고 말하고 "5요인 모형의 완전성은 미심쩍다."라고 결론 내렸다(De Raad & Peabody, 2005, p. 464).

국가와 언어에 따라 결과가 변화한다는 사실 때문에 몇몇 연구자는 특정 문화에 고유한 성격 요인이 있을 것이라는 주장을 하게 되었다. 잠재적 사례는 '중국의 전통' 요인(Cheung et al., 1996)이다. 이는 전통 중국 사회에서 중요하게 여겨지는 가치와 태도를 나타낸다. 이런 문화 특정적 요인은 분명 존재할 수 있지만 이 요인들을 실증적 사실로 받아들이려면 더 많은 확인과 검증이 필요하다. 예를 들어 이런 요인은 적절한 성격 특질을 반영하는 것이 아니라 태도나 신념과 같은 다른 개인차(예 : 보수적 대 진보적)를 반영하는 것일 수 있다.

보다 최근에는 심리학자들이 북미, 유럽, 동아시아 이외의 지역에 대한 연구 횟수를 늘리고 있다. 아프리카와 남미 등 심리학 연구가 불충분했던 지역들이다. 이들의 연구는 종종 성격 언어와 개인차의 본질이 보편적이라는 관점을 날카롭게 배격한다. 성격 구조에 실질적 문화차가 존재한다는 것을 보여주는 것이다. 아래의 세 예시를 참고하자.

- 한 연구팀은 남아프리카공화국의 11개 언어 및 민족 집단을 대표하는 1,000명 이상의 참여자를 대상으로 성격 개념을 연구했다(Valchev et al., 2012). 참여자들은 본인 및 본인이 알고 있는 아홉 사람의 성격 특성을 묘사했다. 그 결과로 나타난 성격 기술 언어는 단일하거나 보편적이지 않았고 민족 집단별로 상이했다. 흑인 집단들은 사회관계적 성격 형용사를 비교적 많이 활용했다. 사회적 조화와 대인관계의 질에 대한 형용사들이었다. 백인 집단들은 (a) 개인적 성장(성실성이나 성취 등)과 관련되거나 (b) 상황의 영향력이 배제된 추상적인 성격 특징 개념(정직이나 충성심 등)을 더 자주 활용했다. 이와 같은 결과는 기존의 특질 관점이 추상적 특질 용어보다는 현실적 맥락에 바탕을 둔 용어를 선호하는(몇몇 문화 또는 민족 집단은 확실히 그러하다) 언어적 과정을 전반적으로 과소평가했다는 가능성을 제시한다.
- 또 다른 연구팀은 볼리비아의 수렵채집 및 농경 민족인 치나메족에게서 5요인을 발견할 수 있는지 확인했다(Gurven et al., 2013). 치나메 문화의 구성원들은 현대 산업화 사

회에 익숙하지만 여전히 고립된 마을 공동체를 이루어 살아가고 있다. 이들의 성격 개인차 구조는 무엇이었을까? 연구 결과 '치나메 2요인'(Gurven et al., 2013, p. 365)이 발견되었다. 두 차원 모두 현대 산업화 사회의 5요인 중 어떤 것과도 상응되지 않았다. 연구자들은 치나메 성격 특질 차원이 치나메 문화에 특징적인 사회적 삶의 양상을 반영한다고 판단했다. 치나메 2요인은 가정(또는 가족)에서의 성취와 공공의 문화적 삶에서의 성취를 나타내는 차원이었다.

- 마지막으로 싱, 미스라와 더 라트(2013)는 인도의 힌디어 사용자 500명 이상을 대상으로 성격 특질 구조를 연구했다. 인도는 어떤 측면에서는 서구의 국가들과 비슷하다. 민주주의 사회이고 시장 경제를 추구한다. 이런 이유로 여러분은 대부분의 5요인을 힌디어로도 발견할 수 있으리라 기대할지도 모른다. 그러나 5요인 중 어떤 것도 나타나지가 않았다. "발견된 요인들은… 5요인 중 어떤 것과도 명백한 연관성이 없었다"(Singh et al., p. 617). 대신 발견된 삼덕(triguna) 요인은 유구한 힌두교 철학에 기반을 둔 성격 특징이었을 뿐 서구의 성격 특질들과는 직접 대응되지 않았다. 예를 들어 세 차원 중 하나는 차분하지 못하고 새침하고 비체계적인 특성을 종합한 것으로, 5요인 특질과는 명확한 연관성을 찾기 힘들다.

더 라트와 플라치치(2017)는 성격 특질 구조의 비교문화 연구를 종합했다. 이들은 "심리언어적 기반을 가진 요인들을 세계 대부분의 언어와 문화에 적용할 수 있는지 살펴보았을 때, 5요인 구조는 2요인 또는 3요인 구조와의 경쟁에서 **패배하는 경향**이 있다."(p. 209, 강조를 추가함)라고 말했다. 이와 같은 결과는 두 가지 함의를 갖는다. 첫째, 5요인 성격 특질 구조가 인류 보편적이라는 주장에 의문을 제기한다. 둘째, 5요인 구조가 인류 보편적이지 않다면 이는 언어 연구나 전통적인 5요인 차원에 기초하지 않은 대안적인 성격 특질 모형을 고려할 필요성으로 연결된다. 이제부터 우리는 바로 그 대안적인 성격 특질 모형 가운데 하나를 살펴볼 것이다.

특질 이론의 현대적 발전 : 보상 민감성 이론

특질 이론의 역사는 길다. 제7장에서 살펴보았듯이 아이젱크와 카텔의 연구는 20세기 중반으로 거슬러 올라간다. 5요인 이론은 비교적 새로운 편이다. 하지만 그 골자는 이미 1961년(Tupes & Christal, 1961)에 명확해졌다. 이런 옛 이론들이 21세기 하고도 20년이 넘게 지난 오늘날의 성격 이론에 탄탄한 기초가 될 수 있을까?

현대의 여러 연구자는 그렇지 않다고 생각한다(Boag, 2011; Lamiell, 2013; Nilsson, 2014; Uher, 2013 참고). 다양한 이론적 관점(예컨대 제12장과 제13장에서 살펴볼 사회인지 이론 등)을 따르는 연구자들이 고전 특질 접근법의 한계를 지적했다. 보상 민감성 이론reinforcement sensitivity theory(RST)은 고전 특질 이론의 한계 중 한 가지를 지적하고 이를 직접적으로 다루었다(Gray, 1991; Pickering & Corr, 2008). 먼저 RST가 지적한 한계점이 무엇인지 알아본 뒤 RST가 제공하는 발전사항을 알아보자.

고전 특질 이론들의 한계

다음 두 가지 항목 간의 관계를 생각해 보면 고전 특질 이론들(예 : 아이젱크의 이론이나 맥크레이와 코스타의 5요인 이론 등)의 한계가 명확해진다. (A) 특질 이론의 목표와 (B) 고전 특질 접근의 특징적인 전략이다.

성격 이론과 고전 특질 접근의 전략

제1장에서 살펴보았듯이 성격 이론의 중요한 목표는 과학적 설명을 제공하는 것이다. 개인이 특징적인 정서와 행동 양식을 보인다면 성격 이론은 이를 설명할 수 있어야 한다.

사람의 행동에 대한 심리학적 설명은 적어도 두 가지 목적을 달성해야 한다. (1) 사람이 실제로 가지고 있으며 (2) 인과적 영향력이 있는, 즉 개인의 성격 양식에 기여하는 심리적 체계(그리고 가능하다면 그 생물학적 기반까지)를 밝혀내야 한다. 일상적이고 비과학적인 설명들은 이 두 조건을 만족하지 못한다. 누군가 여러분에게 "너는 전갈자리라서 감정 변화가 심하고 직관적이구나."라고 말했을 때 '전갈자리'는 여러분이 실제로 가진 것, 그럼으로써 여러분의 행동에 영향을 줄 수 있는 것 중 어느 것도 지칭하지 않는다.

이제 특질 이론의 특징적인 전략에 대해 생각해 보자. 이미 살펴보았듯이 특질 이론가들은 성격 구조를 규명하기 위해 요인분석에 의지했다. 전형적인 연구 절차는 대규모 표본에 성격 질문지 전체를 실시한 뒤 참여자들의 응답을 요인분석하는 것이다. 그 결과로 도출된 통계적 요인들은 사람들이 서로에 대해 차이를 보이는 주요한 방식들을 요약해 준다.

통계적 요인들의 개념적 지위와 '탑다운' 설명 방식   통계적 요인들이 과연 성격 이론의 목적에 부합하는가? 달리 말해 (1) 사람들이 실제로 가지고 있고 (2) 행동에 인과적으로 영향을 미치는 특징을 가지고 있을까?

많은 고전 특질 이론가들이 '그렇다'라고 대답했다. 아이젱크는 외향성과 신경증 성향 요인을 개인의 행동을 설명해 주는 심리적 구조로 다루었고 각 요인에 대응하는 뇌신경학적, 생화학적 요인을 탐색했다(제7장). 현대 연구자들 몇몇은 5요인에 상응하는 뇌 구조들을 찾아 나서기도 했다(DeYoung et al., 2010). 특질 변수에서 유사한 점수를 보이는 사람들은 그 기저의 신경생물학적 성질에서도 서로 비슷할 것이라는 가정이 깔려있는 연구였다.

이런 식으로 심리적 구조를 규명하려는 방식을 '탑다운' 전략이라 부른다(Cervone, 1999). '탑다운'이란 말은 소수의 '상위' 성격 변수를 규명하려 노력한다는 뜻이다. 제7장의 그림 7.1은 아이젱크 이론의 탑다운적 성격을 보여준다. 두 개의 상위 요인인 외향성과 신경증 성향은 하위의 성향들과 행동을 설명하는 것으로 제시된다.

5요인 이론 역시 탑다운 방식을 취했다. 그 이론가들은 다섯 개의 개인차 요인, 즉 5요인은 개인들이 실제로 가지고 있고 개인의 성장, 경험, 행동에 인과적 영향을 미치는 심리적 구조라고 주장했다(McCrae & Costa, 1996).

탑다운 방식의 위험 요소

탑다운 전략에는 위험 요소가 있다. 가장 커다란 위험 요소는 고차원적인 개인차 요인과 사람이 실제로 가진 심리적 구조가 상응하지 않을 수 있다는 점이다. 이 다소 추상적인 논점을 구체적으로 파악하기 위해 우리는 말 그대로 '성격 바깥의' 사례를 살펴볼 필요가 있다.

대규모 표본을 대상으로 개인의 다양한 성취들을 측정했다고 가정해 보자. 성취는 다양한 인생 영역들과 관련되어 있을 것이다. 이는 학업적, 경제적 성취일 수도 있고 선수 경력이나 장기적인 우정의 성취일 수도 있으며 재능과 취미를 개발한 것일 수도 있다. 명백히도 어떤 사람은 다른 사람들보다 더 많은 성취를 거둔다. 서로 다른 영역에서의 성취는 정적 상관을 보일 가능성이 있다. 빈곤한 환경에 처한 사람은 다른 이들에 비해 학업적, 직업적, 사회적 기회가 적으니 말이다. 따라서 조사 결과를 요인분석하면 '성취' 요인이 발견될 수 있다.

이제 다음과 같은 질문을 해보자. 성취 요인은 사람들의 성취를 설명하는가? 결코 그렇지 않다. 성취 요인은 사람들이 이룬 것을 요약할 뿐 이를 전혀 설명해 주지 못한다.

아니면 이런 질문을 해보자. 성취 요인이 개인의 내부에 존재하는 구조인가? 즉 성취 점수가 유사한 사람들이 심리적 또는 생물학적으로도 유사할까? 답은 아까와 같다. 결코 그렇지 않다. 성취 점수에서 유사한 모습을 보이는 성공한 음악가, 성공한 화학자, 성공한 프로 레슬러는 공통점을 거의 가지고 있지 않다. 달리 말하면 성취 점수와 '일대일' 대응이 되는 심리적 또는 생물학적 기반이 없다는 뜻이다.

RST의 대안적 전략 : 바텀업 특질 이론

보상 민감성 이론의 개척자들은 고전 탑다운 방식 특질 이론의 문제점을 잘 알고 있었다. 그들의 해법은 무엇이었을까? 반대 방향으로 움직이는 것이었다. 바텀업으로 말이다. 이들의 전략이 과거 특질 이론의 전략과 어떻게 다른지 살펴보자.

RST 이론가들이 설명하듯이 "한스 아이젱크는… '탑다운' 방식을 채용했다. 인과적 체계에 대한 그의 연구는 통계적으로 도출된 성격 요인/차원 구조에 의거했다"(Pickering & Corr, 2008, 이하 모두 p. 240에서 인용). 달리 말하면 통계(요인분석)가 먼저고 그 기저에 있는 생물학적 기제의 탐색은 나중이었다. 반면 RST 이론은 '바텀업 일반 접근'을 취했다. RST 전략은 "뇌 행동 체계의 근본적인 성질을 먼저 규명"한 뒤 "이 체계들의 변량을 알려진 성격 측정치들과 연관시키는" 것이었다.

마찬가지로 RST에 영감을 얻은 이론가들은 5요인 모형에 비판적이다. 5요인은 "성격의 개인차를 기술하지만 개인의 정서와 행동이 상황과 시간에 따라 변화하는 양상을 설명하지 못했다"(Collins et al., 2016, p. 92). 앞서 살펴본 '성취' 요인으로는 사람이 왜 높은 소득과 많은 친구를 갖는지 설명하지 못하는 것처럼 5요인의 '우호성' 또한 사람이 왜 다정하고 상냥한 행동을 하는지 설명하지 못한다.

이제 개인의 심리와 신경생물학 구조 속에 실존하는 심리적 체계를 찾아내기 위해 RST가 취한 전략을 살펴보자.

보상 민감성 이론

보상 민감성 이론(RST)의 구체적 목표는 동기와 정서의 보편적 양상들에 상응하는 뇌신경학적 하위 체계를 규명하는 것이다. 저명한 영국 과학자이자 RST의 창시자인 제프리 A. 그레이가 20세기에 이러한 목표를 추구하기 시작했다(Gray, 1991 참조).

신경학적 하위 체계

그레이에 따르면 신경학적 하위 체계는 특정 뇌 영역에 존재하는 단일한 세포 군집이 아니다. 신경학적 하위 체계는 뇌의 서로 다른 영역들에 위치해 있지만 특정 기능을 수행할 때에 함께 작동하는 메커니즘들의 상호 연결적인 집합이다. 그레이(1991)는 시각 체계를 예로 들었다. 시각 시스템은 눈에서 시작해 뇌의 중심부를 거쳤다가 시각 피질로 돌아오는 다양한 하위 요소를 가지고 있다. 그럼에도 시각은 단일하고 통합된 체계로서 단일한 기능, 즉 시각 기능을 수행한다. 따라서 시각 체계는 신경학적 하위 체계다. RST는 이처럼 특정한 심리적 기능, 특히 정서적 · 동기적 기능을 수행하는 하위 체계를 규명하는 이론이다.

이러한 연구는 다음과 같은 이유로 성격심리학과 관련된다. 만약 우리가 신경학적 하위 체계를 규명할 수 있다면 성격심리학 연구의 핵심이 되는 질문에 설명을 제공할 수 있는 입장에 놓이기 때문이다. 개인차 말이다. 시각 체계의 개인차가 시력(시력과 색 판별력 등)을 설명하듯이 뇌신경 체계의 개인차는 사람들의 정서적 · 동기적 차이를 설명할 수 있다.

세 가지 RST 체계

RST가 당면한 과학적 과제는 생물학적 체계들과 그 심리학적 함의를 파악하는 것이다. 이에 대한 최초의 연구 결과는 그레이가 실험동물들(쥐 등)의 뇌신경 체계와 행동에 대한 연구를 종합하여 도출한 바 있다. 그의 연구에는 중요한 뇌 기능이 포유류 종 전체에 걸쳐 보존(즉 동일하게 유지)되었을 것이라는 논리가 깔려있었다. 따라서 동물의 생물학적 구조에 대한 연구는 인간 또한 가지고 있는 체계에 대한 통찰을 제공해 줄 터였다(Gray, 1991).

후에 다른 연구자들(Pickering & Corr, 2008 참고)은 그레이와 맥너튼(2000)이 제시한 이론적 체계를 발전시켜 성격의 세 가지 생물학적 체계를 규명했다(그레이는 2004년에 사망했다). 여러분은 이 세 가지 체계가 5요인 모형의 변수들과 얼마나 다른지 주의 깊게 살펴보아야 한다. RST 체계들은 '일반적' 특질이 아니다. 즉 다양한 삶의 영역에 걸쳐(또는 '일반적으로') 명확히 드러나는 행동 양식에 상응하지 않는다는 뜻이다. 대신 RST 체계들은 특정 종류의 환경 자극에 반응한다. 예를 들어 우리의 소화 체계와 청각 체계가 각기 특정한 자극(음식과 소리)에만 반응하듯이 RST 체계 또한 특정한 환경적 사건들에만 반응하는 것이다. 따라서 각 체계는 특정 종류의 자극이 관여되는 특정한 삶의 '영역'과 관련된다(Collins et al., 2016). 예컨대 (a) 즐겁고 재미있는 일을 하는 것과 (b) 스트레스를 주고 위협적인 무언가(또는 누군가)를 회피하는 것은 서로 다른 RST 체계를 발동시키는 서로 다른 활동 영역이다.

세 가지 RST 체계는 다음과 같다.

1. **행동 접근 체계**Behavioral Approach System(BAS) 행동 접근 체계는 즐겁고 바람직한 자극에 반응하는 생물학적 체계다. 이러한 자극은 우리의 신체적 요구를 충족시키기 때문에 '욕구적인' 자극이라 불린다. 욕구적 자극 및 고전적 조건형성을 거쳐 이와 연합된 자극에 대한 BAS 반응은 즉각적으로 관련된 욕구를 충족시킨다. 예컨대 우리가 배고플 때 음식을 보거나 냄새를 맡을 경우 BAS가 작동하게 된다. 또한 배가 고픈 채 고속도로를 달리다가 과거의 고전적 조건형성을 통해 음식과 연합된 자극인 '휴게소' 표지판이 보일 경우에도 우리의 BAS는 활성화된다. BAS는 이런 즐거운, 보상이 되는 자극을 향해 앞으로 나아가려는 경향, 혹은 '접근'하려는 경향을 산출한다. BAS는 또한 '기대적 즐거움'이라는 정서

들어갈까 말까? 보상 민감성 이론에 따르면 행동 접근 체계가 고도로 민감한 사람은 들어가기로 결심할 가능성이 높다. 행동 접근 체계란 기분 좋은, 원하는 자극에 반응하는 생물학적 체계다.

적 경험을 산출한다. 이는 다가올 긍정적 활동을 기대할 때(휴게소 표지판을 봤을 때 등)에 느낄 수 있는 긍정적 기분이다.

2. **싸움-도망-얼어붙기 체계**Fight-Flight-Freeze System(FFFS) 싸움-도망-얼어붙기 체계는 회피하고 싶은 자극, 즉 생명체에게 잠재적으로 해가 되는 자극에 반응하는 체계다. 이름을 보면 알 수 있듯이 FFFS는 개체가 직면한 위협의 세부사항에 따라 다음과 같은 세 가지 반응을 산출한다. (i) 위협에 맞서기(싸움), (ii) 위협으로부터 탈출하기(도망), 또는 (iii) 완전히 멈추기(얼어붙기). 마지막 반응은 사람들에게서는 흔하지 않지만 작은 동물들에게서는 자주 관찰할 수 있다. 이를테면 다람쥐는 사람이 곁을 지나칠 때 놀라서 도망치기보다는 그 자리에 얼어붙어 버리곤 한다. FFFS가 발동될 때 생성되는 정서는 공포다. 인간을 포함한 생명체들은 FFFS의 반응을 일으키는 위험에 직면했을 때 공포 반응을 보인다.

3. **행동 억제 체계**Behavioral Inhibition System(BIS) 행동 억제 체계는 목표 충돌 상황을 해소하는 체계다(Pickering & Corr, 2008). '목표 충돌'의 뜻을 보여주는 간단한 사례는 다음과 같다. 동물이 야생에서 먹이를 찾고 있다고 생각해 보자. 이 동물은 지금 행동 접근 체계가 작동하여 식량이라는 보상을 찾아다니고 있다. 하지만 근처에 포식자가 떠돌 가능성이 있을 경우에는 이 녀석의 싸움-도망-얼어붙기 체계 또한 활성화된다. 이제 두 목표, 즉 밥 찾아 먹기와 밥 되지 않기라는 목표가 충돌한다. 용감하게 음식을 찾는 행동은 포식자를 만날 가능성을 높인다. 포식자를 피해 은신처에 숨는다면 먹이를 찾을 가능성이 사라진다. BIS는 이 충돌 상황에 반응한다. BIS는 불안과 '방어적 접근'(Pickering & Corr, 2008, p. 245)을 초래한다. 이 동물은 여전히 보상을 찾아나서지만 아주 조심성 있게, 환경적 위협에 감각을 개방한 상태로 행동하게 된다.

세 가지 체계가 개인차 연구에 대해 갖는 함의는 무엇일까? 각 체계 기능의 개인차는 정서와 행동의 개인차를 만들어 낸다(Pickering & Corr, 2008). 구체적으로는 다음과 같다.

- BAS 기능이 특히 활발한 사람은 다른 사람들보다 더 충동적일 수 있다.
- FFFS의 민감성과 활성 수준이 높은 사람은 공포증 등 공포와 연관된 병리에 취약할 수 있다.
- BIS 기능이 보다 활발한 사람은 불안을 더 많이 경험할 수 있다.

세 가지 신경생물학적 체계가 동물 대상의 실험실 연구로부터 정립된 것이라 해도 이를 인간의 사회적 행동과 정서의 개인차를 설명하는 데 적용할 수 있다.

고전 특질 이론에 대한 함의
RST를 고전 특질 이론과 비교해 보면 세 가지 사항이 눈에 띈다.

규명 가능한 생물학적 RST 체계

첫 번째 사항은 RST 체계들의 정확한 생물학적 기반이 제법 잘 알려져 있다는 점이다. 5요인 변수들에 대해서는 이렇게 말할 수가 없는데 말이다. 생물학적 기반에 대한 정보는 성격 과학뿐만 아니라 더 일반적인 심리 과학과 뇌 과학 연구를 통해 얻은 것들이다.

예로서 BIS의 충돌 해소 기능에 대해 생각해 보자. 우리가 상충하는 목표를 갖고 있을 때 우리의 정신적 자원들을 어떻게 배분하느냐 하는 문제는 인지 과학의 오랜 주제 가운데 하나였다. 충돌 상황을 연구하는 잘 알려진 과제 중 하나가 바로 '스트룹 과제stroop task'다. 스트룹 과제는 색상의 명칭(예를 들어 '파란색')이 명칭과 다른 색으로(예를 들어 '녹색'으로) 적혀있는 것을 보고 글자의 색을 말해야 하는 과제다. '파란색'이란 글자를 읽으려는 경향은 정확한 답인 '녹색'을 산출하려는 욕구와 충돌한다. 스트룹 과제 등의 충돌과제들은 전측 대상회 피질Anterior Cingulate Cortex(ACC)이라 불리는 특정 뇌 영역을 활성화시키는 것으로 밝혀졌다(Botvinick et al., 2001).

따라서 ACC는 BIS 기능을 수행하는 뇌신경 체계일 수 있다(Collins et al., 2016).

5요인 변수와 그 생물학적 기반을 일대일로 연결할 수 없다

RST의 두 번째 함의는 앞서 살펴본 '성취' 요인의 사례에서 살펴볼 수 있었다. 이미 알아보 았듯이 '성취' 점수와 그 기저의 심리적 · 생물학적 요소를 일대일로 연결할 방법은 없을 것이다. 고등학교 진학 상담가, 팝 가수, 자동차 수리공은 똑같이 성공적일 수 있지만 이들 사이에 찾아볼 수 있는 심리적 또는 생물학적 유사성은 거의 없다.

이처럼 RST의 함의는 5요인 변수와 그 심리적 · 생물학적 기반을 일대일로 연결시킬 수 없음을 드러낸 것이다. 그레이(1991)가 잘 설명했듯이 공포와 불안 정서가 이 점을 잘 보여준다. RST는 공포와 불안이 서로 다른 생물학적 기반을 가지고 있다고 설명했다. 공포는 FFFS 활성화에 따른 것이며 불안은 BIS 활성화에 따른 것이다. 따라서 성격 이론은 불안과 공포 각각에 관련되는 서로 다른 심리적 구조를 규명해야 할 것이다. 하지만 5요인 이론의 신경증 성향 변수를 떠올려 보자. 신경증 성향은 불안과 공포를 하나의 변수로 묶어버린다. 즉 5요인 신경증 성향의 측정도구에는 걱정과 불안 및 공포를 측정하는 문항이 섞여있다 (Costa & McCrae, 1992). 더군다나 RST 연구자들이 세 번째 신경생물학적 체계인 BAS의 산물이라 설명하는 충동성 또한 5요인의 신경증 성향 패싯으로 묶어있다.

RST의 결론은 신경증 성향과 다른 5요인 이론이 '자연을 잘 해체하지' 못했다는 것이다. RST에 따르면 세상에는 실제로 잘 구분되는 성격의 생물학 체계가 존재한다. 하지만 이는 5요인 이론의 변수와는 맞지가 않는다.

RST는 특질 이론을 '상호작용적'으로 만든다

RST의 세 번째 함의는 '사람-상황' 상호작용과 관련된다. 사람-상황 관계는 두 가지 사실을 동시에 가리킨다. 첫 번째는 심리적 체계이고 두 번째는 관찰 가능한 행동이다. (1) 모든 성격 구조는 특정 상황에서 작동하고 다른 상황에서는 작동하지 않는다. 심리적 구조와 상황은 상호작용하는 것이다. (2) 사람의 행동은 상황에 따라 달라진다. 어떤 장면에서는 대부분의 사람들이 사교적이 되지만 또 다른 장면에서는 거의 모든 사람이 수줍어하게 된다. 어떤 일에는 성실하게 임하고 어떤 일에는 그렇지 않다. 관찰 가능한 행동에 있어서도 사람-상황 상호작용이 발생하는 것이다.

다음과 같은 사례가 이 두 가지 측면을 잘 보여줄 것이다. 대학생 한 명이 자기는 수학을 잘 못한다는 오랜 믿음을 간직하고 있었다고 생각해 보자. 이 믿음이 이 학생의 마음속에서 항상 활성화되어 있는 것은 아니다. 대신 특정한 상황, 예를 들면 이번 학기에 무슨 수업을 들을지 친구들과 의논하는 상황 등이 이 믿음을 작동시킬 것이다. 심리적 구조, 즉 수학을 잘 못한다는 믿음은 특정 상황에서는 작동하고 다른 상황에서는 작동하지 않는다. 이를 관찰 가능한 행동 수준에서 살펴보았을 때에도 사람-상황 상호작용을 관찰할 수 있다. 이 학생이 대학생활에 대해 이야기할 때에는 자신감에 차있을 수 있다. 이야기가 수학수업 쪽으로 흘러가기 전에는 말이다.

물론 특질 이론가들은 사람-상황 상호작용에 대해 잘 알고 있다. 문제는 고전 특질 이론이 이를 설명하는 데 있어 역할을 거의 수행하지 못한다는 점이다. 5요인 이론을 살펴보자. 5요인들은 행동의 평균 수준을 나타낸다. 따라서 언제, 그리고 왜 우리 행동이 상황에 따라 달라지는지 말해주지 못한다.

반면 RST는 두 가지 방식으로 사람-상황 상호작용에 대해 이야기한다. 첫 번째 방식은 세 가지 RST 체계들이 환경 단서에 따라 활성화되는 양상을 명시하는 것이다. 세 RST 체계는 모든 상황에서 유지되는 일반적 특질이 아니다. 대신에 보상, 위협, 목표 충돌 해소 필요성과 관련되는 상황 단서들이 각각 BAS, FFFS, BIS를 작동시킨다.

콜린스와 동료들(2016)은 RST를 사람-상황 상호작용 이론으로 기능하게 하는 두 번째 심리적 과정이 '주의'라는 사실을 규명했다. 성공적인 행동은 주의의 통제를 필요로 한다(또한 MacKoon, Wallace, & Newman, 2004 참고). 여러분이 자리에 앉아 시험공부를 하고 있는데 주의는 온통 SNS에 쏠려있다면 여러분은 망한 셈이다. 주의를 집중할 곳을 통제할 수 있는 우리의 능력은 상황에 따라 변화한다. 편안하고 말짱하게 깨어있는 상태라면 집중하기 쉽다. 고된 하루를 보낸 뒤에는 주의가 방랑을 시작한다. 불안을 느끼면 주의는 불안의 근원에 '고정'되어 버리고 우리는 불안을 감소시킬 수 있는 것들에 주의를 분산하는 일에 실패하게 된다. (a) 상황에 기초한 주의의 분석과 (b) RST의 상황 연결적 과정들 때문에 우리는 일반적 특질을 다루는 고전 특질 이론에서 훨씬 더 나아간 성격 특질 이론을 얻을 수 있다(Collins et al., 2016).

RST는 포괄적인 성격 이론일까? '그렇다'고 답하기는 힘들다. 비록 우리가 털복숭이 동물들과 BAS와 BIS와 FFFS를 공유하긴 하지만 우리는 또한 인간의 고유한 정신 능력(이 책의 다른 장들에서 다루는 성격 이론들이 강조하는 능력들)의 원천이 되는 다른 여러 가지 뇌 구조도 가지고 있다. 예로서 RST와 고전 특질 이론들은 개인의 성취에 중요한 영향을 주는 인지적 과정과 사회적 기술에 대해서는 거의 관심을 갖지 않았다(Matthews, 2017). 그럼에도 RST는 생물학에 기초한 성격 이론 구축에 있어 우리가 중대한 진보를 이루었음을 보여준다.

'짐'의 사례 : 요인분석적 특질 기반 측정

이제 짐의 사례로 돌아가 성격 특질 척도를 이용해 그의 성격을 어떻게 묘사할 수 있는지 살펴보도록 하자. 카텔의 16 P.F.부터 시작하자. 짐의 성격에 대한 다음의 짤막한 묘사는 짐에 대한 다른 자료를 전혀 모르는 상태에서 그의 16 P.F.만을 평가한 심리학자가 쓴 것이다.

> 짐은 스스로를 매우 밝고 사교적인 젊은이로 묘사하지만 또한 불안정하고 화를 내기 쉬우며 다소간 의존적이다. 첫눈에 보이는 것에 비해 주장성, 성실성, 모험성이 낮고 자신이 누구이며 어디로 가고 있는지 혼란스러워하고 갈등하며 내성적이고 상당히 불안하다. 짐의 프로파일은 짐이 주기적인 기분 변화를 경험한다고 시사하며 또한 신체화 증상을 겪었을 가능성도 시사한다. 16 P.F.는 전국 여러 곳의 대학생들에게 실시된 바 있으므로 우리는 짐을 평균적인 대학생과 비교해 볼 수 있다. 다른 대학생에 비하면 짐은 더 사교적이고 지적이며 감정의 영향을 많이 받는다. 그는 쉽게 화를 내고 과민하며 우울과 불안을 자주 느낀다.

특질 기반 평가에 따라 짐은 불안이 극단적으로 높은 사람으로 구분되었다. 이는 그가 필요와 욕망을 충족하기에 자신의 능력이 부족하다고 생각하는 것과 관련될 수 있다. 높은 수준의 불안은 또한 신체적 문제와 질병의 가능성을 시사한다. 나아가 짐은 카텔이 마음 약한 정서성이라 불렀던 특질의 점수가 높다. 이는 짐이 진취적이고 결단력 있기보다는 정서적 문제를 겪고 종종 의기소침하거나 좌절하곤 한다는 것을 의미한다. 삶이 가져다주는 미묘한 경험들에 민감하긴 하지만 이 민감성은 때론 집착이나 행동하기 전에 생각을 너무 많이 하는 특성으로 이어졌다. 다른 특질들에 대해서는 짐의 점수가 특별히 높고 낮은 모습보다는 평균에 가까운 모습을 보였다.

16 P.F.는 짐의 성격 중 특히 두 가지 측면을 명확하게 보여주었다. 첫 번째는 짐이 기분 변화를 자주 겪는다는 것이다. 짐은 16 P.F. 결과를 읽어가며 자신이 실제로 극단적 행복에서 극단적 우울에 이르는 극단적 기분 변화를 자주 경험한다고 말했다. 짐은 최근 자신의 감정을 다른 사람들에게 토해놓곤 했으며 비꼬는 식으로, '가슴 아프게', 또는 '가슴을 도려내

는' 방식으로 타인에게 적대적인 모습을 보이곤 했다. 둘째로 짐은 여러 신체화 증상을 나타 냈다. 짐은 궤양으로 괴로워했고 이를 다스리기 위해 당시 권장되던 것처럼 우유를 자주 마 셔야 했다. 이는 짐에게 상당한 문제를 초래한 심각한 질환이었지만 짐은 이를 자서전에 전 혀 기록하지 않았다는 점을 주목하자.

16개 차원이 제공하는 정보의 풍부함에도 불구하고 여러분은 이 차원들이 성격을 기술하 기에 적절한지 의문을 가질 수 있다. 짐의 상담가 역시 중간 점수를 나타낸 특질들은 짐을 이해하기 위해 중요한 특질이 아닌 것인지, 그렇지 않으면 짐이 그저 그 특성에서 극단적인 모습을 보이지 않는다는 것인지 의문을 품었는데 결과적으로는 후자의 경우가 맞는 것으로 나타났다. 그러나 누군가 16 P.F. 결과를 바탕으로 성격을 기술할 때에는 극단치를 보이는 척도에 가장 큰 강조를 두는 경향이 나타난다.

그러나 아마도 가장 심각한 문제는 16 P.F. 결과가 기술적일 뿐 해석적이거나 역동적이지 않다는 것이다. 16 P.F.는 점수의 패턴만 보여줄 뿐 개인의 전체 모습을 보여주지 못한다. 카 텔 이론은 동기 간 역동적 상호작용에 관심을 갖지만 16 P.F.의 결과는 이론의 이 부분과는 별다른 관련이 없어 보인다. 짐은 불안하고 좌절을 겪는 사람으로 기술되지만 짐이 무엇을 불안해하고 왜 좌절을 경험했단 말인가? 짐은 왜 사교적이면서 수줍음을 타는가? 짐은 왜 결정을 내리기 어려워하고 진취적이지 못한가? 16 P.F.의 결과는 우리에게 짐의 갈등의 본 질이 무엇이며 그가 이를 어떻게 다루려 하는지 아무것도 이야기해 주지 않는다. 짐이 5요 인상에서 평가되었다 해도 똑같은 문제가 발생했을 것임을 명심하자. 우리는 여전히 한 움 큼의 평가 점수들을 갖게 되지만 어떻게, 그리고 왜 이 점수들이 서로 관련되는지 거의 이해 할 수 없을 것이다.

성격 안정성 : 5년 후, 그리고 20년 후의 '짐'

지금까지 제시된 짐의 자료는 모두 짐의 대학 졸업에 즈음하여 작성된 것이다. 그로부터 많 은 시간이 흘렀고, 짐은 원래 재측정에 응해주기로 합의한 바 있었다. 졸업 후 5년이 지났을 때 연구자들은 짐에게 두 가지를 요청했다. (1) 졸업 후 중요한 인생 경험을 했는지, 했다면 이 경험이 자신에게 어떤 영향을 미쳤는지 말해줄 것과 (2) 자신의 성격을 기술하고 졸업 후 에 어떤 식으로든 성격 변화가 있었다면 이를 기술할 것이었다. 짐의 답변은 다음과 같았다.

대학을 졸업한 후 나는 경영대학원에 들어갔다. 심리학 대학원에서는 딱 한 곳에서만 입학 허가를 받았 는데 그다지 명문이라 할 수 없었다. 반대로 나는 여러 곳의 경영대학원에서 입학 허가를 받았고, 이 때 문에 경영대학원에 가기로 결정했다. 경영대학원 생활은 그다지 즐겁지 못했다. 비록 대학원 생활이 끔 찍하게 해롭지는 않았으나 내 흥미와 관심이 심리학 영역에 있다는 것만은 분명했다. 그래서 나는 학기 중에 몇 곳의 대학원에 원서를 내봤지만 입학 허가를 받지 못했다. 나는 뉴욕 물산회사의 여름 인턴십 자리를 얻게 되었다. 난 그 일을 정말 끔찍하게도 싫어했기에 다시 한번 심리학 대학원에 지원해 보기로 했다. 이번에는 두 곳에서 입학 허가를 보내주었다. 이때 나는 아주 어려운 결정을 내려야만 했다. 부모님은 대놓고 내가 경영대학원으로 돌아가길 원했지만 난 결국 심리학 대학원을 택했다. 부모님의 반대에도 결정을 내릴 수 있었던 내 능력, 이것은 내겐 아주 중요한 것이었다. 그것은 내 인생의 그 어떤 것보다도 내게 더 큰 힘과 독립성을 주었다. 미드웨스트대학의 임상심리 대학원을 거친 일은 내게 엄청나게 중요했다. 난 임상가로서의 엄정한 직업적 정체성을 가지고 있으며 이는 내 자기 개념에서 중심을 이룬다. 나는 충분히 훈련받은 사고 체계를 가지고 있으며 이로써 내 주변 환경에 대처한다. 나는 내가 내리는 결정에 전적으로 만족한다. 요즘도 가끔 경영대학원에 돌아가는 생각을 하곤 하지만 말이다. 설사 돌아간다 하더라도 나는 연계 학위를 딸 것이다. 그리고 나의 최우선적인 정체성이 심리학자라는 사실은 변하지 않을 것이다. 나는 또 대학원 초년 때에 사랑에 빠졌다. 내 인생 최초이자 유일한 사랑. 그 사람과는 잘되지 못했다. 그 경험은 나를 허물어뜨렸고 나는 아직 아픔을 완전히 극복해 내지 못했다. 하지만 그건 비록 고통스러웠을지언정 내게 삶을 불어넣어 준 경험이었다.

작년에 나는 단체생활을 경험했는데 이 경험이 내게 분수령이 되었다. 우린 지난 한 해 동안 스스로, 그리고 서로에게 잘해보려고 열심히 노력했다. 정기적으로 일주일에 한 번씩 모임을 가졌고 비정기적으로도 만났다. 이는 즐겁기도 하고 고통스럽기도 한 경험이었으나 언제나 나를 성장시켰다는 점만은 확실하다. 작년 말 나는 한 사람과 관계를 시작했는데 이것이 현재 내게 가장 중요한 것이 되었다. 나는 한 여성과 함께 산다. 그녀 이름은 캐시다. 캐시는 사회복지학 석사 과정을 이수하는 중이다. 캐시는 두 번 결혼했었다. 캐시와 내 관계는 문제도 좀 있는 냉랭한 관계다. 근본적으로 그녀에게는 나를 불편하게 만드는 무엇인가가 좀 있다. 난 지금 캐시와 '사랑에 빠져있다'라고 느끼지 않는다. 그러나 그녀는 정말 여러모로 사랑스럽고 매력적인 사람이다. 그래서 나는 우리 관계가 어떻게 발전하고 내가 그녀와 함께하며 어떤 느낌을 갖는지 계속 지켜볼 것이다. 결혼할 계획은 없고 당장 결혼하고 싶다는 생각도 많지 않다. 그녀와의 관계에서는 내가 맺었던 다른 관계에서처럼 열정적인 느낌이 들지 않는다. 난 지금 내가 과거에 느꼈던 감정이 얼마나 이상화된 것이었고 또 얼마나 사실적인 것이었는지 알아내려 하며 내가 캐시에게 느끼는 이 더 냉철한 감정이 그녀가 내게 맞지 않는 사람이라는 뜻인지 아니면 세상의 어떤 여자도 내게 '완벽할' 수는 없다는 사실을 내가 더 깨달아야 한다는 뜻인지 알아내고자 한다. 어떤 일을 겪든 캐시와 나의 관계는 성장을 일구는 멋진 경험이며 지금 내 삶에서 가장 중요한 경험이다. 난 내가 대학 졸업 이후에 근본적으로 변화하지 않았다고 생각한다. 심리학을 공부한 결과로 요즘은 나 자신에 대해 어느 정도 더 명확한 자기 지각을 갖게 되었다. 나는 내가 도움이 되는 사람이라고 생각한다. 나는 당신이 내 테스트 결과들을 해석해 주었던 때를 기억한다. 당신은 일차적으로 나를 우울한 사람으로 바라보았다. 하지만 지금 나는 내가 무엇보다 강박적인 사람이라고 생각한다. 나는 내가 우울한 경향이 있다고 생각하지만 요즘은 전체적으로 더 행복하다고 생각한다. 전보다 우울한 때가 더 줄었으니까. 나는 내 강박성이 내게 깊이 뿌리박힌 기질적 패턴이라고 생각하며 꽤 오래전부터 이 문제를 해결하기 위해 분석을 해보려 생각했다(물론 다른 것들도 포함해서)… 나는 내가 5년 전의 나와 다르지 않고 더 비슷하다고 본다. 나는 내가 위트 있고 날카롭게 인식하며 흥미 있고 재미를 사랑하는 사람이라고 생각한다. 나는 변덕이 심하기 때문에 여태껏 가끔은 이런 특징을 전혀 내비치지 않을 때도 있다. 여자 친구와 성적인 관계를 가지고 있고 이는 내가 성적으로 적절히 기능할 수 있는지에 대한 내 걱정(특히 조루에 대한 걱정)을 덜어주었다. 난 여전히 내가 '권위' 문제(즉 나에 대한 권위를 가지고 있는 사람이 나를 대하는 방식에 아주 민감하고 또 취약한 문제)를 갖고 있다고 본다. 나는 극단적으로 강박적이다. 나는 해야 할 일을 아주 효율적으로 완수하고, 모든 일을 내 손 안에 쥐고 통제하지 못할 때면 상당한 불안을 느낀다.

40대에 이르러 짐은 미국 서해안의 중소도시에서 상담심리학자로 일하게 됐다. 이후 벌어진 사건 중 짐에게 가장 중요했던 것은 결혼과 아이의 탄생, 그리고 직업적 정체성의 정착이었다. 짐은 아내를 차분하고 평화로우며 삶에 대한 좋은 센스를 가지고 있다고 묘사했다. 짐은 스스로 지속적 관계 맺기가 가능한 사람으로 변화했다고 느꼈다. "타인에 대한 수용 능력이 보다 커졌으며 나와 타인의 경계에 대한 보다 명확한 감각을 갖게 되었다. 아내는 아내이고 나는 나이다. 그리고 아내는 나와 내 약점과 그 밖의 모든 것을 수용해 준다."

짐은 스스로 '나에게서 벗어나기'라 부르는 변화를 이루어 냈다고 느꼈으나 짐의 자기애는 계속하여 중요한 문제로 남아있었다. "나는 스스로에 대한 선택적 완벽주의자이며 나 자신을 용서하지 않는다. 돈을 낭비했을 경우 나는 스스로를 벌한다. 10대 때에 나는 20달러를 잃어버렸는데 그때 나는 여름 동안 점심을 먹지 않았다. 돈이 필요했던 것은 아니다. 내 가족은 돈이 많았다. 하지만 내가 한 짓은 용서할 수 없는 것이었다. 이게 완벽주의적인 것 또는 강박적인 것일까? 나는 스스로를 늘 몰아붙인다. 나는 일주일에 하루도 빼지 않고 신문을 읽어야 한다. 나는 많은 시간을 내 원칙 안에 갇혀있다고 느낀다. 내 아이가 탄생했으니 이제 나도 이런 의례와 방종에서 벗어날 수 있을까? 꼭 그래야 할 것이다."

NEO-PI상의 자기 보고와 아내의 평가

짐이 최초에 심리 평가를 받았을 때에는 NEO-PI 척도가 없었지만 훗날에 NEO-PI를 실시하여 짐의 자기 보고와 그 아내의 평가를 받을 수 있었다. 자기 보고에서 가장 두드러지는 특징은 짐의 우호성이 매우 낮다는 것이었다. NEO-PI에 따르면 짐은 적대적이고 타인에게 무뚝뚝하고 심지어 무례한 사람이었다. 이 외에 짐의 응답에 나타난 두 가지 중요한 특징은 짐의 외향성과 신경증 성향이 매우 높다는 것이었다. 구체적인 하위 척도 점수를 살펴보면 짐은 스스로를 단호하고 지배적이며 팔로워보다는 리더를 선호하는 사람으로 보았다. 신경증 성향에서 짐의 점수는 높은 수준의 부정적 정서와 심리적 고통을 자주 경험하는 사람의 특징을 나타냈다.

나머지 두 요인에서 짐은 높은 성실성 점수를 보였고 평균적인 개방성을 나타냈다. 5요인과 관련되는 추가적 성격 특징을 살펴보았을 때 짐은 일상적 스트레스 상황에서 효과적이지 않은 대처 반응을 나타냈고 건강상의 문제나 질병의 징조에 과도하게 민감한 모습을 보였다.

짐의 아내가 그린 짐의 모습은 이와 얼마나 유사했을까? 5요인 중 세 요인에서는 상당히 근접한 모습을 보였다. 짐과 짐의 아내 모두 짐을 매우 외향적이며 평균 정도의 개방성을 갖고 우호성이 매우 낮은 사람으로 바라보았다. 성실성과 관련해서는 작은 차이가 있어서 짐의 아내보다 짐의 자기 보고 점수가 조금 높았다. 큰 차이는 신경증 성향에서 나타났다. 짐은 스스로 신경증 성향이 매우 높다고 평가한 반면 짐의 아내는 짐의 신경증 성향을 낮게 평가했다. 짐은 아내가 생각하는 것에 비해 스스로를 더 불안하고 적대적이며 우울하다고 평가했다. 이에 더해서 짐의 답변에 따르면 짐은 스트레스에 대해 효과적이지 않은 대처 방식을 사용하고 건강 문제에 과민한 사람이었으나 짐의 아내는 짐을 효과적인 대처 방식을 활용하고 신체적 · 의료적 증상을 평가절하하는 경향이 있는 사람으로 묘사했다.

이 정도의 일치 수준을 우리는 어떻게 평가해야 할까? 어떤 측면에서 이는 잔에 물이 반차 있느냐 아니면 반 비어있느냐 하는 질문과 같다. 몇몇 특질에 대한 높은 수준의 합치는 자기 보고가 기본적으로 정확했다는 것을 시사한다. 합치되지 못한 요인에 대해서는 짐의 아내가 실제로 더 정확했는지 또는 짐이 자기 성격의 어떤 측면을 심지어 아내에게조차도 감추고 드러내지 않는 데 성공했는지 알기 힘들다. 20년 전 짐의 로르샤흐 검사 결과는 짐이 몇몇 부정적 감정을 침착한 가면 뒤에 감추는 사람임을 시사했다. 짐의 과도한 자기비판 때문에, 혹은 짐이 아내에게 자신의 보다 부정적인 감정을 숨겼기 때문에 짐의 아내가 짐을 더 긍정적으로 바라본 것일까?

사람 – 상황 논쟁

제7장에서 특질 접근을 다루기 시작했을 때 우리는 특질들이 "일관성… 개인 행동의 규칙성"을 뜻한다고 설명한 바 있다. 사실 이때는 한 가지 질문을 건너뛰었다. "얼마나 큰 일관성이 존재한다는 것인가?" 여러분 자신의 경험을 돌이켜 보자. 여러분은 일관되게 외향적인가? 또는 일관되게 성실한가? 또는 일관되게 우호적인가? 아니면 어떤 때는 외향적이고 또 다른 때는 수줍고 움츠러드는 사람인가? 어떤 측면에서는 성실하지만 다른 측면에서는 믿음직하지 못한가? 어떤 사람에게는 우호적이지만 어떨 때는 비우호적인 기분일 때가 있는가?

1960년대 이후 여러 연구자들은 특질 개념을 성격 이론의 핵심으로 여겨도 될 정도로 인간의 사회적 행동에 충분한 일관성이 있는지 질문해 왔다. 이 연구자들 중 가장 영향력 있는 사람은 성격 과학 분야에 엄청난 영향력을 미친 책 성격과 측정(1968)의 저자인 월터 미셸이다. 연구 증거를 개관한 미셸은 인간의 행동이 자주 상황에 따라 변화하거나 비일관적이라는 결론을 내리게 되었다. 미셸은 이와 같은 비일관성이 인간의 기본적 능력, 즉 서로 다른 상황을 변별하고 서로 다른 상황에 따른 서로 다른 기회, 제약, 규칙, 규범에 따라 행동하는 능력을 반영한다고 논했다. 다른 연구자들도 미셸의 비판적 입장에 동참했다. 이들은 성격 기능에 대한 상황 요인이 중요하다고 주장하고, 전반적 성격 특질의 구체적 행동 예언 능력이 비교적 약한 이유는 상황의 영향 때문일 수 있다고 설명했다(Bandura, 1999; Pervin, 1994

참고). 1970년대와 1980년대에 이 같은 문제들에 대한 논쟁이 성격 과학계의 대부분을 지배했으며 이는 **사람–상황 논쟁**person-situation controversy이라 알려지게 된다.

사람–상황 논쟁
여러 상황에 걸친 행동의 안정성을 강조하는 심리학자들과 상황에 따른 행동의 변화가 중요하다고 강조하는 심리학자들 사이의 논쟁

사람의 성격 특질이 일관적인지 알아보기 위해 우리는 일관성의 두 가지 측면을 구분해서 생각해 보아야 한다. 시간에 대한 안정성과 상황에 대한 일관성이 바로 그것이다. 시간에 대한 안정성이란 누군가 한 시점에서 어떤 특질의 수준이 높았다면 다른 시점에서도 그 특질의 수준이 여전히 높을 것인가 하는 문제이다. 상황에 대한 일관성이란 어떤 상황에서 한 특질을 높게 나타낸 사람이 또 다른 상황에서도 그 특질을 여전히 높게 나타낼 것인가 하는 문제이다. 특질 이론가들은 두 가지 질문에 대한 답이 모두 참이라고 말한다. 즉 사람의 성격 특질은 시간과 상황에 대해 안정적이라는 것이다. 특질 이론의 비평가들이 질문하는 점은 바로 상황에 대한 안정성의 정도이다.

이미 살펴보았듯이 특질 점수는 비록 그 정도에 있어 개인차가 존재하긴 하지만 일반적으로 시간에 대해 안정적이라는 증거가 있다. 그러나 아마도 시간에 대한 안정성보다는 상황에 대한 일관성이 더 복잡한 문제일 것이다. 연구자는 실증 연구 결과를 해석하기 위해 먼저 여러 쟁점을 검토해 보아야 한다. 한 가지 쟁점은 개인이 여러 상황에 걸쳐 '일관적이다'라고 할 수 있는 방식으로 행동했는지 또는 '비일관적이다'라고 할 수 있는 방식으로 행동했는지 어떻게 결정할 수 있는가 하는 문제다. 한 사람이 모든 상황에서 똑같은 식으로 행동한다는 것은 말이 되지 않는다. 특질 이론가들도 이런 식의 기대를 가지고 있지는 않다. 종교 의식이 벌어지고 있을 때 누군가의 공격성 징후를 포착하거나 미식축구 경기를 뛰는 사람들에게서 우호성 징후를 포착하기는 힘들다. 각기 다른 상황에서는 동일한 특질이 각기 다른 행동으로 표현될 수 있는데, 특질 이론 중 실증적으로 평가되어야 하는 부분은 바로 다양한 상황 속에서 나타나는 다양한 행동들을 동일한 특질의 발로로 볼 수 있을 것이냐는 부분이다.

다양한 상황이라는 쟁점에 대해 특질심리학자들은 어떤 사람이 하나의 상황에서 나타낸 행동을 측정하여 이를 그 사람이 가진 특질적 특성의 증거로 삼는 것은 잘못된 일이라고 주장한다. 단일 상황은 특질을 파악하기에 부적절할 것이며 측정의 오차가 나타날 가능성도 있다. 반면 다양한 상황에서 자료를 수집하면 적절하고 신뢰할 만한 측정치를 얻을 수 있을 것이다(Epstein, 1983). 특질심리학자들이 설문지를 활용하는 이유 중 하나는 다른 방법으로는 얻을 수 없는 다양한 상황에서의 행동을 설문지를 통해 측정할 수 있기 때문이다.

그렇다면 이와 같은 사항을 명심하고서 실제로 특질 관련 행동의 일관성을 측정해 보면 어떤 결과가 발생할까? 대학생을 대상으로 성실성 관련 행동의 일관성을 연구한 미셸과 피크(1983)의 연구가 이 질문의 한 가지 답이 될 수 있다. 무엇이 성실성이 표현되는 행동인지 결정하기 위해 연구자들은 학생들에게 대학 환경에서 성실성을 표상하는 행동들(예를 들어 깔끔하고 명확하게 노트 필기를 하는 것)을 열거해 달라고 부탁했다. 연구자들은 측정 오차 문제를 해결하기 위해 다양한 상황에서의 행동을 측정하고 이 점수들을 합산했다. 연구의 결과로 특질 관련 행동이 시간에 대한 인상적인 안정성을 보인다는 증거를 얻을 수 있었다.

즉 학기 중의 한 시점에서 상대적으로 높은 성실성을 보인 학생은 학기가 끝나갈 때에도 성실한 행동을 계속하여 나타냈다. 그러나 상황에 대한 일관성 수준은 상대적으로 낮았다. 학생들은 보통 어떤 상황(예를 들어 수업 내용을 필기할 때)에서는 성실성을 보여주었지만 다른 상황(예를 들어 기숙사 방이 어질러졌을 때)에서는 성실한 모습을 보이지 않았다. 상황에 대한 일관성 수준이 0은 아니었다는 점을 반드시 언급할 필요가 있다. 학생들은 특질 관련 행동에서 어느 정도의 일관성은 보여준다. 나아가 만약 연구자가 성실성을 나타내는 행동의 하위 요소와 그중에서도 특히 동일한 종류의 상황(예 : 학교, 집, 직장 등) 안에서 나타나는 요소들에 주목한다면 상황에 대한 일관성 수준은 더 높아질 수 있다(Jackson & Paunonen, 1985). 그렇지만 미셸과 피크(1983)는 인간의 사회적 삶에 깔린 기본적 사실은 인간이 상황에 따라 행동을 다르게 할 수 있다는 것이라고 강조했다. 그럼으로써 인간은 넓은 성격 특질을 중심으로 보았을 때에는 비일관적으로 보이는 행동들을 나타내곤 한다. 이 결과는 성격 과학 역사 초기에 있었던 하트숀과 메이(1928)의 고전적 연구 결과와 일치한다. 하트숀과 메이 또한 광범위한 특질과 관련된 행동의 안정성 수준은 상당히 높을 수 있지만 일관성은 낮을 수 있다는 점을 지적했다.

특질 설문지들이 주어진 성격 특질의 일반적 경향을 측정한다는 점을 떠올려 보자. 설문지는 행동이 상황에 따라 얼마나 변화하는지는 측정하지 않는다. 개인의 특질 관련 행동의 평균 수준에서 개인차가 나타난다고 가정해도(앞서 살펴본 결과들에 따르면 분명 개인차가 나타난다) 여전히 각 개인의 행동은 그 사람의 평균 부근에서 막대한 분산을 발생시키고 있을 것이다. 성격심리학에서 최근 발생한 흥미진진한 발전사항은 연구자들이 이 평균 부근의 분산을 기술하는 방법을 개발했다는 것이다. 그럼으로써 연구자들은 성격과 사회적 행동에 대한 이해를 크게 확장시켰다(Moskowitz & Herschberger, 2002; Moskowitz & Zuroff, 2005 참고).

한 가지 중요한 연구 흐름은 플리슨(2001; Fleeson & Leicht, 2006)의 연구들이다. 플리슨은 참여자들에게 하루에 몇 차례씩 수일에 걸쳐 자신의 현재 생각과 감정을 기록해 달라고 부탁했다. 이러한 자료 수집에는 일반적으로 휴대용 단말기인 '팜 파일럿Palm Pilot'이 활용되었다. 단순히 사람들에게 그들의 전형적이고 전반적인 특질 수준을 물어보는 대신 플리슨은 참여자들에게 그들이 지난 한 시간 동안 각 특질 관련 행동을 어느 정도로 나타냈는지 물어보았다. 예컨대 전통적인 외향성 문항은 사람들에게 그들이 일반적으로 말하기를 좋아하는 사람인지 물어보는 형태를 취한다("여러분은 말하기를 좋아하는 사람인가요?"). 대신에 플리슨은 "지난 한 시간 동안 '말하기를 좋아한다'라는 말은 여러분을 나타내기에 얼마나 적합한 말이었나요?"라고 물었다(Fleeson, 2001). 이런 질문을 수일에 걸쳐 반복함으로써 연구자는 각 개인에 대한 방대한 양의 정보를 얻을 수 있었다. 플리슨은 이 정보로 개인의 평균적인 행동 수준을 규명할 수 있었을 뿐만 아니라 개인의 행동이 개인의 평균 근처에서 얼마나 많은 변산을 산출하는지 확인할 수 있었다.

그렇다면 특질 관련 행동에서 어느 정도의 변산이 나타날까? 아주 많이 나타난다! 연구

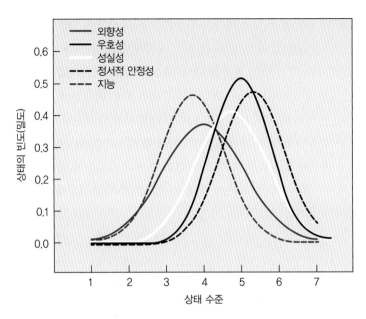

그림 8.1 이 그래프는 평균적인 개인이 보이는 심리적 상태의 분포다. 각 선은 일반적으로 각 5요인 특질의 발현이라 취급할 수 있는 심리적 상태를 나타낸다. 그래프는 특질 관련 행동에서 상당한 개인 내 변산이 존재함을 보여준다. 즉 사람은 일반적으로 각 특질에서 높고 낮은 모습을 모두 보여준다.

결과(그림 8.1)는 사람들이 "나타날 수 있는 최대한의 극단치에 가까운"(Fleeson, 2001, p. 1016) 변산성 수준을 보인다고 가르쳐 준다. 참여자들은 자신의 행동을 7점 척도상에서 평가하는데 이때 1점이 가장 낮은 점수이고 7점이 가장 높은 점수였다. 그림 8.1에서 볼 수 있듯이 5요인 특질 중 외향성, 성실성, 개방성/지능(그림에는 '지능'으로 표기)에 대한 개인의 점수 범위는 척도의 가장 낮은 점수에서 시작하여(1점) 가장 높은 점수에 이르렀다(7점). 달리 말하면 세 특질에 있어 "평균적인 사람은 일상적이고 규칙적으로 모든 수준의" 특질 관련 행동을 보이며 또한 "우호성과 정서적 안정성에서도 거의 모든 수준의" 행동을 보인다 (Fleeson, 2001, p. 1016). 분명 사람들은 행동의 평균 수준에서 차이를 보인다. 그러나 평균 수준의 차이는 진실의 일부일 뿐이다. 사람들은 일상적 삶 속의 다양한 도전과 기회에 자신을 맞춰내므로 사람의 행동은 상당한 변산을 가지며, 특질 구성 개념은 이와 같은 변산을 기술하거나 설명하지 않는다.

그렇다면 이와 같은 연구 결과는 사람-상황 논쟁에서 어떤 위치를 차지할까? 이 연구의 결과만으로 당장 어떤 결론을 내릴 수 있을까? 사람들은 특질 설문지를 능숙하게 작성할 수 있지만 동시에 본인의 행동이 맥락에 따라 달라진다고 보고한다. 사람들은 성격심리학자가 아직 결론을 얻지 못한 무엇인가를 알고 있는 것일까? 현재로서 공정한 판단을 내리자면, 특질의 일관성에 대한 증거가 있지만 이 일관성은 여러 상황 영역(예 : 가정, 학교, 직장, 교우관계, 여가 등)에 걸쳐 나타나기보다는 각 상황 영역 내에서 나타나는 것으로 보인다. 연구자들은 사람을 한정된 상황 범위 내에서 관찰하곤 하기 때문에 사람들이 실제보다 더 큰 일관성을 갖는 것으로 파악할 수도 있는 것이다. 여기에서 한 발짝 더 나아가면 심리학자들은 각자의 관점에 따라 각기 다른 결론을 내린다(Funder, 2008). 일반인들이 생각하는 것처럼 상황에 대한 일관성과 상황에 따른 변상성의 증거가 모두 존재한다. 사람은 어느 정도로는 맥락과 관계없이 일관적이며 어느 정도로는 맥락에 따라 달라진다. 특질 이론가들은 사람의 일관성에 큰 인상을 받았고 관련된 증거로 자신들의 입장을 뒷받침했으며 상황주의 이론가들은 사람의 변화에 깊은 감명을 받고 관련된 증거로 자신들의 입장을 뒷받침했다. 제12장과 제13장에서 우리는 개인이 다양한 상황을 지각하고 이에 적응하는 방법에 초점을 맞춘 이론들을 살펴볼 것이다.

비판적 평가

이제 다시 한번 제1장에서 논했던 성격 이론의 다섯 가지 목표에 따라 이론적 관점을 평가해 보자. 다섯 가지 준거에 대한 특질 이론의 평가는 정신분석이나 현상학적 이론에 대한 평가(제4장과 제6장에서 다루었다)보다 조금 어렵다. 왜냐하면 특질 이론이 단일한 이론이 아니기 때문이다. 따라서 우리가 올포트의 특질 이론을 다루느냐, 그렇지 않으면 아이젱크나 카텔이냐, 또는 어휘론적 5요인 모형이나 맥크레이와 코스타의 5요인 모형이냐에 따라 비판적 평가 내용이 달라질 수 있다. 여기서는 다양한 특질 이론가들 사이에 명확히 존재하는 중심 주제들에 중점을 두도록 노력해 보자.

과학적 관찰 : 근거 자료

기억하겠지만 다섯 조건의 첫 번째는 이론이 심도 있고 견실한 과학적 관찰을 바탕으로 구성되었는지의 여부이다. 이 점에 있어 특질 이론은 매우 뛰어난 모습을 보인다. 특히 카텔의 선구적 노력 덕에 특질 이론의 이론적 체계는 거의 그 시작부터 객관적이고 과학적인 자료에 튼튼한 뿌리를 내리고 있다. 특질 이론가들은 임상 면담의 주관적 해석에 의지하지 않고 객관적으로 측정한 성격 검사 자료를 통계적으로 분석하는 방법을 도입했다. 이 객관성이 특질 이론의 중요한 장점이다.

특질 이론가들의 데이터는 그저 객관적이기만 한 것이 아니라 다양하기도 하다. 연령과 민족이 상이하고 다양한 사회문화적 배경을 가진 많은 사람들이 성격 특질 검사라는 다민족적 · 다국적 작업에 참여했다. 5요인 모형과 특질 이론에 대한 연구 출판물 수는 1990년에서 2008년 사이에 일반적으로 급격히 증가하였다(John, Naumann, & Soto, 2008).

특질 이론 근거 자료의 세 번째 강점은 자기 보고 외의 자료가 포함된다는 것이다. 자기 보고가 특질 이론가들에게 중심적인 역할을 한 것은 사실이다. 그러나 여러 연구자들이 자기 보고 자료를 관찰자 보고, 객관적 생애 사건, 해당 특질의 기반에 깔린 신경학적 체계나 생화학적 체계에 대한 생리학적 자료(제9장) 등 다른 형태의 자료로 보완할 필요가 있음을 알고 있었다. 결국 여러 측면에서 특질 이론의 과학적 근거 자료의 질은 정신역동 이론이나 현상학적 이론의 근거 자료 질에 비해 훨씬 뛰어나다. 특질 이론 근거 자료의 한 가지 중요한 한계점은 로저스나 프로이트와 같은 임상 이론가들이 활용하는 심층 기법을 거의 활용하지 않는다는 점이다. 특질 이론가들이 활용하는 측정 방법을 통해서는 인간의 몇몇 일반적인 특징, 즉 인간의 전반적 특질 수준을 알 수 있을 뿐 개인 안에서 일어나는 심리적 역동은 알 수 없다. 이와 같은 한계는 한 평론가로 하여금 특질 이론이 본질적으로 '타인의 심리학'(McAdams, 1994, p. 145)을 만들어 낸다고 결론 내리게 했다. 이는 특질 이론이 세밀한 사례 분석을 통해 얻을 수 있는 심도 있는 정보 대신 우리가 스쳐 지나가는 타인에 대해 알아낼 수 있는 정보와 유사한 피상적 분석 결과를 제공한다는 것이다. 달리 말하면 우리는 5요인 이론이 개인의 독특성을 잡아내기에 부적절하다고 말할 수 있을 것이다(Grice, Jackson, & McDaniel, 2006).

이론 : 체계적인가?

특질 이론의 여러 요소들은 체계적으로 통합되었나? 특질 이론가는 우리에게 일관성 있고 통합된 성격 구조, 과정, 발달의 이론을 제공할까?

어떤 이론가들에 대해서는 '그렇다'라고 답할 수 있다. 카텔은 특질뿐만 아니라 상태, 역할, 동기적 과정을 분석함으로써 매우 체계적인 성격 이론을 제공한다. 하지만 카텔의 동기적 과정에 대한 분석은 영향력이 거의 없었다. 아이젱크는 특질을 생물학적 기제와 연관시킴으로써 구조(장기 지속적인 특질)를 과정(신경 체계의 과정)과 연관시켰다. 하지만 특질을 생물학과 관련시키려는 아이젱크의 노력은 외향성의 신경생리학에 대한 연구 외에는 그다지 성공적이지 못했다.

보다 최신의 특질 이론은 이보다 덜 체계적이다. 앞서 다루었듯이 맥크레이와 코스타조차 5요인 이론은 특질이 경험과 행동에 영향을 미치는 역동적 과정을 그다지 명확히 다루지 않는다고 인정했다. 분명 이와 같은 과정들을 명확히 다루지 못하는 이론은 성격 구조와 성격 역동을 통합적으로 다루는 이론을 제공하지 못한다. 만약 우리가 성격 이론에 점수를 부여한다면 현대 특질 이론은 성격의 다양한 측면에 대한 체계적 설명을 제공하는 과제에서 상대적으로 낮은 점수를 받을 것이다.

이론 : 검증 가능한가?

특질 이론은 객관적 증거를 통해 검증 가능한 이론을 만들어 내는 과제에서 아주 높은 점수를 받을 자격이 있다. 우리는 특질 이론의 여러 측면을 객관적으로 검증할 수 있다. 5요인 이론가들은 요인분석을 통해 성격의 주요한 다섯 차원을 얻을 수 있다는 명확한 예측을 했다. 6요인이나 3요인 구조 등과 같은 다른 결과가 나타난다면 이들의 이론적 예측에 대한 명확한 반대 증거가 된다. 원칙적으로 이런 명확한 반대 증거가 도출될 수 있다는 사실은 특질 이론의 아이디어가 확실히 검증 가능한 방식으로 제안되었음을 뜻한다.

특질 이론가들은 명쾌한 실증적 검증이 가능한 다른 여러 예측을 제공했다. 예를 들어 이들은 자기 보고 성격 특질의 개인차가 행동을 예측할 수 있다고 보았고, 유전적으로 완전히 동일한 사람들은 특질 검사에서 유사한 결과를 얻을 것이라 예측했으며, 특질 점수는 시간에 따라 상대적으로 안정적이리라 예측했다. 이 모든 예측은 원칙적으로 각각 반증 가능하다. 특질 이론가들의 아이디어는 객관적인 실증적 검증에 대해 열려있다.

이론 : 포괄적인가?

어떤 측면에서 특질 이론은 놀라울 정도로 포괄적이다. 특질 이론가들은 자신들이 개발한 성격 분류 체계에 중요한 성격 특질이 빠져있다면 이는 성격 분류 체계를 개발하려는 모든 노력의 가치를 떨어뜨린다는 사실을 알고 있었다. 따라서 이들은 성격 구조에 대한 요인분석 연구를 수행함에 있어 모든 중요한 개인차를 포함시키고자 노력했다. 이들은 이를 위해 막대한 노력을 기울였는데, 예를 들면 어휘 연구자들은 개인을 기술할 수 있는 모든 단어를 찾아 밤낮으로 사전을 들여다보았다. 이러한 점에서 이들의 연구는 포괄적이었다.

그러나 또 다른 측면에서는 포괄성이 결여되어 있다. 앞선 여러 장에서 살펴본 주제들인 의식과 무의식 과정의 상호작용, 성격 발달에 있어 성의 역할, 꿈의 중요성, 상담가와 내담자의 상호작용, 자기 가치감 발달을 촉진하는 부모의 역할 등을 돌이켜 본다면 이를 명확히 알 수 있다. 특질 이론가들은 이 주제들에 대해 어떤 이야기를 하는가? 실질적으로 아무 이야기도 하지 않는다. 주요한 성격 이론가들은 이 주제들, 그리고 다른 성격 이론가들이 관심을 가질 만한 다른 여러 주제들에 대해 아무 말도 하지 않았다. 특질 이론가들은 자신들의 거의 모든 에너지를 포괄적인 성격 특질 분류 체계를 확정하고 특질의 개인차가 사회적 행동의 개인차를 낳는지 살펴보는 데 집중했다. 이는 중요한 과업이다. 그러나 포괄적인 성격 분석을 위해서는 또 다른 중요한 과업들도 존재한다.

특질 이론가들은 두 가지 중요한 측면에서 포괄적이지 않았다. 첫째는 성격 과정의 분석을 결여한 것이다(Mischel & Shoda, 2008). 특질 이론은 성격 과정의 역동에 비해 성격의 안정적인 '기본적 요소'(성격 특질 구조)에 대해 훨씬 많은 정보를 제공한다. 둘째는 개인에 대한 관심의 상대적 결여다(Barenbaum & Winter, 2008). 올포트를 제외한 특질 이론가들은 근본적으로 개인의 내적인 정신적 삶보다는 다수의 사람에게서 나타나는 개인차에 집중한다.

한눈에 보는 특질 이론		
구조	과정	성장과 발달
특질	특질과 관련된 신경학적·생화학적 과정	유전적 영향이 특질 수준의 주요 결정 요인임

이는 중대한 한계점이다.

비유를 들자면 이는 인간의 몸이 작동하는 방식에 대해 아무것도 모르는 사람이 인간에 대한 생물학을 만들겠다며 개인차 전략에 집중하는 것과 같다. 이 사람은 다수의 인간이 보이는 생리적 특징과 경향을 측정한 설문지를 요인분석한다. 분석의 원리에 따라 이 사람은 매력(매력 없음을 한 끝으로 하고 매력적임을 다른 끝으로 하는 차원), 활발함(활발하거나 활발하지 않음의 차원), 건강함(임상적인 질환이 있거나 혹은 건강하거나) 등의 요인을 발견할 수 있다. 이러한 요인은 개인차에 대한 타당한 기술을 제공한다. 어떤 사람은 실제로 다른 사람보다 매력적이고 활달하며 건강하다. 그러나 올바른 생물학 연구를 하기 위해 이 연구자는 또한 '순환계'와 '신경계' 등의 요인 또한 발견하고 싶을 것이다. 개인차 전략으로는 이와 같은 생물학적 구조를 발견할 수 없다. 모든 사람이 이와 같은 구조를 가지고 있기 때문에 통계적 요인을 산출할 수 있는 유의미한 개인차가 나타나지 않는 것이다.

일반적으로 우리는 개인차에 대한 요인분석으로 규명한 특질을 모든 개인이 가지고 있을 것이라 확신할 수 없다. 5요인 모형 연구자들은 이 점을 인식하고 있다. 햄프슨과 골드버그(2000, p. 28)는 다음과 같이 말한다. "분명 (성격 기술) 어휘에 대한 연구는 유용하고 고도의 일반화 가능성을 갖춘 성격 특질 분류 체계를 도출할 수 있다. 그러나 이 분류 체계는 설명 체계로 구체화되어서는 안 된다. 기술 모형은 인과의 모형을 제공하지 않으며, 성격 어휘 분석은 성격 연구와 동일시되어서는 안 된다." 비록 맥크레이와 코스타와 같은 사람들은 5요인 이론이 포괄적 성격 이론이라고 확신하는 듯 보이지만 다른 연구자들은 5요인 모형이 결코 포괄적 성격 이론으로 기획된 적이 없다고 주장한다.

적용

특질 이론의 응용을 설명하기는 매우 쉽지만 이러한 응용 연구들의 가치를 평가하기는 한층 까다롭다. 특질 이론이 제공해야 할 응용 산물에 대한 주관적 평가와 밀접하게 관련되기 때문이다.

특질 이론가들이 제공하는 것은 예측도구다. 특질 이론가들은 연구자들의 합의가 도출된 특질 세트를 확정해 주었으며 또한 이를 측정하는 신뢰도 있는 척도들을 개발했다. 그럼으로써 이들은 매우 다양한 심리적 결과에서 나타나는 개인차를 예측할 간단하고 가치 있는 기법을 제공해 준다(Barenbaum & Winter, 2008; John, Naumann, & Soto, 2008; McCrae & Costa, 2008). 이 방법들이 널리 활용된다는 사실이 그 유용성을 증명한다. 교육심리학, 임상심리학, 산업 및 조직심리학, 그리고 다른 많은 응용 분과 연구자들이 오래전부터 종합적

정신 병리	변화	예시 사례
극단적 수준의 특질(신경증 성향 등)이 병리를 낳음	(정형화된 모형 없음)	짐

성격 특질 개인차 측정치를 활용해 왔다. 만약 개인차를 예측하는 도구의 제공이야말로 성격 이론의 가장 중요한 응용 산물이라 생각한다면 특질 이론은 성공적으로 응용되고 있다는 평가를 받을 만하다.

그러나 다른 성격 이론가들은 더 많은 것을 원한다. 이들은 성격 이론이 임상적으로 유용하기를 바라며 특질 이론은 이 점에서 유용하지 못하다고 생각한다(Westen, Gabbard, & Ortigo, 2008). 이 책에서 살펴본 다른 모든 성격 이론은 이론뿐만 아니라 치료 또한 제공한다. 프로이트와 로저스, 그리고 이어지는 장에서 살펴볼 행동주의자들, 개인 구성 개념 이론가들, 사회인지 이론가들은 각각 이들의 이론에 기초한 고유한 치료 기법을 제공한다. 이 치료 방법들은 각 이론의 중요한 응용 결과물들이다. 하지만 '특질 이론 치료'라는 것은 없다. 특질 이론은 아이젱크의 몇 가지 노력을 제외하면 심리적 변화를 가져오는 치료 방법을 생산하지 못하는 공통점을 가진 이론들의 군집이다.

특질 이론가는 아마도 "치료 기법을 개발하는 것은 우리의 연구 목표가 아닐 뿐이다."라고 말할 것이다. 특질 이론은 안정적인 개인차와 이 개인차의 기반에 대한 이론이다. 특질 이론은 심리적 변화의 이론이 아니다. 따라서 고유한 치료 방법을 개발하지 못했다는 이유로 특질 이론을 부정적으로 평가하는 것은 공정하지 못한 일일 것이다.

주요한 기여와 요약

특질 전통에 속한 심리학자들은 스스로 실질적인 성과를 이루었다고 주장할 자격이 있다(표 8.3). 특히 이들의 노력 덕에 다음과 같은 매우 까다로운 질문들에 대해 확신을 가지고 답할 수 있게 되었다. 세상 사람들의 중요한 개인차를 기술하기 위해서는 몇 개의 특질 차원이 필요할까? 사람들은 이와 같은 차원상에서 시간에 따른 안정성을 보일까? 이와 같은 개인차와 사회적 행동에서 나타나는 개인차는 관련되어 있을까? 특질 이론가들은 이 질문들에 대해 수많은 연구를 바탕으로 각기 '5(또는 6)', '그렇다', '그렇다'라는 확실한 답을 제공했다.

이와 같은 답을 제공하는 능력은 중요한 진보다. 학문의 전당 바깥으로 나가보면 평균적인 심리적 경향성들에서 나타나는 개인차를 측정하는, 간단하면서도 과학적으로 타당한 방법을 찾아내려 하는 사람들을 종종 만나볼 수 있다. 이런 사람들은 너무 많은 잠재적 개인차 요소들 때문에 어디서부터 시작해야 하는지도 모른 채 쩔쩔맨다. 그러나 카텔과 아이젱크는 일을 시작할 방법을 알아냈고 현대의 5요인 연구자들은 가치 있고 널리 받아들여지는 해답

표 8.3 특질 이론의 강점과 한계 요약

강점	한계
1. 활발한 연구	1. 방법 : 요인분석
2. 흥미로운 가설	2. 특질에는 무엇이 포함되는가?
3. 생물학과의 잠재적인 연관성	3. 빠진 부분은 무엇인가?

을 제공했다.

특질 이론의 또 다른 중요한 강점은 심리적 분석 수준에서 생물학적 분석 수준으로 이행할 수 있는 잠재력이 있다는 것이다. 다음 장에서 살펴보겠지만 유전공학 연구와 신경생리학 연구는 개인차의 생물학적 기반을 규명하기 시작했다. 모든 성격 이론가들이 사람을 생물학적 존재로 바라보는 것은 아니지만 특질 모형은 특히 생물학적 발견사항을 포괄적 성격 모형에 통합하기에 용이하다. 심리학과 생물학의 결합에 대해서는 앞으로도 계속하여 살펴보도록 하자.

주요 개념

근본적 어휘 가설	5요인	OCEAN
사람–상황 논쟁	5요인 이론	
패싯	NEO-PI-R	

요약

1. 20세기 후반에 5요인(OCEAN) 성격 특질 모형이 특질 이론가들 사이의 합의를 이끌어 냈다. 모형에 대한 지지 증거는 언어의 특질 단어를 요인분석한 결과와 성격 평가 또는 성격 설문지에 대한 요인분석에서 나왔다.

2. 5요인 이론가들의 언어 연구는 근본적 어휘 가설에서 시작되었다. 근본적 어휘 가설이란 사람들의 근본적 개인차가 자연어에 부호화되어 있다는 가설이다.

3. 맥크레이와 코스타는 특질의 생물학적 기반을 강조하는 이론적 모형인 5요인 모형을 제안했다. 특질의 생물학적 기반은 '기본적 경향성'이라는 개념으로 이론에 포함되었다. 전반적 특질 구조와 특질 수준 개인차에 실질적인 안정성이 있다는 증거들은 이 이론 모형과 부합된다. 그러나 성격 특질 수준이 변화한다는 사실, 그리고 환경이 성격 발달에 미치는 영향의 한계가 무엇인지 명확하지 않다는 사실 때문에 모형에 의문이 제기되기도 한다. 이에 더해 모든 중요한 개인차를 포괄하기 위해서는 최소한 하나의 특질 요인이 더 필요하다는 증거도 있다.

4. 연구 자료에 따르면 5요인 점수의 개인차는 응용심리학자들에게 중요한 의미를 갖는 영역들의 심리적 결과들을 유의미하게 예측해 준다. 예컨대 직업 선택, 성격 진단, 직무 수행, 심리치료 등이 있다. 그러나 5요인 특질 모형의 한계는 이론에 따른 응용된 도구들이 성격 변화 과정에 대한 구체적인 방법을 제공해 주지 못한다는 것이다.

5. 성격 특질에 장기 종단적인 안정성이 있다는 증거가 있지만 여러 연구는 사람이 서로 다른 사회적 맥락 속에서 특질 관련 행동의 유의미한 차이를 보인다고 시사한다. 어떤 연구자들은 특질 관련 행동의 변화 가능성이 곧 특질 구성 개념이 성격 이론의 기초가 되기에 부적절하다는 뜻이라고 주장한다. 그러나 다른 연구자들은 현재 밝혀진 안정성만으로도 특질 이론의 유용성을 뒷받침하기에 충분하다고 판단한다(사람–상황 논쟁).

6. 현재의 특질 이론은 왕성한 연구, 흥미로운 가설의 산출, 생물학과의 연결 가능성 등의 강점을 가진다. 동시에 요인분석 방법에 대한 의문, 그리고 자기 기능과 성격 변화 등 중요한 주제를 누락함에 따른 의문 또한 존재한다.

9

성격의 생물학적 기반

제9장의 초점

어째서 어떤 사람은 대체로 행복하고 어떤 사람은 대체로 슬플까? 어째서 누군가는 에너지가 넘치고 누군가는 무기력할까? 왜 누구는 충동적이고 누구는 조심스러울까? 왜 남자의 행동은 여자의 행동과 다를까? 예를 들어 첫 데이트에서 왜 여자는 화장을 할 가능성이 높고 왜 남자는 저녁값을 지불할 가능성이 높은 걸까? 왜 모든 사람이 부도덕하거나 '터부'라고 여기는 몇 가지 행동(근친상간 등)이 존재할까? 이러한 행동이 직접적으로 누군가에게 해를 끼치지도 않는데 말이다. 우리는 이런 감정과 행동을 후천적으로 학습할까? 아니면 이들은 우리의 생물학적 구조의 일부일까?

학자들은 이 질문들을 오래도록 숙고해 왔다. 1880년대에 영국의 과학자 프랜시스 골턴은 '본성'(유전성)과 '양육'(환경)을 대조함으로써 이 둘의 상대적 중요성에 대한 향후 수십 년간의 이론, 연구, 논쟁의 초석을 놓았다. 최근의 과학적 진보 덕분에 이와 관련된 여러 주제에 보다 엄밀한 연구적 관심이 쏠리고 있다. 이 장에서는 이러한 과학적 진보 양상 몇 가지를 살펴보도록 한다. 우리는 여섯 가지 주제를 살펴볼 것이다. 생물학적 기반을 가지며 생애 초기에 명확히 드러나는 개인차, 달리 말하면 '기질'. 우리 선조들로부터 이어진 과정, 즉 '진화'. 유전자가 성격에 미치는 영향. 기분과 정서의 신경과학. 생물학적 구조에 대한 환경의 영향, 즉 '가소성'. 자아와 도덕 판단 같은 인지적 '고수준' 기능의 신경학적 기반.

이 장에서 다룰 질문

1. 아이들은 어떻게 그리고 왜 기질의 개인차를 보이는가?
2. 인류 진화에 대한 연구는 현대 인류의 성격을 이해하는 데 어떤 정보를 제공하는가?
3. 성격 형성에 있어 유전자의 역할은 무엇인가? 성격의 발현에 있어 유전자는 환경과 어떻게 상호작용하는가?
4. 기분, 자기 개념, 도덕적 판단 등의 성격 과정과 뇌 과정 간 관계는 무엇인가?

과학자들은 가끔 우연을 통해 배우기도 한다. 뉴턴의 머리 위로 떨어진 사과 이야기는 비록 출처가 불분명하긴 하지만 우리는 이로부터 우연한 사건이 과학적 통찰을 자극할 수도 있다는 사실을 배울 수 있다.

이 장의 주제인 성격의 생물학적 기반에 대한 통찰 역시 1848년에 일어난 우연한 사고의 덕을 많이 보았다. 사고는 피니어스 게이지라는 철로 작업감독에게 발생했다. 1848년 어느 날 그는 일터에서 끔찍한 사고를 겪었다. 그는 바위를 뚫어 길을 내는 작업을 하고 있었고, 이를 위해 땅에 구멍을 파고 화약을 채워넣은 뒤 쇠막대기를 집어넣어 퓨즈를 켠 순간… 게이지의 정신이 다른 곳에 팔렸다. 그의 얼굴 바로 앞에서 폭약이 터졌고 쇠막대기가 그의 왼 뺨 두개골 아래쪽으로 뚫고 들어와 뇌 앞쪽으로 튀어나갔다. 막대는 그의 전두엽 피질 상당 부분을 파괴했다.

게이지는 실신했으나 결국 기적적으로 살아났다. 게이지는 사고 후에도 걷고 말할 수 있었다. 사실 그는 사고를 자세히 묘사할 수 있었고 이에 대해 이성적으로 이야기할 수 있었다. 그러나 게이지는 완전히 변해버렸다. "피니어스 게이지의 성향, 선호하는 것과 선호하지

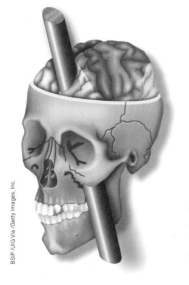

이 그림은 쇠막대기가 피니어스 게이지의 전 두엽 피질의 어떤 부위를 관통했는지 보여준 다. 게이지는 사고에서 살아남았으나 근본적 인 성격 변화를 겪어야 했다.

않는 것, 꿈과 포부 등이 모두 변했다. 비록 게이지의 육체는 살아있고 건강했으나 여기에 새로운 정신이 주인으로 들어앉았다. 게이지는 더 이상 게이지가 아니었다"(Damasio, 1994, p. 7). 과거의 진지하고 근면하고 에너지 넘치고 책임감 있었던 피니어스 게이지는 이제 무책임하고 타인을 생각하지 않고 계획적이지 못하고 자기 행동이 가져오는 결과에 무관심한 사람이 되었다.

피니어스 게이지의 이야기는 뇌 기능과 성격 기능 사이에 밀접한 상호 관련성이 있음을 시사한다. 만약 게이지가 폭발로 잃은 것이 뇌 부위가 아니라 한쪽 다리였다면 게이지의 기본적 성격은 종전과 동일하게 이어졌을 것이다. 게이지가 '전두엽을 잃은 것'과 그의 '성격 특성이 변화한 것'이 동시에 나타났다는 사실은 아무래도 우연이라 할 수 없다.

심리 과학은 피니어스 게이지가 시사하는 몸-성격 관계성을 체계적으로 연구했다. 이 장에서 우리는 그 연구 결과들을 살펴보게 될 것이며, 이러한 점에서 이 장은 다른 장에 비해 독특하다 할 수 있다. 즉 이번 장에서는 이론에 초점을 맞추는 대신 과학적 **발견사항**에 초점을 맞출 것이다. 이 발견사항들은 모든 성격 이론가들이 숙고해 보아야 할 방대한 지식을 제공한다. 여러 발견사항들이 제7장과 제8장에서 살펴본 특질 이론과 잘 부합된다. 그러나 또 다른 발견사항들은 이 장의 뒷부분에서 살펴볼 진화심리학 등의 독특한 이론적 관점들과 관련된다.

기질

우리는 태어나자마자 개성을 보인다. 아이들은 심지어 아기 때부터 정서와 행동 양식에서 서로서로 차이를 보인다. 영유아는 아직 세상을 거의 경험하지 못했기 때문에 이들이 보이는 다양성은 사회적 경험에 따라 생산된 것일 수 없다. 이 다양성에는 반드시 생물학적 뿌리가 있어야 한다. **기질**temperament이란 이처럼 생물학적 기반을 가지며 생애 초기에 명백하게 드러나는 정서 및 동기 경향성의 개인차를 뜻한다(Kagan, 1994; Rothbart, 2011). 긍정적 기분이나 부정적 기분을 경험하는 생애 초기의 경향성, 자극에 반응할 때 보이는 흥분, 기분이 좋지 않은 아이를 달랠 때 아이가 보이는 경향성 등이 기질 특성의 사례들이다.

기질
초기 아동기에 명백하게 나타나는 생물학적 기반의 정서 및 행동 경향성

체질과 기질 : 초기 관점

학자들은 사람들 사이의 심리적 차이에 생물학적 기반이 내포되어 있을 가능성에 오랜 관심을 가져 왔다(Kagan, 1994; Rothbart, 2011; Strelau, 1998 등에 개관되어 있음). 고대 그리스에서 히포크라테스는 몸 안의 액체에서 나타나는 차이 때문에 심리적 특성의 개인차가 나타난다고 제안했다(제7장 참조). 히포크라테스의 관점은 우주에 대한 그리스인들의 믿음을 반영한다. 고대 그리스 사람들은 자연이 공기, 땅, 불, 물의 네 가지 원소로 이루어진다고 생각했다. 히포크라테스와 다른 고대 그리스 학자들은 4원소론과 유사한 분석틀로 기질을 분석

했다. 자연의 4원소는 인간 몸의 네 가지 유체 형태(피, 흑담즙, 황담즙, 점액)로 표상되며 각각의 유체는 순서대로 다혈형, 우울형, 담즙형, 점액형 기질에 대응된다. 기질의 개인차는 유체의 개인차에서 비롯된다고 본 것이다. 고대 그리스인들은 기질 특성의 분류 체계와 그 차이의 원인에 대한 생물학적 이론을 모두 제공한 셈이다.

이 개념은 놀라울 정도로 오래 지속되었다. 히포크라테스 사후 거의 2,000년이 흐른 뒤 독일의 위대한 철학자 이마누엘 칸트는 기질의 네 가지 유형을 구별하고 각 유형의 기반은 몸속의 유체에서 찾을 수 있다고 제안했다. 이는 고대 그리스의 관점과 매우 유사한 개념이다. 말할 필요도 없이 모든 현대 심리 과학자들은 이 유체 이론을 거부한다.

역사적 의미가 있는 또 다른 관점으로는 19세기 생물학자 프란츠 요제프 갈의 관점이 있다. 갈은 **골상학**phrenology을 개창했으며 뇌의 특정 영역이 특정한 정서적·행동적 기능과 관계된다는 가설을 제안했다. 갈은 시신의 뇌를 해부하여 뇌 조직의 특성을 그 사람이 살아 있을 때의 능력, 기질, 특질과 연관 지으려 했다. 갈은 머리의 돌출부를 조사하였는데 이것이 그 아래의 뇌 조직 발달을 나타낼 수 있기 때문이었다. 골상학은 19세기에 굉장한 명성을 얻었으나 점차 평가절하되었다. 현대 연구자들은 우리의 뇌가 갈이 생각한 방식, 즉 뇌의 국지적 영역이 특정한 유형의 생각과 행동을 만들어 내는 방식으로 작동하지 않음을 보여준다. 인간의 가장 복잡한 활동은 서로 연결된 여러 뇌 영역의 조화된 활동에 바탕을 둔다(Bressler, 2002; Edelman & Tononi, 2000; Sporns, 2011).

19세기 중반에는 보다 지속적인 가치를 갖는 연구 노력이 이루어졌다. 세 개의 출판물이 결정적 역할을 했는데 첫째와 둘째는 찰스 다윈의 종의 기원(1859)과 인간과 동물의 정서 표현(1872)이고 셋째는 그레고어 멘델의 식물 잡종에 대한 실험(1865)이다. 다윈의 종의 기원이 현대 생물학의 기초가 되었음은 더 설명할 필요가 없다. 다윈의 인간과 동물의 정서 표현은 인간 정서 표현과 다른 고등 포유류의 정서 표현 사이에 존재하는 여러 밀접한 관계를 다룸으로써 기질 연구에 간접적인 기여를 하고 현대 진화심리학(이 장의 후반부에 다룰 것이다)의 발전에 초석을 놓았다. 멘델의 출판물은 8년에 걸친 강낭콩 교배 연구를 담은 것으로 현대 유전공학의 기초가 되었다.

20세기에는 두 명의 연구자가 기질을 신체 유형 분석과 연결시키려 했는데 한 명은 독일의 정신과 의사인 에른스트 크레치머(1925)이고 다른 한 명은 미국의 심리학자인 윌리엄 셸던(1940, 1942)이다. 이들의 연구는 체계적이어서 신체 유형을 세밀하게 측정하여 이를 심리적 특성의 측정치들과 연결시켰다. 그러나 두 연구자가 연구를 통해 얻은 결론은 방법론적 문제 탓에 한계가 뚜렷했다. 후속 연구에 따르면 신체 유형과 성격의 관계는 약하다(Strelau, 1998).

20세기 초반의 연구 중 이보다 지속적인 가치를 가진 연구로는 파블로프의 연구를 꼽을 수 있다. 파블로프는 경험에 따른 반사의 변화(제10장 참조)를 연구했을 뿐만 아니라 신경 체계 기능의 안정적인 개인차 이론을 개발하였고, 특히 신경 체계의 '튼튼함'에 개인차가 있을 가능성에 주목했다. 신경 체계의 튼튼함이란 고도의 자극이나 스트레스에 노출되었을 때에도 정상적 신경 체계 기능을 유지하는 정도를 뜻한다(Strelau, 1998).

체질과 기질 : 장기 종단 연구

지금까지 살펴본 과거의 기질 연구들에는 현대적 연구에 필수적인 한 요소, 즉 장기 종단 방법이 누락되어 있다. 장기 종단 방법은 한 집단의 참여자들을 장기간에 걸쳐 반복적으로 연구하는 방법이다. 장기 종단 방법은 연구자로 하여금 어떤 심리적 특징이 생애 초기에 명확히 드러나고 또한 장기적으로 지속되는지 확인하게 해준다. 만약 심리적 특징이 생애 초기에 명확히 드러나고 장기적으로 지속된다면 이 특징에는 생물학적 기반이 있을 것이라 기대해도 좋을 것이다.

선구적인 장기 종단 연구는 알렉산더 토머스와 스텔라 체스가 수행한 뉴욕 장기 종단 연구(NYLS)이다(1977). 연구자들은 100명이 넘는 아이들을 탄생부터 청소년기까지 추적 연구했다. 유아기의 기질 개인차를 알아내기 위해서는 아이가 다양한 상황에서 보이는 반응에 대한 부모의 보고를 활용했다. 활동 수준, 일반적인 기분, 주의 폭, 인내심 등과 같은 유아기 특성 평가치를 바탕으로 연구자들은 세 가지 유아 기질 유형을 정의했다. 첫째는 잘 놀고 적응력이 좋은 '쉬운 아이', 둘째는 부정적이고 부적응적인 '까다로운 아이', 셋째는 반응성이 낮고 반응이 약한 '더딘 아이'이다. 이 연구와 후속 연구들에 따르면 이와 같은 생애 초기 기질 개인차는 훗날의 성격 특징과 관련된다(Rothbart & Bates, 1998; Shiner, 1998). 예로서 까다로운 아이는 나이가 들어서도 적응에 보다 큰 어려움을 겪는 것으로 밝혀졌고 쉬운 아이들은 그럴 가능성이 가장 적었다. 이에 더해 토머스와 체스는 한 유형의 아이에게 잘 들어맞는 양육 환경이 다른 유형의 아이에게는 그다지 훌륭한 환경이 되지 않을 수도 있다고 주장했다. 즉 유아의 기질과 양육 환경 사이에는 적합도가 존재한다.

이후 버스와 플로민(1975, 1984)은 아이들의 행동에 대한 부모의 평가를 활용하여 **정서성**(불쾌한 상황에서 쉽게 각성됨, 일반적인 부정적 감정 등), **활동성**(활동의 빠르기와 왕성함, 항상 활동하고 있음, 가만히 있지 못함 등), **사회성**(다른 사람에 대한 반응성, 친구를 쉽게 사귀거나 혹은 수줍어하거나)으로 구성되는 기질 차원 구조를 규명했다. 이와 같은 기질 특성의 개인차는 시간이 흘러도 안정적이고 상당히 유전적이어서 일란성 쌍둥이 두 사람은 각 기질 차원에서 특히 유사한 모습을 보였다. 부모의 평가에 의존한 연구 전략에는 제한점이 있는데 부모들은 자기 자식을 평가함에 있어 뚜렷한 편파를 보일 수 있기 때문이다. 예를 들어 부모들은 일란성 쌍둥이의 유사성을 과도하게 높게 평가하는 경향이 있다(Saudino, 1997). 그럼에도 불구하고 버스와 플로민의 연구는 지속적인 가치를 갖고 있다. 많은 후속 연구자들이 이들의 접근법을 채택하여 다수 인구를 대상으로 그 기질 특성에서 나타나는 소수의 주요한 개인차 차원을 규명하려 했다(Goldsmith & Campos, 1982; Gray, 1991; Strelau, 1998). 이와 같은 연구 노력은 제8장에서 살펴본 성격 5요인 모형에도 부분적인 영향을 미쳤다.

이러한 초기 장기 종단 연구에는 한계가 존재한다. 특히 이 연구들은 관찰된 기질 특성들의 기저에 깔린 생물학적 체계를 규명하지 않았다. 생물학적 체계를 규명하려면 부모의 자기 보고 측정치에서 한 발 더 나아가 행동과 생물학적 반응을 측정하는 직접적인 방법을 도입해야 한다. 이제 그러한 방법을 도입했던 연구를 살펴보도록 하자.

생물학, 기질, 그리고 성격 발달 : 최신 연구

억제된, 억제되지 않은 아동 : 케이건과 동료들의 연구

하버드의 심리학자 제롬 케이건은 기질의 생물학적 기반에 대해 많은 정보를 제공해 준 연구 흐름의 선두를 이끌었다(Kagan, 1994, 2003, 2011). 케이건 연구의 핵심은 직접적이고 객관적인 행동 측정치를 사용한 것이다. 부모들에게 자녀의 특징을 보고해 달라고 부탁하는 대신 케이건은 주로 실험실에서 직접 아이들을 관찰했다.

케이건은 이러한 관찰을 바탕으로 두 가지 명확한 기질적 행동 프로파일을 발견했다. 바로 **억제된**inhibited 프로파일과 **억제되지 않은**uninhibited 프로파일이다. 억제되지 않은 아이들에 비해 억제된 아이들은 익숙하지 않은 사람이나 사건에 움츠러들고 회피적이며 스트레스를 받는 반응을 보였고, 새로운 상황에서 안정된 상태를 취하는 데 더 오랜 시간이 걸렸으며, 비정상적인 공포와 공포증을 더 많이 보였다. 이런 아이들은 경직되고 조심스러운 행동을 보이며, 새로운 상황에 직면했을 때 우선 조용해지고 부모가 달래주기를 바라거나 도망가 숨어버렸다. 반면 억제되지 않은 아이들은 억제된 아이들에게 큰 스트레스를 주는 상황을 즐기는 것으로 보였다. 억제되지 않은 아이들은 새로운 상황에서 경직되거나 공포를 보이는 대신 자연스러운 반응을 보이고 쉽게 웃거나 미소 지었다.

케이건은 이와 같은 극명한 차이에 깊은 감명을 받아 다음과 같은 문제를 제기했다. 이런 기질 개인차는 얼마나 이른 시기에 나타나는가? 기질 개인차는 시간에 대해 얼마나 안정적인가? 이런 기질 개인차의 생물학적 기반을 제안할 수 있을까? 케이건의 중심 가설은 아이들이 새로움에 보다 반응적이 되게 하거나 덜 반응적이 되게 하는 생물학적 기능의 개인차를 유전적으로 물려받으며, 이처럼 유전된 개인차가 발달 기간 동안 안정적으로 유지되는 경향이 있다는 것이었다. 이 가설에 따르면 새로운 자극에 대한 고도 반응성을 타고나면 억제된 아이가 되고 낮은 반응성을 타고나면 억제되지 않은 아이로 자라난다.

케이건은 이 가설을 검증하기 위해 4개월 된 아이들을 실험실에 데려와 아이들이 익숙한 자극과 새로운 자극(예를 들어 어머니의 얼굴, 낯선 여성의 목소리, 앞뒤로 움직이는 형형색색의 모빌, 빵 터지는 풍선)에 노출되었을 때 보이는 행동을 비디오로 촬영했다. 이어서 비디오를 분석하여 웅크리기, 팔과 다리를 격렬히 구부리기, 울기 등의 반응성을 점수화했다. 영아의 20% 정도는 새로운 자극에 대해 몸을 움츠리고 강하게 울며 불쾌한 표정을 보이는 고반응성으로 분류되었다. 이 행동 프로파일은 이 아이들이 자극 때문에 과도하게 각성되었음을 뜻하는데, 특히 새로운 자극이 사라짐과 동시에 아이들의 반응도 멈추었다는 사실이 이를

억제된-억제되지 않은 기질
억제되지 않은 아이에 비해 억제된 아이는 친숙하지 않은 사람이나 사건에 위축되고 회피적이고 고통스러운 반응을 보이고, 새로운 상황에 놓였을 때 안정적인 상태에 이르기까지 더 긴 시간이 소요되며, 일반적이지 않은 공포나 공포증을 더 많이 가짐. 억제되지 않은 아이는 억제된 아이들에게는 스트레스가 되었던 새로운 상황을 즐기는 것으로 보임. 억제되지 않은 아이는 새로운 상황에서 자연스럽게 반응하고 쉽게 웃거나 미소 지음

어떤 아이들에게는 산타클로스가 무섭다. 기질 연구는 아이들이 익숙하지 않은 사람과 상황에 대한 반응에서 왜 커다란 개인차를 보이는지 설명한다.

뒷받침한다. 반면 저반응성 영아는 전체 집단의 40% 정도였으며 새로운 자극에 대해 차분하고 안정적으로 반응했다. 나머지 40%의 아이들은 다양한 반응이 혼재된 양상을 보였다.

가설의 예측과 같이 고반응성 영아들이 억제된 아이가 되고 저반응성 영아들이 억제되지 않은 아이로 자라나는지 검증하기 위해 케이건은 아이들이 각각 14개월, 21개월, 네 살 반이 되었을 때에 다시 관찰하였다. 이때에도 아이들은 실험실에 들어와서 새롭고 익숙하지 않은 상황(예를 들어 14개월과 21개월의 아이들은 강한 플래시 빛, 북 치는 어릿광대 인형, 괴상한 옷을 입은 낯선 이, 쳇바퀴를 도는 플라스틱 공의 소음 등에 노출되었고 네 살 반의 아이는 낯선 어른이나 낯선 아동과 만나도록 했다)에 노출되었다. 이번에는 행동 관찰 자료에 더해서 익숙하지 않은 상황에 반응하는 심박수나 혈압과 같은 생리적 측정치 또한 관찰했다. 연구 결과는 다시 한번 기질의 연속성을 드러내 보였다. 고반응성 아이들은 14개월과 21개월 시점에 익숙지 않은 자극에 대해 보다 큰 공포 행동과 심박수 및 혈압의 증가를 보였고, 네 살 반 시점에서는 사회적 상호작용 상황에서 저반응성 아이들에 비해 덜 미소 짓고 말을 더 적게 했다. 나아가 여덟 살 시점에서의 연구 결과에서도 지속적인 일관성이 발견되어 네 살 때에 두 집단으로 분류된 대다수의 아이들이 여덟 살 때에도 여전히 같은 집단으로 분류되었다. 이 장의 후반부를 살펴보면 알 수 있겠지만 생물학적 기능의 개인차 또한 관찰되었다.

기질은 시간에 대해 안정적인 측면도 있으나 또한 시간에 따라 기질이 변화한다는 증거도 있다(Fox et al., 2005). 다수의 고반응성 아이들에게서 공포 반응의 변화가 나타났다. 특히 과잉보호하지 않고 아이에게 합리적인 요구를 하는 어머니를 둔 아이들에게서 변화가 나타났다(Kagan, Arcus, & Snidman, 1993). 또한 저반응성 아이들 일부는 그 안정적인 반응 양식을 잃어버리기도 했다. 최초의 기질적 편향에도 불구하고 환경이 성격 발현에 중요한 역할을 수행한 것이다. "우리의 유전적 자질이 부여해 준 모든 선천적 기질은 좀처럼 종신토록 이어지지 않는다. 어른이 되어 나타난 결과 중에 특정한 유아기 기질에 따라 불가피하게 결정된 것 따위는 없다"(Kagan, 1999, p. 32). 그러나 케이건은 고반응성 영아 중 그 누구도 일관적인 억제되지 않은 아동으로 자라나지 않았고 저반응성 영아 중 극히 일부만이 일관적인 억제된 아동으로 자라났다고 기록했다. 즉 변화는 가능하지만 기질적 편향이 사라지지는 않은 것이다. 기질적 편향은 발달 방향의 제약으로 작용한다. 케이건이 요약하듯이 "유전으로 물려받은 선천적 성향을 완전히 바꾸어 내기란 매우 어렵다"(1999, p. 41).

또 다른 질문 한 가지는 기질 특성의 개인차가 차원(예를 들어 마치 사람의 키처럼)을 이루는지 아니면 범주(예를 들어 사람의 눈 색깔이나 생물학적 성처럼)를 이루는지이다. 우드워드와 동료들(Woodward et al., 2000)은 이 문제를 다룰 통계적 방법들을 도입했다. 다수의 사람들에게서 얻은 자료의 변량 패턴을 설명해 주는 범주 또는 '군집'을 규명하는 방법이었다. 풀어서 설명하기 위해 여러분이 지금 누가 남자인지 모르고 누가 여자인지 모르는 여러 사람 앞에 있다고 가정해 보자. 이때 여러분이 여러 가지 질문을 가지고 이 사람들의 개인적 습관을 측정한다면 여러분은 이 사람들이 구분되는 집단으로 나뉜다는 것을 알 수 있다. 어떤 답변들은 서로 아주 강하게 묶여 다님으로써(예를 들어 치마를 입는다고 대답한 사람들은 또한 립스틱을 바르고 하이힐을 가지고 있다고 답할 가능성이 매우 클 것이다) 전체 중 일부의 사람들이 범주적으로 구분되는 군집을 이루는지 알아낼 수 있게 한다. 우드워드와 동료들(2000)은 새로운 상황에서 고반응성(팔과 다리의 움직임, 울음 등)을 보이는 유아들의 집단이 독특한 군집임을 발견했다. 전체 아동 집단의 약 10%가량을 차지하는 독특한 군집의 아이들이 전체 집단에 비해 일관적으로 더 높은 반응성을 보인 것이다. 이 결과는 성격 개인차가 필연적으로 연속적 차원으로 나타난다는 일반적인 가정과 배치되기 때문에 중요하다.

연구자들은 억제 성향과 억제되지 않은 성향에 기여하는 뇌 영역이 어디인지도 살펴보았다(Schmidt & Fox, 2002). 하나 이상의 영역이 관련되는 것으로 보이는데 이는 행동 경향성이 여러 뇌신경 체계 간의 상호작용을 반영하기 때문이다. 한 가지 중요한 영역은 아래에서 살펴보듯이 공포 반응에서 중심적 역할을 수행하는 편도체이다. 두 번째 영역은 전두엽 피질이다. 이 영역은 정서 반응의 조절과 관련되는데 이는 부분적으로 전두엽 피질이 편도체의 기능에 영향을 미치기 때문이다. 흥미롭게도 이 뇌 영역들의 기능은 전적으로 유전적 요인에 따라 결정되지 않았다. 사회적 경험이 뇌 기능의 조정에 관여하며 따라서 아이의 정서적 경향성에도 관여한다(Schmidt & Fox, 2002).

뇌 영상 기법은 억제된 기질과 억제되지 않은 기질에 관여되는 편도체의 역할에 대해 특히 명확한 증거를 제공해 준다(Schwartz et al., 2003). 연구자들은 두 살 때에 고도로 억제된 집단으로 분류되거나 전혀 억제되지 않은 집단으로 분류된 젊은 성인들을 대상으로 연구를 진행했다. 참여자들은 fMRI 기계 속에 누워 두 가지 종류의 사람 얼굴을 보는 과제를 수행했다. 한 종류의 사진은 익숙한 얼굴들(즉 참여자가 기존에 줄곧 보아 온 사람, 실험 절차 초반에 제시된다)이고 다른 종류의 사진은 새로운 얼굴들(전에 본 적이 없는 얼굴)이다. 뇌 영상 촬영 결과는 억제된 사람과 억제되지 않은 사람이 편도체 기능에서 차이를 보일 것이라는 가설을 지지했다. 과거 두 살 때 억제된 아동으로 분류되었던 참여자는 새로운 얼굴을 볼 때 고수준의 편도체 반응성을 나타냈다. 억제된 행동의 기저에 깔린 생물학적 기제의 개인차는 오랜 세월에 걸쳐 안정적이었던 것이다.

보다 최근의 연구 증거에 따르면 적어도 동물들에게서는 공포의 분자생물학적 기반이 존재한다. 동물의 공포신경 체계는 인간과 충분히 유사하므로 이 연구 결과는 인간과 동물을 아울러 일반화될 수 있다. 이 연구(Shumyatsky et al., 2005)에서는 편도체 기능에 영향을 미치는 스타스민 단백질 수준과 관련된 유전자가 규명되었다. 스타스민 유전자를 가진 쥐와 갖지 않은 쥐는 잠재적으로 공포를 불러일으킬 수 있는 자극에 직면했을 때의 '얼어붙기'나 새로운 너른 공간을 탐색하는(또는 탐색하지 않는) 등의 공포 행동 측정치에서 차이를 보였다(Shumyatsky et al., 2005). 이 연구의 매력적인 측면은 연구가 단순히 관찰에 머물지 않고 실험적인 수준에 이르렀다는 것이다(제2장 참조). 이 연구에는 유전물질을 실험적으로 조성할 수 있는 유전적 '녹아웃' 기법이 활용되었다(Benson, 2004).

성격과 생물학에 대한 자료 해석

요약하면 새로운 자극에 반응할 때의 억제성 및 공포의 개인차에 기여하는 생물학적 과정에는 유전적 기반이 내포되어 있다는 강력한 증거가 있으며, 또한 편도체가 공포 반응에 관련된다는 증거 또한 강력하다. 그럼에도 불구하고 이 증거를 과잉 해석하지 않는 것 또한 중요하다. 한눈에 보아 매력이 있어 보일 수도 있는 몇 가지 해석 결과는 과잉 해석, 즉 실제 자료에 나타나지 않은 결론을 내린 것들이다. 성격의 과잉 해석 결과들을 분석해 보는 것은 성격의 생물학적 기반을 비판적으로 고찰하는 중요한 과정이다.

편도체가 공포를 생산하는 장치이며 공포의 필요충분조건이라는 결론을 내릴 수도 있다. 이는 과학적 증거를 부적절하게 해석한 것인데 여기에는 몇 가지 이유가 있다. 첫째, 편도체는 공포 반응 외에도 여러 가지 심리적 기능과 관련된다. 즉 편도체는 정확히 공포 정서에만 기여하는 영역이 아니다. 둘째, 편도체는 공포 반응에 관여되는 유일한 생물학적 기제가 아니다. 앤더슨과 펠프스(2002)는 편도체 손상(간질 발작을 완화시키기 위한 의학적 조치로 편도체 전체 또는 일부를 제거한 경우)을 입은 사람들과 보통 사람들의 일상적 정서 경험을 비교했다. 만약 편도체가 정서 경험의 핵심이라면 편도체 손상을 입은 사람들의 정서적 삶은 극적으로 달라져야 할 것이다. 그러나 두 집단의 사람들은 전혀 다른 모습을 보여주지 않았다! 편도체 손상을 입은 사람들 또한 보통 사람들과 같은 다양한 정서를 경험했다. 연구자들은 "인간의 정서적 삶의 복잡성과 풍요로움은 단지 편도체만으로 지탱되는 것이 아니다."(Anderson & Phelps, 2002, p. 717)라고 결론 내린다.

나아가 편도체는 근본적으로 공포 과정이 아니라 새로움을 처리하는 과정에 관여된다. 케이건(2002)은 이 점을 지적하는 증거들을 살펴보고 "공포 상황보다는 놀람 상황이 편도체 활성화를 낳는 더 믿음직한 자극이다."(p. 13)라고 결론 내렸다.

마지막으로 편도체라는 생물학적 체계의 유전적 차이가 공포 행동에 관여된다는 사실은 환경적 경험의 영향이 중요치 않으며 개인의 공포 경향성은 바뀔 수 없다는 해석을 부추길 수 있다. 이와 같은 결론을 내리는 것 또한 잘못이다. 한 연구(Fox et al., 2005)에 따르면 아동의 억제 행동을 예측함에 있어서 유전적 요인과 환경적 요인은 상호작용한다. 연구자들이 살펴본 환경 요인은 사회적 지지, 특히 아이가 네 살 때에 아이의 어머니가 아이를 잘 보살피고 아이에게 친밀한 사회적 지지를 보내주는 정도였다. 연구자들은 또한 억제된 행동 경향과 관련된다는 사실이 이미 알려져 있는 분자생물학적 유전 요인들도 측정했다. 연구자들은 이런 유전 요인과 환경 요인을 함께 투입하여 아이가 일곱 살이 되었을 때에 보이는 억제 행동을 예측해 보았다. 연구의 핵심 결과는 행동에 대한 유전 요인의 영향력이 환경 요인, 즉 사회적 지지의 영향을 받는다는 것이었다. 고수준의 사회적 지지를 받았던 아이들에게서는 유전 요인의 영향력이 보다 약했다(Fox et al., 2005). 달리 말하면 낮은 수준의 사회적 지지 환경을 경험한 아이들에게서 관찰되는 유전 요인에 따른 개인차는 고수준의 사회적 지지를 받은 아이들에게서 더 약하게 나타났다.

요약하면 "사람이 특정한 기질을 타고났다고 해서… 어떤 간명한 발달 지시사항이나 청사진이 있다는 뜻은 아니며 또한… [사람들이] 타고난 성격에 갇혀버렸다는 뜻도 아니다. 반대로 기질의 놀라운 측면 중 하나는 기질에 내장된 유연성으로, 이는 우리가 인생의 역경과 고난에 적응하도록 만들어 준다. 모든 사람은 인생의 모든 단계에 걸쳐 성장하고 변화할 능력을 갖추고 있다"(Hamer & Copeland, 1998, p. 7). 유전자와 환경은 대립하는 것이 아니라 상호작용하는 것이다.

진화, 진화심리학, 그리고 성격

행동의 생물학적 원인을 설명할 때에는 '근접' 요인과 '원격' 요인으로 불리곤 하는 두 가지 생물학적 원인을 언급할 수 있다. **근접 요인**proximate causes은 어떤 유기체가 행동하는 순간 이 유기체에 작용하는 생물학적 과정을 나타낸다. 여러분이 우리 교과서를 읽다가 잠깐 밖에 나가 선탠을 하며 휴식을 취하고 있다고 생각해 보자. 이때 근접 요인에 따른 설명이란 햇빛에 반응하여 여러분을 황금빛으로 빛나게 만드는 우리 피부의 생물학적 기제에 대한 설명이

근접 요인
유기체의 행동을 그 유기체 내에서 현재 작동하고 있는 생물학적 과정으로 설명하는 것

다. 이를 **원격 요인**ultimate causes으로 설명하기 위해서는 다른 질문이 필요하다. "왜 이 유기체는 태닝이라는 생물학적 기제를 가지고 있으며, 왜 이 기제는 환경에 이런 식으로 반응하는가?" 따라서 선탠을 원격 요인에 따라 설명하는 것은 "왜 인간은 강한 햇빛에 장기간 노출되었을 때 태닝되는 피부를 가지고 있는가?"라는 질문에 답하는 것이다.

원격 요인
행동을 설명하는 진화적 요인

다윈 이후 원격 요인 설명은 언제나 자연 선택 원칙을 상기시키게 되었다. 과학자들은 어떻게 그리고 왜 특정 생물학 기제가 진화했는지 이해하려 한다. 이들은 어떤 유기체의 특정한 생물학적 특성이 다른 생물학적 특성들에 비해 이 유기체가 주어진 환경 속에서 더 잘 살아가게 해준다는 기본적 원칙에 기초한다. 이런 특성을 갖춘 개체는 생존과 재생산이 유리하고 미래 세대의 선조가 될 수 있다. 적응적인 생물학적 특성을 갖지 못한 개체는 자신의 유전자를 다음 세대로 넘겨줄 가능성이 더 낮다. 여러 세대에 걸쳐 적응적인 생물학 기제를 가진 개체의 수는 전체 인구 중에서 점점 큰 비중을 차지하게 된다. 그리하여 생물학적 기제의 진화가 이루어진다. 다윈의 자연 선택 원리와 진화론에 기초한 이 같은 역사적 관점으로부터 '원격 요인' 설명이 파생되었다.

이 절에서 우리는 성격에 대한 원격 요인 설명 방법, 즉 진화론에 기초하여 성격 기능을 해석하는 이론을 살펴볼 것이다. 여기서는 진화심리학(D. M. Buss, 2005, 2008, 2012) 분야의 발전을 알아보고 진화심리학이 성격 및 개인차에 대한 연구 질문에 어떻게 응용되었는지 살펴볼 것이다. 그리고 이어지는 절에서는 유전자와 뇌신경 체계 활동 등을 설명하는 성격 기능의 근접 원인 설명 방법을 살펴보도록 하자.

진화심리학

여러 심리학자들이 심리적 기능을 진화론적으로 설명하고자 시도했다. 린다 캐포렐(2001)은 이와 같은 설명에도 여러 가지가 있다고 분석했다. 모든 현대 심리학자들이 진화적 분석의 중요성을 인지하고 있지만 이들의 분석은 서로 다르며, 그 결과 여러 개의 '진화심리학'이 존재한다(Caporael, 2001). 중요한 차이점은 심리적 성향이 '하드웨어적'으로 내장된 것(즉 생물학적으로 고정되어 있으며 동시에 인간 본성의 필수적인 측면이기도 한 것)인지 아니면 생물학과 문화의 상호작용에 따른 결과인지에 대한 입장 차이다. 후자의 관점에서는 다양한 문화에 따라 다양한 심리적 경향이 발생될 가능성이 열려있다(Nisbett, 2003).

최근 성격심리학 영역에서는 인간 본성에 대한 진화론적인 '하드웨어적' 관점을 강조하는 연구자들(D. M. Buss, 2012; Buss & Hawley, 2011)이 보다 많은 명성을 얻었다. 이들의 연구는 성격심리학의 기존 여러 이론과 연구에 대해 깜짝 놀랄 만큼 새로운 관점을 선사했다. 이 접근법은 오늘날 인간이 가지고 있는 여러 기능을 인간이 수백만 년에 걸쳐 직면했던 각종 적응 문제에 대한 진화적 해결책으로 이해하려 한다. 핵심 아이디어는 이것이다. 기본적인 심리적 기제는 자연 선택에 따른 진화의 결과다. 즉 기본적인 심리적 기제는 생존 및 재생산 측면에서 적응적이었기 때문에 오랜 시간을 견디어 오늘날에도 존재한다. 따라서 인간 본

진화된 심리적 기제
진화심리학에서 심리적 기제는 자연 선택에 따른 진화의 결과이다. 즉 각 기제는 생존과 성공적 재생산에 있어 적응적 가치를 갖기 때문에 살아남아 전해진 것임

성의 근본적 요소들은 생존과 성공적 재생산이라는 적응적 가치를 갖는 **진화된 심리적 기제** evolved psychological mechanisms로 이해해야 한다. 결국 근본적 동기와 정서 등의 인간 본성은 적응적 가치라는 개념에 따라 해석될 수 있다.

진화심리학에 대한 이와 같은 관점에서는 진화와 인간 심리의 네 가지 요점이 강조된다 (Pinker, 1997; Tooby & Cosmides, 1992). 첫째, 진화된 인간 심리의 여러 측면은 성공적 재생산에 대한 중요한 문제들을 해결해 주는 것들이다. 진화 과정의 핵심적 측면은 유전자를 후대에 전달하는 것이다. 재생산과 관련된 문제들에는 단순히 성적인 재생산 행동만 포함되는 것이 아님을 명심하자. 여기에는 개체의 생존과 재생산에 관련된 다양한 문제가 포함된다. 다음과 같은 간단한 사례를 생각해 보자. 개체는 멀리 떨어진 대상을 볼 수 있어야 하고 대상이 얼마나 멀리 떨어져 있는지 판단할 수 있어야 한다. 이러한 거리 판단을 하지 못하는 개체는 일반적으로 불리한 점(예를 들어 사냥을 할 때나 천적으로부터 스스로를 보호할 때의 불리한 점)을 갖게 된다. 이 문제를 해결하기 위해 우리의 뇌신경 체계는 해결책을 진화시켰다. 두 눈을 통해 깊이와 거리를 인식할 수 있게 된 것이다. 즉 깊이 지각이라는 심리학적 능력은 인간이 오랜 기간 반복적으로 직면했던 문제를 해결해 주는 유용성에 따라 진화된 특정한 뇌신경 체계를 반영한다. 현대 진화심리학의 아주 흥미로운 측면은 이런 방식의 분석법을 사회적 행동 패턴에 대한 분석으로 확장하여 이를 아주 오랜 진화 역사에 걸쳐 인간이 직면했던 중요한 사회적 문제를 해결해 주는 것으로 바라보는 것이다.

두 번째 요점은 인간의 진화된 정신 과정이 수십만 년 전 우리 조상이 사냥꾼이자 채집가였을 시절의 삶의 방식에 대해 적응적이라는 것이다(Tooby & Cosmides, 1992). 이로부터 얻을 수 있는 한 가지 함의는 우리가 현대에는 더 이상 적응적이지 않은 '진화된' 심리적 경향들을 가지고 있을 수 있다는 것이다. 예를 들어 지방질의 맛을 선호하는 인간의 성향은 "진화적 과거에는 분명 적응적인 것인데, 과거에 지방은 매우 희귀하지만 가치가 높은 열량 공급원이었기 때문이다. 하지만 햄버거와 피자 프랜차이즈가 도시 곳곳에 들어선 오늘날에는 지방이 더 이상 희귀한 자원이 아니다. 이 때문에 지방질을 강하게 선호하는 우리의 입맛은 이제 우리로 하여금 지방을 과다 섭취하게 만든다. 이는 심근경색과 심장마비로 이어져서 우리의 생존에 방해가 된다"(D. M. Buss, 1999, p. 38).

셋째로 진화된 심리적 기제는 영역 특정적이다. 진화심리학자들에 따르면 우리는 '생존을 위한' 일반적 경향성에서 진화를 이루지 않는다. 대신 우리의 몸과 마음은 특정한 상황 또는 영역에서 발생하는 특정한 문제를 해결하기 위해 진화된 기제들로 이루어진다. 특정한 동기나 정서와 같은 인간 본성의 근본적 요소들은 특정한 문제와 맥락에 적용된다. 예를 들어 진화는 우리에게 두려워하는 일반적 경향을 주지 않았으며, 대신 진화 역사 속에서 인간에게 오래도록 위험이 되어왔던 특정한 자극들에 공포를 느끼게 하는 선택적인 심리적 기제를 제공한다. 이와 유사하게 진화는 우리의 사회적 삶에서 직면하는 특정한 문제를 해결함에 있어 유용성이 입증된 정서 반응들, 이를테면 질투와 같은 감정을 주었다. 영역 특정적 동기와

정서는 우리 선조들이 처했던 환경 속에서 발생했던 특정한 문제들 속에서 생존과 성공적 재생산을 촉진했기 때문에 인간 본성의 일부로 보존된 것이다. 이 세 번째 요점 때문에 진화심리학이 앞의 두 장에서 살펴본 특질 접근법과 확연히 구분된다는 점에 주목하자. 특질 이론에서는 '우호성'과 같은 맥락 독립적 변인은 데이트 상대에게도 우호적인 행동을 하게 하고 어린 사촌들한테도 우호적으로 행동하게 한다. 진화심리학에 따르면 이와 같은 행동들 사이에 오직 피상적인 유사성밖에는 없으며 이 행동들은 오히려 서로 완전히 다른 심리적 기제에 따라 발생한 것들이다. 두 행동 모두 '우호적인' 행동이라고 기술될 수 있지만 둘은 서로 다른 심리적 기제에 따라 촉발되었을 수 있는데, 진화 과정에 걸쳐 나와 반대 성을 가진 상대방을 유혹하는 것과 아이를 돌보는 것은 인간의 사회적 삶에 있어 명확히 구분되는 문제들이었기 때문이다.

네 번째 요점은 마음의 요소와 일반적 구조, 또는 마음의 '건축'에 대한 것이다. 정신 구조에 대한 한 가지 관점은 마음이 중앙 처리기를 갖는 컴퓨터와 유사하다는 것이다. 단어, 사진, 영상, 게임과 같은 모든 정보는 그 내용과는 관계없이 이 한 가지 기제에 의해 처리된다. 진화심리학자는 정신 구조에 대한 이와 같은 관점을 거부한다. 진화심리학의 핵심 아이디어는 마음이 복수의 정보 처리 기구로 구성되며 각 기구는 삶의 특정 영역에서 오는 정보를 처리한다는 것이다(Pinker, 1997). 영역 개념이 핵심이다. 짝짓기 상대를 유혹하기, 먹을 수 있는 음식을 찾기, 아이들을 돌보기 등등 진화 과정 속에서 반복적으로 발생했던 서로 다른 과업들은 각각 독특한 문제 영역을 형성한다. 어떤 진화심리학자들은 인간이 각 영역의 문제를 해결하기 위한 각기 독특한 정신적 기제에서 진화를 이루었다고 주장했다. 각 기제가 특정한 목적을 가지고 있어서 영역 특정적인 정신 과정을 수행한다는 의미로 이를 '모듈'이라 부르곤 한다(Fodor, 1983).

여기서 알아두어야 할 점이 있다. 인간의 심리적 기제가 진화할 때에 본능 등의 고정된 행동 양태가 습득되는 것이 아니라 기본적 적응 기제의 요구를 충족시킬 유연성을 제공받는다는 사실이다.

사회적 교환과 부정행위 발견

어떤 심리적 기제가 자연 선택을 통해 진화되었고 어떤 적응 문제를 해결했을까? 진화심리학자 레다 코스미데스(1989)가 이에 대한 중요한 연구를 수행했다. 코스미데스는 진화 과정에 걸쳐 중요한 의미를 지녔던 특정한 유형의 사회적 상황 및 이와 관련된 문제를 다루었다. 바로 재화와 서비스의 교환을 뜻하는 '사회적 교환'이다. 오랜 진화 과정에 걸쳐 인간의 사회적 상호작용에는 서로에게 이익이 되는 재화와 용역에 대한 상호 교환이 포함되어 있었다. 예를 들어 다른 사람이 내일 내 아이를 돌봐주기로 약속한다면 나는 오늘 그 사람의 아이를 돌봐줄 수도 있다. 한 가지 작물을 대량으로 경작하는 마을의 사람은 자기가 가진 식량을 또 다른 마을에 사는 사람이 가져온 공예품과 교환할 수도 있다. 이런 모든 교환에서는 부정행위로 인한 피해를 입지 않는 것이 중요하다. 달리 말해 부정행위를 발견하는 능력은 생존적 가치를 갖는다. 만약 여러분이 만성적으로 "10을 줄 테니 2×5를 줘요."라는 말과 "5를 줄테니 2×10과 바꿉시다."라는 말을 구분하지 못한다면 여러분은 사회적 삶과 생존과 재생산에 필요한 여러 자원을 잃게 될 것이다. 코스미데스는 부정행위 발견에 이런 중요성이 있기 때문에 부정행위를 발견하는 독특한 기제가 진화되었다고 추론했다. 코스미데스는 정신 구조 문제에 대한 진화심리학자의 접근법을 잘 보여주는 영리한 연구를 통해 이 아이디어를 검증했다. 코스미데스는 특정한 유형의 논리 추론 과제를 활용했다. 참여자들이 'if-then' 문제, 즉 제시된 자료를 바탕으로 '만약 P이면 Q이다'라는 논리적 법칙이 성립되고 있는지 판단하는 과제다.

짐작할 수 있듯이 이런 추상적인 논리 문제는 일반적으로 어렵기 마련이다. 실험에 참가한 사람들은 문제를 푸는 데 대부분 실패한다. 그러나 코스미데스는 만약 문제가 부정행위 발견과 관련된다면 사람들이 문제를 더 잘 풀 것이라고 추론했다. 사람들은 "'만약 P이면 Q이다'가 성립하는가?"라는 문제를 풀기에는 서툴지도 모르지만 "'만약 누군가가 많은 돈을 벌었다면 그는 세금을 냈다'가 성립하는가?"라는 문제는 매우 잘 풀 수도 있다. 만약 문제가 부정행위 발견과 관련된다면 계약과 부정행위에 대한 우리 마음의 특정한 하위 체계가 발동하여 문제 해결에서 더 나은 모습을 보일 수 있기 때문이다. 코스미데스(1989)는 바로 이런 현상을 발견했다. 추상적인 '만약 P이면 Q이다' 문제는 소수의 참여자만이 풀 수 있었지만 부정행위 발견과 관련된 문제는 대다수의 참여자들이 바르게 풀 수 있었다.

연구 증거들에 따르면 부정행위 발견 문제를 푸는 능력은 진화심리학자들이 예측한 것처럼 인류에게 보편적이다. 부정행위 발견과 관련된 문제는 미국 대학생들뿐만 아니라 산업화된 세계에서 고립된 외딴 문화의 사람들 또한 정확하게 풀어낼 수 있었다(Sugiyama, Tooby, & Cosmides, 2002).

또 다른 연구를 통해서는 사회적 교환과 관련된 추론에 기여하는 뇌 영역이 규명되기 시작했다. 연구자들은 자전거 사고 때문에 머리를 다쳐서 전두엽 피질과 편도체 손상을 입은 환자 한 명에게 위와 같은 과제를 풀도록 했다. 이 사람은 사회적 교환과제 외의 다른 과제에는 정상적인(즉 뇌 손상이 없는 사람과 유사한) 수행을 보였으나 사회적 계약과 관련된 과제에서는 보통 사람보다 더 떨어지는 수행을 보였다(Stone et al., 2002).

성차 : 진화적 기원이 있는가?

진화심리학자들이 관심을 기울인 또 다른 주제로는 성차가 있다. 진화심리학자들은 장기적인 진화 과정을 통해 인간 남성과 여성은 양성 간 생물학적 차이의 자연적 결과로 말미암아 서로 다른 역할을 수행하게 되었다고 추론한다. 물론 우리는 이 차이를 신체적 수준과 양육 측면에서 모두 발견할 수 있다(예 : 임신, 수유 등). 진화 과정 속에서 이와 같은 차이가 일관되게 유지되었기 때문에 인간 심리에서 성 특정적 심리 경향성이 진화되었을 것이라 추론할 수 있다. 달리 말하면 남자와 여자는 진화 과정에서 서로 다른 문제에 직면해 왔기 때문에 서로 다른 사고방식을 갖고 서로 다른 감정을 느끼고 서로 다른 행동을 하게 만드는 서로 다른 뇌를 갖게 되었을 것이라 예측할 수 있다.

  이런 연구를 살펴보기 전에 우리는 남성과 여성의 심리적 차이가 무엇인지 결론 내리기가 얼마나 어려운 문제인지 짚고 넘어가야 한다. 이런 차이점을 발견한다 해도 이 차이를 해석하기란 또 쉽지가 않다. 분명 남자와 여자 사이에는 생물학적 차이가 있다. 따라서 생물학적 요인이 성차를 발생시킨다는 한 가지 해석이 가능하다. 하지만 남자와 여자 사이에는 사회적 차이 또한 존재하며 이러한 차이는 특히 남성과 여성을 동등하게 취급하지 않는 사회에서 발생하곤 한다. 남성은 보통 사회에서 여성보다 더 많은 돈을 벌고 더 많은 권력을 갖는다. 생물학적 차이와 관계없이 사회 내에서 더 많은 돈을 벌고 더 많은 권력을 갖는 집단은 돈을 더 적게 벌고 권력이 더 적은 집단과는 심리적 차이를 보일 수밖에 없다. 따라서 성차는 생물학적 요인이 촉발하는 것이 아니라 사회적으로 만들어진 것일 수 있다. 그러나 진화심리학의 핵심 아이디어는 생물학적 요인이 성차를 결정한다는 것이다. 남성과 여성의 진화된 심리적 차이점들은 우리가 사회 속에서 관찰할 수 있는 성차의 원인이 되는 것으로 취급된다. 이와 같은 관점을 가장 열렬히 지지한 진화심리학자는 데이비드 버스(1989, 1999)다. 버스는 남성-여성 관계의 두 가지 측면에서 나타나는 성차에 관심을 가졌는데 배우자 선택과 질투의 원인이 바로 그 두 가지다.

남성과 여성의 배우자 선택

여러분은 돈이 많고 성공한 남자를 좋아하는가? 여러분은 젊고 예쁜 여자를 좋아하는가? 만약 그렇다면 진화심리학자들은 여러분이 그런 남자와 여자를 좋아하는 이유를 가르쳐 줄 수 있다. 다윈이 소개한 진화론에 따르면 인간 진화 과정에서 작용한 자연 선택의 압력은 배우자 선택의 성차를 발생시켰다. 여성에게 매력적인 남성의 특징들과 남성에게 매력적인 여성의 특징들은 진화의 산물로 생각할 수 있다.

  현대 진화심리학자들의 성차 분석에는 두 가지 생각이 깔려있다. 하나는 **부모 투자 이론** parental investment theory이라 부르는 아이디어다(Trivers, 1972). 부모 투자 이론은 남성과 여성의 양육 행동에 있어 오랜 기간 존재해 왔던 남녀의 비용과 투자의 차이를 분석하는 것이다. 핵심 아이디어는 양성간의 생물학적 차이 때문에 여성이 양육에 더 많은 것을 투자해야 한다는 것이다. 여성은 남성이 그럴 수 있는 것보다 더 적은 수의 후손들에게만 자신의 유전자를 물려줄 수 있다. 가임 기간과 가임 연령이 남성에 비해 더 짧기 때문이다. 달리 말하면 여성의 부모 투자는 더 큰 '대체 비용' 때문에 더욱 클 수밖에 없다. 또한 여성은 아홉 달 동안 지속되는 임신이라는 생물학적 짐을 져야 한다. 남성은 임신이라는 신체적 비용을 지불할 필요가 없을 뿐만 아니라 여성과 달리 동시에 여러 명의 자손 생산에 관여할 수도 있다. 그 때문에 여성은 남성에 비해 배우자를 더 까다롭게 선택할 수밖에 없고 남성과는 다른 배우자

부모 투자 이론
여성은 남성에 비해 더 적은 수의 자식에게 유전자를 물려줄 수밖에 없으므로 자식에게 더 많은 부모 투자를 한다는 관점

선택의 기준을 가지게 된다(Trivers, 1972). 여성은 임신에 따른 부담과 양육의 부담을 덜어 줄 수 있는 남성을 필요로 하며 이 때문에 자원과 보호를 제공해 줄 가능성이 있는 남성을 찾는다. 반면 남성은 보호에는 관심이 덜할 수밖에 없고, 대신 상대방의 재생산 잠재력(여성의 젊음 및 그 외의 재생산 적합성을 나타내는 표지들)에만 집중할 것이다. 이러한 선호의 차이는 오랜 옛날에 진화되었음에도 불구하고 현대에도 여전히 인간의 마음에 남아있다. 그렇다면 이런 선호의 차이는 현대의 남녀관계에서도 명백히 나타나야 한다. 예를 들어 진화심리학자들은 저녁 식사 데이트에서 남성이 저녁을 살 가능성이 높다고 기대할 것인데 이는 여성이 남성에 비해 자원을 제공해 줄 수 있는 배우자에 더 큰 흥미를 느끼기 때문이다. 저녁을 사는 것은 남성이 자기가 가진 경제적 자원을 드러내 보임으로써 자신의 매력을 발산하는 진화된 전략으로 볼 수 있다.

부모 투자 이론에 이은 두 번째 아이디어는 친자 확신에 관한 것이다. 여성은 수정란을 몸 속에 지니고 다니므로 언제나 자기 자식이 진짜 자기 자식이라는 확신을 가질 수 있다. 반면 남성은 자식이 자기 친자인지 확신할 수 없기 때문에 자신의 투자가 진짜 자기 자식에 집중되고 다른 남성의 자식에게 가지 않도록 확실히 하는 조치를 취할 수밖에 없다(D. M. Buss, 1989, p. 3). 이에 따라 남성은 성적 라이벌에 더 큰 관심을 가지며, 자기 배우자의 순결성에 여성들보다 더 높은 가치를 부여한다는 주장을 제기할 수 있다.

다음은 부모 투자 이론과 친자 확신 이론에서 파생되는 몇 가지 구체적인 연구 가설들이 다(D. M. Buss, 1989; D. M. Buss et al., 1992).

1. 남성에 대한 여성의 '배우자 가치'는 젊음과 육체적 매력으로 표상되는 여성의 재생산 능력에 따라 결정될 것이다. 친자 확률을 증가시키는 여성의 순결 또한 큰 가치를 가질 것이다.
2. 여성에 대한 남성의 '배우자 가치'에는 남성의 재생산 능력이 덜 반영되고 남성이 공급할 수 있는 자원을 보여주는 증거들(돈벌이 능력, 야망, 근면성)이 더 반영될 것이다.
3. 남성과 여성은 각자의 질투를 촉발하는 사건에서 차이를 보일 것이다. 남성은 간통과 친자 확률을 위협하는 것들에 보다 큰 질투를 느끼고, 여성은 정서적 애착에 보다 큰 관심을 갖고 자원의 소실을 낳는 위협에 큰 관심을 갖는다.

버스(1989)는 37개의 표본 집단을 대상으로 설문을 실시했는데 이 표본 집단에는 여섯 개 대륙과 다섯 개 섬에 걸친 33개 국가의 1만 명 이상의 참여자가 포함되었다. 버스의 표본은 굉장한 지리적, 문화적, 인종적, 종교적 다양성을 포괄했다. 버스는 무엇을 발견했을까? 첫째, 37개 표본의 남성들 모두 여성에 비해 배우자의 신체적 매력에 가치를 두고 자기보다 나이가 어린 상대를 선호했다. 이는 남성이 높은 재생산 능력에 가치를 둘 것이라는 연구 가설과 부합한다. 남성이 여성보다 배우자의 순결에 더 가치를 둘 것이라는 예측은 37개 표본 중

23개 표본에서 사실로 드러나 가설이 일부 지지되었다. 둘째, 여성은 남성보다 배우자의 경제적 능력에 더 큰 가치를 두는 것으로 나타났고(37개 표본 중 36개 표본) 잠재적 배우자의 야망과 근면성에 더 큰 가치를 두는 것으로 나타났다(37개 표본 중 29개 표본). 이는 여성이 높은 자원 제공 능력을 가진 배우자를 선호할 것이라는 가설과 부합한다.

질투의 원인

후속 연구로 질투의 성차를 검증하는 세 개의 연구가 진행되었다(D. M. Buss et al., 1992). 첫 번째 연구는 대학생들에게 성적인 간통과 정서적 간통 중 어느 쪽에서 더 큰 고통을 느끼는지 물어본 것이었다. 남성 표본의 60%는 파트너의 성적 간통에서 더 큰 고통을 느낀다고 답했고 여성 표본의 83%는 파트너가 상대에게 정서적 애착을 느낄 때 더 큰 스트레스를 받는다고 답했다.

두 번째 연구는 참여자들에게 두 가지 시나리오를 상상하도록 시키고 이들의 생리적 측정치를 관찰한 것이었다. 한 시나리오는 참여자의 파트너가 다른 사람과 성적인 관계를 갖는 것이고 다른 시나리오는 파트너가 다른 사람과 정서적으로 밀접한 관계를 맺는 것이었다. 다시 한번 남성과 여성은 대조적인 결과를 나타내서 남성은 파트너의 성적 관계를 상상할 때 더 큰 생리적 고통 반응을 나타냈고 여성은 파트너의 정서적 관계를 상상할 때 더 큰 생리적 고통을 나타냈다.

세 번째 연구의 가설은 파트너와 밀접하고 성적인 관계를 경험해 본 남성과 여성은 위의 연구와 동일한 양상의 결과를 보이면서도 이런 경험이 없는 사람들보다 더 큰 반응을 나타내리라는 것이었다. 달리 말하면 실제로 밀접한 관계를 경험하는 것이 양성의 잠재적인 차이를 현실화하는 데에 중요한 역할을 한다는 가설이다. 이 가설은 남성에게서는 사실로 드러나서 질투를 유발하는 실험적 조작에 대해서 밀접한 관계를 경험한 남성이 그렇지 못한 남성보다 성적 질투를 더 크게 일으키는 모습을 보였다. 그러나 여성은 밀접한 성적 관계를 경험한 여성과 그렇지 않은 여성이 정서적 간통에 대한 반응에서 유의미한 차이를 보이지 않았다.

요약하면, 연구자들은 위와 같은 연구 결과를 질투 유발 요인의 성차에 대한 가설을 지지하는 결과로 해석했다. 저자들은 비록 결과에 대한 여러 대안적 설명이 가능함을 인식했지만 오직 진화심리학의 틀만이 이와 같은 구체적인 예측을 산출할 수 있다고 주장했다.

성차의 진화적 기원 : 자료는 얼마나 탄탄한가?

지금까지 알아본 바에 따르면 진화심리학은 성차에 대해 상당히 설득력 있는 설명을 제공하는 것으로 보인다. 사실 현대의 여러 심리학자는 진화심리학 이론이 성차 문제에 대해 상당한 설득력을 갖는다고 본다. 그러나 최근 새로운 연구 결과들이 밝혀짐에 따라 사회적 행동에서의 성차에 적용되는 진화심리학 이론의 타당성에 의문이 제기되고 있다. 진화심리학을 평가하는 중요한 질문은 성차의 패턴이 보편적으로, 즉 세계 모든 문화에 걸쳐서 동일하게 나타나느냐이다. 진화심리학자는 성차가 인류 보편적일 것이라 기대한다. 인류는 해부학적으로 동일한 뇌와 신체 구조를 공유한다. 인류는 공통된 진화 역사를 가지고 있다. 우리 선조들의 진화 역사 중 대부분의 시간 동안 모든 인류는 동일한 지역에서 살았다. 바로 아프리카다. 만약 진화된 심리적 기제가 사회적 행동에서의 성차의 원인이라면 성차는 세계 모든 지역과 문화에 걸쳐 유사할 것이다.

이와 반대되는 생각은 성차가 사회적 특성들의 산물이라는 것이다. 예를 들어 남성과 여성의 직업적 기회에 큰 차이가 있고 남녀의 경제적 수입에 큰 차이가 나는 등 남성과 여성을 매우 다르게 취급하는 사회에서는 남녀가 사회적 자원을 보다 동등하게 향유하는 사회에 비해 성차가 더 클 수 있다. 이런 예측에 부합하는 결과는 진화심리학의 논리를 기각할 수 있는 것이다.

이글리와 우드(1999)의 연구는 이 문제에 대한 증거를 제공한다. 연구자들은 다양한 민족의 남녀가 보이는 배우자 선호 경향에 대한 기존 연구 자료를 재분석했다. 진화심리학의 예측은 모든 문화권에서 동일한 양상의 성차가 발견된다는 것으로, 여성은 돈을 많이 벌 능력이 있는 남성을 선호하고 남성은 가사 능력을 갖춘 젊은 여성을 선호한다는 것이다. 한편으로 이글리와 우드가 발견한 결과의 일부는 진화심리학의 논리와 잘 부합되었다. 예를 들어 배우자를 찾을 때 남성은 여성보다 배우자의 요리 솜씨에 더 큰 가치를 두었다. 그러나 연구자들이 도출한 또 다른 결과들은 성차의 근본적인 요소에서 문화적 다양성이 존재함을 보여줌으로써 진화심리학의 논리를 반박했다. 특히 남성과 여성이 전체 사회 구조 속에서 보다 유사한 역할을 수행하는 사회에서는 성차가 보다 작아졌다. 양성 평등 수준이 높은 사회의 여성은 남성의 돈 버는 능력에 관심을 덜 기울였고 이런 사회의 남성은 여성의 가사 능력에 관심을 덜 기울였으며 이 두 가지 능력의 선호에 대한 양성 간의 차이는 더 작았다(Eagly & Wood, 1999). 성차를 다룬 인류학적 연구 결과를 재분석한 후속 연구 결과 역시 "진화심리학을 그다지 지지하지 않았다"(Wood & Eagly, 2002, p. 718). 이 연구의 결과 또한 생물학적 원인을 유일한 원인으로 하여 나타나는 인류 보편적인 성차가 있음을 보여주지 않으며 대신 성차의 생물사회학적 관점을 지지해 주었다. 생물사회학적 관점에 따르면 성차는 남녀의 생물학적 특성과 남녀의 사회적 요인들, 특히 한 사회에서 남녀가 직면하는 경제적 환경과 남녀의 노동 분화 양상 등이 상호작용한 결과로 나타난다(Wood & Eagly, 2002).

기존의 진화론적–심리학적 성차 이론의 결론에 의문을 제기하는 자료는 또 있다. 밀러 등(Miller, Putcha-Bhagavatula, & Pedersen, 2002)은 버스와 동료들이 배우자 선택의 성차에 대한 최초 연구들을 수행하면서 남성과 여성에 대해 반드시 살펴보아야 할 변수들을 살펴보지 않곤 했다고 말한다. 밀러 등(2002)의 연구자들은 배우자 선택에 대한 초기 연구 자료를 분석하며 "전체 자료에 걸쳐 남자가 가장 선호하는 배우자 특성과 여자가 가장 선호하는 배우자 특성은 동일했다. [자료에서] 성적 파트너십에 대한 남성과 여성의 평가는 단기적 관계와 장기적 관계를 불문하고 서로 높은 상관을 보였다."(p. 90)라는 결론을 얻는다.

남성과 여성의 질투가 활성화되는 사건이 서로 다르다는 진화심리학자들의 주장(D. M. Buss et al., 1992)을 반박하는 최신 자료(DeSteno et al., 2002)도 있다. 최근의 발견사항에 따르면 질투 유발 요인에 대한 진화심리학자들의 기존 발견사항은 방법론적 인공물일 가능성이 있다. 방법론적 인공물이란 연구자가 주관적으로 선택한 연구 절차의 특성들이 인공적으로 연구 결과에 영향을 미쳤다는 뜻이다. 질투의 원인에 대한 진화심리학자들의 기존 연구 대부분이 다중 선택지 방식이나 '강제 선택' 방법을 활용했다. 연구 참여자들은 그들과 성적 관계를 맺고 있는 파트너가 (a) 다른 사람과 성적 관계를 맺거나 (b) 다른 사람과 친밀한 정서적 유대를 형성하는 것 둘 중에 어느 쪽에서 더 고통을 느낄 것인지 선택해야 했다. 첫째로 이는 특히 진화심리학의 관점에 보았을 때에 괴상해 보이는 질문임을 명심하자. 인류 진화 역사에서 한 사람이 자기 파트너의 성적 간통과 정서적 간통을 동시에 알아차리고서 둘 중에 무엇이 더 나쁜 것인지 결정해야 하는 일은 거의 일어나지 않았을 것이다. 강제 선택 절차의 괴상함을 알아차린 데스테노와 동료들(2002)은 참여자들에게 성적 간통 시나리오와 정서적 간통 시나리오를 하나씩 떠올리며 각각의 경우 얼마나 기분이 상할지 답하게 했다. 절차를 이렇게 바꾸자 진화심리학자들이 예상했던 질투의 성차는 더 이상 발견되지 않게 되었다. 대신 남성과 여성이 매우 유사하다는 사실이 밝혀졌다. 남녀는 모두 파트너의 성적이지 않은 밀접한 정서적 관계보다는 파트너의 성적 방종에서 더 큰 고통을 받았다.

이와 관련하여 성적 간통과 정서적 간통을 상상할 때 남성과 여성이 보여주는 생리적인 반응에 대한 연구 결과(Harris, 2000)도 있다. 만약 부모 투자 이론이 시사하듯이 남성과 여성이 서로 다른 진화적 모듈을 가지고 있다면 남녀는 두 시나리오에 서로 다르게 반응해야 한다. 남성은 배우자의 성적 간통을 상상했을 때 더 큰 질투를 느껴야 하며 여성은 배우자의 정서적 간통을 상상했을 때 더 큰 질투를 느껴야 한다. 해리스는 세밀한 연구를 수행한 결과 여성이 정서적 간통에서 (성적 간통보다) 더 큰 반응을 보이지는 않는다는 사실을 알아냈다. 남성은 실제 성적 간통에 대해 더 강하게 반응했으나, 해리스는 이것이 남자들이 간통을 생각했기 때문에 나타난 반응이 아니라 단순히 성행위를 생각했기 때문에 나타난 반응일 수 있다고 지적했다. 남자는 성적 요소가 있는 모든 시나리오에 상대적으로 강한 반응을 보일 수 있기 때문이다. 해리스(2000)의 생리적 측정을 통해서도 실제로 남성은 간통 상황과 그렇지 않은 상황을 가리지 않고 성적 접촉을 상상하는 상황에서 강한 반응을 보여주었다. 기존 연구자들이 그랬던 것처럼 참여자들에게 가상의 간통 사건을 떠올려 보라고 하는 대신 실제로 경험했던 간통 경험을 떠올려 보라고 요청했던 후속 연구 또한 진화심리학이 예측하는 성차를 발견하는 데 실패했다(Harris, 2002). 결국 전체적 연구 결과는 질투의 성차에 대한 진화심리학적 해석, 즉 해리스(2000)가 말한 것처럼 기존에는 "진화심리학을 대표하는 연구 결과"(p. 1082)로 볼 수 있었던 내용을 반박했다.

요약하자면 연구 자료는 배우자 선택과 질투의 성차에 대한 진화심리학적 가설을 일관적으로 지지하지 않는다. 실제 존재할 수 있는 성차의 정확한 본질은 무엇인지, 그리고 이런 성차를 낳는 것이 진화론적인 하드웨어적 내장 요인인지 아니면 사회적 구조인지는 아직 규명되지 않은 채로 남아있다.

유전자와 성격

우리가 유전적으로 물려받는 모든 것은 유전자의 작용에 따른 것이다. 우리는 23쌍의 염색체를 가지고 있으며 각 쌍은 우리의 생물학적 부모가 물려준 하나씩의 염색체로 이루어진다. 염색체 안에는 수천 개의 유전자가 들어있다. 유전자는 단백질 분자 합성물인 DNA 분자로 구성된다. 유전자는 단백질 분자를 특정한 방식으로 합성하도록 지시하는 정보의 원천이다. 따라서 유전자 안에 들어있는 정보는 개체의 생물학적 발달 방향을 지시해 준다.

유전자와 행동의 관계를 이해함에 있어 유전자가 행동을 직접적으로 통제하지 않는다는 사실을 이해하는 것이 중요하다. 따라서 '외향성 유전자'나 '내향성 유전자' 같은 것은 없으며 '신경증 성향 유전자'도 없다. 유전자는 우리 몸의 생물학적 기능의 발달 방향을 지시함으로써 제8장에서 설명한 5요인과 같은 성격 특성의 발달에 영향을 준다. 덧붙여 단일 유전자가 특질을 결정하지 않는다는 점도 기억하자. 대신에 성격 특질은 다양한 환경에 영향을 받는 다양한 유전자의 상호작용으로 나타난다(Turkheimer, 2006).

행동유전학

행동유전학
유전적 요인이 심리학자의 관심 대상이 될 만한 행동들에 기여하는 바를 주로 다양한 생물학적-유전학적 유사성을 갖고 있는 사람들의 비교를 통해 탐구하는 연구

행동에 대한 유전자의 영향을 연구하는 분야를 행동유전학이라 부른다. **행동유전학**behavioral genetics은 유전적 요인이 심리적 특성의 변량에 얼마나 큰 영향을 미치는지 측정하기 위해 다양한 방법을 동원한다. 이제 알아보겠지만 행동유전학은 또한 성격에 대한 환경의 영향을 보여주는 증거를 제공할 수 있으며 실제로 그렇게 하고 있다. 행동유전학에는 세 가지 중요한 연구 방법이 있다. 선택적 교배 연구, 쌍둥이 연구, 그리고 입양 연구다.

선택적 교배 연구

선택적 교배 연구
특정 성격을 강화하는 반복적·선택적 교배를 통해 유전자와 행동의 관계를 정립하는 연구

선택적 교배 연구selective breeding studies는 연구자가 원하는 특질을 가진 동물을 선택하여 이들끼리 짝짓기를 시키는 것을 골자로 한다. 이 같은 선택과 재생산 과정은 몇 세대에 걸쳐 반복적으로 진행되어 연구자가 원하는 특성을 갖는 동물 혈통을 만들어 내게 된다. 선택적 교배는 연구 기법이기만 한 것이 아니다. 예를 들어 선택적 교배는 인간이 자신이 원하는 특성을 가진 경주마나 반려견을 교배할 때에도 활용하는 방법이다.

만약 선택적 교배를 통해 새로운 혈통을 만들어 냈다면 이제 이 동물들이 보여주는 전형적인 행동 경향성을 연구할 수 있다. 또한 서로 다른 혈통의 동물들을 서로 다른 실험적 통제를 가한 발달 경험에 노출시켜 볼 수도 있다. 그리고 연구자들은 이들의 행동을 관찰하

여 유전적 차이가 갖는 영향력과 환경의 차이가 갖는 영향력을 구분해 낼 수 있다. 예를 들면 서로 다른 혈통의 개를 서로 다른 사육 환경에 노출시킴으로써 이들이 후에 보이는 짖기 행동이나 공포 경향성 등에서 나타나는 유전 요인과 환경 요인의 영향력을 탐구할 수 있다 (Scott & Fuller, 1965).

선택적 교배 연구는 오로지 개인 인격의 문제라고 취급되었던 문제들에서 유전자가 어떤 역할을 하는지에 대해 우리의 이해를 확장시켜 주었다. 알코올 중독 연구(Ponomarev & Crabbe, 1999)를 살펴보자. 연구자들은 알코올에 질적으로 다른 반응을 보인다고 알려진 다양한 혈통의 쥐를 교배했다. 연구 결과, 유전자가 알코올에 대한 반응성과 중독, 금단에 영향을 미쳤다. 이 연구는 평생에 걸쳐 알코올과 관련된 문제에 심각한 취약성을 보이는 일군의 사람들에 있어 유전적 요인이 어떤 작용을 하는지 더 완벽하게 이해할 수 있게 해주었다 (Hamer & Copeland, 1998).

쌍둥이 연구

광적으로 연구에만 열중하는 학자들조차 사람을 대상으로 선택적 교배 연구를 해서는 안 된다는 사실을 명확히 알고 있다. 윤리적인 이유로 연구자들은 사람을 대상으로 선택적 교배 연구 외의 대안을 모색해야 한다. 과학자들에게는 다행스럽게도 잘 준비된 대안이 존재한다. 바로 쌍둥이들이다. 쌍둥이는 자연 발생적인 실험 상황을 제공한다. 쌍둥이를 통해 학자들은 유전적 유사성 그리고/또는 환경적 유사성의 변량을 명확히 알기 원한다. 만약 두 개체가 유전적으로 동일하다면 후에 관찰하는 두 개체 간의 모든 차이는 환경의 차이에서 비롯된 것으로 볼 수 있다. 반대로 만약 두 개체가 유전적으로 서로 다르지만 동일한 환경을 경험했다면 후에 관찰되는 두 개체의 차이는 유전 요인의 차이로 귀인할 수 있다. 일란성 monozygotic(MZ) 쌍둥이와 이란성dizygotic(DZ) 쌍둥이의 존재는 이와 같은 이상적 연구 디자인에 상당히 근접한 상황을 제공한다. 일란성 쌍둥이는 동일한 수정란에서 발생하므로 유전적으로 완전히 동일하다. 이란성 쌍둥이는 두 개의 수정란에서 각각 발생하는데 이들도 다른 어떤 형제들보다 유전적으로 더 밀접해서 서로 약 50%의 유전자를 공유한다.

연구자들은 MZ 쌍둥이와 DZ 쌍둥이의 체계적인 차이를 최대한 활용하여 유전적 요인이 심리적 특성의 개인차를 설명하는 정도를 측정하는 **쌍둥이 연구**twin studies를 수행한다.

두 가지 논리가 쌍둥이 연구의 근간을 이룬다. 첫째, MZ 쌍둥이는 유전적으로 동일하기 때문에 MZ 쌍둥이 형제간의 모든 체계적인 차이는 환경의 영향에 따른 것일 수밖에 없다. 흥미롭게도 유전적으로 동일한 사람들이 오히려 환경적 경험의 효과를 특히 잘 드러내 주는 셈이다. 둘째, MZ 쌍둥이 사이의 유사성과 DZ 쌍둥이 사이의 유사성 간의 차이는 유전의 효과를 측정하는 데 핵심 역할을 한다. 구체적으로 MZ 쌍둥이는 DZ 쌍둥이보다 형제간의 유전적 유사성이 더 높다. 만약 유전이 특정한 성격 특성에 영향을 미친다면 유전적으로 더 유사한 MZ 쌍둥이가 DZ 쌍둥이보다 해당 성격 특성에서 더 높은 유사성을 보일 것이다.

쌍둥이 연구
일란성 쌍둥이 사이의 유사성과 이란성 쌍둥이 사이의 유사성, 쌍둥이가 아닌 형제들 간의 유사성 정도를 비교하여 유전 행동 관계를 정립하려는 접근법. 일반적으로 입양 연구와 결합됨 그렇지 않다면 유전적 영향력이란 없는 것이다. 따라서 연구자들은 MZ와 DZ 쌍둥이에 대해 두 쌍의 유사성(관심 대상이 되는 특질상에서 MZ 쌍둥이가 보이는 유사성과 DZ 쌍둥이가 보이는 유사성)을 비교하여 유전 요인이 갖는 영향력의 크기를 결정할 수 있다. 이와 같은 유전적 영향력은 주로 유전성 추정치(뒤에서 설명할 것이다)라는 이름을 갖는 숫자로 표현된다.

쌍둥이 연구 전략은 주로 동일한 가정에서 자라난 쌍둥이를 대상으로 적용된다. 그러나 간혹 어떤 부모들은 아이들을 포기하고 다른 가정으로 입양 보내야만 하는 상황에 놓일 수도 있다. 이 결과로 MZ와 DZ 쌍둥이는 가끔 각기 다른 입양 가정에서 자라나곤 한다. 이는 심리 과학자들과 대중들에게 어마어마한 관심을 끄는 상황을 창출한다. 생물학적으로 동일한 사람들이 서로 다른 환경에서 자라나는 상황 말이다. 어떤 일이 벌어질까? 생물학이 승리를 거두어서 유전적으로 동일한 쌍둥이는 각기 다른 환경적 경험을 했음에도 불구하고 심리학적인 동일성을 보일까? 아니면 사회적 경험이 승리해서 쌍둥이는 유전적 동일성에도 불구하고 실질적인 차이를 보일까? 각기 다른 입양 가정에서 자라난 다수의 쌍둥이를 대상으로 다양한 심리적 측정을 실시한 연구(Bouchard et al., 1990) 덕분에 우리는 이 질문에 답해볼 수 있다. 연구 결과는 생물학적 요인의 효과가 서로 다른 상황 속에서도 지속적으로 발휘된다는 것을 명확히 보여준다. 서로 다른 입양 가정에서 자란 MZ 쌍둥이들은 다양한 성격 특질 측정치상에서 유의미한 유사성을 보여주었다. 쌍둥이 형제간의 유사성 정도를 나

유전이 성격에 미치는 영향을 연구하는 간단한 전략은 쌍둥이들을 연구하는 것이다. 다양한 심리적 특성 각각에 있어 일란성 쌍둥이는 이란성 쌍둥이에 비해 서로 더 유사하다. 이는 유전적 요인이 성격에 중요한 영향을 미친다는 것을 보여준다.

타내는 상관량은 .45에서 .50에 이르렀다. 특히 흥미로운 것은 따로 떨어져 자라난 MZ 쌍둥이 사이의 유사성이 함께 자란 MZ 쌍둥이의 유사성보다 더 컸다는 것이다(Bouchard et al., 1990). 같은 가정에서 자라났다고 해서 쌍둥이의 다양한 성격 특질이 더 유사해지지 않았다. 우리는 이 놀라운 발견사항과 이에 대한 해석 및 함의를 다음의 연구 결과들을 살펴본 후 더 자세히 알아볼 것이다.

심리학자인 낸시 시걸(2014)의 멋진 연구를 살펴보자. 시걸 또한 일란성 쌍둥이와 이란성 쌍둥이를 비교했다. 일란성 쌍둥이들은 이란성 쌍둥이들에 비해 쌍둥이 형제의 자녀들(즉 조카들)을 돌보는 데 더 많은 노력을 기울이는 것으로 드러났다. 쌍둥이 형제를 잃었을 때에도 일란성 쌍둥이들이 더 슬퍼했다. 이 연구의 중점은 따로 떨어져 자란 MZ 쌍둥이와 DZ 쌍둥이들이 재결합했을 때 어떤 반응을 보이는지였다. 시걸은 일란성 쌍둥이들이 이란성 쌍둥이들보다 재결합 후에 더 빠르게 유대를 구축한다는 사실을 발견했다. 시걸은 더 강한 유대감이 유전적 유사성에서 기인한다고 설명했다.

입양 연구

입양 연구adoption studies란 자신의 생물학적 부모 밑이 아닌 입양 가정에서 자라난 아이들을 연구하는 것이다. (입양 연구는 때론 바로 앞 단락에서 살펴본 것처럼 일란성 쌍둥이를 대상으로 하기도 하지만 주로 쌍둥이가 아닌 형제를 대상으로 한다.) 입양 연구는 유전과 환경의 효과를 알아보는 또 다른 연구 방법이다. 적절한 기록이 보존되어 있다면 입양된 아이들과 이들의 생물학적 부모 사이의 유사성을 알아볼 수 있는데, 이때 이들의 생물학적 부모는 아이들에게 환경적인 영향을 미치지 못한다. 이제 입양된 아이들과 생물학적 부모의 유사성을 아이와 입양 가정 부모 사이의 유사성과 비교하는데, 이때 입양 가정 부모는 아이들에게 환경적 영향만을 미칠 뿐 생물학적 영향은 전혀 미치지 못한다. 따라서 아이들이 생물학적 부모와 유사한 정도는 유전 요인의 척도이며 아이들과 입양 부모의 유사성은 환경 요인의 척도이다.

마지막으로 분석 대상을 생물학적 자녀와 입양 자녀를 모두 키우는 가정으로 확대할 수 있다. 예를 들어 네 명의 아이를 둔 가정을 상정해 보자. 이 중 둘은 부모의 생물학적 자손이고 나머지 둘은 입양된 아이들이다. 두 생물학적 자녀는 서로 그리고 부모와 유전적 유사성을 공유하며 입양된 두 아이는 그렇지 않다. 입양된 두 아이들 사이에는 친족관계가 없어서 유전자는 전혀 공유하지 않고 각기 자신의 생물학적 부모와 생물학적 형제들(현재는 이 아이들과는 다른 환경에 놓여있을 것이다)과만 유전적 유사성을 공유한다. 따라서 우리는 서로 다른 부모-자손 쌍과 서로 다른 생물학적 자녀-입양 자녀 쌍의 성격 특성 유사성을 비교해 볼 수 있다. 예컨대 어떤 연구자는 두 생물학적 자손이 입양된 아이들보다 자신의 생물학적 부모와 더 유사한지 질문해 볼 수 있으며, 또한 입양된 아이들이 이들의 생물학적 부모와 더 유사한지 아니면 입양 가정의 부모와 더 유사한지 질문해 볼 수도 있다. 이런 질문들에

표 9.1 가족 간 IQ 상관의 평균

유전적 유사성이 증가할수록 IQ 상관량이 증가한다. 이는 유전이 지능에 강한 영향을 미침을 시사한다.

관계	평균 상관량	연구 대상 수(쌍)
함께 자란 생물학적 친족 간		
MZ 쌍둥이 간	0.86	4,672
DZ 쌍둥이 간	0.60	5,533
형제간	0.47	26,473
부모 자식 간	0.42	8,433
이복형제 간	0.35	200
사촌 간	0.15	1,176
따로 자란 생물학적 친족 간		
MZ 쌍둥이 간	0.72	65
형제간	0.24	203
부모 자식 간	0.24	720
생물학적 관계가 없고 함께 자란 친족 간		
형제간	0.32	714
부모 자식 간	0.24	720

주 : MZ-일란성, DZ-이란성
출처 : "Familial Studies of Intelligence : A Review," by T. J. Bouchard and M. Mcgue, 1981, *Science, 250*, p. 1056. (McGue et al., 1993, p. 60에서 재인쇄)

'그렇다'는 대답을 얻는다면 이는 성격 특성의 발달에 있어 유전 요인이 중요한 역할을 한다는 것을 시사한다.

이제 우리는 쌍둥이 연구와 입양 연구가 다양한 수준의 유전적 유사성을 가진 사람들이 다양한 수준의 환경적 유사성에 노출된 결과를 연구하는 것임을 명확히 이해할 필요가 있다. 이런 사람들의 특정한 성격 특성을 측정함으로써 우리는 이들의 유전적 유사성이 각 특성상에서 이들이 보이는 유사성을 얼마나 설명해 주는지 확인할 수 있다. 예를 들어 우리는 같은 가정에서 자라거나 각기 다른 가정에 입양된 MZ 쌍둥이와 DZ 쌍둥이의 IQ를 같은 가정에서 자라거나 각기 다른 가정으로 입양된 생물학적 형제들의 IQ와 비교할 수 있고, 입양된 자녀들과 생물학적 자녀들의 IQ를 부모의 IQ와 비교하거나 입양된 아이들의 IQ를 생물학적 부모의 IQ 또는 입양 부모의 IQ와 비교할 수 있다. 표 9.1에는 몇 가지 표상적인 상관량들을 제시했다. 연구 자료는 분명 유전적 유사성이 클수록 IQ의 유사성도 크다는 사실을 보여준다.

유전성 추정치

유전성 추정치
특정 집단의 관찰된 변량 중 유전 요인으로 설명할 수 있는 분량

행동유전학자가 유전의 영향력을 결정하는 방법은 무엇일까? 이들은 주로 유전성 추정치, 또는 h^2(h '제곱'인 이유는 평균에 대한 변량을 계산할 때에 편차를 제곱하기 때문이다)을 계산한다. **유전성 추정치**heritability coefficient는 전체 변량 중 유전에 따른 것으로 볼 수 있는 변량

의 비율이다. MZ와 DZ 쌍둥이를 대상으로 하는 연구에서 h^2은 MZ 쌍둥이 간의 상관과 DZ 쌍둥이 간의 상관의 차이를 바탕으로 한다. 만약 MZ 쌍둥이(서로 모든 유전자를 공유한다)가 DZ 쌍둥이(유전자의 반을 공유한다)에 비해 쌍둥이 형제간의 유사성이 더 높지 않다면 유전의 효과는 없는 것이며 h^2은 0이 된다. 만약 MZ 쌍둥이 간의 유사성이 DZ 쌍둥이 간의 유사성보다 더 높다면 h^2은 커진다. h^2 값의 상한은 1.0이고, 1에서 h^2을 뺀 나머지 변량은 유전 요인에 따른 것이 아니라 환경 요인에 따른 것으로 설명할 수 있다.

유전성 추정치는 각각의 연구에서 대상으로 삼은 표본 내의 변량을 뜻함을 명심하자. 이는 두 가지 의미를 갖는다. 첫째, 서로 다른 표본에서는 동일한 심리적 특질에 대한 서로 다른 유전성 추정치가 도출될 수 있다. 예를 들어 사람들에게 특히 강한 영향을 미치는 환경적 영향(예 : 질병이나 전쟁의 고통)에 노출된 표본을 다룬 연구에서는 환경의 영향력이 상대적으로 커지고 h^2은 보다 작아진다(Grigorenko, 2002). 둘째, 유전성 추정치는 특정 개인이 특정 특질을 갖게 해주는 유전적 영향력을 뜻하지 않는다. 유전성 추정치는 큰 집단의 변량에 대한 측정치이다. 어떤 특성들(예를 들어 모든 사람이 공유하는 생물학적 특징이나 심리적 능력 등)에서는 개인차가 전혀 나타나지 않는다. 이때는 모든 사람이 이런 특징을 갖는 이유를 유전 요인으로 설명할 수 있다 할지라도 h^2이 0이다. 또한 이와 다른 특징(예 : 독서 능력 등)은 유전 요인과 사회적 환경 요인의 상호작용으로 설명할 수 있지만 이때에도 유전과 환경이 '각각 몇 퍼센트씩의 영향력을 발휘한다'라고 이야기할 수는 없다. h^2은 모집단과 관련한 추정치일 뿐 유전자 활동의 정확한 측정치가 아니기 때문이다.

성격의 유전성 : 발견사항

이제 행동유전학의 연구 결과를 좀 더 살펴봄으로써 그 결론을 알아보도록 하자. 행동유전학 연구의 흥미로운 특징은 여러 연구의 발견사항들이 비교적 잘 일치된다는 것이다. 이 점 때문에 행동유전학자들은 자신감 있게 자신들의 연구 결과를 정리 요약할 수 있다. 이들의 핵심적 결론을 잘 보여주는 두 인용구를 들어보겠다. "유전의 영향을 받지 않는 것으로 추정할 수 있는 심리적 특징을 찾기는 힘들다."(Plomin & Neiderhiser, 1992), 그리고 "반응 시간에서 시작하여 독실한 종교성에 이르기까지, 현재까지 연구된 거의 모든 행동적 특질에 있어 사람들이 보이는 개인차 변량의 상당 부분은 유전적 개인차와 관련되는 것으로 드러났다. 이 사실에는 더 이상 논쟁의 여지가 없다"(Bouchard et al., 1990). 이 인용구들에는 수많은 쌍둥이 연구와 입양 연구의 결과가 집약되어 있다. 이런 연구들은 매우 다양한 성격 특징에 대해, 대부분 아주 많은 수의 참여자를 대상으로 상당한 기간에 걸쳐 수행되었다. 따로따로 입양되어 자라난 일란성 쌍둥이가 서로 외모와 목소리뿐만 아니라 동일한 태도를 보이고 동일한 취미를 가지며 동일한 반려동물을 선호한다는 연구에서처럼(Lykken et al., 1993) 유전적 영향력에 대한 증거들 중에는 종종 우리를 깜짝 놀라게 하는 것들도 있다. 그러나 이런 으스스할 정도로 놀라운 결과들 뒤에는 거의 대부분의 성격 기능에 대한 유전성의 중요한

표 9.2 유전성 추정치들

연구 자료들은 전체적으로 유전이 성격에 강한 영향을 미친다는 것을 보여준다(대체적인 추정치는 각 변량의 40% 수준에 이른다). 성격에 대한 유전의 영향은 키나 몸무게, 또는 IQ에 대한 유전의 영향보다 강하지는 않지만 TV 시청에 대한 태도와 같은 태도 및 행동들에 대한 유전의 영향보다는 더 강한 것으로 나타난다.

특질	h^2 추정치
몸무게	0.60
IQ	0.50
특정한 인지 능력	0.40
학교 성적	0.40
5요인	
외향성	0.36
신경증 성향	0.31
성실성	0.28
우호성	0.28
경험에 대한 개방성	0.46
EASI 기질	
정서성	0.40
활동성	0.25
사회성	0.25
충동성	0.45
태도	
보수주의	0.30
종교성	0.16
인종 통합	0.00
TV 시청	0.20

주 : EASI 기질이란 버스와 플로민(1984)이 규명한 네 개의 기질 차원을 가리킨다. E는 정서성(Emotionality), A는 활동성(Activity), S는 사회성(Sociability), I는 충동성(Impulsivity)을 뜻한다.
출처 : Bouchard et al., 1990; Dunn & Plomin, 1990; Loehlin, 1992; McGue et al., 1993; Pedersen et al., 1998; Pedersen et al., 1992; Plomin, 1990; Plomin et al., 1990; Plomin & Rende, 1991; Tellegen et al., 1998; Tesser, 1993; Zuckerman, 1991.

영향을 강하게 암시하는 연구 결과의 패턴이 감추어져 있다(Plomin & Caspi, 1999). 성격 특질의 유전성에 대한 최근의 추정치는 대략 40% 정도 선을 보인다. 표 9.2에는 다양한 성격 특성에 대한 유전성 추정치가 나와있다. 비교를 위해 표에는 키와 몸무게, 그리고 우리의 관심을 살 만한 다른 특징들의 유전성 추정치가 포함되어 있다.

성격에 대한 행동유전학 연구는 대부분의 연구가 자기 보고 설문 방식에 기초한다는 비판을 받는다. 이 측면에서 주목해야 할 최근의 한 연구가 있다. 연구자들은 660쌍의 MZ 쌍둥이와 304쌍의 DZ 쌍둥이(동성 쌍둥이 200쌍과 이성 쌍둥이 104쌍)의 성격에 대해 NEO-PI-R상에서 두 명의 독립된 평가자 보고와 쌍둥이들의 자기 보고를 모두 종합했다. 연구 결과 평가자 간 일치도는 신뢰할 만한 수준이었고 자기 보고와 평가자 보고 사이의 일치도 또한 신뢰할 만한 수준이었으며 유전이 성격 5요인에 미치는 영향에 대한 기존 연구의 발견사항을 일반적으로 잘 지지하는 결과가 도출되었다(표 9.3)(Riemann, Angleitner, & Strelau, 1997).

표 9.3 평가자-평가자 상관, 자기-평가자 간 상관, MZ 형제간·DZ 형제간 상관(자기 보고), MZ 형제간·DZ 형제간 상관(평가자 평가 평균)

	평가자-평가자	자기-평가자	자기 보고		평가자 평가 평균	
			MZ	DZ	MZ	DZ
N	0.63	0.55	0.53	0.13	0.40	0.01
E	0.65	0.60	0.56	0.28	0.38	0.22
O	0.59	0.57	0.54	0.34	0.49	0.30
A	0.59	0.49	0.42	0.19	0.32	0.21
C	0.61	0.54	0.54	0.18	0.41	0.17
평균	0.61	0.55	0.52	0.23	0.40	0.18

주 : MZ－일란성, DZ－이란성
출처 : Riemann, Angleitner, & Strelau, 1997, pp. 460~462.

몇 가지 주의할 점

이 절을 결론 맺기에 앞서 행동유전학 자료를 통해 도출할 수 있는 두 가지 부적절한 결론에 대해 경고하고자 한다. 첫째는 유전성 추정치가 특정한 개인의 성격 특성에 유전이 미치는 영향력을 나타낸다고 결론 내리는 것이다. 예를 들어 어떤 성격 특질에 대한 유전성 추정치가 40%라 해도 이는 여러분 각자가 그 성격 특질 중 40%를 유전적으로 물려받는다는 뜻이 아니다. 유전성 추정치는 모집단에 대한 통계이다. 유전성 추정치는 전체 인구 속에서 사람과 사람 간의 변량을 기술해 준다. 개인 내 수준에서는 성격 특질은 일반적으로 생물학적 요인과 경험의 상호작용에 따라 결정된다. 따라서 개인 특질의 '몇 퍼센트'가 어떤 요인에서 비롯되는지 논하는 것이 별다른 의미가 없다. (뒤에서 유전자-환경 상호작용과 생물학적 유연성에 대한 논의를 보라.)

　부적절한 결론 두 번째는 성격 특성에 유전된 요소가 들어있으므로 성격 특성은 바뀔 수 없다는 결론이다. 실제로는 유전적 성질이 큰 특성조차 환경적 경험에 따라 바뀔 수 있다. 키는 유전자가 결정적인 영향을 미치는 특성이지만 어린 시절의 영양 공급 환경으로부터 영향을 받는다. 몸무게의 개인차는 유전자의 영향을 받지만 여러분의 식습관에 따라 매우 큰 편차를 보일 수 있다.

분자유전학 패러다임

연구자들은 전통적인 행동유전학 패러다임에서 한 발짝 더 나아갔다. 이제는 단순히 서로 다른 유형의 쌍둥이를 연구하는 대신 근본적인 생물학 요소를 직접 관찰하고자 한다. 연구자들은 분자유전학 기법을 활용하여 성격 특질들과 관련을 맺는 구체적인 유전자를 규명하려 한다(Canli, 2008; Plomin & Caspi, 1999). 연구자들은 다양한 사람들의 유전물질을 조사함으로써 유전적 다양성 또는 대립 형질이 어떻게 성격 기능의 개인차와 관련되는지 보여주고자 한다. 서로 다른 형태의 생물학적 물질 또는 체계를 만들어 심리학적 효과를 낳는 유전적 분화 코드들의 작용 방식을 보여주는 일은 충분히 가능하다.

이 분야의 최초 연구는 아이젱크의 P 요인과 유사하고 5요인 이론의 낮은 C 요인과 유사한 '새로움 추구' 특질과 연결된 유전자를 발견한 연구였다(Benjamin et al., 1996; Ebstein et al., 1996). 그러나 연구 결과는 후속 연구를 통해 재검증되지 못했다(Grigorenko, 2002). 일군의 연구자들은 이보다 더 전도가 유망해 보이는 연구를 수행했는데, 이들의 연구는 특정한 유전적 기제와 사회적 환경의 상호작용을 규명하는 것으로, 어린 시절의 학대가 훗날의 반사회적 행동 발달에 미치는 영향을 다루었다(Caspi et al., 2003). 불운한 학대에도 불구하고 어떤 아이들은 좋은 발달 성과를 보여주었고 생애 초기에 겪은 스트레스로부터 탄력적으로 회복하는 듯 보였다. 이에 따라 연구자들은 이와 같은 회복 탄력성에 유전적 기반이 있는지 질문을 던지게 되었다.

연구자들은 이 질문에 답하기 위해 연구 참여자 중 한 가지 중요한 속성을 갖는 유전자를 보유한 사람들만 묶어서 집단을 구성했다. 이 유전자는 공격 행동과 관련된 특정한 뇌 신경 전달물질의 활동을 억제하는 효소의 발달과 관련되는 것이었다. 어린 시절에 학대를 경험한 사람 중 이와 같은 유전적 특징을 갖는 사람들은 그렇지 않은 사람들과는 다른 모습을 보이는 것으로 나타났다. 특히 심각한 학대를 경험했으나 위와 같은 효소 수준 또한 매우 높은 사람들은 성인기에 반사회적 행동을 보일 확률이 낮았다. 다른 말로 결론지어 보면 유전적 특성은 학대의 부정적 효과를 감소시키는 것으로 나타났다. 이와 같은 놀라운 발견사항은 후속 연구에서 반복 검증될 필요가 있지만, 이 연구 자체만으로도 성격에 대한 분자유전학 연구의 밝은 미래를 엿보기에 충분하다.

동일한 연구팀이 후속 연구를 진행하여 이번에는 우울 취약성에 영향을 미치는 분자유전학적 요인을 발견하였다(Caspi et al., 2003). 연구 대상이 된 유전적 요인은 뇌의 세로토닌 수준에 영향을 미치는 것이었다. 연구자들은 특히 세로토닌 활동에 관여하는 두 가지 버전의 유전자에서 자연적으로 발생하는 유전적 변화를 연구하였다. 연구자들의 가설은 특정한 유전적 배경이 필연적으로 우울의 경험으로 이어진다는 것이 아니었다. 대신 이들은 상호작용을 예상했다. 즉 유전자는 특정 유형의 환경적 경험을 한 사람들의 우울만을 예측해 줄 수 있다는 것이다. 연구자들이 살펴본 환경적 경험은 높은 수준의 스트레스를 주는 경험들이었다. 연구자들은 성인 참여자들에게 이들이 최근에 재정적, 건강상, 직업적, 대인관계적 요인에 따른 스트레스 사건을 경험한 정도를 물어보았다. 그 결과 유전자 X와 환경의 상호작용에 대한 연구자들의 예측이 지지되었다. 낮은 수준의 세로토닌 활동을 유전적으로 타고났으며 동시에 다수의 스트레스 사건을 경험한 사람들은 다른 사람들에 비해 우울을 경험할 확률이 훨씬 높았다(Caspi et al., 2003). 결국 분자유전학 연구는 다시 한번 유전자가 환경적 경험과 상호작용함으로써 심리적 결과에 영향을 미친다는 사실을 보여준 것이다.

환경과 유전자-환경 상호작용

유전학 연구자들은 성인기 성격과 행동에 대한 유전 및 환경의 영향이 불가분하게 연결되어 있고 상호작용한다는 사실을 일찌감치 깨달았다. 쿠퍼와 주벡(1958)의 고전적인 연구는 이러한 유전자-환경 상호작용의 사례를 잘 보여주는 선택적 교배 연구다. 앞서 이들은 미로를 잘 찾아나가는 쥐와 미로를 잘 찾아나가지 못하는 쥐를 선택적으로 교배하여 '떨어지는' 혈통에 비해 미로를 훨씬 잘 탐험할 수 있는 '똑똑한' 쥐 혈통을 얻어냈다. 이제 연구자들은 두 혈통의 쥐를 대상으로 쥐가 경험하는 초기의 환경적 경험이 성체가 된 쥐의 문제 해결 능력에 어떻게 영향을 미치는지 살펴보고자 했다. 이에 연구자들은 각 혈통의 쥐를 각각 두 집단으로 나누어 한 집단은 풍요롭고 촉진적인 환경에 노출시키고 다른 집단은 열악한 환경에 노출시켰다. 어떤 일이 벌어졌을까? 어린 시절의 풍요로운 환경은 평범한 실험실 환경에 비해 다 자란 '떨어지는' 쥐의 학습 능력을 향상시켰지만 '똑똑한' 쥐의 학습 능력에는 영향을 미치지 못했다. 반대로 열악한 환경은 '똑똑한' 쥐의 학습 능력은 현저히 감소시켰지만 '떨어지는' 쥐의 능력에는 영향을 미치지 못했다. 즉 이 쥐들은 자신의 유전적 소인의 틀 안에 '갇혀있는' 모습을 보이지 않았다. 환경이 유전과 상호작용하며 유전적 소인이 표현 형질로 나타나는 데 영향을 미쳤다.

행동유전학의 자료는 인간의 어떤 한 가지 성격 특성 및 전체 성격의 40%에서 50% 변량이 유전적 요인에 따라 결정되며, 나머지 변량은 환경의 영향과 측정 오차의 조합에 따라 발생한다는 것을 보여준다. 사실 행동유전학의 최근 발전사항 중에서 우리의 흥미를 끄는 한 가지 측면은 행동유전학이 성격 변인들에 대한 환경의 영향력을 살펴보기 위해 쌍둥이와 입양 연구 자료를 활용하려는 모습을 보인다는 것이다. 이 때문에 플로민(1990)은 "행동에 대한 유전의 영향은 모든 곳에 존재하고 또한 전반적이어서 우리는 기존의 강조사항을 반대로 뒤집어야 한다. 무엇이 유전성인지 묻지 말자. 대신 무엇이 유전성이 아닌지를 묻자."(p. 112)라고 주장함과 동시에 "또 다른 메시지는 동일한 행동유전학 자료에 따라 환경적 영향력의 중요성에 대한 강력한 증거 또한 얻을 수 있다는 것이다."(p. 115)라고 주장했다.

공유 환경과 비공유 환경

행동유전학은 본성과 양육이라는 두 가지 메시지를 가지고 있다(Plomin, 1990). 연구 결과들은 유전과 환경이 모두 성격에 영향을 미친다는 증거를 제공한다. 행동유전학자는 유전성에 따른 성격 변화 비율을 추산할 뿐만 아니라 환경에 따른 변화 비율 또한 추산한다.

행동유전학 연구는 **공유 환경**shared environments과 **비공유 환경**nonshared environments이라는 두 가지 유형의 환경적 영향을 규명한다. 공유 환경은 형제들을 서로 닮게 만드는 환경적 영향력을 가리킨다(예를 들어 같은 가정에서 자라나는 동안 경험하는 유사한 사건들). 비공유 환경은 동일한 가정에서 자라나는 형제들 간의 차이점을 만드는 환경을 뜻한다(예를 들어 부모가 형제를 서로 다르게 대하거나 형제들이 이들의 사회적 발달에 영향을 미치는 서로 다른

공유/비공유 환경
형제들이 동일하거나 동일하지 않은 환경에서 자라나는 것의 효과를 살펴보기 위한 행동유전학상의 구분. 특히 한 가정으로 입양되어 들어온 형제들이 동일한 가정 환경을 공유하는지에 많은 관심이 집중됨

친구관계 양상을 발전시키는 것 등).

행동유전학자는 개인차에 영향을 미치는 유전, 공유 환경, 비공유 환경의 영향을 수치로 계산했다. 이때 이들은 주로 일란성 쌍둥이의 유사성과 이란성 쌍둥이의 유사성을 연구했다. 이들의 연구는 환경에 관한 놀라운 연구 결과를 산출했다. 성격에 대한 공유 환경의 영향은 무시해도 될 정도였다. 하지만 비공유 환경의 효과는 컸다. 달리 말하면 성격 발달에 있어 각각의 형제가 가정 안팎에서 경험하는 독특한 경험들은 이들이 동일한 가정에서 살기 때문에 경험하는 공유 경험보다 훨씬 중요했다. 문헌 연구에 따르면 성격 특질 변량의 대략 40% 정도가 사람들에게 차이를 낳는, 심지어 같은 가정에서 자란 사람들까지도 서로 다른 모습을 보이게 만드는 환경 요인에 기인하는 것으로 나타났다(Dunn & Plomin, 1990; Plomin & Daniels, 1987).

로엘린과 동료들(Loehlin et al., 1998)은 세 가지 종류의 성격 5요인 측정치에 대한 유전과 환경의 영향력을 살펴보았으며 대부분 앞의 결론에 부합하는 결과를 얻었다. 이 연구에서는 세 가지 발견사항이 두드러진다. 첫째, 모든 5요인 차원에 동일한 수준의 실질적인 유전적 영향력이 작용했다. 즉 A, C, O 요인의 개인차 유전성은 아이젱크 모형의 두 상위특질로 집중적인 연구 대상이 되었던 E와 N의 개인차 유전성(제7장 참조)만큼 컸다. 둘째, 이와 같은 결과는 행동유전학 분석에서 측정 및 통제되는 지적 능력의 효과와는 독립적으로 발생한 것이었다. 즉 개방성의 유전적 기반은 지능의 유전적 기반과는 구분할 수 있는 고유한 것이었으며, 이에 따라 개방성은 지능과 독립적인 성격 차원으로 밝혀졌다. 셋째, 5요인 각각에

Nancy Ney / Getty Images

한 가족 다른 경험 : 성격의 유전 요인과 환경 요인을 연구한 결과, 같은 가정에서 함께 자란 형제들도 종종 심리적으로 서로 다르다는 것이 밝혀졌다. 한 가지 가능한 요인은 비공유 환경의 효과다. 같은 가정에서 자람에도 불구하고 형제들은 서로 다른 경험을 통해 성격 차이를 형성할 수 있다.

대한 세 가지 측정치를 종합했기 때문에 측정도구 간의 일반화 가능성을 확인할 수 있었다. 또한 몇몇 기존 연구에서 그랬듯이 오차의 추정치를 비공유 환경 추정치에 포함시키지 않고 구분해서 추정할 수 있었다. 이는 방법론의 관점에서 이 연구가 갖는 가치다.

플로민은 MZ 쌍둥이와 DZ 쌍둥이의 자기 평가 NEO 점수와 평가자 평가 NEO 점수를 활용한 연구(Riemann, Angleitner, & Strelau, 1997) 자료를 분석하여 5요인 자기 평가와 평가자 평가에서 나타나는 변산 중 유전적 요인과 공유 환경, 비공유 환경의 영향에 따른 변량의 비율(측정 오차의 비율도 포함되었다)은 얼마인지 계산했다. 플로민의 계산 결과는 비록 자기 평가보다 평가자 평가에서 유전 요인의 영향력 비율이 낮아지는 모습을 보이긴 했지만 대략 앞서 발표된 연구 결과들과 유사한 모습을 보여주었다(Plomin & Caspi, 1999, p. 253).

비공유 환경 효과의 이해

위와 같은 결과는 아이의 발달에 있어 가정 내에서의 차이가 가족 간의 차이보다 더 중요하다는 것을 시사한다. 최근 연구자들(Reiss, 1997; Reiss et al., 1999)은 아동기만큼 중요한 청소년기의 성격 발달에 유전, 가족, 그리고 사회적 관계가 미치는 영향을 탐구하기 시작했다. 이 연구는 부모와 각 청소년 자녀 사이의 고유한 관계에 주목하여 이를 갈등과 부정성, 따뜻함과 지지 등의 용어를 활용하여 정의하고 측정하려 했다. 달리 말하면 연구자들은 가정 내의 모든 자녀에게 적용되는 양육의 효과에서 각각의 자녀에게만 적용되는 양육의 효과를 분리해 내려 했다. 현재까지의 결과는 부모들이 청소년 자녀들 각각을 독특하게 대한다는 것을 보여준다. 하지만 진정 놀라운 사실은 부모가 자녀들 각각을 대하는 방식이 각 자녀의 유전적 특징에 따라 결정되는 듯하다는 것이다. 즉 부모가 각 자녀를 대하는 방식이 달라지는 이유는 각각의 아이가 부모에게 상이한 행동을 불러일으키기 때문인 것으로 보였다. 이는 동일한 가정의 아이들이 서로 다르게 커나가는 이유 중 일부는 아이들의 유전적 차이가 부모로부터 상이한 양육을 이끌어 내기 때문이라는 기존의 주장들과 부합하는 것이었다. 그리고 여러분 중 형제자매가 있는 사람들은 여기서 말하는 양육의 차이가 무엇인지 당장 말하고 싶어 입이 간질거릴 지경일 것이다!

동일한 가정의 아이가 비공유 환경 때문에 서로 다르게 커간다는 연구 결과는 곧 가족 단위의 경험들이 중요하지 않다는 결론으로 이어질까? 꼭 그렇지는 않다. 가족 단위의 영향은 아주 중요할 수 있으나 이는 또한 한 가정의 모든 아이에게 공유되기보다는 아이 각각에게 고유하게 작용할 수도 있다. 연구자들은 가족 단위에만 연구 중점을 맞추는 대신 가족 내 아이들의 잠재적으로 고유한 경험에 초점을 맞추어야 할 것이다.

세 가지 본성-양육 상호작용

지금까지 우리는 성격에 대한 유전과 환경의 효과를 나누어서 살펴보았다. 그러나 본성과 양육은 언제나 서로 상호작용한다. "이 모든 것에 대해 명심해야 할 것은 삶이라는 춤에 있어서 유전자와 환경은 떼려야 뗄 수 없는 댄스 파트너라는 사실이다"(Hyman, 1999, p. 27). 유전자와 경험의 효과가 지속적으로 베일을 벗으면서 세 가지 유전자-환경 상호작용이 서로 구분되기에 이르렀다(Plomin, 1990; Plomin & Neiderhiser, 1992). 첫째, 동일한 환경적 경험이 상이한 유전적 조합을 갖는 개인들에게 상이한 효과를 가질 수 있다. 예를 들어 불안 수준이 높은 부모의 동일한 행동이 과민하고 반응이 더딘 아이에게 미치는 영향과 차분하고 반응적인 아이에게 미치는 영향은 다를 수 있다. 부모의 불안이 두 아이에게 동일하게 직접적인 영향을 미치기보다는 부모의 행동과 아이의 특성에 상호작용이 존재하는 것이다. 이 경우 개인은 환경 사건을 수동적으로 받아들이는 입장이 된다. 이때 유전자는 수동적이고 반응적인 방식으로만 환경 요인과 상호작용한다.

두 번째 본성-양육 상호작용은 상이한 유전적 구성을 가진 개인들이 환경에서 상이한 반응을 이끌어 내는 것이다. 예를 들어 성마르고 회피적인 아이는 차분하고 반응적인 아이와는 다른 반응을 부모로부터 이끌어 낸다. 같은 가족 안에서도 자녀들은 부모로부터 상이한 행동을 이끌어 내고 이에 따라 완전히 상이한 부모-자식 상호작용 양상을 구축해 간다. 이같은 차이는 자녀에 대한 부모의 차별화된 대우가 자녀들의 유전적 차이와 관련된다는 초기 연구에서 지목된 바 있다. 나아가 유전으로 물려받은 특성의 차이는 또래, 그리고 가정 바깥의 다른 환경으로부터도 상이한 반응을 이끌어 낸다. 매력적인 아이는 매력적이지 않은 아이와는 다른 반응을 또래로부터 이끌어 낸다. 운동을 잘하는 아이는 그렇지 못한 아이와는 다른 반응을 이끌어 낸다. 이는 모두 유전적으로 결정된 특성이 환경으로부터 상이한 반응을 이끌어 낸 경우다.

세 번째 유전자-환경 상호작용은 서로 다른 유전적 구성을 가진 사람이 상이한 환경을 선

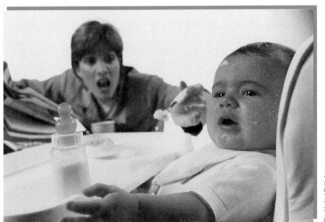

유전자와 환경은 상호작용한다. 짜증 잘 내는 성향을 타고난 아이는 부모에게 스트레스를 준다. 그 결과 짜증 잘 내는 아이는 짜증 덜 내는 성향을 타고난 아이에 비해 부모의 높은 스트레스 수준이라는 상이한 환경을 경험하게 된다.

택하거나 창출하는 것이다. 개인은 환경과의 상호작용에서 능동적 역할을 수행할 수 있으며 이는 상당히 어린 나이부터 가능하므로 유전 요인은 환경의 선택과 창출에 영향을 미칠 수 있다. 외향적인 아이는 내향적인 아이와는 다른 환경을 추구하며 신체 활동이 왕성한 아이는 그렇지 않은 아이와는 다른 환경을 만들고 음악적 재능이 있는 아이는 시각적 상상력이 있는 아이와는 다른 환경을 조성한다. 이와 같은 효과는 아이가 나이를 먹어 자신의 환경을 선택하는 능력이 점점 증가함에 따라 함께 증가한다. 어떤 시점에 이르면 개인이 얼마나 환경의 영향을 '받아들였는지' 혹은 얼마나 그것을 '만들어 냈는지' 알아내기가 불가능해진다.

요약하면, 개인은 상대적으로 환경의 영향을 수동적으로 받아들일 수도 있고, 자신이 불러일으키는 반응들을 통해 환경적 사건에서 중요한 역할을 수행할 수도 있으며, 환경을 선택하고 만들어 내는 능동적 역할을 수행할 수도 있다. 세 가지 경우 모두 본성-양육, 유전자-환경의 상호작용이다. 성격에 대한 본성과 양육을 논할 때 우리는 성격의 발달이 언제나 유전과 환경의 상호작용 함수라는 점, 그리고 양육 없는 본성이나 본성 없는 양육 따위는 없다는 점을 명심해야 한다(Manuck & McCasffrey, 2014). 우리는 논의와 분석 목적으로 본성과 양육을 구분할 수 있지만 이 두 가지는 결코 독자적으로 작용하지 않는다. 사실 유전 요인과 환경적 경험은 너무나 상호 연관되어 있어서 일반적인 '본성 대 양육' 공식이 더 이상 의미를 갖지 못할 정도다. 대신 "양육을 통한"(Ridley, 2003) 본성에 대해 연구하는 편이 더 낫다. 달리 말하면 유전물질의 기본적 성질은 "개체의 가능성을 생산하는"(Ridley, 2003, p. 250) 것으로 이 가능성은 개체가 특정한 환경에 직면했을 때, 즉 특정한 방식으로 양육되었을 때에만 구현될 수 있는 것이다. 특질이 얼마나 유전적이냐고 묻지 말자. 대신 유전이 특질에 미치는 영향을 강화하거나 억제한 환경에 대해 물어보자(Krueger & Johnson, 2008).

기분, 정서, 그리고 뇌

모든 성격 이론가는 기분과 정서에 관심을 갖는다. 프로이트학파는 기본적인 신체적 본성이 표현된 것이 우리의 정서적 삶이라고 생각한다. 특질 이론가는 기분의 개인차가 여러 성격 특질의 중심을 이룬다고 생각한다. 앞으로 이어질 장에서 여러분은 행동주의자들이 학습 경험을 통해 정서적 반응을 변화시키려 했음을 살펴볼 것이고, 또한 인지 이론가와 사회인지 이론가들이 인본주의 이론가들과 동일한 가설, 즉 사람이 자기 자신과 세계에 대해 갖는 믿음에 따라 그 사람의 정서적 삶이 만들어진다는 가설을 제안했음을 살펴볼 것이다.

생물학적 기반을 다루는 이 장에서 우리는 다음과 같은 질문을 해볼 것이다. 정서 경험 개인차의 신경학적, 생화학적 기반은 무엇일까?

좌반구 우세와 우반구 우세

사람의 뇌가 어떻게 생겼는지 관찰해 볼 기회가 있다면 여러분의 눈에 가장 두드러지는 해부학적 특징은 뇌가 두 쪽, 혹은 두 반구로 이루어졌다는 것일 듯하다. 심리학자 리처드 데이비슨(1994, 1995, 1998)이 선구적으로 수행한 연구에서 정서의 **반구 우월성**hemispheric dominance이 드러난 바 있다. 좌반구와 우반구는 서로 다른 정서 상태에 대해 서로 다른 활성 수준을 보인다. 좌반구는 긍정적 정서 상태일 때 활성 수준이 우반구보다 우월하며 우반구는 부정적 정서 상태에서 활성 수준이 우월하다.

이와 같은 결과는 EEG 방법(제2장 참조)을 통해 얻은 것이다. 데이비슨은 한 연구에서 긍정적 정서나 부정적 정서를 불러일으키도록 만든 영상을 참여자에게 보여주며 참여자들이 영상을 보기 전과 영상을 보는 중의 뇌 반구 활동을 EEG로 기록했다. 참여자들은 또한 영상을 보는 동안에 느낀 기분을 평가하여 기록했다. EEG 측정치로 나타난 반구 우월성은 심리적인 기분 경험과 밀접한 관련을 가지고 있었다. "좌반구 전전두엽 활성 수준이 높은 사람들은 기본적으로 긍정적 영상을 볼 때 더 많은 긍정적 감정을 보고했으며 우반구 전전두엽 활성 수준이 높은 사람은 부정적 영상을 볼 때 더 많은 부정적 감정을 보고했다. 이러한 연구 결과는 전전두엽 활성화 비대칭성에 대한 전기생리학적 측정치상의 개인차가 긍정적, 부정적 정서 유발 요인에 대한 감수성을 일부 설명해 준다는 생각을 지지한다"(Davidson, 1998, p. 316).

긍정적 기분과 부정적 기분 경험의 안정적 개인차는 어떨까? 현재 우울에 빠져있거나 과거에 우울을 경험한 사람은 우울을 경험하지 않은 사람에 비해 좌측 전뇌 피질 활동이 더 낮다(Allen et al., 1993). 좌측 전뇌 영역에 손상을 입은 사람은 손상을 입기 전보다 우울해지며 우측 전뇌 영역에 손상을 입은 사람은 조증을 나타낼 가능성이 있다(Robinson & Downhill, 1995). 영유아에 대한 연구는 전전두엽 활동의 개인차와 감정적인 반응성의 개인차에 관련이 있음을 시사했다. 보다 큰 분리 스트레스를 경험하는 아이들은 분리 스트레스를 적게 경험하는 아이들에 비해 더 큰 우측 전전두엽 활동을 보이고 더 작은 좌측 전전두엽 활동을 보인 것이다(Davidson & Fox, 1989).

마지막으로 샤롯(2011)과 동료들은 긍정적인 정보와 부정적인 정보가 서로 다른 뇌 영역에 저장되며, 극단적 낙관주의자의 뇌는 비관주의자에 비해 부정적 정서를 덜 처리하는 것이라 주장했다.

EEG 측정으로는 정서 경험의 두 가지 부정적인 측면을 구분해 낼 수 있는데 과업 수행 중의 불안 각성 반응과 과업 수행에 앞서 나타나는 걱정이 바로 그 두 가지다(Heller et al., 2002). 걱정은 불안보다 더 강한 좌측 전두엽 활성화와 관련된다(Hofmann et al., 2005). 따라서 걱정은 과업 수행 중에 느끼는 불안 각성 상태의 단순한 변주가 아니라 "고유한 정서 상태다"(Hofmann et al., 2005, p. 472). 신경과학의 이 발견사항은 성격 특질 이론가들에게 흥미로운 시사점을 가지고 있다. 5요인 특질 중 신경증 성향은 서로 다른 양상의 불안을 하나의 요인으로 통합하지만 위와 같은 신경과학적 증거는 여러 종류의 독특한 부정적 정서가 존재할 것임을 보여준다.

최신 질문

개인차의 원인 : 유전자, 사회적 경험, 혹은 그 외에 어떤 것이?

"본성인가 양육인가?"라는 심리학의 가장 유명한 질문은 인간의 행동에 두 가지 원인이 있음을 시사한다. (1) 수정란 착상 순간에 유전자에 입력되는 정보, 그리고 (2) 생후에 사회적 경험을 통해 획득되는 정보. 개인차 결정 요인에 대한 대부분의 심리학 연구는 생물학/유전/본성 요인과 사회/학습/양육 요인의 이분법에 바탕을 둔다.

그러나 우리는 또 다른 요인에 대해 생각해 보아야 한다. 수정에서 출생에 이르는 태아 기간 동안의 환경 말이다. 태아기 환경은 큰 관심을 받는 성격 특징 중 하나인 성 정체성의 결정에 영향을 미친다는 놀라운 연구 결과가 있다.

남성의 성 정체성과 관련된 한 가지 요인은 남자아이의 손위 남자 형제 수다. 평균적으로 손위 남자 형제가 많은 남자아이는 이성애보다는 동성애 지향성을 보일 확률이 크다. (이는 오직 평균에 대한 것임을 명심하자. 즉 많은 수의 남성을 연구했을 때에만 발견되는 양상을 확률적으로 기술한 것일 뿐이다.) 문제는 왜 이런 일이 발생하느냐이다. 성 정체성과 손위 남자 형제 수 사이를 이어주는 것은 무엇일까? 그것이 사회적 경험일 가능성도 있다. 즉 다수의 손위 남자 형제와의 상호작용이 어떤 식으로든 성 정체성에 영향을 미칠 가능성이다. 그러나 이는 연구 결과들이 시사하는 바와 부합되지 않는다.

이와 관련된 한 중요한 연구에서 연구자는 다양한 수의 손위 남자 형제와 함께 자라난 남자들의 성 정체성을 핵심 대조 집단의 성 정체성과 비교해 보았다. 핵심 대조 집단은 바로 손위 남자 형제들이 있지만 이들과 한집에서 자라지 않았던 남성들이었다(예를 들어 남성 본인이 입양되었거나 다른 형제들이 입양되어 간 경우이다). 연구 결과 남성의 손위 남자 형제 수는 이들이 한집에서 살았건 그렇지 않았건 간에 남성의 성 정체성에 영향을 미쳤다! 보다 많은 수의 손위 남자 형제가 있는 남성은 이 형제들과 같은 집에서 생활하지 않았다 해도 확률적으로 동성애 지향의 성 정체성을 갖게 될 가능성이 컸다.

어떻게 이런 일이 가능할까? 연구자는 남자의 성 정체성에 영향을 미치는 핵심 요인은 태아기 환경이라고 주장했다. 남자아이를 많이 낳은 어머니는 남자 태아에 대한 면역 반응을 일으킬 가능성이 있다. 이 면역 반응은 남자 태아의 생물화학적 환경에 영향을 주고 뇌 발달에 영향을 미쳐 아이가 훗날 이성애 경향을 덜 보이게 만들 수 있다. 이러한 가설은 반쯤 추측에 가깝고 더 많은 연구를 필요로 하지만, 현재까지의 연구 결과는 태아기 요인이 성 정체성에 중요한 효과를 갖는다는 사실을 시사한다. 그 결과로 성격 발달을 분석할 때에 반드시 고려해야 할 요인의 폭이 더욱 확장되었다.

출처 : Bogaert, 2006.

분노 정서에 대한 연구는 심리학자들로 하여금 좌/우반구 우월성이 기분의 균형, 즉 긍정성/부정성과 관련된다는 기존의 생각을 바꾸도록 만들었다. 분노는 부정적 정서이다. 분노는 부정적 사건에 대한 반응으로 나타나며 사람은 분노가 기분 나쁜 정서라고 느낀다(반면 평온함과 행복함은 기분 좋은 정서들이다). 그러나 높은 수준의 분노는 기존에 긍정적 기분과의 관련성이 밝혀졌던 좌반구 활성 수준과 관련된다(Harmon-Jones, 2003). 이 결과는 반구 우월성이 특히 접근 동기 및 회피 동기와 밀접하게 관련된다는 것을 시사한다. 접근/회피 동기는 자극을 향해 다가가거나(접근) 혹은 자극으로부터 물러서는(회피) 동기를 뜻한다. 행복과 같은 긍정적 상태나 분노와 같은 부정적 상태는 모두 행동적 접근을 수반한다. 여러분이 행복을 느낄 때면 대상으로 다가가고 대상과 상호작용을 즐기게 되지만, 여러분이 분노를 느낄 때에도 대상으로 다가가서 대상과 대적하게 되는 것이다.

신경전달물질과 기질 : 도파민과 세로토닌

뇌의 뉴런들은 **신경전달물질**neurotransmitters을 통해 서로 소통한다. 신경전달물질 활동과 기분 개인차의 관계에 대해서는 많은 연구가 진행되었다. 뇌의 다양한 신경전달물질 중 정서 및 성격 연구자들의 가장 많은 관심을 받아 온 두 가지는 바로 도파민과 세로토닌이다.

도파민 과다는 정신분열증과 연관되며 도파민 과소는 파킨슨병과 관련된다. 도파민은 또한 쾌락과 관련되어 '기분 좋은' 화학물질로 묘사된다(Hamer, 1997). 동물은 도파민과 관련되는 반응을 잘 수행한다(Wise, 1996). 그러므로 도파민은 보상 체계 기능의 중심인 것으로 볼 수 있다. "도파민 회로의 역할을 특징지을 수 있는 방법 중 하나는 이를 보상 체계로 묘사하는 것이다. 도파민 회로는 우리에게 '그것 참 좋았어. 또 하자고. 그리고 어떻게 그렇게 했는지 정확히 기억하자.'라고 말해주는 효과를 갖는다"(Hyman, 1999, p. 25). 코카인과 같은 중독성 약물은 마치 자기가 도파민인 것처럼 '가장하는' 물질로 파악된다. 따라서 약물을 섭취할 때에는 쾌락을 경험하지만 약물 공급이 중단되고 도파민 수준이 떨어지면 가라앉은 기분을 느끼게 된다.

신경전달물질인 세로토닌 또한 기분 조절과 관련된다. 선택적 세로토닌 재흡수 억제제selective serotonin reuptake inhibitors(SSRIs)로 알려진 현대 의약품은 뉴런 간 시냅스에서의 세로토닌 활동을 연장시켜 우울을 경감시키는 것으로 알려져 있다. SSRIs를 보통 사람에게 투여하면 부정적 감정 경험이 줄어들고 사회적이고 친화적인 행동이 증가하는 것으로 밝혀졌다(Knutson et al., 1998). 마지막으로 코르티솔 호르몬이 스트레스 반응과 관련되어 있다는 사실도 알려져 있다. 케이건(1994)의 연구로 돌아가 보면 억제된 아동으로 분류된 다섯 살 아이는 위협에 대한 반응성이 높은데 이는 높은 코르티솔 반응으로 나타났다. 반면 일곱 살 아이들의 경우에는 이런 양상이 나타나지 않았다.

신경전달물질이 기분에 영향을 준다는 사실은 뇌 화학 연구를 통해 기질 개인차의 문제에 접근할 수 있다는 점을 시사한다. 다수의 연구자가 기질의 잠재적인 생화학적 기반을 탐구해 왔다(Cloninger, Svrakic, & Przybeck, 1993; Depue, 1995, 1996; Depue & Collins, 1999; Eysenck, 1990; Gray, 1987; Pickering & Gray, 1999; Tellegen, 1985; Zuckerman, 1991, 1996). 이러한 연구 모형들이 대부분 서로 유사하고 또한 제8장에서 살펴본 5요인 이론과 유사하기는 하지만 항상 서로 정확히 일치하지는 않는다. 그러므로 이런 모형 몇 가지를 살펴보기보다는 리 애나 클라크와 데이비드 왓슨(2008; Watson, 2000)의 안내를 따라 이들이 성격 기질을 어떻게 분석했는지 알아보도록 하자.

기질의 세 차원 : PE, NE, 그리고 DvC

클라크와 왓슨(2008)의 모형에 따르면 기질의 개인차는 아이젱크의 상위특질과 유사하고 5요인 중 세 차원과 대략 유사한 세 개의 큰 상위특질로 정리할 수 있다. 바로 부정적 정서성negative emotionality(NE), 긍정적 정서성positive emotionality(PE), 그리고 탈억제 대 억제disinhibition versus constraint(DvC)가 그 세 가지이다. NE 요인이 높은 사람은 높은 수준의 부정적 정서를 경험하며, 이 세계를 위협적이고 문제가 많고 고통스러운 곳으로 인식한다. 반면 NE가 낮은 사람은 평온하고 정서적으로 안정적이며 스스로에게 만족할 줄 안다. PE 요인은 환경과 적극적으로 상호작용하려는 개인의 의지와 관련되며 이 점수가 높을 경우 (마치 외향성처럼) 에너지, 즐거움, 열정을 가지고 능동적인 대인관계와 삶을 이어간다. PE 요인이 낮은 사람은 (마치 내향성처럼) 조용하고 사회적 관계에 냉담하고 에너지와 자신감이 낮다. NE와 PE가 서로 반대되는 특성을 지녔음에도 불구하고 이 둘은 서로에 대해 독립적이다. 즉 사람들은 두 가지 요인 각각에 대해 높거나 낮은 점수를 보일 수 있다(Watson & Tellegen, 1999; Watson et al., 1999). 이는 두 요인이 서로 다른 내적 생물학 체계의 통제 아래에 놓여있기 때문이다. 세 번째 요인인 DvC는 앞의 두 요인처럼 감정의 양상과 관련되지는 않으며 오히려 감정 통제의 양상과 관련된다. DvC 점수가 높은 사람은 충동적이고 앞뒤를 가리지 않으며 순간순간의 느낌과 흥분에 경도된다. 이 점수가 낮은 사람은 신중하고 자기 행동의 장기적 의미에 따라 행동을 통제하며 위험과 위협을 회피한다.

따라서 문제는 이 세 요인과 관련된 생물학적 요소를 규명할 수 있느냐는 것이다. 클라크와 왓슨은 드퓌(1996; Depue & Collins, 1999)의 연구에 기초하여 PE가 '기분 좋은' 화학물질인 도파민 활동과 관련된다고 주장했다. 동물 연구에서 동물의 높은 도파민 수준은 접근 행동과 관련되었으며 도파민 결핍은 보상을 얻으려는 동기의 결핍과 관련되었다. 이에 따라 클라크와 왓슨은 "보상을 얻으려는 동기와 긍정적 정서, 그리고 이를 뒷받침하는 인지 과정을 촉발하는 보상 신호에 대한 생물학적 체계의 민감성 개인차가 PE 기질 차원의 기초를 형성한다."(1999, p. 414)라고 말했다. 또한 높은 PE 점수가 좌반구 우월성과 관련되는 등 반구 우월성 역시 PE와 관련된다(Davidson, 1994, 1998).

클라크와 왓슨은 세로토닌이 DvC의 생물학적 기반이라고 주장했다. 이들에 따르면 세로토닌이 낮은 사람은 공격적이고, 알코올과 같은 도파민 활성화 물질을 보다 많이 사용했다. 알코올 중독 또한 세로토닌 기능의 저하와 관련되었다. 헤이머(1997) 역시 도파민을 스릴 추구와 충동성, 탈억제와 관련시켰다. 높은 DvC 점수와 관련되는 경쟁적이고 공격적인 특성이 높은 수준의 테스토스테론 호르몬과 관련된다는 증거도 있다.

클라크와 왓슨은 NE에 대한 신경생물학 연구가 부족하다고 주장했다. 하지만 시냅스의 낮은 세로토닌 수준이 우울, 불안, 강박 장애 증상과 관련된다는 연구가 있다. 헤이머와 코프랜드(1998)는 낮은 세로토닌 수준을 갈레노스의 우울 기질과 비견할 말한 세상에 대한 부정적 관점과 연관시켰다. 드퓌(1995)는 세로토닌 수준이 낮은 동물은 매우 과민한 모습을 보인다고 보고하며 헤이머(1997)는 세로토닌을 '기분 나쁜' 화학물질로 묘사한다. 이에 더해 우반구 우월성과 부정적 정서 경험 경향이 연관된다는 연구 증거도 있다. 마지막으로 편도체의 과민성이 높은 수준의 불안과 스트레스를 경험하는 경향에 영향을 미칠 수 있다 (LeDoux, 1995, 1999).

이런 연구를 평가하기 위해 우리는 생물학적 과정과 성격 특질 사이에 일대일로 연결되는 관계가 성립하지 않는다는 것을 상기해야 한다. 대신 각각의 생물학적 요소는 하나 이상의 특질 발현과 관련되는 것으로 보이며 각 특질의 발현에는 다시 하나 이상의 생물학적 요인이 영향을 미친다. "단일한 신경전달물질을 기반으로 하는 성격 모형은 너무 단순하여 다른 영향 요인의 도입을 필요로 한다"(Depue & Collins, 1999, p. 513). 따라서 신경생물학적 연구 결과를 **기질의 삼차원 모형**three dimensional temperament model으로 모두 통합하는 것은 매우 어려운 일인데 이 과정에서 지금까지 알려진 신경생물학적 연구 결과를 과잉 단순화할 위험이 있기 때문이다. 따라서 표 9.4에 정리한 생물학과 기질의 관계들은 선구적 가설들이자 어떤 일이 벌어지는지에 대한 우리의 최선의 추측으로 생각해 볼 수 있으며, 우리는 이를 향후 보다 많은 연구 자료를 확보해 가며 검증하고 수정해야 한다.

이에 더해서 뇌 기능의 국지화 연구 또한 중요한 발전을 이루었다곤 하나 우리는 뇌 전체를 총체적 체계로 바라볼 필요가 있다. 다마시오(1994)에 따르면 프란츠 요제프 갈은 뇌를 하나의 커다랗고 분화되지 않은 덩어리로 바라보는 대신 뇌가 특정한 기능을 수행하는 하위체계들로 구성된다고 주장했다는 점에서 옳았다. 그러나 갈은 각 뇌 영역과 기능을 올바로 규명하지 못했을 뿐만 아니라 뇌 기능들이 어떻게 하나의 체계로 발휘되는지 알지 못했다. 다마시오는 "나는 골상학의 덫에 갇히지 않을 것이다. 간단히 말하면 인간의 마음은 모든 분화된 요소들의 작용 결과이며, 이 분화된 체계들로 구성된 여러 체계의 협업에 따른 결과이

기질의 삼차원 모형
기질 개인차를 긍정적 정서성(PE), 부정적 정서성(NE), 그리고 탈억제 대 억제라는 세 가지 상위특질로 기술하는 것

표 9.4 현재 제안된 생물학-성격 연결점

편도체 원시적 변연계의 일부로 뇌의 정서 반응 센터다. 불쾌한 정서를 통한 학습에 특히 중요하다.

반구 우월성 우측 전두엽 우월성은 부정적 정서의 활성화 및 수줍음, 억제 특질과 관련된다. 좌측 전두엽 우월성은 긍정적 정서 활성화 및 대담성, 탈억제 특질과 관련된다.

도파민 보상, 강화, 쾌락과 관련된 신경전달물질. 높은 도파민 수준은 긍정 정서, 높은 에너지, 탈억제, 충동성과 관련된다. 낮은 도파민 수준은 무기력, 불안, 움츠러듦과 관련된다. 동물과 사람은 모두 도파민 분비를 촉진하는 약물을 섭취하려 한다.

세로토닌 기분, 과민성, 충동성과 관련되는 신경전달물질. 낮은 세로토닌 수준은 우울과 관련되며 폭력 및 충동성과도 관련된다. SSRIs(선택적 세로토닌 재흡수 억제제)라 알려진 약물(예를 들어 프로작, 졸로프트, 팍실 등)은 우울증 치료 및 공포증과 강박 장애 치료에 쓰인다. 이들이 어떻게 작용하는지는 아직 완전히 알려지지 않았다.

코르티솔 스트레스 관련 호르몬으로 부신 피질에서 분비되고 위협에 대한 반응을 촉진한다. 코르티솔은 단기적 스트레스에 대해서는 적응적 효과를 가져오나 장기적·만성적 스트레스에 대해서는 우울 및 기억력 감퇴를 불러온다.

테스토스테론 이차 성징의 발달과 밀접하게 관련되는 호르몬이며 또한 지배성, 경쟁심, 공격성과도 연관된다.

출처 : Hamer & Copeland, 1998; Sapolsky, 1994; Zuckerman, 1995.

다."(1994, p. 15)라고 말했다. 뇌에는 분화되고 국지화된 시스템과 조직화 체계가 모두 들어 있다. 요약하면 성격 특질은 단일한 생물학적 요소와 관련되는 것이 아니라 인간의 생물학적 체계를 이루는 요소들이 패턴을 이루며 기능하는 것과 관련된다. "심리생물학은 단순성을 추구하는 사람들의 학문이 아니다"(Zuckerman, 1996, p. 128).

가소성 : 원인과 효과 모두로서의 생물학적 요소

생물학과 성격에 대해 고민할 때에는 일반적으로 다음의 두 가지 생각이 떠오르곤 한다. (1) 생물학적 요소는 고정되어 있다. 생물학적 요소는 유전자에 의해 결정되며 시간이 흘러도 변하지 않는다. (2) 생물학과 경험 사이의 인과관계에 있어 생물학 요소가 원인이고 심리적 경험이 결과다.

이와 같은 두 가지 생각은 반만 옳고 반은 그르다. 생물학 요소는 변화한다. 그리고 이 변화는 부분적으로 행동적 경험에 기인한다. 경험에 따라 변화할 수 있는 생물학적 체계의 변화 역량을 우리는 '가소성'이라 부른다. 열가소성을 가진 플라스틱처럼 생물학 요소는 다듬어지고 주조될 수 있다.

경험에서 생물학적 구조로

신경학 체계와 신경전달물질 체계 모두 **가소성**plasticity을 보인다(Gould et al., 1999; Raleigh & McGuire, 1991). 예를 들어 원숭이 위계 사회의 리더는 높은 세로토닌 수준이라는 생물학 요소와 관련되지만, 가끔 이들의 위계가 재편되어 리더십 순위가 역전되면 새로운 리더는 자신이 위계의 바닥에 위치할 때보다 더 높은 수준의 세로토닌 수준을 갖추게 된다(Raleigh & McGuire, 1991). 이와 유사하게 테스토스테론과 공격성 혹은 경쟁심의 관계도 양방향적이어서 높은 테스토스테론 수준이 보다 강한 공격성과 경쟁심을 촉진하지만 경쟁과 공격 행동 또한 테스토스테론 수준의 증가를 가져온다(Dabbs, 2000). 스포츠 경기에서 패하게 되면 테스토스테론 수준이 감소하기도 하지만 테스토스테론 수준이 낮은 사람이 경기에서 패하기도 한다(McCaul, Gladue, & Joppe, 1992). 단순히 동전 던지기에서 이기는 것만으로도 테스토스테론 수준이 증가한다(Gladue, Boechler, & McCaul, 1989). 이에 헤이머와 코프랜드 (1998)는 "노래하는 새에서 다람쥐에 이르기까지, 생쥐에서 원숭이에 이르기까지… 승자는 테스토스테론의 폭증을 맛보고 패자는 테스토스테론이 바짝 말라버린다. 인간도 마찬가지다."(p. 112)라고 결론 내리기에 이르렀다.

단순한 과제를 활용한 한 연구를 통해 경험이 뇌에 미치는 영향에 대한 실험적 증거를 확보할 수 있었다. 그 과제는 저글링이었다(Draganski et al., 2004). 연구 참여자의 해부학적 뇌 영상을 확보한 연구자들은 무작위로 선택된 절반의 참여자들에게 저글링을 배워보도록 부탁했다. 이 참여자들은 간단한 공 세 개짜리 저글링을 세 달간 학습했다. 연구자들은 세

가소성
신경생물학적 체계의 각 부분들이 유전자가 정한 한계 내에서 현재의 적응상의 수요나 경험에 따라 일시적 또는 장기적으로 변화할 수 있는 능력

달이 지난 후 저글링을 배운 집단과 배우지 않은 집단을 모두 실험실로 불러 두 번째 뇌 영상을 촬영했다. 참여자들의 뇌 영상을 통해 저글링 학습 경험이 뇌의 해부학적 구조를 변화시켰다는 사실이 드러났다. 저글링을 배운 참여자는 특히 동작 지각과 관련된 영역을 중심으로 뇌의 회백질이 유의미하게 확장되었다. 연구자들은 이것이 "성인의 뇌 해부학적 구조는 노화나 병리적 조건에 따른 형태적 변화 외에는 다른 변화를 겪지 않는다는 전통적 관점에 반하는 결과다."(Draganski et al., 2004, p. 311)라고 주장했다.

요약하면 신경과학의 발전에 따라 생물학 요소와 경험 사이를 양방향으로 달리는 도로가 존재한다는 흥미로운 증거가 속속 출현하고 있다. 미래에 우리는 성격 기능의 생물학적 기반, 그리고 개인의 생물학적 구조에 대한 사회적 상호작용과 경험의 기여 모두를 보다 폭넓게 이해할 수 있을 것이다.

'고수준' 심리 기능에 대한 신경과학 연구

지금까지 살펴본 연구는 주로 정서와 동기 과정을 다룬 것들이었다. 연구자들은 생물학적 체계를 기분, 기본적 충동, 정서(공포 등)와 관련된 심리적 현상과 관련시켜 왔다. 그러나 '고수준' 심리 기능(예 : 자기 개념)을 포함하는 나머지 심리 기능에 관해서는 어떤 연구를 했을까? 고수준 심리 기능 또한 생물학적 뇌 기능을 필요로 할 것이므로 신경과학은 원리적으로 이 같은 복잡한 심리 기능 또한 조명할 수 있다. 이제 이러한 시도를 했던 최근의 연구를 살펴보자.

뇌와 자기

인간의 고유한 능력 중 하나는 스스로를 반추할 수 있는 능력이다. 우리는 우리의 특성, 잠재력, 다른 사람에게 비치는 모습 등을 반추할 수 있다. 이런 능력과 관련하여 기본적인 연구 질문이 한 가지 있다. 이 능력은 인간의 전반적인 인지 능력을 반영할까? 달리 말하면 자기는 그저 '우리가 이것저것 생각하는 것 중 하나일 뿐'일까? 아니면 이는 독특한 능력일까? 우리가 스스로에 대해 생각할 때에는 다른 것들에 대해 생각할 때와는 다른 기능적으로 독특한 뇌 체계가 작용하는 것일까?

최근의 한 연구(Kelley et al., 2002)는 fMRI 뇌 영상 기법을 활용하여 이 문제에 접근했다. fMRI(기능적 자기공명영상)로는 참여자들이 특정한 과제를 수행할 때 구체적으로 어떤 뇌 영역이 활성화되는지 확인할 수 있다. fMRI는 과제 수행 중 혈류의 변화를 분석할 수 있다. 만약 과제 수행 중에 어떤 뇌 영역에 특히 큰 혈류 변화가 발생한다면 이는 해당 뇌 영역이 해당 과제의 수행과 어떤 식으로든 관련된다는 증거다.

연구자들(Kelley et al., 2002)이 활용한 과제는 참여자들에게 특질 형용사(의존적인, 공손한 등등)를 평가하게 하는 것이었다. 참여자들은 각 형용사를 세 가지로 평가해야 했다. (1) 형용

fMRI
주어진 자극을 처리하거나 주어진 과제를 수행할 때에 어떤 구체적인 뇌 영역이 개입되는지 규명하는 뇌영상 기법

사가 (제시되는 시점에) 대문자로 쓰여있는지, (2) 형용사가 조지 W. 부시를 잘 묘사하는지, (3) 형용사가 참여자 본인을 잘 묘사하는지. 연구자들의 아이디어는 타인에 대해 생각할 때("조지 W. 부시는 의존적인 사람인가?" 등)나 사람과 관련이 없는 생각("지금 '의존적인' 이란 형용사가 대문자로 쓰여있나?" 등)을 할 때와는 달리 오직 자기 자신에 대해 생각할 때("나는 의존적인가?" 등)에만 활성화되는 고유한 뇌 영역이 있으리라는 것이었다. 이에 대한 대안적 가능성은 자기에 대한 생각이 타인에 대한 생각과 아무런 차이를 보이지 않는 것이다.

켈리와 동료들(2002)은 실제로 자기에 대한 판단에만 고유하게 관여하는 뇌 영역이 있다는 사실을 발견했다. 전두엽 부근의 영역, 특히 복내측 전전두피질(PFC)은 "자기 참조적 판단에만 선택적으로 작용했다"(p. 790). 참여자들의 기준선 측정치와 과업 수행 중 측정치를 비교해 보면 복내측 전전두피질은 조지 W. 부시나 글자 모양을 생각할 때보다는 자기에 대해 생각할 때 더 크게 작용한다는 사실을 알 수 있다.

물론 이와 같은 결과는 전전두피질 영역이 생물학적인 '자기의 집'이라는 것을 보여주지 못한다. 특질 형용사상에서 자기 자신을 평가하는 것은 자기 개념의 일면만을 반영하며, 또한 자기 반추가 일어나는 복잡한 정신 활동을 할 때에는 당연히 다수의 뇌 영역이 개입될 것이다. 그러나 이 연구의 결과는 신경과학 연구를 통해 성격 기능에 대한 복잡한 연구 질문들에 접근할 수 있다는 사실을 알려주는 선구적인 증거다. 미래에 우리는 분명 자기 개념의 신경학적 기반에 대한 보다 많은 관심 및 과학적 증거와 마주하게 될 것이다(Churchland, 2002).

정리

요약하자면 우리는 이 장을 통해 각종 '머리 아픈' 연구 결과들을 살펴보았다. 성격에 대한 심오한 질문뿐만 아니라 복잡한 생물학적 기술들이 관련되는 연구들 말이다. 그러나 이 복잡성에서 몇 가지 주제가 파생되었다. 한편으로 현대 성격심리학 연구는 성격 기능과 개인차를 만드는 구체적인 뇌신경학적, 생화학적 체계를 확인할 수 있었다. 또 다른 한편으로는 생물학과 성격에 대한 연구가 환경의 영향력을 놀라울 정도로 강조했다. 일란성 쌍둥이의 성격은 똑같지 않다. 닮은 사람들이 상이한 사회적 상황 또는 경험을 거치고 나면 생물학적인 차이를 보이게 된다. 성격 이론의 관점에서 지금까지의 연구들을 살펴보면 생물학적 요소가 성격과 개인차의 근간이 되리라는 특질 이론가들의 생각이 지지되는 모양새다. 하지만 연구 결과들은 앞으로 이어질 장들에서 배울 다른 이론가들, 즉 개인을 이해함에 있어 생물학적 요소뿐만 아니라 환경과 사회, 문화의 영향력을 탐구한 이들의 생각 또한 지지한다.

주요 개념

가소성	부모 투자 이론	유전성 추정치
골상학	선택적 교배 연구	입양 연구
공유/비공유 환경	신경전달물질	진화된 심리적 기제
근접 요인	쌍둥이 연구	행동유전학
기질	억제된-억제되지 않은 기질	fMRI
기질의 삼차원 모형	원격 요인	

요약

1. 심리학자들은 오래도록 기질의 개인차에 관심을 가졌으며 이를 생물학적 구조 요인과 연관시키곤 했다. 기질 연구는 장기 종단 연구로 발전하고 행동과 생물학적 구조 변수의 객관적 측정치를 포괄하게 되었다. 억제된 아이와 억제되지 않은 아이에 대한 케이건의 연구는 이러한 발전 모습을 잘 보여준다.

2. 진화론자들은 행동의 원격 요인에 관심을 둔다. 즉 관심 대상이 된 행동이 왜 진화하였고 어떤 적응적 기능을 하는지 질문한다. 남성과 여성의 배우자 선택에 관한 연구, 부모 투자와 친자 확신의 성차를 강조하는 연구, 질투를 유발하는 원인에서의 성차를 다루는 연구는 모두 인간 행동 특징을 진화적으로 해석하는 연구의 대표적인 예다.

3. 유전자-행동 관계를 탐구하는 세 가지 방법은 선택적 교배, 쌍둥이 연구, 그리고 입양 연구다. 쌍둥이 연구와 입양 연구는 지능 및 대부분의 성격 특질에 유의미한 유전성이 존재한다는 결론으로 이어졌다. 성격 특질의 전반적인 유전성은 .4에서 .5이며 이는 성격 특징 변량의 40%에서 50%가 유전적 요인에서 기인함을 뜻한다. 그러나 유전성 추정치가 연구 대상이 되는 모집단과 성격 특질, 그리고 연구 방법의 영향을 받는다는 증거가 있다.

4. 신경과학의 발견사항과 성격의 연결점은 도파민이나 세로토닌과 같은 신경전달물질의 기능, 데이비슨의 연구에서 조명된 것과 같은 반구 우월성의 효과, 정서적 자극과 기억의 처리와 관련된 편도체 뇌 영역의 기능 등을 중심으로 형성된다. 클라크와 왓슨의 기질 삼차원 모형은 신경과학의 발견사항과 성격 간의 관련성을 체계화하려는 한 가지 시도로 볼 수 있다. 다양한 연결점이 제안되었으나 생물학적 과정들과 성격 특질들을 모두 포괄할 수 있는 모형은 아직 개발되지 않았다.

5. 신경과학 연구자들은 최근 자기 판단과 같은 복잡한 성격 기능에 관여하는 구체적인 뇌 영역을 규명하고 있다. 이 연구는 일반적으로 뇌 영상 기법, 특히 fMRI 기법에 바탕을 둔다.

6. 생물학적 과정은 고정적이라고 생각하는 일반적 경향이 있지만 신경생물학적 체계가 경험에 따라 가소성 또는 변화 잠재력을 갖는다는 상당한 연구 결과가 축적되었다. 따라서 성격의 생물학적 기반에 대한 연구들은 유전이 성격에 미치는 영향에 대한 정보를 제공할 뿐만 아니라 환경의 역할에 대한 정보 또한 제공한다.

10

행동주의와 성격의 학습 접근법

이 장에서 다룰 질문

사람에 대한 행동주의의 견해

성격 과학에 대한 행동주의의 견해

왓슨, 파블로프, 그리고 고전적 조건형성

스키너의 조작적 조건형성

비판적 평가

주요 개념

요약

제10장의 초점

여러분을 심하게 짜증나게 만드는 사람과 데이트를 해본 적이 있는가? 학교 공부가 많다며 항상 투덜거리는 남자 친구 때문에 굉장한 짜증을 느끼는 한 여성이 있다고 생각해 보자. 그녀는 다름 아니라 자기 남자 친구한테 관심과 공감을 보내는 데 지친 것이다. 사실 그녀 자신도 할 게 참 많았다! 어느 날 우리의 여자 주인공은 새로운 생각 하나를 떠올린다. '남자 친구가 불평을 할 때마다 모두 무시해 버리면 무슨 일이 벌어질까?' 이 생각을 실천에 옮기자 확실한 효과가 있었다! 그녀가 더 이상 응석을 받아주지 않자 남자의 불평불만은 서서히 사라져 갔다. 행동주의 언어로 표현하면 이 여성은 남자 친구의 불평에 '관심'이라는 형태의 긍정적 강화를 제공해 남자가 응석을 부리도록 만든 것이었다.

이 여성은 남자 친구의 행동을 변화시키기 위해 자기도 모르는 사이에 학습 이론의 기본 원리를 활용한 셈이다. 이 장에서 우리는 학습 이론에 바탕을 둔 이론적 접근 방식, 그리고 행동주의라고 알려진 심리 과학의 전체적인 접근 방법을 살펴볼 것이다. 행동주의에 따르면 인간은 환경 안에서의 경험의 결과로 자신의 성격 양식을 점진적으로 획득해 가는 존재다. 행동주의와 밀접히 관련되는 학습 이론은 사람이 환경적 경험에 따라 조성되어 나가는 구체적 과정을 규명한다.

이 장에서 여러분은 심리학 역사 속에서 특출한 중요성을 갖는 이론들인 파블로프의 고전적 조건형성 이론과 스키너의 조작적 조건형성 이론을 공부할 것이다. 두 이론은 모두 명확히 정의된 연구 가설을 실험적으로 검증하려는 헌신적 노력을 통해 만들어졌다는 공통점이 있다. 이어서 측정과 변화에 대한 접근 방법들을 살펴보고 행동주의 성격 이론 전반을 비판적으로 평가해 보자.

이 장에서 다룰 질문

1. 동물을 대상으로 한 연구에서 발견한 학습 원리들이 성격 이론의 기초가 될 수 있는가?
2. 우리의 행동은 환경적 사건(자극)에 따라 통제되는가?
3. 이상 행동 또한 다른 행동들과 마찬가지로 학습되는 것이라면 학습 원칙에 기초한 치료법을 만들 수도 있는가?
4. 행동주의자들이 주장하는 것처럼 우리의 행동이 궁극적으로 환경에 따라 결정된다면 사람은 정말 '자유의지'를 갖는 것인가?

이 장은 두 가지 학습 이론을 다룬다. 두 이론은 상반되지 않고 오히려 서로에 대해 상보적이다. 두 이론은 환경적 경험을 통한 학습의 서로 다른 측면을 강조한다. 두 이론은 파블로프의 고전적 조건형성 이론과 스키너의 조작적 조건형성 이론인데 이들의 아이디어를 조합하면 행동주의라 알려진 심리적 관점의 기틀이 도출된다.

20세기 중반 행동주의 학파는 과학적 심리학 영역을 지배했다. 20세기 후반 행동주의의 영향력은 가파르게 하락했으나 조작적 조건형성과 고전적 조건형성의 연구는 현대 심리학의 일부로 남을 수 있었다(Domjan, 2005; Staddon & Cerutti, 2003). 여러분은 지금 이런 의문을 품었을지도 모르겠다. "이미 영향력이 감소해 버린 학파의 이론을 내가 왜 공부해야 하는 거지?"

현대 성격 이론과 연구에 있어 여전히 행동주의를 연구해야 하는 세 가지 이유가 있다. 첫째는 이론 구축 과업과 관련된다. 포괄적인 과학적 성격 이론을 개발하는 것은 쉽게 이룰 수 있는 업적이 아니다. 따라서 과거 이론의 성취와 한계를 모두 살펴보는 것은 큰 가치를 갖는다. 둘째는 응용이다. 그 한계에도 불구하고 행동주의는 의심의 여지가 없는 실용적 가치를 가진 치료 방법을 발생시켰다. 마지막으로 행동주의는 심리학의 몇몇 최신 연구 흐름을 예언했는데, 현대의 연구자들은 행동주의적 주제를 탐구하고 있음에도 불구하고 스스로를 '행동주의자'라고 부르지는 않는다. 예를 들어 환경적 자극이 어떻게 우리 행동을 통제하는지 연구하거나(Bargh & Ferguson, 2000; Bargh & Gollwitzer, 1994) 인간이 스스로의 행동을 의식적으로 통제하고 있다고 믿는 것이 얼마나 허상에 가까운지 연구하는(Wegner, 2003) 사회심리학자들은 사실 두 가지 주요한 행동주의적 주제를 다루고 있는 것이다. 연구자들은 또한 행동주의 이론(Skinner, 1948)이 동물을 대상으로 한 실험실 연구에 기초했음에도 불구하고 인간의 덕과 잠재력, 그리고 '긍정'심리학적 특징을 연구하는 21세기 심리학의 흐름을 예고했다고 주장한다(Adams, 2012).

사람에 대한 행동주의의 견해

먼저 사람에 대한 행동주의의 견해를 살펴보자. (주요 이론가들, 특히 B. F. 스키너의 견해는 이 장의 후반부에 설명한다.) 행동주의의 심리학적 견해를 이해하는 가장 좋은 방법은 비유를 통하는 것이다. 우리가 인간의 해부학적 구조나 생리학에 대해 어떻게 생각하는지 떠올려 보자. 우리는 사람의 몸이 일종의 '기계'라고 상상할 수 있다. 여느 복잡한 기계와 마찬가지로 사람의 몸은 다양한 기능(순환, 체온 유지 등)을 수행하는 여러 기관(심장, 폐, 땀샘 등)이 모여서 이루어진다. 이제 우리의 주제인 성격으로 돌아와 보자. 몸을 기계로 생각하는 아이디어는 이 지점에서 일그러진다. 몸은 기계와 유사해 보이지만 성격은 그렇지 않다. 사람은 자발적이고 즐거움을 사랑한다. 사람은 갈등을 겪고 불안을 느낀다. 사람은 용감하고 상상력이 풍부하다. 기계는 자발적이지 않고 즐거움을 사랑하지 않으며 갈등을 겪지도 불안해하지도 용감하지도 상상력이 풍부하지도 않다. 따라서 우리는 사람이 기계와 같지 않다는 것을 직관적으로 알 수 있다.

이와 같은 직관적 느낌에도 불구하고 행동주의자들은 사람을 기계와 같은 것으로 보았다. 행동주의의 위대한 대변자이자 가장 영향력 있는 이론가였던 B. F. 스키너는 사람이 "자기 형상을 본떠서 기계를 만든다는 것"(Skinner, 1953, p. 46, 강조를 추가함)에 흥미를 가졌다. 스키너는 지난 두 세기 동안의 과학 발전에 힘입어 "우리는 생명체의 작동 방식과 그 기계적인 성질에 대해 보다 많은 것을 발견했다."(1953, p. 47)라고 말했다. 행동주의자들은 사람에 대한 과학을 구축하는 과정에서 사람을 기계적인 기제의 종합으로 볼 수 있다고 가정했다. 행동주의자들은 이 기제들이 어떻게 학습하는지, 즉 이 기제들이 환경적 입력에 반응하여 어떻게 변화하는지 탐구했다.

사람을 기계와 유사한 것으로 보는 관점에는 한 가지 중요한 함의가 담겨있다. 이 함의는 곧바로 행동주의 인간관의 두 번째 중요한 특성을 이룬다. 이 함의는 **결정론**determinism이라 알려진 철학적 입장이다. 결정론은 한 사건이 선행하는 다른 사건의 결과로 나타나거나 선행 사건에 따라 결정된다고 보는 믿음이며, 사건의 원인은 과학의 기본 법칙들을 가지고 이해할 수 있다는 믿음이다. 결정론이 인간 행동의 문제들에 적용되면 이는 인간 행동이 과학적 법칙을 가진 인과관계에 따라 발생한다는 믿음을 뜻하게 된다. 결정론은 '자유의지'에 대한 믿음과는 반대되는 입장이다. 앞으로 더 자세히 살펴보겠지만 행동주의자들은 사람이 자유의지를 갖는다고 믿지 않았다. 즉 행동주의자들은 사람이 행동 방식을 자유롭게 선택한다는 믿음이 옳다고 생각하지 않았다. 대신 행동주의자들은 사람이 자연 세계의 일부분이며 자연 세계의 사건(여기에는 사람의 행동도 포함된다)은 인과적으로 결정되는 것이라 믿었다.

결정론
인간의 행동은 과학적 법칙에 따른다는 믿음. 결정론은 자유의지에 대한 신념과 반대됨

성격 과학에 대한 행동주의의 견해

성격 과학의 한 관점으로서 행동주의는 이 책에서 살펴본 다른 어떤 이론과도 크게 다르다. 차이점은 행동주의 접근법의 기본적 가정에서 명확히 드러난다. 행동주의의 기본적 가정은 두 가지다. 첫 번째 가정은 사람의 행동은 그 사람이 처한 환경의 인과적 영향에 따라 설명되어야 한다는 가정이다. 이를 다른 이론과 비교해 보자. 이 책에서 살펴본 다른 이론은 기본적으로 사람의 '머릿속에 든' 것들(정신역동적 구조, 특질 등)에 대한 이론들이다. 이와 같은 이론들은 어떻게 내적 성격 요인이 사람의 경험과 행동에 영향을 미치는지 질문한다. 반면 행동주의는 환경에 들어있는 것이 무엇인지에 대한 이론이다. 행동주의자들은 환경 요인이 어떻게 사람의 행동을 인과적으로 결정하는지 질문한다.

두 번째 가정은 인간에 대한 이해는 전적으로 통제된 실험 연구를 통해 구축되어야 한다는 가정이다. 실험 과정에는 사람과 동물이 모두 대상이 될 수 있다. 이 또한 다른 이론과 비교해 보자. 기타 여러 성격 이론가들이 공유하는 바는 성격 이론을 구축함에 있어서 연구 대상은 사람이 되어야 한다는 것이다. 반면 행동주의자들은 많은 부분 동물을 대상으로 한 자료를 바탕으로 인간에 대한 이론을 구성했다. 여러분은 이를 이상하게 생각할 수 있을 것이다. 하지만 이는 과학 영역에 잘 알려진 연구 전략인 '단순한 체계' 연구 전략을 잘 보여주는 사례임을 이제부터 살펴볼 것이다.

환경 결정론과 성격 개념에 대한 환경 결정론의 함의

성격 과학에 대한 행동주의적 관점의 가장 기본적인 특징은 환경 요인이 인간 행동을 결정하는 양상을 연구한다는 것이다. 행동주의자들은 다음과 같은 논리로 이를 뒷받침했다. 인간은 물리적 세계 안에 존재하는 물리적 존재다. 그렇기에 인간은 과학적 분석을 통해 이해할 수 있는 물리적 법칙의 지배를 받는다. 수백 년 전 근대 물리학이 개창된 후 과학자들은 물리적 물체의 행동을 설명하는 일이란 곧 물체에 작용하여 행동을 낳는 환경 속의 여러 힘을 규명하는 일임을 깨달았다고 행동주의자들은 주장했다. 공중에 돌을 던지고 그 움직임을 관찰한다고 생각해 보자. 돌은 포물선을 그리며 날아가다가 땅으로 떨어진다. 이를 어떻게 설명할 수 있을까? 우리는 돌이 "포물선을 그리며 움직이는 것을 즐긴다."라거나 "떨어지는 특질을 가지고 있다."라고 말하지 않는다. 대신 우리는 돌의 움직임이 전적으로 환경적 힘들(우리가 돌을 던진 힘과 방향, 그리고 중력과 기압)에 따라 결정되었음을 알고 있다. 행동주의자들은 인간 행동 또한 정확히 이 같은 방식으로 설명할 수 있다고 보았다. 환경적 힘들이 돌의 궤도를 결정하듯이 우리 인생의 궤적 또한 여러 환경 요인과 관계되며 이로부터 영향을 받아 결정된다. 행동주의자들은 태도, 감정, 특질을 동원하여 돌의 움직임을 설명할 필요가 없듯이 개인의 행동을 태도, 감정, 성격 특질 등으로 설명할 필요가 없다고 생각했다. 돌은 떨어지기로 결정해서 떨어지는 것이 아니라 중력에 이끌려 떨어지는 것이다. 이와 유사하게 사람 또한 어떤 행동을 하기로 결정했기 때문에 그 행동을 하는 것이 아니라 환경적 힘들이 그 행동을 하도록 하기 때문에 그 행동을 하는 것이다.

행동주의자들도 사람에게 생각과 감정이 있다는 사실을 알고 있었다. 그러나 이들은 사고와 감정 또한 환경적 원인에 따라 초래되는 행동으로 보았다. 만약 여러분이 "난 성격심리학 수업이 재미있을 것 같아서 수강했어."라든가 "나는 남자 친구하고 더 이상 사귀지 못할 것 같다는 느낌이 들어서 헤어졌어."라고 말한다면 행동주의자들은 그게 아니라고 할 것이다. 여러분은 자기 행동의 원인을 잘못 파악하고 있다. 행동주의자들은 환경적 원인이 여러분으로 하여금 수업을 듣는 행동을 하게 했다고 생각한다. 나아가 여러분이 성격심리학 수업이 재미있을 것이라 생각한다고 말한 것도 바로 환경적 원인 때문이다! 마찬가지로 환경적 특성이 원인이 되어 여러분은 남자 친구와의 관계에서 불편함을 느끼고 이 관계를 끝내게 된다.

따라서 행동주의 세계관의 가장 급진적인 측면은 사람의 행동을 사고와 감정의 용어로 설명하지 않았다는 것이다. 대신 행동주의는 개인을 조성하는 환경적 힘들의 용어로 그의 행동, 생각, 감정을 분석했다. 행동주의자들은 이를 과학적으로 신뢰할 수 있는 행동 연구를 만들어 가는 유일한 방법으로 보았다. 예컨대 우리가 진화를 공부하고 있고 이제 유인원들이 왜 네 발로 걷다가 직립보행 유인원이 되었는지 설명하려 한다고 가정해 보자. 우리는 네 발로 걷는 동물이 "네 발로 걷기 지쳤다."라거나 "두 발로 일어서기로 결정했다."라고 설명할 수 없다. 이런 설명은 아주 우스꽝스러운 것이다. 이런 설명 안에는 어떤 과학적 유용성도 들어있지 않다. 우리는 네 발로 걷기에서 두 발로 걷기로 나아간 진화적 변화가 전적으로 진화적 환경에 존재했던 적응 압력에 기인한다는 것을 알고 있다. 행동주의자들에게는 사람이 '그렇게 하기로 결정했기 때문에' 어떤 행동을 취한다는 설명은 유인원이 진화하기로 결심하고 진화했다는 설명만큼이나 무가치하다. 이런 비과학적 설명 대신 행동주의자들은 사람의 감정, 사고, 행동에 진짜로 영향을 미친 환경적 요인을 규명하도록 우리를 종용한다. 행동주의자 B. F. 스키너는 이 명제를 다음과 같이 매우 명확하게 진술했다.

> 우리는 물리학과 생물학이 밟았던 길을 따라 행동과 환경의 직접적 관계로 관심을 돌리고 마음 상태들의 가설적인 매개 효과는 무시해야 한다. 물리학은 낙하하는 물체가 환호성을 지르는지 면밀히 관찰하며 발전한 것이 아니며 생물학은 영혼의 본질을 연구하며 발전한 것이 아니다. 우리는 행동의 과학적 분석에 이르기 위해 성격, 마음 상태, 감정, 특질, 계획, 목표, [또는] 의도를 발견하려 노력할 필요가 없다.
>
> B. F. 스키너, 자유와 존엄을 넘어서(1971, p. 15)

위의 모든 내용이 성격 연구와 어떤 관련이 있을까? 행동주의자들이 실제로 모든 행동을 일반적 학습 법칙으로 설명해 냈다고 가정해 보자. 행동주의자는 이로써 '성격 이론' 또는 '성격심리학'이라는 고유한 영역이 존재할 필요성이 완전히 제거되었다고 선언할 것이다.

행동주의자들에 따르면 다른 모든 성격 이론의 변수들(정신분석적 갈등, 성격 특질 등)은 사람의 머릿속에 존재하는 심리학적 실체를 의미하지 않는다. 대신 단순한 기술적 명칭들, 즉 실제로는 환경에 의해 초래된 심리적 경험의 패턴을 기술한 용어들에 불과하다. 환경이 동성 부모에 대한 적대감과 반대 성 부모에 대한 끌림을 초래하고 나면 정신분석가들은 이를 '오이디푸스 콤플렉스'라 명명한다. 환경이 어떤 사람으로 하여금 에너지 넘치고 외향적이고 사교적인 행동을 하게 만들고 나면 특질 이론가들은 이를 '외향성'이라고 명명한다. 이와 같은 무수한 경우들에 있어 성격 용어는 인간 행동의 원인을 규명해 주는 것이 아니다. 행동주의자들은 성격 용어를 단순히 환경에 의해 초래된 행동 양식에 이름을 붙인 것들로 본다.

따라서 행동주의자들은 학습 법칙을 이해함으로써 다른 모든 성격 이론을 대체할 수 있다고 생각했다. 만약 행동을 학습 법칙으로 설명할 수 있고 '성격'은 그저 개인이 학습한 행동 양식의 기술 용어에 불과하다면 학습 이론과 구별되는 고유한 과학적 성격 이론이 존재할 필요가 없다. 행동주의자들은 이러한 주장을 감추지 않았다. 이들은 성격 이론이 "먼 과거에 우리가 품었던 호기심 정도로 보이게 될"(Farber, 1964, p. 37) 날을 손꼽아 기다렸다.

환경 결정론을 믿는 것에는 또 다른 의미들 역시 담겨있다. 한 가지 의미는 환경 결정론이 잠재적으로 행동의 **상황 특정성**situational specificity을 강조한다는 것이다. 환경 요인이 행동의 원인이라면 사람의 행동 양식은 환경에 따라 유의미한 변화를 보일 것이다. 이와 같은 예측이 특질 이론의 접근 방법(제7장과 제8장)과는 많이 다르다는 것에 주목하자. 특질 변수는 행동의 일관적 양식을 나타낸다. 특질 변수는 사람이 왜 다양한 상황에 걸쳐서 일관적인 방식으로 행동하는지 설명하려는 변수들이다. 반면 행동주의자들은 사람이 각각의 행동 양식에 대해 상이한 보상과 처벌을 제공하는 환경에 노출된다면 이 사람의 행동에는 실질적 변화가 나타날 것이라 기대했다.

환경 결정론의 또 다른 의미는 정신 병리의 원인과 치료에 대한 것이다. 행동주의자들은 정신 병리를 내적 문제, 즉 사람의 마음속에 있는 병으로 이해하지 않았다. 대신 개인의 부적응적이고 '비정상적인' 행동은 개인이 처한 부적응적인 환경에 기인한다고 가정했다. 이러한 가정은 매우 근본적인 함의를 갖는다. 이는 심리치료라는 과업이 근본적인 갈등을 분석하거나 개인의 성격을 재조직하는 일이 아니라는 뜻이다. 대신 치료의 목표는 내담자가 새로운 학습 경험을 할 수 있는 새로운 환경을 제공하는 것이 되어야 한다. 이 장의 후반부에서 살펴보겠지만, 새로운 환경은 내담자가 새롭고 보다 적응적인 행동 양식을 학습할 수 있도록 해줄 것이다.

성격의 학습 관점 접근법은 원래의 형태로는 그 영향력이 거의 남아있지 않지만 우리는 그 역사적 중요성 때문에, 다른 이론적 발전의 발판을 놓았기 때문에, 그리고 이어지는 장들에서 살펴볼 인지적 접근법과 흥미로운 대조를 이루기 때문에 이를 자세히 살펴볼 것이다.

상황 특정성
특질 이론가들이 강조하는 행동의 상황 일반성과는 반대로 행동의 상황에 따른 변화를 강조하는 것

실험, 관찰 가능한 변수, 그리고 단순한 체계

성격 과학에 있어 행동주의 관점이 갖는 또 다른 결정적 특징은 그 연구 전략이다. 이들의 연구 전략은 환경 결정론에 따라 자연스럽게 도출되었다. 만약 환경이 행동을 결정한다면 연구자는 환경 변수를 조작하여 그것이 행동에 어떤 영향을 미치는지 알아보아야 한다. 행동주의자들은 전적으로 이런 식의 면밀하게 통제된 실험에 기초를 두고 인간 본성을 연구했다.

행동주의자들은 연구를 설계할 때에 관찰 가능한 대상을 연구하도록 해야 한다고 강조했다. 연구자들은 환경 변수와 행동 변수를 관찰할 수 있어야 하며, 환경과 행동을 정확히 측정하여 두 변수 간의 관계를 체계적으로 규명해야 한다. 이는 당연한 이야기로 보일 수 있다. 그러나 이 특성, 즉 관찰 가능한 심리적 변수를 이론화 대상으로 삼는 특성은 우리가 지금까지 살펴본 다른 이론에는 포함되어 있지 않은 특성이다. 우리는 원초아, 오이디푸스적 갈등, 외향성, 자기실현 동기 등을 직접 관찰할 수 없다. 행동주의자들은 다른 이론들이 관찰 불가능한 변수를 다루기 때문에 너무 사변적이며 충분히 과학적이지 못하다고 주장했다. 이런 이유로 행동주의자들은 심리학의 거의 모든 이론을 엄하게 비판했다.

실험 방법으로 성격을 연구하려 한다면 심각한 난관에 직면하게 된다. 사람의 일상적 행동에 실질적 영향을 미치도록 환경 변인을 조작하는 일은 대부분 실현하기도 힘들고 비윤리적이기도 하다. 또한 인간의 일상적 행동은 매우 많은 수의 변수에 따라 결정되며 이 많은 변수는 서로 아주 복잡하게 얽혀있어서 단일한 환경 요인과 행동의 법칙적 관계를 구분해내기 쉽지 않다. 이와 같은 난점들 때문에 행동주의자들은 다음과 같은 연구 전략을 채택하게 되었다. 행동주의자들은 복잡한 사회적 행동을 관찰하는 대신 주로 단순한 반응을 연구했다. 또 복잡한 인간을 연구하는 대신 쥐와 비둘기 같은 더 단순한 유기체를 연구했다. 행동주의 원리 원칙들을 구축한 최초의 연구 자료들은 거의 전적으로 실험실 동물을 대상으로 한 실험실 연구 자료들이었다.

이 연구 전략은 매우 이상해 보일 것이다. 여러분은 '누가 동물을 연구해서 사람의 성격에 대해 알 수 있다고 생각하겠어?'라고 생각할 것이다. 아주 좋은 질문이다. 행동주의 접근을 처음 배울 때 매우 중요한 것은 행동주의자들의 연구 전략이 이들만의 것이 아님을 깨닫는 것이다. 오히려 이는 과학에서 흔히 쓰이는 방법이다. 바로 단순한 체계를 연구하는 전략이다.

여러분이 지금 비행기를 설계하고 있고, 비행기가 바람이 많이 부는 날씨에도 안전하게 비행할 수 있을지 걱정하고 있다고 가정해 보자. 이와 같은 궁금증을 해소하는 한 가지 전략은 실제로 비행기를 완성시켜서 사람을 가득 태우고 하늘로 날린 뒤에 강한 바람 속에서도 추락하지 않고 잘 나는지 보는 것이다. 물론 여러분은 이런 식으로 하지는 않을 것이다. 비행기의 비행 특성을 알아내는 이와 같은 전략은 엄청난 비용이 들고 완전히 비윤리적인 전략이다. 대신 여러분은 실제 비행기보다 좀 더 단순한 것, 아마도 풍동 속에 띄운 모형 비행기나 컴퓨터 시뮬레이션과 같은 것들을 연구해야 한다. 여러분은 이처럼 단순한 시스템이

표 10.1 성격에 대한 학습 관점의 기본 강조점

1. 실증 연구는 이론과 적용의 초석이다.
2. 성격 이론과 그 이론적 적용은 학습 원리에 기초를 두어야 한다.
3. 행동은 환경의 강화 변수들에 반응하며 다른 성격 이론(특질 이론, 정신분석 이론 등)이 제안하는 것보다 더 상황 특정적이다.
4. 정신 병리의 의학적인 증상-병리 관계를 거부하며 대신 학습과 행동 변화의 기본 원리들을 강조한다.

실제 비행기와 같지는 않다는 것을 안다. 그러나 이 단순한 체계들 안에 여러분이 진짜로 관심을 갖는 체계, 즉 실제 비행기의 특성과 동일한 중요한 특성들이 담겨있다고 주장할 것이다. 생물학자들은 신약의 부작용을 검증할 때 이와 유사한 방법을 활용한다. 연구자들이 관심을 갖는 것은 신약이 사람에게 보이는 효과이지만 이들은 먼저 실험실 동물에게 나타나는 효과부터 연구한다. 이들은 동물과 사람의 신체 구성에는 충분한 유사성이 있으므로 동물 연구는 최소한 약이 사람에게 미치는 효과에 대한 값진 정보를 제공해 줄 수 있다고 가정한다. 우리는 평소 단순한 체계 연구에 대해 명확히 생각하지는 않지만 이미 그 가치는 알고 있는 셈이다.

이것이 바로 단순한 체계 전략이다. 이는 연구자가 실용적 기준과 윤리적 기준에 따라 자신이 근본적인 관심을 갖는 체계보다 더 단순한 체계를 과학적으로 연구하는 전략이다. 행동주의자들은 이 전략을 채택했다.

표 10.1에 지금까지 살펴본 행동주의의 강조점들을 요약했다. 이를 바탕으로 우리는 이제 심리 과학에 대한 행동주의적 접근 내에서 발전되었던 이론들을 살펴볼 것이다. 구체적으로, 행동주의 접근법의 역사적 시발점을 만들었던 존 왓슨의 아이디어 및 이와 관련된 이반 파블로프의 연구부터 알아보도록 하자.

왓슨, 파블로프, 그리고 고전적 조건형성

왓슨의 행동주의

행동주의
왓슨이 개발한 심리학의 접근법 중 하나로 관찰 대상을 명시적이고 관찰 가능한 행동으로 제한함

존 B. 왓슨(1878~1958)은 **행동주의**behaviorism라 알려진 심리학적 접근 방식의 개창자다. 왓슨은 시카고대학에서 철학 석사 학위 과정을 밟다가 심리학으로 전공을 바꾸었다. 그는 신경학과 생리학 강의를 수강하고 동물을 대상으로 한 생물학 연구를 수행했다. 왓슨은 박사 학위를 받기 직전 해에 정서적 고통을 경험하고 몇 주 동안이나 불면증을 경험했다. 왓슨은 이 기간에 프로이트의 연구에 관심을 갖게 되었다고 회상했다(Watson, 1936, p. 274). 왓슨은 결국 박사 논문을 완성했는데 이 논문을 쓰는 과정에서 그는 인간을 대상으로 한 연구에 대한 특유의 태도를 발전시키게 된다.

시카고대학에서 나는 최근 갖게 된 관점을 조금씩 형성해 나갔다. 나는 한 번도 인간을 대상으로 연구를

파블로프의 연구는 너무도 중요한 것이어서 소련에서는 우표를 발행해 그를 기릴 정도였다.

하고 싶다고 생각해 본 적이 없다. 나는 연구 대상 노릇을 하기 싫었다. 나는 참여자들에게 제공하는 고루하고 인위적인 지시사항들이 싫었다. 연구 대상이 된 나는 언제나 불편해했고 또 자연스럽지 않게 행동했다. 하지만 동물들과 함께 있으면 나는 집에 온 것과 같은 편안함을 느꼈다. 나는 동물을 연구할 때 내가 탄탄한 기반 위에서 생물학 연구와 밀접한 거리를 유지하고 있다고 느꼈다. 이런 생각이 점점 자라나고 있었다. 동물의 행동을 관찰해서 다른 학생들이 O(인간 참여자)를 활용하여 발견하는 모든 것들을 발견해 낼 수 있지 않을까?

Watson(1936, p. 276)

왓슨은 1908년에 시카고대학을 떠나 존스홉킨스대학 교수로 부임했으며 이곳에서 1919년까지 근무했다(이 기간은 제1차 대전 기간과 일부 겹치는데 왓슨은 전쟁 동안에 군에 복무했다). 존스홉킨스에서 근무하는 동안 왓슨은 심리학 접근법으로서의 행동주의에 대한 그의 관점을 발전시켰다. 그는 먼저 1913년에 심리학계의 선도적 학술지인 *Psychological Review*에 게재한 역사적인 논문에서 이 관점을 강하게 주장했다. 이어서 왓슨은 대중 강연과 1914년에 출간된 책 왓슨의 행동*Watson's Behavior*을 통해 관찰 가능한 행동의 연구를 중시하고 내성적인(자기 자신의 심리 상태를 관찰하는) 연구 방법을 거부하는 그의 심리학 관점에 보다 많은 주의를 끌어모았다. 왓슨의 주장은 미국 심리학자들에게 열렬한 반응을 이끌어 냈다. 왓슨은 1915년에 미국심리학회 회장으로 선출되었다. 왓슨은 러시아 심리학자인 파블로프(사진 참조)의 연구 결과를 활용하여 자신의 이론적 기반을 빠르게 확장시켰으며, 이를 자신의 가장 중요한 책인 행동주의자의 입장에서 본 심리학*Psychology from the Standpoint of a Behaviorist*(1919)에 녹여냈다. 1920년에 왓슨은 자기 학생인 로잘리 레이너와 함께 수행했던 정서 반응 학습에 대한 혁명적인 연구를 출판했다(Watson & Rayner, 1920). 당시 왓슨은 분명 20세기 가장 위대한 미국 심리학자로 등극할 노정에 올라있었다.

하지만 왓슨의 경력은 그렇게 잘 풀려나가지 못했다. 1919년에 왓슨은 아내와 이혼하고 이후 레이너와 결혼했다. 이 스캔들 때문에 왓슨은 존스홉킨스에서 물러나야 했고 더 이상의 연구 경력을 이어나가지 못했다. 대신 왓슨은 비즈니스 세계에 입문하여 오랜 기간 마케팅 연구에 종사했다. 왓슨은 이런 인생의 급변을 꿋꿋이 받아들인 것 같다. 그는 "신제품의 판매 곡선이 성장하는 것을 바라보고 있노라면 동물이나 인간의 학습 곡선을 바라보는 것과 같은 흥분을 느낄 수 있었다."(Watson, 1936, p. 280)라고 말했다. 1920년 이후 왓슨은 몇몇 유명한 논문과 행동주의(1924)라는 유명한 책을 쓰기도 했다. 그러나 왓슨의 이론가, 실험가로서의 경력은 이때 끝이 났다.

고전적 조건형성 이론

이반 페트로비치 파블로프(1849~1936)는 소화 과정을 연구하던 중 심리학 영역에 근본적인 영향을 미치게 될 행동 연구 절차와 학습 원리를 개발했던 러시아의 심리학자다. 20세기 벽두에 즈음하여 파블로프는 개의 위 분비물 연구를 수행하게 되었다. 이 연구의 일환으로 파블로프는 개의 입속에 음식 분말을 넣고 그 결과로 나타나는 침 분비를 측정했다. 파블로프는 개의 입에 음식을 넣는 시행을 반복하면 개가 음식이 입에 들어오기 전에도 몇몇 자극에 반응하여 침을 분비하게 된다는 사실을 깨달았다. 이 자극에는 음식 접시, 음식을 든 사람이 걸어오는 것 등이 포함되었다. 기존에 침 분비를 촉발하지 못했던 자극(이는 중성 자극이라 불린다)이 이제는 개의 침 분비를 자동적으로 촉진하는 음식 분말과 연합됨으로써 침 분비 반응을 낳게 된 것이다. 동물을 키우는 사람들에게 이는 그다지 놀라운 관찰 결과가 아닐 것이다. 그러나 이 결과는 파블로프로 하여금 고전적 조건형성이라 알려진 중요한 연구를 수행하도록 만들었다.

파블로프는 넓고 다양한 과학적 주제를 탐구했다. 파블로프는 기본적 조건형성 과정 연구에 더해서 개들의 개인차를 연구하여 기질 연구라는 새로운 영역의 등장을 촉발했다(Strelau, 1997). 파블로프는 이상 행동의 이해에 중요한 기여를 했다. 파블로프는 개의 비정상 행동을 실험적으로 연구하고 인간 환자들의 신경증과 정신증을 연구하여 고전적 조건형성 원리에 기초한 치료 방법의 뿌리를 제공했다. 1904년에 파블로프는 소화 과정에 대한 연구 업적을 인정받아 노벨상을 수상했다. 파블로프의 방법과 개념은 오늘날에도 여전히 중요할 뿐만 아니라 심리학 역사 전체를 통틀어서도 가장 중요한 방법과 개념 가운데 하나로 꼽힌다(Dewsbury, 1997).

고전적 조건형성의 원리

고전적 조건형성classical conditioning은 최초에 중성적이었던 자극(즉 원래는 유기체가 해당 자극에 의미 있는 반응을 보이지 않았다는 것이다)이 강한 반응을 유발하게 되는 과정이다. 이는 중성 자극이 반응을 불러일으키는 다른 자극들과 연관되기 때문에 나타나는 현상이다. 유기체가 원래는 중성적이었던 자극에 대한 반응을 학습하는 이와 같은 과정은 조건형성이라 알려져 있다.

파블로프 연구실에서 수행된 고전적 연구 사례는 개를 대상으로 한 것이다. 처음에 개는 음식이 나타났을 때에 침을 흘렸다. 음식에 대한 침 흘리기 반응은 학습되거나 조건형성된 것이 아니다. 이는 유기체에 내장된 자동적 반응이다. 고전적 조건형성 이론의 용어 표기법에 따르면 음식은 무조건 자극unconditioned stimulus(US)이고 음식에 대한 침 흘리기 반응은 무조건 반응unconditioned response(UR)이다. '무조건'이란 말은 자극과 반응 간의 관계가 아무런 학습과 조건형성 없이 나타남을 뜻한다. 이어서 파블로프는 종소리와 같은 새로운 자극을 도입했다. 최초에 종소리는 중성적 자극이어서 파블로프 연구실의 개로부터 어떤 강한 반응도 이끌어 내지 못했다. 여기서 중요한 절차가 시작된다. 여러 차례에 걸쳐 개에게 음식을 보여주기 직전에 종소리를 들려준 것이다. 이러한 학습 시행들을 거친 뒤 이제는 개에게 음식 없이 종소리만 들려주었다. 무슨 일이 벌어졌을까? 개는 단순히 종소리를 듣는 것만으로도 침을 분비했다. 조건형성이 발생한 것이다. 기존에는 중성적이었던 자극이 이제 강한 반응을 유발하게 되었다. 이 시점에서 종소리는 조건 자극conditioned stimulus(CS)이라 부르고 종소리에 대한 침 흘리기 반응은 조건 반응conditioned response(CR)이라 부른다.

이 연구의 요점은 물론 개, 종, 음식의 관계에 국한된 것이 아니라 아주 일반적인 조건형성 과정을 보여준 것이다. 이론상 모든 정서 자극은 어떤 자극과도 연합될 수 있다. 개, 그리고 사람이 이 세상의 사건들에 대해 경험하는 정서적 반응은 그 큰 부분이 고전적 조건형성에 따라 결정될 수 있다.

고전적 조건형성을 통해서 우리는 원래 중성적이었던 자극을 회피하는 학습을 할 수도 있다. 이는 조건 회피라 부른다. 조건 회피의 초기 연구로는 개를 가슴줄로 고정하고 묶고 발에 전극을 달았던 연구가 있다. 개에게 전기 충격(US)을 주면 발을 움츠리는 회피 반응(UR)이 나타나는데 이는 동물의 반사 반응에 속한다. 전기 충격이 있기 직전에 종소리를 들려주는 시행을 반복하면 종소리(CS)만으로도 회피 반응(CR)을 이끌어 내게 된다.

고전적 조건형성 연구를 위해 파블로프가 설계한 실험 구조는 파블로프로 하여금 몇 가지 중요한 현상을 탐구할 수 있게 만들어 주었다. 예를 들어 조건 반응이 특정한 중성 자극 하나하고만 연합되는 것일까 아니면 이 자극과 유사한 자극과도 연합되는 것일까? 파블로프는 원래 중성적이었던 자극에 조건화된 반응은 이 자극과 유사한 자극과도 연합된다는 사실을 발견했다. 이 과정을 **일반화**generalization라고 한다. 달리 설명하면 종소리에 대한 침 분비 반응은 다른 소리를 들었을 때에도 일반적으로 나타났다. 이와 유사하게 종소리에 대한 회

고전적 조건형성
파블로프가 강조한 과정으로 종전에는 중립적이었던 자극이 자동적으로 어떤 반응을 불러일으킬 수 있는 자극과 연합됨으로써 동일한 반응을 촉발할 수 있게 되는 과정

일반화
조건형성에서 어떤 반응이 원래 조건화되거나 연합되어 있었던 자극과 유사한 자극에 연합되는 것

피 반응은 종소리와 유사한 소리에도 일반화되어 나타났다.

이러한 일반화의 한계는 어디까지일까? 반복되는 시행에 걸쳐 여러 자극 중 몇몇 자극에만 무조건 자극이 짝 지어지게 되면 동물들은 이제 자극 간의 차이를 알게 된다. 이 과정은 **변별**discrimination이라 부른다. 예를 들어 오직 특정한 소리가 난 후에만 전기 충격이 따라오며 다른 종류의 소리에는 전기 충격이 뒤따르지 않는다면 개는 이제 소리들을 구별하는 법을 익히게 된다. 즉 일반화 과정이 유사한 자극들에 대한 반응의 일관성을 가져온다면 변별 과정은 반응의 자극 특정성을 강화하는 것이다. 마지막으로 원래 중성적이었던 자극이 최소한 간헐적으로도 무조건 자극과 짝 지어지지 않은 채 반복적으로 제시된다면 조건형성 또는 연합을 없애거나 점진적으로 약화시키는 **소거**extinction 과정이 나타난다. 중성 자극과 무조건 자극의 연합이 조건 반응을 낳는다면 무조건 자극 없이 조건 자극만 계속 제시되는 것은 소거를 낳는다. 예를 들어 개가 종소리에 계속하여 침을 흘리기 위해서는 적어도 가끔은 개에게 종소리와 함께 음식 분말을 제공해 주어야 한다.

이와 같은 예시는 동물을 대상으로 한 것이지만 고전적 조건형성 원리들은 인간에게도 적용할 수 있다. 예를 들어 어떤 개에 물리거나 개의 난폭한 행동에 당한 아이가 있다고 생각해 보자. 이 아이는 이 개에 대한 공포를 모든 개에 대한 공포로 확장하며 이는 일반화 과정이다. 그러나 만약 주위의 도움을 받아 여러 종류의 개를 구분할 수 있게 된다면 자신의 공포를 오직 특정한 종의 개에게만 제한시킬 수 있다. 이는 변별 과정으로 볼 수 있다. 시간이 흘러 아이가 모든 개들과 반복적인 긍정적 경험을 한다면 공포 반응을 모두 없앨 수 있다. 따라서 고전적 조건형성 모형은 우리의 여러 정서 반응의 발달, 유지, 소거를 이해하는 데 매우 유용할 수 있다.

정신 병리와 변화

파블로프는 조건형성 연구를 임상적 관심 대상이 되는 현상으로 확장시켰다. 파블로프는 심리적 갈등이나 신경증 발달과 같은 현상에 대한 이론적 설명을 개발했다. 동물의 실험적 신경증이라 알려지게 된 현상을 연구한 파블로프의 고전적 연구 하나를 살펴보자. 이 연구에는 원 모양에 반응하여 침을 흘리도록 조건형성된 한 마리의 개가 등장한다. 이어서 개는 원과 타원을 변별하도록 조건형성되었다. 이 과정은 타원에 대한 반응은 강화하지 않고 원에 대한 반응만 지속적으로 강화함으로써 이루어졌다. 이어서 점차 타원의 모양이 바뀌었다. 타원이 점점 원과 가까워졌던 것이다. 처음에 개는 원과 타원을 여전히 구분해낼 수 있었다. 그러나 원과 타원이 굉장히 유사해지자 개는 더 이상 둘을 구분할 수 없었다. 개에게 무슨 일이 일어났을까? 개는 이상 행동을 보였다. 파블로프는 이를 다음과 같이 묘사한다.

이 변별 과정을 3주간 진행하자 개의 변별 능력이 더 이상 향상되지 않았을 뿐만 아니라 오히려 상당히 악화되더니 결국 모두 사라져 버렸다. 그때까지는 조용하기만 했던 개가 이제 길게 울부짖고 이리저리

변별

조건형성에서 자극이 기분 좋거나 고통스럽거나 중립적인 사건과 연합되는 여부에 따라 자극에 대한 반응이 변별되는 것

소거

조건형성에서 한 자극과 반응의 연합이 점진적으로 약화되는 것. 고전적 조건형성에서 소거는 조건 자극이 더 이상 무조건 자극과 짝 지어지지 않기 때문에 발생하고, 조작적 조건형성에서 소거는 반응이 더 이상 강화되지 않기 때문에 발생함

도망 다니고 피부에 부착된 기계 자극을 이빨로 찢어발겼으며 자기 방과 관찰자를 이어주는 튜브를 물어뜯었다. 이런 행동은 전에는 결코 나타나지 않았던 것들이다. 실험실로 데려오면 개는 심하게 짖어댔는데 이것 또한 기존의 행동과는 달랐다. 한마디로 개는 급성 신경증 증상을 보인 것이다.

Pavlov(1927, p. 291)

조건화된 정서 반응

파블로프의 연구는 존 왓슨의 생각에 커다란 영향을 미쳤다. 파블로프가 개를 대상으로 했던 조건형성 연구를 인간을 대상으로 해야겠다는 영감이 왓슨 안에서 솟아났다. 왓슨은 1920년에 심리학 역사상 가장 유명한 연구 중 하나이자 가장 악명 높은 연구 중 하나를 발표한다. 이 연구는 꼬마 앨버트라고 알려진 11개월 난 아이에게 정서 반응을 조건형성한 것이다.

실험자들인 왓슨과 레이너(1920)는 꼬마 앨버트가 무서워하지 않는 작은 흰색 실험실 쥐와 공포를 불러일으키는 무조건 자극인 쇠막대기를 망치로 두들기는 소음을 짝 지었다. 연구자들은 앨버트가 쥐를 향해 손을 뻗는 순간마다 그의 등 뒤에서 재빨리 쇠막대기를 망치로 두들기자 앨버트가 쥐에 대한 공포를 발전시키게 되었음을 발견했다. 몇 차례의 실험 시행 후에는 소음 없이 쥐를 보여주었는데도 앨버트가 쥐를 보자마자 울기 시작했다. 앨버트에게 **조건화된 정서 반응**conditioned emotional reaction이 발생한 것이다. 심지어 앨버트의 공포는 파블로프 실험실의 개들이 보인 반응과 마찬가지로 일반화되었다. 앨버트는 흰쥐뿐만 아니라 흰 털을 가진 물체들에 공포를 보였으며, 왓슨과 레이너의 보고에 따르면 이 물체들에는 산타클로스 마스크의 흰 턱수염도 포함되었다! 앨버트의 정서 반응이 일반적으로 기대되는 것만큼 강하지 않았다는 증거가 있으나(Harris, 1979) 왓슨과 레이너는 인간의 여러 공포가 사실은 조건화된 정서 반응이라고 결론 내리고 정신분석의 더 복잡한 해석을 비판했다.

조건화된 정서 반응
왓슨과 레이너가 사용한 용어로, 종전에 중립적이었던 자극에 정서적 반응이 형성되는 현상을 지칭. 꼬마 앨버트의 쥐 공포증이 그 사례임

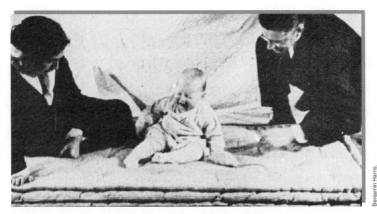

존 왓슨과 로잘리 레이너는 11개월 난 꼬마 앨버트를 대상으로 정서 반응의 고전적 조건형성을 연구했다.

그들의 가설들이 변화하지 않는 이상, 프로이트 학파는 20년이 지난 후 앨버트가 가진 물개 털 코트에 대한 공포증을 분석하게 되었을 때에 앨버트에게 그가 꾼 꿈의 내용을 들려달라고 요구하게 될 것이고, 이 꿈의 분석은 결국 앨버트가 세 살 때 어머니의 음모를 만지며 놀려다가 어머니에게 폭력적인 꾸짖음을 받았음을 보여주게 될 것이다. 만약 분석가가 앨버트를 충분히 자신의 논리 속으로 끌어들임으로써 앨버트가 이 꿈을 자신의 회피 성향을 설명해 주는 것으로 받아들일 준비가 되고, 또한 분석가가 앨버트에게 이런 설명을 관철시킬 수 있는 권위와 성품을 가지고 있다면 앨버트는 그 꿈이 진정 자기 공포증의 원인을 해명하는 것이라 완전히 믿게 될 것이다.

Watson & Rayner(1920, p. 14)

토끼에 대한 공포를 '탈조건화'하기

여러 심리학자는 정서 반응의 고전적 조건형성이 정신 병리의 발달에서 중요한 역할을 수행하며 행동 변화에서도 잠재적으로 중요한 역할을 수행한다고 생각한다. 고전적 조건형성 모형에 바탕을 둔 행동치료는 조건화된 공포와 같은 문제 반응의 소거에 중점을 두거나 불안과 같은 원하지 않는 반응을 불러일으키는 자극에 대한 새로운 반응의 조건형성에 중점을 둔다.

이 접근 방식을 실용적으로 활용한 최초의 사례는 왓슨과 레이너의 연구에 뒤따랐던 존스(1924)의 연구로 이는 실험실 환경 속에서 공포를 제거하는 연구였다. 이 연구는 비록 최초는 아니지만 행동치료를 체계적으로 적용한 초기 연구에 속한다. 존스는 2년 10개월 난 피터라는 아이의 과도한 공포 반응을 치료하려 했다. 피터는 일반적으로 건강하고 잘 적응된 아이였으나 흰쥐에 대한 공포를 가지고 있었고 이 공포는 토끼, 털 코트, 깃털, 솜털에까지 확대되어 있었다. 존스는 피터가 보이는 공포 반응의 본질과 가장 심한 공포 반응을 불러일으키는 조건을 세심하게 기록했다. 이어서 존스는 이 중 한 가지 자극에 대한 공포 반응을 '탈조건화'할 수 있는지, 그리고 이런 탈조건화를 다른 자극들로 일반화시킬 수 있는지 알아보았다. 존스는 토끼에 대한 공포에 집중했다. 피터는 토끼를 쥐보다도 더 무서워하고 있었다. 존스는 피터를 토끼가 있는 곳에서 토끼를 두려워하지 않는 다른 아이들과 놀게 했다. 토끼에 대한 완벽한 공포 반응을 보이던 피터는 점차 토끼에 대해 완전히 긍정적인 반응을 보이게 되었다.

피터의 탈조건화는 불행히도 피터가 성홍열로 입원하면서 중단되었다. 피터가 실험실로 다시 돌아왔을 때 피터의 공포는 원래 수준으로 돌아와 있었고 이는 조건화 절차의 일반적인 현상이라 볼 수 없었다. 이 시점에서 존스는 '직접적 조건화'라는 다른 치료 방법으로 전환했다. 이 방법은 피터를 의자에 앉혀서 피터가 좋아하는 음식을 주며 실험자들이 철창 안에 들어있는 토끼를 점차 피터에게 가까이 가져가는 것이었다. "토끼를 볼 때마다 기분 좋은 자극(음식)을 제공받는 상황에서 피터의 공포는 점차 사라지고 긍정적 반응이 나타났다." 달리 말하면 음식과 연합된 긍정적 기분이 기존의 토끼에 대한 공포를 역조건형성한 것이다. 그러나 직접적 조건화 과정에서도 토끼를 두려워하지 않는 다른 아이들의 영향이 중요한 것으로 나타났다.

그렇다면 다른 공포는 어땠을까? 존스는 피터의 토끼 공포를 탈조건화하자 피터의 털 코트와 깃털, 솜털에 대한 공포 또한 완전히 없어졌다고 기록한다. 연구자가 피터의 공포가 어디서 기인했는지 전혀 알지 못했음에도 불구하고 탈조건화 절차는 성공적이었고 다른 자극으로도 일반화되었다.

체계적 둔감화

고전적 조건형성 원리를 임상심리학적 문제에 응용함에 있어 한 가지 중요한 발전이 이루어졌는데 이는 체계적 둔감화라는 치료 기법의 발전이었다. 이 기법은 파블로프에 대한 저술로 유명세를 탔던 조셉 월프라는 남아프리카공화국의 정신과 의사가 개발한 것이다.

월프는 지속적인 불안 반응이란 탈학습 가능한 학습된 반응이라고 보았다. 월프는 이 '탈학습'을 이끌어 내도록 설계된 치료 방법을 발전시켰다. 더 기술적으로 표현하자면 그의 **체계적 둔감화**systematic desensitization 기법은 **역조건형성**counterconditioning을 통해 불안을 억제하는 방법이었다. 역조건형성은 사람에게 현존하는 반응에 이와 생리적으로 공존할 수 없는 새로운 반응을 짝짓는 것이다. 만약 어떤 사람이 어떤 자극에 대해 공포와 불안 반응을 보인다면 역조건형성의 목표는 이 사람이 이 자극에 대해 이완과 같은 새로운 반응을 학습하도록 하는 것이다. 이 사람이 새로운 고전적 조건형성 경험을 통해 기존에는 공포를 느꼈던 자극에 대한 이완 경험을 학습한다면 이 사람의 공포는 제거될 것이다.

임상 현장에서 체계적 둔감화는 몇 개의 단계로 이루어진다(Wolpe, 1961). 치료자는 내담자가 체계적 둔감화를 통해 치료할 수 있는 문제를 가졌는지 판단한 후에 내담자에게 이완법을 훈련시킨다. 이 과정은 일반적으로 심부근육 이완으로 이루어진다. 내담자는 몸의 한 부분씩을 차례대로 이완시킨다. 치료의 다음 단계는 불안 위계를 구축하는 것이다. 이 과정에서 치료자는 내담자에게 불안을 불러일으키는 자극의 목록을 얻어야 한다. 내담자에게 불안을 일으키는 자극은 높이에 대한 공포나 거부에 대한 공포 등 주제별로 군집화된다. 그리고 각 주제 군집 내에서 자극들을 가장 심한 것부터 가장 심하지 않은 순서로 서열화한다. 예를 들어 폐소공포증(닫힌 공간에 대한 공포) 군집에서 엘리베이터 안에 갇히는 것에 대한 공포는 목록의 최상위를 차지하며 기차를 타는 것은 중간에, 땅속에 갇힌 광부들의 이야기를 읽는 것은 목록의 맨 아래에 위치할 것이다. 죽음이라는 주제 군집에서는 장례 입관식에 참석하는 것이 가장 큰 불안을 불러일으키는 자극일 것이고 '죽음'이라는 단어는 어느 정도 불안을 일으킬 것이며 차를 타고 묘지를 지나가는 것은 약간의 불안을 일으킬 것이다. 내담자의 주제 군집 수는 많거나 적을 수 있으며 각 불안 위계도 많거나 적은 항목으로 이루어질 수 있다.

불안 위계 구성을 완료했다면 내담자는 이제 체계적 둔감화 절차를 진행할 준비가 된다.

체계적 둔감화
행동 치료 기법으로, 기존에 불안을 야기했던 자극에 불안과 양립할 수 없는 반응(이완)을 조건화하는 것

역조건형성
자극에 대한 기존 반응과는 양립할 수 없는 새로운 반응을 학습(또는 조건화)하는 것

거미 공포증과 같은 공포증은 파블로프의 고전적 조건형성 원리를 응용한 체계적 둔감화를 통해 경감시킬 수 있다.

내담자는 이완을 통해 자신을 진정시키는 법을 학습했으며 치료자는 내담자의 불안 목록을 완성했다. 이제 치료자는 내담자가 깊은 이완 상태로 들어가도록 한 뒤 내담자에게 불안 위계 중 가장 불안을 작게 불러일으키는 자극을 상상하도록 한다. 내담자가 불안을 느끼지 않고 이 자극을 상상할 수 있다면 치료자는 내담자에게 이완 상태를 유지하면서 불안 위계상의 다음 자극을 상상하도록 한다. 내담자가 순수하게 이완해 있을 수 있는 시간과 이완 상태로 들어가는 시간 및 불안을 일으키는 자극을 상상하는 시간을 적절히 배치한다. 만약 내담자가 자극을 상상하면서 불안을 느낀다면 치료자는 내담자가 다시 이완 절차를 밟고 불안을 일으키는 정도가 더 낮은 자극을 상상하도록 한다. 궁극적으로 내담자는 불안 위계의 어떤 자극을 상상하든지 이완 상태를 유지할 수 있게 된다. 내담자가 상상하는 자극과 짝 지어진 이완 상태는 일상에서 겪는 관련된 모든 자극으로 일반화된다. "모든 단계에 있어 이완 상태에서 상상했을 때 불안을 불러일으키지 않았던 모든 자극은 현실에서 맞닥뜨렸을 때에도 어떤 불안도 일으키지 않는다는 사실이 일관적으로 관찰되었다"(Wolpe, 1961, p. 191).

체계적 둔감화가 실제로 효과적인 치료 절차임을 보여주는 다수의 임상적 · 실험적 연구들이 있다. 이와 같은 성공적인 연구 결과들은 월프와 다른 사람들로 하여금 인간의 근본적 갈등을 치료하지 않을 경우 내담자의 한 가지 증상을 제거한다 해도 다른 증상이 발전된다는('증상 대체') 정신분석의 관점에 의문을 제기하도록 만들었다(Lazarus, 1965). 행동치료의 관점에 따르면 무의식적 갈등 때문에 초래되는 증상이란 없다. 이에 따르면 오직 부적응적인 학습된 반응만이 존재하며, 우리는 이 반응을 제거했을 때 또 다른 부적응적인 반응이 이

최신 질문

왜 어떤 음식은 맛있어 보이고 어떤 음식은 역겨워 보일까?

사람들은 어떤 음식 냄새와 맛은 사랑하고 또 어떤 것들은 혐오한다. 이러한 혐오 반응의 발단은 어린 시절로 거슬러 올라가며 혐오 반응을 변화시키기란 거의 불가능해 보인다. 혐오 반응의 힘을 이해하는 데 고전적 조건형성 이론이 도움이 될까?

이제 음식 맛에 대한 몇몇 연구를 살펴보자. 어떤 음식을 매우 불쾌한(심지어 역겨운) 것으로 만들고 이 음식들에 대해 생각하는 것만으로도 정서적 반응을 일으키도록 하는 것은 무엇일까? 혐오 반응의 사례로는 벌레를 먹는다거나 죽은 파리나 바퀴벌레가 빠진 우유를 마시는 것 등이 있다. 이런 반응들 중 일부가 갖는 흥미로운 특징은 한 문화권에서 역겨움을 불러일으키는 음식이 다른 문화권에서는 입맛을 돋우는 것으로 받아들여지곤 한다는 것, 그리고 우유에 파리나 바퀴벌레가 빠졌을 경우 이 벌레가 우유에 빠지기 전에 살균되었다는 말을 듣는다 해도 여전히 혐오가 유발될 수 있다는 것이다. 우유에 곤충이 빠져 죽은 것을 보면 우리는 다른 잔에 담긴 우유를 마실 생각도 잃어버리게 되고 혐오 반응은 우유 전체로 일반화된다.

이와 같은 반응을 연구하는 이들에 따르면 이 현상은 기존에 중성적이었던 대상과 강한 정서 반응이 연합된 것으로 설명할 수 있다고 한다. 고전적 조건형성의 용어로 바꿔보면 혐오 반응이 우유 또는 어떤 음식 등 기존에는 중성적이었던 자극과 '연합되었다' 또는 '조건형성되었다'라고 말할 수 있다. "우리는 파블로프 조건형성이 매일 소비되는 수십억 끼니의 음식 맛 연합에 대해, 매일 음식을 먹는 수십억 명의 감정 표현에 대해, 음식과 위협적 대상의 연합에 대해, 음식과 몇몇 음식 섭취 결과들의 연합에 대해 생생하고 훌륭한 설명을 제공해 준다고 믿는다."

이 말이 사실이라면 우리가 좋아하고 심지어 중독이 되어있는 수많은 것들 또한 고전적 조건형성의 결과일 것이다. 그렇다면 특정 대상에 대한 우리의 정서적 반응은 고전적 조건형성 과정을 통해 변화할 수 있을 것이다.

출처 : *Psychology Today*, July 1985; Rozin & Zellner, 1985. Copyright © 1985 American Psychological Association(Psychology Today의 허락하에 재인쇄)

튀긴 전갈 꼬치 하나 드셔보시겠는가? 여러분에게는 그다지 맛있어 보이지 않을지도 모른다. 그러나 여러분이 지금과는 다른 고전적 조건형성 경험을 가지고 있다면, 그러니까 다른 문화권에서 자랐다면 이게 먹음직스러워 보일 수도 있다.

Paul Biris / Getty Images

를 대체할 것이라 믿을 이유가 없다.

꼬마 한스 사례의 재해석

이 절에서 우리는 월프와 래크먼(1960)의 연구를 통해 학습 이론 관점을 적용하는 또 다른 방법에 대해 알아볼 것이다. 월프와 래크먼의 연구는 행동주의 접근법과 정신분석의 접근법을 비교할 수 있는 훌륭한 기회를 제공한다. 사실 이 연구는 지금까지 살펴본 다른 연구들과 성격이 다르다. 이 연구는 프로이트의 꼬마 한스 사례에 대한 비판이자 재구조화이다.

제4장에서 살펴보았듯이 꼬마 한스 사례 연구는 정신분석의 고전이라 할 수 있다. 이 연구에서 프로이트는 말 공포증 또는 말 공포의 발전에서 유아 성욕과 오이디푸스적 갈등이 중요한 역할을 수행했다고 강조한다. 월프와 래크먼은 프로이트가 자료를 획득할 때 활용한 접근법과 프로이트의 결론을 매우 강하게 비판했다. 월프와 래크먼은 다음과 같은 논점을 제시했다. (1) 한스가 자기 어머니를 사랑하고자 했다는 증거는 어디에도 없다. (2) 한스는 자기 아버지에 대한 공포나 분노를 표현한 적이 없다. (3) 한스는 말과 자기 아버지와의 연관성을 계속하여 부인했다. (4) 아이들의 공포증은 간단한 조건형성 절차를 통해 유발될 수 있고 갈등, 불안, 방어의 이론과 관련될 필요가 없다. 신경증에 어떤 목적성이 들어있다는 관점은 많은 의문이 따르는 관점이다. (5) 한스의 오이디푸스적 갈등이 사라진 결과로 한스의 공포증이 사라졌다는 증거가 없다. 이와 유사하게 치료적 가치를 갖는 통찰 또는 정보가 발생했다는 증거도 없다.

월프와 래크먼은 한스 사례에 대한 새로운 해석을 하기에는 그들의 손발이 묶여있다는 느낌을 받았는데 이는 연구 자료가 정신분석의 틀 속에서 수집된 것이었기 때문이다. 그러나 연구자들은 설명을 시도했다. 공포증은 조건형성된 불안 반응으로 간주되었다. 아이였던 한스는 아버지가 한스의 친구들에게 백마에 물리지 않도록 말을 피하라고 경고하는 모습을 보았다. "백마의 얼굴에 손가락을 가져가지 마라." 이 사건은 한스가 말에 대한 공포에 예민해지도록 했다. 또한 한스의 친구 중 한 명이 말과 놀다가 다쳐서 피를 흘리는 사건이 발생하기도 했다. 마지막으로 한스는 민감한 아이여서 사람들이 고된 일을 계속하는 말에게 웃으며 채찍을 가하는 것을 보고 불쾌감을 느꼈다. 이와 같은 요인들이 후에 한스가 공포증을 발전시키는 조건이 되었다. 공포증 자체는 말이 쓰러지는 모습을 보며 한스가 경험한 공포의 결과였다. 프로이트는 이 사건이 한스의 내적인 갈등을 공포증의 형태로 표현되게 만든 원인이라고 주장했으나 월프와 래크먼은 이 사건 자체가 원인이었다고 주장한다.

월프와 래크먼은 여기서 꼬마 한스와 왓슨의 꼬마 앨버트 공포 조건형성 연구의 유사성을 발견했다. 한스는 말과 관련된 사건에서 공포를 느꼈고 이에 따라 자신의 공포를 말과 유사하거나 말과 관련된 것들로 일반화시켰다. 공포증의 극복은 통찰 과정을 통해 발생한 것이 아니라 아마도 소거나 역조건형성 과정을 통해 발생했을 것이다. 한스는 나이를 먹어감에 따라 공포 반응을 억제하는 다른 정서 반응을 경험하게 되었다. 연구자들은 한스의 아버지가 위협적이지 않은 상황 맥락에서 한스가 꾸준히 말을 접하도록 했으며 이는 공포 반응의 소거를 도왔을 것이라고 주장했다. 세부적인 경과가 어떤 것이었든 간에 한스의 공포증은 정신분석적인 통찰 위주의 해석이 말하는 것처럼 극적으로 사라진 것이 아니라 학습 관점의 해석처럼 점진적으로 사라졌다. 프로이트를 지지하는 증거는 명확하지 않았고, 프로이트의 연구 자료는 그의 분석과는 반대로 학습 이론 해석을 활용한 더 직선적인 분석에 쓰일 수 있는 것이었다.

최근의 발전사항

고전적 조건형성에 대한 성격심리학자들의 관심은 한동안 감소해 왔다. 그러나 더 최근에는 고전적 조건형성 이론과 관련된 개념과 절차의 잠재적 가치에 대한 인식이 높아졌다. 이를 잘 보여주는 연구 영역은 고전적 조건형성 절차로 인간의 공포와 타인 인식 형성의 무의식적 발달을 보여주는 연구다(Krosnick et al., 1992; Ohman & Soares, 1993). 예를 들어 긍정적 감정가나 부정적 감정가를 갖는 사진과 같은 자극을 다른 사진 등의 기타 자극과 연합시켜서 역하로 제시할 수 있다(즉 지각 역치에 못 미치는 수준으로 제시할 수 있다). 따라서 참여자는 부정적 정서와 연합된 사진을 무의식적으로 싫어하게 될 수도, 긍정적 정서와 연합된 사진을 무의식적으로 좋아하게 될 수도 있다. 이런 관점에서 우리는 얼마나 많은 우리의 태도와 선호가 역하 또는 무의식 수준에서 고전적 조건형성된 것인지 따져볼 수 있다. 예를 들어 한 탁월한 사회심리학자의 다음과 같은 결론을 참고해 보자. "부정적 편견은 일단 만들어지고 나면 의식적으로 없애기가 쉽지 않다." 평등주의적 사상을 가진 사람도 어떤 상황에서는 여전히 편견에 가득 찬 행동을 보일 수 있다. 소수자 집단의 구성원과 맞닥뜨렸을 때 우리가 갖는 충동과 자동적 반응은 부정적일 수 있다. 이는 사람이 자신의 태도에 대해 거짓말을 한다는 뜻이 아니다. 이는 편견적인 태도가 우연히도 초기 어린 시절에 학습된 부정적 조건 반응 속에 들어있음을 뜻하는 것이다(Cacioppo, 1999, p. 10).

연구자들은 최근 놀랍게도 고전적 조건형성 원리를 칼 로저스의 현상학적 이론과 관련되는 주제, 즉 자존감과 연관시켰다. 그들(Baccus, Baldwin, & Packer, 2004)은 높은 자존감 표현이라는 반응을 고전적 조건형성을 통해 변화시킬 수 있다고 주장했다. 실험에서는 연구 참여자들에게 컴퓨터 화면으로 제시하는 단어와 그림을 활용하는 조건형성 과제를 수행하도록 했다. 연구 조건 중 실험 조건은 자기와 관련되는(즉 각 참여자가 스스로를 묘사하는 단어라고 말했던) 단어를 웃고 있는 사람의 사진과 짝 지어서 보여주는 것이었다. 긍정 정서를 자기와 연합시키는 고전적 조건형성 절차다. 다른 조건, 즉 통제 조건에서는 자기와 관련된 단어를 여러 가지 사진과 짝 지어줬는데 이때 쓰인 사진은 웃는 얼굴, 찡그린 얼굴, 중립적 얼굴이었다. 조건형성 후에 참여자들은 자존감 설문지를 작성했다. 연구자들은 실험 조건(즉 항상 웃는 얼굴 사진을 제시했던 조건)의 효과를 통제 조건과 비교했는데 이때 각 집단 구성원을 한꺼번에 비교하기도 했고 각 집단을 사전 조사 결과에서 높은 자존감과 낮은

성격과 뇌

고전적 조건형성

파블로프는 생물학자였다. 그러나 파블로프는 고전적 조건형성의 생물학을 연구하지 못했다. 즉 파블로프는 조건형성 경험을 통해 유기체의 반응을 변화시키는 신경 체계 메커니즘을 살펴보지 못했다. 파블로프의 시대는 아직 신경 체계를 충분히 이해하지 못했던 시대이며 이런 이해를 추구할 수 있는 기술도 없었다.

시대가 변했다. 오늘날의 과학자들은 단순한 유기체의 고전적 조건형성을 가능케 하는 기본적인 신경학적 과정과 생화학적 과정을 완전히 이해하고 있다. 특히 중요한 기여를 한 것은 2000년에 이와 관련된 연구로 노벨 의학상을 수상한 뉴욕 컬럼비아대학의 에릭 캔들이다.

캔들의 연구는 우리가 앞서 살펴본 단순한 체계 전략을 잘 보여주는 고전적 사례다. 캔들은 유기체가 새로운 반응을 학습할 때에 뇌에서 무슨 일이 벌어지는지 이해하기 위해 파블로프가 연구했던 유기체(개)보다 훨씬 단순한 유기체를 연구했다. 캔들은 바다 달팽이의 일종인 군소를 연구했다. 군소는 상대적으로 적은 수의 세포를 가지고 있다. 이 때문에 군소를 대상으로 하면 조건형성 경험에 따른 세포 단위의 변화를 규명하기가 상대적으로 용이하다.

군소는 고전적 조건형성을 통해 변화시킬 수 있는 아가미 움츠리기 반사라는 단순한 행동을 한다. 군소의 몸을 자극하면 군소는 아가미(이들이 숨을 쉴 때 사용하는 기관을 지칭한다)를 움츠린다. 캔들은 아가미 움츠리기 행동을 고전적 조건형성으로 변화시켜 행동 변화의 생물학적 기반을 탐구했다(Kendel, 2000). 캔들의 조건형성 시행에서 무조건 자극은 군소의 꼬리에 가해지는 전기 충격(UCS)이었다. 연구자들은 자극을 받았을 경우 아가미 움츠리기 반응을 낳는 신체 부위 자극과 이 UCS를 짝지었다.

행동 수준에서 연구자들은 파블로프의 것과 정확히 부합하는 조건형성 결과를 얻었다. 조건형성 시행이 완료된 후 군소의 행동은 변화했다. 군소는 전기 충격을 받을 경우 이전보다 훨씬 강한 반사 반응(아가미 움츠리기)을 보였다.

생물학 수준의 분석에서 연구자들은 파블로프가 오로지 꿈에서나 바랄 수 있었던 결과를 얻었다. 이를 이해하기 위해 여러분은 두 가지 종류의 뉴런을 구별할 수 있어야 한다. 두 가지 뉴런이란 (1) 운동 뉴런(아가미로 연결되며 아가미의 움직임을 초래하는 뉴런)과 (2) 간재 뉴런(자극을 받은 신체 부위에서 입력을 받아 운동 뉴런으로 전달하는 뉴런)이다. 캔들과 동료들은 고전적 조건형성 이후에 간재 뉴런이 반응적으로 변화함을 발견했다. 특히 간재 뉴런은 조건형성 시행 이후 UCS가 제시되었을 때 보다 많은 신경전달물질을 분비했다. 이 신경전달물질들은 운동 뉴런에 당도해서 운동 뉴런의 활동을 증가시키고 아가미 움츠리기 반사를 초래했다(Kandel, 2000).

자존감을 보였던 두 하위 집단으로 나눈 후 비교하기도 했다. 연구 결과는 고전적 조건형성이 자존감의 증가를 가져옴을 보여주었다. 자기 관련 단어가 웃는 얼굴과 짝 지어졌던 사람들은 통제 집단의 참여자들에 비해 스스로를 더 높은 자존감을 보이는 사람으로 규정했다.

스키너의 조작적 조건형성

비록 존 왓슨은 심리학계를 떠났지만 20세기 중반에 나타난 또 다른 연구자들이 행동주의의 깃발을 집어 들었다. 이 연구자들 중에는 고도로 체계화된 학습의 추동 이론을 개발한 클라크 헐과 헐의 이론으로 정신분석의 관심 대상이 되는 추동 및 갈등 현상을 분석한 존 달러드와 닐 밀러 등 역사적으로 중요한 인물들이 포진되어 있다. 그러나 이처럼 중요한 공헌들도 훗날 20세기 심리학의 가장 영향력 있는 인물 중 하나가 되는 한 연구자의 업적 앞에서는 빛이 바랜다.

가장 영향력 있는 행동주의 연구자, 이론가, 대변자는 하버드대학의 심리학자 B. F. 스키너(1904~1990)다. 사실 스키너는 지난 세기 가장 널리 알려진 미국 심리학자이기도 하다. 개별 심리학자들이 심리학 영역에 미친 영향을 분석한 최근의 양적 분석 연구에 따르면 스키너는 단독으로 20세기의 가장 저명한 심리학자 자리를 차지한다(Haggbloom et al., 2002). 스키너는 행동주의 원리의 너른 함의를 명확히 드러내는 능력으로 높은 명성을 쌓았다. 학습심리학의 한 가지 접근법에 불과했던 행동주의는 스키너의 손을 거쳐 인간 행동을 포괄적으로 설명하는 모든 것의 철학이자 인간의 경험을 개선하는 기술이 되었다.

스키너의 관점

> 과학자는 다른 모든 유기체와 마찬가지로 고유한 역사의 산물이다. 과학자가 가장 적절하다고 판단하는 연구 활동은 과학자가 겪은 역사에 기초한다.

이 글은 스키너 또한 우리 책에서 이론을 다룰 때마다 견지한 관점, 즉 심리학자의 방향성과 연구 전략은 부분적으로 심리학자의 생애사에 따른 결과이며 심리학자의 성격이 표현된 결과라는 관점을 취하고 있음을 보여준다.

B. F. 스키너는 미국 펜실베이니아에서 태어났다. 스키너의 아버지는 변호사였다. 스키너는 자기 아버지가 언제나 칭찬에 굶주려 있었다고 묘사했다. 스키너의 어머니는 옳고 그름에 대한 경직된 기준을 가지고 있었다. 그럼에도 스키너(1967)는 어린 시절 자신은 따뜻하고 안정적인 가정 환경을 경험했다고 묘사한다. 스키너는 학교를 사랑했고 어려서부터 이것저것 만드는 데 흥미를 보였다. 무엇인가를 만들고자 하는 욕망은 행동주의자들의 실험도구 중시 성향과 관련된다는 측면에서 특히 흥미로운 특징이다. 이런 욕망이 임상심리학적 성격

Bettmann / Contributor / Getty Images

B. F. 스키너

이론가들의 삶과 연구에서는 나타나지 않는다는 점 또한 흥미롭다.

스키너가 대학에 들어갈 때쯤 그의 동생이 죽었다. 스키너는 동생의 죽음이 자신을 별로 슬프게 하지 못했다고 고백하며 이 때문에 죄책감을 느꼈다고 기록했다. 스키너는 해밀턴대학에 진학하여 영문학을 전공했다. 이 시기에 스키너의 목표는 작가가 되는 것이었고 로버트 프로스트에게 단편 세 편을 보내 좋은 평가를 받기도 했다. 대학을 마친 후 스키너는 수년 동안 작품 활동에 노력을 쏟았으나 이 무렵 자신의 인생에는 남에게 이야기할 만한 것이 아무것도 들어있지 않다는 결론을 내리게 된다. 이후 스키너는 뉴욕의 그리니치빌리지에서 여섯 달 동안 생활했다. 이 기간에 스키너는 파블로프의 책 **조건화된 반사**_Conditioned Reflexes_를 읽었고 왓슨의 행동주의에 대한 버트런드 러셀의 논문들을 접하게 되었다. 러셀은 자신이 이 논문들을 통해 왓슨을 짓밟았다고 생각했으나 이 논문들은 오히려 스키너가 행동주의에 흥미를 갖도록 만들었다.

스키너는 대학에서 심리학 과목을 수강한 적이 없음에도 심리학에 대한 흥미를 개발시켜 나갔으며 결국 하버드대학원 심리학과에 입학하게 되었다. 스키너는 자신의 인생 목표 변화를 다음과 같이 정당화했다. "작가는 인간 행동을 정확히 묘사할 수 있지만 대신 이를 이해하지는 못한다. 나는 여전히 인간 행동에 관심을 갖고 있었지만 문학으로는 이룬 것이 없었다. 나는 과학으로 전환하기로 했다"(Skinner, 1967, p. 395). 그는 심리학이 그의 목표에 적합한 과학이라고 생각했다. 한편으로 스키너는 오랫동안 동물의 행동에 관심을 가졌다(스키너는 비둘기 공연에서 본 비둘기들의 복잡한 행동에 매혹된 적이 있다고 회상한다). 나아가 심리학에는 스키너가 자신의 발명 욕구를 활용할 수 있는 기회가 활짝 열려있었다.

하버드대학원에 재학하던 스키너는 동물의 행동에 관심을 갖게 되었고 신경계 기능을 다루지 않으면서 동물의 행동을 설명하는 연구에 흥미를 느꼈다. 파블로프의 저작을 읽은 후 스키너는 행동을 설명하려면 "침 분비 반사에서 시작해서 유기체가 일상에서 겪는 중요한 일들로 나아가야 한다."라는 파블로프의 주장에 반대하게 되었다. 그러나 스키너는 파블로프가 행동의 이해로 통하는 문의 열쇠를 제공해 주었다고 믿었다. "여러분의 조건(환경)을 통제하면 여러분은 질서를 목도하게 될 것이다!" 이 기간, 그리고 이 기간에 이어지는 수년간 스키너(1959)는 자신의 과학적 방법론 원리 중 몇 가지를 구축했다. (1) 뭔가 흥미로운 것을 접하게 되면 다른 모든 것을 집어치우고 그것을 연구하라. (2) 연구 수행에는 쉬운 방법이 있고 어려운 방법이 있다. 기계 장치들을 활용하면 종종 연구를 쉽게 할 수 있다. (3) 어떤 사람은 운이 좋다. (4) 기계 장치는 고장 나기도 한다. 이건 문제다. 그러나 이는 또한 (5) 우연한 발견, 즉 연구하던 것과는 전혀 다른 것을 발견해 내는 과정으로 이끌어 줄 수 있다.

하버드에서 박사 학위를 받은 후 스키너는 먼저 미네소타대학에 자리 잡았다가 인디애나대학으로 옮겼고 이어서 1948년에 하버드대학으로 돌아왔다. 어떤 면에서 보면 스키너는 이 시기에 세련된 동물 조련사가 되었다. 스키너는 유기체가 특정한 시간에 특정한 행동을 하도록 만들 수 있었다. 스키너는 쥐를 대상으로 한 연구에서 비둘기를 대상으로 한 연구로 옮

겨갔다. 다수 동물 집단을 바탕으로 얻은 평균적인 그림이 반드시 개별 동물에게 적용되지
는 않는다는 사실을 발견한 뒤 스키너는 개별 동물의 행동 조작과 통제에 관심을 갖게 되었
다. 스키너는 환경을 조작하여 개별 동물의 질서 있는 변화를 산출할 수 있다면 특별한 학습
이론을 도입하거나 행동을 순환론적으로 설명해야 할 필요가 없어진다고 생각했다. 스키너
가 기록하듯이 이 기간에 스키너 자신의 행동 또한 스키너의 '통제하에 있었던' 동물들이 스
키너에게 제공하는 긍정적 결과들에 따라 통제되고 있었다.

스키너의 **조작적 조건형성**operant conditioning 절차의 기본은 환경 내, 특히 실험실 환경 내
의 보상과 처벌을 조작하여 행동을 통제하는 것이다. 그러나 스키너는 행동 법칙의 중요성
에 확신을 가지고 있었고 또한 장치 발명을 좋아했기 때문에 실험실 환경에서 한참 벗어난
생각과 연구를 하게 되었다. 스키너는 '아기 상자'를 만들어 아기 돌보기를 기계화했고 보상
을 활용해 학생들을 가르치는 교수 기계를 만들었으며 비둘기를 훈련시켜 목표 지점에 미사
일을 투하하도록 만드는 절차를 개발했다. 스키너는 **월든 투**_Walden Two_(1948)라는 소설을 써서
처벌보다는 긍정적 강화(보상)로 인간 행동을 통제하는 유토피아를 묘사했다. 스키너는 인
간 행동의 과학과 이로부터 얻을 수 있는 기술은 반드시 인류 전체에 종사하는 방향으로 발
전해야 한다는 관점을 평생 유지했다. 뉴욕 타임스(1990년 8월 20일)는 스키너의 부고와 함
께 스키너의 인터뷰를 실었는데 여기서 스키너는 "모든 인간은 통제되어 있다.", 즉 인간 행
동은 결국에 인간이 경험하는 모든 환경의 통제하에 있을 수밖에 없다는 사실을 웅변했지만
"그러나 행동주의의 아이디어는 억압을 철폐하고, 모든 사람을 이롭게 하는 행동들을 강화
하는 방향으로 환경 변화를 통한 통제를 적용하자는 것이다."(pp. A1, A12)라고 주장했다.

많은 사람이 스키너를 현대 미국의 가장 위대한 심리학자로 꼽는다. 스키너는 많은 상을
수상했고 여기에는 '미국심리학회의 뛰어난 과학 업적 상'(1958)과 국가 과학 훈장(1968)이
포함되어 있다. 1990년, 스키너가 삶을 얼마 남겨두지 않았을 때 스키너는 최초의 '미국심리
학회 심리학 평생 공로 표창' 수상자가 되었다.

스키너의 성격 이론

스키너 성격 이론의 일반적 특징과 여러분이 앞에서 이미 배워 알고 있는 다른 이론들을 비
교하는 것으로 그의 성격 이론에 대한 논의를 시작하고자 한다. 앞선 각 장에서 다룬 이론들
(그리고 미리 알려주자면 앞으로 이어질 각 장에서 다루는 이론들)은 각기 다른 구조적 개념
을 강조한다. 프로이트는 원초아, 자아, 초자아와 같은 구조적 개념을 활용했다. 로저스는
자기와 이상적 자기 개념을 사용했고 올포트, 아이젱크, 카텔은 특질 개념을 사용했다. 이어
서 각 이론가는 개인의 마음속에 개인의 일관적인 정서 및 행동 양식을 설명할 수 있는 심리
적 구조가 존재한다고 추론했다. 반면 스키너의 행동주의적 접근법은 구조를 전혀 강조하지
않는다. 이는 두 가지 이유 때문이다. 첫째, 행동주의자들은 행동을 상황적 요인에 대한 적
응으로 보았다. 따라서 이들은 행동이 상황 특정적이라고 생각한다. 상황적 요인이 변화하

조작적 조건형성
반응의 특징이 그 결과에 따
라 결정되는 과정을 가리키
는 스키너의 용어

면 행동도 변화한다는 뜻이다. 행동이 상황에 따라 변화한다면 성격의 가설적 안정성을 설명하기 위한 구조적 개념을 상정할 이유가 거의 없다. 두 번째 이유는 이론 구축에 대한 일반적 접근 방식과 관련된다. 앞서 설명했듯이 행동주의자들은 관찰 가능한 변수를 기초로 이론을 구축하려 했다. 이들은 기본적 연구를 통해서는 오직 관찰 가능한 변수만을 확인할 수 있다고 생각했다. 따라서 스키너는 관찰할 수 없는 성격 구조의 존재를 추론하는 것은 상당히 과학적이지 못한 사고방식이라고 보았다.

스키너가 성격 구조를 제안하지 않았다는 사실이 그의 이론과 다른 성격 이론들을 완전히 구분 짓는다. 사실 스키너는 자신의 생각들이 성격 이론을 이룬다고 보지 않았다. 그는 자신이 행동에 대한 새로운 생각들로 성격 이론들을 대체하고 있다고 여겼다.

구조

행동주의 접근법, 특히 스키너식 접근법의 일반적인 핵심 구성단위는 반응이다. 반응은 단순한 반사 반응(예를 들어 음식에 대한 침 분비, 시끄러운 소리에 대한 깜짝 놀라는 반응)부터 복잡한 행동(예를 들어 수학 문제 해결, 미묘한 공격 행동)까지 폭넓게 정의할 수 있다. 반응의 정의에 있어 핵심은 그것이 환경적 사건과 관련하여 나타나는 외현적이고 관찰 가능한 행동이어야 한다는 것이다. 반응이 환경적 사건과 연합 또는 연결될 때에는 학습 과정이 필수적으로 작용한다.

조작적(자발적) 반응
스키너 이론에서 어떤 선행(촉발) 자극과도 구체적인 연합관계가 없이 나타나는(방출되는) 행동을 지칭. 조작적 행동은 이에 따르는 강화 사건과 관련되어 연구됨

학습에 대한 스키너의 접근 속에서는 눈에 바람을 훅 불었을 때 발생하는 눈 깜박임처럼 잘 알려진 자극에 따른 반응과 어떤 자극과도 연관시킬 수 없는 반응이 구분된다. 후자의 반응은 유기체가 방출한 것으로 **조작적(자발적) 반응**operants이라 불린다. 스키너의 관점은 환경 내의 자극이 유기체의 행동을 만들거나 유기체가 행동하도록 자극하지 않는다는 것이다. 행동의 최초 원인은 유기체 안에 들어있다. "조작적 행동은 환경적 자극으로 촉발되는 것이 아니다. 조작적 행동은 그저 나타날 뿐이다. 조작적 조건형성의 용어로 표현하면 조작은 유기체가 방출한 것이다. 개는 걷고 뛰고 달리며 새는 날고 원숭이는 나무에서 곡예를 한다. 인간 영아는 입으로 옹알거리는 소리를 낸다. 모든 경우에 있어 행동은 어떤 구체적인 촉발 자극도 없이 나타난 것들이다. 유기체는 조작적 행동을 발산하는 생물학적 본질을 가지고 있다"(Reynolds, 1968, p. 8).

과정 : 조작적 조건형성

강화물
반응에 따른 사건(자극)으로, 반응의 발생 확률을 증가시킴

스키너식 심리 과정 분석에서 가장 중요한 개념은 **강화물**reinforcer이다. 강화물이란 반응에 따라 나오며 반응이 미래에 다시 발생할 확률을 높여주는 어떤 것을 뜻한다.

비둘기 한 마리가 디스크를 쪼고 있다고 생각해 보자. 만약 쪼기 행동 다음에 음식을 조금 얻게 된다면 디스크를 쪼는 행동은 미래에 더 자주 발생하게 될 것이다. 이때의 음식이 바로 강화물이다. 침대에 누운 채 우는 아이의 경우도 살펴보자. 만약 우는 행동이 어른의 주의

를 끌고 아이를 돌봐주러 침대로 오게 만든다면 아이의 우는 행동은 미래에 더 자주 발생할 것이며 이때는 '어른의 주의'가 바로 강화물이다. 강화를 통한 학습이란 특정 반응이 나타날 확률이 강화물의 제공에 따라 변화하는 과정이다.

따라서 무엇이 강화물이 될 수 있는지를 결정해 주는 것은 그것의 행동 강화 효과다. 종종 어떤 것이 강화물 역할을 할 것인지 미리 알기 힘든 경우가 있다. 강화물은 개체에 따라 다를 수 있다. 따라서 강화물을 찾는 과정은 시행착오적 탐색 과정이 될 가능성이 있다. 원래는 강화물로 기능하지 못했던 자극이 다른 강화물과의 연합을 통해 강화물로 기능하게 되기도 한다. 녹색 직사각형 종이 쪼가리(즉, 돈)는 다른 여러 강화 자극과 연합되며 **일반화된 강화물**generalized reinforcer이 된다.

스키너는 행동에 대한 강화물의 효과를 연구하기 위해 특수한 실험 기기를 제작했다. 장치는 후에 스키너 상자라고 알려지게 된다. 스키너 상자의 정확한 구성과 구조는 상자에 들어갈 유기체 종류에 따라 조금씩 바뀐다. 쥐 연구를 위해 설계된 스키너 상자에는 쥐가 누를 수 있는 종류의 레버가 있어야 하며 음식 알갱이와 같은 강화물을 공급할 수 있는 장치가 있어야 한다. 연구자는 강화물을 제공하고 강화물이 쥐의 레버 누르기 행동 빈도에 영향을 주었는지 판단한다. 스키너는 기초적 행동 법칙을 관찰하기에는 스키너 상자의 단순한 환경이 제격이라고 생각했다.

이와 같은 기초적 행동 법칙들은 강화의 성질을 다양하게 변화시키면서 이것이 스키너 상자 안에 든 유기체의 행동에 어떤 영향을 미치는지 관찰함으로써 발견할 수 있다. 다양한 **강화 계획**schedule of reinforcement을 활용해 조건의 다변화가 가능하다. 강화 계획이라는 용어는 행동과 강화 제공 시점 간의 관계를 지칭한다. 모든 반응에 강화가 뒤따라야 하는 것은 아니다. 강화는 가끔만 제공해도 된다. 강화 계획이 서로 다르다는 것은 강화물이 나타나는 양상이 서로 다르다는 것을 뜻한다. 다양한 강화 계획들을 구분하는 방법 중 하나는 시간에 따른 강화와 반응의 수에 따른 강화를 구별하는 것이다. 시간에 기초한 강화 계획은 시간 간격 계획이라 알려져 있다. 이는 반응 횟수와 관계없이 일정한 시간이 경과된 후(예를 들어 1분마다)에 강화를 제공하는 것을 뜻한다. 반면 반응에 기초한 강화 계획은 반응이 나타날 때까지 걸린 시간과는 무관하게 반드시 몇 번의 반응(예를 들어 레버를 누른다거나 건반을 쪼는 행동)이 나타났을 때에만 강화를 제공하는 것이다.

강화 계획을 구분할 수 있는 두 번째 방법은 **고정**fixed 계획과 **변동**variable 계획을 구분하는 것이다. 고정 계획에서 행동과 강화물의 관계는 변하지 않는다. 반면 변동 계획에서는 행동과 강화물의 관계가 예측 불가능하게 변화한다. 예를 들어 여러분이 두 개의 기계 앞에 서 있다고 상상해 보자. 두 기계 모두 돈을 넣고 버튼을 누르면 여러분에게 강화를 제공하는 기계다. 만약 기계가 음료수 자판기라면 돈을 넣고 버튼을 누르는 여러분의 행동은 평범하고 일상적인 것이 된다. 최초에 돈을 넣고 버튼을 눌렀는데 음료수(강화물)가 나오지 않는다면 여러분은 더 이상 이 기계에 돈을 넣지 않을 것이다. 만약 기계가 카지노의 슬롯머신이라면 동

일반화된 강화물
스키너의 조작적 조건형성 이론에서 다른 여러 강화물에 접근할 수 있도록 해주는 강화물(예를 들어 돈)을 일컫는 말

강화 계획
스키너의 조작적 조건형성 이론에서 반응에 대한 강화 비율과 간격이 고정된 것(예 : 반응 비율 계획과 시간 간격 계획)

고정
행동과 강화물의 관계가 상수로 고정된 강화 계획

변동
행동과 강화물의 관계가 예측하지 못하게 변화하는 강화 계획

사람들은 왜 도박을 할까? 왜 많은 돈을 잃고도 도박을 멈추지 못할까? 행동 주의자들은 강화 계획 때문이라고 설명한다. 도박용 기계는 높은 수준의 행동을 지속적으로 하게 만드는 변동 비율 강화 계획에 따라 작동한다.

일한 일, 즉 기계에 돈을 넣고 버튼을 누르는 일이 매우 흥미진진한 일이 될 것이다! 돈을 넣고 버튼을 눌렀는데 기계에서 돈(강화물)이 쏟아져 나오지 않는다 해도 여러분은 이 기계에 돈 집어넣는 일을 그만두지 않는다. 오히려 많은 사람들은 더 많은 돈을 기계에 쏟아붓는다. 두 조건의 차이는 바로 강화 계획의 차이다. 슬롯머신은 변동 계획의 특징을 가지며 음료수 자판기는 고정 계획의 특징을 갖는다. 변동 계획이 높은 반응률을 낳는 현상은 쥐로 가득 찬 스키너의 실험실과 사람으로 가득 찬 카지노에서 공통적으로 관찰할 수 있다.

행동주의자들은 특정한 행동에 대한 강화 계획과 행동 빈도 사이의 체계적 관계를 규명하는 데 큰 성공을 거두었다. 스키너 상자를 활용한 동물 연구의 결과는 상자에 집어넣는 모든 동물들에게서 동일한 결과를 얻을 수 있을 정도로 신뢰도가 높았다(Ferster & Skinner, 1957). 반응에 기초한 계획은 언제나 시간 간격에 기초한 계획보다 더 높은 수준의 반응을 산출했다. 가장 높은 반응률을 얻을 수 있는 것은 반응에 기초한 강화 계획이면서 변동 계획일 경우(즉 슬롯머신이나 다른 도박용 기계들과 같은 강화 계획)였다. 이처럼 매우 일관적인 모습을 보이는 조작적 조건형성 연구 결과는 역시 일관적인 모습을 보였던 파블로프와 동료들의 고전적 조건형성 연구 결과와 합쳐져서 행동주의자들이 그 이론을 구축할 수 있는 탄탄한 토대를 제공해 주었다. 이 같은 탄탄한 연구 결과들은 20세기 중반의 연구자들이 행동주의에 매력을 느끼게 하는 데 어마어마한 기여를 했다.

어떻게 하면 동물에게 막대 누르기보다 더 복잡한 행동을 가르칠 수 있을까? 스키너에 따르면 복잡한 행동은 **조성**shaping 또는 (이와 동일한 의미를 갖는) **연속적 접근**successive approximation이라 알려진 과정에 따라 만들어진다. 우리는 점진적이고 단계적인 과정을 통해 점점 복잡한 행동을 강화하여 이를 우리가 원하는 최종적인 행동에 점점 근접하게 만들 수 있다. 유기체의 행동은 우리가 원하는 반응과 일치될 때까지 '조성된다'. 예를 들어 여러분

조성
스키너의 조작적 조건형성 이론에서 유기체가 단계적인 과정을 통해 복잡한 행동을 배우는 과정을 뜻함. 이 과정을 통해 유기체의 행동은 갈수록 최종적인 표적 반응에 근접해 감

연속적 접근
스키너의 조작적 조건형성 이론에서 최종적으로 얻고자 하는 행동과 점점 더 유사한 행동을 강화하여 복잡한 행동을 발생시키는 것

이 스키너 상자에 들어있는 쥐가 원을 그리며 달리기를 원한다고 가정해 보자. 이럴 때에 그 저 쥐가 원을 그리며 달릴 때까지 기다렸다가 강화하겠다는 생각은 매우 어리석은 생각이 다. 쥐가 자발적으로 원을 그리며 달리는 일은 영원히 발생하지 않을 수도 있기 때문이다. 대신 여러분은 달리기(원을 그리건 그리지 않건)와 같이 보다 단순한 행동을 강화해야 한다. 그리고 나면 이제 쥐가 곡선을 그리며 달릴 때에만 강화를 주어야 한다. 여기까지 이루고 나 면 여러분은 쥐가 적어도 반원을 그리며 달릴 때까지 기다렸다가 강화를 제공해야 한다. 결 국에 여러분은 쥐가 원을 그리며 돌게 만들 수 있다. 대부분의 동물 조련사(서커스, 동물원, 해양 동물원의 조련사들)는 이런 식으로 일을 한다. 스키너는 인간의 복잡한 학습 또한 단계 적인 연속적 접근 과정 속에서 발생할 수 있음을 인식하고 있었다.

스키너주의자들은 긍정적 사건을 강화물로 사용하는 것에 더해서 불쾌한 자극을 없애주 거나 회피하도록 해주는 것 또한 강화일 수 있다고 말했다. 예를 들어 여러분이 오늘 참석해 야 할 어떤 사교 모임에 대해 너무나 불안을 느끼는 나머지 여기에 가지 않기로 결심했고 그 러자마자 여러분의 불안이 사라져 버렸다고 생각해 보자. 불안의 감소는 "나는 사교 모임 따 위에는 나가지 않아."라고 말하는 행동을 강화할 수 있다. 부정적 경험, 즉 불안의 감소는 강 화물이 될 수 있다.

스키너주의자들은 또한 부정적 자극 역시 행동에 영향을 준다는 것을 알고 있었다. 행동 주의의 용어로는 이러한 부정적 자극을 **처벌**punishment이라 부른다. 처벌은 반응에 부정적 자 극이 따라나옴으로써 이 행동이 다시 반복될 확률을 낮추는 것을 뜻한다. 스키너주의자들은 일반적으로 처벌의 활용에 반대하는데 이는 처벌의 효과가 일시적이고 사람들이 처벌의 활 용에 저항하게 될 수 있기 때문이다. 스키너는 자신의 전 경력에 걸쳐 행동 조성에 사용되는 긍정적 강화의 가치를 강조했다.

처벌
어떤 반응에 따라 제시된 불 쾌한 자극

성장과 발달

스키너는 앞에서 살펴본 조작적 조건형성 원리들 외에는 어떤 발달 원리도 제안하지 않았 다. 스키너에게 아이들의 발달이란 아이들이 자연적으로 발생하는 강화 경험에 따라 보다 많은 반응을 습득해 나가는 과정이었다. 이는 일반 원리상으로 스키너 상자 안에서 체계적 조성 경험의 결과로 더 많은 반응을 학습하는 쥐의 경우와 전혀 다르지 않다.

이와 같은 발달에 대한 기계적 관점은 유익하게 활용할 수 있는 실용적 함의들을 갖고 있 다. 이 관점에 따르면 부모는 아이의 행동을 정확히 어떻게 그리고 언제 강화할지 세심한 주 의를 기울여야 한다. 스키너에 따르면 우리가 아이에게 특정한 방식의 행동을 가르치고 싶 을 때 활용하는 방법 중 아이에게 무엇이 적절한 행동인지 설교하거나 아이가 잘못한 일을 처벌하는 방법은 그리 좋은 방법이 아니다. 스키너는 이때 가장 효과적인 절차는 아이의 바 람직한 행동이 나타나자마자 그 행동을 강화하는 것이라고 주장했다.

따라서 발달에 대한 이론 적용 측면에서도 행동주의는 이 책의 다른 이론들과 다른 면을 보인다. 스키너에게 발달은 특정한 연쇄적 단계에 따라 나타나는 것이 아니었다. 모두가 반드시 경험해야 하는 갈등 따위도 없다. 발달의 각 시점에 따라 우리 마음에 새롭게 출현하는 심리적 구조 또한 없다. 대신 개인이 수행할 수 있는 행동의 세트는 개인이 더 많은 보상을 경험함에 따라 단순히 점진적으로 증가할 뿐이다.

정신 병리

정신 병리에 대한 학습 이론의 입장은 다음과 같이 요약할 수 있다. 정신 병리는 기본적인 학습 원리로 완벽하게 해석할 수 있다. 정신 병리는 심층적 원인을 가진 증상의 단위로 설명할 필요가 없다. 행동주의 관점에 따르면 행동적 병리는 병이 아니다. 대신 이는 다른 모든 반응 양상들과 동일한 행동 원칙에 따라 학습된 하나의 행동 양상일 뿐이다.

스키너주의자들은 모든 무의식 개념 또는 '병든 성격' 개념에 반대했다. 사람은 아픈 것이 아니라 단순히 자극에 적절하게 반응하지 못할 뿐이다. 병리를 보이는 사람들은 반응을 학습하는 데 실패했거나 혹은 부적응적인 반응을 학습한 것이다. 반응을 학습하는 데 실패한 사람은 행동의 결핍을 보인다. 예를 들어 사회적으로 부적절한 모습을 보이는 사람들은 불완전한 강화 역사를 경험하여 사회적 기술을 발달시키지 못한 사람들이다. 이들은 어린 시절 사회화 과정에서 사회적 기술에 대한 강화를 얻지 못했기 때문에 어른이 되어 사회적 상황에서 부적절한 반응들을 보이는 것이다.

강화는 반응의 학습에만 중요한 것이 아니라 반응의 유지에도 중요하다. 따라서 환경 내에 강화가 존재하지 않을 경우 나타날 수 있는 가능성 중 하나가 바로 우울이다. 이 관점에 따르면 우울은 행동의 감소 또는 반응률의 감소를 뜻한다. 우울한 사람은 긍정적 강화가 사라져 버렸기 때문에 낮은 반응성을 보이는 것이다(Ferster, 1973).

부적응적 반응
정신 병리에 대한 스키너주의적 관점에서 부적응적인 반응이나 해당 상황에서 받아들여질 수 없는 반응을 학습한 것을 일컫는 말

사람이 **부적응적 반응**maladaptive response을 학습한다는 것은 이 사람이 주변의 사회나 타인들이 받아들일 수 없는 반응을 학습한다는 것이다. 이는 반응 자체가 받아들일 수 없는 것이기 때문일 수도 있고(예를 들어 공격 행동) 혹은 해당 반응이 나타나서는 안 되는 상황에서 나타나기 때문일 수도 있다(예를 들어 장례식장에서 상주에게 농담을 던지는 행동). 부적응적 반응과 관련되는 사항으로는 미신 행동의 발달이 있다(Skinner, 1948). 미신 행동은 어떤 반응과 강화가 우연히 짝 지어짐으로써 나타난다. 스키너는 만약 비둘기에게 비둘기의 행동과는 아무 관계 없이 고정된 간격에 따라 음식을 제공할 경우 많은 수의 비둘기들은 보상을 얻었던 시점에 우연히 하고 있었던 행동을 마치 강화와 체계적으로 연합되는 것처럼 학습하게 된다는 사실을 발견했다. 예를 들어 만약 비둘기가 반시계 방향으로 걷던 중 우연히 보상을 받는다면 반시계 방향으로 걷는 반응은 보상과 아무런 인과관계가 없음에도 불구하고 조건 형성될 수 있다. 그리고 동일한 행동을 지속적으로 반복하다 보면 역시 우연에 따른 보상을 가끔 얻을 수 있다. 이 때문에 반시계 방향으로 걷는 행동이 오랜 기간 지속될 수 있는 것이다.

요약하면 사람이 결점이 있는 행동, 즉 다른 이론가들이 '병들었다'라거나 정신 병리라 부

르는 행동 양태를 발달시키는 이유는 다음과 같다. 적응적 행동에 대한 강화를 받지 못했거
나, 적응적 행동에 대해 처벌을 받았거나, 부적응적 행동에 대한 강화를 받았거나, 특정 행
동을 보이기에는 부적절한 상황에서 이 행동에 대한 강화를 받았거나. 그리고 이 모든 경우
에 있어 추동, 갈등, 무의식적 동기, 자존감과 같은 개념들보다는 관찰 가능한 행동과 강화
계획이 크게 강조된다.

행동 측정

행동주의 접근법에서는 성격을 어떻게 측정할까? 행동주의 이론은 행동과 환경의 관계에
대한 이해를 강조하기 때문에 환경으로부터 고립된 개인을 측정하지 않는다. 행동주의 연
구자는 상이한 환경에 대한 개인의 반응을 측정한다. 측정에 대한 행동주의 접근법은 세 가
지를 강조한다. (1) 구체적 행동, 즉 **표적 행동**target behaviors 또는 **표적 반응**target responses의 확
정, (2) 표적 행동을 촉발, 유도, 강화하는 구체적 환경 요인의 확정, (3) 조작하여 행동을 변
화시킬 수 있는 구체적인 환경 요인의 확정. 예를 들어 아이의 울화증을 행동주의적으로 측
정할 때에는 울화증 행동에 대한 명확하고 객관적인 정의가 있어야 하고, 울화 행동이 발생
한 상황을 완벽히 기술해야 하며, 울화 행동을 강화할 수 있는 부모와 타인들의 반응을 완벽
히 기술하고, 울화 행동이 아닌 행동들을 촉발하거나 강화할 수 있는 가능성을 분석해야 한
다(Kanfer & Saslow, 1965; O'Leary, 1972). 이와 같은 행동의 **기능적 분석**functional analysis은 행
동을 통제하는 환경적 조건을 규명하려는 노력이며 행동을 환경 속에서 발생한 구체적 사
건의 함수로 보는 것이다. 이 접근법을 **ABC 측정**ABC assessment이라고도 한다. 연구자는 행
동의 선행 조건antecedent conditions(A)을 측정하고 행동behavior(B) 자체를 측정하며 행동의 결과
consequences(C)를 측정하기 때문이다.

　행동 측정behavioral assessment은 일반적으로 치료 목적과 긴밀하게 결부된다. 예를 들어 심리
학자들은 네 살 난 아들의 울화증과 일상적인 반항 때문에 어려움을 느껴 상담소를 찾아온
한 어머니를 도운 적이 있다(Hawkins et al., 1966). 이 사례에 관여한 심리학자들은 전형적
인 행동주의 측정 및 치료 절차를 따랐다. 첫째, 이들은 내담자의 집에서 내담자와 아이를
관찰하여 문제 행동의 본질이 무엇이고 언제 문제 행동이 발생하고 어떤 강화물이 문제 행
동을 유지시키는지 결정했다. 이 과정에서 다음의 아홉 가지 행동이 아이의 무례한 행동을
구성하는 주요 요소인 것으로 밝혀졌다. (1) 셔츠나 팔을 물어뜯기, (2) 혀 내밀기, (3) 자기,
타인, 물건을 차고 물어뜯기, (4) 욕하기, (5) 옷 벗기 또는 옷 벗는다고 위협하기, (6) 큰 목소
리로 격렬하게 "싫어!"라고 말하기, (7) 물건을 망가뜨리거나 사람을 공격하겠다고 협박하
기, (8) 물건 던지기, (9) 여동생 밀치기. 어머니-아이 상호작용에 대한 관찰 결과는 아이의
무례한 행동이 어머니의 관심 때문에 지속되고 있을 가능성을 시사했다. 예를 들어 아이가
못된 짓을 할 때면 어머니는 종종 아이에게 장난감이나 음식을 주어서 아이의 주의를 분산
시키려 했다.

표적 행동(표적 반응)
행동 측정에서 관찰할 구체
적인 행동을 결정하고 이를
환경적 사건의 변화와 관련
하여 측정하는 것

기능적 분석
행동주의 접근, 특히 스키너
의 접근에서 행동을 통제하
는 환경 자극을 규명하는 것
을 이르는 말

ABC 측정
행동 측정에서 행동의 선
행 사건과 결과 규명을 강
조하고 행동의 기능적 분석
을 통해 구체적 행동을 통제
하는 환경 조건을 규명하는
방법

행동 측정
잘 규명된 환경적 특성과 연
관된 구체적 행동의 측정을
강조하는 측정 방법

치료 프로그램은 일주일에 두세 번 정도 내담자의 가정에서 진행된 각 한 시간의 치료 회기를 통해 아이가 이 한 시간 동안 무례한 행동을 얼마나 자주 하는지 분석하는 것으로 시작되었다. 행동 측정의 높은 신뢰도 또는 높은 관찰자 간 합치도를 얻기 위해 두 명의 심리학자가 관찰자로 참여했다. 기저선 기간이라 알려진 첫 번째 단계는 16회기에 걸쳐 진행되었다. 이 기간 동안 어머니와 아이는 늘 해오던 방식으로 상호작용했다. 심리학자들은 기저선 회기 동안 아이의 무례한 행동을 세심하게 측정한 후 개입 또는 치료 프로그램을 시작하였다. 이제 어머니는 심리학자들로부터 아이가 무례한 행동을 할 때마다 "그만."이라고 말하거나 아이를 장난감 없이 빈손으로 아이방에 집어넣으라는 지시를 받았다. 동시에 어머니는 아이가 바람직한 행동을 했을 때에는 관심을 주고 인정해 주라는 지시도 받았다. 달리 말하면 긍정적 행동에 긍정적 강화물을 짝 지어준 것이다. 이 시기는 첫 번째 실험기라고 알려져 있으며, 연구자들은 이 기간에도 아이의 무례한 행동 횟수를 측정했다. 이 기간에 아이의 무례한 행동은 눈에 띄게 감소했다. 실험 전의 기저선 단계에서 아이는 일반적으로 한 시간 동안 수십 차례의 무례한 행동을 보였다. 반면 첫 번째 실험기에는 한 시간 동안 1~8회의 무례한 반응만이 관찰되었다.

첫 번째 치료기 이후에는 내담자에게 예전과 똑같은 행동으로 돌아갈 것을 요구했는데 이는 아이의 행동 변화를 낳은 것이 내담자의 강화 행동 변화였는지를 확증하기 위해서였다. 이 두 번째 기저선 시기에 아이의 무례한 행동은 회기당 2회에서 24회에 이르렀다. 문제 행동의 증가가 있었으되 옛 기저선과 같은 수준으로 돌아가지는 않은 것이었다. 그러나 어머니는 옛날과 같은 방식으로 반응하는 것이 어려웠다고 보고하는데 이는 그녀가 "확신을 갖게 되었다."라고 느꼈기 때문이었다. 따라서 이 기간 동안에도 어머니는 아이에게 확고한 명령을 내리고, 아이의 요구를 들어주지 않았을 때에도 아이에게 굽히고 들어가지 않았으며, 전에 비해 아이가 긍정적 행동을 보였을 때 아이에게 더 큰 애정을 표현해 주었다. 두 번째 기저선 시기 이후에는 다시 치료 프로그램이 철저히 적용되었으며 아이의 무례한 행동은 다시 감소하였다(두 번째 실험기). 무례한 행동의 비율은 24일 동안의 휴지기(후속 회기 기간)를 거친 뒤에도 여전히 낮게 유지되었으며 어머니는 아이와의 관계가 계속 긍정적으로 변화하고 있다고 보고했다.

이 연구는 **ABA 연구 설계**ABA research design라 알려진 실험 방법을 적용한 좋은 사례다(Krasner, 1971). ABA 연구 설계란 연구자가 한 시점(A 시기)에서 행동을 측정한 후 강화물을 도입하여 두 번째 시점(B 시기)에 다시 행동을 측정하고, 이번에는 다시 강화물을 없앤 상태에서 행동이 기존 수준으로 돌아가는지(A 시기의 상태로 돌아가는지) 확인하는 것이다. 스키너주의자들은 참여자를 상이한 실험 조건에 할당하는 대신 한 사람을 특정한 강화물이 제시되거나 그렇지 않은 다양한 시점에서 관찰했다. 스키너는 이와 같은 방식이 심리학에서 전형적으로 활용되는 실험 전략보다 더 강력한 연구 방법이라고 믿었다.

행동 측정의 마지막 중요 요소는 행동 측정이 측정의 **징후 접근법**sign approach과 **표본 접근**

ABA 연구 설계
한 대상을 세 가지 실험 단계, 즉 (A) 기저선 시기, (B) 강화물을 도입하여 특정 행동의 빈도를 변화시키는 시기, (A) 강화물을 없애고 행동이 기존의 빈도로 돌아오는지 관찰하는 시기(기저선 시기)에 노출시키는 스키너식 실험 방법

징후 접근법
미셸의 용어로, 표출된 행동에서 내적인 성격을 추론하는 측정 법을 뜻함. 표본 접근법과 대조됨

표본 접근법
미셸의 용어로, 행동 자체, 그리고 행동과 환경 조건의 관계에 관심을 갖는 측정법을 뜻함. 반면 징후 접근법은 표출된 행동에서 내적인 성격을 추론하는 것임

법sample approach 간의 구분을 잘 보여준다는 것이다(Mischel, 1968, 1971). 징후 접근법은 개인의 평가 반응을 개인의 어떤 내적 특성의 지표(즉 '징후')로 보는 것이다. 예를 들어 어떤 사람이 "나는 파티를 좋아해!"라고 말한다면 암묵적으로 징후 접근법을 받아들이는 특질 이론가들은 이 반응을 외향성 특질과 같은 특정한 내적 특성의 지표로 볼 것이다. 따라서 징후 접근법을 따르는 연구자는 "이 반응이 어떤 내적 특성의 징후인가?"라고 질문한다. 이는 행동주의자가 품을 만한 질문이 아니다. 행동주의자들은 표본 접근법을 취한다. 특정 반응(어떤 행동이나 어떤 말을 하는 등)을 보이는 사람을 측정할 때 행동주의자는 이 반응이 단순한 행동의 표본, 즉 이 사람이 특정한 자극에 직면했을 때 보이는 특정 종류의 행동을 보여주는 한 사례라고 생각한다. 누군가 "나는 파티를 좋아해!"라고 말한다면 행동주의자는 이것이 과거 이 사람이 강화를 경험했던 행동일 뿐이라고 결론 내린다. 추가적으로 이 사람의 내면에 있는 눈에 보이지 않는 심리적 구조를 참조해야 할 필요는 없다. 표본 접근법은 피상적인 것으로 보일 수 있다. 그러나 여기에는 큰 이점이 있다. 표본 접근법은 심리학자들이 개인의 내적인 정신적 삶을 추측에 의지하여 추론하지 않도록 막아준다. 이런 추론은 추측과 대동소이할 것이다. 표본 접근법은 또한 원리적으로 해당 개인을 도울 수 있는 방향으로 변화시킬 수 있는 환경 속의 강화물을 규명하도록 도와준다.

행동 변화

행동주의자들은 강화 원리를 현실 세계에 적용하기 위한 응용 기법을 개발했다. 이 기법은 **토큰 경제**token economy라 알려져 있다(Ayllon & Azrin, 1965). 행동주의 전문가는 바람직하다고 생각되는 행동을 토큰으로 보상한다. 내담자들은 토큰을 그들이 원하는 것들, 이를테면 사탕이나 담배로 바꿀 수 있다. 예를 들어 정신병동 입원 환자가 식사를 준비하거나 청소를 했을 때 보상으로 토큰을 줄 수 있다. 장기 입원 정신병동과 같은 강하게 통제된 환경에서는 환자들이 원하는 거의 모든 것을 바람직한 행동과 짝 지을 수 있다.

    연구 증거는 토큰 경제 기법의 효과성을 보여준다. 토큰 경제 기법은 심각한 정신 병리를 겪는 환자나 정신지체를 겪는 사람들의 사회적 상호작용, 자기 자신을 돌보는 행동, 직무 수행 등의 행동을 효과적으로 증진시킨다. 토큰 경제 기법은 또한 아이들의 공격 행동을 경감하고 가정불화를 감소시키는 데 활용된다(Kazdin, 1977).

    토큰 경제 프로그램은 조작적 조건형성 원리를 행동 변화 문제에 직접적으로 적용한 것이다. 표적 행동을 선택하고 바람직한 반응과 짝 지어서 강화를 제공한다. 이는 사람이 환경에 어떤 행동을 취하는지가 아니라 환경이 사람에게 어떻게 작용하는지에 초점을 맞추는 행동주의의 강조점과 완벽히 부합한다. 인간 행동 변화를 이끄는 행동주의자는 본질적으로 사회적 공학자에 가깝다. 행동주의 연구실에서 개발된 과학적 기법은 현실 세계의 행동 변화 문제에 직접 적용된다. 왓슨은 어린아이의 환경을 통제하여 아이가 왓슨 자신이 원하는 어떤 직업이든 갖게 만들 수 있다고 주장했다. 스키너주의적 사회공학자들은 이 원칙을 한 단계

토큰 경제
스키너의 조작적 조건형성 이론에 따른 기법으로 개인의 바람직한 행동을 토큰으로 보상하는 환경을 만드는 것

더 밀고 나갔다. 토큰 경제 기법의 발전에서 볼 수 있고 또한 스키너주의 원칙에 기초한 공동체의 발전에서도 볼 수 있듯이 스키너주의적 사회공학자들은 환경을 설계하여 인간 행동의 여러 측면을 통제한다는 관심사를 공유했다.

자유의지?

스키너의 조작적 조건형성은 우리에게 희망을 주는 함의들을 갖는 것으로 보인다. 행동주의는 행동에 대한 환경의 영향을 연구함으로써 인류의 여러 문제에 유용하게 적용할 수 있는 행동 변화의 기술을 만들어 냈다.

그러나 스키너의 행동주의는 우리에게 불쾌감을 주는 함의 또한 갖고 있다. 스키너는 이를 잘 알고 있었고 자신의 저서 **자유와 존엄을 넘어서**(1971)에서 이를 자세히 설명한 바 있다. 이 함의란 사람이 자유의지를 가지고 있지 않다는 것이다. 환경이 행동의 원인이라면 우리는 우리 행동의 원인이 될 수 없다. 그리고 만약 우리가 우리 행동의 원인이 아니라면 우리는 진정으로 행동의 자유를 갖고 있지 않은 것이다. 우리는 자유롭게 선택하지 않는다. 우리는 자유의지가 없다.

스키너는 사람들이 스스로 자유의지를 가지고 있다고 믿는다는 사실을 잘 알고 있었다. 그러나 스키너는 이 믿음이 환상에 불과하다고 결론 내렸다. 어떻게 그럴 수 있는지 살펴보기 위해 다음과 같은 상황을 생각해 보자. 여러분이 빨간 스포츠카를 몰고 고속도로를 질주하고 있다고 생각해 보자. 여러분 앞쪽으로 경찰차가 눈에 띈다면 여러분은 과속으로 과태료를 내지 않기 위해 차 속도를 줄일 것이다. 만약 옆에 타고 있는 사람이 "속도를 왜 줄인 거요?"라고 묻는다면 여러분은 "왜냐하면 난 그러기로 결정할 자유의지가 있으니까요."라고 말하지 않을 것이다. 대신 여러분은 환경이 여러분 행동의 원인이 되었다는 것을 안다. 경찰관의 존재라는 환경이 여러분의 차 속도 줄이기 행동의 원인이다. 이제 옆에 탄 사람이 "왜 빨간색 스포츠카를 산 거예요?"라고 물었다고 가정해 보자. 여러분은 이에 대해서는 환경 요인 이야기를 하지 않는다. 대신 여러분은 "그러기로 했으니까요." 또는 "나는 빨간색 스포츠카를 좋아해요."라고 답할 것이다. 여러분은 자동차 구매와 관련해서는 여러분이 자유의지를 가지고 있다고 느낀다. 그러나 바로 여기에서 스키너는 여러분이 틀렸다고 말한다. 스키너의 행동주의 안에서 여러분이 차 속도를 줄인 행동이나 여러분이 빨간색 스포츠카를 산 일은 모두 환경에 따른 것이다. 하지만 차 속도를 줄인 행동에 대한 환경의 역할은 단순하고 직접적이며 명백하다. 여러분은 경찰차가 차 속도를 줄이게 만든 원인임을 도저히 간과할 수 없다. 스포츠카 구매의 경우 환경 요인은 더 복잡하고 장기간에 걸쳐 작용한다. 여러분이 빨간색 스포츠카를 산 행동에는 수십 가지 선행 경험(과거의 강화와 처벌)이 작용한다. 여러분은 이 모두를 기억할 수 없고 그 각각이 여러분의 선택에 미친 영향을 평가할 수도 없다. 그러나 여러분이 그렇게 할 수 없다고 해서 이 요인들이 없어지는 것은 아니다. 행동의 환경적 요인이 복잡할 경우 사람들은 다양한 측면을 가진 환경적 요인을 추적해 내지 못하고 자기 행동이 단일한 요인, 즉 자기 자신 때문에 발생했다고 잘못된 결론을 내리게 된다. 스키너는 사람이 자유의지라는 환상 속에서 살고 있다고 결론짓는데, 이 결론은 몇몇 현대 심리학 연구자들이 당도한 결론과 동일하다(Wegner, 2003).

스키너가 단순히 사람들을 기분 나쁘게 하기 위해 자유의지 개념에 반대한 것은 아니다. 오히려 그 반대였다. 스키너는 개인적 · 사회적 문제들을 해결하기 위해서는 행동주의 기법의 체계적 응용이 필요하다고 생각했다. 나아가 스키너는 행동주의 기법이 자유의지를 위반한다고 생각할 경우 사람들은 행동주의를 받아들이지 않을 것이라고 느꼈다. 스키너는 사람들이 통제당하고 있다고 생각하는 것을 좋아하지 않으며, 따라서 사람들은 행동주의 기법의 적용에 반대할 것임을 알았다. 그러나 스키너는 모든 행동이 언제나 환경에 따라 통제된다고 주장함으로써 논쟁의 방향을 돌리려 했다. 이 점을 깨닫고 전통적인 자유의지 개념을 부정함으로써 스키너는 행동주의 기술을 인류에게 적용하는 신기원의 문을 열고자 했던 것이다.

이 주제를 마무리하기 전에 우리는 많은 학자들이 자유의지에 대한 스키너의 주장을 반박했다는 사실을 지적해야 한다. 현상학적 이론가들은 스키너의 관점이 인간의 타고난 능력을 과소평가했다고 생각했다. 실제로 로저스(1956)는 이 주제에 대해 스키너와 논쟁했다. 더 최근의 성격 이론가들(제12장과 제13장 참조) 또한 이와 유사하게 스키너가 인간은 자신이 직면한 환경에 대해, 그리고 이 환경을 바꾸는 방법에 대해 창조적으로 사고하는 능력이 있음을 고려하지 못하여 인간의 자유의지 행사 능력을 과소평가했다고 주장했다.

비판적 평가

지금까지 살펴본 행동주의 관점은 앞선 장에서 살펴본 성격 이론들과 완전히 다르다. 행동주의자들이 다른 이론들에 대해 무어라 말할지를 생각해 본다면 이런 차이를 명확하게 파악할 수 있다. 행동주의자에게 정신분석은 완전히 비과학적으로 보이는데 이는 정신분석 이론이 관찰하거나 측정할 수 없는 눈에 보이지 않는 내적 변수를 추론하기 때문이다. 행동주의자에게 현상학적 이론은 인간 행동의 진정한 원인이 환경이라는 사실을 깨닫지 못한 채 인간 행동의 원인이 인간에게 있다는 관점의 덫에 빠진 비현실적인 이론으로 보일 것이다. 특질 이론 또한 결점이 많은 이론이다. 특질 이론은 행동의 원인을 다루지 않고 행동의 피상적 기술에만 치우친 이론으로 보일 것이다. 만약 행동주의가 완전한 성공을 거두었다면 다른 모든 이론은 깨끗이 청소되어 버렸을 것이다.

하지만 행동주의는 성공을 거두지 못했다. 앞선 장에서 살펴본 이론들은 오늘날에도 여전히 지적인 설득력을 지닌다. 이 이론들은 현대 성격 과학의 다양한 기본적 이론 연구나 응용 분야에 연료를 공급하고 있다. 반면 행동주의를 지지하는 사람은 수십 년 전에 비해 크게 줄었다. 이는 파블로프, 스키너, 그리고 이들의 후계자들이 이룬 확고한 과학적 기여에도 불구하고 발생한 현상이며 또한 이와 같은 행동주의의 기본 연구가 불러일으킨 응용 기법의 성공에도 불구하고 발생한 현상이다. 이와 같은 전반적 상황은 우리로 하여금 행동주의 접근의 강점과 한계가 무엇인지에 대한 궁금증을 불러일으킨다.

과학적 관찰 : 근거 자료

행동주의자들은 체계적 연구에 기초하여 이론을 형성해야 한다는 믿음에 헌신했으며 이는 이들의 연구가 가진 가장 중요한 강점 중 하나이다. 행동주의자들은 과학적 방법론이 과학적 영역과 응용 영역 모두에서 이점을 갖는다고 믿었다. 과학적 영역에서 과학적 방법론은 인간에 대한 접근에 있어 기존의 관점들에서 너무도 명확하게 나타났던 과도한 추론적 특성이 나타나지 않도록 해주었다. 응용 영역에서 행동주의자들이 만들어 낸 탄탄한 과학적 근거 자료는 심리학을 다른 과학자들의 눈에 더욱 신뢰할 수 있는 영역으로 만들었고 이에 따라 20세기 대학에서 심리학이 성장하는 데 기여했다.

그러나 다른 관점에서 살펴보면 행동주의의 기반이 되었던 과학적 관찰에는 명확한 한계가 있었다. 이들의 기초적 근거 자료는 주로 동물(개, 쥐, 비둘기) 연구의 결과들로 이루어졌다. 우리 인간은 다른 털 있는 동물들은 가지지 않은 심리적 능력을 가지고 있다. 우리는 언어를 사용하는 능력과 과거의 사건을 추론하는 능력을 가지며 미래의 대안적인 잠재적 결과를 고려하는 능력을 갖는다. 이러한 능력은 동물 연구를 통해 구성된 자료에는 나타나지 않았고, 따라서 행동주의자들의 이론화 과정에 잘 반영되지 않았다. 이것이 20세기 후반에 행동주의가 몰락한 주요 원인 중 하나였다.

행동주의가 심리학 영역에서 영향력을 잃은 가장 중요한 이유는 행동주의가 인간 삶에 나타나는 근본적인 현상들을 간과했기 때문이다. 이 같은 현상 중 가장 중요한 것은 아마도 현상학적 접근에서는 너무도 중요한 위치를 차지하는 '의미'라는 현상이다. 행동주의자들은 연구를 수행할 때 사람들이 어떻게 환경적 사건에 주관적 의미를 부여하는지 질문하지 않았다. 스키너 상자 안의 쥐와 비둘기는 의미 구축 과정을 보이지 않는다. 쥐와 비둘기는 "이봐, 왜 이 흰 가운을 입은 인간은 내가 그저 레버를 눌렀을 뿐인데 이렇게 밥을 주는 걸까?"라고 질문하지 않는다. 그러나 사람은 이런 질문을 항상 던지는 존재다. 행동주의 이론과 연구는 주관적 의미 구성과 관련된 심리적 절차에 대해 거의 아무런 통찰을 제공하지 않았다. 그러나 1960년대부터 행동주의 이론틀의 바깥에서 연구하던 실험심리학자들은 기억, 언어, 정서, 신념 체계의 연구에서 진보를 이루기 시작했고, 이러한 주제들은 의미 구축과 관련된 내적 인지 과정에 대한 연구를 촉진하는 것이었다. 곧 인지 혁명이라 알려진 변화가 시작되었다. 인지 혁명의 영향력은 이어지는 세 장을 통해 알아보도록 할 것이다.

이론 : 체계적인가?

행동주의의 한계가 무엇이건 간에 행동주의자들이 매우 체계적인 이론가들이었음은 부인할 수 없다. 파블로프와 스키너는 세심하고 논리적으로 정연한 고전적 조건형성과 조작적 조건형성의 해석 체계를 구축했다. 이들은 다양한 현상, 즉 유기체가 강화에 대한 반응으로 보여주는 반응률, 최초의 반응 학습, 강화가 중단된 후 반응의 지속 등을 단일하고 일관적인 개념 체계를 통해 설명해 냈다.

각 부분이 서로 체계적으로 연결된 이론을 만드는 일은 행동주의자들에겐 쉬운 일이었다. 이는 행동주의자들이 더 적은 수의 이론을 가지고 있었기 때문에 가능했다. 즉 행동주의 이론은 다른 이론에서 다루는 내적 정신 구조나 과정은 잘 이론화하지 않았다. 덕분에 행동주의자는 수많은 이론적 구조를 서로 연결시켜야 하는 과업에 직면하지 않았던 것이다.

이론 : 검증 가능한가?

행동주의자들은 검증 가능한 이론을 제공해 주었을까? 만약 여러분이 실험실 환경에서 동물이 보이는 행동과 관련하여 이 질문을 한 것이라면 대답은 '그렇다'이다. 연구자들은 통제된 실험실 상황에서 유기체의 고전적, 조작적 조건형성 경험이 유기체가 보이는 정서적, 행동적 반응에 미치는 영향에 대한 예측을 직접적으로 검증할 수 있다. 실험실 상황 속에서 행동주의자들의 아이디어를 검증하는 것은 생물학 또는 물리학의 아이디어들을 검증하는 것만큼이나 용이하다.

하지만 일단 실험실 상황을 벗어나 인간의 일상적 삶이라는 복잡한 세계에 진입하면 어떻게 될까? 이 지점에서 행동주의적 분석은 종종 모호해진다. 관련해서 촘스키(1959)가 스키너의 행동주의에 가한 유명한 비판 한 가지를 생각해 볼 필요가 있다. 여러분이 미술관에서 복잡한 미술작품을 보고 있다고 생각해 보자. 스키너는 여러분이 작품에 대해 보이는 반응이 여러분의 과거에 유사한 자극에 대해 경험한 조작적, 고전적 조건형성 역사에 따라 결정된다고 말할 것이다. 만약 여러분이 "이 그림 좋군."이라고 말한다면 이는 과거에 이와 유사한 자극에 긍정적 강화를 경험했기 때문이라는 것이다. 이 강화 경험은 우리가 '좋아함'이라고 부르는 감정을 낳고 "이 그림 좋군."이라고 말하는 행동을 강화했다. 이런 생각을 어떻게 검증하면 좋을까? 이를 검증하는 것은 아주 큰 문제인데, 이와 같은 실제 사례에 있어 여러분이 "이 그림 좋군."이라고 말했을 때 어떤 '자극'에 반응했는지를 밝히기가 어렵기 때문이다. 작품의 구성? 색? 작가의 창조성? 액자? 스키너 상자 속에는 소수의 자극만 존재하기 때문에 연구자는 상자 안 동물의 행동을 통제한 자극이 무엇인지 확신을 가질 수 있다. 그러나 일상의 세계에서 사람이 애초에 어떤 자극에 반응했는지를 알아내기란 대개 불가능하다. 이를 알아내기 위해 우리는 어떤 사람이 행동을 보인 뒤 이 사람에게 "어떤 자극에 반응했나요?"라고 물어볼 수 있을 것이다. 하지만 사건 발생 뒤에 사람들에게 질문을 할 경우에는 사람들의 행동을 예측할 수 있는 방법이 없다. 연구자는 오직 사후적인 행동주의적 설명을 할 수 있을 뿐이다. 그리고 만약 연구자가 사후 설명을 한다면 이 연구자의 이론은 검증 가능하지 않다.

이론 : 포괄적인가?

스키너의 저술이 갖는 뛰어난 창조성 덕분에 행동주의는 높은 포괄성을 보인다. 스키너는 단 한 권의 책(Skinner, 1953)으로 행동주의 원리들을 개인의 행동뿐만이 아닌 집단의 행동, 즉 정부의 기능과 법, 종교, 심리치료, 경제, 교육, 문화의 법칙까지 확장하여 적용한 바 있다. 다른 책(Skinner, 1974)에서 스키너는 지각, 언어, 정서와 동기, 자기 개념을 분석했다. 스키너와 다른 행동주의자들은 성격 이론이 다루는 심리적ㆍ사회적 현상 전반을 다루었다. 행동주의의 단점이 무엇이건 간에 행동주의가 확연하게 넓은 개인적ㆍ사회적 현상을 다루었다는 것 또한 사실이다.

한눈에 보는 학습 접근 이론					
구조	과정	성장과 발달	정신 병리	변화	예시 사례
반응	고전적 조건형성; 조작적 조건형성	강화 계획과 연속적 접근	학습된 부적응적 반응 양상	소거, 변별, 역조건형성, 긍정적 강화, 체계적 둔감화, 행동 변화	꼬마 한스 사례의 재해석

적용

행동주의자들은 훌륭한 실용주의 취향을 보여주었다. 행동주의자들은 실험실 동물 연구에서 사람을 돕는 실용적 적용으로 재빠르게 전환했다. 그러나 이 전환이 너무 빨랐을지도 모르겠다. 행동주의자들은 사람의 심리가 스키너 상자 안의 동물이나 고전적 조건형성 연구의 동물과 어떤 차이를 보일지에 대한 질문을 했어야 했지만, 이 문제에서 충분히 신중하지 못했다. 그럼에도 불구하고 행동주의자들은 현대 심리학에서도 여전한 가치를 갖는 실용적 적용 기법들을 개발해 내는 데 성공했다. 사실 행동주의자들은 오늘날 성격심리학 영역에서 더 큰 영향력을 행사하는 다른 많은 연구자가 만들어 낸 것들보다 더 가치 있는 적용 기법들을 개발했다. 특히 행동치료는 매우 큰 실용적 가치를 갖는 적용 기법이다.

중요한 기여와 요약

행동주의는 대단한 기여를 했다(표 10.2). 행동주의자들은 반복 가능성 높은 객관적 근거 자료를 통해 포괄적 심리학을 구축하는 방법을 보여주었다. 이들은 여전한 실용적 가치를 갖는 여러 적용 기법을 개발했다. 이들은 또한 심리학자들이 행동의 상황 요인 효과 쪽으로 관심을 돌리도록 하는 가치 있는 영향력을 발휘했다. 우리가 앞서 살펴본 연구자들은 내담자를 상담소로 불러 연구하거나 실험실에서 설문지를 작성하게 함으로써 이들을 평범하고 일상적인 환경으로부터 분리시켰다. 행동주의자들은 인간 행동을 이해하기 위해서는 행동의 원인이 되는 환경 요인을 이해해야 한다고 설명했다.

표 10.2 학습 접근의 강점과 한계 요약

강점	한계
1. 체계적 연구와 체계적 이론 개발에 대한 헌신	1. 성격을 과단순화하고 중요한 현상을 누락함
2. 행동에 영향을 미치는 상황과 환경 요인의 역할을 직시	2. 단일하고 통합된 이론의 결여
3. 중요한 새로운 발달 변화를 이끌 치료법을 개발하려는 실용적 접근	3. 치료 효과를 뒷받침할 수 있는 보다 많은 증거가 요구됨

　　행동주의의 마지막 기여 사항은 보다 간접적이다. 행동주의자들은 인간 본성을 명확하고 강력하게 서술했는데, 이후의 이론가들은 이를 매우 잘못되었다고 생각하게 되었다. 이렇게 행동주의자들은 이 책의 나머지 부분에서 다룰 내다수 연구자들의 생각과 아이디어를 촉진했다. 이 연구자들 각각은 행동주의자들의 주장을 아주 가까운 곳에서 접했고 또한 이에 회의적이었다. 이들은 행동주의에 대한 의심과 회의를 통해 앞으로 살펴보게 될 것과 같은 성격 연구에 대한 대안적 관점을 생산하게 되었다.

주요 개념

강화 계획	소거	처벌
강화물	역조건형성	체계적 둔감화
결정론	연속적 접근	토큰 경제
고전적 조건형성	일반화	표본 접근법
고정	일반화된 강화물	표적 행동(표적 반응)
기능적 분석	조건화된 정서 반응	행동주의
변동	조성	행동 측정
변별	조작적(자발적) 반응	ABA 연구 설계
부적응적 반응	조작적 조건형성	ABC 측정
상황 특정성	징후 접근법	

요약

1. 행동주의라 알려진 학파는 성격에 대한 학습 접근을 촉발했다. 학습 접근에 따르면 우리가 개인의 성격을 나타내는 것이라고 생각하는 사회적 행동들은 사실 환경적 경험에 따라 학습된 것이다.

2. 파블로프의 고전적 조건형성 연구는 꼬마 앨버트 사례를 통해 이를 인간 대상 연구로 확장한 왓슨의 연구와 함께 행동주의 접근의 첫 번째 기반을 다졌다.

3. B. F. 스키너는 조작적 조건형성 연구를 통해 행동주의의 두 번째 기반을 다졌다. 스키너와 동료들은 고도로 체계적인 근거 자료를 통해 강화가 스키너 상자 안 동물들의 행동을 결정함을 보여주었다.

4. 스키너는 인간이 자유의지를 갖는지에 대한 질문 등

근본적 중요성을 갖는 질문들과 학습의 원리들이 어떻게 연관되는지 설명했다.

5. 행동주의자들은 그저 실험실 동물 연구만 진행한 것이 아니었다. 이들은 학습 원리들을 활용한 다양하고 유용한 적용 기법을 개발했다. 여기에는 치료자가 내담자에게 새로운 환경적 경험을 제공하여 내담자가 새롭고 보다 적응적인 양태의 행동을 학습할 수 있도록 하는 임상 기법이 포함된다. 체계적 둔감화와 토큰 경제 프로그램은 행동주의 원칙에 따른 응용 기법의 두 가지 사례다.

6. 행동주의는 20세기 중반의 심리학을 지배했지만 이후 그 영향력이 줄어들었다. 이는 많은 부분 행동주의가 연구를 통해 인간만의 여러 고유한 현상을 설득력 있게 설명하지 못했기 때문이다. 행동주의가 간과한 인간의 고유 현상으로는 사건에 주관적 의미를 부여하는 인간의 타고난 경향 등이 있다. 이 책의 뒷부분에서 살펴볼 이론들의 근간이 되는 인지심리학의 발전은 행동주의의 쇄락을 초래했다.

11

인지 이론 : 조지 A. 켈리의 개인적 구성 개념 이론

제11장의 초점

방금 어떤 소설을 아주 재미있게 읽었다고 생각해 보자. 들뜬 기분에 여러분은 친구에게 책을 추천해 주려고 전화를 걸었고, 소설의 주인공과 배경에 대해 매우 자세히 묘사해 주었다. 그러나 실망스럽게도 친구는 이미 그 책을 읽었고 그 책이 별로라고 말했다! "줄거리가 빈약하고 전개도 느려."라고 친구는 불평했다. 어떻게 이럴 수가 있을까? 두 사람의 '환경(책)'은 동일했지만, 여러분과 친구는 완전히 다른 경험을 하였다. 즉 동일한 환경 자극에 대해 완전히 다른 생각을 한 것이다.

이것이 바로 조지 A. 켈리의 개인적 구성 개념 이론의 본질이다. 각 개인이 세상을 어떻게 독특하게 지각하고 해석하고 개념화하는가? 여러분과 여러분의 친구가 그 책을 읽고 경험한 바가 다른 것처럼, 사회적 삶에서 사람들과 사건들을 '읽는' 방식은 사람마다 다르다. 켈리는 이러한 차이를 성격 기능의 핵심으로 파악했다. 우리의 생각, 정서적 반응, 기분, 목표, 행동 경향성 등 성격심리학자들이 흥미를 가지는 거의 모든 것이 켈리에게는 세상에 대한 개인의 해석 결과였다. 따라서 정서와 행동의 개인차들은 이러한 해석의 차이에서 나온다. 이러한 생각이 성격심리학 역사에서 가장 혁신적이고 영향력 있는 인물 중 한 사람인 조지 A. 켈리에 의해 발전된 성격의 인지 이론, 성격 평가 방법, 그리고 치료적 접근의 기초였다.

이 장에서 다룰 질문

1. 성격심리학자가 이론을 구성할 때 심리학자의 목표는 무엇인가?

2. 여러분의 일상적 사고는 심리 과학자의 정신 활동과 어떤 면에서 유사한가? 켈리가 사람들은 과학자('**과학자로서의 인간**person-as-scientist'이라는 비유)와 같다고 제안한 것은 무슨 의미인가?

3. 사람들의 신념 및 신념 체계의 개인차에 대해 어떻게 알 수 있는가?

4. 개인적 구성 개념을 분석함으로써, 어떻게 심리적 고통을 설명하고 심리치료에 정보를 제공할 수 있는가?

과학자로서의 인간
사람을 개념화하는 켈리의 은유. 일상의 성격 기능의 핵심 특징이 사건을 이해하고 예측하기 위해 구성 개념을 사용하는 점에서 과학자의 핵심 특질과 유사하다는 것을 강조함

이전 장에서 여러분은 임상 연구에 기인한 두 성격 이론인 프로이트의 정신분석 이론과 로저스의 현상학적 이론에 대해 배웠다. 이 장에서는 내담자를 치료하는 장면에서 내담자와의 긴밀한 관계에서 발전한 세 번째 이론을 배울 것이다. 치료자로서의 작업은 본질적으로 '총체적 인간'에 대해 주의를 기울이는 것이다. 즉, 한 가지 심리적 변인에 초점을 두는 것이 아니라 의미 있는 방식으로 응집되는 다양한 목표와 느낌을 경험하는, 총체적이고 복잡하며 온전한 개인과 마주해야만 한다는 것이다. 임상가이자 이론가인 프로이트나 로저스와 마찬가지로 켈리도 총체적 개인을 이해하고자 노력하였다.

이 같은 점에서는 프로이트나 로저스와 생각을 같이 했다 하더라도, 전반적으로 켈리의 이론은 그들과 달랐다. 프로이트는 인간의 무의식적이고 동물적인 힘을 강조하였다. 켈리는 자기 자신, 세상, 그리고 미래에 대해 생각할 수 있는 인간 역량을 강조하였다. 켈리와 로저스의 공헌은 어떤 측면에서는 유사한데, 두 사람 모두 총체적이고 응집된 사람에 대한 이론을 만드는 데 관심을 가졌다는 점에서는 유사하다고 볼 수 있다(Epting & Eliot, 2006 참조). 하지만 켈리는 성격에 대한 개인적 구성 개념 이론에서 개인이 사람과 사물을 범주화하고 매일의 사건을 통해 의미를 구성하는 등의 구체적 인지 과정을 연구했다.

켈리의 이론을 왜 '개인적 구성 개념' 이론이라 부르는가? 켈리는 사람들이 자신의 세상을 해석하기 위해 사용하는 아이디어 혹은 범주를 가리키는 것으로 **구성 개념**이라는 용어를 사용하였다. 이들 범주의 일부는 보편적이다. 예를 들어 여러분과 여러분의 친구가 강의를 듣다가 지루해서 창밖을 처다봤는데 초록색과 갈색의 나뭇잎이 달린 6미터 높이의 사물을 봤다면, 두 사람 모두 그것을 '나무'로 범주화할 것이다. 우리 모두는 마음속에 '나무'의 범주를 가지고 있고 초록색과 갈색의 잎이 많은 6미터 높이의 사물에 대해 이 범주를 적용한다. 하지만 어떤 범주는 사람에 따라 달라진다. 어떤 범주를 가지고 있는지 그리고 그것을 어디에 사용할지는 사람마다 다르다.

만약 창밖을 바라보고 있는 여러분의 모습을 본 교수가 두 사람에게 "수업에 집중해."라고 이야기했다고 가정해 보자. 여러분은 교수를 '친절한 선생님'이라고 범주화할 수 있는 반

면, 친구는 '쓸데없이 깐깐한 지식인'으로 생각할 수도 있다. 켈리의 개인적 구성 개념 이론의 용어를 빌리자면 두 사람은 교수의 행동을 해석하는 데 서로 다른 개인적 구성 개념을 사용한 것이다. 이러한 구성 개념의 사용은 이어지는 생각과 느낌에 큰 영향을 미칠 수 있다. 여러분은 친절한 선생님을 존경하게 될 수 있는 반면 친구는 선생님의 깐깐함에 마음이 상할 수도 있다. 켈리에게 개인의 성격은 그들이 세상을 해석하는 데 사용하는 개인적 구성 개념의 집합 혹은 개인적 구성 개념 체계라는 용어로 이해될 수 있다.

이러한 맥락에서 우리는 켈리의 이론을 인지적 이론이라고 명명할 수 있다. 이 용어는 'to know'를 뜻하는 라틴어에서 유래했으며 현대 심리학에서는 일반적으로 사고 과정을 의미한다. 성격의 인지 이론은 인간의 사고 과정에 대한 분석을 성격과 개인차 분석의 중심에 두는 이론이다. 켈리 본인은 인지라는 용어가 너무 제한적이고 인지(사고)와 감정(느낌)의 인위적 구분을 연상시킨다고 생각하여 자신의 이론을 기술하는 데 '인지적'이라는 용어를 사용하지 않았다. 하지만 켈리 이론의 가장 보편적인 분류는 여전히 '인지' 이론이며 여기에는 그럴 만한 이유가 있다(Neimeyer, 1992; Winter, 1992). 사람들이 가지고 있는 구성 개념들은 세상에 대한 그들의 지식을 구성하고, 이러한 구성 개념들은 새로운 지식의 습득에 사용된다. 사람들은 정신적 절차를 통해 일상적 사건들의 해석에 구성 개념을 적용하는데 이것을 보통 인지 과정이라고 부른다. 이 과정은 사람과 사물을 범주화하고 여러 사건에 의미를 부여하고 사건을 예측하는 것을 포함한다.

성격 이론에서 켈리의 중요한 저작은 1955년에 출판되었으나 몇 가지 이유로 인해 즉각적인 반향을 일으키지는 못했다. 1955년 당시, 인간의 복잡한 인지 과정에 대한 이론은 시대를 앞선 연구였다. 주관적인 정신적 사건들에 대한 연구를 회피하는 행동주의가 심리학계를 지배하였고 인간의 사고를 직접적으로 다루는 현대의 인지심리학은 아직 발달하기 전이었다. 게다가 켈리는 스스로 "자신의 발등을 찍었다."라고 표현했는데, 그는 자신의 이론을 제안하면서 너무나 새롭고 복잡한 과학적 전문 용어를 사용하였다. 이러한 용어의 사용은 그의 이론이 심리학자들에게 신속하고 광범위하게 받아들여지는 데 걸림돌로 작용하였다. 최근 비평가들은 켈리가 '친숙하지 않은 전문 용어를 채택함으로써' 자신의 이론을 심리학 주류로부터 더 소외시킨 것으로 보인다고 기술하고 있다(Butler, 2009, p. 3).

켈리의 연구는 매우 선구적이었다. 켈리의 죽음 이후, 20세기의 마지막 25년 동안 심리학자들은 점점 더 사람들이 자신의 세상을 해석하고 이해하는 인지적 과정의 관점에서 인간의 행동을 해석하게 되었다. 21세기의 첫 20년이 흐른 지금, 켈리가 그토록 강조한 미래지향적인 사고에 대한 연구는 인지 과학 분야에서 새롭고도 상당한 관심을 끌고 있다(Michaelian, Klein, & Szpunar, 2016). 개인적 구성 개념 이론의 지지자들은 "켈리의 이론은 시간이 지나면서 점점 더 최신이 되어간다는 패러독스를 가지고 있다."라고 말한다(Neimeyer, 1992, p. 995). 보다 최근의 비평은 켈리가 시대를 앞서갔을 뿐 아니라 그의 이론이 그가 환영했을지도 모를 새로운 연구 분야를 열었다고 말한다(Walker & Winter, 2007).

켈리는 학문적 이론뿐 아니라 삶에 대한 접근법도 제시했다. 그는 치료에서 만나는 사람과 심리학계의 동시대 사람들 모두에게 새로운 관점으로 생각하고, 새로운 방식으로 세상을 바라보고, 새로운 구성 개념을 시도해 볼 것을 촉구하였다. 이와 마찬가지로 켈리는 학생 여러분에게 새로운 개인적 구성 개념 이론을 배우고 적용해 볼 것을 요청하고 자극할 것이다.

조지 A. 켈리 : 이론가 살펴보기

인간 조지 A. 켈리(1905~1966)의 본성은 그의 글에서 드러난다. 그는 사람들에게 비관습적인 사고를 두려워하지 말고 미지의 것을 과감히 탐색하라고 격려하는 사람이었다.

켈리가 고수한 철학적 · 이론적 입장은 부분적으로는 그의 다양한 경험에서 비롯된다(Sechrest, 1963). 켈리는 캔자스주에서 자랐고 미주리주에 있는 프렌즈대학과 파크칼리지에서 학부를 졸업했다. 그는 캔자스대학과 미네소타대학, 에든버러대학에서 대학원 과정을 공부하였고 1931년 아이오와대학에서 박사 학위를 받았다. 그는 캔자스에서 순회 클리닉을 열었고, 제2차 대전 중에는 공군 소속 심리학자였으며, 오하이오주립대학과 브랜다이스대학에서 심리학 교수로 재직했다.

켈리의 초기 임상 경험은 캔자스주의 공립학교에서였다. 켈리는 교사들이 학생들을 켈리의 순회 심리 클리닉에 보낼 때 교사가 학생에 대해 적어 보내는 불만사항들은 학생뿐 아니라 교사 자신에 대한 것을 말하고 있음을 발견했다. 켈리는 교사들이 작성한 내용을 그들의 구성 개념 혹은 사건에 대한 해석의 표현으로 이해하려고 노력했다. 예를 들어 만약 교사가 학생이 게으르다고 불평했다면, 켈리는 교사의 진단이 정확한지를 보기 위해 학생을 살펴보는 대신 아동의 행동과 교사가 아동의 행동을 지각하는 방식, 즉 게으름에 대한 불만을 이끌어 낸 교사의 구성 개념을 이해하려고 노력하였다.

이것은 문제의 중요한 재공식화였다. 실용적인 측면에서 봤을 때, 이는 학생뿐만 아니라 교사를 분석하게 만들었고 문제에 대한 더 광범위한 해결책으로 이어졌다. 게다가 이는 객관적이고 절대적인 진실은 없다는 켈리의 관점을 이끌어 냈다(현상은 개인에 의해 구성되거나 혹은 해석되는 방식에 관련해서만 의미가 있기 때문이다).

조지 A. 켈리

켈리는 점차 복잡한 심리적 문제들에 대해 '흑 아니면 백'이라는 식의 해결책을 거부하게 되었다. 대신에 보다 섬세하고 복잡한 접근을 선호하였다. 켈리의 목표는 사건의 해석을 연구하고 현상을 재구성 혹은 재해석하여 이를 통해 객관적 현실이라는 전통적 개념에 도전하는 것이었다.

켈리는 사람들에게 대안적 현실을 상상하도록 격려하면서 스스로도 새로운 세계에서 자유롭게 뛰놀았다. 켈리는 다른 사람들의 학설에 도전했지만 자신의 이론도 결국에는 대체될 수 있는 단지 잠정적인 공식일 뿐이라고 보았다. 켈리는 미지의 탐색에 대한 좌절과 도전, 위협과 기쁨을 받아들였다.

다른 모든 사람과 마찬가지로, 켈리도 시대와 문화의 산물로 볼 수 있다. 그는 20세기 초중반 미국의 중서부지역에 살았다. 그 당시 미국은 추상적이고 형이상학적인 관심사에 대한 난해한 학설에 가치를 두기보다는 실질적인 문제에 대한 실용적인 해결책에 가치를 두는 시기였다. 당시 미국의 지적인 삶은 프래그머티즘(실용주의)이라는 철학적 사고를 바탕으로 하고 있으며, 이러한 철학적 사고방식은 결국 개인과 사회에 얼마나 포괄적으로 영향을 주는지를 질문함으로써 평가된다(Menand, 2002). 켈리는 자신의 이론을 이와 같은 구성 개념 —그것이 실용적 목표, 즉 사람들이 자신의 문제와 자기 자신에 대해 새로운 방식으로 생각함으로써 자신의 삶을 향상시킬 수 있는 목표를 달성하는지에 가치를 두는 일종의 도구— 으로 보았다.

성격 과학에 대한 켈리의 견해

이전 장에서 우리는 이론가들의 (1) 사람에 대한 견해, (2) 성격 과학에 대한 견해의 순서로 고찰하였다. 켈리의 이론을 소개할 때는 우리는 그 순서를 바꾸어 볼 것이다. 왜? 켈리 자신에게 과학에 대한 질문이 가장 중요하기 때문이다. 이것은 두 가지 이유에서이다. 첫째, 다른 이론가들보다 켈리의 인간 이론은 명백한 과학적 관점과 과학적 조사의 특성에 크게 기초를 두고 있다. 둘째, 다른 이론가들과는 달리 켈리는 사람들의 일상적인 심리적 활동(다음 절에서 다룰 것이다)을 이해하기 위한 은유로서 과학적 조사라는 최신 개념을 사용하였다. 따라서 켈리의 이론을 가장 잘 이해하기 위해서는 그의 과학에 대한 관점을 배우고 난 다음 그의 인간관을 배우는 것이 가장 좋다.

성격 과학에 대한 관점을 발전시키면서 켈리가 제기한 가장 근본적인 질문은 "과학자가 이론을 구성할 때 무엇을 하는가?"였다. 한 가지 관점은 과학자들은 진실을 찾는다는 것이다. 아마도 '참'이론이 어딘가에 있고 과학적 방식으로 무장한 부지런한 과학자들은 그것을 찾을 수 있다. 이러한 개념은 모든 이론가들이 참 혹은 거짓으로 평가될 수 있다는 것을 의미한다. 켈리(그리고 많은 당대의 과학자와 철학자들, 가령 Proctor & Capaldi, 2001)가 채택한 또 다른 관점은 '진실 대 거짓'은 과학적 이론에 대한 바른 질문이 아니라는 것이다. 복잡하게 잘 꾸며진 이론은 어떤 면에서는 진실인 것처럼 보이지만 다른 면에서는 그렇지 않다는 문제를 가진다. 대안적 질문은 "이론이 유용한가?"이다. 그 이론이 누군가로 하여금 그 이론이 없다면 할 수 없는 어떤 유용한 것을 할 수 있도록 하는가? 이 질문은 또 다른 질문을 제기하는데, 이는 "이론의 유용성을 어떻게 평가하는가?"라는 것이다. 켈리는 과학자들이 종종 사건을 예측하는 데 관심이 있고, 과학자는 사건을 예측하는 것을 유용한 것으로 판단한다고 논증했다. 이런 논리는 유용성에 대한 질문을 예측에 대한 질문으로 바꾼다. "사람들은 주어진 이론을 사용하여 어떤 중요한 사건을 예측할 수 있는가?"

예측 유용성으로 이론을 평가한다는 단순한 생각은 중요한 함의를 가진다. 서로 다른 이론은 사람들로 하여금 다른 형태의 예측을 하도록 만든다. 따라서 모든 종류의 서로 다른 이론은 각자가 독특한 방식으로 유용하다. 이것은 하나를 옳다고 받아들이고 다른 것들을 틀린 것으로 봄으로써 이론들 중에서 선택할 필요가 없다는 것을 의미한다. 그 대신 다양한 이론의 렌즈를 통해 세상을 보는 것이 훨씬 더 가치 있는 것일 수 있으며, 각각의 이론은 무언가 흥미로운 것을 볼 수 있도록 해줄 것이다. 켈리는 이것을 **구성적 대안주의**constructive alternativism라 불렀다. 대안적 과학 구성 개념 각각은 세계에 대한 유용한 관점을 제공할 것이다. 이 입장에 따르면 과학적 이론화는 객관적으로 '옳은' 단 하나의 이론 추구에 몰두하는 것이 아니다. 그 대신 과학자들은 현상을 이해하기 위해 현상을 해석하려고 하며 사건을 구성하려 한다. 따라서 단 하나의 옳은 이론이 있다기보다는 선택 가능한 과학적 구성 개념 각각이 특유의 가치를 갖는다(켈리의 주장은 제1장에서 소개된 '도구 통' 은유를 떠올리게 만든다).

켈리의 관점에서 성격 과학 활동은 진실의 발견, 혹은 프로이트가 제안한 것처럼 숨겨진 마음의 무엇인가를 밝혀내는 것이 아니다. 그것보다는 사건을 예측하는 데 유용한 과학적 구성 개념 체계를 발견하려는 노력이다. 상이한 성격 이론들 각각은 사람에 대한 독특하고 타당한 예측을 할 것이다.

켈리는 심리학에서 정설(도그마)을 추구하려는 경향성에 관심이 있었기 때문에 부분적으로 이런 생각을 발전시켰다. 그는 심리학자들이 내적 상태와 특질의 구성 개념을 이론가의 머릿속에 있는 '어떤 것'으로 이해하기보다는 실제로 존재하는 것으로 믿는다고 생각했다. 만약 어떤 사람을 내향적이라고 기술한다면 우리는 그렇게 주장한 사람을 조사하기보다는 그가 내향적인지를 조사하는 경향이 있다. '진실'과 정설에 대항하는 켈리의 입장은 중요한 의미를 가진다. 그것은 '초청하는 분위기'를 허락하고 그런 분위기에서 사람들은 현상에 대한 수많은 대안적 해석과 처음에는 터무니없어 보이는 제안을 고려하는 데 자유로워진다. 초청하는 분위기는 치료 장면에 있는 환자뿐만 아니라 전문 과학자에게도 세계에 대한 탐색을 하기 위해 필수적인 부분이다.

켈리에 의하면, 창조적인 가설을 발전시킬 자유를 허용하는 것이 바로 이러한 초청하는 분위기이다. 가설은 사실로 주장되어서는 안 되지만 대신 과학자들은 마치 그것이 진실인 것처럼 가설의 결과를 추적해야 한다. 켈리는 이론을 관찰된 것과 예상되는 것에 대

구성적 대안주의
객관적인 현실 혹은 절대적 진실이란 없으며 오직 사건을 구성하는 대안적 방식만이 있다는 켈리의 관점

한 잠정적 표현으로 보았다. 이론은 포함할 수 있는 현상의 경계를 가리키는 **편의 범위**range of convenience와 영역 내에서 그 이론이 가장 잘 기능하는 지점을 나타내는 **편의 초점**focus of convenience을 가진다. 상이한 이론들은 상이한 편의 범위와 상이한 편의 초점을 가진다.

켈리에게 이론은 수정 가능하며 궁극적으로 소모적이다. 이론이 새로운 예언을 하지 못하거나 잘못된 예언을 하면 수정되거나 파기될 수 있다. 일반적인 사람들뿐 아니라 과학자들 사이에서도, 모순되는 정보에 직면했을 때 이론을 얼마나 오랫동안 유지하는가는 부분적으로는 취향과 스타일의 문제인 것이다.

켈리의 과학적 관점은 독특하지 않지만 표현의 명료함과 강조점은 여전히 중요하다. 이론의 유용성에 대한 강조(진실 대 거짓 대신에)에 덧붙여 켈리는 다른 전통적인 가정들에 대해서도 이의를 제기하였는데 이 중에는 측정에 대한 심리학자들의 지나친 강조도 포함되어 있다. 오늘날뿐만 아니라 켈리 시대에도 많은 성격심리학 연구는 한 사람과 또 다른 사람의 심리적 구성 개념의 개인차에 대한 정확한 측정에 전념하였다. 켈리는 측정을 강조하는 경향이 성격 이론가들로 하여금 마치 이론적 개념들이 사람들의 머릿속에 실재하는 것으로 여기도록 만든다고 생각했다. 심리학자들은 인간 마음의 연구에 대한 전문성을 가진 과학자가 아닌 통계에 대해 전문성을 가진 기술자가 된다. 켈리의 과학에 대한 관점의 세 번째 특징은 순수하게 실험적인 과학적 방법과는 대조적으로 임상적 방법에 대한 여지를 남긴다는 것이다. 그는 임상적 방법이 가설을 발견하고, 새로운 변인들의 출현을 이끌고, 중요한 질문들에 초점을 맞추기 때문에 유용하다고 여겼다. 여기에서 켈리의 과학에 대한 네 번째 중요한 관점이 등장한다. 과학은 중요한 문제에 초점을 두어야 한다는 것이다. 켈리는 심리학자들이 종종 과학으로 인식되지 않는 어떤 것을 하기를 두려워한다고 느꼈다. 이러한 두려움은 과학자들이 과학적으로 검증하기 어려운 인간 경험의 중요한 측면을 연구하기를 회피하도록 만들었다. 켈리는 심리학자들이 과학적으로 보이는 것을 하려는 시도는 멈추고 사람을 이해하려는 본래의 직업을 수행할 것을 촉구하였다. 그는 좋은 과학적 이론은 사람과 사회의 문제 해결에 대한 새로운 접근을 발견해 내도록 격려해야만 한다고 믿었다.

사람에 대한 켈리의 견해

켈리의 과학적 관점은 인간에 대한 그의 관점과 직접적으로 관련된다. 켈리는 과학자들과 일반인들(일상을 사는 비과학자들)이 같은 과제를 수행한다고 생각했다. 둘 다 사건을 예측하기 위해 구성 개념을 사용한다. 물론 과학자들의 구성 개념은 일반인들의 구성 개념과는 다를 수 있다. 과학자들의 구성 개념은 보다 정확하고 수학적인 방식으로 설명될 수 있다. 하지만 과학자들과 일반인들의 과제는 기본적으로 유사하다. 둘 다 사건의 예측을 가능하게 해주는 아이디어(구성 개념들)를 밝히려고 노력한다. 성격 과학자들은 몇 가지 유형의 예측을 가능하게 해주는 공식적인 이론을 가질 수 있다. 예를 들어 특질 이론가들은 오늘 여러분

편의 범위
켈리의 개인적 구성 개념 이론에서 구성 개념 혹은 구성 개념 체계에 의해 다루어질 수 있는 사건이나 현상들

편의 초점
켈리의 개인적 구성 개념 이론에서 구성 개념 혹은 구성 개념 체계에 의해 가장 잘 이해되는 사건이나 현상들

의 성격 특질 점수에 기초하여 5년 후의 여러분의 성격 특질 점수를 예측할 수 있을 것이다. 하지만 지혜로운 할머니 역시 다양한 종류의 예측을 가능하게 하는 비공식적이고 비과학적인 이론을 가질 수 있다. 예를 들어 여러분이 기운 없이 처져있을 때 지혜로운 할머니들은 어떤 이야기를 해야 여러분의 기분을 좋게 만들 수 있는지 안다. 두 경우 모두 예측을 하기 위해 축적된 지식을 사용하고 있는 것이다.

이러한 논리는 켈리 인간관의 핵심인 은유의 근거가 된다. 그것은 과학자로서의 인간은유이다. 켈리는 매일매일의 삶이 갖는 핵심적 특징은 우리 일상의 중요한 사건을 예측하게 해주는 아이디어를 얻으려는 시도라고 보았다. 예를 들어 우리는 다가오는 시험에서 합격할 수 있을지, 데이트에 성공할 수 있을지 혹은 우울한 기분에서 벗어날 수 있을지 예측할 수 있기를 바란다. 또한 어떤 종류의 경험이 우리가 이러한 목표를 달성하는 데 도움이 될지를 예측하고자 한다. 이러한 예측을 할 때 우리는 과학자로서 움직인다고 켈리는 주장한다. 우리는 과학자들처럼 이론을 만들어 내고("나는 시험공부를 할 때 친구와 함께 공부하는 것이 필요한 유형의 사람인 것 같아."), 가설을 검증하고("이번에는 다른 전략으로 데이트 신청을 해보고 어떻게 되는지 봐야지."), 그리고 증거를 평가한다("지난번에 디저트를 잔뜩 먹어 우울에서 벗어나보려고 했지만 효과가 없었어.").

과학자로서의 인간 관점은 두 가지의 추가적인 결론을 이끌어 낸다. 첫째, 인간은 본질적으로 미래를 지향하는 존재라는 것을 강조한다. "사람들을 애타게 하는 것은 미래이지 과거가 아니다. 사람들은 항상 현재의 창을 통해 미래에 도달한다"(Kelly, 1955, p. 49). 사실 인간 사고의 대부분은 미래의 사건을 향해있다. 켈리의 이론은 지금까지 우리가 논의한 성격 이론들 중 이와 같은 정신생활의 기본적 사실을 가장 직접적으로 직면하고 있는 이론 중 하나이다.

두 번째 결론은 다음과 같다. 만약 과학자들이 다른 종류의 예측을 하기 위해서 다른 이론들을 채택할 수 있다면 일반인들도 그렇게 할 수 있다. 앞서 논의한 과학적 구성 개념 영역에서 구성적 대안주의가 가능한 것처럼 개인적 구성 개념의 영역에서도 구성적 대안주의가 있을 수 있다. 사람은 세계를 구성하는 자신의 평소 방식을 재고하기 위해 환경에 대해 건설적으로 생각할 수 있는 역량을 가지고 있다. 개인은 대안적인 이론적 공식을 만들어 낼 수 있고, 다른 구성 개념을 시도할 수 있으며, 이렇게 함으로써 삶의 도전과 갈등을 해결하기 위한 새로운 전략들을 고안해 낼 수 있다.

세상에 대해 건설적인 사고를 할 수 있는 사람들의 역량에 대한 이런 관점은 이전 장에서 논의된 주제인 자유의지와 결정론에 대해 새로운 이해를 낳는다. 스키너와 같은 행동주의자들에게 있어 사람이란 환경에 반응하는 단순한 존재이다. 하지만 켈리에게 있어 사람은 환경에 대해 결코 수동적으로 반응하지 않는다. 사람은 환경에 대해 능동적으로 생각한다. 그뿐만 아니라 자신의 사고 과정에 대해서도 능동적으로 생각한다. 사람은 어떤 것에 대해 자신이 적절하게 사고하지 못했다고 결정할 수도 있고 그것에 대해 다른 방식으로 생각할 수 있다. 이러한 사고 역량은 인간을 자유롭고 단호하게 만든다. "개인적 구성 개념 체계는 인간에게 판단의 자유와 행동의 한계 모두를 제공한다. 우리가 사건에 무기력하게 혹사당하는 대신 사건의 의미를 다루는 것을 가능하게 해주기 때문에 자유를 제공하며, 반면 우리 스스로 건설한 대안적인 세상 밖에서는 어떤 선택도 할 수 없기 때문에 한계를 제공한다"(Kelly, 1955, p. 58). 이러한 구성 결과들 속에 스스로 '포로'가 된 우리는 환경과 삶을 재구성함으로써 우리의 자유를 갱신한다. 따라서 우리가 과거 역사와 현재 조건의 희생자가 되는 경우는 오직 우리가 그리되는 쪽으로 스스로를 구성하는 경우뿐이다.*

이러한 점들이 켈리가 확립한 성격 구조와 과정에 대한 이론의 일반적 원칙이다. 이제 이론을 좀 더 자세히 들여다보자.

켈리의 성격 이론

구조

켈리의 성격 이론에서 핵심 구조적 변인은 개인적 구성 개념이다. **구성 개념**construct은 지식의 요소이다. 그것은 세상을 해석 혹은 구성하는 데 사용되는 개념이다. 사람들은 사건들을 범주화하기 위해 구성 개념을 사용한다. 이것은 여러분이 의식적이고 필연적으로 하는 것이 아니다. 사람들은 "음, 나는 지금 구성 개념을 사용하려고 해."라고 자신에게 말하지 않는다. 그것은 자동적으로 발생하는 것이다. 사건을 경험할 때 여러분은 그것을 이해하려고 노력하고 사건을 이해하기 위해서 여러분이 이미 가지고 있는 어떤 지식 요소를 사용해야만 한다. 켈리의 용어로 여러분은 개인적 구성 개념을 사용하는 것이다.

켈리 이론의 핵심 아이디어는 사람들이 형태와 질서를 관찰함으로써 사건들을 예상한다는 것이다. 사람들은 어떤 사건들이 나머지 다른 사건들과는 구분되는 특징을 공유하고 있음을 알아차린다. 개인은 유사점과 차이점을 구분한다. 어떤 사람은 키가 크고 어떤 사람은 키가 작으며, 어떤 사람은 남자이고 어떤 사람은 여자이며, 어떤 것은 딱딱하고 어떤 것은 부드럽다는 것을 관찰한다. 구성 개념의 형성을 가져오는 것은 유사성과 대조의 해석이다. 구성 개념 없는 삶은 혼란 상태가 될 것이고 우리가 사는 세상을 조직화하고, 사건, 사물, 사람을 묘사하고 분류하는 것이 불가능할 것이다.

켈리에 따르면 구성 개념을 형성하기 위해서는 적어도 세 가지 요소가 필요하다. 그중 두 가지 요소는 서로 유사한 것으로 지각되어야 하고 세 번째 요소는 나머지 두 개와는 다른 것으로 지각되어야만 한다. 유사한 두 요소는 구성 개념의 **유사성 극**similarity pole을 형성하고, 대비되는 세 번째 요소는 구성 개념의 **대조 극**contrast pole을 형성한다. 예를 들어 누군가를 돕는

구성 개념
켈리의 이론에서 사건을 지각하고 구성하고 해석하는 방식

유사성 극
켈리의 개인적 구성 개념 이론에서 구성 개념의 유사성 극은 두 요소가 유사한 것으로 지각되는 방식으로 정의됨

대조 극
켈리의 개인적 구성 개념 이론에서 구성 개념의 대조 극은 세 번째 요소가 유사성 극을 만드는 데 사용되는 다른 두 요소와는 다른 것으로 지각되는 방식으로 정의됨

---

* 켈리가 '과학자로서의 인간'과 '생물학적 유기체로서의 인간'이라고 언급한 것은 자칫 학생들을 성차별주의자로 여기게끔 할 수도 있다. 켈리가 이러한 글을 쓴 시점은 언어에서 성차별을 제거하기 이전인 1950년대였음을 기억해야 한다.

"내 생각은 흥미롭고, 네 생각은 따분해." "아니야. 내 생각은 안전하고 네 생각이 위험한 거지." 켈리의 개인적 구성 개념 이론은 사람들이 서로 다른 구성 개념(예 : 따분한-흥미로운, 위험한-안전한)을 사용하면서 발생하는 (때때로 논쟁거리가 되는) 의견의 차이를 설명해 준다.

두 사람과 누군가를 해치는 한 사람을 관찰하는 것은 친절한/잔인한 구성 개념을 도출하게 되는데, 이는 유사성 극을 형성하는 '친절한'과 대조 극의 '잔인한'을 가진다. 켈리는 구성 개념이 유사성/대조 비교로 조직된다는 것을 인식하는 것이 중요하다고 강조하였다. 이것은 유사성 극단 혹은 대조 극단만을 사용할 때는 구성 개념의 속성을 이해할 수 없음을 의미한다. 그 구성 개념 아래에 그 사람이 어떤 사건들을 포함시키고 어떤 사건들이 그것에 반대되는 것으로 보이는지를 알기 전에는 우리는 존경이라는 구성 개념이 그 사람에게 무엇을 의미하는지 알 수 없다.

구성 개념은 유사성과 대조의 극단 사이에 수많은 점들을 가진다는 점에서 차원적이지는 않다. 사건들의 구성에서 미세한 구별과 미묘한 구분은 양과 질의 구성 개념 같은 다른 구성 개념의 사용을 통해 만들어진다. 예를 들어 '검은/흰' 구성 개념과 양 구성 개념의 조합은 '검은', '약간 검은', '약간 흰', '흰'과 같은 네 가지 수준의 구분을 가능케 한다(Sechrest, 1963).

우리가 이미 언급했듯이, 켈리는 인간의 사고가 미래지향적이라는 것을 인정하였다. 우리는 많은 시간을 미래 사건에 대해 생각하고 계획하는 데 소비한다는 것이다. 또한 이러한 사고는 성격 구성 개념의 사용과도 관련이 있다. 따라서 사람들은 이미 일어난 사건을 해석할 뿐만 아니라 미래를 계획하기 위해 구성 개념을 사용한다. 켈리 이론의 과정 부분에서 설명했듯이, 사람들이 사건을 예견하기 위해 구성 개념을 사용한다는 아이디어가 켈리 이론의 기본적 가정이다.

구성 개념과 대인관계 결과

개인이 사용하는 다양한 구성 개념을 관찰하는 것은 재미있다. TV 종교 프로그램의 사회자는 도덕적 대 비도덕적으로 사람들을 묘사할 것이다. 정치 프로그램 사회자는 사람들을 진보 대 보수로 묘사할 것이다. 스포츠 프로그램의 해설자는 '위기에 강한 선수' 대 '위기상황에서 얼어붙는 선수'로 묘사할 것이다. 이러한 양극의 아이디어들(도덕적/비도덕적, 진보/보수, 위기에 강한/위기상황에서 얼어붙는)이 켈리가 개인적 구성 개념이라고 부른 것의 예이다.

어떤 사람이 이런 종류의 구성 개념을 사용하는 것을 들을 때 우리는 누구에 대해 알 수 있는가? 우리는 단순히 묘사된 사람에 대해 알게 되는 것인가? 혹은 동시에 그러한 묘사를 한 화자에 대해서도 알게 되는가? 켈리는 사람들이 다른 사람을 묘사하기 위해 사용하는 구성 개념에서 자기 자신의 성격 측면을 드러낸다고 주장하였다. "자기 자신의 삶에서 사생아 차원이 없다면 다른 사람을 사생아라고 부를 수 없다"(Kelly, 1955, p. 133).

사람들이 사용하는 구성 개념 체계에서의 차이는 중요한 대인관계적 결과를 가져온다. 그것은 흔히 집단 사이의 의사소통 실패를 초래한다. 여러분은 여러분의 구성 개념과 충돌하는 구성 개념을 사용하는 누군가와 대화를 하는 자신을 발견할 수 있을 것이다. 이 책 저자의 친구가 "모든 관계에서 승자와 패자가 있지 않니?"라고 말한 적이 있다. 글쎄, 그렇지 않을 수도 있다. 그 친구에게는 '승자/패자'가 하나의 가능한 구성 개념이지만 필수적인 것은 아니다. 다른 사람은 '양보하는/양보하지 않는 사람' 혹은 '인정 많은/인정 없는 사람'의 구성 개념을 사용할 수도 있다.

또한 의사소통의 어려움은 정반대로 보이는 집단이 사실은 많은 공통된 구성 개념을 가지고 있다는 것을 인식하지 못하는 결과를 낳는다. 즉 서로가 공통된 구성 개념 체계를 가지고 있다는 것을 깨닫는 것은 의사소통에 도움이 될 수 있다. 심슨, 라지, 오브라이언(2004)은 최근 두 집단 사이의 의사소통이 어떻게 향상될 수 있는지를 보여주기 위해 켈리의 이론에서 얻은 아이디어를 활용하였다. 그들은 특별한 전문적 상황, 즉 병원에서 의사소통을 할 때에 주목하여 이때 긴장 상태와 실패를 자주 경험하는 두 전문가 집단을 대상으로 연구를 진행했다. 이 두 집단은 (1) 환자 관리를 담당하는 의사, (2) 건강 관리 경력이 없는 경영 업무를 담당하는 병원 관리직이다. 이 집단 간의 의사소통을 향상시키기 위한 워크숍에서 심슨과 동료들은 의사와 관리자에게 서로가 가지고 있는 이상적인 특징을 열거해 보라고 하였다. 이것은 두 유형의 이상적인 전문가(의사와 관리자)에 관해 가지고 있는 개인적 구성 개념을 명백하게 하려는 것이었다. 그런 다음 서로의 개인적 구성 개념 목록을 보았다. 심슨 등(2004, p. 55)은 "놀라운 것은 두 집단 사이에 나타난 공통적인 영역이었다."라고 보고하였다. 이전에는 대조되기만 했던 두 집단이 사실은 다수의 공통된 구성 개념을 가지고 있었던 것이다. 이 연구 결과는 이후 두 집단 간에 활발한 논의를 촉진시켰다.

구성 개념 유형과 구성 개념 체계

언어적 구성 개념
켈리의 개인적 구성 개념 이론에서 단어로 표현될 수 있는 구성 개념

전언어적 구성 개념
켈리의 개인적 구성 개념 이론에서 사용되지만 단어로 표현될 수 없는 구성 개념

사람들은 종종 자신의 개인적 구성 개념을 단어로 나타낸다. 켈리는 단어로 표현될 수 있는 구성 개념을 '언어적' 구성 개념이라고 불렀다. 하지만 모든 구성 개념이 그렇지는 않다. 켈리는 두 개의 서로 다른 유형의 구성 개념을 구분하였는데, 언어적인 것과 전언어적인 것이다. **언어적 구성 개념**verbal construct은 단어로 표현될 수 있는 반면, **전언어적 구성 개념**preverbal construct은 그것을 표현할 단어가 없음에도 불구하고 사용되는 것이다. 켈리는 언어적/전언어적 구분이 프로이트학파가 의식 대 무의식이라고 부른 현상을 표현하고 있다고 주장하였다.

때로는 양극의 한쪽 끝을 언어화하는 것이 불가능한 경우가 있는데, 이런 경우 구성 개념은 숨겨진 것으로 특징지을 수 있다. 만약 누군가가 '사람들은 좋은 일만 한다'고 주장한다면 그 사람은 구성 개념의 '좋은' 극을 형성한 것과 반대되는 행동을 인식한 것이 틀림없으므로 이 사람은 자신의 구성 개념 중 '좋은'과 대조되는 반대편 끝은 감추어져 있다고 가정하는 것과 같다. 따라서 구성 개념은 언어화가 가능하지 않을 수 있고, 개인은 구성 개념에 있는 모든 요소를 보고하지 못할 수도 있다. 전언어적이고 **숨겨진 구성 개념**submerged construct이 중요함을 인식하였음에도 불구하고 개인적 구성 개념을 연구하는 심리학자들은 그것을 연구하는 방법을 발전시키지 못했다.

숨겨진 구성 개념
켈리의 개인적 구성 개념 이론에서 한때는 단어로 표현될 수 있었지만 이제는 한쪽 혹은 양쪽 극이 언어화될 수 없는 구성 개념

구성 개념 유형들(언어적인 것과 전언어적인 것)을 구분하는 것 외에 켈리의 이론 체계에서 중요한 다른 측면은 한 사람이 가지고 있는 전반적인 구성 개념의 조합이다. 사람들이 사용하는 구성 개념은 큰 체계의 한 부분으로 조직화된다. 개인적 구성 개념 체계에서 구성 개념은 그것이 적용되는 조건에 따라 다르다. 체계 내에서 각각의 구성 개념은 편의 범위와 편의 초점을 가진다. 구성 개념의 편의 범위는 그것을 사용하는 사람이 구성 개념의 적용이 유용하다고 생각하는 모든 사건들을 포함한다. 구성 개념의 편의 초점은 구성 개념의 적용이 최대로 유용한 특정 사건이다. 예를 들어 도움이 주어지는 모든 상황들에 적용할 수 있는(편의 범위) '친절한/동정심 없는'의 구성 개념은 대인관계 중에서도 특별한 민감함과 노력이 요구되는 상황에 적용하는 것이 매우 적절하다(편의 초점).

핵심 구성 개념
켈리의 개인적 구성 개념 이론에서 개인의 구성 개념 체계에 기본적인 구성 개념으로, 체계의 나머지 부분에 대한 심각한 결과를 미치는 것이 아니라면 수정될 수 없는 것

주변적 구성 개념
켈리의 개인적 구성 개념 이론에서 구성 개념 체계에 기본적이지 않고 체계의 나머지 부분에 심각한 결과를 미치지 않고도 수정될 수 있는 구성 개념

게다가 한 사람의 구성 개념 체계에서 어떤 구성 개념들은 다른 구성 개념보다 더 핵심적이다. 이와 같은 **핵심 구성 개념**core construct은 개인적 기능의 기본이며, 나머지 구성 개념 체계에 큰 영향을 미치는 경우에만 바뀔 수 있다. 이와 대조적으로 **주변적 구성 개념**peripheral construct은 핵심 구성 개념이 크게 수정되지 않아도 바뀔 수 있다. 만약 여러분이 종교에 대해 강한 신념을 가지고 있고 예술에 대해서는 약한 신념을 가지고 있다면, 여러분에게 '창조적인/창조적이지 않은' 예술의 개념은 쉽게 바뀔 수 있는 주변적 구성 개념인 반면 '사악한/신성한' 행위의 개념은 사실상 거의 변하지 않는 핵심 구성 개념일 것이다.

개인의 구성 개념 체계는 위계적으로 조직되어 있다. 동물계의 위계를 예로 들어보면, 동물 → 개 → 골든레트리버와 같은 층위를 갖는다. 가장 광범위하고 포괄적인 구성 개념은 위계 체계의 꼭대기에 위치한 **상위 구성 개념**superordinate construct이다(예 : 동물). 이와 같은 상위 구성 개념은 보다 좁고 구체적인 구성 개념, 예를 들어 개, 고양이, 기린 등을 포함한다. 또 이들 각각의 중간 수준의 구성 개념들은 범위는 협소하지만 그 수는 훨씬 많은 **하위 구성 개념**subordinate construct을 포함한다(예 : 골든레트리버, 셰퍼드, 푸들 등). 이처럼 각각의 구성 개념들은 그 넓이와 포괄성에 있어 차이가 난다.

중요한 것은 개인의 구성 개념 체계 안에서 구성 개념들이 상호 연결되어 있음을 인식하는 것이다. 즉 행동은 단 하나의 구성 개념이 아닌 구성 개념 체계를 표현한다. 개인의 구성 개념 체계에서 한 구성 개념의 변화는 다른 체계에서의 변화를 유발한다. 일반적으로 구성 개념들은 서로 일관적이지만, 어떤 구성 개념들은 다른 것과 충돌하는데, 이러한 충돌은 사람들의 선택에 긴장과 어려움을 초래한다(Landfield, 1982).

요컨대 켈리의 개인적 구성 개념 이론에 따르면 개인의 성격은 그 사람의 구성 개념 체계로 이루어져 있다. 사람은 세상을 해석하고 사건을 예측하기 위해서 구성 개념들을 사용한다. 따라서 한 사람이 사용하는 구성 개념들은 그 사람의 세상을 정의한다. 사람들은 본래 사용하는 구성 개념들에 있어서 서로 다르고 그들의 전반적인 지식 체계에서 구성 개념들 간 구조에 있어서 다르다. 만약 여러분이 어떤 사람을 이해하고자 한다면 그 사람이 사용하는 구성 개념들과 이러한 구성 개념들 아래에 포함되는 사건들, 이러한 구성 개념들이 기능하는 방식, 구성 개념 체계를 형성하기 위해 서로 관련을 맺고 조직화되는 방식에 대한 것들을 알아야만 한다(Adams-Webber, 1998).

평가 : 역할 구성 개념 목록 검사

심리학자들은 사람들의 구성 개념 체계를 어떻게 아는가? 즉 개인적 구성 개념 이론은 성격을 어떻게 측정하는가?

이러한 물음에 대해 켈리가 생각한 첫 번째 단계는 측정하는 사람의 현명함에 대해 믿음을 갖는 것이었다. "그의 마음에서 무엇이 일어나고 있는지 모른다면 그에게 물어보라. 그러면 말해줄 것이다"(1958, p. 330). 켈리는 자기 자신의 성격을 보고할 수 있는 사람들의 능력에 대해 강한 믿음을 가지고 있었다. 이러한 점에서 켈리는 프로이트와 현저하게 달랐다.

개인적 구성 개념 이론의 한 부분으로 켈리는 자신만의 평가 기법을 개발하였는데, 바로 **역할 구성 개념 목록 검사**Role Construct Repertory Test**(Rep 검사)**이다. 이 검사의 평가 절차는 켈리의 이론과 밀접한 연관이 있다. Rep 검사는 이 성격 이론의 핵심 요소와 직접적으로 관련된 평가도구의 가장 좋은 예일 것이다.

Rep 검사는 두 단계로 구성된다. (1) 역할 목록 개발과 (2) 구성 개념 추출(즉 검사를 받는 사람은 자신의 개인적 구성 개념을 끌어낼 과제를 수행한다)이다. 첫 번째 단계에서 참여자

상위 구성 개념
켈리의 개인적 구성 개념 이론에서 구성 개념 체계의 높은 위치에 있어 다른 구성 개념들을 그 맥락 안에 포함하는 구성 개념

하위 구성 개념
켈리의 개인적 구성 개념 이론에서 구성 개념 체계의 낮은 위치에 있어 다른(상위) 구성 개념의 맥락에 포함되는 구성 개념

역할 구성 개념 목록 검사 (Rep 검사)
사람들이 사용하는 구성 개념과 그 구성 개념 간의 관계, 그리고 그 구성 개념들이 구체적인 사람에게 어떻게 적용되는지를 측정하기 위한 켈리의 검사

표 11.1 역할 구성 개념 목록 검사 : 실제 구성 개념의 예

유사 인물	유사한 구성 개념	다른 인물	대조적인 구성 개념
자기, 아버지	행복 강조	어머니	실용 강조
선생님, 행복한 사람	차분한	여자 형제	불안한
남성 친구, 여성 친구	상대방의 이야기를 잘 들어주는	과거 친구	느낌을 표현하는 데 어려움을 겪는
싫어하는 사람, 고용주	자신의 목표를 위해 사람을 이용하는	좋아하는 사람	다른 사람을 배려하는
아버지, 성공한 사람	공동체에서 활동적인	고용주	공동체에서 활동적이지 않은
싫어하는 사람, 고용주	다른 사람을 무시하는	여자 형제	다른 사람에게 예의 바른
어머니, 남성 친구	내향적인	과거 친구	외향적인
자기, 선생님	자립할 수 있는	도와준 사람	의존적인
자기, 여성 친구	예술적인	남성 친구	창조적이지 않은
고용주, 여성 친구	세련된	남자 형제	세련되지 않은

는 자신의 삶에서 다양한 역할을 하는 구체적인 사람의 이름을 말하도록 요청받는다(어머니, 아버지, 좋아하는 선생님, 이해하기 어려운 이웃 등). 이 과정에서 보통 20~30개의 역할에 적합한 사람들이 확인된다. 다음으로 켈리의 검사 절차에서 결정적인 역할을 하는 새로운 단계가 따른다. 검사자는 참여자의 목록에서 세 명의 특정 인물을 뽑아 검사 대상자에게 이들 중 두 명은 같고 한 명은 다른 것이 무엇인지 말하도록 요구한다. 예를 들어 피검사자가 어머니, 아버지, 그리고 좋아하는 선생님의 역할에 해당되는 사람들의 이름을 말했다고 가정해 보자. 아버지와 좋아하는 선생님은 같고, 그들은 어머니와는 다르다고 말할 수 있다. 그다음으로 아버지와 좋아하는 선생님은 '외향적'인 면에서 유사하고, '수줍은' 어머니와는 다르다고 말할 수 있다. 검사를 받는 사람의 어머니, 아버지, 선생님에 대해 아는 것이 핵심이 아니다. 핵심은 **검사를 받는 사람**에 대해 아는 것이다. 검사를 받는 사람이 마음속에 '수줍은/외향적인' 구성 개념을 가지고 있음을 알게 되는 것이다. 새로 세 명의 사람을 제시할 때마다 피검사자는 구성 개념을 생성해 낸다. 얻어진 구성 개념은 이전의 것과 같을 수도 있고 새로운 구성 개념일 수도 있다. 한 사람에게서 얻는 실제 구성 개념의 예를 표 11.1에 제시하였다.

Rep 검사의 구조가 켈리 이론을 직접적으로 따른다는 것에 주목하자. 이론은 두 실체가 유사하고 다른 하나와는 어떻게 다른가를 평정하기 위해 구성 개념이 사용된다고 말한다. 검사는 이러한 형태의 사고를 직접적으로 활용한다. 이론은 사람은 단순한 성격 특질 혹은 유형 분류에 들어맞을 수 없다고 말한다. 이 검사는 매우 유연하다. 사람들이 세상을 어떻게 구성하는지를 표현하도록 허용할 뿐 이전부터 존재하는 성격 특질 분류에 그것을 맞추려는 시도를 하지 않는다.

개인적 구성 개념 검사에 의해 드러난 독특한 정보

앞의 기술로부터 알 수 있듯이 Rep 검사는 상당히 복잡하다. 검사를 실시하고 채점하는 것은 사람들에게 표준화된 성격 특질 검사를 주고 단순히 5요인 점수를 계산하는 것(제8장 참조)보다 더 복잡하고 시간이 더 소요되는 절차이다. 과연 그럴 만한 가치가 있을까? 켈리가 제안한 절차에 따라 검사를 받은 개인에 대해 정말로 독특한 정보를 알 수 있을까? 아니면 특질 이론에 근거한 보다 단순한 절차를 사용해서도 똑같은 정보를 얻게 될까?

이 질문은 그라이스(2004)의 연구에서 체계적으로 검토되었다. 그는 연구 참여자들에게 두 가지 형태의 검사를 실시하였다. (1) 개인적 구성 개념을 평가하기 위한 검사로서 켈리의 Rep 검사를 가장 유사하게 모방한 개별 사례적 평가 절차, 그리고 (2) 법칙 정립적 평가 기법으로서 여기서는 켈리의 절차에 의해 드러난 개인만의 잠재적인 성격 기술문을 사용하기보다는 기존에 확립된 5요인 점수를 사용했다. 연구의 관심은 개별 사례적인 개인적 구성 개념 절차가 법칙 정립적 5요인 절차에 의해 드러나지 않는 독특한 정보를 어느 정도까지 보여주는가에 있었다.

이러한 의문은 두 가지 형태의 성격 평가를 통계적으로 분석함으로써 달성할 수 있었다. 그리고 연구 결과는 두 절차가 단지 부분적으로만 중첩된다는 것을 보여주었다. 보다 구체적으로 살펴보면, 개인적 구성 개념 검사에서 나온 성격 변량의 50%는 5요인 점수로부터 예측되었지만 나머지 50%는 독특하였다(Grice, 2004). 그러므로 켈리의 개인적 구성 개념 방법은 노력을 기울일 가치가 충분한 것으로 보인다. 만약 5요인 검사 방법만을 사용한다면, 켈리의 검사를 통해 개인에 대해 알게 된 정보의 절반은 사라질 것이다. 그라이스(2004, p. 227)가 설명하듯이 켈리의 개별 사례적 절차 안에서 "마음대로 하게 내버려 두면" 사람들은 대개 "자기 자신과 다른 사람을 기술하기 위해 성격 특질(5요인)을 능가하는" 여러 구성 개념을 활용한다.

인지적 복잡성/단순성

언급한 바와 같이, 사람들은 그들이 가지고 있는 구성 개념의 내용뿐만 아니라 구성 개념 체계의 전반적인 구조와 조직에서도 다를 것이다. 하지만 정확하게 사람들의 구성 개념 체계는 어떻게 다른가? 한 가지 차이점은 구성 개념 체계의 **인지적 복잡성 대 단순성**cognitive complexity versus simplicity이다.

인지적으로 복잡한 구성 개념 체계는 중첩되지 않는 많은 구성 개념을 포함한다. (만약 여러분이 사람에 대해 생각하는 구성 개념 중 한 가지가 '똑똑한/멍청한'이고 다른 하나가 '지적인/지적이지 않은'이라면, 이 두 가지 구성 개념은 중첩되는 것이라고 말할 수 있다.) 인지적 복잡성은 전문 지식을 제공한다. 보다 복잡한 구성 개념 체계를 가진 사람은 적은 수의 구성 개념을 가진 사람이 간과할 수 있는 사람과 사건의 차이점을 알아차릴 수 있다. 만약 여러분이 교향악에 해당되는 많은 구성 개념을 가지고 있다면 여러분은 교향곡들을 더 잘 변별할 수 있을 것이다. 만약 여러분이 교향악에 대해 많은 구성 개념을 가지고 있지 않다면 많은 교향곡들이 상당히 똑같은 것처럼 들릴 것이다.

인지적 복잡성/단순성
한쪽 끝은 서로 많은 관련성을 가진 많은 구성 개념을 사용하는 것(복잡성)이고, 다른 한쪽 끝은 서로 제한된 관계를 맺고 있는 소수의 구성 개념을 사용하는 것(단순성)으로 정의되는 개인의 인지적 기능의 한 측면

인지적 복잡성에 대한 연구는 켈리가 자신의 성격 이론을 처음 제안한 바로 뒤부터 시작되었다. 제임스 비에리(1955)는 가설을 세웠다.*

비에리는 학부 수업에서 한 집단의 학생들을 대상으로 이 예언을 검증하였다. 학생들은 먼저 Rep 검사를 통해 교실에 있는 다른 사람들의 성격에 대해 기술하였는데, 두 명의 동기생은 유사하고 나머지 한 명은 다르게 만드는 구성 개념을 말하였다. 이 Rep 검사 절차를 세 명의 수업 구성원들 모두에게 실시하였다. 비에리는 각 학생들의 반응을 분석하여 그 사람이 보이는 구성 개념 체계의 복잡성을 계산하였는데, 적은 구성 개념 세트를 가지는 사람은 낮은 인지적 복잡성 점수를 받고 반대로 수많은 서로 중첩되지 않는 구성 개념을 가진 사람은 높은 점수를 받는다. 그런 다음 학생들은 다중 선택지 검사를 받았는데, 그 검사는 다양한 가설적인 사회적 상황에서 교실에 있는 다른 학생들이 어떻게 행동할 것인지를 예측하는 것이다. (또한 그 상황에서 자신이 할 것 같은 행동에 대해서도 평정하였고, 이들 자기 평정은 '정확한' 검사 반응으로 받아들여졌다.) 예상대로 인지적 복잡성의 개인차는 행동 예언 정확성의 개인차를 예측하였다. 즉 인지적으로 복잡한 학생들은 다른 사람의 행동을 보다 정확하게 예측하였다. 인지적으로 복잡한 학생들이 보인 특별한 능력은 자기 자신과 다른 사람들 사이의 차이를 인식하는 능력이었다. 그들은 사회적 상황에서 다른 사람들이 자신의 반응과 동일한 방식의 반응을 할 것이라고 잘못된 결론을 내리는 경향이 적었다. 켈리 이론의 예언대로 복잡한 구성 개념 체계는 사람들에게 유연하게 생각하는 능력을 주었고 다른 사람들의 행동에 대한 숙련된 판단을 내릴 수 있게끔 하였다.

후속 연구는 인지적 복잡성/단순성에 대한 더 많은 것을 보여주었다. 인지적 복잡성이 높은 사람은 복잡성이 낮은 사람들과 비교했을 때, 개인에 대해 일치하지 않는 정보를 다루는 방식이 다르다. 높은 복잡성을 가진 사람들은 인상 형성에서 비일관적인 정보를 사용하려고 노력하는 반면 낮은 복잡성의 사람들은 대개 인상과 일치하지 않는 모든 정보들을 거부함으로써 일관된 인상을 형성한다(Mayo & Crockett, 1964). 인지적 복잡성이 높은 사람들은 다른 사람들을 더 잘 이해하고 타인의 역할을 더 잘 수행할 수 있다(Adams-Webber, 1979, 1982; Crockett, 1982). 제8장에서 설명한 5요인 차원의 관점에서, 인지적 복잡성은 다섯 번째 요인인 경험에 대한 개방성과 가장 강하게 관련되어 있다(Tetlock, Peterson, & Berry, 1993).

현재 연구자들은 인지적 구성 개념 체계의 복잡성 대 단순성을 계속해서 연구한다. 그들은 특히 자기에 대한 신념의 복잡성인 '자기 복잡성'에 관심을 가지고 있다. 린빌(1985)이 수행한 여러 연구는 자기 복잡성에 대한 관심에 박차를 가했다. 린빌은 사람들마다 자기 복잡

---

* 전판들과 달리, 이번 개정판에서 출판사는 개인의 이름을 첨가하였다. 즉 '제임스'까지 덧붙였다. 나는 우리가 글 자체를 바꾸려고 한 것은 아니라는 것, 다시 말해 우리가 이름을 더한 것은 아니라고 요구하고 싶다. (a) 일반적으로는 중요한 이론가가 아니라면 그 사람의 이름까지 포함하지는 않는다. 앞 절에 그라이스라고 적힌 것을 참고하라. (b) 교육학적으로, 나는 그 사람이 중요한 성격 이론가인(비에리의 경우를 말하는 것은 아니다) 특별한 경우를 제외하고는 사람으로 학생들의 주의를 끌고 싶지는 않다.

성격과 뇌

구성 개념과 전문 지식

켈리의 성격 이론은 생물학적 질문이 아닌 심리적 질문을 던졌다. 켈리는 사람들이 자신의 삶의 사건들로부터 어떻게 의미를 찾는지에 관심이 있었고, 상대적으로 의미 구성을 가능하게 하는 생물학적인 부분에는 관심이 없었다. 그럼에도 불구하고 켈리의 이론으로부터 뇌에 관한 두 가지 예언을 유추해 낼 수 있다.

첫 번째 예언은 단순하다. 복잡한 구성 개념 체계를 가진 사람의 뇌는 덜 복잡한 구성 개념 체계를 가진 사람의 뇌와는 다르다. 사고는 뇌에 의존하므로 질적으로 다른 사고 능력 — '전문가'와 연결되는 인지적으로 복잡한 사고 대 '초심자'가 보이는 인지적으로 단순한 사고 — 을 보이는 사람들은 뇌의 어딘가에 분명 차이가 있을 것이다.

두 번째 예언은 보다 복잡하다. '전문가와 초심자의 뇌는 정확히 어떻게 다른가'라는 질문과 관련된다. 켈리의 심리학 이론에서 사람은 단 하나의 구성 개념 체계를 가지고 있다. 그들이 보다 큰 인지적 복잡성을 획득했을 때에는 두 번째의 구성 개념 체계를 발달시키는 것이 아니라 그 대신 그들이 이미 가지고 있는 구성 개념 체계가 더 복잡해진다. 그렇다면 생물학적 예언을 할 때 초심자 사고자와 전문가 사고자는 다음과 같은 방식에서 다른 것이라고 기대할 것이다. 그들은 둘 다 하나의 구성 개념 체계를 가지고 있으므로 세상을 구성하기 위해 동일한 신경계 — 동일한 뇌 영역 — 를 사용할 것이다. 하지만 인지적으로 복잡한 전문가의 뇌에서 뇌의 영역(그것이 어디이든 간에)이 보다 생물학적으로 발달할 것인데, 예를 들어 더 큰 뇌 밀도를 가질 것이다.

이 질문은 뇌 영상 기법을 통해 설명할 수 있다. 일반적 전략은 (1) 특정 주제에 대해 상이한 인지적 복잡성을 가지는 사람들을 구분하고, (2) 그 주제에 대해 생각하도록 하고 거기에 더해 실험적 통제 조건으로 관련이 없는 주제에 대해서도 생각하게 하고, (3) 참여자들이 생각하는 동안 촬영한 뇌 영상 사진을 분석하는 것이다. 어떤 연구의 주제는 하키였다(Beilock et al., 2008). 참여자는 대학 하키선수들과 하키에 대해 잘 모르는 사람들로 이루어져 있다(전문 하키선수들은 하키를 잘 모르는 참여자들에 비해 하키에 관해 더 복잡한 구성 개념 세트를 가지고 있을 것으로 가정할 수 있다). 연구자들은 참여자 모두에게 하키와 관련된 문장들(예 : "하키선수들은 샷을 끝냈다.")과 하키와 관련 없는 문장들(예 : "그 사람이 카드를 내밀었다.")을 제시하였다. 뇌 영상은 참여자들이 문장에 대해 생각하는 동안 가장 활동적인 뇌의 영역을 보여주었다.

하키와 관련 없는 문장에 대해 생각할 때 모든 참여자들은 단어 처리를 하는 동안 활동적이라고 알려진 뇌 영역을 활성화하였다. 그렇다면 하키 관련 문장들을 생각했을 때는 어떠한가? 켈리의 이론에 따라 여러분은 하키선수들이 구성 개념 체계의 신경 기초가 되는 뇌 영역에서 더 큰 활성화를 보일 것이라고 기대할 것이다. 하지만 하키선수들은 뇌의 다른 분리된 영역인 전운동 피질(premoter cortex)의 활성화를 보였다(Beilock et al., 2008). 자신의 운동 움직임을 계획하고 실행할 때 모든 사람들은 전운동 피질을 사용한다. 인지적으로 복잡한 전문가들은 다른 사람의 운동 움직임을 이해할 때도 그 영역을 활용하는 것으로 드러났다. 이 결과는 후속 연구에서도 입증되었다(Lyons et al., 2010). 또한 이것은 수많은 체화된 인지 연구(Shapiro, 2011)와도 일치하는데, 이들 연구 결과는 사람들이 사건에 의미를 부여할 때 다수의 뇌의 구분된 영역(예 : 운동 피질, 시각 피질)을 활용함을 일관되게 보여주었다.

이 결과는 켈리의 이론이 틀렸음을 보여주는 것인가? 그렇지 않다. 켈리의 이론은 구성 개념 체계의 신경계 기초에 대해 그 어떤 예언도 하지 않았기 때문에 그렇게 말할 수 없다. 그럼에도 불구하고 이 같은 결과는 개인적 구성 개념 이론의 문제점을 보여준다. 이러한 결과는 켈리의 관점에서 이해해 볼 수는 있다. 켈리의 이론은 신경과학적 측면에서의 결과를 전혀 예상하고 있지 않다. 즉, 개인적 구성 개념 이론 안에는 어떤 사람은 사건들을 구성하기 위해서 자신의 전운동 피질을 사용하고 어떤 사람은 사용하지 않을 것을 예측하는 것을 가능하게 하는 과학적 구성 개념이 없다는 것이다. 따라서 앞의 결과는 켈리 이론의 편의 범위 밖의 것이다. 성격과 뇌에 관한 연구들이 급속하게 발전하면서, 계속적으로 늘어나는 이러한 연구 결과들은 대부분 켈리의 편의 범위 밖에 있다고 볼 수 있다. 이것이 지금의 21세기에, 개인적 구성 개념 이론이 가지는 가장 큰 한계일 것이다.

성의 수준에서 유의미한 차이를 보여준다고 주장했다. 어떤 사람은 자기 자신에 대해 적은 수의 핵심 신념을 가지고 있는데, 그것은 그들 삶의 하나 혹은 두 개의 핵심적 환경에서 반복적으로 작동하는 것이다. 반면 또 다른 사람들은 삶에서의 다양한 역할에 관여하고 있으며, 풍부하고 다양한 일련의 기술과 개인적 성향을 가질 것이고 이들 각각은 각기 다른 장면에서 작동하게 된다. 예를 들어 여러분에게 두 명의 친구가 있다고 가정해 보자. 그중 한 명은 일주일에 60시간을 공부하는 의대생으로 자신을 '똑똑한'과 '근면한'으로 기술한다. 또 다른 친구는 학생이자 부모, 교회 자원봉사자, 시간제 근로자이면서 주말에는 운동을 하는 사람으로, 각각의 상황에서 서로 구분되는 스타일을 가지고 있다고 자신을 기술한다. 이 중 후자가 자기 복잡성이 높은 사람이다.

린빌(1985, 1987)은 높은 수준의 복잡성이 스트레스에 대한 완충 장치로 기능한다고 하였다. 다른 말로 높은 자기 복잡성을 가진 사람은 그들의 삶에서 강한 스트레스를 받을 때 정서적으로 더 나은 모습을 보이는 것으로 보인다. 예를 들어 자기 복잡성이 높은 학생이 시험에서 실패했을 때 다른 인생 역할들(부모, 근로자 등)의 존재는 부정적 기분이 지속되는 것을 피하도록 도움을 주는 유용한 인지적 기분 전환법으로서 쓸모가 있다. 하지만 최근의 고찰은 자기 복잡성이 스트레스에 대한 완충 장치임이 일관적으로 확인되지 않았음을 지적하며 자기 복잡성 측정도구의 진보가 필요하다고 주장하였다(Rafaeli-Mor & Steinberg, 2002).

마지막으로 현재 가장 유망한 또 다른 연구 영역은 '사회 정체감 복잡성'이다(Roccas & Brewer, 2002). 사회 정체감 복잡성은 자신이 속해있는 사회적 집단에 대한 정신적 표상의 복잡성이다. 다문화 사회에 살고 있는 사람은 다양한 집단 정체감 사이에서 복잡한 상호 관련성을 인식할 것이다. 요약하면, 인지적 복잡성 대 단순성에 대한 연구는 개인적 구성 개념 체계의 개인차에 있어서 가장 많이 연구된 분야인 것이다.

과정

켈리의 개인적 구성 개념 이론에서 과정이란, 근본적으로 당대의 유용했던 전통적인 동기 이론을 벗어나는 것이다. 이미 언급한 대로 개인적 구성 개념 심리학은 동기, 추동, 욕구의 용어로 행동을 해석하지 않는다. 개인적 구성 개념 이론의 경우 동기라는 용어는 불필요하다. 이 용어에 따르면, 사람은 자력으로는 행동할 수 없고 행동을 시작하기 위해서는 무엇인가를 필요로 한다고 가정한다. 하지만 만약 우리가 사람들은 기본적으로 활동적이라고 가정한다면 움직일 수 없는 유기체를 움직이도록 자극하는 것이 무엇인가에 대한 논쟁은 끝난 문제가 된다. "대신 유기체는 살아있는 그리고 투쟁하는 심리적 세상에 가공되지 않은 상태로 태어난다"(Kelly, 1955, p. 37). 켈리는 다른 동기 이론들과 켈리 자신의 입장을 대비시켰다. 그는 채찍/당근 비유를 사용하여 설명했다. 켈리는 전형적인 다른 동기 이론들이 유기체를 몰아대는 추동 혹은 동기를 강조하는 '밀어대기' 혹은 '채찍' 이론이며, 또한 유기체를 유혹하거나 끌어당기는 목표나 가치를 강조하는 '끌어대기' 혹은 '당근' 이론이라고 주장한다. 켈리는 그의 이론은 이 둘 다가 아니며 대신 동물 자체의 속성을 진지하게 받아들이는 '멍청이 이론'이라고 주장한다.

최신 질문

아동을 위한 Rep 검사 : 아동은 어떻게 성격을 구성하는가?

여러분은 아는 사람들을 구분하기 위해 어떤 종류의 구성 개념을 사용하는가? 예를 들어 여러분의 어머니와 아버지는 여러분과 무엇이 서로 유사하고 무엇이 서로 다른가? 여러분의 부모님과 여러분 사이의 유사성과 차이점을 구성하는 방식이 여러분의 어린 시절 이후 변해 왔는가? 도나휴(1994)의 연구는 여러분의 구성 개념 체계가 내용과 형식 면에서 변화해 왔다고 주장한다. 도나휴는 11세 아이들이 성격을 기술하기 위해 사용하는 구성 개념을 추출해 내기 위해 단축형 Rep 검사를 사용하였다. Rep 검사에서 아이들은 아홉 명의 사람들을 지명하였다. 자기 자신, 가장 친한 친구, 수업 시간에 옆자리에 앉은 이성 친구, 싫어하는 또래 친구, 어머니, 아버지, 좋아하는 선생님, 이상적 자기, 싫어하는 어른. 아이들은 이들의 이름을 카드에 쓰고 세 명씩 한 세트로 나타낸다. 가령, 하나의 구성 개념을 추출하기 위해 아이는 자기 자신과 가장 친한 친구, 그리고 좋아하는 선생님을 떠올릴 수 있다. 그리고 세 명 중 두 사람이 어떤 점에서 유사한지를 묘사하는 단어나 문구, 그리고 나머지 한 명이 이 둘과 어떤 점에서 다른지를 묘사하는 단어나 문구를 만들어 낸다. 이런 방식으로 모든 아이들은 총 아홉 개의 구성 개념을 만들어 낸다.

아이들은 어떤 종류의 구성 개념들을 사용했을까? 구성 개념 내용의 관점에서, 도나휴는 성격을 기술하는 5요인―외향성, 우호성, 성실성, 정서적 안정성, 경험에 대한 개방성―에 따라 구성 개념들을 구분했다(제8장 참고). 아이들은 대부분 5요인 영역 모두에서 골고루 구성 개념을 사용했으나, 가장 많이 사용된 구성 개념은 우호성(예 : 친절하다 대 싸움을 한다)과 외향성(예 : 일을

도맡아 한다 대 조용히 노는 것을 좋아한다)이다. 성인의 성격을 기술할 때와 달리, 아이들은 우호성과 외향성 이외에 다른 성격 차원들은 그렇게 많이 사용하지 않았다. 이는 아이들이 사용하는 성격 구성 개념이 대인관계적이라는 것을 의미한다. 즉, 이러한 결과는 아이들에게 있어 또래 친구들, 부모 그리고 선생님과 잘 지내는 것이 매우 중요하다는 것을 반영한다.

구성 개념 형식의 관점에서, 도나휴는 서로 구별되는 여섯 개의 방법으로 개인적 구성 개념을 조직하고 표현하였다. 사실(예 : "오클라호마에서 온"), 습관(예 : "단 것을 많이 먹는"), 기술(예 : "구슬치기 챔피언인"), 선호(예 : "만화를 좋아하는"), 행동 경향성(예 : "선생님과 항상 문제를 일으키는"), 특질(예 : "수줍은"). 기대한 대로, 아이들은 성인보다 특질 형식은 덜 사용했고 사실 형식의 표현은 더 많이 사용했다. 이러한 결과는, 아이들의 구성 개념 체계는 성인의 것보다 구체적이며, 아이들이 성숙해 가면서 보다 추상적이고 심리적으로 변해간다는 것을 보여준다.

이러한 결과는 Rep 검사를 통해 개인적 구성 개념 체계가 나이가 들어감에 따라 내용과 형식의 관점에서 어떻게 정의되는지를 알 수 있도록 도와준다. 물론 다른 많은 흥미로운 비교들이 가능하다. 가령 여성들의 구성 개념 체계는 남성들과 어떻게 다른가? 서로 다른 민족이나 문화권의 경우는 어떠한가? Rep 검사는 우리가 세상을 구성하는 방식에서 무엇이 독특하고 무엇이 공유 가능한지를 탐색할 수 있도록 한다.

출처 : Donahue, 1994.

사건의 예상

과학적 심리학의 기본적 과제는 왜 인간은 활동적이고 왜 한 목표 혹은 다른 목표를 향해 행동하느냐를 설명하는 것이다. 켈리 시대에 그와 같은 인간 역량을 설명하는 전통적인 방식은 동기 개념이었다. 상이한 동기는 아마도 상이한 형태의 행동에 힘을 부여한다. 이미 이야기한 대로 켈리는 동기 개념을 거부한다. 그렇다면 그는 어떻게 행동의 방향을 설명하였는가?

켈리는 개인적 구성 개념 이론의 **기본적 가정**fundamental postulate이라고 부르는 것에서 이 문제를 강조하였다. 켈리의 가정에 의하면 사람들의 심리적 과정은 그들이 사건을 예상하는 방식에 따라 작동한다. 켈리는 성격심리학자들이 관심을 가지는 다양한 심리적 결과물은 자신의 미래에 대한 사람들의 예상에 따라 형성된다고 생각했다. 사람들은 미래에 올 것을 예상하기 위해 자신의 개인적 구성 개념 체계를 이용한다. 따라서 기본적 가정은 켈리 이론의 구조 측면(개인적 구성 개념 체계)을 역동적 과정과 연결시킨다.

사건을 경험하면서 개인은 유사성과 대조성을 관찰하고 그로 인해 구성 개념을 발달시킨다. 이들 구성 개념을 기초로 과학자들과 마찬가지로 일반인들도 미래를 예상한다. 만약 같은 사건이 계속해서 반복된다면 우리는 구성 개념을 수정하고 구성 개념은 좀 더 정확한 예측을 하게 될 것이다. 구성 개념은 그것의 예언적 효율성의 측면에서 검증된다. 그러나 행동의 방향은 무엇이 설명하는가? 과학자들과 마찬가지로 사람들은 미래 사건들을 예상하는 데 가장 큰 기회를 제공한다고 믿는 행동 과정을 선택한다. 과학자들은 더 나은 이론을 개발하려고 노력하고, 이론가들은 사건의 효율적 예측을 이끌고, 개인은 더 나은 구성 개념 체계를 개발하려고 노력한다. 켈리에 따르면 사람들은 구성 개념 체계의 발전을 보장하는 대안을 선택한다.

본질적으로 개인은 예상을 하고 구성 개념 체계의 변화가 더 정확한 예측을 이끌 것을 근거로 자신의 구성 개념 체계의 변화를 고려한다. 개인은 보상 혹은 고통의 회피를 추구하는

Hero Images / Getty Images

여타 성격 이론들과 달리, 켈리의 개인적 구성 개념 이론에서 핵심적 성격 과정은 미래, 즉 켈리의 언어를 빌리자면 사람들의 '사건에 대한 기대'에 관해 생각한다.

최신 질문

인지적 복잡성, 리더십, 국제적 위기

정치심리학 분야의 연구들은 인지적 복잡성-단순성(개인적 구성 개념 이론에 중요한 성격 측면)을 정치 그리고 정부 지도자들의 행동과 관련지어 왔다. 연구 결과들은 정치학, 리더십, 국제관계에 대해 흥미로운 시사점을 가진다.

예를 들어 혁명적 지도자에게 인지적으로 복잡성이 큰 것이 이로울 것인가 아니면 인지적으로 덜 복잡한 것이 이로울 것인가? 네 가지 혁명(미국, 러시아, 중국, 쿠바)에서 성공적인 리더와 성공하지 못한 리더에 대한 연구를 보면 혁명적 투쟁 기간 동안에는 인지적 복잡성이 낮은 것이 성공과 관련이 되었지만 투쟁 이후 통합 단계에서는 높은 복잡성이 성공과 관련이 있었다. 초반에는 범주적인 하나의 목적을 가진 접근이 바람직하지만 이후 단계에서는 보다 복잡하고 통합적인 방식이 성공적이다. 이것은 왜 혁명적 리더들이 종종 혁명 후 민주 정부의 리더로서 잘 해나가지 못하는지를 설명하는 데 도움이 된다.

국제관계에 대한 연구들은 의사소통의 복잡성이 전쟁의 발생을 예측한다고 주장한다. 외교적 의사소통의 인지적 복잡성이 클수록 전쟁이 일어날 가능성이 낮다. 중동 지역에서 발생한 네 개의 전쟁(1948, 1956, 1967, 1973) 전에는 유엔총회에서 이스라엘과 아랍의 연설의 복잡성이 유의미하게 감소하였다. 베를린 봉쇄와 쿠바 미사일 위기와 같은 전쟁 없이 해결된 위기 전보다 한국전쟁 발발 전에 미국과 소비에트 연방 간 의사소통의 복잡성이 훨씬 낮았다. 실제로 쿠바 미사일 위기 동안 미국 정부 공무원들 사이의 대화 사본과 그 무렵의 미국과 소비에트 리더들 간의 대화 사본을 조사하였을 때(May & Zelikow, 1997) 핵 재앙을 막은 케네디 대통령의 성공이 군대와 외교 정책에 대한 특별히 인지적으로 복잡하고 섬세한 분석에 있다는 것을 발견한다.

출처 : Suedfeld & Tetlock, 1991.

것이 아니며 대신 자신의 구성 개념 체계의 타당화와 확장을 추구한다는 점에 주목하라. 만약 어떤 불유쾌한 것을 기대하고 그 사건이 일어난다면 사람들은 그것이 부정적인 불유쾌한 사건이라는 사실에 관계없이 타당화를 경험한다. 실제로 예측 체계를 확증해 준다면 중립적이거나 유쾌한 사건보다 심지어 고통스러운 사건이 더 선호될 수 있다(Pervin, 1964).

켈리는 사람들이 시계가 반복적으로 째깍거리는 소리와 같은 확실성을 추구한다고 주장하지 않았다. 사람들은 그 점을 이해해야 한다. 반복되는 사건들에 대한 지루함과 피할 수 없는 결과로 체념을 느끼는 사람들은 대체로 가능한 한 회피를 한다. 오히려 사람들은 사건을 예상하고 자신들의 구성 개념 체계의 편의 범위 혹은 경계를 확장시키려 한다. 이 점이 켈리와 로저스의 관점 차이를 만든다. 켈리에 따르면 개인은 일관성의 이익 혹은 자기 일관성을 위해서 일관성을 추구하지 않는다. 대신 개인은 사건들을 예상하고, 그들이 그렇게 하도록 하는 것이 일관성 체계이다.

불안, 공포, 그리고 위험

지금까지 켈리의 체계는 꽤 단순하고 확실한 것으로 보인다. 이 관점은 불안, 공포, 위협의

불안
위협이나 위험에 임박하였다는 느낌을 표현하는 정서. 켈리의 개인적 구성 개념 이론에서 자신의 구성 개념 체계가 지각된 사건에 적용되지 않음을 인식할 때 불안이 일어남

개념을 소개하면서 보다 복잡해진다. 켈리는 다음과 같이 불안을 정의하였다. **불안**anxiety은 자신의 구성 개념 체계의 편의 범위 밖에 있는 사건들을 직면한 것에 대한 인식이다. 사람들은 구성 개념이 없거나, '사건에 대한 구조적 이해를 상실'하였거나 '낡은 구성 개념 체계에 붙들려 있을 때' 불안하다. 사람들은 다양한 방식을 이용해 불안으로부터 자신을 보호한다. 구성할 수 없는 사건(즉 편의 범위 밖에 놓인 사건)에 직면했을 때 개인은 구성 개념을 넓혀 그것이 더 많은 다양한 사건들에 적용될 수 있도록 허용하거나 자신의 구성 개념을 좁혀서 미세한 구체적인 것에 초점을 맞추도록 할 수도 있다. 예를 들어 남을 잘 배려하는 사람/이기적인 사람 구성 개념을 가지고 있으면서 자신을 배려 잘하는 사람으로 생각하는 여성이, 어느 순간 자기 자신이 이기적으로 행동하고 있는 것을 깨달았다고 생각해 보자. 그녀는 자기 자신과 사건을 어떻게 구성할 것인가? 그녀는 남을 잘 배려하는 사람의 구성 개념을 넓혀서 이기적인 행동을 포함하도록 할 수도 있고, 보다 쉬운 방법으로 남을 잘 배려하는 사람이라는 구성 개념을 일반적 관계가 아닌 자신의 인생에서 중요한 사람에게만 제한할 수 있다. 후자의 경우 구성 개념은 보다 제한된 사람 혹은 사건에 적용된다.

불안과 대조적으로, 새로운 구성 개념이 기존 구성 개념 체계로 막 들어오려고 할 때 사람들은 **공포**fear를 경험한다. 위협의 경험은 더욱 중요하다. **위협**threat은 당장 자신이 가지고 있는 핵심 구조에서 포괄적인 변화가 일어나려고 하는 것에 대한 인식으로 정의된다. 구성 개념 체계에서 중요한 개편이 막 발생하려고 할 때 사람들은 위협을 느낀다. 사람들이 죽음을 긴박한 것으로 인식하거나 죽음이 자신의 핵심 구성 개념에 급격한 변화를 가져오는 것으로 인식한다면 이로부터 위협을 느낀다. 긴박한 것으로 보이지 않거나 자기 삶의 의미에서 중요한 것으로 구성되어 있지 않다면 죽음은 위협적이지 않다.

공포
켈리의 개인적 구성 개념 이론에서 새로운 구성 개념이 개인의 구성 개념 체계에 들어오려고 할 때 공포가 발생함

위협
켈리의 개인적 구성 개념 이론에서 자신의 구성 개념 체계의 즉각적이고 포괄적인 변화를 지각할 때 위협이 발생함

특히 위협은 아주 광범위한 파급 효과를 가지고 있다. 어떤 새로운 활동을 시작할 때마다 사람들은 자신을 혼란과 위협에 노출시킨다. 자신의 구성 개념 체계가 새로 발견된 것에 의해 급격한 영향을 받으려고 한다는 것을 깨달을 때 위협을 경험한다. "이것은 위협의 순간이다. 그것은 혼란과 확실성 사이, 불안과 지루함 사이의 기준점이다"(Kelly, 1964, p. 141). 위협에 대한 반응은 고통을 피하기 위해 예전 구성 개념으로 돌아가려고 모험을 포기하는 것일 수 있다. 위협은 우리가 인간 이해에 과감하게 뛰어들어 자신에 대한 깊은 변화의 위기에 처해있을 때 발생한다.

위협이란, 개인의 핵심 구조에서 나타나는 즉각적이고 광범위한 변화의 인식으로 많은 것들과의 관계에서 경험될 수 있다. 예를 들어 학기를 통과할 것인지의 여부를 결정하는 심사위원 앞에서 음악을 연주해야 하는 음악 전공자의 경험을 생각해 보자. 실패 가능성과 관련된 위협 경험을 어느 정도 예상할 수 있을 것인가? 왜 어떤 음악 전공자는 다른 사람보다 수행 불안을 더 많이 경험하는가? 켈리의 이론이 발표된 이후 두 명의 심리학자가 다음과 같은 가설을 검증하였다. 학생들은 낙제가 자기 구성 개념 체계에서 자기 구성 요소의 재구성에 어느 정도까지 의미를 가지는지에 따라, 심사위원이 낙제를 줄 가능성이 높을수록 위협

을 느낄 것이다. 이 가설을 검증하기 위해, 음악 전공자들은 학기 초에 40개의 핵심 구성 개념으로 구성된 위협 지표(예 : 경쟁적인/비경쟁적인, 생산적인/비생산적인, 나쁜/좋은) 평정을 실시하였다. 처음에는 자기 자신에 대해 평정하였고 그다음에는 심사위원 앞에서 연주를 망치고 난 후의 자신에 대해 평정하였다. 위협 지표 점수는 자기, 그리고 수행을 제대로 해내지 못했을 때의 자기에 대해 반대 극에 평정된 핵심 구성 개념의 수이다. 불안은 학기 초, 그리고 심사위원 앞에서의 연주 3일 전에 질문지를 통해 측정하였다. 개인적 구성 개념 이론과 일관되게, 낙제가 자기 구성에서 가장 포괄적인 변화를 가져온다고 보고한 학생들이 역시 심사일이 다가옴에 따라 가장 높은 불안을 경험하는 것으로 나타났다(Tobacyk & Downs, 1986).

불행하게도 이 연구를 수행한 연구자들은 켈리의 관점과 완전히 일치하지는 않는 불안 개념을 사용하였다. 보다 중요한 것은 이 사례에서는 학생들이 자기 구성에서 기대되는 것보다 심사위원 앞에서 더 잘 연주할 가능성에 대한 예상 경험, 즉 기대하지 않았던 뛰어난 수행 결과로 인한 포괄적인 변화도 위협과 관련되는가를 연구하지 않았다는 것이다. 이는 중요하다. 왜냐하면 켈리의 관점에서는 낙제 자체가 아니라 낙제로 인해 발생하는 구성 개념 체계에서의 즉각적이고 포괄적 변화의 인식이 위협적이기 때문이다.

개인적 구성 개념을 연구하는 몇몇 심리학자들은 그들의 연구 관심을 죽음에 대한 태도에 맞추어 왔는데, 두 가지 관점 즉 죽음이 구성되는 방식과 죽음과 관련된 위협의 정도에 관심이 있었다(Neimeyer, 1994). 죽음이 어떻게 구성되는가에 대해서 연구자들은 사람들이 목적이 있는/목적 없는, 긍정적인/부정적인, 수용/거절, 예상된/예상하지 못한, 마지막의/사후의 같은 구성 개념을 사용한다고 제안하였다. 죽음과 관련된 위협의 정도에 대해서 연구자들은 개인이 자기 자신을 구성하는 방식과 죽음을 구성하는 방식 사이의 차이를 측정하였다. 즉, 개인적 구성 개념 이론 관점에서 자기와 관련지어 죽음을 구성할 수 없을 때 죽음 위협이 높다는 것이다. 위협 지표로 측정했을 때 사람들은 건강한/아픈, 강한/약한, 예측 가능한/임의의, 유용한/쓸모없는 같은 구성 개념에서 자기와 자기 자신의 죽음을 평정하였다. 이러한 방식으로 정의된 죽음 위협은 일반 병동 환자들보다 호스피스 환자들이 더 낮았고, 감정을 억누르는 사람들에 비해 느낌에 개방적인 사람들이 더 낮았고, 성장과 자기실현을 덜 지향하는 사람들에 비해 자기실현을 하는 사람들이 더 낮았다.

무엇이 불안, 공포, 위협 개념을 중요하게 만드는 것인가는 인간이 수행하는 기능에 대한 켈리 관점의 새로운 차원이다. 이제 기능의 역동은 구성 개념 체계를 확장하려는 개인의 바람과 체계의 붕괴 위협을 피하려는 욕망 사이의 상호작용을 포함하는 것으로 보인다. 개인은 항상 자신의 예측 체계를 유지하고 향상시키고자 한다. 하지만 불안과 위협에 직면했을 때, 개인들은 자신의 구성 개념 체계 확장이라는 위험한 영역으로 모험을 하는 대신 엄격하게 제한된 체계를 고수하게 되는 것이다.

개인적 구성 개념 이론의 과정 측면을 요약하기 위해 켈리는 활동을 하는 유기체를 가정

서로 다른 문화적 배경을 가진 사람들의 만남은 구성 개념 체계를 확장시킨다.

하고 그 외에 어떤 동기적 힘도 가정하지 않았다. 켈리에게 있어서 사람들은 사건들을 구성하고 예측하고 구성 개념 체계의 확장을 추구하는 과학자로 행동한다. 가끔 우리는 과학자와 다를 바 없이 미지의 것에 대해 불안해하고 익숙하지 않은 것에 위협을 느껴서 절대적 진리를 고수하고 독단적이 되려 한다. 다른 한편으로 우리가 좋은 과학자처럼 행동할때는 '초청하는 분위기'를 적용하고 삶을 구성하는 다양한 사건들에 우리의 구성 개념 체계를 노출시킬 수 있다.

성장과 발달

어떤 성격 이론도 완전하게 포괄적일 수는 없다. 모든 이론은 지향하는 정도에 비해 다소 덜 발전된 영역을 가지고 있다. 개인적 구성 개념에서 덜 발전된 영역은 성장과 발달에 대한 것이다.

켈리는 구성 개념 체계의 기원에 대해 명백하게 밝히지 않았다. 그는 구성 개념은 반복되는 사건 패턴을 관찰하는 것으로부터 나온다고 하였다. 하지만 단순한 구성 개념 체계와 복잡한 구성 개념 체계 간의 차이와 같은 그러한 차이들을 유발하는 사건들의 종류에 대해서는 거의 설명하지 않았다. 따라서 성장이나 발달과 관련된 켈리의 언급은 제한적이다. 그는 유아기 때의 전언어적 구성 개념의 발달과 학습된 기대 과정에 수반되는 문화의 해석을 강조하였다. 동일한 문화 집단에 속한 사람들은 사건을 구성하는 특정 방식을 공유하고 있으며 행동에 관한 동일한 종류의 기대를 가지고 있다.

개인적 구성 개념 이론과 관련된 발달 연구들은 대개 두 종류의 변화를 강조한다. 첫째, 구성 개념 체계 복잡성의 증가가 연령과 관련된다는 연구이다(Crockett, 1982; Hayden, 1982; Loevinger, 1993). 둘째, 이미 형성된 구성 개념 속성에서의 변화, 그리고 타인의 구성 개념 체계에 보다 잘 공감하는 아동의 능력에서의 질적인 변화에 관한 연구이다(Adams-

Webber, 1982; Donahue, 1994; Morrison & Cometa, 1982; Siegel, 1981). 구성 개념 체계 복잡성의 관점에서 생각해 보면, 아동은 연령이 증가함에 따라 가용한 구성 개념의 수를 증가시키고, 구성 개념을 정교하게 분화시키고, 구성 개념을 보다 위계적으로 조직 혹은 통합한다. 공감의 측면에서, 아동은 많은 사건이 자기 자신과 관련이 없다는 것을 점점 더 인식하게 되고 다른 사람의 구성 개념을 알아차리는 능력을 키우게 된다(Siegel, 1981).

복잡한 인지 구조의 결정 요인에 대한 질문과 관련하여 두 가지 연구가 보고되었다. 한 연구에서는 참여자의 인지적 복잡성의 수준은 아동기에 노출되었던 문화적 배경의 다양성과 관련이 있는 것으로 나타났다(Sechrest & Jackson, 1961). 또 다른 연구에서, 인지적으로 복잡한 아동의 부모는 인지적 복잡성이 낮은 아동의 부모에 비해 아동에게 더 많은 자율성을 부여하고 덜 권위주의적이라는 것을 확인하였다(Cross, 1966). 아마도 다양한 사건들을 관찰할 기회와 다양한 경험을 하는 것이 복잡한 구조의 발달에 도움이 되었을 수 있다. 권위주의적인 부모로부터 오랜 시간 동안 심각한 위협을 경험한 아동은 제한되고 유연하지 못한 구성 개념 체계를 발달시킨다는 것을 예상해 볼 수 있다.

구성 개념의 내용과 구성 개념 체계의 복잡성을 결정하는 요인들에 관해 질문을 던지는 것은 매우 중요하다. 특히 교육 분야와 관련되었을 때 그 중요성은 더욱 커진다. 왜냐하면 교육은 복잡하고 유연하고 적응적인 구성 개념 체계를 발달시키기 때문이다. 하지만 안타깝게도 켈리 자신은 이 분야에 대해 거의 언급하지 않았다. 따라서 성격 발달에 관한 당대의 연구들 중 소수만이 개인적 구성 개념 이론의 가정에 직접적인 영향을 받았다.

임상적 적용

정신 병리학

비록 발달에 대한 켈리의 분석은 불충분하였지만 정신 병리에의 개입에 관한 부분은 그렇지 않다. 1955년에 기념비적인 그의 저서에서, 켈리는 개인적 구성 개념 이론의 임상적 적용에 두 권 분량의 내용을 할애하였다.

켈리에 따르면, 인간의 정신 병리는 불안에 대한 혼돈의 반응이다. 켈리는 정신 병리를 구성 개념 체계의 이상 기능으로 정의하였다. 과학자로서의 인간 은유는 이것과도 관련된다. 실력이 없는 과학자는 반복되는 연구의 실패에도 불구하고 같은 이론을 고수하고 똑같은 예측을 한다. 마찬가지로 일상의 기능을 제대로 수행하지 못하는 사람은 부정확한 예측을 반복하면서도 자신의 구성 개념 체계를 계속 고집하면서 변화시키지 않는다.

이처럼 구성 개념 체계에 융통성 없이 집착하는 모습의 근원은 개인이 경험하는 불안, 공포, 위협의 느낌이다. 켈리의 이론에 따르면, 사람들은 궁극적인 불안으로부터 벗어나기 위한 행동을 구성할 수 있다고 하였다. 심리 장애는 불안, 그리고 사건을 예측할 수 있는 능력을 복구하기 위한 그릇된 노력과 관련된 장애이다.

'신경증적' 성향의 사람은 자신의 세계에서 일어나는 사건들을 구성하는 새로운 방식에 대해 미친 듯이 궁리한다. '정신병적' 성향의 사람은 자신의 불안에 대한 어떤 일시적 해결책을 찾은 것처럼 보인다. 하지만 그것은 잘해봤자 반증에 직면해서도 고수할 수밖에 없는 근거가 불충분한 위험한 해결책일 뿐이다.

Kelly(1955, pp. 895~896)

정신 병리에 대한 켈리의 관점의 근본은, 불안(자신의 구성 개념 체계가 사건에 적용 가능하지 않다는 경험), 위협(구성 개념 체계에서 즉각적이고 총체적인 변화의 자각)을 피하기 위한 사람들의 노력이다. 불안과 위협을 예방하기 위해서 사람들은 보호적 장치를 도입한다. 이 관점은 프로이트의 관점과 유사하다. 실제로 켈리는 개인이 불안에 직면하면 자신의 구성 개념을 말로 나타낼 수 없는 것으로 만드는, 즉 구성 개념의 의식적 이용을 불가능하게 하는 방식으로 행동할 수 있다고 말한다. 예를 들어 불안에 직면한 개인은 구성 개념의 한쪽 끝을 덮어서 보이지 않게 하거나 구성 개념에 잘 맞지 않는 요소들을 매단다. 이와 같은 것들은 불안에 대한 반응으로 억압의 개념과 매우 유사해 보인다. 몇몇 사례에서 개인들은 사건의 변화와 관계없이 똑같은 예측을 하고 또 다른 경우에는 자신들의 구성 개념 체계를 확신시켜 줄 수 있는 방식으로 행동하도록 다른 사람에게 강요한다. 이 모든 경우에 정신 병리는 잘못된 구성 개념의 사용 혹은 부적응적 구성 개념 체계의 사용과 관련된다.

변화와 고정-역할 치료

개인적 구성 개념 이론에서 변화의 대상은 내담자의 개인적 구성 개념 체계이다. 치료자는 내담자가 더 나은 구성 개념 체계를 발전시킬 수 있도록 돕는다. 만약 타당하지 않은 구성 개념을 계속해서 사용하는 것이 병리적이라면, 심리치료는 내담자가 더 나은 구성 개념을 발달시킴으로써 자신의 예측을 향상시키도록 돕는 과정이다. 치료자는 내담자를 더 나은 과학자로 만들고자 노력한다. 따라서 심리치료는 구성 개념 체계를 재구성하는 과정이다. 어떤 구성 개념들은 대체되고, 새로운 구성 개념이 추가되고, 어떤 연결들은 사라지고 다른 연결이 추가적으로 생겨난다. 세부적인 과정이 어떻든 심리치료는 삶의 심리적 재구성이다.

고정-역할 치료
시도해 보려는 사람에 대한 도식이나 역할을 사용하도록 만들어 그 결과 새로운 방식으로 행동하고 새로운 방식으로 자신을 지각하도록 격려하는 켈리의 치료적 기법

어떻게 이런 일을 할 수 있을까? 켈리는 **고정-역할 치료**fixed-role therapy라고 불리는 특별한 기술을 개발하였다. 고정-역할 치료의 목표는 내담자가 새로운 방식으로 자신에 대해 생각할 수 있도록 하는 것이다. 치료자는 내담자가 새로운 방식으로 행동하고, 새로운 방식으로 자기 자신을 구성하고, 그로 인해 새로운 사람이 되기를 원한다. 이 목표를 이루는 한 가지 기술은 성격 스케치를 사용하는 것이다. 치료를 시작하고 내담자에 대해 기본적인 이해를 하고 나면, 치료자 혹은 치료자 집단은 새로운 사람에 대해 스케치를 한다. 즉 내담자가 자신의 구성 개념을 확장시키는 방식으로 '시도할 수 있는' 대안적 유형의 사람에 대한 스케치를 만드는 것이다. 성격 스케치가 완성되면 이를 내담자에게 보여준다. 내담자는 그 스케치

가 자신이 알고 싶은 어떤 사람처럼 들리는지 또 그러한 사람에 대해 편안하게 느끼는지를 결정한다. 이것은 새로운 성격이 내담자에게 지나치게 위협적이지 않을 것이라는 확신을 주기 위해서 하는 것이다.

고정-역할 치료의 다음 단계에서, 치료자는 내담자에게 자신이 마치 그 사람인 것처럼 행동하도록 요청한다. 약 2주 동안 내담자는 자신이 누구인지를 잊고 이 다른 사람이 되도록 요구받는다. 이 다른 사람의 이름을 '톰 존스'라고 부른다고 가정해 보자. 내담자는 다음과 같은 지시를 듣는다. "2주 동안 여러분이 누구인지 잊거나 이제까지의 여러분을 잊도록 노력하세요. 여러분은 톰 존스입니다. 그 사람처럼 행동하세요. 그 사람처럼 생각하세요. 그 사람이 말하는 방식이라고 생각되는 방식으로 친구들에게 말하세요. 그가 할 것 같은 것을 하세요. 그 사람의 흥미에 관심을 가지고 그가 즐길 것을 즐기세요." 내담자는 저항할 수 있고, 또한 이것을 연극처럼 느끼고 위선적이라고 생각할 수 있다. 그러나 상담가는 내담자에게 수용적인 태도로 이를 시도해 보고 무슨 일이 일어나는지를 알아보도록 격려한다. 내담자는 이것이 궁극적으로 그가 되어야만 하는 존재라는 이야기를 듣지는 않지만 새로운 성격을 가장하도록 요구받는다. 내담자는 자기 자신을 발견하기 위해서 일시적으로 자신을 포기하도록 요구받는 것이다.

> 치료자는 마치 내담자가 다른 사람인 것처럼 행동하고 이러한 분위기를 받아들일 준비가 되어있어야 한다. 즉, 치료자는 매 순간 "계속해서 자신의 읊어야 하는 대사를 더듬거리고 역할을 제대로 해내지 못하는 배우와도 같은 내담자"를 강력하게 지지해 주어야만 하는 것이다.
>
> Kelly(1955, p. 399)

스케치에 나타나는 많은 특성들은 그 사람의 현재 기능과는 뚜렷이 대조된다. 켈리는 사람들이 자신이 일반적으로 행동하는 방식의 정반대라고 생각하는 것으로 행동하는 것이 조금 다르게 행동하는 것보다 쉬울 것이라고 제안하였다. 스케치에 따라 행동하는 것은 구성 개념 체계 전반에 영향을 미칠 운동 과정들에서 시작되는 것으로 간주된다. 고정-역할 치료는 성격의 사소한 부분을 재정리하는 것에 목표를 두는 것이 아니다. 대신 성격을 완전하게 재구성하는 것에 목표가 있다. 그것은 안전한 치료 장면에서 새로운 역할을 제공하고 내담자가 그것을 시도함으로써 이루어진다.

고정-역할 치료는 단지 켈리만이 언급하거나 활용한 치료적 기술은 아니다(Bieri, 1986). 하지만 개인적 구성 개념 이론과 특별한 관련이 있고 변화에 대한 개인적 구성 개념 이론이 설명하는 몇몇 원칙들의 예를 보여준다. 치료적 변화의 목표는 자기의 재구성이다. 개인은 보다 정확한 예측을 위해 어떤 구성 개념은 버리고, 새로운 구성 개념을 만들어 내고, 어떤 구성 개념은 엄격하게 만들고, 어떤 구성 개념은 느슨하게 만들면서, 구성 개념 체계를 발전시킨다. 치료자는 내담자가 믿고 실험해 보고 대안들을 모두 적고 새로운 구성 개념에 비추

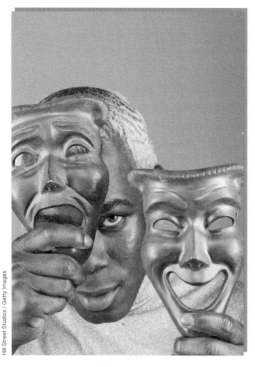

고정-역할 치료 : 켈리의 고정-역할 치료에서, 치료자는 내담자들로 하여금 타인과의 상호작용에서 새로운 '역할'을 수행해 보도록 독려한다. 켈리(1955)는 내담자가 시도하는 새로운 역할이 "구성 개념을 뒤흔드는 경험"(p. 412)이 될 것이라고 느꼈다. 다시 말하면, 새로운 역할의 수행을 통해 내담자들은 새로운 방식으로 생각할 수 있게 될 것이다.

어 과거를 재구성하도록 격려한다. 치료의 과정은 복잡하다. 내담자들은 모두가 각각 다르게 다루어져야만 하고 변화에 대한 저항은 극복할 수 있도록 치료자가 이들을 도와야 한다. 긍정적 변화란 좋은 감독이 드라마의 연출을 돕고 좋은 선생이 창의적인 과학자가 만들어지는 것을 돕는 상황에서 일어날 수 있다. 그리고 많은 연구 결과들이 개인적 구성 개념의 틀 안에서 행해지는 치료가 다양한 심리 장애에 효과적임을 보여준다(Winter & Viney, 2005).

'짐'의 사례

Rep 검사 : 개인적 구성 개념 이론

짐은 다른 검사와는 별도로 켈리의 Rep 검사를 받았다(표 11.2). 여기에서, 우리는 참여자에게 주어진 역할과 유사성/대조 구성 개념을 형성하는 과제에 기초하여 구조화된 검사를 실시하였다. 그러나 참여자는 형성된 구성 개념의 내용에서는 완전히 자유롭다. 이 장의 앞부분에서 기술하였듯이 Rep 검사는 켈리의 개인적 구성 개념 이론을 바탕으로 논리적으로 만들어진 검사이다. 짐의 구성 개념에서는 두 가지 주요한 주제가 나타났다. 첫 번째 주제는 대인 간 관계의 질이다. 기본적으로 이것은 사람이 따뜻하고 잘 베푸는가 혹은 냉정하고 자기애적인가를 포함한다. 이 주제는 사랑을 주는/자기지향적인, 섬세한/무신경한, 타인과 소통하는/타인에게 관심이 없는 등과 같은 구성 개념들에서 나타난다. 두 번째 주요 주제는 안정에 관한 것으로 정서적으로 불안정한/건강한, 자신이 없는/자신만만한, 삶에 대해 만족하는/불행한 같은 구성 개념들에서 나타난다. 이 두 주제와 관련된 구성 개념들이 나타나는 빈도는 짐이 세상에 대해 상당히 제한적인 관점을 가지고 있음을 보여주는데, 즉 사건에 대해 짐이 이해하는 것의 대부분은 '따뜻한/냉정한'과 '안정된/불안정한'의 차원이다.

주어진 구성 개념들이 어떻게 특정 사람과 관련되는가? 자신이 포함된 분류에서 짐은 불안전을 표현하는 구성 개념을 사용하였다. 따라서 짐은 자신을 여자 형제(그녀의 심리적 건강은 의문의 여지가 있고 정서적으로 불안정한)와 비슷하고, 기본적으로 건강하고 안정적인 남자 형제와는 반대인 것으로 바라보았다. 다른 두 구성 개념 갈림길에서 그는 자신을 자신감과 사회적 균형이 부족한 것으로 보았다. 자신을 구성하는 이들 방식은 아버지에 대한 구성과는 대조를 보인다. 그의 아버지는 내향적이고 소극적이지만 또한 자신감이 넘쳐 나고 편견이 없고 뛰어나며 성공적인 것으로 구성되었다.

짐의 어머니와 관련되어 사용된 구성 개념들은 흥미로운 동시에 갈등을 암시한다. 짐의 어머니는 외향적이고 사교적이며 상냥하지만 한편으로는 세속적이고 새로울 것이 없으며,

표 11.2 Rep 검사 결과 : 짐의 사례

구성 개념	대조 구성 개념
자기만족적인	자기 회의적인
학생들과의 교류에 관심이 없는	학생들과의 교류에 관심이 많은
다정한	아주 불쾌한
타인의 단서에 민감한	단서에 둔감한
외향적인-사교적인	내향적인-남과 잘 어울리지 않는
자기 성찰적인-지나치게 신경을 쓰는	스스로 만족하는
지적인	평범하고 예측 가능한
성공적인	그리 뛰어나지 않은
아주 불쾌한	매우 호감이 가는
삶에 만족하는	불행한
수줍은, 자신에 대한 확신이 부족한	자신감이 있는
편견이 없는	편협한, 생각이 꽉 막힌
개방적인, 이해하기 쉬운	복잡한, 알 수 없는
아낌없이 사랑을 주는	자기지향적인
스스로 만족하는	타인을 필요로 하는
타인을 신경 쓰는	자기 관심사 외에는 관심이 없는
심리적 건강이 의심스러울 정도로 전전긍긍하는	기본적으로 건강하고 안정적인
'객관적인' 사람이 되려고 남에게 상처를 주는	가능한 한 남에게 상처를 주지 않으려고 하는
생각이 닫힌, 보수적인	생각이 열린, 진보적인
자신감이 결여된	자신감 있는
민감한	둔감한, 자기중심적인
사회적 침착성이 결여된	안정적이고 사회적으로 침착한
밝은, 논리정연한	평균적 지능을 가진

옹졸하고 보수적인 사람으로 구성되었다. 여기에서 특히 흥미로운 부분은 옹졸하고 보수적인 구성 개념인데, 짐의 어머니가 짐이 가장 불편하게 느끼는 사람과 짝이 된 분류에서 나온 것이기 때문이다. 그렇게 짐이 가장 불편하게 여기는 사람은 편견이 없고 진보적인 그의 아버지와 대조를 이루었다. 모든 사람들에 대한 분류들을 조합해 보면 짐에게 이상적인 사람은 따뜻하고, 민감하고, 안정되어 있고, 지적이며, 편견이 없고, 성공적인 사람임을 알 수 있다. 그의 인생에서 여성들(엄마, 여자 형제, 여자 친구, 전 여자 친구)은 이들 특징 중 몇 개를 가지고 있지만 다른 몇몇은 가지고 있지 않은 것으로 구성되었다.

자료에 대한 해석

Rep 검사는 짐이 자신의 환경을 어떻게 구성하고 있는지에 대한 가치 있는 자료를 제공한다. 짐의 세상은 두 개의 주요 구성 개념으로 인식되는 것 같다. 따뜻한 대인관계/냉정한 대인관계, 안정되고 자신 있는/불안정하고 불행한 사람이다. Rep 검사를 통해 짐이 다른 사람들과의 관계가 왜 그렇게 제한적인지 또 창의적이 되는 데 왜 그렇게 어려움을 가지고 있는지를 알 수 있다. 단 두 구성 개념에 대한 제약이 그가 한 개인으로 사람들과 관계를 맺는 것에 자유롭지 못하게 만드는 대신 사람들과 문제들을 고정관념적이고 관습적인 방식으로 보도록 만든다. 매우 적은 다양성만이 존재하는 세상은 즐겁기 어려우며, 무신경함과 거절에 대한 지속적인 위협은 짐을 우울한 느낌으로 채울 것이다.

켈리의 이론과 마찬가지로 Rep 검사로부터 나온 자료는 매우 흥미롭지만 다소 아쉬움을 남긴다. 자료가 의미하는 것이 매우 명백하고 가치가 있지만 빠져있는 한 가지가 있기 때문이다. 우리는 자료에서 성격 구조의 골격에 대한 감은 얻을 수 있지만 단지 뼈대만 알 수 있을 뿐이다. 짐이 자신과 자신의 환경을 구성하는 방식은 그 사람 성격의 중요한 부분이다. 그의 구성 개념과 구성 개념 체계를 평가하는 것은 그가 사건을 어떻게 해석하고 미래를 어떻게 예상하는지를 이해하도록 돕는다. 하지만 뼈에 붙은 살은 어디에 있는가? 적대감 가운데서 따뜻해지려고 사투를 벌이고, 여성에 대한 감정이 혼란스러움에도 불구하고 여성과 관계를 맺으려고 고군분투하는 사람이, 자신이 원하는 모습이 되지 못할 때 느끼는 기분은 과연 어디에 있는가?

관련된 관점과 최근의 발전

오늘날의 심리학은 켈리의 시대와는 다르다. 켈리 시대에 인간의 인지 과정에 대한 강조는 급진적인 것이었지만 지금은 인지가 주류이다. 이런 관점에서 볼 때 켈리는 이 분야의 미래를 내다보고 발전을 예측하였다. 다음 장에서 우리는 현재의 성격에 관한 사회인지적 관점이 개인적 구성 개념 이론에서 말하는 인간 본성에 대한 똑같은 가정을 다수 포함하고 있음을 보게 될 것이다.

1955년에 켈리의 이론이 소개되었을 때 상당한 주목을 끌긴 했으나, 당시에는 그 분야의 전통과 상당히 생각이 달랐기 때문에 이후 10년 동안 수행된 연구가 그다지 많지 않았다. 개인적 구성 개념 이론에서 제안된 많은 지표들이 탐색된 것은 오랜 시간이 지난 후였다(Neimeyer & Neimeyer, 1992). 연구의 핵심 초점은 Rep 검사와 구성 개념 체계의 구조에 있었다. Rep 검사의 신뢰도 연구는, 역할 목록에 대한 개인의 반응과 사용된 구성 개념이 시간이 흘러도 상당히 안정적이라는 것을 보여주었다(Landfield, 1971). 이것을 넘어서서, Rep 검사는 심리 장애를 가진 다양한 사람들, 결혼한 부부의 구성 개념 체계, 다양한 대인관계를 가진 사람들을 연구하는 데도 활용되었다(Duck, 1982). 구성 개념 체계의 구조적 복잡성, 상황 지각, 비언어적 구성 개념의 사용을 연구하기 위해 Rep 검사가 수정되기도 했다. 적어도 몇몇 연구에서는 켈리 이론의 거의 모든 면이 받아들여졌다(Mancuso & Adams-Webber, 1982). 발달과 연합된 구성 개념 체계의 구조와 이 구조에서의 변화는 특히 주목할 만한 주제이다(Crockett, 1982). 중요시되는 발달 원칙들은 켈리와 피아제의 발달 이론에 많은 유사성이 있음을 보여주었다. (1) 전반적인 미분화된 체계에서 분화된, 통합된 것으로의 진보에 대한 강조, (2) 더 많은 정보를 더 경제적으로 처리하기 위해서 추상적인 구조를 사용하는 것이 증가하는 것, (3) 새로운 요소를 인지적 체계에 조절하기 위해 노력하는 반응의 발달, (4) 새로운 부분 혹은 요소의 단순한 추가가 아닌 체계로서 인지 체계의 발달.

다른 관련 연구의 경우, 비록 보다 현대적인 성격 접근의 틀(제12장과 제13장) 내에서 수행되었지만, 켈리의 개인적 구성 개념 이론에 뿌리를 두고 있다. 예를 들어 심리학자인 토리 히긴스(1999)는 켈리의 이론과 양립 가능한 인지적 구성 개념과 성격의 기능에 대한 접근을 발전시켰다. 그의 연구(Higgins & Scholer, 2008)는 적은 정보만으로도 쉽게 활성화되는 구성 개념으로 정의할 수 있는, 만성적으로 접근 가능한 구성 개념의 중요성에 초점을 두었다. 그러한 구성 개념들은 그것이 의식적이건 무의식적이건 사건에 대한 우리의 지각이나 기억을 왜곡한다. 같은 맥락에서 사회인지 이론가이며 켈리의 제자인 월터 미셸은 성격의 핵심 특징으로 부호화된 구성 개념을 분석하는 켈리의 방식을 직접적으로 확장하였다(제12장). 최근의 다른 연구자들은 켈리가 비교적 주목하지 않았던 질문, 즉 사용되는 구성 개념에서 문화차의 가능성이 있는가와 구성 개념이 어떻게 형성되느냐에 관심을 기울였다(제14장). 현대의 이들 발전들은 개인적 구성 개념 이론과 관련이 있지만 그 관계는 간접적이다.

현대의 성격심리학자들은 인간 인지 연구에서 켈리에게는 이용 가능하지 않았던 일련의 연구 결과들, 이론적 개념들, 연구 방법들을 마음대로 사용할 수 있다. 현대 연구자들은 켈리가 흥미를 가졌던 동일한 현상을 정밀하게 분석하기 위해 대개 이들 도구들을 사용한다. 하지만 그들은 개인적 구성 개념 이론의 정확한 용어와 이론적 공식화를 잘 사용하지는 않는다. 켈리는 특별히 존경받는 인물로 남아있지만, 오늘날 그의 이론의 상세한 부분들은 켈리 자신이 예측한 것처럼 종종 소모적인 것으로 간주된다.

비판적 평가

과학적 관찰 : 근거 자료

우리가 성격 이론을 평가했던 다섯 가지 기준에 비추어 볼 때 켈리의 이론은 어떠한가? 첫 번째 기준인 과학적 관찰에서 볼 때 켈리의 이론은 좋은 이론이다. 임상가로서 그의 관찰은 프로이트나 로저스와 같은 이론가들처럼 자세하고 깊이 있는 분석을 포함하고 있다. 하지만 검사도구, 즉 Rep 검사를 개발한 사람으로서 그는 개인의 성격 특성을 측정하는 신뢰할 수 있고 객관적인 수단을 제공하는 데 성공하였다. Rep 검사는 그의 이론과 개념적으로 잘 맞는다는 점에서 특히 가치를 가진다. 20세기 중반의 심리학 기준에서 볼 때 켈리의 과학적 관찰 자료는 상당히 훌륭하다.

하지만 현재의 기준에서 볼 때 켈리의 자료는 한계가 많은 것으로 보인다. 성격에 대한 그의 관찰은 문화적 다양성을 완벽하게 포함하지 못한다. 켈리는 전적으로 북미 문화(미국) 내에서만 연구하였다. 그는 마음대로 사용할 수 있는 다양한 방법론적 도구들, 예를 들어 켈리와 마찬가지로 구성 개념 체계와 성격에 대해 관심을 가지는 사회인지 심리학자들이 사용하는 반응 시간 기법이나 점화 기법을 가지고 있지 않았다(제12장과 제13장). 켈리 시대 이후에야 개발된 연구 절차들을 사용하지 못하였다고 켈리를 비난할 수는 없다. 그렇지만 현재의 기준에서 볼 때 켈리의 과학적 자료는 다양성이 부족하다.

이론 : 체계적인가?

개인적 구성 개념 이론은 매우 체계적이다. 켈리는 신중한 이론가이고 논리적이며 공식적 형태로 이론적 글쓰기를 하였다. 개인적 구성 개념 이론은 명확하게 기술된 일련의 이론적 가정들과 관련된 결과를 특징으로 한다. 이와 같은 공식적 형태로 이론을 구성함으로써 켈리는 이론의 각 요소를 전반적인 개념적 틀에 논리적으로 연결시킬 수 있었다.

켈리는 다른 성격 이론들에 비해 한 가지 이점을 가지고 있다. 그는 이론 전체를 1955년이란 한 시점에 한 저서에서 제안하였다. 이론적 관점이 변할 수 있는 오랜 시간에 걸쳐 여러 권의 책이나 논문으로 발표하기보다는 단 하나의 책에서 이 모든 것이 이루어진다면 체계적 응집성을 얻기가 더 수월했을 것이다.

이론 : 검증 가능한가?

켈리는 자신의 이론을 검증 가능하게 만들기 위해 두 가지 핵심적인 단계를 취했다. 첫째, 그는 개인적 구성 개념 이론의 용어들을 상당히 정확하게 정의하였다. 둘째, 그는 이론과 완벽하게 일치하는 객관적인 평가 절차인 Rep 검사를 개발하였다. 이론적인 정확성과 객관적인 측정도구를 결합함으로써 이론에 기초를 둔 수많은 예측들을 이끌어 내고 검증할 수 있다. 즉 인지적 복잡성의 차이는 사회적 예측의 정확성과 관련이 있을 것이며, 사건이 자신의

한눈에 보는 켈리 이론				
구조	과정	성장과 발달	정신 병리	변화
구성 개념	사건의 예측으로 채널화된 과정	복잡성의 증가와 구성 개념 체계의 정의	구성 개념 체계의 기능에서의 문제	삶에 대한 심리적 재구성; 고정-역할 치료

구성 개념 체계 밖에 놓여있을 때 불안이 생겨날 것이다. 그리고 고정-역할 치료는 내담자에게서 새로운 구성 개념의 발달을 촉진할 것이다.

그럼에도 불구하고 켈리의 이론은 검증할 수 없는 중요한 특징들도 포함하고 있다. 여러분이 켈리에게 가서 "나는 사람들이 과학자 같다고 생각하지 않아요." 혹은 "나는 사람들이 사건을 예상하는 방식에 의해 심리적 과정이 정해진다고 믿지 않아요." 혹은 "나는 인간 심리의 일반적 원칙으로 구성적 대안주의를 믿지 않아요."라고 말한다고 상상해 보자. 켈리가 개인적 구성 개념 이론의 근간이 되는 특징을 포함하는 이와 같은 의견의 불일치가 경험적 검증으로 해결될 수 있다고 생각했을 것이라고 상상하기는 어렵다. 이러한 어려움은 검증 가능한 예언을 포함하지 않지만 대신에 이론적 가정을 포함한다. 켈리는 성격에 대해 특정 가정을 하고 그것을 기본적인 전제와 가정으로 선언하고, 이러한 전제로부터 논리적으로 그의 이론을 세운다. 물론 이것은 모든 다른 이론가도 마찬가지이다. 예를 들어 프로이트의 경우 마음이 에너지 체계라는 생각은 가정이지만 체계적 자료에 기초한 결론이 아니며 그것 자체가 검증 가능한 예언이 아니다. 켈리의 이론은 직접적 검증에 개방적이지 않은 이론적 가정들 위에 놓여있다는 점에서 독창적이지는 않다. 하지만 켈리의 경우에는 그러한 가정의 수와 범위가 특별히 중요하다. 마음이 에너지 체계라는 가정을 버리고 정신분석적 이론을 재구성하는 것을 상상해 볼 수 있다. 하지만 사람들이 사건을 예측하는 방식에 의해 심리적 과정이 특징지어진다는 가정 혹은 사람들이 구성적 대안주의에 관여할 수 있다는 가정을 버린다면 더 이상 개인적 구성 개념 이론과 유사하지 않을 것이다. 검증할 수 없는 가정들은 켈리의 이론에서 특별히 중요하다. 또 다른 중요한 점은 비록 구성 개념 체계가 광범위하게 연구되어 왔다 하더라도 이러한 구성 개념 체계가 표현되는 행동과 관련이 있다는 증거가 거의 없다는 것이다. 켈리의 이론은 관련이 있다고 주장하지만 증거가 필요하다.

이론 : 포괄적인가?

만약 켈리 이론의 기본적 가정(모든 심리적 과정은 사람들이 사건을 예측하는 방식에 의해 결정된다)을 받아들인다면 켈리의 이론은 포괄적인 것으로 보인다. 원칙적으로 이 이론은 사람들이 사건을 예측하기 위해 자신의 개인적 구성 개념을 사용하는 모든 상황들에 적용되고, 켈리에게 이것은 본질적으로 성격심리학자들의 흥미를 끄는 상황이다.

하지만 그것을 단순히 의심 없이 받아들이는 대신 기본적 가정에 의문을 가진다면 성격 구성 개념 이론은 포괄성이 부족한 것처럼 보인다. 그것은 사람들이 '과학자처럼' 행동하는 상황들에 대해서는 아주 훌륭하게 묘사하고 있다. 하지만 사람들이 미친 군중이나 술 취한 사람 혹은 사랑의 덫에 걸린 로미오와 줄리엣처럼 행동하는 다른 상황들은 어떠한가? 켈리 이론의 초기 비평가는 다음과 같이 말했다. "어떤 사람이 화가 났거나 영감을 받았거나 사랑에 빠진다면 전체적으로 자신의 개인적 구성 개념 체계에 대해 관심을 덜 가질 것이라고 추측된다. 작가가 자신의 성격 이론 내에서 비합리적인 사람들에 반대하여 과잉 반응을 하고 있다는 인상을 받는다"(Bruner, 1956, p. 356).

켈리의 이론이 이 책에 소개되는 다른 이론들보다 덜 포괄적인 또 다른 이유가 있다. 이론의 과정에 대한 것이 명확히 기술되지 않았다. 예를 들어 어떤 구성 개념이 최선의 예측인자인지를 개인이 어떻게 아는가? 구성 개념의 어떤 극단(유사성 혹은 대조)을 사용할지를 어떻게 아는가? 이상적 세계에서라면 켈리는 아동 발달의 과정을 통해 사람들이 어떻게 기존의 것과는 다른 구성 개념 체계의 또 다른 유형을 습득하게 되는지에 대해 명백하게 기술하고 검증할 수 있었겠지만, 켈리의 이론에는 성격 성장과 발달에 대한 논의가 부족하다. 켈리는 정서에 대해 상대적으로 적은 논의를 하였고, 몇몇 후속 개인적 구성 개념 이론가들은 이러한 단점을 이야기하였다(McCoy, 1981). 정서에 관한 특별한 한계점은 개인적 구성 개념과 정서에 대해 켈리가 주로 한쪽 방향의 관점만을 취했다는 것이다. 그의 이론은 개인적 구성 개념이 정서적 경험에 어떻게 영향을 주는지를 설명하지만 정서가 특정 순간에 개인에게 떠오른 개인적 구성 개념에 어떤 영향을 미치는지에 대해서는 거의 이야기하지 않는다. 현대 연구들은 정서적 상태가 인지적 내용과 과정에 영향을 미치는 이러한 '반대 방향'의 중요성에 대한 증거를 제시한다(Forgas, 1995).

마지막으로 로저스 이론의 한계를 켈리의 이론에서도 발견하게 되는데, 두 사람의 이론적 접근은 중요한 점에서 유사하다. 로저스와 마찬가지로 켈리는 생물학적 존재보다는 인지적이고 사회적 존재로서의 인간에 대해 더 많이 이야기한다. 사람에 대한 진정한 포괄적 이해를 위해 요구되는 진화, 유전학, 기질의 유전된 개인차에 대한 질문은 거의 주목을 받지 못했다. 예를 들어 현대의 생물학과 마음의 연구는 개인적 구성 개념 이론의 상당한 확장과 수정을 요구한다. 예를 들어 최근 발전은 '체화된' 인지에 관한 연구이다(Lakoff & Johnson, 1999; Niedenthal et al., 2005). 연구의 아이디어는 추론, 범주화, 판단과 같은 개념적 과정(켈리가 구성 개념화라고 불렀던)은 단 하나의 인지적 과정(켈리가 개인적 구성 개념 체계라고 불렀던)에 의해 수행되지 않는다. 대신 굉장히 많은 구분되는 체계들이 관련되어 있다.

적용

적용은 개인적 구성 개념 이론의 강점이다. 프로이트나 로저스와 마찬가지로 켈리는 임상심리학자였다. 그는 임상적 경험에 근거하여 이론을 세웠고, 그의 이론을 이끌어 가기 위해 성격 이론에 상세한 원리들을 덧붙였다. 그는 응용심리학자들이 특정 심리적 결과물에서의 개인차를 예측하기 원할 때 원칙적으로는 사용될 수 있는 객관적인 성격 평가 방법을 개발하였다(켈리의 Rep 검사는 성격의 특질 이론에 기초한 방법들만큼 자주 사용되지 않기 때문에 '원칙적으로는'이라고 말한다).

켈리의 주요한 두 번째 출판물인 개인적 구성 개념 심리학*The Psychology of Personal Constructs*(1955)은 그의 이론적 체계의 치료적 적용을 위해 애썼다. 이론을 실제로 옮긴 점에서 켈리는 높은 점수를 받을 만하다. 실제로 켈리의 이론을 읽으면 그의 이론적 노력은 기본적으로 적용되는 목표(사람들이 자신의 상황을 재구성함으로써 삶을 향상시킬 수 있도록 만드는 것)에 의해 동기화되었고 그것을 위해 존재한다는 느낌을 받는다.

주요한 기여와 요약

켈리의 성격의 구조적 모형은 성격 이론에 중요한 공헌을 하였다. 출판되자 곧 브루너(1956)는 개인적 구성 개념 이론을 1945년에서 1955년 사이 10년 동안 성격 기능의 이론에 가장 큰 공헌을 한 유일한 이론이라고 말하였다. 켈리는 그 시대에 심리학계를 지배하고 있던 행동주의적 관점과 정신역동적 관점과는 다르게 이론을 세우는 데 있어서 아주 예외적인 창의성과 대담함을 보여주었다. 이러한 성취에 대해 켈리는 박수를 받았다.

하지만 켈리가 이론을 발표한 후 10년 동안 그의 관점은 기대했던 것처럼 발전하거나 번성하지 않았다. 어떤 사람은 켈리에 대한 존경, 켈리의 편협함, 정통파적 신념 때문에 진보가 방해받았다고 주장하였다(Rosenberg, 1980; Schneider, 1982). 켈리의 추종자들이 언급하였듯이 새로운 아이디어가 없다면 어떤 성격 이론도 살아남을 수 없다(Sechrest, 1977). 1980년대 후반까지 열성적인 일군의 사람들을 제외하면 켈리의 이론은 거의 무시되었다는 평가를 받는다(Jankowicz, 1987). 다만 영국에서는 켈리의 아이디어가 널리 알려져 있으며, 여전히 대부분의 임상가들을 위한 훈련의 일부이다. 하지만 미국에서 켈리의 이론에 주어졌던 높은 존경은 그 분야에서의 전반적 주목이나 영향의 수준과 일치하지 않았다(Winter, 1992). 현대 분야에서 켈리의 가장 큰 영향력은 간접적이다. 그의 이론은 다음 두 장에서 다룰 사회인지 이론가들의 생각에 중요한 기여를 하였다.

요약하면 개인적 구성 개념 이론은 강점과 한계를 모두 가지고 있다(표 11.3). 긍정적인 측면에서 다음의 강점을 생각해 볼 수 있다. (1) 인지와 구성 개념 체계의 중요성을 성격의

표 11.3 개인적 구성 개념 이론의 강점과 한계 요약

강점	한계
1. 성격의 핵심적 측면으로서의 인지 과정을 강조함	1. 이론을 확장시킨 연구를 도출하지 못함
2. 일반적 성격 기능의 법칙성과 개인적 구성 개념 체계의 독창성 모두를 제공하는 성격 모형을 제시함	2. 성격의 중요한 측면들(성장과 발달, 정서 등)에 대한 이해 및 기여가 부족함
3. 성격 평가와 연구에 필요한 관련 기법을 포함함 (Rep 검사)	3. 인지심리학 연구와 이론으로 일반화하기에는 여전히 부족함

중요한 위치로 가져옴으로써 의미 있는 공헌을 하였다. (2) 성격에 대한 접근이 개인의 독창성과 전반적인 사람들의 법칙성을 모두 포착하려는 시도였다. (3) 새롭고 흥미로우며 이론적으로 관련이 있는 평가 기법인 Rep 검사를 개발하였다. 부정적 측면에서 몇 가지 한계가 있다. (1) 특정 중요한 영역, 특히 발달에 대해 상대적으로 무시하였다. (2) 성격에 대한 인지심리학과 관련된 주류 연구들의 영역 밖에 있다. 많은 인지적 접근들은 켈리의 공헌에 대해서 입으로만 이야기하지 이를 독립적인 노선으로 발전시키지 않았다.

주요 개념

고정-역할 치료	불안	인지적 복잡성/단순성
공포	상위 구성 개념	전언어적 구성 개념
과학자로서의 인간	숨겨진 구성 개념	주변적 구성 개념
구성 개념	언어적 구성 개념	편의 범위
구성적 대안주의	역할 구성 개념 목록 검사(Rep 검사)	편의 초점
기본적 가정	위협	하위 구성 개념
대조 극	유사성 극	핵심 구성 개념

요약

1. 조지 켈리의 개인적 구성 개념 이론은 사람이 사건을 구성하고 해석하는 방식을 강조한다. 켈리는 사람을 과학자 — 현상들을 조직화하기 위해 개념 혹은 구성 개념을 만들어 내고 미래를 예상하기 위해 이들 구성 개념을 사용하는 사건의 관찰자 — 로 바라보았다. 사람들은 항상 사건을 재구성하는 데 있어 자유롭다.

2. 켈리는 성격을 개인의 구성 개념 체계(사람이 만들어 내는 구성 개념의 형태와 그것이 어떻게 조직화되는가)의 관점에서 바라보았다. 구성 개념은 사건들 사이의 유사성의 관찰을 기초로 형성된다. 핵심 구성 개념은 체계에서 기본적인 반면 주변적 구성 개념은 덜 중요하다. 상위 구성 개념들은 위계에서 높은 위치에 있으며 그 아래에 다른 구성 개념을 포함하는 반면 하위 구성 개념은 위계의 아래에 있다.

3. 켈리는 개인의 구성 개념 체계의 내용과 구조를 평가하기 위해서 역할 구성 개념 목록 검사(Rep 검사)를 개

발하였다. Rep 검사는 사람이 인지적으로 복잡한 혹은 단순하게 묘사될 수 있는 정도를 통해 사람이 세상을 구별되는 용어로 볼 수 있는 정도를 연구하기 위해 사용된다.

4. 켈리에 따르면 사람은 사건이 구성 개념 체계 밖에 놓여있다고 인식할 때 불안을 경험하고 새로운 구성 개념이 출현하려고 할 때 공포를 경험하며, 구성 개념 체계의 포괄적인 변화의 위험이 있을 때 위협을 경험한다. 불안에 대한 병리적인 반응은 구성 개념이 새로운 사건들에 적용되는 방식, 예측을 하기 위해 구성 개념이 사용되는 방식, 전반적인 구성 개념 체계의 조직화로 알 수 있다. 켈리의 고정-역할 치료에서 임상가들은 새로운 방식으로 자신들을 나타내고 새로운 방식으로 행동하며 새로운 방식으로 자신을 구성할 수 있도록 격려한다.

5. 개인적 구성 개념 이론에 대한 연구는 주로 Rep 검사에

초점이 맞춰져 있었다. 최근 연구들은 켈리의 개별 사례적 측정 절차가 특질 이론에 기초한 법칙 정립적 검사들에 의해 드러나는 것보다 더 많은 정보를 드러냄을 보여준다. 또 다른 연구들은 직접적이진 않지만 어떤 의미에서는 개인적 구성 개념 이론의 가설들과 관련되는 구성 개념 체계의 복잡성/단순성을 조사하였다.

12

사회인지 이론 : 밴듀라와 미셸

이 장에서 다룰 질문

사회인지 이론과 이전 이론들의 관계

이론가 살펴보기

사람에 대한 사회인지 이론의 견해

성격 과학에 대한 사회인지 이론의 견해

성격의 사회인지 이론 : 구조

성격의 사회인지 이론 : 과정

성장과 발달의 사회인지 이론

주요 개념

요약

제12장의 초점

여러분은 고등학생이 된 첫날을 기억하는가? 아마 생각도 하기 싫을 것이다! '적응하는 것'이 가장 중요한 환경에서 어떻게 행동해야 할지 모르는 것보다 더 당황스러운 일이 있을까? 한 여학생은 새로운 환경에서의 첫날이 불안하고 막연했지만, 고등학교에서의 첫날을 배움의 기회로 받아들이기로 마음먹었다. 이 학생이 세운 계획은 학교에서 가장 성공적인 학교생활을 하는 상급생을 따라 하는 것이었다. 이 학생은 성공적인 학교생활을 하고 있는 선배들이 어떤 대화를 나누는지, 어떤 옷을 입는지, 어디에 가고 언제 가는지 등에 주의를 기울였다. 그 결과, 여학생은 곧 학교에서 인기 많은 신입생이 되었다.

이 여학생은 새로운 환경의 영향을 받았지만 동시에 그 영향에 어떻게 반응할지를 결정하는 데 있어서 능동적 행위자였다. 이처럼 행동은 곧 사람과 환경 간 상호작용의 결과라는 생각이 성격의 사회인지 이론이 주장하는 핵심 개념이다. 이 이론은 행동의 사회적 기원과 인간 기능에서 인지(사고 과정)의 중요성을 강조했다는 점에서 다른 성격 이론들과 구분된다. 이 이론에서는 사람들이 보상이 없음에도 불구하고 능동적으로 자신의 삶을 이끌고 복잡한 행동 패턴을 학습할 수 있는 존재라고 본다. 사회인지 이론은 과거 수십 년 동안 많은 발전을 이루어 왔으며 오늘날 성격 과학 분야에서 상당한 영향력을 미치게 되었다.

이 장에서 다룰 질문

1. 성격에서 사고 혹은 '인지적' 과정의 역할은 무엇인가?
2. 사람들은 어떻게 복잡한 사회적 행동을 배우는가?
3. 개인적 주체성 함양을 위한 개인의 능력, 즉 자신의 행동과 발달 과정에 영향을 미치는 능력을 과학적으로 어떻게 분석할 수 있는가?
4. 일관성과는 대조적으로 개인의 행동 변화가 그 사람의 성격 속성을 어떻게 드러내는가?

사회인지 이론은 행동/학습 전통에 뿌리를 두었다(제10장). 1950년대가 시작되면서 몇몇 이론가들은 학습의 초점을 상자 속 동물의 학습에서 인간의 **사회적 학습**(사회적 세상에서 행동하는 인간에 의한 새로운 행동 패턴의 획득)으로 바꾸려는 시도를 하였다. 또한 부분적으로 사회인지 이론은 조지 켈리가 창시한 전통, 즉 사람들이 사건을 해석하기 위해 사용하는 인지적 구조들에 관심을 갖는 인지 연구에 뿌리를 두고 있다. 이들 과거 전통을 통합하고 더 나아가 진보시킴으로써 이론가들은 현대 성격 과학에서 지배적 지위를 갖게 된 **사회인지적 접근**을 창시하였다.

사회인지 이론과 이전 이론들의 관계

사회인지주의자들은 이론을 만들어 감에 있어서 기존 성격 이론들의 한계를 극복하고자 노력했다. 따라서 기존 이론에 대한 사회인지 이론가들의 비판을 살펴보는 것은 사회인지적 접근을 처음 접하는 훌륭한 방법이 된다(Bandura, 1986, 1999, 2012; Mischel, 1999, 2001 참조).

사회인지주의자들이 볼 때 정신분석가들은 무의식적 힘과 초기 아동기 경험을 지나치게 강조한다. 사회인지 이론가들은 의식적인 자기 반영을 더 강조하고 중요한 발달적 과정들이 초기 아동기뿐만 아니라 인생 전반에 걸쳐 일어난다고 주장한다(Artistico et al., 2011).

사회인지 이론가들은 특질 이론의 가정에 의문을 가진다. 성격을 전반적이고 평균적인 경향성의 용어(평균적인 특질 수준)로 설명할 수 있는가? 그들은 성격이 평균적인 행동 수준뿐만 아니라 행위에서의 **변화 패턴**에서 드러난다고 믿었다. 여러분은 어떤 사람과 있을 때는 수줍어하고 다른 사람들과 있을 때는 외향적인가? 어떤 과제에는 동기가 생기고 다른 과제에는 게으름을 피우는가? 사회인지 이론은 그러한 변화(다양성)가 성격 구조를 드러내 준다고 보았다(Mischel & Shoda, 2008).

사회인지 이론가들은 진화심리학의 타당성에 문제를 제기하였다. 이들은 진화적 관점이 여러 역사적 시기를 거치며 나타난 인류의 사회적 삶의 거대한 변화를 어떻게 설명할 것인지 묻는다(Bandura, 2006; Bussey & Bandura, 1999). 지난 세기에 진화심리학자들은 어떻게

표 12.1 **사회인지 이론의 독특한 측면**

1. 인간의 능동성 강조
2. 행동의 사회적 기원을 강조
3. 인지(사고) 과정 강조
4. 평균적 행동 경향성과 함께 행동의 가변성을 강조
5. 보상이 없을 때 발생하는 복잡한 행동 양상의 학습을 강조

여성이 취업을 하기보다는 집에 머물도록 진화되었는지를 설명했다. 이제는 많은 수의 여성들이 직장생활을 하므로 그러한 설명은 이치에 맞지 않는다.

마지막으로 사회인지 이론은 환경적 자극이 행동을 통제한다는 행동주의적 주장을 거부한다. 사람은 자기 통제의 능력을 가지고 있다. 그들은 인지적 역량이 사람들로 하여금 자기자신의 발달 경로를 결정할 수 있도록 한다고 주장한다(Bandura, 2006). 또한 이러한 역량들은 사람들이 관찰 혹은 '모델링'에 의해 심지어 보상이 없음에도 불구하고 새로운 행동 패턴을 학습하도록 만든다(표 12.1).

현대의 많은 성격 이론가들이 사회인지 이론의 발전에 기여해 왔다(Cervone & Shoda, 1999b). 하지만 두 명의 이론가 앨버트 밴듀라와 월터 미셸은 사회인지 이론의 발전에 특별히 큰 기여를 하였기 때문에 이들을 최초의 사회인지 성격 이론가로 부른다. 비록 성격 기능의 다소 다른 측면에 초점을 두었지만 이들의 기여는 상호 보완적으로 사회인지 이론과 연구에 뚜렷한 형태를 제공하였다.

이론가 살펴보기

앨버트 밴듀라

앨버트 밴듀라(1925~2021)는 캐나다 알베르타 북부 지방에서 자랐다. 브리티시컬럼비아대학을 졸업한 후 밴듀라는 학습 과정에 대한 연구로 우수하다고 알려진 아이오와대학에서 임상심리학 대학원 과정을 밟았다. 인터뷰에서 밴듀라는 "실험 검사에 잘 따르도록 만드는 방식으로 임상적 현상을 개념화하는 데 큰 관심을 가지고 있으며, 현장 전문가로서 절차의 효율성을 평가할 책임이 있고 치료의 효과를 알기 전에 사람들이 그 치료를 받지 않아야 한다는 관점을 가지고 있다고 말하였다"(Evans, 1976, p. 243에서 인용).

1952년에 아이오와대학에서 박사 학위를 취득한 후 밴듀라는 스탠퍼드대학의 교수가 되어 경력의 대부분을 보냈다. 아동의 공격 행동 발달에 기여하는 사회적 요인들에 대한 연구는 밴듀라의 첫 번째 대학원생인 리처드 월터스와 함께 쓴 두 권의 책으로 집약되었다. 바로 **청소년의 공격성**Adolescent Aggression(1959)과 **사회 학습과 성격 발달**Social Learning and Personality Development(1963)이다. 특히 두 번째 책은 20세기 중후반에 걸쳐 밴듀라가 개발한 사회인지적 관점의 기초를 마련하였다. 1969년에 나온 **행동 수정의 원리**Principles of Behavior Modification는 치료

자들의 관심을 행동주의자들이 강조한 환경적 요인들과 조건화 과정이 아닌 내담자들의 사고 과정으로 돌림으로써 행동치료의 실제를 새롭게 공식화했다(제10장).

1970년대부터 밴듀라는 '자기 과정들', 즉 자기 개념과 개인적 목표가 관련되는 사고 과정들에 초점을 맞추었다(1977, 1997). 그는 자기 과정들은 사람들에게 개인의 주체성 역량 즉 자신의 행동과 경험에 영향을 줄 수 있는 역량을 제공한다고 주장한다. 따라서 밴듀라의 사회인지 이론은 인간 본성의 '주체적' 개념이다(Bandura, 1999, 2001, 2012). 밴듀라는 대인관계와 사회적·사회경제적 조건들이 어떻게 사람의 자기 지시 신념에 영향을 주는지를 조사한다(Bandura, 2006).

밴듀라의 기념비적인 저서인 사고와 행동의 사회적 기초*Social Foundations of Thought and Action*(1986)는 사회인지적 틀 내에서 성격 과정, 구조, 발달에 대한 거대한 지식을 조직화한 책이다. 이 책은 밴듀라의 이론적 입장을 종합한 최종 진술문이다. 밴듀라는 흔히 우리가 일컫는 '정년'이 되어서도 활발하게 활동하였다. 밴듀라의 가장 최근 저서, 선한 사람들이 때로는 비윤리적이고 부도덕한 행동을 저지르는 것에 대한 포괄적이고 통합적인 분석에 관한 책이

사회인지 이론의 창시자인 앨버트 밴듀라가 전 미국 대통령 버락 오바마로부터 국가 과학 훈장을 받고 있다.

2015년에 출간되기도 했다.

밴듀라는 셀 수 없이 많은 상과 영예를 얻었으며, 여기에는 '미국심리학회의 뛰어난 과학 업적 상', 심리과학협회(APS)에서 일생을 걸친 뛰어난 심리학적 공헌에 대해 수여하는 윌리엄 제임스 상, 북미와 유럽의 대학들로부터 받은 명예 박사직 등이 포함된다. 2016년, 밴듀라는 성격 이론과 연구 분야에서는 최초로 미국 국가 과학 훈장을 받음으로써 그의 연구 인생 최고의 업적을 남겼다.

월터 미셸

월터 미셸(1930~2018)은 비엔나에서 태어나서 생애의 첫 9년을 프로이트의 집에서 멀지 않은 곳에 살았다. 그는 이 시기의 영향에 대해 다음과 같이 기술한다.

> 내가 심리학을 읽기 시작했을 때 프로이트는 나를 매료시켰다. 시티칼리지(1939년에 유럽에서 히틀러가 일으킨 강제 출국 이후에 나의 가족이 정착한 곳인 뉴욕에 있는 대학) 학생일 때 정신분석은 인간에 대한 포괄적인 관점을 제공하는 것처럼 보였다. 하지만 뉴욕의 남동부 쪽에서 사회복지사로 일하면서 이 아이디어를 '소년 범죄자'에게 적용하려 했을 때 나는 곧 혼란스러워졌다. 이 젊은이들에게 '통찰'을 주려고 노력하는 것은 그들에게나 나에게나 도움이 되지 않았다. 그 개념은 내가 본 것과 잘 맞지 않았고 나는 좀 더 유용한 것을 찾게 되었다.
>
> Mischel(1978, 개인 서신에서 발췌)

보편적 특질 차원('성실성' 혹은 '사교성'과 같은)에서 개인의 성격을 묘사하는 것은 그들의 평균적인 행동 수준에 대한 전반적으로 유용한 요약이지만, 나에게 이는 시간을 두고 여러 상황에 걸쳐 가까이서 관찰한다면 동일한 사람 내에서 종종 눈에 띄기도 하는 놀랄 만한 차이점을 놓치고 있는 것으로 보였다. 가족과의 관계에서 대부분의 사람보다 더 배려심이 많고 마음이 넓고 지지적인 사람이 다른 맥락에서는 대부분의 사람보다 덜 배려하고 더 이기적일 수 있을까? 상황에 따른 이러한 변화들은 무작위위적인

월터 미셸

변동이 아니라 그 사람을 지속적으로 특징지을 수 있는 의미 있는 안정적 패턴일까? 만약 그렇다면 그 패턴은 어떻게 이해될 수 있으며 그것은 무엇을 반영하는가? 안정성의 개념화와 인간 행동의 유연성과 질에 대한 성격 평가를 고려하는 것이 가치 있을까? 이러한 질문들은 나를 고민하게 만들었고 그 답을 얻기 위한 노력은 내 나머지 인생의 기본적인 목표가 되었다.

Mischel(Pervin, 1996, p. 76에서 인용)

이전 접근들을 비판하는 것에 덧붙여, 1973년에 미셸은 대안을 제시하였다. 바로 인지-사회적 개인 변인이다(Mischel, 1973). 이는 행동의 구별, 즉 사람들이 어떻게 상황들을(비록 유사한 것으로 보이더라도)을 구분하고 한 상황에서와 다른 상황에서 자신의 행동을 어떻게 변화시키는지를 설명하기 위해 고안되었다. 미셸은 "자기 가족과의 관계에서 대부분의 사람들보다 더 배려심이 많고 마음이 넓고 지지적인 사람이 다른 맥락에서는 대부분의 사람들보다 덜 배려하고 더 이기적일 수 있는가?"라고 질문을 던진다. "상황에 따른 이러한 변화는 그 사람을 지속적으로 특징짓는 의미 있는 안정적 패턴일 수 있는가?"(Mischel; Pervin, 1996, p. 76에서 인용). 이와 같은 질문들은 미셸이 성격을 사회적 상황의 특징에 따라 활성화되는 인지적이고 감정적인 과정의 복잡하고 상호 연결된 체계로서 이해하는 '체계' 관점을 발전시키도록 하였다(Mischel & Shoda, 2008).

또한 미셸은 '마시멜로 실험'(Mischel, 2014)으로도 너무나 잘 알려져 있다. 이 실험은 충동을 통제할 수 있는 개인의 능력에서의 개인차를 보여주는, 단순하지만 이해하기 쉬운 연구 패러다임이다.

인간 본성에 대한 그의 견해에 따르면, 유전자가 성격을 형성하는 중요한 요인임은 분명하지만 여전히 인간의 성격을 변화시킬 수 있는 무한한 잠재력이 존재한다. 따라서 미셸은 다음과 같이 말한다. "나는 생각한다, 고로 나는 나 자신을 변화시킬 수 있다"(2014, p. 278).

미셸은 미국심리학회의 임상심리학 분과에서 받은 우수 과학자 상, '미국심리학회의 뛰어난 과학 업적 상', APS의 윌리엄 제임스 상을 수상하였고, 미국 국립과학아카데미에 선출되는 등 수많은 업적을 남겼다. 또한 그는 개관 논문을 다루는 최고의 출판물인 *Psychological Review*의 편집장으로 일했다.

밴듀라와 미셸의 과학적 영향은 특히 주목할 만하다. 20세기에 영향을 미친 인물에 대한 양적 분석 연구(Haggbloom et al., 2002)에서 밴듀라와 미셸 모두 20세기의 가장 영향력 있는 25인 중 한 명이었고, 심리학자로는 단 세 명의 심리학자(스키너, 피아제, 프로이트)만이 밴듀라보다 더 높은 영향력을 가진 인물이었다. 2007년에 인문학과 사회과학에서 가장 많이 인용된 책의 저자가 누구인지 분석한 결과, 밴듀라가 다른 어떤 심리학자보다도 더 자주 인용되었음 또한 확인되었다.

사람에 대한 사회인지 이론의 견해

사람에 대한 사회인지 이론의 관점을 이해하는 가장 간단한 방법은 "사람이 무엇인가?"라고 묻는 것이다. 무엇이 어떤 생명체는 '사람'으로 만들고 다른 것은 '사람이 아닌 것'으로 만드는가? 사람의 세 가지 심리적 자질은 독특하다. 사람은 (1) 언어를 사용해서 세상에 대해 추론한다, (2) 단지 현재의 상황뿐만 아니라 과거와 가설적 미래 사건들을 고려한다, (3) 자신과 자신의 생각에 대해 생각함으로써 스스로를 뒤돌아본다.

이상하게도 이전의 많은 성격 이론들은 이와 같은 독특한 인간 능력을 중요하게 여기지 않았다. 정신 분석가들은 동물적인 충동적 힘을 강조하였다. 행동 주의자들은 사람을 기계로 취급하고 동물을 대상으로 한 연구를 기반으로 이론을 만들었다. 특질 이론가들은 5요인 성격 특질이 동물들에게서도 발견된다고 보고한다(Gosling & John, 1999). 반면에 사회인지 이론은 인간의 독특한 인지 능력에 관심을 집중시킨다(Bandura, 1999). 미셸은 다음과 같이 말한다.

> 인간은 적극적인 존재이고 정통한 문제 해결자이자 엄청난 범위의 경험과 인지적 능력으로부터 이익을 얻을 수 있고 선과 악을 구별할 수 있는 잠재력을 가지고 있으며 자신의 심리적 세계를 능동적으로 구성하고 환경에 의해 영향을 받을 뿐만 아니라 환경에 영향을 미칠 수 있다… 사회인지 이론의 개념들은 전통적인 성격 이론들의 본능적인 추동 감소 모형, 안정적이고 전반적인 성격 특질, 그리고 자동적인 자극-반응 연합과는 거리가 있는 개념이다.
>
> Mischel(1976, p. 253)

성격 과학에 대한 사회인지 이론의 견해

많은 성격 이론가들은 심리 과학의 주류 밖에 머물러 왔다. 예를 들어 프로이트, 로저스, 켈리는 전반적인 심리 과학에서의 진보에 크게 주목하지 않았다. 그러나 사회인지 이론가들은 이와 다른 접근 방식을 취한다. 그들은 인간 본성과 관련된 과학뿐만 아니라 심리학 전반에 걸친 여러 발전 결과를 이용하려 노력했다(Cervone & Mischel, 2002). 그들은 통합적 과제를 추구하였으며 이는 다양한 분야로부터 얻은 지식을 인간 본성과 사람들 간의 차이점에 대한 일관성 있는 기술로 종합하는 것이었다.

성격 과학의 사회인지적 관점의 두 번째 특징은 개인의 독특성에 대한 강조이다. 사회인지 이론가들은 개인의 개성을 포착하기 위해서 개별 사례적 방법(제7장 참조)을 사용하였다(Molenaar & Campbell, 2009 참조).

마지막으로 밴듀라와 미셸은 그들이 주장한 이론적 아이디어들을 보다 실용적으로 적용하고자 했다. 그들은 여러 이론을 평가하는 데 있어 이론이 과연 인간 복지에 도움이 되는 실용적인 도구를 만들어 내느냐에 중점을 두어야 한다고 강조하였다.

성격의 사회인지 이론 : 구조

사회인지 이론이 강조하는 성격 구조는 인지적 과정을 포함한다. 네 가지 구조적 개념인 능력과 기술, 기대와 신념, 행동 표준, 개인적 목표는 특히 주목할 만하다.

능력과 기술

능력

목표를 달성하기 위해 필요한 문제를 해결하거나 과제를 수행하기 위한 개인의 능력을 반영하는 사회인지 이론에서의 구조적 단위

사회인지 이론에서 주장하는 첫 번째 성격 구조는 기술 혹은 **능력**competencies이다. 사회인지 이론가들은 우리가 관찰하는 사람들 간의 차이는 다른 이론들이 강조해 왔던 것처럼 정서나 동기적 충동의 차이에 의해서만 일어나는 것은 아니라고 말한다. 대신에 그 차이는 다른 행동 유형을 보이는 사람들의 '기술'의 차이를 반영한다. 예를 들어 어떤 사람들은 사회적으로 효과적인 외향적 행동을 하는 데 필요한 사회적 기술이 부족하기 때문에 내향적으로 행동하게 되는 것일 수 있다. 또 어떤 사람들이 성실한 모습을 보여주는 이유는 아마도 그들이 사회적 규범에 충실할 수 있게 해주는 높은 수준의 인지적 기술을 획득했기 때문일 수도 있다.

사회인지 이론가들에게 특히 흥미로운 것은 문제를 해결하고 삶의 도전에 대처하는 인지적 능력과 기술이다(Cantor, 1990; Mischel & Shoda, 1999, 2008). 능력은 인생 문제에 대해 생각하는 방식과 그것을 해결하는 행동적 기술 모두를 포함한다. 그것은 두 종류의 지식, 즉 절차적 지식과 선언적 지식을 포함한다(Cantor & Kihlstrom, 1987). 선언적 지식은 우리가 단어로 진술할 수 있는 지식이다. 절차적 지식은 그 역량의 정확한 속성을 명확하게 표현할 수는 없지만 우리가 가지고 있는 인지적·행동적 역량이다. 사람들은 자신이 어떤 행동을 하고 있는지를 말할 수 없는 상황에서도 행동적 '절차'를 무리 없이 행할 수 있다. 가령, 여러분은 우울해하는 친구를 옆에서 정말 잘 위로할 수 있지만, 그렇다고 해서 여러분이 누군가를 잘 위로할 수 있도록 만들어 주는 능력이 무엇인지 정확하게 말로 표현하지는 못할 수도 있다는 것이다. 따라서 능력은 선언적 지식과 절차적 지식의 결합으로 볼 수 있다.

맥락 특수성

소정의 성격 변수는 특정 삶의 장면 혹은 맥락에서는 활동하기 시작하지만 다른 맥락에서는 활동하지 않으므로 그 결과 사람의 행동은 맥락에 따라 체계적으로 변화하게 된다는 아이디어

성격의 구조 중 하나인 능력에 초점을 맞추는 것은 두 가지 함의를 가진다. 첫 번째는 **맥락 특수성**context specificity이다. 이것은 어떤 사회적 상황 혹은 맥락과 관련이 있는 심리적 구조들은 다른 맥락과는 관련이 없을 것임을 의미한다. 맥락 특수성은 기술의 본질적 특징이다(Cantor & Kihlstrom, 1987). 어떤 사람이 뛰어난 공부 기술을 가지고 있을 수 있지만, 이것은 데이트를 하거나 논쟁을 해결해야 할 때에는 거의 쓸모가 없을 수 있다. 상이한 맥락은 상이한 능력을 필요로 하는 상이한 도전과제를 의미한다. 한 맥락에서 능력이 있는 사람이 다른 맥락에서는 능력이 없을 수 있다. 맥락 특수성에 대한 강조(제14장 참조)는 사회인지 이론을 맥락에 자유로운 성격 변수가 특징인 특질 접근(제7장과 제8장)과 구별해 준다. 사회

인지주의자들은 최후에 가서야 "어떤 사람은 다른 사람보다 전반적으로 더 능력이 있다."라는 정도의 맥락 일반적 가정을 받아들였을 뿐이다. 대신에 이들은 어떤 사람의 능력이 삶의 한 영역과 다른 영역에서 상당히 다를 수 있음을 인지한다.

두 번째 함의는 심리적 변화와 관련이 있다. 능력은 사회적 상호작용 그리고 사회적 세상을 관찰함으로써 획득된다(Bandura, 1986). 삶의 특정 영역에서 기술이 부족한 사람도 변화할 수 있다. 그들은 새로운 상호작용과 세상에 대한 새로운 관찰에 참여할 수 있고 이에 따라 새로운 능력을 획득할 수 있다. 따라서 사회인지 이론의 아이디어는 사람들의 인생 기술(제13장)을 향상시키려고 고안된 임상적 적용에 직접적으로 활용될 수 있다.

신념과 기대

또 다른 세 가지 사회인지적 구조는 사람들이 세상에 대해 생각하는 세 가지 다른 방식을 고려함으로써 이해될 수 있다(Cervone, 2004). 한 가지 사고 세트는 세상이 실제로 어떤 것 같은지, 그리고 미래에 무엇이 일어날 것 같은지에 대한 신념을 포함한다. 이러한 생각을 신념과 **기대**expectancies(신념이 미래를 향한 것)라고 한다. 두 번째 종류의 생각은 '이러이러하게 되어야만 한다'라는 생각이다. 이러한 생각은 **평가 표준**evaluative standards, 즉 사건의 장점 혹은 가치를 평가하기 위한 정신적 준거(혹은 기준)이다. 세 번째 종류의 생각은 미래에 성취하기를 원하는 것에 대한 생각을 포함한다. 이 생각들을 개인적 **목표**goals라고 부른다. 따라서 능력에 덧붙여 또 다른 세 가지 주요 사회인지적 성격 구조는 신념과 기대, 평가 표준과 목표이다. 먼저 우리는 신념과 기대를 고려할 것이다. 사회인지 이론이 예견되는 미래 사건들에 대한 사람들의 신념이 성격 기능에서 가지는 역할을 매우 강조하기 때문에 이를 우리는 단순히 '기대'라고 부를 것이다.

사회인지 이론은 우리 행동과 정서의 첫 번째 결정 요인이 미래에 대한 우리의 기대라고 주장한다. 사람은 다른 사람들이 할 것 같은 행동, 특정 유형의 행동 뒤에 보상이 올지 처벌이 올지, 혹은 스트레스나 도전을 다룰 수 있는 자신의 능력 등에 관해 기대를 가진다. 사람들의 기대를 구성하는 것은 미래에 대한 이러한 사고 체계이다.

기술과 능력의 경우와 마찬가지로 사람의 기대는 상황에 따라 상당히 다르다. 모든 사람은 동일한 행동이 상이한 상황에서 상이한 반응을 이끌어 낼 것이라고 예상한다(예를 들어 시끄럽고 쾌활한 행동을 파티에서 하는 것과 교회에서 하는 것). 사람들은 서로 다른 환경에서 다른 가능성, 보상, 압박을 기대하면서 자연스럽게 상황들을 구별한다. 비록 연구자들이 이따금 일반화된 기대를 연구하지만 대부분의 사회인지 연구자들은 세부 영역과 관련된 태도에서의 기대를 연구한다. 다른 말로 하면 이들은 인간 삶의 특정 분야 혹은 영역에 관한 기대를 평가한다. 사회인지 이론가들은 한 상황과 다른 상황에서 기대와 행동을 변화시킬 수 있는 역량이 생존에 필수적임을 인정한다. 그러한 구별을 하는 데 실패한다면 그 어떤 동물도 살아남지 못할 것이다. 인간은 그들이 가진 대단한 인지적 역량 때문에 다양한 상황들

기대
사회인지 이론에서 개인이 예상하거나 예측하는 것은 특정 상황에서 특정 행동의 결과로 발생함(예기된 결과)

평가 표준
사람 혹은 사물의 장점 및 가치를 평가하기 위한 준거. 사회인지 이론에서 자기 자신의 행동을 평가하는 사람들의 표준은 행동의 조절, 그리고 자부심, 수치심, 자신에 대한 만족이나 불만족과 같은 정서 경험과 관련이 있는 것으로 여겨짐

목표
사회인지 이론에서 사람들에게 긴 시간 동안 동기를 부여하고 즉각적 영향을 넘어서서 지속하도록 만드는 바람직한 정신적 표상

을 잘 구별해 낸다.

사회인지적 접근에서의 핵심은 기대를 형성할 때 사람들이 매우 특이한 방식으로 상황들을 묶어서 분류한다는 것이다. 한 사람은 '학교 대 사교생활'에 관련된 상황들을 함께 묶을 수 있고 아마도 한 영역에서 높은 기대와 또 다른 영역에서 낮은 기대를 가질 수 있다. 또 다른 사람은 기분을 편안하게 하는 상황 대 불안하게 만드는 상황으로 생각할 수 있고 편안한 상황이나 불안을 유발하는 상황은 학교나 사교생활에서 모두 일어날 수 있다. 하지만 다른 사람은 '데이트를 할 수 있는 기회'와 관련된 인지적 범주를 가질 수 있는데, 그러한 기회는 편안할 수도 불안을 유발할 수도 있고 사회적 장면에서 혹은 학교에서 일어날 수도 있다. 사람들은 본질적으로 자기 삶의 상황들을 다른 방식으로 '분할'하고, 따라서 기대와 사회적 행동에서 독특한 형태를 보일 것이다. 사회인지 이론가들에 따르면 성격의 본질은 바로 이 상이한 방식에 있으며 이 방식에 따라 각 개인들은 상황을 지각하고, 미래 환경에 대한 기대를 발전시키고, 서로 다른 지각과 기대의 결과로 구분되는 행동 패턴을 보인다.

기대에 초점을 맞춘다는 점에서 사회인지 이론은 행동주의와 구별된다. 행동주의에서 행동은 환경에서의 보상과 처벌에 의한 것으로 이해되었다. 반면 사회인지 이론에서의 행동은 환경에서 오는 보상에 대한 사람들의 기대로 설명된다. 이것은 중요한 차이점이다. 환경적인 사건이 아닌 개인의 기대를 연구하면서 사회인지 이론가들은 왜 두 명의 다른 사람이 동일한 환경에서 다르게 반응하는가를 설명할 수 있었다. 두 명의 다른 사람은 동일한 환경과 사건을 경험하지만 미래에 일어날 것 같은 일에 대해 다른 기대를 발전시킨다.

자기와 자기 효능 신념

비록 우리가 하는 기대 중 어떤 것들은 타인과 관련된 것이지만, 성격 기능에 특히 중요한 기대는 자신과 관련된 것이다. 밴듀라(1997, 2001)는 자신의 수행 능력에 대한 사람들의 기대가 인간 성취와 안녕의 핵심 성분임을 강조하는 중심에 서있었다. 밴듀라는 이러한 기대를 자기 효능감 지각이라고 하였다. **지각된 자기 효능감**perceived self-efficacy은 미래 상황에서 특정 행동을 할 수 있는 자기 자신의 능력에 대한 사람들의 지각과 관련된다.

지각된 자기 효능감
사회인지 이론에서 특정 상황에 대처하기 위한 지각된 능력

자기 효능감 지각이 중요한 이유는 무엇인가? 그것은 자기 효능감 지각이 인간이 무엇인가를 성취하는 데 필수적인 다양한 형태의 행동들에 영향을 주기 때문이다. 여러분이 성공을 거둔 삶의 어떤 영역을 생각해 보자. 예를 들어 이 교재를 읽고 있는 독자인 여러분은 아마도 고등학교 때 꽤나 공부를 잘했고 그 결과 대학에 입학할 수 있었을 것이다. 이와 같은 성공을 위해서는 무엇이 필요한가? 여러분은 (1) 대학에 입학하겠다고 결심해야 하고, (2) 고등학교를 다니는 동안 계속해서 무언가를 배우고, 중요한 시험을 치를 때 높은 점수를 받기 위해 공부해야 하고, (3) 침착을 유지해야 하고, (4) 매우 분석적으로 사고해야만 했을 것이다. 이들 네 가지 행동적 기제들이 자기 효능감 지각에 영향을 받는 것임은 명확하다 (Bandura, 1997). 높은 자기 효능감을 가진 사람들은 어려운 과제를 시도하기로 결정하고,

John Shearer / Contributor / Getty Images

뛰어난 능력을 가지고 있는 사람도 때때로 지각된 자기 효능감은 낮을 수 있다. 아델은 21세기에 가장 음악적 재능이 뛰어나고 성공적인 가수 중 하나이지만, 21세의 나이로 그래미상에서 올해의 앨범 상을 탄 직후, 자기 회의에 빠졌다고 고백했다. "나는 완전히 자신감을 잃었어요… 한동안 나는 그저 한 아이의 엄마에 불과했어요." 아델은 앨범이 거둔 엄청난 성공에 "겁을 먹었고", 한동안 "자기 자신을 믿지 못했다."라고 말했다.*

계속해서 노력하고, 과제 수행을 하는 동안 불안해하기보다는 침착을 유지하고, 분석적인 태도로 자신의 사고를 조직화하는 경향이 있다. 반대로 자신의 수행 능력에 의문을 가지는 사람은 가치 있는 활동을 시도조차 못 하고 힘들다는 생각이 들면 포기할 것이다. 또한 과제를 수행하는 동안 불안해지는 경향이 있고, 당황하게 되고, 침착하고 분석적인 태도로 사고하고 행동하지 못한다(일상적인 말로 표현하자면, 낮은 자기 효능감을 가진 사람은 어려운 활동 때문에 '질식'할 것 같다고 말할지도 모른다).

밴듀라가 개념화한 지각된 자기 효능감은 자존감과는 다르다. 이것을 구분하는 것은 중요하다. 자존감은 개인적 가치에 대해 사람들이 내리는 전반적 평가를 의미한다. 반면 지각된 자기 효능감은 특정 상황에서 그들이 무언가를 성취할 수 있을지에 대한 개인의 평가를 의미한다.

두 번째 중요한 구분은 자기 효능감 기대와 결과 기대의 차이에 관한 것이다(Bandura, 1977). 결과 기대는 어떤 사람이 주어진 형태의 행동을 했을 때 일어날 보상과 처벌에 대한 신념이다. 여러분이 대학에서 어떤 전공을 선택할 것인지 생각하고 있다고 가정해 보자. 여러분이 전자공학을 전공한다면 높은 보상(예 : 미래의 높은 수입)이 있을 것이라고 믿을 것이다. 그래서 여러분은 전자공학에 대해 높은 결과 기대를 가질 것이다. 하지만 또한 여러분은 전자공학을 전공하기 위해 필요한 행동들(예 : 수학, 물리학, 공학 과목들에서 합격점을

---

* http://www.dailymail.co.uk/tvshowbiz/article-3329116/Adele-revealsstruggled-believe-music-removing-spotlight-three-years-raise-son.html.

받는 것)을 할 수 없다고 생각할 수도 있다. 여러분은 전자공학에 관해 낮은 자기 효능감 기대를 가지고 있는 것이다. 사회인지 이론은 행동의 결정 요인으로서 일반적으로 결과 기대보다는 효능감 기대가 훨씬 더 중요하다고 주장한다. 만약 어떤 것을 성취하는 것에 대한 효능감이 부족하다면 그 목표를 달성하는 것과 관련된 보상은 무의미하다. 만약 여러분이 전자공학의 필수 과정들을 완수하는 것에 대한 자기 효능감이 낮다면 재정적인 매력에도 불구하고 여러분은 전자공학을 전공으로 선택하지 않을 것이다.

미시분석 연구
밴듀라가 제안한 자기 효능감 개념과 관련된 연구 전략으로, 여기에서는 전반적인 자기 효능감보다는 구체적인 자기 효능감 판단을 기록

평가의 관점에서 밴듀라는 **미시분석 연구**microanalytic research 전략이라는 것을 강조한다. 이 전략에 따르면 수행이 일어나기 전에 지각된 자기 효능감을 상세하게 측정한다. 구체적으로 지정된 맥락에서 특정 행동을 수행하는 것에 대해 얼마나 확신하는지를 사람들에게 물어본다. 예를 들어 농구선수들의 운동 수행을 측정하기 위한 자기 효능감 척도의 경우, "여러분이 훌륭한 농구선수라고 생각합니까?"와 같은 애매한 질문은 사용하지 않는다(이 질문이 애매모호한 이유는 '훌륭한'이라는 단어 때문이다. 여러분의 팀 동료들에 비해 훌륭한가? NBA에 속해있는 대학생 또래 선수들과 비교해서인가? 여러분의 남동생과 비교해서인가?). 대신에 검사 항목들은 구체적인 행동들과 성취를 나열하고, 그것을 획득할 수 있을 거라는 자신감의 정도를 표현하게끔 한다. 예를 들면 이러한 질문들이다. "농구 경기 동안 적어도 자유투의 75%를 성공시킬 수 있다고 얼마나 자신합니까?" 혹은 "실력 있는 수비수들에 둘러싸여 있을 때에도 골대를 향해 드리블할 수 있다고 얼마만큼 자신합니까?" 이러한 평가 전략은 위에서 이야기한 이론적 고려에 따르는 것이다. 이론의 관점에서 밴듀라는 자기 효능감 신념이 모든 사람에게서 상황에 따라 변한다는 것을 인정한다. 그래서 평가 방법 면에서 이러한 변화를 포착하기 위해 상황 특정적인 측정을 도입하였다. 이러한 측정은 개인의 심리적 특성을 더욱 원활하게 포착한다. 전반적인 자기 개념 측정치들은 '서로 다른 행동들, 동일한 행동의 서로 다른 수준들, 서로 다른 상황적 조건들에 따라 변화하는 자기 효능감 신념의 복잡성을 올바로 평가하지 못하기' 때문에 비판을 받았다(Bandura, 1986, p. 41).

자기 효능감과 수행

사회인지 이론의 기본적 주장은 자기 효능감 지각이 행동에 영향을 준다는 것이다. 만약 여러분이 그러한 주장에 대해서 비판적으로 생각한다면 여러분은 이미 반론을 가지고 있는 것이다. 이를테면 자기 효능감 지각이 실제로 원인 변수로 역할을 하지 않는 것일 수 있다. 아마도 다른 요인이 실제 원인일 수 있다. 가능성 있는 다른 요인은 사람들의 실제 기술 수준이다. 기술 수준은 자기 효능감 지각과 동기화된 행동 모두에 영향을 줄 것이다. 예를 들어 모든 사람들은 23킬로그램의 무게를 들어 올리는 것에 대해 높은 효능감을 가지고 있고(우리는 그것을 할 수 있다고 자신한다), 230킬로그램의 무게를 들어올리는 것에 대해서는 낮은 효능감을 가지고 있다(우리는 그것을 할 수 없다고 지각한다). 하지만 우리가 실제로 왜 가벼운 무게를 들 수 있지만 무거운 것은 들 수 없는지를 설명하기 위해 지각된 자기 효능감

개념을 도입할 필요는 없다. 우리의 행동은 타고난 신체적 능력으로 쉽게 설명될 수 있다. 하지만 우리가 행동을 설명하기 위해 지각된 자기 효능감 개념에 관심을 가질 필요가 있다는 것을 어떻게 알 수 있을까?

사회인지주의자들은 실험적 방법을 통해 이 질문을 던졌다. 실험의 아이디어는 다른 요인들(사람들의 실제 기술과 같은 요인들)을 일정하게 통제한 상태에서 지각된 자기 효능감을 실험적으로 조작하는 것이다. 일단 자기 효능감 지각이 실험적으로 조작이 되면 지각된 자기 효능감의 변화가 행동에 인과적으로 영향을 주는지를 확인할 수 있다.

물론 지각된 자기 효능감을 조작하는 전략이 필요하다. 이때는 과제에 대한 지각된 자기 효능감에는 영향을 미치지만 그 사람의 실제 기술에는 영향을 미치지 않는 실험적 조작을 하기 위해 가능한 간단하고 교묘한 조작을 도입해야 한다.

한 연구 전략은 '앵커링(고정)' 조작이라는 기술을 도입하는 것이었다. 앵커링은 사람들이 문제에 대한 답을 생각해 내려고 노력할 때 작용하기 시작하는 사고 과정을 의미한다. 사람들이 도출하는 최종 답은 그 문제를 해결하려고 할 때 가장 먼저 떠오른 생각에 큰 영향을 받는다는 것이 앵커링의 좋은 예라고 할 수 있다. 사람들의 최종 답은 최초 추측에 '고정되어 있다.' 놀랍게도 최초 추측이 완전히 무작위적이고 그 문제와는 명백하게 관련이 없는 요인들에 의해 결정되었을 때조차도 이러한 일이 발생한다(Tversky & Kahneman, 1974). 예를 들어 여러분이 러시아의 인구가 몇 백만인지와 같은 수적인 양을 추측하려고 한다고 상상해 보자. 여러분이 추정을 하기 전에 어떤 사람이 모자에서 무작위적 숫자를 꺼내 큰 소리로 '639'라고 읽은 다음 "여러분은 러시아에 살고 있는 사람이 639×100만보다 많다고 생각합니까 아니면 적다고 생각합니까?"라고 질문을 한다. 여러분은 639×100만이 지나치게 높은 범위이고, 그것은 무작위로 선택된 것이기 때문에 실제 답과는 무관하다는 것을 알 것이다. 그럼에도 불구하고 여러분이 앵커링 연구에서 대부분의 연구 참여자들처럼 반응한다면 실제 인구를 추측할 때 여러분의 추측은 무작위적 값에 노출되지 않았을 때보다 훨씬 높아질 것이다(여러분은 "음, 639×100만일 수는 없어. 아마도 400×100만일 거야."라고 생각할 수 있다). 여러분의 최종 추측은 큰 수의 방향으로 '고정'된 것이다. 거꾸로 여러분이 처음에 낮은 고정 값(예를 들어 인구 예에서 20×100만의 값)에 노출된다면, 여러분의 최종 추측은 아마도 낮아질 것이다("음, 20×100만이 옳은 답이 아니야. 아마도… 70×100만이겠지."). 무작위적 고정값의 제시는 사람들의 판단을 실험적으로 조작하는 방법이다.

세르본과 피크(1986)는 앵커링 기법을 자기 효능감 판단과 행동 문제에 적용하였다. 일련의 문항으로 구성된 과제를 수행하기에 앞서 참여자들은 그 문항들에 대해 'X보다 많이 혹은 적게' 풀 수 있다고 판단하느냐는 질문을 받았다. 높은 고정 조건과 낮은 고정 조건에서 'X'는 수행의 높은 수준 혹은 낮은 수준과 일치한다. 이 수는 모자에서 무작위로 꺼낸 것이다. 그다음 사람들은 그들이 얼마나 많은 문항을 풀 수 있는지를 정확하게 판단하였다(그 과제에 대한 자기 효능감 수준). 결과는 앵커링 조작이 지각된 자기 효능감에 영향을 주었음을

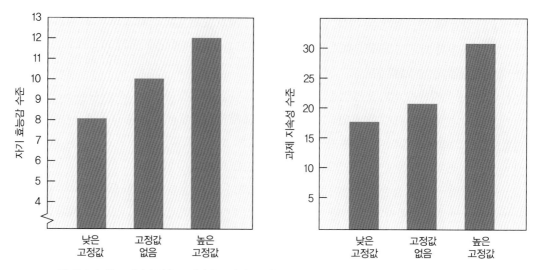

그림 12.1 높은 고정값과 낮은 고정값에 무작위로 노출되었을 때 지각된 자기 효능감과 행동의 평균 수준 (Cervone & Peake, 1986)

보여주었다. 높은 무작위적 숫자와 낮은 무작위적 숫자에 노출된 참여자들은 각각 높은 자기 효능감 지각과 낮은 자기 효능감 지각을 보여주었다(그림 12.1 왼쪽). 이는 자기 효능감이 인과적으로 행동에 영향을 준다는 주장을 검증하기 위해 필요한 바로 그 증거였다. 참여자들의 과제 수행을 위한 실제 기술과 같은 다른 요인들은 동일했지만 이들의 지각된 자기 효능감은 달랐다. 이 과제를 수행하기 위해서 실험자는 사람들에게 그 과제를 수행하고 그들의 행동적 지속성(예를 들어 "포기하기까지 얼마나 오래 그 문제에 매달리는가?")을 측정하도록 요구하였다. 자기 효능감의 차이가 그에 대응하는 행동의 차이를 만들어 낸다는 것을 확인하였다(그림 12.1 오른쪽). 높거나 낮은 차이가 무작위적인 고정 값을 제시함으로써 그저 실험적으로 만들어진 것임에도 불구하고 높은 대 낮은 자기 효능감 지각을 가진 집단은 후속 행동에서 차이가 있었다.

이러한 결과는 사람들이 가지는 자신에 대한 주관적인 지각이 그들의 행동에 인과적 영향을 준다는 사회인지 이론의 핵심 측면에 대한 강력한 증거를 제공한다. 무관하게 보이는 상황적 요인조차도 사람들이 '높은 대 낮은' 자기 효능감 판단을 하는 원인이 되고, 이러한 판단은 그 후에 일어나는 결정과 행동에 영향을 줄 수 있다.

자기 효능감 신념은 또한 인생 목표를 추구할 때 사람들이 실망과 스트레스에 대처하는 데 영향을 준다. 연구는 일반적으로 인간 기능이 개인의 통제감에 의해 촉진된다는 것을 보여준다(Schwarzer, 1992). 자기 효능감 신념은 그러한 통제감의 한 측면이다. 낙태에 대처하는 여성에 대한 한 연구는 스트레스를 주는 삶의 사건들에 대한 대처에서 자기 효능감 신념의 중요성을 입증하였다(Cozzarelli, 1993). 이 연구에서 연구자들은 낙태를 하려는 여성들에게 자존감, 낙관주의와 같은 성격 변수들을 측정하는 질문지뿐 아니라 낙태를 한 후 얼마나 성공적으로 대처할 것이라고 기대하는지를 측정하는 자기 효능감 척도를 실시하였다. 예를 들어 이 척도에는 낙태 후에도 어린아이나 아기들을 편안하게 볼 수 있을 것이라고 생각하는지 그리고 좋은 성적 관계를 계속할 수 있을 것이라고 생각하는지를 묻는 문항들을 포함하고 있다. 낙태 후 그리고 3주일이 지난 후에 기분과 우울을 측정하였다(예 : 우울, 후회, 위로받는 느낌, 죄책감, 슬픔, 기분 좋음을 느끼는 정도). 결과는 자기 효능감이 낙태 후 적응의 핵심적인 결정 요인이라는 가설을 명백하게 지지하였다. 자존감과 낙관주의 같은 성격 변수도 낙태 후 적응과 관련이 있었다. 하지만 그것들의 효과는 자기 효능감의 기여를 통해 발생하는 것으로 나타났다.

요약하면 자기 효능감 지각은 다음과 같은 방식으로 경험과 행동에 다양한 효과를 가진다는 것을 보여주었다.

선택. 자기 효능감 신념은 개인이 선택하는 목표에 영향을 준다(예 : 높은 자기 효능감 신념을 가진 사람은 자기 효능감 신념이 낮은 사람들보다 더 어렵고 도전적인 목표를 선택한다).

노력, 지속성, 수행. 높은 자기 효능감 신념을 가진 사람들은 낮은 자기 효능감 신념을 가진 사람들보다 더 많이 더 오랫동안 노력하고 더 나은 수행을 보인다(Stajkovic & Luthans, 1998).

정서. 높은 자기 효능감 신념을 가진 사람들은 낮은 자기 효능감 신념을 가진 사람들보다 과제를 할 때 기분이 더 좋다(예를 들어 덜 불안하고 덜 우울하다).

대처. 높은 자기 효능감 신념을 가진 사람들은 낮은 자기 효능감 신념을 가진 사람들보다 스트레스와 실망에 더 잘 대처한다. 밴듀라는 자기 효능감 신념이 동기와 수행에 미치는 효과에 관해 다음과 같이 요약하였다. "인간의 향상은 비관주의자보다는 지속주의자에 의해 이루어진다. 자기 신념이 성공을 책임져 주지는 않지만 자기 불신은 의심의 여지 없이 실패를 낳는다"(1997, p.77).

비록 여기에서는 효능감 신념의 구조를 설명했지만 우리는 이미 효능감 신념이 사회인지적 관점에서 동기에 중요한 역할을 한다는 것을 정확하게 추론할 수 있다.

목표

사회인지 이론에서 세 번째 형태의 성격 구조는 목표이다. 목표는 행동 혹은 행동 과정의 목적에 대한 정신적 표상이다. 사회인지 이론의 핵심 견해는 미래를 계획할 수 있는 사람들의 능력은 행동에 대한 구체적인 목표를 세우는 것을 가능하게 하고, 따라서 자신의 행동을 동기화하고 목표를 향해 나아가게 한다는 것이다. 목표는 인간의 자기 통제 능력에도 기여한다. 목표는 여러 상황들 중에서 우선순위를 정하고 선택하도록 안내한다. 목표는 사람들로 하여금 순간적인 영향을 넘어서 계속 앞으로 나아가게 하고 장기간에 걸쳐 우리의 행동을 조직하도록 돕는다.

사람들의 목표는 체계적으로 조직화된다. 목표 체계에서 어떤 목표는 다른 것보다 더 핵심적이거나 중요하다. 목표 체계는 흔히 위계적 구조를 가진 것으로 이해된다. 위계에서 높은 수준에 있는 목표(예 : 로스쿨에 입학하는 것)는 낮은 수준의 목표(예 : 대학에서 좋은 성적 받기)를 조직하고 이것은 다시 더 낮은 수준의 목표를 조직한다(예 : 시험공부하기). 하지만 목표 체계는 경직되거나 고정되어 있지는 않다. 사람들은 그 순간 자신에게 가장 중요해 보이는 것, 그 환경에서 있을 것 같은 기회들, 목표 성취에 대한 자기 효능감 판단에 따라 여러 목표들 중에서 선택한다.

과제에 대한 사람들의 목표는 여러 방식에서 다르게 나타난다(Locke & Latham, 1990, 2002). 한 가지 분명한 차이는 목표의 도전 혹은 어려움의 수준이다. 예를 들어 대학수업에서 어떤 사람은 단순히 그 수업에서 낙제를 하지 않는 것이 목표인 반면 어떤 사람은 그 수업에서 A학점을 받겠다는 도전적인 목표를 가질 수 있다. 또 다른 차이는 목표가 가까이 있는 정도 즉 근접성과 관련된다. 한 사람이 곧 닥쳐올 목표, 즉 근접 목표를 세울 수 있다. 또 다른 사람은 멀리 있는, 즉 미래에 떨어져 있는 성취를 명시하는 목표를 세울 수 있다. 예를 들어 어떤 사람의 목표가 체중을 줄이는 것이라면 가까운 목표는 매주 200그램을 줄이는 것일 수 있지만 먼 목표는 3개월 동안 2.5킬로그램을 줄이는 것이 될 것이다. 이와 관련 있는 연구 결과들을 살펴보면, 대개 가까운 목표가 멀리 있는 목표보다 사람의 현재 행동에 더 큰 영향을 주는 것으로 나타났다(Bandura & Schunk, 1981; Stock & Cervone, 1990). 부분적으로는 이것은 먼 목표가 당장에는 사람들이 '게으름을 피우는 것을' 허용하기 때문이다. 예를 들어 3개월 안에 2.5킬로그램을 줄이기 원하는 사람은 한 주 동안 다이어트에 실패하고도 여전히 장기간의 목표를 달성할 수 있다고 확신하고 있을 것이다.

게다가 목표는 행동의 주관적 의미를 포함하는 태도에서도 다르다. 과제에 도전하는 데 있어서 어떤 사람은 더 많은 지식과 기술을 개발하는 목표를 가질 수 있다. 과제의 의미는 학습할 수 있는 기회이다. 반면에 또 다른 사람은 타인들 앞에서 쩔쩔매지 않는 것과 같은 목표에 더 관심이 있을 수 있다. '학습'과 '수행' 목표(Dweck & Leggett, 1988) 사이의 이러한 차이점은 제13장에서 다룰 것이다.

목표는 앞서 언급한 사회인지적 성격 구성 개념인 기대와 관련이 있다. 기대는 목표 설정에 영향을 준다. 목표를 선택할 때 사람들은 대개 자신의 수행에 대한 기대에 대해 생각한다. 높은 자기 효능감 지각을 가진 사람은 높은 목표를 세우고 그것에 더 헌신한다(Locke & Latham, 2002). 반대로 목표가 기대에 영향을 주고 사람들이 과제를 하고 그들의 수행에 대한 피드백을 받으면서 목표는 기대와 체계적으로 상호작용할 것이다(Grant & Dweck, 1999). 예를 들어 여러분이 시험을 치렀는데 점수가 학급의 평균 점수와 똑같다는 것을 알게 되었다고 가정해 보자. 만약 여러분의 목표가 단지 그 수업 내용에 대해 무언가를 배우고 낙제를 하지 않는 것이라면 여러분은 수행에 매우 만족할 것이다. 하지만 만약 여러분의 목표가 여러분의 학급 동료들과 교수에게 깊은 인상을 남기기 위해 그 과목에서 탁월한 수행을 하는 것이었다면, 특히 그 과목에서 더 이상 여러분의 최종 목표를 성취하지 못할 것이라고 기대한다면 여러분은 평균 성적을 매우 부정적으로 해석하고 낙담하게 될 것이다.

평가 표준

사회인지 이론의 네 번째 성격 구조는 평가 표준이다. 정신적 표준은 사람이나 물건, 사건의 이로움 혹은 가치를 판단하는 기준이다. 평가 표준에 대한 연구들은 사람들이 사건을 평가하는 기준을 획득하는 방식과 이러한 평가들이 자신의 정서와 행동에 얼마나 영향을 주는지를 강조한다.

사회인지 이론에서 특히 중요한 것은 자기 자신 혹은 '개인적 표준'과 관련된 평가 표준이다. 개인적 표준은 인간 동기와 수행에 기초가 된다. 사회인지 이론은 사람들이 보통 자신의 행동을 내면화된 개인적 표준과 일치시킨다는 것을 깨달았다. 예를 들어 여러분이 기말 보고서를 쓰고 있다고 상상해 보자. 여러분은 무엇에 대해 생각하는가? 한편으로는 보고서의 목차, 포함시켜야 할 중요 사실들, 발전시키려고 하는 명제 등에 대해 생각한다. 다른 한편으로 여러분은 반드시 다른 것을 생각하고 있는 여러분을 발견할 것이다. 여러분은 여러분이 쓴 글의 질에 대해 생각하고 있을 것이다. 여러분은 여러분이 쓴 문장이 충분히 훌륭한지 아니면 고쳐야 하는지를 평가할 것이다. 다른 말로 하면 여러분 자신의 행동의 우수함 혹은 가치를 평가하기 위해 사용하는 평가 표준을 생각하고 있다. 쓰고 수정하는 과정의 대부분은 글쓰기에 대한 여러분의 개인적 표준과 비슷하게 하기 위해 여러분 자신의 행동(예 : 여러분의 글)을 바꾸려고 노력하는 것이다.

평가 표준은 종종 정서적 반응을 유발한다. 우리는 수행에 대한 자신의 표준을 충족시켰을 때 자부심으로 반응하고 우리의 표준을 충족시키지 못했을 때는 실망한다. 밴듀라는 그러한 정서를 **자기 평가적 반응**self-evaluative reactions이라고 했다. 우리는 자신의 행동을 평가하고 이러한 자기 평가의 결과, 자신에 대해 정서적으로 만족하거나 실망하는 방식으로 반응한다(Bandura, 1986). 이러한 정서적 반응들은 자기 강화를 낳는다. 특히 외적 강화가 없는 상황에서 이러한 반응들은 장기간에 걸쳐 행동을 유지하는 데 중요한 역할을 한다. 따라서 칭찬과 죄책감 같은 내적 자기 평가 반응들을 통해 우리는 표준을 충족시킨 데 대해 스스로에게 보상을 주고 표준을 어긴 것에 대해 스스로에게 벌을 주는 것이다.

자기 평가적 반응
자신에 대한 불만족의 느낌 대 만족의 느낌(자부심)으로, 사람들이 자신의 행동을 반성할 때 발생함

사회인지 이론은 평가 표준이 '도덕적' 대 '비도덕적'이라고 부르는 행동들에 있어 매우 중요하다고 강조한다. 우리가 배우는 몇몇 평가 표준들은 다른 사람들을 대하는 방식과 관련된 윤리적 · 도덕적 원칙을 포함한다. 비록 현 사회에서는 모든 사람이 그러한 원칙들에 익숙하지만 가끔 사람들은 자신의 행동에 대해서는 그러한 원칙을 사용하지 않는다. 예를 들어 모든 사람은 가게에서 물건을 훔치거나 기말 보고서를 베끼는 것이 옳지 않다는 것을 알지만 어떤 사람들은 여전히 이런 일을 한다. 사람들은 그렇게 하는 것이 자신에게 개인적 이익을 준다면 자신의 도덕적 표준으로부터 선택적으로 '자유로워진다'(Bandura et al., 1996).

자신의 도덕적 표준을 버린 사람들은 일시적으로 행동에 대한 자신의 표준을 무시할 수

있도록 하는 말들을 스스로에게 하기도 한다. 예를 들어 시험에서 부정행위를 시도한 학생은 "누구나 시험에서 부정행위를 해. 그러니 괜찮을 거야."라고 말할 것이다. 평가 표준으로부터의 유리는 사람들이 내면화된 도덕적 제재 때문에 보통은 하지 않는 행위를 할 수 있게 만든다.

오소프스키와 동료들(Osofsky, Bandura, & Zimbardo, 2005)의 최근 연구는 이 문제와 관련해 눈에 띄는 사례를 제시한다. 이들의 연구와 관련된 평가 표준은 사람을 죽이는 것에 대한 도덕적 제재였다. 모든 사람은 살인이 나쁜 것이라는 도덕적 표준을 가지고 있다. 하지만 어떤 사람들은 자기 직업의 일부로 사람을 죽인다. 이들은 바로 사형을 집행하는 사형집행인이다. 그들은 어떻게 그런 일을 하는가? 사람을 죽이는 것이 나쁜 것이라고 믿는 사람들이 어떻게 죄수들의 사형집행을 할 수 있는가? 이 질문에 답하기 위해 연구자들은 중범죄 교도소에서 일하는 직원들을 연구하였다. 교도소 직원들은 사형집행 과정에 관련된 정도에서 차이가 있었다. 어떤 직원들은 상대적으로 사형집행에 덜 관련된 반면(예 : 죄수의 가족들과 상담하는 사람) 어떤 직원들은 관련성이 높았다(예 : 사형 약물을 주입하는 사람). 연구자들은 모든 참여자들에게 사형집행을 포함하여 도덕적 표준으로부터 유리되는 경향성을 측정하는 척도에 답을 하도록 하였다. 그들은 도덕적 유리를 표현하는 정도의 차이가 사형집행에 관여하는 수준의 함수임을 발견하였다. 직접적으로 사형집행에 관여하는 교도소 직원은 다른 사람들보다 도덕적 유리의 수준이 더 높았는데 이들은 "사형집행은 살인에 비하면 자비로운 것이다.", "요즘 사형은 사형수의 고통을 최소화시켜 주는 방법으로 행해진다." 등과 같은 진술에 답할 가능성이 더 높았다(Osofsky et al., 2005). 그러한 진술은 살인에 대해 일시적으로 무시하거나 그로부터 '유리'되는 것을 가능하게 해준다.

평가 표준 연구는 사회인지 이론을 행동주의로부터 구별해 주는 또 다른 핵심이다. 행동주의 실험에서는 실험자가 평가 표준을 결정한다. 예를 들어 실험자는 쥐가 몇 번 레버를 누르는 것이 강화를 받는 데 충분한 것인지를 결정한다. 사회인지 이론가들은 그러한 실험은 인간 삶의 근본적 진실을 보여주는 데 실패한다고 말한다. 인간의 경우 평가 표준이 항상 외부의 집행자에 의해 설정되는 것이 아니다. 그것은 개인에 의해 결정된다. 사람들은 자신의 행동을 평가하기 위해 자기만의 개인적 표준을 가지고 있다. 즉 사람들이 하고 있는 행동은 이와 같은 내적인 심리적 체계에 의해 결정되는 것이지 행동주의자들이 주장하는 것처럼 환경의 어떤 힘에 의해 결정되는 것이 아니다.

사회인지 성격 구조의 특성

사회인지 이론에서 우리가 살펴본 네 가지 성격 구조—신념과 기대, 목표, 평가 표준, 능력과 기술—는 한 사람의 마음속에서 네 개의 독립적인 '객체들'로 취급되지 않는다. 대신 이 네 가지 성격 구조는 서로 다른 사고의 종류를 말하는 것으로 이해되어야 한다. 네 가지 성격 구조 각각은 성격의 전체 체계 내의 인지적 하위 체계이다. 이론적으로 세상이 실제로 어떠할 것 같은지(신념), 미래의 목적(목표), 규범적으로 어떠해야 하는지(표준)에 관한 인지들은 성격 기능에서 독특한 역할을 하고 따라서 별개의 성격 구조로 취급되어야 한다. 이와 유사하게, 사람들에게 지적이고 숙련된 태도로 행동할 수 있는 능력을 주는 선언적 지식과 절차적 지식(능력)은 신념, 목표, 평가와는 심리적으로 구분되는 것으로, 따라서 별개의 성격 구조를 구성하는 것으로 보인다.

이러한 인지와 성격 관점에서 사회인지 이론가들은 사람들이 각각의 변인에서 '어느 정도'의 위치인지를 알려주는 단 하나의 점수도 결코 사람들에게 부여하지 않을 것이다. 사회인지 이론가들의 신념에 따르면, 성격은 너무나 복잡해서 단순한 일련의 점수로 환산할 수 없기 때문이다. 대신 이들 네 가지 성격 구조 각각은 사회인지의 복잡한 체계를 의미한다. 사람들은 많은 목표, 매우 광범위한 신념들, 평가 표준 세트들, 다양한 기술을 가지고 있다. 각기 다른 성격 구조는 상이한 사회적 상황에서 작용한다. 사회인지적 구조의 복잡한 체계와 이것이 사회적 세상과 상호작용하는 것을 연구함으로써 사회인지 이론가들은 진정한 개인의 복잡성을 해결하려고 노력한다.

성격의 사회인지 이론 : 과정

사회인지 이론은 두 가지 다른 방식으로 성격 과정의 역동을 강조한다. 첫 번째는 일반적인 이론적 원칙과 관련된다. 사회인지 이론가들은 성격 과정의 역동을 분석할 때 과학자들이 사용해야 한다고 생각하는 두 가지 이론적 원칙을 제시하였다. 하나는 행동 원인의 분석으로 이것은 상호 결정론이라고 불린다. 다른 하나는 내적인 성격 과정에 대해 생각하는 구조 체제로 이것은 인지-감정적 과정 체계(CAPS)라고 불린다.

이들 두 개념 ─상호 결정론과 CAPS 모형─을 살펴본 다음, 사회인지 이론이 성격 과정을 강조하는 두 번째 방식을 볼 것이다. 미리 잠시 살펴보면, 이 두 번째 방식은 성격과 개인차의 과학적 분석에서 특히 중요한 심리적 기능 분석에 관한 것이다. 세 가지 형태의 심리적 기능이 특히 주목을 받았다. (1) 관찰 학습('모델링'을 통한 학습), (2) 동기, (3)자기 통제이다.

상호 결정론

밴듀라(1986)는 **상호 결정론**reciprocal determinism으로 알려진 이론적 원칙을 소개했다. 이 원칙은 성격 과정 연구에서 인과관계의 이슈를 강조한다.

밴듀라가 해결하려고 노력한 문제는 다음과 같다. 인간의 행동을 분석할 때는 일반적으로 다음 세 가지 요인을 고려해야 한다. 바로 사람, 행동, 사람들의 행동이 일어나는 환경적 맥락이다. 이 세 부분으로 이루어진 체계에서 어떻게 원인과 결과를 분석할 것인가? (성격의 특질 이론가들이 암시하는 것처럼) 성격 속성을 행동의 원인이라고 말해야 하는가? (행동주

상호 결정론
상호적 변인들이 서로에게 미치는 영향으로, 개인적·환경적·행동적 요인들이 서로 인과적으로 영향을 미치는 것으로 보이는 사회인지 이론의 기본적 인과법칙

의자들이 주장하는 것처럼) 환경이 행동의 진짜 원인이라고 말해야 하는가? 두 진술문은 너무 단순하기 때문에 밴듀라는 어떻게도 단언할 수 없다고 생각한다. 대신에 그는 인과관계는 '쌍방향적인 관계'라고 주장한다. 보다 형식을 갖춰 말하자면 인과관계는 상호적이다. 우리가 고려하는 세 요인인 행동, 성격 특질, 환경은 각각이 서로에 대한 원인이다. 요인들은 상호적인 결정 요인이다. 밴듀라의 상호 결정론 원칙은 성격, 행동, 환경은 시간이 흐르면서 서로 영향을 주고받는 영향 체계로 이해되어야만 한다고 주장한다.

이 원칙을 직관적으로 이해하기 위해 여러분이 매력적이라고 생각하는 어떤 사람과 대화를 하고 있다고 상상해 보자. 여러분은 미소 짓고, 주의를 기울이고, 상대방에게 좋은 인상을 줄 수 있는 방식으로 대화 주제를 만들어 가려고 노력할 것이다. 성격 과학자의 관점으로 봤을 때 이 대화에서 인과관계를 어떻게 이해할 것인가? 무엇이 무엇을 일으켰는가? 한편으로 어떤 사람은 그 환경이 여러분의 행동을 일으켰다고 말할 수 있다. 상대방의 신체적 매력과 사회적 매력이 여러분이 그러한 방식으로 행동하도록 했다는 것이다. 틀린 말은 아니다. 하지만 여전히 불충분하다. 환경은 여러분이 해석하는 것이고 그러한 특정적인 해석은 여러분의 신념과 느낌, 즉 여러분의 성격 특성에 영향을 받는다. 더 나아가 좋은 인상을 줄 수 있는 여러분의 능력은 여러분 성격의 또 다른 측면인 사회적 기술에 달려있다. 게다가 여러분의 행동은 여러분이 경험하는 환경을 변화시킨다. 만약 여러분이 아주 능숙하게 좋은 인상을 준다면 상대방은 더 기분이 좋아질 것이고, 여러분을 더 좋아할 것이고 미소 짓고 여러분에게 주목하게 될 것이다. 다시 말해서 여러분의 행동을 통해 여러분은 더 긍정적인 사회적 환경을 만들어 낸 것이다. 마지막으로 여러분이 성공한다면 여러분의 행동적 성공은 여러분의 기분과 자신감을 변화시킬 것인데, 이것은 여러분 자신의 행동이 여러분의 성격에 영향

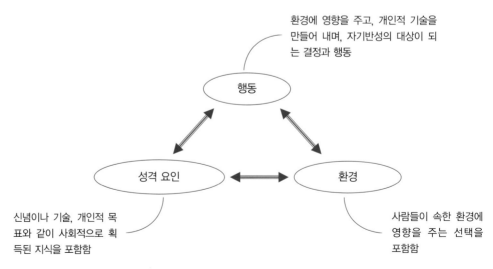

환경에 영향을 주고, 개인적 기술을 만들어 내며, 자기반성의 대상이 되는 결정과 행동

행동

성격 요인

환경

신념이나 기술, 개인적 목표와 같이 사회적으로 획득된 지식을 포함함

사람들이 속한 환경에 영향을 주는 선택을 포함함

상호 결정론 : 상호 결정론이라는 밴듀라의 사회인지 이론 원칙은 오직 환경적 영향의 관점에서 행동과 경험을 설명하는 행동주의와 대조를 이룬다(제10장). (Bandura, 1978)

을 주는 것이다. 그러한 체계 내에서 한 요인을 '원인'으로, 다른 것을 '결과'로 분리하는 것
은 쓸데없는 것이다. 대신 성격, 행동, 환경은 서로 상호적으로 결정하는 요인들로 이해되어
야만 한다.

상호 결정론의 원칙은 다른 이론의 관점들을 거부한다. 어떤 이론들은 근본적으로 내적
힘의 관점에서 행동을 설명한다. 정신분석의 내적 갈등, 현상학적 이론의 자기실현 동기, 특
질 이론의 유전적으로 결정된 기질, 진화심리학의 진화된 심리적 단위 등이 그것이다. 또 다
른 이론들(예를 들어 행동주의)은 외적 힘의 관점에서 행동을 설명한다. 밴듀라는 '내부 대
외부의' 혹은 '내적인 대 외적인' 힘에 관한 전반적인 이야기들은 개인의 내적인 심리와 사
회적 환경이 상호 영향을 준다는 것을 알아차리지 못하기 때문에 부적절한 것으로 거부한
다. 사람들은 환경적 힘에 의해 영향을 받지만 또한 어떻게 행동해야 할지를 선택한다. 사람
은 상황에 반응할 뿐만 아니라 상황을 적극적으로 구성하고 상황에 영향을 미친다. 사람은
상황에 의해 만들어질 뿐만 아니라 상황을 선택한다. 사회인지 이론가들은 자신이 부딪치게
될 상황의 유형을 선택할 수 있는 역량을 자기 자신의 발전 과정에 영향을 주는 적극적 행위
자가 되기 위한 인간 능력의 결정적 요소로 간주했다.

인지-감정적 과정 체계(CAPS)로서의 성격

최근 들어 사회인지 이론가들은 점점 더 성격이 체계로 이해되어야만 한다고 주장한다. 체
계라는 용어는 일반적으로 상호작용하는 수많은 부분을 가진 것을 의미한다. 체계의 행동은
분리된 부분들뿐 아니라 각 부분들이 서로 연결되는 방식을 나타낸다. 많은 수의 매우 통합
된 부분들을 가진 체계는 심지어 부분들은 상대적으로 단순함에도 불구하고 흔히 매우 복잡
하고 서로 엉겨 붙어 있는 행동 형태를 보인다. 부분들 사이의 역동적 상호작용은 체계의 복
잡성을 일으킨다. 좋은 예가 바로 인간의 뇌이다. 부분인 뉴런은 상대적으로 단순하지만 뇌
는 상당히 복잡한 활동을 수행한다. 부분들 사이의 복잡한 상호 연결이 뇌가 가진 복잡한 능
력의 근원이다(Damasio, 1994; Edelman & Tononi, 2000).

사회인지 이론은 성격을 복잡한 체계로 본다. 사회인지적 변인들은 서로 독립적으로 작동
하지 않는다. 대신 다양한 인지와 감정들은 조직화된 방식으로 서로 상호작용하고 그 결과
성격 기능이 전반적으로 응집성을 가지게 되는 것이다(Cervone & Shoda, 1999b).

구조의 체계 관점은 미셸과 쇼다(2008)가 명확하게 표현해 주었다. 사회인지 이론가들은
성격의 **인지-감정적 과정 체계**cognitive-affective processing system(CAPS) 모형을 제안했다. CAPS 모
형은 세 가지 핵심적 특징을 가진다. 첫째, 인지적 그리고 정서적 성격 변수들은 서로 복잡
하게 연결된 것으로 보인다. 이것은 단순히 사람들이 목표(데이트를 더 많이 하기), 능력 수
준(낮은 데이트 기술), 특정 기대(데이트에 대한 낮은 지각된 자기 효능감), 특정 평가 표준
과 자기 평가적 반응들(데이트를 했을 때 자기 자신에 대해 정서적으로 실망스럽게 느끼기)
을 가지고 있다는 것이 아니다. 대신 그들의 성격 체계는 인지와 감정 그리고 이들 간의 상

인지-감정적 과정 체계
미셸과 동료들에 의해 개발
된 이론적 틀로, 이 체계에
서 성격은 매우 높게 상호
연결된 인지와 정서 과정의
큰 세트를 포함하는 것으로
이해되며, 상호 연결은 통합
적이고 통일성 있는 방식 혹
은 하나의 '체계' 안에서 성
격이 기능하는 원인이 됨

호관계를 다룬다. 목표에 대한 사고는 기술에 대한 사고를 유발할 것이고, 이것은 다시 자기 효능감에 대한 사고를 유발하고, 이 모든 것은 자기 평가와 정서에 영향을 줄 것이다.

CAPS의 두 번째 핵심 특징은 사회적 환경에 관한 것이다. 이 모형에서 사회적 상황 혹은 '상황적 특징'의 각기 다른 측면들은 전반적인 성격 체계의 하위 부분을 활성화한다. 예를 들어 여러분이 지난 주말의 데이트에 대해 누군가와 대화를 나누고 있는 상황은 앞 단락에서 말한 데이트와 관련된 목표와 기대 체계를 활성화할 것이다. 반면에 학교에서 정치, 스포츠, 수업에 대한 대화를 나누는 것은 전적으로 다른 인지와 감정 세트를 활성화할 것이다.

세 번째 특징은 자연스럽게 두 번째 특징에 뒤따르는 것이다. 만약 상이한 상황적 특징이 전반적인 성격 체계의 다른 부분을 활성화한다면 사람들의 행동은 상황에 따라 달라져야만 한다. 한 개인의 성격 체계가 자신의 데이트 기술에 대해서는 부정적인 사고와 느낌을 가지고 있지만 자신의 학업 능력에 대해서는 긍정적인 사고와 느낌을 가지고 있다고 가정해 보자. 상이한 관심(데이트 대 학업 수행)을 활성화하는 상황적 특질은 전적으로 상이한 패턴의 정서와 행동을 만들어 내야만 한다. 비록 개인의 성격 체계가 안정적이지만 그럼에도 불구하고 전반적 성격 체계의 각기 다른 하위 부분이 활성화되므로 경험과 행동은 상황에 따라 변해야 한다. 아마도 이것이 CAPS 모형의 가장 차별적인 특징이다. 이 모형은 행동의 평균적 수준뿐 아니라 행동에서의 변화(다양성)도 성격을 정의하는 측면이라고 주장한다.

미셸과 동료들은 CAPS의 예를 다루는 경험 연구를 수행했다(Shoda, Mischel, & Wright, 1994). 연구자들은 여름 캠프에 온 어린아이들이 6주 동안 다양한 장면, 예를 들어 목공 작업, 오두막 회의, 교실, 식사 시간, 놀이터, TV 시청 등에서 보이는 행동을 관찰하였다. 연구자들은 각 상황에서 일어나는 사회적 상호작용의 유형을 부호화하였다. 예를 들어 해당 아동이 동료와 상호작용을 하는지 혹은 성인 상담가와 상호작용을 하는지, 그 상호작용이 긍정적인지(예 : 아동이 칭찬받는 것) 혹은 부정적인지(예 : 아동이 놀림을 당하는 것) 등이다. 또한 연구자들은 그 상황에서 각기 어떤 종류의 행동을 보이는지에 관심을 기울이면서 언어적 공격(약 올리기, 위협하기), 신체적 공격(때리기, 밀기), 투덜대거나 아기 같은 행동, 순종하거나 굴복하기, 친사회적으로 말 걸기 등 아동의 여러 행동을 녹화하였다. 이러한 관찰은 매 시간 단위로, 하루 5시간, 일주일에 6일, 6주 동안 진행되었다. 각 아동마다 관찰 시간은 평균 167시간이었다. 이것은 사회적 맥락에서 성격의 표현에 대한 광범위한 기록이었다.

이 자료를 분석하면서 조사자들은 'if-then' 프로파일을 그래프로 그렸다. 'if-then' 프로파일 분석에서는 각각의 다른 상황에서 한 개인의 행동을 그린다. 그런 다음 상황이 달라짐에 따라 그 개인의 행동이 체계적으로 변하는지를 결정한다. '만약' 그 사람이 특정 유형의 상황에 부딪친다면, '그렇다면' 그 사람은 특정 태도로 행동하는 경향이 있다고 결정 내릴 수 있다. '만약'과 '그렇다면'은 사람별로 다를 것이다. 따라서 프로파일 분석은 한 개인이 보여주는 특유의 경향성을 포착한다.

그렇다면 결과는 무엇인가? 물론 한 개인 안에서도 다양한 상황에 따라 상당한 행동의 차

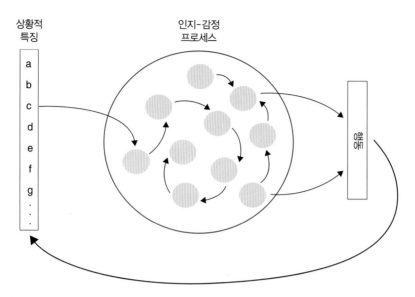

상황적
특징

a
b
c
d
e
f
g
:
:

인지-감정
프로세스

행동

CAPS 모형 : 미셀과 쇼다의 CAPS 모형에서, 성격은 인지와 감정 프로세서의 상호작용 체계로 구성되어 있다. 사람들이 경험하는 상황적 특징의 부호화는 이러한 프로세스들을 차례로 활성화하고 행동을 발생시킨다. 밴듀라의 상호결정론 모형에서, 행동은 다시 환경에 영향을 준다. (Mischel & Shoda, 1995)

이가 있다는 증거가 발견되었다. 상이한 상황 유형에서 사람들은 다르게 행동한다. 일반적으로 교실에서의 행동은 놀이터에서의 행동과 다르고 오두막 회의에서의 행동은 목공 작업 때와는 다르다. 그리고 물론 관찰된 다섯 가지 행동 유형 각각의 평균 표현에는 개인차가 있었다. 특질 이론가들이 주장하듯이 상황에 걸친 평균적인 행동 표현의 개인차가 있다. 하지만 사회인지 이론의 보다 핵심적인 질문은 "개인을 상황-행동 관계의 구별되는 형태로 기술할 수 있는가?"이다. 다른 말로 하면 "전반적인 수준이 동일함에도 불구하고 그들의 행동 패턴은 다른가? 두 명의 개인이 동일한 수준의 공격적 행동을 표현하고, 공격성과 같은 특질에서 동일하지만 그들이 공격성을 표현하는 상황의 종류가 다를 수 있는가?" 미셀과 그 동료들은 구체적인 상황 범주에서 개인은 특정 행동을 표현하는 구별되고 안정적인 프로파일을 가진다는 명백한 증거를 발견하였다.

예를 들어 다섯 가지 심리적 상황 유형에 관한 두 명의 언어적 공격 프로파일을 생각해 보자(그림 12.2). 분명한 것은, 다양한 상황에서 언어적 공격을 표현하는 두 명의 프로파일은 다르다는 것이다. 각각은 구체적인 상황 범주 내에서는 상당히 일관적으로 행동하였지만 상황 범주들 간에는 다르게 행동하였다. 상황들에 걸쳐 행동을 평균하는 것은 그와 같은 상황-행동 관계의 구분되는 형태를 가려버릴 것이다.

흥미롭게도 일반인들도—즉 전문적인 심리학 훈련을 받지 않은 사람도—선천적으로 행동에서 나타나는 'if-then' 가변성의 중요성을 인식하는 듯하다. 이것은 최근 연구(Kammrath, Mendoza-Denton, & Mischel, 2005)에서도 입증되었다. 한 연구에서 일반인들에게 각기 다른 성격 특질을 가진 사람들이 상이한 상황에서 어떻게 행동할 것으로 기대하

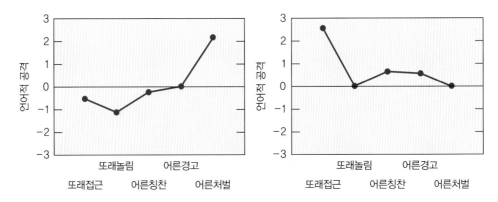

그림 12.2 다섯 가지 심리적 상황에서 두 명의 언어적 공격의 개인 내 프로파일 예시 (Shoda, Mischel, & Wright, 1994, p. 6)

는지 물어보았다. 결과는 일반인들이 상이한 맥락에서 사람들이 똑같은, 일관적인 태도로 행동할 것이라고 기대하지 않는다는 것을 보여주었다. 대신 그들은 'if-then' 가변성을 예상하였는데, 사람들의 행동이 상황에 따라 상당히 다를 것이라고 기대하였다. 두 번째 연구에서 참여자들은 다양한 상황에서 행동이 독특하게 변하는 한 개인의 행동에 대한 이야기를 들었다. 연구 참여자들은 이와 같이 행동 일관성의 위반(예 : 특질)에 어리둥절해하지 않았다. 대신 그들은 그 사람이 행동 변화의 형태를 설명할 수 있는 어떤 동기를 가졌을 것이라고 추론하였다(Kammrath et al., 2005).

이 연구 프로그램으로부터 어떤 결론을 내릴 수 있는가? 미셸과 동료들은 개인들은 상황-행동 관계의 구분되는 프로파일을 가진다고 주장하였고, 이것을 **행동 서명**behavioral signatures이라고 불렀다. "결국 개인적 기능의 독특성을 이해하고 포착하기 위해서 시간을 바친 성격심리학에서 특히 중요해 보이는 것은 행동의 형태와 조직화에서 나타나는 이와 같은 개인 내의 안정성이다"(Shoda, Mischel, & Wright, 1994, p. 683). 미셸과 동료들은 만약 사람들의 전반적이고 평균적인 행동 경향성에 대해서만 질문한다면 이러한 독특한 행동 패턴은 철저하게 간과될 것이라고 강조하였다. 예를 들어 두 사람이 동일한 수준의 평균 불안을 보이더라도 이 둘은 근본적으로 다른 사람일 수 있다. 'if-then' 프로파일 분석은 한 사람은 성취 장면에서 불안하고 나머지 사람은 낭만적 관계에서 불안하다는 것을 보여줄 수 있다. 이 분석은 만약 연구자가 서로 다른 사람의 삶의 다양한 상황에 대한 반응을 합쳐서 평균을 낸다면 이들이 '전반적 특질 불안'에서 동일한 점수를 얻는다고 결론 낼 수 있을 때에도 이들은 서로 다른 성격 역동을 가지고 있음을 보여준다.

미셸과 동료들이 다른 심리학자들에게 보내는 기본적 메시지는 이것이다—그들 삶의 다양한 상황들을 합쳐서 평균을 계산하지 마시오! 그 대신에 개인을 자세하게 들여다보고 다양한 조건에서 그들이 보이는 구별되는 변화의 형태를 보시오.

사회인지적 동기 관점을 요약하자면 사람은 행동에 대한 기초로 목표 혹은 표준을 만들어

행동 서명
상황-행동 관계의 개인적으로 구분되는 프로파일

낸다. 사람은 행동의 대안적 과정을 고려하고 예기되는 결과(외적, 내적)와 필요한 행동들을
수행하는 것에 대한 지각된 자기 효능감을 기초로 결정을 내린다. 일단 행동이 취해지면 결
과는 다른 사람으로부터의 외적 보상과 자기 자신의 내적 자기 평가로 판단된다. 성공적인
수행은 자기 효능감 향상과 노력 완화 혹은 미래를 위한 더 높은 표준 설정을 이끈다. 성공
적이지 못한 수행 혹은 실패는 개인으로 하여금 그 결과가 가지는 의미와 더 노력하는 것에
대한 자기 효능감의 정도에 따라서 포기하거나 계속해서 노력하도록 만들 것이다.

성장과 발달의 사회인지 이론

관찰 학습(모델링)

지금까지 우리는 사회인지 이론의 핵심인 네 가지 성격 구조를 살펴보았고 밴듀라와 미셸이
성격의 속성과 행동의 원인을 이해하기 위해 사용한 두 개의 이론적 원칙을 보았다. 이제 우
리는 이 이론적 개념들을 행동으로 옮겨볼 것이다. 사회인지 이론가들은 여기서 두 개의 심
리적 기능이라고 부를 두 가지 주요한 심리적 활동을 이해하기 위해 이 이론적 원칙들을 사
용하였다. (1) 특별히 관찰 학습 과정을 통해 새로운 지식과 기술을 습득하는 것, (2) 자기 자
신의 행동이나 정서적 경험에 대해 통제를 행사하는 것 혹은 자기 조절.

　이들 두 심리적 기능 중 첫 번째는 "사람이 어떻게 지식과 기술을 습득하는가?"라는 질문
과 관련된다. 우리는 어떻게 사회적 기술을 배우는가? 우리의 행동을 평가하기 위한 특정
신념, 목표, 표준을 어떻게 습득하는가? 이전 이론들은 대개 이러한 질문을 간과하였다. 이
전의 이론들은 대부분 신념과 사회적 기술의 습득에 대한 명확한 논의가 거의 없었다. 그 주
제를 가장 명시적으로 강조한 이론은 행동주의였다. 행동주의자들은 조성 혹은 연속적 접근
이라고 하는 시행착오 학습 과정을 통해 무언가를 배운다고 주장한다. 여러 번의 학습 시도
를 통해 강화는 점차적으로 복잡한 행동 패턴을 조성한다. 처음에는 수많은 오류를 저지르
지만 강화 과정을 통해 행동은 점차적으로 원하는 형태에 가까워진다.

　앨버트 밴듀라는 행동주의 이론의 단점을 설명하고 대안적인 이론적 설명을 제공하는 데
성공하였다. 이는 심리학에서 매우 중요한 발전이다. 돌이켜 보면 행동주의 접근의 단점은
명백해 보인다. 때로는 실수의 대가가 너무 크기 때문에 시행착오를 통한 학습이 이루어지
지 못할 수도 있다는 것이다.

　한 예로 여러분이 처음으로 운전했던 때를 생각해 보자. 행동주의자들에 의하면 강화와
처벌이 점차적으로 여러분의 안전한 운전 행동을 조성할 것이다. 운전을 한 첫째 날에 여러
분은 9~10회의 교통사고를 내지만 강화 과정 덕분에 두 번째 날에는 5~6회의 교통사고만
을 내고, 몇 번의 시도를 더 한 후에 오류는 사라지고 환경은 안전한 운전 행동을 조성한다.
이것이 실제 일어나는 방식인가? 그렇지 않기를 바란다! 현실에서는 여러분이 핸들 앞에 앉
은 처음에ㅡ여러분이 구체적인 운전 행동에 대해 강화받거나 처벌받기 전에ㅡ여러분은 상

당히 능숙하게 차를 운전할 수 있었다. 이를 설명하기 위해 필요한 것은 사전 보상이나 처벌 없이도 이러한 기술을 배울 수 있는 인간의 능력이다.

사회인지 이론에서 사람은 다른 사람의 행동을 관찰하는 것만으로도 학습할 수 있다. 관찰된 사람은 모델이라 불리고 이러한 **관찰 학습**observational learning 과정 역시 **모델링**modeling이라 알려져 있다. 사람들은 그들이 가진 인지적 능력으로써 모델이 이러한 행동들을 수행하는 것을 관찰하는 것만으로도 복잡한 행동 형태를 배울 수 있다. 밴듀라(1986)가 자세히 말하였듯이 사람들은 그들이 관찰한 행동의 내적인 정신적 표상을 형성할 수 있고 나중에 그러한 정신적 표상을 이용할 수 있다. 모델링에 의한 학습은 셀 수 없이 많은 삶의 영역에서 명백하다. 아동은 부모나 다른 사람들이 말하는 것을 관찰함으로써 언어를 배울 것이다. 여러분은 운전의 몇몇 기본 기술들(손과 발을 어디에 두어야 할지, 차를 어떻게 출발시킬지, 핸들을 어떻게 돌릴지)을 단지 다른 운전자를 관찰함으로써 배웠다. 사람들은 다른 사람들의 행위를 관찰함으로써 다양한 사회적 장면에서 수용되거나 수용되지 않는 행동 유형이 무엇인지 학습한다.

이러한 모델링 과정은 단순한 모방이나 흉내보다는 훨씬 더 복잡하다. '모방' 개념은 일반적으로 제한된 반응 패턴을 정확하게 반복하는 것을 의미한다. 하지만 모델링에서 사람들은 다른 사람을 관찰함으로써 행동의 일반적인 규칙을 학습한다. 그래서 그들은 미래에 다양한 행동 유형에 대한 자기 지시를 위해 그러한 규칙들을 사용할 수 있다. 밴듀라의 모델링 개념은 동일시라는 정신역동적 개념보다는 제한된 의미이다. 동일시는 특정한 누군가가 보이는 행동을 광범위하게 내재화하는 것이다. 반면 모델링은 다른 사람을 관찰해 정보를 습득하는 것과 관련되지만 다른 개인이 보이는 전반적인 행동 양식을 내재화할 필요는 없다. 관찰 학습(모델링)의 과정에서 관찰의 대상이 되는 개인은 물리적으로 현존하는 누군가일 필

관찰 학습(모델링)
사람들이 다른 사람(모델)의 행동을 관찰하는 것만으로도 학습을 하는 과정에 대한 밴듀라의 개념

Blend Images-Inti St Clair / Getty Images

지금 아이가 보고 있는 TV 프로그램은 무엇인가? 관찰 학습에 대한 밴듀라의 연구는 공격 행동과 같은 아이들의 부정적 행동 패턴이 TV 시청을 통해 학습될 수 있다는 가능성에 주의를 기울여야 한다고 주장한다.

요는 없다. 현대 사회에서는 많은 모델링이 미디어를 통해 이루어진다. TV나 다른 미디어에서 단지 관찰했을 뿐, 실제로 한 번도 만난 적 없는 사람의 사고와 행동 양식을 배울 수 있다. TV가 자주 공격성과 같은 반사회적 행동의 모델이 될 수 있다는 것이 사회적으로 우려되기도 한다. 아동기에 미디어에서 높은 수준의 공격성에 노출되는 것은 그들이 공격적인 행동 패턴을 배우도록 만들 수 있고 이것은 이후 인생에서 명백하게 나타난다. 휴스먼과 동료들 (Huesmann et al., 2003)은 "아동기 동안 미디어의 폭력에 노출되는 것이 이후 인생을 더 높은 공격 수준에 이르게 하는가?"라는 질문에 대해 장기간의 종단 연구를 수행하였다. 6~10세 사이에 높은 수준의 폭력을 목격한 남성과 여성이 초기 성인기에 더 공격적이 되는 것으로 드러났다. 아동기 미디어 폭력과 성인기 공격의 관계는 연구자들이 미디어 노출 이외에 공격성 수준과 상관이 있을 것 같은 다른 요인들(예 : 사회경제적 지위)을 통계적으로 통제하였을 때도 유효하였다. 따라서 밴듀라의 모델링 연구는 중요한 사회적 함의를 가진다.

획득 대 수행

모델링 이론의 중요한 부분은 **획득**acquisition과 **수행**performance의 구분이다. 새롭고 복잡한 형태의 행동은 강화물에 관계없이 학습 혹은 획득될 수 있다. 예를 들어 이 차이를 설명하기 위해 밴듀라와 동료들이 수행한 고전적 연구를 생각해 보자(Bandura, Ross, & Ross, 1963). 이 연구에서 세 집단의 아동은 고무로 된 보보 인형에게 공격적 행동을 표출하는 모델을 관찰하였다. 첫 번째 집단에서 모델의 공격적 행동 뒤에는 아무런 결과도 없었다(결과 없음). 두 번째 집단에서는 모델의 공격적 행동 뒤에는 보상이 뒤따랐다(보상). 세 번째 집단에는 처벌이 뒤따랐다(처벌). 모델의 공격적 행동을 관찰한 후에 세 집단의 아동은 보보 인형을 포함하여 많은 장난감이 있는 방에 혼자 남겨졌다. 그런 다음 그들이 모델과 같은 공격적 행동을 하는지를 보기 위해 일방향 거울을 통해 관찰하였다(인센티브 없음 조건). 다음 조건에서는 아동이 모델의 행동을 재생해 내면 매력적인 인센티브를 주었다(긍정적 인센티브 조건).

여기서 우리는 두 가지 질문을 던질 수 있다. 첫째, 아동들이 그런 행동을 하는 것에 대해 인센티브가 없을 때에 비해 인센티브를 받았을 때 공격적으로 행동하였는가? 더 많은 모방적 공격 행동들이 인센티브 없음 조건보다는 인센티브 조건에서 나타났다(그림 12.3). 다른 말로 하면 아동은 많은 공격적 행동들을 학습(획득)했지만 인센티브 없음 조건에서는 수행을 하지 않았고 인센티브 조건에서는 수행하였다. 이 결과는 획득과 수행이 구분됨을 증명한다. 둘째, 모델의 행동 결과가 아동의 공격적 행동 표현에 영향을 주는가? 인센티브 없음 조건에서 행동의 관찰은 명백한 차이가 있다. 모델이 처벌받는 것을 관찰한 아동은 모델이 보상받는 것을 보거나 아무런 결과가 없었던 집단보다 더 적은 모방 행동을 하였다(그림 12.3). 하지만 모델의 행동을 재현하는 것에 매력적인 보상을 제공하자(긍정적인 인센티브 조건) 이 차이는 사라졌다. 요약하면, 모델의 결과는 아동의 공격 행동의 수행에는 영향을 주지만 공격 행동의 학습에는 영향을 주지 못했다.

획득
새로운 행동의 학습으로, 밴듀라의 관점에서는 보상과는 독립적이고 보상에 종속적으로 보이는 수행과 비교됨

수행
학습된 행동의 생산으로, 밴듀라의 관점에서는 보상에 종속적이고 보상과는 독립적으로 보이는 새로운 행동의 획득과는 대비됨

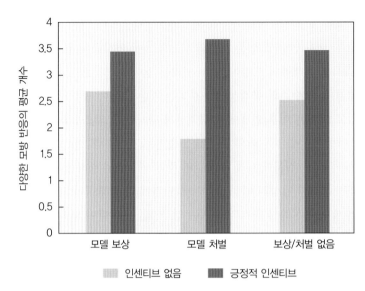

그림 12.3 모델과 긍정적 인센티브에 대한 반응 결과로서 아동들이 보여준 여러 가지 모방 반응의 평균 개수
출처 : Bandura, 1965. Copyright © 1965 by the American Psychological Association(허락 하에 재인쇄)

대리적 조건형성

그 이후에 다수의 또 다른 연구들도 모델에게 주어지는 결과의 관찰이 수행에는 영향을 주지만 획득에는 영향을 주지 못함을 입증하였다. 하지만 획득과 수행의 차이는 아동들이 어떤 식으로든 모델에게 일어난 일에 의해 영향을 받는다는 것을 암시한다. 즉 인지적 기초에서든 혹은 정서적 기초에서든 혹은 두 가지 모두에서든 아동은 모델에게 일어난 결과에 반응하고 있다. 여기서의 주장은 아동이 모델에게 공감함으로써, 즉 모델을 관찰함으로써 대리적으로 특정 정서적 반응을 학습한다는 것이다. 관찰을 통해 행동이 학습될 수 있을 뿐만 아니라 공포나 기쁨 같은 정서적 반응 또한 대리적 기초 위에서 조건화될 수 있다. "한 번도 개인적 접촉을 한 적이 없는 장소, 사람, 물건에 대해 강한 정서적 반응을 보이는 것은 심심치 않게 일어나는 일이다"(Bandura, 1986, p.185).

대리적 조건형성
정서적 반응이 다른 사람의 정서적 반응을 관찰함으로써 학습되는 과정에 대한 밴듀라의 개념

다른 사람을 관찰함으로써 정서적 반응을 학습하는 과정 — 즉 **대리적 조건형성**vicarious conditioning으로 알려진 과정 — 은 인간과 동물 모두에게서 분명하게 나타나는 현상이다. 따라서 조건화된 공포를 표현하는 모델을 관찰한 인간 피험자는 이전에는 중립적이었던 자극에 대리적으로 조건화된 정서적 반응을 보이는 것이 확인되었다(Bandura & Rosenthal, 1966). 이와 유사하게 동물 실험에서도 부모 원숭이가 진짜 혹은 장난감 뱀의 출현에 벌벌 떠는 것을 관찰한 어린 원숭이에게서 강력하고 지속적인 뱀 공포가 나타나는 것이 확인되었다. 이 연구에서 특히 놀라운 것은 부모의 정서적 반응을 관찰하는 기간이 매우 짧았던 때에도 조건화가 일어났다는 것이다. 더 나아가 일단 대리적 조건화가 일어나면 그 공포는 정서적 반응이 처음 관찰되었던 상황과는 다른 상황에서도 강렬하고 오랫동안 지속되는 것을 발견하였다(Mineka et al., 1984).

비록 관찰 학습이 강력한 과정이 될 수 있지만, 그것이 자동적이거나 다른 사람의 뒤를 따

라야만 한다고 생각할 필요는 없다. 예를 들어 아동은 다수의 모델을 가지고 있고 부모, 형제, 선생님, 또래, TV로부터 배울 수 있다. 게다가 아이들은 자신의 직접적인 경험으로부터 배우기도 한다. 이를 넘어서 아이들은 나이가 들면서 자신이 관찰하고 모방을 시도할 모델을 적극적으로 선택하기도 한다.

자기 조절과 동기

우리가 살펴본 바에 따르면 사회인지 이론에서 핵심적인 성격 과정 중 하나는 지식과 기술의 습득이다. 그리고 이는 보통 관찰 학습을 통해 이루어진다. 두 번째 과정은 지식을 행동으로 이행하는 것, 즉 인간 동기에 대한 질문과 관련된다.

사회인지 이론은 자신과 관련 있는 사고의 동기적 영향 혹은 자기 참조적 사고를 조사함으로써 인간의 동기를 설명한다. 사람은 보통 자신의 사고 과정을 통해 자기 행동을 안내하거나 동기를 부여한다는 것이 사회인지 이론의 일반적 생각이다. 핵심 사고 과정은 많은 경우에 자신과 관련이 있다. 성격심리학 과목과 관련된 여러분의 동기적 과정을 생각해 보라. 여러분은 흥미로운 내용을 발견할 것이라고 기대했기 때문에 이 과목을 신청했을 것이다. 여러분은 이 과목에서 받을 것으로 예상하는 성적을 추정했을 수 있다. 이 과목을 선택하면서 낮은 성적을 받을 것으로 기대되는 다른 과목을 피했을 수도 있다. 이 과목을 수강하는 동안 여러분을 그 수업에서 개인적 수행 목표를 세울 것이고 스스로에게 "중간고사 전까지 이 장들을 읽는 것을 마쳐야만 해."라고 상기시킴으로써 공부에 집중하려 노력할 것이다. 이와 같은 개인적 기대, 개인적 목표, 스스로에게 말하기는 사회인지 이론이 인간 동기의 핵심에 있는 것으로 보는 것들이다.

행동의 자발적 동기를 포함하는 성격 과정의 일반적 용어는 **자기 조절**self-regulation이다(Gailliot, Mead, & Baumeister, 2008). 이 용어는 사람들이 자신에게 동기를 부여하는 능력을 가지고 있음을 의미한다. 이는 개인적 목표를 설정하고, 전략을 계획하고, 진행 중인 자신의 행동을 평가하고 수정하는 것이다. 자기 조절은 목표 달성을 시작하는 것뿐만 아니라 자신의 진보를 방해하는 환경적 방해 요인들과 정서적 충동을 피하는 것을 포함한다.

자기 조절 과정은 본질적으로 지금까지 우리가 살펴본 모든 사회인지 성격 구조를 포괄한다. 사람들은 개인적 목표를 설정함으로써 또 수행에 대한 평가 표준에 따라 진행 중인 자신의 행동을 평가함으로써 자신의 행동을 조절한다. 기대 또한 중요한데, 만약 그 과정에서 실패에 부딪히고도 자신의 목표를 유지하고자 한다면 특히 높은 자기 효능감 기대가 필요할 것이다.

자기 조절 연구에서 사회인지 이론은 인간의 선견지명(통찰) 능력 — 결과를 예측하고 그에 따라 계획을 세우는 능력 — 을 중요시한다(Bandura, 1990). 밴듀라에 따르면 "대부분의 인간 동기는 인지적으로 생성된 것이다"(1992, p. 18). 사람들이 자기 자신을 위해 설정하는 표준은 제각기 다르다. 어떤 개인은 도전적 목표를 설정하고, 또 다른 사람들은 쉬운 목표를

자기 조절
사람들이 자신의 행동에 동기를 부여하는 심리적 과정

최신 질문

나를 비난하지 마세요, 그건 게임 탓이에요!

2002년 11월에 위스콘신주의 한 10대 청소년이 자동차 절도 혐의로 체포되었다. 이것은 경미한 절도 사건이 아니었다. 그 10대는 약 100여 대의 차량을 훔친 혐의로 기소되었다! 무엇이 그를 그렇게 만든 것일까? 적대적 충동이 그 10대의 무의식에 깊이 감춰져 있었을까? 일생 동안 변치 않는 범죄적 특질의 발현인 것일까?

언론 보도에 따르면 이 청소년은 자기 행동의 원인을 매우 단순하게 설명하였다. 이 청소년은 'Grand Theft Auto'라는 컴퓨터/비디오 게임에서 영감을 받았다고 했다. 이 게임은 게임 캐릭터를 조종하여 자동차 절도를 포함한 난폭한 범죄 행동을 계속하며 경찰과 싸우는 게임이다. 위스콘신 경찰청장의 보고처럼 수 시간 동안 이 게임을 한 후에는 10대들이 진짜 자동차를 훔치는 것이 '도전적이고 재미있는 것'이라고 생각하게 될 수도 있다고 한다. 사회인지 이론의 용어로 설명하면, 이 게임은 그 행동의 기대되는 이익들(재미, 도전)을 포함한 불법 행동의 심리적 모델을 만들어 낸 것이다.

물론 이것은 단 하나의 사례에 불과하다. 이는 게임을 하는 것이 실제로 10대의 특정 행동에 기여한다는 과학적 증거를 제공하지 않는다. 이는 "일반적으로 많은 게임을 하는 것이 실제 세상에서 보다 폭력적으로 행동하도록 만들까?"라는 핵심 질문에 답을 하지도 못한다.

우리는 이 질문에 답을 할 수 있다. 이는 수많은 사례를 평가함으로써 가능한데, 누군가가 게임을 하는 것과 현실 세계의 공격성을 모두 측정할 수 있다. 그리고 나서 폭력과 범죄가 난무하는 비디오 게임에 노출되는 것이 일상에서의 공격적 행동과 얼마나 관계가 있는지를 결정할 수 있다.

심리학자인 크레이그 앤더슨과 브래드 부시맨은 이와 관련된 분석을 수행하였다. 연구자들은 폭력적인 비디오 게임과 일상에서의 공격성을 측정하는 다양한 측정

치들 간의 관계를 조사한 35개의 연구 결과를 분석하였다. 표본 샘플은 모두 4,000명 이상으로, 상관 연구(예 : 게임을 하는 것과 공격성 간의 상관 연구)와 실험 연구(예 : 비디오 게임에서의 폭력성에 노출이 실험적으로 통제되었던 연구)의 참가자들이다.

연구자들은 요약하기를, 이 연구들을 분석한 결과, "폭력적인 비디오 게임에 노출되는 것은 아동과 청소년뿐만 아니라 성인 대학생의 건강을 위협할 수 있다는 가설을 분명하게 지지한다."라고 하였다(Anderson & Bushmen, 2001, p. 358). 이 저자들의 결론을 지지하여 실험적 연구와 비실험적 연구 모두 게임에서 폭력에 노출되는 것이 낮은 수준의 친사회적 행동뿐만 아니라 높은 수준의 공격성과 관련됨을 명백하게 보여주었다. 폭력적 게임의 수준과 공격성 수준 간의 전반적 상관은 .2에 조금 못 미친다. 이 정도의 상관값이 무엇을 의미하는지 생각해 보면, 여전히 많은 사람이 폭력적인 비디오 게임을 하지만 일상의 다른 측면에서는 폭력적이지 않다는 것이다. 그럼에도 불구하고 폭력적인 비디오 게임은 많은 수의 사람들에게 결정적 영향을 줄 수 있다.

일련의 연구들은 게임이 가지는 영향력을 보여준다(Bushman & Anderson, 2002). 폭력적인 비디오 게임을 하는 것은 '적대적 기대 편파'를 낳는다. 이 실험 연구에

서, 참가자들은 비폭력적 혹은 폭력적 비디오 게임에 참가한다. 그리고 이들에게 (게임과는 상관없는) 이야기를 보여주며 이야기에서 묘사된 다양한 대인관계적 갈등 속에서 이야기의 등장인물들이 느끼는 공격성이나 적대감의 감정에 대해 질문하였다. 폭력적인 비디오 게임을 했던 참가자들은 이야기상의 등장인물들이 공격적으로 느끼고 행동하며, 공격적인 사고를 할 것이라는 사고의 편향을 보여주었다. 이러한 결과는 폭력적인 비디오 게임을 하는 사람들은 일상생활에서 주변 사람들이 자신에게 적대적이라고 느낄 가능성이 높으며 그렇기 때문에 더욱 적대적인 사고를 할 가능성이 높다는 것을 보여준다. 물론 이러한 사고는 곧바로 적대적 감정과 행동으로 이어질 수 있다.

따라서 폭력적인 비디오 게임은 '재미있고' '도전할 만한'과 같은 느낌만을 불러일으키는 것만은 아니라는 것을 우리는 분명히 알아야 할 것이다.

출처 : Anderson & Bushman, 2001; Associated Press, November 14, 2002; Bushman & Anderson, 2002.

세운다. 어떤 사람은 매우 구체적인 목표를 가지고 있지만 다른 사람은 모호한 목표를 가진다. 어떤 사람은 단기적이고 가까이에 있는 목표를 중요하게 여기는 반면 어떤 사람은 넓은 범위의 멀리 있는 목표를 중요하게 생각한다(Cervone & Williams, 1992). 하지만 모든 경우에 우리의 노력에 보상을 제공하는 것은 원하는 성취에 대한 만족의 예상과 불충분한 성취에 대한 불만족의 예상이다. 이 분석에서 사람들은 단순히 반응적인 것이 아니라 적극적이 된다. 사람들은 환경으로부터의 요구에 단순히 반응하기보다는 자신의 표준과 목표를 세운다. 기대, 표준, 자기 평가와 같은 인지적 기제의 발달을 통해, 미래에 대한 목표를 설정하고 우리 자신의 운명을 통제할 수 있다(Bandura, 1989a, 1989b, 1990). 따라서 성장과 발달은 자기 조절과 관련된 인지적 기제의 변화와 관련된다. 그리고 이러한 발달과 함께 자기 조절의 잠재력도 향상되는 것이다.

자기 효능감, 목표, 자기 평가적 반응

사회인지 이론 연구는 이들 다수의 성격 과정 — 자기 효능감 지각, 목표, 현재 자신의 행동에 대한 자기 평가 — 이 자기 조절에 기여하기 위해 어떻게 결합하는가를 조사했다. 밴듀라와 세르본(1983)은 목표와 수행 피드백이 동기에 미치는 효과를 연구하였다. 검증 가설은 다음과 같다. 수행 동기는 목표의 존재 여부, 그리고 평가 표준과 비교하여 어떻게 해나가고 있는지에 대한 자각 모두를 반영한다. "어떻게 해내고 있는지를 알지 못한 채, 단순히 쉽거나 도전적인 목표를 채택하는 것은 눈에 띄는 동기적 효과를 가지지 못하는 것으로 보인다"(p. 123). 연구자들은 평가 표준과 수행의 차이가 클수록 자기불만족 역시 커질 것이고 수행을 향상시키기 위한 노력으로 이어질 것이라고 가정하였다. 그러나 노력의 정도를 결정하는 중요한 요소는 자기 효능감 판단이다. 따라서 이 연구는 자기 평가적 판단뿐만 아니라 자기 효능감 판단이 목표와 목표 관련 노력을 매개할 것이라는 가설을 검증하였다.

이 연구에서 참여자는 네 개의 조건 중 한 가지 조건에 할당되어 큰 노력이 필요한 활동을

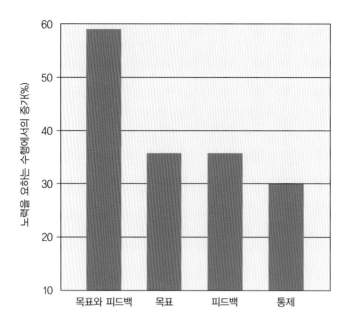

그림 12.4 다양한 목표와 수행 피드백 조건에서 노력을 요하는 수행의 평균 증가 비율

출처 : Bandura & Cervone, 1983. Copyright © 1983 by the American Psychological Association(허락하에 재인쇄)

수행하였다 — 수행에 대한 피드백과 목표가 있는 조건, 목표만 있는 조건, 피드백만 있는 조건, 목표와 피드백이 모두 없는 조건. 관상동맥 재건술 후의 운동 프로그램을 설계하고 평가하기 위한 프로젝트의 일환으로 소개된 이 활동을 한 다음, 참여자는 다음 회기에서 동일한 수준의 수행을 한다면 얼마나 스스로 만족할 수 있을지 혹은 스스로 불만족스러울지를 평가하였다. 덧붙여 그들은 가능한 다양한 수행 수준에 대한 지각된 자기 효능감을 기록하였다. 그다음으로 그들의 노력을 요하는 수행을 측정하였다. 가설과 일관되게 목표와 수행 피드백의 결합이 가장 강한 동기적 영향을 가지는 반면 목표만 있는 것과 피드백만 있는 것은 그만한 동기적 중요성을 가지지 못했다(그림 12.4). 또한 참여자들이 표준 수행에 불만족하고 좋은 달성에 대한 자기 효능감 판단이 높을 때 뒤따르는 노력이 가장 컸다. 불만족만 있거나 혹은 긍정적인 자기 효능감 판단만 있는 경우는 비슷한 효과가 없었다. 수행에 대한 불만족이 낮으면서 지각된 자기 효능감이 낮은 경우, 노력이 종종 감소하였다. 목표는 자기 평가와 자기 효능감 판단을 통해 동기적 힘을 가진다는 증거이다.

수행 피드백과 자기 효능감 판단은 내재적 흥미의 발달에도 중요하다. 심리학자들은 과제를 하위 목표로 쪼개도록 돕고, 자신의 수행을 모니터하도록 돕고, 자기 효능감을 향상시키는 피드백을 제공함으로써 학습과 수행에 대한 학생들의 흥미를 향상시킬 수 있었다(Bandura & Schunk, 1981; Schunk & Cox, 1986). 따라서 표준을 만족시킬 가능성에 대한 자기 효능감뿐만 아니라 만족시켰을 때 긍정적인 자기 평가를 제공하는 도전적인 표준을 가지고 있을 때 내적 흥미가 보다 커진다. 내적 흥미는 외적 보상이 없을 때에도 오랜 기간 노력을 기울이도록 행동을 촉진시킨다. 이와 반대로 외적 혹은 내적인 자기 평가적 보상이 충분하지 않다고 느낄 때, 혹은 자기 효능감이 매우 낮아서 긍정적인 결과가 불가능해 보일 때는 동기를 유지하기 어렵다. 지각된 비효능감은 가장 바람직한 결과에 대해 동기를 부여할 잠재력을 무효화할 것이다. 예를 들어 영화배우가 되는 것이 얼마나 매력적으로 보이든지 간에 자신이 그것에 필요한 기술을 가지고 있지 않다고 생각한다면 사람들은 배우가 되기 위한 방향으로 동기화되지 않을 것이다. 자기 효능감이 부재한 상태에서 영화배우가 되는 것은 행동으로 실천할 수 있는 목표라기보다는 환상으로만 남을 뿐이다.

자기 통제와 만족 지연

때때로, 여러분이 어떤 일을 해야 하지만 그것을 할 수 없을 때가 있다. 예를 들어 보고서 마감기한이 학기말인 기말 보고서를 작성하기 시작해야 하는데, 어떤 이유 때문에 실제로 보고서 쓰기를 시작할 수가 없었던 경우가 그러하다. 이러한 경우가 바로 분명한 목표와 수행 기준 그리고 강한 자기 효능감이 도움이 되는 상황이다.

이제 화제를 다른 유형의 심리적 문제로 돌려보자. 가끔은 여러분이 어떤 일을 하는 것을 멈추어야만 할 때가 있다. 여러분이 매우 즐겁다고 생각하는 어떤 행동이 사회적으로 부적절하거나, 여러분 혹은 다른 사람들에게 해를 입힐 가능성이 있는 경우이다. 흡연, 과식, 시속 100킬로미터 이상으로 고속도로를 운전하는 것 등이 바로 이해하기 쉬운 예가 될 것이다. 여기서의 심리적 도전은 우리가 앞에서 본 것과는 반대이다. 우리는 내적 즐거움을 주는 행동을 멈추거나 줄여야만 한다. 장기적으로 볼 때, 충동적 행동을 통제하는 것이 더 낫기 때문이다. 자기 통제의 이러한 사례들은 미래에 좋은 어떤 것을 얻기 위해 현재 좋은 어떤 것을 참는 것과 관련되며(예 : 미래에 더 나은 건강을 위해 지금 파이 한 쪽을 더 먹지 않는 것), 이러한 현상을 '만족 지연'이라고 부른다.

만족 지연 기술의 학습

사회인지 이론 연구는 만족 지연을 하는 사람들의 능력은 사회적 근거를 가진다고 주장한다. 모델링과 관찰 학습은 성공과 보상을 위한 수행 기준 발달에 중요하며 만족 지연의 근거가 된다. 자기 보상을 위한 높은 수행 기준을 설정하는 모델에 노출된 아동은 낮은 기준을 설정하는 모델에 노출되거나 모델이 없었던 아동에 비해 더 높은 수준의 뛰어난 수행으로 자기 보상을 제한하는 경향이 있다(Bandura & Kupers, 1964). 아동은 심지어 이용 가능한 보상을 자제하는 결과를 가져오는 기준을 만들고(Bandura, Grusec, & Menlove, 1967), 또한 학습한 기준을 다른 아동들에게 적용한다(Mischel & Liebert, 1966). 아동은 지연 행동을 보이는 모델에게 노출될 경우 만족을 지연하고 인내하는 행동을 할 수 있다.

아동의 지연 행동에 대한 모델링 효과는 밴듀라와 미셸(1965)의 연구에 잘 설명되어 있다. 만족 지연 능력이 높거나 낮은 아동이 반대되는 행동의 모델에 노출되었다. 진짜 모델 조건에서 각 아동은 개별적으로 성인 모델이 즉각적 보상물과 더 가치가 크지만 나중에 받을 수 있는 보상물 중에 선택하도록 요구받는 검사 상황을 관찰하였다. 높은 지연 특성을 가진 아

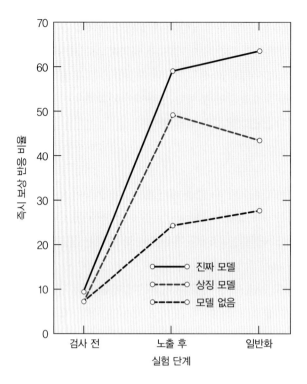

그림 12.5 세 가지 실험 조건 각각에 대한 세 개의 검사 시점에서 높은 지연 특성 아동의 평균 즉시 보상 반응 비율
출처 : Bandura & Mischel, 1965. Copyright ⓒ by the American Psychological Association(허락하에 재인쇄)

동은 즉각적으로 유용한 보상물을 선택한 모델을 관찰하였고 그것의 이득에 대해 의견을 말한 반면 낮은 지연 특성을 가진 아동은 지연 보상물을 선택한 모델을 관찰하였고 지연의 값어치에 대해 말하였다. 상징 모델 조건에서는 아동이 이러한 행동들의 언어적 설명, 즉 아동의 반응 패턴과 반대되는 언어적 설명을 읽었다. 마지막으로 모델이 없는 조건에서는 아동에게 단지 성인의 선택을 알려주기만 했다. 이들 세 절차 중 하나에 노출된 다음, 아동은 즉각적 보상물과 보다 가치 있는 보상물 중에 선택을 하였다. 그 결과 높은 지연 특성을 가진 아동이 세 가지 모든 조건에서 유의미하게 그들의 지연 보상 행동을 즉각적 만족을 선호하는 방향으로 수정했으며 진짜 모델 조건이 가장 큰 효과를 보였다(그림 12.5). 지연 모델에 노출된 낮은 지연 특성 아동은 유의미하게 자신의 행동을 더 많이 지연하는 쪽으로 수정하였지만 진짜 모델과 상징 모델 간 효과의 유의미한 차이는 없었다. 마지막으로 두 집단의 아동 모두에서 4~5주 후에 검사를 다시 실시하였을 때 효과가 안정적인 것으로 나타났다.

앞에서 설명한 것처럼 관찰된 행동의 수행은 분명히 관찰된 모델에게 일어난 결과의 영향을 받는다. 예를 들어 엄마가 가지고 놀지 못하게 금지한 장난감을 가지고 놀았음에도 불구하고 처벌을 받지 않는 아동의 영상을 관찰한 아동은 영상을 보지 않은 아동이나 아동이 처벌을 받는 것을 본 아동보다 금지된 장난감을 더 가지고 노는 경향이 있다(Walters & Parke, 1964). "원숭이는 본 대로 행동한다(원숭이 흉내 내기)."라는 서양의 속담은 완전한 진실이라 볼 수 없다. "다른 원숭이가 보상을 받거나 처벌당하지 않는 것을 본다면 원숭이는 본 대로 행동한다."라고 말하는 것이 더 적절할 것이다. 결국 원숭이는 바보가 아니다.

미셸의 만족 지연 패러다임

만족 지연에서의 모델링과 같이 사회적 영향과 관련된 주제 이외에, 사람들이 자신의 충동을 통제하는 것을 가능하게 만드는 인지적 과정과 관련된 또 다른 질문들이 있다. 만약 여러분이 충동을 통제하기를 원한다면 무엇을 해야 할까? 어떤 정신적 책략이 사람들로 하여금 만족을 지연할 수 있게 해주는가? 우리는 미셸과 멧커프(Mischel, 1974; Metcalfe & Mischel, 1999)가 개척한 대단히 유익한 연구들에서 깨달음을 얻을 수 있다.

미셸의 **만족 지연**delay of gratification 패러다임에서 어린 아동(대개 학령 전 아동)과 상호작용하는 성인은 아동에게 몇 분 동안 아동이 혼자 있어야 한다고 말해 준다. 방을 떠나기 전에 성인은 아동에게 한 가지 게임을 알려준다. 게임은 두 개의 다른 보상과 관련된다. 만약 아동이 성인이 되돌아올 때까지 인내심을 갖고 기다릴 수 있다면 아동은 큰 보상을 얻는다(예 : 몇 개의 마시멜로). 만약 아동이 성인이 되돌아올 때까지 기다릴 수 없다면 아동은 벨을 울릴 수 있고 성인은 즉시 되돌아올 것이다. 하지만 이렇게 되면 아동은 아주 적은 보상물을 얻게 된다(예 : 단 하나의 마시멜로). 아동은 단지 만족을 지연함으로써 큰 보상을 얻을 수 있다. 종속 측정치는 '아동이 벨을 울리기 전에 얼마나 오래 기다리는가'이다.

이 상태에서 핵심적인 실험 조작은 '아동이 보상물을 볼 수 있는가', 혹은 보다 기술적으로 표현하면 '보상물이 주의를 끌 수 있는가'이다. 한 실험 조건에서 아동은 보상물을 볼 수 있었다. 다른 조건에서는 보상물이 가려져 있어서 보상물에 주의를 기울일 수 없었다. 이 단순한 실험적 조작이 아동의 지연 능력에 엄청난 효과를 가지는 것으로 증명되었다. 보상물이 가려져 있을 때 대부분의 아동은 비교적 긴 시간 동안 기다릴 수 있었다. 하지만 아동이 보상물을 바라보고 있을 때 아이들은 자신의 충동을 통제하기 힘들어했다. 손대면 안 되는 보상물을 바라보는 것은 좌절감을 안겨주는 경험이며, 아동은 이런 상황을 다루기 힘들어한다(Mischel, 1974). 하지만 보상물을 볼 수 없는 경우, 상황은 좀 더 다루기 쉬워진다.

후속 연구는 만족 지연의 핵심 요인이 '아동이 더 큰 보상을 기다리기 위해 애쓸 때 아동의 마음에서 무엇이 일어나고 있는가'라는 것임을 보여주었다. 아동이 보상물의 매력적인 특징으로부터 자신의 관심을 멀리하는 인지적 전략을 사용한 경우, 아동은 그 과제를 성공적으로 수행하였다. 만약 아동이 마시멜로가 음식이 아닌 대상(예 : 구름)과 얼마나 닮았는지를 배운다면 혹은 보상물이 실제가 아닌 단지 사진인 것처럼 생각하는 정신적 심상을 형성하도록 요청받는다면, 혹은 지연 기간 동안 노래를 부르거나 정신적으로 주의를 분산시키는 다른 게임을 하도록 가르친다면 아동은 보상이 눈앞에 있어도 만족을 지연시킬 수 있다(Mischel & Baker, 1975; Mischel & Moore, 1973; Moore, Mischel, & Zeiss, 1976). "아동의 머릿속에 어떤 생각이 일어나고 있는가—그들 앞에 물리적으로 놓여있는 것이 아닌—는 그들이 좋아하지만 지연해야 하는 목표를 얻기 위해 참아내는 능력에 결정적인 영향을 준다… 만약 아동이 실제 대상을 상상한다면 그들은 오래 기다릴 수 없다. 반대로 실제 대상이 아닌 그림을 상상한다면 오랜 시간 동안 기다릴 수 있다"(Mischel, 1990, p. 123). 실제가 아

만족 지연
최적의 혹은 적정 시간이 될 때까지 즐거움을 연기하는 것으로, 자기 조절에 관하여 사회인지 이론에서 특히 강조되는 개념

닌 단지 그림을 단지 상상하는 것은 '냉정한' 부호화(Metcalfe & Mischel, 1999), 즉 '뜨거운', 충동적인 정서적 체계를 활성화하지 않는 자극에 대한 사고방식이다. 사람들이 주어진 상황의 덜 정서적인 특징에 주의 초점을 맞출 때 자신의 정서적 반응을 더 잘 통제할 수 있는 것으로 보인다. 대인 간 행동에서 '뜨거운' 대 '냉정한' 부호화의 영향은 제14장에서 설명된다.

미셸의 만족 지연 결과는 인간의 자기 통제 능력을 아주 잘 설명한다. 그것은 자신의 사회 인지 이론을 행동주의 이론과 대조하는 데 유익하다. 미셸의 패러다임을 바라보는 행동주의자들은 아동 행동의 주요 결정 요인이 보상 사건일 것이라고 주장하였을 수 있다. 그러한 주장의 문제는 다양한 실험 조건에 속한 아동들이 모두 정확히 똑같은 보상 사건을 가졌다는 것이다. 이들은 모두 같은 행동에 대해서 동일하게 크거나 작은 보상을 받았다. 그러므로 미셸의 연구는 고전적 행동주의자들이 절대 생각하지 못했던 것의 힘, 즉 보상의 정신적 표상을 잘 보여준다.

아동기의 만족 지연 능력에서의 개인차는 그 이후의 인생까지 지속되는가? 이에 답하기

최신 질문

마시멜로 테스트가 측정하는 것은 무엇이며, 그것의 사회 정책적 함의는 무엇인가?

미셸의 마시멜로 실험은 현대 심리학에서 '가장 유명하고 기분 좋은 실험' 중의 하나로 알려져 왔다(Brooks, 2011; Mischel, 2014). 만족 지연 개념과 그 외의 관련 개념들(예 : 자기 조절, 의지, 자아 강도, 성실성)은 사회과학 연구에서 가장 널리 연구된 것들이기도 하다(Duckworth, 2011). 그러나 여전히 이러한 개념, 측정, 그리고 이러한 것들이 가지는 사회적 정책의 함의에 대해 몇 가지 의문점들이 제기된다.

마시멜로 테스트가 과연 만족 지연 능력을 측정하는가, 아니면 신뢰, 미래에 대해 생각하고 자신감을 가지는 능력, 혹은 지능과 같은 것을 측정하는 것은 아닌가(Bourne, 2014; Konnikova, 2013)? 외견상 유사해 보이는 이러한 개념들이 사실은 같은 것들인가, 아닌가? 이러한 것들이 정말 자기 통제인 것일까, 그리고 정말 예측력이 있는 걸까? 이러한 이슈를 설명하는 최근 연구들을 살펴보면, 다음과 같이 결론을 내리고 있다. (1) 자기 통제와 관련된 다양한 개념과 측정도구들은 분명 서로 상관이 있으나 동일한 것은 아니다(Duckworth & Kern, 2011). (2) 자기 통제 개념은 지능이나 사회경제적 지위 개념과는 분명히 구별된다(Duckworth, 2011; Moffitt et al., 2011). (3) 마시멜로 과제를 포함한 자기 통제의 측정은 학업적 성공, 직업적 성공, 신체 및 정신건강, 그리고 범죄 기록과 같은 미래의 수행과 관련해서 의미 있는 예측 변인이 된다(Duckworth & Carlson, 2013; Duckworth, Tsukayama, & Kirby, 2013; Moffitt et al., 2011).

그렇다면 사회적 정책으로서의 함의는 무엇인가? 자기 통제는 유전 혹은 생후 초기의 환경(혹은 이 둘 간의 상호작용)에 의해 고정된 성격 특성인가, 아니면 개입을 통해 변화될 수 있는가? 최근 연구에 따르면, 개인의 인지 전략과 학교 문화 모두를 타깃으로 하는 학교 기반의 개입은 자기 조절이 충분히 개발 가능한 능력이라는 증거를 제시한다(Duckworth & Carlson, 2013).

위해 연구자들은 지연 연구에 참여한 아동들이 시간이 지나 사춘기가 되었을 때 다시 연구를 수행하였다. 연구자들은 학령 전의 만족 지연 점수와 부모들이 평정한 인지적 · 사회적 능력 측정치, 사춘기의 언어와 수학 SAT 점수 간의 관계를 살펴보았다. 아동기 만족 지연 능력은 사춘기 결과들을 예측하였는데, 높은 지연 아동은 자신의 정서를 더 잘 통제하고 더 높은 SAT 점수를 얻었다(Shoda, Mischel, & Peake, 1990).

또한 아동기 지연 능력은 건강과 관련된 결과들을 예측한다. 연구자들이 4세 때의 지연 능력을 11세 때 측정한 BMI(신체 용적 지수)와 관련시켰을 때 만족 지연을 못했던 아동들은 과체중이 될 가능성이 더 높았다(Schlam et al., 2013 : Seeyave et al., 2009). 이 결과는 충

성격과 뇌

만족 지연

우리가 방금 살펴봤듯이 만족 지연 능력의 개인차는 초기 아동기에 알아차릴 수 있고 흔히 이후 인생까지 지속된다. 성격과 뇌 연구의 도전은 개인들 간의 이러한 차이점들의 신경계 기초들을 찾아내는 것이다.

우리가 신경계 '기초들'이라고 복수로 표현한 것에 주목하라. 심리학적 분석 수준에서 만족 지연의 요소는 하나가 아닌 두 개다. (1) 보상을 얻기 위한 충동적 욕구, (2) 충동적으로 행동하는 것을 피하기 위해 사용하는 인지적 전략들. 누군가는 생물학적 분석이 적어도 지연 능력의 개인차의 원인이 될 수 있는 뇌의 두 영역을 식별해 낼 것이라고 기대할 것이다—보상에 대한 충동적 반응의 기초가 되는 뇌의 체계와 인지적 전략을 고안하는 능력의 기초가 되는 또 다른 뇌의 체계.

이들 뇌 영역을 조사했던 연구자들은 아주 흥미로운 집단—아동기에 미셸의 만족 지연 실험에 참여하였던 성인—을 대상으로 연구를 했다(Casey et al., 2011). 이 집단을 연구함으로써 연구자들은 아동기 만족 지연 능력을 성인기 뇌 활동과 관련지을 수 있었다. 자기 통제 능력이 인생 전반에 걸쳐 비교적 일관적이기 때문에 연구자들은 아동기와 성인기의 관련성을 예상하였다.

두 유형의 참여자들로 구별되었다. (1) 아동기 동안 계속 만족 지연에서 유능한 참여자, 그리고 (2) 시종일관 만족 지연에서 서투른 참여자. 이들은 성인이 되었을 때 자신의 충동을 통제할 것을 필요로 하는 과제를 하도록 요청받았다. 'go/no-go'라고 불리는 이 과제에서, 참여자들은 비디오 스크린에 아주 짧게 나타나는 다양한 자극에 반응하여 버튼을 누르거나(go), 버튼을 누르려는 경향성을 억제(no-go)해야만 한다. 버튼을 누르려는 충동(적절하지 않은 것을 누를 때)

을 통제하는 능력은 미셸의 최초 연구 패러다임에의 만족 지연이 필요로 하는 것과 동일한 정신적 통제 능력의 일부를 활용한다. 참여자들이 'go/no-go' 과제를 수행하는 동안 뇌를 스캔한다. 따라서 연구자들은 만족 지연 능력에서의 변화에 대응하는 뇌의 변화를 찾아낼 수 있었다.

예상한 대로 연구자들은 단 하나가 아닌 두 개의 뇌 영역에서의 변화를 발견하였다.

– 한 영역은 전두엽에 있다. 뇌의 전두엽은 계획을 세우고 자신의 행동의 흐름을 통제하는 데 중요한, 특히 두 개의 행동 과정 중에 선택을 할 때 중요한 고차원적 뇌 영역이다. 지연 능력은 전두엽 내의 활동과 정적 관련성을 가지는 것으로 확인되었다. 아동기 때 자기 통제를 잘했던 사람들은 성인일 때 이 뇌 영역의 더 많은 활동성을 보였다.
– 또 다른 뇌 구조는 선조체라고 불리는 것으로 뇌의 하부 구조에서 발견되는 것이다. 선조체는 보상에 대한 정보의 처리에 관여한다고 알려져 있다. 지연 능력은 이 영역의 활동성과 부적으로 관련이 있었다. 아동기 때 만족 지연 능력이 부족한 사람은 성인이 되었을 때 뇌의 보상 처리 영역인 이 영역의 활동이 더 활발하였다. 연구자들은 더 높은 수준의 선조체 활동성이 행동을 통제하는 전두엽의 능력을 압도할 것이라고 주장한다(Casey et al., 2011).

그렇게 연구는 만족 지연 능력의 개인차의 두 개의 신경계 기초에 대한 통찰을 제공한다.

동과 정서를 통제하는 능력은 평생에 걸쳐 비교적 안정적이며 학업 수행, 알코올과 약물 남용, 과식, 금전소비와 같은 중요한 인생 결과들의 원인이 된다는 것을 보여주는 연구들과 일관된다(Gailliot, Mead, & Baumeister, 2008). 또한 어린 아동들의 자기 통제 기제를 향상시키는 학교 기반 심리적 개입 프로그램의 관점에서 이러한 연구들의 행동 요소들이 존재한다(Duckworth & Carlson, 2013).

성장과 발달에 대한 사회인지 관점의 요약

직접 경험의 중요성에 덧붙여, 사회인지 이론은 성격 발달에 있어 모델과 관찰 학습의 중요성을 강조한다. 사람들은 모델의 행동과 정서적 반응들을 통해(예 : 관찰 학습과 대리적 조건형성의 과정) 정서적 반응과 행동을 획득한다. 획득된 행동이 유사하게 수행으로 나타나는가는 직접적으로 경험한 결과와 모델에게 일어난 관찰된 결과에 달려있다. 직접적인 외적 결과를 경험함으로써, 개인은 특정 맥락에서 특정 행동에 대한 보상과 처벌을 기대하는 것을 학습한다. 다른 사람에게 나타나는 결과를 대리적으로 경험함으로써 개인은 직접적으로 결과를 경험하는 고통스러운 단계를 거치지 않고 정서적 반응을 획득하고 기대를 학습한다. 따라서 직접 경험과 관찰을 통해, 보상과 처벌의 직접적 경험을 통해, 대리적 조건형성을 통해 개인은 능력, 기대, 목표/표준, 자기 효능감 신념과 같은 중요한 성격 역량들을 획득한다. 게다가 그러한 과정들을 통해 개인은 자기 조절적 역량을 획득한다. 따라서 인지적 능력과 표준의 발달을 통해, 사람은 미래를 예측할 수 있고, 선택한 목표를 충족시키는 데 있어서 진행사항을 비교하여 자신에게 보상을 주거나 처벌할 수 있다. 외적 보상이 없는 긴 시간 동안에도 행동을 유지하기 위해서는 후자의 결과들이 특히 의미가 있다.

사회인지 이론이 발달의 고정된 단계와 광범위한 성격 유형을 강조하는 관점에 반대한다는 것을 인식하는 것 역시 중요하다. 밴듀라와 미셸에 따르면 사람들은 특정 분야에 관한 기술과 능력을 발달시킨다. 사람들은 의식 혹은 건강한 자아를 발달시키기보다는 특정 맥락에 맞춘 행동을 위한 능력과 동기를 부여하는 목표를 발달시킨다. 이러한 관점은 다양한 상황들을 서로 구별하고 내적 목표와 상황의 요구에 따라 행동을 유연하게 조절하기 위한 사람들의 능력을 강조한다.

주요 개념

관찰 학습(모델링)	목표	자기 평가적 반응
기대	미시분석 연구	지각된 자기 효능감
능력	상호 결정론	평가 표준
대리적 조건형성	수행	행동 서명
만족 지연	인지-감정적 과정 체계(CAPS)	획득
맥락 특수성	자기 조절	

요약

1. 사회인지 이론은 성격 분석의 초점을 독특한 인간의 인지적 능력에 맞춘다. 자기 자신, 과거, 그리고 미래에 대해 생각할 수 있는 그들의 능력 덕택에 개인들은 자신의 경험과 발달에 영향을 줄 수 있는 능력을 가지고 있는 것으로 보인다. 이러한 사고 과정들이 사회적 환경과의 상호작용을 통해 발달하기 때문에 사회인지 이론이라 부른다. 사회인지 접근의 발달에 중요한 기여를 한 두 명의 이론가는 앨버트 밴듀라와 월터 미셸이다.

2. 사회인지 이론에서 강조하는 성격 구조는 능력과 기술, 기대와 신념, 행동 표준, 개인적 목표이다. 이들 네 개의 성격 변수는 네 개의 구분되는 인지 종류와 관련된다. 따라서 네 개의 인지는 전반적인 성격 체계 내의 구분되는 하위 체계로 보일 수 있다. 특정 사람은 다양한 상황에서 다른 기술, 신념, 표준, 목표를 가진다. 따라서 행동은 개인의 성격 속성을 반영하는 의미 있는 방식으로 상황에 따라 자연스럽게 변한다.

3. 사회인지 이론은 두 가지 주요한 방식으로 성격 과정을 강조한다. 첫째, 상호 결정론의 원칙은 성격과 환경 간의 상호 영향을 포착한다. 둘째, 성격은 인지-감정적 과정 체계로 구성된다. 사회인지적 관점의 많은 성격 과정 연구들은 관찰 학습, 자기 조절, 자기 통제 현상을 탐색해 왔다.

4. 관찰 학습에 대한 사회인지 이론 분석은 다른 사람들을 관찰함으로써 주로 획득되는 사람들의 지식과 기술을 강조한다. 관찰 학습 과정은 모델의 관찰 혹은 '대리적 조건형성'을 통한 정서적 반응의 학습을 포함한다. 보상의 부재에도 행동 패턴을 획득하는 것과 이들 행동을 수행하는 것 사이에 중요한 차이가 있다.

5. 사회인지 이론의 동기 분석은 자신에 대한 사람들의 사고의 역할을 중요시한다. 자기 효능감 판단 혹은 행동을 실행할 수 있는 자신의 능력에 대한 지각은 동기에 핵심적이다. 자기 효능감 신념은 사람들의 목표 선택, 목표 성취를 향한 노력과 지속, 과제 수행을 하기 전과 하는 동안의 정서, 스트레스와 부정적 사건에 대한 성공적 대처 등에 영향을 미친다. 여기에 덧붙여 많은 연구들이 목표 설정과 자기 행동에 대한 스스로의 평가가 목표-지시적 동기에서 하는 역할을 조사한다.

6. 만족 지연과 관련된 인지와 행동 능력의 발달에 대한 연구는 자기 통제와 성격 발달의 의문점에 대한 사회인지 관점을 설명해 준다. 자기 통제의 표준은 모델의 관찰과 강화를 통해 학습된다. 만족 지연 능력은 특히 주의 통제를 포함하는 인지적 능력과 관련된다. 좌절적 상황으로부터 자신을 분리하는 사람은 부정적인 정서와 충동을 더 잘 통제한다. 또한 연구는 만족 지연 능력에서의 개인차는 발달 과정 동안 놀랄 만큼 안정적임을 보여준다.

13

사회인지 이론 : 적용, 관련된 이론적 개념과 최신 연구

제13장의 초점

의과대학원 지원서를 쓰고 있는 대학 4학년 학생이 있다. 그는 불안에 가득 차있다. 만약 어디에도 합격하지 못한다면 그는 어떻게 대처해야 할까? 그의 가족들은 그가 의사가 되기를 기대하고 있다. 그가 여러 해 동안 의과대학원에서의 계획에 대해 자랑해 놓고 만약 불합격한다면, 친구들은 그를 허풍쟁이라고 생각할 것이다. 이러한 생각들은 그의 주의를 흩뜨려 놓았고 그는 마감 날까지 지원서를 제대로 완성하지 못하고 말았다. 결국 몇몇 지원서를 늦게 제출했고 그는 의과대학원에 합격할 기회를 스스로 날려버렸다.

이러한 상황은 누구에게나 흔히 일어날 수 있는 것들이다. 살면서 일어날 수 있는 여러 성공 경험들은 사람들이 스스로에 대해 어떤 생각을 하느냐에 달려있다. 도전에 직면했을 때, 사람들은 종종 눈앞의 과제("이 지원서에 대체 뭘 써야 할까?")뿐 아니라, 그들의 희망, 두려움 그리고 타인에 대한 의무감("만약 의과대학원에 불합격하면 어떡하지?")에 대해 생각한다. 이러한 사고방식에 따라, 생각은 눈앞의 일에 대한 집중력을 떨어뜨리고, 불안을 야기하고, 결국 수행을 망치는 결과를 낳는다.

사회인지 이론에서 수행하는 기본 연구는 신념, 목표, 그리고 평가 표준이 사람들의 정서와 행동에 미치는 영향을 이해하기 위해 이루어졌다. 심리학자들은 임상 장면에서 문제를 키우는 부정적 신념을 변화시키는 것을 목표로 하였다. 이 장에서는 이러한 부분들에 초점을 두고 사회인지 이론에 대해 얘기할 것이다.

이 장에서 다룰 질문

1. 인지 '도식'과 같은 지식 구조는 어떤 방식으로 성격 기능에 공헌하는가? 또한 어떤 방식으로 개인차를 설명하는가?
2. 자기 평가를 위한 개인적 목표와 평가 표준이 사람들마다 어떻게 다른가? 그리고 이러한 개인차는 개인의 동기 및 정서적 삶과 어떤 관계가 있는가?
3. 심리 장애와 치료적 변화에서 자기 효능감 개념, 그리고 자기 참조적 사고의 역할은 무엇인가?
4. 초기의 사회인지 이론에서 다루지 않은 과학적 도전이 있다면 무엇인가? 그리고 현재의 성격 이론에서는 이러한 것들을 어떻게 설명하는가?

제12장에서 여러분은 사회인지 이론이 기본적 사고(또는 인지) 역량의 측면에서 성격을 어떻게 설명하는지 살펴보았다. 주요 연구자인 앨버트 밴듀라와 월터 미셀은 사람들이 사회적 세계와 상호작용할 때 인지 역량이 어떻게 개발되는가를 이해하려고 하였다. 앞 장에서 살펴보았던 인지적 성격 변수 세 가지는 다음과 같다.

- 사람들의 자기와 세계에 대한 **신념**
- 사람들의 개인적인 목적 또는 **목표**
- 사람들이 자신이나 다른 사람의 행동의 선함이나 가치를 판단하는 데 사용하는 **평가 표준**

사회인지 이론의 기본 생각은 단순하다. 능숙하게 행동을 수행하는 것뿐만 아니라 신념, 목표, 그리고 평가 표준은 개인 성격의 독특성과 일관성을 설명하는 인지적 변인이라는 것이다. 가까운 예를 한번 생각해 보자. 요즘 여러분들이 교과서를 열심히 읽는 이유는 무엇인가? 강의를 듣고 시험공부를 하는 이유는 무엇인가? 이런 행동 대신, 친구들과 놀러다니거나 음악을 듣거나 간식을 먹을 수도 있는데 말이다. 그건 아마도 (1) 학교에서 좋은 성적을 받기 위해서는 공부를 해야 하고 스스로 그러한 능력이 있다고 믿기 때문이다. 또한 (2) 과목에서 좋은 성적을 받고 졸업하고자 하는 목표가 있으며, (3) 만약 여러분이 하루 종일 놀기만 하고 간식만 먹으면서 시간을 보낸다면 스스로를 부정적으로 평가할 것이고, 여러분의 수행 또한 평가 표준 아래로 떨어질 것이라는 것을 알고 있기 때문이다. 비록 여러분의 성격 양식은 '성실성'(제8장) 같은 성격 특질 용어로 기술될지 모르지만, 행동에 대한 설명은 다음의 사회인지적 변인들에서도 발견된다. (1) 신념, (2) 목표, 그리고 (3) 자기 평가를 위한 표준.

이 장에서 우리는 이 세 가지 성격의 사회인지 요소 하나하나에 대한 최신 연구를 살펴본다. 어떤 연구들은 제12장에서 배운 사회인지 심리학자인 밴듀라와 미셀이 주축이 되었으며, 또 다른 연구들은 다른 성격심리학자들이 이끌어 내기도 했다. 즉, 많은 심리학자들이 성격의 사회인지적 접근에 기여하였다. 마침내 이 장의 마지막에서, 우리는 20세기 사회인지 이론에서 한계로 지적했던 것들에서 한 걸음 더 나아가 성격 이론의 현대적 발전을 이룰 수 있을 것이다.

성격의 인지적 요소 : 신념, 목표, 그리고 평가 표준

자기와 자기 도식에 대한 신념

제13장의 초점에서도 언급했지만, 자기를 돌아볼 줄 아는 것은 인간의 본성이다. 학교에서, 직장에서, 그리고 가족이나 친구들과 더불어 사는 여러분의 일상은 다양한 도전들로 가득 차 있다. 그러나 여러분은 필연적으로 많은 시간을 여러분의 내적인 정신적 삶 — 여러분이 세운 목표나 여러분의 성격 — 을 성찰하는 데 쓴다. 사람들은 그들이 직면한 도전뿐 아니라 도전에 직면했을 때의 생각과 느낌에 대해서도 심사숙고한다. 수년 동안 여러분은 이렇게 살아왔다.

시간이 흐름에 따라, 사람들의 자기반성은 종종 안정적인 자기 개념 — 자신의 중요한 개인적 특성이나 열망에 대한 일련의 신념 — 으로 통합된다(Dweck, 2017; Harter, 2012). 일단 이러한 자기 개념이 만들어지면, 이는 꽤나 영향력이 있다. 자기에 대한 신념은 정서, 동기, 심지어 순간순간 우리 마음속에 떠오르는 생각들에도 영향을 준다(Klinger, Marchetti, & Koster, 2016).

역사적으로 살펴보면, 자기 개념에 대한 심리학자들의 연구는 그리 일관적이지 않다. 몇몇 예외적 상황(제5장 참조)에서도 알 수 있듯이, 심리학 역사에서 20세기가 거의 지나갈 때까지도 자기 개념에 대한 연구는 상대적으로 덜 주목받았다. 그러나 1977년을 기점으로 놀라운 변화가 일어났다. 밴듀라(1977)의 초기 자기 효능감 이론(제12장 참조)을 포함하여, 자기 관련 정보들이 다른 유형의 정보보다 더욱 기억할 만하다는 연구(Rogers, Kuiper, & Kirker, 1977)와 바로 뒤에서 논의할 '자기 도식'에 대한 새로운 분석 등 자기 개념의 여러 측면들을 다루는 독창적인 논문들이 발표된 것이다.

구글 학술 검색은 이러한 변화가 얼마나 엄청난 것인지 보여준다. 1980년에서 2000년에 이르기까지, '자기'와 '심리학' 이 두 단어 모두를 포함하고 있는 논문의 수는 2,270개였다. 1930년에서 1950년까지 이러한 논문의 수가 고작 28개였다는 것을 생각한다면, 이는 엄청난 변화이다.

도식, 그리고 자기 도식

우리 마음에 **도식**schemas이 있다는 생각은 오래전부터 있었다. 18세기 독일의 철학자 이마누엘 칸트는 우리가 마음속에 이미 존재하는 생각의 관점에서 사건을 해석하면서 새로운 경험에 어떤 의미를 부여한다는 것을 알고 있었다(Watson, 1963). 칸트는 '이미 존재하는 정신

도식
정보 처리를 안내하는 복잡한 인지 구조

구조'를 도식이라고 지칭했다. 도식은 그냥 두면 자극의 혼돈 같은 잡동사니로 끝나버릴 수도 있는 것을 질서 있게 정돈하기 위해 우리가 사용하는 지식 구조이다. 예를 들어 라디오에서 처음 듣는 노래가 흘러나온다고 생각해 보자. 물리적 자극의 측면에서 그 소리는 혼란스럽게 들릴 수 있다. 북이 쿵쾅거리고 합성기의 잡음도 있고, 여러 기타 소리에다 누군가는 어떤 노래를 부르고 있고 또 누군가는 다른 노래를 부르고 있다. 그리고 서로 다른 이 모든 소리가 동시에 나고 있다! 물론 이 음악은 혼란스럽지 않을 수 있다. 여러분들에게, 이 음악은 구성이 탄탄하고 의미가 있고 기억에 남는 곡이다. 그것은 여러분이 음악 형식에 대한 정신적 도식을 습득하고 있고 이러한 도식이 그 정보(즉 노래를 구성하는 그 소리들)를 해석할 수 있도록 도와주기 때문이다. 이러한 도식의 역할은 여러분이 익숙하지 않은 음악 형식, 다시 말해서 여러분한테는 없는 음악적 도식을 따르는 음악을 들어보면 더 확연히 드러난다. 예를 들어 만약에 여러분이 다른 문화권의 음악을 듣거나 전통 방식의 조화, 박자, 선율 구조를 따르지 않고 만들어진 현대 교향곡을 듣는다면, 이 곡이 비록 작곡가한테는 잘 구조화되어 있고 질서정연한 것으로 들린다 할지라도 여러분한테는 혼란스럽게 들릴 수 있다. 왜냐하면 여러분에게는 그 소리들을 의미 있게 들을 수 있도록 하는 음악 도식들이 없기 때문이다.

도식이란 기억 속에 저장된 사실들의 목록이라기보다는 조직적으로 짜인 지식망이다(Fiske & Taylor, 1991; Smith, 1998). 이러한 지식망은 너무도 복잡해서 여러분이 알고 있는 모든 지식을 말로 나타내지 못할지도 모른다. 가령, 여러분이 음악에 대한 도식을 가지고 있다고 하더라도 만약 누군가 "기타 소리가 무슨 소리처럼 들려?"라고 물어본다면, 정말 간단한 질문임에도 불구하고 "음, 기타 소리처럼?"이라고 답하는 것 이상으로 말하기는 어려울 것이다.

헤이즐 마커스는 우리가 가진 가장 중요한 도식들 중 많은 것이 우리 자신에 관한 것임을 알아차렸다(Markus, 1977). **자기 도식**self-schemas은 우리 자신의 개인적 특성에 대한 지식을 포함하고 있는, 아주 정교하고 잘 발달한 지식 구조이다. 일단 자기 도식이 형성되면 이는 우리의 사고에 영향을 준다. 즉, 자기 도식은 도식과 관련된 정보에 주의를 기울이고, 우리가 상황을 해석하는 방식으로 영향을 준다. 다음의 사례를 한번 살펴보자. 만약 여러분이 이전에 만난 적이 없는 사람 앞에서 낯을 심하게 가리는 신념을 표상하는 '낯가림' 자기 도식을 가지고 있다고 가정해 보자. 이 도식은 (a) 관련 정보(예 : 만약 누군가가 여러분을 파티에 초대한다면, 여러분이 모르는 사람들이 파티에 얼마나 많이 오는지에 신경을 쓰게 될 것이다)에 주의를 기울이고, (b) 그 사건(일단 파티장에 도착하면, 여러분이 너무 낯을 가리는 것은 아닌지 걱정하게 될지도 모른다)이 일어나는 동안 여러분의 사고를 형성한다. 여러분들이 가지고 있는 성격의 역동—사고와 느낌—은 여러분들이 가지고 있는 자기 도식의 영향을 받는 것이다.

사람들은 대인관계에서, 그리고 사회적 · 문화적 삶에서 모두가 서로 다른 경험을 하기 때

자기 도식
자신의 정보 처리를 안내하는 자기에 대한 인지 일반화

문에 서로 다른 도식을 발달시킬 수밖에 없다. 가령, 어떤 사람은 독립/의존 자기 도식을 가지고 있을 수 있다. 즉, 그녀는 일반적으로 스스로를 독립적인 사람으로 여기고, 이러한 성격 특성에 대해 많은 것을 알고 있으며, 주변 상황을 그녀의 독립/의존 자기 도식과 관련해서 해석할 수 있다. 또 어떤 사람은 죄책감/순수함이라는 개념을 중심으로 조직화된 도식을 갖고 있고, 죄책감/순수함 도식이 다른 대부분의 사람들은 가지고 있지 않을지라도 그는 많은 상황을 해석하기 위해 이 도식을 쓸 수 있다. 따라서 자기 도식은 특정 개인이 자신을 둘러싼 세계에 대해 생각하는 상대적으로 독특한 방식을 잘 설명해 준다.

자기 도식과 반응 시간 방법론

마커스(1977)는 단순히 자기 도식을 이론적으로 분석하는 데 그치지 않았다. 그녀는 연구를 위한 측정도구로 '반응 시간 측정법'이라는 것을 활용하였다. 반응 시간 측정법은 연구자가 한 사람의 반응 내용(즉 그 사람이 어떤 물음에 '예'를 하는지 '아니요'를 하는지)뿐만 아니라 그 답을 하는 데 걸린 시간도 기록하는 실험 방법이다. 반응 시간은 다음과 같은 이유 때문에 자기 도식과 관련이 있다. 만약 자기 도식이 정보 처리를 안내한다면, 자기 도식을 가지고 있는 사람들은 보다 빨리 반응을 생각해 내야 한다. 즉 자기 도식이 반응 시간을 단축시켜 주어야 한다는 것이다. 특히, '도식적인'(예 : 자기 도식을 가지고 있는) 삶의 영역에서 반응 시간은 더 빨라져야 한다. 다음의 사례를 살펴보자.

만약 여러분이 두 명의 사람을 만났다고 가정해 보자. 한 명은 매주 몇 시간씩 지역 봉사활동에 자원해서 일을 하고 있으며, 다른 한 명은 1년에 딱 한 번만 자원봉사를 하고 있다. 만약 여러분이 두 명 모두에게 "당신은 타인에게 도움이 되고 있다고 생각합니까?"라고 질문한다면 두 명 모두 그렇다고 대답할 수 있다. 그러나 만약 여러분이 이 질문에 대해 그들의 반응이 나오기까지 얼마나 시간이 걸리는지를 측정한다고 상상해 보자. 아마도 1년에 딱 한 번 자원봉사를 하는 사람들은 잠시 멈칫하고 자신이 한 활동에 대해 생각한 뒤, "네, 저는 도움이 된다고 생각합니다."라고 대답을 할지 모른다. 그러나 다른 한 명은 망설임 없이 즉각적으로 "네!"라고 대답할 것이다. 즉, 보다 자주 자원봉사를 했던 사람들은 그 경험 덕분에, '도움이 되는' 자기 도식을 발달시킨 것이다. 이러한 지식 구조는 관련 질문에 의해 활성화되고 즉각적인 대답을 이끌어 낸다. 이처럼 반응 시간은 인지적 구조를 드러내 준다.

이것이 바로 마커스(1977)가 발견한 연구 결과이다. 한 연구에서 그녀는 세 집단의 사람들을 확인했다. (1) 첫 번째는 매우 독립적인 집단으로, 이들에게는 독립이 매우 중요한 의미를 가진다. (2) 두 번째는 매우 의존적인 집단으로, 이들에게 의존은 매우 중요한 의미이다. (3) 마지막 집단에게는 독립과 의존 그 어떤 것도 중요하지 않다. 첫 번째와 두 번째 집단은 독립(의존)에 대한 자기 도식을 가지고 있을 것으로 기대한다. 이들에게 의미상으로 독립/의존과 관계있는 일련의 형용사들(예 : 개인주의적인, 모험을 즐기는, 의존적인, 순응하는)을 평가하도록 지시하였다. 연구자가 예측한 대로, 특정한 도식을 가지고 있던 참가자들은 그 특정한 도식과 일치하는 판단이 보다 빨랐다.

어떤 삶의 영역에 대해서도 사람들은 자기 도식을 발전시킬 수 있다. 가령 여러분들은 지적 능력이나 유머 감각, 혹은 외모에 대한 도식을 형성할 수 있다. 어떤 도식들은 상대적으로 개인 고유의 특성을 가지는데, 즉 사람들이 매우 독특한 신념을 가지고 있을 수 있다는 것이다. 그렇지 않은 또 다른 도식들은 널리 공유될 수 있다. 가령 연구자들은 성적 자기 도식의 역할에 대한 연구를 수행하였다. 이 연구는 남과 다른 성적 자기 도식을 가진 여성들은 대인 간 정보를 남과 다르게 처리하고 성적인 관계나 낭만적인 관계에서도 다르게 행동할 것이라는 가설을 검증하는 것을 목적으로 한다(Andersen & Cyranowski, 1994). 연구에서는 여성들에게 50개의 형용사 목록에 대해 평정하게 하였는데, 26개는 성적 자기 도식 척도(예 : 억제되지 않은, 사랑스러운, 낭만적인, 정열적인, 직선적인)를 만드는 데 사용되는 것이었다. 또한 성적 경험과 낭만적인 관계에 대한 척도에도 응답하도록 하였다. 성적 자기 도식 척도에서 높은 점수를 받은 여성들, 특히 긍정적 성적 자기 도식을 가진 여성들은 낮은 점수를 받은 여성들에 비해 성적으로 더 적극적이고 더 잘 흥분하고 성적 쾌감을 더 많이 느끼고 낭만적인 연애에도 더 잘 빠지는 것으로 나타났다. 한편 긍정적 도식과 더불어 성적 보수주의나 거북함과 관련된 부정적 도식까지 함께 가진, '이중 도식co-schematics'을 가진 여성들은 자신의 파트너에게 급격하게 빠져들면서 동시에 상대적으로 높은 수준의 성적 불안을 경험하는 것으로 나타났다(Cyranowski, & Andersen, 1998). 이러한 경험은 다시 자기 확신 편파를 만들어 자기에 대한 관점에 추가적인 영향을 줄 수 있는데, 그 편파 속에서 도식이 경험을 부추기고 그 경험은 원래의 도식을 확인시켜 준다.

그 어떤 사람도 단순히 하나의 자기 도식만 가지고 있지는 않다. 오히려 사람들은 자기 자신에 대해 수없이 다양한 관점을 개발하는 복잡한 삶을 사는 경향이 있다. 가령 여러분은 열심히 공부하는 학생, 충실한 친구, 파티에서 끝내주는 춤꾼, 혹은 불안에 떠는 수험생 중 어느 하나에만 해당하기보다는 이 네 가지 모두에 대한 자기 도식을 가지고 있을 수 있다. 서로 다른 자기 도식들은 각기 서로 다른 상황에서 나타난다. 서로 다른 상황적 단서로 인해 서로 다른 도식들이 작업 기억 속에 들어가고, 특정한 시간의 작업 기억 속에 있는 자기 개념의 하위 집합인 **작동하는 자기 개념**working self-concept(Markus & Wurf, 1987)의 일부가 된다. 따라서 자기 개념은 역동적이다. 특정 시간에 의식 안에 있으면서 행동의 길잡이가 되는 자기에 대한 정보는 사람들이 끊임없이 변화하는 사회적 사건들과 상호작용함에 따라 역동적으로 변화한다(그림 13.1 참조).

자기 도식에 대한 이 연구의 함의에 주목하자. 자기는 마음의 단일 요소가 아니다. 그보다 사람들은 일반적으로 서로 간 관련성이 높은 복합적인 자기 도식을 가지고 있다. 서로 다른 자기 도식들은 서로 연관성을 가진다. 가령, 스스로 '학업에 열심이다', '쉽게 불안해진다', 그리고 '파티를 즐긴다'고 생각하는 사람들은 파티가 직장에서 겪는 불안을 경감시켜 주는 하나의 방식이 될 수 있다고 이해한다. 사람들은 이처럼 '자기 군집family of selves', 즉 한 가족

작동하는 자기 개념
특정 시간에 작동하는 기억 속에 있는 자기 개념의 부분 집합. 서로 다른 사회적 상황에서는 자기 개념의 서로 다른 측면이 활성화될 수도 있다는 이론적 생각

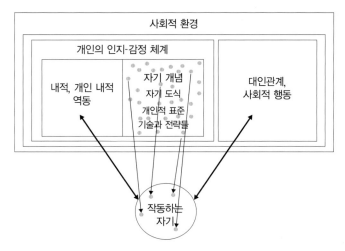

그림 13.1 마커스와 워프(1987)의 역동적 자기 개념 모형. 이 모형에서 사람들은 자기와 관련된 수많은 정신적 표상을 가지고 있다('자기 개념'). 정신적 표상의 하위 집합은 작업 기억 내에 있고, 특정한 시간의 '작동하는' 자기를 구성한다.

안에 여러 다른 식구들이 다른 듯 닮은 점이 있는 것과 같이 다양한 자기관을 가지는 경향이 있다고 하였다(Cantor & Kihlstrom, 1987). 이러한 관점에 따르면, 여러분은 많은 장소에서 많은 사람들과 함께하는 다양한 존재가 될 수 있다. 따라서 여러분은 맥락화된 다양한 자기를 갖는다. 맥락화된 자기들의 특징은 어떤 때는 서로가 겹치기도 하고 서로가 구별되기도 한다. 우리 각자는 그 내용과 조직이 독특한 자기 군집을 가지고 있다. 그 안에는 원형의 자기가 있을 수도 있다. 원형의 자기는 '이것이 바로 진정 나다운 것'이라고 말하는 자기 개념이다. 또한 이 자기 군집 안에 혼란스러운 자기가 있을 수도 있고, 다른 자기들과 어떻게 어울리는지 우리로서는 잘 이해가 안 되는 우리의 부분들이 있을 수도 있다.

자기 기반 동기와 동기화된 정보 처리

자기 도식은 단순히 생각에 필요한 정보만을 제공하지는 않는다. 자기 도식은 정보 처리를 위한 동기를 부여한다. 여러분이 찾고자 하는 정보, 이끌어 내고자 하는 결론을 위한 여러분의 사고방식은 여러분 스스로에 대한 견해, 그리고 자기상을 유지하고자 하는 여러분의 욕구를 반영한다(Kwan et al., 2004; Leary, 2007). 연구자들은 사고에 영향을 주는 두 가지 자기 기반 동기가 있음을 밝혔는데, 바로 **자기 고양**self-enhancement과 **자기 확인**self-verification이다(Swann, 2012; Swann & Bosson, 2008).

　자기 고양에 대해서는 많은 사람들이 직관적으로 친숙하게 느낄 것이다. 여러분은 알고 있다. 만약 누군가가 시험을 망치면 아마도 그들은 시험이 공정하지 못했다고 생각할 것이고, 반대로 시험을 잘 치면 스스로 머리가 좋아서 그런 것처럼 생각하기 쉽다는 것이다. 많은 연구 결과들이 이러한 직관과 일치한다. 사람들은 자주 그들 스스로에 대해 긍정적 관점을 유지하도록 편향되어 있다(Tesser, Pilkington, & McIntosh, 1989). 그리고 이러한 편향은

자기 고양
자기에 대한 긍정적 관점을 유지하고 향상하려는 동기

자기 확인
자신의 자기 개념과 일치하는 정보를 얻고자 하는 동기

자기 고양 동기로 설명될 수 있다. 이러한 동기는 사람들로 하여금 그들의 긍정적 속성들을 지나치게 높게 평가하고(Dunning, Heath, & Suls, 2004), 그들보다 못한 사람들과 스스로를 선택적으로 비교하면서 자기상을 드높인다(Wood, 1989).

두 번째 동기는 다소 덜 직관적이다. 하지만 영향력이 있는 것은 마찬가지이다. 사람들은 그들 스스로 일관적이고 예측할 수 있는 방향으로 경험하도록 동기화된다. 심리학자인 윌리엄 스완은 사람들이 자기 확인 동기, 즉 자기가 가진 여러 가지 측면의 자기 개념을 확인시켜 주는 정보를 획득하고자 하는 동기를 가지고 있다고 설명한다(Swann, 2012; Swann & Bosson, 2008; Swann, Rentfrow, & Guinn, 2003). 가령 내향적인 사람들은 주말 내내 집에서 책을 읽으며 보냈던 것에 대해 이야기하는 것으로 대화를 시작할 수 있다. 여기에서의 대화는 이 사람의 자의식을 확인하는 사회적 상황인 것이다.

사람들은 심지어 부정적 특성들조차 확인하고 싶어 한다. 우울하고 부정적 자기 도식을 가진 사람들도 자기 확인 정보를 추구한다. 만약 그들이 이러한 정보를 획득한다면, 그 정보는 그들의 부정적 자기상을 유지시켜 줄 뿐만 아니라 그들의 우울함도 유지시켜 준다(Giesler, Josephs, & Swann, 1996). 보다 일반적으로 이야기해 보자면, 사람들은 그들이 자기 자신을 보는 방식으로 자기를 봐주는 사람들과의 관계에 더 끌린다. 긍정적(혹은 부정적) 자기 개념을 가지고 있는 사람들은 그들을 긍정적(혹은 부정적)으로 바라봐 주는 배우자에게 더 헌신하는 경향이 있다(De La Ronde & Swann, 1998; Swann, De La Ronde, & Hixon, 1994).

학습 목표 대 수행 목표

앞에서 논의한 자기 도식은 자신에게 가장 의미 있는 성격 특성이 무엇이라고 믿는지에 대한 사람들의 신념과 관계가 있다. 성격의 사회인지적 접근에서 중요한 성격의 또 다른 요소는 바로 사람들이 가진 목표이다(제12장 참조). 목표는, 행위의 목적 혹은 행위의 과정을 정신적으로 표상하는 것으로 인간 동기의 중심이 된다.

사람들이 추구하는 목표는 다양한 방식으로 나타날 수 있다. 한 가지 방식은 목표 수준에 따라 달라질 수 있다는 것이다. 가령 이번 학기 심리학 수업에서 여러분은 A를 받는 것이 목표(보다 높은 수준의 목표)인 데 반해, 여러분의 친구는 B가 목표일 수도 있다. 이것 말고 사람들은 목표 유형에서도 생각이 다를 수 있다. 다시 말해 서로 다른 사람들은 목적, 목표, 혹은 어떤 주어진 활동에 대해 서로 다르게 생각할 수가 있다는 것이다. 사회인지적 관점에서 서로 다른 유형의 목표를 설명하는 가장 영향력 있는 이론과 연구가 바로 캐럴 드웩의 '학습' 목표와 '수행' 목표이다.

캐럴 드웩과 동료 연구자들(Dweck & Leggett, 1988; Grant & Dweck, 1999; Olson & Dweck, 2008)이 개발한 목표와 동기 이론에서, **학습 목표**learning goals와 **수행 목표**performance goals는 사람들이 활동을 하면서 성취하고자 하는 것이 무엇인지에 대한 서로 다른 사고방식

학습 목표
성격과 동기에 대한 드웩의 사회인지 분석에서 한 사람이 과제에 대한 자신의 지식과 개인적 숙달을 향상시키려고 애쓰는 것을 목표로 삼음

수행 목표
성격과 동기에 대한 드웩의 사회인지 분석에서 자신을 평가할 사람들에게 좋은 인상을 주려고 애쓰는 것을 목표로 삼음

캐럴 드웩의 연구에 따르면, 어떤 학생들은 주어진 과제를 제대로 배우는 것에 집중하기보다 좋은 성적을 받고 타인에게 좋은 평가를 받는 것과 같이 '좋은 결과를 보여주는 것'에 더 신경을 쓰곤 한다.

이다. 그 차이는 간단한 사례를 보면 이해할 수 있다. 여러분이 어떤 그룹의 프로젝트에 참여하고 있는 상황을 생각해 보자. 지금 여러분은 그 프로젝트에서 여러분이 맡은 부분을 다른 집단의 사람들 앞에서 발표하려고 한다. 그리고 사람들은 여러분이 하는 발표를 평가할 것이다. 발표를 앞두고, 여러분은 어떻게 하면 사람들의 피드백이 여러분의 작업을 향상시키는 데 도움이 되는 정보를 제공할 수 있을지에 대해 마지막 주의를 쏟을 수 있다. 만약 그렇다면, 여러분은 학습 목표를 가지고 있는 것이다. 학습 목표를 가지고 있다는 것은 여러분이 다른 사람들로부터 무언가를 배우기 위해 애쓴다는 것을 의미한다. 한편 여러분은 다른 사람들에게 눈에 띄어 좋은 인상을 남기는 것에 더 신경을 쓸 수도 있다. '똑똑해 보이기' 위해 노력한다는 것이다. 만약 그렇다면, 여러분은 수행 목표를 가지고 있는 것이다. 수행 목표를 가지고 있다는 것은 여러분의 능력을 평가하는 사람들에게 '좋은 결과를 보여주는 것'을 목표로 하고 있다는 것을 의미한다.

 학습 목표를 가진 사람과 수행 목표를 가진 사람은, 특히 자기 능력에 자신이 없다면 같은 활동에 대해 서로 다른 경험을 할 수 있다. 한 연구(Elliott & Dweck, 1988)에서 어떤 문제 해결 과제에 대해 학생들은 학습 목표(그 과업은 정신 기능을 활발하게 해줄 것이라고 말해준다) 혹은 수행 목표(그들이 한 일이 전문가에게 평가를 받을 것이라고 말해준다)를 유도하도록 고안된 정보를 받았다. 또한 앞선 활동에 대하여 가짜 피드백을 주어 그 과제를 수행할 자신의 능력에 대한 신념이 조작되게끔 하였다. 연구자들은 과제 수행을 측정하였고 또한 학생들에게 그 과제를 하는 동안 생각을 큰 소리로 말하도록 요청하였다(큰 소리로 생각하는 과정 덕분에 과제를 수행하는 동안 어떤 생각이 학생들의 마음속을 지나가는지 기록할 수 있었다). 이 연구는 두 가지 핵심 결과를 이끌어 냈다.

- 수행 목표를 가지고 있으며 자신의 능력에 대한 신념이 낮은 학생들은 형편없는 결과를 보여주었다. 과제 수행 측정 결과, 이들은 다른 학생들과 비교해서 과제 해결에 필요한 전략을 생각해 내는 데 어려움을 보였다.
- 수행 목표를 가지고 있으면서 자신의 능력에 대해 신념이 낮은 학생들은 또한 그 과제 자체에 집중하지 못하고 산만한 모습을 보여주었다. 큰 소리로 생각하기 측정 결과, 수행 목표를 가진 학생들은 학습 목표를 가진 학생들과 달리, 왜 그들이 과제수행을 더 잘하지 못하는지에 대해 더욱 긴장하고 불안해하며 걱정하는 모습을 보여주었다["배가 아파요."(Elliott & Dweck, 1988, p. 10), 어느 학생의 말].

이러한 결과는 수행 목표가 흔히 '시험 불안'이라고 불리는 사고 및 정서 양식을 유발할 수 있다는 것을 보여준다. 알다시피 어떤 사람들은 시험을 칠 때 지나치게 불안해하고 그 결과 평소 평정심을 유지했을 때보다 더 형편없는 수행을 하게 된다. 드웩의 사회인지적 접근은 이러한 불안의 기저에 놓여있는 사고의 유형이 무엇인지를 확인하였다.

학습 목표의 원인 대 수행 목표의 원인 : 암묵적 이론들

암묵적 이론
말로는 분명하게 설명할 수 없을 것 같은 넓고 일반화된 신념. 그럼에도 우리 생각에 영향을 미치는 신념

왜 어떤 사람들은 과제에 대해 학습 목표를 취하고 어떤 사람들은 수행 목표를 취하는 것일까? 첫 번째 요인은 사람들이 지능에 대해서 서로 다른 **암묵적 이론**implicit theory을 갖고 있기 때문이라는 것이다. 서로 다른 암묵적 이론들 때문에 사람들은 서로 다른 목표 유형을 가지게 된다(Dweck, 2012).

암묵적 이론이란 우리의 생각을 안내하는 개념이지만 보통 말로 드러내지 않을 수도 있다. 즉 겉으로 내놓고 말하지 않는다 해도 우리는 속으로는 그 개념을 갖고 있다는 것이다. 드웩과 동료 연구자들은 지능에 대해 사람들이 갖고 있는 암묵적 이론의 한 측면에 관심이 있었다. 연구자들이 관심을 가진 내용은 지능이 과연 고정된 것인가 또는 바뀔 수 있는 것인가 하는 문제이다(Dweck, 1991, 1999; Dweck, Chiu, & Hong, 1995 참조). 지능에 대한 실체 이론을 고수하는 사람들은 지능 수준은 고정된 것이라고 믿는다. 한편 또 다른 신념 체계인 증진 이론을 가진 사람들은, 지능은 점차로 습득되는 것이고 시간이 지나면서 자연스럽게 변할 수 있는 것이라고 믿는다.

암묵적 이론에서 나타나는 이러한 차이는 사람들이 설정하는 목표와 실패에 대한 반응에 영향을 미친다(Dweck & Leggett, 1988). 실체 이론의 관점을 가진 아동은 수행 목표를 세우려고 한다. 즉 지능이 고정된 실체라고 생각하는 사람이라면 여러 가지 활동을 지능 검사 활동—다시 말해서 지능을 알아보는 '수행'—으로 해석하는 것이 당연할 것이다. 반대로 지능이 증진되는 것으로 보는 아동은 학습 목표를 세우려고 한다. 지능이 향상될 수 있는 것이

라면, 지능을 증진시키는 경험을 습득하고자 하는 학습 목표를 세우는 것이 당연하다. 따라서 서로 다른 암묵적 이론을 갖고 있는 사람들은 서로 다른 목표를 세우게 된다. 그리고 서로 다른 그 목표는 감정과 동기에 서로 다른 영향을 미친다.

이러한 이론적 분석은 실용적 함의를 가진다. 누군가 사람들의 암묵적 이론을 바꿀 수 있다면(가령 실체 이론가를 증진 이론가로 바꾼다면) 그들의 시험 불안을 줄이고 수행을 끌어올릴 수 있을 것이다. 이런 목표를 마음속에 갖고서 연구자들(Blackwell, Trzesniewski, & Dweck, 2007)은 지능의 증진 이론을 유도하도록 설계된 교육적 개입 프로그램에 중학교 1학년 학생들을 등록시켰다. 이 프로그램에서 학생들은 '공부를 할 때 인간의 정신적 능력을 향상시키는 뉴런들 사이에 새로운 연결이 생겨나면서 인간의 뇌는 변화할 수 있다'고 배웠다. 다른 집단의 학생들은 이러한 가르침을 받지 않았다. 두 집단의 학업 수행을 1년 동안

성격과 뇌

목표

앞에서 살펴봤듯이 목표는 성격의 사회인지적 접근에서 분명히 구별되는 심리적 변인이다. 그렇다면 생물학적으로도 그러한가? 다시 말해서 사람들이 목표와 수행을 평가하는 표준에 대해 생각할 때 뇌에서 눈에 띄는 독특한 활동이 발생하는가? 성격과 뇌에 대한 최근 연구 결과들은 '그렇다'라고 답한다.

이러한 발전적 결과로 관심을 돌리기 전에, 앞 문단의 핵심 단어가 '구별되는'이라는 점을 기억하자. 사람들이 목표를 세우고 평가 표준에 대해 심사숙고할 때 뇌를 사용한다는 것에는 의심의 여지가 없다. 문제는 이러한 사고의 바탕이 되는 뇌의 영역이, 사람들이 다른 유형의 인지적 사고를 할 때 활성화되는 뇌의 영역과 다른지의 여부이다.

유럽의 한 연구팀에서 사람들의 개인적 목표를 만드는 능력의 기초가 되는 신경 체계를 조사하였다(D'Argembeau et al., 2009). 목표와 관련된 생각이 독특한 신경 체계를 활성화시키는지 확인하기 위해 연구자들은 참여자에게 그들의 개인적 목표일 수도 있고 아닐 수도 있는 미래의 성과(결과물)를 상상하라고 하였다. (예를 들어 의사가 되는 목표를 갖고 있고 심해낚시에 별 흥미가 없다면 그 미래 결과물들은 개인적 목표를 표상할 수도 있고 안 할 수도 있다.) 참여자들이 두 가지 유형의 결과를 상상하는 동안 연구자들은 그들의 뇌를 스캔하였다.

뇌 영상 결과, 사람들이 자신의 목표가 아닌 미래 활동에 대해 생각할 때보다 개인적 목표를 생각할 때 더 활성화되는 두 개의 뇌 영역이 나타났다. 바로 내측 전전두피질(MPFC)과 후측 대상피질(PCC)이다. 이 두 개의 영역은 다음과 같은 이유로 중요한 의미가 있다.

- MPFC는 사건의 자기 관련성을 결정할 때 필요하다. 날마다 일어나는 많은 사건들(지나가는 차, 귓전으로 스쳐가는 많은 대화)은 여러분의 안녕과 아무 관련이 없지만 어떤 것(지나가는 차가 여러분이 찾고 있던 친구를 태웠을 때, 여러분이 더 잘 알고 싶은 사람에 대한 대화)은 여러분과 매우 관련이 있다. MPFC는 자기 관련 사건에 관한 정보를 탐지하고 처리할 때 활성화된다.

- PCC는 자서전적 기억, 즉 과거에 겪었던 사건을 기억할 때 활성화되는 것으로 드러났다. 그렇다면 개인적 목표 과업을 하는 동안의 PCC 활성화는 그 뇌 영역의 활동이 지금-여기 목표와 과거 사건의 기억을 관련짓는다는 것을 의미한다. (위의 예를 활용해 보면 여러분이 의사가 되려는 목표를 계획할 경우, PCC 덕분에 그러한 목표 관련 사고는 내가 의사가 되는 것에 대해 친구와 식구들과 이야기 나누었던 것과 같은 자서전적 기억을 활성화시킬 것이다.)

따라서 이러한 뇌 연구는 심리학적 함의를 가진다. '목표'는 여러분의 자서전적 기억의 '도서관'에 저장된 정보를 개인적으로 관련된 사건의 발견들과 관련시키는, 심리학적으로 풍부한 정신적 내용이라는 것을 다시 한번 일깨워 준다.

관찰하였다. 1년이 지났을 때, 프로그램에 참가한 학생들은 참가하지 않았던 학생들보다 더 나은 학업적 수행을 보여주었다. 이는 교육적 개입이 사회인지 성격 구조, 즉 암묵적 이론을 바꿀 수 있고 그 변화는 이로운 결과를 낼 수 있음을 보여준다.

암묵적 이론에 대한 드웩의 분석은 지능 이론을 넘어선 영역에도 적용될 수 있다. 정서에 대한 이론에서도 사람들은 서로 다른 생각을 가지고 있다. 어떤 사람들은 정서를 말랑말랑하고 다스릴 수 있는 것이라 믿지만("모든 사람은 자신의 정서를 다스리는 법을 배울 수 있다."), 어떤 사람들은 고정되어 있고 다스릴 수 없는 것이라고 생각한다("아무리 노력해도 사람들이 자신의 정서를 바꾸기는 어렵다."). 고등학교를 졸업하고 대학에 진학하는 학생들을 대상으로 한 연구를 살펴보면, 서로 다른 이론을 가진 사람들은 실제로 서로 다른 결과를 보여준다는 것을 알 수 있다. 증진(말랑말랑하다) 신념을 가진 학생들은 정서를 더 잘 조절하고 대학에서 만난 새로운 친구들로부터 사회적 지지를 더 많이 받을 수 있었다. 1학년이 끝날 무렵에 증진 신념을 가진 학생들은 실체 신념을 가진 학생들보다 더 긍정적인 기분과 일반적으로 더 나은 적응 수준을 갖는 것으로 나타났다(Tamir et al., 2007).

결론적으로, 드웩(2008)은 이러한 신념과 암묵적 이론이 성격 기능의 핵심이자 치료적 변화를 위한 잠재적 영역이라고 보고 있다는 것을 기억해야 할 것이다.

평가 표준

제12장에서 여러분은 사회인지 이론에서 중요한 또 하나의 성격 변수가 자기 평가적 표준이라고 배웠다. 그것은 자신과 자신의 행위에 대해 좋은 점이나 가치를 평가하기 위해 쓰는 기준이다. 표준은 목표와 분명히 다른 것이기는 하지만 관련이 있다(Boldero & Francis, 2002; Cervone, 2004). 목표는 미래에 달성하기를 희망하는 것이다. 표준은 현재의 사건을 평가할 때 쓰는 기준이다. 예를 들어 여러분이 스케이트 경기를 보고 있다면 여러분은 스케이트 선수의 수행 능력을 판단할 때 늘 해왔던 표준을 가지고 잘하고 못하고를 평가할 것이다. 피겨스케이트 선수가 될 목표를 여러분이 개인적으로 가지고 있든 아니든 여러분은 이런 표준을 갖고 있을 것이다. 그렇다면 목표와 표준은 심리적으로 독특한 기제이다. 많은 성격심리학 연구에서는 사람들이 자신의 행동이 수행에 대한 내면화된 표준과 일치하는가를 평가하여 자기 행동을 조절한다는 것을 보여준다(Baumeister & Vohs, 2004; Carver, Scheier, & Fulford, 2008; Cervone et al., 2006 참조).

위에서 살펴본 드웩의 연구에서도, 질적으로 다른 유형의 목표들을 구별하는 것은 가치 있다는 것을 알 수 있다. 마찬가지로 질적으로 다른 유형의 평가 표준들을 서로 구분하는 것 또한 가치 있는 일이다(Dweck, Higgins, & Grant-Pillow, 2003). 심리학자인 토리 히긴스(2006, 2012, 2014; Higgins & Scholer, 2008)는 이 분야에서 눈에 띄는 이론과 연구를 수행하였다. 즉, 서로 다른 유형의 평가 표준들이 어떻게 서로 다른 유형의 정서 경험 및 동기와 관련 있는지 보여줌으로써 성격에 대한 사회인지적 분석의 범위를 넓혔다.

자기 표준, 자기 불일치, 정서, 동기

히긴스가 관심을 가졌던 심리학적 현상은 다음의 사례로 묘사될 수 있다. 학기말의 어느 날 밤, 두 명의 학생이 대학 도서관에서 책을 읽고 있다고 가정해 보자. 두 사람 모두 수업에서 그들이 해온 과제들에 대해 불만족스러워하고 있었으며 학기가 끝나갈수록 뒤처지고 있다고 느꼈다. 이들이 잠시 쉬며 자기들의 수행에 대해 이야기하고 있다고 상상해 보자. "이 수업 정말 걱정이야."라고 한 학생이 긴장한 듯 말한다. "나는 A를 받고 싶었는데 B도 못 받을 것 같아." "나는 별로 불안하지는 않아."라고 다른 학생이 맥없이 말한다. "나는 그냥 우울해. A를 받고 싶었는데 B도 못 받을 것 같아."

이 둘에게 무슨 일이 일어나고 있는 걸까? 똑같은 사건에 두 사람이 왜 서로 다른 정서 반응을 보여주는지 어떻게 설명할 수 있을까? 왜 한 사람은 불안에 취약하고 다른 한 사람은 우울해지는 것일까? 히긴스는 두 명의 학생이 서로 다른 유형의 표준으로 사건을 평가하기 때문이라고 말한다. 둘 다 같은 A를 '원했'지만, 그 수행에 대한 표준이 내포하고 있는 주관적인 속성은 두 사람이 서로 다르다. 가장 눈에 띄게 구별되는 점은 '이상' 대 '당위'를 표상하는 표준들 사이의 차이이다. 어떤 평가 표준들은 사람들이 이상적으로 도달하고자 하는 성취를 표상한다. 그것은 한 사람이 긍정적으로 가치를 매기는 행동 유형을 표상한다. 히긴스는 이것을 이상적 표준, 또는 '이상적 자기'의 측면이라고 부른다. (히긴스의 분석은 제5장에서 로저스의 분석과 비슷하다.) 한편 어떤 평가 표준들은 사람들이 성취해야 한다고 느끼는 성취 표준을 표상한다. 그 표준들은 의무나 책임을 표상한다. 이것을 당위적 표준 또는 '당위적 자기'라는 용어로 나타낸다.

히긴스의 분석은 성격과 개인차 연구에서 매우 중요하다. 왜냐하면 서로 다른 사람은 서로 다른 표준을 써서 똑같은 유형의 행동을 평가할 수도 있기 때문이다. 최근 연구를 보면 건강에 있어서 중요한 행위인 흡연에 대해서도 이러한 점이 드러난다. 모두가 금연을 원한다는 점에서 똑같음에도 불구하고 사람들의 금연에 대한 평가 표준은 다 다르다. 어떤 이들은 더 건강해지고 싶은 이상적 이유로 금연을 하고자 한다. 이들에게 흡연이란 이상적 표준을 어기는 것이다. 또 어떤 이들에게는 타인에 대한 책임감이 금연의 이유가 된다(예를 들어 담배연기로 다른 사람을 괴롭히는 것을 피하는 것이다). 이들에게 흡연이란 당위적 표준을 어기는 것이다(Shadel & Cervone, 2006).

히긴스 연구의 핵심 통찰은 다른 유형의 표준들―당위 대 이상―이 다른 유형의 부정적 정서를 일으킨다는 것이다(Higgins, 1987, 1996). 이러한 히긴스의 추론은 다음의 두 단계를 통해 살펴볼 수 있다. (1) 일이 실제로 자기(또는 '실제 자기')한테 어떻게 돌아가고 있느냐와 자신의 표준 사이에 불일치를 발견할 때 사람들은 부정적인 정서를 경험한다. 이런 **자기 불일치**self-discrepancies는 정서적 경험을 일으키는 인지적 기제가 된다. (2) 서로 다른(이상 대 당위) 표준과의 불일치 때문에 서로 다른 정서가 유발된다. 실제 자기와 이상 자기의 불일치 때문에 사람들은 슬퍼하거나 낙담한다. 이상적 표준에 다다르지 못했을 때 긍정적 결과를 잃는

자기 불일치
히긴스의 이론적 분석에서 자신의 현재 심리적 속성(실제 자기)에 대한 신념과 가치 있는 표준과 지침을 나타내는 바람직한 속성 사이의 불일치

것이 되어 슬퍼진다. 실제 자기와 당위 자기의 불일치 때문에 불안해하고 걱정하게 된다. 그래서 책임을 다하지 못할 것 같은 잠재하는 부정적 결과에 위협을 느끼게 된다는 것이다.

이 아이디어를 검증하기 위해, 히긴스와 동료들(Higgins et al., 1986)은 가장 먼저 자기 불일치에서 나타나는 개인차를 평가하였다. 이들은 실제와 이상 사이의 불일치가 현저한 한 집단과 실제와 당위 사이의 불일치가 현저한 한 집단을 확인하였다. 두 집단의 구분을 위해, 히긴스와 동료들은 간단한 설문지를 사용했다. 그 설문지에는 사람들이 ⓐ 실제로 가지고 있다고 믿는 속성, ⓑ 이상적으로 갖고 싶은 속성, ⓒ 가져야 마땅하다고 믿는 속성을 나열하였다. 그 뒤에 이어지는 실험 회기에서 이 사람들이 삶의 부정적 사건을 겪고 있다고 마음속으로 상상하고 있는 동안 느끼는 정서 반응을 평정하였다. 모든 참여자가 똑같은 사건을 마음속에 떠올렸지만 경험한 정서는 서로 달랐다. 자기를 기술할 때 실제-이상 간의 불일치가 많은 사람은 부정적 결과에 대해 생각할 때 슬퍼하는 경향이 있지만 불안해하지는 않았다. 반면 실제-당위 간의 불일치가 많은 사람은 불안해하지만 슬퍼하지는 않았다.

만약 비판적으로 생각하자면, 이러한 결과는 단지 상관관계가 있을 뿐이라고 볼 수도 있다. 즉, 서로 다른 유형의 자기 불일치가 서로 다른 정서적 반응과 상관이 있다는 것이다. 제2장에서 논의하였듯이 실험 연구를 통해 보다 분명한 증거를 발견할 수 있을 것이다. 이러한 사실을 인정하면서, 히긴스와 동료들은 자기 불일치에 대한 실험 연구를 수행하였다. 연구자들은 인지적 점화를 통해 참가자들의 자기 불일치를 조작하였다. 실제-이상 간 불일치와 실제-당위 간 불일치 모두를 가진 사람들을 이상 표준이나 당위 표준을 점화한 조건에 무작위로 배정하였다. 서로 다른 실험 조건에 따라, 참가자들은 그들의 개인적 희망(이상적 자기 점화 조건) 혹은 그들의 의무와 책임(당위적 자기 점화 조건)에 대해 질문을 받고 대답하였다. 어떤 표준으로 점화되었는지에 따라, 서로 다른 정서 반응이 나타났다. 이상적 자기 불일치가 점화된 참가자들은 낙담하는 모습을 보여주었다. 당위적 자기를 점화시켰을 때는 불안해하였다. 결국 인지를 실험적으로 조작할 수 있으며 이는 정서의 변화를 이끌어 낸다.

많은 후속 연구에서 이상-당위 간 불일치가 서로 다른 정서 경험을 유발한다는 히긴스의 핵심 아이디어와 일치하는 증거가 나왔다. 이것은 사회공포증과 우울증 내담자들에 대한 임상 연구를 포함한다. 이러한 내담자들은 각각 현저하게 실제-당위 간 불일치와 실제-이상 간 불일치를 드러낸다(Strauman, 1989). 자신이 실제로 생각하는 모습과 자신이 되어야 한다고 생각하는 모습 간에 불일치를 보이는 사람들은 높은 수준의 신경증과 낮은 수준의 주관적 안녕감을 경험한다(Pavot, Fujita, & Diener, 1997). 자기 불일치의 경험은 건강과 관련해서도 시사점을 갖는다. 즉, 자기 불일치의 경험은 질병에 맞서 싸우는 면역 체계 기능의 효율성을 저하시키는 것으로 나타났다(Strauman, Lemieux, & Coe, 1993). 임상 연구자들은 실제 자기와 이상 자기 사이의 불일치를 감소시키는 치료 기법을 개발하기 시작했다(Strauman et al., 2001).

히긴스(2006, 2014)는 평가 표준이 정서 경험뿐만 아니라 동기와 관련해서도 시사하는 바가 있다고 강조한다. 이상적 표준에 비추어 자신의 행동을 먼저 평가하는 사람들은 어떤 행동을 할 때 '촉진'적 접근을 하는 경향이 있다. 다시 말해서, 그들은 긍정적 결과(긍정적 성과물을 얻거나 한 번 얻은 것을 잃지 않는 것)에 초점을 맞추는 행동을 함으로써 웰빙을 촉진하는 방향으로 동기화된다는 것이다. 촉진에 초점을 맞추는 의대생의 경우, 그는 의사라는 직업의 이점 혹은 여태까지의 높은 성적이 떨어지지 않도록 하는 것의 중요성에 대해 생각할 것이다. 이와 대조적으로 당위 표준에 초점을 맞추는 경우, 방어 초점, 즉 부정적인 결과의 발생을 막는 데 초점을 맞추는 경향이 있다. 즉 방어적 초점을 가진 의대생은 의대에서 제적당할지도 모를 가능성에 초점을 맞추고 이러한 부정적 결과를 피하는 것을 우선적 목적으로 두고 수업을 열심히 들으려 할 것이다. 방어 혹은 촉진 중 어디에 초점을 두는지에 따라 서로 다른 동기 과정이 작동하며(Shah & Higgins, 1997), 사람들의 활동이 그들이 우선시하는 동기적 지향에 적합할 때 사람들의 행동 또한 보다 자연스럽게 느껴진다(Higgins, 2006).

성격에 대한 '일반 원리' 접근법

인지, 정서, 개인차에 대한 히긴스의 분석에는 다소 미묘하지만 매우 의미심장한 이론적 이점이 있다. 그것은 다양한 상황에 직면할 때마다 사람들의 행동에서 나타나는 일관성과 변산성에 관한 설명과 관련이 있다. 앞에서 논의하였듯이(제8장 참조), 어떤 성격심리학자들은 다음 두 단계의 논리를 수용한다. (1) 행동의 일관성은 개인의 성격을 드러낸다. 반면 (2) 행동의 변산성은 사회적 상황의 힘을 반영한다. 이러한 접근에서, '성격 변수'는 사람들의 평균적인 행동, 그리고 평균 근처의 '상황적 요인'의 변이를 설명한다. 히긴스(1999)가 인정하듯, 이러한 사고는 사람에 대한 매우 불만족스러운 과학을 양산하게 된다. 왜냐하면 개인적 요인 대 상황적 영향이라는 서로 다른 과학적 원리들을 적용해서 서로 다른 상황에서 나타나는 동일한 유형의 행동을 설명해야 하기 때문이다.

이와 대조적으로 히긴스(1999)의 연구에서는 **일반 원리 접근법**general principles approach을 제공한다. 수행에 대한 개인적 지식과 표준을 포함하는 일반 세트의 원리는 성격 기능의 일관성과 변산성 모두를 설명한다. 개인적 지식은 행동의 일관성에 기여하는 지속적인 마음의 구조이다. 서로 다른 상황들은 서로 다른 측면의 지식을 활성화시키고 이는 차례로 변이를 낳는다. 이러한 접근에서, 성격심리학이 가지는 '대표적인' 장점 — (1) 일관성과 성격의 영향 대 (2) 변산성과 상황의 영향 — 중 하나는 유물이 된다(Cervone, Caldwell, & Orom, 2008). '사람' 대 '상황'의 영향에서 벗어나는 대신, 이러한 접근은 개인적 영향과 상황적 영향, 그리고 행동의 일관성과 변산성에 대한 통합적 설명을 가능케 한다. 히긴스의 분석은 우리가 다음에 다룰 사회인지 이론의 현대적 발전과도 관련이 있다.

일반 원리 접근법
사고와 행위에 대한 개인적이고 상황적인 영향력을 분석하기 위한 히긴스의 용어. 인과 원리의 일반적 조합을 사용하여 개인적 영향의 결과인 사고와 행위의 범상황적 일관성과 상황적 영향의 결과인 사고와 행위의 가변성 둘 다를 설명함

성격 이론의 현대적 발전 : KAPA 모형

여러분은 방금 마커스, 드웩, 그리고 히긴스가 진두지휘한 사회인지와 성격 연구에서의 진보적 연구들에 대해 배웠다. 각각의 연구들은 주로 한두 개의 사회인지 변인들에 초점을 맞춘다. 자기 도식(마커스), 목표와 암묵적 신념(드웩), 평가 표준과 정서(히긴스). 각 연구자들의 주된 관심은 과학이 진보하고, 연구자들이 구체적인 진행 과정을 상세하게 분석하는 주된 방향이 된다. 그러나 여전히 많은 의문이 남아있다. 전반적인 사회인지적 접근에서 최근에 나타난 발전적 결과들이 있는가? 다시 말하면, 사회인지적 관점에서 성격 이론의 도전을 통합적으로 설명하기 위한 노력이 존재하는가?

이러한 의문은 또 다른 의문을 낳는다. 그러한 발달이 꼭 필요한 것인가? 20세기의 사회인지 이론이 새로운 발달의 원인이 되는 데 제한이 있는가?

우리는 **지식과 평가의 성격 구조**Knowledge-and-Appraisal Personality Architecture, 즉 **KAPA 모형** (Cervone, 2004)을 통해 현대적 발전에 대해 다시 한번 검토해 보려고 한다. KAPA 모형 (Cervone, 2004, 2007, 2017)의 최초 개발자는 이 책의 저자이다. 따라서 뒤이어 기술될 내용들에는 약간의 편향이 있을 수 있다. 즉, 나는 KAPA 모형의 장점은 강조하고 제한점은 '자제'할 수도 있다. 이러한 점에서 볼 때 여러분들은 KAPA 모형을 스스로 평가할 수 있는 좋은 위치에 있다.

사회인지 이론 : 20세기 이론과 연구의 세 가지 제한점

다양한 측면에서 살펴봤을 때, 20세기 사회인지 이론은 성공을 거뒀다. 이목을 끄는 연구 결과들은 새로운 이론적 관점에 박차를 가했고 그 결과 다양한 방면에 가치 있는 적용을 가능케 했다. 그러나 세 가지 영역에서 몇 가지 제한점들을 확인할 수 있다. 그 영역은 (1) 성격 이론, (2) 성격의 평가, 그리고 (3) 성격에서의 범상황적 일관성의 확인이다.

사회인지 성격 구조와 과정

제1장에서 여러분들은 '구조'와 '과정' 요인 모두를 포함하는 성격 이론을 배웠다. 이론가들은 대개 이 성격의 구조 변인과 과정 변인을 구분하는 데 주의를 기울인다. 예를 들면, 프로이트는 정신분석적 구조(원초아, 자아, 초자아)와 역동적 과정(정신 에너지의 흐름)을 구분하였다.

사회인지 이론에서, 구조/과정의 구분은 상대적으로 덜 명확하다. 특히 다음의 내용에서 이러한 모호함을 살펴볼 수 있다. 많은 경우에 변인(예 : 사회인지 이론에서의 이론적 구성 개념)은 두 가지 서로 다른 방식으로 사용된다. 때로는 변인이 지속적인 성격 구조를 의미하기도 하지만 또 다른 경우에는 역동적 성격 과정을 나타내기도 한다. 사회인지적 성격 변수인 '목표'를 한번 생각해 보자. 만약 누군가 수년 동안 프로 축구선수가 되고자 하는 목표를 가지고 있다면, 이러한 '목표'는 지속적인 사회인지적 구조이다. 만약 경기를 하는 동안 그녀가 득점을 하기 위해 상대편 진영으로 돌진하다가 수비수에게 가로막혀 동료에게 패스하기로 마음을 바꿨다면, 그러나 패스는 실패했고 그녀는 수비라는 새로운 목표를 채택했다면, 그녀의 '목표'는 빠르게 변화하는 과정이다.

비공식적인 논의에서 '목표'라는 단어의 이중 사용은 별문제가 없다. 그러나 공식적으로는 과학적 성격 이론에서 이러한 이중 사용은 혼란스러울 수 있다(만약 프로이트가 '초자아'라는 용어를 어떤 때는 지속적 성격 구조로, 또 다른 때는 변화하는 심리적 과정으로 간주한다고 상상해 보자). 보편적인 관점에서 사회인지 이론가들이 '목표'(혹은 '기대'나 '가치')(Mischel, 1973)와 같은 변인을 제안했을 때 주어진 변인이 성격 과정이나 성격 구조(혹은 둘 다)인지를 나타내고자 하는 것은 아니다. 따라서 이들은 성격 이론의 과정 대 구조 요인에 대해 충분히 설명하지는 않는다. 이것이 20세기 사회인지적 관점의 첫 번째 제한점이다.

사회인지적 성격의 평가

두 번째 제한점은 평가에 대한 것이다. 사회인지 이론에서 성격을 인지와 감정 프로세스의 상호작용 세트인 '체계'로 간주한다는 것을 상기해 보자(Bandura, 1999; Mischel & Shoda, 1995). 이는 심리학자들이 사회인지 변인들의 상호작용 체계를 평가해야 한다는 것을 시사한다. 또한 사회인지 변인들이기 때문에 어떤 사람에게서든 하나 혹은 또 다른 인지 변인을 활성화시키는 상황을 평가할 수도 있다.

불행하게도 20세기 사회인지 이론의 평가 방법은 이론적 발전을 따라오지 못하고 있다. 사회인지 이론가들은 한 번에 한 개 내지는 두 개의 변인을 평가한다(예 : 자기 효능감 지각, 자기 통제 능력). 좀 더 복합적인 사회인지 구조 체계와 과정을 평가할 수 있는 도구가 부족하다. 돌이켜 생각해 보면, 평가 방법은 이론적 발전의 속도에 미치지 못하고 있다.

사회인지 체계에서 성격의 일관성에 이르기까지

세 번째 제한점은 여러분들이 제8장에서 읽었던 주제와 관련이 있다. 바로 성격의 상황에 걸친 일관성에 대한 것이다. 월터 미셸(1968)은 사회인지 이론의 초창기에 이 주제에 대해 설명했다. 특질적 접근에 대해 비판하면서, 비록 성격 특질 변인은 성격의 일관성을 설명하기 위해 고안된 것이지만 두 가지 문제에 직면하게 된다고 하였다. 첫째, 사람들의 특질 관련 행동은 종종 비일관적이다. 가령 사람들은 어떤 상황에서는 매우 성실한 모습을 보여주지만 또 다른 상황에서는 덜 성실할 수도 있다(Mischel & Peake, 1982). 둘째, 행동이 일관적일 때조차 특질 변인이 일관성을 설명할 수 없는 경우도 있다. 사람은 '성실하기 때문에' 일관적으로 성실하게 행동한다고 말하는 것은 개념적 범주를 설명을 맴도는 것과 같다.

돌이켜 볼 때, 이러한 비판 이후 사회인지 이론가들은 무언가 좀 더 노력을 기울였던 것 같다. 그들은 특질 이론이 실패한 자리에서 어떻게 사회인지적 접근을 이어갈 수 있는지 보여주려고 했는지도 모른다. 즉, 사람들이 어떤 상황에서 어떤 이유로 범상황적으로 일관적인 성격 유형을 보여주는지에 대한 사회인지적 설명을 발전시켜 보려고 했을지도 모른다. 그러나 이러한 노력은 20세기 사회인지적 접근에서는 성공적이지 못했다.

제한점을 설명하기 : KAPA 모형

KAPA 모형(Cervone, 2004)은 이러한 세 가지 제한점을 설명하기 위해 만들어졌다. 우선 성격의 구조와 과정에 대해 어떻게 접근하고 있는지 살펴보자.

지식 구조와 평가 과정

KAPA 모형의 핵심 주장은 두 가지 유형의 사회인지적 성격 변수가 존재한다는 것이다. 그것은 바로 지식과 평가이다(Cervone, 2004; Lazarus, 1991). 지식은 지속적인 특징을 가지고 있다. 즉 사회인지 구조에 해당한다. 평가는 시간에 따라 빠르게 변화하는 것으로, 사회인지 과정으로 볼 수 있다. 우리는 다음 예에서 지식과 평가를 어떻게 구분하는지 볼 것이다.

여러분이 자신에 대해 다음 두 가지 유형으로 생각을 한다고 가정해 보자.

A. 여러분은 스스로를 '스트레스를 다루는 데 어려움을 겪는' '똑똑한 사람'이라고 믿는다. 수년 동안 여러분은 자신에 대해 이렇게 생각해 왔다. 이러한 두 가지 신념은 쉽게 바뀌기가 어렵다. 즉 다음 주에도 혹은 그다음 달에도 여러분은 '나는 모든 종류의 스트레스를 아주 능숙하게 다루는 똑똑하지 못한 사람이야.'라고 생각하며 눈을 뜨지는 않을 것이다.

B. 기말이 다가오자 여러분은 '이번 학기 성격심리학 기말시험은 정말 잘 볼 것 같아.'라고 생각했다. 그러나 시간이 지나면서 여러분들은 깨닫게 될지도 모른다. '오, 안 돼. 다른 시험에서 그랬던 것처럼 공부할 시간이 너무 부족해. 시험을 망칠 것 같아.' 그러나 또 다른 순간에서는 이렇게 생각하며 전략을 짜낼 수도 있다. '그래. 지루한 사회학 공부는 좀 줄이고 성격심리학 공부 시간을 좀 더 늘리는 편이 좋겠어. 그럼 A를 받을 수 있을 거야!'

20세기 사회인지 이론의 언어로 A와 B의 사고는 모두 사회 세계와 상호작용하는 자신에 대한 생각인 자기 참조적 사회인지이다. 하지만 둘은 분명히 다르다. 'A'는 오래 지속되며 안정적인 신념이다. 'B'는 빠르게 변할 수 있는 사고이다. KAPA 모형에서는 A를 지식 구조, B를 평가 과정이라고 한다(Cervone, 2004; Lazarus, 1991; Smith & Lazarus, 1990).

지식은 지속적인 내적 표상으로 자신과 타인, 그리고 세상에 대해 쉽게 변하지 않는 개념들을 의미한다. 성격 연구에서 특히 중요한 측면의 지식이 자기 인식이다. 이것은 자기 자신의 개인적 특성과 열망에 대한 지속적인 내적 표상이다. 그리고 우리는 이미 이 장 초반에서 자기 도식을 논하면서 이러한 종류의 자기 인식을 다룬 바 있다.

평가는 자신과 주변 환경 간의 관계에 대해 계속적으로 진행 중인 평가이다. 여러분이 도전에 직면할 때마다 여러분의 머릿속에 퍼지는 생각들, '아, 생각만큼 잘하지 못할 것 같은데', '내가 잘할 수 있을까?', '다음엔 뭘 해야 하나, 어떻게 해야 하나', 이러한 것들이 바로 평가이다. 많은 연구들이 사람의 평가가 그들의 정서와 행동에 영향을 준다는 것을 검증하였다(Moors et al., 2013). 제12장에서 여러분들이 읽었던 사회인지 과정의 많은 부분, 도전적 과제에 대한 피드백을 받았을 때 발생하는 사고의 흐름(자기 효능감 지각, 자기 평가적 반응) 같은 것들이 바로 '평가'이다.

지식과 평가는 체계적으로 연관되어 있다. 지식 구조는 평가 과정에 영향을 준다(Higgins, 1996; Markus & Wurf, 1987). 사람들이 일련의 사건에 대해 생각하는 방식(평가)은 사람들이 기억 속에 저장한 신념, 계획, 그리고 기억들(지식)의 지배를 받는다. 지식은 상황이 모호하거나 지금 어떻게 된 상황인지를 이해해야 할 때 특히 더 강하게 평가에 영향을 준다. "그 사람이 나를 좋아한대, 안 좋아한대?", "그들에게 좀 더 이해해 보라고 말해야 할까, 말아야 할까?" 이처럼 모호한 상황을 이해하려고 애쓸 때, 사람들은 그들이 기억 속에 저장한 지식을 끄집어낸다.

사회인지적 성격의 평가

지식/평가의 구분은 성격을 평가하고자 하는 목표를 수립한다. KAPA 모형에서 평가의 주된 목적은 개인에게 가장 중요한 지식 구조, 그리고 살면서 맞닥뜨리는 도전에 대한 사람들의 평가를 확인하는 것이다. 다음은 이러한 탐색을 이끌어 가는 두 가지 평가 원칙이다(Cervone, Shadel, & Jencius, 2001).

1. **지식과 평가를 문맥상에서 확인하기** 사람들의 생각은 종종 상황에 따라 달라진다. 여러분은 친구들에 대해서는 관계에 대한 확신이 있을 수 있지만 낯선 사람에 대해서는 그렇지 않을 수 있다. 여러분은 책임감 있고 신뢰할 수 있는 부모이지만 공부에 대해서는 한없이 미루기만 하는 사람이라는 것을 여러분은 알 것이다. 따라서 KAPA 모형에서 이루어지는 평가는 맥락적이다. KAPA 모형은 사람들이 '일반적으로' 어떤 생각을 하는지에 대해 질문하기보다는 변화하는 다양한 맥락(예 : 친구와 함께 있을 때, 낯선 이들과 있을 때, 부모 역할을 수행하고 있을 때, 학생 역할을 수행하고 있을 때)에서 그들이 하는 주요한 생각을 확인하고자 한다.

2. **독특한 성격을 예민하게 캐치하기** 자기 자신에 대한 사람들의 신념은 상황에 따라 독특하게 변한다. KAPA 모형에서는 사람들의 이러한 독특하고 고유한 성격을 지나치지 않고 섬세하게 파악해야 한다고 주장한다. 정해진 문항으로만 이루어진 단순한 성격 질문지 대신, KAPA 모형에서는 사람들이 그들 자신만의 언어로 스스로를 기술하도록 해야 한다

고 본다. 잠재적으로 독특한 내용을 담고 있는 사람들의 신념 체계에 주의를 기울인다는 점에서, KAPA 모형의 접근 방식은 조지 켈리(제11장)의 개인적 구성 개념 평가와도 유사하다.

자기 평가의 범상황적 일관성 : 자기 도식과 자기 효능감 평가

앞에서 언급한 두 가지 — 지식/평가의 구분, 그리고 KAPA 모형의 평가 전략 — 는 자연스럽게 세 번째 제한점으로 방향을 이끌어 낸다. KAPA 모형은 어떻게 지식 구조가 범상황적으로 일관적인 패턴의 성격 기능을 낳는지 이해하는 것을 목적으로 한다. 따라서 KAPA 모형은 독특한 사람들에게 드러나는 독특한 패턴의 성격 일관성을 탐지할 수 있는 성격 평가 전략을 사용한다.

KAPA 모형의 접근법은 여러분이 제8장에서 살펴본 대안적 접근법과 대조해 봄으로써 이해할 수 있다. 제8장에서는 특질 이론과 '사람–상황 논쟁'에 대해 논하였다. '논쟁'은 다음의 연구 결과로 이어진다. 즉, 심리학자들은 연구 결과들로부터 서로 다른 결론을 도출해 낸다. 그러나 연구 방법에 대해서는 공통된 세트가 존재한다. 거의 모든 연구에서 그림 13.1의 왼쪽에서 기술한 전략을 사용하였다. 연구자들은 (a) 연구를 위한 특질 구성 개념(예 : 성실성)을 선택하고, (b) 특질을 측정하는 좋은 방법(예 : 만약 여러분이 마쳐야 할 지루한 일이 있다면, 성실하게 마무리한다. 만약 아침 일찍 수업이 있다면, 반드시 정시에 출석한다.)이라고 생각되는 일련의 상황, 그리고 연합된 반응을 확인하였다. 그리고 (c) 사람들이 일련의 고정된 상황에서 일관적으로 반응하는지 아닌지를 결정한다.

미셸(1968)에 따르면 이러한 전략에는 몇 가지 문제가 있다. (1) 범상황적 일관성이 그렇게 흔하게 나타나지 않는다는 것, (2) 자주 나타난다고 해도 사람들이 일관적으로 반응하는 이유를 설명하는 심리적 과정을 확인하는 데는 실패했다는 것이다. 게다가 세 번째 문제는 (3) 이러한 연구 전략이 성격의 고유성을 민감하게 캐치하지 못한다는 것이다. 만약 누군가 자신의 개인적 특성과 일치하는 의미 있는 행동 패턴을 일관적으로 보여준다면, 그러나 이것이 연구자의 특질 구성 개념과는 일치하지 않는다면 연구자는 이를 간과할 것이다.

가령 여러분이 '성실성' 연구에 참여 중이라고 가정해 보자. 이 연구는 기말고사 일주일 전에 행해졌다. 만약 기말고사에서 뛰어난 성적을 거두는 것이 여러분의 목표라면, 여러분은 (a) 공부에 많은 시간을 할애하고 (b) 주의 집중을 방해하는 활동들(예 : 세금을 내거나, 빨래를 하는 등)에 시간을 낭비하지 않을 것이다. 또한 (c) 같은 반에서 똑똑해 보이는 친구들과 어울리려 애쓸 것이다. 그러면 여러분은 이들과 같은 스터디 집단의 일원이 될 수도 있다. 여러분의 행동은 여러분이 가지고 있는 목표와 일치한다. 그러나 전통적인 성격 특질과는 일치하지 않는다. (a)와 (b) 행동들은 성실성과는 일치하지 않는다. 그리고 친구들과 어울리는 (c) 행동의 경우 성실성 연구에서는 간과되는 부분일 수 있다. 왜냐하면 특질 이론에서 이러한 행동은 '외향성'의 예시이기 때문이다. 특질 전략은 일반적으로 사람들을 이해하는

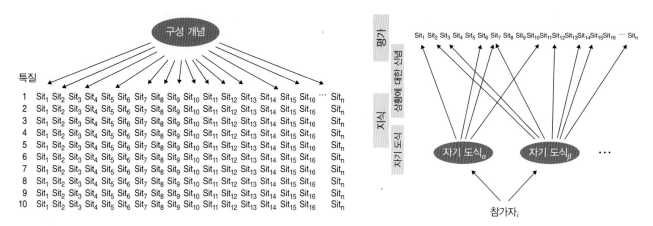

그림 13.2 이러한 그림은 성격의 일관성을 연구하기 위한 두 가지 전략을 대비해서 보여준다. 특질적 접근에서(제7장과 제8장), 연구자들은 사람들이 고정된 성격 특질(왼쪽 그림)과 얼마나 일치하는지의 정도를 결정한다. 이와 달리 사회인지적 KAPA 모형에서는(오른쪽 그림), 개인이 보여주는 성격의 일관성이 특히 자기 도식(예 : 자기에 대한 핵심 신념)과 관련된 일련의 독특한 상황에서 드러날 가능성을 고려한다(Cervone, 2004).

데는 도움이 될 수 있지만, 여러분의 독특한 성격 특성들을 놓칠 수도 있다.

KAPA 모형은 성격의 일관성을 연구하는 대안적 전략을 제안한다. 이는 그림 13.2의 오른쪽에 설명되어 있다. KAPA 전략은 다음의 두 가지 사고에 기초한다.

- 자기 도식이 성격의 범상황적 일관성을 낳는다. 다양한 상황 중 어떤 상황이냐에 따라 특정한 자기 도식이 떠오른다. 가령 누군가 '부끄러움을 많이 타는' 자기 도식을 가지고 있다면, 이러한 자기 도식은 사회적 집단(예 : 새로운 이웃을 만나는 것), 직장(예 : 취업 면접), 혹은 관계(예 : 연인과 서로의 느낌을 터놓고 나누는 것)와 같은 여러 가지 상황에서 마음속에 떠오른다. 도식적 지식 구조는 평가 과정에 영향을 주기 때문에, 자기 도식은 서로 다른 상황에 걸쳐 일관적인 성격 유형을 보여줄 수 있어야 한다.
- 범상황적 일관성의 종류는 개인에 따라 고유하게 달라진다. 어떤 사람도 자기 자신에 대한 독특한 신념들을 가지고 있다. 더 나아가 개인의 일상에 매우 중요한 상황들은 매우 독특하게 변화한다. 이는 연구자들이 개인의 특이성에 굉장히 민감한 방식으로 성격의 일관성을 탐색해야 한다고 제안한다.

KAPA 모형 연구의 사례(Cervone, 2004)는 이렇듯 다소 추상적인 이론적 관점을 보다 구체적으로 만들어 준다.

그림 13.3에 묘사된 개인은 어떤 연구에 참여하고 있다. 그 연구의 첫 번째 단계의 성격 평가에서 사람들은 그들의 강점과 약점에 대해 쓰라는 지시를 받는다. 그들에게 특별히 중요하다고 확인된 개인의 강점과 약점이 이 연구에서 말하고자 하는 '도식적' 성격 특징이다(Markus, 1977 참조). 아래쪽 두 개의 네모는 이러한 특정한 개인이 가지고 있는 두 개의 주

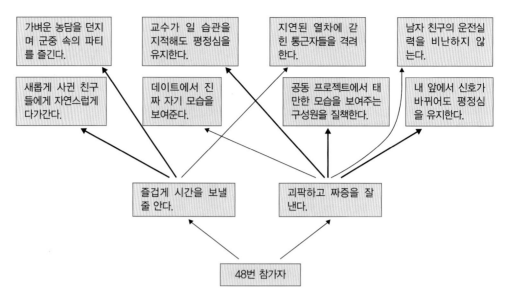

그림 13.3   그림은 KAPA 모형 연구 참가자의 자기 지식과 상황에 대한 신념을 보여준다. 참가자는 '괴팍하고 짜증을 잘 내지만', 또한 '즐겁게 시간을 보낼 줄 아는' 자기 지식과 신념을 포함한다. 이렇게 두 가지의 자기 지식에서부터 시작된 화살표는 참가자가 하나의 성격 특성과 대조적인 또 다른 성격 특성도 가지고 있다고 간주하는 상황을 보여준다(Cervone, 2004).

요한 자기 도식을 보여준다. 여러분들이 알다시피, 참가자가 강점이라고 생각하는 개인적 특성은 바로 그녀가 '즐겁게 시간을 보낼 줄 안다'는 것이다. 동시에 그녀는 자신을 '괴팍하고 짜증을 잘 낸다'로 생각하는 부정적 자기 도식(개인적 약점)을 가졌다.

이러한 자기 기술은 성격의 특질 이론으로 설명하기가 어렵다. 그녀가 기술한 내용에 따르면, 이 사람은 우호성이라는 성격 특질에서 높은 점수와 낮은 점수를 모두 보여주고 있기 때문이다. 그러나 이러한 자기 기술은 완벽하게 합리적이다. 많은 사람들이 어떤 상황에서는 너무나 편안하고 우호적이지만 또 다른 상황에서는 불쾌하고 적대적일 수 있다.

그림 13.3의 나머지 맨 윗줄은 참가자가 생각하는 상황이 그녀의 두 가지 주요한 성격 특성과 관련되어 있음을 보여준다. 이러한 상황들은 사람들에게 주어진 성격 특성이 많은 상황 각각에서 자신의 행동에 영향을 줄 것인지 물어보는 과제를 통해 확인할 수 있다(Cervone, Shadel, & Jencius, 2001). 그림에서 알 수 있듯이, 그녀는 다른 성격 특성들이 서로 다른 상황들과 관계된 것처럼 간주한다. 그녀 자신의 관점에서 '즐겁게 시간을 보낼 줄 아는' 능력은 많은 낯선 이들을 포함하는 사회적 상황과 관련된다. 그녀의 '괴팍하고 짜증을 잘 내는' 특징은 일, 운전, 그리고 그녀의 남자 친구와 관련된 환경이다. 이러한 것들은 일종의 개인화된 사회인지 '지도'로 KAPA 모형의 핵심이 된다.

KAPA 모형 연구는 그림 13.2의 일부에서 보여주듯 개인의 개별화된 초상화뿐만 아니라 성격 일관성에서의 연구 결과도 보여준다. 사람들은 서로 구분되는 일련의 상황에 걸쳐 일관적 자기 효능감의 평가를 보여준다. 자기 도식이 자기 효능감의 평가를 예측하는 데 사용

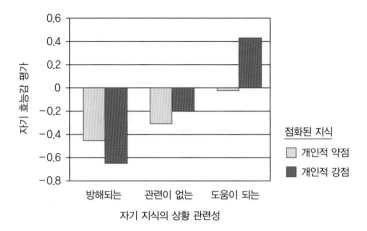

그림 13.4 KAPA 모형은 마음속에 떠오른 자기 지식에 대한 신념이 수행에 대한 개인 역량, 즉 자기 효능감 평가에 영향을 줄 것이라고 예측한다. 그래프는 이러한 예측을 실험적으로 검증한 결과이다. 개인적 강점 혹은 약점에 대한 신념을 불러일으키기 위해 인지적 점화를 사용하였다. 개인적 강점의 점화는 자기 효능감 평가의 향상을 낳는다. 그러나 이러한 예측은 오직 개인적 강점이 관련이 있으며 도움이 된다고 믿는 특정한 상황에만 해당된다(Cervone et al., 2004).

되는 경우, 사람들은 긍정적인 자기 도식이 마음속에 떠오르는 상황에서 더 높은 자기 효능감을 경험하는 것으로 나타났다(Cervone, 1997).

이러한 결과는 광범위한 연구들에서 발견된다. 도식적 지식 구조는 일상의 행동을 수행하는 동안 성인이 지각하는 자기 효능감 연구에서 평가의 범상황적 패턴을 예측하는 기반이 된다(Cervone, 1997, 2004; Di Blas, 2017; Orom & Cervone, 2009). 흡연 충동에 저항해야 하는 상황에 대해 고민하는 흡연가들(Cervone et al., 2007, 2008; Shadel et al., 2004), 다양한 유형의 레크리에이션 활동에 참가하는 능력에 대해 생각하며 운동하는 사람들(Wise, 2007, 2009), 다양한 상황에서 전략적 대인관계 행동이나 유머의 사용에 대해 심사숙고하는 어른들(Caldwell, Cervone, & Rubin, 2008), 그리고 자신의 강점과 약점이 일상의 도전적 과제들을 수행하는 능력에 얼마나 영향을 줄 것인지를 고민하는 노인들(Artistico et al., 2018). 이런 모든 연구에서 사람들은 그들이 가진 긍정적 자기 도식과 관련된 상황에서 높은 자기 효능감 평가를 내린다.

KAPA 모형의 마지막 특징은 실험을 통해 검증할 수 있다. (자기 불일치에 대한 히긴스 연구에서 본) 점화 절차를 통해 연구자들은 자기 지식의 각기 다른 측면을 활성화하였다. KAPA 모형은 이러한 점화가 일상의 도전적 사건들을 다루는 자기 효능감에 대한 사람들의 평가에 영향을 주어야 한다고 예측한다. 점화는 참가자들에게 연구와 관련 없어 보이는 기억과제를 수행하게 함으로써 측정할 수 있다. 서로 다른 날, 참가자들에게 제시된 과제는 그들의 도식적 개인 강점 혹은 약점과 밀접한 단어들을 포함한다(Cervone et al., 2008). 점화 절차 후, 연구자는 참가자들에게 몇 가지 도전적 과제에 대해 생각하게 하고 그 과제를 성공할 수 있을지에 대한 자기 효능감을 평가하도록 하였다. 그 결과, KAPA 모형은 다음과 같은 사실을 확인할 수 있었다. 긍정적 자기 도식의 점화는 그러한 자기 도식과 관련된 상황에서 자기 효능감 평가를 높여주는 역할을 한다(그림 13.4 참조).

요약하면, KAPA 모형은 밴듀라와 미셸, 그리고 다른 사회인지 분야의 선구자들이 기울인 노력을 확장한다. 이러한 노력은 사회인지적 도구를 통해 성격심리학이 가지고 있는 전형적인 문제들을 해결하기 위한 시도를 통해 이루어진다. 그 결과는 법칙 정립적 접근과 개별 사례적 접근을 통합하는 이론으로 나타난다(제7장).

일반적이고 법칙 정립적인 일련의 원칙들은 성격의 구조와 과정을 구별한다. 개별화되고 개별 사례적인 평가들은 성격심리학의 근본 타깃인 '개인의 심리적 역동'이 무엇인지 밝히고 있다.

임상적 적용

지금까지는 사회인지 이론의 이론적 핵심 원리와 그 원리를 뒷받침하는 기본 연구를 먼저 살펴보았다. 이제 우리는 이론과 연구의 적용 분야로 방향을 돌린다. 바로 임상심리학이다. 인지 이론의 임상적 적용은 과거 사반세기 동안에 너무나 중요한 일이었다. 사실 많은 임상적 상황과 훈련 프로그램에서 인지적 접근은 모든 이론적 경향 중 가장 우세한 것이었다.

인지치료에 하나의 이론이나 기법만 있는 것은 아니다. 대신 여러 다른 접근법이 있으며 종종 특정 문제에 맞춰진 것도 있지만 이 접근법들이 모두 공통으로 갖고 있는 몇 가지 가정이 있다.

1. 인지(속성, 신념, 기대, 자기 및 다른 사람과 관련한 기억)는 느낌과 행동을 결정하는 데 핵심적인 것으로 간주된다. 그래서 사람들이 생각하는 것과 자기 자신에게 말하는 것에 관심이 있다.
2. 비록 일반화된 기대와 신념의 중요성을 인정한다 하더라도 인지 중 관심의 초점이 되는 부분은 상황 특정적 혹은 상황의 범주 특정적인 경향이 있다.
3. 정신 병리는 자기, 타인, 세상의 사건들에 대한 왜곡되고 그릇되고 부적응적인 인지로부터 발생하는 것으로 간주된다. 병리의 또 다른 형태는 정보를 처리하는 것에 대한 상이한 인지와 방식에서 비롯하는 것으로 간주된다.
4. 그릇되고 부적응적인 인지는 문제가 있는 느낌과 행동을 가져오고 이것은 다시 더 문제가 있는 인지를 만들어 낸다. 이렇게 사람들의 뒤틀린 신념을 확증하고 유지하도록 행동하게 하는 자기 충족적 순환이 자리 잡는다.
5. 인지치료는 어떤 뒤틀리고 부적응적인 인지가 어려움을 만들어 내고 있는지 확인한 다음, 그 인지들을 더 현실적이고 적응력 있는 다른 인지로 대체하도록 하기 위해 치료자와 내담자가 공동의 노력을 기울이도록 돕는다. 치료적 접근은 적극적이고 구조화되고 현재

에 초점을 맞추는 경향이 있다.

6. 다른 접근법과 비교해 볼 때 인지적 접근법에서는 내담자가 자신과 삶에 대한 자기의 일상적인 습관적 사고방식을 모르고 있는 게 아닌 한 무의식을 중요하게 보지 않는다. 게다가 전체 성격의 변화보다는 문제가 있는 특정한 인지의 변화를 강조한다.

이 단락에서는 우선 사회인지 이론을 직접적으로 따르는 임상적 적용을 고려할 것이다. 그런 다음 밴듀라와 미셸의 연구를 직접 따르는 것은 아니지만 병리와 변화에 대한 더 일반적인 사회인지적 접근법의 일부인 다른 임상적 적용을 살펴볼 것이다.

정신 병리와 변화 : 모델링, 자기 개념, 지각된 자기 효능감

사람들은 왜 심리적 고통을 경험하는가, 그리고 이러한 고통은 어떻게 완화될 수 있는가? 성격 이론은 이러한 질문에 각기 다른 대답을 내놓는다. 정신분석가들은 성인기에 겪는 심리적 문제들을 어린 시절에서 비롯된 근본적인 정신 병리적 증상들이라고 설명한다. 인본주의 이론에서는 일생 동안 경험하는 대인관계가 자기 개념과 웰빙에 영향을 주는 것이라고 주장한다. 특질 이론에서는 특정한 사람들로 하여금 고통스러운 감정을 경험하게 만드는 유전적 요인들을 강조한다. 사회인지 이론에서는 조금은 다른 대답을 내놓는다. 그 대답은 다음의 두 가지 핵심적인 부분에 대한 설명을 포함한다.

첫째, 사회인지 이론은 행동을 통한 경험의 역할을 강조한다(Bandura, 1969). 사람들은 살면서 맞닥뜨리는 역경에 대처하도록 돕는 기술들을 가르치는 조건을 경험하는데, 적응적이지 못하거나 실패하는 환경들을 경험한다. 따라서 치료자들의 주요 과업은 내담자들에게 새롭고 적응적인 행동을 가르치는 새로운 경험들을 제공하는 것이다. 이러한 접근이 심리 장애의 '의학적 모델'과 어떻게 다른지에 주목하라. 의학적 모델에서, 치료자는 주로 내담자의 생애 초기 경험 혹은 내담자에게 나타나는 증상의 기저 요인인 생물학적 변인을 확인하고자 한다. 그러나 사회인지적 접근에서 치료자는 내담자 스스로가 전문가의 도움을 유발하는 문제적 행동을 수정할 수 있도록 하는 도전적 상황에 직접 맞선다.

두 번째 눈에 띄는 특징은 **역기능적 기대**dysfunctional expectancies와 **역기능적 자기 평가**dysfunctional self-evaluations와 같은 인지에 집중하는 것이다. 만약 사람들이 그들에게 부정적인 일들이 일어날 것이라는 잘못된 기대를 한다면, 이러한 기대는 실제로 그들이 피하고자 하는 그 결과를 야기할 수 있다. 가령, 자신의 파트너와 친밀해질수록 불가피한 고통도 함께 겪을 것이라고 기대하는 사람은 파트너에게 적대적으로 대하게 될 것이고 결과적으로 관계도 손상될 것이다. 역기능적 자기 평가는 완벽주의적 기준으로 자신을 평가한다. 로저스가 이상적 자기에 대한 분석에서 밝혔듯이, 지나치게 엄격한 자기 평가 기준을 채택하는―즉 팀에서 절대적으로 최고의 선수이거나 반에서 가장 뛰어난 학생이어야만 행복하다고 느끼는― 사람들은 그들이 세운 불가능하리만치 높은 기준이 충족되지 않는 경우, 반복된 실망을 경

역기능적 기대
사회인지 이론에서 특정 행동의 결과와 관련한 부적응적 기대

역기능적 자기 평가
사회인지 이론에서 정신 병리학에 중요한 의미를 지니는 자기 보상에 대한 부적응적 표준

험하면서 불행한 결말을 맞이하게 될 수도 있다는 것이다.

자기 효능감, 불안, 우울

정신 병리에 대한 사회인지적 분석은 다면적이다. 다양한 신념, 행동, 그리고 기술의 부족이 심리적 고통을 조성할 수 있다고 본다. 그러나 사회인지 이론은 지각된 자기 효능감에 가장 중요한 역할을 부여한다. 가장 먼저 불안에 대한 지각된 자기 효능감의 역할을 생각해 보자.

사회인지 이론에 따르면, 위협에 대처해야 하는 상황에서 낮은 자기 효능감을 가진 사람들은 높은 수준의 불안을 경험한다. 불안의 기반은 위협적인 사건 그 자체가 아니라 그것에 대처하는 데 있어서 지각된 무능감이다. 연구에 의하면 위협적 사건을 관리할 수 없다고 믿는 사람들은 큰 괴로움을 겪는다. 그들은 또한 미래에 있을 재앙에 주의를 기울이고 그 상황에 대처하기 위해 해야 할 것에 초점을 맞추기보다는 그것을 대처해 나가지 못할 자신의 무능함에 주의 초점을 맞출 수도 있다. 두려움에 대한 두려움 반응이 실제 공황으로까지 이어질 수 있는 것이다(Barlow, 1991).

지각된 무능감은 우울을 유발한다. 기대하는 결과를 획득하지 못할 거라는 지각된 무능함은 우울이라는 상실감을 만들어 낸다. 나아가 낮은 자기 효능감 신념은 수행을 떨어뜨리는데 이는 우울과 더불어 자책까지 하게 만든다(Kavanagh, 1992). 소아 우울증에 대한 연구에서도 이러한 결과가 발견되었다. 이 연구에서, 지각된 사회적 무능감과 학업적 무능감은 간접적으로는 미래의 사회적·학업적 성공을 방해하는 문제 행동으로 이어질 뿐만 아니라 우울을 유발하는 직접적 원인으로 작용한다(Bandura et al., 1999). 따라서 낮은 자기 효능감이 우울증과 문제 행동을 발생시키고 그 우울증과 문제 행동은 다시 지각된 무능감과 우울증을 키우는 식으로 자기 패배의 순환고리가 만들어진다.

밴듀라(1992)는 표준과 수행 사이의 불일치는 사람들로 하여금 더 큰 노력을 기울이도록 이끌거나, 무관심하게 혹은 우울하게도 만드는 등 다양한 수준의 영향력을 가진다는 흥미로운 관점을 제기하였다. 이 중 어떠한 결과가 일어날 것인지를 결정해 주는 것은 무엇일까? 밴듀라에 따르면, 사람들이 목표를 달성할 효능감을 갖고 있다고 믿을 때는 수행과 표준의 불일치가 높은 동기를 이끌어 낸다. 목표가 너무 비현실적이라서 자기 능력을 벗어나 있다는 신념은 목표를 포기하게 만들고, 아마도 (우울이 아닌) 무관심을 가져올 것이다. 예를 들어 "이 일은 너무 어려울 뿐이야."라고 말하고 포기할 때는 좀 좌절하거나 화날 수 있지만 우울하지는 않을 것이다. 우울은 목표가 적당한데 자신이 이 목표에 대해 무능하다고 느낄 때 일어난다. 그러므로 그 사람은 그 표준을 맞추기 위해 계속해서 애써야 한다고 느낀다. 따라서 표준과 수행의 불일치가 노력과 기분에 미치는 효과는 자기 효능감 신념과 표준이 적당하고 달성 가능하고 중요하다고 지각되는가의 여부에 달려있다.

우울한 기분과 표준 수행의 불일치 간 관련성은 양방향적이다. 인지적 불일치는 우울감을 유발하고 우울감은 다시 이러한 불일치를 만들어 낸다. 이 주장의 증거는 우울한 사람과 우울하지 않은 사람을 비교한 연구에서뿐만 아니라(Tillema, Cervone, & Scott, 2001) 사람들의 기분을 실험적으로 조작한 연구로부터도 나온다(Cervone et al., 1994; Scott & Cervone, 2002). 연구 결과에 따르면 사람들은 기분이 좋지 않을 때 더 완벽주의적 표준을 세우는 경향이 있다. 기분이 안 좋을 때는 일상적 결과물이 덜 만족스러워 보인다. 그 결과 사람들은 뛰어난 성취에만 만족한다. 이와 같은 수행에 대한 더 높은 표준은 대개 실제로 이룰 수 있다고 생각하는 수행 수준을 넘어서는 것이다(Cervone et al., 1994).

자기 효능감과 건강

사회인지 연구에서 가장 활발한 분야는 자기 효능감 신념과 건강의 관련성에 대한 것이다. 건강 증진과 질병 예방에 대한 사회인지 이론은 앞에서 언급한 네 가지 구조에 초점을 맞춘다. 그 네 가지는 상이한 건강 행위들의 건강 위험과 이익에 대한 지식, 자기 건강 습관을 자기가 통제할 수 있다는 지각된 자기 효능감, 상이한 건강 행동들의 예상되는 비용과 이익에 대한 결과 기대치, 사람들이 자기를 위해 세우는 건강 목표와 그것을 실현하기 위한 전략(Bandura, 2004)이다. 당연히 자기 효능감 신념은 많은 건강 관련 연구의 초점이 된다. 이 연구의 결과는 다음과 같이 쉽게 요약할 수 있다. 강하고 긍정적인 자기 효능감 신념은 건강에 좋다. 반대로 약하고 부정적인 자기 효능감 신념은 건강에 나쁘다(Schwarzer, 1992). 자기 효능감 신념은 두 가지 주된 방식으로 건강에 영향을 준다. 두 가지는 바로 건강 관련 행동과 생리적 기능이다(Contrada, Leventhal, & O'Leary, 1990; Miller, Shoda, & Hurley, 1996). 자기 효능감 신념은 다양한 질병의 발병 가능성과 질병으로부터의 회복 과정 모두에 영향을 끼친다(O'Leary, 1992).

자기 효능감 신념은 다양한 건강 관련 행동들과 관련된다(O'Leary, 1992). 가령, 안전한 성행위에 대한 연구에서, 높은 자기 효능감의 지각은 더욱 안전한 성행위 가능성을 예측한다(Burns & Dillon, 2005). 심근경색에서 회복 중인 사람들의 자기 효능감을 살펴본 결과, 낙관적이지만 환자의 건강 상태에 적절한 정도의 자기 효능감 지각은 더욱 건강한 운동 양식을 촉진시킨다는 것을 알 수 있었다(Ewart, 1992).

또한 자기 효능감 신념은 특정한 신체적 기능과도 관련이 있다. 높은 자기 효능감 신념이 스트레스의 영향을 완화하고 (질병과 싸우는) 신체 면역 체계의 기능을 향상시킨다는 증거가 있다(O'Leary, 1990). 지각된 자기 효능감과 면역 체계에 관한 실험(Wiedenfeld et al., 1990)에서, 연구자들은 뱀 공포증을 보이는 참가자들을 다음의 세 가지 조건에 할당하였다. 뱀에 노출되지 않은 기저선 통제 단계, 지각된 자기 효능감 획득 단계(이 단계에서 대처 효능감의 감각을 얻도록 보조를 받는다), 지각된 최대 자기 효능감 단계(대처 효능감을 완전히 습득하여 개발한 것)이다. 이 세 단계 동안 피험자들의 피를 약간 뽑아서 면역 체계를 조절하는 데 도움이 된다고 알려진 세포가 있는지 분석하였다. 예를 들어 암세포와 바이러스를 파괴하는 역할을 하는 것으로 알려진 도우미 T세포의 수준이 측정되었다. 자기 효능감 신념이 향상되면 도우미 T세포 수준을 포함한 면역 체계의 기능도 향상된다.

치료적 변화 : 모델링과 유도된 숙달

자신의 삶에 이로운 행동의 변화를 가져오는 것이 밴듀라와 여러 사회인지 이론가들의 핵심 목표이다. 밴듀라는 이 목표를 받아들이면서도 이를 조심스럽게 추구해야 한다고 경고한다. 이 치료적 절차는 기본적인 심리적 메커니즘에 대한 이해가 제대로 이루어진 후에만 임상적으로 적용되어야 한다.

밴듀라(1977)에 따르면, 변화의 핵심 메커니즘은 인지, 즉 지각된 자기 효능감이다. 그러나 이러한 메커니즘에 영향을 미치는 가장 강력한 수단은 행동에 관한 것, 즉 숙달 경험이다. 치료자들이 숙달을 위한 도전 행동의 과정으로 환자들을 인도할 수 있다면, 자기 효능감 신념의 변화는 자연스럽게 뒤따라 올 것이다.

밴듀라가 가장 강조하는 치료 전략은 모델링과 **유도된 숙달**guided mastery이다. 모델링에서, 내담자는 그들이 습득하기를 바라는 기술들을 보여주는 누군가(예 : 치료자)를 관찰한다. 유도된 숙달에서, 개인은 이로운 행동을 수행하는 모델을 바라볼 뿐만 아니라 도움을 받으며 그 행동을 직접 수행해 본다. 많은 연구들에서 유도된 숙달 치료는 강력하고 효과적이다(Bandura, 1997). 선행 연구들은 뱀 공포증, 즉 일상생활을 방해할 수 있을 정도의 비이성적인 두려움을 감소시켜 주는 숙달치료의 능력을 보여준다.

이 연구에서, 밴듀라와 동료 연구자들은 미시분석 연구 전략을 사용하여 자기 효능감 지각과 행동적 변화의 관계를 평가하였다. 이러한 전략에서 자기 효능감과 행동은 개인이 행동하는 수준과 관계가 있다. 연구자들은 만성적인 뱀 공포증 환자를 다음의 세 가지 조건 중 하나에 두는 실험을 수행하였다. 첫 번째는 참가자 모델링(치료자가 위협 행동의 본보기를 보이고 참여자는 치료자의 도움을 받아 혼자서 수행할 수 있을 때까지 그 과제를 점진적으로 수행한다), 모델링(피험자들은 과제에 관여하지 않고 치료자가 과제를 수행하는 것을 지켜본다), 그리고 통제 조건이다(Bandura, Adams, & Beyer, 1977).

이 조건에 할당되기 전과 후 상황 모두, 참가자들은 행동 회피 검사Behavioral Avoidance Test(BAT)를 하였다. 이 검사는 난이도가 점점 증가하는 29개의 수행 과제로 구성되어 있다(마지막 과제는 뱀이 참가자의 무릎을 기어가게 놓아두는 것이다). 지각된 자기 효능감의 역할을 알아보기 위해 연구자들은 매우 세부적이고 상세하게 평가를 진행하였다. 참가자들이 각각의 BAT 행동들을 수행하는 동안 뱀 공포증 환자들의 지각된 자기 효능감을 측정하였다. 자기 효능감 평가는 처치 전과 처치 후에 모두 이루어졌다.

예상대로 참가자 모델링 조건의 참가자들이 가장 강력한 행동의 변화를 보여주었다. 지각된 자기 효능감 연구에서 더욱 중요한 것은 자기 효능감 지각에서의 변화와 행동의 변화가 매우 밀접하게 관련되어 있다는 것이다. 집단 간 수준에서, 가장 큰 자기 효능감 지각의 변화를 나타낸 집단은 행동에서도 가장 큰 변화를 보여주었다. 개인 수준에서, 자기 효능감은 한결같이 행동의 정확한 예측 변수가 되었다. 사실 자기 효능감과 행동의 관계는 주목할 만큼 광범위하다. 밴듀라와 동료들(1977)은 자기 효능감 수준과 일련의 접근 행동 간에 .84의 상관을 보고하였다. 요약하면, 이러한 자료들은 유도된 숙달이 강력한 치료일 뿐만 아니라 그 효력이 자기 효능감 지각의 영향력에서 온 것임을 나타낸다(Bandura & Adams, 1977; Bandura, Adams, & Beyer, 1977; Bandura, Reese, & Adams, 1982; Williams, 1992).

이러한 사회인지 접근법은 그 뒤로도 다양한 영역의 연구들에 광범위하게 적용되었다. 시험 불안에 대처하는 학생들의 행동 변화에서 나타나는 숙달 경험과 자기 효능감 지각의 역할 연구(Smith, 1989), 외상 후 스트레스를 겪는 참전 용사들에 대한 연구(Benight & Bandura, 2004), 앞으로 일어날지 모르는 부상에 대해 염려하는 운동선수들에 대한 연구(Chase, Magyar, & Drake, 2005), 그리고 폭력 앞에 취약한 자신의 처지를 걱정하는 여성들에 대한 연구(Ozer & Bandura, 1990; Weitlauf, Cervone, & Smith, 2001). 특히 마지막 연구에서 무장하지 않은 성폭력자들로부터 자신을 지키는 데 필요한 신체 기술을 단련하는 모델링 프로그램에 참가한 여성들의 경우, 행동의 자유도는 더 커졌고 회피 행동은 줄어들었다. 이 모든 연구의 밑바탕에는 바로 숙달 경험이 지각된 치료 장면에서 도움이 되는 자기 효능감의 증가를 이끌어 낸다는 것에 있다.

스트레스 취약성의 특징

미셸과 쇼다의 CAPS 모형은 치료적 변화에 매우 유용하게 활용되었다. 한 연구에서, 쇼다와 동료들(2013)은 내담자가 매우 스트레스를 받는 상황과 이 상황이 촉발시키는 심리적 반응을 확인하고자 했다. 스트레스 취약성의 특징을 알아내기 위해, 내담자들은 스트레스를 유발하는 상황과 그 상황의 특징을 기록하고 평가하는 일기를 썼다. 이 연구에서의 상황이란 개인 특정적인 상황, 특히 심리적 상황이며 피험자 내 반복 측정 설계Highly Repeated Within Person(HRWP) 접근이라고 불리는 절차라는 것을 명심하라. CAPS 접근과 마찬가지로, 개인의 일반적인 스트레스 상황이나 평균 수준의 스트레스를 강조하기보다 개인 내 상황의 변산성에 초점을 둔다. 어떤 내담자는 집단에서 제외되는 것에 취약한 반면, 또 다른 내담자는 누군가로부터 방해받는 것에, 그리고 마지막 내담자는 다른 사람들을 실망시키는 일들에 취약할 수 있다.

스트레스 취약성의 특징에 대한 지도를 그리는 것과 더불어, 부적응적 대처 전략에 대해서도 평가한다. 이러한 전략의 예로는 자기 자신 혹은 타인을 비난하는 것, 회피, 그리고 희망적 사고가 있다. 상황과 전략에 대한 그다음 평가도구로 인지-감정 스트레스 관리 훈련cognitive-affective stress management training(C-ASMT) 프로그램으로 불리는 스트레스 관리 프로그램이 있다. 이 프로그램은 여섯 개의 회기로 인지 재구성이나 이완과 같은 훈련을 통해 부적응적인 인지들을 변화시키는 것을 목표로 한다. 예를 들어, 내담자들은 다음과 같이 말할 것을 지시받는다. "최악의 결과는 무엇일까? 이렇게 될 가능성이 얼마나 될까?" 그리고 회기에서 배운 이완 방법을 적용해 본다. 다시 말해서, 이 프로그램의 초점은 특정한 문제적 인지를 바꾸고 특정한 대처 기술을 향상시키는 것이다.

이러한 것들은 사회인지 성격 이론을 임상적 변화에 직접적으로 적용해 본 사례이다. 그리고 이러한 사회인지적 적용은 심리학이 보다 광범위한 노력을 기울임으로써 심리적 고통을 경감시키고 웰빙을 증진시키는 데 공헌한 인지적 프로세스들을 확인한 것으로 이해할 수 있다.

스트레스, 대처, 그리고 인지치료

스트레스를 받고 있는가? 여러분은 혼자가 아니다. 최근 연구에서 수천 명의 대학생들에게 학교에서의 수행에 부정적 영향을 미치는 요인들이 무엇인지 질문하였다. 학생들의 답변은 고향에 대한 향수, 룸메이트, 컴퓨터 게임 등으로 다양했다. 그러나 가장 많이 언급된 것은 바로 스트레스였다. 게다가 그다음으로 많았던 답변인 불안감과 양질의 수면의 어려움 역시 스트레스로부터 유발될 수 있는 것들이다(American College Health Association, 2016).

스트레스, 그리고 스트레스 대처 전략에 대한 연구는 성격과 임상심리학자들에게 많은 주목을 받아 왔다(Folkman & Moskowitz, 2004 참조). 한 가지 주요한 접근은 인지지향적 연구자들의 것으로 이들의 연구는 사회인지 성격 이론을 보완해 준다. 이러한 노력의 대표 주자가 바로 심리학자인 리처드 라자루스이다.

라자루스는 스트레스 경험은 종종 개인이 그들과 환경 간의 관계를 평가하는 방식에서 기인한다고 설명한다(Lazarus, 1990). 특히 개인이 속한 환경이 개인이 가진 자원에 비해 지나치게 부담스럽거나 자신의 안녕을 위협한다고 느낄 때 스트레스가 발생한다. 이때 두 단계의 인지적 평가가 나타날 수 있다. 첫 번째 평가에서, 사람들은 어떤 상황을 만났을 때 뭔가 문제가 되는 것이 있나 없나, 위협이나 위험이 있나 없나를 평가한다. 가령 자존감에 잠재적으로 해를 끼치거나 이익이 되는 것이 존재하는가? 나 혹은 사랑하는 사람의 건강에 위협이 되는가? 두 번째 평가에서, 사람들은 해로움을 이겨내거나 해로움을 막거나 이로움에 대한 전망을 높이기 위해 할 수 있는 일이 있다면 그것이 무엇이든 그것을 할 수 있을지 평가한다. 다시 말해서 두 번째 평가는 첫 번째 단계에서 평가된 잠재적 해로움이나 이익에 대처할 수 있는 그 사람의 자원에 대한 평가와 관련된다.

주어진 상황에 대처하는 방법에는 여러 가지가 있다. 핵심적 차이는 문제 초점적 대처와 정서 초점적 대처를 구별하는 것이다. **문제 초점적 대처**problem-focused coping는 스트레스를 유발하는 상황의 특징을 바꿈으로써 대처하려는 시도를 말하고, **정서 초점적 대처**emotion-focused coping는 자신의 내적인 감정 상태를 개선하려고 노력하는 대처법으로, 예를 들면 정서적 거리를 두거나 사회적 지지를 찾는 것이다. 포크먼, 라자루스와 동료들은 대처를 평정하는 질문지인 '대처 방법 척도Ways of Coping Scale'를 개발하고 서로 다른 대처 전략이 건강에 대해 갖

문제 초점적 대처
스트레스 상황의 특징을 바꿈으로써 대처하려는 시도

정서 초점적 대처
내적 정서 상태를 개선하려고 노력하는 대처. 예를 들어 정서적으로 거리를 두거나 사회적 지지를 찾는 것

는 함의를 탐색했다.

이 연구에서 연구자들은 다음과 같은 결론을 제안한다(Folkman et al., 1986; Lazarus, 1993).

1. 사람들이 스트레스 상황에 대처하기 위해 사용하는 방법에서 안정성과 다양성(가변성) 모두에 대한 증거가 있다. 비록 몇몇 대처법의 사용은 성격 요인의 영향을 받지만 많은 대처법의 사용은 상황적 맥락의 영향을 강하게 받는 것으로 보인다.

2. 일반적으로, 스트레스와 대처 노력에 기울이는 정도가 더 크면 클수록 신체 건강은 더 나빠지고 심리적 증상이 발현될 가능성도 더 커진다. 이와 대조적으로, 스트레스와 대처 노력에 대한 숙달감이 크면 클수록 신체 건강과 심리 건강은 더 좋아진다.

3. 특정 대처법의 가치는 그것이 사용되는 맥락에 좌우되기는 하지만 일반적으로 계획된 문제 해결법("나는 행동 계획을 세우고 그것을 따랐다." 혹은 "오직 다음 단계에 집중하라.")이 도피적 회피("나는 기적이 일어나기를 바랐다." 혹은 "나는 긴장을 줄이려고 먹고 마시고 약을 사용했다.")나 직면적 대처("나는 어느 정도 내 감정을 풀었다." 혹은 "나는 문제를 일으킨 사람들에게 분노를 표현했다.")보다는 더 적응력 있는 형태의 대처법이다.

스트레스와 대처의 개념적 분석뿐만 아니라, 연구자들은 스트레스를 줄이기 위한 보다 실제적인 절차를 개발하고자 한다. 한 가지 전략은 **스트레스 면역 훈련**stress inoculation training이다(Meichenbaum, 1995). 스트레스 면역 훈련에서, 치료자는 내담자들에게 스트레스의 인지적 속성에 대해 가르친다. 내담자는 마음속에 자동적으로 떠오르는 스트레스 유발 사고가 무엇인지 배우고(예 : "무엇을 하든지 반드시 그만큼의 노력을 해야 해."), 스트레스를 줄이는 사고방식에 대해 새롭게 배운다. 이러한 새로운 인지적 기술들은 사람들로 하여금 불가피하게 맞닥뜨릴 수 있는 미래의 스트레스 유발 사건들에 대비 — '스트레스 사건에 대항하는 예방 주사를 놓듯' — 할 수 있도록 하는 것이다. 훈련은 사고의 언어적 방식과 시각적 방식을 결합한다. "나는 할 수 있어.", "한 번에 하나씩.", "현재에 초점 맞추기. 내가 해야 하는 것은 무엇인가?"와 같은 대처 전략을 배울 뿐 아니라, 내담자들은 상상을 통해 스트레스를 경험할 위험이 있는 미래 상황을 미리 연습해 본다.

스트레스 면역 훈련 절차는 능동적이고 집중적이고 구조화되어 있고 단순하다. 그것은 그동안 의료 장면에서 수술을 앞둔 환자나 경쟁 스트레스를 받는 운동선수를 도울 때, 성폭력으로 인한 외상을 극복하기 위해 고군분투하는 강간 피해자를 도울 때, 노동자에게 더 효율적인 대처 전략을 가르치고 인사관리팀이 조직 변화를 도모하는 것을 도울 때 사용되어 왔다. 그리고 많은 연구 결과들은 이러한 전략이 스트레스를 줄이는 데 효율적이라는 것을 입증하고 있다(Khorsandi et al., 2015; Saunders et al., 1996 참조).

스트레스 면역 훈련
마이켄바움이 개발한 스트레스를 줄이기 위한 절차. 내담자는 이 절차에서 부정적이고 스트레스를 유발하는 인지를 알아차리도록 가르침을 받음

엘리스의 합리적 정서치료

앨버트 엘리스는 원래 정신분석가였던 사람으로 합리적 정서치료rational emotive-therapy(RET)(Ellis, 1962, 1987; Ellis & Harper, 1975) 혹은 합리적 정서 행동 이론rational-emotion behavior theory(REBT)(Ellis & Tafrate, 1997)으로 알려진 성격 변화에 대한 치료 체계를 개발한 사람이다. 심리적 고통과 치료에 대한 엘리스 연구의 바탕에는 두 가지 주요 논제가 있다.

첫 번째 논제는 사람들은 세상 사건에 감정적으로 반응하는 것이 아니고 그 사건에 대한 자신의 신념에 반응한다는 것이다. 엘리스는 합리적 정서치료의 ABC를 제안함으로써 이러한 생각을 간단하게 전달한다(Ellis, 1997). 활성화된activating(A) 사건은 정서적 반응과 같은 결과consequence(C)로 이어질 수도 있다. 엘리스의 분석에 익숙지 않은 사람은 A가 C의 원인이라고, 즉 활성화된 사건이 정서적 결과의 원인이라고 생각할 수도 있다. 하지만 엘리스에 따르면 그렇지가 않다. "우리는… A와 C 사이에 신념beliefs(Bs)을 만들어 낸다. A에 대한 우리의 Bs들이 대체로 A에 대한 우리의 반응을 결정한다"(Ellis & Tafrate, 1997, p. 31). 그렇다면 합리적 정서치료의 첫 번째 이 전제는 성격에 대한 사회인지 접근의 핵심 논제, 말하자면 사람들이 지니고 있는 신념 체계가 사람들의 경험과 행동의 즉각적 결정 요인이라는 것과 동일하다.

엘리스의 두 번째 논제는 보다 독특하다. 심리적 고통을 만드는 신념은 특별한 성질을 가진다는 것이 그의 주장이다. 그것은 비합리적이다. 즉 그 신념은 자신의 심리적 고통을 가져올 것이 분명하기 때문에 합리적인 사람은 심사숙고하다 보면 결코 그런 신념을 가지고 싶어 하지 않을 것이다.

결국 엘리스에 따르면 심리적 어려움의 원인은 비합리적인 신념 또는 우리가 스스로에게 하는 비합리적인 진술이다. 예를 들어 뭔가를 꼭 해야 한다는 신념, 어떤 식으로 느껴야만 한다는 신념, 다른 사람들은 늘 우리를 어떤 식으로 대해야 마땅하다는 신념이다. 만약 어떤 사람이 '좋은 일이 일어나면, 나쁜 일도 반드시 일어난다.'라거나 '내 요구를 표현한다면, 남들은 나를 거절할 것이다.'라는 생각을 한다고 가정해 보라. 이런 생각들은 이런 것들 때문에 자신이 심리적 고통에 처할 운명에 놓이게 된다고 생각하는 사람들에게는 비합리적인 것이다.

인지치료자들은 종종 부적응적인 생각의 유형들을 구별한다. 그들 사이의 구별은 그다지 중요한 것이 아니다. 그럼에도 몇 가지를 나열해 보면 엘리스와 그와 비슷한 생각을 가진 치료자들이 치료에서 바꾸고자 하는 부정적인 사고의 유형에 대해 어떤 느낌을 가질 수 있을 것이다.

그릇된 추론. "이렇게 노력해도 실패했으니 난 무능한 게 틀림없어." "사람들은 내가 원하는 방식으로 반응해 주지 않아, 그들은 나를 중요하게 생각해 주지 않는 것이 분명해."

역기능적인 기대. "뭔가 잘못될 수 있다는 생각이 든다면 꼭 그렇게 될 거야." "큰 재앙이 곧 닥칠 거야."

부정적 자기 관점. "나는 늘 남들이 나보다 더 낫다고 느끼는 편이야.""내가 한 것은 어떤 것도 결국은 옳은 것이 아니었어."

부적응적 귀인. "내가 시험을 망치는 까닭은 늘 긴장하기 때문이야.""내가 이긴다면 운이 좋아서야.""내가 진다면 그건 나 때문이야."

기억의 왜곡. "지금 내 삶은 너무나 끔찍해. 그리고 늘 이런 식이었어.""나는 어떤 것도 성공한 적이 없어."

부적응적 주의. "내가 생각할 수 있는 것은 오로지 내가 실패한다면 얼마나 끔찍할까 하는 것뿐이야.""아무것도 생각하지 않는 것이 더 나아. 내가 할 수 있는 것은 아무것도 없으니까."

자기 패배적 전략 "남들이 나를 비하하기 전에 내가 먼저 몸을 사려야겠어.""남들이 나를 거절하기 전에 내가 남들을 거절하고 그래도 사람들이 나를 좋아하는지 볼 거야."

엘리스의 치료 기술은 사람들이 자신의 생각을 곰곰이 돌이켜 볼 수 있도록 고안되었다. 합리적 정서치료자들은 사람들이 자기 생각의 비합리성을 깨닫고 그리하여 이런 생각을 차분하고 합리적인 생각으로 바꿀 수 있도록 애쓴다. 치료자들은 심리적 고통의 원인이 되는 비합리적인 신념을 바꾸기 위한 노력으로 다양한 기술(논리, 논쟁, 설득, 조롱, 유머)을 사용한다.

우울에 대한 벡의 인지치료

앨버트 엘리스와 마찬가지로, 아론 벡 역시 정신분석가였으나 정신분석 기법에 흥미를 잃고 점차적으로 치료의 인지적 접근을 발전시킨 사람이다. 벡의 치료는 우울치료와 관계가 있는 것으로 유명하지만 나아가 더 다양한 심리 장애와도 관계가 있다. 벡(Beck, 1987)에 따르면 사람들이 심리적 어려움을 겪는 이유는 자동적 사고, 역기능적 가정, 부정적 자기 진술 때문이다.

우울의 인지 삼제

벡의 우울에 대한 인지 모형은 우울한 사람은 지금 일어나고 있는 일과 지나간 경험을 체계적으로 잘못 평가하여 자신은 실패자이고 세상은 절망적이며 미래를 비관적으로 본다는 점을 강조한다. 이 세 가지 부정적 관점은 인지 삼제로 알려져 있다. 이는 "나는 부적절하고, 몹쓸 사람이고 가치 없는 사람이다."와 같은 자신에 대한 부정적 관점, "세상은 나에게 너무 많은 것을 요구하고 삶은 끊임없는 패배를 나타낸다."와 같은 세상에 대한 부정적 관점, "내게 있어 삶은 지금도 앞으로도 늘 고통과 박탈을 의미할 뿐이다."와 같은 미래에 대한 부정적 관점을 포함한다. 게다가 우울한 사람은 일상의 어려움을 재앙으로 확대하고 한 번의 거절 경험을 "아무도 날 좋아하지 않아."라는 신념으로 지나치게 일반화하는 것과 같이 그릇된 방식으로 정보를 처리하는 경향이 있다. 우울의 원인은 바로 이런 사고방식의 문제, 부정적인 도식, 인지적 오류이다.

그릇된 인지에 대한 연구

벡의 이론이 예상한 것처럼, 다른 많은 연구들이 그릇된 인지와 우울 증상의 관련성을 조사하였다. 1980년대와 1990년대에 수행된 많은 연구에서 벡의 모형과 일치하는 증거가 나왔다(Segal & Dobson, 1992). 우울하지 않은 사람들과 비교했을 때, 우울한 사람들은 자신에게 좀 더 주의를 기울이고(Wood, Saltzberg, & Goldsamt, 1990), 보다 접근 가능한 부정적인 자기 구성 개념을 갖고 있고(Bargh & Tota, 1988; Strauman, 1990), 특히 자기와 관련해서는 낙관주의보다는 비관주의 쪽으로 더 기울어져 있는(Epstein, 1992; Taylor & Brown, 1988) 것으로 나타났다.

인지와 우울에 대한 초기 연구 중 많은 연구에서 '동시적' 연구 설계를 채택하였다. 그것은 인지와 우울증을 동시에 측정하는 연구 계획이다. 동시적 측정의 연구 설계는 큰 결점이 있다. 인지와 우울 사이의 관계가 (1) 우울에 대한 인지의 영향(벡과 다른 인지치료자들이 예언하듯이), (2) 인지에 대한 우울한 감정의 영향, 혹은 (3) 인지와 우울 모두에 영향을 미치는 제3의 요소의 영향(예 : 사람들의 신념과 감정 경험에 영향을 미치는 부정적인 삶의 사건들)을 반영하는지 알기 어렵다는 것이다. 인지 이론들은 '전향적' 연구 설계들, 다시 말해 한 시점에서 인지적 요인이 측정되고 이것은 이후의 우울 증상의 발전을 예측하는 데 쓰이는 연구를 통해 좀 더 확실하게 평가될 수 있다.

다행히도 최근의 연구자들은 전향적 연구 설계로 관심을 돌렸다. 예를 들어 한 연구자들(Hankin, Fraley, & Abela, 2005)은 연구 시작 시 참여자들에게 그 사람을 우울하게 할 소지가 있는 것으로 생각되는 부정적 사고 양식의 경향을 측정하는 질문지를 완성하게 하였다. 그런 다음 이 참여자들에게 35일간 날마다 일기를 쓰게 하였다. 연구를 시작할 때 측정한 부정적 사고 경향성에서의 개인차는 이후 수반되는 우울 증상의 발생을 예측했다. 즉 인지적 요인은 이후 사람들이 일기를 쓴 35일간의 우울 증상을 예측한 것이다(Hankin et al., 2005).

우울에 대한 그릇된 인지의 역할을 강조한 심리학자들을 혼란스럽게 하는 질문 중 한 가지는 다음과 같다. 우울증이 사라지면 그릇된 인지에는 무슨 일이 일어날까? 이 질문은 중요하다. 왜냐하면 일단 누군가가 심각한 우울을 한 번 겪으면 그 사람은 다시 우울을 겪거나 또 다른 우울에 빠지는 경향이 있기 때문이다. 그릇된 인지가 사라진다면 왜 이런 경우가 생기는 것일까? 한 사람을 우울에 취약하게 하는 그릇된 인지는 언제나 잠재되어 있으며 스트레스 조건에서만 드러난다는 몇몇 증거가 있다(Alloy, Abramson, & Francis, 1999). 예를 들어 우울에 취약한 사람은 자기에 대한 부정적 태도를 계속해서 지니고 있어 자기 존중감에 타격을 받을 때는 이것이 밖으로 드러나고 작동하는 것일 수 있다는 것이다. 따라서 치료과제는 인지가 작동하는 조건을 그 사람이 알아차리도록 하는 것뿐만 아니라 이런 인지의 근본적 변화에 영향을 주는 것이다.

인지치료

우울에 대한 인지치료는 왜곡된 개념화와 역기능적 신념을 확인하고 바로잡을 수 있도록 고안되었다(Beck, 1993; Brewin, 1996). 치료는 보통 1주 간격으로 이루어지며, 15회기에서 25회기로 구성된다. 이 접근법은 매우 구체적인 학습 경험과 관련이 있는 것으로 묘사되는데, 즉 부정적이고 자동적인 생각을 감시하고, 이런 생각이 어떻게 문제가 되는 감정과 행동을 이끄는지 알아차리고, 이런 생각에 대한 증거와 생각에 맞서는 증거를 조사하고, 편향된 인지를 보다 현실지향적인 해석으로 대체하는 것을 내담자에게 가르치도록 설계되어 있다. 치료자는 내담자가 우울한 감정을 이끄는 사건의 해석을 알아차릴 수 있도록 돕는다. 예를 들어 치료자와 내담자 사이에 다음과 같은 대화가 있을 수 있다.

내담자 : 일이 잘못 돌아갈 때 저는 우울해져요. 시험을 망친다든가 하는…

치료자 : 시험을 망치는 것이 어떻게 당신을 우울하게 만드나요?

내담자 : 그러니까, 시험을 망치면 저는 절대 법학대학원에 들어갈 수 없을 거예요.

치료자 : 그러니까 시험을 망친다는 것은 당신에게 큰 의미가 있군요. 하지만 시험을 망친다고 사람들이 병원치료가 필요할 정도로 우울해지는 거라면 시험을 망친 모든 사람이 다 우울증을 앓게 된다고 예상되지 않겠습니까? 시험을 망친 사람들이 다 치료가 필요할 만큼의 우울증을 앓던가요?

내담자 : 아니요, 하지만 그 시험이 그 사람에게 얼마나 중요한가에 달렸지요.

치료자 : 맞아요. 그러면 그 중요성은 누가 결정하나요?

내담자 : 제가요.

Beck et al.(1979, p. 146)

신념의 논리, 타당성, 적응성에 대한 조사에 덧붙여서 행동과제(숙제)는 환자가 특정한 부적응적 인지와 가정을 검증하도록 돕는 데 사용된다. 이것은 성공과 즐거움으로 귀결되도록 고안한 활동 과제 관련이 있다. 일반적으로 벡의 치료법은 우울을 조장하는 것으로 보이는 특정한 목표 인지에 초점을 둔다. 벡은 치료를 구조화하고 지금 여기에 초점을 맞추고 의식적 요소를 강조하는 데 있어서 치료자가 계속적으로 능동적인가 하는 측면에서 인지치료와 전통적 분석치료를 대비한다.

벡의 인지치료는 불안, 성격 장애, 약물 남용, 부부 문제를 포함한 다른 심리적 어려움의 치료까지 포함하도록 확장해 왔다(Beck, 1993). 벡의 인지치료적 관점에서, 각각의 문제는 특정한 신념 양식과 결합되어 있다. 예를 들어 우울에서는 신념이 실패 및 자기 가치와 관련이 있는 한편, 불안에서는 위험과 관련이 있다. 인지치료의 효과성에 대한 증거도 있다

(Antonuccio, Thomas, & Danton, 1997). 인지치료의 독특한 치료적 특징이 무엇인지와 신념의 변화가 치료 요인의 핵심인지 아닌지가 아직 명확하지 않았음에도 불구하고(Dobson & Shaw, 1995), 치료적 변화가 사실상 인지적 변화를 따른다는 것을 제안하는 것이다(Tang & De Rubeis, 1999a, 1999b).

'짐'의 사례

20년 전 짐은 정신분석학, 현상학, 개인적 구성 개념, 특질 이론 등 다양한 이론적 관점에서 검사를 받았다. 그때는 사회인지 이론이 막 발전하기 시작한 때여서 이 관점에서는 짐을 고려하지 못했다. 하지만 나중에는 사회인지 이론의 관점에서도 최소한 몇몇 자료는 모을 수 있었다. 시간이 좀 지났기 때문에 이전의 자료와 비교하는 것이 문제가 될 수도 있지만, 우리는 사회인지 이론의 관점에서 짐의 성격에 대하여 적어도 어느 정도의 통찰은 얻을 수 있다. 우리는 짐의 목표와 짐이 겪은 강화물들과 짐의 자기 효능감 신념을 고려함으로써 그 통찰을 얻는다.

짐에게 가까운 미래의 목표와 먼 장래의 목표를 물어보았다. 그는 두 목표가 거의 같다고 느꼈다. (1) 자기 아들을 알게 되고 좋은 부모가 되는 것, (2) 자기 아내와 남들에게 더 수용적이고 덜 비판적이 되는 것, (3) 상담가로서 자기의 직업에 대해 만족하는 것이었다. 대체로 그는 이들 목표를 이룰 좋은 기회가 있다고 느끼지만, 얼마나 자신을 버리고 아내와 아이에게 더 헌신할 수 있을지에 대한 불확실함 때문에 그런 평가에서는 좀 조심스럽게 답했다.

짐에게 긍정적 강화물과 회피적 강화물에 대해서도 물어보았다. 그것은 그가 보람 있다고 느끼거나 불쾌하다고 느끼는 순간, 그에게 중요한 것들이다. 긍정적 강화물에 관해서는 짐은 돈이 '최고'라고 답했다. 또한 사랑하는 사람과 함께 하는 시간, 영화나 공연을 개봉(개막) 첫날 보는 기쁨, 그리고 일반적으로 극장이나 영화관에 가는 것을 강조했다. 회피적 강화물을 생각해 내는 것은 어려워했다. 아주 힘겹게 썼다고 하면서 "저는 바로 이 일이 힘들군요."라고 적었다.

또한 짐은 다른 사회인지적 변인에 대해서도 이야기했다. 이는 짐의 능력이나 기술(지적인 것과 사회적인 것 모두)이다. 짐은 자신이 굉장히 똑똑하고 매우 높은 지적 수준에서 기능하고 있다고 생각한다고 보고하였다. 분명하게 조직화된 발표를 해야 하는 관점에서는 글을 잘 쓴다고 느꼈지만 혁신적이거나 창의적인 뭔가를 써본 적은 없다고 하였다. 또한 자신은 사회적 기술이 매우 뛰어난 사람이라고 느꼈다. "저는 그런 것을 자연스럽고 쉽게 잘합니다. 저는 뭐든 잘 해낼 수 있고 사회적으로 자신감이 많습니다. 저는 남자와 여자 모두와 자연스럽게 잘 어울리고 직업적 맥락과 사교적 맥락 모두에서 다 편안합니다." 짐이 언급한 한 가지 사회적 걱정거리는 "내가 얼마나 이기적이어야 하는가, 얼마나 일을 나의 것으로 받아들여야 하는가."라는 문제에 끊임없이 속을 끓이고 있는 것이었다. 그는 가끔 일을 너무 자신의 것으로 받아들인다고 느꼈다. "나의 안전은 다른 사람들과 어떻게 지내는지에 바탕을 두고 있습니다. 나는 사람들과의 친밀함을 유지하는 데 많은 에너지를 쓰고, 사람들과 잘 지낼 때 가장 기분이 좋습니다."

자기 효능감 신념의 측면에서 보면 짐은 자신에 대해 많은 긍정적 관점을 가지고 있었다. 짐은 뭐든 대부분 잘한다고 믿는다. 짐은 훌륭한 운동선수이고 실력 있는 상담가이며 똑똑하고 사회적 기술도 뛰어나다. 짐에게 자기 효능감이 낮은 분야가 있는가? 짐은 세 가지를 언급하였다. 이는 부인을 진심으로 받아들이지 못하는 어려움, '다른 사람에게 진심으로 헌신할 수 있을 만큼 자신을 버리지' 못하는 어려움, 그리고 창의성("나는 창의적인 데에는 별로 재주가 없다는 걸 알고 그래서 그쪽으로는 애쓰지도 않아요.")이었다.

비합리적인 신념, 역기능적인 생각, 인지적 왜곡을 살펴보는 것 또한 유익하였다. 짐은 지나치게 자신의 문제로 생각하는 경향을 기술하였다. "이게 제 문제예요. 누가 저를 찾지 않으면 저는 그게 저와 관련된 느낌 탓이라고 생각해요. 그러면 그때 저는 심하게 상처를 받지요." 자동적 사고 질문지(Hollon & Kendall, 1980)에 반응하기를, 짐은 다음과 같은 생각을 자주 한다고 하였다. '나는 다른 사람을 실망시킨다.', '내가 좀 더 나은 사람이었으면 한다.', '나는 나 자신이 실망스럽다.', '나는 이걸 견딜 수 없다.' 이런 생각이 자주 드는 것은 짐이 자기가 바라는 만큼 애정이 많고 너그럽지 못하고, 직업에서도 운동에서도 자기에게 요구하는 것이 많고, 일이 잘못될까 염려하는 강박증이 있고, 일이 자기 식대로 되지 않으면 못 견디는 것과 관계가 있다. 예를 들어 교통 체증을 견디지 못하고 이렇게 말할 것이다. "도저히 견딜 수가 없어. 참을 수가 없어." 짐은 엘리스의 연구를 중요하게 생각하지 않았고, 면담에서 제시하기로는 비합리적인 신념이 많지 않았다고 하였다. 그럼에도 질문에서 짐은 아홉 항목 중 네 항목에서 그러한 생각을 자주 한다고 표시했다. '나는 사랑과 인정을 받아야 한다.', '사람들이 나쁘게 행동하면, 나는 그들을 나무란다.', '내가 심각하게 좌절하거나 거절당한 느낌이 들면 나는 그것을 큰 재앙처럼 보는 경향이 있다.', '두려운 일에 미리 압도당하는 경향이 있다.' 짐은 영화 보러 갈 때 좀 늦을 것 같으면 무슨 큰일이 난 것처럼 여기는 경향이 있다고도 하였다. "1분만 늦을 것 같아도 그건 큰 참사예요. 삶과 죽음의 응급 상황이 돼요. 빨간불을 그냥 지나치고 경적을 울리고 운전대를 마구 쳐요." 이것은 비록 단 몇 분밖에는 안 늦지만 사실상 모든 약속에서 적어도 몇 분씩은 꼭 늦는 그의 성향과 대비되는 것이다.

어떻게 보면 짐에 대한 사회인지적 자료는 성격에 대한 이전 이론에서 다룬 자료보다 더 한정되어 있다. 우리는 짐의 삶에서 중요한 몇몇 면들에 대해 배우지만 중요한 괴리가 있는 것도 명백하다. 이것에는 두 가지 이유가 있다. 첫째, 검사에 쓸 수 있는 시간이 한정적이다. 둘째, 이것이 더 중요한 이유일 것 같은데, 사회인지 이론가들은 포괄적인 성격 검사 도구를 개발하지 않았다. 최근에 들어서야 사회인지 연구자들은 성격 검사에 대한 물음으로 연구의 관심을 돌렸다(Cervone, Shadel, & Jencius, 2001). 성격 검사에 대한 관심이 모자랐던 부분적인 이유는 개인에 대하여 깊이 파고드는 연구보다 체계적 연구와 가설을 시험하는 것이 과학적으로 타당한 성격 이론을 세우는 것에 필수적이라는 사회인지 이론의 신념 때문이었다. 그것은 또한 아마도 많은 영역에 걸쳐서 광범위한 성격 일관성을 강조하는 전통적 검사법에 대한 사회인지적 관점의 비판을 반영하는 것이었다. 이런 점에서 짐이 다양한 방면에서 이루어지는 여러 기능에서의 차이점들을 또박또박 말하는 것에 어려움이 있는 것은 흥미로운 것이다. 비록 질문을 좀 더 했더라면 짐은 아마도 자기 목표, 강화 요인들, 실력, 자기 효능감 신념이 맥락에 따라 어떻게 달라지는지 자세히 말할 수 있었겠지만, 이런 점에서 짐은 사회인지 이론가보다는 전통적인 성격 이론가들을 더 많이 닮은 모습으로 기능하고 있다.

사회인지적 관점에서 중년기에 접어든 짐에 대해 무엇을 말할 수 있을까? 비록 창의적 생각에 대한 효능감, 그리고 그가 사랑하고 소중하다고 여기는 주변 사람들에게 희생하는 능력에 대한 효능감은 부족하다고 생각할 수 있지만, 대체로 짐은 지적인 기술과 사회적 기술에 관해서는 강한 자기 효능감을 갖고 있음을 알 수 있다. 돈과 경제적 성공을 가치 있게 여기지만 장래의 목표만큼 가족과의 친밀감과 상담가로서의 자기 일의 질을 더 중시한다. 짐은 일어나는 사건에 대한 개인적 통제감과 개인적 책임감을 강하게 갖고 있다. 비관주의와 우울의 기미도 조금 비친다. 다른 사람의 인정을 받는 것에 대한 걱정, 완벽주의와 성급함, 그리고 걱정을 잘하는 경향 때문에 그는 종종 신경이 쓰인다. 문제를 회피하거나 도망가기보다 스트레스 상황에서 자기를 통제하는 대처 전략을 사용하는 경향이 있다. 대체로 짐은 자기를 실력 있는 사람으로 보고 있고 미래의 목표를 성취할 기회에 대해 조심스럽게 낙관한다.

비판적 평가

과학적 관찰 : 근거 자료

이제 우리가 마지막으로 제시한 성격 이론인 사회인지 이론을 비판적으로 평가해 보자(표 13.1). 앞에서 평가했듯이 우리는 먼저 이 이론이 근거를 둔 자료가 갖춘 과학적 관찰의 질을 평가한다.

이 기준에서 보면 사회인지 이론은 우수하다. 밴듀라, 미셸, 그리고 동료 연구자들은 객

표 13.1 **사회인지 이론의 강점과 한계 요약**

강점	한계
1. 인상적인 연구 기록을 가지고 있다.	1. 체계적이고 통일된 이론이 아니다.
2. 중요한 현상을 고려한다.	2. 언어적 자기 보고의 사용과 관련된 잠재적 문제가 있다.
3. 일관적 발전을 보여준다.	3. 어떤 영역(예 : 동기, 감정, 성격 조직의 체계적 속성)에서는 더 많은 탐색과 이론의 정교화가 필요하다.
4. 중요한 주제에 초점을 맞춘다.	4. 치료에 관한 결과들이 결정적이라기보다는 여전히 잠정적인 부분이 많다.

관적인 과학적 증거의 체계적 축적을 바탕으로 이론을 세웠다. 이 자료들에서 특별히 두드러지는 특징은 다양성이다. 사회인지적 과정이 성격이 기능에 영향을 끼치는 원인이라는 주장을 검증하기 위해 사회인지 심리학자들은 통제된 실험실 실험을 했다. 개인차 발달을 연구하기 위해 사회인지 연구자들은 상관연구를 수행하고 종단적 방법을 적용하였다. 행동 변화를 연구하기 위해 임상적 결과물에 대한 연구를 수행했다. 연구 참여자들도 다양해서 어린이, 청소년, 성인, 심리적 고통을 겪고 있는 사람들, 대체로 아주 잘 기능하고 있는 사람들 등이 모두 포함되었다. 그들은 다양한 연구 방법을 동원해서 자기 보고 질문지, 성격에 대한 부모의 보고와 동료의 보고, 자연스러운 환경에서의 행동의 직접적 관찰, 실험실에서의 인지적 과정의 측정 등을 모두 실시했다.

성격에 대한 모든 접근법 중에서 사회인지 이론과 특질 이론은 가장 크고 가장 체계적인 과학적 증거들 위에 만들어졌다. 이 두 이론이 오랫동안 현대의 성격 과학에서 가장 영향력 있는 연구틀이었던 이유가 바로 여기에 있음이 분명하다(Cervone, 1991).

이론 : 체계적인가?

사회인지 이론은 강점이 많다. 하지만 체계적인 이론을 제공하는 능력, 다시 말해 그 이론 속에서 모든 이론적 요소들을 논리적으로 관련시키는 능력은 부족하다. 오랫동안 사회인지 이론은 이론적 관점의 모든 요소들이 논리적으로 서로 들어맞는 가설들의 구조를 제공하지 않았다. 이 접근법은 때때로 완전히 특화된 이론으로서보다는 성격 연구를 위한 전략이나 연구틀로서 기능한다. 연구자들은 이 점을 깨달았다. 그리고 쇼다와 미셸(2006)은 CAPS 모형을 그들의 '상위 이론'으로 간주하였다. 이는 제대로 자격을 갖춘 성격 이론은 아니지만, 보다 정교한 이론화를 위한 개념적 틀이 될 수 있다.

이것은 KAPA 모형의 성격 양식이 설명하고자 한 것이다. KAPA 모형의 두 가지 주요 단계는 (a) 사람들이 사회인지 구조와 과성 변인을 구별할 수 있는 원칙, (b) 구조와 과정의 관계를 통한 심리적 역동을 확인하는 것이다. 이는 보다 체계적인 사회인지 이론의 방향성을 제안하며 성격 평가의 실용적 과제, 그리고 경험과 행동의 범상황적 일관성을 확인하기 위한 과학적 도전으로 안내하는 데 충분한 이론적 도구를 제공한다.

이론 : 검증 가능한가?

사회인지 이론가들이 검증할 수 있는 성격 이론을 제공하는 데 성공한 것은 의심할 여지가 없다. 앞의 두 장에서 살펴본 연구들을 곱씹어 보면 이것은 확실하다. 그 연구들은 다르게 판명될 수 있다. 사회인지 가설들이 틀린 것으로 밝혀질 수도 있다. 참여자 관찰이 그다지 성공적이지 않았을 수도 있고, 또는 주의 집중 요소가 만족을 지연시키는 데 중요하지 않았을 수도 있고, 또는 '세 번째 변인'을 잘 통제하기만 한다면 자기 효능감 신념이 행동과 아무 상관이 없었을 수도 있다. 이런 수많은 다른 경우에서 사회인지 이론가들은 자신의 구성 개념들을 분명하게 정의 내리고 자기들의 생각을 검증할 수 있는 측정도구와 실험 방법을 제공하였다. 이런 기준에서 사회인지 이론은 높은 점수를 얻는다.

이론 : 포괄적인가?

사회인지 이론은 상당히 포괄적이다. 이론가들은 동기, 발달, 자기 개념, 자기 통제, 행동 변화에 대한 물음들을 언급한다. 이 접근법은 다른 성격 이론에서 거의 간과하고 있는 주제들인 사회적 기술과 그 밖의 행동 능력의 학습에 대해 이야기한다.

그럼에도 사회인지 이론에서 포괄성이 모자라는 분야도 있다. 인간 경험의 어떤 측면은 사회인지 이론가들로부터 관심을 거의 받지 못했다. 예를 들어 성숙의 생물학적 힘은 세계에 대한 사람들의 경험에 중요해 보일 수 있다. 사춘기 때의 성적인 느낌이나 성인기에 부모가 되고 싶은 바람은 사회적이고 인지적인 성격 특징보다는 생물학적 특징을 반영한 것일 수도 있다. 그러나 이런 성숙 요소들은 사회인지 이론에서는 상대적으로 적은 관심을 받았다. 유전적 기질은 사회인지 체계가 발달하면서 사회 경험과 상호작용할 수도 있다. 그러나 이런 상호작용은 그것이 지닌 가치에 비해서 연구에서 관심을 별로 받지 못했다. 다른 중요한 경험 유형들(예 : 정신적 갈등, 소외감과 사회적 가치 붕괴로 인한 혼란감, 죽음에 대한 존재론적 관심)도 마찬가지로 사회인지 이론에서 체계적인 목표가 된 적이 없었다. 사회인지 이론은 해를 거듭하면서 점점 더 범위를 넓히고 있다. 여기에서 나열한 주제를 포함하는 연구 범위의 확장은 앞으로의 연구에서 도전과제이다.

한눈에 보는 사회인지 이론		
이론가 혹은 이론	구조	과정
사회인지 이론	능력, 신념, 목표, 평가 표준	사회 환경과의 상호작용(특히 관찰 학습, 자기 조절 동기, 그리고 자기 통제)에서 인지, 감정적 과정 체계의 기능

적용

사회인지 이론가들은 사회 문제를 해결하고 심리적 고통을 완화하는 일에 그들의 이론을 적용하였고 이는 놀라울 정도로 성공을 거두었다. 사실상 다른 어떤 성격 이론도 이러한 점에서는 사회인지 이론가들만큼의 성공 수준을 넘지 못한다. 밴듀라와 미셸 둘 다 임상가로 훈련받았고 그래서 기초 이론을 실용적 관심사에 적용할 필요성을 더더욱 높였음은 확실하다.

사회인지 이론가들이 이론을 실제와 관련짓는 데 성공한 것에는 두 가지 특징이 크게 기여하였다. 하나는 이들이 '기초' 연구와 '임상' 연구를 인위적으로 따로 분리하지 않았다는 것이다. 대신에 이들은 임상적 맥락에서 기초 연구의 물음을 계속 좇아갔다. 예를 들어 자기 효능감 이론의 첫 번째 실험적 검증은 임상 장면(뱀 공포증)에서 이루어졌다. 또 하나는 사회인지 이론가들은 다른 많은 심리학자의 전문적 훈련에 중심이 되는 책을 썼고, 심리학자들은 그 덕으로 심리학적 적용을 발전시킬 수 있었다는 것이다. 행동치료에 대한 밴듀라 (1969)의 저서는 많은 임상가들에게 교과서로 쓰였고, 그 임상가들은 20세기의 마지막 30여 년 동안 인지행동 치료를 발전시켰다. 미셸(1968)의 성격 평가와 예측에 대한 저서는 응용심 리학자들에게 전통적 정신역동이나 특질 이론의 평가에 기초한 행동 예측의 한계에 대해 여 러 가지 가르침을 주었다.

성장과 발달	정신 병리	변화
관찰을 통한 사회 학습과 직접 경험; 자기 효능감 판단과 자기 조절 표준의 발달	학습된 반응 양식; 지나친 자기 표준; 자기 효능감에서의 문제	모델링; 유도된 숙달; 자기 효능감의 향상

주요한 기여와 정리

사회인지 이론은 성격심리학자들 사이에서 현재 가장 주목받고 있는 이론이다. 많은 임상 치료사들도 자신을 사회인지 심리학자로 이름 매기고 싶어 한다. 사회인지 이론가 중 가장 저명한 이론가인 밴듀라와 미셸은 심리학의 모든 영역을 통틀어 가장 뛰어난 인물이다. 수 많은 요인들이 이 접근법의 성공에 기여했다. 대규모의 체계적인 자료, 공식의 검증 가능성, 이론적 원리의 적용 가능성 등은 이 장에서 다룬 바 있다. 그러나 아직 언급하지 않은 이들 이론의 장점이 있다. 그것은 바로 사회인지 이론가들이 늘 변화에 열려있다는 점이다. 그들은 사실이 말하는 대로 연구의 특성을 수정하면서 지금 진행되고 있는 과학적 진보들을 자신들의 이론에 융합해 왔다. 밴듀라와 월터스가 쓴 **사회 학습과 성격 발달**(1963)을 사회 인지 이론의 최신 공식(Bandura 2006; Mischel & Shoda, 2008)과 비교해 보면 이 접근법의 빠른 진화를 증명할 수 있다. 초기 연구는 작가들 스스로가 '사회 행동적 접근'(Bandura & Walters, 1963, p. 1)이라고 기술한다. 이제 이론가들은 인간 주체성의 바탕인 고유한 인간의 인지 능력을 분명히 설명하고 있고, 최근의 연구는 행동주의와는 크게 멀어져 있다. 우리는 사회인지 이론이 앞으로 수년 동안 계속 진화할 것이라 예상한다.

주요 개념

도식	역기능적 자기 평가	자기 확인
문제 초점적 대처	유도된 숙달	작동하는 자기 개념
수행 목표	일반 원리 접근법	정서 초점적 대처
스트레스 면역 훈련	자기 고양	지식과 평가의 성격 구조(KAPA 모형)
암묵적 이론	자기 도식	학습 목표
역기능적 기대	자기 불일치	

요약

1. 사회인지 전통의 많은 연구들은 성격의 세 가지 인지적 요소인 신념, 목표, 평가 표준을 탐구했다. 신념에 대한 연구는 자기에 대한 인지 일반화의 역할이나 자기 도식의 역할에 대한 연구를 포함한다. 목표에 대한 연구는 학습 목표 대 수행 목표를 포함하여 목표 유형 사이의 차이점을 탐색하였다. 평가 표준에 대한 연구는 사람들의 실제 자기에 대한 관점과 '이상' 대 '의무 또는 책임'을 뜻하는 표준 사이의 불일치에 대하여 탐구하였다.

2. 연구를 통해 의미 있는 인생 사건의 원인에 대한 사람들의 생각 또는 사건에 대한 귀인이 동기와 정서 반응에 영향을 많이 미친다는 것을 확립하였다.

3. 임상적 적용에서 사회인지 이론은 정신 병리학의 의학적 증상/질병 모형을 받아들이지 않는다. 대신에 행동, 기대, 자기 보상의 표준, 자기 효능감 신념(이게 제일 중요하다) 등의 역기능적 학습을 강조한다. 역기능적 학습은 모델 관찰, 특히 대리적 조건형성 혹은 직접 경험을 통해 일어날 수 있다.

4. 사회인지 이론에 의하면 치료에서 심리적 변화를 일으키는 두 가지 핵심점이 있다. 하나는 지각된 자기 효능감의 수준이 낮으면 불안과 우울을 포함한 다양한 심리적 역기능을 일으킨다는 점이다. 또 하나는 특히 모델링과 유도된 숙달치료를 통해서 자기 효능감 지각이 치료적으로 늘어날 수 있다는 점이다. 모델링에서 모델은 특정 상황에서 필요한 기술과 하부 기술을 보여준다. 유도 참여에서는 다른 이의 도움을 받으며 모델이 보여준 행동을 수행한다. 연구를 보면 자기 효능감 지각을 높이는 데에 이런 절차가 유용함을 알 수 있다.

5. 앞에서 살펴본 이론들과 관련하여 사회인지 이론은 (a) 무의식적 과정과 임상적 자료를 강조한 정신분석학에 맞서서 의식적 인지 과정과 실험 자료를, (b) 로저스가 강조한 전체적인 자기 개념에 맞서서 인지와 행위에 있어서의 사회적 맥락과 맥락적 가변성의 역할을, (c) 성격에 대한 특질 개념에서 강조한 안정적인 기질적 경향보다는 자신의 전형적 행동 양식을 통제하고 바꾸는 사람들의 잠재력을 포함하여 행동에 대한 개인적 역량을 강조한다.

6. 사회인지 이론의 강점은 성격 기능과 사회적 행동의 중요한 문제들에 관한 체계적 연구를 하는 능력을 포함한다. 이 이론의 첫째 한계는 아직 전체적으로 통일된 체계적 이론이 아니라는 점이다. 사회인지 이론가들에게 최우선 도전거리는 사회인지 구조의 발달을 개인차를 만드는 유전적·생물적 특질들과 관련짓는 것이다.

14

성격과 맥락 : 대인관계, 문화, 일생 동안의 발달

제14장의 초점

"내가 너 같았으면 좋겠어. 너는 항상 모든 일에 낙관적이야."

"그래 맞아, 난 방금 피트와 헤어졌어."

"정말? 왜? 무슨 일이 있었어?"

"음, 난 피트가 분명 나랑 헤어지려 한다고 생각했거든. 그래서 피트에게 따졌고 크게 다퉜지."

"왜 그가 헤어지려 한다고 생각했어?"

"늘 있는 일이잖아. 그렇지 않아?"

"아니, 난 2년 동안 샘과 사귀었고 난 우리 사이가 앞으로도 좋을 거라고 확신해."

"음 그렇다면 내 생각에 너는 낙관주의자야. 시험만 앞두면 이상해지지만 말이야."

"그건 정말이야. 난 성격심리학 기말고사에서 낙제할 거야."

"말도 안돼. 넌 중간고사 전에도 똑같이 말해놓고 A를 받았잖아."

이 두 사람은 모두 낙관주의자인가? 아니면 둘 다 비관주의자인가? 이 대화로부터 배워야 할 깊은 교훈이 있는가?

최근의 많은 성격심리학자들이 얻은 교훈은 성격은 '맥락' 내에서 이해되어야만 한다는 것이다. 우리는 어떤 사람이 인생의 사회적 상황(맥락)과 상호작용하는 것을 관찰할 때 그 사람의 성격에 대해 알 수 있다. 앞선 대화의 두 사람이 평균적으로는 '중간 정도로 낙관적'이라고 하더라도 이러한 성격 묘사는 그들의 성격 차이에 대해 많은 것을 말해주지 못할 것이다. 사회인지심리학자들의 주장에 따르면, 삶의 다양한 상황에 어떻게 대처하는지를 탐색할 때에 사람들은 비로소 그들에 대해 깊은 이해를 할 수 있다. 사람들이 살고 있는 삶의 맥락 없이 이들의 성격을 끄집어내려 해서는 사람들 사이의 독특성과 차이점의 본질을 발견할 수 없다. 대신에 사람들이 자기 성격을 특징지을 수 있는 경험과 행동의 구분되는 패턴을 언제 어디에서 표현하는지를 물어봄으로써 사람들을 이해할 수 있다.

그래서 이 장에서는 맥락 안에서의 성격이라는 문제에 대해 생각해 볼 것이다. 이 장을 읽으면서 소제목은 계속 변하겠지만, 그 안에 일관적인 주제가 담겨있다는 것을 여러분들을 알 수 있을 것이다. 인간의 이해에 대한 과학적 진보는 사람과 이들 삶의 맥락 모두에 대한 신중한 연구를 통해서 이루어진 것들이다. 제12장과 제13장에서 살펴본 밴듀라, 미셸, 그리고 관련된 연구자들의 사회인지 접근을 중요하게 다루겠지만, 사람들이 그들의 사회적 세계를 이해하는 방식을 강조하는 최근 성격심리학의 다양한 연구 전통을 살펴봄으로써 우리의 관점을 더욱 넓혀갈 수 있을 것이다.

이 장에서 다룰 질문

1. 사회적 맥락이 어떤 방식으로 성격 발달과 표현에 영향을 주며, 성격은 어떤 방식으로 상이한 사회적 맥락의 속성에 영향을 주는가?
2. 성격 발달과 성격 기능은 어떻게 사회경제적 조건의 영향을 받는가?
3. 노인들은 어떤 성격 과정을 통해서 삶의 후반기에도 강한 심리적 안녕감을 유지할 수 있나?
4. 성격과 문화 간 관계의 속성은 무엇인가?

이 책의 두 장(제9장과 제14장)은 다른 장들과는 다르다. 다른 장들(제1장과 제2장 이후)은 여러분에게 성격 이론을 소개하였다. 이론적 관점을 제시하고 그 이론과 관련된 연구와 그 적용을 살펴보았다. 하지만 이 책의 목표는 단지 성격 이론을 소개하는 것만이 아니라 성격 과학의 최신 영역에서의 연구 결과를 소개하는 것이다. 많은 연구 결과들은 어느 한 가지 이론적 근거와 관련이 있으므로 각 결과와 가장 관련이 있는 이전 장들에서 소개하였다. 하지만 어떤 연구 결과들은 이론적 관점에 관계없이 모든 성격 이론가들에게 중요한 정보를 제공하므로 하나의 이론에 기초하여 설명하기 어렵다.

제9장에서 우리는 이런 복합적 결과 중 일부를 살펴보았다. 이는 성격의 생물학적 기반을 탐색하는 연구들이었다. 이 장에서 고찰하는 것은 제9장에서 살펴본 내용의 '동전의 이면'이

다. 즉 우리는 성격의 문화적, 사회적, 대인관계적 기반을 탐색하는 연구를 살펴볼 것이다.

생물학 쪽에 기호를 가진 독자들은 생물학적 기초가 성격의 기초적 요소이고, 사회문화적 요소는 인간 본성에서 주변적이라고 생각할지 모르겠다. 그러한 관점에 경도된 사람은 성격 과학이 "과학적 목적을 위해 동물이 아닌 인간으로 사람을 다루어야만 한다."라고 권고하는 심리철학자들의 현명한 충고를 고려해야만 한다(Harré & Secord, 1972, p. 87). 그렇다. 인간의 진화적 기원을 찾아가 보면 인간은 인간이 아닌 생물로 이어지는 하나의 생물학적 존재라고 할 수 있다. 하지만 인간은 사회적 · 문화적 장면에 살고 있는 자기반성적인 존재이기도 하다. 사회문화적 경험이 없다면 어떤 사람도 완전한 인간이라 할 수 없다. 따라서 사람이 자기 삶의 사회문화적 장면과의 상호작용에서 어떻게 발달하는가를 이해하는 것은 성격의 생물학적 기반 연구에 못지않게 성격 과학의 기초를 이루는 것이다. 이 장은 성격이 대인관계 맥락과 사회문화적 맥락에서 어떻게 발달하고 기능하는지를 보여주는 성격심리학의 최근 연구들을 검토한다.

대인관계

대다수의 사람들이 삶에서 가장 중요하게 생각하는 맥락은 다른 사람과 관련된 것들이다. 살면서 많은 재정적 · 직업적 · 학업적 요구들에 부딪히지만 다른 사람들(친구, 가족, 연인, 헤어진 연인, 잠재적 연인)과의 관계와 관련된 문제는 특별한 영향력을 가진다. 이 문제들은 우리의 주의를 사로잡는다. 우리에게 즐거움을 가져다주기도 하지만 우리를 의기소침하게 만들기도 한다. "친밀한 관계는 우리의 일상적 삶의 가장 핵심적인 맥락을 제공한다"(Cooper, 2002, p. 758). 그러므로 맥락과 성격의 관계를 탐색하는 데 있어서 우리가 고려해야 할 첫 번째 맥락은 최근 몇 년 동안 성격 과학자들의 관심이 증가하고 있는 삶의 측면인 대인관계적 맥락이다(Baldwin, 2005; Chen, Boucher, & Parker-Tapias, 2006 참조).

관계는 호혜적이다. 관계에서는 서로 영향을 주고받는 두 사람이 있다. 따라서 성격 요인의 역할은 두 방향에서 모두 검토되어야 한다. 한편으로 성격 특성은 관계에 도움이 되거나 해가 되는 행동을 하도록 만든다. 예를 들어 어떤 사람이 파트너의 외모를 모욕하거나, 논쟁을 시작하거나, 다른 파트너와 관계를 시작할 수 있을 것이고 혹은 반대로 관계를 지지하고 강화하는 행동을 할 수도 있다. 다른 한편으로 성격은 파트너가 실제로 한 행동과 무관하게 파트너의 행동을 해석하는 것에 영향을 줄 수도 있다. 파트너에 대한 지각은 정확하지 않을 수 있다. 지각의 왜곡 때문에 파트너가 나를 모욕하는 말을 하였다고 생각하거나 싸움을 시작하려 한다고 생각하거나 다른 파트너에게 관심을 가진다고 잘못 생각할 수 있다.

연구는 성격이 관계에 미치는 두 방향의 영향이 어떻게 작용할 수 있는지를 보여준다. 연구자들은 관계 파트너 간의 상호작용을 자세히 연구하며(Gable, Reis, & Downey, 2003), 긍정적인 행동(예 : 애정 어린 행동)과 부정적인 행동(예 : 비판적이거나 무관심한 행동)이 각각 관계에 대한 파트너의 만족과 행복에 긍정적이거나 부정적인 영향을 미친다는 사실을 발견하였다. 이것은 명백하다. 하지만 연구자들은 또한 반대 방향의 영향이 나타나기도 한다는 것을 발견했다. 한 파트너의 부정확한 지각은 관계의 결과물에 영향을 준다. 사람들은 파트너가 자신에게 부정적인 행동을 한다고 추론할 때, 심지어 파트너는 처음부터 그런 행동을 한 적이 없다고 보고하는 상황에서조차 관계에 대해 덜 만족하게 된다(Gable et al., 2003). 파트너에 대한 사람들의 주관적 지각의 중요성은 거절 민감성이라고 알려진 성격 속성에 대한 연구에서 잘 나타난다.

거절 민감성

거절 민감성
대인 간 관계에서 거절에 대한 불안한 예상을 하는 것을 특징으로 하는 사고 양식

이 장을 시작할 때 봤던 대화를 다시 생각해 보자. 대화를 나눈 인물 중 한 명(피트와 헤어진쪽)은 **거절 민감성**rejection sensitivity이라고 알려진 성격 양식을 보여준다.

심리학자인 제럴딘 다우니와 동료들(Ayduk, Mischel, & Downey, 2002; Downey, et al., 2004; Pietrzak, Downey, & Ayduk, 2005)의 연구에 따르면, 거절 민감성은 구체적인 사고 양식을 의미한다. 거절 민감성은 대인관계에서 거절을 당하리라는 불안한 예상으로 특징지어진다. 심지어 관계가 순조로운 상태에서도 관계가 깨질 것이라고 예상하는 경향을 특별히 많이 가지고 있는 것으로 보인다. 그런 사람들은 거절당할 가능성에 대해 곰곰이 생각하고 그 때문에 불안해진다.

이러한 사고 양식이 특히 중요한 이유는 좋은 관계를 해칠 수 있기 때문이다. 거절 민감성은 사실에 근거한 것이 아님에도 불구하고 불안에 찬 예상을 하는 것만으로도 견고한 관계를 약화시킬 수 있는 대인 간 긴장을 만들어 낸다. 따라서 거절에 대한 예상은 자기 충족적 예언이 될 수 있다.

다우니와 펠드먼(1996)은 거절 민감성 척도Rejection Sensitivity Questionnaire(RSQ)를 통해 거절 민감성의 개인차를 측정하였다. 응답자에게는 대인관계에서 발생할 수 있는 다양한 '요구' 목록을 제시하였다(예 : 남자/여자 친구에게 여러분 집으로 이사를 오라고 요청하는 것, 데이트를 하자고 요청하는 것). 이어서 응답자들은 각 상황에서 관계 파트너가 그들의 요청을 수락 혹은 거절할 가능성에 대한 주관적 느낌을 표시하였다. 또한 각 상황에서 상대방의 반응에 관하여 얼마나 걱정하거나 불안한지의 정도도 표시하였다. 거절당할 가능성이 높다고 자주 이야기하는 사람은 거절당하는 것에 대해 매우 불안해하고 거절 민감성이 높은 사람으로 분류되었다.

대인관계에서 거절 민감성의 잠재적 영향력은 대학 신입생들이 참여한 한 연구에서 그 증거를 찾을 수 있다(Downey & Feldman, 1996). 이 연구는 두 개의 측정 시점을 가진 종단 연구이다. 첫 번째 시점은 학기 초반으로, 이때 참여자들은 RSQ를 작성하였다. 두 번째 시점은 4개월 후로, 연구자들은 RSQ에 응답한 이후에 연애를 시작한 사람들을 따로 분류하였다. 이 사람들은 지금의 새로운 관계에 대해 보고하도록 요청받았는데, 구체적으로 새로운 관계

에서 나타날 수 있는 '마음의 상처를 주려는 의도를 가진 귀인'을 측정하였다. 사람들은 다양한 원인을 가질 수 있는 가설적 행동들(예 : 남자/여자 친구가 여러분과 시간을 덜 보내기 시작함)을 읽고 각 행동들이 관계 파트너가 의도적으로 마음을 상하게 하려는 징후인지 아닌지에 답하였다. RSQ 응답 이후에 발생한 관계를 대상으로 하는 방식으로 연구를 설계했기 때문에 RSQ 측정치는 이후에 시작된 특정한 관계에 오염될 수 없었다. 따라서 이 연구 설계는 다우니와 펠드먼으로 하여금 거절 민감성이 이후 관계에 대한 생각에 어떤 인과적 영향을 미치는지 결정할 수 있도록 만들어 주었다.

연구 결과는 거절 민감성이 새로운 관계에 대한 신념을 실제로 예측한다는 것을 보여주었다. 관계가 시작되기 전에 거절 민감성이 높았던 사람들은 관계가 진행된 후에 파트너의 행동을 적대적 의도로 추론할 가능성이 더 높았다. '나의 파트너는 의도적으로 나에게 적대적이다'와 같은 사고는 건강한 관계에는 분명 나쁠 수 있으므로, 이것은 거절 민감성이라는 성격 특징이 관계의 질과 지속에 중요할 수 있음을 의미한다.

연구 결과에서 알 수 있는 두 번째 특징은 이 장의 전반적 주제인 '맥락을 고려한 성격 연구의 중요성'이다. 연구자들이 성격 변수인 거절 민감성을 맥락적 성격 변수로 취급한다는 점에 주목하자. 즉 연구자들은 거절 민감성을 대인관계 중 특정한 맥락(관심이 있는 어떤 사람에게 사회적으로 받아들여지지 않을 가능성이 있는 상황)에서 발생하는 사고 패턴(불안한 예상)으로 파악한다. 이것은 '신경증 성향'같이 맥락과 분리된 혹은 '전반적인' 성격 변수와는 엄연히 다르다. 문제는 거절 민감성이라는 맥락화된 변인이 기질적 변인보다 부정적 의

Mixmike / Getty Images

거절 민감성에 관한 연구들을 살펴본 결과, 관계에 대해 사람들이 가지는 주관적 신념은 그들이 좋은 관계일 때조차 장기적으로 문제를 야기할 수 있다는 것을 보여준다.

도의 귀인과 더 관련이 있는가이다. 다우니와 펠드먼(1996)은 다음과 같은 방식으로 자신들의 맥락화된 변인인 거절 민감성을 전반적인 특질 변인과 관련지었다. 그들은 거절 민감성이 다양한 전반적 성격 구성 개념의 영향을 통제한 상태에서도 적대적 의도로의 귀인을 예측하는지 살펴보았다. 맥락화된 변인인 거절 민감성은 전반적인 특질 변인의 효과를 통제한 후에도 적대적 귀인을 예측하였다. 반면 전반적인 특질 변인들은 어느 것도 관계에 대한 사람들의 생각을 독자적으로 예측하지 못했다. 이 결과는 맥락 안에서 성격을 연구하는 것이 얼마나 중요한지를 분명하게 보여준다.

후속 결과들은 거절 민감성의 개인차가 적대적 귀인뿐만 아니라 장기적 관계 결과들과도 관련됨을 보여주었다. 거절에 민감한 개인과 이들의 연인 모두가 거절 민감성이 낮은 사람들에 비해 관계에 대해 덜 만족하는 것으로 나타났다(Downey & Feldman, 1996). 짐작할 수 있듯이 거절에 대해 불안한 예상을 하지 않는 경향을 가진 사람들보다 거절 민감성이 높은 사람들의 관계는 깨질 가능성이 더 높다(Downey et al., 1998).

'뜨거운' 그리고 '차가운' 초점

이상적으로는, 성격심리학자들은 거절 민감성이 높거나 낮은 사람들이 관계에서 상이한 경험을 한다는 사실을 기술할 뿐만 아니라 이들 각각이 관계 경험에 대한 통제를 획득하는 심리적 과정을 확인하려고 하였다.

연구자들은 인지적 전략들, 즉 적절히 실행된다면 자기 행동과 정서적 삶에 대한 통제력을 더할 수 있는 전략적 사고방식을 탐색함으로써 이 연구 목표에 도전했다. 특히 중요한 인지적 전략들은 주의와 관련된다. 모든 복잡한 사회적 상황에서 사람들은 다양한 것들에 주의를 기울일 것이다. 이들 중 어떤 것은 정서적으로 중립적인 반면 다른 것들은 정서를 동요시킨다. 심리학자들은 이와 같은 상황의 차이를 '차가운' 대 '뜨거운'으로 이름 붙였다 (Metcalfe & Mischel, 1999).

뜨거운 대 차가운 주의 초점
상황 혹은 자극의 정서적으로 자극적인(뜨거운) 대 덜 자극적인(차가운) 측면에 대한 사고의 초점

연구자들(Ayduk, Mischel, & Downey, 2002)은 대인 간 거절과 관련된 정서에 **뜨거운 대 차가운 주의 초점**hot versus cool attentional focus이 미치는 영향을 조사하였다. 이들은 참여자들에게 다른 사람들에 의해 거절당했다고 느꼈던 과거 경험을 회상하도록 요청하였다. 그런 다음 참여자들은 할당된 실험 조건에 따라 거절 경험에 대해 다른 방식으로 생각하도록 요청받았다. 뜨거운 초점 조건에서 참여자들은 거절 경험 동안의 자신의 정서에 대해 생각하였다 (예 : "여러분의 심장박동은 어떠했습니까? 여러분의 얼굴 표정은 어떠했습니까?"). 차가운 초점 조건에서 참여자들은 경험이 발생한 물리적 장면과 같은 정서적 경험을 포함하지 않는 상황의 특징에 주의를 기울였다(예 : "당시 그 사람과 주변 사물들을 한번 떠올려 보십시오. 여러분은 어디에 서있었습니까?").

'뜨거운' 대 '차가운'과 같이 과거의 서로 다른 경험적 측면에 주의 초점을 두는 것은 다양한 결과를 낳는다. 거절 경험에 대해 생각한 후 자신의 기분을 묘사하라고 요청받았을 때,

경험의 '차가운' 측면에 초점을 둔 사람들은 뜨거운 초점 조건의 사람들 혹은 '뜨거운' 지시나 '차가운' 지시가 없었던 중립 조건의 사람들보다 자신이 덜 화난 것으로 묘사하였다. 경험에 대해 생각하는 동안 자신의 사고와 느낌을 묘사하는 에세이를 쓸 때, 차가운 초점 조건의 참여자들은 분노가 덜 표현된 정서적 내용의 에세이를 작성하였다. 다른 측정치들 또한 자신의 정서적 반응에 주의 초점을 두는 것(뜨거운 초점)이 적대감에 대한 사고를 활성화시킨다는 것을 보여주었다. 요약하면, 똑같은 대인 간 만남에 대해 생각하더라도 만남의 서로 다른 측면에 주의 초점을 두는 사람은 실질적으로 서로 다른 심리적 경험을 한다.

대인관계에서의 전이

여러분은 과거의 누군가를 어렴풋하게 떠올리게 만드는 사람을 만나본 적이 있는가? 어떤 사람에 대한 여러분의 반응이 여러분이 알아 왔던 또 다른 사람에 대한 여러분의 반응과 똑같다는 것을 알아차린 적이 있는가? 제4장에서 우리는 이러한 가능성이 정신분석가들의 큰 관심을 유발한다는 것을 알았다. 정신분석가들은 치료 중에 환자들이 자신의 과거속 중요한 인물들에게 처음 경험했던 태도와 상호작용 양식을 치료자를 향해 반복해서 표현한다고 생각했다. 과거 중요했던 인물을 향한 태도에 기초를 두고 분석가를 향해 보여주는 이러한 태도의 경험을 전이라고 부른다.

최근의 실험 연구들은 이러한 전이 과정이 치료적 장면에 한정되는 것이 아닐 수 있음을 보여준다. 우리가 만난 사람들에게 보여주는 일상적 반응의 대부분은 한 가지 핵심적 맥락 요인의 영향을 받을 수 있다. 바로 우리가 만난 새로운 사람이 과거의 의미 있는 사람을 우연히 닮은 정도이다.

수전 앤더슨과 동료들은 이 주제에 관해 매우 유익한 연구를 수행했다. 이들은 대인관계에서 전이의 사회인지적 분석을 발전시켰다(Andersen & Chen, 2002). 앤더슨은 프로이트가 관심을 가졌던 것과 똑같은 현상에 흥미를 가졌지만 그 현상을 프로이트의 이론적 모형이 아닌 최신의 사회인지 이론과 방법을 적용하여 설명하려고 시도했다.

앤더슨과 첸(2002)은 사회인지의 기본 과정이 프로이트가 전이로 인식한 그 현상을 설명할 것이라고 제안하였다. 만약 여러분이 과거에 잘 알았던 누군가와 우연하게도 비슷한 특성을 가진 사람을 만난다고 가정해 보자. 예를 들어 그 사람은 똑같은 머리 모양 혹은 말하는 태도 혹은 똑같은 관심사나 취미를 가지고 있을 수 있다. 새로운 사람과 여러분이 과거에 알던 사람 간 정보의 중첩은 여러분이 과거의 그 개인에 대해 가지고 있던 지식을 활성화할 것이다. 과거에 알던 사람에 대해 이러한 지식이 활성화되면 이는 새로운 사람을 향한 여러분의 생각과 느낌에도 영향을 줄 것이다. 비록 여러분이 그렇게 하고 있다는 것을 깨닫지 못하더라도 여러분은 새로운 사람이 과거의 인물과 똑같은 특징을 가지고 있다고 추측할 수 있다. 즉, 여러분은 과거 인물에 대한 신념을 새로운 사람에게 '전이'할 수 있다는 것이다.

앤더슨과 동료들은 실험을 통해 전이를 연구하기 위한 전략을 개발했다. 초기 실험 회기에서 참여자들은 자신이 개인적으로 의미 있는 관계를 가졌던 사람에 대해 설명하는 글을 썼다. 다음 회기에서 참여자들은 다양한 표적 인물에 대한 설명을 읽었다. 어떤 설명은 참여자들이 쓴 중요한 사람에 대한 설명과 중첩되는 정보를 포함하고 있었다. 이후 참여자들은

성격과 뇌

맥락과 옥시토신

우리는 대개 심리학의 관점에서 대인관계를 생각한다. 하지만 많은 연구자들은 또한 대인관계의 생리적 관점까지 고려한다. 뇌의 생리적 과정은 다른 사람들과의 관계에 영향을 주는 정서적 반응을 만들어 낼 수 있다.

옥시토신으로 알려진 생화학은 특별한 주의를 끌었다. 앞으로 알게 되겠지만 옥시토신에 대한 연구는 이 장의 주제를 강조한다. 바로 성격 과정과 사회적 맥락 사이의 상호작용이다.

옥시토신은 몸 전체에 걸쳐 전달되는 생화학물질이다. 옥시토신이 수행하는 다양한 기능들 중에서도 특히 출산과 모유 수유를 촉진하는 신체적 변화를 유발한다. 이러한 생물학적 기능은 수십 년 전부터 알려져 왔다. 하지만 연구자들은 최근에 와서야 옥시토신이 심리적 효과를 유발한다는 것을 알아차렸다.

옥시토신의 심리적 효과에 대한 연구에서 연구자들은 참여자 일부에게 옥시토신을 투여한 뒤(콧속에 스프레이로 뿌려서 투여할 수 있다) 돈을 다루는 게임을 하도록 하고 이들이 두 번째 게임자를 믿는 정도를 측정했다. 다른 실험 조건의 참여자들은 옥시토신을 투여받지 않았다. 옥시토신을 투여받은 사람들은 다른 게임자에 대한 높은 수준의 신뢰를 나타내는 금전적 결정을 하였다(Kosfeld et al., 2005). 연구자들은 옥시토신이 타인에 대한 정적 정서와 동기를 일으키는 뇌 영역의 신경 회로를 활성화함으로써 이러한 효과를 보여 준다고 주장하였다.

옥시토신에 대한 이야기는 간단하다. 옥시토신은 신뢰를 높여준다. 하지만 최근 연구들은 그 이야기가 그렇게 간단하지만은 않다고 말한다. 옥시토신 관련 연구 결과들은 일관적이라기보다는 좀 더 다양한 결과가 있는 것으로 나타났다. 특정한 사회적 맥락에서는 옥시토신이 타인에 대한 신뢰를 증가시키지만 다른 사람들에 대해서는 그렇지 않을 수도 있다.

예를 들어 어떤 연구에서, 게임을 하는 동안 옥시토신이 신뢰를 증가시키는지의 여부는 맥락적 요인들에 달려 있었다. 즉 함께 게임하는 상대방이 친숙한 사람인가 모르는 사람인가, 신뢰할 만하게 보이는가 신뢰할 수 없게 보이는가, 자신의 사회적 집단의 구성원인가 아니면 다른 집단의 구성원인가 등이 맥락적 요인에 포함된다(Bartz et al., 2011). 타인을 고소한 듯 바라보거나 시기심을 표현하는 사람들의 경향성을 조사한 연구에서, 옥시토신의 효과를 구체화하는 것으로 밝혀진 맥락 요인들은 얼굴 표정을 탐지해야만 하는 과제에서 참여자들이 보이는 얼굴 표정과 게임의 결과(이기는지 혹은 지는지) 등이었다(Bartz et al., 2011).

옥시토신의 효과는 또한 동일한 맥락에서 서로 다른 사람들에게 다르게 나타난다. 바르츠와 동료들(2010)은 사회적 능력이 서로 다른 연구 참여자들에게 옥시토신을 투여하였다. 사회적 능력이란 대인 간 사건들의 흐름에 꼼꼼하게 주의를 기울이고 의미 있는 사회적 정보를 탐지하고, 건설적 태도로 사건들에 참여하는 능력이다. 옥시토신을 투여받은 후에 참여자들은 영화에 나타난 사람이 표현하는 정서를 식별해 내는 과제를 수행하였다. 낮은 수준의 사회적 기술을 가진 사람들에게서 옥시토신은 수행을 향상시켰다. 옥시토신은 정서 탐지 과제에서 사람들의 정확성을 높였다. 반면 높은 사회적 기술을 가진 사람들에게서 옥시토신은 효과가 없었다(옥시토신을 투여하지 않은 통제 집단과 비교했을 때).

옥시토신은 항상 신뢰를 증가시키지는 않는다. 그렇다면 옥시토신의 역할은 무엇인가? 한 가지 가능성은 높은 수준의 옥시토신이 사회적 단서를 알아차리는 사람들의 경향성을 향상시킨다는 것이다(예 : 다른 사람들의 진술, 제스처, 얼굴 표정)(Bartz et al., 2010, 2011). 이러한 가능성은 앞에 기술된 결과를 설명한다. 사회적으로 유능한 사람은 이미 사회적 단서들을 발견하는 데 유능하므로 옥시토신의 투여에 거의 영향을 받지 않는다. 하지만 통상적으로 그러한 단서를 간과하는 사회적으로 덜 유능한 사람들은 큰 영향을 받는다. 또한 이 가설은 왜 옥시토신이 본질적으로 서로 다른 사회적 단서를 포함하고 있는 서로 다른 사회적 맥락에서 상이한 효과를 가지는지를 설명할 것이다.

설명문의 정보를 회상하도록 요청받았다. 핵심적인 종속 측정치는 '1종 오류(틀린 것을 맞다고 하는 오류)', 즉 표적 인물의 설명에는 실제로 없었지만 과거 인물의 중요한 특성을 표적 인물에 대한 정보로 '기억하는 것'이다. 이러한 1종 오류 기억은 과거 관계로부터 새로운 사람에 대한 정보 전이의 증거이다.

그들이 발견한 것은 무엇인가? 표적 인물이 과거의 의미 있는 사람과 닮았을 때 사람들은 정말 1종 오류를 보일 가능성이 더 크다(Andersen & Cole, 1990; Andersen et al., 1995). 전이 과정은 기억뿐 아니라 새로운 사람과의 친밀한 관계를 형성하기 위한 정서적 반응과 욕구에도 영향을 준다(Andersen & Baum, 1994; Andersen, Reznik, & Manzella, 1996). 새로운 사람이 그들 과거의 누군가와 중첩되는 속성을 가지고 있을 때 사람들은 새로운 사람에 대해 다르게 반응하는 것으로 확인되었다.

앞서 살펴본 거절 민감성에 대한 연구와 마찬가지로, 전이의 사회인지 과정에 대한 연구도 이 장의 주제를 잘 보여준다. 이 사례에서 '맥락 안에서의 성격'을 이해하는 데 핵심적인 맥락 변인은 과거의 인물과 새로운 인물의 속성 간의 관계이다. 이러한 속성이 중첩될 때 사람들의 경험과 행동은 일반적이고 평균적인 행동 경향성의 관점에서 설명될 수 없다. 대신 옛 사람과 새로운 사람을 연결하는 맥락 특정적 사고의 관점으로 이해되어야만 한다. 이러한 전이 과정 덕분에 여러분이 어떤 사람과 헤어진 이후에조차 그 사람은 '여러분의 머릿속에 살고' 있어 여러분의 미래관계에 영향을 준다.

학업 문제와 사회적 문제 만족시키기 : 낙관적 전략과 방어적 비관주의

거절 민감성에 대한 연구는 사람들이 자주 듣는 한 가지 주제를 표상한다. 즉 다가오는 상황에 대해 부정적인 생각을 가진 사람은 '자기 무덤을 파는' 것일 수 있다는 것이다. 즉, 부정적인 기대나 예상은 무언가를 더 못하게 만드는 원인이 된다. 하지만 항상 그럴까? 한 가지 중요한 연구 흐름에 따르면 항상 그런 것은 아니다. 심리학자인 낸시 캔터, 줄리 노럼과 동료들의 연구에 따르면, 어떤 사람들에게는 '나쁘게' 생각하는 것이 좋은 것이 될 수도 있다. 어떤 사람에게는 '부정적인 사고' 안에 '긍정적인 힘'이 있다(Norem, 2001). 이러한 사람들을 방어적 비관론자라고 부른다.

방어적 비관주의defensive pessimism는 사고 양식과 관련된 인지적 성격 변수이다. 방어적 비관론자들은 삶의 문제들을 다른 사람들과는 다른 방식으로 생각한다. 구체적으로 살펴보면, 이들은 '낙관론자'로 불리는 사람과는 다르다. 낙관론자들은 자신들의 능력에 대해 비교적 현실적인 기대를 가지고 대처한다(**낙관주의**optimism). 만약 이들이 문제를 처리할 수 있는 기술을 가지고 있다면 이들은 일반적으로 그렇다고 말할 것이다. 반대로 방어적 비관론자는 많은 경우에 부정적으로 생각한다. 이들이 성공할 수 있는 기술을 가진 것처럼 보일 때조차도 이들은 의심을 보이고 최악을 예상한다.

방어적 비관주의
스트레스에 대처하는 방식으로 부정적 사고를 사용하는 사람들의 대처 전략

낙관주의
자신의 능력에 대해 상대적으로 현실적인 기대를 특징으로 하는 대처 전략

방어적 비관주의 연구의 핵심 아이디어는 비관주의가 항상 그렇게 나쁜 것은 아니라는 것이다. 누군가에게는 부정적인 생각이 높은 수준의 수행을 성취하기 위해 스스로에게 동기를 부여하는 효과적인 대처 전략이 될 수 있다.

전략적 낙관주의와 방어적 비관주의에 대한 연구(Cantor et al., 1987)는 이 책의 많은 독자들과 관련 있는 인생 전환기(과도기)를 조사한 연구이다. 그 시기는 고등학교에서 대학으로의 전환기이다. 고등학교 3학년 때 학생들은 대개 안정된 일과 속에서 살아간다. 학생들은 오랜 학창 시절 동안 이미 잘 정립된 친구관계와 선생님, 그리고 성적을 잘 받기 위해 중요한 것이 무엇인지를 이해하고 있다. 그러나 대학에 가는 것은 새로운 도전이다. 새로운 친구를 만나면서도 옛 친구들과 연락을 지속하고 학업을 좇아가고 캠퍼스에서 사회적 활동에 참여하게 되는 것 말이다. 이렇듯 몹시 바쁜 인생의 전환기는 성격심리학자들에게 큰 관심거리가 된다. 전환기에 발생하는 생활에서의 변화는 이들에게 매우 힘든 일이기 때문에 대처 기술과 전략에서의 개인차가 나타나게 된다. 사람의 능력을 시험하는 어려운 지능 검사 항목이 "2+2는 얼마입니까?"라는 질문보다 분석적 지능의 차이를 더 잘 보여주는 것처럼, 도전적인 사회적 상황이 '사회적 지능'에서의 개인차를 훨씬 잘 드러내 준다(Cantor & Khilstrom, 1987).

연구자들은 1학년 신입생들을 대상으로 연구를 수행하였다(Cantor et al., 1987). 학년이 시작될 때 학생들은 다양한 삶의 문제들에 대해 생각할 때 나타나는 자신들의 낙관주의 대 방어적 비관주의를 측정하는 질문지를 작성하였다. 한 해 동안 연구자들은 학생들의 GPA에 대한 예상과 학업 영역에서 '자기불일치', 즉 그 사람의 실제 자기와 이상적 자기 이미지 간의 불일치를 포함하여 학업 수행에 잠재적 중요성을 가진 다른 변인들을 측정하였다(Higgins, 1987)(제13장 참조). 마지막으로 1학년 말에 학생들의 GPA 점수를 기록하였다.

학업 낙관론자들과 방어적 비관론자들은 학교에서 똑같이 좋은 수행을 보여주었다. 하지만 그들은 한 가지 중요한 점에서 차이가 있었다. 그들은 서로 다른 심리적 경로를 통해 학업적 성공을 이루는 것으로 나타났다. 이러한 차이는 두 집단에서 성격 변수들이 GPA를 예상하는 방식에 의해 드러난다. 학업 낙관론자들 사이에서 학업 성공은 긍정적 사고에 의해 예측되었다. 즉 이들 중에서 학년이 시작될 때 잘할 것이라고 예상하는 사람들과 상대적으로 자기불일치가 작은 사람들은 높은 성적을 얻었다. 그러나 방어적 비관론자들의 학년 초 학업 수행에 대한 기대는 학년 말 성적과 관련이 없었다. 방어적 비관론자들이 "난 낮은 GPA 점수를 받을 거예요."라고 말한다 해도 이것은 이어지는 수행의 낮은 수준을 예측하지 않았다. 게다가 방어적 비관론자 중에서 큰 실제 이상 자기불일치는 낮은 성취가 아닌 높은 학업 성취를 예측하였다. 부정적 사고는 나쁜 것이 아니라 좋은 것이었다.

이러한 결과의 또 다른 특징은 맥락 내에서 성격을 연구하는 것이 얼마나 중요한지 강조한다. 낙관주의 대 비관주의는 학생들 삶의 모든 측면에서 분명하게 나타나는 일반화된 변인은 아닌 것으로 드러났다. 오히려 좋은 성적을 받는 것에 대해 비관론자였던 많은 학생들은 다른 삶의 맥락에서는 낙관론자였다. 캔터와 동료들(1987)은 성적 획득과 새로운 친구를 사귀는 것이라는 두 가지 맥락에서 학업적 낙관론자와 비관론자들의 인지를 연구하였다. 성적 획득의 영역에서는 학업과 관련된 어려움의 지각, 통제감, 스트레스와 같은 인지적 요인에서 두 집단이 매우 차이가 났다. 하지만 친구를 사귀는 문제에 대해 생각할 때 두 집단은 전혀 다르지 않았다! 새로운 친구관계를 만드는 문제와 연관된 어려움, 통제감, 스트레스에 대해 질문받았을 때 학업 낙관론자와 비관론자는 다르지 않았다.

사회경제적 맥락 안에서의 성격 발달

세상의 모든 사람이 매우 다른 사회경제적 조건 속에 살아간다는 것은 인간 삶의 근본적인 진실이다(Economist, 2005). 심지어 산업화되고 상대적으로 부유한 국가들에서조차 수입과 관련된 사회적 기회의 불일치는 크다. 최근 몇 년 동안 세계 곳곳에서 부자와 가난한 사람들 간의 경제적 차이는 더욱 커졌다.

사회경제적 상황과 성격 발달의 관계는 어떠한가? 지금까지 여러분이 배운 성격심리학을 기초로 살펴봤을 때, 여러분은 '관련성이 적다'가 답이라고 생각할 수 있다. 역사적으로 성격심리학자들은 자신이 이론화하려는 사람들의 사회경제적 조건들에 대해서는 상대적으로 주의를 덜 기울였다. 정신분석, 행동주의, 특질 이론 전통의 이론가들은 명시적으로 특정 사회적 조건을 초월하는 성격 기능의 일반적 원칙을 알아내고자 했다(예를 들어 이와 같은 방식으로 생물학자들은 사회적 조건들을 초월하는 인간의 해부학적 특징과 생리학의 기본 원칙들을 발견하려고 노력했다). 하지만 최근 연구자들은 성격 연구의 전통적 접근이 충분치 않다고 주장한다. 구체적으로 살펴보면, 다양한 성격 속성들이 서로 다른 사회경제적 장면에 속해있는 개인들에게 상이한 의미를 가질 수 있다는 것을 의미한다. 이 주제에서 중요한 진보는 캐스피, 엘더와 동료들의 연구로부터 나왔다(Caspi, 2002; Caspi, Bem, & Elder, 1989).

간단해 보이는 질문에 대해 한번 생각해 보자. 사회성 발달에서 충동성 개인차가 가지는 의미는 무엇인가? 가령 충동성 정도가 다른 사춘기 청소년을 집단으로 구분한다면 더 충동적인 개인이 사회성 발달에서 비행과 같은 문제를 더 많이 경험하는 것을 확인할 수 있을 것인가? 한 가지 가능성은 정서적 충동을 잘 통제하지 못하는 청소년(예 : '높은 충동성'을 보이는 청소년)은 필연적으로 10대 시절 더 많은 사회적 어려움을 경험할 것이라는 점이다. 그러한 문제들(예 : 약물과 알코올 사용, 신체적 공격성, 기물 파손)을 피하는 것이 자신의 충동을 통제할 것을 필요로 하기 때문이다. 하지만 다른 가능성은 충동성의 효과가 불가피한 것이 아니라는 것이다. 대신에 높은 대 낮은 충동성의 의미는 그것의 사회경제적 맥락 내에서 성격을 조사함으로써만 이해될 수 있다. 가난한 지역의 청소년들은 반사회적 행위를 유발할 잠재성을 가진 문제들을 상대적으로 더 많이 경험할 것이고 동시에 자기 통제 기술의 발달을 도울 수 있는 지역 공동체의 도움을 받을 기회는 더 적을 수 있다. 반대로 부유한 지역에서는 비행의 기회가 더 적고 사회적 지원이 더 많다.

연구 결과들은 부유한 지역과 가난한 지역의 이러한 차이들이 매우 인과적임을 보여준다. 충동성과 비행 간의 관계는 다양한 사회경제적 맥락에서 변하는 것으로 확인되었다. 연구자들(Lynam et al., 2000)은 펜실베이니아주 피츠버그에 사는 대규모 표본의 13세 청소년을 연구하였다. 이들은 아주 다양한 사회경제적 환경에서 살고 있었는데, 사회경제적 지위가 높은 지역에서부터 비행을 촉진시키는 많은 요인들을 가지고 있는 공영주택에 거주하는 사람들을 포함한 매우 빈곤한 사람들까지 포함되었다. 연구 참여자들이 13세일 때 시행된 다양한 실험실 측정치들을 사용하여, 연구자들은 각 참여자들의 충동성이 높은지 낮은지를 결정하였다. 충동성과 사회경제적 상황의 측정치를 가지고, 리넘과 동료들은 성격 요인이 다양한 상황에서 서로 다른 의미를 가진다고 결정할 수 있었다. 그랬다. 가난한 지역에 사는 청소년들 중에 충동성이 높은 청소년들은 충동성이 낮은 청소년에 비해 비행 행동에 연루될 가능성이 더 컸다. 반대로 부유한 지역에서 높은 충동성과 낮은 충동성은 비행 가능성에 있어 별다른 차이를 보이지 않았다. 부유한 지역의 지역 공동체 자원들이 성격 특성의 잠재적인 부정적 효과를 완충하는 것으로 보였다.

전 생애에 걸친 성격 기능

대부분의 심리학 연구는 젊은 사람들에게 초점을 맞추어 왔다. 심리학 연구를 비판하는 사람들은 상당수의 심리학 연구들이 불균형적으로 대학에 다니는 젊은 성인들만 대상으로 한다고 말한다. 발달에 결정적인 시기라는 측면에서, 아동이나 청소년, 젊은 성인에 연구의 초점을 맞추는 것은 상당히 합당하다. 하지만 이러한 현상은 21세기를 살면서 우리가 맞닥뜨린 기본적 사실과는 모순된다. 전 세계의 노인 비율은 그 어느 때보다도 높다. 의학의 진보 덕분에 사람들은 과거보다 훨씬 더 오래 살고 있다. 수명의 변화는 매우 극적이다. 오늘날 전 세계의 산업화된 국가에서 많은 사람들은 70대나 80대, 그 이상까지 산다. 이것은 이전의 인류 역사에는 잘 없었던 상황이다.

인생 후반기의 심리적 탄력성

노인 인구의 증가는 심리학의 새로운 연구 의제를 제안한다. 바로 인생 후반기의 성격 기능에 대한 연구이다. 과거 10년 동안 심리학자들은 이 주제에 답을 해왔다. 광범위한 연구 프로그램들은 인생 후반기의 심리적 기능을 조사해 왔다(Baltes & Mayer, 1999).

이 연구 분야에서 반복적으로 나타난 결과는 다소 놀랍다. 노년기는 많은 어려움과 문제(은퇴, 신체적 감퇴, 또래들과 같은 세대의 가족 구성원들의 사망)를 동반하는 시기이기 때문에 노인들의 심리적 경험은 본질적으로 부정적일 것이라고 예상할 수 있다. 하지만 그렇지 않았다. 자존감, 개인적 통제감, 심리적 안녕감, 그리고 우울의 객관적 측정치들을 살펴본 결과, 연구자들은 노인들이 보통 중년이나 젊은 성인들에 비해 나쁘지 않다는 것을 발견하였다(Baltes & Graf, 1996; Bröndtstadter & Wentura, 1995). 인생 후반기에 접어든 사람들은 낙담하기보다는 대개 매우 만족스럽고 풍요로우며 긍정적인 정서적 경험을 보고하였다(Carstensen & Charles, 2003).

게다가 노인들은 더 많은 심리적 탄력성을 보인다. 그들은 인생 후반기에 수반되는 어려움들을 이겨낼 수 있고 매우 건강한 자기감과 개인적 안녕감을 유지할 수 있다. 성격 과학자들의 목표는 많은 노인들이 긍정적인 자기를 유지하는 과정을 이해하는 것이다.

이 이슈에 대한 핵심적 통찰은 독일 심리학자인 파울 발테스와 동료들의 연구로부터 나온 것이다(Baltes, 1997; Baltes & Baltes, 1990; Baltes & Staudinger, 2000). 이 연구자들은 발달이 본질적으로 '트레이드오프'를 수반한다는 것을 인정하였다. 인생의 한 단계에서 다음 단계로 이동할 때 사람들은 어떤 심리적 자질을 잃지만 한편으로 또 다른 자질을 얻는다. 예를 들어 인생 초반기에 있는 아동은 논리적 추론 능력을 얻게 되지만 상상의 삶을 펼치는 능력은 잃을 수도 있다. 인생 후반기에 노인들은 몇몇 기본적인 인지적 기능은 감퇴하겠지만 개인적 지혜를 얻을 수 있다(Baltes & Staudinger, 2000). 나이가 들어가면서 사람들이 얻게 되는 지식과 지혜의 이점은 종종 인지적 역량에서의 손실을 보상해 주기도 한다.

발테스의 분석은 인생 후반기의 심리적 발달과 탄력성의 일반적 모형을 제공해 준다. 발테스의 모형에 따르면 사람들은 자신의 에너지와 지식을 집중시킬 수 있는 삶의 특별한 영역을 선택함으로써 심리적 안녕감을 유지할 수 있다. 비록 노인들이 다양한 종류의 삶의 활동들(직업, 동호회, 운동, 취미, 새로운 사회적 네트워크 만들기 등)을 유지하는 것은 어렵지만 대신 이들은 선택한 삶의 영역 내에서는 높은 수준의 기능과 안녕감을 잘 유지할 수 있을 것이다. 자신들의 에너지를 소수의 중요한 삶의 영역으로 집중시킴으로써 노인들은 신체적 혹은 인지적 감퇴를 보상하고 높은 안녕감을 유지할 수 있을 것이다.

현명한 선택 과정이 주는 혜택의 영향력에 대한 증거는 베를린에서 수행된 대규모 연구에서도 알 수 있다(Freund & Baltes, 1998). 참여자들은 노년기에 신체적 감퇴에 직면해서 자신의 기능을 최적화하기 위한 선택 과정에 참여하는 정도를 평정하는 자기 보고 질문지에 답하였다. 이 질문지는 인생의 어려움에 대처하기 위해 가족과 사회적 네트워크의 자원을 이용하는 능력뿐만 아니라 자신의 에너지를 집중하는 몇 개의 중요한 인생 목표를 선택하는 경향성을 측정하였다. 다른 성격 변수들을 통제한 후에도 사회적 삶을 위해 이러한 전략들을 자주 사용하는 사람들은 일상적 삶에서 높은 개인적 안녕감을 가지고 긍정적 정서를 더 많이 경험하는 것으로 확인되었다.

노년기의 정서적 삶 : 사회정서적 선택

선택 과정에 대한 하나의 예는 로라 카스텐슨과 동료들의 연구로부터 나온다(Carstensen,

사회정서적 선택 이론

사회적 동기가 인생 과정에 걸쳐 변화하는 방식을 탐색한 카스텐슨의 이론적 분석

1995, 1998; Carstensen, Isaacowitz, & Charles, 1999). 카스텐슨의 **사회정서적 선택 이론** socioemotional selectivity theory은 사회적 동기가 인생 과정에 걸쳐 변화하는 방식을 검토한다. 기본 아이디어는 사람이 인생 과정의 다른 시점과 관련된 기회와 제한점을 인식하고 있다는 것이다. 예를 들어 20세인 사람은 앞으로 수십 년의 가정생활과 직업생활이 전개된다는 것을 인식하는 반면 85세인 사람은 인생의 최후 10년으로 진입하고 있거나 이미 진입하였음을 안다. 시간에 대한 이러한 인식은 삶의 목표에 영향을 준다. 젊은 성인의 경우, 향후 수십 년 동안 유용할 것이 분명한 지식과 기술의 습득, 혹은 자기와 정체감 발달과 관련된 장기적 목표에 에너지를 투자하면서 미래에 초점을 맞추는 것은 말이 된다. 반대로 자신이 삶의 마지막에 가까워졌다고 본다면 장기적 목표에 초점을 맞추는 것은 말이 안 된다. 대신에 자신의 삶에 즉각적으로 긍정적 영향을 주는 한두 개의 목표를 선택하고 자신의 에너지를 거기에 집중하는 것이 보다 합리적이다. 따라서 사회정서적 선택 이론은 의미 있는 정서적 경험과 관련된 목표가 노년기에 상대적으로 더 중요해진다고 예측한다. 노인은 세상에 대한 정보를 얻고 새로운 사회적 네트워크를 시작하는 것에 대해 상대적으로 덜 동기화되고, 가족과 오래된 친구들과 개인적으로 의미 있는 관계를 유지함으로써 얻을 수 있는 긍정적인 정서적 경험을 추구하도록 더 동기화된다. 요약하면 카스텐슨의 이론은 노인들이 젊은 사람들에 비해 정서적 경험을 향상시키는 소수의 엄선된 사회적 관계 장면에 에너지를 투자할 가능성이 더 크다고 예언한다.

연구는 이 가설을 지지한다. 예를 들어 카스텐슨과 프레드릭슨(1998)은 18세에서 88세까지 다양한 인종의 대규모 성인 표본을 대상으로 한 연구에서 사회정서적 선택 이론을 검증하였다. 그들의 목표는 노년기 성인들이 현재의 정서적 경험을 향상시키는 데 초점을 두는 반면, 젊은 성인들은 세상에 대해 새로운 것을 배울 수 있는 새로운 사람을 만나는 것과 같은 미래의 잠재력에 초점을 둔다는 가설을 검증하는 것이었다. 이 아이디어를 검증하기 위해 연구자들은 연구에 참여한 젊은 성인과 노년기 성인에게 다양한 사람들의 명단을 주었다 (예 : 오랫동안 아는 친한 친구, 방금 읽은 책의 저자). 연구자들은 참여자들에게 평정을 하게 하였는데 이것은 명단에 있는 다양한 사람들에 대해 생각할 때 자신에게 가장 중요한 차원을 드러내 줄 것이다(예 : 명단에 있는 개인들을 구분하는 특징들).

예측한 대로 노인들은 명단에 있는 사람들의 정서적 질에 대해 생각을 집중하고 그들과의 만남이 미래에 가치 있을 정보를 제공할 것인지에 대해서는 주의를 덜 기울이는 것으로 나타났다. 반대로 젊은 성인들은 사람들의 정서적 질에 초점을 덜 기울였고 새로운 사람과의 유익한 만남의 가능성에 더 초점을 두었다. 그들과의 만남이 정서적으로 긍정적인 경험이든 아니든 말이다. 자신이 인생 후반기에 있다고 인식하고 있는 노인들은 즉각적인 정서적 보상을 가져다주는 사회적 경험에 훨씬 더 많이 주의를 기울이는 것으로 보였다. 흥미롭게도 이후 연구는 에이즈 증상을 가진 HIV 양성의 남성들에게서도 동일한 결과를 얻었다. 노인이 아니지만 이 남성들도 제한된 수명에 직면하고 있고, 노인들과 같은 방식으로 사회적 관

사회정서적 선택 이론에 대한 연구에서, 노인들은 특히 그들의 가족이나 오래된 친구들과 정서적으로 의미 있는 경험을 하도록 동기화된다는 것을 보여준다.

계의 즉각적인 정서적 질에 초점을 두었다(Carstensen & Fredrickson, 1998).

이 장의 앞부분에서 우리가 검토한 맥락은 원래 사회적 맥락이었다. 발테스, 카스텐슨과 동료들의 연구는 연령, 특히 인생에서 남아있다고 생각하는 햇수가 성격 기능의 또 다른 결정적 맥락임을 보여준다.

문화 속의 개인

> 문화와 독립적으로 존재하는 인류의 속성이란 것은 없다. 문화가 없는 인간은 영리한 야만인이 될 수 없다… 그들은 유용한 본능이 거의 없고, 인식할 수 있는 생각이 없으며, 지성이 없는 쓸모없는 괴물일 것이다.
>
> Geertz(1973, p. 49)

성격과 문화에 대한 두 개의 사고 전략

전략 1 : 성격… 그리고 문화?

성격과 문화에 대해 생각할 수 있는 두 가지 전략이 있다. 첫 번째는 여러분이 이 책에서 이미 수차례 보아 왔던 것이다. 그것은 특정 이론적 개념 혹은 연역적 가설로부터 시작하여 그다음에 그 아이디어가 여러 문화에 걸쳐 적용되는가를 묻는 전략이다. 20세기의 많은 심리 과학이 서구 세계(미국과 유럽)의 산물이므로 실제로 이 전략은 (1) 성격 과학자들은 서구 문화에 기반한 인간 속성에 대한 아이디어로부터 시작하고 또한 그것은 미국 혹은 유럽 시민과 관련된 연구 결과 혹은 임상적 경험을 반영하고, (2) 비서구 문화에서 연구가 수행되었을 때 성격의 이 개념이 지지를 받는지를 질문한다. 여러분은 제6장에서 성격의 현상학적 이론과 미국 심리학자인 칼 로저스가 발전시킨 '자기'에 대해 배울 때 이 전략을 보았다. 이 이론을 고찰한 후에 우리는 "로저스적인 자기 과정들이 아시아 문화에서도 일어나는가?"라는 질문에 대한 최신 연구를 요약하였다. 여러분은 제8장에서 성격 특질의 5요인 모형(서구 성격심리학의 또 다른 산물)이 비교문화적으로 반복되는가를 질문하면서 이 전략을 다시 보았다.

성격과 문화에 관한 이 사고 전략에서 문화와 성격이라는 질문은 결국 심리학 연구자들이 '일반화 가능성'이라고 부르는 것이 된다. 이슈는 기존의 심리학적 발견들이 모든 장면에서 유지 혹은 일반화되는가이다. 즉 우리는 연구 결과가 성별, 사회경제적 상황 혹은 연령 집단에 걸쳐 일반화되는지를 물을 수 있는 것과 마찬가지로 문화에 걸쳐 일반화되는지를 물을 수 있다.

연구 결과가 문화에 걸쳐 일반화되는가를 결정하는 것은 중요하다. 그래서 이 첫 번째 전략은 좋은 전략이다. 하지만 충분히 훌륭하지는 않다. 이는 두 가지 중요한 제한점을 가진다. 첫째, 자신의 문화에서는 아니지만 다른 문화들에서는 중요한 성격의 측면을 확인하는 데 실패할 것이다. 만약 연구자들이 단순하게 성격의 서구 개념을 비서구 문화에 들여온다면 자신의 서구 문화에서는 상대적으로 중요하지 않지만 비서구 문화에서는 중요한 특질을 완전히 간과하게 될 것이다.

한 예로, 개인이 자신과 타인을 기술하기 위해 사용하는 기본적 언어 단위를 규정하기 위해 성격의 5요인 모형(제8장)을 연구하는 연구자들의 노력을 생각해 보자. 연구자들이 5요인 구조를 비서구 문화에 들여온다면 이들 문화의 구성원들이 이와 같은 성격 차원들을 개인들이 차이를 보이는 중요한 항목으로 인식하는가의 증거를 확실히 얻는다(McCrae & Costa, 2008). 그러나 개인차의 언어에서 중요한 문화적 변형도 발견된다는 것을 명심해야 한다(Saucier & Goldberg, 2001).

하지만 이 연구는 인간 본성에 대한 타 문화 언어의 중요한 측면을 여전히 간과할 수 있다. 예를 들어 불교문화를 생각해 보자. 이 문화적 맥락에서 사람과 그들의 행동에 대한 생각의 주요한 용어는 업karma인데, 이것은 한 사람의 의식의 흐름에 행동이 미치는 긍정적·부정적 효과를 일컫는 것으로 이때의 의식은 육신의 생애에서부터 윤회를 통한 또 다른 생애로 범위가 확장된다(Chodron, 1990). 업 개념은 5요인이 처음으로 연구된 서구 문화에서는 일반적이지 않다. 따라서 다섯 개의 성격 차원을 측정하기 위해 고안된 질문지는 업의 개념과 직접적으로 관련된 많은 항목들을 포함하지 않는다. 그 결과 이들 서구 세계의 영어 질문지들이 불교문화로 들어온다면 연구자들은 아마도 '업 찾기'에 실패할 것이다. 비서구 문화에서는 그것이 중요함에도 불구하고 서구 세계 연구도구의 요소가 아니기 때문에 업 개념은 간과될 것이다.

기존 연구 결과가 한 문화에서 다른 문화로 일반화되는지를 단순하게 질문하는 이 전략의 두 번째 제한점이 있다. 그것은 바로 문화를 인간 본성 연구에서 지엽적인 것으로 취급한다는 것이다. 그것은 성격 이론가들이 먼저 성격과 개인차의 핵심 측면에 대해 탈문화적 모형을 개발할 수 있고 그런 다음 (재고의 일종으로) 그 모형이 문화적 변형을 설명하기 위해 '개조'되어야 하는지를 질문할 수 있음을 의미한다. 그러한 접근은 문화적 이슈를 기본적 인간 본성에 대해 성격심리학이 핵심적으로 기울여야 하는 관심에 대한 선택적 보충 정도로 취급한다.

인류학자 클리퍼드 기어츠는 이러한 방식의 사고가 거꾸로 가는 방향이라고 말한다. 기어츠에게는 탈문화적인 성격이란 없다. 대신에 심리적 기능은 본질적으로 문화적이다. 사람들은 그들의 문화로부터 습득한 언어와 의사소통 체계를 사용해서 세상에 대해 생각한다. 사람들이 다른 사람, 사회적 장면, 미래 가능성, 그들 자신에 대해 생각하는 것은 문화적 · 사회적 관습에 기초한 의미 체계 내에서 중요한 의미가 있으며, 이러한 관습은 문화적 맥락에 따라 달라질 것이다.

전략 2 : 문화와 성격

이 대안적 접근에서 문화는 성격심리학의 주변에 있는 것이 아니라 핵심에 있다. 사람들은 문화와의 상호작용을 통해 자신의 성격에 대한 감각을 획득하는 것으로 보인다.

성격과 문화의 관계에 관한 이러한 사고방식은 사람이 성격뿐만 아니라 문화에 대해 어떻게 생각하는지에 대한 중요한 함의를 가진다. 문화는 그 문화로부터 자신의 성격에 대한 감각(개성의 느낌)을 획득한 바로 그 사람들로 구성된다. 다시 말해서 문화와 성격은 '서로를 구성한다'는 것이다(Shweder & Sullivan, 1990, p. 399).

따라서 이 관점에 따르면 탈문화적 성격이란 존재하지 않으며 다른 한편으론 탈인간적 문화도 없다. 대신 언어와 관련된 의미 체계를 포함한 문화의 도구를 사용함으로써 심리적으로 기능하는 사람이 있을 뿐이다. 그리고 이 사람들에 의해 유지되는 관습들인 문화가 있다. 10년이 훨씬 넘는 시간 동안 이러한 사고방식은 문화심리학이라고 알려진 분야 내에서 진보해 왔다(Shweder & Sullivan, 1993). 문화심리학은 연구 결과를 한 문화에서 다른 문화로 일반화할 수 있는지에 관심이 있다(전략 1의 핵심 질문). 그러나 문화심리학은 인간 본성에 관해 더 깊이 있는 질문을 던진다.

문화의 렌즈를 통해 인간의 경험을 바라보아야 한다는 주장은 문화에 따라 철저히 다른 삶을 살아온 사람들의 사례들 때문에 큰 호소력을 얻었다. 첫째, 예를 들어 파티에서 새로운 사람을 만난 장면에서의 여러분의 경험과 행동에 대해 생각해 보자. 여러분이 만약 서구 세계의 구성원이라면 아마도 이름을 말하며 여러분을 소개할 것이고, 또 대화가 계속되고 두 사람이 서로에 대해 더 알기를 원한다면 여러분은 자신의 취미, 관심사, 개인적 배경, 인생 목표 등에 대해 이야기할 것이다. 다음 날 여러분이 오래된 친구에게 새로 만난 사람에 대해 묘사한다면 여러분은 그 사람을 다른 사람들과 구별하는 개인적 자질을 나타내는 성격 특질 용어를 사용할 것이다(여러분은 새로 알게 된 사람을 '다소 외향적인', '매우 개방적인' 등으로 보았을 수도 있다). 이것은 아마도 여러분에게 명백하게 보일 것이다. 항상 이와 같은가? 여러분이 가는 곳이 세계 어느 곳이든 관계없이 사람들은 이러한 방식으로 서로 자신을 소개하고 말을 걸 것인가? 절대 그렇지 않다.

발리섬의 전통문화 안에서 개인적 특질을 자세하게 분석한 연구(Geertz, 1973)는 사람으로서의 우리 자신의 방식이 보편적이지 않음을 보여준다. 발리에서 사람들이 자신을 묘사하기 위해 사용하는 분류(호칭)는 독특한 개인적 이름이 아니다. 개인적 이름은 매우 사적인 것으로 취급되며 "군사 기밀인 것처럼 취급된다"(Geertz, 1973, p. 375). 대신에 사람들은 가족과 지역 공동체 체계 안에서 개인의 위치를 언급하는 분류를 통해 구분된다. 사람들을 일컫는 용어들은 가족 구성원('누구의 엄마'), 사회적 지위(그 사람이 어떻게 취급되어야 하는지를 강력하게 정의한다), 혹은 사회적 역할(예 : 마을의 대표)을 참조한다. 이 체계는 광범위한 문화 개념을 반영하는데, 이 안에서 사람들은 하나밖에 없는 독특한 개인으로 생각되는 것이 아니라 더 크고 영구적인 사회적 질서의 요소로 생각된다. 그들의 문화적 관습은 "좀 더 전형적이고 매우 관례화되어 결과적으로 영속적인 어떤 것을 위해서 더 독특하고 단지 전기적인, 따라서 인간으로서 존재하는… 순간적인 측면(우리의 이기적인 체제 내에서 우리는 이를 '성격'이라고 부른다)을 약하게 만든다"(Geertz, 1973, p. 370).

발리의 한 가족 : 사회적 관습에 대한 연구는 발리 문화가 서구 문화에서 더 보편적인 개인의 독특한 특징을 강조하기보다는 사람과 그들 가족의 세대 간 관계를 더 중요하게 다룬다는 것을 시사한다.

문화 내에서 사회적으로 구성되는 성격과 자기

성격 연구에 대해 문화심리학이 가지는 함의는 시노부 기타야마와 헤이즐 마커스가 수행한 자기 개념 연구로 설명할 수 있다(Cross & Markus, 1999; Kitayama & Markus, 1999; Markus et al., 2006). 이 연구는 미국과 일본 문화에서의 자기 개념에 대한 연구이다. 핵심 아이디어는 사람들이 자기에 대해 형성하는 암묵적 개념은 문화에 따라 변화가 있을 것이라는 점이다(Markus & Kitayama, 1991; Triandis, 1995). 무엇이 '자기' 혹은 사람이 되는 것인지에 대한 사람들의 신념은 세계 곳곳에서 동일하게 나타나지 않는다. 서로 다른 문화는 권리, 의무, 가능성, 그리고 개인적 특질과 관련된 가장 핵심적인 특성에 대해 다른 신념을 두드러지게 할 것이다. 그러한 신념은 반드시 명시적일 필요가 없다는 것에 주목하라. 다시 말하면, 문화 내의 많은 구성원들이 성격의 본성에 대해 문화적으로 공유하는 신념들을 분명하게 언어로 나타내지는 않을 수도 있다는 것이다. 그러나 사람들이 외현적으로 명백하게 생각하지 않는다고 하더라도 모든 사람은 성격의 가장 기본적 측면에 대한 개념들을 가지고 있다. 문화에 따라 다르게 보이는 것이 바로 이와 같은 개념들이다.

자기에 대한 독립적 관점과 상호 의존적 관점

특히 유럽-미국 문화와 동아시아 문화를 비교할 때 차이점이 발견된다. 유럽-미국 문화에서 자기는 주로 독립적인 존재로 해석된다. **독립적**independent이라는 견해는 자기가 타인과는 구별되거나 독립적인 일련의 심리적 자질들(성격 특질, 목표 등)을 포함하는 것으로 이해될 수 있다. 사람은 일종의 '컨테이너'와 같다. 그 안에서 그 사람의 행동을 일으키는 심리적 특질들을 분류한다. 또한 개인은 개인적 행복을 추구할 권리와 같이 독립적인 권리를 가지는 것으로 해석된다.

이와 대조적으로 동아시아 문화는 자기를 **상호 의존적**interdependent인 개념으로 특징짓는다(Markus & Kitayama, 1991; Triandis, 1995). 상호 의존적 자기 개념은 개인의 자기중심적 행복 추구보다는 가족관계와 사회적 관계 내에서 개인의 역할을 강조하고 이들 역할에 수반되는 책임을 중요시하는 것이다. 상호 의존적 문화에서 개인의 행동은 개인의 머리에 있는 자율적인 정신적 특질에 의하여 설명되지 않는다. 대신 사람들은 사회적 의무의 네트워크로 행동을 설명한다. 행동의 원인으로 보이는 것은 그러한 사회적 체계 내에서의 사람들의 위치이다. 예를 들어 '성실한' 행동을 습관적으로 보이는 것은 그 사람이 성실성 특질을 소유하고 있다고 말하기보다는 그 사람을 성실하게 행동하게 강요하는 사회적 의무에 의해 설명될 것이다.

동양과 서구 문화가 자기 개념의 차이점을 촉진한다는 아이디어는 다양한 연구들을 통해서도 알 수 있다. 제6장에서 보았듯, 자존감과 관련된 심리적 과정들은 문화에 따라 달라진다. 동아시아인들은 서구인들보다 높은 개인적 자존감을 유지하기 위한 노력을 덜 할 것이다(Heine et al., 1999). 대신에 동양인들은 자기비판이 두드러진 동기로 기능한다(Kitayama

독립적 대 상호의존적 자기 관점
자기 개념에 대한 대안적인 암묵적 신념으로 자기는 다른 사람들의 자기와는 구분되는 일련의 심리적 자질을 가진 것으로(독립적인 자기) 혹은 가족, 사회, 그리고 지역사회 관계에서 역할을 가지는 것으로(상호의존적인 자기) 보는 것

et al., 1997). 서구 세계의 결과와는 다르게 동아시아 사람들은 자기 스스로 선택한 과제에 참여하도록 내적으로 동기화되기보다는 권위적 인물이나 신뢰하는 동료들이 그 과제를 선택하였을 때 더 큰 내적 동기를 경험하는 것으로 나타났다(Iyengar & Lepper, 1999). 자기에 대한 서구적 개념은 행동의 원인으로 기능하는 내적인 개인 자질에 대한 주의를 이끌어 낸다는 주장과 일관되게, 미국인들은 행동의 원인을 상황적 요인보다는 개인적 요인에 과잉 귀인하는 것으로 나타났다. 반면 일본이나 인도, 중국 사람들은 이와 같은 귀인 편향을 덜 보이는 경향이 있었다(Kitayama & Masuda, 1997; Miller, 1984; Morris & Peng, 1994). 또한 주관적 안녕감 연구도 흥미로운 문화 간 차이를 보여준다. 자신의 삶이 얼마나 만족스러운지 평정을 예측하는 정도에 있어, 서양인들은 동양인들에 비해 일상의 정서 경험의 유쾌함이 삶에 대한 만족감을 더욱 강력하게 예측하는 것으로 나타났다(Suh et al., 1998). 이러한 결과들은 동양 대 서구 문화권의 사람들이 자기에 대해 상호 의존적 대 독립적인 것과 같이 서로 다른 해석을 한다는 것을 보여준다.

문화와 성격의 상호작용은 하나의 문화에서 다른 문화로 이주해 간 사람들의 연구에서도 드러난다. 예를 들어 동양 문화권에서 서양 문화권으로 이주했을 때 어떤 일들이 일어나는지 생각해 보자. 서양의 사회 관습은 동양의 관습에 비해 상대적으로 한 사람의 개인적 특성을 겉으로 드러내는 것으로 여긴다. 이러한 새로운 사회적 관습에 참여한다는 것은 새로운 문화에 잘 동화되기 위해 그들을 보다 외향적이 되도록 만들 것이다. 이런 일이 실제로 일어

Douglas Sacha / Getty Images

미국의 여러 도시에서 발견되는 중국의 상징이나 이미지 같은 사회적 단서들은 두 개의 문화권에서 자란 개인들로 하여금 세상을 바라보는 서로 다른 인지적 프레임을 초래한다는 연구 결과들이 있다.

난다는 연구들이 있다(McCrae et al., 1998). 연구자들은 캐나다대학에 재학 중인 중국 학생들을 연구하였다. 이 학생들 중 일부는 오랫동안 북미에 살았던 반면 또 다른 일부는 공부를 하기 위해 불과 몇 년 전에 이주해 왔다. 참가자들 중 캐나다 문화에 오랫동안 노출된 사람이 더 높은 외향성 점수를 보이는 경향이 있었다(McCrae et al., 1998).

이중 문화를 가진 사람들을 대상으로 한 연구를 통해 이러한 문화적 차이에 내재한 인지적 과정의 역할을 탐색하였다. 이중 문화를 가진 사람들이란 서로 다른 두 개의 문화 각각에서 충분히 오래 살아서 양쪽의 신념 체계를 모두 내면화한 사람들이다(Hong et al., 2000). 그러한 사람들은 '프레임 전환'이 가능하였다. 즉 이들은 주어진 사건을 해석할 때 문화적으로 서로 다른 근거를 가진 프레임을 바꿀 수 있었다. 흥미롭게도 하나의 문화 혹은 다른 문화 프레임을 인지적으로 점화하는 자극은 이중 문화를 가진 사람들이 점화자극 이후에 사고하는 과정에 영향을 줄 수 있다. 연구자들은 중국 대 미국 문화를 대표하는 상징들(예 : 미국 국기, 중국 용 그림)에 사람들을 노출시킴으로써 문화적 프레임을 점화하였다. 이중 문화를 가진 사람들은 중국 상징을 보았을 때보다 미국 문화의 상징을 보고 난 후에 행동의 이유를 내적인 원인으로 귀인하는 경향이 더 컸다. 문화에서 자유로운 인지는 없다. 문화에 의해 영향을 받는 것은 단지 우리 지식의 내용뿐만이 아니며 우리의 전반적 사고방식 역시 문화의 영향을 받는다(Nisbett, 2003).

맥락적 성격의 실제 적용

이 장에서 본래 우리의 관심은 이론적인 것이었다. 우리는 성격 이론과 이론에 영감을 받은 연구들이 사회적 맥락의 분석을 포함할 수 있고 포함해야 하는 방식을 탐색해 왔다.

보다 실용적인 방향에서 이 장의 결론을 내려보자. 맥락에서의 성격 연구는 실용적 관점에서 어떤 함의를 가지는가? 우리는 두 가지 관심사에 대해 생각할 것이다. (1) 사례 연구를 통해 탐색되는 임상적 평가, (2) 건강을 증진시키기 위한 대규모 노력에서 이야기되는 사회적 변화.

맥락 안에서의 성격 평가 : 사례 연구

맥락 내에서 이루어지는 성격에 대한 기본 연구는 심리치료를 원하는 개인의 평가를 포함한 전반적 성격 평가에 대해 중요한 함의를 가진다. 다음 사례 연구는 그것이 무엇인지를 보여 준다.*

---

* 여기에 보고된 사례의 치료자는 와이오밍대학의 월터 스콧 교수이다. 스콧 교수는 이 책의 저자 중 한 명(세르본)과의 공동 작업으로 맥락 내 성격 평가 절차를 고안하였다.

사례 연구는 S. L.이라고 하는 55세의 유럽계 미국인이자 고졸 학력의 이혼한 여성에 관한 것이다. 심리 클리닉에 도착했을 때 S. L.은 스스로 '우울'하다고 말했다. '그전에 즐겨 왔던 것들에' 대한 흥미를 잃었다고 보고했으며 '자신의 인생을 정상궤도로 되돌리기'를 원한다고 말했다. S. L.은 "성인들과 사교적인 뭔가를 하면서 시간을 보내기를 갈망한다."라고 말하면서 '만족스럽지 못한' 사회적 관계 때문에 '극심한 스트레스'를 느낀다고 기술하였다.

그녀의 심리적 고통에 대한 표준 평가는 S. L.이 우울과 불안으로 고통받고 있음을 가리킨다. 우울 측정치에서 S. L.은 매우 우울한 것으로 나타났다. 불안 측정치에서 그녀는 중간 정도의 불안 점수 범위에 속했다.

맥락 내에서의 S. L.의 성격 기능에 대해 알기 위해, 치료자는 새로운 평가 절차를 고안하였다. 그 절차는 맥락 내에서의 성격에 대한 기본 연구가 제안한 세 가지 평가 목표에 초점을 두고 있다(Cervone, 2004). 그 목표들은 다음과 같다.

1. **맥락을 확인하기** 개인의 심리적 삶에 특별히 관련된 상황 혹은 사회적 맥락 유형을 정확하게 짚어내기
2. **성격 구조를 확인하기** 자기, 그리고 그 사람에게 특별하게 중요한 타인에 대한 신념을 포함한, 지속적으로 유지되는 개인적 자질을 평가하기
3. **성격을 맥락에 연결하기** 각각의 사회적 맥락과 가장 강력하게 관련되어 그 맥락에서의 행동과 정서적 경험에 직접적으로 영향을 주는 특정 성격 구조를 확인하기

자, 이제 S. L.의 사례에서 이러한 목표를 정확하게 실행하기 위해 치료자가 어떤 일을 했는지 살펴보자.

맥락을 확인하기. S. L.에게 특별히 중요한 사회적 맥락을 확인하는 첫 번째 단계로 심리치료자는 S. L.에게 강력한 정서를 유발하는 일상적 자극들에 주의를 기울이라고 지시하였다. S. L.은 이러한 장면들을 치료자에게 보고하였고, 치료자는 특별히 문제가 되는 것으로 보이는 20개 상황 목록을 만들었다.

그다음으로 S. L.은 다음의 멘털 훈련에 참여했다. 치료자는 각 상황에 대해 그 상황이 발생했던 마지막 때를 상상해 보라고 요청하였다. 일단 S. L.이 그것을 상상하면 치료자는 S. L.의 인지적 평가(예 : 그 상황과 그 상황에 있는 사람들과 관련된 그녀의 생각)와 그 상황에서 그녀가 표현한 느낌을 보고하도록 요청하였다.

그런 다음 치료자는 S. L.에게 20개 상황 목록과 그것과 관련된 사고와 느낌에 대해 재고해 보고 '기능적으로 동등한' 것을 구분하도록 했다. 특히 비슷한 생각과 정서 패턴을 유발한다는 점에서 유사한 상황들을 함께 묶어보라고 하였다. S. L.은 훈련을 잘 수행하였고, 그녀에게 특별히 의미가 있는 아홉 개의 서로 다른 형태의 상황, 즉 아홉 개의 사회적 맥락을 확인하였다. 아홉 개의 맥락은 다음과 같은 것을 포함한다.

− 내 삶에 대해서 곰곰이 생각할 때

− "만약에 나쁜 일이 생긴다면?"이라고 걱정할 때

− 실제의 나보다 낫거나 더 완벽하게 보이려고 애쓸 때

− 사람들이 나에게 다가와서 잘 대해주거나 혹은 나와 함께하기 위해 일부러 돌아갈 때

비록 우울하긴 했지만 S. L.과 관련 있는 맥락들은 본질적으로 그녀에게 긍정적인 것을 포함하고 있음에 주목하라.

성격 구조를 확인하기. 사회적 맥락의 평가에 덧붙여 S. L.은 자신의 성격 구조를 평가하기 위해 고안된 과제에 참여하였다. S. L.의 사회생활과 특별히 관계가 있는 자기 개념의 구조적 특성을 확인하기 위해 고안된 이 과제는 두 개의 주요 단계로 구성된다.

첫 번째 단계는 S. L.이 '자기와 타인' 과제를 완료함으로써 시작되었다. S. L.은 자신의 삶에서 눈에 띄는 역할을 하는 12명의 사람들에 대한 목록을 만들었다. 그런 다음 각각의 개인에 대해 그 사람과의 전형적인 상호작용을 상상하고, 그 상호작용을 하는 동안 떠오르는 자신에 대한 생각을 기술하고, 그 상호작용 동안 자신을 기술하는 3~5개의 형용사를 말하였다. 이 과정의 몇몇 결과물을 살펴보자.

− S. L.의 삶에서 두드러진 역할을 한 여자 친구를 기술하고 그 친구와의 최근에 있었던 부정적인 상호작용에 대해 생각할 때, S. L.의 사고는 '그건 내 잘못이야, 나는 어리석은 바보야.'를 포함하였다. 자신을 기술하기 위해 사용한 형용사는 '좌절한, 어리석은, 멍청한, 중요하지 않은'이었다.

− 쇼핑을 하는 동안 다른 사람과 상호작용하는 자신을 기술할 때, S. L.의 사고는 '난 힘들고, 피폐해진 것처럼 보여. 내 얼굴을 보면 알 수 있어.'라는 것이었다. 자신을 기술하기 위해 그녀가 사용한 형용사들은 '힘든, 못생긴, 나쁜, 상처가 있는'이었다.

− 직장에서 고객들과 상호작용을 하는 자신을 기술할 때, S. L.의 사고는 완전히 달라졌다. 이때의 사고는 '나는 정말 능숙해. 그들은 나를 존경해.'였다. S. L.은 '능력 있는, 존경받는, 훌륭한'이라는 형용사를 사용해 자신을 기술하였다.

사회적 맥락에 주의를 기울임으로써 치료자는 이 우울한 사람이 가지고 있는 부정적인 사고와 긍정적인 사고 모두를 평가할 수 있었다.

'자기와 타인' 성격 구조를 확인하기 위한 이 절차의 두 번째 단계에서, S. L.은 치료자에게 자신의 '자기와 타인' 기술을 보여주었다. 이에 대해 이야기한 후 S. L.은 다양한 기술들을 자기 자신에 대한 신념 혹은 자기 도식의 여섯 개의 일반적 세트를 구성하는 여섯 개의 범주로 묶었다. S. L.의 자기 도식에는 다음과 같은 것들이 포함되어 있었다.

- 파멸한 자기, 결점이 있는 자기
- 열등한 자기, 무능력한 자기
- 유능한 직장인으로서의 자기

성격 구조를 평가하기 위해 고안된 또 다른 과제에서는 S. L.의 개인적 목표를 찾고자 하였다. S. L.은 평가과제를 완료하였는데(Cox & Klinger, 2011 참조), 그 과제에서 수많은 다양한 삶의 영역(예 : 직업, 가사, 친밀한 관계)에서 자신이 가장 중요하게 생각하는 목표의 목록을 만들었다. 그런 다음 이 목표들을 범주로 묶었다. 이들 목표 중 세 개는 S. L.의 인생에서 매우 핵심적이어서 치료자는 그 목표에 대한 S. L.의 생각이 성격 구조에 중요하다고 여겼다. 목표와 관련된 지식은 그녀가 가지고 있는 다음의 목적에 집중되어 있다.

- 자녀, 손자와 단단한 관계를 갖는 것
- 친구관계를 확립하고 인생의 동반자를 갖는 것
- 재정적으로 안정을 찾는 것

성격을 맥락에 연결하기. 지금까지 평가는 S. L.의 일상생활을 구성하는 사회적 맥락과 S. L.의 성격의 인지적 구조를 구성하는 정신 내용에 대해 무언가를 말해준다. 하지만 이 둘이 어떻게 조화를 이루는가? 이상적으로 치료자(그리고 일반적으로는 성격 평가자)는 사회적 관점과 인지 처리적 관점으로부터 내담자의 경험을 이해하기 위해 성격 구조에 사회적 맥락을 배치시킬 수 있을 것이다(Cervone et al., 2001). 이러한 이해는 차례로 치료 전략의 형성에 도움을 줄 것이다. 이 책의 앞에서 공부한 평가 전략들에서는 이러한 연결이 이루어지지 않았음을 주목하라. 예를 들어 켈리의 Rep 검사(제11장)는 인지적 성격 구조들(구성 개념들)을 분명히 했지만 한 개인의 마음에 떠오른 하나의 구성 개념 대 다른 구성 개념을 가져오는 사회적 맥락을 확인하지는 않았다. 미셸과 동료들의 'if-then' 프로파일 분석(제12장)은 개인의 행동에서의 변이와 관련된 상황적 맥락을 기록하였지만 한 개인에 있어서 그러한 맥락들에서 활성화된 성격 구조를 확인하지는 않았다.

치료자는 다음과 같은 방식으로 성격을 맥락에 배치하였다(Cervone, 2004 참조). S. L.은 이전에 확인된(앞 내용 참조) 아홉 개의 서로 다른 사회적 맥락을 보여주었다. 각각의 맥락에 대해서 S. L.은 주어진 맥락과 다양한 성격 구조의 관련성을 평정하도록 요구받았다. 구체적으로 S. L.은 "[예 : 당신의 X 자기 도식 혹은 당신의 Y 목표는] 그 상황에서 당신이 생각하고 느끼고 행동하는 것에 얼마나 영향을 주었습니까?"라는 질문을 받았다. 예를 들어 S. L.은 "당신이 열등하거나 무능력하다는 신념이 사람들이 당신에게 다가와서 잘 대해주고, 당신을 위해 애쓰는 상황에서 당신이 생각하고 느끼고 행동하는 것에 어느 정도 영향을 주었습니까?"라는 질문을 받을 것이다. 이러한 절차는 S. L.로 하여금 사회적 맥락에 그녀의 성격 자질을 연결하도록 만든다.

이러한 연결은 S. L.에게 특별히 문제가 되는 사회적 맥락을 드러내 주고 그 문제의 심리적 원인에 대한 통찰을 제공해 준다. 예를 들어 가장 문제가 되는 장면 중 하나는 S. L.이 혼자 있을 때 자신의 인생에 대해 곰곰이 생각하는 장면이다. 이러한 상황은 거의 매일 발생한다. S. L.은 '파멸한', '무시되는'이라는 자기에 대한 생각과 관련된 자기 도식이 특히 이 장면과 관련이 있다고 판단하였다. 이러한 자기 도식은 이 맥락에서 S. L.의 부정적 사고와 느낌을 불러일으켰을 것이다. 그녀의 인생을 생각했을 때 S. L.은 자기비판적이 되었다. 그녀의 직업, 재정, 낭만적 삶의 측면에서 있어야만 하는 곳이 아니라 인생의 '경기장을 벗어난 것'에 대해 자신을 비난하였다. 이러한 자기반성의 시간 동안 그녀는 자신의 인생 조건들이나 기분을 바꿀 수 없을 것이라고 느꼈고 그녀의 인생 역시 절대 나아지지 않을 것이라고 믿게 되었다.

이처럼 맥락화된 평가에 대한 설명은 치료자에게 S. L.의 '파멸된' 자기 도식(즉 자신을 파멸한 사람으로 묘사하는 그녀의 인지적 성격 구조)이 삶의 여러 상황에서 그녀가 경험하는 것들에 영향을 주고 있었음을 보여준다. S. L.은 그녀의 삶에서 가장 문제가 되는 네 가지 상황들 중 세 개의 상황에 파멸한 자기 도식이 '엄청나게 큰' 영향을 주고 나머지 하나의 상황에도 어느 정도 영향을 준다고 평정하였다. 열등한 자기 도식 역시 광범위한 상황들에 영향을 주었다.

이 평가의 핵심은 단지 S. L.의 현재 성격 기능에 대해서 알고자 하는 것이 아니다. S. L.의 안녕감을 높이기 위한 치료를 설계하는 것이다. 이것이 맥락화된 평가의 특성이 가지는 장점이다. 이러한 장점을 알아보기 위해, 우선 사회적 맥락을 등한시하는 단순한 평가를 상상해 보자. 예를 들어 치료자는 S. L.의 느낌이나 사고가 발생하는 맥락을 무시하고 단순히 S. L.의 전반적인 기분과 자존감을 측정할 수 있다. 그러한 평가는 S. L.이—전반적으로 혹은 평균적으로—부정적인 기분 상태를 경험하고 낮은 자존감을 가지고 있음을 보여줄 수 있다. 그리고 이는 사실이다. 하지만 그런 평가는 치료를 이끌어 나가기에는 다소 빈약한 정보를 제공한다. 이상적인 평가는 치료를 공식화하는 데 있어서 자원이 될 수 있는 내담자에 대한 정보를 제공할 수 있어야 한다. 맥락화된 평가가 제공하는 것이 바로 그것이다. 결정적으로 그것은 '나쁜 것과 좋은 것', 즉 S. L.에게 힘든 상황들과 S. L.이 수행을 잘하는 다른 상황들, 그녀를 우울하게 만드는 원인이 되는 성격 구조와 우울과 싸우는 데 잠재적으로 유용한 또 다른 성격 구조들을 모두 드러낸다. S. L.이 식료품 가게에 취직할 가능성에 대해 자신감이 부족하다고 이야기할 때 치료자가 제시한 전략을 살펴보자.

치료자 : 당신은 식료품 가게에 지원하더라도 일자리를 구할 수 없을 것 같다고 말합니다. 이러한 생각이 어디로부터 나왔다고 생각합니까? (S. L.은 이러한 생각을 그녀의 열등감 자기 도식과 연결 짓는다.)

치료자 : 알았어요. 당신의 열등감 도식에서 비롯된 것이군요. 당신의 계부, 어머니, 전남편
과의 경험에서 생겨난 당신에 대한 부정적인 메시지에 근거한 그 도식. 하지만 당
신이 지금 일하는 직장에서의 경험은 어때요? 이 경험들, 긍정적이고 만족스러운
경험이 식료품 가게에서 금전등록기를 작동하는 능력에 영향을 미치지 않을 것 같
나요? 현재 직장에서의 그런 경험들에 대해 이야기해 보세요. (S. L.은 현재 직장 경
험에 대해 이야기한다.)

치료자 : 좋아요. 모두 테이블 위에 올려놓고 모든 증거를 봅시다. 어떻게 생각하나요? 당신
이 실제 금전등록기를 작동할 수 있다는 것을 얼마나 자신하나요?

이러한 대화를 나눈 후, S. L.은 식료품 가게 일을 수행하는 데 더 높은 자신감을 보고하였
다(예 : 높은 자기 효능감, 제12장). 즉 S. L.은 유능한 직장인 자기 도식과 예상되는 이 새로
운 상황, 즉 식료품 가게 일 간에 '강한 연결선'을 그은 것이다.

맥락 내에서 이루어지는 개인의 평가는 치료자가 S. L.의 성격 구조, 그리고 사회적 경험
에서 약점과 강점 모두를 정확히 설명하도록 해준다. 평가를 통해 분명하게 인지된 강점들
은 그녀가 인생의 보다 어려운 요소들에 효율적으로 대처하도록 돕는 치료적 자원으로서 매
우 유용하다.

맥락 안에서의 성격 과정 : 사회적 변화 촉진하기

맥락 내에서의 성격 연구의 개념이 실행에 옮겨지는 두 번째 예를 생각해 보자. 두 번째 예
는 첫 번째 예보다 광범위하다. 심리치료에서 개인 내담자에 초점을 맞추기보다는 전 사회
적인 심리적 기회에 초점을 두는 것이다.

얼마 전 동아프리카 국가인 탄자니아의 연구자들은 다음과 같은 문제에 직면했다. 이 나
라의 HIV/에이즈 비율은 압도적으로 높다. 그러나 많은 국민들에게는 HIV 감염 원인에 대
한 정보가 부족하다. 이러한 질병을 어떻게 예방할 수 있는지 알 수도 없다. 젊은 사람은 걸
리지 않는다거나 콘돔은 효과가 없다거나 하는 잘못된 정보로 많은 국민들은 고통을 겪고
있다(Vaughn et al., 2000). 또한 이들 사회는 성 불균형에 시달리고 있는데, 여성들은 남성에
비해 에이즈 상담과 검사를 덜 받는 경향이 있었다(UN Population Fund, 2002).

연구자들에게는 유행성 질병과 싸우기 위해 전 사회적 행동 변화를 일으킬 방법이 필요했
다. 그들은 원래 사회인지 이론에서 연구된 성격 과정을 이용했다. 바로 관찰 혹은 모델링을
통한 학습 원리(제12장)였다. 연구자들은 탄자니아 사람들의 삶의 사회적 맥락에 맞는 방식,
즉 라디오 연속극으로 모델링 개입을 했다(Mohammed, 2001 ; Vaughn et al., 2000).

1993년부터 1999년까지 5년 넘게 탄자니아의 국민들은 〈Twende na Wakati(시대를 따라
가자)〉라는 제목의 라디오 드라마를 들을 수 있었다. 여러 방면에서, 그 드라마는 방송 에피
소드를 통해 다양한 등장인물들의 삶이 점차 발전적인 방향으로 전개되는 전형적인 오락물

이었다. 하지만 그 프로그램은 독특한 요소를 가지고 있었다. 그것은 드라마를 통해 재미뿐 아니라 에이즈 위험 행동에 대한 교육 모두를 제공함으로써 에이즈 유병률을 감소시키기 위해 탄자니아 정부가 비영리 PCI^Population Communication International와 공동으로 기획한 것이었다.

〈Twende na Wakati〉의 등장인물은 HIV/에이즈와 관련된 모든 긍정적·부정적 가능성을 보여주었다. 그리고 청취자들은 HIV 예방 조치를 취하는 것의 이점뿐만 아니라 그렇게 하지 않았을 때 치르게 될 대가에 대해서도 깨닫게 되었다. 부정적인 모델(예 : 콘돔을 사용하지 않고 HIV에 걸린 난잡한 트럭 운전사)은 고위험 행동의 대가를 보여주었다. 긍정적인 모델은 다른 등장인물들에게 의학적으로 정확한 정보를 제공하고 상담을 해주었다. 아마도 그 드라마가 그린 가장 중요한 것은 '과도기적' 모델이다. 이들은 처음에는 안전한 성행위를 하지 않았지만 다른 등장인물의 개입의 결과로 점차적으로 안전한 행위를 하게 되는 이들이었다. 연구(Bandura, 1986, 1997)는 변화하는 모델들이 사람들의 자기 효능감을 강력하게 증가시킨다고 지적하였는데, 왜냐하면 청취자들이 처음에는 등장인물의 고군분투에 동일시할 수 있지만 이러한 동일시 후에는 성공하는 사람들을 관찰할 수 있기 때문이다. 탄자니아 사람들이 직면한 삶의 맥락과 일상의 문제들에 대해 알고 있었던 덕분에 프로그램 작가들은 청취자들이 관련지을 수 있는 과도기적 모델을 만들어 낼 수 있었다.

탄자니아 정부는 프로그램의 효과성을 평가하기 위해 엄청난 범위의 실험을 수행하였다. 1993년에서 1995년까지 그 프로그램은 어떤 지역에서는 방송이 되었지만 어떤 지역에서는 방송이 되지 않았다(물론 그 후에는 전국적으로 방송이 되었다). 따라서 프로그램의 효과성을 측정하기 위해 여러 지역들을 비교할 수 있었다. 이 실험은 HIV 감염을 예방하는 구체적인 행동 실천에 대한 인터뷰와 설문조사를 통해 이루어졌다(Vaughn et al., 2000).

〈Twende na Wakati〉 방송은 많은 유익한 효과가 있었다. 청취자 자기 보고 설문에 의하면 그 프로그램을 듣는 것은 HIV의 위험에 대해 사람들이 서로 대화를 더 많이 하도록 만들었다(Vaughn et al., 2000). 자료를 분석한 결과, 이 프로그램은 HIV/에이즈의 예방 문제에 대해 좀 더 개방적으로 이야기할 수 있도록 사람들을 격려했다는 점에서 효과적이었다(Mohammed, 2001). 또한 그 프로그램은 HIV/에이즈에 대한 태도와 신념에도 영향을 주었다. 연구자들은 전체 청취자 중 하나 혹은 그 이상의 HIV/에이즈 위험 요인(예 : 여러 명의 섹스 파트너, 무방비한 섹스)을 가지고 있다고 보고하였지만 개인적으로는 감염의 위험에 있지 않다고 생각하는 사람들의 비율을 조사하였다. 1993~1995년 기간 동안 〈Twende na Wakati〉가 방송된 지역에서 그러한 사람들의 비율은 21%에서 10%로 감소되었다. 반면 같은 기간 동안, 그것이 방송되지 않은 지역에서는 자신이 위험하지 않다고 믿는 사람들의 비율이 증가하였다(Vaughn et al., 2000). 이 프로그램이 거둔 가장 의미 있는 결과는 라디오 드라마에서 안전한 섹스 습관의 모델링이 사람들의 실제 섹스 습관에 유의미한 영향을 주었다는 것이다. 방송이 된 지역에서 남성과 여성 모두 1993~1995년 사이에 섹스 파트너의 수가 감소하였다고 보고하였다(초기에 방송이 되지 않았던 지역의 사람들은 그 지역에 그 드라마가 방송이 되고 난 후에 그러한 감소를 보였다). 게다가 라디오 드라마가 방송되지 않았던 지역에 비해 방송된 지역에서 콘돔 사용이 빠르게 증가하였다(Vaughn et al., 2000).

요약하면 방송은 연구자와 제작자가 의도한 효과를 분명하게 보여주었다. 사람들이 영위하는 삶의 사회적 맥락에 민감한 방식으로 성격심리 원리들을 적용함으로써, 연구자들은 HIV/에이즈 위험 행동의 전 사회적인 변화를 이끌어 냈다. 따라서 누군가가 심리학자들이 성격 이론을 가지고 사회에 유익한 무엇인가를 할 수 있는지를 묻는다면, 바로 탄자니아의 사례가 확고히 그렇다고 말해줄 수 있을 것이다.

정리

이 장에서 여러분은 현대 성격심리학의 일련의 연구 프로그램에 대해 배웠다. 연구 주제들은 다양하지만 그 가운데 보편적인 주제를 보여준다. 각각의 주제는 우리가 살고 있는 사회적 맥락과 사람 간의 상호작용에 관한 것이다. 대인 간 관계, 경험과 행동의 상황에 걸친 일관성, 사회경제적 맥락 내에서의 성격 발달, 생애를 통한 발달, 성격과 문화, 그리고 성격 과정과 사회적 변화에 대한 질문들에 대해 성격과 사회적 맥락 모두에 신중하게 관심을 가지는 연구 전략들이 답을 내놓았다.

매우 일반적 수준에서 이 장에서 맥락 내에서의 성격에 대한 현대 연구를 살펴본 것은 과학 분야에 대한 메시지를 전달한다. 그것은 성격의 과학적 연구에서 이루어진 진보를 보여준다. 한 세대 전에 많은 연구자들은 사람과 상황을 두 개의 개별적인 독립적 힘으로 구성하였다. 각각은 아마도 행동에 개별적인 효과—사람 효과와 상황 효과—를 발휘하였다. 여러분이 이 책의 사람-상황 논쟁에 관한 범위에서도 보았듯이, 연구자들은 사람과 상황 효과의 상대적 크기에 대해 논쟁을 벌였고(제8장), 때로는 각 개별 요인의 크기의 통계적 지표를 계산하였다(Funder & Ozer, 1983).

이 장에서 살펴본 연구는 성격 과학이 초기 시대 이후로 얼마나 변해 왔는가를 보여준다. 최신 연구 결과는 '사람'과 '맥락'이 독립적인 세력이 아니며 대신 사람과 맥락은 역동적으로 상호작용한다고 주장한다. 그것들은 '서로를 구성한다'(Shweder & Sullivan, 1990, p. 399). 맥락은 원래 사람들로 이루어져 있고, 사회적 상황의 의미는 그 안에 있는 사람에 의해 구성된다. 이것은 추상적인 이론적 핵심처럼 보일 것이다. 하지만 우리가 보아 왔듯이 이 관계를 알아차리는 것은 실질적인 이점을 가진다. 이는 성격심리학으로 가는 문을 열어 사람들이 자기 인생에서 매일매일의 문제들에 대처하기 위해 어떻게 노력하는지에 대한 해답의 실마리를 제공하고, 또한 실제로 사람들이 일상의 문제에 대처하는 것을 도울 수 있다.

주요 개념

거절 민감성	독립적 대 상호의존적 자기 관점	방어적 비관주의
낙관주의	뜨거운 대 차가운 주의 초점	사회정서적 선택 이론

요약

1. 최신 연구들은 사람이 살고 있는 맥락과 사람 간의 상호 작용을 조사함으로써 성격이 어떻게 이해될 수 있는지를 보여준다. 첫 번째 예는 대인 간 관계에 관한 것으로 낭만적 관계 맥락은 거절 민감성의 성격 특성을 가진 사람들 집단에게는 부정적, 비관적, 궁극적으로는 자기 패배적 사고를 불러일으킨다는 것이다. 또 다른 연구는 사람들이 과거관계에서의 생각과 느낌을 새로운 관계의 파트너에게 어떻게 전이하는가를 보여주었다.

2. 낙관주의와 방어적 비관주의의 대처 전략에 대한 연구는 사람들이 같은 사회적 스트레스원에 대해 낙관적 대 비관적 사고 양식을 포함하는 매우 다르지만 가끔은 동일한 효과를 보는 전략을 가지고 어떻게 해결하는지를 보여준다.

3. 지식, 평가, 상황에 걸친 일관성에 대한 연구는 어떻게 정해진 지식 측면이 겉보기에 다양한 맥락에 걸쳐 작동하고 따라서 서로 다른 장면들에서 일관적인 자기 평가를 만들어 내는지를 설명한다.

4. 맥락 내에서의 성격 발달에 대한 연구는 사회경제적 조건들이 성격 발달에 어떻게 영향을 줄 수 있는지를 설명해 준다.

5. 성격과 문화에 관한 연구는 성격의 의미와 자기의 의미가 문화에 따라 어떻게 달라지는지를 보여준다. 주요 차이점은 독립적인 대 상호 의존적인 자기 해석에 관한 것이다.

용어해설

가소성(plasticity) 신경생물학적 체계의 각 부분들이 유전자가 정한 한계 내에서 현재의 적응상의 수요나 경험에 따라 일시적 또는 장기적으로 변화할 수 있는 능력

가치의 조건(conditions of worth) 자신의 진정한 감정, 선호, 성향에 근거하지 않고 대신 무엇이 바람직한 형태의 행동을 구성하는가에 관한 타인의 판단에 근거한 평가 기준

강화 계획(schedule of reinforcement) 스키너의 조작적 조건형성 이론에서 반응에 대한 강화 비율과 간격이 고정된 것(예 : 반응 비율 계획과 시간 간격 계획)

강화물(reinforcer) 반응에 따른 사건(자극)으로, 반응의 발생 확률을 증가시킴

개별 사례적 전략(idiographic strategies) 잠재적으로 고유하고 개별적인 개인의 특성을 포착하기 위한 평가와 연구 전략

거세 불안(castration anxiety) 남근기 동안 경험하게 되는 남아의 두려움에 대한 프로이트의 개념으로, 아버지가 어머니와의 애정의 경쟁 상대인 자신의 성기를 거세하는 것에 대한 두려움

거절 민감성(rejection sensitivity) 대인 간 관계에서 거절에 대한 불안한 예상을 하는 것을 특징으로 하는 사고 양식

결정론(determinism) 인간의 행동은 과학적 법칙에 따른다는 믿음. 결정론은 자유의지에 대한 신념과 반대됨

고립(isolation) 고통을 유발하는 충동 또는 기억의 내용으로부터 정서를 고립시키는 방어 기제

고전적 조건형성(classical conditioning) 파블로프가 강조한 과정으로 종전에는 중립적이었던 자극이 자동적으로 어떤 반응을 불러일으킬 수 있는 자극과 연합됨으로써 동일한 반응을 촉발할 수 있게 되는 과정

고정(fixed) 행동과 강화물의 관계가 상수로 고정된 강화 계획

고정-역할 치료(fixed-role therapy) 시도해 보려는 사람에 대한 도식이나 역할을 사용하도록 만들어 그 결과 새로운 방식으로 행동하고 새로운 방식으로 자신을 지각하도록 격려하는 켈리의 치료적 기법

고착(fixation) 사람의 심리성적 발달의 특정 시점에서 발달적으로 정지되어 있거나 멈춰있는 상태를 나타내는 프로이트의 개념

골상학(phrenology) 19세기 초 다양한 정서 및 행동 기능 각각과 관련되는 뇌 영역을 규정하려 했던 연구. 갈이 발전시킨 이론이며 결국 사이비 과학이자 미신으로 평가절하됨

공감적 이해(empathic understanding) 다른 사람의 관점에서 경험과 감정과 의미를 이해할 수 있는 능력을 나타내는 로저스의 용어. 치료적 발전에 필수적인 세 가지 상담 조건 중 하나

공유/비공유 환경(shared and nonshared environments) 형제들이 동일하거나 동일하지 않은 환경에서 자라나는 것의 효과를 살펴보기 위한 행동유전학상의 구분. 특히 한 가정으로 입양되어 들어온 형제들이 동일한 가정 환경을 공유하는지에 많은 관심이 집중됨

공포(fear) 켈리의 개인적 구성 개념 이론에서 새로운 구성 개념이 개인의 구성 개념 체계에 들어오려고 할 때 공포가 발생함

과정(process) 성격 이론에서 성격의 동기 측면을 지칭하는 개념

과학자로서의 인간(person-as-scientist) 사람을 개념화하는 켈리의 은유. 일상의 성격 기능의 핵심 특징이 사건을 이해하고 예측하기 위해 구성 개념을 사용하는 점에서 과학자의 핵심 특질과 유사하다는 것을 강조함

관찰 학습(모델링)[observational learning (modeling)] 사람들이 다른 사람(모델)의 행동을 관찰하는 것만으로도 학습을 하는 과정에 대한 밴듀라의 개념

구강기(oral stage)　신체의 흥분 또는 긴장이 구강(입)에 집중된 시기에 대한 프로이트의 개념

구강기적 성격(oral personality)　구강기의 고착을 나타내며, 무엇인가를 삼키거나 누군가가 자신을 먹여주기를 바라는 소망을 토대로 세상과 관계를 맺는 성격 유형에 대한 프로이트의 개념

구성 개념(construct)　켈리의 이론에서 사건을 지각하고 구성하고 해석하는 방식

구성적 대안주의(constructive alternativism)　객관적인 현실 혹은 절대적 진실이란 없으며 오직 사건을 구성하는 대안적 방식만이 있다는 켈리의 관점

구조(structure)　성격 이론에서 성격의 보다 지속적이고 안정된 측면을 지칭하는 개념

근본적 어휘 가설(fundamental lexical hypothesis)　인간 상호작용에서 나타나는 가장 중요한 개인차는 오랜 시간에 걸쳐 인간의 언어에 단일 단어들로 부호화되었을 것이라는 가설

근원 특질(source trait)　카텔 이론에서 함께 변동하며 성격의 독립적 차원을 형성하는 행동들을 뜻하며 요인분석을 활용하여 발견할 수 있음

근접 요인(proximate causes)　유기체의 행동을 그 유기체 내에서 현재 작동하고 있는 생물학적 과정으로 설명하는 것

긍정적 존중에 대한 욕구(need for positive regard)　로저스 이론에서 타인에 의해 수용되고 존중되는 것에 대한 기본적인 인간 욕구

기계론(mechanism)　19세기에 자연 과학의 기본 원리는 물체의 행동뿐만 아니라 인간의 사고 그리고 행동을 설명할 수 있어야 한다고 주장한 지식인 운동

기능적 분석(functional analysis)　행동주의 접근, 특히 스키너의 접근에서 행동을 통제하는 환경 자극을 규명하는 것을 이르는 말

기능적 자기공명영상(functional magnetic resonance imaging, fMRI)　뇌 영역이 과제 수행 동안 활동적이 됨에 따라 뇌의 상이한 영역으로 가는 피의 흐름이 변동한다는 사실에 근거해서 상이한 과제를 수행하는 동안의 뇌 활동을 묘사하는 방법

기능적 자율성(functional autonomy)　어떤 동기가 그 근원으로부터 독립되어 나올 수 있다는 올포트의 개념. 특히 성인의 동기는 어린 시절의 긴장 감소 동기로부터 독립되어 나올 수 있음

기대(expectancies)　사회인지 이론에서 개인이 예상하거나 예측하는 것은 특정 상황에서 특정 행동의 결과로 발생함(예기된 결과)

기본적 가정(fundamental postulate)　성격심리학자들이 흥미를 느끼는 모든 심리적 과정들은 사건에 대한 개인의 예측에 의해 실현되고 작동된다는 가정

기본 특질(cardinal trait)　개인의 삶에서 매우 전반적이고 두드러져서 실질적으로 개인의 모든 행동에서 그 영향을 추적해 볼 수 있는 성향을 뜻하는 올포트의 개념

기질(temperament)　초기 아동기에 명백하게 나타나는 생물학적 기반의 정서 및 행동 경향성

기질의 삼차원 모형(three dimensional temperament model)　기질 개인차를 긍정적 정서성(PE), 부정적 정서성(NE), 그리고 탈억제 대 억제라는 세 가지 상위특질로 기술하는 것

낙관주의(optimism)　자신의 능력에 대해 상대적으로 현실적인 기대를 특징으로 하는 대처 전략

남근기(phallic stage)　신체의 흥분 또는 긴장이 성기에 집중된 시기. 이 시기 동안 이성 부모를 애정의 상대로 느낌

남근기적 성격(phallic personality)　남근기의 고착을 나타내며, 타인과의 경쟁에서 이기기 위해 고군분투하는 성격 유형에 대한 프로이트의 개념

남근 선망(penis envy)　정신분석 이론에서 남성이 성기를 갖고 있다는 것에 대한 여성의 시기심(선망)

내담자 중심 치료(client-centered therapy)　상담에 대한 로저스의 초기 접근을 요약하는 용어이며, 내담자가 자기와 세상을 경험하는 과정에서 상담가의 태도가 중요하게 작용한다는 것

내적 작동 모형(internal working model)　특히 주 양육자와의 상호작용을 통해 초기 발달 단계에서 형성되는 자기와 타인에 대한 정신적 표상(이미지)을 일컫는 볼비의

개념

내향성(introversion) 아이젱크 이론에서 성격 내향성–외향성 차원의 한쪽 끝을 이루는 개념으로 조용하고 과묵하며 사색적이고 위험을 회피하는 성향으로 특징지을 수 있음

뇌파 검사(electroen cephalography, EEG) 뇌의 전기 활동을 기록하는 방법. 기록은 두피에 장치된 전극을 통해서 이루어짐

능력(competencies) 목표를 달성하기 위해 필요한 문제를 해결하거나 과제를 수행하기 위한 개인의 능력을 반영하는 사회인지 이론에서의 구조적 단위

능력 특질, 기질 특질, 역동적 특질(ability trait, temperament trait, dynamic trait) 이 세 특질 범주는 각각 카텔의 특질 이론이 다루는 성격의 주요한 측면을 반영함

대리적 조건형성(vicarious conditioning) 정서적 반응이 다른 사람의 정서적 반응을 관찰함으로써 학습되는 과정에 대한 밴듀라의 개념

대조 극(contrast pole) 켈리의 개인적 구성 개념 이론에서 구성 개념의 대조 극은 세 번째 요소가 유사성 극을 만드는 데 사용되는 다른 두 요소와는 다른 것으로 지각되는 방식으로 정의됨

도식(schemas) 정보 처리를 안내하는 복잡한 인지 구조

독립적 대 상호의존적 자기 관점(independent versus interdependent views of self) 자기 개념에 대한 대안적인 암묵적 신념으로 자기는 다른 사람들의 자기와는 구분되는 일련의 심리적 자질을 가진 것으로(독립적인 자기) 혹은 가족, 사회, 그리고 지역사회 관계에서 역할을 가지는 것으로(상호의존적인 자기) 보는 것

동일시(identification) 다른 사람(부모)의 일부분으로 지각되는 성격 특성을 자신의 특성으로 받아들이는 것

뜨거운 대 차가운 주의 초점(hot versus cool attentional focus) 상황 혹은 자극의 정서적으로 자극적인(뜨거운) 대 덜 자극적인(차가운) 측면에 대한 사고의 초점

리비도(libido) 처음에는 성적인 충동, 나중에는 삶 본능과 관련된 에너지에 대한 정신분석적 용어

만족 지연(delay of gratification) 최적의 혹은 적정 시간이 될 때까지 즐거움을 연기하는 것으로, 자기 조절에 관하여 사회인지 이론에서 특히 강조되는 개념

맥락 특수성(context specificity) 소정의 성격 변수는 특정 삶의 장면 혹은 맥락에서는 활동하기 시작하지만 다른 맥락에서는 활동하지 않으므로 그 결과 사람의 행동은 맥락에 따라 체계적으로 변화하게 된다는 아이디어

목표(goals) 사회인지 이론에서 사람들에게 긴 시간 동안 동기를 부여하고 즉각적 영향을 넘어서서 지속하도록 만드는 바람직한 정신적 표상

무의식(unconscious) 우리가 의식할 수 없는 사고, 경험, 그리고 감정. 프로이트에 따르면 이러한 무의식은 억압의 결과임

무조건적인 긍정적 존중(unconditional positive regard) 개인을 온전히 무조건적으로 수용하는 것을 뜻하는 로저스의 용어. 치료적 발전에 필수적인 세 가지 상담 조건 중 하나

문제 초점적 대처(problem-focused coping) 스트레스 상황의 특징을 바꿈으로써 대처하려는 시도

미시분석 연구(microanalytic research) 밴듀라가 제안한 자기 효능감 개념과 관련된 연구 전략으로, 여기에서는 전반적인 자기 효능감보다는 구체적인 자기 효능감 판단을 기록

반동 형성(reaction formation) 수용할 수 없는 충동에 대해 그것을 그 반대로 표현함으로써 자신을 보호하는 방어 기제

반응 양식(response style) 참여자들이 검사 문항들에 대해 일관적이고 패턴을 가진 양식으로 반응하는 경향성으로, 내용보다 질문이나 응답의 형태와 관계가 있는 양식으로 반응하는 경향성

방어 기제(defense mechanisms) 사람이 불안을 감소시키고자 사용하는 정신적인 책략에 대한 프로이트의 개념. 이는 특정 사고, 소망 또는 감정을 의식하지 못하게 하는 기능을 수반함

방어적 비관주의(defensive pessimism) 스트레스에 대처하는 방식으로 부정적 사고를 사용하는 사람들의 대처 전략

법칙 정립적 전략(nomothetic strategies) 한 전집의 모든 구성원들에게 적용되는 보편적 원칙이나 법칙을 알아내기 위한 평가와 연구 전략

변동(variable) 행동과 강화물의 관계가 예측하지 못하게 변화하는 강화 계획

변별(discrimination) 조건형성에서 자극이 기분 좋거나 고통스럽거나 중립적인 사건과 연합되는 여부에 따라 자극에 대한 반응이 변별되는 것

부모 투자 이론(parental investment theory) 여성은 남성에 비해 더 적은 수의 자식에게 유전자를 물려줄 수밖에 없으므로 자식에게 더 많은 부모 투자를 한다는 관점

부인(denial) 고통스러운 내부 또는 외부 현실을 부인하는 방어 기제; 위협적인 감정이 의식으로 침투하는 것을 허용하지 않도록 하는 방어 기제로, 프로이트와 로저스 모두에 의해서 강조됨

부적응적 반응(maladaptive response) 정신 병리에 대한 스키너주의적 관점에서 부적응적인 반응이나 해당 상황에서 받아들여질 수 없는 반응을 학습한 것을 일컫는 말

분석 단위(units of analysis) 어떤 이론의 기초 변인들을 지칭하는 개념. 상이한 성격 이론들은 성격 구조를 개념화할 때 상이한 유형의 변인을 불러오거나 혹은 상이한 분석 단위를 불러옴

불안(anxiety) 위협이나 위험에 임박하였다는 느낌을 표현하는 정서. 켈리의 개인적 구성 개념 이론에서 자신의 구성 개념 체계가 지각된 사건에 적용되지 않음을 인식할 때 불안이 일어남; 정신분석 이론에서 자아에게 위험을 신호하는 고통스러운 정서적 경험

불일치성(incongruence) 지각된 자기와 경험 간 불일치의 존재를 표현하는 로저스의 개념

사람-상황 논쟁(person-situation controversy) 여러 상황에 걸친 행동의 안정성을 강조하는 심리학자들과 상황에 따른 행동의 변화가 중요하다고 강조하는 심리학자들 사이의 논쟁

사례 연구(case studies) 한 개인을 아주 자세하게 탐구하는 연구 접근. 이 전략은 흔히 임상 연구, 즉 내담자와의 심층 경험을 하는 과정에서 치료자에 의해서 수행되는

연구와 연합되어 있음

사회정서적 선택 이론(socioemotional selectivity theory) 사회적 동기가 인생 과정에 걸쳐 변화하는 방식을 탐색한 카스텐슨의 이론적 분석

삶 본능(life instinct) 삶 그리고 성적 만족감을 유지하고자 하는 추동 또는 에너지의 원천에 대한 프로이트의 개념

상관계수(correlation coefficient) 두 변인이 선형적으로 관련되어 있는 정도를 요약하는 수적 지표

상관 연구(correlational research) 실험 연구에서처럼 변인을 조작하는 것이 아니라 존재하고 있는 개인차를 측정하고 서로 관련시키는 연구 접근

상위 구성 개념(superordinate construct) 켈리의 개인적 구성 개념 이론에서 구성 개념 체계의 높은 위치에 있어 다른 구성 개념들을 그 맥락 안에 포함하는 구성 개념

상위특질(superfactor) 요인분석에 따라 최초로 도출된 요인들에 비해 더 높은 특질 구조 수준을 표상하는 고차적 혹은 이차적 요인

상태(state) 정서와 기분의 변화(예를 들어 불안, 우울, 피로)로 카텔은 상태가 특정 시점에서의 개인의 행동에 영향을 준다고 제안함. 특질과 상태를 모두 측정하면 행동을 예측할 수 있다고 제안됨

상호 결정론(reciprocal determinism) 상호적 변인들이 서로에게 미치는 영향으로, 개인적·환경적·행동적 요인들이 서로 인과적으로 영향을 미치는 것으로 보이는 사회인지 이론의 기본적 인과법칙

상황 특정성(situational specificity) 특질 이론가들이 강조하는 행동의 상황 일반성과는 반대로 행동의 상황에 따른 변화를 강조하는 것

생식기(genital stage) 정신분석 이론에서 사춘기의 시작과 관련된 발달 단계

선택적 교배 연구(selective breeding studies) 특정 성격을 강화하는 반복적·선택적 교배를 통해 유전자와 행동의 관계를 정립하는 연구

성감대(erogenous zones) 프로이트에 따르면, 긴장 또는 흥분의 원천이 되는 신체 부위

성격(personality) 경험과 행동의 일관적인 패턴을 설명하

는 사람의 특성

소거(extinction) 조건형성에서 한 자극과 반응의 연합이 점진적으로 약화되는 것. 고전적 조건형성에서 소거는 조건 자극이 더 이상 무조건 자극과 짝 지어지지 않기 때문에 발생하고, 조작적 조건형성에서 소거는 반응이 더 이상 강화되지 않기 때문에 발생함

수행(performance) 학습된 행동의 생산으로, 밴듀라의 관점에서는 보상에 종속적이고 보상과는 독립적으로 보이는 새로운 행동의 획득과는 대비됨

수행 목표(performance goals) 성격과 동기에 대한 드웰의 사회인지 분석에서 자신을 평가할 사람들에게 좋은 인상을 주려고 애쓰는 것을 목표로 삼음

숨겨진 구성 개념(submerged construct) 켈리의 개인적 구성 개념 이론에서 한때는 단어로 표현될 수 있었지만 이제는 한쪽 혹은 양쪽 극이 언어화될 수 없는 구성 개념

스트레스 면역 훈련(stress inoculation training) 마이켄바움이 개발한 스트레스를 줄이기 위한 절차. 내담자는 이 절차에서 부정적이고 스트레스를 유발하는 인지를 알아차리도록 가르침을 받음

승화(sublimation) 본능의 직접적인 표현을 고차원적인 문화적 목표로 대체하는 방어 기제

시스템(system) 함께 기능하는 고도로 상호 연결된 부분들의 모음으로, 성격 연구에서 구분되는 심리적 메커니즘은 성격의 심리적 현상을 만들어 내는 시스템으로 함께 기능할 수 있음

식역하 정신역동 활성화(subliminal psychodynamic activation) 정신분석 이론에서 비롯된 연구 절차로, 무의식적 소망과 공포를 촉발시키는 역치하(식역하) 자극을 제시하는 것

신경전달물질(neurotransmitters) 뉴런과 뉴런 사이에서 정보를 전달하는 화학물질(예를 들어 도파민과 세로토닌)

신경정신분석(neuropsychoanalysis) 프로이트가 정신분석 이론에서 밝힌 심리 구조 및 심리 기능과 관련된 뇌 체계를 확인하기 위한 과학적 운동

신경증 성향(neuroticism) 아이젱크 이론에서 안정성과 낮은 불안을 한쪽 끝으로 하고 불안정성과 높은 불안을

다른 쪽 끝으로 하는 성격 차원

신뢰도(reliability) 관찰이 안정적이고 믿을 수 있고 재현될 수 있는 정도

실존주의(existentialism) 인간과 상담을 이해하는 하나의 관점으로 인간 잠재성 운동과 관련되며 현상학을 강조하고 인간으로 존재함에서 오는 문제들을 강조함. 철학에서 나타난 실존주의 사조에서 비롯

실험 연구(experimental research) 실험자가 보통 상이한 연구 참여자들을 무작위로 상이한 실험 조건에 할당하는 방법을 통해서 관심 변인을 조작하는 연구 접근

실험자 기대 효과(experimenter expectancy effects) 참여자로 하여금 실험자의 가설에 부응하는 반응을 하도록 유도하는 행동을 수반하는 의도하지 않은 실험자 효과

쌍둥이 연구(twin studies) 일란성 쌍둥이 사이의 유사성과 이란성 쌍둥이 사이의 유사성, 쌍둥이가 아닌 형제들 간의 유사성 정도를 비교하여 유전 행동 관계를 정립하려는 접근법. 일반적으로 입양 연구와 결합됨

암묵적 이론(implicit theory) 말로는 분명하게 설명할 수 없을 것 같은 넓고 일반화된 신념. 그럼에도 우리 생각에 영향을 미치는 신념

애착 행동 체계(attachment behavioral system, ABS) 유아와 양육자(일반적으로 어머니) 간 결속의 초기 형성을 강조하는 볼비의 개념

억압(repression) 사고, 발상, 소망을 의식에서 배제시키는 방어 기제

억제된-억제되지 않은 기질(inhibited-uninhibited temperaments) 억제되지 않은 아이에 비해 억제된 아이는 친숙하지 않은 사람이나 사건에 위축되고 회피적이고 고통스러운 반응을 보이고, 새로운 상황에 놓였을 때 안정적인 상태에 이르기까지 더 긴 시간이 소요되며, 일반적이지 않은 공포나 공포증을 더 많이 가짐. 억제되지 않은 아이는 억제된 아이들에게는 스트레스가 되었던 새로운 상황을 즐기는 것으로 보임. 억제되지 않은 아이는 새로운 상황에서 자연스럽게 반응하고 쉽게 웃거나 미소 지음

언어적 구성 개념(verbal construct) 켈리의 개인적 구성

개념 이론에서 단어로 표현될 수 있는 구성 개념

에너지 체계(energy system)　성격이 다양한 힘 또는 힘의 원천(추동, 본능) 간의 상호작용을 수반한다고 보는 프로이트의 관점

역기능적 기대(dysfunctional expectancies)　사회인지 이론에서 특정 행동의 결과와 관련한 부적응적 기대

역기능적 자기 평가(dysfunctional self-evaluations)　사회인지 이론에서 정신 병리학에 중요한 의미를 지니는 자기 보상에 대한 부적응적 표준

역조건형성(counterconditioning)　자극에 대한 기존 반응과는 양립할 수 없는 새로운 반응을 학습(또는 조건화)하는 것

역하지각(subception)　자극이 의식되지 않은 상태로 경험되는 과정으로, 로저스에 의해서 강조됨

역할(role)　개인이 사회 내에서 갖는 위치 또는 지위에 적합한 것으로 판단되는 행동. 카텔은 이를 행동에 대한 성격 변수의 영향력을 상황 변수에 비해 제한되게 만드는 다수의 변수 중 하나로 강조했음

역할 구성 개념 목록 검사(Rep 검사)(Role Construct Repertory Test, Rep test)　사람들이 사용하는 구성 개념과 그 구성 개념 간의 관계, 그리고 그 구성 개념들이 구체적인 사람에게 어떻게 적용되는지를 측정하기 위한 켈리의 검사

연속적 접근(successive approximation)　스키너의 조작적 조건형성 이론에서 최종적으로 얻고자 하는 행동과 점점 더 유사한 행동을 강화하여 복잡한 행동을 발생시키는 것

오이디푸스 콤플렉스(Oedipus complex)　남아가 어머니를 애정의 상대로 보며, 애정의 경쟁 상대인 아버지에게 성기가 거세되는 것에 대한 두려움을 의미하는 프로이트의 개념

왜곡(distortion)　로저스에 따르면 경험이 자기와 일관성을 보이는 형태로 의식되도록 변화되는 방어적 과정

외향성(extraversion)　아이젱크 이론에서 성격 내향성-외향성 차원의 한쪽 끝을 이루는 개념으로 사교적이고 친근하고 충동적이며 위험을 감수하는 성향으로 특징지을 수 있음

요구 특성(demand characteristics)　실험 장면에 암묵적으로 존재하고(숨겨져 있고) 참여자의 행동에 영향을 주는 단서

요인분석(factor analysis)　성격 검사들의 세트 사이, 또는 검사 문항 사이에 존재하는 상관을 분석하여 함께 증가하거나 함께 감소하는 변수 또는 문항 반응을 찾아내는 통계적 기법. 성격 검사 개발과 몇몇 특질 이론의 개발(예를 들어 카텔과 아이젱크의 이론)에 활용

원격 요인(ultimate causes)　행동을 설명하는 진화적 요인

원초아(id)　사람들의 모든 본능 또는 추동의 원천에 대한 프로이트의 구조적 개념

위협(threat)　켈리의 개인적 구성 개념 이론에서 자신의 구성 개념 체계의 즉각적이고 포괄적인 변화를 지각할 때 위협이 발생함

유도된 숙달(guided mastery)　사회인지 이론에서 강조된 치료 접근법으로, 도움을 받으며 모델의 행동을 수행하는 것을 말함

유사성 극(similarity pole)　켈리의 개인적 구성 개념 이론에서 구성 개념의 유사성 극은 두 요소가 유사한 것으로 지각되는 방식으로 정의됨

유전성 추정치(heritability coefficient)　특정 집단의 관찰된 변량 중 유전 요인으로 설명할 수 있는 분량

유형(type)　질적으로 구분되는 사람들의 범주(즉 성격 유형)를 구성하는 성격 특질들의 집합

의식(conscious)　우리가 의식하는 사고, 경험, 감정

의식 없는 지각(perception without awareness)　무의식적 지각 또는 자극을 지각하고 있다는 것을 알아차리지 못한 채 지각하는 것

이상적 자기(ideal self)　개인이 가장 보유하고 싶어 하는 자기 개념. 로저스 이론의 핵심 개념

이차 사고 과정(secondary process)　정신분석 이론에서 현실에 의해 통제되고 자아의 발달을 동반하는 사고 양식

이차 성향(secondary disposition)　몇몇 상황에 한해서만 특정한 방식으로 행동하려는 경향성을 나타내는 올포트의 개념

인간 잠재성 운동(human potential movement) 로저스와 매슬로로 대표되는 심리학자 집단으로, 경험에 대한 개방성 등 개인 잠재성의 실현을 강조

인지-감정적 과정 체계(cognitive-affective processing system, CAPS) 미셸과 동료들에 의해 개발된 이론적 틀로, 이 체계에서 성격은 매우 높게 상호 연결된 인지와 정서 과정의 큰 세트를 포함하는 것으로 이해되며, 상호 연결은 통합적이고 통일성 있는 방식 혹은 하나의 '체계' 안에서 성격이 기능하는 원인이 됨

인지적 복잡성 대 단순성(cognitive complexity versus simplicity) 한쪽 끝은 서로 많은 관련성을 가진 많은 구성 개념을 사용하는 것(복잡성)이고, 다른 한쪽 끝은 서로 제한된 관계를 맺고 있는 소수의 구성 개념을 사용하는 것(단순성)으로 정의되는 개인의 인지적 기능의 한 측면

일반 원리 접근법(general principles approach) 사고와 행위에 대한 개인적이고 상황적인 영향력을 분석하기 위한 히긴스의 용어. 인과 원리의 일반적 조합을 사용하여 개인적 영향의 결과인 사고와 행위의 범상황적 일관성과 상황적 영향의 결과인 사고와 행위의 가변성 둘 다를 설명함

일반화(generalization) 조건형성에서 어떤 반응이 원래 조건화되거나 연합되어 있었던 자극과 유사한 자극에 연합되는 것

일반화된 강화물(generalized reinforcer) 스키너의 조작적 조건형성 이론에서 다른 여러 강화물에 접근할 수 있도록 해주는 강화물(예를 들어 돈)을 일컫는 말

일차 사고 과정(primary process) 정신분석 이론에서 논리 또는 현실 검증에 지배되지 않는 사고 양식. 이는 꿈이나 무의식의 다른 표현들에서 볼 수 있음

일치성(congruence) 지각된 자기와 경험 간에 갈등이 없는 상태를 표현하는 로저스의 개념. 성장과 치료적 발전에 필수적인 세 가지 상담 조건 중 하나

입양 연구(adoption studies) 한 가정에서 함께 자란 생물학적 형제들과 서로 다른 가정에 입양되어 자라난 형제들을 비교하여 유전 행동 관계를 정립하려는 접근법. 일반적으로 쌍둥이 연구와 결합됨

자기(혹은 자기 개념)(self 혹은 self-concept) 자기 혹은 나와 연합된 지각과 의미

자기 가치의 조건(contingencies of self-worth) 자존감에 영향을 미치는 긍정적·부정적 사건들

자기 결정감 이론(self-determination theory) 유능감, 자율성, 연결감(CAR)이 인간의 기본적인 심리적 욕구라고 주장하는 데시와 라이언의 이론

자기 경험 불일치(self-experience discrepancy) 정신 병리의 원인이 되는 자기 개념과 경험 간의 불일치 가능성

자기 고양(self-enhancement) 자기에 대한 긍정적 관점을 유지하고 향상하려는 동기

자기 도식(self-schemas) 자신의 정보 처리를 안내하는 자기에 대한 인지 일반화

자기 불일치(self-discrepancies) 히긴스의 이론적 분석에서 자신의 현재 심리적 속성(실제 자기)에 대한 신념과 가치 있는 표준과 지침을 나타내는 바람직한 속성 사이의 불일치

자기실현(self-actualization) 자기를 실현하고 유지하고 증진하고 그 잠재력을 성취하려는 유기체의 기본적인 경향성. 로저스 및 다른 인간 잠재성 운동가들에 의해 강조된 개념

자기 일관성(self-consistency) 자기 지각 간 갈등의 부재를 표현하는 로저스의 개념

자기 조절(self-regulation) 사람들이 자신의 행동에 동기를 부여하는 심리적 과정

자기 평가적 반응(self-evaluative reactions) 자신에 대한 불만족의 느낌 대 만족의 느낌(자부심)으로, 사람들이 자신의 행동을 반성할 때 발생함

자기 확인(self-verification) 자신의 자기 개념과 일치하는 정보를 얻고자 하는 동기

자아(ego) 현실과 개인의 도덕적 가치에 부합해 추동(본능)을 만족시키려고 시도하는 성격의 요소에 대한 프로이트의 구조적 개념

자유연상(free association) 정신분석에서 내담자가 분석가에게 마음속에 떠오르는 모든 사고를 보고하는 것

자존감(self-esteem)　개인의 자기에 대한 전반적인 평가적 존중 혹은 가치 있음에 대한 개인적 판단

작동하는 자기 개념(working self-concept)　특정 시간에 작동하는 기억 속에 있는 자기 개념의 부분집합. 서로 다른 사회적 상황에서는 자기 개념의 서로 다른 측면이 활성화될 수도 있다는 이론적 생각

잠복기(latency stage)　정신분석 이론에서 성적 충동 또는 관심이 줄어드는 시기로, 남근기 이후의 발달 단계

전언어적 구성 개념(preverbal construct)　켈리의 개인적 구성 개념 이론에서 사용되지만 단어로 표현될 수 없는 구성 개념

전의식(preconscious)　우리가 매 순간 의식하지는 못하지만 쉽게 의식에 도달할 수 있는 사고, 경험, 감정에 대한 프로이트의 개념

전이(transference)　정신분석에서 내담자가 분석가에게 과거 부모와의 경험에 근거한 태도 또는 감정을 발전시키는 것

정서 초점적 대처(emotion-focused coping)　내적 정서 상태를 개선하려고 노력하는 대처. 예를 들어 정서적으로 거리를 두거나 사회적 지지를 찾는 것

정신병 성향(psychoticism)　아이젱크 이론에서 고독하고 무감각한 특성을 한쪽 끝으로 하고 사회 관습의 수용과 배려를 다른 쪽 끝으로 하는 성격 차원

조건화된 정서 반응(conditioned emotional reaction)　왓슨과 레이너가 사용한 용어로, 종전에 중립적이었던 자극에 정서적 반응이 형성되는 현상을 지칭. 꼬마 앨버트의 쥐 공포증이 그 사례임

조성(shaping)　스키너의 조작적 조건형성 이론에서 유기체가 단계적인 과정을 통해 복잡한 행동을 배우는 과정을 뜻함. 이 과정을 통해 유기체의 행동은 갈수록 최종적인 표적 반응에 근접해 감

조작적(자발적) 반응(operants)　스키너 이론에서 어떤 선행(촉발) 자극과도 구체적인 연합관계가 없이 나타나는 (방출되는) 행동을 지칭. 조작적 행동은 이에 따르는 강화 사건과 관련되어 연구됨

조작적 조건형성(operant conditioning)　반응의 특징이 그

결과에 따라 결정되는 과정을 가리키는 스키너의 용어

주변적 구성 개념(peripheral construct)　켈리의 개인적 구성 개념 이론에서 구성 개념 체계에 기본적이지 않고 체계의 나머지 부분에 심각한 결과를 미치지 않고도 수정될 수 있는 구성 개념

죽음 본능(death instinct)　비유기체적 상태 또는 죽음을 향하는 에너지 원천 또는 추동에 대한 프로이트의 개념

중심 특질(central trait)　다양한 상황에서 특정한 방식으로 행동하려는 경향을 뜻하는 올포트의 개념

증상(symptom)　정신 병리학에서 심리적 갈등 또는 장애가 있는 심리적 기능을 나타내는 용어로, 프로이트에게 이는 억압된 충동의 위장된 표현임

지각된 자기 효능감(perceived self-efficacy)　사회인지 이론에서 특정 상황에 대처하기 위한 지각된 능력

지각적 방어(perceptual defense)　개인이 위협적인 자극을 의식하지 않도록 방어하는 과정

지식과 평가의 성격 구조(KAPA 모형)(Knowledge-and-Appraisal Personality Architecture)　성격 기능에서 인지의 두 측면을 구분하는 성격 구조의 이론적 분석. 자기에 대한 지속되는 지식과 부딪치는 것들의 의미를 역동적으로 평가하는 것

진정성(authenticity)　개인이 가짜 자기 제시가 나타나는 행동을 하지 않고 자신의 자기에 부합되는 행동을 하는 정도

진화된 심리적 기제(evolved psychological mechanisms)　진화심리학에서 심리적 기제는 자연 선택에 따른 진화의 결과이다. 즉 각 기제는 생존과 성공적 재생산에 있어 적응적 가치를 갖기 때문에 살아남아 전해진 것임

집단 무의식(collective unconscious)　인간 종의 진화론적 경험을 반영하는 정신적 삶의 유전되고 보편적이고 무의식적인 특징에 대한 칼 융의 용어

징후 접근법(sign approach)　미셸의 용어로, 표출된 행동에서 내적인 성격을 추론하는 측정 법을 뜻함. 표본 접근법과 대조됨

처벌(punishment)　어떤 반응에 따라 제시된 불쾌한 자극

체계적 둔감화(systematic desensitization)　행동 치료 기법

으로, 기존에 불안을 야기했던 자극에 불안과 양립할 수
없는 반응(이완)을 조건화하는 것

초자아(superego) 우리의 이상 그리고 도덕적 가치를 표
현하는 성격의 요소에 대한 프로이트의 구조적 개념

취소 기제(undoing) 두려움을 유발하는 소망 또는 행동
을 마술적으로 원상복구(무효화)하는 방어 기제

카타르시스(catharsis) 자신의 문제에 대하여 이야기하는
것을 통해 정서를 자유롭게 표출하는 것

컴퓨터화된 텍스트 분석 방법(computerized text analysis
methods) 단어와 문장을 입력함으로써 성격 연구 맥
락에서 성격과 개인차를 드러내는 언어적 특징을 분석
하는 소프트웨어 도구

쾌락 원리(pleasure principle) 프로이트에 따르면 고통을
피하고 쾌락의 추구에 기반을 둔 심리적 기능

타당도(validity) 관찰이 우리가 관심을 갖는 현상 혹은
구성 개념을 반영하는 정도. 구성 개념 타당도라고도 함

토큰 경제(token economy) 스키너의 조작적 조건형성 이
론에 따른 기법으로 개인의 바람직한 행동을 토큰으로
보상하는 환경을 만드는 것

퇴행(regression) 초기 발달 단계에서 세상과 자신이 상호
작용하던 방식으로 되돌아가는 것에 대한 프로이트의
개념

투사(projection) 자신의 수용할 수 없는 본능 또는 소망을
다른 사람이 지니고 있는 것으로 보는 것(투사하는 것)

투사 검사(projective test) 일반적으로 응답자들에게 제시
되는 애매모호한 자극에 대한 독특한 반응을 토대로 그
들의 성격을 유추하는 검사(로르샤흐 잉크반점 검사, 주
제 통각 검사)

특질(trait) 개인의 지속적인 심리적 특성. 또는 그런 특성
을 지칭하는 일종의 심리학적 구성 개념('특질 구성 개념')

패싯(facets) 더 구체적인 특질(또는 요소)로 각각 보다 큰
5요인을 구성함. 예를 들어 외향성의 패싯은 사교성, 활
동성, 자기주장성, 흥분 추구, 긍정적 정서성, 따뜻함임

편의 범위(range of convenience) 켈리의 개인적 구성 개
념 이론에서 구성 개념 혹은 구성 개념 체계에 의해 다
루어질 수 있는 사건이나 현상들

편의 초점(focus of convenience) 켈리의 개인적 구성 개
념 이론에서 구성 개념 혹은 구성 개념 체계에 의해 가
장 잘 이해되는 사건이나 현상들

평가 표준(evaluative standards) 사람 혹은 사물의 장점
및 가치를 평가하기 위한 준거. 사회인지 이론에서 자기
자신의 행동을 평가하는 사람들의 표준은 행동의 조절,
그리고 자부심, 수치심, 자신에 대한 만족이나 불만족과
같은 정서 경험과 관련이 있는 것으로 여겨짐

표면 특질(surface trait) 카텔 이론에서 서로 관련되는 것
처럼 보이지만 실제로는 함께 증가하거나 감소하지는
않는 행동들

표본 접근법(sample approach) 미셸의 용어로, 행동 자
체, 그리고 행동과 환경 조건의 관계에 관심을 갖는 측
정법을 뜻함. 반면 징후 접근법은 표출된 행동에서 내적
인 성격을 추론하는 것임

표적 행동(표적 반응)(target behaviors, target responses)
행동 측정에서 관찰할 구체적인 행동을 결정하고 이를
환경적 사건의 변화와 관련하여 측정하는 것

하위 구성 개념(subordinate construct) 켈리의 개인적 구
성 개념 이론에서 구성 개념 체계의 낮은 위치에 있어
다른(상위) 구성 개념의 맥락에 포함되는 구성 개념

학습 목표(learning goals) 성격과 동기에 대한 드웩의 사
회인지 분석에서 한 사람이 과제에 대한 자신의 지식과
개인적 숙달을 향상시키려고 애쓰는 것을 목표로 삼음

합리화(rationalization) 수용할 수 없는 동기 또는 행위에
대해 수용될 만한 설명을 사용하는 방어 기제

항문기(anal stage) 신체의 흥분, 긴장이 항문에 집중된
시기에 대한 프로이트의 개념

항문기적 성격(anal personality) 항문기의 고착을 나타내
며, 권력과 통제력에 대한 소망을 토대로 세상과 관계를
맺는 성격 유형에 대한 프로이트의 개념

핵심 구성 개념(core construct) 켈리의 개인적 구성 개념
이론에서 개인의 구성 개념 체계에 기본적인 구성 개념
으로, 체계의 나머지 부분에 대한 심각한 결과를 미치는
것이 아니라면 수정될 수 없는 것

행동 서명(behavioral signatures) 상황-행동 관계의 개인

적으로 구분되는 프로파일

행동유전학(behavioral genetics) 유전적 요인이 심리학자의 관심 대상이 될 만한 행동들에 기여하는 바를 주로 다양한 생물학적-유전학적 유사성을 갖고 있는 사람들의 비교를 통해 탐구하는 연구

행동주의(behaviorism) 왓슨이 개발한 심리학의 접근법 중 하나로 관찰 대상을 명시적이고 관찰 가능한 행동으로 제한함

행동 측정(behavioral assessment) 잘 규명된 환경적 특성과 연관된 구체적 행동의 측정을 강조하는 측정 방법

현상적 장(phenomenal field) 자신의 세계를 지각하고 경험하는 개인의 방식

현상학(phenomenology) 인간 경험의 연구, 성격심리학에서 개인이 어떻게 자기와 세계를 지각하고 경험하는가에 초점을 맞추는 성격 이론의 한 접근

현실 원리(reality principle) 프로이트에 따르면 현실에 기반을 두며 적절한 시기를 위해 쾌락을 지연시키는 심리학적 기능 체계

획득(acquisition) 새로운 행동의 학습으로, 밴듀라의 관점에서는 보상과는 독립적이고 보상에 종속적으로 보이는 수행과 비교됨

5요인(Big Five) 특질 요인 이론의 다섯 가지 주요 특질 항목으로서 정서성, 활동성, 사회성 요인 등을 포함함

5요인 이론(five-factor theory) 특질 이론가들 사이에서 합의를 도출하고 있는 이론으로, 인간 성격의 다섯 가지 기본 요인으로서 신경증 성향, 외향성, 개방성, 우호성, 성실성을 제안함

ABA 연구 설계(ABA research design) 한 대상을 세 가지 실험 단계, 즉 (A) 기저선 시기, (B) 강화물을 도입하여 특정 행동의 빈도를 변화시키는 시기, (A) 강화물을 없애고 행동이 기존의 빈도로 돌아오는지 관찰하는 시기 (기저선 시기)에 노출시키는 스키너식 실험 방법

ABC 측정(ABC assessment) 행동 측정에서 행동의 선행 사건과 결과 규명을 강조하고 행동의 기능적 분석을 통해 구체적 행동을 통제하는 환경 조건을 규명하는 방법

fMRI(기능적 자기 공명 영상) 주어진 자극을 처리하거나 주어진 과제를 수행할 때에 어떤 구체적인 뇌 영역이 개입되는지 규명하는 뇌영상 기법

L-자료(L-data) 인생사 혹은 인생 기록으로부터 얻은 개인에 관한 인생 기록 자료 혹은 정보; 카텔 이론에서 일상적 상황에서의 행동이나 이 행동에 대한 평가로 구성되는 생애 기록 자료

NEO-PI-R(NEO 성격 척도 개정판) 작성자가 5요인 모형의 각 요인과 패싯에서 각각 어느 지점에 위치하는지 측정하는 성격 설문지

O-자료(O-data) 부모나 친구나 교사 등 대상을 알고 있는 관찰자에 의해서 제공되는 관찰자 자료 혹은 정보

OCEAN 다섯 가지 기본 특질의 머리글자를 따서 만든 단어. 개방성(Openness), 성실성(Conscientiousness), 외향성(Extraversion), 우호성(Agreeableness), 신경증 성향(Neuroticism)

OT-자료(OT-data) 카텔 이론에서 객관적 검사 자료 또는 축소 상황에서의 행동을 관찰하여 얻은 정보

Q-sort 기법(Q-sort technique) 피검사자가 진술문을 정상분포를 따르는 범주로 분류하는 평가도구. 로저스에 의해서 자기와 이상적 자기에 관한 진술문의 측정도구로 사용됨

Q-자료(Q-data) 카텔 이론에서 설문 문항을 통해 얻은 자료

S-자료(S-data) 참여자에 의해서 제공된 자기 보고 자료 혹은 정보

T-자료(T-data) 실험 절차나 표준화된 검사로부터 얻은 검사 자료 혹은 정보

참고문헌

Adams, N. (2012). Skinner's *Walden Two*: An anticipation of positive psychology? *Review of General Psychology*, *16*, 1–9.

Adams-Webber, J. R. (1979). *Personal construct theory: Concepts and applications*. New York: Wiley.

Adams-Webber, J. R. (1982). Assimilation and contrast in personal judgment: The dichotomy corollary. In J. C. Mancuso & J. R. Adams-Webber (Eds.), *The construing person* (pp. 96–112). New York: Praeger.

Adams-Webber, J. R. (1998). Differentiation and sociality in terms of elicited and provided constructs. *American Psychological Society*, *9*, 499–501.

Adler, A. (1927). *Understanding human nature*. New York: Garden City Publishing.

Ainsworth, M., Bleher, M., Waters, E., & Wall, S. (1978). *Patterns of attachment: A psychological study of the strange situation*. Hillsdale, NJ: Erlbaum.

Ainsworth, M., & Bowlby, J. (1991). An ethological approach to personality development. *American Psychologist*, *46*, 333–341.

Alexander, F., & French, T. M. (1946). *Psychoanalytic therapy*. New York: Ronald.

Allen, J. J., Iacono, W. G., Depue, R. A., & Arbisi, P. (1993). Regional electroencephalographic asymmetries in bipolar seasonal affective disorder before and after exposure to bright light. *Biological Psychiatry*, *33*, 642–646.

Allik, J, Realo, A., Mottus, R., Borkenau, P., Kuppens, P., & Hrebickova, H. (2010). How people see others is different from how people see themselves: A replicable pattern across cultures. *Journal of Personality and Social Psychology*, *99*, 870–882.

Alloy, L. B., Abramson, L. Y., & Francis, E. L. (1999). Do negative cognitive styles confer vulnerability to depression? *Current Directions in Psychological Science*, *8*, 128–132.

Allport, F. H., & Allport, G. W. (1921). Personality traits: Their classification and measurement. *Journal of Abnormal and Social Psychology*, *16*, 1–40.

Allport, G. W. (1937). *Personality: A psychological interpretation*. New York: Holt, Rinehart & Winston.

Allport, G. W. (1961). *Pattern and growth in personality*. New York: Holt, Rinehart & Winston.

Allport, G. W. (1967). Autobiography. In E. G. Boring & G. Lindzey (Eds.), *A history of psychology in autobiography* (pp. 1–26). New York: Appleton-Century-Crofts.

Allport, G. W., & Odbert, H. S. (1936). Trait-names: A psycholexical study. *Psychological Monographs*, *47*(Whole No. 211).

American College Health Association. (2016). *College Health Association-National College Health Assessment II: Reference Group Executive Summary Fall 2015*. Hanover, MD: American College Health Association.

American Psychological Association. (1981). Ethical Principles of Psychologists. *American Psychologist*, *36*, 633–638.

Andersen, B. L., & Cyranowski, J. M. (1994). Women's sexual self-schema. *Journal of Personality and Social Psychology*, *67*, 1079–1100.

Andersen, S. M., & Baum, A. (1994). Transference in interpersonal relations: Inferences and affect based on significant-other representations. *Journal of Personality*, *67*, 459–498.

Andersen, S. M., & Chen, S. (2002). The relational self: An interpersonal social-cognitive theory. *Psychological Review*, *109*, 619–645.

Andersen, S. M., & Cole, S. W. (1990). "Do I know you?": The role of significant others in general social perception. *Journal of Personality and Social Psychology*, *59*, 384–399.

Andersen, S. M., Glassman, N. S., Chen, S., & Cole, S. W. (1995). Transference in social perception: The role of chronic accessibility in significant-other representations. *Journal of Personality and Social Psychology, 69*, 41–57.

Andersen, S. M., Reznik, I., & Manzella, L. M. (1996). Eliciting facial affect, motivation, and expectancies in transference: Significant-other representations in social relations. *Journal of Personality and Social Psychology, 71*, 1108–1129.

Anderson, A. K., & Phelps, E. A. (2002). Is the human amygdala critical for the subjective experience of emotion? Evidence of intact dispositional affect in patients with amygdala lesions. *Journal of Cognitive Neuroscience, 14*, 709–720.

Anderson, C. A., & Bushman, B. J. (2001). Effects of violent video games on aggressive behavior, aggressive cognition, aggressive affect, physiological arousal, and prosocial behavior: A meta-analytic review of the scientific literature. *Psychological Science, 12*, 353–359.

Anderson, C. A., Lindsay, J. J., & Bushman, B. J. (1999). Research in the psychological laboratory: Truth or triviality? *Current Directions in Psychological Science, 8*, 3–9.

Anderson, M. C., Ochsner, K. N., Kuhl, B., Cooper, J., Robertson, E., Gabrieli, S., ..., Gabrieli, D. E. (2004). Neural systems underlying the suppression of memories. *Science, 303*, 232–235.

Anderson, N., & Ones, D. S. (2003). The construct validity of three entry level personality inventories used in the UK: Cautionary findings from a multiple inventory investigation. *European Journal of Personality, 17*, S39–S66.

Antonuccio, D. O., Thomas, M., & Danton, W. G. (1997). A cost-effectiveness analysis of cognitive behavior therapy and fluoxetine (Prozac) in the treatment of depression. *Behavior Therapy, 28*, 187–210.

APA Monitor. (1982). The spreading case of fraud, *13*, 1.

Ariely, D. (2012). *The (honest) truth about dishonesty.* New York: Harper.

Aronson, E., & Mettee, D. R. (1968). Dishonest behavior as a function of differential levels of induced self-esteem. *Journal of Personality and Social Psychology, 9*, 121–127.

Artistico, D., Berry, J. M., Black, J., Cervone, D., Lee, C., & Orom, H. (2011). Psychological functioning in adulthood: A self-efficacy analysis. In C. H. Hoare (Ed.), *The Oxford handbook of adult development and learning* (2nd ed., pp. 215–247). New York: Oxford University Press.

Artistico, D., Cervone, D., Orom, H., Montes, C., & King, S. (2018). *Understanding individuals' everyday problem solving abilities: The advantages of idiographic methods and a knowledge-and-appraisal model of personality architecture.* Under editorial review.

Asendorpf, J. B., Banse, R., & Mucke, D. (2002). Double dissociation between implicit and explicit personality self-concept: The case of shy behavior. *Journal of Personality and Social Psychology, 83*, 380–393.

Asendorpf, J. B., Caspi, A., & Hofstee, W. K. B. (Eds.). (2002). The puzzle of personality types. *European Journal of Personality, 16*, S1–S5.

Asendorpf, J. B., & Van Aken, M. A. G. (1999). Resilient overcontrolled, and undercontrolled personality prototypes in childhood: Replicability, predictive power, and the trait-type issue. *Journal of Personality and Social Psychology, 77*, 815–832.

Ashton, M. C., Lee, K., & Paunonen, S. V. (2002). What is the central feature of extraversion? Social attention versus reward sensitivity. *Journal of Personality and Social Psychology, 83*, 245–252.

Ashton, M. C., Lee, K., Perugini, M., Szarota, P., DeVries, R. E., DiBlas, L., ..., & DeRaaad, B. (2004). A six-factor structure of personality descriptive adjectives: Solutions from psycholexical studies in seven languages. *Journal of Personality and Social Psychology, 86*, 356–366.

Aspinwall, L. G., & Staudinger, U. M. (Eds.). (2002). *A psychology of human strengths: Perspectives on an emerging field.* Washington, DC: American Psychological Association.

Associated Press. (November 14, 2002). Teen says game inspired crime spree.

Ayduk, O., Mischel, W., & Downey, G. (2002). Attentional mechanisms linking rejection to hostile reactivity: The role of "hot" versus "cool" focus. *Psychological Science, 13*, 443–448.

Ayllon, T., & Azrin, H. H. (1965). The measurement and reinforcement of behavior of psychotics. *Journal of the Experimental Analysis of Behavior, 8*, 357–383.

Baccus, J. R., Baldwin, M. W., & Packer, D. J. (2004). Increasing implicit self-esteem through classical conditioning. *Psychological Science, 15*, 498–502.

Balay, J., & Shevrin, H. (1988). The subliminal psychodynamic activation method. *American Psychologist, 43*, 161–174.

Balay, J., & Shevrin, H. (1989). SPA is subliminal, but is it psychodynamically activating? *American Psychologist, 44*, 1423–1426.

Baldwin, A. L. (1949). The effect of home environment on nursery school behavior. *Child Development, 20*, 49–61.

Baldwin, M. W. (1999). Relational schemas: Research into social-cognitive aspects of interpersonal experience. In D. Cervone & Y. Shoda (Eds.), *The coherence of personality: Social-cognitive bases of consistency, variability, and organization* (pp. 127–154). New York: Guilford Press.

Baldwin, M. W. (Ed.). (2005). *Interpersonal cognition.* New York: Guilford Press.

Baltes, P. B. (1997). On the incomplete architecture of human ontogeny: Selection, optimization, and, compensation as foundation of developmental theory. *American Psychologist, 52*, 366–380.

Baltes, P. B., & Baltes, M. M. (1990). *Successful aging: Perspective from the behavioral sciences.* Cambridge, UK: Cambridge University Press.

Baltes, P. B., & Graf, P. (1996). Psychological aspects of aging: Facts and frontiers. In D. Magnusson (Ed.), *The lifespan development of individuals: Behavioral, neurobiological, and psychosocial perspectives* (pp. 427–460). Cambridge, UK: Cambridge University Press.

Baltes, P. B., & Mayer, K. U. (1999). *The Berlin aging study: Aging from 70 to 100.* Cambridge, UK: Cambridge University Press.

Baltes, P. B., & Staudinger, U. M. (2000). Wisdom: A methateuristic (pragmatic) to orchestrate mind and virtue toward excellence. *American Psychologist, 55*, 122–136.

Baltes, P. B., Staudinger, U. M., & Lindenberger, U. (1999). Lifespan psychology: Theory and application to intellectual functioning. *Annual Review of Psychology, 50*, 471–507.

Bandura, A. (1965). Influence of models' reinforcement contingencies on the acquisition of imitative responses. *Journal of Personality and Social Psychology, 1*, 589–595.

Bandura, A. (1969). *Principles of behavior modification.* New York: Holt, Rinehart and Winston.

Bandura, A. (1977). Self-efficacy: Toward a unifying theory of behavioral change. *Psychological Review, 84*, 191–215.

Bandura, A. (1986). *Social foundations of thought and action: A social cognitive theory.* Englewood Cliffs, NJ: Prentice Hall.

Bandura, A. (1989a). Social cognitive theory. *Annals of Child Development, 6*, 1–60.

Bandura, A. (1989b). Self-regulation of motivation and action through internal standards and goal systems. In L. A. Pervin (Ed.), *Goal concepts in personality and social psychology* (pp. 19–85). Hillsdale, NJ: Erlbaum.

Bandura, A. (1990). Self-regulation of motivation through anticipatory and self-reactive mechanisms. *Nebraska Symposium on Motivation, 38*, 69–164.

Bandura, A. (1992). Self-efficacy mechanism in psychobiologic functioning. In R. Schwarzer (Ed.), *Self-efficacy: Thought control of action* (pp. 335–394). Washington, DC: Hemisphere.

Bandura, A. (1997). *Self-efficacy: The exercise of control.* New York: Freeman.

Bandura, A. (1999). Social cognitive theory of personality. In L. A. Pervin & O. P. John (Eds.), *Handbook of personality: Theory and research* (pp. 154–196). New York: Guilford Press.

Bandura, A. (2001). Social cognitive theory: An agentic perspective. *Annual Review of Psychology, 52*, 1–26.

Bandura, A. (2004). Health promotion by social cognitive means. *Health Education and Behavior, 31*, 143–164.

Bandura, A. (2006). Toward a psychology of human agency. *Perspectives on Psychological Science, 1*, 164–180.

Bandura, A. (2012). Social cognitive theory. In P. A. M. van Langer, A. Kruglanski, & E. T. Higgins (Eds.), *Handbook of theories of social psychology* (Vol. 1, pp. 349–375). Washington, DC: Sage.

Bandura, A., & Adams, N. E. (1977). Analysis of self efficacy theory of behavioral change. *Cognitive Therapy and Research, 1*, 287–310.

Bandura, A., Adams, N. E., & Beyer, J. (1977). Cognitive processes mediating behavioral change. *Journal of Personality and Social Psychology, 35*, 125–139.

Bandura, A., Barbaranelli, C., Caprara, G. V., & Pastorelli, C. (1996). Mechanisms of moral disengagement in the exercise of moral agency. *Journal of Personality and Social Psychology, 71*, 364–374.

Bandura, A., & Cervone, D. (1983). Self-evaluative and self-efficacy mechanisms governing the motivational effect of goal systems. *Journal of Personality and Social Psychology, 45*, 1017–1028.

Bandura, A., Grusec, J. E., & Menlove, F. L. (1967). Some social determinants of self-monitoring reinforcement systems. *Journal of Personality and Social Psychology, 5*, 449–455.

Bandura, A., & Kupers, C. J. (1964). Transmission of patterns of self-reinforcement through modeling. *Journal of Abnormal and Social Psychology, 69*, 1–9.

Bandura, A., & Mischel, W. (1965). Modification of self-imposed delay of reward through exposure to live and symbolic models. *Journal of Personality and Social Psychology, 2*, 698–705.

Bandura, A., Pastorelli, C., Barbaranelli, C., & Caprara, G. V. (1999). Self-efficacy pathways to childhood depression. *Journal of Personality and Social Psychology, 76*, 258–269.

Bandura, A., Reese, L., & Adams, N. E. (1982). Micro-analysis of action and fear arousal as a function of differential levels of perceived self-efficacy. *Journal of Personality and Social Psychology, 43*, 5–21.

Bandura, A., & Rosenthal, T. L. (1966). Vicarious classical conditioning as a function of arousal level. *Journal of Personality and Social Psychology, 3*, 54–62.

Bandura, A., Ross, D., & Ross, S. (1963). Imitation of film-mediated aggressive models. *Journal of Abnormal and Social Psychology, 66*, 3–11.

Bandura, A., & Schunk, D. H. (1981). Cultivating competence, self-efficacy, and intrinsic interest. *Journal of Personality and Social Psychology, 41*, 586–598.

Bandura, A., & Walters, R. H. (1959). *Adolescent aggression.* New York: Ronald.

Bandura, A., & Walters, R. H. (1963). *Social learning and personality development.* New York: Holt, Rinehart & Winston.

Bandura, A. (2015). *Moral disengagement: How people do harm and live with themselves.* New York: Worth Publishers.

Barenbaum, N. B., & Winter, D. G. (2008). History of modern personality theory and research. In O. P. John, R. R. W. Robins, & L. A. Pervin (Eds.), *Handbook of personality: Theory and research* (pp. 29–60). New York: Guilford Press.

Bargh, J. A., & Ferguson, M. J. (2000). Beyond behaviorism: On the automaticity of higher mental processes. *Psychological Bulletin, 126*, 925–945.

Bargh, J. A., & Gollwitzer, P. M. (1994). Environmental control of goal-directed action: Automatic and strategic contingencies between situations and behavior. In W. D. Spaulding (Ed.), *Nebraska symposium on motivation: Vol. 41. Integrative views of motivation, cognition, and emotion* (pp. 71–124). Lincoln: University of Nebraska Press.

Bargh, J. A., & Tota, M. E. (1988). Context-dependent automatic processing in depression: Accessibility of negative constructs with regard to self but not others. *Journal of Personality and Social Psychology, 54*, 925–939.

Barlow, D. H. (1991). Disorders of emotion. *Psychological Inquiry, 2*, 58–71.

Barrick, M. R., & Mount, M. K. (1991). The Big Five personality dimensions and job performance: A meta-analysis. *Personnel Psychology, 44*, 1–26.

Bartholomew, K., & Horowitz, L. K. (1991). Attachment styles among young adults: A test of a four-category model. *Journal of Personality and Social Psychology, 61*, 226–244.

Bartz, J. A., Zaki, J., Bolger, N., Hollander, E., Ludwig, N. N., Kolevzon, A., & Ochsner, K. N. (2010). Oxytocin selectively improves empathic accuracy. *Psychological Science, 21*, 1426–428.

Bartz, J., Zaki, J., Bolger, N., & Ochsner, K. (2011). Social effects of oxytocin in humans: Context and person matter. *Trends in Cognitive Sciences, 15*, 301–309.

Bartoszek, G., & Cervone, D. (2017). Toward an implicit measure of emotions: Ratings of abstract images reveal distinct emotional states. *Cognition and Emotion, 31*, 1377–1391.

Baumeister, R. F. (1999). On the interface between personality and social psychology. In L. A. Pervin & O. P. John (Eds.), *Handbook of personality: Theory and research* (pp. 367–377). New York: Guilford Press.

Baumeister, R. F., Campbell, J. D., Krueger, J. I., & Vohs, K. D. (2003). Does high self-esteem cause better performance, interpersonal success, happiness, or healthier lifestyles? *Psychological Science in the Public Interest, 4*, Whole Issue (Supplement to Psychological Science).

Baumeister, R. F., & Vohs, K. D. (Eds.). (2004). *Handbook of self-regulation: Research, theory, and applications.* New York: Guilford Press.

Baumert, A., Schmitt, M., Perugini, M., Johnson, W., Blum, G., ... Wrzus, C. (2017). Integrating personality structure, personality process, and personality development. *European Journal of Personality, 31*(5), 503–528.

Beck, A. T. (1987). Cognitive models of depression. *Journal of Cognitive Psychotherapy, 1*, 2–27.

Beck, A. T. (1991). Cognitive therapy: A 30-year retrospective. *American Psychologist, 46*, 368–375.

Beck, A. T. (1993). Cognitive therapy: Past, present, and future. *Journal of Consulting and Clinical Psychology, 61*, 194–198.

Beck, A. T., Rush, A. J., Shaw, B. F., & Emery, G. (1979). *Cognitive therapy of depression.* New York: Guilford.

Beilock, S. L., Lyons, I. M., Mattarella-Micke, A., Nusbaum, H. C., & Small, S. L. (2008). Sports expertise changes the neural processing of language. *Proceedings of the National Academy of Sciences USA, 105*, 13269–13273.

Benet-Martinez, V., & John, O. P. (1998). Los Cinco Grandes across cultures and ethnic groups: Multi-trait multimethod analyses of the Big Five in Spanish and English. *Journal of Personality and Social Psychology, 75*, 729–750.

Benet-Martinez, V., & Oishi, S. (2008). Culture and personality. In O. P. John, R. W. Robins, & L. A. Pervin (Eds.), *Handbook of personality: Theory and research* (pp. 542–567). New York: Guilford Press.

Benjamin, J., Lin, L., Patterson, C., Greenberg, B. D., Murphy, D. L., & Hamer, D. H. (1996). Population and familial association between the D4 dopamine receptor gene and measures of novelty seeking. *Nature Genetics, 12*, 81–84.

Benight, C. C., & Bandura, A. (2004). Social cognitive theory of posttraumatic recovery: The role of perceived self-efficacy. *Behaviour Research and Therapy, 42*, 1129–1148.

Benson, E. S. (2004). Behavioral genetics: Meet molecular biology. *Monitor on Psychology, 35*, 42–45.

Benware, C., & Deci, E. L. (1984). Quality of learning with an active versus passive motivational set. *American Educational Research Journal, 21*, 755–765.

Berkowitz, L., & Donnerstein, E. (1982). External validity is more than skin deep. *American Psychologist, 37*, 245–257.

Bernard, J. D., Baddeley, J. L., Rodriguez, B. F., & Burke, P. A. (2016). Depression, language, and affect: An examination of the influence of baseline depression and affect induction on language. *Journal of Language and Social Psychology, 35*, 317–326.

Berndt, T. J. (2002). Friendship quality and social development. *Current Directions in Psychological Science, 11*, 7–10.

Bieri, J. (1955). Cognitive complexity-simplicity and predictive behavior. *Journal of Abnormal and Social Psychology, 51*, 263–268.

Bieri, J. (1986). Beyond the grid principle. *Contemporary Psychology, 31*, 672–673.

Blackwell, L. A., Trzesniewski, K. H., & Dweck, C. S. (2007). Theories of intelligence and achievement across the junior high school transition: A longitudinal study and an intervention. *Child Development, 78*, 246–263.

Bleidorn, W., Hopwood, C. J., & Wright, A. G. C. (2017). Using big data to advance personality theory. *Current Opinion in Behavioral Sciences, 18*, 79–82.

Block, J. (1971). *Lives through time.* Berkeley, CA: Bancroft Books.

Block, J. (1993). Studying personality the long way. In D. C. Funder, R. D. Parke, C. Tomlinson-Keasey, & K. Widaman (Eds.), *Studying lives through time* (pp. 9–41). Washington, DC: American Psychological Association.

Block, J. (2002). *Personality as an affect-processing system: Toward an integrative theory.* Mahwah, NJ: Erlbaum.

Block, J., & Robins, R. W. (1993). A longitudinal study of consistency and change in self-esteem from early adolescence to early childhood. *Child Development, 64*, 909–923.

Boag, S. (2011). Explanation in personality psychology: "Verbal magic" and the five-factor model. *Philosophical Psychology, 24*, 223–243.

Bogaert, A. F. (2006). Biological versus non-biological older brothers and men's sexual orientation. *Proceedings of the National Academy of Sciences, 103*, 10771–10774.

Boldero, J., & Francis, J. (2002). Goals, standards, and the self: Reference values serving different functions. *Personality and Social Psychology Review, 6*, 232–241.

Borkenau, P., & Ostendorf, F. (1998). The Big Five as states: How useful is the five-factor model to describe intraindividual variations over time? *Journal of Research in Personality, 32*, 202–221.

Bornstein, R. F., & Masling, J. M. (1998). *Empirical perspectives on the psychoanalytic unconscious.* Washington, DC: American Psychological Association.

Borsboom, D., Mellenbergh, G. J., & Van Heerden, J. (2003). The theoretical status of latent variables. *Psychological Review, 110*, 203–219.

Botvinick, M. M., Braver, T. S., Barch, D. M., Carter, C. S., & Cohen, J. D. (2001). Conflict monitoring and cognitive control. *Psychological Review, 108*, 624–652.

Bouchard, T. J., Jr., Lykken, D. T., McGue, M., Segal, N. L., & Tellegen, A. (1990). Sources of human psychological differences: The Minnesota study of twins reared apart. *Science, 250*, 223–228.

Bourne, M. (2014, January 12). We didn't eat the marshmallow: The marshmallow ate us. *The New York Times Magazine,* 44–45.

Bozarth, J. D. (1992, October). Coterminous intermingling of doing and being in person-centered therapy. *The Person-Centered Journal: An International Journal Published by the Association for the Development of The Person-Centered Approach.* Retrieved October 9, 2004 http://www.adpca.org/ Journal/vol1 1/indexpage.htm.

Bradley, R. H., & Corwyn, R. F. (2002). Socioeconomic status and child development. *Annual Review of Psychology, 53*, 371–399.

Brandtstadter, J., & Wentura, D. (1995). Adjustment to shifting possibility frontiers in later life: Complementary adaptive modes. In R. A. Dixon & L. Bäckman (Eds.), *Compensating for psychological deficits and declines: Managing losses and promoting gains.* Mahwah, NJ: Erlbaum.

Bressler, S. L. (2002). Understanding cognition through large-scale cortical networks. *Current Directions in Psychological Science, 11*, 58–61.

Bretherton, I. (1992). The origins of attachment theory: John Bowlby and Mary Ainsworth. *Developmental Psychology, 28*, 759–775.

Brewin, C. R. (1996). Theoretical foundations of cognitive-behavior therapy for anxiety and depression. *Annual Review of Psychology, 47*, 33–57.

Brooks, D. (2011). *The social animal.* New York: Random House.

Brown, J. D. (1998). *The self.* New York: McGraw-Hill.

Bruner, J. S. (1956). You are your constructs. *Contemporary Psychology, 1*, 355–356.

Buchheim, A., Heinrichs, M., George, C., Pokorny, D., Koops, E., Henningsen, P., O'Connor, M., & Gundel, H. (2009). Oxytocin enhances the experience of attachment security. *Psychoneuroendocrinology, 34*, 1417–1422.

Bullmore, E., & Sporns, O. (2009). Complex brain networks: Graph theoretical analysis of structural and functional systems. *Nature Reviews: Neuroscience, 10*, 186–198.

Burns, M. J., & Dillon, F. R. (2005). AIDS health locus of control, self-efficacy for safer sexual practices, and future time orientation as predictors of condom use in African American college students. *Journal of Black Psychology, 31*, 172–188.

Bushman, B. J., & Anderson, C. A. (2002). Violent video games and hostile expectations: A test of the general aggression model. *Personality and Social Psychology Bulletin, 28*, 1679–1686.

Buss, A. H. (1989). Personality as traits. *American Psychologist, 44*, 1378–1388.

Buss, A. H., & Plomin, R. (1975). *A temperament theory of personality development.* New York: Wiley Interscience.

Buss, A. H., & Plomin, R. (1984). *Temperament: Early-developing personality traits.* Hillsdale, NJ: Erlbaum.

Buss, D. M. (1989). Sex differences in human mate preferences: Evolutionary hypotheses tested in 37 cultures. *Behavioral and Brain Sciences, 12*, 1–14.

Buss, D. M. (1999). Human nature and individual differences: The evolution of human personality. In L. A. Pervin & O. P. John (Eds.), *Handbook of personality: Theory and research* (pp. 31–56). New York: Guilford Press.

Buss, D. M. (Ed.). (2005). *The handbook of evolutionary psychology.* Hoboken, NJ: Wiley.

Buss, D. M. (2008). Human nature and individual differences: Evolution of human personality. In O. P. John, R. W. Robins, & L. A. Pervin (Eds.), *Handbook of personality: Theory and research* (pp. 29–60). New York: Guilford Press.

Buss, D. M. (2012). *Evolutionary psychology: The new science of the mind* (4th ed.). Boston: Allyn & Bacon.

Buss, D. M., & Hawley, P. H. (Eds.). (2011). *The evolution of personality and individual differences.* New York: Oxford University Press.

Buss, D. M., Larsen, R., Westen, D., & Semmelroth, J. (1992). Sex differences in jealousy: Evolution, physiology and psychology. *Psychological Science, 3,* 251–255.

Bussey, K., & Bandura, A. (1999). Social cognitive theory of gender development and differentiation. *Psychological Bulletin, 106,* 676–713.

Butler, J. M., & Haigh, G. V. (1954). Changes in the relation between self-concepts and ideal concepts consequent upon client centered counseling. In C. R. Rogers & R. F. Dymond (Eds.), *Psychotherapy and personality change* (pp. 55–75). Chicago: University of Chicago Press.

Butler, R. (2009). Coming to terms with personal construct theory. In R. Butler (Ed.), *Reflections in personal construct theory* (pp. 3–20). West Sussex, UK: Wiley-Blackwell.

Cacioppo, J. T. (1999). The case for social psychology in the era of molecular biology. Keynote address at the Society for Personality and Social Psychology Preconference, June 3, 1999, Denver, CO.

Cain, S. (2012). *Quiet: The power of introverts in a world that can't stop talking.* New York: Crown.

Caldwell, T. L., Cervone, D., & Rubin, L. H. (2008). Explaining intra-individual variability in social behavior through idiographic assessment: The case of humor. *Journal of Research in Personality, 42,* 1229–1242.

Campbell, J. B., & Hawley, C. W. (1982). Study habits and Eysenck's theory of extroversion-introversion. *Journal of Research in Personality, 16,* 139–146.

Campbell, W. K. (1999). Narcissism and romantic attraction. *Journal of Personality and Social Psychology, 77,* 1254–1270.

Canli, T. (2008). Toward a "molecular psychology" of personality. In O. P. John, R. W. Robins, & L. A. Pervin (Eds.), *Handbook of personality: Theory and research* (pp. 311–327). New York: Guilford Press.

Cantor, N. (1990). From thought to behavior: "Having" and "doing" in the study of personality and cognition. *American Psychologist, 45,* 735–750.

Cantor, N., & Kihlstrom, J. F. (1987). *Personality and social intelligence.* Englewood Cliffs, NJ: Prentice Hall.

Cantor, N., Norem, J. K., Neidenthal, P. M., Langston, C. A., & Brower, A. M. (1987). Life tasks, self-concept ideals, and cognitive strategies in a life transition. *Journal of Personality and Social Psychology, 53,* 1178–1191.

Caporael, L. R. (2001). Evolutionary psychology: Toward a unifying theory and a hybrid science. *Annual Review of Psychology, 52,* 706–628.

Caprara, G. V., & Perugini, M. (1994). Personality described by adjective: The generalizability of the Big Five to the Italian lexical context. *European Journal of Personality, 8,* 351–369.

Caprara G. V., Vecchione M., Alessandri G., Gerbino M., Barbaranelli C. (2011). The contribution of personality traits and self-efficacy beliefs to academic achievement: A longitudinal study. *British Journal of Educational Psychology, 81,* 78–96.

Carnelley, K. B., Pietromonaco, P. R., & Jaffe, K. (1994). Depression, working models of others, and relationships functioning. *Journal of Personality and Social Psychology, 66,* 127–140.

Carstensen, L. L. (1995). Evidence for a life-span theory of socioemotional selectivity. *Current Directions in Psychological Science, 4,* 151–156.

Carstensen, L. L. (1998). A life-span approach to social motivation. In J. Heckhausen & C. Dweck (Eds.), *Motivation and self-regulation across the life span* (pp. 341–364). New York: Cambridge University Press.

Carstensen, L. L., & Charles, S. T. (2003). Human aging: Why is even good news taken as bad? In L. G. Aspinwall & U. M. Staudinger (Eds.), *A psychology of human strengths: Perspectives on an emerging field* (pp. 75–86). Washington, DC: American Psychological Association.

Carstensen, L. L., & Fredrickson, B. L. (1998). Influence of HIV status and age on cognitive representations of others. *Health Psychology, 17,* 494–503.

Carstensen, L. L., Isaacowitz, D. M., & Charles, S. T. (1999). Taking time seriously: A theory of socioemotional selectivity. *American Psychologist, 54,* 165–181.

Cartwright, D. S. (1956). Self-consistency as a factor affecting immediate recall. *Journal of Abnormal and Social Psychology, 52,* 212–218.

Carver, C. S., Scheier, M. F., & Fulford, D. (2008). Self-regulatory processes, stress, and coping. In O. P. John, R. W. Robins, & L. A. Pervin (Eds.), *Handbook of personality: Theory and research* (pp. 725–742). New York: Guilford Press.

Casey, B. J., Somerville, L. H., Gotlib, I. H., Ayduk, O., Franklin, N. T., Askrend, M. K., ... Shoda, Y. (2011). Behavioral and neural correlates of delay of gratification 40 years later. *Proceedings of the National Academy of Sciences, 108,* 14998–15003.

Caspi, A. (2000). The child is father of the man: Personality correlates from childhood to adulthood. *Journal of Personality and Social Psychology, 78,* 158–172.

Caspi, A. (2002). Social selection, social causation, and developmental pathways: Empirical strategies for better understanding how individuals and environments are linked across the life course. In L. Pulkkinen and A. Caspi (Eds.), *Paths to successful development: Personality in the life course* (pp. 281–301). Cambridge, UK: Cambridge University Press.

Caspi, A., Bem, D. J., & Elder, G. H. (1989). Continuities and consequences of interactional styles across the life course. *Journal of Personality, 57,* 375–406.

Caspi, A., & Roberts, B. (1999). Personality continuity and change across the life course. In L. A. Pervin & O. P. John (Eds.), *Handbook of personality: Theory and research* (pp. 300–326). New York: Guilford Press.

Caspi, A., Sugden, K., Moffitt, T. E., Taylor, A., Craig, I. W., Harrington, H., ..., Poulton, R. (2003). Influence of life stress on depression: Moderation by a polymorphism in the 5-HTT gene. *Science, 301,* 386–389.

Casson, A. J., Smith, S., Duncan, J. S., & Rodriguez-Villegas, E. (2010). Wearable EEG: What is it, why is it needed and what does it entail? *IEEE Engineering in Medicine and Biology Magazine* (May/June Issue), 44–56.

Cattell, R. B. (1965). *The scientific analysis of personality.* Baltimore: Penguin.

Cattell, R. B. (1979). *Personality and learning theory.* New York: Springer.

Cattell, R. B., & Gruen, W. (1955). The primary personality factors in 11-year-old children, by Objective Tests. *Journal of Personality, 23,* 460–478.

Cavalli-Sforza, L. L., & Cavalli-Sforza, F. (1995). *The great human diasporas: The history of diversity and evolution.* Reading, MA: Addison-Wesley.

Centonze, D., Siracusano, A., Calabresi, P., & Bernardi, G. (2004). The project for a scientific psychology (1895): A Freudian anticipation of LTP-memory connection theory. *Brain Research Reviews, 46,* 310–314.

Cervone, D. (1991). The two disciplines of personality psychology. *Psychological Science, 6,* 371–377.

Cervone, D. (1997). Social-cognitive mechanisms and personality coherence: Self-knowledge, situational beliefs, and cross-situational coherence in perceived self-efficacy. *Psychological Science, 8,* 43–50.

Cervone, D. (1999). Bottom-up explanation in personality psychology: The case of cross-situational coherence. In D. Cervone & Y. Shoda (Eds.), *The coherence of personality: Social-cognitive bases of personality consistency, variability, and organization* (pp. 303–341). New York: Guilford Press.

Cervone, D. (2004). The architecture of personality. *Psychological Review, 111,* 183–204.

Cervone, D. (2008). Explanatory models of personality: Social-cognitive theories and the knowledge-and-appraisal model of personality architecture. In Boyle, G. J., Matthews, G., & Saklofske, D. H. (Eds.), *The Sage handbook of personality theory and assessment* (pp. 80–100). London: Sage Publications.

Cervone, D. (2008). Explanatory models of personality: Social-cognitive theories and the knowledge-and-appraisal model of personality architecture. In G. Boyle, G. Matthews, & D. Saklofske (Eds.), *Handbook of personality and testing* (pp. 80–100). London: Sage Publications.

Cervone, D., Caldwell, T. L., & Orom, H. (2008). Beyond person and situation effects: Intraindividual personality architecture and its implications for the study of personality and social behavior. In A. Kruglanski & J. Forgas (Series Eds.) & F. Rhodewalt (Volume Ed.), *Frontiers of social psychology: Personality and social behavior* (pp. 9–48). New York: Psychology Press.

Cervone, D., & Caprara, G. V. (2001). Personality assessment. In N. J. Smelser & P. B. Baltes (Eds.), *International ency-clopedia of the social and behavioral sciences* (pp. 11281–11287). Oxford, UK: Elsevier.

Cervone, D., Kopp, D. A., Schaumann, L., & Scott, W. D. (1994). Mood, self-efficacy, and performance standards: Lower moods induce higher standards for performance. *Journal of Personality and Social Psychology, 67*, 499–512.

Cervone, D., & Mischel, W. (2002). Personality science. In D. Cervone & W. Mischel (Eds.), *Advances in personality science* (pp. 1–26). New York: Guilford Press.

Cervone, D., Orom, H., Artistico, D., Shadel, W. G., & Kassel, J. (2007). Using a knowledge-and-appraisal model of personality architecture to understand consistency and variability in smokers' self-efficacy appraisals in high-risk situations. *Psychology of Addictive Behaviors, 21*, 44–54.

Cervone, D., & Peake, P. K. (1986). Anchoring, efficacy, and action: The influence of judgmental heuristics on self-efficacy judgments and behavior. *Journal of Personality and Social Psychology, 50*, 492–501.

Cervone, D., & Scott, W. D. (1995). Self-efficacy theory of behavioral change: Foundations, conceptual issues, and thera-peutic implications. In W. O'Donohue & L. Krasner (Eds.), *Theories in behavior therapy*. Washington, DC: American Psychological Association.

Cervone, D., & Shadel, W. G. (2003). Idiographic methods. In R. Ferdandez-Ballasteros (Ed.), *Encyclopedia of psycho-logical assessment* (pp. 456–461). London: Sage.

Cervone, D., Shadel, W. G., & Jencius, S. (2001). Social-cognitive theory of personality assessment. *Personality and Social Psychology Review, 5*, 33–51.

Cervone, D., Shadel, W. G., Smith, R. E., & Fiori, M. (2006). Self-regulation: Reminders and suggestions from personal-ity science. *Applied Psychology: An International Review, 55*, 333–385.

Cervone, D., & Shoda, Y. (Eds.). (1999b). *The coherence of personality: Social-cognitive bases of consistency, variabil-ity, and organization*. New York: Guilford Press.

Cervone, D., & Little, B. R. (in press). Personality architecture and dynamics: The new agenda, and what's new about it. Special issue, *Personality and Individual Differences: Dynamic Personality Psychology*.

Cervone, D., & Williams, S. L. (1992). Social cognitive theory and personality. In G. Caprara & G. L. Van Heck (Eds.), *Modern personality psychology* (pp. 200–252). New York: Harvester Wheatsheaf.

Champagne, F. A. (2018). Social and behavioral epigenetics: Evolving perspectives on nature-nurture interplay, plasticity, and inheritance. In M. Meloni, J. Cromby, D. Fitzgerald, & S. Lloyd (Eds.), *The Palgrave Handbook of Biology and Society* (pp. 227–250). London: Palgrave Macmillan.

Chan, W., McCrae, R. R., De Fruyt, F., Jussim, L., Lockenhoff, C. E., De Bolle, M., ..., Terracciano, A. (2012). Stereotypes of age differences in personality traits Universal and accurate? *Journal of Personality and Social Psychology, 103*, 1050–1066.

Chaplin, W. F., John, O. P., & Goldberg, L. R. (1988). Conceptions of states and traits: Dimensional attributes with ideals as prototypes. *Journal of Personality and Social Psychology, 54*, 541–557.

Chase, M. A., Magyar, M. T., & Drake, B. M. (2005). Fear of injury in gymnastics: Self-efficacy and psychological strate-gies to keep on tumbling. *Journal of Sports Sciences, 23*, 465–475.

Chen, S., Boucher, H. C., & Parker-Tapias, M. (2006). The relational self revealed: Integrative conceptualization and implications for interpersonal life. *Psychological Bulletin, 132*, 151–179.

Cheng, C., Wang, F., & Golden, D. L. (2011). Unpacking cultural differences in interpersonal flexibility: Role of culture-related personality and situational factors. *Journal of Cross-Cultural Psychology, 42*, 425–444.

Cheung, F. M., Leung, K., Fan, R. M., Song, W. Z., Zhang, J. X., & Zhang, J. P. (1996). Development of the Chinese Personality Assessment Inventory. *Journal of Cross-Cultural Psychology, 27*, 181–199.

Chiao, J. Y., Harada, T., Komeda, H., Li, Z., Mano, Y., Saito, D., ..., Iidaka, T. (2009). Neural basis of individualistic and collectivistic views of self. *Human Brain Mapping, 30*, 2813–2820.

Chodorkoff, B. (1954). Self perception, perceptual defense, and adjustment. *Journal of Abnormal and Social Psychology, 49*, 508–512.

Chodron, T. (1990). *Open heart, clear mind*. Ithaca, NY: Snow Lion.

Chomsky, N. (1959). A review of B. F. Skinner's *Verbal Behavior. Language, 35*, 26–58.

Church, A. T. (2016). Personality traits across cultures. *Current Opinion in Psychology, 8,* 22–30.

Churchland, P. S. (2002). *Brain-wise: Studies in neurophilosophy.* Cambridge, MA: MIT Press.

Clark, L. A., & Watson, D. (1999). Temperament: A new paradigm for trait psychology. In L. A. Pervin & O. P. John (Eds.), *Handbook of personality: Theory and research* (pp. 399–423). New York: Guilford Press.

Clark, L. A., & Watson, D. (2008). Temperament: An organizing paradigm for trait psychology. In O. P. John, R. W. Robins, & L. A. Pervin (Eds.), *Handbook of personality: Theory and research* (pp. 265–286). New York: Guilford Press.

Cloninger, C. R., Svrakic, D. M., & Przbeck, T. R. (1993). A psychobiological model of temperament and character. *Archives of General Psychiatry, 50,* 975–990.

Collins, M. D., Jackson, C. J., Walker, B. R., O'Connor, P. J., & Gardiner, E. (2017). Integrating the context-appropriate balanced attention model and reinforcement sensitivity theory: Towards a domain-general personality process model. *Psychological Bulletin, 143,* 91–106.

Colvin, C. R. (1993). "Judgable" people: Personality, behavior, and competing explanations. *Journal of Personality and Social Psychology, 64,* 861–873.

Coan, J. A. (2010). Adult attachment and the brain. *Journal of Social and Personal Relationships, 27,* 210–217.

Colvin, C. R. (1993). Judgable people: Personality, behavior, and competing explanations. *Journal of Personality and Social Psychology, 64,* 861–873.

Colvin, C. R., & Block, J. (1994). Do positive illusions foster mental health? An examination of the Taylor and Brown formulation. *Psychological Bulletin, 116,* 3–20.

Colzato, L. S., Slagter, H. A., Van Den Wildenberg, W. P. M., & Hommel, B. (2009). Closing one's eyes to reality: Evidence for a dopaminergic basis of psychoticism from spontaneous eye blink rates. *Personality and Individual Differences, 46,* 377–380.

Connelly, B. S., & Ones, D. S. (2010). Another perspective on personality: Meta-analytic integration of observers' accuracy and predictive validity. *Psychological Bulletin, 136,* 1092–1122.

Contrada, R. J., Czarnecki, E. M., & Pan, R. L. (1997). Health-damaging personality traits and verbal-autonomic dissociation: The role of self-control and environmental control. *Health Psychology, 16,* 451–457.

Contrada, R. J., Leventhal, H., & O'leary, A. (1990). Personality and health. In L. A. Pervin (Ed.), *Handbook of personality: Theory and research* (pp. 638–669). New York: Guilford Press.

Conway, M. A., & Pleydell-Pearce, C. W. (2000). The construction of autobiographical memories in the self memory system. *Psychological Review, 107,* 261–288.

Cooper, M. L. (2002). Personality and close relationships: Embedding people in important social contexts. *Journal of Personality, 70,* 757–782.

Cooper, R. M., & Zubek, J. P. (1958). Effects of enriched and restricted early environments on the learning ability of bright and dull rats. *Canadian Journal of Psychology, 12,* 159–164.

Coopersmith, S. (1967). *The antecedents of self-esteem.* San Francisco: Freeman.

Cosmides, L. (1989). The logic of social exchange: Has natural selection shaped how humans reason? Studies with the Wason selection task. *Cognition, 31,* 187–276.

Costa, P. T., Jr., & McCrae, R. R. (1985). *The NEO personality inventory manual.* Odessa, FL: Psychological Assessment Resources.

Costa, P. T., Jr., & McCrae, R. R. (1989). *The NEOPI/ NEO-FFI manual supplement.* Odessa, FL: Psychological Assessment Resources.

Costa, P. T., Jr., & McCrae, R. R. (1992). *NEO-PI-R: Professional manual.* Odessa, FL: Psychological Assessment Resources.

Costa, P. T., Jr., & McCrae, R. R. (1994). Stability and change in personality from adolescence through adulthood. In C. F. Halverson Jr., G. A. Kohnstamm, & Roy P. Martin (Eds.), *The developing structure of temperament and personality from infancy to adulthood* (pp. 139–155). Hillsdale, NJ: Erlbaum.

Costa, P. T., Jr., & McCrae, R. R. (1995). Primary traits of Eysenck's PEN system: Three- and five-factor solutions. *Journal of Personality and Social Psychology, 69,* 308–317.

Costa, P. T. Jr., & McCrae, R. R. (2002). Looking backward: Changes in the mean levels of personality traits from 80 to 12. In D. Cervone & W. Mischel (Eds.), *Advances in personality science* (pp. 219–237). New York: Guilford Press.

Costa, P. T., & Widiger, T. A. (Eds.). (1994). *Personality disorders and the five factor model of personality.* Washington, DC: American Psychological Association.

Costa, P. T. Jr., & Widiger, T. A. (2001). *Personality disorders and the five-factor model of personality* (2nd ed.). Washington, DC: American Psychological Association.

Cox, T., & Mackay, C. (1982). Psychosocial factors and psychophysiological mechanisms in the etiology and development of cancer. *Social Science and Medicine, 16,* 381–396.

Cox, W. M., & Klinger, E. (2011). *Handbook of motivational counseling: Goal-based approaches to assessment and intervention with addiction and other problems.* West Sussex, UK: John Wiley & Sons.

Cozzarelli, C. (1993). Personality and self-efficacy as predictors of coping with abortion. *Journal of Personality and Social Psychology, 65,* 1224–1236.

Crews, F. (1993, November 18). The unknown Freud. *The New York Review of Books,* 55–66.

Crews, F. (1998). (Ed.). *Unauthorized Freud: Doubters confront a legend.* New York: Penguin Books.

Crocker, J., & Knight, K. M. (2005). Contingencies of self-worth. *Current Directions in Psychological Science, 14,* 200–203.

Crocker, J., Sommers, S. R., & Luhtanen, R. K. (2002). Hopes dashed and dreams fulfilled: Contingencies of self-worth and graduate school admissions. *Personality and Social Psychology Bulletin, 28,* 1275–1286.

Crocker, J., & Wolfe, C. T. (2001). Contingencies of self-worth. *Psychological Review, 108,* 593–623.

Crockett, W. H. (1982). The organization of construct systems: The organization corollary. In J. C. Mancuso & J. R. Adams-Webber (Eds.), *The construing person* (pp. 62–95). New York: Praeger.

Cronbach, L. J., & Meehl, P. E. (1955). Construct validity in psychological tests. *Psychological Bulletin, 52,* 281–302.

Cross, H. J. (1966). The relationship of parental training conditions to conceptual level in adolescent boys. *Journal of Personality, 34,* 348–365.

Cross, S. E., & Markus, H. R. (1999). The cultural constitution of personality. In L. A. Pervin & O. P. John (Eds.), *Handbook of personality: Theory and research* (2nd ed., pp. 378–396). New York: Guilford Press.

Csikszentmihalyi, M. (1990). *Flow: The psychology of optimal experience.* New York: Harper & Row.

Curtis, R. C., & Miller, K. (1986). Believing another likes or dislikes you: Behaviors making the beliefs come true. *Journal of Personality and Social Psychology, 51,* 284–290.

Cyranowski, J. M., & Andersen, B. L. (1998). Schemas, sexuality, and romantic attachment. *Journal of Personality and Social Psychology, 74,* 1364–1379.

Dabbs, J. M., Jr. (2000). *Heroes, rogues and lovers: Out-croppings of testosterone.* New York: McGraw-Hill.

Damasio, A. R. (1994). *Descartes' error.* New York: Avon.

Danner, D. D., Snowdon, D. A., & Friesen, W. V. (2001). Positive emotions in early life and longevity: Findings from the nun study. *Journal of Personality and Social Psychology, 80,* 804–813.

D'Argembeau, A., Feyers, D., Majerus, S., Collette, F., Van Der Linden, M., Maquet, P., & Salmon, E. (2008). Self-reflection across time: Cortical midline structures differentiate between present and past selves. *Social Cognitive and Affective Neuroscience, 3,* 244–252.

D'Argembeau, A., Stawarczyk, D., Majerus, S., Collette, F., Van Der Linden, M., Feyers, D., Maquet, P., Salmon, E. (2010). The neural basis of personal goal processing when envisioning future events. *Journal of Cognitive Neuroscience, 22,* 1701–1713.

D'Argembeau, A., Stawarczyk, D., Majerus, S., Collette, F., Van Der Linden, M., & Salmon, E. (2010). Modulation of medial prefrontal and inferior parietal cortices when thinking about past, present, and future selves. *Social Neuroscience, 5,* 187–200.

Darley, J. M., & Fazio, R. (1980). Expectancy confirmation processes arising in the social interaction sequence. *American Psychologist, 35,* 867–881.

Darwin, C. (1859). *The origin of the species.* London: Murray.

Darwin, C. (1872). *The expression of the emotions in man and animals.* London: Murray.

Davidson, R. J. (1994). Asymmetric brain function, affective style, and psychopathology. *Development and Psychopathology, 66,* 486–498.

Davidson, R. J. (1995). Cerebral asymmetry, emotion, and affective style. In R. J. Davidson & K. Hugdahl (Eds.), *Brain asymmetry* (pp. 361–387). Cambridge, MA: Massachusetts Institute of Technology.

Davidson, R. J. (1998). Affective style and affective disorders: Perspectives from affective neuroscience. *Cognition and Emotion, 12,* 307–330.

Davidson, R. J., & Fox, N. A. (1989). Frontal brain asymmetry predicts infants' response to maternal separation. *Journal of Abnormal Psychology, 98,* 127–131.

Dawes, R. M. (1994). *House of cards: Psychology and psychotherapy built on myth.* New York: The Free Press.

Deci, E. L., & Ryan, R. M. (2012a). Motivation, personality, and development within embedded social contexts: An overview of self-determination theory. In R. M. Ryan (Ed.), *The Oxford handbook of motivation* (pp. 85–107). New York: Oxford.

Deci, E. L., & Ryan, R. M. (2012b). Self-determination theory. In P. A. M. van Lange, A. Kruglanski, & E. T. Higgins (Eds.), *Handbook of theories of social psychology* (Vol. 1, pp. 416–437). Thousand Oaks, CA: Sage.

De Fruyt, F., & Salgado, J. F. (Eds.). (2003). Personality and industrial, work and organizational applications. *European Journal of Personality, 17* (whole issue).

De Fruyt, F., Wiele, L. V., & Van Heeringen, C. (2000). Cloninger's psychobiological model of temperament and character and the five-factor model of personality. *Personality and Individual Differences, 29,* 441–452.

De La Ronde, C., & Swann, W. B., Jr. (1998). Partner verification: Restoring shattered images of our intimates. *Journal of Personality and Social Psychology, 75,* 374–382.

Denes-Raj, V., & Epstein, S. (1994). Conflict between intuitive and rational processing: When people behave against their better judgment. *Journal of Personality and Social Psychology, 66,* 819–829.

Denollet, J., Martens, E. J., Nyklíček, I., Conraads, V. M., & De Gelder, B. (2008). Clinical events in coronary patients who report low distress: Adverse effect of repressive coping. *Health Psychology, 27,* 302–308.

Depue, R. A. (1995). Neurobiological factors in personality and depression. *European Journal of Personality, 9,* 413–439.

Depue, R. A. (1996). A neurobiological framework for the structure of personality and emotion: Implications for personality disorders. In J. Clarkin & M. Lenzenweger (Eds.), *Major theories of personality disorders* (pp. 347–390). New York: Guilford Press.

Depue, R. A., & Collins, P. F. (1999). Neurobiology of the structure of personality: Dopamine, facilitation of incentive motivation, and extraversion. *Behavioral and Brain Sciences, 22,* 491–517.

De Raad, B. (2005). Situations that matter to personality. In A. Eliasz, S. E. Hampson, & B. de Raad (Eds.), *Advances in personality psychology* (Vol. 2, pp. 179–204). Philadelphia, PA: Psychology Press.

De Raad, B., & Peabody, D. (2005). Cross-culturally recurrent personality factors: Analyses of three factors. *European Journal of Personality, 19,* 451–474.

de Raad, B., & Mlačić, B. (2017). The lexical foundation of the Big Five model. In T. W. Widiger (Ed.), *The Oxford Handbook of the Five Factor Model* (pp. 191–216). New York: Oxford University Press.

Derakshan, N., & Eysenck, M. W. (1997). Interpretive biases for one's own behavior and physiology in high-trait-anxious individuals and repressors. *Journal of Personality and Social Psychology, 73,* 816–825.

Desteno, D., Bartlett, M. Y., Braverman, J., & Sa-Lovey, P. (2002). Sex differences in jealousy: Evolutionary mechanism or artifact of measurement? *Journal of Personality and Social Psychology, 83,* 1103–1116.

Dewsbury, D. A. (1997). In celebration of the centennial of Ivan P. Pavlov's (1897/1902). *The Work of the Digestive Glands. American Psychologist, 52,* 933–935.

Deyoung, C. G., Hirsh, J. B., Shane, M. S., Papademetris, X., Rajeevan, N., Gray, J. R. (2010). Testing predictions from personality neuroscience: Brain structure and the Big Five. *Psychological Science, 21,* 820–828.

Di Blas, L., & Forzi, M. (1999). Refining a descriptive structure of personality attributes in the Italian language: The abridged big three circumplex structure. *Journal of Personality and Social Psychology, 76,* 451–481.

Di Blas, L., Grassi, M., Carnaghi, A., Ferrante, D., & Calarco, D. (2017). Within-person and between-people variability in personality dynamics: Knowledge structures, self-efficacy, pleasure appraisals, and the Big Five. *Journal of Research in Personality, 70*, 84–92.

Dobson, K. S., & Shaw, B. F. (1995). Cognitive therapies in practice. In B. Bongar & L. E. Bentler (Eds.), *Comprehensive textbook of psychotherapy* (pp. 159–172). New York: Oxford University Press.

Dolnick, E. (1998). *Madness on the couch: Blaming the victim in the heyday of psychoanalysis.* New York: Simon & Schuster.

Domjan, M. (2005). Pavlovian conditioning: A functional perspective. *Annual Review of Psychology, 56*, 179–206.

Donahue, E. M. (1994). Do children use the Big Five, too? Content and structural form in personality descriptions. *Journal of Personality, 62*, 45–66.

Downey, G., & Feldman, S. I. (1996). Implications of rejection sensitivity for intimate relationships. *Journal of Personality and Social Psychology, 70*, 1327–1343.

Downey, G., Freitas, A. L., Michaelis, B., & Khouri, H. (1998). The self-fulfilling prophecy in close relationships: Rejection sensitivity and rejection by romantic partners. *Journal of Personality and Social Psychology, 75*, 545–560.

Downey, G., Mougios, V., Ayduk, O., London, B. E., & Shoda, Y. (2004). Rejection sensitivity and the defensive motivational system: Insights from the startle response to rejection cues. *Psychological Science, 15*, 668–673.

Draganski, B., Gaser, C., Busch, V., Schuierer, G., Bogdahn, I., & May, A. (2004). Changes in grey matter induced by training. *Nature, 427*, 311–312.

Dunning, D., Heath, C., & Suls, J. M. (2004). Flawed self-assessment: Implications for health, education, and the workplace. *Psychological Science in the Public Interest, 5*, 69–106.

Duck, S. (1982). Two individuals in search of agreement: The commonality corollary. In J. C. Mancuso & J. R. Adams-Webber (Eds.), *The construing person* (pp. 222–234). New York: Praeger.

Duckworth, A. L. (2011). The significance of self-control. *Proceedings of the National Academy of Sciences, 108*, 2639–2640.

Duckworth, A. L., & Carlson, S. M. (in press). Self-regulation and school success. In .W. Sokol, F. M. E. Grouzet, & U. Miller (Eds.), *Self-regulation and autonomy.* New York: Cambridge University Press.

Duckworth, A. L., & Kern, M. L. (2011). A meta-analysis of the convergent validity of self-control measures. *Journal of Research in Personality, 45*, 259–268.

Duckworth, A. L., Tsukayama, E., & Kirby, T. A. (2013). Is it really self-control? Examining the predictive power of the delay of gratification task. *Personality and Social Psychology Bulletin, 39*, 843–855.

Dunn, J., & Plomin, R. (1990). *Separate lives: Why siblings are so different.* New York: Basic Books.

Dutton, K. A., & Brown, J. D. (1997). Global self esteem and specific self-views as determinants of people's reactions to success and failure. *Journal of Personality and Social Psychology, 73*, 139–148.

Dweck, C. S. (1991). Self-theories and goals: Their role in motivation, personality, and development. In R. D. Dienstbier (Ed.), *Nebraska Symposium on Motivation* (pp. 199–235). Lincoln: University of Nebraska Press.

Dweck, C. S. (1999). *Self-theories: Their role in motivation, personality, and development.* Philadelphia: Psychology Press/Taylor & Francis.

Dweck, C. S. (2008). Can personality be changed? *Current Directions in Psychological Science, 17*, 391–394.

Dweck, C. S. (2012). Implicit theories. Implicit theories. In P. A. M. van Lange, A. Kruglanski, & E. T. Higgins (Eds.), *Handbook of theories of social psychology* (Vol. 2, pp. 43–62). Washington, DC: Sage.

Dweck, C. (2017). From needs to goals and representations: Foundations for a unified theory of motivation, personality, and development. *Psychological Review, 124*, 689–719.

Dweck, C. S., Chiu, C., & Hong, Y. (1995). Implicit theories and their role in judgments and reactions: A world from two perspectives. *Psychological Inquiry, 6*, 267–285.

Dweck, C. S., Higgins, E. T., & Grant-Pillow, H. (2003). Self-systems give unique meaning to self variables. In M. R. Leary & J. P. Tangney (Eds.), *Handbook of self and identity* (pp. 239–252). New York: Guilford Press.

Dweck, C. S., & Leggett, E. (1988). A social-cognitive approach to motivation in personality. *Psychological Review, 95,* 256–273.

Dykman, B. M. (1998). Integrating cognitive and motivational factors in depression: Initial tests of a goal orientation approach. *Journal of Personality and Social Psychology, 74,* 139–158.

Eagle, M., Wolitzky, D. L., & Klein, G. S. (1966). Imagery: Effect of a concealed figure in a stimulus. *Science, 18,* 837–839.

Eagly, A. H., & Wood, W. (1999). The origins of sex differences in human behavior. *American Psychologist, 54,* 408–423.

Ebstein, R. P., Novick, O., Umansky, R., Priel, B., Os-Her, Y., Blaine, D., ... Belmaker, R. H. (1996). Dopamine D4 receptor (D4DR) exon III polymorphism associated with the human personality trait of novelty seeking. *Nature Genetics, 12,* 78–80.

The Economist. (2005). *Pocket world in figures* (2005 Ed.). London: Profile Books.

Edelman, G. M., & Tononi, G. (2000). *A universe of consciousness: How matter becomes imagination.* New York: Basic Books.

Edelson, M. (1984). *Hypothesis and evidence in psychoanalysis.* Chicago: University of Chicago Press.

Ekman, P. (1993). Facial expression and emotion. *American Psychologist, 48,* 384–392.

Ekman, P. (1994). Strong evidence for universals in facial expressions: A reply to Russell's mistaken critique. *Psychological Bulletin, 115,* 268–287.

Ekman, P. (Ed.). (1998). *Third edition of Charles Darwin: The expression of emotions in man and animals.* New York: Oxford University Press.

Elfenbein, H. A., Barsade, S. G., & Eisenkraft, N. (2015). The social perception of emotional abilities: Expanding what we know about observer ratings of emotional intelligence. *Emotion, 15*(1), 17–34.

Elliot, A. J., & Dweck, C. S. (1988). Goals: An approach to motivation and achievement. *Journal of Personality and Social Psychology, 54,* 5–12.

Elliot, A. J., & Sheldon, K. M. (1998). Avoidance personal goals and the personality-illness relationship. *Journal of Personality and Social Psychology, 75,* 1282–1299.

Elliot, A. J., Sheldon, K. M., & Church, M. A. (1997). Avoidance personal goals and subjective well-being. *Personality and Social Psychology Bulletin, 9,* 915–927.

Ellis, A. (1962). *Reason and emotion in psychotherapy.* Secaucus, NJ: Lyle Stuart.

Ellis, A. (1987). The impossibility of achieving consistently good mental health. *American Psychologist, 42,* 364–375.

Ellis, A., & Harper, R. A. (1975). *A new guide to rational living.* North Hollywood, CA: Wilshire.

Ellis, A., & Tafrate, R. C. (1997). *How to control your anger before it controls you.* New York: Citadel Press.

Epstein, S. (1983). A research paradigm for the study of personality and emotions. In M. M. Page (Ed.), *Personality: Current theory and research* (pp. 91–154). Lincoln: University of Nebraska Press.

Epstein, S. (1992). The cognitive self, the psychoanalytic self, and the forgotten selves. *Psychological Inquiry, 3,* 34–37.

Epstein, S. (1994). Integration of the cognitive and the psychodynamic unconscious. *American Psychologist, 49,* 709–724.

Epting, F. R., & Eliot, M. (2006). A constructive understanding of the person: George Kelly and humanistic psychology. *The Humanistic Psychologist, 34,* 21–37.

Erdelyi, M. (1985). *Psychoanalysis: Freud's cognitive psychology.* New York: Freeman.

Ericsson, K. A., & Simon, H. A. (1993). *Protocol analysis: Verbal reports as data.* Cambridge, MA: MIT Press.

Erikson, E. (1950). *Childhood and society.* New York: Norton.

Erikson, E. H. (1982). *The life cycle completed: A review.* New York: Norton.

Esterson, A. (1993). *Seductive mirage: An exploration of the work of Sigmund Freud.* New York: Open Court.

Evans, R. I. (1976). *The making of psychology.* New York: Knopf.

Ewart, C. K. (1992). The role of physical self-efficacy in recovery from heart attack. In R. Schwarzer (Ed.), *Self-efficacy: Thought control of action* (pp. 287–304). Washington, DC: Hemisphere.

Exner, J. E. (1986). *The Rorschach: A comprehensive system: Basic foundations* (Vol. 1, 2nd ed.). New York: Wiley.

Eysenck, H. J. (1970). *The structure of personality* (3rd ed.). London: Methuen

Eysenck, H. J. (1982). *Personality genetics and behavior.* New York: Praeger.

Eysenck, H. J. (1990). Biological dimensions of personality. In L. A. Pervin (Ed.), *Handbook of personality: Theory and research* (pp. 244–276). New York: Guilford Press.

Eysenck, H. J. (1998). *Intelligence: A new look.* London: Transaction Publishers.

Farber, I. E. (1964). A framework for the study of personality as a behavioral science. In P. Worchel & D. Byrne (Eds.), *Personality change* (pp. 3–37). New York: Wiley.

Ferster, C. B. (1973). A functional analysis of depression. *American Psychologist, 28,* 857–870.

Ferster, C. B., & Skinner, B. F. (1957). *Schedules of reinforcement.* New York: Appleton-Century-Crofts.

Fiske, S. T., & Taylor, S. E. (1991). *Social Cognition.* New York: McGraw-Hill.

Fleeson, W. (2001). Toward a structure- and process-integrated view of personality: Traits as density distributions of states. *Journal of Personality and Social Psychology, 80,* 1011–1027.

Fleeson, W., & Leicht, C. (2006). On delineating and integrating the study of variability and stability in personality psychology: Interpersonal trust as illustration. *Journal of Research in Personality, 40,* 5–20.

Fodor, J. A. (1983). *The modularity of mind: An essay on faculty psychology.* Cambridge, MA: MIT Press.

Forgas, J. (1995). Mood and judgment: The affect Infusion model. *Psychological Bulletin, 117,* 39–66.

Folkman, S., Lazarus, R. S., Gruen, R. J., & DeLongis, A. (1986). Appraisal, coping, health status, and psychological symptoms. *Journal of Personality and Social Psychology, 50,* 571–579.

Folkman, S., & Moskowitz, J. T. (2004). Coping: Pitfalls and promises. *Annual Review of Psychology, 55,* 745–774.

Fox, N. A., Henderson, H. A., Marshall, P. J., Nichols, K. E., & Ghera, M. A. (2005). Behavioral inhibition: Linking biology and behavior within a developmental framework. *Annual Review of Psychology, 56,* 235–262.

Fox, N. A., & Reeb-Sutherland, B. C. (2010). Biological moderators of infant temperament and its relation to social withdrawal. In K. H. Rubin & R. J. Coplan (Eds.), *The development of shyness and social withdrawal* (pp. 84–103). New York: Guilford Press.

Fraley, R. C. (2002). Attachment stability from infancy to adulthood: Meta-analysis and dynamic modeling of developmental mechanisms. *Personality and Social Psychology Review, 6,* 123–151.

Fraley, R. C. (2007). Using the Internet for personality research: What can be done, how to do it, and some concerns. In R. W. Robins, R. C. Fraley, & R. F. Krueger (Eds.), *Handbook of research methods in personality psychology* (pp. 130–148). New York: Guilford Press.

Fraley, R. C., & Roberts, B. W. (2005). Patterns of continuity: A dynamic model for conceptualizing the stability of individual differences in psychological constructs across the life course. *Psychological Review, 112,* 60–74.

Fraley, R. C., & Shaver, P. R. (1998). Airport separations: A naturalistic study of adult attachment dynamics in separating couples. *Journal of Personality and Social Psychology, 75,* 1198–1212.

Fraley, R. C., & Shaver, P. R. (2008). Attachment theory and its place in contemporary personality theory and research. In O. P. John, R. W. Robins, & L. A. Pervin (Eds.), *Handbook of personality: Theory and research* (pp. 518–541). New York: Guilford Press.

Fraley, R. C, & Spieker, S. J. (2003). Are infant attachment patterns continuously or categorically distributed? A taxometric analysis of strange situation behavior. *Developmental Psychology, 39,* 387–404.

Frankl, V. E. (1955). *The doctor and the soul.* New York: Knopf.

Frankl, V. E. (1958). On logotherapy and existential analysis. *American Journal of Psychoanalysis, 18,* 28–37.

Fredrickson, B. L. (2001). The role of positive emotions in positive psychology: The broaden-and-build theory of positive emotions. *American Psychologist, 56,* 218–226.

Fredrickson, B. L. (2009). *Positivity.* New York: Crown.

Freud, A. (1936). *The ego and the mechanisms of defense.* New York: International Universities Press.

Freud, S. (1915/1970). Instincts and their vicissitudes. In W. A. Russell (Ed.), *Milestones in motivation: Contributions to the psychology of drive and purpose* (pp. 324–331). New York: Appleton-Century-Crofts.

Freud, S. (1930/1949). *Civilization and its discontents.* London: Hogarth.

Freud, S. (1949). *Civilization and its discontents.* London: Hogarth Press. (Original Edition, 1930.)

Freund, A. M., & Baltes, P. B. (1998). Selection, optimization, and compensation as strategies of life management: Correlations with subjective indicators of successful aging. *Psychology and Aging, 13,* 531–543.

Friedman, H. S., & Kern, M. L. (2014). Personality, well-being, and health. *Annual Review of Psychology, 65,* 719–742.

Friedman, H. S., Tucker, J. S., Schwartz, J. E., Martin, L. R., Tomlinson-Keasy, C., Wingard, D. L., & Criqui, M. H. (1995b). Childhood conscientiousness and longevity: Health behaviors and cause of death. *Journal of Personality and Social Psychology, 68,* 696–703.

Friedman, H. S., Tucker, J. S., Schwartz, J. E., Tomlinson-Keasy, C., Martin, L. R., Wingard, D. L., & Criqui, M. H. (1995a). Psychosocial and behavioral predictors of longevity: The aging and death of the "Termites." *American Psychologist, 50,* 69–78.

Fromm, E. (1959). *Sigmund Freud's mission.* New York: Harper.

Fulton, A. (1999). *Apostles of Sartre: Existentialism in American 1945-1963.* Evanston, IL: Northwestern University Press.

Funder, D. C. (1995). On the accuracy of personality judgment: A realistic approach. *Psychological Review, 102,* 652–670.

Funder, D. C. (2008). Persons, situations, and person-situation interactions. In O. P. John, R. W. Robins, & L. A. Pervin (Eds.), *Handbook of personality: Theory and research* (pp. 568–582). New York: Guilford Press.

Funder, D. C., Kolar, D. C., & Blackman, M. C. (1995). Agreement among judges of personality: Interpersonal relations, similarity, and acquaintanceship. *Journal of Personality and Social Psychology, 69,* 656–672.

Funder, D. C., & Ozer, D. J. (1983). Behavior as a function of the situation. *Journal of Personality and Social Psychology, 44,* 107–112.

Gable, S. L., & Haidt, J. (2005). What (and why) is positive psychology? *Review of General Psychology, 9,* 103–110.

Gable, S. L., Reis, H. T., & Downey, G. (2003). He said, she said: A quasi-signal detection analysis of daily interactions between close relationship partners. *Psychological Science, 14,* 100–105.

Gaensbauer, T. J. (1982). The differentiation of discrete affects. *Psychoanalytic Study of the Child, 37,* 29–66.

Gailliot, M. T., Mead, N. L., & Baumeister, R. F. (2008). Self-regulation. In O. P. John, R. W. Robins, & L. A. Pervin (Eds.), *Handbook of personality: Theory and research* (pp. 472–491). New York: Guilford Press.

Galatzer-Levy, R. M., Bachrach, H., Skolnikoff, A., & Waldron, S., Jr. (2000). *Does psychoanalysis work?* New Haven: Yale University Press.

Gawronski, B., & De Houwer, J. (2014). Implicit measures in social and personality psychology. In H. T. Reis & C. M. Judd (Eds.), *Handbook of research methods in social and personality psychology* (2nd ed., 283–310). New York, NY: Cambridge University Press.

Gay, P. (1998). *Freud: A life for our time.* New York: Norton.

Geen, R. G. (1984). Preferred stimulation levels in introverts and extroverts: Effects on arousal and performance. *Journal of Personality and Social Psychology, 46,* 1303–1312.

Geen, R. G. (1997). Psychophysiological approaches to personality. In R. Hogan, J. A. Johnson, & S. R. Briggs (Eds.), *Handbook of personality psychology* (pp. 387–414). San Diego: Academic Press.

Geertz, C. (1973). *The interpretation of cultures.* New York: Basic Books.

Geertz, C. (2000). *Available light: Anthropological reflections on philosophical topics.* Princeton, NJ: Princeton University Press.

Geisler, C. (1986). The use of subliminal psychodynamic activation in the study of repression. *Journal of Personality and Social Psychology, 51,* 844–851.

Gerard, H. B., Kupper, D. A., & Nguyen, L. (1993). The causal link between depression and bulimia. In J. M. Masling & R. F. Bornstein (Eds.), *Psychoanalytic perspectives in psychopathology* (pp. 225–252). Washington, DC: American Psychological Association.

Giesler, R. B., Josephs, R. A., & Swann , W. B., Jr. (1996). Self-verification in clinical depression: The desire for negative evaluation. *Journal of Abnormal Psychology, 105,* 358–368.

Gladue, B. A., Boechler, M., & McCaul, D. D. (1989). Hormonal response to competition in human males. *Aggressive Behavior, 15*, 409–422.

Goble, F. (1970). *The third force: The psychology of Abraham Maslow*. New York: Grossman.

Goldberg, L. R. (1990). An alternative "description of personality": The Big-Five factor structure. *Journal of Personality and Social Psychology, 59*, 1216–1229.

Goldberg, L. (1992). The development of markers for the Big-Five factor structure. *Psychological Assessment, 4*, 26–42.

Goldberg, L. R., & Rosolack, T. K. (1994). The Big Five factor structure as an integrative framework: An empirical comparison with Eysenck's P-E-N model. In C. F. Halverson Jr., G. A. Kohnstamm, & R. P. Martin (Eds.), *The developing structure of temperament and personality from infancy to adulthood* (pp. 7–35). New York: Erlbaum.

Goldsmith, H. H., & Campos, J. J. (1982). Toward a theory of infant temperament. In R. M. Emde & R. J. Harmon (Eds.), *The development of attachment and affiliative systems* (pp. 161–193). New York: Plenum.

Goldstein, K. (1939). *The organism*. New York: American Book.

González, R. J. (2017). Hacking the citizenry? Personality profiling, 'big data' and the election of Donald Trump. *Anthropology Today, 33*, 9–12.

Gosling, S. D., & John, O. P. (1998, May). Personality dimensions in dogs, cats, and hyenas. Paper presented at the annual meeting of the American Psychological Society, Washington, DC.

Gosling, S. D., & John, O. P. (1999). Personality dimensions in nonhuman animals: A cross-species review. *Contemporary Directions in Psychological Science, 8*, 69–75.

Gosling, S. D., John, O. P., Craik, K. H., & Robins, R. W. (1998). Do people know how they behave? Self reported act frequencies compared with online codings by observers. *Journal of Personality and Social Psychology, 74*, 1337–1349.

Gosling, S. D., Ko, S. J., Mannarelli, T., & Morris, M. E. (2002). A room with a cue: Judgments of personality based on offices and bedrooms. *Journal of Personality and Social Psychology, 82*, 379–398.

Gottlieb, G. (1998). Normally occurring environmental and behavioral influences on gene activity: From central dogma to probabilistic epigenesis. *Psychological Review, 105*, 792–802.

Gould, E., Reeves, A. J., Graziano, M. S. A., & Gross, C. G. (1999). Neurogenesis in the neocortex of adult primates. *Science, 286*, 548–552.

Grant, H., & Dweck, C. (1999). A goal analysis of personality and personality coherence. In D. Cervone & Y. Shoda (Eds.), *The coherence of personality: Social cognitive bases of consistency, variability, and organization* (pp. 345–371). New York: Guilford Press.

Gray, J. A. (1987). *The psychology of fear and stress*. Cambridge, UK: Cambridge University Press.

Gray, J. A. (1990). A critique of Eysenck's theory of personality. In H. J. Eysenck (Ed.), *A model for personality* (2nd ed.). Berlin: Springer-Verlag.

Gray, J. A. (1991). Neural systems, emotion and personality. In J. Madden IV (Ed.), *Neurobiology of learning, emotion and affect*. New York: Raven Press.

Gray, J. A. (1990). Brain systems that mediate both emotion and cognition. *Cognition & Emotion, 4*, 269–288.

Gray, J. A. (1991). Neural systems, emotion and personality. In J. Madden IV (Ed.), *Neurobiology of learning, emotion, and affect* (pp. 273–306). New York: Raven Press.

Gray, J. A., & McNaughton, N. (2000). *The neuropsychology of anxiety: An enquiry into the functions of the septo-hipocampal system* (2nd ed.). Oxford, United Kingdom: Oxford University Press.

Greenberg, J., Solomon, S., & Arndt, J. (2008). A basic but uniquely human motivation: Terror management. In J. Shah (Ed.), *Handbook of motivation science* (pp. 114–134). New York: Guilford Press.

Greenberg, J. R., & Mitchell, S. A. (1983). *Object relations in psychoanalytic theory*. Cambridge, MA: Harvard University Press.

Greenwald, A. G., Banaji, M. R., Rudman, L. A., Farn-ham, S. D., Nosek, B. A., & Mellot, D. S. (2002). A unified theory of implicit attitudes, stereotypes, self-esteem, and self-concept. *Psychological Review, 109*, 3–25.

Grice, J. W. (2004). Bridging the idiographic-nomothetic divide in ratings of self and others on the Big Five. *Journal of Personality, 72*, 203–241.

Grice, J. W., Jackson, B. J., & McDaniel, B. L. (2006). Bridging the idiographic-nomothetic divide: A follow-up study. *Journal of Personality, 74*, 1191–1218.

Griffin, D., & Bartholomew, K. (1994). Models of the self and other: Fundamental dimensions underlying measures of adult attachment. *Journal of Personality and Social Psychology, 67*, 430–445.

Grigorenko, E. L. (2002). In search of the genetic engram of personality. In D. Cervone & W. Mischel (Eds.), *Advances in personality science* (pp. 29–82). New York: Guilford Press.

Groddeck, G. (1961). *The book of the it*. New York: Vintage. (Original Edition, 1923).

Grunbaum, A. (1984). *Foundations of psychoanalysis: A philosophical critique*. Berkeley: University of California Press.

Grunbaum, A. (1993). *Validation in the clinical theory of psychoanalysis: A study in the philosophy of psychoanalysis*. Madison, CT: International Universities Press.

Gurven, M., von Rueden, C., Massenkoff, M., & Kaplan, H. (2013). How universal is the Big Five? Testing the five-factor model of personality variation among forager-farmers in the Bolivian Andes. *Journal of Personality and Social Psychology, 104*, 354–370.

Haggbloom, S. J., Warnick, R., Warnick, J. E., Jones, V. K., Yarbrough, G. L., Russell, T. M., ... Monte, E. (2002). The 100 most eminent psychologists of the 20th century. *Review of General Psychology, 6*, 139–152.

Hall, C. S. (1954). *A primer of Freudian psychology*. New York: Mentor.

Halpern, J. (1977). Projection: A test of the psychoanalytic hypothesis. *Journal of Abnormal Psychology, 86*, 536–542.

Hamer, D. (1997). The search for personality genes: Adventures of a molecular biologist. *Current Directions in Psychological Science, 6*, 111–114.

Hamer, D., & Copeland, P. (1998). *Living with our genes*. New York: Doubleday.

Hampson, S. E., & Friedman, H. S. (2008). Personality and health: A lifespan perspective. In O. P. John, R. W. Robins, & L. A. Pervin (Eds.), *Handbook of personality: Theory and research* (pp. 770–794). New York: Guilford Press.

Hampson, S. E., Goldberg, S. E., Vogt, T. M., & Dubanoski, J. P. (2007). Mechanisms by which childhood personality traits influence adult health status: Educational attainment and healthy behaviors. *Health Psychology, 26*, 121–125.

Hankin, B. L., Fraley, R. C., & Abela, J. R. Z. (2005). Daily depression and cognitions about stress: Evidence for a trait like depressogenic cognitive style and the prediction of depressive symptoms in a prospective daily diary study. *Journal of Personality and Social Psychology, 88*, 673–685.

Harkness, A. R., & Lilienfeld, S. O. (1997). Individual differences science for treatment planning: Personality traits. *Psychological Assessment, 9*, 349–360.

Harmon-Jones, E. (2003). Clarifying the emotive functions of asymmetrical frontal cortical activity. *Psychophysiology, 40*, 838–848.

Harré, R. (1998). *The singular self: An introduction to the psychology of personhood*. London: Sage.

Harré, R., & Secord, P. F. (1972). *The explanation of social behaviour*. Oxford, UK: Blackwell.

Harrington, D. M., Block, J. H., & Block, J. (1987). Testing aspects of Carl Rogers's theory of creative environments: Child-rearing antecedents of creative potential in young adolescents. *Journal of Personality and Social Psychology, 52*, 851–856.

Harris, B. (1979). Whatever happened to Little Albert? *American Psychologist, 34*, 151–160.

Harris, C. R. (2000). Psychophysiological responses to imagined infidelity: The specific innate modular view of jealousy reconsidered. *Journal of Personality and Social Psychology, 78*, 1082–1091.

Harris, C. R. (2002). Sexual and romantic jealousy in heterosexual and homosexual adults. *Psychological Science, 13*, 7–12.

Harris, J. R. (1995). Where is the child's environment? A group socialization theory of development. *Psychological Review, 102*, 458–489.

Harris, J. R. (2000). Context-specific learning, personality, and birth order. *Current Directions in Psychological Science, 9*, 174–177.

Harter, S. (2012). *The construction of the self* (2nd ed.), *Developmental and sociocultural foundations*. New York: Guilford Press.

Hartshorne, H., & May, M. A. (1928). *Studies in the nature of character. Vol. 1: Studies in deceit*. New York: Macmillan.

Hawkins , R. P., Peterson, R. F., Schweid, E., & Bijou, S. W. (1966). Behavior therapy in the home: Amelioration of problem parent-child relations with the parent in a therapeutic role. *Journal of Experimental Child Psychology, 4*, 99–107.

Hayden, B. C. (1982). Experience—A case for possible change: The modulation corollary. In J. C. Mancuso & J. R. Adams-Webber (Eds.), *The construing person* (pp. 170–197). New York: Praeger.

Hazan, C., & Shaver, P. (1987). Romantic love conceptualized as an attachment process. *Journal of Personality and Social Psychology, 52*, 511–524.

Hazan, C., & Shaver, P. (1990). Love and work: An attachment-theoretical perspective. *Journal of Personality and Social Psychology, 59*, 270–280.

Heilbroner, R. L. (1986). *The worldly philosophers: The lives, times and ideas of the great economic thinkers*. New York: Simon and Schuster.

Heimpel, S. A., Wood, J. V., Marshall, M. A., & Brown, J. D. (2002). Do people with low self-esteem really want to feel better? Self-esteem differences in motivation to repair negative moods. *Journal of Personality and Social Psychology, 82*, 128–147.

Heine, S. J., Lehman, D. R., Markus, H. R., & Kitayama, S. (1999). Is there a universal need for positive self-regard? *Psychological Review, 106*, 766–794.

Heller, W., Schmidtke, J. I., Nitschke, J. B., Koven, N. S., & Miller, G. A. (2002). States, traits, and symptoms: Investigating the neural correlates of emotion, personality, and psychopathology. In D. Cervone & W. Mischel (Eds.), *Advances in personality science* (pp. 106–126). New York: Guilford Press.

Helson, R., & Kwan, V. S. Y. (2000). Personality change in adulthood: The broad picture and processes in one longitudinal study. In S. Hampson (Ed.), *Advances in personality psychology* (Vol. 1, pp. 77–106). East Sussex, UK: Psychology Press, Ltd.

Helson, R., Kwan, V. S. Y., John, O. P., & Jones, C. (2002). The growth of evidence for personality change in adulthood: Findings from research with personality inventories. *Journal of Research in Personality, 36*, 287–306.

Hermans, H. J. M. (2001). The construction of a personal position repertoire: Method and practice. *Culture and Psychology, 7*, 323–365.

Hesse, B. W. (2018). Can psychology walk the walk of open science? *American Psychologist, 73*, 126–137.

Hesse, H. (1951). *Siddhartha*. New York: New Directions.

Higgins, E. T. (1987). Self-discrepancy: A theory relating self and affect. *Psychological Review, 94*, 319–340.

Higgins, E. T. (1996). Knowledge activation: Accessibility, applicability, and salience. In E. T. Higgins & A. W. Kruglanski (Eds.), *Social psychology: Handbook of basic principles* (pp. 133–168). New York: Guilford Press.

Higgins, E. T. (1999). Persons and situations: Unique explanatory principles or variability in general principles? In D. Cervone & Y. Shoda (Eds.), *The coherence of personality* (pp. 61–93). New York: Guilford Press.

Higgins, E. T. (2006). Value from regulatory fit. *Current Directions in Psychological Science, 14*, 209–213.

Higgins, E. T. (2012). Regulatory focus theory. In P. A. M. van Lane, A. Kruglanski, & E. T. Higgins (Eds.), *Handbook of theories of social psychology* (Vol. 1, pp. 483–505). Los Angeles, CA: Sage.

Higgins, E. T. (2014). Promotion and prevention: How "O" can create dual motivational forces. In J. W. Sherman, B. Gawronski, & Y. Trope (Eds.), *Dual process theories of the social mind* (pp. 325–348). New York: Guilford.

Higgins, E. T., Bond, R. N., Klein, R., & Strauman, T. (1986). Self-discrepancies and emotional vulnerability: How magnitude, accessibility, and type of discrepancy influence affect. *Journal of Personality and Social Psychology, 51*, 5–15.

Higgins, E. T., & King, G. A. (1981). Accessibility of social constructs: Information processing consequences of individual and contextual variability. In N. Cantor & J. F. Kihlstrom (Eds.), *Personality, cognition, and social interaction* (pp. 69–121). Hillsdale, NJ: Erlbaum.

Higgins, E. T., King, G. A., & Mavin, G. H. (1982). Individual construct accessibility and subjective impressions and recall. *Journal of Personality and Social Psychology, 43*, 35–47.

Higgins, E. T., & Scholer, A. A. (2008). When is personality revealed?: A motivated cognition approach. In O. P. John, R. W. Robins, & L. A. Pervin (Eds.), *Handbook of personality: Theory and research* (pp. 182–207). New York: Guilford Press.

Hilimire, M. R., Mayberg, H. S., Holtzheimer, P. E., Broadway, J. M., Parks, N. A., DeVylder, J. E., & Corballis, P. M. (2015). Effects of subcallosal cingulate deep brain stimulation on negative self-bias in patients with treatment-resistant depression. *Brain Stimulation, 8,* 185–91.

Hofmann, S. G., Moscovitch, D. A., Litz, B. T., Kim, H. J., Davis, L. L., & Pizzagalli, D. A. (2005). The worried mind: Autonomic and prefrontal activation during worrying. *Emotion, 5,* 464–475.

Hofstee, W. K. B. (1994). Who should own the definition of personality? *European Journal of Personality, 8,* 149–162.

Hogan, J., & Ones, D. S. (1997). Conscientiousness and integrity at work. In R. Hogan, J. Johnson, & S. Briggs (Eds.), *Handbook of personality psychology* (pp. 849–870). San Diego, CA: Academic Press.

Holender, D. (1986). Semantic activation without conscious identification in dichotic listening, paraforeal vision, and visual masking: A survey and appraisal. *Behavioral and Brain Sciences, 9,* 1–66.

Holland, J. H. (2014). *Complexity: A very short introduction.* Oxford: Oxford University Press.

Hollon, S. D., & Kendall, P. C. (1980). Cognitive self statements in depression: Development of an automatic thoughts questionnaire. *Cognitive Therapy and Research, 4,* 383–395.

Holmes, D. S. (1981). The evidence for repression: An examination of sixty years of research. In J. L. Singer (Ed.), *Regression and dissociation: Implications for personality theory, psychopathology, and health* (pp. 85–102). Chicago: University of Chicago Press.

Hong, Y., Morris, M. W., Chiu, C., & Martinez, V. (2000). Multicultural minds: A dynamic constructivist approach to culture and cognition. *American Psychologist, 55,* 709–720.

Hough, L. M., & Oswald, F. L. (2000). Personal selection: Looking toward the future—Remembering the past. *Annual Review of Psychology, 51,* 631–664.

Huesmann, L. R., Eron, L. D., & Dubow, E. F. (2002). Childhood predictors of adult criminality: Are all risk factors reflected in childhood aggressiveness? *Criminal Behaviour and Mental Health, 12,* 185–208.

Huesmann, L. R., Moise-Titus, J., Podolski, C., & Eron, L. D. (2003). Longitudinal relations between children's exposure to TV violence and their aggressive and violent behavior in young adulthood: 1977–1992. *Developmental Psychology, 39,* 201–221.

Huprich, S. K., & Meyer, G. J. (2011). Introduction to the JPA Special Issue: Can the Psychodynamic Diagnostic Manual put the complex person back at the center-stage of personality assessment? *Journal of Personality Assessment, 93,* 109–111.

Hyman, S. (1999). Susceptibility and "second hits." In R. Conlan (Ed.), *States of mind* (pp. 24–28). New York: Wiley.

Iyengar, S. S., & Lepper, M. R. (1999). Rethinking the value of choice: A cultural perspective on intrinsic motivation. *Journal of Personality and Social Psychology, 76,* 349–366.

Izard, C. E. (1994). Innate and universal facial expressions: Evidence from developmental and cross-cultural research. *Psychological Bulletin, 115,* 288–299.

Jackson, D. N., & Paunonen, S. V. (1985). Construct validity and the predictability of behavior. *Journal of Personality and Social Psychology, 49,* 554–570.

Jacoby, L. L., Lindsay, D. S., & Toth, J. P. (1992). Unconscious influences revealed. *American Psychologist, 47,* 802–809.

James, W. (1890). *Principles of psychology.* New York: Holt.

Jankowicz, A. D. (1987). Whatever became of George Kelly? *American Psychologist, 42,* 481–487.

Jin, M. K., Jacobvitz, D., Hazan, N., & Hoon, S. (2012). Maternal sensitivity and infant attachment security in Korea: Cross-cultural validation of the Strange Situation. *Attachment and Human Development, 14,* 33–44.

John, O. P. (1990). The "Big Five" factor taxonomy: Dimensions of personality in the natural language and in questionnaires. In L. A. Pervin (Ed.), *Handbook of personality: Theory and research* (pp. 66–100). New York: Guilford Press.

John, O. P., Naumann, L. P., & Soto, C. J. (2008). Paradigm shift to the Big Five trait taxonomy: History, measurement, and conceptual issues. In O. P. John, R. W. Robins, & L. A. Pervin (Eds.), *Handbook of personality: Theory and research* (pp. 114–158). New York: Guilford Press.

John, O. P., & Robins, R. W. (1993). Gordon Allport: Father and critic of the five-factor model. In K. H. Craik, R. T. Hogan, & R. N. Wolfe (Eds.), *Fifty years of personality psychology* (pp. 215–236). New York: Plenum.

John, O. P., & Robins, R. W. (1994). Accuracy and bias in self-perception: Individual differences in self enhancement and the role of narcissism. *Journal of Personality and Social Psychology, 66*, 206–219.

John, O. P., & Srivastava, S. (1999). The Big Five: History, measurement, and development. In L. A. Pervin & O. P. John (Eds.), *Handbook of personality: Theory and research* (pp. 102–138). New York: Guilford Press.

Johnson, B., & Flores Mosri, D. (2016). The neuropsychoanalytic approach: Using neuroscience as the basic science of psychoanalysis. *Frontiers in Psychology, 7*, 1459.

Jones, A., & Crandall, R. (1986). Validation of a short index of self-actualization. *Personality and Social Psychology Bulletin, 12*, 63–73.

Jones, M. C. (1924). A laboratory study of fear. The case of Peter. *Pedagogical Seminar, 31*, 308–315.

Jourard, S. M., & Remy, R. M. (1955). Perceived parental attitudes, the self, and security. *Journal of Consulting Psychology, 19*, 364–366.

Jung, C. G. (1939). *The integration of the personality*. New York: Farrar & Rinehart.

Jung, C. G., & Collaborators. (1964). *Man and his symbols*. New York: Doubleday & Company.

Kagan, J. (1994). *Galen's prophecy: Temperament in human nature*. New York: Basic Books.

Kagan, J. (1998). *Three seductive ideas*. Cambridge, MA: Harvard University Press.

Kagan, J. (1999). Born to be shy? In R. Conlan (Ed.), *States of mind* (pp. 29–51). New York: Wiley.

Kagan, J. (2002). *Surprise, uncertainty, and mental structures*. Cambridge, MA: Harvard University Press.

Kagan, J. (2003). Biology, context, and developmental inquiry. *Annual Review of Psychology, 54*, 1–23.

Kagan, J. (2011). Three lessons learned. *Perspectives on Psychological Science, 6*, 107–113.

Kagan, J., Arcus, D., & Snidman, N. (1993). The idea of temperament: Where do we go from here? In R. Plomin & G. E. McClearn (Eds.), *Nature, nurture and psychology* (pp. 197–210). Washington, DC: American Psychological Association.

Kamin, L. J. (1974). *The science and politics of IQ*. Hillsdale, NJ: Erlbaum.

Kammrath, L. K., Mendoza-Denton, R., & Mischel, W. (2005). Incorporating if then ... personality signatures in person perception: Beyond the person-situation dichotomy. *Journal of Personality and Social Psychology, 88*, 605–618.

Kandel, E. R. (2000). Autobiography. Retrieved from http://www.nobel.se/medicine/laureates/2000/kandel-autobio.html. Accessed August 28, 2002.

Kanfer, F. H., & Saslow, G. (1965). Behavioral analysis: An alternative to diagnostic classification. *Archives of General Psychiatry, 12*, 519–538.

Kasser, T., & Ryan, R. M. (1996). Further examining the American dream: Differential correlates of intrinsic and extrinsic goals. *Personality and Social Psychology Bulletin, 22*, 280–287.

Kavanagh, D. (1992). Self-efficacy as a resource factor in stress appraisal processes. In R. Schwarzer (Ed.), *Self-efficacy: Thought control of action* (pp. 177–194). Washington, DC: Hemisphere.

Kazdin, A. E. (1977). *The token economy: A review and evaluation*. New York: Plenum.

Kehoe, E. G., Toomey, J. M., Balsters, J. H., & Bokde, A. L. W. (in press). Personality modulates the effects of emotional arousal and valence on brain activation. *Social Cognitive and Affective Neuroscience*.

Keller, H., & Zach, U. (2002). Gender and birth order as determinants of parental behaviour. *International Journal of Behavioral Development, 26*, 177–184.

Kelley, W. M., Macrae, C. N., Wyland, C. L., Caglar, S., Inati, S., & Heatherton, T. F. (2002). Finding the self? An event-related fMRI study. *Journal of Cognitive Neuroscience, 14*, 785–794.

Kelly, G. A. (1955). *The psychology of personal constructs*. New York: Norton.

Kelly, G. A. (1964). The language of hypothesis: Man's psychological instrument. *Journal of Individual Psychology, 20*, 137–152.

Keltner, D., Gruenfeld, D. H., & Anderson, C. (2003). Power, approach, and inhibition. *Psychological Review, 110*, 265–284.

Kenny, D. A. (1994). *Interpersonal perception*. New York: Guilford Press.

Kenny, D. A., Albright, L., Malloy, T. E., & Kashy, D. A. (1994). Consensus in interpersonal perception: Acquaintance and the Big Five. *Psychological Bulletin, 116*, 245–258.

Khorsandi, M., Vakilian, K., Salehi, B., Goudarzi, M. T., & Abdi, M. (2015). The effects of stress inoculation training on perceived stress in pregnant women. *Journal of Health Psychology, 21*, 2977–2982.

Kihlstrom, J. F. (2002). No need for repression. *Trends in Cognitive Science, 6*, 502.

Kihlstrom, J. F. (2008). The psychological unconscious. In O. P. John, R. W. Robins, & L. A. Pervin (Eds.), *Handbook of personality: Theory and research* (pp. 583–602). New York: Guilford Press.

Kihlstrom, J. F., Barnhardt, T. M., & Tataryn, D. J. (1992). The cognitive perspective. In R. F. Bornstein & T. S. Pittman (Eds.), *Perception without awareness* (pp. 17–54). New York: Guilford Press.

Kim, Y. (Ed.). (2009). *Handbook of behavior genetics*. New York: Springer.

King, J. E., & Figueredo, A. J. (1997). The five-factor model plus dominance in chimpanzee personality. *Journal of Research in Personality, 31*, 257–271.

Kirkpatrick, L. A. (1998). God as a substitute attachment figure: A longitudinal study of adult attachment style and religious change in college students. *Personality and Social Psychology Bulletin, 9*, 961–973.

Kirkpatrick, L. A., & Davis, K. E. (1994). Attachment style, gender, and relationship stability: A longitudinal analysis. *Journal of Personality and Social Psychology, 66*, 502–512.

Kirschenbaum, H. (1979). *On becoming Carl Rogers*. New York: Delacorte.

Kirschenbaum, H., & Jourdan, A. (2005). The current status of Carl Rogers and the person-centered approach. *Psychotherapy: Theory, Research, Practice, Training, 42*, 37–51.

Kitayama, S., & Markus, H. R. (1999). Yin and Yang of the Japanese self: The cultural psychology of personality coherence. In D. Cervone & Y. Shoda (Eds.), *The coherence of personality: Social-cognitive bases of consistency, variability, and organization* (pp. 242–302). New York: Guilford Press.

Kitayama, S., Markus, H. R., Matsumoto, H., & Norasakkunit, V. (1997). Individual and collective processes of self-esteem management: Self-enhancement in the United States and self-depreciation in Japan. *Journal of Personality and Social Psychology, 72*, 1245–1267.

Kitayama, S., & Masuda, T. (1997). [A cultural mediation model of social inference: Correspondence bias in Japan.] In K. Kashiwagi, S. Kitayama. & H. Azuma (Eds.), [*Cultural psychology: Theory and research*] (pp.109–127). Tokyo: University of Tokyo Press. (In Japanese; Cited in Kitayama & Markus, 1999.)

Klinger, E., Marchetti, I., & Koster, E. H. W. (2016). Spontaneous thought and goal pursuit: From functions such as planning to dysfunctions such as rumination. In K. C. R. Fox & K. Christoff (Eds.), *The Oxford handbook of spontaneous thought*. Oxford, UK: Oxford University Press.

Klinger, M. R., & Greenwald, A. G. (1995). Unconscious priming of association judgments. *Journal of Experimental Psychology: Learning, Memory, and Cognition, 21*, 569–581.

Knutson, B., Wolkowitz, O. M., Cole, S. W., Chan, T., Moore, E. A., Johnson, R. C., ..., Reus, V. I. (1998). Selective alteration of personality and social behavior by serotonergic intervention. *American Journal of Psychiatry, 155*, 373–378.

Kober, H., Barrett, L., Joseph, J., Bliss-Moreau, E., Lindquist, K., & Wager, T. D. (2008). Functional grouping and cortical–subcortical interactions in emotion: A meta-analysis of neuroimaging studies. *Neuroimage, 42*, 998–1031.

Koestner, R., Lekes, N., Powers, T. A., & Chicoine, E. (2002). Attaining personal goals: Concordance plus implementation intentions equals success. *Journal of Personality and Social Psychology, 83*, 231–244.

Konnikova, M. (2013). You're so self-controlling. *The New York Times, November 17*, lp. 1R.

Kosfeld, M., Heinrichs, M., Zak, P. J., Fischbacher, U., & Fehr, E. (2005). Oxytocin increases trust in humans. *Nature, 435*, 673–676.

Krantz, D. S., & Manuck, S. B. (1984). Acute psychophysiologic reactivity and risk of cardiovascular disease: A review and methodologic critique. *Psychological Bulletin, 96*, 435–464.

Krasner, L. (1971). The operant approach in behavior therapy. In A. E. Bergin & S. L. Garfield (Eds.), *Handbook of psychotherapy and behavior change* (pp. 612–652). New York: Wiley.

Kretschmer, E. (1925). *Physique and character.* London: Routledge & Kegan Paul.

Krosnick, J. A., Betz, A. L., Jussim, L. J., Lynn, A. R., & Kirschenbaum, D. (1992). Subliminal conditioning of attitudes. *Journal of Personality and Social Psychology, 18,* 152–162.

Krueger, R. F., & Johnson, W. (2008). Behavioral genetics and personality: A new look at the integration of nature and nurture. In O. P. John, R. W. Robins, & L. A. Pervin (Eds.), *Handbook of personality: Theory and research* (pp. 287–310). New York: Guilford Press.

Kuhl, J. (2000). A functional-design approach to motivation and self-regulation: The dynamics of personality systems and interactions. In M. Boekaerts & P. R. Pintrich (Eds.), *Handbook of self-regulation* (pp. 111–169). San Diego, United States: Academic Press.

Kuhl, J. (2010). *Lehrbuch der Persönlichkeitspsychologie: Motivation, Emotion, Selbststeuerung* [Personality: Motivation, Emotion, Self-regulation]. Göttingen: Hogrefe.

Kuhl, J., & Koole, S. L. (2004). Workings of the will: A functional approach. In J. Greenberg, S. L. Koole, & T. Pyszczynski (Eds.), *Handbook of experimental existential psychology* (pp. 411–430). New York: Guilford.

Kuhl, J., Quirin, M., & Koole, S. L. (2015). Being someone: The integrated self as a neuropsychological system. *Social and Personality Psychology Compass, 3,* 115–132.

Kwan, V. S. Y., John, O. P., Kenny, D. A., Bond, M. H., & Robins, R. W. (2004). Reconceptualizing individual differences in self-enhancement bias: An interpersonal approach. *Psychological Review, 111,* 94–110.

Lakoff, G., & Johnson, M. (1999). *Philosophy in the flesh: The embodied mind and its challenge to Western thought.* New York: Basic Books.

Lamiell, J. T. (2013). Statisticism in personality psychologists' use of trait constructs: What is it? How was it contracted? Is there a cure? *New Ideas in Psychology, 31,* 65–1.

Landfield, A. W. (1971). *Personal construct systems in psychotherapy.* Chicago: Rand McNally.

Landfield, A. W. (1982). A construction of fragmentation and unity. In J. CMancuso & J. R. Adams-Webber (Eds.), *The construing person* (pp. 198–221). New York: Praeger.

Lazarus, A. A. (1965). Behavior therapy, incomplete treatment and symptom substitution. *Journal of Nervous and Mental Disease, 140,* 80–86.

Lazarus, R. S. (1990). Theory-based stress measurement. *Psychological Inquiry, 1,* 3–13.

Lazarus, R. S. (1991). *Emotion and adaptation.* New York: Oxford University Press.

Lazarus, R. S. (1993). From psychological stress to the emotions: A history of changing outlooks. *Annual Review of Psychology, 44,* 1–21.

Leary, M. R. (2007). Motivational and emotional aspects of the self. *Annual Review of Psychology, 58,* 317–344.

Lecky, P. (1945). *Self-consistency: A theory of personality.* New York: Island.

Ledoux, J. L. (1995). Emotion: Clues from the brain. *Annual Review of Psychology, 46,* 209–235.

Ledoux, J. (1999). The power of emotions. In R. Conlan (Ed.), *States of mind* (pp. 123–149). New York: Wiley.

Levy, S. (1991). Personality as a host risk factor: Enthusiasm, evidence, and their interaction. *Psychological Inquiry, 2,* 254–257.

Lewis, M. (2002). Models of development. In D. Cervone, & W. Mischel (Eds.), *Advances in personality science* (pp. 153–176). New York: Guilford Press.

Lewis, M., Feiring, C., Mcguffog, C., & Jaskir, J. (1984). Predicting psychopathology in six year olds from early social relations. *Child Development, 55,* 123–136.

Lewontin, R. (2000). *The triple helix: Gene, organism, and environment.* Cambridge, MA: Harvard University Press.

Lieberman, M. D., Jarcho, J. M., & Satpute, A. B. (2004). Evidence-based and intuition-based self-knowledge: An fMRI study. *Journal of Personality and Social Psychology, 87,* 421–435.

Lilienfeld, S. O., Wood, J. M., & Garb, H. N. (2000). The scientific status of projective techniques. *Psychological Science in the Public Interest, 1* (whole issue).

Linville, P. (1985). Self-complexity and affective extremity: Don't put all your eggs in one basket. *Social Cognition, 3,* 94–120.

Linville, P. (1987). Self-complexity as a cognitive buffer against stress-related illness and depression. *Journal of Personality and Social Psychology, 52*, 663–676.

Little, B. R., Lecci, L., & Watkinson, B. (1992). Personality and personal projects: Linking Big Five and PAC units of analysis. *Journal of Personality, 60*, 502–525.

Little, B. R. (1999). Personality and motivation: Personal action and the conative revolution. In L. A. Pervin & O. P. John (Eds.), *Handbook of personality: Theory and research* (pp. 501–524). New York: Guilford Press.

Locke, E. A., & Latham, G. P. (1990). *A theory of goal setting and task performance.* Englewood Cliffs, NJ: Prentice-Hall.

Locke, E. A., & Latham, G. P. (2002). Building a practically useful theory of goal setting and task motivation: A 35-year odyssey. *American Psychologist, 57*, 705–717.

Loehlin, J. C. (1982). *Rhapsody in G. Contemporary Psychology, 27*, 623.

Loehlin, J. C. (1992). *Genes and environment in personality development.* Newbury Park, CA: Sage.

Loehlin, J.C, McCrae, R. R., Costa, P. T., & John, O. P. (1998). Heritabilities of common and measure specific components of the Big Five personality factors. *Journal of Research in Personality, 32*, 431–453.

Loevinger, J. (1993). Measurement in personality: True or false. *Psychological Inquiry, 4*, 1–16.

Loftus, E. F. (1997). Creating childhood memories. *Applied Cognitive Psychology, 11*, 75–86.

Lombardo, G. P., & Foschi, R. (2003). The concept of personality in 19th French and 20th century American psychology. *History of Psychology, 6*, 123–142.

Lucas, R. E., & Diener, E. (2008). Personality and subjective well-being. In O. P. John, R. W. Robins, & L. A. Pervin (Eds.), *Handbook of personality: Theory and research* (pp. 795–814). New York: Guilford Press.

Lucas, R. E., Diener, E., Grob, A., Suh, E. M., & Shao, L. (2000). Cross-cultural evidence for the fundamental features of extraversion. *Journal of Personality and Social Psychology, 79*, 452–468.

Lykken, D. T., Bouchard, T. J., Jr., McGue, M., & Tel-legen, A. (1993). Heritability of interests: A twin study. *Journal of Applied Psychology, 78*, 649–661.

Lynam, D. R., Caspi, A., Moffit, T. E., Wikstroem, P., Loeber, & Novak, S. (2000). The interaction between impulsivity and neighborhood context on offending: The effects of impulsivity are stronger in poorer neighborhoods. *Journal of Abnormal Psychology, 109*, 563–574.

Lyons, I. M., Mattarella-Micke, A., Cieslak, M., Nusbaum, H. C., Small, S. L., & Beilock, S. L. (2010). The role of personal experience in the neural processing of action-related language. *Brain and Language, 112*, 214–222.

MacKoon, D. G., Wallace, J. F., & Newman, J. P. (2004). Self-regulation: Context-appropriate balanced attention. In R. F. Baumeister & K. D. Vohs (Eds.), *Handbook of self-regulation: Research, theory, and applications* (pp. 422–444). New York: Guilford Press.

Magnusson, D. (2012). The human being in society: Psychology as a scientific discipline. *European Psychologist, 17*, 21–27.

Mancuso, J. C., & Adams-Webber, J. R. (Eds.). (1982). *The construing person.* New York: Praeger.

Manuck, S. B., & Mccaffery, J. M. (2014). Gene-environment interaction. *Annual Review of Psychology, 65*, 41–70.

Marcia, J. (1994). Ego identity and object relations. In J. M. Masling & R. F. Bornstein (Eds.), *Empirical perspectives on object relations theory* (pp. 59–104). Washington, DC: American Psychological Association.

Marino, G. (Ed.). (2004). *Basic writings of existentialism.* New York: Modern Library.

Markus, H. (1977). Self-schemata and processing information about the self. *Journal of Personality and Social Psychology, 35*, 63–78.

Markus, H. R., & Stephens, N. M. (2017). Editorial overview: The psychological and behavioral consequences of inequality and social class: A theoretical integration. *Current Opinion in Psychology, 18*.

Markus, H. (1983). Self-knowledge: An expanded view. *Journal of Personality, 51*, 543–565.

Markus, H., & Cross, S. (1990). The interpersonal self. In L. A. Pervin (Ed.), *Handbook of personality: Theory and research* (pp. 576–608). New York: Guilford Press.

Markus, H., & Kitayama, S. (1991). Culture and the self: Implications for cognition, emotion, and motivation. *Psychological Review, 98*, 224–253.

Markus, H., & Kitayama, S. (2011). Cultures and selves: A cycle of mutual constitution. *Perspectives on Psychological Science, 5,* 420–430.

Markus, H. R., Uchida, Y., Omoregie, H., Townsend, S. S. M., & Kitayama, S. (2006). Going for the gold: Models of agency in Japanese and American contexts. *Psychological Science, 17,* 103–112.

Markus, H., & Wurf, E. (1987). The dynamic self-concept: A social psychological perspective. *Annual Review of Psychology, 38,* 299–337.

Maslow, A. H. (1954). *Motivation and personality.* New York: Harper.

Maslow, A. H. (1968). *Toward a psychology of being.* Princeton, NJ: Van Nostrand.

Maslow, A. H. (1971). *The farther reaches of human nature.* New York: Viking.

Matthews, G. (1997). The Big Five as a framework for personality assessment In N. Anderson & P. Herriot (Eds.), *International handbook of selection and assessment* (pp. 475–492). Chichester, UK: Wiley.

Matthews, G. (2016). Traits, cognitive processes and adaptation: An elegy for Hans Eysenck's personality theory. *Personality and Individual Differences, 103,* 61–67.

Matthews, G. (2018). Cognitive-adaptive trait theory: A shift in perspective on personality. *Journal of Personality, 86,* 69–82.

May, E. R., & Zelikow, P. D. (1997). (Eds.). *The Kennedy tapes: Inside the White House during the Cuban missile crisis.* Cambridge, MA: Harvard University Press.

Mayberg, H. S., Lozano, A. M., McNeely, H. E., Seminowicz, D., Hamani, C., ..., Kennedy, S. H. (2005). Deep brain stimulation for treatment-resistant depression. *Neuron, 45,* 651–660.

Mayer, J. D. (2015). The personality system framework: Current theory and development. *Journal of Research in Personality, 56,* 4–14.

Mayo, C. W., & Crockett, W. H. (1964). Cognitive complexity and primacy; recency effects in impression formation. *Journal of Abnormal and Social Psychology, 68,* 335–338.

Mazzoni, G., & Memon, A. (2003). Imagination can create false childhood memories. *Psychological Science, 14,* 186–188.

McAdams, D. P. (1994). A psychology of the stranger. *Psychological Inquiry, 5,* 145–148.

McAdams, D. P. (2006). *The redemptive self: Stories Americans live by.* New York: Oxford University Press.

McAdams, D. P., & Pals, J. L. (2006). A new Big Five: Fundamental principles for an integrative science of personality. *American Psychologist, 61,* 204–217.

McAdams, D. P. (2011). Exploring psychological themes through life-narrative accounts. In J. A. Holstein & J. F. Gubrium (Eds.), *Varieties of narrative analysis* (pp. 15–32). Los Angeles: Sage.

McCaul, K. D., Gladue, B. A., & Joppe, M. (1992). Winning, losing, mood, and testosterone. *Hormones and Behavior, 26,* 486–504.

McClelland, D., Koestner, R., & Weinberger, J. (1989). How do self-attributed and implicit motives differ? *Psychological Review, 96,* 690–702.

McCoy, M. M. (1981). Positive and negative emotion: A personal construct theory interpretation. In H. Bonarius, R. Holland, & S. Rosenberg (Eds.), *Personal construct psychology: Recent advances in theory and practice* (pp. 96–104). London: Macmillan.

McCrae, R. R. (1996). Social consequences of experiential openness. *Psychological Bulletin, 120,* 323–337.

McCrae, R. R., & Costa, P. T. (1987). Validation of the five-factor model of personality across instruments and observers. *Journal of Personality and Social Psychology, 52,* 81–90.

McCrae, R. R., & Costa, P. T., Jr. (1990). *Personality in adulthood.* New York: Guilford Press.

McCrae, R. R., & Costa, P. T. (1996). Toward a new generation of personality theories: Theoretical contexts for the five-factor model. In J. S. Wiggins (Ed.), *The five-factor model of personality. Theoretical perspectives* (pp. 51–87). New York: Guilford Press.

McCrae, R. R., & Costa, P. T. (1997). Personality trait structure as a human universal. *American Psychologist, 52,* 509–516.

McCrae, R. R., & Costa, P. T., Jr., (1999). A five-factor theory of personality. In L. A. Pervin & O. P. John (Eds.)., *Handbook of personality: Theory and research* (pp. 139–153). New York: Guilford Press.

McCrae, R. R., & Costa, P. T., Jr. (2008). The five-factor theory of personality. In O. P. John, R. W. Robins, & L. A. Pervin (Eds.), *Handbook of personality: Theory and research* (pp. 159–181). New York: Guilford Press.

Mccrae, R. R., & Costa, P. T., Jr. (2010). *NEO Inventories* (Professional Manual). Lutz, FL: PAR.

Mccrae, R. R., & Costa, P. T., Jr. (2013). Introduction to the empirical and theoretical status of the Five-Factor model of personality traits. In T. A. Widiger & P. T. Costa Jr. (Eds.), *Personality disorders and the five-factor model of personality* (3rd ed., pp. 15–27). Washington, DC: American Psychological Association.

McCrae, R. R., Costa, P. T., Ostendorf, F., Angleitner, A., Hrebickova, M., Avia, M. D., ..., Smith, P. B. (2000). Nature over nurture: Temperament, personality, and lifespan development. *Journal of Personality and Social Psychology, 78*, 173–186.

Mccrae, R. R., Gaines, J. F., & Wellington, M. A. (2013). The five-factor model in fact and fiction. In K. H. Tennen & J. Suls (Eds.), *Handbook of psychology* (Vol. 5, pp. 65–91). Hoboken, NJ: Wiley.

McCrae, R. R., Yik, S. M., Trapnell, P. D., Bond, M. H., & Paulhus, D. L. (1998). Interpreting personality profiles across cultures: Bilingual, acculturation, and peer rating studies of Chinese undergraduates. *Journal of Personality and Social Psychology, 74*, 1041–1055.

McGee Ng, S., Bagby, R. M., Goodwin, B. E., Sellbom, M., Ayearst, L. E., Dhillon, S., ..., Burchett, D. (2016). The effect of response bias on the Personality Inventory for DSM-5 (PID-5). *Journal of Personality Assessment, 98*, 51–61.

McGinnies, E. (1949). Emotionality and perceptual defense. *Psychological Review, 56*, 244–251.

McGregor, I., & Little, B. R. (1998). Personal projects, happiness, and meaning: On doing well and being yourself. *Journal of Personality and Social Psychology, 74*, 494–512.

McGue, M., Boucharad, T. J., Jr., Iacono, W. G., & Lykken, D. T. (1993). Behavioral genetics of cognitive ability: A lifespan perspective. In R. Plomin & G. E. McClearn (Eds.), *Nature, nurture, and psychology* (pp. 59–76). Washington, DC: American Psychological Association.

McMillan, M. (2004). *The person-centred approach to therapeutic change*. London: Sage.

Meaney, M. J. (2010). Epigenetics and the biological definition of gene x environment interactions. *Child Development, 81*, 41–79.

Medinnus, G. R., & Curtis, F. J. (1963). The relation between maternal self-acceptance and child acceptance. *Journal of Consulting Psychology, 27*, 542–544.

Meichenbaum, D. (1995). Cognitive-behavioral therapy in historical perspective. In B. Bongar & L. E. Bentler (Eds.), *Comprehensive textbook of psychotherapy* (pp. 140–158). New York: Oxford University Press.

Menand, L. (2002). *The metaphysical club: A story of ideas in America*. New York: Farrar, Straus, & Giroux.

Menand, L. (November 25, 2002). What comes naturally: Does evolution explain who we are? *The New Yorker*.

Mendel, G. (1865/1966). Experiments on plant hybrids. In C. Stern & E. R. Sherwood (Eds.), *The origin of genetics: A Mendel source book*. San Francisco: Freeman.

Mendoza-Denton, R., & Ayduk, O. (2012). Personality and social interaction: Interpenetrating processes. In K. Deaux & M. Snyder (Eds.), *The Oxford handbook of personality and social psychology* (pp. 446–466). New York: Oxford University Press.

Meston, C. M., & Buss, D. (2007). Why humans have sex. *Archives of Sexual Behavior, 36*, 477–507.

Metcalfe, J., & Mischel, W. (1999). A hot/cool-system analysis of delay of gratification: Dynamics of willpower. *Psychological Review, 106*, 3–19.

Mikulciner, M., Florain, V., & Weller, A. (1993). Attachment styles, coping strategies, and post-traumatic psychological distress: The impact of the Gulf War in Israel. *Journal of Personality and Social Psychology, 64*, 817–826.

Mikulincer, M., & Shaver, P. (2012). An attachment perspective on psychopathology. *World Psychiatry, 11*, 11–15.

Milgram, S. (1965). Some conditions of obedience and disobedience to authority. *Human Relations, 18*, 57–76.

Miller, L.C, Putcha-Bhagavatula, A., & Pedersen, W. C. (2002). Men's and women's mating preferences: Distinct evolutionary mechanisms? *Current Directions in Psychological Science, 11*, 88–93.

Miller, S. M., Shoda, Y., & Hurley, K. (1996). Applying cognitive-social theory to health-protective behavior: Breast self-examination in cancer screening. *Psychological Bulletin, 119*, 70–94.

Miller, T. R. (1991). Personality: A clinician's experience. *Journal of Personality Assessment, 57*, 415–433.

Mineka, S., Davidson, M., Cook, M., & Kleir, R. (1984). Observational conditioning of snake fear in rhesus monkeys. *Journal of Abnormal Psychology, 93*, 355–372.

Mischel, W. (1968). *Personality and assessment*. New York: Wiley.

Mischel, W. (1971). *Introduction to personality*. New York: Holt, Rinehart & Winston.

Mischel, W. (1973). Toward a cognitive social learning reconceptualization of personality. *Psychological Review, 80*, 252–283.

Mischel, W. (1974). Processes in delay of gratification. In L. Berkowitz (Ed.), *Advances in experimental social psychology* (Vol. 7, pp. 249–292). San Diego, CA: Academic Press.

Mischel, W. (1976). *Introduction to personality*. New York: Holt, Rinehart & Winston.

Mischel, W. (1990). Personality dispositions revisited and revised: A view after three decades. In L. A. Pervin (Ed.), *Handbook of personality: Theory and research* (pp. 111–134). New York: Guilford Press.

Mischel, W. (1999). Personality coherence and dispositions in a cognitive-affective processing system (CAPS) approach. In D. Cervone and Y. Shoda (Eds.), *The coherence of personality: Social-cognitive bases of consistency, variability, and organization* (pp. 37–60). New York: Guilford Press.

Mischel, W. (2004). Toward an integrative science of the person. *Annual Review of Psychology, 55*, 1–22.

Mischel, W. (2012). Self-control theory. In P. A. M. van Lange, A. Kruglanski, & E. T. Higgins (Eds.), *Handbook of theories of social psychology* (Vol. 2, pp. 1–22). Washington, DC: Sage.

Mischel, W. (2014). *The marshmallow test: Mastering self-control*. NY: Little, Brown & Co.

Mischel, W., & Baker, N. (1975). Cognitive transformations of reward objects through instructions. *Journal of Personality and Social Psychology, 31*, 254–261.

Mischel, W., & Liebert, R. M. (1966). Effects of discrepancies between observed and imposed reward criteria on their acquisition and transmission. *Journal of Personality and Social Psychology, 3*, 45–53.

Mischel, W., & Moore, B. (1973). Effects of attention to symbolically-presented rewards on self-control. *Journal of Personality and Social Psychology, 28*, 172–197.

Mischel, W., & Peake, P. K. (1983). Analyzing the construction of consistency in personality. In M. M. Page (Ed.), *Personality: Current theory and research* (pp. 233–262). Lincoln: University of Nebraska Press.

Mischel, W., & Shoda, Y. (1999). Integrating dispositions and processing dynamics within a unified theory of personality: The cognitive-affective personality system. In L. A. Pervin & O. P. John (Eds.), *Handbook of personality: Theory and research* (pp.197–218). New York: Guilford Press.

Mischel, W., & Shoda, Y. (2008). Toward a unified theory of personality: Integrating dispositions and processing dynamics within the cognitive-affective processing system. In O. P. John, R. W. Robins, & L. A. Pervin (Eds.), *Handbook of personality: Theory and research* (pp. 208–241). New York: Guilford Press.

Moffitt, T. E., Arseneault, L., Belsky, D., Dickson, N., Hancox, R. J., Harrington, H., ..., Caspi, A. (2011). A gradient of childhood self-control predicts health, wealth, and public safety. *Proceedings of the National Academy of Sciences, 108*, 2693–2698.

Mohammed, S. (2001). Personal communication networks and the effects of an entertainment-education radio soap opera in Tanzania. *Journal of Health Communication, 6*, 137–154.

Molenaar, P. C. M., & Campbell, C. G. (2009). The new person-specific paradigm in psychology. *Current Directions in Psychological Science, 18*, 112–117.

Moore, B., Mischel, W., & Zeiss, A. R. (1976). Comparative effects of the reward stimulus and its cognitive representation in voluntary delay. *Journal of Personality and Social Psychology, 34*, 419–424.

Moors, A., Ellsworth, P. C., Scherer, K. R., & Fridja, N. H. (2013). Appraisal theories of emotion: State of the art and future development. *Emotion Review, 5*, 119–124.

Morf, C. C., & Rhodewalt, F. (2001). Unraveling the paradoxes of narcissism: A dynamic self-regulatory processing model. *Psychological Inquiry, 12*, 177–196.

Morokoff, P. J. (1985). Effects of sex, guilt, repression, sexual "arousability," and sexual experience on female sexual arousal during erotica and fantasy. *Journal of Personality and Social Psychology, 49*, 177–187.

Morris, M. W., & Peng, K. (1994). Culture and cause: American and Chinese attributions for social and physical events. *Journal of Personality and Social Psychology, 67*, 949–971.

Morrison, J. K., & Cometa, M. C. (1982). Variations in developing construct systems: The experience corollary. In J. C. Mancuso & J. R. Adams-Webber (Eds.), *The construing person* (pp. 152–169). New York: Praeger.

Moskowitz, D. S., & Herschberger, S. L. (Eds.). (2002). *Modeling intraindividual variability with repeated measures data: Methods and applications.* Mahwah, NJ: Lawrence Erlbaum Associates.

Moskowitz, D. S., & Zuroff, D. C. (2005). Robust predictors of flux, pulse, and spin. *Journal of Research in Personality, 39*, 130–147.

Moss, P. D., & McEvedy, C. P. (1966). An epidemic of over-breathing among school-girls. *British Medical Journal, 2*, 1295–1300.

Mroczek, D. K., & Little, T. (2006). (Eds.). *Handbook of personality development*, Mahwah, NJ: Erlbaum.

Murphy, G. (1958). *Human potentialities.* New York: Basic Books.

Murray, H. A. (1938). *Explorations in personality.* New York: Oxford University Press.

Nadel, L. (2005). *Why we can't remember when.* Monitor on Psychology, November, 36–37.

Nagy, M. (1991). *Philosophical issues in the psychology of C. G. Jung.* Albany: State University of New York Press.

Nakamura, J., & Csikszentmihalyi, M. (2009). Flow theory and research. In S. J. Lopez and C. R. Snyder (Eds.), *Handbook of Positive Psychology* (195–206). New York: Oxford University Press.

Nash, M. (1999). The psychological unconscious. In V. J. Derlega, B. A. Winstead, & W. H. Jones (Eds.), *Personality: Contemporary theory and research* (pp. 197–228). Chicago: Nelson-Hall.

Neimeyer, G. J. (1992). Back to the future with the psychology of personal constructs. *Contemporary Psychology, 37*, 994–997.

Neimeyer, R. A. (1994). *Death anxiety handbook: Research, instrumentation, and application.* Washington, DC: Taylor & Francis.

Neimeyer, R. A., & Neimeyer, G. J. (Eds.). (1992). *Advances in personal construct psychology* (Vol. 2). Greenwich, CT: JAI Press.

Nesselroade, J. R., & Delhees, K. H. (1966). Methods and findings in experimentally based personality theory. In R. B. Cattell (Ed.), *Handbook of multivariate experimental psychology* (pp. 563–610). Chicago: Rand McNally.

Newsweek Magazine (March 27, 2006). Freud is not dead. (Cover story headline.)

New York Times (August 20, 1990). *B.F. Skinner, the champion of behaviorism, is dead at 86.* Retrieved from http://www.nytimes.com/1990/08/20/obituaries/b-f-skinner-the-champion-of-behaviorism-is-dead-at-86.html?pagewanted5all&src5pm.

New York Times (November 2, 2011). *Fraud case seen as red flag for psychology research.*

Newman, L. S., Duff, K. J., & Baumeister, R. F. (1997). A new look at defensive projection: Thought suppression, accessibility, and biased person perception. *Journal of Personality and Social Psychology, 72*, 980–1001.

Nicholson, I. A. M. (2002). *Inventing personality: Gordon Allport and the science of selfhood.* Washington, DC: American Psychological Society.

Niedenthal, P. M., Barsalou, L., Winkielman, P., Krauth-Gruber, S., & Ric, F. (2005). Embodiment in attitudes, social perception, and emotion. *Personality and Social Psychology Review, 9*, 184–211.

Nilsson, A. (2014). Personality psychology as the integrative study of traits and worldviews. *New Ideas in Psychology, 32*, 18–32.

Nisbett, R. (2003). *The geography of thought: How Asians and Westerners think differently.* New York: Free Press.

Nisbett, R. E., Peng, K., Choi, I., & Norenzayan, A. (2001). Culture and systems of thought: Holistic versus analytic cognition. *Psychological Review, 108*, 291–310.

Nisbett, R., & Ross, L. (1980). *Human inference: Strategies and shortcomings of social judgment.* Englewood Cliffs, NJ: Prentice Hall.

Nisbett, R. E., & Wilson, T. D. (1977). Telling more than we know: Verbal reports on mental processes. *Psychological Review, 84,* 231–279.

Norem, J. K. (2001). *The positive power of negative thinking: Using defensive pessimism to manage anxiety and perform at your peak.* New York: Basic Books.

Norman, W. T. (1963). Toward an adequate taxonomy of personality attributes. *Journal of Abnormal and Social Psychology, 66,* 574–583.

Northoff, G. (2012). Psychoanalysis and the brain—why did Freud abandon neuroscience? *Frontiers in Psycholology,* Retrieved from https://doi.org/10.3389/fpsyg.2012.00071.

Nowak, A., Vallacher, R. R., & Zochowski, M. (2002). The emergence of personality: Personality stability through interpersonal synchronization. In D. Cervone & W. Mischel (Eds.), *Advances in personality science* (pp. 292–331). New York: Guilford Press.

Nowak, A., Vallacher, R. R., & Zochowski, M. (2005). The emergence of personality: Dynamic foundations of individual variation. *Developmental Review, 25,* 351–385.

Oh, I., Wang, G., & Mount, M. K. (2011). Validity of observer ratings of the five-factor model of personality traits: A meta-analysis. *Journal of Applied Psychology, 96,* 762–773.

Ohman, A., & Soares, J. F. (1993). On the automaticity of phobic fear: Conditional skin conductance responses to masked phobic stimuli. *Journal of Abnormal Psychology, 102,* 121–132.

O'leary, A. (1990). Stress, emotion, and human immune function. *Psychological Bulletin, 108,* 363–382.

O'leary, A. (1992). Self-efficacy and health: Behavioral and stress-physiological mediation. *Cognitive Therapy and Research, 16,* 229–245.

O'leary, K. D. (1972). The assessment of psychopathology in children. In H. C. Quay & J. S. Werry (Eds.), *Psychopathological disorders of childhood* (pp. 234–272). New York: Wiley.

Olson, K. R., & Dweck, C. S. (2008). A blueprint for social cognitive development. *Perspectives on Psychological Science, 3,* 193–202.

Orne, M. T. (1962). On the social psychology of the psychological experiment: With particular reference to demand characteristics and their implications. *American Psychologist, 17,* 776–783.

Orom, H., & Cervone, D. (2009). Personality dynamics, meaning, and idiosyncrasy: Identifying cross-situational coherence by assessing personality architecture. *Journal of Research in Personality, 43,* 228–240.

Osgood, C. E., & Luria, Z. (1954). A blind analysis of a case of multiple personality using the semantic differential. *Journal of Abnormal and Social Psychology, 49,* 579–591.

Osgood, C. E., Suci, G. J., & Tannenbaum, P. H. (1957). *The measurement of meaning.* Urbana: University of Illinois Press.

Osofsky, M. J., Bandura, A., & Zimbardo, P. (2005). The role of moral disengagement in the execution process. *Law and Human Behavior, 29,* 371–393.

Owens, C., & Dein, S. (2006). Conversion disorder: The modern hysteria. *Advances in Psychiatric Treatment, 12,* 152–157.

Oyserman, D. (2017). Culture three ways: Culture and subcultures within countries. *Annual Review of Psychology, 68,* 435–463.

Ozer, D. J. (1999). Four principles for personality assessment. In L. A. Pervin & O. P. John (Eds.), *Handbook of personality: Theory and research* (pp. 671–686). New York: Guilford Press.

Ozer, E., & Bandura, A. (1990). Mechanisms governing empowerment effects: A self-efficacy analysis. *Journal of Personality and Social Psychology, 58,* 472–486.

Panksepp, J. (2011). Cross-species affective neuroscience decoding of the primal affective experiences of humans and related animals. *PLoS ONE 6,* e21236.

Panksepp, J., & Solms, M. (2012). What is neuropsychoanalysis? Clinically relevant studies of the minded brain. *Trends in Cognitive Science, 16,* 6–8.

Panksepp, J., Wright, J. S., Döbrössy, M. D., Schlaepfer, T. E., & Coenen, V. A. (2014). Affective neuroscience strategies for understanding and treating depression: From preclinical models to three novel therapeutics. *Clinical Psychological Science, 2,* 472–494.

Park, G., Schwartz, H. A., Eichstaedt, J. C., Kern, M. L., Kosinski, M., Stillwell, D. J., & Seligman, M. E. P. (2015). Automatic personality assessment through social media language. *Journal of Personality and Social Psychology*, *108*, 934–952.

Park, R. (2004). Development in the family. *Annual Review of Psychology*, *55*, 365–399.

Patton, C. J. (1992). Fear of abandonment and binge eating. *Journal of Nervous and Mental Disease*, *180*, 484–490.

Paulhus, D. L., Fridhandler, B., & Hayes, S. (1997). Psychological defense: Contemporary theory and research. In R. Hogan, J. Johnson, & S. Briggs (Eds.), *Handbook of personality psychology* (pp. 543–579). San Diego, CA: Academic Press.

Paulhus, D. L., Trapnell, P. D., & Chen, D. (1999). Birth order effects on personality and achievement within families. *Psychological Science*, *10*, 482–488.

Pavlov, I. P. (1927). *Conditioned reflexes*. London: Oxford University Press.

Pavot, W., Fujita, F., & Diener, E. (1997). The relation between self-aspect congruence, personality and subjective well-being. *Personality and Individual Differences*, *22*, 183–191.

Pedersen, N. L., Plomin, R., McClearn, G. E., & Friberg, L. (1998). Neuroticism, extraversion, and related traits in adult twins reared apart and reared together. *Journal of Personality and Social Psychology*, *55*, 950–957.

Pervin, L. A. (1964). Predictive strategies and the need to confirm them: Some notes on pathological types of decisions. *Psychological Reports*, *15*, 99–105.

Pervin, L. A. (1967a). A twenty-college study of student/college interaction using TAPE (Transactional Analysis of Personality and Environment): Rationale, reliability, and validity. *Journal of Educational Psychology*, *58*, 290–302.

Pervin, L. A. (1967b). Satisfaction and perceived self environment similarity: A semantic differential study of student-college interaction. *Journal of Personality*, *35*, 623–634.

Pervin, L. A. (1983). Idiographic approaches to personality. In J. Mc V. Hunt & N. Endler (Eds.), *Personality and the behavior disorders* (pp. 261–282). New York: Wiley.

Pervin, L. A. (1994). A critical analysis of current trait theory. *Psychological Inquiry*, *5*, 103–113.

Pervin, L. A. (1996). *The science of personality*. New York: Wiley.

Pervin, L. A. (1999). Epilogue: Constancy and change in personality theory and research. In L. A. Pervin & O. P. John (Eds.), *Handbook of personality: Theory and research* (pp. 689–704). New York: Guilford Press.

Pervin, L. A. (2003). *The science of personality* (2nd ed.). London: Oxford University Press.

Petrie, K. J., Booth, R. J., & Pennebaker, J. W. (1998). The immunological effects of thought suppression. *Journal of Personality and Social Psychology*, *75*, 1264–1272.

Pfungst, O. (1911). *Clever Hans: A contribution to experimental, animal, and human psychology*. New York: Holt, Rinehart & Winston.

Phillips, A. G., & Silvia, P. J. (2005). Self-awareness and the emotional consequences of self-discrepancies. *Personality and Social Psychology Bulletin*, *31*, 703–713.

Pickering, A. D., & Gray, J. A. (1999). The neuroscience of personality. In L. A. Pervin & O. P. John (Eds.), *Handbook of personality: Theory and research* (pp. 277–299). New York: Guilford Press.

Pickering, A. D., & Corr, P. J. (2008). J. A. Gray's reinforcement sensitivity theory (RST) of personality. In G. J. Boyle, G. Matthews, & D. H. Saklofske (Eds.), *The Sage handbook of personality theory and assessment: Volume 1, personality theories and models* (pp. 33–55). Los Angeles: Sage.

Pietrzak, J., Downey, G., & Ayduk, O. (2005). Rejection sensitivity as an interpersonal vulnerability. In M. W. Baldwin (Ed.), *Interpersonal cognition* (pp. 62–84). New York: Guilford Press.

Pinker, S. (1997). *How the mind works*. New York: Norton.

Plomin, R. (1990). *Nature and nurture*. Pacific Grove, CA: Brooks/Cole.

Plomin, R., & Caspi, A. (1999). Behavioral genetics and personality. In L. A. Pervin & O. P. John (Eds.), *Handbook of personality: Theory and research* (pp. 251–276). New York: Guilford Press.

Plomin, R., Chipuer, H. M., & Loehlin, J. C. (1990). Behavioral genetics and personality. In L. A. Pervin (Ed.), *Handbook of personality: Theory and research* (pp. 225–243). New York: Guilford Press.

Plomin, R., & Daniels, D. (1987). Why are children in the same family so different from each other? *Behavioral and Brain Sciences, 10,* 1–16.

Plomin, R., & Neiderhiser, J. M. (1992). Genetics and experience. *Current Directions in Psychological Science, 1,* 160–163.

Plomin, R., & Rende, R. (1991). Human behavioral genetics. *Annual Review of Psychology, 42,* 161–190.

Pomerantz, E. M., & Thompson, R. A. (2008). Parents role in children's personality development: The psychological resource principle. In O. P. John, R. W. Robins, & L. A. Pervin (Eds.), *Handbook of personality: Theory and research* (pp. 351–374). New York: Guilford Press.

Ponomarev, I., & Crabbe, J. C. (1999). Genetic association between chronic ethanol withdrawal severity and acoustic startle parameters in WSP and WSR mice. *Alcoholism: Clinical and Experimental Research, 23,* 1730–1735.

Powell, R. A., & Boer, D. P. (1994). Did Freud mislead patients to confabulate memories of abuse? *Psychological Reports, 74,* 1283–1298.

Pribram, K. (2005). Freud's project for a scientific psychology in the 21st century. In Giampieri-Deutsch P. (a cura di), *Psychoanalysis as an empirical, interdisciplinary science.* Vienna, Verlag der Österreichen Akademie der Wissenschaften.

Proctor, R. W., & Capaldi, E. J. (2001). Empirical evaluation and justification of methodologies in psychological science. *Psychological Bulletin, 127,* 759–772.

Puterman, E., Gemmill, A., Karasek, D., Weir, D., Adler, N. E., Prather, A. A., & Epel, E. S.(2016). Lifespan adversity and later adulthood telomere length in the nationally representative US Health and Retirement Study. *Proceedings of the National Academy of Sciences, 113,* (42), E6335–E6342.

Quirin, M., Kazén, M., & Kuhl, J. (2009). When nonsense sounds happy or helpless: The Implicit Positive and Negative Affect Test (IPANAT). *Journal of Personality and Social Psychology, 97,* 500–516.

Rafaeli-Mor, E., & Steinberg, J. (2002). Self-complexity and well-being: A review and research synthesis. *Personality and Social Psychology Review, 6,* 31–58.

Raghanti, M. A., Edler, M. K., Stephenson, A. R., Munger, E. L., Jacobs, B., Hof, P. R., ..., Lovejoy, C. O. (2018). A neurochemical hypothesis for the origin of hominids. *Proceedings of the National Academy of Sciences of the United States of America, 115,* E1108–E1116.

Raleigh, M. J., & Mcguire, M. T. (1991). Bidirectional relationships between tryptophan and social behavior in vervet monkeys. *Advances in Experimental Medicine and Biology, 294,* 289–298.

Rammstedt, B., & John, O. P. (2007). Measuring personality in one minute or less: A 10-item short version of the Big Five Inventory in English and German. *Journal of Research in Personality, 41,* 203–12.

Raskin, R., & Hall, C. S. (1979). A narcissistic personality inventory. *Psychological Reports, 45,* 590.

Raskin, R., & Hall, C. S. (1981). The Narcissistic Personality Inventory: Alternate form reliability and further evidence of construct validity. *Journal of Personality Assessment, 45,* 159–162.

Raskin, R., & Shaw, R. (1987). *Narcissism and the use of personal pronouns.* Unpublished manuscript.

Raskin, R., & Terry, H. (1987). *A factor-analytic study of the Narcissistic Personality Inventory and further evidence of its construct validity.* Unpublished manuscript.

Rauthmann, J. (Ed.) *Handbook of personality dynamics and processes.* San Diego, CA: Elsevier.

Reiss, D. (1997). Mechanisms linking genetic and social influences in adolescent development: Beginning a collaborative search. *Current Directions in Psychological Science, 6,* 100–105.

Reiss, D., Neiderhiser, J., Hetherington, E. M., & Plomin, R. (1999). *The relationship code: Deciphering genetic and social patterns in adolescent development.* Cambridge, MA: Harvard University Press.

Reitz, A. K., Zimmermann, J., Hutteman, R., Specht, J., & Neyer, F. J. (2014). How peers make a difference: The role of peer groups and peer relationships in personality development. *European Journal of Personality, 28,* 279–288.

Reynolds, G. S. (1968). *A primer of operant conditioning.* Glenview, IL: Scott, Foresman.

Rhodewalt, F., & Morf, C. C. (1995). Self and interpersonal correlates of the Narcissistic Personality Inventory: A review and new findings. *Journal of Research in Personality, 29,* 1–23.

Rhodewalt, F., & Sorrow, D. L. (2002). Interpersonal self-regulation: Lessons from the study of narcissism. In M. R. Leary & J. P. Tangney (Eds.), *Handbook of self and identity* (pp. 519–535). New York: Guilford Press.

Ricoeur, P. (1970). *Freud and philosophy*. (D. Savage, trans.). New Haven, CT: Yale University Press.

Ridley, M. (2003). *Nature via nurture: Genes, experience, and what makes us human*. New York: HarperCollins.

Riemann, R., Angleitner, A., & Strelau, J. (1997). Genetic and environmental influences on personality: A study of twins reared together using the self and peer report NEO-FFI scales. *Journal of Personality, 65*, 449–476.

Roberts, B. W. (1997). Plaster or plasticity: Are adult work experiences associated with personality change in women? *Journal of Personality, 65*, 205–232.

Roberts, B. W., & Chapman, C. N. (2000). Change in dispositional well-being and its relation to role quality: A 30-year longitudinal study. *Journal of Research in Personality, 34*, 26–41.

Roberts, B. W., & Del Vecchio, W. F. (2000). The rank-order consistency of personality traits from childhood to old age: A quantitative review of longitudinal studies. *Psychological Bulletin, 126*, 3–25.

Roberts, B. W., & Hogan, R. (Eds.). (2001). *Personality in the workplace*. Washington, DC: American Psychological Association.

Roberts, J. A., Gotlib, I. H., & Kassel, I. D. (1996). Adult attachment security and symptoms of depression: The mediating roles of dysfunctional attitudes and low self-esteem. *Journal of Personality and Social Psychology, 70*, 310–320.

Robins, R. W., & John, O. P. (1996). Self-perception, visual perspective, and narcissism: Is seeing believing? *Psychological Science, 8*, 37–42.

Robins, R. W., Norem, J. K., & Cheek, J. M. (1999). Naturalizing the self. In L. A. Pervin & O. P. John (Eds.), *Handbook of personality: Theory and research* (pp. 443–477). New York: Guilford Press.

Robins, R. W., Tracy, J. L., & Trzesniewski, K. H. (2008). Naturalizing the self. In O. P. John, R. W. Robins, & L. A. Pervin (Eds.), *Handbook of personality: Theory and research* (pp. 421–447). New York: Guilford Press.

Robinson, R. G., & Downhill, J. E. (1995). Lateralization of psychopathology in response to focal brain injury. In R. J. Davidson & K. Hugdahl (Eds.), *Brain asymmetry* (pp. 693–711). Cambridge, MA: MIT Press.

Roccas, S., & Brewer, M. (2002). Social identity complexity. *Personality and Social Psychology Review, 6*, 88–106.

Rogers, C. R. (1951). *Client-centered therapy*. Boston: Houghton Mifflin.

Rogers, C. R. (1956). Some issues concerning the control of human behavior. *Science, 124*, 1057–1066.

Rogers, C. R. (1959). A theory of therapy, personality, and interpersonal relationships as developed in the client-centered framework. In S. Koch (Ed.), *Psychology: A study of science* (pp. 184–256). New York: McGraw-Hill.

Rogers, C. R. (1961). *On becoming a person*. Boston: Houghton Mifflin.

Rogers, C. R. (1963). The actualizing tendency in relation to "motives" and to consciousness. In M. R. Jones (Ed.), *Nebraska symposium on motivation* (pp. 1–24). Lincoln: University of Nebraska Press.

Rogers, C. R. (1964). Toward a science of the person. In T. W. Wann (Ed.), *Behaviorism and phenomenology* (pp. 109–133). Chicago: University of Chicago Press.

Rogers, C. R. (1966). Client-centered therapy. In S. Arieti (Ed.), *American handbook of psychiatry* (pp. 183–200). New York: Basic Books.

Rogers, C. R. (1977). *Carl Rogers on personal power*. New York: Delacorte Press.

Rogers, C. R. (1980). *A way of being*. Boston: Houghton Mifflin.

Rogers, T. B., Kuiper, N. A., & Kirker, W. S. (1977). Self-reference and the encoding of personal information. *Journal of Personality and Social Psychology, 35*, 677–688.

Rorer, L. G. (1990). Personality assessment: A conceptual survey. In L. A. Pervin (Ed.), *Handbook of Personality: Theory and Research* (pp. 693–720). New York: Guilford Press.

Rosenberg, S. (1980). A theory in search of its zeitgeist. *Contemporary Psychology, 25*, 898–900.

Rosenthal, R. (1994). Interpersonal expectancy effects: A 30-year perspective. *Current Directions in Psychological Science, 3*, 176–179.

Rosenthal, R., & Rubin, D. (1978). Interpersonal expectancy effects: The first 345 studies. *Behavioral and Brain Sciences, 3,* 377–415.

Rosenzweig, S. (1941). Need-persistive and ego-defensive reactions to frustration as demonstrated by an experiment on repression. *Psychological Review, 48,* 347–349.

Rothbard, J. C., & Shaver, P. R. (1994). Continuity of attachment across the life-span. In M. B. Sperling & W. H. Berman (Eds.), *Attachment in adults: Clinical and developmental perspectives* (pp. 31–71). New York: Guilford Press.

Rothbart, M. K. (2011). *Becoming who we are: Temperament and personality development.* New York: Guilford Press.

Rothbart, M. K., & Bates, J. E. (1998). Temperament. In W. Damon (Ed.), *Handbook of child psychology: Vol. 3. Social, emotional, and personality development* (5th ed., pp. 105–176). New York: Wiley.

Rozin, P., & Zellner, D. (1985). The role of Pavlovian conditioning in the acquisition of food likes and dislikes. *Annals of the New York Academy of Sciences, 443,* 189–202.

Ruggiero, K. M., & Marx, D. M. (2001). Less pain and more to gain: Why high-status group members blame their failure on discrimination: Retraction. *Journal of Personality and Social Psychology, 81,* 178.

Rutter, M. (2012). Gene–environment interdependence. *European Journal of Developmental Psychology, 9,* 391–412.

Ryan, R. M. (1993). Agency and organization: Intrinsic motivation, autonomy, and the self in psychological development. In J. Jacobs (Ed.), *Nebraska symposium on motivation.* (Vol. 40, pp. 1–56). Lincoln: University of Nebraska Press.

Ryan, R. M., & Deci, E. L. (2008). Self-determination theory and the role of basic psychological needs in personality and the organization of behavior. In O. P. John, R. W. Robins, & L. A. Pervin (Eds.), *Handbook of personality: Theory and research* (pp. 654–678). New York: Guilford Press.

Ryff, C. D. (1995). Psychological well-being in adult life. *Current Directions in Psychological Science, 4,* 99–104.

Ryff, C. D., & Singer, B. (1998). The contours of positive human health. *Psychological Inquiry, 9,* 1–28.

Ryff, C. D., & Singer, B. (2000). Interpersonal flourishing: A positive health agenda for the new millennium. *Personality and Social Psychology Review, 4,* 30–44.

Salmon, W. C. (1989). Four decades of scientific explanation. In P. Kitcher & W. C. Salmon (Eds.), *Minnesota studies in the philosophy of science, Vol. XIII. Scientific Explanation* (pp. 3–219). Minneapolis: University of Minnesota Press.

Samson, A., Simpson, D., Kamphoff, C., & Langlier, A. (2017). Think aloud: An examination of distance runners' thought processes. *International Journal of Sport and Exercise Psychology, 15,* 176–189.

Sapolsky, R. M. (1994). *Why zebras don't get ulcers.* New York: W.H. Freeman.

Saucier, G. (1997). Effects of variable selection on the factor structure of person descriptors. *Journal of Personality and Social Psychology, 73,* 1296–1312.

Saucier, G., & Goldberg, L. R. (1996). Evidence for the Big Five in analyses of familiar English personality adjectives. *European Journal of Personality, 10,* 61–77.

Saucier, G., & Goldberg, L. R. (2001). Lexical studies of undigenous personality factors: Premises, products, and prospects. *Journal of Personality, 69,* 847–880.

Saucier, G., Hampson, S. E., & Goldberg, L. R. (2000). Cross-language studies of lexical personality factors. In S. E. Hampson (Ed.), *Advances in personality psychology* (Vol. 1, pp. 1–36). East Sussex, UK: Psychology Press, Ltd.

Saudino, K. (1997). Moving beyond the heritability question: New directions in behavioral genetic studies of personality. *Current Directions in Psychological Science, 6,* 86–90.

Saunders, T., Driskell, J. E., Johnston, J. H., & Salas, E. (1996). The effect of stress inoculation training on anxiety and performance. *Journal of Occupational Health Psychology, 1,* 170–186.

Schafer, R. (1954). *Psychoanalytic interpretation in Rorschach testing.* New York: Grune & Stratton.

Schlam, T. R., Wilson, N. L., Shoda, I. Y., Mischel, W., & Ayduk, O. (2013). Preschoolers' delay of gratification predicts their body mass 30 years later. *The Journal of Pediatrics, 162,* 90–93.

Schmidt, L. A., & Fox, N. A. (2002). Individual differences in childhood shyness: Origins, malleability, and developmental course. In D. Cervone & W. Mischel (Eds.), *Advances in personality science* (pp. 83–105). New York: Guilford Press.

Schmitt, D. P., Allik, J., McCrae, R. R., & Benet-Martinez, V. (2007). The geographic distribution of Big Five personality traits: Patterns and profiles of human self-description across 56 nations. *Journal of Cross-Cultural Psychology, 38,* 173–212.

Schneider, D. J. (1982). Personal construct psychology: An international menu. *Contemporary Psychology, 27,* 712–713.

Schultheiss, O. C. (2008). Implicit motives. In O. P. John, R. W. Robins, & L. A. Pervin (Eds.), *Handbook of personality: Theory and research* (pp. 603–633). New York: Guilford Press.

Schunk, D. H., & Cox, P. D. (1986). Strategy training and attributional feedback with learning disabled students. *Journal of Educational Psychology, 1986,* 78, 201–209.

Schutter, D., & van Honk, J. (2009). The cerebellum in emotion regulation: A repetitive transcranial magnetic stimulation study. *Cerebellum, 8,* 28–34.

Schwartz, C. E., Wright, C. I., Shin, L. M., Kagan, J., & Rauch, S. L. (2003). Inhibited and uninhibited children "grown up": Amygdalar response to novelty. *Science, 300,* 1952–1953.

Schwarz, N. (1999). Self-reports: How the questions shape the answers. *American Psychologist, 54,* 93–105.

Schwarzer, R. (Ed.). (1992). *Self-efficacy: Thought control of action.* Washington, DC: Hemisphere.

Scott, J. P., & Fuller, J. L. (1965). *Genetics and the social behavior of the dog.* Chicago: University of Chicago Press.

Scott, W. D., & Cervone, D. (2002). The impact of negative affect on performance standards: Evidence for an affect-as-information mechanism. *Cognitive Therapy and Research, 26,* 19–37.

Sechrest, L. (1963). The psychology of personal constructs. In J. M. Wepman & R. W. Heine (Eds.), *Concepts of personality* (pp. 206–233). Chicago: Aldine.

Sechrest, L. (1977). The psychology of personal constructs. In J. M. Wepman & R. W. Heine (Eds.), *Concepts of personality* (pp. 206–233). Chicago: Jossey-Bass.

Sechrest, L., & Jackson, D. N. (1961). Social intelligence and accuracy of interpersonal predictions. *Journal of Personality, 29,* 167–182.

Seeyave, D. M., Coleman, S., Appugliese, D., Corwyn, R. F., Bradley, R. H., Davidson, N. S., ..., Lumeng, J. C. (2009). Ability to delay gratification at age 4 years and risk of overweight at age 11 years. *Archives of Pediatrics and Adolescent Medicine, 163,* 303–308.

Segal, N. (2014). The closest of strangers. *The New York Times,* May 25, p. SR 12.

Segal, Z. V., & Dobson, K. S. (1992). Cognitive models of depression: Report from a consensus development conference. *Psychological Inquiry, 3,* 219–224.

Seligman, M. E. P., & Csikszentmihalyi, M. (2000). Positive psychology. *American Psychologist, 55,* 5–14.

Seligman, M. E. P., & Peterson, C. (2003). Positive clinical psychology. In L. G. Aspinwall & U. M. Staudinger (Eds.), *A psychology of human strengths: Fundamental questions and future directions for a positive psychology* (pp. 305–317). Washington, DC: American Psychological Association.

Seligman, M. E. P., Rashid, T., & Parks, A. C. (2006). Positive psychotherapy. *American Psychologist, 61,* 774–788.

Shah, J., & Higgins, E. T. (1997). Expectancy × value effects: Regulatory focus as a determinant of magnitude and direction. *Journal of Personality and Social Psychology, 73,* 447–458.

Shapiro, L. (2011). *Embodied cognition.* New York: Routledge.

Sharot, T. (2011). *The optimism bias.* New York: Pantheon.

Shaver, P. R., & Mikulincer, M. (2005). Attachment theory and research: Resurrection of the psychodynamic approach to personality. *Journal of Research in Personality, 39,* 22–45.

Shaver, P. R., & Mikulincer, M. (2012). Attachment theory. In P. A. M. van Lange, A. Kruglanski, & E. T. Higgins (Eds.), *Handbook of theories of social psychology* (Vol. 2, pp. 160–180). Washington, DC: Sage.

Shedler, J. (2010). The efficacy of psychodynamic psychotherapy. *American Psychologist, 65,* 98–109.

Shedler, J., Mayman, M., & Manis, M. (1993). The illusion of mental health. *American Psychologist, 48,* 1117–1131.

Sheldon, K. M., & Elliot, A. J. (1999). Goal striving, need satisfaction, and longitudinal well-being: The self-concordance model. *Journal of Personality and Social Psychology, 76,* 482–497.

Sheldon, K. M., Ryan, R. M., Rawsthorne, L. J., & Ilardi, B. (1997). Trait self and true self: Cross-role variation in the Big-Five personality traits and its relations with psychological authenticity and subjective well-being. *Journal of Personality and Social Psychology, 73*, 1380–1393.

Sheldon, W. H. (1940). *The varieties of human physique.* New York: Harper.

Sheldon, W. H. (1942). *Varieties of temperament.* New York: Harper.

Shiner, R. L. (1998). How shall we speak of children's personalities in middle childhood? A preliminary taxonomy. *Psychological Review, 124*, 308–332.

Shoda, Y., Mischel, W., & Peake, P. K. (1990). Predicting adolescent cognitive and self-regulatory competencies from preschool delay of gratification: Identifying diagnostic conditions. *Developmental Psychology, 26*, 978–986.

Shoda, Y., Mischel, W., & Wright, J. C. (1994). Intraindividual stability in the organization and patterning of behavior: Incorporating psychological situations into the idiographic analysis of personality. *Journal of Personality and Social Psychology, 67*, 674–687.

Shoda, Y., Wilson, N. L., Chen, J., Gilmore, A. K., & Smith, R. E. (2013). Cognitive-affective processing system analysis of intra-individual dynamics in collaborative therapeutic assessment: Translating basic theory and research into clinical applications. *Journal of Personality, 81*, 554–568.

Shrout, P. E., & Rodgers, J. L. (2018). Psychology, science, and knowledge construction: Broadening perspectives from the replication crisis. *Annual Review of Psychology, 69*, 487–451.

Shumyatsky, G. P., Malleret, G., Shin, R., Takizawa, S., Tully, K., Tsvetkov, E., ..., Bolshakov, V. Y. (2005). Stathmin, a gene enriched in the amygdala, controls both learned and innate fear. *Cell, 123*, 697–709.

Shweder, R. A., & Sullivan, M. A. (1990). The semiotic subject of cultural psychology. In L. A. Pervin (Ed.), *Handbook of Personality* (pp. 399–416). New York: Guilford Press.

Shweder, R. A., & Sullivan, M. A. (1993). Cultural psychology: Who needs it? *Annual Review of Psychology, 44*, 497–523.

Siegel, P., & Weinberger, J. (2009). Very brief exposure: The effects of unreportable stimuli fearful behavior. *Consciousness and Cognition, 18*, 939–951.

Sigel, I. E. (1981). Social experience in the development of representational thought: Distancing theory. In I. E. Sigel, D. Brodzinsky, & R. Golinkoff (Eds.), *New directions in Piagetian theory and practice* (pp. 203–217). Hillsdale, NJ: Erlbaum.

Silverman, L. H. (1976). Psychoanalytic theory: The reports of its death are greatly exaggerated. *American Psychologist, 31*, 621–637.

Silverman, L. H. (1982). A comment on two subliminal psychodynamic activation studies. *Journal of Abnormal Psychology, 91*, 126–130.

Silverman, L. H., Ross, D. L., Adler, J. M., & Lustig, D. A. (1978). Simple research paradigm for demonstrating subliminal psychodynamic activation: Effects of Oedipal stimuli on dart-throwing accuracy in college men. *Journal of Abnormal Psychology, 87*, 341–357.

Simpson, B., Large, B., & O'brien, M. (2004). Bridging difference through dialogue: A constructivist perspective. *Journal of Constructivist Psychology, 17*, 45–59.

Singh, J. K., Misra, G., & De Raad, B. (2013). Personality structure in the trait lexicon of Hindi, a major language spoken in India. *European Journal of Personality, 27*, 605–620.

Skinner, B. F. (1948). *Walden two.* New York: Macmillan.

Skinner, B. F. (1953). *Science and human behavior.* New York: Macmillan.

Skinner, B. F. (1959). *Cumulative record.* New York: Appleton-Century-Crofts.

Skinner, B. F. (1967). Autobiography. In E. G. Boring & G. Lindzey (Eds.), *A history of psychology in autobiography* (pp. 385–414).

Skinner, B. F. (1971). *Beyond freedom and dignity.* New York: Knopf.

Skinner, B. F. (1974). *About behaviorism.* New York: Knopf.

Smith, C. A., & Lazarus, R. S. (1990). Emotion and adaptation. In L. A. Pervin (Ed.), *Handbook of personality: Theory and research* (pp. 609–637). New York: Guilford Press.

Smith, D. (October, 2002). The theory heard 'round the world: Albert Bandura's social cognitive theory is the foundation of television and radio shows that have changed the lives of millions. *APA Monitor on Psychology, 33.*

Smith, D. (January, 2003). Five principles for research ethics: Cover your bases with these ethical strategies. *Monitor on Psychology, 34,* 56.

Smith, E. R. (1998). Mental representations and memory. In D. T. Gilbert, S. T. Fiske, & G. Lindzey (Eds.), *The handbook of social psychology* (4th ed., Vol. 1, pp. 391–445). Boston: McGraw-Hill.

Smith, R. E. (1989). Effects of coping skills training on generalized self-efficacy and locus of control. *Journal of Personality and Social Psychology, 56,* 228–233.

Solms M. (2000). Dreaming and REM sleep are controlled by different brain mechanisms. *Behavioral and Brain Sciences, 23,* 843–850.

Solms, M. (2013). The conscious id. *Neuropsychoanalysis, 15,* 5–19.

Solms, M. Retrieved from https://www.futurelearn.com/courses/what-is-a-mind/0/steps/9266.

Solomon, S., Greenberg, J., & Pyszczynski, T. (2004). The cultural animal: Twenty years of terror management theory and research. In J. Greenberg, S. L. Koole & T. Psyzczynski (Eds.), *Handbook of experimental existential psychology* (pp. 13–34). New York: Guilford Press.

Sotomayor, S. (2013). *My beloved world.* New York: Knopf.

Specht, J. (2017) (Ed.). *Personality development across the lifespan.* London: Academic Press.

Spencer, S. J., Steele, C. M., & Quinn, D. M. (1999). Stereotype threat and women's math performance. *Journal of Experimental Social Psychology, 35,* 4–28.

Sperling, M. B., & Berman, W. H. (Eds.). (1994). *Attachment in adults: Clinical and developmental perspectives.* New York: Guilford Press.

Sporns, O. (2011). *Networks of the brain.* Cambridge, MA: MIT Press.

Srivastava, S., John, O. P., Gosling, S. D., & Potter, J. (2003). Development of personality in early and middle adulthood: Set like plaster or persistent change? *Journal of Personality and Social Psychology, 84,* 1041–1053.

Staddon, J. E. R., & Cerutti, D. T. (2003). Operant conditioning. *Annual Review of Psychology, 54,* 115–144.

Stajkovic, A. D., & Luthans, F. (1998). Self-efficacy and work-related performance: A meta-analysis. *Psychological Bulletin, 124,* 240–261.

ST. Clair, M. (1986). *Object relations and self psychology: An introduction.* Monterey, CA: Brooks Cole.

Steele, C. M. (1997). A threat in the air: How stereotypes shape intellectual identity and performance. *American Psychologist, 52,* 613–629.

Steiner. J. F. (1966). *Treblinka.* New York: Simon & Schuster.

Stephens, N. M., Markus, H. R., & Phillips, L. T. (2014). Social class culture cycles: How three gateway contexts shape selves and fuel inequality. *Annual Review of Psychology, 65,* 611–634.

Stephenson, W. (1953). *The study of behavior.* Chicago: University of Chicago Press.

Stock, J., & Cervone, D. (1990). Proximal goal-setting and self-regulatory processes. *Cognitive Therapy and Research, 14,* 483–498.

Stone, V. E., Cosmides, L., Tooby, J., Kroll, N., & Knight, R. T. (2002). Selective impairment of reasoning about social exchange in a patient with bilateral limbic system damage. *Processing of the National Academy of Sciences, 99,* 11531–11536.

Strauman, T. J. (1989). Self-discrepancies in clinical depression and social phobia: Cognitive structures that underlie emotional disorders? *Journal of Abnormal Psychology, 98,* 14–22.

Strauman, T. J. (1990). Self-guides and emotionally significant childhood memories: A study of retrieval efficiency and incidental negative emotional content. *Journal of Personality and Social Psychology, 59,* 869–880.

Strauman, T. J., Kolden, G. G., Stromquist, V., Davis, N., Kwapil, L., Heerey, E., & Schneider, K. (2001). The effects of treatments for depression on perceived failure in self-regulation. *Cognitive Therapy and Research, 25,* 693–712.

Strauman, T. J., Lemieux, A. M., & Coe, C. L. (1993). Self-discrepancy and natural killer cell activity: Immunological consequences of negative self-evaluation. *Journal of Personality and Social Psychology, 64,* 1042–1052.

Strelau, J. (1997). The contribution of Pavlov's typology of CNS properties to personality research. *European Psychologist, 2,* 125–138.

Strelau, J. (1998). *Temperament: A psychological perspective.* New York: Plenum Press.

Suedfeld, P., & Tetlock, P. E. (Eds.). (1991). *Psychology and social policy.* New York: Hemisphere.

Sugiyama, L. S., Tooby, J., & Cosmides, L. (2002). Cross-cultural evidence of cognitive adaptations for social exchange among the Shiwiar of Ecuadorian Amazonia. *Processing of the National Academy of Sciences, 99,* 11537–11542.

Suh, E., Diener, E., Oishi, S., & Triandis, H. C. (1998). The shifting basis of life satisfaction judgments across cultures: Emotions versus norms. *Journal of Personality and Social Psychology, 74,* 482–493.

Sullivan, H. S. (1953). *The interpersonal theory of psychiatry.* New York: Norton.

Sulloway, F. J. (1979). *Freud: Biologist of the mind.* New York: Basic Books.

Sulloway, F. J. (1991). Reassessing Freud's case histories. *ISIS, 82,* 245–275.

Sulloway, F. J. (1996). *Born to rebel: Birth order, family dynamics, and creative lives.* New York: Pantheon.

Suomi, S. (1999, June). Jumpy monkeys. Address presented at the annual meeting of the American Psychological Association, Denver, CO.

Swann, W. B., Jr. (1991). To be adored or to be known? The interplay of self-enhancement and self-verification. In E. T. Higgins & R. M. Sorrentino (Eds.), *Handbook of motivation and cognition* (pp. 408–450). New York: Guilford Press.

Swann, W. B., Jr. (1992). Seeking "truth," finding despair: Some unhappy consequences of a negative self-concept. *Current Directions in Psychological Science, 1,* 15–18.

Swann, W. B., Jr. (2012). Self-verification theory. In P. A. M. van Lange, A. Kruglanski, & E. T. Higgins (Eds.), *Handbook of theories of social psychology* (Vol. 2, pp. 23–43). Washington, DC: Sage.

Swann, W. B., Jr., & Bosson, J. K. (2008). Identity negotiation: A theory of self and social interaction. In O. P. John, R. W. Robins, & L. A. Pervin (Eds.), *Handbook of personality: Theory and research* (pp. 448–471). New York: Guilford Press.

Swann, W. B., Jr., De La Ronde, C., & Hixon, J. G. (1994). Authenticity and positivity strivings in marriage and courtship. *Journal of Personality and Social Psychology, 66,* 857–869.

Swann, W. B., Jr., Griffin, J. J., Jr., Predmore, S. C., & Gaines, B. (1987). The cognitive-affective crossfire: When self-consistency confronts self-enhancement. *Journal of Personality and Social Psychology, 52,* 881–889.

Swann, W. B., Jr., Rentfrow, P. J., & Guinn, J. S. (2003). Self-verification: The search for coherence. In M. R. Leary & J. P. Tangney (Eds.), *Handbook of self and identity* (pp. 367–383). New York: Guilford Press.

Tamir, M., John, O. P., Srivastava, S., & Gross, J. J. (2007). Implicit theories of emotion: Affective and social outcomes across a major life transition. *Journal of Personality and Social Psychology, 92,* 731–744.

Tang, T. Z., & De Rubeis, R. J. (1999a). Reconsidering rapid early response in cognitive behavioral therapy for depression. *Clinical Psychology: Science and Practice, 6,* 283–288.

Tang, T. Z., & De Rubeis, R. J. (1999b). Sudden gains and critical sessions in cognitive-behavioral therapy for depression. *Journal of Consulting and Clinical Psychology, 67,* 894–904.

Tauber, A. I. (2010). *Freud: The reluctant philosopher.* Princeton, NJ: Princeton University Press.

Tausczik, Y. R., & Pennebaker, J. W. (2010). The psychological meaning of words: LIWC and computerized text analysis methods. *Journal of Language and Social Psychology, 29,* 24–54.

Taylor, S. E., & Brown, J. D. (1994). Positive illusions and well-being revisited: Separating fact from fiction. *Psychological Bulletin, 116,* 21–27.

Taylor, S. E., Kemeny, M. E., Reed, G. M., Bower, J. E., & Gruenwald, T. L. (2000). Psychological resources, positive illusions, and health. *American Psychologist, 55,* 99–109.

Tellegen, A. (1985). Structures of mood and personality and their relevance to assessing anxiety, with an emphasis on self-report. In A. H. Tuma & J. D. Maser (Eds.), *Anxiety and the anxiety disorders* (pp. 681–706). Mahwah, NJ: Erlbaum.

Tellegen, A., & Waller, N. G. (2008). Exploring personality through test construction: Development of the Multidimensional Personality Questionnaire. In G. J. Boyle, G. Matthews, & D. H. Saklofske (Eds.), *The Sage handbook of personality theory and assessment: Vol. II. Personality measurement and testing* (pp. 261–292). London: Sage.

Temoshok, L. (1985). The relationship of psychosocial factors to prognostic indicators in cutaneous malignant melanoma. *Journal of Psychosomatic Research, 29,* 139–153.

Temoshok, L. (1991). Assessing the assessment of psychosocial factors. *Psychological Inquiry, 2,* 276–280.

Tesser, A. (1993). The importance of heritability in psychological research: The case of attitudes. *Psychological Review, 100,* 129–142.

Tesser, A., Pilkington, C. J., & Mcintosh, W. D. (1989). Self-evaluation maintenance and the mediational role of emotion: The perception of friends and strangers. *Journal of Personality and Social Psychology, 57,* 442–456.

Tetlock, P. E., Peterson, R. S., & Berry, J. M. (1993). Flattering and unflattering personality portraits of integratively simple and complex managers. *Journal of Personality and Social Psychology, 64,* 500–511.

Thomas, A., & Chess, S. (1977). *Temperament and development.* New York: Brunner/Mazel.

Tillema, J., Cervone, D., & Scott, W. D. (2001). Dysphoric mood, perceived self-efficacy, and personal standards for performance: The effects of attributional cues on self-defeating patterns of cognition. *Cognitive Therapy and Research, 25,* 535–549.

Times Higher Education. Retrieved from http://www.timeshighereducation.co.uk/story.asp?storyCode5405956&sectioncode526

Tobacyk, J. J., & Downs, A. (1986). Personal construct threat and irrational beliefs as cognitive predictors of increases in musical performance anxiety. *Journal of Personality and Social Psychology, 51,* 779–782.

Tononi, G., & Edelman, G. M. (1998). Consciousness and complexity. *Science, 282,* 1846–1851.

Tooby, J., & Cosmides, L. (1992). The psychological foundations of culture. In J. H. Barkow, L. Cosmides, & J. Tooby (Eds.), *The adapted mind: Evolutionary psychology and the generation of culture.* New York: Oxford University Press.

Toulmin, S. E. (1961). *Foresight and understanding: An inquiry into the aims of science.* Bloomington: Indiana University Press/London.

Triandis, H. (1995). *Individualism and collectivism.* Boulder, CO: Westview Press.

Trivers, R. (1972). Parental investment and sexual selection. In B. Campbell (Ed.), *Sexual selection and the descent of man: 1871–1971* (pp. 136–179). Chicago: Aldine.

Tugade, M. M., & Fredrickson, B. L. (2004). Resilient individuals use positive emotions to bounce back from negative emotional experiences. *Journal of Personality and Social Psychology, 86,* 320–333.

Tupes, E. C., & Christal, R. C. (1992). Recurrent personality factors based on trait ratings. *Journal of Personality, 60,* 225–251.

Turkheimer, E. (2006). Using genetics to understand human behavior: Promises and risks. In E. Parens, A. R. Chapman, & N. Press (Eds.), *Wrestling with behavior genetics: Science, ethics, and public conversation* (pp. 242–250). Baltimore: Johns Hopkins University Press.

Turner, M. S., Cipolotti, L., Yousry, T. A., & Shallice, T. (2008). Confabulation: Damage to a specific inferior medial prefrontal system. *Cortex, 44,* 637–648.

Tversky, A., & Kahneman, D. (1974). Judgment under uncertainty: Heuristics and biases. *Science, 185,* 1124–1131.

Twenge, J. (2002). Birth cohort, social change, and personality: The interplay of dysphoria and individualism in the 20th century. In D. Cervone & W. Mischel (Eds.), *Advances in personality science* (pp. 196–218). New York: Guilford Press.

Uher, J. (2013). Personality psychology: Lexical approaches, assessment methods, and trait concepts reveal only half of the story—why it is time for a paradigm shift. *Integrative Psychological and Behavioral Science, 47,* 1–55.

Ulmer, S., & Jansen, O. (Eds.). (2010). *fMRI: Basics and clinical applications.* Berlin: Springer-Verlag.

United Nations Population Fund (2002). *State of World Population 2002: People, Poverty, and Possibilities.* New York: United Nations.

Valchev, V. H., Nel, J. A., Van de Vijver, F. J. R., Meiring, D., De Bruin, G. P., & Rothmann, S. (2013). Similarities and differences in implicit personality concepts across ethnocultural groups in South Africa. *Journal of Cross-Cultural Psychology, 44*, 3, 365–388.

van de Vijver, F. J. R., & He, J. (2017). Equivalence in research on positive development of minority children: Methodological approaches. *Handbook on Positive Development of Minority Children and Youth* (pp. 53–66).

Van Der Linden, D., Tsaousis, I., & Petrides, K. V. (2012). Overlap between general factors of personality in the Big Five, Giant Three, and trait emotional intelligence. *Personality and Individual Differences, 53*, 175–179.

Van Ijzendoorn, M. H., & Kroonenberg, P. (1988). Cross-cultural patterns of attachment: A meta analysis of the strange situation. *Child Development, 59*, 147–156.

Vaughn, P. W., Rogers, E. M., Singhal, A., & Swalehe, R. M. (2000). Entertainment-education and HIV/ AIDS prevention: A field study in Tanzania. *Journal of Health Communication, 5* (Suppl.), 81–200.

Vazire, S. (2010). Who knows what about a person? The self–other knowledge asymmetry (SOKA) model. *Journal of Personality and Social Psychology, 98*, 281–300.

Voon, V., Brezing, C., Gallea, C., Amerlii, R., Roelofs, K., LaFrance, W. C., Jr., & Hallett, M. (2010). Emotional stimuli and motor conversion disorder. *Brain, 133*, 1526–1536.

Voon, V., Brezing, C., Gallea, C., & Hallett, M. (2011). Aberrant supplementary motor complex and limbic activity during motor preparation in motor conversion disorder. *Movement Disorders, 26*, 2396–2403.

Walker, B. M., & Winter, D. A. (2007). The elaboration of personal construct psychology. *Annual Review of Psychology, 58*, 453–477.

Waller, N. G., & Shaver, P. R. (1994). The importance of nongenetic influences on romantic love styles. *Psychological Science, 5*, 268–274.

Walters, R. H., & Parke, R. D. (1964). Influence of the response consequences to a social model on resistance to deviation. *Journal of Experimental Child Psychology, 1*, 269–280.

Watson, D. (2000). *Mood and temperament*. New York: Guilford Press.

Watson, D., & Clark, L. A. (1997). Extraversion and its positive emotional core. In R. Hogan, J. Johnson, & S. Briggs (Eds.), *Handbook of personality psychology* (pp. 681–710). San Diego, CA: Academic Press.

Watson, D., & Tellegen, A. (1999). Issues in the dimensional structure of affect-effects of descriptors, measurement error, and response formats: Comment on Russell and Carroll. *Psychological Bulletin, 125*, 601–610.

Watson, D., Wiese, D., Vaidya, J., & Tellegen, A. (1999). The two general activation systems of affect: Structural findings, evolutionary considerations, and psychobiological evidence. *Journal of Personality and Social Psychology, 76*, 820–838.

Watson, J. B. (1913). Psychology as the behaviorist views it. *Psychological Review, 20*, 158–177.

Watson, J. B. (1914). *Behavior*. New York: Holt, Rinehart, & Winston.

Watson, J. B. (1919). *Psychology from the standpoint of a behaviorist*. Philadelphia: Lippincott.

Watson, J. B. (1924). *Behaviorism*. New York: People's Institute Publishing.

Watson, J. B. (1936). Autobiography. In C. Murchison (Ed.), *A history of psychology in autobiography* (pp. 271–282). Worcester, MA: Clark University Press.

Watson, J. B., & Rayner, R. (1920). Conditioned emotional reactions. *Journal of Experimental Psychology, 3*, 1–14.

Watson, M. W., & Getz, K. (1990). The relationship between Oedipal behaviors and children's family role concepts. *Merrill-Palmer Quarterly, 36*, 487–506.

Watson, R. I. (1963). *The great psychologists: From Aristotle to Freud*. Philadelphia: Lippincott.

Weber, S. J., & Cook, T. D. (1972). Subject effects in laboratory research: An examination of subject roles, demand characteristics, and valid inference. *Psychological Bulletin, 77*, 273–295.

Wegner, D. M. (1992). You can't always think what you want: Problems in the suppression of unwanted thoughts. *Advances in Experimental Social Psychology, 25*, 193–225.

Wegner, D. M. (1994). Ironic processes of mental control. *Psychological Review, 101*, 34–52.

Wegner, D. (2003). The mind's best trick: How we experience conscious will. *Trends in Cognitive Science, 7*, 65–69.

Wegner, D. M., Shortt, G. W., Blake, A. W., & Page, M. S. (1990). The suppression of exciting thoughts. *Journal of Personality and Social Psychology, 58*, 409–418.

Weinberger, D. A. (1990). The construct reality of the repressive coping style. In J. L. Singer (Ed.), *Repression and dissociation: Implications for personality, psychopathology, and health* (pp. 337–386). Chicago: University of Chicago Press.

Weinberger, J. (1992). Validating and demystifying subliminal psychodynamic activation. In R. F. Bornstein & T. S. Pittman (Eds.), *Perception without awareness* (pp. 170–188). New York: Guilford Press.

Weinberger, J., & Westen, D. (2008). RATS, we should have used Clinton: Subliminal priming in political campaigns. *Political Psychology, 29*, 631–651.

Weinstein, T. A. R., Capitanio, J. P., & Gosling, S. D. (2008). Personality in animals. In O. P. John, R. W. Robins, & L. A. Pervin (Eds.), *Handbook of personality: Theory and research* (pp. 328–348). New York: Guilford Press.

Weitlauf, J., Cervone, D., & Smith, R. E. (2001). Assessing generalization in perceived self-efficacy: Multidomain and global assessments of the effects of self-defense training for women. *Personality and Social Psychology Bulletin, 27*, 1683–1691.

West, S. G., & Finch, J. F. (1997). Personality measurement: Reliability and validity issues. In R. Hogan, J. Johnson, & S. Briggs (Eds.), *Handbook of personality psychology* (pp. 143–165). San Diego, CA: Academic Press.

Westen, D. (1990). Psychoanalytic approaches to personality. In L. A. Pervin (Ed.), *Handbook of personality: Theory and research* (pp. 21–65). New York: Guilford Press.

Westen, D. (1991). Clinical assessment of object relations using the TAT. *Journal of Personality Assessment, 56*, 56–74.

Westen, D., Blagov, P. S., Harenski, K., Kilts, C., & Hamann, S. (2006). Neural bases of motivated reasoning: An fMRI study of emotional constraints on partisan political judgments in the 2004 U.S. presidential election. *Journal of Cognitive Neuroscience, 18*, 1947–1958.

Westen, D., & Gabbard, G. O. (1999). Psychoanalytic approaches to personality. In L. A. Pervin & O. P. John (Eds.), *Handbook of personality: Theory and research* (pp. 57–101). New York: Guilford Press.

Westen, D., Gabbard, G. O., & Ortigo, K. M. (2008). Psychoanalytic approaches to personality. In O. P. John, R. W. Robins, & L. A. Pervin (Eds.), *Handbook of personality: Theory and research* (pp. 61–113). New York: Guilford Press.

White, P. (1980). Limitations of verbal reports of internal events: A refutation of Nisbett and Wilson and of Bem. *Psychological Review, 87*, 105–112.

Widiger, T. A., & Costa, P. T., Jr. (2013). *Personality disorders and the five-factor model of personality* (3rd ed.). Washington, DC: American Psychological Association.

Widiger, T. A., & Smith, G. T. (2008). Personality and psychopathology. In O. P. John, R. W. Robins, & L. A. Pervin (Eds.), *Handbook of personality: Theory and research* (pp. 743–769). New York: Guilford Press.

Wiedenfeld, S. A., Bandura, A., Levine, S., O'Leary, A., Brown, S., & Raska, K. (1990). Impact of perceived self-efficacy in coping with stressors in components of the immune system. *Journal of Personality and Social Psychology, 59*, 1082–1094.

Wiggins, J. S. (1984). Cattell's system from the perspective of mainstream personality theory. *Multi-variate Behavioral Research, 19*, 176–190.

Williams, L. (1994). Recall of childhood trauma: A prospective study of women's memories of child sexual abuse. *Journal of Consulting and Clinical Psychology, 62*, 1167–1176.

Williams, S. L. (1992). Perceived self-efficacy and phobic disability. In R. Schwarzer (Ed.), *Self-efficacy: Thought control of action* (pp. 149–176). Washington, DC: Hemisphere.

Wilson, T. D. (1994). The proper protocol: Validity and completeness of verbal reports. *Psychological Science, 5*, 249–252.

Wilson, T. D., Hull, J. G., & Johnson, J. (1981). Awareness and self-perception: Verbal reports on internal states. *Journal of Personality and Social Psychology, 40*, 53–71.

Winter, D. A., & Viney, L. L. (2005). *Personal construct psychotherapy: Advances in theory, practice, and research*. London: Whurr.

Winter, D. G. (1992). Content analysis of archival productions, personal documents, and everyday verbal productions. In C. P. Smith (Ed.), *Motivation and personality: Handbook of thematic content analysis* (pp. 110–125). Cambridge, UK: Cambridge University Press.

Wise, J. B. (2007). Testing a theory that explains how self-efficacy beliefs are formed: Predicting self-efficacy appraisals across recreation activities. *Journal of Social and Clinical Psychology, 26*, 829–836.

Wise, J. B. (2009). Using the knowledge-and-appraisal personality architecture to predict physically active leisure self-efficacy in university students. *Journal of Applied Social Psychology, 39*, 1913–1927.

Wise, R. A. (1996). Addictive drugs and brain stimulation reward. *Annual Review of Neuroscience, 19*, 319–340.

Wittgenstein, L. (1980). *Remarks on the philosophy of psychology.* (Vol. 1). Chicago: The University of Chicago Press.

Woike, B., & Polo, M. (2001). Motive-related memories: Content, structure, and affect. *Journal of Personality, 69*, 391–415.

Wolpe, J. (1961). The systematic desensitization treatment of neuroses. *Journal of Nervous and Mental Disorders, 132*, 189–203.

Wolpe, J., & Rachman, S. (1960). Psychoanalytic "evidence." A critique based on Freud's case of Little Hans. *Journal of Nervous and Mental Disease, 130*, 135–148.

Wood, J. V. (1989). Theory and research concerning social comparison of personal attributes. *Psychological Bulletin, 106*, 231–248.

Wood, J. V., Saltzberg, J. A., & Goldsamt, L. A. (1990). Does affect induce self-focused attention? *Journal of Personality and Social Psychology, 58*, 899–908.

Wood, W., & Eagly, A. H. (2002). A cross-cultural analysis of the behavior of women and men: Implications for the origins of sex differences. *Psychological Bulletin, 128*, 699–727.

Woodward, S. A., Lenzenweger, M. F., Kagan, J., Snidman, N., & Arcus, D. (2000). Taxonic structure of infant reactivity: Evidence from a taxometric perspective. *Psychological Science. 11*, 296–301.

Woodworth, R. S. (1917). *Personal data sheet.* Chicago, IL: Stoelting.

Wrzesniewski, A., & Schwartz, B. (2014). The secret of effective motivation. *The New York Times*, July 6, p. SR9.

Wrzesniewski, A., Schwartz, B., Cong, X., Kane, M., Omar, A., & Kolditz, T. (2014). Multiple types of motives don't multiply the motivation of West Point cadets. *Proceedings of the National Academy of Sciences*, in press.

Zhu, Y., Zhang, L., Fan, J., & Han, S. (2007): Neural basis of cultural influence on self-representation. *Neuroimage, 34*, 1310–1316.

Zimbardo, P. G. (1973). On the ethics of intervention in human psychological research: With special reference to the Stanford prison experiment. *Cognition, 2*, 243–256.

Zuckerman, M. (1991). *Psychobiology of personality.* New York: Cambridge University Press.

Zuckerman, M. (1995). Good and bad humors: Biochemical bases of personality and its disorders. *Psychological Science, 6*, 325–332.

Zuckerman, M. (1996). The psychobiological model for impulsive unsocialized sensation seeking: A comparative approach. *Neuropsychobiology, 34*, 125–129.

Zuroff, D. C. (1986). Was Gordon Allport a trait theorist? *Journal of Personality and Social Psychology, 51*, 993–1000.

찾아보기